史记

文白对照精选本

第三卷

〔西汉〕司马迁 著
赵生群 王华宝 主编

融媒体出版物

党建读物出版社
（英华电子音像出版社）
河北冠林数字出版有限公司

目录

译文诵读

卷八十一 廉颇蔺相如列传第二十一

注释查阅　译文诵读

廉颇者，赵之良将也。赵惠文王十六年，廉颇为赵将伐齐，大破之，取阳晋，拜为上卿，以勇气闻于诸侯。蔺相如者，赵人也，为赵宦者令缪贤舍人[1]。

赵惠文王时，得楚和氏璧[2]。秦昭王闻之，使人遗赵王书[3]，愿以十五城请易璧。赵王与大将军廉颇诸大臣谋：欲予秦，秦城恐不可得，徒见欺；欲勿予，即患秦兵之来[4]。计未定，求人可使报秦者，未得。宦者令缪贤曰："臣舍人蔺相如可使。"王问："何以知之？"对曰："臣尝有罪，窃计欲亡走燕，臣舍人相如止臣，曰：'君何以知燕王？'臣语曰：'臣尝从大王与燕王会境上，燕王私握臣手，曰"愿结友"。以此知之，故欲往。'相如谓臣曰：'夫赵强而燕弱，而君幸于赵王[5]，故燕王欲结于君。今君乃亡赵走燕，燕畏赵，其势必不敢留君，而束君归赵矣[6]。君不如肉袒伏斧质请罪[7]，则幸得脱矣。'臣从其计，大王亦幸赦臣。臣窃以为其人勇士，有智谋，宜可使。"于是王召见，问蔺相如曰："秦王以十五城请易寡人之璧，可予不？"相如曰："秦强而赵弱，不可不许。"王曰："取吾璧，不予我城，奈何？"相如曰："秦以城求璧而赵不许，曲在赵。赵予璧而秦不予赵城，曲在秦。均之二策[8]，宁许以负秦曲[9]。"王曰："谁可使者？"相如曰："王必无人，臣愿奉璧往使。城入赵而璧留秦；城不入，臣请完璧归赵。"赵王于是遂遣相如奉璧西入秦。

秦王坐章台见相如，相如奉璧奏秦王[10]。秦王大喜，传以示美人及左右，左右皆呼万岁。相如视秦王无意偿赵城，乃前曰："璧有瑕[11]，请指示王。"王授璧，相如因持璧却立[12]，倚柱，怒发上冲冠，谓秦王曰："大王欲得璧，使人发书至赵王，赵王悉召群臣议，皆曰'秦贪，负其强，以空言求璧，偿城恐不可得'。议不欲予秦璧。臣以为布衣之交尚不相欺，况大国乎！且以一璧之故逆强秦之欢[13]，不可。于是赵王乃斋戒五日，使臣奉璧，拜送书于庭。何者？严大国之威以修敬也[14]。今臣至，大王见臣列观[15]，礼节甚倨；得璧，传之美人，以戏弄臣。臣观大王无意偿赵王城邑，故臣复取璧。大王必欲急臣[16]，臣头今与璧俱碎于柱矣！"相如持其璧睨柱[17]，欲以击柱。秦王恐其破璧，乃辞谢固请，召有司案图[18]，指从此以往十五都予赵。相如度秦王特以诈详为予赵城[19]，实不可得，乃谓秦王曰："和氏璧，天下所共传宝也，赵王恐，不敢不献。赵王送璧时，斋戒五日，今大王亦宜斋戒五日，设九宾于廷[20]，臣乃敢上璧。"秦王度之，终不可强夺，遂许斋五日，舍相如广成传[21]。相如度秦王虽斋，决负约不偿城，乃使其从者衣褐[22]，怀其璧，从径道亡[23]，归璧于赵。

秦王斋五日后，乃设九宾礼于廷，引赵使者蔺相如。相如至，谓秦王曰："秦自缪公以来二十余君，未尝有坚明约束者也[24]。臣诚恐见欺于王而负赵，故令人持璧归，间至赵矣[25]。且秦强而赵弱，大王遣一介之使至赵[26]，赵立奉璧来。今以秦之强而先割十五都予赵，赵岂敢留璧而得罪于大王乎？臣知欺大王之罪当诛，臣请就汤镬[27]，唯大王与群臣孰计议之。"秦王与群臣相视而嘻[28]。左右或欲引相如去，秦王因曰："今杀相如，终不能得璧也，而绝秦赵之欢，不如因而厚遇之[29]，使归赵，赵王岂以一璧之故欺秦邪！"卒廷见相如，毕礼而归之。

相如既归，赵王以为贤大夫使不辱于诸侯，拜相如为上大夫。秦亦不以城予赵，赵亦终不予秦璧。

其后秦伐赵，拔石城。明年，复攻赵，杀二万人。

秦王使使者告赵王，欲与王为好会于西河外渑池。赵王畏秦，欲毋行。廉颇、蔺相如计曰："王不行，示赵弱且怯也。"赵王遂行，相如从。廉颇送至境，与王诀曰："王行，度道里会遇之礼毕，还，不过三十日。三十日不还，则请立太子为王，以绝秦望。"王许之，遂与秦王会渑池。秦王饮酒酣，曰："寡人窃闻赵王好音，请奏瑟。"赵王鼓瑟。秦御史前书曰"某年月日，秦王与赵王会饮，令赵王鼓瑟"。蔺相如前曰："赵王窃闻秦王善为秦声，请奏盆缻秦王[30]，以相娱乐。"秦王怒，不许。于是相如前进缻，因跪请秦王。秦王不肯击缻。相如曰："五步之内[31]，相如请得以颈血溅大王矣[32]！"左右欲刃相如，相如张目叱之，左右皆靡[33]。于是秦王不怿[34]，为一击缻。相如顾召赵御史书曰"某年月日，秦王为赵王击缻"。秦之群臣曰："请以赵十五城为秦王寿[35]。"蔺相如亦曰："请以秦之咸阳为赵王寿。"秦王竟酒[36]，终不能加胜于赵[37]。赵亦盛设兵以待秦，秦不敢动。

既罢归国，以相如功大，拜为上卿，位在廉颇之右。廉颇曰："我为赵将，有攻城野战之大功，而蔺相如徒以口舌为劳，而位居我上，且相如素贱人，吾羞，不忍为之下。"宣言曰："我见相如，必辱之。"相如闻，不肯与会。相如每朝时，常称病，不欲与廉颇争列[38]。已而相如出，望见廉颇，相如引车避匿。于是舍人相与谏曰："臣所以去亲戚而事君者，徒慕君之高义也。今君与廉颇同列，廉君宣恶言而君畏匿之，恐惧殊甚[39]，且庸人尚羞之，况于将相乎！臣等不肖，请辞去。"蔺相如固止之，曰："公之视廉将军孰与秦王[40]？"曰："不若也。"相如曰："夫以秦王之威，而相如廷叱之，辱其群臣，相如虽驽[41]，独畏廉将军哉？顾吾念之，强秦之所以不敢加兵于赵者，徒以吾两人在也。今两虎共斗，其势不俱生。吾所以为此者，以先国家之急而后私雠也。"廉颇闻之，肉袒负荆[42]，因宾客至蔺相如门谢罪。曰："鄙贱之人，不知将军宽之至此也。"卒相与欢，为刎颈之交[43]。

是岁，廉颇东攻齐，破其一军。居二年，廉颇复伐齐几，拔之。后三年，廉颇攻魏之防陵、安阳，拔之。后四年，蔺相如将而攻齐，至平邑而罢。其明年，赵奢破秦军阏与下[44]。

赵奢者，赵之田部吏也。收租税而平原君家不肯出租，奢以法治之，杀平原君用事者九人。平原君怒，将杀奢。奢因说曰[45]："君于赵为贵公子，今纵君家而不奉公则法削，法削则国弱，国弱则诸侯加兵，诸侯加兵是无赵也，君安得有此富乎？以君之贵，奉公如法则上下平，上下平则国强，国强则赵固，而君为贵戚，岂轻于天下邪？"平原君以为贤，言之于王。王用之治国赋，国赋大平，民富而府库实。

秦伐韩，军于阏与。王召廉颇而问曰："可救不？"对曰："道远险狭，难救。"又召乐乘而问焉，乐乘对如廉颇言。又召问赵奢，奢对曰："其道远险狭，譬之犹两鼠斗于穴中，将勇者胜。"王乃令赵奢将，救之。

兵去邯郸三十里，而令军中曰："有以军事谏者死。"秦军军武安西，秦军鼓噪勒兵，武安屋瓦尽振。军中候有一人言急救武安，赵奢立斩之。坚壁，留二十八日不行，复益增垒。秦间来入[46]，赵奢善食而遣之。间以报秦将，秦将大喜曰："夫去国三十里而军不行，乃增垒，阏与非赵地也。"赵奢既已遣秦间，乃卷甲而趋之[47]，二日一夜至，令善射者去阏与五十里而军。军垒成，秦人闻之，悉甲而至。军士许历请以军事谏，赵奢曰："内之[48]。"许历曰："秦人不意赵师至此，其来气盛，将军必厚集其阵以待之。不然，必败。"赵奢曰："请受令。"许历曰："请就鈇质之诛。"赵奢曰："胥后令邯郸[49]。"许历复请谏，曰："先据北山上者胜，后至者败。"赵奢许诺，即发万人趋之。秦兵后至，争山不得上，赵奢纵兵击之，大破秦军。秦军解而走[50]，遂解阏与之围而归。

赵惠文王赐奢号为马服君[51]，以许历为国尉。赵奢于是与廉颇、蔺相如同位。

后四年，赵惠文王卒，子孝成王立。七年，秦与赵兵相距长平，时赵奢已死，而蔺相如病笃，赵使廉颇将攻秦，秦数败赵军，赵军固壁不战。秦数挑战，廉颇不肯。赵王信秦之间。秦之间言曰："秦之所恶，独畏马服君赵奢之子赵括为将耳。"赵王因以括为将，代廉颇。蔺相如曰："王以名使括，若胶柱而鼓瑟耳[52]。括徒能读其父书传，不知合变也[53]。"赵王不听，遂将之。

赵括自少时学兵法，言兵事，以天下莫能当。尝与其父奢言兵事，奢不能难，然不谓善。括母问奢其故，奢曰："兵，死地也[54]，而括易言之。使赵不将括即已，若必将之，破赵军者必括也。"及括将行，其母上书言于王曰："括不可使将。"王曰："何以？"对曰："始妾事其父，时为将，身所奉饭饮而进食者以十数，所友者以百数，大王及宗室所赏赐者尽以予军吏士大夫，受命之日，不问家事。今括一旦为将，东向而朝[55]，军吏无敢仰视之者，王所赐金帛，归藏于家，而日视便利田宅可买者买之。王以为何如其父？父子异心[56]，愿王勿遣。"

王曰："母置之，吾已决矣。"括母因曰："王终遣之，即有如不称，妾得无随坐乎[57]？"王许诺。

赵括既代廉颇，悉更约束，易置军吏。秦将白起闻之，纵奇兵，详败走，而绝其粮道，分断其军为二，士卒离心。四十余日，军饿，赵括出锐卒自搏战，秦军射杀赵括。括军败，数十万之众遂降秦，秦悉坑之。赵前后所亡凡四十五万。明年，秦兵遂围邯郸，岁余，几不得脱。赖楚、魏诸侯来救，乃得解邯郸之围。赵王亦以括母先言，竟不诛也。

自邯郸围解五年，而燕用栗腹之谋，曰"赵壮者尽于长平，其孤未壮"，举兵击赵。赵使廉颇将，击，大破燕军于鄗，杀栗腹，遂围燕。燕割五城请和，乃听之。赵以尉文封廉颇为信平君，为假相国[58]。

廉颇之免长平归也，失势之时，故客尽去。及复用为将，客又复至。廉颇曰："客退矣！"客曰："吁！君何见之晚也[59]？夫天下以市道交[60]，君有势，我则从君，君无势则去，此固其理也，有何怨乎！"居六年，赵使廉颇伐魏之繁阳，拔之。

赵孝成王卒，子悼襄王立，使乐乘代廉颇。廉颇怒，攻乐乘，乐乘走。廉颇遂奔魏之大梁。其明年，赵乃以李牧为将而攻燕，拔武遂、方城。

廉颇居梁久之，魏不能信用。赵以数困于秦兵，赵王思复得廉颇，廉颇亦思复用于赵。赵王使使者视廉颇尚可用否。廉颇之仇郭开多与使者金，令毁之。赵使者既见廉颇，廉颇为之一饭斗米，肉十斤，被甲上马[61]，以示尚可用。赵使还报王曰："廉将军虽老，尚善饭，然与臣坐，顷之三遗矢矣[62]。"赵王以为老，遂不召。

楚闻廉颇在魏，阴使人迎之。廉颇一为楚将，无功，曰："我思用赵人。"廉颇卒死于寿春。

李牧者，赵之北边良将也。常居代雁门，备匈奴。以便宜置吏[63]，市租皆输入莫府[64]，为士卒费。日击数牛飨士，习射骑，谨烽火，多间谍，厚遇战士。为约曰："匈奴即入盗，急入收保，有敢捕虏者斩。"匈奴每入，烽火谨，辄入收保，不敢战。如是数岁，亦不亡失。然匈奴以李牧为怯，虽赵边兵亦以为吾将怯。赵王让李牧，李牧如故。赵王怒，召之，使他人代将。

岁余，匈奴每来，出战。出战，数不利，失亡多，边不得田畜。复请李牧。牧杜门不出，固称疾。赵王乃复强起使将兵。牧曰："王必用臣，臣如前，乃敢奉令。"王许之。

李牧至，如故约。匈奴数岁无所得，终以为怯。边士日得赏赐而不用，皆愿一战。于是乃具选车得千三百乘[65]，选骑得万三千匹，百金之士五万人[66]，彀者十万人[67]，悉勒习战[68]。大纵畜牧，人民满野。匈奴小入，详北不胜[69]，以数千人委之。单于闻之，大率众来入。李牧多为奇陈[70]，张左右翼击之，大破杀匈奴十余万骑。灭襜褴[71]，破东胡，降林胡，单于奔走。其后十余岁，匈奴不敢近赵边城。

赵悼襄王元年，廉颇既亡入魏，赵使李牧攻燕，拔武遂、方城。居二年，庞煖破燕军，杀剧辛。后七年，秦破杀赵将扈辄于武遂，斩首十万。赵乃以李牧为大将军，击秦军于宜安，大破秦军，走秦将桓齮[72]。封李牧为武安君。居三年，秦攻番吾，李牧击破秦军，南距韩、魏。

赵王迁七年，秦使王翦攻赵，赵使李牧、司马尚御之。秦多与赵王宠臣郭开金，为反间，言李牧、司马尚欲反。赵王乃使赵葱及齐将颜聚代李牧。李牧不受命，赵使人微捕得李牧[73]，斩之。废司马尚。后三月，王翦因急击赵，大破杀赵葱，虏赵王迁及其将颜聚，遂灭赵。

太史公曰：知死必勇，非死者难也，处死者难[74]。方蔺相如引璧睨柱，及叱秦王左右，势不过诛，然士或怯懦而不敢发。相如一奋其气，威信敌国[75]，退而让颇，名重太山，其处智勇，可谓兼之矣！

【译文】

廉颇是赵国的良将。赵惠文王十六年，廉颇率领赵军攻打齐国，大败齐军，占领阳晋，以军功官拜上卿，以勇敢无畏而闻名于诸侯各国。蔺相如也是赵国人，他是赵国宦者令缪贤的门客。

赵惠文王的时候，赵国得到了楚国和氏璧。秦昭王听到这件事，派人给赵王送信，表示愿用十五座城邑和赵国交换和氏璧。赵王与大将军廉颇等诸大臣商议：假如把和氏璧给了秦国，恐怕未必能得到秦国的十五座城邑，白白地受秦的欺骗；假如不给的话，又怕由此招惹秦军来犯。谋议没能做出决定，要物色一个回复秦王的使者，也未能找到。宦者令缪贤说："我的舍人蔺相如可以充任使者。"赵王问："你凭什么知道呢？"缪贤回答说："我曾经犯罪，私下打算逃到燕国去，我的舍人蔺相如劝阻我，说：'您凭什么了解燕王呢？'我告诉他说：'我曾经跟随大王与燕王在边境上相会，燕王私下里握着我的手说：'非常希望与你交朋友。'我是由此而了解燕王的，所以想到燕国去。'相如对我说：'赵国强大，燕国弱小，而您深受赵王的宠信，所以燕王才想与您交朋友。如今您要逃离赵国到燕国去，燕国害怕赵国，其情形必然是不敢收留您，反而会把您捆绑了还给赵国。您不如赤膊反绑去见赵王，伏在铡刀旁请罪，那倒很可能侥幸获得赦免。'我听从了他的劝告，大王也幸好赦免了我。我私下认为，这个人真是一位勇士，足智多谋，应该可以充任使者。"于是，赵王召见蔺相如，问道："秦王要用十五座城邑来换我的和氏璧，可否换给他？"相如说："秦国强而赵国弱，不能不答应。"赵王说："如果他拿到了我的和氏璧，却不给我城邑，那怎么办？"相如说："秦国要求以城邑换取和氏璧，如果赵国不答应，赵国显得理屈；如果赵国把和氏璧给了秦国，而秦国不把城邑交给赵国，那么就是秦国理屈了。衡量这两种情况，宁肯让秦国去承担屈理的责任。”赵王问：“谁能够充当使者呢？”相如说：“大王如果实在没有合适的人，我愿意带着和氏璧出使秦国。十五座城邑给了赵国，我就将和氏璧留给秦国；十五座城邑不给赵国，我负责把和氏璧完好地带回赵国。”于是，赵王就派蔺相如带着和氏璧，西去秦国。

秦王坐在章台接见蔺相如，相如双手捧着和氏璧献给秦王。秦王非常高兴，将和氏璧传给嫔妃和臣子们观赏，他们一齐欢呼起来，高喊“万岁”。蔺相如看出秦王并没有用城邑交换和氏璧的诚意，就走上前说：“这玉璧上有点瑕疵，请让我指给大王看。”秦王把璧交还给他，相如便捧着璧往后倒退，背靠柱子，站定了，怒发冲冠，对着秦王说道：“大王想要得到和氏璧，派人给赵王送信，赵王将群臣召集到一起商议，大家都说‘秦国贪得无厌，仗恃着自己的强大，只不过是想用空话骗取和氏璧，所谓用以交换璧的城邑恐怕是得不到的’。议定不能把和氏璧给秦国。而我认为，即使平民百姓之间的交往尚且不能相互欺骗，何况是大国之间的交往呢！再说，既然是强大的秦国所喜欢的东西，不能为了这一块和氏璧而损伤了与秦国的感情。于是赵王就斋戒了五天，派我出使秦国，郑重地把和氏璧交给了我，在朝廷上恭恭敬敬的行拜礼送国书。为什么要这样呢？这是尊重大国的威望而表示礼敬。今天我来到这里，大王却只在一般的台观接见我，礼节很简慢；拿到了玉璧，又传给嫔妃们去观赏，这简直是在戏弄我。我看出大王您并无用城邑与赵国交

换和氏璧的诚意，所以我又拿回了玉璧。大王要是逼迫我太急了，今天我的头就和玉璧一齐撞碎在这柱子上！”相如捧着玉璧，两眼斜瞅着柱子，像是就要撞到柱子上去似的。秦王惟恐他会撞碎了玉璧，就连连道歉，请他千万不要那样做，并召来负责的官吏，打开地图查看，指着地图说从这里起的十五座城邑划给赵国。相如估计秦王只不过是做样子说将城邑给赵国，其实赵国是得不到的，于是就对秦王说：“和氏璧是天下公认的珍宝，赵王畏惧秦国，不敢不将玉璧献给秦国。赵王送出璧时，斋戒了五天，现在大王您也应当斋戒五天，在王宫正殿安排九宾迎接的典礼，我才好奉献上和氏璧。”秦王估计这情形，最终不能强行夺取，便同意斋戒五天，将蔺相如先安顿在广成宾馆住下。相如揣度，秦王虽然斋戒了，还是一定会背约不补偿城邑的，便派遣他的随从换上了粗布衣裳，将玉璧藏在怀中，抄小道逃走，将和氏璧送回了赵国。

秦王斋戒五天之后，果真在王宫安排了九宾迎接的典礼，派人去请赵使者蔺相如。相如来到王宫，对秦王说，“秦国自缪公以来已有二十来位国君，可是还没有哪一位坚决明确地遵守规约。我实在是怕受了您的欺骗而辜负了赵王，所以已派人带着和氏璧回去了，他走小路现已回到了赵国。不过，秦国强大，赵国弱小，仅需大王派一低级使者到赵国，赵国立即就派我捧着玉璧来了。现在，以秦国的强大而先割让十五座城邑给赵国，赵国岂敢留下和氏璧而得罪大王您呢？我知道，我犯有欺骗您的罪，应当杀头；我甘愿下汤锅受极刑，但这件事还请大王您与众大臣仔细商议一下。”秦王与众大臣面面相觑，哭笑不得，发出惊怒之声，有的臣子想把相如捉下去，秦王便说道：“如今即使杀了蔺相如，也还是得不到和氏璧了，反而破坏了秦、赵两国的友好关系，不如依然善待他，送他回赵国，难道赵王会因为一块和氏璧而欺骗秦国吗？”终于按礼节在正殿上接见了相如，典礼结束后将相如送回了赵国。

蔺相如回到赵国后，赵王认为由于相如的机智与才干，出使于外，在诸侯面前维护了赵国的尊严，就拜相如做了上大夫。最终秦国并没有割城给赵国，赵国也始终不将和氏璧送给秦国。

后来，秦国攻打赵国，攻占了石城。第二年，秦国再次进攻赵国，杀死了两万人。

秦王派使者告诉赵王，希望与赵王在西河之外的渑池举行修好盟会。赵王畏惧秦国，不想去。廉颇、蔺相如商议说：“大王如果不去，显得赵国太虚弱与怯懦了。”赵王便前往赴会，相如随行。廉颇一直送到国境边，与赵王告别时说：“大王此行，按照路程、会见的典礼和归程推算，不应超过三十天。如果到三十天大王还不回来，请允许立太子为王，以断绝秦国对您讹诈的念想。”赵王同意了。于是，赵王来到渑池与秦王相会。秦王喝酒喝到半醉，说：“我听说赵王喜好音乐，请给弹奏瑟吧！”赵王弹了瑟。秦国的御史走上前来，在史册上记载道：“某年某月某日，秦王与赵王会盟饮酒，命令赵王弹瑟。”蔺相如上前说：“赵王曾听说秦王擅长秦地的歌曲，请允许我给大王您献上瓦盆，用以演奏娱乐。”秦王很生气，不肯答应。于是，相如走上前进献瓦缶，并跪下相请。秦王仍然不肯击瓦缶。相如说：“我与大王相距不过五步，我的颈血将要溅到大王您的身上啦！”秦王的侍从要拿刀剑杀相如，相如瞪大了眼睛大声呵斥他们，吓得他们都慌忙后退。于是，秦王很不乐意地敲了一下缶。相如回头召来赵国的御史，说道：“某年某月某日，秦王为赵王击瓦缶。”秦国大臣们说：“请赵国拿出十五座城邑来，作为给秦王祝寿的献礼。”蔺相如也说：“请拿出秦国的咸阳城来，作为给赵王祝寿的献礼。”这样一直到宴会结束，秦王终于没有能从赵王那里占到便宜。赵国已经布置了重兵戒备着，秦国也不敢在军事上轻举妄动。

渑池之会结束回国，赵王认为此行相如功劳很大，便拜相如为上卿，位次排在廉颇之前。廉颇说：“我身为赵国的将军，攻城野战，立下大功，而蔺相如只不过动动口舌之劳，竟然位次在我之上，况且蔺相如本来只是个卑贱之人，我感到羞耻，不能忍受身居其下。”扬言说：“我见到蔺相如，一定要羞辱他！”相如听说了，不肯与廉颇会面。每当朝会的时候，相如常常借口有病，避免为列次的先后与廉颇发生冲突。有一次，相如外出，远远地望见廉颇，相如即调转车头躲避。于是，相如门下的宾客们一齐进言道：“我们所以离开亲属而事奉您，只是因为仰慕您崇高的道义。现在，您与廉颇同居上卿之位，廉颇散布了一些恶言恶语，而您就吓得东躲西藏，恐惧得不得了。这种事就连普通人也会觉得是羞辱，何况是身居将相高位的人呢！我们都是些缺乏修养的人，请允许我们告辞而去。”蔺相如坚决地挽留他们，说道：“诸位，你们看廉将军比秦王更强吗？”大家说：“当然比不上秦王了。”相如说：“任凭秦王那样的威风，而我在秦廷上当众斥责他，羞辱他的大臣们，我虽然愚劣，难道单单就怕一个廉将军吗？我只不过是考虑到，强大的秦国之所以不敢对赵国发动战争，就是因为我们两个人在。现在如果两虎相争，势必不能同生共存。我之所以要这般做，无非是把国家存亡大事放在前头，把个人的恩怨放在后头罢了！”廉颇听说了，脱衣露体，赤膊背着荆杖，由宾客陪伴来到蔺相如府上请罪。他说：“我是个粗鄙浅陋的人，不料您宽容我、容让我到了这种地步。”终于彼此和好，成为生死与共的朋友。

这一年，廉颇率军向东进攻齐国，歼灭了一支齐军。过了两年，廉颇再次攻打齐国，攻占了几邑。三年之后，廉颇攻打魏国，攻占了防陵、安阳。四年之后，蔺相如率军攻打齐国，攻到平邑而停止。第二年，赵奢在阏与城下击败了秦军。

赵奢，是赵国田部的官吏。他负责征收租税，但平原君家不肯按规定缴租。赵奢便依法惩治，杀了平原君家管事的九个人。平原君大怒，要杀掉赵奢。赵奢于是进言说：“您是赵国的贵公子，现在如果放纵您家不交租税而不遵从国家规定，这样一来就会削弱法律的效力，法律失去了效力就会导致国家衰弱，国家衰弱就会引来诸侯入侵，诸侯入侵就会灭掉赵国，到那时，您又怎么可能保有您的财富呢？凭着您的尊贵，遵从国家规定就会使全国上下一心，上下一心就会使国家富强，国

家富强就会使赵国坚固，而您贵为国戚，难道还会被天下诸侯轻视吗？”平原君认为赵奢是个有才能的人，把他推荐给赵王。赵王让他管理全国的财政赋税，国家财政赋税收支平衡，百姓富足而国库充盈。

秦国攻打韩国，军队驻扎在阏与。赵王召见廉颇问道：“可否去救援呢？”廉颇回答说：“去阏与的路既远而又险峻狭小，难救了。”赵王又召见乐乘来问这件事，乐乘回答的话与廉颇一样。赵王又召见赵奢来问，赵奢回答说：“那条路的确是既远又险峻狭小，这就好比两只老鼠在洞中相斗，由骁勇之将统帅的军队能够获胜。”赵王就命令赵奢为统帅，前去救援。

大军离开邯郸三十里，赵奢在军中下达命令说：“有敢对军事行动进言的处死刑。”秦军驻扎在武安城西，当秦军擂鼓呐喊、演习兵马的时候，武安城里房屋上的瓦片都在振动。军中有一个侦察人员请求赶紧去救援武安，赵奢立即将他斩首。他加固军营的壁垒，一直驻守了二十八天而没有向前推进，还继续修筑营垒。秦国派了间谍混入军营，赵奢用好菜好饭招待他，然后将他送走。间谍把看到的情况向秦将做了报告，秦将大为高兴，说：“离开都城不过三十里就屯驻大军不敢前行，只是一味地加固营垒，这一下阏与不再是赵国的地盘了。”赵奢把秦国的间谍送走之后，命令全军换下甲胄，轻装全速挺进，两天一夜赶到阏与，布置了一批好射手在距阏与五十里的地方扎营。营垒构筑完毕，秦人也得知了消息，全军悉数赶来。军士许历请求对战事发表意见，赵奢说：“放他进来。”许历说：“秦人没有料到赵军突然来到这里，来进攻的气势必然旺盛，将军一定要集中兵力严阵以待。不然的话，会打败仗。”赵奢说：“这个意见可以采纳。”许历说：“请照军令把我处死好了。”赵奢说：“等以后赵王有令再说吧！”许历请求再发表意见，说：“能够先控制阏与北面的山头的一方必定能获得胜利，后去的一方必定要遭到失败。”赵奢表示同意，立即发兵万人快速占领北山。秦军后来赶到，与赵军争夺北山，而终于未能上山，赵奢指挥大军发动攻击，大败秦军。秦军溃散而去，对阏与的包围被解除了，赵军得胜而归。

赵惠文王赐赵奢封号“马服君”，任命许历为国尉。于是，赵奢有了同廉颇、蔺相如相同的官阶。

四年以后，赵惠文王去世，其子孝成王即位。七年后，秦军与赵军在长平对峙。当时赵奢已死，而蔺相如也病势沉重。赵国派廉颇率军抗击秦兵，秦军多次打败赵军，赵军便固守营垒，不再与秦军接战。秦军屡次挑战，廉颇都不肯出战。这时，赵王却信了秦国的离间计。秦国的间谍放风说：“秦国所畏惧的，只有马服君的儿子赵括担任统帅！”赵王便真的任命赵括为将军，取代廉颇。蔺相如说：“大王只听赵括的名声就起用他，简直就像胶住了瑟的弦柱来弹瑟一样。赵括只会念念他父亲留下的书本，根本不懂得活用应变啊！”赵王不听，还是让他当了将军。

赵括自小就学习兵法，谈论军事，自以为天下没有人能比得上他。曾经与他父亲赵奢谈论军事，赵奢也难不倒他，但赵奢却并不认为他好。赵括的母亲问赵奢是什么缘故，赵奢说：“战争，是关系到生死存亡的大事，而赵括说起来太轻巧。将来赵国不以赵括为将便罢了，如果真让赵括当了将军，使赵军吃败仗的，必定是赵括。”等到赵括将要出发时，赵括的母亲给赵王上书说：“不能让赵括当将军。”赵王说：“为什么呢？”赵括的母亲回答说：“当初我嫁给赵括的父亲时，他正做着将军，在军中由他亲自捧着饮食进献到面前的人数以十计，他的朋友数以百计，大王及王室所赐的财物，他全部分给军吏和士大夫。从接受了出征命令的那天起，便不再过问家里的事。如今赵括一天之内就当了将军，自己坐在官邸朝东的尊位，接受部下的拜见，军吏们没有一个敢抬头正眼看他的；大王赏赐的钱财，他都拿回家收了起来，天天注意着有没有合适的田产房屋，可以买的就买下来。大王认为他的所作所为如何与他父亲相比？他们父子两人心思完全不同，希望大王不要派他带兵！”赵王说：“老夫人你就别管了，我已经决定了。”于是赵括的母亲说道：“大王一定要派他去，那么倘若他有不称职之处，我是否可以不连坐？”赵王答应了她的要求。

赵括取代了廉颇之后，全面更改规章，撤换军吏。秦将白起听说了，放出奇计，佯装败走，却偷袭截断了赵军运输军粮的道路，并将赵军切为两部，顿使赵军军心涣散。四十多天后，赵军断粮难忍，赵括亲自带着精锐部队与秦军肉搏拼杀。秦军将赵括射死，赵军溃败，数十万大军只好投降，秦军将投降的将士全都给活埋了。在这一战役中，赵国前后损失的兵员共计四十五万人。第二年，秦军乘胜包围了邯郸，长达一年有余，几乎不能脱险。后来幸亏有楚国、魏国等诸侯来救援，方才解除邯郸之围。赵王也因为赵括的母亲有言在先，所以没有加罪于她。

邯郸解围之后五年，燕国听信国相栗腹的计谋，说“赵国的壮丁全都死于长平之战了，而遗孤还没有长大成人”，便派兵攻打赵国。赵国任命廉颇率军抗击，在鄗地大败燕军，杀死了栗腹，并趁势包围了燕国的国都。燕王愿意割让五座城邑以求和，赵国答应了。赵王将尉文封给廉颇作食邑，封号为“信平君”，并代理相国之职。

廉颇从长平免官而归，失去权势时，原来门下的宾客都离开了。等到他重新起用为将军时，那些宾客又找上门来。廉颇说："诸位请回罢！"宾客却说："哎，您怎么还抱着那过时的想法呀？现在天下交往之道就跟市场做交易一般，您有权势，我们就跟从您；您没了权势，我们就离开。这本来是很自然的道理，您又何必怨恨呢！"过了六年，赵王派廉颇攻打魏国的繁阳，占领了该城。

赵孝成王去世后，其子悼襄王即位，派乐乘接替廉颇。廉颇很生气，攻打乐乘，乐乘出走，廉颇就逃到魏国的大梁。第二年，赵国任用李牧为将军进攻燕国，攻克了武遂、方城。

廉颇在大梁住了很长时间，魏国并不任用他。而赵国这时屡屡受挫于秦军，赵王打算再次起用廉颇，廉颇也希望再为赵国效力。赵王派遣使者去看廉颇是否尚可任用。与廉颇有私仇的郭开，给使者送了许多金钱，让他诋毁廉颇。赵国的使者与廉颇见了面，廉颇特地一顿饭吃了一斗米、十斤肉，披甲上马，表示自己身体健壮尚可任用。使者回国后向赵王报告说："廉将军虽然老了，饭量还好，不过和我坐在那里，一会儿就拉了三次屎。"赵王觉得廉颇已经老而无用了，便不再召他回国。

楚国听说廉颇在魏国，暗地里派人把他接去。廉颇当了楚国的将军，没有战功，他说："我真希望还能够指挥赵国的战士啊！"廉颇最终死在楚国的寿春。

李牧，是赵国北部边境的良将。曾驻守在代地雁门郡一带，防御匈奴。他因地制宜地设置官吏，把征收的租税运送到军营，充作军队的口粮和费用。李牧让每天宰杀几头牛给士兵们吃，让士兵们练习射箭和骑马，特别注重通报敌情的烽火设置，增加了许多侦探、间谍，厚待士兵。他制订规章："匈奴即使侵入抢掠，我军也要赶快退入堡垒，有敢于逞能抓捕匈奴的人斩首。"每当匈奴入侵时，烽火台及时地发出警报，军队立即退入堡垒，不敢与匈奴作战。像这样一连好几年，倒也没有什么损失。而匈奴认为李牧怯懦，就连赵国守边的兵士也都以为自己的将军胆小。赵王为此责备李牧，李牧依然如故。赵王很生气，把他召回国都，改派他人接替他担任将军。

这以后一年多，每次匈奴一来，赵军就出兵迎战。但出战屡屡失利，损失严重，边境无法正常耕作和放牧。赵王只好再请李牧出任。李牧闭门不出，坚持说自己有病。赵王再三强迫李牧统帅军队。李牧说："大王一定要任用我，就得答应我照老办法做，这样我才敢接受任命。"赵王同意了。

李牧回到军中，恢复规定一如从前。匈奴几年来一无所获。他们总以为李牧胆怯。边防士兵每天受到赏赐而无用武之地，都希望打一仗。于是，李牧进行准备，挑选了战车一千三百辆，战马一万三千匹，骁勇善战之士五万名，弓箭优秀射手十万名，全都组织起来，严格训练。他让百姓们四出放牧，原野上到处都是赵国的人。匈奴发动了小规模的入侵，李牧佯装打不赢而败退，任匈奴掠走数千人。单于听到了这个消息，率领大军大举进犯。李牧设置了许多迷离变幻的战阵，以左右两翼包抄突袭，大败匈奴，一举杀掉骑兵十余万。这一仗，赵国消灭了襜褴，打败了东胡，并使林胡投降，单于遁逃远方。此后十多年，匈奴不敢接近赵国的边境。

赵悼襄王元年，廉颇已出逃到了魏国，赵王派李牧攻打燕国，攻陷了武遂和方城。过了两年，庞煖率军击败燕军，杀燕将剧辛。七年以后，秦军在武遂打败赵军，杀了赵将扈辄，斩首十万。赵王任命李牧为大将军，在宜安抗击秦军，大败秦军，打跑了秦将桓齮。于是，赵王封李牧为武安君。过了三年，秦军进攻番吾，李牧再次击败秦军，并在南线抗御韩、魏两国。

赵王迁七年，秦国派王翦带兵攻赵，赵王派李牧和司马尚带兵抵抗。秦国用大笔钱贿赂赵王的宠臣郭开，行反间计，说李牧和司马尚企图反叛。赵王便改派赵葱及齐将颜聚取代李牧。李牧不肯服从命令，赵王叫人暗中逮捕了李牧，将他处死。又罢免了司马尚。三个月后，王翦趁势向赵国发动猛攻，大败赵军，杀了赵葱，俘虏了赵王迁及将军颜聚，终于灭掉了赵国。

太史公说：知道将死而不害怕，必是大勇之人；并不是“死”本身有多难，而是怎样对待死才是难事。当蔺相如手举和氏璧斜视庭柱，以及呵斥秦王侍从的时候，就面前形势来说，最多不过是一死而已，然而一般士人往往因为胆小懦弱而不敢如此表现。相如一下子振奋起他的勇气，威震敌国。后来又对廉颇忍辱退让，他的声誉比泰山还重，他处事中表现的智慧和勇气，可以说是兼而有之啊！

（王华宝　注译）

卷八十二　田单列传第二十二

注释查阅　译文诵读

田单者，齐诸田疏属也[1]。湣王时[2]，单为临菑市掾，不见知[3]。及燕使乐毅伐破齐，齐湣王出奔，已而保莒城[4]。燕师长驱平齐，而田单走安平，令其宗人尽断其车轴末而傅铁笼[5]。已而燕军攻安平，城坏，齐人走，争涂，以辖折车败[6]，为燕所虏，唯田单宗人以铁笼故得脱，东保即墨。燕既尽降齐城，唯独莒、即墨不下。燕军闻齐王在莒，并兵攻之。淖齿既杀湣王于莒，因坚守，距燕军[7]，数年不下。燕引兵东围即墨，即墨大夫出与战，败死。城中相与推田单，曰："安平之战，田单宗人以铁笼得全，习兵。"立以为将军，以即墨距燕。

顷之，燕昭王卒，惠王立，与乐毅有隙[8]。田单闻之，乃纵反间于燕[9]，宣言曰[10]："齐王已死，城之不拔者二耳。乐毅畏诛而不敢归，以伐齐为名，实欲连兵南面而王齐[11]。齐人未附，故且缓攻即墨以待其事[12]。齐人所惧，唯恐他将之来，即墨残矣。"燕王以为然，使骑劫代乐毅。

乐毅因归赵，燕人士卒忿。而田单乃令城中人食必祭其先祖于庭，飞鸟悉翔舞城中下食。燕人怪之[13]。田单因宣言曰："神来下教我。"乃令城中人曰："当有神人为我师。"有一卒曰："臣可以为师乎？"因反走[14]。田单乃起，引还，东乡坐[15]，师事之。卒曰："臣欺君，诚无能也。"田单曰："子勿言也！"因师之。每出约束[16]，必称神师。乃宣言曰："吾唯惧燕军之劓所得齐卒[17]，置之前行，与我战，即墨败矣。"燕人闻之，如其言。城中人见齐诸降者尽劓，皆怒，坚守，唯恐见得。单又纵反间曰："吾惧燕人掘吾城外冢墓，僇先人，可为寒心[18]。"燕军尽掘垄墓[19]，烧死人。即墨人从城上望见，皆涕泣，俱欲出战，怒自十倍。

田单知士卒之可用，乃身操版插[20]，与士卒分功，妻妾编于行伍之间，尽散饮食飨士[21]。令甲卒皆伏，使老弱女子乘城[22]，遣使约降于燕，燕军皆呼万岁。田单又收民金，得千溢[23]，令即墨富豪遗燕将，曰："即墨即降，愿无虏掠吾族家妻妾，令安堵[24]。"燕将大喜，许之。燕军由此益懈。

田单乃收城中得千余牛，为绛缯衣[25]，画以五彩龙文，束兵刃于其角，而灌脂束苇于尾，烧其端。凿城数十穴，夜纵牛，壮士五千人随其后。牛尾热，怒而奔燕军，燕军夜大惊。牛尾炬火光明炫耀[26]，燕军视之皆龙文，所触尽死伤。五千人因衔枚击之[27]，而城中鼓噪从之[28]，老弱皆击铜器为声，声动天地。燕军大骇，败走。齐人遂夷杀其将骑劫[29]。燕军扰乱奔走，齐人追亡逐北[30]，所过城邑皆畔燕而归田单[31]，兵日益多，乘胜，燕日败亡，卒至河上，而齐七十余城皆复为齐。乃迎襄王于莒，入临菑而听政。

襄王封田单，号曰安平君。

太史公曰：兵以正合，以奇胜。善之者，出奇无穷。奇正还相生，如环之无端。夫始如处女，適人开户[32]；后如脱兔，適不及距：其田单之谓邪！

初，淖齿之杀湣王也，莒人求湣王子法章，得之太史嬓之家，为人灌园。嬓女怜而善遇之。后法章私以情告女[33]，女遂与通[34]。及莒人共立法章为齐王，以莒距燕，而太史氏女遂为后，所谓“君王后”也。

燕之初入齐，闻画邑人王蠋贤，令军中曰“环画邑三十里无入”，以王蠋之故。已而使人谓蠋曰：“齐人多高子之义，吾以子为将，封子万家。”蠋固谢[35]。燕人曰：“子不听，吾引三军而屠画邑。”王蠋曰：“忠臣不事二君，贞女不更二夫。齐王不听吾谏，故退而耕于野。国既破亡，吾不能存；今又劫之以兵为君将，是助桀为暴也。与其生而无义，固不如烹[36]！”遂经其颈于树枝[37]，自奋绝脰而死[38]。齐亡大夫闻之，曰：“王蠋，布衣也[39]，义不北面于燕[40]，况在位食禄者乎[41]！”乃相聚如莒[42]，求诸子，立为襄王。

【译文】

田单是齐国田氏王族裔系的远房本家。齐湣王在位时，田单担任齐国都城临菑管理市场的小官，并不被齐王重用。等到后来燕国派遣大将军乐毅攻破齐国，齐湣王出城逃跑，不久又退守莒城。在燕国军队长驱直入征讨齐国之时，田单逃到安平，让他的同族人把车轴末端的突出部分锯断，并且包上铁箍。不久，燕国军队攻打安平，城池被攻破，齐国人争路逃亡，都因被撞得轴断车坏，被燕军俘虏。只有田单和同族人因用铁箍包住车轴的缘故，得以逃脱，向东退守即墨。此时，燕国军队已经全部降服了齐国城池，只有莒和即墨两城未被攻下。燕军听说齐湣王在莒城，就调集军队一齐攻打莒城。大臣淖齿杀死齐湣王之后，坚守城池，抵抗燕军，莒城几年都未被攻下。燕将只好带兵向东围攻即墨。即墨的大夫出城与燕军交战，战败被杀。即墨城中军民都交相推举田单当首领，说：“安平那一仗，田单和同族人因用铁箍包住车轴才得以脱险保全，可见他擅长兵法。”于是，大家就拥立田单为将军，坚守即墨以抵抗燕军。

过了不久，燕昭王去世，燕惠王即位，他和乐毅有嫌隙。田单听到这个消息之后，就派人到燕国去行使反间计，散布谣言说："齐湣王已被杀死，没被攻克的齐国城池只有两座而已。乐毅是害怕被杀掉而不敢回国，他以攻打齐国为名，实际上是想和齐国兵力联合起来，在齐国面南称王。齐国人还未归附，因此暂且缓慢攻打即墨，以便等待时机成熟再称王。齐国人担心的是，唯恐其他将领来带兵，即墨就必会被攻破。"燕惠王认为这些话有道理，就派大将骑劫去代替乐毅。

乐毅被免职之后就逃到赵国了，燕国官兵将士都为此气愤不已。田单又命城中人在吃饭之前要在庭院祭祀祖先，使得许多飞鸟因下来争食祭祀的食物，而在城上盘旋飞舞。城外的燕军看了，对此感到很奇怪。田单又因此扬言说："这是神仙要下界指导我们抵抗敌人。"又对城里人说："一定会有神人来做我们的老师。"有一个士兵说："我可以当大家的老师吗？"接着转身就跑。田单立刻站起来，把他拉回来，请他面向东坐在上位，用事奉老师的礼节来事奉他。那个士兵说："我是骗您的，我实际一点本事也没有。"田单说："请您不要再说了。"于是就尊奉他为老师。每次来发号施令，一定要称是神师的主意。他又扬言说："我最怕的是燕军把俘虏的齐国士兵的鼻子割去，把他们安置在队伍的前列，再和我们交战，那样即墨就必然会被攻克。"燕军听到这话，就按照他的话施行。即墨城里的人看到齐国众多的降兵都被割去了鼻子，都非常愤怒，全力坚守城池，只怕被敌人俘虏。田单又派人施反间计说："我很害怕燕国人挖我们城外的祖坟，侮辱我们的祖先，这会让我们非常恐惧。"燕军听说之后，把城外齐国人的坟墓全部挖开，并烧毁尸体。即墨人从城上望见这种情景，都痛哭流涕，一齐请求出城拼杀，愤怒的情绪猛增十倍。

田单知道现在的将士是可用于出战的最好时机，于是亲自拿起筑墙夹板铲锸，和士兵们一起修筑防御工事，并把自

己的妻子姬妾都编在军队行伍之中，还把全部的食物水饮拿出来犒劳士卒。命令穿盔甲的精锐部队都埋伏起来，让老弱妇女孩童上城防守，又派使者去和燕军约定投降事宜，燕军官兵都高呼万岁。田单又把民间的黄金收集起来，共得一千镒，让即墨城里有钱有势的人送给燕军，请求说："即墨就要投降了，希望你们进城之后，不要掳掠我们宗族的妻子姬妾，让我们能平安地生活。"燕军将领非常高兴，答应了他们。燕军因此更加松懈。

田单于是从城里收集了一千多头牛，给它们披上大红绸绢制成的被服，在上面画着五颜六色的龙纹图案，把锋利的刀子绑到牛角上，把渍满油脂的芦苇绑在牛尾上，点燃其末端。又把城墙凿开几十个洞穴，趁夜间把牛从洞穴中赶出，派精壮士兵五千人跟在牛的后面。因牛尾巴被烧得发热，火牛都狂怒地直奔燕军，燕军在黑夜中突然惊慌失措。牛尾上的火把将黑夜照得通明耀眼，燕军看到它们身上都有龙纹，所碰触到的人非死即伤。五千壮士又随后口中衔枚悄然无声地杀来，而城里的人乘机擂鼓呐喊，跟在后面，老弱之人也都手持铜器敲击，声音震天动地。燕军非常害怕，大败而逃。齐国人在乱军之中杀死了燕国的主将骑劫。燕军混乱地溃散逃跑，齐军紧紧追击溃逃的敌人，所经过的城镇都背叛燕军，归顺田单。田单的军队兵力日益增多，乘着胜利追击。燕军一天天溃败逃亡，一直被追到黄河边上，先前被燕军侵占的齐国七十多座城池都被收回齐国。于是田单到莒城迎接齐襄王，襄王回到都城临淄处理政务。

齐襄王封赏田单，赐爵号为安平君。

太史公说：布兵作战需要和敌人正面交锋，但也需要出奇制胜。善于用兵的人，总是能够想出变化无穷的计谋。正面交锋和出奇制敌可相互变化发生作用，就像圆环没有首尾起止一样让人捉摸不透。用兵之初要像居家的女子那样沉静、柔弱，等到敌人敞开门户，毫不戒备；然后在时机到来之时，就像逃脱的兔子一般迅敏，使敌人来不及防御。这大概说的就是田单用兵的情况吧！

当初，在淖齿杀死齐湣王的时候，莒城人寻求齐湣王的儿子法章，在太史嬓的家里找到了他，他正在替人家浇灌田园。太史嬓的女儿喜欢他并对他很好。后来法章就私下把自己的真实情况告诉了她，她就和法章私通同居了。等到莒城人共同拥立法章为齐王，在莒城抗击燕军时，太史嬓的女儿就被立为王后，这就是历史上所说的"君王后"。

燕军在刚开始攻入齐国的时候，听说画邑人王蠋有才德，就命令军队说："画邑周围三十里之内不许进入。"这是因为王蠋是画邑人的缘故。不久，燕军将领又派人对王蠋说："齐国人大都认为您品德高尚，我们要任用您为将军，封赏给您一万户的食邑。"王蠋坚决推辞。燕国人说："您若不肯听从安排，我们就要带领大军，屠戮画邑百姓！"王蠋说："忠诚的臣子不应事奉两个君主，贞烈的女子不应改嫁第二个丈夫。齐王不听从我的劝谏，因此我才退居乡间耕种农田。齐国已经破亡，我不能使它保全，现在你们又用武力劫持我当你们的将领，这是让我帮像夏桀一样的暴君做坏事。与其活着做不义的事情，还不如受烹刑死了！”于是，王蠋就把自己的脖子吊在树枝上，奋力挣扎，勒断脖子死去。齐国逃跑的官员们听到这件事，说：“王蠋只是一个平民百姓，尚且能坚守道义，不向燕人屈服称臣，更何况我们这些享受国家俸禄的在职官员呢！”于是他们就聚集到莒城，寻找齐湣王的儿子，拥立他为齐襄王。

（王　勇　注译）

卷八十三　鲁仲连邹阳列传第二十三

注释查阅　译文诵读

鲁仲连者，齐人也。好奇伟俶傥之画策[1]，而不肯仕宦任职，好持高节。游于赵。

赵孝成王时，而秦王使白起破赵长平之军前后四十余万，秦兵遂东围邯郸。赵王恐，诸侯之救兵莫敢击秦军。魏安釐王使将军晋鄙救赵[2]，畏秦，止于荡阴不进。魏王使客将军新垣衍间入邯郸[3]，因平原君谓赵王曰："秦所为急围赵者，前与齐湣王争强为帝，已而复归帝[4]；今齐已益弱，方今唯秦雄天下，此非必贪邯郸，其意欲复求为帝。赵诚发使尊秦昭王为帝，秦必喜，罢兵去。"平原君犹预未有所决[5]。

此时鲁连适游赵[6]，会秦围赵[7]，闻魏将欲令赵尊秦为帝，乃见平原君曰："事将奈何？"平原君曰："胜也何敢言事[8]！前亡四十万之众于外，今又内围邯郸而不能去。魏王使客将军新垣衍令赵帝秦，今其人在是。胜也何敢言事！"鲁仲连曰："吾始以君为天下之贤公子也，吾乃今然后知君非天下之贤公子也。梁客新垣衍安在[9]？吾请为君责而归之。"平原君曰："胜请为绍介而见之于先生。"平原君遂见新垣衍曰："东国有鲁仲连先生者，今其人在此，胜请为绍介，交之于将军。"新垣衍曰："吾闻鲁仲连先生，齐国之高士也。衍，人臣也，使事有职[10]，吾不愿见鲁仲连先生。"平原君曰："胜既已泄之矣。"新垣衍许诺[11]。

鲁连见新垣衍而无言。新垣衍曰："吾视居此围城之中者，皆有求于平原君者也；今吾观先生之玉貌[12]，非有求于平原君者也，曷为久居此围城之中而不去[13]？"鲁仲连曰："世以鲍焦为无从颂而死者[14]，皆非也。众人不知，则为一身。彼秦者，弃礼仪而上首功之国也[15]，权使其士[16]，虏使其民。彼即肆然而为帝[17]，过而为政于天下，则连有蹈东海而死耳，吾不忍为之民也。所为见将军者，欲以助赵也。"

新垣衍曰："先生助之将奈何？"鲁连曰："吾将使梁及燕助之，齐、楚则固助之矣。"新垣衍曰："燕则吾请以从矣[18]；若乃梁者，则吾乃梁人也，先生恶能使梁助之[19]？"鲁连曰："梁未睹秦称帝之害故耳[20]。使梁睹秦称帝之害，则必助赵矣。”

新垣衍曰：“秦称帝之害何如？”鲁连曰：“昔者齐威王尝为仁义矣，率天下诸侯而朝周[21]。周贫且微，诸侯莫朝，而齐独朝之。居岁余[22]，周烈王崩，齐后往，周怒，赴于齐曰：‘天崩地坼[23]，天子下席[24]。东藩之臣因齐后至[25]，则斮[26]。’齐威王勃然怒曰：‘叱嗟[27]，而母婢也！’卒为天下笑。故生则朝周，死则叱之，诚不忍其求也。彼天子固然，其无足怪。”

新垣衍曰：“先生独不见夫仆乎[28]？十人而从一人者，宁力不胜而智不若邪[29]？畏之也。”鲁仲连曰：“呜呼！梁之比于秦若仆邪？”新垣衍曰：“然。”鲁仲连曰：“吾将使秦王烹醢梁王[30]。”新垣衍怏然不悦，曰：“噫嘻，亦太甚矣，先生之言也！先生又恶能使秦王烹醢梁王[31]？”鲁仲连曰：“固也，吾将言之。昔者九侯、鄂侯、文王，纣之三公也。九侯有子而好[32]，献之于纣，纣以为恶[33]，醢九侯。鄂侯争之强，辩之疾，故脯鄂侯[34]。文王闻之，喟然而叹，故拘之牖里之库百日[35]，欲令之死。曷为与人俱称王，卒就脯醢之地？齐湣王将之鲁，夷维子为执策而从，谓鲁人曰：‘子将何以待吾君？’鲁人曰：‘吾将以十太牢待子之君[36]。’夷维子曰：‘子安取礼而来待吾君？彼吾君者，天子也。天子巡狩，诸侯辟舍[37]，纳筦籥[38]，摄衽抱机[39]，视膳于堂下，天子已食，乃退而听朝也。’鲁人投其籥，不果纳[40]。不得入于鲁，将之薛，假途于邹。当是时，邹君死，湣王欲入吊，夷维子谓邹之孤曰：‘天子吊，主人必将倍殡棺[41]，设北面于南方，然后天子南面吊也。’邹之群臣曰：‘必若此，吾将伏剑而死。’固不敢入于邹。邹、鲁之臣，生则不得事养，死则不得赙襚[42]，然且欲行天子之礼于邹、鲁，邹、鲁之臣不果纳。今秦万乘之国也，梁亦万乘之国也。俱据万乘之国，各有称王之名，睹其一战而胜，欲从而帝之，是使三晋之大臣不如邹、鲁之仆妾也[43]。且秦无已而帝，则且变易诸侯之大臣。彼将夺其所不肖而与其所贤，夺其所憎而与其所爱。彼又将使其子女谗妾为诸侯妃姬。处梁之宫。梁王安得晏然而已乎[44]？而将军又何以得故宠乎？”

于是新垣衍起，再拜谢曰[45]：“始以先生为庸人，吾乃今日知先生为天下之士也。吾请出，不敢复言帝秦。”秦将闻之，为却军五十里[46]。适会魏公子无忌夺晋鄙军以救赵，击秦军，秦军遂引而去。

于是平原君欲封鲁连，鲁连辞让者三，终不肯受。平原君乃置酒，酒酣起，前，以千金为鲁连寿[47]。鲁连笑曰：“所贵于天下之士者，为人排患释难解纷乱而无取也。即有取者，是商贾之事也[48]，而连不忍为也。”遂辞平原君而去，终身不复见。

其后二十余年，燕将攻下聊城，聊城人或谗之燕，燕将惧诛，因保守聊城[49]，不敢归。齐田单攻聊城岁余，士卒多死而聊城不下。鲁连乃为书，约之矢以射城中[50]，遗燕将。书曰：

吾闻之，智者不倍时而弃利，勇士不却死而灭名[51]，忠臣不先身而后君。今公行一朝之忿，不顾燕王之无臣，非忠也；杀身亡聊城，而威不信于齐[52]，非勇也；功败名灭，后世无称焉[53]，非智也。三者世主不臣[54]，说士不载，故智者不再计[55]，勇士不怯死。今死生荣辱，贵贱尊卑，此时不再至，愿公详计而无与俗同。

且楚攻齐之南阳，魏攻平陆，而齐无南面之心，以为亡南阳之害小，不如得济北之利大，故定计审处之[56]。今秦人下兵，魏不敢东面；衡秦之势成[57]，楚国之形危；齐弃南阳，断右壤，定济北，计犹且为之也。且夫齐之必决于聊城，公勿再计。今楚魏交退于齐，而燕救不至。以全齐之兵，无天下之规[58]，与聊城共据期年之敝，则臣见公之不能得也。且燕国大乱，君臣失计，上下迷惑，栗腹以十万之众五折于外，以万乘之国被围于赵，壤削主困，为天下僇笑[59]。国敝而祸多，民无所归心。今公又以敝聊之民距全齐之兵，是墨翟之守也。食人炊骨，士无反外之心[60]，是孙膑之兵也。能见于天下。虽然，为公计者，不如全车甲以报于燕。车甲全而归燕，燕王必喜；身全而归于国，士民如见父母，交游攘臂而议于世[61]，功业可明。上辅孤主以制群臣，下养百姓以资说士，矫国更俗[62]，功名可立也。亡意亦捐燕弃世[63]，东游于齐乎？裂地定封，富比乎陶、卫，世世称孤，与齐久存，又一计也。此两计者，显名厚实也，愿公详计而审处一焉。

且吾闻之，规小节者不能成荣名[64]，恶小耻者不能立大功。昔者管夷吾射桓公中其钩[65]，篡也；遗公子纠不能死，怯也；束缚桎梏[66]，辱也。若此三行者，世主不臣而乡里不通。乡使管子幽囚而不出[67]，身死而不反于齐[68]，则亦名不免为辱人贱行矣。臧获且羞与之同名矣[69]，况世俗乎！故管子不耻身在缧绁之中而耻天下之不治[70]，不耻不死公子纠而耻威之不信于诸侯，故兼三行之过而为五霸首，名高天下而光烛邻国[71]。曹子为鲁将，三战三北[72]，而亡地五百里。乡使曹子计不反顾，议不还踵[73]，刎颈而死，则亦名不免为败军禽将矣[74]。曹子弃三北之耻，而退与鲁君计。桓公朝天下，会诸侯，曹子以一剑之任，枝桓公之心于坛坫之上[75]，颜色不变，辞气不悖，三战之所亡一朝而复之，天下震动，诸侯惊骇，威加吴、越。若此二士者，非不能成小廉而行小节也，以为杀身亡躯，绝世灭后，功名不立，非智也。故去感忿之怨[76]，立终身之名；弃忿悁之节，定累世之功。是以业与三王争流，而名与天壤相弊也[77]。愿公择一而行之。

燕将见鲁连书，泣三日，犹豫不能自决。欲归燕，已有隙[78]，恐诛；欲降齐，所杀虏于齐甚众，恐已降而后见辱。喟然叹曰："与人刃我，宁自刃[79]。"乃自杀。聊城乱，田单遂屠聊城。归而言鲁连，欲爵之。鲁连逃隐于海上，曰："吾与富贵而诎于人[80]，宁贫贱而轻世肆志焉。"

【译文】

鲁仲连是齐国人。喜欢阐发奇特宏伟、卓异不凡的谋略，却不愿意做官任职，喜欢保持高尚的节操。他曾在赵国游历。

赵孝成王时，秦王派白起在长平先后击败赵国四十多万军队，于是，秦国的军队又向东围困邯郸。赵王很害怕，各国的救兵也没有谁敢去攻击秦军。魏安釐王派出将军晋鄙营救赵国，因为惧怕秦军，驻扎在汤阴不敢前进。魏王派客籍将军新垣衍，从隐蔽的小路进入邯郸，通过平原君的关系见赵王说："秦军所以急于围攻赵国，是因为以前和齐湣王争强称帝，不久又取消了帝号；如今齐国已经越来越弱，当今只有秦国称雄天下，这次攻赵并不是贪图邯郸，他的意图是要重新称帝。赵国假如能派遣使臣去尊奉秦昭王为帝，秦王一定很高兴，就会撤兵离去。"平原君犹豫不能决定。

这时，鲁仲连恰巧在赵国游历，正赶上秦军围攻赵国，听说魏国想要让赵国尊奉秦昭王为帝，就去拜见平原君说："这件事应该怎么办？"平原君说："我赵胜哪里还敢谈论国家大事！前时，在国外损失了四十万大军，现在，秦军在赵国围困邯郸，我又不能使之撤离。魏王派客籍将军新垣衍让赵国尊奉秦昭王为帝，目前，那个人就在这里。我赵胜哪里还敢谈论国家大事！"鲁仲连说："我起初认为您是天下贤能的公子，今天经过这件事后我才知道您并不是天下贤能的公子。魏国的客人新垣衍在哪里？我请替您去责问他并且让他回去。"平原君说："我赵胜愿意为您介绍，让他跟先生相见。"于是平原君见新垣衍说："东边齐国有位鲁仲连先生，如今他就在这里，我愿替你们介绍，使他跟将军结识。"新垣衍说："我听说鲁仲连先生，是齐国志行高尚的人。我新垣衍是魏国的臣子，奉命出使身负职责，我不愿见鲁仲连先生。"平原君说："我已经把您在这里的消息透露了。"新垣衍只好应允了。

鲁仲连见到新垣衍却一言不发。新垣衍说："我看留在这座围城中的，都是有求于平原君的人；而今，我看先生的尊容，不像是有求于平原君的人，为什么还长久地停留在这围城之中而不离去呢？"鲁仲连说："世人认为鲍焦没有博大的胸怀而死去，这种看法都错了。普通人不了解他，认为他是为个人打算。那秦国，是个抛弃礼仪而崇尚杀敌计功的国家，用权诈之术使役士卒，像对待奴隶一样役使百姓。如果让它无所忌惮地称帝，甚至进而统治天下，那么，我鲁仲连只有跳进东海去死，我不忍心作它的顺民。我所以来拜见将军，是以此告诉你我想要帮助赵国。"

新垣衍说："先生怎么帮助赵国呢？"鲁仲连说："我打算请梁国和燕国帮助它，齐、楚两国本来就在帮助赵国了。"新垣衍说："燕国嘛，我诚然相信会听从您的；至于梁国，我就是梁国人，先生怎么能让梁国帮助赵国呢？"鲁仲连说："梁国是因为没能看到秦国称帝带来祸患的缘故，才没帮助赵国。假使梁国能看出秦国称帝的祸患，就一定会帮助赵国。"

新垣衍说："秦国称帝会带来怎样的祸患呢？"鲁仲连说："从前，齐威王曾经奉行仁义，率领天下诸侯去朝见周王。当时，周朝贫困又弱小，诸侯们没有谁去朝见，只有齐国去朝见他。过了一年多，周烈王去世，齐王奔丧去迟了，新继位的周王很生气，派人到齐国报丧说：‘天子逝世，如同天崩地裂般的大事，新继位的天子也得离开宫殿住草庐、睡草苫以守孝，东方藩属国的小臣田婴齐居然敢迟到，当斩。’齐威王听了，勃然大怒，骂道：‘啊呸！你母亲原先还是个婢女呢！’最终被天下嘲笑。齐威王所以在周天子活着的时候去朝见，死了就破口大骂，实在是忍受不了新天子的苛求啊。那天子本来就是这个样子，也没什么值得奇怪的。”

新垣衍说：“先生难道没见过奴仆吗？十个奴仆随侍一个主人，难道是力气赶不上、才智比不上他吗？是害怕他啊。”鲁仲连说：“哎呀！梁王和秦王相比梁王像仆人吗？”新垣衍说：“是。”鲁仲连说：“那么，我就让秦王将梁王烹煮成肉酱？”新垣衍很不高兴地说：“哎呀，先生的话，也太过分了吧！先生又怎么能让秦王把梁王烹煮成肉酱呢？”鲁仲连说：“当然能够，我正打算说给你听。从前，九侯、鄂侯、文王是殷纣王的最高官‘三公’。九侯有个女儿长得美丽，把她献给纣王，纣王认为她长得丑陋，把九侯剁成肉酱。鄂侯刚直谏争，激烈辩白，纣王又把鄂侯杀死做成肉干。文王听到这件事，只是喟然叹息，纣王又把他囚禁在牖里仓库内一百天，想要他死。为什么和人家同样称王，最终落到被剁成肉酱、做成肉干的地步呢？齐湣王准备前往鲁国，夷维子替他持鞭赶车随行。夷维子对鲁国人说：‘你们准备用什么礼仪接待我们国君？’鲁国人说：‘我们打算用十副太牢（牛羊猪）的礼仪接待你们国君。’夷维子说：‘你们这是按照哪里的礼仪来接待我们国君，我们国君，可是天子啊。天子到邦国州郡视察，诸侯照例应迁出正宫，移居别处，交出钥匙，撩起衣襟，摆来桌案，站在堂下侍候天子用膳，天子吃完后，诸侯才可以退回朝堂听政理事。’鲁国人听了，就关门上锁，最终没接纳齐湣王入境。齐湣王不能进入鲁国，打算前往薛地，中途向邹国借道。正当这时，邹国国君逝世，齐湣王想入境吊丧，夷维子对邹国的太子说：‘天子吊丧，丧主一定要背对着灵柩，站在南方面向北，然后天子面向南吊丧。’邹国的诸

位大臣说：‘如果一定要这样，我们宁愿用剑自杀。’所以齐湣王不敢进入邹国。邹、鲁两国的臣子，国君生前不能够好好地事奉供养，国君死后又不能周备地助成丧仪，然而想要在邹、鲁行天子之礼，邹、鲁的臣子们终于拒绝齐湣王的要求。如今，秦国是拥有万辆战车的国家，梁国也是拥有万辆战车的国家。都是拥有万辆战车的大国，又各有称王的名分，梁国只看秦国打了一次胜仗，就要顺从地拥护它称帝，这就使得梁国的大臣比不上邹、鲁的奴仆、卑妾了。况且秦国不会仅止于称帝，它还会更换诸侯的执政大臣。他将要罢免他认为不肖的，换上他认为贤能的人，罢免他憎恶的，任用他所喜爱的。他还要让他的女儿和擅于搬弄事非的姬妾，嫁给诸侯做妃姬，住在梁国的宫殿里。魏王怎么能够安安稳稳地生活呢？而将军您又怎么能够得到原先的宠信呢？”

于是，新垣衍站起来，向鲁仲连拜了两次，谢罪说：“我当初认为先生是个平庸的人，今天才知道先生是天下的高士。我请求离开赵国，不敢再谈尊秦王为帝的事了。”秦军主将听到这个消息，为此把军队后撤了五十里。恰好魏公子无忌夺得了晋鄙的军权率领军队来援救赵国，攻击秦军，秦军于是撤离而去。

这件事过后，平原君要封赏鲁仲连，鲁仲连再三辞让，最终不肯接受。平原君就设酒宴招待他，喝到尽兴时，平原君起身向前，献上千金酬谢鲁仲连。鲁仲连笑着说：“天下的高士高贵之处在于，替别人排除祸患，解除危难，解决纠纷而不取报酬。如果收取酬劳，那就成了生意人的行为，我鲁仲连不忍心那样做。”于是辞别平原君离开了，终身不再相见。

此后二十多年，燕军将领攻克聊城。聊城有人在燕王面前说燕军将领的坏话，燕军将领害怕被诛杀，就据守聊城不敢回去。齐国田单攻打聊城一年多，士兵们死了很多，却攻不下聊城。鲁仲连就写了一封信，系在箭上射进城中给燕将。信上写道：

“我听说，明智的人不违背时机而放弃利益，勇士不回避死亡而毁坏名声，忠臣不先顾及自己后顾及国君。如今您发泄一时的气忿，不顾及燕王失去臣子，是不忠；丧失生命，丢掉聊城，威名不能在齐国伸张，是不勇；功业失败，名声破灭，后世无人称颂，是不智。有这三种情况，当世的君主不用他作臣子，游说之士不会为之记载，所以聪明的人不犹豫不决，勇士不怕死。如今是生死荣辱，贵贱尊卑的关键时刻，这种时机不会第二次出现，希望您周详考虑而不要和俗人一般见识。

况且，楚国进攻齐国的南阳，魏国攻打平陆，而齐国并没有南向反攻的考虑，认为丢掉南阳的损失小，比不上夺得济北的利益大，所以做出这样的决策来审慎处置此事。如今秦国派出军队，魏国不敢向东进军；连横秦国的局势形成后，楚国的形势就危急了；齐国放弃南阳，断弃右边的国土，平定济北，这样的计策还是可行的。况且齐国决心夺回聊城，您就不要再犹豫了。现在楚、魏交相从齐国撤兵，而燕国救兵又没到。凭借齐国全部的兵力，不谋攻天下，却全力攻打聊城，如果还要据守已经围困了一年的残破的聊城，我看您是得不到的。而且燕国发生动乱，君臣束手无策，上下迷惑，栗腹带领十万大军在国外连续打了五次败仗，拥有万辆兵车的大国却被赵国包围，土地削减，国君被困，被天下人耻笑。国家破败，祸患多发，民心涣散。现在，您又用聊城疲惫的百姓抵抗整个齐国的军队，这如同墨翟守城一样。吃人肉以充饥，烧人骨以为柴，士兵却没有叛离外敌之心，这如同孙膑的军队一样。您的能力已在天下显现。虽然如此，为您考虑，不如保全兵力以报答燕国。兵力完好地回到燕国，燕王一定很高兴；身体完好地回归祖国，百姓好像重见父母，朋友们都会激奋地在民间称赞、评议你，你的功业可得以显扬。对上辅佐国君来统领群臣；对下抚养百姓又资助游说之士，矫正国事，更改民风，功业和名声都可以建立。如果没有这种想法，就放弃燕国，摒弃世俗，向东到齐国云游。齐国会割裂土地给你确定封邑，使您富贵得可以和魏冉、卫鞅相比，世世代代封侯称孤，和齐国长久并存，这又是一种办法。这两种方案，都能使名声显扬，实惠丰厚，希望您周密考虑，审慎选择其中一条。

我听说，谋求小节的人不能成就荣耀的名声，害怕小耻的人不能建立大的功业。从前管仲射中桓公的衣带钩，是篡夺君位；放弃公子纠而不能随他去死，是怯懦；身带刑具被囚禁，是耻辱。如果具有这三种情况的人，国君不用他作臣子而且乡亲们不会跟他来往。当初假使管子长期囚禁死在牢狱而不能返回齐国，那么也不免落个行为耻辱、卑贱的名声。连奴卑和他同名都感到羞耻，何况普通人呢！所以管仲不因为身在牢狱感到羞耻，却以天下不能太平感到耻辱，不以未能随公子纠去死感到耻辱，却以不能在诸侯中显扬威名感到耻辱，因此他虽然兼有三种过失，却辅佐齐桓公成为五霸之首，他的名声比天下任何人都高，而他的光辉照耀着邻国。曹沫作为鲁国的将领，多次打仗多次败逃，丢掉了五百里的土地。当初假使曹沫不反复仔细地考虑，仓促计议就刎颈自杀，那么，也不免落下被擒败将的丑名。曹沫不顾多次败逃的羞耻，却回来和鲁君计议。趁桓公大会天下诸侯的机会，曹沫凭借一把短剑，在会盟的坛台上逼近桓公的心窝，脸色不变，言辞不乱，多次战败丢掉的土地，一个早晨就收回来，使天下震动，诸侯惊骇，使鲁国的威名远播吴、越。像这二位志士，不是不能顾全小的名节和廉耻，认为身亡名灭，弃世断后，功业就不能建立，这不是聪明的做法。因此摒弃一时激愤之恨，树立终身的威名；放弃一时愤怒之操，奠定世世代代的功业。所以这些业绩和三王的功业争相流传而名声和天地共存。希望您选择其中一种实行。”

燕将看了鲁仲连的信，哭了多日，犹豫不能自我决断。想返回燕国，已经产生了嫌隙，怕被诛杀；想投降齐国，在齐国杀死和俘虏的人太多了，恐怕投降后被污辱。他长长地叹息说：“与其让别人杀死我，不如自杀。”燕将就自杀了。聊城大乱，于是田单血洗聊城。回来向齐王报告鲁仲连的事，想要封他爵位。鲁仲连已经潜逃到海边隐居了，他说：“与其富贵而屈身事奉于人，我宁愿贫贱地生活而轻视世俗放任自由。”

（王　勇　注译）

卷八十四　屈原贾生列传第二十四

注释查阅　译文诵读

屈原者，名平，楚之同姓也。为楚怀王左徒[1]。博闻强志[2]，明于治乱，娴于辞令[3]。入则与王图议国事，以出号令；出则接遇宾客，应对诸侯。王甚任之。

上官大夫与之同列[4]，争宠而心害其能[5]。怀王使屈原造为宪令，屈平属草稿未定[6]。上官大夫见而欲夺之，屈平不与，因谗之曰："王使屈平为令，众莫不知，每一令出，平伐其功[7]，以为'非我莫能为'也。"王怒而疏屈平。

屈平疾王听之不聪也，馋谄之蔽明也，邪曲之害公也，方正之不容也，故忧愁幽思而作《离骚》。离骚者，犹离忧也[8]。夫天者，人之始也；父母者，人之本也。人穷则反本[9]，故劳苦倦极，未尝不呼天也；疾痛惨怛[10]，未尝不呼父母也。屈平正道直行，竭忠尽智以事其君，谗人间之[11]，可谓穷矣。信而见疑，忠而被谤，能无怨乎？屈平之作《离骚》，盖自怨生也。《国风》好色而不淫[12]，《小雅》怨诽而不乱[13]，若《离骚》者，可谓兼之矣。上称帝喾，下道齐桓，中述汤武，以刺世事。明道德之广崇，治乱之条贯[14]，靡不毕见[15]。其文约[16]，其辞微[17]，其志洁，其行廉，其称文小而其指极大[18]，举类迩而见义远[19]。其志洁，故其称物芳[20]。其行廉，故死而不容。自疏[21]濯淖污泥之中[22]，蝉蜕于浊秽[23]，以浮游尘埃之外，不获世之滋垢[24]，皭然泥而不滓者也[25]。推此志也，虽与日月争光可也。

屈平既绌[26]，其后秦欲伐齐，齐与楚从亲[27]，惠王患之，乃令张仪详去秦[28]，厚币委质事楚[29]，曰："秦甚憎齐，齐与楚从亲，楚诚能绝齐，秦愿献商、於之地六百里[30]。"楚怀王贪而信张仪，遂绝齐，使使如秦受地。张仪诈之曰："仪与王约六里，不闻六百里。"楚使怒去，归告怀王。怀王怒，大兴师伐秦。秦发兵击之，大破楚师于丹、淅，斩首八万，虏楚将屈匄，遂取楚之汉中地。怀王乃悉发国中兵以深入击秦，战于蓝田，魏闻之，袭楚至邓。楚兵惧，自秦归。而齐竟怒不救楚，楚大困。

明年，秦割汉中地与楚以和。楚王曰："不愿得地，愿得张仪而甘心焉。"张仪闻，乃曰："以一仪而当汉中地[31]，臣请往如楚。"如楚，又因厚币用事者臣靳尚，而设诡辩于怀王之宠姬郑袖。怀王竟听郑袖，复释去张仪。是时屈平既疏，不复在位，使于齐，顾反[32]，谏怀王曰："何不杀张仪？"怀王悔，追张仪不及。

其后诸侯共击楚，大破之，杀其将唐眜。

时秦昭王与楚婚，欲与怀王会。怀王欲行，屈平曰："秦虎狼之国，不可信，不如毋行。"怀王稚子子兰劝王行："奈何绝秦欢！"怀王卒行。入武关，秦伏兵绝其后，因留怀王，以求割地。怀王怒，不听。亡走赵，赵不内[33]。复之秦，竟死于秦而归葬。

长子顷襄王立，以其弟子兰为令尹。楚人既咎子兰以劝怀王入秦而不反也。

屈平既嫉之，虽放流，眷顾楚国，系心怀王，不忘欲反，冀幸君之一悟[34]，俗之一改也。其存君兴国而欲反覆之[35]，一篇之中三致志焉。然终无可奈何，故不可以反，卒以此见怀王之终不悟也。人君无愚智贤不肖，莫不欲求忠以自为，举贤以自佐，然亡国破家相随属，而圣君治国累世而不见者，其所谓忠者不忠，而所谓贤者不贤也。怀王以不知忠臣之分，故内惑于郑袖，外欺于张仪，疏屈平而信上官大夫、令尹子兰。兵挫地削，亡其六郡，身客死于秦，为天下笑。此不知人之祸也。《易》曰[36]："井泄不食[37]，为我心恻，可以汲。王明，并受其福。"王之不明，岂足福哉！

令尹子兰闻之大怒，卒使上官大夫短屈原于顷襄王[38]，顷襄王怒而迁之[39]。

屈原至于江滨，被发行吟泽畔[40]。颜色憔悴，形容枯槁。渔父见而问之曰："子非三闾大夫欤[41]？何故而至此？"屈原曰："举世混浊而我独清，众人皆醉而我独醒，是以见放[42]。"渔父曰："夫圣人者，不凝滞于物而能与世推移。举世混浊，何不随其流而扬其波？众人皆醉，何不餔其糟而啜其醨[43]？何故怀瑾握瑜而自令见放为[44]？"屈原曰："吾闻之，新沐者必弹冠，新浴者必振衣，人又谁能以身之察察[45]，受物之汶汶者乎[46]！宁赴常流而葬乎江鱼腹中耳，又安能以皓皓之白而蒙世俗之温蠖乎[47]！"

乃作《怀沙》之赋[48]。……于是怀石，遂自投汨罗以死[49]。

屈原既死之后，楚有宋玉、唐勒、景差之徒者[50]，皆好辞而以赋见称；然皆祖屈原之从容辞令[51]，终莫敢直谏，其后楚日以削，数十年竟为秦所灭。

自屈原沉汨罗后百有余年，汉有贾生，为长沙王太傅，过湘水，投书以吊屈原[52]。

太史公曰：余读《离骚》《天问》《招魂》《哀郢》[53]，悲其志。适长沙，观屈原所自沉渊，未尝不垂涕，想见其为人。及见贾生吊之，又怪屈原以彼其材，游诸侯，何国不容，而自令若是。读《鹏鸟赋》[54]，同死生，轻去就[55]，又爽然自失矣[56]。

【译文】

屈原，名平，与楚国的王族同姓。他担任过楚怀王的左徒。学识广博，记忆力很强，通晓国家治理之道，熟悉外交应对辞令。因此，他入朝就与怀王谋划商议国事、制定政令；对外就接待各国宾客，应酬诸侯。怀王很信任他。

上官大夫和他同在朝列，想争得怀王的宠信，因而心中嫉妒屈原的才能。怀王让屈原制定法令，屈原起草了初稿尚未修定，上官大夫见了就想据为己有，屈原不同意，他就向怀王诋毁屈原说：“大王您命屈原制定法令，大家没有不知道的，每一项法令颁布，屈原就夸耀自己的功劳说：‘除了我，没有人能制定这些法令。’”怀王听了很生气，就疏远了屈原。

屈原痛心怀王惑于小人之言而听不进忠言，又因谗佞谄媚之徒的蒙蔽而不能辨明真伪，致使邪恶的小人得以陷害公正之人，端方正直的君子则不为朝廷所容，所以忧愁苦闷，写下了《离骚》。所谓离骚，就是遭遇忧患。天是人类的原始，父母是人类的根本。人处于困境就会追念本源，所以当人到了极度劳苦疲倦之时，没有不叫天的；当人遇到无法承受的病痛之时，没有不叫父母的。屈原公正耿直，对君王竭忠尽智，却不幸遭谗邪小人的离间，可以说是极度困窘了。诚信却被怀疑，忠心却被诽谤，还能够没有怨恨吗？屈原写《离骚》，正是为了发泄心中的怨愤。《诗经·国风》虽然多描写男女爱情，但并不过分而失当。《小雅》虽然多讥讽、指责，但并不宣扬作乱。像《离骚》，可以说是兼具二者的长处。它往上称赞帝喾的丰功，近世称述齐桓公的伟业，中间称述商汤、周武王的事迹，用这些史实讽刺当时的政事。阐明道德的深广崇高，国家治乱兴亡的前因后果，这些讲述完整详细。他文笔简约，内容深邃，他志趣高洁，行为廉正。《离骚》文字描写虽然是寻常事物，但它的旨趣却宏大博深，所举的事例虽然浅近，而寓意深刻。他志趣高洁，所以多以香草为喻；他行为廉正，所以到死也不乞求宽容。他独自远离污泥浊水，就像蝉脱壳一样从浊秽中摆脱，浮游在尘世之外，不受浊世的玷污，保持皎洁的品质，可谓出淤泥而不染。由此推断屈原的志向，即使与日月争辉也是可以的。

屈原被贬官了。后来秦国准备攻打齐国，齐国与楚国结成合纵联盟相亲善，秦惠王为此很担忧。就派张仪假装背叛秦国，带着厚礼和信物呈献给楚王，对怀王说：“秦国非常憎恨齐国，齐国与楚国却合纵交好，如果楚国确实能和齐国绝交，秦国愿意献上商、於一带的六百里土地。”楚怀王贪图厚礼和土地，相信了张仪，就与齐国绝交，然后派使者到秦国接受土地。张仪抵赖说：“我和楚王约定的是六里，没有听说过六百里。”楚国使者愤怒地离开秦国，回去报告怀王。怀王大怒，于是大规模出动军队去讨伐秦国。秦国发兵反击，在丹水和淅水一带大破楚军，杀了八万楚兵，俘虏了楚国大将屈匄，攻取了楚国的汉中一带。怀王又发动全国的兵力，深入秦国腹地，与秦军激战于蓝田。魏国听到这一情况，乘机袭击楚国，一直打到邓地。楚军恐惧，于是从秦国撤军。齐国因为怀恨楚国的背信弃义，不来援救，楚国处境极端困窘。

第二年，秦国割取汉中之地与楚国议和。楚王说：“我不愿意要土地，只希望得到张仪就甘心了。”张仪听说后，就说：“以一个张仪来换取汉中地区，我请求到楚国去。”张仪到了楚国，又用丰厚的礼品贿赂当权的大臣靳尚，通过他在怀王宠姬郑袖面前编造了一套谎话。怀王竟然听信郑袖，又放走了张仪。此时屈原已被怀王疏远，不在朝中任职，而是出使在齐国，他返回后，劝谏怀王说：“为什么不杀了张仪？”怀王很后悔，派人去追张仪，但已经来不及了。

后来，各诸侯国联合攻打楚国，大败楚军，杀了楚将唐眛。

这时，秦昭王与楚国通婚，要求和怀王会面。怀王想去，屈原说：“秦国是虎狼一样凶残的国家，不可信任，不如不去。”怀王的小儿子子兰却劝怀王去，说：“怎么可以断绝与秦国的友好关系呢！”怀王最终前往。等怀王一进入武关，秦国的伏兵就截断了他的后路，并扣留怀王，强求割让土地。怀王很愤怒，没有答应秦国的要挟。后来，他逃往赵国，赵国不肯接纳。只好又到秦国，最后死在了秦国，遗体被运回楚国安葬。

怀王的长子顷襄王即位，他封弟弟子兰为令尹。楚国人都抱怨子兰，因为他劝怀王入秦而最终未能生还。

屈原也为此怨恨子兰，虽然流放在外，仍然眷恋着楚国，心里挂念怀王，念念不忘返回朝廷。他希望国君有朝一日能够醒悟，一改当时的流俗。屈原心存君王，想将楚国的危险局面扭转过来，一篇作品中反复表现出这种心愿。然而最终无可奈何，没有能返回朝廷。由此可见，怀王至死没有觉悟啊。君主无论愚笨或明智、贤明或不肖，没有不渴望求得忠臣来效忠自己、选拔贤才来辅助自己的。然而国家破亡的事却接连发生，而圣明君主治理好国家的事却好多代都没有出现，这是因为所谓的忠臣并不忠，所谓的贤臣并不贤。怀王因为不明白忠臣的职分，所以在内被郑袖迷惑，在外被张仪欺骗，放逐了屈原而信任上官大夫和令尹子兰，结果楚军战败，楚地被割，失去了六个郡，自己也客死在秦国，为天下人所耻笑。这是不知人的灾祸啊。《易经》说：“井淘干净了，却无人喝井水，真是让人难过，因为井水本是供人喝的。如果君王贤明，那么天下人都能得到幸福。”倘若君王不贤明，哪里还谈得上幸福！

令尹子兰得知屈原怨恨他，非常愤怒，最终让上官大夫在顷襄王面前说屈原的坏话。顷襄王发怒，并放逐了屈原。

屈原来到江边，披头散发，在水湖畔一边走一边悲吟。他脸色憔悴，形体面貌像枯死的树木。一个渔父看到了就问他说：“您不是三闾大夫吗？为什么来到这儿啊？”屈原说：“全世界都混浊了，只有我一人清白；众人都沉醉了，只有我一人清醒。因此我被放逐了。”渔父说：“贤哲的人，不受外界事物的束缚，而能够随着世俗变化而变化。全世界都混浊了，您为什么不随波逐流呢？众人都沉醉了，您为什么不吃点酒糟、喝点薄酒呢？为什么要怀抱美玉一般的品质，而使自己被放逐呢？”屈原说：“我听说，刚洗过头的人一定会弹去帽上的灰沙，刚洗过澡的人一定会抖掉衣上的尘土。谁能让自己清白的身体蒙受外物的污染呢！我宁愿投身江水而葬身鱼腹。又怎么能让自己高洁的品质去蒙受世俗的污染呢！”

于是他写了《怀沙》赋。……此后就抱着石头，自投汨罗江而死。

屈原死后，楚国有宋玉、唐勒、景差这些人，他们都爱好文学而以善作赋著称。然而他们都只能效法屈原辞令委婉含蓄的一面，始终不敢像屈原那样直言进谏。在这以后，楚国一天天削弱，数十年后最终被秦国灭亡。

自从屈原自沉汨罗江后一百多年，汉代有个贾谊，担任长沙王的太傅。他路过湘水时，写了文章，并将其投入江中以凭吊屈原。

太史公说：我读《离骚》《天问》《招魂》《哀郢》，为屈原的志向不能实现而悲伤。我到长沙，经过屈原自沉的地方，未尝不痛哭流涕，追怀他的为人。后来看到贾谊凭吊他的文章《吊屈原赋》，又责怪屈原如果以他的才能去游说诸侯，有哪一个国家不会容纳他呢，却让自己陷入了绝境！读了贾谊的《鹏鸟赋》，把生和死等同看待，对罢官和入仕一样轻视，这又使我感到茫然无主了。

（王华宝　注译）

卷八十五
吕不韦列传第二十五

注释查阅　译文诵读

吕不韦者，阳翟大贾人也[1]。往来贩贱卖贵，家累千金[2]。

秦昭王四十年，太子死。其四十二年，以其次子安国君为太子。安国君有子二十余人。安国君有所甚爱姬，立以为正夫人[3]，号曰华阳夫人。华阳夫人无子。安国君中男名子楚[4]，子楚母曰夏姬，毋爱[5]。子楚为秦质子于赵[6]。秦数攻赵，赵不甚礼子楚[7]。

子楚，秦诸庶孽孙[8]，质于诸侯，车乘进用不饶[9]，居处困，不得意。吕不韦贾邯郸，见而怜之，曰："此奇货可居"。[10]乃往见子楚，说曰："吾能大子之门。"子楚笑曰："且自大君之门，而乃大吾门！"吕不韦曰："子不知也，吾门待子门而大。"子楚心知所谓，乃引与坐，深语[11]。吕不韦曰："秦王老矣，安国君得为太子。窃闻安国君爱幸华阳夫人，华阳夫人无子，能立適嗣者[12]独华阳夫人耳。今子兄弟二十余人，子又居中，不甚见幸，久质诸侯。即大王薨[13]，安国君立为王，则子毋几得与长子及诸子旦暮在前者争为太子矣[14]。"子楚曰："然。为之奈何？"吕不韦曰："子贫，客于此，非有以奉献于亲及结宾客也[15]。不韦虽贫，请以千金为子西游，事安国君及华阳夫人，立子为適嗣。"子楚乃顿首曰："必如君策，请得分秦国与君共之。"

吕不韦乃以五百金与子楚，为进用，结宾客；而复以五百金买奇物玩好，自奉而西游秦，求见华阳夫人姊，而皆以其物献华阳夫人。因言子楚贤智[16]，结诸侯宾客遍天下，常曰："楚也以夫人为天[17]，日夜泣思太子及夫人"。夫人大喜。不韦因使其姊说夫人曰："吾闻之，以色事人者，色衰而爱弛。今夫人事太子，甚爱而无子，不以此时蚤自结于诸子中贤孝者[18]，举立以为適而子之，夫在则重尊，夫百岁之后，所子者为王[19]，终不失势，此所谓一言而万世之利也。不以繁华时树本[20]，即色衰爱弛，后虽欲开一语，尚可得乎？今子楚贤，而自知中男也，次不得为適，其母又不得幸，自附夫人，夫人诚以此时拔以为適，夫人则竟世有宠于秦矣。"[21]华阳夫人以为然，承太子闲，从容言子楚质于赵者绝贤，来往者皆称誉之。乃因涕泣曰："妾幸得充后宫，不幸无子，愿得子楚立以为適嗣，以托妾身。”安国君许之，乃与夫人刻玉符[22]，约以为適嗣。安国君及夫人因厚馈遗子楚[23]，而请吕不韦傅之，子楚以此名誉益盛于诸侯。

吕不韦取邯郸诸姬绝好善舞者与居[24]，知有身[25]。子楚从不韦饮，见而说之[26]，因起为寿[27]，请之[28]。吕不韦怒，念业已破家为子楚，欲以钓奇[29]，乃遂献其姬。姬自匿有身，至大期时[30]，生子政。子楚遂立姬为夫人。

秦昭王五十年，使王齮围邯郸，急，赵欲杀子楚。子楚与吕不韦谋，行金六百斤予守者吏[31]，得脱，亡赴秦军，遂以得归。赵欲杀子楚妻子，子楚夫人，赵豪家女也，得匿，以故母子竟得活。秦昭王五十六年，薨，太子安国君立为王，华阳夫人为王后，子楚为太子。赵亦奉子楚夫人及子政归秦。

秦王立一年，薨，谥为孝文王。太子子楚代立，是为庄襄王[32]。庄襄王所母华阳后为华阳太后[33]，真母夏姬尊以为夏太后[34]。庄襄王元年，以吕不韦为丞相，封为文信侯，食河南雒阳十万户。

庄襄王即位三年，薨，太子政立为王，尊吕不韦为相国[35]，号称“仲父”[36]。秦王年少，太后时时窃私通吕不韦。不韦家僮万人。

当是时，魏有信陵君，楚有春申君，赵有平原君，齐有孟尝君，皆下士喜宾客以相倾[37]。吕不韦以秦之强，羞不如[38]，亦招致士，厚遇之，至食客三千人。是时诸侯多辩士[39]，如荀卿之徒，著书布天下。吕不韦乃使其客人人著所闻，集论以为八览、六论、十二纪，二十余万言。以为备天地万物古今之事，号曰《吕氏春秋》。布咸阳市门，悬千金其上，延诸侯游士宾客有能增损一字者予千金[40]。

始皇帝益壮[41]，太后淫不止。吕不韦恐觉祸及己，乃私求大阴人嫪毐以为舍人[42]，时纵倡乐，使毐以其阴关桐轮而行[43]，令太后闻之，以啗太后[44]。太后闻，果欲私得之。吕不韦乃进嫪毐，诈令人以腐罪告之[45]。不韦又阴谓太后曰：“可事诈腐，则得给事中。”太后乃阴厚赐主腐者吏，诈论之[46]，拔其须眉为宦者，遂得侍太后。太后私与通，绝爱之。有身，太后恐人知之，诈卜当避时[47]，徙宫居雍。嫪毐常从，赏赐甚厚，事皆决于嫪毐。嫪毐家僮数千人，诸客求宦为嫪毐舍人千余人。

始皇七年，庄襄王母夏太后薨。孝文王后曰华阳太后，与孝文王会葬寿陵[48]。夏太后子庄襄王葬芷阳，故夏太后独别葬杜东，曰：“东望吾子，西望吾夫。后百年，旁当有万家邑”。

始皇九年，有告嫪毐实非宦者，常与太后私乱[49]，生子二人，皆匿之。与太后谋曰“王即薨，以子为后”。于是秦王下吏治[50]，具得情实[51]，事连相国吕不韦。九月，夷嫪毐三族[52]，杀太后所生两子，而遂迁太后于雍。诸嫪毐舍人皆没其家而迁之蜀[53]。王欲诛相国，为其奉先王功大，及宾客辩士为游说者众，王不忍致法[54]。

秦王十年十月，免相国吕不韦。及齐人茅焦说秦王，秦王乃迎太后于雍，归复咸阳[55]，而出文信侯就国河南。

岁余，诸侯宾客使者相望于道，请文信侯[56]。秦王恐其为变，乃赐文信侯书曰："君何功于秦？秦封君河南，食十万户。君何亲于秦？号称仲父。其与家属徙处蜀[57]！"吕不韦自度稍侵，恐诛，乃饮酖而死[58]。秦王所加怒吕不韦、嫪毐皆已死，乃皆复归嫪毐舍人迁蜀者。

始皇十九年，太后薨，谥为帝太后，与庄襄王会葬茝阳[59]。

太史公曰：不韦及嫪毐贵[60]，封号文信侯。人之告嫪毐，毐闻之。秦王验左右[61]，未发。上之雍郊[62]，毐恐祸起，乃与党谋矫太后玺发卒以反蕲年宫[63]。发吏攻毐，毐败亡走，追斩之好畤，遂灭其宗。而吕不韦由此绌矣[64]。孔子之所谓"闻"者[65]，其吕子乎。

【译文】

吕不韦是阳翟的大商人，他往来各地，以低价买进，高价卖出，所以积累起千金的家产。

秦昭王四十年，太子去世了。到了昭王四十二年，他把他第二个儿子安国君立为太子。而安国君有二十多个儿子。安国君有个非常宠爱的妃子，立她为正夫人，称之为华阳夫人。华阳夫人没有儿子。安国君有个排行居中的儿子名叫子楚，子楚的母亲叫夏姬，不受宠爱。子楚作为秦国的人质被派到赵国。秦国多次攻打赵国，赵国对子楚也不以礼相待。

子楚是秦王庶出的孙子，在赵国当人质，他乘的车马和日常的财用都不富足，生活困窘，很不得意。吕不韦到邯郸去做生意，见到子楚后非常喜欢，说："子楚就像一件奇货，可以囤积居奇，以待高价售出。"于是他就前去拜访子楚，对他游说道："我能光大你的门庭。"子楚笑着说："你姑且先光大自己的门庭，然后再来光大我的门庭吧！"吕不韦说："你不懂啊，我的门庭要等待你的门庭光大了才能光大。"子楚心知吕不韦所言之意，就拉他坐在一起深谈。吕不韦说："秦王已经老了，安国君被立为太子。我私下听说安国君非常宠爱华阳夫人，华阳夫人没有儿子，能够选立太子的只有华阳夫人一个。现在你的兄弟有二十多人，你又排行中间，不受秦王宠幸，长期被留在诸侯国当人质，即使是秦王死去，安国君继位为王，你也不要指望同你长兄和早晚都在秦王身边的其他兄弟们争太子之位啦。"子楚说："是这样，但该怎么办呢？"吕不韦说："你很贫窘，又客居在此，也没有条件拿出什么来献给亲人，结交宾客。我吕不韦虽然不富有，但愿意拿出千金来为你西去秦国游说，侍奉安国君和华阳夫人，让他们立你为太子。"子楚于是叩头拜谢道："如果实现了您的计划，我愿意分秦国的土地和您共享。"

吕不韦于是拿出五百金送给子楚，作为日常生活和结交宾客的费用；又拿出五百金买珍贵奇异的玩物，自己带着西去秦国游说，先拜见华阳夫人的姐姐，把带来的东西统统献给华阳夫人。顺便谈及子楚聪明贤能，所结交的诸侯宾客，遍布天下，常常说“子楚把夫人看成天一般，日夜哭泣思念太子和夫人”。夫人非常高兴。吕不韦乘机又让华阳夫人姐姐劝说华阳夫人道：“我听说用美色来事奉别人的，一旦美色衰减，宠爱也会随之减少。现在夫人事奉太子，非常受到宠爱，却没有子嗣，不如趁这时早些在太子的儿子中结交一个有才能而孝顺的人，立他为继承人并且像亲生儿子一样对待他。丈夫在世时受到重视、尊敬，丈夫去世后，自己立的儿子继位为王，最终也不会失去权势，这就是人们所说的一句话能得到万世的好处啊。不在容貌美丽之时树立根本，假使等到美色衰减，宠爱减少后，虽然想和太子说上一句话，还有可能吗？现在子楚贤能，而自己也知道排行居中，按次序是不能被立为继承人的，而他的生母又不受宠爱，自己主动依附于夫人，夫人若真能在此时提拔他为继承人，那么夫人您一生在秦国都要受到尊崇啦。”华阳夫人认为是这样，就趁太子方便的时候，委婉地谈到在赵国做人质的子楚非常贤能，来往的人都称赞他。接着就哭着说：“我有幸能填充后宫，但非常遗憾的是没有儿子，我希望能立子楚为继承人，以便我日后有个依靠。”安国君答应了，就和夫人刻下玉符作为信物，约定立子楚为继承人，安国君和华阳夫人因此送了好多礼物给子楚，并且请吕不韦当他的老师，子楚因此在诸侯中的名声越来越大。

吕不韦娶了邯郸女伎中非常漂亮而又善于跳舞的一位女子，知道她怀有身孕。子楚有一次跟随吕不韦饮酒，看到此女后非常喜欢，就站起来向吕不

韦敬酒，请求把此女赐给他。吕不韦很生气，但转念想到，已经为子楚破费家产，为了以此女诱钓奇货，于是献出这个女子。此女隐瞒了自己怀孕在身，到胎儿足月后，生下儿子名政。子楚就立此女为夫人。

秦昭王五十年，派王齮围攻邯郸，形势危急，赵国想杀掉子楚。子楚就和吕不韦商议，贿赂六百斤金子给守城官吏，得以脱身，逃到秦军中，这才得以回国。赵国想要杀子楚的妻子和儿子，子楚的夫人是赵国富豪人家的女儿，才得以隐藏起来，因此母子二人终得活命。秦昭王五十六年（前251），昭王去世了，太子安国君继位为王，华阳夫人为王后，子楚为太子。赵国也护送子楚的夫人和儿子嬴政回到秦国。

秦王继位一年之后去世，谥号为孝文王。太子子楚继位为君，这就是庄襄王。庄襄王尊奉的母亲华阳王后为华阳太后，亲生母亲夏姬被尊称为夏太后。庄襄王元年，任命吕不韦为丞相，封为文信侯，把河南洛阳十万户封给他作为食邑。

庄襄王即位三年之后去世，太子嬴政继立为王，尊奉吕不韦为相国，尊称他为“仲父”。秦王年纪还小，太后常常偷偷和吕不韦私通。吕不韦家有奴仆万人。

当此之时，魏国有信陵君，楚国有春申君，赵国有平原君，齐国有孟尝君，他们都以礼贤下士、结交宾客来相竞高下。吕不韦认为秦国如此强大，把不如他们当成耻辱，所以他也招来了士人，优厚地对待他们，以至于门下食客多达三千人。此时各诸侯国有许多才辩之士，如荀卿等人，著书立说，流传天下。吕不韦于是命令他的食客各自将所见所闻记录下来，编订成为八览、六论、十二纪，共二十多万字。吕不韦自己认为它包罗了天地万物从古至今的事理，所以号称《吕氏春秋》。并将之刊布在咸阳街市的城门上，上面悬挂着一千金的赏金，邀请各诸侯国的游士宾客，如有人能增减一个字，就给予他一千金。

秦始皇越来越大了，但太后一直淫乱不止。吕不韦担心事情被发觉，灾祸会降临到自己身上，就暗中找到一个生殖器特别大的人嫪毒作为门客，经常纵情歌舞娱乐，命嫪毒用他的阴茎挑着桐木轮行走，并让太后知道此事，以此事引诱她。太后听说之后，果真想偷偷占有他。吕不韦就进献嫪毒，假装让人告发他犯下了该受宫刑的罪。吕不韦又暗中对太后说：“你可以让嫪毒假装受了宫刑，就可以在宫廷内做事。”太后就偷偷地送给主管宫刑的官吏许多赏赐，假装处罚嫪毒，拔掉他的胡须、眉毛冒充宦官，于是得以事奉太后。太后暗地和他通奸，非常喜爱他。不久就怀孕了，太后恐怕别人知道这件事，假称算卦不吉，需要暂时离开宫廷，以避灾祸，就移居到雍地的离宫中。嫪毒总是随从左右，所受的赏赐非常优厚，事事都由嫪毒决定。嫪毒家中的奴仆多达几千人。那些为求得官位来当嫪毒家门客的多达千余人。

秦始皇七年，庄襄王的生母夏太后去世。孝文王后是华阳太后，和孝文王合葬在寿陵。夏太后的儿子庄襄王埋葬在芷阳，所以夏太后另外单独埋葬在杜原的东面，称“向东可以看到我的儿子，向西可以看到我的丈夫。在百年之后，旁边一定会有一个万户人家的城邑”。

秦始皇九年，有人告发嫪毐实际并不是宦官，常常和太后私通，已生下两个儿子，都把他们藏了起来，嫪毐还和太后谋议说“如果秦王去世，就立他的儿子为王”。于是秦始皇命法官严查，把事情真相全部弄清，事情牵连到相国吕不韦。这年九月，尽杀嫪毐家三族，又杀太后所生的两个儿子，并把太后迁到雍地居住。嫪毐家的食客们都被没收家产，迁往蜀地。秦王想杀掉相国吕不韦，但因他事奉先王功劳极大，又有许多宾客辩士为他求情，秦王不忍心对他以法治罪。

秦始皇十年十月，免去相国吕不韦的职务。等到齐人茅焦劝说秦王，秦王才到雍地迎接太后，使她又回归咸阳，但赶出吕不韦到河南的封地。

又过了一年多，各诸侯国的宾客使者在道路上络绎不绝，前来问候吕不韦。秦王担心他叛乱，就写信给吕不韦说：“你对秦国有何功劳？秦国封你在河南，食邑十万户。你和秦国有什么亲缘？而号称仲父。你与家属都迁到蜀地去居住吧！”吕不韦感到自己逼得更紧，害怕被杀，就喝下毒酖酒而死。秦王所痛恨的吕不韦、嫪毐都已死去，就让迁徙到蜀地的嫪毐门客都回到京城。

秦始皇十九年，太后去世，谥号为帝太后。与庄襄王合葬在芷阳。

太史公说：吕不韦连带着嫪毐一起显贵，吕不韦封号文信侯。有人告发嫪毐，嫪毐听到此事。秦始皇查讯太后、嫪毐周围的人，还未公开声张。秦王到雍地祭天，嫪毐害怕灾祸降临，就和同党密谋，盗用太后的印玺调集士兵在蕲年宫造反。秦王调动官兵攻打嫪毐，嫪毐失败逃跑，追到好畤将其斩首，于是诛灭他的宗族。而吕不韦也因此被贬斥。孔子所说的“闻人”，大概就是吕不韦这样的人吧！

（王　勇　注译）

卷八十六　刺客列传第二十六

注释查阅　译文诵读

曹沫者，鲁人也，以勇力事鲁庄公。庄公好力。曹沫为鲁将，与齐战，三败北。鲁庄公惧，乃献遂邑之地以和。犹复以为将。

齐桓公许与鲁会于柯而盟。桓公与庄公既盟于坛上，曹沫执匕首劫齐桓公，桓公左右莫敢动，而问曰："子将何欲？"曹沫曰："齐强鲁弱，而大国侵鲁亦以甚矣。今鲁城坏即压齐境，君其图之。"桓公乃许尽归鲁之侵地。既已言，曹沫投其匕首，下坛，北面就群臣之位[1]，颜色不变，辞令如故。桓公怒，欲倍其约[2]。管仲曰："不可。夫贪小利以自快[3]，弃信于诸侯，失天下之援，不如与之。"于是桓公乃遂割鲁侵地，曹沫三战所亡地尽复予鲁。

其后百六十有七年而吴有专诸之事。

专诸者，吴堂邑人也。伍子胥之亡楚而如吴也，知专诸之能。伍子胥既见吴王僚，说以伐楚之利。吴公子光曰："彼伍员父兄皆死于楚而员言伐楚，欲自为报私雠也，非能为吴。"吴王乃止。伍子胥知公子光之欲杀吴王僚，乃曰："彼光将有内志[4]，未可说以外事。"乃进专诸于公子光。

光之父曰吴王诸樊。诸樊弟三人：次曰余祭，次曰夷昧，次曰季子札。诸樊知季子札贤而不立太子，以次传三弟，欲卒致国于季子札。诸樊既死，传余祭。余祭死，传夷昧。夷昧死，当传季子札；季子札逃不肯立，吴人乃立夷昧之子僚为王。公子光曰："使以兄弟次邪，季子当立；必以子乎[5]，则光真适嗣[6]，当立。"故尝阴养谋臣以求立[7]。

光既得专诸，善客待之。九年而楚平王死。春，吴王僚欲因楚丧，使其二弟公子盖余、属庸将兵围楚之灊；使延陵季子于晋，以观诸侯之变。楚发兵绝吴将盖余、属庸路，吴兵不得还。于是公子光谓专诸曰："此时不可失，不求何获！且光真王嗣，当立，季子虽来，不吾废也。"专诸曰："王僚可杀也。母老子弱，而两弟将兵伐楚，楚绝其后。方今吴外困于楚，而内空无骨鲠之臣[8]，是无如我何。"公子光顿首曰："光之身，子之身也。"

四月丙子，光伏甲士于窟室中[9]，而具酒请王僚。王僚使兵陈自宫至光之家，门户阶陛左右，皆王僚之亲戚也[10]。夹立侍，皆持长铍[11]。酒既酣，公子光详为足疾[12]，入窟室中，使专诸置匕首鱼炙之腹中而进之[13]。既至王前，专诸擘鱼[14]，因以匕首刺王僚，王僚立死。左右亦杀专诸，王人扰乱。公子光出其伏甲以攻王僚之徒，尽灭之，遂自立为王，是为阖闾。阖闾乃封专诸之子以为上卿。

其后七十余年而晋有豫让之事。

豫让者，晋人也，故尝事范氏及中行氏，而无所知名。去而事智伯，智伯甚尊宠之。及智伯伐赵襄子，赵襄子与韩、魏合谋灭智伯，灭智伯之后而三分其地。赵襄子最怨智伯，漆其头以为饮器。豫让遁逃山中，曰："嗟乎！士为知己者死，女为说己者容。今智伯知我，我必为报雠而死，以报智伯，则吾魂魄不愧矣。"乃变名姓为刑人[15]，入宫涂厕，中挟匕首，欲以刺襄子。襄子如厕，心动，执问涂厕之刑人，则豫让，内持刀兵，曰："欲为智伯报仇！"左右欲诛之。襄子曰："彼义人也，吾谨避之耳。且智伯亡无后，而其臣欲为报仇，此天下之贤人也。"卒醳去之[16]。

居顷之，豫让又漆身为厉[17]，吞炭为哑[18]，使形状不可知，行乞于市。其妻不识也。行见其友，其友识之，曰："汝非豫让邪？"曰："我是也。"其友为泣曰："以子之才，委质而臣事襄子[19]，襄子必近幸子。近幸子，乃为所欲，顾不易邪[20]？何乃残身苦形，欲以求报襄子，不亦难乎！"豫让曰："既已委质臣事人，而求杀之，是怀二心以事其君也。且吾所为者极难耳！然所以为此者，将以愧天下后世之为人臣怀二心以事其君者也。"

既去，顷之，襄子当出，豫让伏于所当过之桥下。襄子至桥，马惊，襄子曰："此必是豫让也。"使人问之，果豫让也。于是襄子乃数豫让曰[21]："子不尝事范、中行氏乎？智伯尽灭之，而子不为报雠，而反委质臣于智伯。智伯亦已死矣，而子独何以为之报雠之深也？"豫让曰："臣事范、中行氏，范、中行氏皆众人遇我[22]，我故众人报之。至于智伯，国士遇我[23]，我故国士报之。"襄子喟然叹息而泣曰："嗟乎豫子！子之为智伯，名既成矣，而寡人赦子，亦已足矣。子其自为计[24]，寡人不复释子！"使兵围之。豫让曰："臣闻明主不掩人之美，而忠臣有死名之义[25]。前君已宽赦臣，天下莫不称君之贤。今日之事，臣固伏诛，然愿请君之衣而击之，焉以致报雠之意，则虽死不恨。非所敢望也，敢布腹心[26]！"于是襄子大义之[27]，乃使使持衣与豫让。豫让拔剑三跃而击之，曰："吾可以下报智伯矣！"遂伏剑自杀。死之日，赵国志士闻之，皆为涕泣。

其后四十余年而轵有聂政之事。

聂政者，轵深井里人也。杀人避仇，与母、姊如齐，以屠为事。

久之，濮阳严仲子事韩哀侯，与韩相侠累有卻[28]。严仲子恐诛，亡去，游求人可以报侠累者。至齐，齐人或言聂政勇敢士也，避仇隐于屠者之间。严仲子至门请[29]，数反，然后具酒自畅聂政母前[30]。酒酣，严仲子奉黄金百溢[31]，前为聂政母寿。聂政惊怪其厚，固谢严仲子。严仲子固进，而聂政谢曰："臣幸有老母，家贫，客游以为狗屠，可以旦夕得甘毳以养亲[32]。亲供养备，不敢当仲子之赐。”严仲子辟人[33]，因为聂政言曰：“臣有仇，而行游诸侯众矣；然至齐，窃闻足下义甚高，故进百金者，将用为大人粗粝之费[34]，得以交足下之欢，岂敢以有求望邪！”聂政曰：“臣所以降志辱身居市井屠者，徒幸以养老母；老母在，政身未敢以许人也。”严仲子固让，聂政竟不肯受也。然严仲子卒备宾主之礼而去[35]。

久之，聂政母死。既已葬，除服[36]，聂政曰：“嗟乎！政乃市井之人，鼓刀以屠；而严仲子乃诸侯之卿相也，不远千里，枉车骑而交臣[37]。臣之所以待之，至浅鲜矣[38]，未有大功可以称者，而严仲子奉百金为亲寿，我虽不受，然是者徒深知政也[39]。夫贤者以感忿睚眦之意而亲信穷僻之人[40]，而政独安得嘿然而已乎[41]！且前日要政[42]，政徒以老母；老母今以天年终，政将为知己者用。”乃遂西至濮阳，见严仲子曰：“前日所以不许仲子者，徒以亲在；今不幸而母以天年终。仲子所欲报仇者为谁？请得从事焉！”严仲子具告曰：“臣之仇韩相侠累，侠累又韩君之季父也，宗族盛多，居处兵卫甚设，臣欲使人刺之，终莫能就。今足下幸而不弃，请益其车骑壮士可为足下辅翼者。”聂政曰：“韩之与卫，相去中间不甚远，今杀人之相，相又国君之亲，此其势不可以多人，多人不能无生得失[43]，生得失则语泄，语泄是韩举国而与仲子为雠，岂不殆哉！”遂谢车骑人徒。

聂政乃辞，独行杖剑至韩，韩相侠累方坐府上，持兵戟而卫侍者甚众。聂政直入，上阶刺杀侠累，左右大乱。聂政大呼，所击杀者数十人，因自皮面决眼[44]，自屠出肠[45]，遂以死。

韩取聂政尸暴于市，购问莫知谁子[46]。于是韩悬购之[47]，有能言杀相侠累者予千金。久之莫知也。

政姊荣闻人有刺杀韩相者，贼不得，国不知其名姓，暴其尸而悬之千金，乃於邑曰[48]：“其是吾弟与？嗟乎，严仲子知吾弟！”立起，如韩，之市，而死者果政也，伏尸哭，极哀，曰：“是轵深井里所谓聂政者也。”市行者诸众人皆曰：“此人暴虐吾国相，王县购其名姓千金，夫人不闻与？何敢来识之也？”荣应之曰：“闻之。然政所以蒙污辱自弃于市贩之间者，为老母幸无恙，妾未嫁也。亲既以天年下世，妾已嫁夫，严仲子乃察举吾弟困污之中而交之，泽厚矣，可奈何！士固为知己者死，今乃以妾尚在之故，重自刑以绝从[49]，妾其奈何畏殁身之诛[50]，终灭贤弟之名！”大惊韩市人。乃大呼天者三，卒于邑悲哀而死政之旁。

晋、楚、齐、卫闻之，皆曰：“非独政能也，乃其姊亦烈女也。乡使政诚知其姊无濡忍之志[51]，不重暴骸之难[52]，必绝险千里以列其名，姊弟俱僇于韩市者[53]，亦未必敢以身许严仲子也。严仲子亦可谓知人能得士矣！”

其后二百二十余年秦有荆轲之事。

荆轲者，卫人也。其先乃齐人，徙于卫，卫人谓之庆卿。而之燕，燕人谓之荆卿。

荆卿好读书击剑，以术说卫元君，卫元君不用。其后秦伐魏，置东郡，徙卫元君之支属于野王。

荆轲尝游过榆次，与盖聂论剑，盖聂怒而目之。荆轲出，人或言复召荆卿。盖聂曰："曩者吾与论剑有不称者[54]，吾目之；试往，是宜去，不敢留。"使使往之主人，荆卿则已驾而去榆次矣。使者还报，盖聂曰："固去也，吾曩者目摄之[55]！"

荆轲游于邯郸，鲁句践与荆轲博[56]，争道[57]，鲁句践怒而叱之，荆轲默而逃去，遂不复会。

荆轲既至燕，爱燕之狗屠及善击筑者高渐离[58]。荆轲嗜酒，日与狗屠及高渐离饮于燕市，酒酣以往，高渐离击筑，荆轲和而歌于市中，相乐也，已而相泣，旁若无人者。荆轲虽游于酒人乎，然其为人沈深好书；其所游诸侯，尽与其贤豪长者相结。其之燕，燕之处士田光先生亦善待之，知其非庸人也。

居顷之，会燕太子丹质秦亡归燕。燕太子丹者，故尝质于赵，而秦王政生于赵，其少时与丹欢。及政立为秦王，而丹质于秦。秦王之遇燕太子丹不善，故丹怨而亡归。归而求为报秦王者，国小，力不能。其后秦日出兵山东以伐齐、楚、三晋，稍蚕食诸侯，且至于燕，燕君臣皆恐祸之至。太子丹患之，问其傅鞠武。武对曰："秦地遍天下，威胁韩、魏、赵氏，北有甘泉、谷口之固，南有泾、渭之沃，擅巴、汉之饶，右陇、蜀之山，左关、殽之险，民众而士厉，兵革有余。意有所出，则长城之南，易水以北[59]，未有所定也。奈何以见陵之怨，欲批其逆鳞哉[60]！"丹曰："然则何由？"对曰："请入图之[61]。"

居有间，秦将樊於期得罪于秦王，亡之燕，太子受而舍之。鞠武谏曰："不可。夫以秦王之暴而积怒于燕，足为寒心，又况闻樊将军之所在乎？是谓'委肉当饿虎之蹊'也[62]，祸必不振矣[63]！虽有管、晏[64]，不能为之谋也。愿太子疾遣樊将军入匈奴以灭口[65]。请西约三晋，南连齐、楚，北购于单于[66]，其后乃可图也。"太子曰："太傅之计，旷日弥久，心惛然[67]，恐不能须臾[68]。且非独于此也，夫樊将军穷困于天下，归身于丹，丹终不以迫于强秦而弃所哀怜之交，置之匈奴，是固丹命卒之时也。愿太傅更虑之。"鞠武曰："夫行危欲求安，造祸而求福，计浅而怨深，连结一人之后交，不顾国家之大害，此所谓'资怨而助祸'矣。夫以鸿毛燎于炉炭之上，必无事矣。且以雕鸷之秦[69]，行怨暴之怒，岂足道哉！燕有田光先生，其为人智深而勇沈，可与谋。"太子曰："愿因太傅而得交于田先生，可乎？"鞠武曰："敬诺。"出见田先生，道"太子愿图国事于先生也"。田光曰："敬奉教。"乃造焉[70]。

太子逢迎，却行为导[71]，跪而蔽席[72]。田光坐定，左右无人，太子避席而请曰[73]："燕秦不两立，愿先生留意也。"田光曰："臣闻骐骥盛壮之时，一日而驰千里；至其衰老，驽马先之。今太子闻光盛壮之时，不知臣精已消亡矣。虽然，光不敢以图国事，所善荆卿可使也。"太子曰："愿因先生得结交于荆卿，可乎？"田光曰："敬诺。"即起，趋出。太子送至门，戒曰："丹所报，先生所言者，国之大事也，愿先生勿泄也！”田光俯而笑曰：“诺。”偻行见荆卿[74]，曰：“光与子相善，燕国莫不知。今太子闻光壮盛之时，不知吾形已不逮也，幸而教之曰‘燕秦不两立，愿先生留意也’。光窃不自外[75]，言足下于太子也，愿足下过太子于宫。”荆轲曰：“谨奉教。”田光曰：“吾闻之，长者为行，不使人疑之。今太子告光曰：‘所言者，国之大事也，愿先生勿泄’，是太子疑光也。夫为行而使人疑之，非节侠也。”欲自杀以激荆卿，曰：“愿足下急过太子，言光已死，明不言也。”因遂自刎而死。

荆轲遂见太子，言田光已死，致光之言。太子再拜而跪，膝行流涕，有顷而后言曰：“丹所以诫田先生毋言者，欲以成大事之谋也。今田先生以死明不言，岂丹之心哉！”荆轲坐定，太子避席顿首曰：“田先生不知丹之不肖，使得至前，敢有所道，此天之所以哀燕而不弃其孤也。今秦有贪利之心，而欲不可足也。非尽天下之地，臣海内之王者，其意不厌[76]。今秦已虏韩王，尽纳其地。又举兵南伐楚，北临赵；王翦将数十万之众距漳、邺，而李信出太原、云中。赵不能支秦，必入臣，入臣则祸至燕。燕小弱，数困于兵，今计举国不足以当秦。诸侯服秦，莫敢合从。丹之私计愚，以为诚得天下之勇士使于秦，窥以重利[77]；秦王贪，其势必得所愿矣。诚得劫秦王，使悉反诸侯侵地，若曹沫之与齐桓公，则大善矣；则不可，因而刺杀之。彼秦大将擅兵于外而内有乱[78]，则君臣相疑，以其间诸侯得合从，其破秦必矣。此丹之上愿，而不知所委命，唯荆卿留意焉。”久之，荆轲曰：“此国之大事也，臣驽下，恐不足任使。”太子前顿首，固请毋让，然后许诺。于是尊荆卿为上卿，舍上舍。太子日造门下，供太牢具[79]，异物间进[80]，车骑美女恣荆轲所欲，以顺适其意。

久之，荆轲未有行意。秦将王翦破赵，虏赵王，尽收入其地，进兵北略地至燕南界。太子丹恐惧，乃请荆轲曰：“秦兵旦暮渡易水，则虽欲长侍足下，岂可得哉！”荆轲曰：“微太子言，臣愿谒之。今行而毋信，则秦未可亲也。夫樊将军，秦王购之金千斤，邑万家。诚得樊将军首与燕督亢之地图，奉献秦王，秦王必说见臣，臣乃得有以报。”太子曰：“樊将军穷困来归丹，丹不忍以己之私而伤长者之意，愿足下更虑之！”

荆轲知太子不忍，乃遂私见樊於期曰：“秦之遇将军可谓深矣，父母宗族皆为戮没。今闻购将军首金千斤，邑万家，将奈何？”於期仰天太息流涕曰：“於期每念之，常痛于骨髓，顾计不知所出耳！”荆轲曰：“今有一言可以解燕国之患，报将军之仇者，何如？”於期乃前曰：“为之奈何？”荆轲曰：“愿得将军之首以献秦王，秦王必喜而见臣，臣左手把其袖，右手揕其匈[81]，然则将军之仇报而燕见陵之愧除矣。将军岂有意乎？”樊於期偏袒搤捥而进曰[82]：“此臣之日夜切齿腐心也[83]，乃今得闻教！”遂自刭。太子闻之，驰往，伏尸而哭，极哀。既已不可柰何，乃遂盛樊於期首函封之。

于是太子豫求天下之利匕首，得赵人徐夫人匕首，取之百金，使工以药焠之[84]，以试人，血濡缕[85]，人无不立死者。乃装为遣荆卿。燕国有勇士秦舞阳，年十三，杀人，人不敢忤视[86]。乃令秦舞阳为副。荆轲有所待，欲与俱；其人居远未来，而为治行[87]。顷之，未发，太子迟之，疑其改悔，乃复请曰："日已尽矣，荆卿岂有意哉？丹请得先遣秦舞阳。"荆轲怒，叱太子曰："何太子之遣？往而不返者，竖子也！且提一匕首入不测之强秦，仆所以留者，待吾客与俱。今太子迟之，请辞决矣！"遂发。

太子及宾客知其事者，皆白衣冠以送之。至易水之上，既祖[88]，取道，高渐离击筑，荆轲和而歌，为变徵之声[89]，士皆垂泪涕泣。又前而为歌曰："风萧萧兮易水寒，壮士一去兮不复还！"复为羽声忼慨[90]，士皆瞋目，发尽上指冠。于是荆轲就车而去，终已不顾。

遂至秦，持千金之资币物，厚遗秦王宠臣中庶子蒙嘉[91]。嘉为先言于秦王曰："燕王诚振怖大王之威，不敢举兵以逆军吏，愿举国为内臣，比诸侯之列，给贡职如郡县，而得奉守先王之宗庙。恐惧不敢自陈，谨斩樊於期之头，及献燕督亢之地图，函封，燕王拜送于庭，使使以闻大王，唯大王命之。"秦王闻之，大喜，乃朝服，设九宾[92]，见燕使者咸阳宫。荆轲奉樊於期头函，而秦舞阳奉地图柙，以次进。至陛，秦舞阳色变振恐[93]，群臣怪之。荆轲顾笑舞阳，前谢曰："北蕃蛮夷之鄙人，未尝见天子，故振慴[94]。愿大王少假借之[95]，使得毕使于前。"秦王谓轲曰："取舞阳所持地图。"轲既取图奏之，秦王发图，图穷而匕首见。因左手把秦王之袖，而右手持匕首揕之。未至身，秦王惊，自引而起，袖绝。拔剑，剑长，操其室[96]。时惶急，剑坚，故不可立拔。荆轲逐秦王，秦王环柱而走。群臣皆愕，卒起不意，尽失其度。而秦法，群臣侍殿上者不得持尺寸之兵；诸郎中执兵皆陈殿下，非有诏召不得上。方急时，不及召下兵，以故荆轲乃逐秦王。而卒惶急，无以击轲，而以手共搏之。是时侍医夏无且以其所奉药囊提荆轲也[97]。秦王方环柱走，卒惶急，不知所为，左右乃曰："王负剑[98]！"负剑，遂拔以击荆轲，断其左股。荆轲废，乃引其匕首以擿秦王[99]，不中，中桐柱。秦王复击轲，轲被八创。轲自知事不就，倚柱而笑，箕踞以骂曰[100]："事所以不成者，以欲生劫之，必得约契以报太子也。"于是左右既前杀轲，秦王不怡者良久。已而论功，赏群臣及当坐者各有差，而赐夏无且黄金二百溢，曰："无且爱我，乃以药囊提荆轲也。"

于是秦王大怒，益发兵诣赵，诏王翦军以伐燕。十月而拔蓟城。燕王喜、太子丹等尽率其精兵东保于辽东。秦将李信追击燕王急，代王嘉乃遗燕王喜书曰："秦所以尤追燕急者，以太子丹故也。今王诚杀丹献之秦王，秦王必解，而社稷幸得血食。"其后李信追丹，丹匿衍水中，燕王乃使使斩太子丹，欲献之秦。秦复进兵攻之。后五年，秦卒灭燕，虏燕王喜。

其明年，秦并天下，立号为皇帝。于是秦逐太子丹、荆轲之客，皆亡。高渐离变名姓为人庸保[101]，匿作于宋子[102]。久之，作苦，闻其家堂上客击筑，傍偟不能去。每出言曰："彼有善有不善。"从者以告其主，曰："彼庸乃知音，窃言是非。”家丈人召使前击筑，一坐称善，赐酒。而高渐离念久隐畏约无穷时[103]，乃退，出其装匣中筑与其善衣，更容貌而前。举坐客皆惊，下与抗礼[104]，以为上客。使击筑而歌，客无不流涕而去者。宋子传客之，闻于秦始皇。秦始皇召见，人有识者，乃曰：“高渐离也。”秦皇帝惜其善击筑，重赦之[105]，乃矐其目[106]。使击筑，未尝不称善。稍益近之，高渐离乃以铅置筑中，复进得近，举筑朴秦皇帝[107]，不中。于是遂诛高渐离，终身不复近诸侯之人。

鲁句践已闻荆轲之刺秦王，私曰：“嗟乎，惜哉，其不讲于刺剑之术也！甚矣，吾不知人也！曩者吾叱之，彼乃以我为非人也[108]！”

太史公曰：世言荆轲，其称太子丹之命，“天雨粟，马生角”也，太过。又言荆轲伤秦王，皆非也。始公孙季功、董生与夏无且游，具知其事，为余道之如是。自曹沫至荆轲五人，此其义或成或不成，然其立意较然，不欺其志，名垂后世，岂妄也哉！

【译文】

曹沫是鲁国人，凭勇敢和力气事奉鲁庄公。庄公喜爱勇武之人。曹沫担任鲁国将军，和齐国交战，多次战败。庄公害怕，于是献出遂邑的土地来求和，仍旧让曹沫作将军。

齐桓公答应和鲁庄公在柯地会见并订立盟约。桓公和庄公既已在盟坛上订立盟约，曹沫拿着匕首劫持齐桓公，桓公的侍卫随从没有人敢轻举妄动，桓公问道：“您想要干什么？”曹沫说：“齐国强大而鲁国弱小，以大国侵略小国，也太过分了。现在鲁国的城墙如果塌下来就会压在齐国的边境上了，您应当考虑下这件事情。”桓公便答应全部归还鲁国被侵占的土地。桓公说完后，曹沫扔下匕首，走下盟坛，回到面向北的臣子的位置上，面不改色，谈吐如故。桓公恼怒，想要背弃盟约。管仲说：“不行。贪小利而使自己感到快意，就会在诸侯面前丧失信用，失去天下的支持，不如把土地给他。”于是桓公就归还鲁国被侵占的土地，曹沫多次打仗所丢失的土地全部还给了鲁国。

此后一百六十七年，吴国有专诸的事迹。

专诸是吴国堂邑人。伍子胥从楚国逃亡到吴国的时候，知道专诸的才能。伍子胥见过吴王僚后，用攻打楚国的好处游说他。吴国公子光说：“伍员的父亲、哥哥都是被楚国杀死的，他想要为自己报私仇，并非为吴国着想。”吴王于是作罢。伍子胥知道公子光想要谋杀吴王僚，就说：“公子光有在国内争夺王位的意图，还不能以对外用兵的事劝说他。”于是把专诸推荐给公子光。

公子光的父亲是吴王诸樊。诸樊有三个弟弟，大弟叫余祭，二弟叫夷眜，三弟叫季子札。诸樊知道季子札贤明，就不立太子，按照兄弟次序把王位传下去，想最终把国家交给季子札。诸樊死后，王位传给余祭。余祭死后，传给夷眜。夷眜死后，应当传给季子札。季子札逃走，不肯继位，吴国人就拥立夷眜的儿子僚为国君。公子光说："如果按照兄弟的次序，季子应当继位；如果一定要传给儿子的话，那么我才是真正的嫡子，应当继位。"所以经常暗中供养谋臣以求取得王位。

公子光得到专诸后，像对待宾客一样好好待他。吴王僚九年，楚平王死了。这年春天，吴王僚想趁楚国大丧的机会，派他的两个弟弟公子盖余、属庸率兵包围楚国的灊邑，派延陵季子到晋国观察各诸侯国的反应。楚国派兵断绝了吴将盖余、属庸的后路，吴军不能回国。这时公子光对专诸说："这个机会不能错过，不争取，哪会有所得呢！况且我是真正的王位继承人，应当继位，季子即使回来，也不会废掉我。"专诸说："吴王僚是可以杀掉的。他母亲年迈，儿子弱小，两个弟弟在外带兵攻楚，楚国又断绝了他们的后路。目前吴国在外被楚国围困，国内又没有正直忠诚的大臣，这样就不能奈何我们了。"公子光磕头说："我的身体就是您的身体，您的身后事都由我负责。"

四月丙子那日，公子光在地下室埋伏下身穿铠甲的武士，备办酒席宴请吴王僚。吴王僚派兵从宫中一直列队到公子光的家里，门户、台阶左右都是吴王僚的亲信。夹道站立的侍卫都手执长剑。喝酒正酣畅的时候，公子光假装脚疼，离开席位到地下室中，让专诸把匕首放到烤熟的鱼的肚子中，把它端上去。到了吴王跟前，

专诸掰开鱼，趁机用匕首刺杀吴王僚，吴王僚当场就死了。吴王的侍卫也杀死了专诸，其他人则混乱不堪。公子光派出埋伏的武士进攻吴王僚的部下，全部消灭了他们，于是自立为王，这就是吴王阖闾。阖闾便封专诸的儿子作为上卿。

此后七十多年，晋国有豫让的事迹。

豫让是晋国人，过去曾事奉过范氏及中行氏，没什么名声。离开他们去事奉智伯，智伯十分尊重宠信他。等到智伯攻打赵襄子时，赵襄子与韩、魏合谋灭掉智伯，消灭智伯后，三家瓜分了智伯的土地。赵襄子最恨智伯，把他的头涂上漆作为饮酒的器具。豫让逃到山里，说："唉！志士可以为了解自己的人献出生命，女子可以为爱慕自己的人梳妆打扮。现在智伯是我的知己，我一定要为他报仇而死，以此报答智伯，那么我就是死了，魂魄也不至于愧对智伯了。"于是变更姓名，装成判刑服役的人，进入赵襄子的宫中涂饰厕所，衣内藏着匕首，想要用它来刺杀赵襄子。襄子上厕所，心中一动，抓住并询问涂饰厕所的犯人，才知道是豫让，身上携带兵刃，还说："要为智伯报仇！"侍卫想要杀掉他。襄子说："他是忠义之人，我小心回避他就是了。况且智伯身死没有后代，他的家臣要为他报仇，这是天下的贤人呢。"最后把他释放了。

过了不久，豫让又在身上涂漆，使皮肤溃烂长出恶疮，吞食炭火使嗓音变哑，把自己的形体相貌变得不可辨认，在街市上讨饭。他妻子都认不出他了。路上碰见他的朋友，朋友认出他，说："你不是豫让吗？"豫让说："是我。"朋友为他哭泣道："以你的才能，委身去事奉赵襄子，襄子一定亲近宠信你。亲近宠信你，你再做自己想做的事情，不是很容易吗？何苦竟要这般摧残身体，受皮肉之苦，想用这种方式来报复襄子，不是很困难吗？"豫让说："既然已经委身侍奉别人，却想要杀他，这是怀着二心去服侍君主。我知道这样做想要达到目的是极其困难的，但之所以这样做，是为了使天下后世怀着二心去服侍君主的人感到羞愧。"

豫让离开后不久，赵襄子正好外出，豫让潜伏在他要经过的桥下。襄子来到桥上，马受惊，襄子说："这一定是豫让。"派人查问，果然是豫让。这时襄子就责问豫让道："您不是也曾服侍过范氏、中行氏吗？智伯把他们都消灭了，您不为他们报仇，反而委身做智伯的家臣。智伯现在也已经死了，您为什么单单这么深切地为他报仇呢？"豫让说："我服侍范氏、中行氏，他们都把我当一般人看待，所以我就像一般人那样报答他们。至于智伯，他把我当国中杰出的人物一样看待，所以我就像一个杰出的人物一样报答他。"赵襄子感慨叹息，流泪说道："哎呀，豫让先生！您为智伯报仇，名声已经成就了，而我宽赦你也足够了。你还是自己看看怎么办吧，我不会再释放您了。"派兵包围了他。豫让说："我听说贤明的君主不埋没别人的美名，而忠臣有为名誉而死的道义。此前您已经宽恕赦免了我，天下没有人不称颂您的贤明。今天的事，我本该伏法受诛，但我希望能得到您的衣服刺它几下，就算达成了报仇的愿望吧，那么我就算是死也没有什么遗憾。这不是我敢奢望的，只是袒露我的心里话。"于是襄子认为他十分忠义，便派人拿着他的衣服给豫让。豫让拔剑三次跳起击刺它，说道："我可以以此在九泉之下报答智伯了！"于是伏剑自杀。死的那天，赵国有志之士听闻这个消息，都为他哭泣。

此后四十多年，轵邑有聂政的事迹。

聂政是轵邑深井里人。杀了人，为了躲避仇人，和母亲、姐姐逃到齐国，以屠宰为职业。

过了很久，濮阳严仲子服事韩哀侯，和韩国宰相侠累生了嫌隙。严仲子害怕被杀，逃走了，到处访求可以向侠累报仇的人。到了齐国，齐国有人说聂政是勇敢之士，为躲避仇人才隐藏在屠夫之间。严仲子登门请见，多次往返，然后备办酒席，亲自到聂政母亲身前举杯敬酒。喝到酣畅之时，严仲子捧着黄金百镒，上前为聂政母亲祝寿。聂政对这样的厚礼感到惊奇，坚决谢绝严仲子。严仲子坚持要送，聂政辞谢道："我幸有老母在世，家中虽然贫穷，客居此地以屠狗为业，早晚可以买些甘脆的食物来奉养母亲，母亲的供养还算齐备，不敢接受仲子您的赏赐。"严仲子避开别人，趁机对聂政说："我有仇人，已经周游很多诸侯国了，然而来到齐国，私下听说您气节很高，因此进献百金，希望作为供给您母亲的一点粗粮的费用，能够以此和您交好，哪敢再有别的要求和指望呢？"聂政说："我之所以降低志气，辱没身躯在街市中当一名屠夫，只是因为要奉养年迈的母亲，老母亲在世，我的生命不敢许诺给别人。"严仲子执意赠送，聂政坚决不肯接受。但是严仲子最终行完了宾主的礼节才离去。

过了很久，聂政的母亲死了。安葬完毕，丧服期已满，聂政说："唉！我是个

普通百姓，拿着刀屠宰牲畜，而严仲子是诸侯的卿相，不远千里，屈驾来交结我。我对他的招待是太微薄了，没有什么大功可以当得起他的恩情，而严仲子献上百金为我老母祝寿，我虽然没有接受，然这足以说明他深切地了解我啊。贤明之士为仇怨所激怒而亲信我这穷乡僻壤之人，我岂能默不作声就此作罢呢！况且前日他来邀请我，我只是因为老母在世才没有答应，如今老母已经寿终正寝，我愿为知己者效力了。”于是西行到濮阳，进见严仲子说：“前次我没有答应您的请求，只是因为母亲在世，如今不幸母亲已寿终。您想要报复的仇人是谁，请允许我开始行动办这件事吧！”严仲子将始末全都告诉他说：“我的仇人是韩国国相侠累，侠累又是韩王的叔父，宗族昌盛，人数众多，居住的地方警卫十分严密，我想要派人刺杀他，终究没能成功。如今承蒙您不嫌弃我，请让我增加车马壮士作为您的助手。”聂政说：“韩国与卫国，相隔距离不是很远，如今刺杀人家的宰相，宰相又是国君的亲属，这种情势下不能用很多人，人多难免出岔子，出了岔子就会走漏消息，消息走漏那整个韩国都将与您为敌，这不是危险了吗？”于是谢绝车马人手。

聂政于是告辞，持剑单独前往韩国，韩国宰相侠累正坐在堂上，拿着兵戟护卫服侍的人很多。聂政径直而入，闯上台阶刺杀侠累，侍卫大乱。聂政大声呼叫，被他杀掉的有几十人，自己趁机割破脸皮，剜出眼睛，剖开肚腹，拉出肠子，就这样死了。

韩国将聂政的尸体陈列在大街上，悬赏征问凶手的名字，没有人知道是谁家子弟。于是韩国悬赏购求，有人能说出刺杀宰相侠累的人，赏千金。过了很久还是没有人知道。

聂政的姐姐听说有人刺杀了韩国的宰相，凶手不知道是谁，韩国都不知道他的姓名，陈列他的尸体悬赏千金招认，于是呜咽着说道：“大概是我弟弟吧？哎呀！严仲子知道我弟弟！”立刻起身，前往韩国，来到街市，死者果然是聂政，就趴在尸体上大哭，十分哀伤，说道：“这是轵邑深井里人所说的聂政啊。”市井的行人都说：“这个人残暴地杀害了我国的宰相，大王悬赏千金购求他的姓名，夫人难道没有听说吗？”聂荣回答道：“听说了。可是聂政之所以承受污辱，自己置身于市井贩子中间，是因为老母健在，我还没出嫁。老母寿终去世后，我已经嫁人，严仲子竟能从困苦污浊中发现提拔我弟弟，恩泽深重，该怎么办呢？勇士本就该为知己效命，现在他因为我还活着的缘故，又摧残自己的形体来消除牵累别人的线索，我怎能害怕杀身之祸而埋没了弟弟的名声呢！”韩国街市上的人都大为吃惊。于是聂荣大呼三声天哪，终于因为悲哀过度死在聂政身旁。

晋国、楚国、齐国、卫国的人听说此事，都说：“不但聂政有能力，就是他姐姐也是个刚烈的女子。倘若聂政确知他姐姐没有柔顺坚忍的性格，不顾惜暴尸街头的祸难，一定要越过千里的艰险来公开他的姓名，姐弟都死在韩国街市的话，他也未必敢将自己的生命许诺给严仲子吧。严仲子也可以说是知人，赢得贤士了啊！”

此后二百二十多年，秦国有荆轲的事迹。

荆轲是卫国人，他的祖先是齐国人，迁到了卫国，卫国人称他为庆卿。到了燕国，燕国人称他为荆卿。

荆轲喜欢读书击剑，曾以剑术游说卫元君，卫元君没有任用他。后来秦国攻打魏国，设置了东郡，把卫元君的旁支亲属迁到了野王。

荆轲曾经游历路过榆次，与盖聂谈论剑术，盖聂对他怒目而视。荆轲出去后，有人劝盖聂把荆轲再召回来。盖聂说："刚才我和他论剑，他有讲得不对的地方，我瞪了他一眼；你试着前去看看，他应该已离开了，不敢逗留。"派遣使者去到房主那儿，荆轲已经驾车离开榆次了。使者回来报告，盖聂说："本就该走了，我刚才用目光慑服了他。"

荆轲到邯郸游历，鲁勾践与荆轲博戏，在棋格上争先，鲁勾践发怒呵斥了他，荆轲默不作声地溜走了，也就再没有会面。

荆轲来到燕国后，喜欢一个杀狗的屠夫和擅长击筑的人高渐离。荆轲特别爱喝酒，每日和屠夫及高渐离在燕国街市上喝酒，酒兴酣畅之时，高渐离击筑，荆轲在街市上和着节拍唱歌，相互娱乐，一会儿又互相哭泣，好像旁边没有人似的。荆轲虽然与酒徒交游，但他为人却深沉稳重，喜欢读书。他游历诸侯国，都与当地的贤士豪杰、德高望重的人相结交。他到了燕国，燕国的隐士田光先生也对他很好，知道他不是一个平庸的人。

过了不久，恰逢在秦国作人质的燕太子丹逃回燕国。燕太子丹，过去曾经在赵国作人质，秦王嬴政生在赵国，他年少时和太子丹要好。等到嬴政被立为秦王，而太子丹到秦国作人质。秦王对燕太子丹不好，所以太子丹怨恨逃回燕国。回国后寻求报复秦王的方法，燕国弱小，力不能及。此后秦国日益出兵崤山以东来攻打齐国、楚国和三晋，逐渐蚕食诸侯，将要轮到燕国，燕国君臣都害怕灾难到来。太子丹担忧此事，问他的老师鞠武。鞠武回答道："秦国的土地遍天下，威胁到韩国、魏国、赵国，北面有甘泉、谷口的坚固地势，南面有泾河、渭河流域的肥沃土地，拥有巴郡、汉中郡那样的富饶之地，右边有陇山、蜀山这样的高山，左边有函谷关、崤山这样的天险，人口众多，士卒勇猛，武器装备绰绰有余。如果有意向外扩张，那么长城之南，易水之北都不能安定了。为何因为被凌辱的怨恨，要去触动秦王的逆鳞呢？"丹说："既然如此，那么该怎么办呢？"鞠武回答说："请允许我深入地考虑一下。"

过了一段时间，秦将樊於期得罪了秦王，逃到了燕国，太子丹接纳他并让他住了下来。鞠武劝谏说："不行。凭秦王的凶暴，对燕国又有积怨，足以让人担惊受怕了，何况再听到樊将军在这里呢？这叫做'把肉放在饥饿的老虎将要经过的路上'，灾祸必定无法解救了！即使有管仲、晏婴，也不能为您出谋划策了。希望太子急速遣送樊将军到匈奴去，以此消除秦国出兵的借口。请您西面与三晋结立盟约，南面联合齐国、楚国，北面与匈奴单于和好，然后才可以想办法对付秦国。"

太子说："太傅您的计划，费时太久，我心里忧愁烦恼，恐怕连片刻都不能再等了。况且不单如此，樊将军在天下已经是穷途末路，投奔于我，我终究不能因为被强秦胁迫而抛弃我所同情的朋友，送他去匈奴，应当是我生命结束的时候了。希望太傅您重新考虑此事。"鞠武说："您采取危险的行动而想求得安全，制造祸患而祈求幸福，计谋短浅而结怨深厚，为了结交一个新朋友，不顾国家的大灾祸，这就是所谓的'增添怨恨而助长灾祸'啊。拿着大雁的羽毛放在燃烧的炉火上，当然一下子就烧光了。况且像雕鸷一样凶暴的秦国，一旦要发泄它怨恨凶暴的怒气，那还用得着说吗！燕国有位田光先生，他为人智谋深远，勇敢沉着，可以同他谋划国事。"太子说："希望通过太傅结交田先生，可以吗？"鞠武说："遵命。"鞠武出去会见田先生，说道："太子希望和先生一同谋划国事。"田光说："遵命。"于是前去拜访太子。

太子上前迎接，倒退着给客人引路，跪下来拂拭座席。田光坐定，左右没有人，太子离开座席向田光请教道："燕国和秦国势不两立，希望先生留意。"田光说："我听说骏马强壮的时候，一天驰骋千里，等它衰老了，劣马也会跑在它前面。如今太子听闻我盛壮之年的情景，不知道我的精力已经消耗完了。即使这样，我不敢图谋国事，所幸我的朋友荆卿可以差使。"太子说："希望通过先生得以与荆卿结交，可以吗？"田光说："遵命。"于是即刻起身，急忙出去了。太子送出门口，告诫说："我所讲的，先生所说的，是国家的大事，希望先生不要泄露。"田光俯下身笑道："是。"田光弯腰曲背去见荆卿，说："我和您要好，燕国无人不知。如今太子听闻我盛壮之年的情景，不知道我的身体已经不行了，我有幸承蒙他的教诲说道'燕国与秦国势不两立，希望先生留意'。我私下不把自己当外人，把您介绍给太子了，希望您能到宫里拜访太子。"荆轲说："遵命。"田光说："我听说，年长的人行事不让别人怀疑。如今太子告诫我说'所说的是国家大事，希望先生不要泄露'。这是太子怀疑我呢。一个人行事却让别人怀疑，就不是节义侠士。"他想用自杀来激励荆卿，说："希望您赶快拜访太子，说我已经死了，表明我不会泄露。"于是刎颈自杀。

荆轲便去会见太子，说田光已经死了，转达了田光的话。太子拜了两拜，跪着前进，痛哭流涕，过了一会儿说："我之所以告诫田先生不要泄露，是想以此保证大事的成功。现在田先生用死表明不会泄露，这哪里是我的本意呢？"荆轲坐定，太子离开座席叩首说："田先生不知道我的不好，使我能够到您跟前，冒昧地有所陈述，这是上天哀怜燕国，不抛弃他的孤儿啊。如今秦国有贪图利益的野心，他的欲望不能满足。不吞尽天下的土地，臣服海内的君主，他是不会满足的。现在秦国已经俘虏了韩王，全部占领了他的土地。又发动军队向南攻打楚国，北边逼近赵国，王翦率领几十万人到达漳河、邺城，李信又从太原、云中出兵。赵国抵挡不住秦国，一定向秦称臣，向秦称臣那么灾祸就会降临到燕国。燕国弱小，多次被战争困扰，为今之计，动用全国的兵力也不足以抵挡秦军。诸侯臣服秦国，没有一个敢合纵的。我个人有一个愚笨的计策，认为如果真能得到天下的勇士，派他到秦国，以重利引诱，秦王贪心，那样的话一定可以达成我们的愿望。真能够劫持秦王，使他全部归还各国被侵占的土地，像曹沫劫持齐桓公，那样就太好了。如果不行，就趁机刺杀他。秦国的大将在外掌握兵权，而国内出了大乱，那么君臣互相猜疑，趁此机会诸侯得以合纵，打败秦国是一定的了。这是我的最高心愿，却不知道委托给谁，希望荆卿留意这件事。”过了好一会儿，荆轲说：“这是国家的大事，我的才能低劣，恐怕不足以胜任。”太子上前以头叩地，坚决请求不要推脱，此后荆轲答应了。当时太子即尊奉荆卿为上卿，住进上等的房间。太子每日去荆轲住所之处拜访，供给全套的猪、牛、羊，不时进奉珍奇宝物，车马、美女随荆轲享用，以便顺应满足荆轲的心意。

过了很久，荆轲还没有行动的表示，秦将王翦攻破赵国，俘虏了赵王，全部占领了赵国的土地，又向北进兵侵占土地，直到燕国南边边境。太子丹害怕，于是请求荆轲道：“秦国军队早晚之间要渡过易水，我虽然想长久地服侍您，怎么能做到呢？”荆轲说：“没有太子这话，我也要想觐见您了。现在去秦国，却没有使秦王相信我们的东西，那么秦王是不可能接近的。对于樊将军，秦王以黄金千两悬赏他的头颅，封邑万户。如真能得到樊将军的头颅以及燕国督亢的地图，进献给秦王，秦王必定高兴接见我，我才能有机会报效您。”太子说：“樊将军穷途末路才来投奔我，我不忍心因为自己的私心而伤害这位长者的心意，希望您再考虑别的办法吧。”

荆轲知道太子不忍心，于是私下会见樊於期说：“秦国对待将军可以说是残酷至极了，父母宗族都被杀戮或没收为官奴了。如今听说用黄金千两、封邑万户悬赏将军的头颅，将军打算怎么办呢？”於期抬头望向苍天，叹息哭泣道：“我每次想到这些，常常痛入骨髓，只是想不出什么办法来啊！”荆轲说：“现在有一句话可以解决燕国的祸患，报将军的仇恨，怎么样？”於期凑向前说：“该怎么办呢？”荆轲说：“希望得到将军的头颅进献给秦王，秦王一定欢喜接见我，我左手拉住他的衣袖，右手刺他的胸，那样将军的仇报了，燕国被凌辱的愧恨也可以消除了。将军可还有意吗？”樊於期袒露右臂，一只手紧紧握住另一只手腕，走上前说：“这是我日日夜夜切齿捶心的恨事，今天才听到您的教诲。”于是自刎。太子听到这个消息，驾车前往，趴在尸体上哭泣，十分哀痛。已经没有办法挽回，于是就把樊於期的头颅装进匣子密封起来。

当时太子预先寻求天下最锋利的匕首，得到了赵国徐夫人的匕首，花百金买下它，让工匠用毒药水淬它，用它试着杀人，出血能沾湿丝缕，人没有不立刻死去的。于是准备行装送荆轲出发。燕国有个勇士叫秦舞阳，十三岁就杀了人，人们都不敢正视他。于是派秦舞阳作助手。荆轲在等待一个人，想和他一起去，那人住得很远，还没有来，荆轲为他准备好了行装。过了不久，荆轲还没有出发，太子认为他拖延时间，怀疑他反悔，于是再次催请他说："时间快耗尽了，荆卿可还有意吗？请允许我先派遣秦舞阳。"荆轲生气，斥责太子道："太子怎么这样派遣？只顾去不顾完成使命回来，是傻小子也能办到的！况且是提一把匕首到无法预测的强大的秦国去，我之所以暂留，是等待我的朋友一同前去。如今太子认为我拖延时间，就请先告辞诀别吧！"于是就出发了。

太子和知道此事的宾客，都穿着白衣戴着白帽来送荆轲。到易水边上，祭祀路神之后，就上路了，高渐离击筑，荆轲和着节拍唱歌，发出了凄婉悲凉的音调，人们都流泪哭泣。又一边前进一边唱到："风萧萧啊易水寒，壮士一去啊不复还。"又发出悲壮慷慨的声调，人们都怒目圆瞪，头发直立把帽子都顶起来。于是荆轲登上车离去，始终都不回头。

一到秦国，荆轲带着价值千金的财物，给秦王宠臣中庶子蒙嘉送了厚礼。蒙嘉事先向秦王致意道："燕王确实畏惧大王的威严，不敢出兵抗拒大王的将士，希望全国上下都做秦国的臣子，排在诸侯的行列里，像郡县那样交纳贡物和赋税，使得他们能够奉守先王的宗庙。燕王心里恐慌畏惧不敢亲自前来陈述，谨此砍下樊於期的头颅并献上燕国督亢的地图，装匣密封。燕王在朝廷上亲自拜送，派遣使臣把这种情况禀明大王，请大王指示。"秦王听到这个消息，非常高兴。于是穿上朝服，在朝廷上设置九位傧相，在咸阳宫召见燕国使臣。荆轲捧着装有樊於期头颅的匣子，秦舞阳捧着装地图的匣子，依次进入。走到殿前台阶下秦舞阳脸色变得惊恐害怕，群臣感到奇怪。荆轲回头笑笑秦舞阳，上前谢罪说："北方藩属蛮夷地方的粗野之人，没有见过天子，因此心中震惊恐惧。希望大王稍微宽恕他，让他能够在大王面前完成使命。"秦王对荆轲说："取秦舞阳所拿的地图来。"荆轲拿了地图进奉给秦王，打开地图，图卷展开到末尾，匕首出现。荆轲趁机用左手抓住秦王的衣袖，右手拿着匕首刺他。还没有靠近身体，秦王受惊，自己抽身而起，衣袖挣断。想要拔剑，剑太长，只抓住了剑鞘。当时惊慌急迫，剑又套得很紧，因此不能立刻抽出来。荆轲追逐秦王，秦王绕着柱子跑。大臣们都惊得发愣，事情来得仓猝出人意外，大家都失去常态。而秦国法律规定，群臣在殿内侍奉不允许携带任何兵器，各郎中侍卫都手拿兵器陈列在殿下，没有诏令召见不得入内。正当危急时刻，来不及召唤殿下的士兵，因此荆轲才能追逐秦王。仓促惶恐急迫之时，没有武器来攻击荆轲，大家只能赤手与荆轲搏击。这时，侍从医官夏无且用他所捧的药袋投击荆轲。秦王当时正围着柱子跑，仓猝惶急，不知道该怎么办。侍从们喊道："大王把剑推到背上！"剑推到背上，这才拔出来攻击荆轲，砍断他的左腿。荆轲残废，就举起匕首投掷秦王，没有击中，击中了铜柱。秦王又攻击荆轲，荆轲被砍伤了八处。荆轲自知大事不能成功，靠在柱子上大笑，张开腿像簸箕一样坐在地上骂道："大事之所以没能成功，是因为想要活捉你，一定要得到条约契据回报太子啊。"这时侍卫上前杀死了荆轲，秦王不高兴了好一会儿。不久评论功过，赏赐群臣及处置应当判罪的官员各有差别。赐给夏无且黄金二百镒，说："无且爱我，才用药袋投击荆轲啊。"

于是秦王大怒，增派兵力前往赵国，命令王翦的军队攻打燕国。十月攻克蓟城。燕王喜、太子丹等全部率领精兵向东退守于辽东。秦将李信紧紧追击燕王，代王嘉给燕王喜写信说："秦国之所以这么急迫地追击燕王，是因为太子丹的缘故。如今大王真能杀了太子丹把他献给秦王，秦王必定宽解，那么社稷就能有幸得到祭祀。"此后李信率军追赶太子丹，丹藏匿在衍水河中，燕王就派使者杀害太子丹，准备把他献给秦王。秦国又派兵进攻燕国。之后五年，秦国最终灭掉了燕国，俘虏了燕王喜。

第二年，秦王吞并天下，立尊号为皇帝。当时秦王追捕太子丹和荆轲的朋友，他们都逃走了。高渐离变更姓名给别人当佣人，躲藏在宋子一地工作。时间久了，觉得工作很劳苦，听到主人家堂上有宾客击筑，徘徊不忍离去。经常脱口而出，说："那人击筑有好的地方也有不好的地方。"侍从的人把这话告诉他的主人，说："那个佣工懂得音乐，私下里评论击筑的好坏。"家主人便召唤他到堂前击筑，满座宾客都说他击得好，赏酒给他喝。高渐离想到长久地这样隐姓埋名畏缩穷困，没有尽头，便退出来，拿出行装匣子里的筑和好的衣服，改装整容进到堂前。满座的宾客都大吃一惊，走下座位和他平等施礼，尊他为上宾。让他击筑而歌，宾客无不感动流泪而离去。宋子的人轮流请他做客，这消息被秦始皇听到。秦始皇召见他，有认识他的人说："这是高渐离。"秦始皇怜惜他擅长击筑，对赦免他感到为难，于是熏瞎了他的眼睛。让他击筑，没有一次不称赞的。因此逐渐接近秦始皇。高渐离便把铅块放到筑里，再次进见并能靠近时，举起筑扑击秦始皇，没有击中。于是秦始皇诛杀了高渐离，终身不再接近六国的人。

鲁勾践听闻了荆轲刺杀秦王的事情，私下说："唉！可惜他不讲究刺剑的技术啊，我太不了解这个人了！过去我呵斥他，他就以为我不是同道中人了！"

太史公说："世人谈论荆轲，当说到太子丹的命运时，什么'天上落下粟，马头生出角'啊，太过分了。又说荆轲刺伤了秦王，都不是事实。当初公孙季公、董仲舒和夏无且交游，都知道这件事，给我讲述的即如上所述。从曹沫到荆轲五个人，他们的侠义行动有的成功，有的不成功，但是他们的志向意图都很明显，没有辱没自己的志向，名声流传到后代，难道是虚妄的吗！"

（赵生群注　王永吉译）

卷八十七
李斯列传第二十七

注释查阅　译文诵读

李斯者，楚上蔡人也[1]。年少时，为郡小吏，见吏舍厕中鼠食不絜[2]，近人犬，数惊恐之。斯入仓，观仓中鼠，食积粟[3]，居大庑之下[4]，不见人犬之忧。于是李斯乃叹曰："人之贤不肖譬如鼠矣[5]，在所自处耳！"

乃从荀卿学帝王之术[6]。学已成，度楚王不足事[7]，而六国皆弱，无可为建功者，欲西入秦。辞于荀卿曰："斯闻得时无怠[8]，今万乘方争时[9]，游者主事。今秦王欲吞天下，称帝而治，此布衣驰骛之时而游说者之秋也[10]。处卑贱之位而计不为者[11]，此禽鹿视肉[12]，人面而能强行者耳[13]。故诟莫大于卑贱[14]，而悲莫甚于穷困。久处卑贱之位，困苦之地，非世而恶利[15]，自托于无为，此非士之情也[16]。故斯将西说秦王矣。"

至秦，会庄襄王卒[17]，李斯乃求为秦相文信侯吕不韦舍人；不韦贤之，任以为郎。李斯因以得说，说秦王曰："胥人者[18]，去其几也[19]。成大功者，在因瑕衅而遂忍之[20]。昔者秦穆公之霸，终不东并六国者，何也？诸侯尚众，周德未衰，故五伯迭兴[21]，更尊周室。自秦孝公以来，周室卑微，诸侯相兼，关东为六国，秦之乘胜役诸侯，盖六世矣[22]。今诸侯服秦，譬若郡县[23]。夫以秦之强，大王之贤，由灶上骚除[24]，足以灭诸侯，成帝业，为天下一统，此万世之一时也。今怠而不急就，诸侯复强，相聚约从[25]，虽有黄帝之贤，不能并也。"秦王乃拜斯为长史，听其计，阴遣谋士赍持金玉以游说诸侯[26]。诸侯名士可下以财者[27]，厚遗结之[28]；不肯者，利剑刺之。离其君臣之计，秦王乃使其良将随其后。秦王拜斯为客卿。

会韩人郑国来间秦[29]，以作注溉渠[30]，已而觉。秦宗室大臣皆言秦王曰："诸侯人来事秦者，大抵为其主游间于秦耳，请一切逐客。"李斯议亦在逐中。斯乃上谏书曰：

臣闻吏议逐客，窃以为过矣[31]。昔缪公求士[32]，西取由余于戎，东得百里奚于宛，迎蹇叔于宋，来丕豹、公孙支于晋[33]。此五子者，不产于秦，而缪公用之，并国二十，遂霸西戎。孝公用商鞅之法，移风易俗，民以殷盛，国以富强，百姓乐用，诸侯亲服，获楚、魏之师，举地千里[34]，至今治强[35]。惠王用张仪之计，拔三川之地，西并巴、蜀，北收上郡[36]，南取汉中，包九夷[37]，制鄢、郢，东据成皋之险，割膏腴之壤[38]，遂散六国之从，使之西面事秦，功施到今。昭王得范雎，废穰侯，逐华阳，强公室，杜私门[39]，蚕食诸侯，使秦成帝业[40]。此四君者，皆以客之功。由此观之，客何负于秦哉！向使四君却客而不内[41]，疏士而不用，是使国无富利之实而秦无强大之名也。

今陛下致昆山之玉[42]，有随、和之宝[43]，垂明月之珠[44]，服太阿之剑[45]，乘纤离之马[46]，建翠凤之旗[47]，树灵鼍之鼓[48]。此数宝者，秦不生一焉，而陛下说之[49]，何也？必秦国之所生然后可，则是夜光之璧不饰朝廷，犀象之器不为玩好，郑、卫之女不充后宫，而骏良駃騠不实外厩[50]，江南金锡不为用，西蜀丹青不为采[51]。所以饰后宫充下陈娱心意说耳目者[52]，必出于秦然后可，则是宛珠之簪，傅玑之珥，阿缟之衣[53]，锦绣之饰不进于前，而随俗雅化佳冶窈窕赵女不立于侧也[54]。夫击瓮叩缶弹筝搏髀[55]，而歌呼呜呜快耳者，真秦之声也；《郑》《卫》《桑间》《昭》《虞》《武》《象》者[56]，异国之乐也。今弃击瓮叩缶而就《郑》《卫》，退弹筝而取《昭》《虞》，若是者何也？快意当前，适观而已矣。今取人则不然。不问可否，不论曲直，非秦者去，为客者逐。然则是所重者在乎色乐珠玉，而所轻者在乎人民也。此非所以跨海内制诸侯之术也[57]。

臣闻地广者粟多，国大者人众，兵强则士勇。是以太山不让土壤[58]，故能成其大；河海不择细流[59]，故能就其深；王者不却众庶，故能明其德。是以地无四方[60]，民无异国，四时充美，鬼神降福，此五帝、三王之所以无敌也[61]。今乃弃黔首以资敌国[62]，却宾客以业诸侯[63]，使天下之士退而不敢西向，裹足不入秦，此所谓“藉寇兵而赍盗粮”者也[64]。

夫物不产于秦者，可宝者多；士不产于秦，而愿忠者众。今逐客以资敌国，损民以益仇[65]，内自虚而外树怨于诸侯，求国无危，不可得也。

秦王乃除逐客之令[66]，复李斯官，卒用其计谋[67]。官至廷尉。二十余年，竟并天下，尊主为皇帝，以斯为丞相。夷郡县城[68]，销其兵刃[69]，示不复用。使秦无尺土之封，不立子弟为王、功臣为诸侯者，使后无战攻之患。

始皇三十四年，置酒咸阳宫，博士仆射周青臣等颂称始皇威德[70]。齐人淳于越进谏曰：“臣闻之，殷周之王千余岁[71]，封子弟功臣自为支辅[72]。今陛下有海内，而子弟为匹夫[73]，卒有田常、六卿之患[74]，臣无辅弼，何以相救哉？事不师古而能长久者，非所闻也。今青臣等又面谀以重陛下过[75]，非忠臣也。”始皇下其议丞相。丞相谬其说，绌其辞[76]，乃上书曰：“古者天下散乱，莫能相一[77]，是以诸侯并作，语皆道古以害今[78]，饰虚言以乱实，人善其所私学[79]，以非上所建立。今陛下并有天下，别白黑而定一尊；而私学乃相与非法教之制[80]，闻令下，即各以其私学议之，入则心非，出则巷议，非主以为名，异趣以为高[81]，率群下以造谤。如此不禁，则主势降乎上，党与成乎下。禁之便。臣请诸有文学《诗》《书》百家语者[82]，蠲除去之[83]。令到满三十日弗去，黥为城旦[84]。所不去者，医药卜筮种树之书。若有欲学者，以吏为师。”始皇可其议[85]，收去《诗》《书》百家之语以愚百姓，使天下无以古非今。明法度，定律令，皆以始皇起。同文书[86]。治离宫别馆[87]，周遍天下。明年，又巡狩[88]，外攘四夷[89]，斯皆有力焉。

斯长男由为三川守[90]，诸男皆尚秦公主[91]，女悉嫁秦诸公子。三川守李由告归咸阳[92]，李斯置酒于家，百官长皆前为寿[93]，门廷车骑以千数。李斯喟然而叹曰[94]：“嗟乎！吾闻之荀卿曰‘物禁大盛’[95]。夫斯乃上蔡布衣，闾巷之黔首，上不知其驽下[96]，遂擢至此[97]。当今人臣之位无居臣上者，可谓富贵极矣。物极则衰，吾未知所税驾也[98]！”

始皇三十七年十月，行出游会稽，并海上[99]，北抵琅邪。丞相斯、中车府令赵高兼行符玺令事[100]，皆从。始皇有二十余子，长子扶苏以数直谏上，上使监兵上郡[101]，蒙恬为将。少子胡亥爱，请从，上许之。余子莫从。

其年七月[102]，始皇帝至沙丘[103]，病甚，令赵高为书赐公子扶苏曰：“以兵属蒙恬，与丧会咸阳而葬。”书已封，未授使者，始皇崩。书及玺皆在赵高所，独子胡亥、丞相李斯、赵高及幸宦者五六人知始皇崩，余群臣皆莫知也。李斯以为上在外崩，无真太子[104]，故秘之。置始皇居辒辌车中[105]，百官奏事、上食如故，宦者辄从辒辌车中可诸奏事。

赵高因留所赐扶苏玺书[106]，而谓公子胡亥曰：“上崩，无诏封王诸子而独赐长子书[107]。长子至，即立为皇帝，而子无尺寸之地，为之奈何？”胡亥曰：“固也。吾闻之，明君知臣，明父知子。父捐命[108]，不封诸子，何可言者！”赵高曰：“不然。方今天下之权，存亡在子与高及丞相耳，愿子图之。且夫臣人与见臣于人[109]，制人与见制于人，岂可同日道哉！”胡亥曰：“废兄而立弟，是不义也；不奉父诏而畏死，是不孝也；能薄而材谫[110]，强因人之功[111]，是不能也；三者逆德，天下不服，身殆倾危[112]，社稷不血食[113]。”高曰：“臣闻汤、武杀其主，天下称义焉，不为不忠。卫君杀其父，而卫国载其德，孔子著之，不为不孝。夫大行不小谨，盛德不辞让，乡曲各有宜而百官不同功[114]。故顾小而忘大，后必有害；狐疑犹豫，后必有悔。断而敢行，鬼神避之，后有成功。愿子遂之！”胡亥喟然叹曰：“今大行未发[115]，丧礼未终，岂宜以此事干丞相哉[116]！”赵高曰：“时乎时乎，间不及谋[117]！赢粮跃马，唯恐后时！”

胡亥既然高之言[118]，高曰：“不与丞相谋，恐事不能成，臣请为子与丞相谋之。”高乃谓丞相斯曰：“上崩，赐长子书，与丧会咸阳而立为嗣。书未行，今上崩，未有知者也。所赐长子书及符玺皆在胡亥所[119]，定太子在君侯与高之口耳[120]。事将何如？”斯曰：“安得亡国之言！此非人臣所当议也！”高曰：“君侯自料能孰与蒙恬[121]？功高孰与蒙恬？谋远不失孰与蒙恬？无怨于天下孰与蒙恬？长子旧而信之孰与蒙恬？”斯曰：“此五者皆不及蒙恬，而君责之何深也？”高曰：“高固内官之厮役也[122]，幸得以刀笔之文进入秦宫[123]，管事二十余年，未尝见秦免罢丞相功臣有封及二世者也，卒皆以诛亡。皇帝二十余子，皆君之所知。长子刚毅而武勇，信人而奋士[124]，即位必用蒙恬为丞相，君侯终不怀通侯之印归于乡里，明矣。高受诏教习胡亥，使学以法事数年矣[125]，未尝见过失。慈仁笃厚[126]，轻财重士，辩于心而诎于口[127]，尽礼敬士，秦之诸子未有及此者，可以为嗣。君计而定之。”斯曰：“君其反位[128]！斯奉主之诏，听天之命，何虑之可定也？”高曰：“危可安也，安可危也。安危不定，何以贵圣？”斯曰：“斯，上蔡闾巷布衣也，上幸擢为丞相，封为通侯，子孙皆至尊位重禄者，故将以存亡安危属臣也。岂可负哉！夫忠臣不避死而庶几[129]，孝子不勤劳而见危，人臣各守其职而已矣。君其勿复言，将令斯得罪。”高曰：“盖闻圣人迁徙无常[130]，就变而从时[131]，见末而知本，观指而睹归[132]。物固有之，安得常法哉！方今天下之权命悬于胡亥[133]，高能得志焉[134]。且夫从外制中谓之惑，从下制上谓之贼[135]。故秋霜降者草花落，水摇动者万物作[136]，此必然之效也。君何见之晚？”斯曰：“吾闻晋易太子，三世不安[137]；齐桓兄弟争位[138]，身死为戮；纣杀亲戚[139]，不听谏者，国为丘墟，遂危社稷：三者逆天，宗庙不血食[140]。斯其犹人哉，安足为谋！”高曰：“上下合同[141]，可以长久；中外若一，事无表里。君听臣之计，即长有封侯，世世称孤，必有乔、松之寿[142]，孔、墨之智[143]。今释此而不从，祸及子孙，足以为寒心。善者因祸为福，君何处焉？”斯乃仰天而叹，垂泪太息曰：“嗟乎！独遭乱世，既以不能死[144]，安托命哉[145]！”于是斯乃听高。高乃报胡亥曰：“臣请奉太子之明命以报丞相[146]，丞相斯敢不奉令！”

于是乃相与谋，诈为受始皇诏丞相立子胡亥为太子。更为书赐长子扶苏曰：“朕巡天下[147]，祷祠名山诸神以延寿命[148]。今扶苏与将军蒙恬将师数十万以屯边[149]，十有余年矣，不能进而前，士卒多耗，无尺寸之功，乃反数上书直言诽谤我所为，以不得罢归为太子[150]，日夜怨望[151]。扶苏为人子不孝，其赐剑以自裁！将军恬与扶苏居外，不匡正，宜知其谋。为人臣不忠，其赐死，以兵属裨将王离[152]。”封其书以皇帝玺，遣胡亥客奉书赐扶苏于上郡。

使者至，发书，扶苏泣，入内舍，欲自杀。蒙恬止扶苏曰：“陛下居外，未立太子，使臣将三十万众守边，公子为监，此天下重任也。今一使者来，即自杀，安知其非诈？请复请，复请而后死，未暮也[153]。”使者数趣之[154]。扶苏为人仁，谓蒙恬曰：“父而赐子死，尚安复请！”即自杀。蒙恬不肯死，使者即以属吏[155]，系于阳周。

使者还报，胡亥、斯、高大喜。至咸阳，发丧，太子立为二世皇帝。以赵高为郎中令，常侍中用事[156]。

二世燕居[157]，乃召高与谋事，谓曰：“夫人生居世间也，譬犹骋六骥过决隙也[158]。吾既已临天下矣，欲悉耳目之所好[159]，穷心志之所乐，以安宗庙而乐万姓[160]，长有天下，终吾年寿，其道可乎？”高曰：“此贤主之所能行也，而昏乱主之所禁也[161]。臣请言之，不敢避斧钺之诛[162]，愿陛下少留意焉[163]。夫沙丘之谋，诸公子及大臣皆疑焉，而诸公子尽帝兄，大臣又先帝之所置也。今陛下初立，此其属意怏怏皆不服[164]，恐为变。且蒙恬已死，蒙毅将兵居外，臣战战栗栗，唯恐不终。且陛下安得为此乐乎？”二世曰：“为之奈何？”赵高曰：“严法而刻刑，令有罪者相坐诛[165]，至收族[166]，灭大臣而远骨肉；贫者富之，贱者贵之。尽除去先帝之故臣，更置陛下之所亲信者近之。此则阴德归陛下[167]，害除而奸谋塞，群臣莫不被润泽，蒙厚德，陛下则高枕肆志宠乐矣[168]。计莫出于此[169]。”二世然高之言，乃更为法律。于是群臣诸公子有罪，辄下高，令鞠治之[170]。杀大臣蒙毅等，公子十二人僇死咸阳市[171]，十公主矺死于杜[172]，财物入于县官[173]，相连坐者不可胜数。

公子高欲奔，恐收族，乃上书曰：“先帝无恙时[174]，臣入则赐食，出则乘舆[175]。御府之衣[176]，臣得赐之；中厩之宝马[177]，臣得赐之。臣当从死而不能[178]，为人子不孝，为人臣不忠。不忠者无名以立于世，臣请从死，愿葬郦山之足[179]。唯上幸哀怜之。”书上，胡亥大说，召赵高而示之，曰：“此可谓急乎[180]？”赵高曰：“人臣当忧死而不暇，何变之得谋！”胡亥可其书，赐钱十万以葬。

法令诛罚日益刻深[181]，群臣人人自危，欲畔者众[182]。又作阿房之宫，治直道、驰道，赋敛愈重，戍徭无已。于是楚戍卒陈胜、吴广等乃作乱，起于山东[183]，杰俊相立，自置为侯王，叛秦，兵至鸿门而却[184]。李斯数欲请间谏[185]，二世不许。而二世责问李斯曰：“吾有私议而有所闻于韩子也[186]，曰：‘尧之有天下也，堂高三尺，采椽不斲[187]，茅茨不翦[188]，虽逆旅之宿不勤于此矣[189]。冬日鹿裘，夏日葛衣[190]，粢粝之食，藜藿之羹[191]，饭土匦，啜土铏[192]，虽监门之养不觳于此矣[193]。禹凿龙门，通大夏，疏九河，曲九防，决渟水致之海[194]，而股无胈，胫无毛，手足胼胝，面目黎黑[195]，遂以死于外，葬于会稽，臣虏之劳不烈于此矣[196]’。然则夫所贵于有天下者，岂欲苦形劳神，身处逆旅之宿，口食监门之养，手持臣虏之作哉[197]？此不肖人之所勉也，非贤者之所务也[198]。彼贤人之有天下也，专用天下适己而已矣，此所以贵于有天下也。夫所谓贤人者，必能安天下而治万民，今身且不能利，将恶能治天下哉！故吾愿赐志广欲[199]，长享天下而无害，为之奈何？”李斯子由为三川守，群盗吴广等西略地，过去弗能禁。章邯以破逐广等兵，使者覆案三川相属[200]，诮让斯居三公位[201]，如何令盗如此。李斯恐惧，重爵禄，不知所出，乃阿二世意，欲求容[202]，以书对曰：

夫贤主者，必且能全道而行督责之术者也[203]，督责之，则臣不敢不竭能以徇其主矣[204]。此臣主之分定[205]，上下之义明，则天下贤不肖莫敢不尽力竭任以徇其君矣。是故主独制于天下而无所制也[206]。能穷乐之极矣，贤明之主也，可不察焉！

故《申子》曰：“有天下而不恣睢[207]，命之曰以天下为桎梏”者[208]，无他焉，不能督责，而顾以其身劳于天下之民[209]，若尧、禹然，故谓之“桎梏”也。夫不能修申、韩之明术，行督责之道，专以天下自适也，而徒务苦形劳神，以身徇百姓，则是黔首之役，非畜天下者也[210]，何足贵哉！夫以人徇己，则己贵而人贱；以己徇人，则己贱而人贵。故徇人者贱，而人所徇者贵，自古及今，未有不然者也。凡古之所为尊贤者[211]，为其贵也；而所为恶不肖者，为其贱也。而尧、禹以身徇天下者也，因随而尊之，则亦失所为尊贤之心矣！夫可谓大缪矣[212]。谓之为"桎梏"，不亦宜乎？不能督责之过也。

故《韩子》曰"慈母有败子而严家无格虏"者[213]，何也？则能罚之加焉必也。故商君之法，刑弃灰于道者。夫弃灰，薄罪也，而被刑，重罚也。彼唯明主为能深督轻罪。夫罪轻且督深，而况有重罪乎？故民不敢犯也。是故《韩子》曰"布帛寻常，庸人不释[214]，铄金百溢，盗跖不搏[215]"者，非庸人之心重，寻常之利深，而盗跖之欲浅也；又不以盗跖之行，为轻百镒之重也。搏必随手刑，则盗跖不搏百镒；而罚不必行也，则庸人不释寻常。是故城高五丈，而楼季不轻犯也；泰山之高百仞[216]，而跛牂牧其上[217]。夫楼季也而难五丈之限，岂跛牂也而易百仞之高哉？峭堑之势异也[218]。明主圣王之所以能久处尊位，长执重势[219]，而独擅天下之利者，非有异道也，能独断而审督责[220]，必深罚，故天下不敢犯也。今不务所以不犯[221]，而事慈母之所以败子也[222]，则亦不察于圣人之论矣。夫不能行圣人之术，则舍为天下役何事哉[223]？可不哀邪！

且夫俭节仁义之人立于朝，则荒肆之乐辍矣[224]；谏说论理之臣间于侧，则流漫之志诎矣[225]；烈士死节之行显于世，则淫康之虞废矣[226]。故明主能外此三者[227]，而独操主术以制听从之臣[228]，而修其明法，故身尊而势重也。凡贤主者，必将能拂世磨俗[229]，而废其所恶，立其所欲，故生则有尊重之势，死则有贤明之谥也。是以明君独断，故权不在臣也。然后能灭仁义之途，掩驰说之口，困烈士之行，塞聪掩明[230]，内独视听[231]，故外不可倾以仁义烈士之行，而内不可夺以谏说忿争之辩[232]。故能荦然独行恣睢之心而莫之敢逆[233]。若此然后可谓能明申、韩之术，而修商君之法。法修术明而天下乱者，未之闻也。故曰"王道约而易操"也[234]。唯明主为能行之。若此则谓督责之诚则臣无邪，臣无邪则天下安，天下安则主严尊，主严尊则督责必，督责必则所求得，所求得则国家富，国家富则君乐丰[235]。故督责之术设，则所欲无不得矣。群臣百姓救过不给，何变之敢图？若此则帝道备，而可谓能明君臣之术矣[236]。虽申、韩复生，不能加也。

书奏，二世悦。于是行督责益严，税民深者为明吏[237]。二世曰："若此则可谓能督责矣。"刑者相半于道，而死人日成积于市[238]。杀人众者为忠臣。二世曰："若此则可谓能督责矣。"

初，赵高为郎中令，所杀及报私怨众多，恐大臣入朝奏事毁恶之[239]，乃说二世曰："天子所以贵者，但以闻声，群臣莫得见其面，故号曰'朕'。且陛下富于春秋[240]，未必尽通诸事，今坐朝廷，谴举有不当者[241]，则见短于大臣，非所以示神明于天下也[242]。且陛下深拱禁中[243]，与臣及侍中习法者待事，事来有以揆之[244]。如此则大臣不敢奏疑事，天下称圣主矣。"二世用其计，乃不坐朝廷见大臣，居禁中。赵高常侍中用事，事皆决于赵高。

高闻李斯以为言，乃见丞相曰："关东群盗多，今上急益发繇治阿房宫[245]，聚狗马无用之物。臣欲谏，为位贱。此真君侯之事，君何不谏？"李斯曰："固也，吾欲言之久矣。今时上不坐朝廷，上居深宫，吾有所言者，不可传也，欲见无间[246]。"赵高谓曰："君诚能谏，请为君候上间语君。"于是赵高待二世方燕乐[247]，妇女居前，使人告丞相："上方间，可奏事。"丞相至宫门上谒，如此者三。二世怒曰："吾常多闲日[248]，丞相不来。吾方燕私，丞相辄来请事。丞相岂少我哉？且固我哉[249]？"赵高因曰："如此殆矣[250]！夫沙丘之谋，丞相与焉。今陛下已立为帝，而丞相贵不益[251]，此其意亦望裂地而王矣。且陛下不问臣，臣不敢言。丞相长男李由为三川守，楚盗陈胜等皆丞相傍县之子[252]，以故楚盗公行，过三川，城守不肯击。高闻其文书相往来，未得其审[253]，故未敢以闻。且丞相居外，权重于陛下。"二世以为然。欲案丞相[254]，恐其不审，乃使人案验三川守与盗通状[255]。李斯闻之。

是时二世在甘泉[256]，方作觳抵优俳之观[257]。李斯不得见，因上书言赵高之短曰："臣闻之，臣疑其君[258]，无不危国；妾疑其夫，无不危家。今有大臣于陛下擅利擅害[259]，与陛下无异，此甚不便。昔者司城子罕相宋，身行刑罚，以威行之，期年遂劫其君[260]。田常为简公臣[261]，爵列无敌于国，私家之富与公家均，布惠施德，下得百姓，上得群臣，阴取齐国，杀宰予于庭，即弑简公于朝[262]，遂有齐国。此天下所明知也。今高有邪佚之志，危反之行[263]，如子罕相宋也；私家之富，若田氏之于齐也。兼行田常、子罕之逆道而劫陛下之威信[264]，其志若韩玘为韩安相也。陛下不图，臣恐其为变也。"二世曰："何哉？夫高，故宦人也，然不为安肆志，不以危易心[265]，絜行修善，自使至此，以忠得进，以信守位，朕实贤之，而君疑之，何也？且朕少失先人，无所识知，不习治民，而君又老，恐与天下绝矣[266]。朕非属赵君[267]，当谁任哉？且赵君为人精廉强力[268]，下知人情，上能适朕，君其勿疑。"李斯曰："不然。夫高，故贱人也，无识于理，贪欲无厌，求利不止，列势次主[269]，求欲无穷，臣故曰殆。"二世已前信赵高，恐李斯杀之，乃私告赵高。高曰："丞相所患者独高，高已死，丞相即欲为田常所为。"于是二世曰："其以李斯属郎中令[270]！"

赵高案治李斯[271]。李斯拘执束缚[272]，居囹圄中[273]，仰天而叹曰："嗟乎，悲夫！不道之君，何可为计哉！昔者桀杀关龙逢，纣杀王子比干，吴王夫差杀伍子胥[274]。此三臣者，岂不忠哉！然而不免于死，身死而所忠者非也。今吾智不及三子，而二世之无道过于桀、纣、夫差，吾以忠死，宜矣。且二世之治岂不乱哉！日者夷其兄弟而自立也[275]，杀忠臣而贵贱人，作为阿房之宫，赋敛天下。吾非不谏也，而不吾听也。凡古圣王，饮食有节，车器有数，宫室有度，出令造事，加费而无益于民利者禁，故能长久治安。今行逆于昆弟[276]，不顾其咎；侵杀忠臣，不思其殃；大为宫室，厚赋天下，不爱其费[277]：三者已行，天下不听。今反者已有天下之半矣，而心尚未寤也，而以赵高为佐，吾必见寇至咸阳，麋鹿游于朝也。”

于是二世乃使高案丞相狱，治罪，责斯与子由谋反状[278]，皆收捕宗族宾客。赵高治斯，榜掠千余[279]，不胜痛，自诬服[280]。斯所以不死者[281]，自负其辩，有功，实无反心，幸得上书自陈，幸二世之寤而赦之。李斯乃从狱中上书曰："臣为丞相，治民三十余年矣。逮秦之地陕隘[282]。先王之时秦地不过千里，兵数十万。臣尽薄材，谨奉法令，阴行谋臣[283]，资之金玉，使游说诸侯，阴修甲兵，饰政教，官斗士[284]，尊功臣，盛其爵禄，故终以胁韩弱魏，破燕、赵，夷齐、楚，卒兼六国，虏其王，立秦为天子。罪一矣。地非不广，又北逐胡、貉[285]，南定百越，以见秦之强。罪二矣。尊大臣，盛其爵位，以固其亲。罪三矣。立社稷，修宗庙，以明主之贤。罪四矣。更克画[286]，平斗斛度量[287]，文章布之天下[288]，以树秦之名。罪五矣。治驰道，兴游观[289]，以见主之得意。罪六矣。缓刑罚，薄赋敛，以遂主得众之心，万民戴主，死而不忘。罪七矣。若斯之为臣者，罪足以死固久矣。上幸尽其能力，乃得至今，愿陛下察之！"书上，赵高使吏弃去不奏，曰："囚安得上书！"

赵高使其客十余辈诈为御史、谒者、侍中[290]，更往覆讯斯[291]。斯更以其实对，辄使人复榜之。后二世使人验斯，斯以为如前，终不敢更言，辞服[292]。奏当上[293]，二世喜曰："微赵君[294]，几为丞相所卖[295]。"及二世所使案三川之守至，则项梁已击杀之。使者来，会丞相下吏，赵高皆妄为反辞。

二世二年七月，具斯五刑[296]，论腰斩咸阳市[297]。斯出狱，与其中子俱执[298]，顾谓其中子曰："吾欲与若复牵黄犬俱出上蔡东门逐狡兔，岂可得乎！"遂父子相哭，而夷三族。

李斯已死，二世拜赵高为中丞相[299]，事无大小辄决于高。高自知权重，乃献鹿，谓之马。二世问左右："此乃鹿也？"左右皆曰："马也。"二世惊，自以为惑[300]，乃召太卜，令卦之。太卜曰："陛下春秋郊祀，奉宗庙鬼神，斋戒不明[301]，故至于此。可依盛德而明斋戒。"于是乃入上林斋戒[302]。日游弋猎，有行人入上林中，二世自射杀之。赵高教其女婿咸阳令阎乐劾不知何人贼杀人移上林[303]。高乃谏二世曰："天子无故贼杀不辜人[304]，此上帝之禁也，鬼神不享[305]，天且降殃，当远避宫以禳之[306]。"二世乃出居望夷之宫[307]。

留三日，赵高诈诏卫士，令士皆素服持兵内乡[308]，入告二世曰："山东群盗兵大至！"二世上观而见之，恐惧，高即因劫令自杀[309]。引玺而佩之，左右百官莫从；上殿，殿欲坏者三。高自知天弗与，群臣弗许，乃召始皇弟[310]，授之玺。

子婴即位，患之，乃称疾不听事，与宦者韩谈及其子谋杀高。高上谒，请病[311]，因召入，令韩谈刺杀之，夷其三族。

子婴立三月，沛公兵从武关入[312]，至咸阳，群臣百官皆畔，不適[313]。子婴与妻子自系其颈以组[314]，降轵道旁[315]。沛公因以属吏。项王至而斩之。遂以亡天下。

太史公曰：李斯以闾阎历诸侯[316]，入事秦，因以瑕衅[317]，以辅始皇，卒成帝业，斯为三公，可谓尊用矣[318]。斯知六艺之归[319]，不务明政以补主上之缺，持爵禄之重，阿顺苟合，严威酷刑，听高邪说，废適立庶[320]。诸侯已畔，斯乃欲谏争，不亦末乎[321]！人皆以斯极忠而被五刑死，察其本，乃与俗议之异。不然，斯之功且与周、召列矣[322]。

【译文】

李斯是楚国上蔡人。他年轻的时候，曾做过郡里的小吏，看到官吏的办公处附近厕所里的老鼠吃不干净的东西，有人或狗走近时，就不断受惊吓。后来李斯又走进粮仓，看到粮仓里的老鼠，吃的是囤积的粟，住在大房子的下面，不用担心被人或狗惊扰。这时候李斯就感叹道："一个人有出息还是没出息，就如同老鼠一样，是由自己所处的环境决定的。"

于是，李斯跟随荀子学习帝王治理天下的方法。学业已经完成之后，李斯考虑到楚王不值得事奉，而六国的国势都已衰弱，没有可以建功立业的国家，就打算西行到秦国去。李斯向荀子辞行说："我听说一个人若遇到机会，千万不能懈怠错过。现在各诸侯国都在争取时机，游说之士掌握实权。当今秦王想吞并天下各国，称帝治理它们，这正是平民奔驰效力和游说之士施展抱负的好时机。身处卑贱的地位，而不想着去有所作为，就如同俘获野鹿而仅看看它的肉，长着人的样子而只能勉强直立行走。所以最大的耻辱莫过于地位卑贱，最大的悲哀莫过于贫穷困厄。长期处于卑贱的地位和贫困艰苦的环境之中，却还要非难社会、厌恶利禄，自我标榜与世无争，这不是士子的本愿。因此我李斯打算到西方去游说秦王。"

到秦国后，恰逢秦庄襄王去世，李斯就请求充当秦相国文信侯吕不韦的舍人；吕不韦认为他有才能，任命他做郎官。李斯因此有游说的机会，他对秦王说："平庸的人往往失去他的机遇，而成大功业的人就在于他能利用机会并能下狠心实现理想。从前秦穆公称霸天下的时候，最终没有向东吞并东方六国，这是为什么呢？是因为诸侯尚且较多，周朝的德望也没有衰落，因此五霸交替兴起，相继尊崇周朝。自从秦孝公以来，周朝卑弱衰微，诸侯之间相互兼并，函谷关以东地区变为六个诸侯国，秦国乘胜奴役诸侯大约已经六代。如今诸侯服从秦国就如同你的郡县一样。凭借秦国的强大，大王的贤明，就像在灶上扫除灰尘一样，足以消灭诸侯，成就帝业，成为天下一统的君主，这是万世难逢的好时机。倘若现在懈怠而不抓紧机会，等到诸侯再次强盛起来，相互聚集订立合纵的盟约，即使有黄帝一样的贤明，也没能力兼并它们。"秦王就任命李斯为长史，听从他的计谋，暗中派遣谋士带着金玉珍宝去各诸侯国游说。各诸侯国的著名人士能用钱使他们降服的，就多送礼物结交他；不肯降服的，就用利剑把他们杀掉。这些都是离间诸侯国君臣关系的计策，随后，秦王就派良将攻打它们。秦王任命李斯为客卿。

恰逢韩国人郑国来秦国做间谍，以修筑灌溉渠道为名，不久被发觉。秦国的王族和大臣们都对秦王说："从各诸侯国来侍奉秦王的人，大都是为他们的国君在秦国游说离间罢了，请求大王把客卿全部驱除。"李斯也在议定的要驱逐的客卿之列。于是李斯就上书说：

我听说官员们议论要驱逐客卿，我私下认为这是错误的。从前秦穆公招揽贤才，从西戎得到由余，从东边的宛地得到百里奚，从宋国迎来蹇叔，从晋国招来丕豹、公孙友。这五个人都不生在秦国，而秦穆公任用他们，吞并了二十多个诸侯国，于是得以在西戎称霸。秦孝公采用商鞅的新法，改变风俗，人民因此富裕繁兴，国家因此富足强大，百姓乐意为国家效力，诸侯国家亲近归服，俘获楚国、魏国的军队，攻取了千里土地，秦国至今安定强盛。秦惠王用张仪的计策，攻取了三川地区，向西又吞并了巴、蜀，向北攻取了上郡，向南攻占了汉中，囊括了九夷，控制了鄢、郢，在东面占据了险要的成皋，割取了肥沃的土地，于是导致六国的合纵联盟瓦解了，使他们面向西方事奉秦国，功业一直延续到今天。秦昭王得到范雎，废黜穰侯，驱逐华阳君，使公室强大，杜绝了权贵的势力，像蚕吃桑叶一般，逐渐吞并诸侯的土地，使秦国奠定了建立统一王朝的基业。这四位君主，都是依靠了别国客卿的功勋。由此看来，客卿哪里辜负了秦国呢？假使这四位君主拒绝客卿而不接受他们，疏远士人而不重用，这就使秦国既无富足财利之实，又无雄厚强大之名。

现在皇上您罗致昆山的美玉，享有随侯之珠、和氏之璧，挂着明月珠，佩着太阿剑，驾着纤离马，竖着翠凤旗，摆着灵鼍鼓。这些宝物，没有一样是秦国出产的，但陛下您非常喜爱它们，这是为什么呢？若是一定要秦国所出产然后才可以使用，那么这夜光之壁就不能用来装饰朝廷，犀角象牙制品就不能为您所玩赏，郑国、卫国的美女也不能陈列于您的后宫之中，而且骏马駃騠也不能填充到您宫外的马舍。江南的金锡也不该被使用，西蜀的丹青也不应用作颜料。您用来装饰后宫、充当姬妾、愉悦心情、怡悦耳目的东西，一定要出自秦国然后才可以用的话，那么，这用宛地珍珠装饰的簪子，镶嵌玑珠的耳坠，东阿白绢做的衣服、刺绣精美的丝制饰品，就不能进献在您的面前，而那时髦又高雅，漂亮而又文静的赵国美女就不能侍立在您的身边。而那些用敲瓮击罐、弹筝、拍腿来伴奏，并高唱呼号以愉悦耳朵的，这才是正宗的秦国音乐。象《郑》《卫》《桑间》《昭》《虞》《武》《象》之类的乐曲，则是其他国家的音乐。现在您抛弃敲瓮击罐这一套秦国音乐而听《郑》《卫》之声，不去听弹筝而欣赏《昭》《虞》之曲，做像这样的事是为什么呢？只不过是图眼前的快乐，满足耳目观赏的需求罢了。现在您用人却不是这样，不问此人能不能用，也不论是非曲直，只要不是秦国人一律辞退，只要是客卿统统驱逐。既然这样，那么陛下所看重的是美女、音乐、珍珠、宝玉，而所轻视的是人才了。这并不是统一天下、制服诸侯的方法。

我听说土地广袤出产的粮食就多，国家广大人口就多，军力强盛士兵就勇敢。因此泰山不拒绝泥土，才成就了它的高大；黄河大海不挑剔细小的河流，才成就了它们的深广；帝王不摈弃广大民众，才能彰显出他的盛德。所以国土无论东西南北，民众不分本国别国，一年四季风调雨顺，鬼神赐予福泽，这就是五帝三王无敌于天下的原因。如今您抛弃了百姓来帮助敌国，排斥宾客而使他们为其他诸侯国建功立业，使天下的士人后退而不敢西行，停住脚步而不敢进入秦国，这就是人们所说的“借武器给敌人，送粮食给强盗”啊！

不是秦国出产的物品，值得珍视的有很多；不是秦国出生的士人，而愿意效忠秦国的人也很多。现在您驱逐客卿来资助敌国，减少民众来助益仇敌，在内部削弱自己的实力而在外面又和诸侯结下仇恨，这样下去，要想国家没有危险，是不可能的。

秦王于是废除了驱逐客卿的命令，恢复了李斯的官职，最终采用了他的计谋。李斯的官位也升到廷尉之职。二十多年后，终于统一了天下，尊称秦王为“皇帝”。皇帝任命李斯为丞相。接着拆除了各地郡县的城墙，销毁了各地的武器，表示不再使用武力。使秦国没有一寸分封的土地，也不立皇帝的儿子、兄弟为王，不封功臣为诸侯，以便使此后再也没有战争的祸患。

秦始皇三十四年，在咸阳宫设酒宴，酒席上博士仆射周青臣等称颂秦始皇的声威盛德。齐人淳于越进谏道：“我听说殷商和周朝统治天下达一千多年，分封子弟及功臣作为自己的辅弼。而现在陛下您虽统一天下，但子弟却还是平民百姓，如果突然出现了像齐国田常、晋国六卿篡位夺权的祸患，又没有辅佐的藩臣，靠谁来救您呢？办事不学习古代经验而长期统治的朝代，我还没有听说过。现在周青臣等又当面阿谀奉承以加重您的错误，这不是忠臣的行为。”秦始皇把他的谏议交给丞相李斯处理。李斯认为这种论点是错误的，因此摈弃淳于越的言论，上奏疏说：“古时候天下分散杂乱，没有谁能统一，所以诸侯并起争霸，诸家言论都称道古代以诋毁当代，粉饰空言来扰乱社会现实，人们都认为自己的那一派学说最好，来否定君主所设立的律令制度。现在陛下统一天下之后，已辨清了黑白是非，并确立了皇帝独尊的地位；而各家学派却交相批评朝廷的法制教化，听说朝廷命令颁下，他们就各以自己学派的观点来议论它，回家便心生不满，出门则在街巷议论，以批评君主来获取名声，以和朝廷标榜不同来抬高自己，并带领下层群众来制造诽谤。这种情况如不禁止，君主的权势就会降低，下层党派就会形成。因此，还是禁止它们为好。我请求把人们收藏的《诗》《书》和诸子百家的著作，全部废黜焚毁。命令下达三十天，如果还有人不焚毁，判处黥刑并罚做筑城苦役。不在焚毁之列的，是医药、占卜、种植之类的书。如果有想学习法令的，以官吏为老师。”秦始皇批准了他的奏议，没收焚毁《诗经》《尚书》和诸子百家言论的著作，以使百姓变得愚昧无知，使天下人无法用称颂古代来非议当代。修明法制，制定律令，都从秦始皇开始。统一文字。修建的离宫别馆遍布全国各地。第二年，始皇帝又巡视郡县，平定

四方边境的少数民族，这些事情，李斯都出过力。

李斯的长子李由担任三川郡守，儿子们娶的都是秦朝的公主，女儿们都嫁给了秦朝的皇族子弟。三川郡守李由请假回咸阳时，李斯在家中设下酒宴，各组官员首长都前去给李斯敬酒祝贺。门前的车马数以千计。李斯慨然长叹道：“哎呀！我听荀卿说过‘事情忌讳过度’。我李斯曾是上蔡的平民，街巷的百姓，皇帝不了解我才能低下，才把我提拔到如今的地位。当今做臣子的没有人比我职位更高，可以说是富贵荣华到了极点。事情到了极点就会衰落，我还不知道我的归宿在何方呢！”

秦始皇三十七年十月，皇帝巡行出游到会稽，沿海北上，抵达琅邪。丞相李斯和中车府令兼符玺令赵高都随从前往。始皇帝有二十多个儿子，长子扶苏因为多次直言劝谏皇帝，皇帝派他到上郡监督军队了，蒙恬任将军。小儿子胡亥受宠爱，要求随行，始皇帝答应了。其他的儿子都没能跟着去。

这一年七月，始皇帝到达沙丘，病得非常严重，命令赵高写书信给公子扶苏说：“把军队交给蒙恬，赶快到咸阳参加葬礼，然后安葬。”书信都已封好，但还没交给使者，始皇帝就去世了。书信和印玺都在赵高处，只有皇子胡亥、丞相李斯和赵高以及五六个受宠幸的宦官知道皇帝去世了，其余群臣都不知道。李斯认为皇帝在外面去世，又没正式确立的太子，所以将消息保密。把始皇帝的尸体安放在一辆能通风凉爽的车子中，百官奏事及进献饮食还像往常一样，宦官就假托皇帝从车中应答上奏诸事。

赵高因此扣留了始皇帝赐给扶苏的诏书，而对公子胡亥说："皇帝去世了，没有诏书封诸子为王而只赐给长子扶苏一封诏书。长子到后，就登位做皇帝，而你连尺寸的封地都没有，你怎么办呢？"胡亥说："本来就是这样。我听说过，圣明的君主最了解臣子，圣明的父亲最了解儿子。父亲去世时，没有分封诸子，儿子有什么可说的呢！"赵高说："不是这样的。当今天下的大权，别人生死存亡的命运，都掌握在你和我赵高以及丞相李斯手里，希望你认真考虑。更何况臣服别人和被别人臣服，统治别人和被别人统治，难道可以同日而语吗！"胡亥说："废除兄长而立弟弟，这是不义；不奉行父亲的诏命而畏惧死亡，这是不孝；我自己能力浅薄而才智翦陋，勉强依靠别人的帮助成功，这是无能。这三件事都是大逆不道的，天下人也不信服，自己还会遭受祸殃，国家也会灭亡。"赵高说："我听说过商汤、周武杀死他们的君主，天下人都称赞他们的行为符合道义，不能算是不忠。卫君杀死他的父亲，而卫国人民称颂他的功德，孔子记载了这件事，不能算是不孝。办大事不能拘泥于小节，行大德也用不着谦让，乡里的习俗各有所宜，百官的功劳也各不相同。因此顾忌小事而忘了大事，日后必生祸害；如犹豫不决，将来一定会后悔。果断而大胆地去做，连鬼神都要回避，将来一定会成功。希望你能成就大事。"胡亥长叹一声说："现在皇帝去世还未发丧，丧礼也未完成，怎么好用这件事来求丞相呢？"赵高说："时机啊时机，短暂得来不及谋划！即使是携带干粮赶着骏马追赶，都唯恐追不上时机！"

胡亥同意了赵高的意见之后，赵高说："不和丞相商议，恐怕事情不能够成功，我请求替您与丞相商议。"赵高就对丞相李斯说："始皇帝去世时，赐给长子扶苏一封书信，命他到咸阳参加丧礼，并立他为继承人。书信还未送出，现在皇帝去世了，还没有人知道此事。皇帝赐给长子的书信和符玺都在胡亥处，决定立谁为太子只在你和我赵高的一句话罢了。这事该怎么办？"李斯说："你怎么能说出这种亡国的话呢！这不是人臣所应当议论的事！"赵高说："您自己估计能力和蒙恬相比怎么样？和蒙恬相比谁的功劳更高？在谋略深远而不失误方面和蒙恬相比谁更强呢？没有跟天下人结仇怨方面你比得过蒙恬吗？长子扶苏对你的交情与信任方面比得上蒙恬吗？"李斯说："在这五个方面我都赶不上蒙恬，但是您为什么对我苛求得这么深刻呢？"赵高说："我本来只是内廷的奴仆，有幸凭借熟悉律令文书进入秦宫，已经管事二十多年，还未曾见过被秦王罢免的丞相功臣有封爵可以传给下一代的，最终都是被杀而死。始皇帝有二十多个儿子，这些都是您知道的。长子扶苏刚毅而且勇武，信任人而又善于激励士人，即位之后一定会用蒙恬担任丞相，您最终必然是不能怀揣通侯之印回归乡里的。我赵高受皇帝之命教育胡亥，让他学习法律已经有好多年了，还没见过他有什么过失。他仁慈厚道，轻视钱财，尊重士人，心里聪明但不善言辞，竭尽礼节尊敬贤士，在秦始皇众多的儿子中，没有人能赶得上他，可以立他为继承人。您考虑一下再决定。"李斯说："您还是回去做好您的本职工作吧！我李斯只尊奉皇帝的遗诏，听从上天命运的安排，有什么需要考虑再决定的呢？”赵高说：“平安可能变成危险，危险又可能变成平安。在安危面前不早做决定，又怎么能算是高贵明智的人呢？”李斯说：“我李斯本是上蔡街巷里的普通百姓，承蒙皇帝提拔我为丞相，并封我为通侯，子孙都得到尊贵的地位和优厚的待遇，所以皇帝才把国家安危存亡的重任交给了我。我又怎么能够辜负了他的重托呢？忠臣不应怕死而苟且生活，孝子不应过分操劳而损害健康，做臣子的各守各的职分罢了。请您不要再说了，那样做会让我李斯也跟着犯罪的。”赵高说：“我听说圣人善于变化而不固守常规，顺应变化而紧随时代，看到苗头就能知道根本，看到动向就能预知归宿。而事物本来就是如此，哪里有固定不变的规则啊！当今天下的权力、命运都掌握在胡亥手里，我赵高在胡亥处可以顺着自己的意愿行事。况且从外部来制服内部就是惑乱，从下面来制服上面就是叛逆。所以秋霜一降花草就要凋落，冰雪融化万物就将生长，这是必然的结果。您为什么看不到这些呢？”李斯说：“我听说晋国换太子，三代不安定；齐桓公兄弟争夺君位，哥哥被杀死；商纣王杀死亲戚，又不听从劝谏，国都被夷为废墟，于是危害国家社稷；这三件事都违背天意，所以才导致宗庙没人祭祀。我李斯还是人啊，怎么能参与这些阴谋呢！”赵高说：“上下齐心协力，事业可以长久；内外配合如一，事情就不会出现差错。您听从我的计谋，就会永远保有封侯，世代相传，一定能像仙人王子乔、赤松子那样享有长寿，像孔子、墨子那样享有智慧美名。现在放弃这个机会而不听从我的建议，一定会祸患到子孙，足以令人心寒。聪明的人能够转祸为福，您想怎么办呢？”李斯于是仰天长叹，流泪叹息道：“唉呀！偏偏遭遇乱世，既然已经不能尽忠而死，将向何处寄托我的命运呢！”于是李斯就听从了赵高。赵高便禀报胡亥说：“我是奉太子您的命令去通知丞相李斯的，他怎么敢不服从命令呢！”

于是他们就互相商议，伪造了秦始皇给丞相李斯的诏书，立胡亥为太子。又伪造了一份始皇帝赐给长子扶苏的信说：“我巡视天下，祈祷祭祀各地名山的神灵以祈求延年益寿。现在扶苏和将军蒙恬带领几十万军队驻守边疆，已经十几年了，不能向前进军，而士兵损失了很多，没有立下一点功劳，反而多次上书直言诽谤我的所做所为，因不能解职回京当太子，日夜怨恨不满。扶苏作为人子而不孝顺，赐剑给你请自杀！将军蒙恬和扶苏一同在外，不纠正他的错误，应该知道他的谋划。做为人臣而不能尽忠，一同赐死，把军队交给副将王离。”用皇帝的玉玺把诏书封好，让胡亥的门客捧着诏书到上郡交给扶苏。

使者到达之后，打开诏书，扶苏就哭泣起来，进入内室想要自杀。蒙恬阻止扶苏说：“皇上在外，没有立下太子，派我带领三十万大军守卫边疆，公子担任监军，这是天下的重任啊。现在只有一个使者来，您就立即自杀，怎能知道其中没有虚假呢？希望您再请示一下，回复请示后再死不晚。”使者频繁催促。扶苏为人仁爱，对蒙恬说：“做父亲的命令儿子去死，还需要请示什么！”立即自杀了。蒙恬不肯自杀，使者就将他交付给法吏，关押在阳周。

使者回来禀报，胡亥、李斯、赵高都非常高兴。到咸阳后，发布丧事，太子胡亥被立为二世皇帝。任命赵高担任郎中令，常在宫中服侍皇帝，执掌大权。

秦二世在宫中闲居无事，就叫赵高来和他商议事情，对赵高说："人活在世间的时间，就如同驾驭六匹骏马拉的车从缝隙前疾驰而过一样短暂。我既然已经统治天下了，想全部满足耳目方面的所有欲望，享受尽我所能想到的所有乐趣，使国家安宁，百姓欢欣，永远拥有天下，以享受终生，这种想法能实现吗？"赵高说："这对贤明的君主来说是能够做到的，而对于昏庸妄为的君主来说是应该禁忌的。请允许我说出忠言，不敢逃避斧钺刑具的诛杀，希望您稍微留意我的话。对于沙丘的密谋，各位公子和大臣都有怀疑，而这些公子都是您的兄长，这些大臣又是先帝所安置的。现在您刚刚被确立为皇帝，这些人心中怨恨不服，唯怕他们发动政变。何况蒙恬虽已死，他的弟弟蒙毅还在外面带兵，我提心吊胆，只怕会没有好的结果。陛下您又怎么能享受这样的快乐呢？"二世说："应该怎么办呢？"赵高说："实行严峻的法律和残酷的刑罚，把与犯法的人有牵连的人统统杀死，甚至全部拘捕灭族，杀死当朝大臣，而疏远您的骨肉兄弟，使原来贫穷的人富裕起来，使原来卑贱的人高尚起来。全部罢黜先帝的旧臣，重新置换成您亲密信任的人，并亲近他们。这样暗中对人施的恩德就归功于陛下您了，祸患被清除而奸邪的计谋被堵住了，众大臣没有不蒙受您的惠泽，蒙受您的恩德，陛下您就可以放高枕头放心享受尊荣安乐了。计策没有比这更好的了。"二世认为赵高的话有道理，于是更改法律。大臣和王室子弟有罪的，就交给赵高，让他刑拘治罪。杀死大臣蒙毅等人，王室子弟十二人在咸阳街头被杀戮，十位公主在杜县被碎尸，他们的财物被朝廷没收，因牵连被定罪或杀死的数不胜数。

公子高想外出逃命，又担心被拘捕灭族，就上书说："先帝活着的时候，我入宫就赏赐给我吃的东西，出宫就让我乘车。皇帝内府中的衣服，我得到过赏赐；宫中马棚里的宝马，我也得到过赏赐。我应该随从先帝一起死去而没能做到，这是我做人子的不孝，做人臣的不忠。而不忠的人没有理由活在世上，我请求随先帝死去，希望能把我埋在郦山始皇帝的陵墓脚下。希望皇上哀怜答应我。"书信上奏后，胡亥非常高兴，叫来赵高并把这封书信拿给他看，说："这可以说是走投无路了吧？"赵高说："大臣们在担心自己死亡还来不及的时候，怎么会图谋造反呢！"胡亥答应了公子高书信中的请求，赐给十万钱来安葬他。

法令刑罚日益严苛残酷，群臣人人自危，想造反的人很多。二世又修建阿房宫，修筑直道、驰道，赋税越来越重，兵役劳役没有止息。在这时从楚地被征去戍边的士卒陈胜、吴广等人开始造反，在崤山以东起兵，英雄豪杰交相起兵，自立为侯王，反叛秦朝，他们的军队一直攻到咸阳东面的鸿门才被击退。李斯多次想找机会进谏，二世不答应。二世反倒责备李斯说："我有个私下的看法，是从韩非子那里知道的，据说'尧统治天下的时候，殿堂仅有三尺高，作椽木的柞木不加砍削，苫屋顶的茅草而不加修剪，即使是旅店中住宿的条件也不会比这更艰苦的了。冬天穿鹿皮袄，夏天穿麻布衣，吃粗米做的饭，喝野菜做的汤，用瓦罐吃饭，用瓦钵喝水，即使是看门人的生活待遇也不会比这更简陋的了。夏禹凿开龙门山，开通大夏水道，又疏通多条河流，曲折地修筑多道堤坝，疏通积水使其流入大海，大腿上没了细皮嫩肉，小腿上没了汗毛，手脚都磨出了老茧，面孔晒得漆黑，最终累死在外面，埋葬在会稽山上，即使是奴隶的劳苦也不会比这更厉害了’。既然这样那么把统治天下看作尊贵的人，难道是为了要劳苦身心，让自己住在旅店一样简陋的房屋，嘴里吃着门卫吃的那样粗劣食物，手里干着奴隶干的苦活吗？这些事都是才能低下的人才勉强去做的，并非是贤明的人所想从事的。那些贤明的人统治天下，只是专门让天下人满足自己的欲望罢了，这才是统治天下的尊贵所在。人们所称的贤明的人，一定能够安定天下、治理万民，倘若都不能使自己获得好处，又怎么能治理好天下呢！因此我希望恣意纵欲，永远享有天下而没有祸患。怎么样才能做到呢？”李斯的儿子李由任三川郡守，群起造反的吴广等人向西侵占土地，经过三川郡，李由却没能阻止。章邯在击败并驱逐了吴广等人的军队之后，派到三川郡去调查的使者一个接着一个，责备李斯身居三公之位，怎能让盗贼猖狂到如此地步。李斯很是害怕，又看重爵位俸禄，不知道该如何处理，就曲意迎合二世的心意，想要取悦于他，便上奏疏回答说：

贤明的君主，必将是能够完美地掌握为君之道，又对下属行使督责之术的君主。严加督责，臣子们就不敢不竭尽全力为君主效力。这样，君主和臣子的名分一经确定，上下的道义也就明确了，那么天下不论是有才德的还是没有才德的，都不敢不竭尽全力为君主效命了。因此君主才能在天下施行专制而不受任何约束，能享尽达到极致的乐趣。贤明的君主，怎能不看清这一点呢！

所以《申子》说：“拥有天下却不懂得恣情纵欲，这就叫把天下当成了限制自己的镣铐。”这句话，没有别的意思，只是讲君主如不能督责臣下，反而却让自己辛辛苦苦为天下百姓操劳，就像尧和禹那样，所以称它为“镣铐”。如果不能学习申不害、韩非的高明法术，推行督责的措施，专门让天下人满足自己，反而只是白白地操心费力，拼命为百姓干事，那是百姓奴仆做的事，并不是统治天下的帝王，这有什么值得尊贵的呢！让别人为自己效劳，那么自己就尊贵而别人就卑贱；让自己为别人效劳，那么自己就卑贱而别人就尊贵。所以为别人效力的人就卑贱，接受别人效力的人就尊贵，从古到今，没有不是这样的。自古以来尊重贤人的原因，是因为他们自己尊贵；之所以讨厌不肖的人的原因，也是因为他们自己卑贱。而尧、禹是自己为天下效力的人，因随世俗尊重他们，这也就失去了所以尊贤的用心了！这可以说是大大的错误。称尧、禹把天下当作自己的“镣铐”，不也是很合适的吗？这是不能督责的过错。

所以《韩子》说“慈爱的母亲会养出败家的儿子，而严厉的主人家中没有强悍不驯的奴仆”，为什么呢？这是由于能严加惩罚的必然结果。所以商鞅的新法规定，要对在道路上丢弃灰烬的人判刑。丢弃灰烬是轻罪，却遭到刑罚，这是重罚。只有贤明的君主才能严厉地督责轻罪。轻罪尚且严厉督责，何况犯有重罪呢？所以百姓不敢犯法。因此《韩子》说：“几尺绸布，一般人见到就会顺手拿走；熔化的百镒黄金，盗跖也不会夺取。”并不是因为常人的贪心重，也不是几尺绸布价值高，而盗跖的贪欲淡；也不是因为盗跖的行为高尚，轻视百镒熔金的重利。原因是一旦夺取，接着就要遭到惩罚，所以盗跖不敢夺取百镒熔金；若是不坚决施行刑罚的话，那么一般人也就不会放弃几尺绸布。因此五丈高的城墙，楼季不敢轻易冒犯；泰山高达百仞，而跛脚的牧羊人却敢在上面放牧。难道是楼季把攀越五丈高的城墙看得很难，而跛脚的牧羊人把登上百仞高的泰山看得很容易吗？这是因为陡峭和平缓的形势各不相同。圣明的君主之所以能久居尊位，长掌重权，并独自垄断天下利益，并不是因为他们有特殊的方法，而是因为他们能够专权独断，明于督责，对犯法的人一定严加惩处，因此天下人不敢违犯。现在不去制订使他们不敢犯罪的方法，却去仿效慈母养成败家子的做法，那就太不了解圣贤的论说了。不能实行圣贤治理天下的方法，那么除了给天下人做仆役还能做什么呢？这难道不够悲哀吗！

况且节俭仁义的人在朝中任职，那么荒诞放肆的乐趣就会中止；规劝论理的臣子在身边，那么放纵的念头就要收敛；烈士死节的行为受到世人的推崇，那么纵情娱乐的想法就要放弃。所以圣明的君主能排斥这三种人，而独掌驾驭臣子的权术以统治言听计从的臣子，整饬朝廷严明的法制，所以自己尊贵而权势威重。所有的贤明君主，都能拂逆世风、扭转民俗，并且废弃他所厌恶的，树立他所喜欢的，因此在他活着的时候才有尊贵威严的权势，在他死后才有贤明的谥号。因此，贤明的君主独自决断，致使权力不在臣子的手里。做到这样之后才能斩断提倡仁义者的路，堵住游说者的口，困厄烈士的死节行为，闭目塞听，而独自听凭于内心，这样在外就不致被仁义节烈之士的行为所动摇，在内也不会被劝谏争论的激辩所迷惑。因此才能够卓荦独行逞其为所欲为的心志，而没有人敢反抗。像这样，然后才可以称得上是懂得了申不害、韩非的统治之术，并且学会了商鞅的法制。法制整饬并且统治严明，天下还会大乱，我还没听说过这样的事。所以，有人说："帝王的统治术是简约易行的。"只有贤明的君主才能做到。像这样，才可以说督责得到了真正实行，臣下才能没有离异之心，臣下没有离异之心那么天下才能安定，天下安定君主才有尊严，君主有了尊严那么督责才能得到严格执行，督责严格执行后君主的欲望才能得以满足，君主的欲望满足之后国家才能富强，国家富强了君主才能享受到更多快乐。所以督责之术一确立，君主的欲望没有得不到满足的。群臣百姓想补救自己的过失都来不及，哪里还敢图谋造反？像这样，帝王的统治之道就完备了，也可以说是了解了国君驾驭群臣的方法。即使申不害、韩非复生，也不能超过了。

这封奏疏上奏之后，秦二世很高兴。于是更加严厉地实行督责，向百姓收税越多越是贤明的官吏。二世说："像这样才可称得上能够督责了。"路上的行人，有一半是受过刑罚的人，在街市上每天都堆积着刚被杀死的人的尸体。杀人越多的越是忠臣。二世说："像这样才可以称得上是能够实行督责了。"

起初，赵高在担任郎中令时，杀死的人和为了报私仇而陷害的人非常多，唯恐大臣们在入朝奏事时向二世揭露他，就劝说二世道："天子尊贵的原因，在于大臣只能听到他的声音，而不能看到他的面容，所以天子才自称为'朕'。况且陛下还很年轻，未必什么事情都懂，现在您坐在朝廷上，如果赏罚有不妥当的地方，就会把自己的缺点暴露给大臣，这就不能向天下人显示您的神圣睿智了。陛下不妨敛手安居深宫中，和我及熟悉法律的侍中在一起，等待大臣把公事呈奏上来，公事呈报上来后，我们就可以研究决定。这样，大臣们就不敢把复杂疑惑的事情报上来，天下的人也就称您为圣明之主了。"二世听从了赵高的计谋，就不再坐在朝廷上接见大臣，深居在宫禁之中。赵高经常在皇帝身边侍奉办事，国家诸事都由赵高决定。

赵高听说李斯对此有不满的言论，就拜见李斯说："函谷关以东地区盗贼很多，而现在皇上却加紧遣发劳役修建阿房宫，搜集狗马等没用的玩物。我想劝谏，但我的地位卑贱。这可真是您丞相的事，您为什么不劝谏呢？"李斯说："确实这样，我早就想进言了。但是如今皇上不临朝听政，常居深宫之中，我虽然有话想说，又不便让别人传达，想见皇帝却又没有机会。"赵高对他说："您如果真能劝谏，请允许我替你伺探，一旦皇上有空闲，我就立刻告诉你。"于是赵高等二世闲居娱乐、美女在前的时候，派人告丞相说："皇上正有空闲，可以进宫奏事。"丞相李斯就到宫门求见，接连三次都是这样。二世气愤地说："我平时有很多空闲的日子，丞相不来。每当我在闲居娱乐的时候，丞相就来请求奏事。丞相难道是瞧不起我，还是认为我鄙陋？"赵高又乘机说："如果真是这样那可就太危险了！沙丘的密谋，丞相曾参与过。现在陛下您已被确立为皇帝，而丞相的地位却没有提高，他的意思也是希望割地称王呀！况且如果皇上您不问我，我不敢说。丞相的大儿子李由担任三川郡守，楚地强盗陈胜等人都是丞相故乡邻县的人，因此楚地的盗贼才敢公开横行，他们经过三川郡时，李由只是守城而不肯出击。我赵高曾听说他们之间有书信来往，但还没有调查清楚，所以没敢向陛下报告。况且丞相在外，权力比陛下还大。”二世认为赵高的话没错，想要查办丞相，但又担心情况不确实，就派人去调查三川郡守与盗贼勾结的具体情况。李斯知道了这个消息。

当时二世在甘泉宫正观看摔跤和滑稽戏表演。李斯没机会面见，因此上书揭发赵高的短处说：“我听说，臣子的权势逼近君主，没有不危害国家的；妾的权势逼近丈夫，没有不危害家庭的。现在有的大臣在您那里擅自掌握赏罚大权，和您没有什么不同，这是非常不利的。从前司城子罕在宋国担任丞相，自己掌管刑罚大权，用威权行事，一年之后就强取了宋国君位。田常做齐简公的臣子，爵位高到在全国无人能与他相匹敌，自家的财富和公家的一样多，他布恩惠施仁德，下得百姓的爱戴，上得群臣的拥护，暗中窃取了齐国的权力，在厅堂里杀死了宰予，又在朝廷上杀死齐简公，于是完全占有齐国。这是天下人清楚地知道的。现在赵高有邪辟恣纵的想法和阴谋叛逆的行为，就如同子罕担任宋国丞相时那样；他私人占有的财富，也正像田常在齐国那样多。他一并使用田常、子罕的叛逆方式而又窃取了陛下的威信，他的志向就像韩玘当韩安的宰相时一样。陛下不早想办法，我担心他会发动叛乱。”二世说：“这是什么话？那赵高原本是个宦官，但他不因为生活安逸就放纵欲望，也不因为处境危险就改变忠心，他品行高洁，修习善德，靠自己的努力才得到今天的地位，因为忠心才被提拔，因为诚信才保住禄位，我确实认为他是贤才，而你怀疑他，这是为什么呢？而且我年少丧父，没有什么知识，不知如何统治百姓，而你又年老了，我担心与天下人隔绝了。我如果不把国事托付给赵高，那应当用谁呢？况且赵高为人精明廉洁，竭尽其力，下能了解民情，上能顺适我的心意，请你不要怀疑。”李斯说：“并非如此。那赵高从前是卑贱的人，并不懂道理，贪婪无厌，求利不止，地位权势仅次于陛下，他贪求的欲望没有止境，所以我说危险。”二世早已相信了赵高，担心李斯杀掉他，就暗中把这些话告诉了赵高。赵高说：“丞相所忧虑的只有我赵高，我赵高死了之后，丞相就可以干田常所干的那些事了。”于是二世说：“请允许我将李斯交给你这位郎中令查办！”

赵高查办李斯。李斯被拘捕并带上刑具，在监狱中，仰天长叹道：“哎呀！可悲啊！无道的昏君，怎么能为他出谋划策呢！从前夏桀杀死贤臣关龙逄，商纣杀死王子比干，吴王夫差杀死伍子胥。这三位臣子，难道不忠吗！然而却免不了一死，他们虽然尽忠而死，但是可惜他们忠非其人。现在我的智慧赶不上这三人，而二世的暴虐无道超过了桀、纣、夫差，我因尽忠而死，也是应该的了。况且二世治国难道不是作乱吗！从前杀死了自己的兄弟而自立为皇帝，又杀害忠良，重用低贱的人，修建阿房宫，对天下百姓横征暴敛。我不是没有劝谏，而是他不听我的啊。凡是古代圣明的帝王饮食都有一定的节制，车马器物有一定的数量，宫殿都有一定的限度，颁布命令和办事情，增加费用而不利于百姓的一律禁止，所以才能长治久安。现在二世对自己的兄弟倒行逆施，不考虑它的祸患；迫害、杀戮忠臣，也不考虑它的灾殃；大力修筑宫殿，加重对天下百姓的税收，不吝惜钱财。这三件措施实行之后，天下百姓不服从。现在造反的人已占有天下的一半了，但二世心中还未觉悟，竟然用赵高为辅佐，我一定会看到盗贼攻进咸阳，麋鹿在朝廷的废墟上嬉游的。”

于是二世就派赵高审理丞相的案件，对他加以惩处，查问李斯和儿子李由谋反的情状，将他的宾客和家族全部逮捕。赵高惩治李斯，用木板拷打他一千多下，李斯不能忍受痛苦，冤屈地招供服罪了。李斯之所以不自杀而死，是他自认为能言善辩，且有功劳，确实没有反叛的想法，希望能够上书为自己辩护，希望二世能够觉悟并赦免他。李斯于是在监狱中上书说：“我担任丞相，治理百姓已经三十多年了。我来秦国时领土还很狭小。先王刚即位时，秦国的土地不过千里，士兵不过几十万。我用尽了自己微薄的才能，小心谨慎地执行法令，暗中派遣谋臣，资助他们金银珠宝，让他们到各诸侯国游说，暗中操练军备，整顿政治和教化，任用英勇善战的人为官，提高功臣的地位，重赏给他们很高的爵位和俸禄，所以最终威胁韩国，削弱魏国，击败了燕国、赵国，削平了齐国、楚国，最后兼并六国，俘获了他们的君王，拥立秦王为天子。这是我的第一条罪状。秦国的领土并不是不够广阔，又在北方驱逐胡人，在南方平定百越，以显示秦国的强大。这是我的第二条罪状。使大臣尊贵，提高他们的爵位，用以巩固他们同秦朝的亲密关系。这是我的第三条罪状。建立社稷，修建宗庙，以彰显主上的贤德。这是我的第四条罪状。统一文字和衡器量器的刻度，用法律颁布于天下，以树立秦朝的威名。这是我的第五条罪状。修筑驰道，兴建供游玩的楼台，以彰显主上志满意得。这是我的第六条罪状。减轻刑罚，减少税收，以满足主上赢得民众的心愿，使万民都拥戴主上，至死都不忘记皇帝的恩德。这是我的第七条罪状。像我李斯这样做臣子的，所犯的罪状本来早就该处死了。皇帝希望我竭尽所能，才得以活到今天，希望陛下明察。”奏书呈上之后，赵高让狱吏丢在一旁而不上报，说：“囚犯怎能上书！”

赵高派了十多批门客假扮成御史、谒者、侍中，轮流反复审讯李斯。李斯改为以实对答时，赵高就让人再拷打他。后来二世派人去验证李斯的口供，李斯以为还和以前一样，终不敢更改口供，屈服认罪。赵高把判决书进呈给皇上，二世高兴地说：“如果没有赵君，我几乎被丞相出卖了。”等二世派的使者到达三川郡调查李由时，项梁已经将李由杀死。使者返回时，正当李斯已被交付狱吏看押，赵高就随意编造了李由谋反的罪状。

二世二年七月，李斯被判处五刑，判在咸阳街市上腰斩。李斯出狱时，跟他的次子一同被押解，他回头对次子说：“我想和你再牵着黄狗一起出上蔡东门去打猎追逐狡兔，又怎能办得到呢？”于是父子相对痛哭，李斯三族的人都被处死了。

李斯死后，二世任命赵高为中丞相，无论大事小事都由赵高决定。赵高自知权力过重，就献上鹿，称它为马。二世问左右侍从说：“这是鹿吧？”左右都说：“是马”。二世很吃惊，自己认为自己精神错乱了，就把太卜召来，叫他算上一卦。太卜说：“陛下春秋两季到郊外祭祀，供奉宗庙鬼神，斋戒时不虔诚，因此到了这种地步。可依照圣明君主的做法虔诚地斋戒。”于是，二世就到上林苑中去斋戒。整天在上林苑中游玩射猎，一次有个行人走进上林苑中，二世亲手把他射死。赵高就让他的女婿咸阳令阎乐出面弹劾，说是不知谁杀死了人，把尸体搬进上林苑中。赵高就劝谏二世说：“作为天子却无缘无故杀死没有罪的人，这是上天所禁止的，鬼神也不会接受您的祭祀，上天将会降下灾祸，您应该远远地离开皇宫以祈祷消灾。”二世就离开皇宫到望夷宫去居住。

二世在望夷宫里住了三天，赵高就假托二世的诏命，让卫士们都穿着白色的衣服，手持兵器面向宫内，自己进宫告诉二世说：“崤山东面各路强盗军队都来了！”二世上楼台观看，看到大批军士，非常害怕，赵高就立刻逼迫二世让他自杀。赵高取过玉玺把它带在自己身上，身边的文武百官无一跟从；他登上宫殿时，宫殿摇晃多次好像要坍塌了。赵高自知上天不给予他皇帝之位，群臣也不会答应，就把秦始皇弟弟子婴叫来，把玉玺交给了他。

子婴即位之后，害怕赵高，就假称有病，不上朝处理政务，与宦官韩谈和他的儿子商量如何杀死赵高。赵高前来求见，请求探视病情，子婴乘机召他进宫，命令韩谈刺杀了他，诛灭了他的三族。

子婴即位三个月，沛公刘邦的军队就从武关攻了进来，到达咸阳，文武百官都起义叛秦，不抵抗沛公。子婴和妻子儿女都用丝带系在自己脖子上，到轵道旁去投降。刘邦把他们交给属吏看管。项羽到达咸阳后把他们杀死，秦朝就这样失去了天下。

太史公说：李斯以一个里巷平民的身份，游历诸侯国，进入函谷关事奉秦国，凭借机遇，辅佐秦始皇，终于完成统一了大业，李斯也位居三公，可以称得上是很受重用了。李斯知道儒家《六经》的要旨，却不致力于政治清明，用以弥补皇帝的过失，而是凭仗他显贵的地位，阿谀奉承，随意附和，推行酷刑峻法，听信赵高的邪说，废黜嫡子扶苏而立庶子胡亥为帝。等到各地已经群起反叛，李斯才想直言劝谏，这不是太晚了吗！人们都认为李斯极其忠心，却遭受五刑而死，但我仔细考察事情的真相，就和世俗的观点有所不同。否则，李斯的功绩将会和周公、召公等同啊。

（王　勇　注译）

卷九十二 淮阴侯列传第三十二

注释查阅　译文诵读

淮阴侯韩信者，淮阴人也。始为布衣时[1]，贫无行[2]，不得推择为吏，又不能治生商贾[3]，常从人寄食饮，人多厌之者。常数从其下乡南昌亭长寄食，数月，亭长妻患之，乃晨炊蓐食[4]。食时信往，不为具食[5]。信亦知其意，怒，竟绝去。

信钓于城下，诸母漂[6]，有一母见信饥，饭信，竟漂数十日[7]。信喜，谓漂母曰："吾必有以重报母。"母怒曰："大丈夫不能自食，吾哀王孙而进食[8]，岂望报乎！"

淮阴屠中少年有侮信者[9]，曰："若虽长大，好带刀剑，中情怯耳[10]。"众辱之曰[11]："信能死[12]，刺我；不能死，出我袴下。"于是信孰视之，俯出袴下，蒲伏[13]。一市人皆笑信，以为怯。

及项梁渡淮，信杖剑从之，居戏下[14]，无所知名。项梁败，又属项羽，羽以为郎中。数以策干项羽[15]，羽不用。汉王之入蜀，信亡楚归汉，未得知名，为连敖[16]。坐法当斩[17]，其辈十三人皆已斩，次至信，信乃仰视，适见滕公[18]，曰："上不欲就天下乎[19]？何为斩壮士？"滕公奇其言，壮其貌，释而不斩。与语，大说之[20]。言于上，上拜以为治粟都尉，上未之奇也。

信数与萧何语，何奇之。至南郑，诸将行道亡者数十人[21]，信度何等已数言上[22]，上不我用，即亡。何闻信亡，不及以闻，自追之。人有言上曰："丞相何亡。"上大怒，如失左右手。居一二日，何来谒上[23]，上且怒且喜，骂何曰："若亡，何也？"何曰：臣不敢亡也，臣追亡者。"上曰："若所追者谁？"何曰："韩信也。"上复骂曰："诸将亡者以十数，公无所追；追信，诈也。"何曰："诸将易得耳。至如信者，国士无双[24]。王必欲长王汉中，无所事信；必欲争天下，非信无所与计事者。顾王策安所决耳[25]。"王曰："吾亦欲东耳，安能郁郁久居此乎？"何曰："王计必欲东，能用信，信即留；不能用，信终亡耳。"王曰："吾为公以为将。"何曰："虽为将，信必不留。"王曰："以为大将。"何曰："幸甚。"于是王欲召信拜之。何曰："王素慢无礼[26]，今拜大将如呼小儿耳，此乃信所以去也。王必欲拜之，择良日，斋戒[27]，设坛场[28]，具礼[29]，乃可耳。"

王许之。诸将皆喜，人人各自以为得大将。至拜大将，乃韩信也，一军皆惊。

信拜礼毕，上坐。王曰："丞相数言将军，将军何以教寡人计策？"信谢[30]，因问王曰："今东乡争权天下[31]，岂非项王邪？"汉王曰："然。"曰："大王自料勇悍仁强孰与项王？"汉王默然良久，曰："不如也。"信再拜贺曰[32]："惟信亦为大王不如也。然臣尝事之，请言项王之为人也。项王暗噁叱咤[33]，千人皆废[34]，然不能任属贤将[35]，此特匹夫之勇耳[36]。项王见人恭敬慈爱，言语呕呕[37]，人有疾病，涕泣分食饮，至使人有功当封爵者，印刓敝，忍不能予[38]，此所谓妇人之仁也。项王虽霸天下而臣诸侯[39]，不居关中而都彭城。有背义帝之约[40]，而以亲爱王，诸侯不平。诸侯之见项王迁逐义帝置江南[41]，亦皆归逐其主而自王善地。项王所过无不残灭者，天下多怨，百姓不亲附，特劫于威强耳[42]。名虽为霸，实失天下心。故曰其强易弱。今大王诚能反其道：任天下武勇，何所不诛！以天下城邑封功臣，何所不服！以义兵从思东归之士，何所不散！且三秦王为秦将[43]，将秦子弟数岁矣，所杀亡不可胜计，又欺其众降诸侯，至新安，项王诈坑秦降卒二十余万[44]，唯独邯、欣、翳得脱，秦父兄怨此三人[45]，痛入骨髓。今楚强以威王此三人[46]，秦民莫爱也。大王之入武关，秋豪无所害[47]，除秦苛法，与秦民约，法三章耳[48]，秦民无不欲得大王王秦者。于诸侯之约，大王当王关中，关中民咸知之。大王失职入汉中[49]，秦民无不恨者。今大王举而东[50]，三秦可传檄而定也[51]。"于是汉王大喜，自以为得信晚。遂听信计，部署诸将所击。

八月，汉王举兵东出陈仓[52]，定三秦。汉二年，出关[53]，收魏、河南，韩、殷王皆降。合齐、赵共击楚。四月，至彭城，汉兵败散而还。信复收兵与汉王会荥阳[54]，复击破楚京、索之间[55]，以故楚兵卒不能西。

汉之败却彭城[56]，塞王欣、翟王翳亡汉降楚，齐、赵亦反汉与楚和。六月，魏王豹谒归视亲疾[57]，至国，即绝河关反汉[58]，与楚约和。汉王使郦生说豹[59]，不下。其八月，以信为左丞相，击魏。魏王盛兵蒲坂，塞临晋，信乃益为疑兵，陈船欲渡临晋，而伏兵从夏阳以木罂缻渡军[60]，袭安邑。魏王豹惊，引兵迎信，信遂虏豹，定魏为河东郡。汉王遣张耳与信俱，引兵东北击赵、代。后九月，破代兵，禽夏说阏与[61]。信之下魏破代，汉辄使人收其精兵，诣荥阳以距楚。

陈仓：

信与张耳以兵数万，欲东下井陉击赵。赵王、成安君陈余闻汉且袭之也，聚兵井陉口，号称二十万。广武君李左车说成安君曰："闻汉将韩信涉西河[62]，虏魏王，禽夏说，新喋血阏与[63]，今乃辅以张耳，议欲下赵，此乘胜而去国远斗，其锋不可当。臣闻千里馈粮[64]，士有饥色，樵苏后爨[65]，师不宿饱[66]。今井陉之道，车不得方轨，骑不得成列，行数百里，其势粮食必在其后。愿足下假臣奇兵三万人[67]，从间道绝其辎重[68]；足下深沟高垒[69]，坚营勿与战。彼前不得斗，退不得还，吾奇兵绝其后，使野无所掠，不至十日，而两将之头可致于戏下[70]。愿君留意臣之计。否，必为二子所禽矣。"成安君，儒者也，常称义兵不用诈谋奇计，曰：

“吾闻兵法十则围之，倍则战[71]。今韩信兵号数万，其实不过数千。能千里而袭我，亦已罢极[72]。今如此避而不击，后有大者，何以加之！则诸侯谓吾怯，而轻来伐我。”不听广武君策，广武君策不用。

韩信使人间视[73]，知其不用，还报，则大喜，乃敢引兵遂下。未至井陉口三十里，止舍[74]。夜半传发[75]，选轻骑二千人，人持一赤帜，从间道萆山而望赵军[76]，诫曰：“赵见我走，必空壁逐我[77]，若疾入赵壁，拔赵帜，立汉赤帜。”令其裨将传飧[78]，曰：“今日破赵会食[79]！”诸将皆莫信，详应曰[80]：“诺。”谓军吏曰：“赵已先据便地为壁，且彼未见吾大将旗鼓，未肯击前行，恐吾至阻险而还。”信乃使万人先行，出、背水陈[81]。赵军望见而大笑。平旦[82]，信建大将之旗鼓，鼓行出井陉口[83]，赵开壁击之，大战良久。于是信、张耳详弃鼓旗，走水上军。水上军开入之，复疾战[84]。赵果空壁争汉鼓旗，逐韩信、张耳。韩信、张耳已入水上军，军皆殊死战，不可败。信所出奇兵二千骑，共候赵空壁逐利[85]，则驰入赵壁，皆拔赵旗，立汉赤帜二千。赵军已不胜，不能得信等，欲还归壁，壁皆汉赤帜，而大惊，以为汉皆已得赵王将矣，兵遂乱，遁走[86]，赵将虽斩之，不能禁也。于是汉兵夹击，大破虏赵军，斩成安君泜水上[87]，禽赵王歇。

信乃令军中毋杀广武君，有能生得者购千金[88]。于是有缚广武君而致戏下者，信乃解其缚，东乡坐，西乡对，师事之。

诸将效首虏[89]，毕贺，因问信曰：“兵法右倍山陵，前左水泽[90]，今者将军令臣等反背水陈，曰破赵会食，臣等不服。然竟以胜，此何术也？”信曰：“此在兵法，顾诸君不察耳。兵法不曰‘陷之死地而后生，置之亡地而后存[91]’？且信非得素拊循士大夫也[92]，此所谓‘驱市人而战之[93]’，其势非置之死地，使人人自为战；今予之生地[94]，皆走，宁尚可得而用之乎[95]！”诸将皆服曰：“善。非臣所及也。”

于是信问广武君曰：“仆欲北攻燕[96]，东伐齐，何若而有功[97]？”广武君辞谢曰：“臣闻败军之将，不可以言勇，亡国之大夫，不可以图存[98]。今臣败亡之虏，何足以权大事乎[99]！”信曰：“仆闻之，百里奚居虞而虞亡，在秦而秦霸[100]，非愚于虞而智于秦也，用与不用，听与不听也。诚令成安君听足下计，若信者亦已为禽矣。以不用足下，故信得侍耳。”因固问曰：“仆委心归计[101]，愿足下勿辞。”广武君曰：“臣闻智者千虑，必有一失；愚者千虑，必有一得。故曰‘狂夫之言，圣人择焉’。顾恐臣计未必足用，愿效愚忠。夫成安君有百战百胜之计，一旦而失之，军败鄗下，身死泜上[102]。今将军涉西河，虏魏王，禽夏说阏与，一举而下井陉，不终朝破赵二十万众，诛成安君。名闻海内，威振天下，农夫莫不辍耕释耒，褕衣甘食[103]，倾耳以待命者。若此，将军之所长也。然而众劳卒罢[104]，其实难用。今将军欲举倦弊之兵，顿之燕坚城之下[105]，欲战恐久力不能拔，情见势屈[106]，旷日粮竭，而弱燕不服，齐必距境以自强也。燕齐相持而不下，则刘项之权未有所分也[107]。若此者，将军所短也。臣愚，窃以为亦过矣。故善用兵者不以短击长，而以长击短。”韩信曰：“然则何由？”广武君对曰：“方今为将军计，莫如案甲休兵[108]，镇赵抚其孤[109]，百里之内，牛酒日至，以飨士大夫醳兵[110]，北首燕路[111]，而后遣辩士奉咫尺之书，暴其所长于燕，燕必不敢不听从。燕已从，使諠言者东告齐[112]，齐必从风而服，虽有智者，亦不知为齐计矣。如是，则天下事皆可图也。兵固有先声而后实者，此之谓也。”韩信曰：“善。”从其策，发使使燕，燕从风而靡。乃遣使报汉，因请立张耳为赵王，以镇服其国。汉王许之，乃立张耳为赵王。

楚数使奇兵渡河击赵，赵王耳、韩信往来救赵，因行定赵城邑，发兵诣汉。楚方急围汉王于荥阳，汉王南出，之宛、叶间[113]，得黥布，走入成皋[114]，楚又复急围之。六月，汉王出成皋，东渡河，独与滕公俱，从张耳军修武[115]。至，宿传舍[116]。晨自称汉使，驰入赵壁[117]。张耳、韩信未起，即其卧内上夺其印符，以麾召诸将[118]，易置之[119]。信、耳起，乃知汉王来，大惊。汉王夺两人军，即令张耳备守赵地，拜韩信为相国，收赵兵未发者击齐。

信引兵东，未渡平原[120]，闻汉王使郦食其已说下齐[121]，韩信欲止。范阳辩士蒯通说信曰[122]：“将军受诏击齐，而汉独发间使下齐[123]，宁有诏止将军乎[124]？何以得毋行也！且郦生一士，伏轼掉三寸之舌[125]，下齐七十余城，将军将数万众，岁余乃下赵五十余城，为将数岁，反不如一竖儒之功乎[126]？”于是信然之，从其计，遂渡河。齐已听郦生，即留纵酒，罢备汉守御[127]。信因袭齐历下军[128]，遂至临菑。齐王田广以郦生卖己，乃亨之[129]，而走高密，使使之楚请救。韩信已定临菑，遂东追广至高密西。楚亦使龙且将，号称二十万，救齐。

齐王广、龙且并军与信战，未合[130]。人或说龙且曰：“汉兵远斗穷战[131]，其锋不可当。齐、楚自居其地战，兵易败散。不如深壁[132]，令齐王使其信臣招所亡城[133]，亡城闻其王在，楚来救，必反汉。汉兵二千里客居，齐城皆反之，其势无所得食，可无战而降也。”龙且曰：“吾平生知韩信为人，易与耳[134]。且夫救齐不战而降之，吾何功？今战而胜之，齐之半可得，何为止！”遂战，与信夹潍水陈。韩信乃夜令人为万余囊，满盛沙，壅水上流，引军半渡，击龙且。详不胜[135]，还走。龙且果喜曰：“固知信怯也。”遂追信渡水。信使人决壅囊，水大至。龙且军大半不得渡，即急击，杀龙且。龙且水东军散走，齐王广亡去。信遂追北至城阳[136]，皆虏楚卒。

汉四年，遂皆降平齐。使人言汉王曰：“齐伪诈多变，反覆之国也，南边楚[137]，不为假王以镇之[138]，其势不定。愿为假王便。”当是时，楚方急围汉王于荥阳，韩信使者至，发书[139]，汉王大怒，骂曰：“吾困于此，旦暮望若来佐我[140]，乃欲自立为王！”张良、陈平蹑汉王足，因附耳语曰：“汉方不利，宁能禁信之王乎？不如因而立，善遇之，使自为守。不然，变生。”汉王亦悟，因复骂曰：“大丈夫定诸侯，即为真王耳，何以假为！”乃遣张良往立信为齐王，征其兵击楚。

楚已亡龙且，项王恐，使盱眙人武涉往说齐王信曰："天下共苦秦久矣，相与戮力击秦[141]。秦已破，计功割地，分土而王之，以休士卒。今汉王复兴兵而东，侵人之分，夺人之地，已破三秦，引兵出关，收诸侯之兵以东击楚，其意非尽吞天下者不休，其不知厌足如是甚也[142]。且汉王不可必[143]，身居项王掌握中数矣，项王怜而活之，然得脱，辄倍约[144]，复击项王，其不可亲信如此。今足下虽自以与汉王为厚交，为之尽力用兵，终为之所禽矣[145]。足下所以得须臾至今者[146]，以项王尚存也。当今二王之事，权在足下[147]。足下右投则汉王胜，左投则项王胜。项王今日亡，则次取足下。足下与项王有故，何不反汉与楚连合，参分天下王之[148]？今释此时[149]，而自必于汉以击楚，且为智者固若此乎！"韩信谢曰："臣事项王，官不过郎中，位不过执戟，言不听，画不用[150]，故倍楚而归汉。汉王授我上将军印，予我数万众，解衣衣我，推食食我，言听计用，故吾得以至于此。夫人深亲信我，我倍之不祥，虽死不易[151]。幸为信谢项王[152]！"

武涉已去，齐人蒯通知天下权在韩信，欲为奇策而感动之，以相人说韩信曰："仆尝受相人之术。"韩信曰："先生相人何如？"对曰："贵贱在于骨法[153]，忧喜在于容色，成败在于决断，以此参之[154]，万不失一。"韩信曰："善。先生相寡人何如？"对曰："愿少间[155]。"信曰："左右去矣。"通曰："相君之面[156]，不过封侯，又危不安。相君之背，贵乃不可言。"韩信曰："何谓也？"蒯通曰："天下初发难也，俊雄豪桀建号壹呼，天下之士云合雾集，鱼鳞杂遝[157]，熛至风起[158]。当此之时，忧在亡秦而已。今楚汉分争，使天下无罪之人肝胆涂地，父子暴骸骨于中野，不可胜数。楚人起彭城，转斗逐北，至于荥阳，乘利席卷，威震天下。然兵困于京、索之间，迫西山而不能进者[159]，三年于此矣。汉王将数十万之众，距巩、雒[160]，阻山河之险[161]，一日数战，无尺寸之功，折北不救[162]，败荥阳，伤成皋，遂走宛、叶之间，此所谓智勇俱困者也。夫锐气挫于险塞，而粮食竭于内府[163]，百姓罢极怨望，容容无所倚[164]。以臣料之，其势非天下之贤圣固不能息天下之祸。当今两主之命县于足下[165]。足下为汉则汉胜，与楚则楚胜。臣愿披腹心，输肝胆，效愚计[166]，恐足下不能用也。诚能听臣之计，莫若两利而俱存之，参分天下[167]，鼎足而居，其势莫敢先动。夫以足下之贤圣，有甲兵之众，据强齐，从燕、赵，出空虚之地而制其后，因民之欲，西乡为百姓请命[168]，则天下风走而响应矣，孰敢不听！割大弱强[169]，以立诸侯，诸侯已立，天下服听而归德于齐。案齐之故[170]，有胶、泗之地，怀诸侯以德，深拱揖让[171]，则天下之君王相率而朝于齐矣。盖闻天与弗取，反受其咎[172]；时至不行，反受其殃。愿足下孰虑之[173]。"

韩信曰："汉王遇我甚厚[174]，载我以其车，衣我以其衣，食我以其食。吾闻之，乘人之车者载人之患[175]，衣人之衣者怀人之忧，食人之食者死人之事，吾岂可以乡利倍义乎[176]！"蒯生曰："足下自以为善汉王，欲建万世之业，臣窃以为误矣。始常山王、成安君为布衣时，相与为刎颈之交[177]，后争张黡、陈泽之事，二人相怨[178]。常山王背项王，奉项婴头而窜逃[179]，归于汉王。汉王借兵而东下，杀成安君泜水之南，头足异处，卒为天下笑[180]。此二人相与，天下至欢也[181]。然而卒相禽者[182]，何也？患生于多欲而人心难测也。今足下欲行忠信以交于汉王，必不能固于二君之相与也，而事多大于张黡、陈泽。故臣以为足下必汉王之不危己，亦误矣。大夫种、范蠡存亡越，霸句践，立功成名而身死亡[183]。野兽已尽而猎狗亨[184]。夫以交友言之，则不如张耳之与成安君者也；以忠信言之，则不过大夫种、范蠡之于句践也[185]。此二人者，足以观矣。愿足下深虑之。且臣闻勇略震主者身危[186]，而功盖天下者不赏。臣请言大王功略：足下涉西河，虏魏王，禽夏说，引兵下井陉，诛成安君，徇赵，胁燕，定齐，南摧楚人之兵二十万，东杀龙且，西乡以报，此所谓功无二于天下，而略不世出者也[187]。今足下戴震主之威，挟不赏之功，归楚，楚人不信；归汉，汉人震恐：足下欲持是安归乎？夫势在人臣之位而有震主之威，名高天下，窃为足下危之。”韩信谢曰：“先生且休矣，吾将念之[188]。”

后数日，蒯通复说曰：“夫听者事之候也[189]，计者事之机也[190]，听过计失而能久安者[191]，鲜矣[192]。听不失一二者[193]，不可乱以言；计不失本末者，不可纷以辞[194]。夫随厮养之役者[195]，失万乘之权[196]；守儋石之禄者[197]，阙卿相之位[198]。故知者决之断也[199]，疑者事之害也，审豪氂之小计[200]，遗天之大数，智诚知之，决弗敢行者，百事之祸也。故曰‘猛虎之犹豫，不若蜂虿之致螫[201]；骐骥之跼躅[202]，不如驽马之安步；孟贲之狐疑，不如庸夫之必至也；虽有舜禹之智，吟而不言[203]，不如瘖聋之指麾也[204]’。此言贵能行之。夫功者难成而易败，时者难得而易失也。‘时乎时，不再来’。愿足下详察之。”韩信犹豫不忍倍汉，又自以为功多，汉终不夺我齐，遂谢蒯通[205]。蒯通说不听，已详狂为巫[206]。

汉王之困固陵[207]，用张良计，召齐王信，遂将兵会垓下[208]。项羽已破，高祖袭夺齐王军。汉五年正月，徙齐王信为楚王，都下邳[209]。

信至国[210]，召所从食漂母，赐千金。及下乡南昌亭长，赐百钱，曰：“公，小人也，为德不卒[211]。”召辱己之少年令出胯下者以为楚中尉。告诸将相曰：“此壮士也。方辱我时，我宁不能杀之邪？杀之无名[212]，故忍而就于此。”

项王亡将钟离眛家在伊庐[213]，素与信善。项王死后，亡归信。汉王怨眛，闻其在楚，诏楚捕眛。信初之国，行县邑[214]，陈兵出入。汉六年，人有上书告楚王信反。高帝以陈平计，天子巡狩会诸侯[215]，南方有云梦[216]，发使告诸侯会陈：“吾将游云梦。”实欲袭信，信弗知。高祖且至楚[217]，信欲发兵反，自度无罪，欲谒上，恐见禽[218]。人或说信曰：“斩眛谒上，上必喜，无患。”信见眛计事。眛曰：“汉所以不击取楚，以眛在公所[219]。若欲捕我以自媚于汉，吾今日死，公亦随手亡矣。”乃骂信曰：“公非长者[220]！”卒自刭。信持其首，谒高祖于陈。上令武士缚信，载后车。信曰：“果若人言：‘狡兔死，良狗亨；高鸟尽，良弓藏；敌国破，谋臣亡。’天下已定，我固当亨！”上曰：“人告公反。”遂械系信。至雒阳，赦信罪，以为淮阴侯。

信知汉王畏恶其能[221]，常称病不朝从[222]。信由此日夜怨望，居常鞅鞅[223]，羞与绛、灌等列。信尝过樊将军哙[224]，哙跪拜送迎，言称臣，曰："大王乃肯临臣！"信出门，笑曰："生乃与哙等为伍[225]！"上常从容与信言诸将能不[226]，各有差[227]。上问曰："如我能将几何？"信曰："陛下不过能将十万。"上曰："于君何如？"曰："臣多多而益善耳。"上笑曰："多多益善，何为为我禽？"信曰："陛下不能将兵，而善将将，此乃信之所以为陛下禽也。且陛下所谓天授，非人力也。"

陈豨拜为钜鹿守[228]，辞于淮阴侯，淮阴侯挈其手，辟左右与之步于庭[229]，仰天叹曰："子可与言乎？欲与子有言也。"豨曰："唯将军令之。"淮阴侯曰："公之所居，天下精兵处也[230]；而公，陛下之信幸臣也[231]。人言公之畔[232]，陛下必不信；再至，陛下乃疑矣；三至，必怒而自将。吾为公从中起[233]，天下可图也。"陈豨素知其能也，信之，曰："谨奉教[234]！"汉十年，陈豨果反。上自将而往，信病不从。阴使人至豨所，曰："弟举兵[235]，吾从此助公。"信乃谋与家臣夜诈诏赦诸官徒奴[236]，欲发以袭吕后、太子。部署已定，待豨报。其舍人得罪于信，信囚，欲杀之。舍人弟上变[237]，告信欲反状于吕后。吕后欲召，恐其党不就[238]，乃与萧相国谋，诈令人从上所来，言豨已得死，列侯群众皆贺。国相绐信曰[239]："虽疾，强入贺。"信入，吕后使武士缚信，斩之长乐钟室[240]。信方斩，曰："吾悔不用蒯通之计，乃为儿女子所诈[241]，岂非天哉！"遂夷信三族[242]。

高祖已从豨军来，至，见信死，且喜且怜之，问："信死亦何言？"吕后曰："信言恨不用蒯通计。"高祖曰："是齐辩士也[243]。"乃诏齐捕蒯通[244]。蒯通至，上曰："若教淮阴侯反乎？"对曰："然，臣固教之。竖子不用臣之策，故令自夷于此[245]。如彼竖子用臣之计，陛下安得而夷之乎！"上怒曰："亨之。"通曰："嗟呼，冤哉亨也！"上曰："若教韩信反，何冤？"对曰："秦之纲绝而维弛[246]，山东大扰，异姓并起，英俊乌集[247]。秦失其鹿[248]，天下共逐之，于是高材疾足者先得焉。蹠之狗吠尧[249]，尧非不仁，狗固吠非其主。当是时，臣唯独知韩信，非知陛下也。且天下锐精持锋欲为陛下所为者甚众，顾力不能耳[250]。又可尽亨之邪？"高帝曰："置之[251]。"乃释通之罪。

太史公曰：吾如淮阴[252]，淮阴人为余言，韩信虽为布衣时，其志与众异。其母死，贫无以葬，然乃行营高敞地[253]，令其旁可置万家。余视其母冢，良然。假令韩信学道谦让[254]，不伐己功，不矜其能[255]，则庶几哉于汉家勋可以比周、召、太公之徒[256]，后世血食矣[257]。不务出此，而天下已集[258]，乃谋叛逆，夷灭宗族，不亦宜乎！

【译文】

淮阴侯韩信，是淮阴人。当初还是普通百姓时，贫穷，且没有好德行，不能够被推选做官，又不能经商维持生活，经常依附别人吃喝，人们大多讨厌他。曾经多次跟着下乡南昌亭亭长吃闲饭，接连几个月，亭长的妻子厌烦他，就清晨提前做好饭，偷偷地在内室床席上吃。正常开饭的时候，韩信去了，就不给他准备饭食。韩信也知道他们的心意，生气之下，终于彻底离开他们家。

韩信在城墙下的河里钓鱼，有一群老妇人在那漂洗丝絮，其中一位看见韩信饿了，就拿出饭分给韩信吃，在漂洗的几十天中都是如此。韩信很高兴，对那位漂洗的老妇说："我一定会重重地报答您。"老妇人生气地说："男子汉大丈夫不能养活自己，我可怜公子才给你饭吃，难道是希望你报答吗？"

淮阴屠宰市场中有个年轻人侮辱韩信说："你虽然长得高大，喜欢带刀佩剑，你的内心其实很胆小。"并当众侮辱他说："你韩信要是不怕死，就用剑刺我；如果怕死，就从我裤裆下爬过去。"这时候韩信盯着他看了一会儿，趴下身体从他的裤裆下爬了过去。满街的人都嘲笑韩信，认为他胆小。

等到项梁的军队渡过淮河后，韩信持剑追随他们，在项梁部下，却没有名声。项梁失败后，又依附项羽，项羽让他做了郎中。韩信多次向项羽进献计策，但项羽都没有采用。汉王刘邦率军入蜀地时，韩信逃离楚军归顺了汉王的军队。因为没有机会得到赏识，只担任了接待宾客的连敖之职。后来因犯法被判处斩刑，同伙十三人都已被杀，轮到韩信，韩信就抬着头仰视，恰巧看见滕公夏侯婴，韩信就说："汉王不想成就统一天下的功业吗？为什么要斩杀壮士！"滕公感到他的话不同寻常，看他相貌堂堂，就释放了他，没有斩首。滕公和韩信交谈后，非常欣赏他。滕公就把这事报告汉王，汉王任命韩信为治粟都尉，汉王并没发现他有什么特别的才能。

韩信多次和萧何谈话，萧何很赏识他。到达南郑，各部将领在半路上逃跑的有几十人。韩信估计萧何等人已多次向汉王推荐自己，汉王却不重用自己，于是也逃跑了。萧何听说韩信逃跑了，来不及报告汉王，亲自去追他。有人报告汉王说："丞相萧何逃跑了。"汉王大怒，如同失去了左右手一般。过了一两天，萧何来拜见汉王，汉王又是恼怒又是高兴，骂萧何道："你逃跑，为什么？"萧何说："我不敢逃跑，我是去追逃跑的人。"汉王说："你追赶的人是谁？"萧何回答说："是韩信。"汉王又骂道："各部将领逃跑了几十人，你没去追一个；却去追韩信，骗人。"萧何说："那些将领容易得到。至于韩信，那是天下难得的杰出人物。大王一定要长期在汉中称王，那用不着韩信，如果想要争夺天下，除了韩信就再没有可以和您谋划大事的人了。只在于大王如何决策罢了。"汉王说："我也想向东发展啊，怎么能够内心苦闷地长期待在这里呢？"萧何说："大王如果决定向东发展，能够重用到韩信，韩信就会留下来，不能重用他，韩信终究要逃跑的。"

汉王说："我为了你，让他做将军。"萧何说："即使是做将军，韩信一定不会留下。"汉王说："任命他做大将军。"萧何说："非常好。"于是汉王就要把韩信召来任命他。萧何说："大王向来对别人轻慢，不讲礼节，如今任命大将军就像呼喊小孩儿一样，这才是韩信要离开的原因啊。如果大王决心要任命他，请选择良辰吉日，亲自斋戒，设置高坛和广场，礼仪完备才可以。"汉王答应了他。众将听到要拜大将都很高兴，人人都以为自己要做大将军了。等到任命大将时，被任命的竟然是韩信，全军都感到震惊。

任命韩信的仪式结束后，汉王就座。汉王说："丞相多次称道将军，将军用什么来教我谋略呢？"韩信谦让了一番，趁机问汉王："如今向东争夺天下，难道敌人不是项王吗？"汉王说："是。"韩信说："大王自己估计在勇敢、强悍、仁厚、兵力方面与项王相比，谁更强？"汉王沉默了好久，说："我不如项王。"韩信拜了两拜，赞成地说："我也认为大王比不上他。然而，我曾经侍奉过他，请让我说说项王的为人吧。项王怒吼咆哮时，吓得上千人不敢动，但不能放手任用有才能的将领，这只是匹夫之勇罢了。项王待人恭敬慈爱，言语温和，有生病的人，心疼的流泪，将自己的饮食分给他，等到有的人立下战功，就该加封晋爵时，把刻好的大印放在手里玩磨得失去了棱角，舍不得给人，这就是所说的妇人的仁慈啊。项王即使已经称霸天下，使诸侯臣服了，但他放弃了关中的有利地形，而建都彭城。又背弃了义帝的约定，将自己的亲信分封为王，诸侯们愤愤不平。诸侯们看到项王把义帝迁移驱逐到江南僻远之地，也都回去驱逐自己的国君，自己占据好的地方称王。项王军队所经过的地方，没有不横遭摧残毁灭的，天下的人都恨他，百姓不愿亲近归附他，只是迫于威势，勉强屈服罢了。名义上虽是霸主，实际上却失去了天下的民心。所以说他的强大很容易变弱。如今大王果真能够与他反其道而行：任用天下英勇善战的人才，有什么敌人不能被诛灭！把天下的城邑分封给有功之臣，有什么人不会顺服！以正义之师，跟随思念东归故土的将士，有什么样的敌人不能被击溃！况且项羽分封在秦地的三个王，原来都是秦朝的将领，率领秦地的子弟争战多年，被杀死和逃跑的士兵多到没法计算，又欺骗他们的部下投降诸侯联军，到达新安，项王欺诈地活埋了已投降的秦军士兵二十多万人，唯独章邯、司马欣、董翳得以留存，秦地的父老兄弟恨这三个人痛入骨髓。现在楚霸王项羽强借着威势封这三人为王，秦地百姓没有谁喜欢他们。而大王进入武关的时候，秋毫无伤，废除了秦朝严苛的法令，与秦地百姓约定的法律只有三条，秦地百姓没有不想要大王在秦地做王的。根据诸侯的约定，大王理应在关中称王，关中的百姓都知道这件事，大王失掉了应得的爵位进入汉中，秦地百姓没有不感到遗憾的。如今大王发动军队向东进发，三秦封地只需发一道公文就可以平定了。”于是汉王特别高兴，自认为得到韩信太晚了。于是听从韩信的谋划，部署各路将领攻击的目标。

八月，汉王起兵经过陈仓向东进发，平定了三秦。汉二年，兵出函谷关，收服了魏、河南之地，韩王、殷王也相继投降。汉王又联合齐、赵军队共同攻击楚军。四月，到彭城，汉军兵败，溃散而回。韩信又收集溃散的军队与汉王在荥阳会合，又在京县、索亭之间攻破楚军。因此楚军始终不能西进。

汉军在彭城败退之后，塞王司马欣、翟王董翳叛汉降楚，齐国和赵国也背叛汉王跟楚国和解。六月，魏王豹以探望老母疾病为由请假回乡，一到封国，立即切断黄河渡口临晋关，反叛汉王，与楚军订约讲和。汉王派郦生游说魏豹，没有说服。这年八月，汉王任命韩信为左丞相，攻打魏。魏王把主力部队驻扎在蒲坂，堵塞了黄河渡口临晋关。韩信就更加布设疑兵，故意摆开战船，假装想在临晋渡河，而隐蔽的部队却从夏阳用木盆木瓮浮水渡河，偷袭安邑。魏王豹大惊，带领军队迎战韩信，韩信于是俘虏了魏豹，平定了魏地，改魏为河东郡。汉王派张耳和韩信一起，领兵向东北攻击赵国和代国。闰九月，韩信军攻破代国军队，在阏与擒获了代国丞相夏说。韩信攻下魏国、击败代国后，汉王就立刻派人调走韩信的精锐部队，开往荥阳去抵抗楚军。

韩信和张耳率领数万士兵，准备东出井陉口，进攻赵国。赵王、成安君陈余听说汉军将要来偷袭他们，就在井陉口聚集兵力，号称二十万大军。广武君李左车向成安君献计说：“听说汉将韩信渡过西河，俘虏魏豹，生擒夏说，新近在阏与血战，如今又以张耳为辅佐，计议要攻下赵国，这是乘胜利的锐气离开本国远征，他们的锋芒不可阻挡。我听说千里运送军粮，士兵们就会挨饿，临时砍柴草做饭，军队就很难吃饱。如今井陉这条道路，两辆战车不能并行，骑兵不能并排前进，军队的行列迤逦数百里，这种情况粮饷必定在军队的最后，希望您借拨给我奇兵三万人，我从隐蔽小路拦截他们的粮草；您深挖战壕，高筑营垒，坚守军营，不要与他们交战。他们向前不能战斗，向后无法退却，我们的奇兵截断他们的后路，使荒野没什么东西可被抢掠，不用十天，两位敌将的人头就可送到将军帐下。希望您仔细考虑我的计策。否则，一定会被他二人俘虏。”成安君，是位儒生，经常宣称正义的军队不用欺骗诡计，说：“我听说兵书上讲，兵力十倍于敌人，就可以包围他们，超过敌人一倍就可以交战。现在韩信的军队号称数万，他们实际不过数千人。即使能跋涉千里来袭击我们，也已经极其疲惫。现在像这样回避不出击，后面如果来了强大的军队，又怎能对付呢！诸侯们会认为我们胆小，就会轻易地来攻打我们。”成安君没有听从广武君的计谋，广武君的计策没被采用。

韩信派人暗中打探，了解到敌方没有采纳广武君的计谋，回来报告，韩信大喜，才敢领兵顺利地进发。离井陉口还有三十里，停下来宿营。半夜传令出发，挑选了两千名轻装骑兵，每人拿一面红旗，从隐蔽的小道上山，在山上隐蔽着观察赵国的军队。韩信告诫说：“交战时，赵军见我军败逃，一定会倾巢出动追赶我军，你们迅速冲进赵军的营垒，拔掉赵军的旗帜，竖起汉军的红旗。”又让副将传达开饭的命令。说：“今天打垮了赵军正式会餐。”将领们都不相信，假意回答说：“好。”韩信对手下军官说：“赵军已经先占据了有利的地形筑好了营垒，而且他们没看见我军大将旗帜、仪仗，就不肯攻击我军的先头部队，担心我们到了险要的地方就退回去。”韩信就派出万人为先头部队，出了井陉口，背靠河水摆开战阵。赵军远远望见，大笑不止。天刚亮，韩信树起大将的旗帜和仪仗，大张旗鼓地开出井陉口。赵军打开营垒攻击汉军，激战了很长时间。这时，韩信、张耳假装抛弃旗鼓，逃到河边的军队中。河边阵地的部队打开营门放他们进来，然后又一起和赵军激战。赵军果然倾巢出动，争夺汉军的旗鼓，追逐韩信、张耳。韩信、张耳已进入河边军阵。全军都拼死奋战，赵军无法把他们打败。韩信预先派出去的两千轻骑兵，一起等到赵军倾巢出动去追逐战利品的时候，就迅速冲进赵军空虚的营垒，把赵军的旗帜全部拔掉，竖立起汉军的两千面红旗。这时，赵军已不能取胜，又不能俘获韩信等人，想要退回营垒，营垒插满了汉军的红旗，大为震惊，以为汉军已经全部俘获了赵王的将领，军队于是大乱，纷纷逃跑，赵将即使诛杀逃兵，也不能禁止。这时汉兵又前后夹击，彻底摧垮了赵军，俘虏了大批人马，在泜水岸边杀了成安君陈余，并生擒了赵王歇。

韩信传令军中将士不要杀害广武君，有能活捉到他的赏赐千金。于是就有人捆着广武君送到军营帅旗下，韩信亲自给他解开绳索，请他面向东坐在尊位，自己面向西陪着，像对待老师那样对待他。

诸位将领献上首级和俘虏，向韩信祝贺完毕，趁机问韩信说：“兵法上说：‘行军布阵应该右边和背后靠山，前边和左边临水。’这次将军反而令我们背水列阵，说‘打垮了赵军会餐’，我们并不信服。然而最终取得了胜利，这是什么战术呢？”韩信说：“这在兵法上有，只不过诸位没有留心看罢了。兵法不是说‘把士兵放在死地让他们在死地求生，把士兵放在绝境让他们在绝境求生’吗？况且我没有得到机会早些训练诸位将士，这就是所说的‘赶着街市上的乌合之众去打仗’，在这种形势下不把将士们放在死地，使人人为保全自己而战不可；如果给你们留有生路，你们就逃跑了，难道还能用你们取胜吗？”诸位将领都佩服地说：“太好了。您的谋略是我们赶不上的。”

于是韩信问广武君说：“我准备向北进攻燕国，向东讨伐齐国，怎么办才能成功呢？”广武君推辞说：“我听说打了败仗的将领，没有资格谈论勇敢；亡了国的大夫，没有资格谋划国家的生存。而今我是兵败国亡的俘虏，哪有资格议论大事呢？”韩信说：“我听说，百里奚在虞国而虞国灭亡了，在秦国而秦国却称霸了，并不是因为他在虞国是愚蠢的，而到了秦国就变聪明了，而是因为国君任用不任用他，听从不听从他的建议。果真让成安君听从你的计谋，像我韩信也早就被生擒了。因为他没有听从您的计谋，所以我才能够事奉求教于您啊。”韩信因此坚决请教说：“我倾心听从您的计谋，希望您不要推辞。”广武君说：“我听说，智者千虑，必有一失；愚者千虑，必有一得。所以：‘狂人的话，圣人也可以选择。’只担心我的计谋未必值得采用，但我愿意献出愚笨的忠诚。成安君本来有百战百胜的计谋，然而一旦失掉它，军队在鄗城之下战败，自己在泜水之上死亡。如今将军横渡西河，俘虏魏王，在阏与生擒夏说，一举攻下井陉，不到一个早晨就击败了赵军二十万，诛杀了成安君。名声传扬四海，声威震动天下，农民们没有不放下农具，停止耕作，穿好的，吃好的，苟且偷安，倾听战争的消息，以等待命运的安排。像这些，都是将军在策略上的长处。然而，现在百姓劳苦，士卒疲惫，他们实际上很难用以作战。如果将军准备发动疲惫的军队，驻扎在燕国坚固的城池之下，想要战争，恐怕耗时过长，军力不足以攻克城池。实情暴露，威势就会减弱，旷日持久，粮食耗尽，而弱小的燕国不肯降服，齐国一定会拒守边境，以图自强。燕、齐两国坚持不肯降服，那么，刘邦、项羽双方的胜负之势就无法看清。像这样，就是将军战略上的缺陷。我的见识浅薄，但我私下也认为攻燕伐齐是失策啊。所以，善于带兵打仗的人不用自己的短处去攻击敌人的长处，而是用自己的长处去攻击敌人的短处。”韩信说：“既然如此，那么应该怎么办呢？”广武君回答说：“如今为将军打算，不如按兵不动，安定赵国的社会秩序，抚恤阵亡将士的遗孤，方圆百里之内，每天送来的牛肉美酒，可以用来犒劳士大夫和将士，摆出向北进攻燕国的姿态，而后派出说客，捧着书信，在燕国显示自己的优势，燕国必不敢不听从。燕国顺从之后，再派说客往东劝降齐国，齐国就会随顺风向而降服，即使有聪明睿智的人，也不知该怎样替齐国谋划了。如果这样，那么，天下的战事都可以谋划了。用兵本来就有先虚张声势，而后采取实际行动的，说的就是这种情况。”韩信说：“好。”听从了他的计策，派遣使者出使燕国，燕国听闻后立刻降服。韩信于是派人报告汉王，并请求立张耳为赵王，以便镇守安抚赵国。汉王答应了他的请求，于是封张耳为赵王。

楚国多次派出奇兵渡过黄河攻打赵国。赵王张耳和韩信往来救援，因而行军安定赵国的城邑，派遣部队支援汉王。楚军正把汉王紧紧地围困在荥阳，汉王从南面突围，到宛县、叶县一带，接纳了黥布，逃到成皋，楚军又急忙包围了成皋。六月间，汉王逃出成皋，向东渡过黄河，只有滕公夏侯婴与他同行，去张耳军队在修武的驻地。一到，就住进客馆里。第二天清晨，他自称是汉王的使臣，骑马奔入赵军的营垒。张耳、韩信还没起床，汉王就在他们的卧室里夺取了他们的印信和兵符，用军旗召集众将，更换了他们的职务。韩信、张耳起床后，才知道是汉王来了，大为震惊。汉王夺取了他们两人统率的军队，就命令张耳防守赵地，任命韩信为相国，让他们收集赵国还没有发往荥阳的部队，去攻打齐国。

韩信率领军队向东进发，尚未渡过平原县的黄河渡口，就听说汉王派郦食其已经说服齐王归顺了，韩信打算停止进军。范阳说客蒯通劝韩信说："将军是奉诏攻打齐国，汉王只不过暗中派遣一个密使游说齐国投降，难道有诏令让您停止进军吗？为什么不能进军呢？况且郦生不过是个说客，坐着车子，摇动三寸长的舌头，就降服了齐国七十多座城邑。将军率领数万大军，用了一年多才攻克赵国五十多座城邑，做将军多年，反比不上一个卑贱说客的功劳吗？"于是韩信认为他说得有理，听从了他的计策，就率军渡过黄河。齐王听从郦生的劝降以后，就留下郦生纵情宴饮，撤除防备汉军的守卫。韩信乘机突袭齐国历下的驻军，很快就打到齐国都城临菑。齐王田广认为郦生出卖了自己，就把他煮死，而后齐王逃往高密，派出使者前往楚国求救。韩信平定临菑以后，就向东追赶田广，一直追到高密城西。楚国也派龙且率领军队，号称二十万，来救齐国。

齐王田广和司马龙且合并双方军队与韩信作战，还没交锋，有人劝说龙且道："汉军远离根据地，拼死作战，他们的锋芒锐不可当。齐、楚两军在本土作战，士兵容易失败逃散。不如加深营垒，坚守不战。让齐王派他亲信大臣，去安抚已经沦陷的城邑，这些城邑的人知道他们的君王还在，楚军又来援救，一定会反叛汉军。汉军客居两千里之外，齐国城邑的人都纷纷起来反叛他们，他们势必无处获得军粮，这就可以不用作战迫使他们投降。"龙且说："我平常了解韩信的为人，容易对付他。而且救援齐国，不战而使韩信投降，我还有什么功劳？如今战胜他，齐国一半土地可以被我得到，为什么停止作战？"于是双方开战，与韩信隔着潍水摆开阵势。韩信下令连夜赶做一万多口袋，装满沙土，堵住潍水上游，带领一半军队渡过河去，攻击龙且，假装战败，往回跑。龙且果然高兴地说："我原本就知道韩信胆怯。"于是就渡过潍水追赶韩信。韩

信让人挖开堵塞潍水的沙袋，河水汹涌而来。龙且的军队有一多半还没渡过河去，韩信立即回师猛击，杀死了龙且。龙且在潍水东岸尚未渡河的部队，见势四散逃跑，齐王田广也逃跑了。韩信追赶败兵直到城阳，把楚军士兵全部俘虏了。

汉四年，韩信将整个齐国都降服、平定。派人告诉汉王说："齐国狡诈多变，是一个反复无常的国家，南面的边境与楚国交界，不设立一个暂时代理的君王来镇抚，它的局势一定不会稳定。为便利起见，希望允许我暂时代理齐王。"正当这时，楚军在荥阳紧紧地围困着汉王，韩信的使者到了，汉王打开书信一看，勃然大怒，骂道："我被围困在这里，日夜盼着你来帮助我，你竟然想着自立为王！"张良、陈平暗中踩汉王的脚，凑近汉王的耳朵说："汉军正处不利之境，怎么能禁止韩信称王呢？不如趁机封立他为王，好好地对待他，让他自己镇守齐国。不这样，可能会发生变乱。"汉王也醒悟过来，又故意骂道："大丈夫平定了诸侯，就应该做真王，何必做个暂时代理的王呢？"就派遣张良前往，封立韩信为齐王，征调他的军队攻打楚军。

楚军失去龙且后，项王很惊恐，派盱眙人武涉前往游说齐王韩信道："天下人对秦朝的统治痛恨已久了，大家才一起合力攻打它。秦朝破灭后，按照功劳裂土分封，各自为王，以便休兵罢战。现在汉王又兴兵东进，侵犯他人的国境，掠夺他人的封地，已经攻破三秦王，率领军队开出函谷关，收集各路诸侯的军队以便向东进击楚国，他的意图是不吞并整个天下，不肯罢休，他的贪心不足到这种过分的境地。况且汉王不可信任，自身落到项王的掌握之中多次了，项王怜悯他才让他活下去了，然而一旦脱身，就背弃盟约，再次进攻项王，他是这样得不可被亲近、信任。如今您虽然自认为和汉王交情深厚，为他竭尽全力作战，最终还是会被他擒住的。您所以能够延续到今天，是因为项王还存在。当前楚、汉二王胜败的态势，权重在您这里。您投足向右支持汉王，那么汉王就胜，您投足向左支持楚霸王项羽，那么项王就胜。假如项王今天被消灭，那么下一个就该消灭您了。您和项王有旧交情，为什么不反汉与楚联和，三分天下自立为王呢？如果今天放过这个时机，您自己必然要站到汉王一边攻打项王，作为一个聪明的人，难道会这样做吗？"韩信拒绝说："我事奉项王，官不过郎中，职位不过是个持戟的卫士，我的建言不被听从，我的计谋不被采用，所以我才背弃楚而归向汉。汉王授予我上将军的印信，给我几万人马，脱下他身上的衣服给我穿，把好食物让给我吃，言听计从，所以我才能够到今天这个地步。人家对我亲近、信赖，我背叛他不吉祥，即使到死也不变心。希望您替我辞谢项王的盛情！"

武涉走后，齐国人蒯通知道天下胜负的关键在于韩信，想用奇妙的计策打动他，就以给人看相的名义来劝说韩信："我曾经学过看相技艺。"韩信说："先生如何给人看相？"蒯通回答说："人的高贵卑贱在于骨骼，忧愁、喜悦在于面色，成功失败在于决断，用这几项参验，万无一失。"韩信说："好。先生看看我的相怎么样？"蒯通回答说："希望您周围的人暂时回避一下。"韩信说："周围的人离开吧。”蒯通说：“看您的面相，只不过封侯，而且还有危险不安全。看您的背相，贵显得没法说。”韩信说：“这话是什么意思呢？”蒯通说：“天下人刚举兵起事的时候，英雄豪杰纷纷建立名号，一声呼喊，天下有志之士像云雾那样聚集，像鱼鳞那样杂沓而来，如同火焰四溅，狂风骤起。在那个时候，天下人考虑的事情只是灭亡秦朝罢了。如今楚汉纷争，使天下无辜的百姓肝胆涂地，父子的尸骨暴露在原野之中，数不胜数。楚国的军队从彭城出发，转战各地，追逐败兵，直到荥阳，乘着有利的形势，像卷席一样滚动向前，威势震动天下。然后军队被困在京、索之间，被阻于成皋以西的山地不能再前进，已经三年了。汉王率领几十万军队在巩县、洛阳一带抗拒楚军，凭借着山河的险要，一日数战，却无一丁点的进展，甚至被挫败而不能自救。在荥阳战败，在成皋受到重创，于是逃到宛、叶两县之间，这就是所说的智力和勇气都用尽了。将士的锐气被险要的关塞挫伤，仓库的粮食也被消耗殆尽，百姓疲惫怨恨，人心动荡，不知归依。凭我预测，这样的局面不是天下的圣贤就不能平息这场天下的祸乱。当今刘、项二王的命运都悬在您的手里。您帮助汉王，汉王就胜利；支持楚王，楚王就胜利。我愿剖开心胸，交出真心，敬献我愚拙的计谋，只恐怕您不能采纳。果真能听从我的计策，不如让楚、汉双方都不受损害，同时存在下去，你和他们三分天下，鼎足而立，那种局势，就没有谁敢首先惹起战事。凭借您极高的道德才智，拥有众多的精锐部队，占据强大的齐国，迫使燕、赵屈从，出兵到刘、项两军的空虚地带，牵制他们的后方，顺应百姓的心愿，向西去制止刘、项纷争，为百姓请求保全他们的性命，那么，天下人就会像风一样奔向您，像回声一样应和您，有谁敢不听从您的命令！而后，分割大国的国土，削弱强国的威势，用以分封诸侯，诸侯获得分封之后，天下人就会服从听命于您，并且将仁德归功于齐王您。恢复齐国故有的疆土，据有胶河、泗水畔的国土，用恩德感召诸侯，恭敬谦让，那么天下的君王就会相继前来朝拜齐国。听说苍天赐予的好处不接受反而会受到它的惩罚；时机到了不采取行动，反而要遭受它的祸患。希望您仔细地考虑这件事。”

韩信说：“汉王对待我非常优厚，把他的车子让给我坐，把他的衣裳让给我穿，把他的食物让给我吃。我听说，乘坐别人车子的人，要替人家分担祸患，穿别人衣裳的人，心里要想着人家的忧患，吃别人食物的人，就要为人家的事情效死，我怎么可以看见利益就背弃信义呢！”蒯通说：“你自认为和汉王友好，想建立流传万世的功业，我私下认为这种想法是错误的。当初常山王、成安君还是平民百姓时，相互结交成为对方出生入死的交情，后来因为张黡、陈泽的事发生争执，二人相互仇恨。常山王背叛项王，捧着项婴的人头逃跑，归降汉王。汉王借给他军队向东进击，在泜水以南杀死了成安君，成安君身首异处，最终被天下人笑话。这两个人互相间的交情，可以说是天下最要好的。然而，最终都想把对方擒杀，这是为什么呢？祸患产生于贪得无厌而人心又难以猜测。现在您打算用忠诚、信义来和汉王结交，一定比不上常山王张耳、成安君陈余的交情更巩固，而你们之间牵涉的事情又比张黡、陈泽的事件重要得多。所以我认为您确信汉王不会危害自己，也是错的。大夫文种、范蠡使濒临灭亡的越国保存下来，辅佐越王勾践成就霸业，为别人立下了功成就了名之后，文种却被迫自杀，范蠡也被迫逃亡。野兽已经捕获完了，猎犬就要被烹杀。以交友来说，你们的关系就比不上张耳与成安君了；以忠信而论，也超不过大夫文种、范蠡对于越王勾践。这两人的事例，就足够您借鉴了。希望您周密地考虑。况且我听说，勇敢、谋略使君主感到威胁的人，自己就有危险；而功勋卓著到超过天下所有的人就得不到赏赐。请让我说一说大王的功绩和谋略：您横渡西河，俘虏魏王豹，生擒夏说，率领军队攻下井陉，杀死成安君，攻占了赵国，以威势降服燕国，平定齐国；向南摧毁楚国军队二十万，向东杀死楚将龙且，西面向汉王捷报，这就是所说的功劳天下无二，而您的计谋出众到世上少有。如今您拥有威胁君主的威势，持有不能被封赏的功绩，归附楚国，楚人不信任您；归附汉国，汉人震惊惧怕您：您带着这么大的功绩和声威到哪去呢？身处臣子地位而有着使国君感到惊惧的威势，名望高于天下所有的人，我私下替您感到危险。”韩信说：“您暂且别再说了，我将会好好考虑的。”

过了几天，蒯通又对韩信说：“能否听取好的意见是事情成败的征兆，能否做好谋划是事情成败的关键。误听意见或决策失误而能够长治久安的，很少有。能够听取意见且很少做出错误决断的人，就不会被各种建言惑乱；计谋周密而能分清主次的人，就不会被纷繁的说辞扰乱。甘愿做喂马劈柴差事的人，就会失去掌握万乘大国权柄的机会；固守微薄俸禄的人，就得不到公卿宰相的高位。所以办事决断是聪明人果断的表现，犹豫不决是事情成功的祸害，专在细小的事情上用计谋，就会丢失天下的大事，智谋确实知道，却不敢决定实行，这是所有事情的祸根。所以俗话说：‘猛虎犹豫不能决断，不如黄蜂、蝎子用毒刺去螫；千里马徘徊不前，不如劣马安然慢步；勇士孟贲狐疑不定，不如平庸的人决心实干可以达到目的；即使有虞舜、夏禹的智慧，闭上嘴巴不讲话，不如哑巴聋子借助手势指挥起作用。’这些话都说明贵在能施行它。功绩难以成就而容易失败，时机难以得到而容易失去。‘时机啊时机，错过了就不会重来’。希望您仔细地考虑斟酌。”韩信犹豫不决，不忍心背叛汉王，又自认为功勋卓著，汉王终究不会夺去自己的齐国，于是谢绝了蒯通。蒯通的劝说没有被听取之后，他就假装疯癫做了巫师。

汉王被围困在固陵时，采用了张良的计策，召见齐王韩信，韩信于是率领军队在垓下与汉王会师。项羽被打败后，高祖用突然袭击的办法夺取了齐王韩信的兵权。汉五年正月，改封齐王韩信为楚王，建都下邳。

韩信到了国都下邳，召见曾经分给他饭吃的那位漂洗丝絮的妇人，赐给她金千斤。找到下乡南昌亭亭长，赐给他百钱，说：“您，是小人，做好事没能坚持到底。”召见曾经侮辱过自己、让自己从他胯下爬过去的年轻人，任用他做了楚国的中尉，并告诉将相们说：“这位是壮士。当初侮辱我的时候，我难道不能杀死他吗？杀掉他没有意义，所以我忍受当时的侮辱而成就了今天的功业。”

项王属下逃亡的将领钟离眜，家在伊庐，很早就与韩信交好。项王死后，他逃归韩信。汉王痛恨钟离眜，听说他在楚国，诏令楚国逮捕钟离眜。韩信初到楚国都城，巡行所属县邑，出入都带着军队作为护卫。汉六年，有人上书举报韩信谋反。高帝用陈平的计谋，假托天子外出巡视会见诸侯，南方有个云梦泽，派使臣通告各诸侯到陈县聚会，说："我要巡视云梦泽。"实际上是要袭击韩信，韩信却不知道。高祖将要到楚国时，韩信曾想发动军队反叛，又自认为没有罪，准备朝见高祖，又担心被擒。有人对韩信说："杀了钟离眜去朝见皇上，皇上一定高兴，就没有祸患了。"韩信召见钟离眜商量。钟离眜说："汉王不攻打楚国的原因，是由于我在你这里。如果你想逮捕我向汉王献媚，我今天死，你也会紧接着死的。"于是骂韩信说："你不是个厚道的人！"最终自刎而死。韩信拿着他的人头，到陈县朝拜高帝。皇上命令武士捆绑了韩信，押在身后随行的车上。韩信说："果真像人们说的'狡黠的兔子死了，出色的猎狗就会被烹杀；高飞的鸟射尽了，精良的弓就会被收藏；敌对的国家破灭了，有谋略的臣子就会被杀。'天下纷争已经被平定，我必然会被烹杀。"皇上说："有人举报你谋反。"就给韩信带上了刑具。到了洛阳，赦免了韩信的罪过，改封为淮阴侯。

韩信知道汉王畏忌他的才能，常常托病不参加朝见和随从出行。从此，韩信日夜怨恨，平时在家经常闷闷不乐，他认为自己被降到和绛侯周勃、颍阴侯灌婴同等爵位是一种耻辱。韩信曾经拜访樊哙将军，樊哙跪拜送迎，自称臣子，说："大王竟肯光临寒舍。"韩信出门后，笑着说："我活着的时候竟然会和樊哙等人为伍！"皇上曾无意间和韩信议论将军们的高下，认为各位将军带兵能力有差别。皇上问韩信："像我的才能能统率多少兵马？"韩信说："陛下不过能统率十万。"皇上说："那你怎么样呢？"韩信回答说："我是率领的军队越多越好。"皇上笑着说："越多越好，为什么会被我俘虏了？"韩信说："陛下不能带兵，却善于驾驭将领，这就是我韩信被陛下俘虏的原因。况且陛下的才能是上天赐予的，不是人力能达到的。"

陈豨被任命为钜鹿郡守，向淮阴侯辞行。淮阴侯拉着他的手，避开左右侍从和他在庭院里散步，仰望天空慨叹道："您可以和我说说话吗？想和您说说心里话。"陈豨说："一切听凭将军吩咐！"淮阴侯说："您管辖的地区，是天下精兵聚集的地方；而您，是陛下信任宠幸的臣子。如果有人告发说您反叛，陛下一定不会相信；再次告发，陛下就怀疑了；第三次告发，陛下必然大怒并亲自率兵去讨伐您。万一如此，我为您在京城做内应起兵，天下就可以取得了。"陈豨早就知道韩信的能力。深信不疑，说："我恭敬地听从您的指教！"汉十年，陈豨果然反叛。皇上亲自率领军队前往，韩信身患重病没有随从。暗中派人到陈豨处说："你只管起兵，我在京城里协助您。"韩信就和家臣商量，夜里假传皇上的诏书赦免各官府服役的罪犯和奴隶，打算发动他们去袭击吕后和太子。部署完毕，等待着陈豨的报告消息。他的一位家臣得罪了韩信，韩信把他囚禁起来，准备杀掉他。这位家臣的弟弟上书举报兵变之事，向吕后告发了韩信准备反叛的情况。吕后想把韩信召来，又担心他可能不会来，就和相国萧何谋划，假托有人从皇上那儿来，说陈豨已被捕获并被处死，列侯群臣都入宫祝贺。萧相国欺骗韩信说："即使有病，也请勉力进宫祝贺。"韩信进宫，吕后让武士捆住韩信，在长乐宫的悬挂编钟的房间内将他杀了。韩信临被斩首时说："我后悔没有采纳蒯通的计谋，竟被小女子所欺骗，难道不是天意吗？"接着诛灭了韩信三族亲戚。

高祖从平叛陈豨的军中回到京城，见韩信已死，既高兴又怜悯他，问："韩信临死时说过什么话？"吕后说："韩信说悔恨没有采纳蒯通的计谋。"高祖说："那人是齐国的说客。"就诏令齐国捕捉蒯通。蒯通被带到京城，高祖说："是你教淮阴侯反叛的吗？"回答说："是。我的确教过他。那小子不采纳我的计策，所以导致他在这里自取灭亡。如果那小子采纳我的计策，陛下怎么能够除掉他呢？"高祖大怒说："煮了他。"蒯通说："哎呀，煮杀我，才是冤枉啊！"高祖说："你教韩信造反，有什么冤枉？"蒯通回答说："秦朝法律败坏、政权瓦解的时候，崤山以东六国故地大乱，不同姓氏的诸侯纷纷起事，天下英豪像乌鸦一样汇聚。秦朝丧失了他的帝位，天下英豪都来抢夺它，于是才智高超、行动敏捷的人率先得到它。著名盗贼盗跖的狗对着明君帝尧狂叫，帝尧并不是没有仁德，狗是本能地对着不是他的主人的人吠叫。在那个时候，我只知道有韩信，并不知道有陛下。况且天下磨快兵器、手执利刃想做陛下所干的事业的人非常多，只是能力不够罢了。您又可以把他们都煮死吗？"高祖说："放了他。"于是赦免了蒯通的罪过。

太史公说：我到淮阴，淮阴人对我说，韩信即使是做平民百姓的时候，他的志向就与众不同。他的母亲死了，家中贫困无法埋葬，可他还是到处寻求又高又宽敞的墓地，让坟墓旁足以安置万户人家。我看了他母亲的坟墓，的确如此。假使韩信学会道家的谦恭退让，不夸耀自己的功劳，不炫耀自己的才能，那他在汉朝的功勋差不多可以和周朝的周公、召公、太公等人相比，可以享受后世子孙的祭祀。他没能致力于这样做，而是等天下已经安定了，反而图谋叛乱，被诛灭宗族，不是应该的么！

（王　勇　注译）

卷九十九　刘敬叔孙通列传第三十九

注释查阅　译文诵读

刘敬者[1]，齐人也。汉五年[2]，戍陇西，过洛阳，高帝在焉。娄敬脱輓辂[3]，衣其羊裘[4]，见齐人虞将军曰："臣愿见上言便事[5]。"虞将军欲与之鲜衣[6]，娄敬曰："臣衣帛，衣帛见；衣褐[7]，衣褐见：终不敢易衣[8]。"于是虞将军入言上。上召入见，赐食。

已而问娄敬，娄敬说曰："陛下都洛阳，岂欲与周室比隆哉[9]？"上曰："然。"娄敬曰："陛下取天下与周室异。周之先自后稷，尧封之邰[10]，积德累善十有余世。公刘避桀居豳[11]。太王以狄伐故[12]，去豳，杖马箠居岐[13]，国人争随之。及文王为西伯[14]，断虞、芮之讼[15]，始受命[16]，吕望、伯夷自海滨来归之。武王伐纣，不期而会孟津之上八百诸侯，皆曰纣可伐矣，遂灭殷。成王即位，周公之属傅相焉[17]，乃营成周洛邑[18]，以此为天下之中也，诸侯四方纳贡职[19]，道里均矣，有德则易以王[20]，无德则易以亡。凡居此者，欲令周务以德致人，不欲依阻险，令后世骄奢以虐民也。及周之盛时，天下和洽，四夷乡风慕义[21]，怀德附离[22]，而并事天子，不屯一卒，不战一士，八夷大国之民莫不宾服，效其贡职[23]。及周之衰也，分而为两，天下莫朝，周不能制也。非其德薄也，而形势弱也。今陛下起丰沛[24]，收卒三千人，以之径往而卷蜀、汉，定三秦[25]，与项羽战荥阳[26]，争成皋之口[27]，大战七十，小战四十，使天下之民肝脑涂地，父子暴骨中野，不可胜数，哭泣之声未绝，伤痍者未起[28]，而欲比隆于成、康之时[29]，臣窃以为不侔也[30]。且夫秦地被山带河[31]，四塞以为固，卒然有急[32]，百万之众可具也[33]。因秦之故，资甚美膏腴之地[34]，此所谓天府者也。陛下入关而都之，山东虽乱，秦之故地可全而有也。夫与人斗，不搤其亢[35]，拊其背[36]，未能全其胜也。今陛下入关而都，案秦之故地[37]，此亦搤天下之亢而拊其背也。"

高帝问群臣，群臣皆山东人[38]，争言周王数百年，秦二世即亡，不如都周。上疑未能决。及留侯明言入关便[39]，即日车驾西都关中[40]。

于是上曰："本言都秦地者娄敬，'娄'者乃'刘'也。"赐姓刘氏，拜为郎中，号为奉春君。

汉七年，韩王信反[41]，高帝自往击之。至晋阳[42]，闻信与匈奴欲共击汉，上大怒，使人使匈奴。匈奴匿其壮士肥牛马，但见老弱及羸畜[43]。使者十辈来[44]，皆言匈奴可击。上使刘敬复往使匈奴，还报曰："两国相击，此宜夸矜见所长[45]。今臣往，徒见羸瘠老弱，此必欲见短，伏奇兵以争利。愚以为匈奴不可击也。"是时汉兵已逾句注[46]，二十余万兵已业行。上怒，骂刘敬曰："齐虏[47]！以口舌得官，今乃妄言沮吾军[48]。"械系敬广武[49]。遂往，至平城[50]，匈奴果出奇兵围高帝白登[51]，七日然后得解。高帝至广武，赦敬，曰："吾不用公言，以困平城。吾皆已斩前使十辈言可击者矣。"乃封敬二千户，为关内侯，号为建信侯。

高帝罢平城归，韩王信亡入胡[52]。当是时，冒顿为单于，兵强，控弦三十万[53]，数苦北边。上患之，问刘敬。刘敬曰："天下初定，士卒罢于兵[54]，未可以武服也。冒顿杀父代立，妻群母，以力为威，未可以仁义说也。独可以计久远子孙为臣耳[55]，然恐陛下不能为。"上曰："诚可[56]，何为不能！顾为奈何[57]？"刘敬对曰："陛下诚能以適长公主妻之[58]，厚奉遗之[59]，彼知汉適女送厚，蛮夷必慕以为阏氏[60]，生子必为太子，代单于。何者？贪汉重币[61]。陛下以岁时汉所馀彼所鲜数问遗[62]，因使辩士风谕以礼节[63]。冒顿在，固为子婿；死，则外孙为单于。岂尝闻外孙敢与大父抗礼者哉[64]？兵可无战以渐臣也[65]。若陛下不能遣长公主，而令宗室及后宫诈称公主，彼亦知，不肯贵近，无益也。"高帝曰："善。"欲遣长公主。吕后日夜泣，曰："妾唯太子、一女，奈何弃之匈奴！"上竟不能遣长公主[66]，而取家人子名为长公主[67]，妻单于。使刘敬往结和亲约。

刘敬从匈奴来，因言"匈奴河南白羊、楼烦王[68]，去长安近者七百里，轻骑一日一夜可以至秦中[69]。秦中新破，少民，地肥饶，可益实[70]。夫诸侯初起时，非齐诸田，楚昭、屈、景莫能兴。今陛下虽都关中，实少人。北近胡寇，东有六国之族，宗强，一日有变，陛下亦未得高枕而卧也。臣愿陛下徙齐诸田，楚昭、屈、景，燕、赵、韩、魏后，及豪桀名家居关中。无事，可以备胡；诸侯有变，亦足率以东伐。此强本弱末之术也"。上曰："善。"乃使刘敬徙所言关中十余万口。

【译文】

刘敬，原名娄敬，是齐国人。汉高帝五年，他去戍守陇西边塞，路过洛阳，当时汉高帝正住在那里。娄敬停下车子，解下拉车用的横木，穿着羊皮袄，去见齐国人虞将军说："我希望见到皇帝谈谈有利于国家的大事。"虞将军要给他换一件鲜洁的好衣服，娄敬说："我如穿着丝绸衣服来，就穿着丝绸衣服去拜见；如穿着粗布短衣来，就穿着粗布短衣去拜见：我是绝不敢换衣服的。"于是虞将军进宫禀报皇帝。皇帝召娄敬进宫朝见，并赐给他饭吃。

饭后不久，皇帝就问娄敬要谈什么有利于国家的大事，娄敬劝说道："陛下建都洛阳，难道是想跟周朝同样兴盛吗？”皇帝说：“是的。”娄敬说：“陛下取得天下跟周朝是不同的。周朝的祖先从后稷开始，帝尧将他封在邰，积累仁德善行十几代。公刘为避开暴君夏桀而到豳地居住。太王因为狄族侵扰的缘故，离开豳，拄着马鞭迁居到岐山，百姓都争相跟随他去岐山。等到周文王做了西方诸侯首领时，他曾妥善地解决了虞国和芮国的纠纷，才开始禀受天命，吕望、伯夷等贤人从海边来归附于他。周武王讨伐殷纣时，没有事先约定却主动到孟津会盟的有八百诸侯，大家都说殷纣王可以被讨伐了，于是就灭掉了殷。周成王即位，周公等人辅佐他，就在洛邑营造成周城，认为它是天下的中心，诸侯从各地来献纳贡物赋税，道路的远近都是均等的，这样君主如果有德行就容易靠它称王天下，如果没有德行就很容易因此灭亡。居住于此的目的，是希望周朝务必用仁德来感召人民，而不要想着依靠险要的自然形势，让后代君主用骄奢淫逸来虐待百姓。在周朝鼎盛时期，天下和谐融洽，四方各族向往它的民风，爱慕它的道义，感念恩德前来归附，依附大家一起事奉周天子，不用一兵驻防，不用一卒出战，八方大国的百姓没有不归顺臣服的，都进献他们的贡物和赋税。等到周朝衰败的时候，分裂成西周和东周两小国，天下没谁来朝拜周天子，周王也不能控制他们。不是它的恩德太少，而是它的形势太弱了。如今陛下从丰邑沛县起义，招集三千士卒，带着他们勇往直前，席卷蜀、汉，平定三秦，与项羽在荥阳交战，争夺成皋要塞，大战七十场，小战四十场，使天下百姓肝脑涂地，父子尸骨暴露于荒野之中，数不胜数，痛哭啜泣之声不断，伤残之人不能动弹，这种情况却想和周朝成王、康王的兴盛时期相比，我私下认为是不能比的。再说秦地周围有高山环绕，东边有黄河萦回，四面边塞可以作为坚固的屏障，如果突然有了危急情况，百万以上的军队也是可以准备出来的。依托秦国的故土，又有肥沃的土地可资依托，这就是所说的天然的府库。陛下进入函谷关把都城建在那里，山东地区即使发生动乱，秦国原有的地方是可以保全并占有的。与别人搏斗，不掐住他的咽喉，打击他的脊背，是不能完全获胜的。如果陛下进入函谷关内建都，控制着秦国原有的地区，这也就是掐住了天下的咽喉而击打它的后背啊。”

汉高帝询问众大臣的意见，大臣们都是崤山以东地区的人，争辩说周朝称王天下几百年，秦朝仅到二世就灭亡了，不如建都在周朝的旧都。皇帝犹疑不能决断。等到留侯张良明确地阐述了入关建都的有利条件后，皇帝当即就乘车西行到关中建都了。

因此皇上说：“先主张建都在秦地的人是娄敬，‘娄’就是‘刘’啊。”皇上赐娄敬改姓刘，授给他郎中官职，称号叫奉春君。

汉高帝七年，韩王信背叛汉，汉高帝亲自前往讨伐他。到达晋阳时，听到韩王信与匈奴勾结准备一起攻打汉朝的消息，皇帝大怒，就派使臣出使匈奴打探。匈奴把他们强壮能战的士兵和肥壮的牛马都藏了起来，只显露出年老弱小的士兵和瘦弱的牲畜。派去的十余批使臣回来后，都说可以攻击匈奴。皇帝派刘敬再去出使匈奴，他回来报告说：“两国相攻，这时应该炫耀展现自己的长处。但是我去那里，只看到瘦弱的牲畜和老弱的士兵，这一定是故意显露自己的短处，而埋伏奇兵来争取胜利。我以为匈奴是不可以攻打的。”此时汉朝的军队已经越过了句注山，二十多万大军已经出征。皇上听了刘敬的话非常生气，骂道：“齐国奴才！你凭着巧舌善言得到官位，现在竟敢胡言乱语阻碍我的大军。”就用刑具将刘敬拘禁在广武县。高帝于是率军前往，到了平城，匈奴果然派出奇兵将高帝围困在白登山上，高帝被围困了七天后才得以解围。高帝回到广武县，赦免了刘敬，说：“我没采纳您的建言，因而被围困在平城。我已把此前那十批说匈奴可以攻打的使者都斩首了。”于是赏赐刘敬食邑二千户，封为关内侯，称作建信侯。

汉高帝从平城罢兵返回长安，韩王信已经逃到了匈奴。这时，冒顿是匈奴的君主，军队强大，善于骑射的弓箭手三十万，汉朝北部边境屡次被骚扰。皇上很忧虑，就问刘敬意见。刘敬说：“汉朝天下刚刚平定，士兵们被战争搞得非常疲惫，不能通过武力来制服匈奴。冒顿杀了父亲自己做了君主，又娶他父亲的众多姬妾为妻，他凭借武力树立威势，是不能用仁义道德说服的。我们只能够从长计议让他的子孙后代臣服于汉朝了，然而担心陛下不能办到。”皇帝说：“果真可行，为什么不能办！只是该怎么办呢？”刘敬回答说：“陛下果真能把皇后生的大公主嫁给冒顿作妻子，给他送上丰厚的礼物，他知道是汉朝皇帝的长女又送来丰厚的礼物，他们一定爱慕，把大公主作正妻，生下的儿子必定是太子，将来接替单于的君位。他们为什么会这样做呢？是因为匈奴贪图汉朝的丰厚礼物。陛下拿一年四季汉朝多余而匈奴少有的东西多次慰问赠送，顺便派能言善辩的人用礼节来教导他。冒顿在位，当然是汉朝的女婿；他死了，汉朝的外孙就是单于了。难道您曾听说外孙敢同外祖父对抗的事？士兵可以不用出战便使匈奴逐渐臣服。如果陛下不能派大公主去，而是让皇族或是后宫的女子假冒公主，他也会知道，就不肯尊敬亲近她，那样就没什么好处了。”高帝说：“很好。”便准备送大公主去匈奴。皇后吕氏听后日夜啼哭，说：“我只有太子和一个女儿，怎么忍心把她抛弃到匈奴！”皇上终究不能派出大公主，便找了个宫女以大公主的名义，嫁给冒顿单于为妻。皇上派遣刘敬前往与匈奴订立议和联姻的盟约。

刘敬从匈奴回来，便说：“匈奴在黄河以南的白羊、楼烦两个部落，离长安近到只有七百里路，轻装骑兵一天一夜就可以到达关中。关中地区刚刚经过战乱，百姓稀少，土地肥沃，可以充实人口。当初各地诸侯起兵时，如果不是齐国的田氏宗族以及楚国的昭、屈、景三大宗族参加是不能兴盛起来的。现在陛下虽然在关中建都了，但实际人口稀少。北方靠近匈奴敌寇，东方有六国贵族的后裔，他们的宗族势力很强，一旦有变故，陛下也是不能够高枕无忧地睡觉的。我希望陛下把齐国的田氏各族，楚国的昭、屈、景三大宗族，燕、赵、韩、魏等国的王族后裔，以及豪门名家都迁到关中居住。国内平安无事，可以防备匈奴；如果东方的诸侯王有变故，也能率领他们向东征讨。这是加强中央权力而削弱地方势力的方略啊。”皇上说：“很好。”于是派刘敬把他提到大家族的十多万人迁到了关中。

（王　勇　注译）

卷一百　季布栾布列传第四十

注释查阅　　译文诵读

季布者，楚人也。为气任侠[1]，有名于楚。项籍使将兵，数窘汉王[2]。及项羽灭，高祖购求布千金[3]。敢有舍匿[4]，罪及三族[5]。季布匿濮阳周氏[6]。周氏曰："汉购将军急，迹且至臣家[7]，将军能听臣，臣敢献计；即不能，愿先自刭[8]。"季布许之。乃髡钳季布[9]，衣褐衣[10]，置广柳车中[11]，并与其家僮数十人[12]，之鲁朱家所卖之[13]。朱家心知是季布，乃买而置之田。诫其子曰："田事听此奴，必与同食。"朱家乃乘轺车之洛阳[14]，见汝阴侯滕公[15]。滕公留朱家饮数日。因谓滕公曰："季布何大罪，而上求之急也？"滕公曰："布数为项羽窘上，上怨之，故必欲得之。"朱家曰："君视季布何如人也？"曰："贤者也。"朱家曰："臣各为其主用，季布为项籍用，职耳[16]。项氏臣可尽诛邪？今上始得天下，独以己之私怨求一人，何示天下之不广也[17]！且以季布之贤而汉求之急如此，此不北走胡即南走越耳。夫忌壮士以资敌国，此伍子胥所以鞭荆平王之墓也[18]。君何不从容为上言邪[19]？"汝阴侯滕公心知朱家大侠，意季布匿其所[20]，乃许曰："诺。"待间[21]，果言如朱家指[22]。上乃赦季布。当是时，诸公皆多季布能摧刚为柔[23]，朱家亦以此名闻当世。季布召见，谢，上拜为郎中。

孝惠时[24]，为中郎将。单于尝为书嫚吕后[25]，不逊，吕后大怒，召诸将议之。上将军樊哙曰："臣愿得十万众，横行匈奴中[26]。"诸将皆阿吕后意[27]，曰："然"。季布曰："樊哙可斩也！夫高帝将兵四十余万众，困于平城，今哙奈何以十万众横行匈奴中，面欺！且秦以事于胡[28]，陈胜等起。于今创痍未瘳[29]，哙又面谀[30]，欲摇动天下。"是时殿上皆恐，太后罢朝[31]，遂不复议击匈奴事。

季布为河东守[32]，孝文时[33]，人有言其贤者，孝文召，欲以为御史大夫。复有言其勇，使酒难近[34]。至，留邸一月[35]，见罢[36]。季布因进曰："臣无功窃宠，待罪河东。陛下无故召臣，此人必有以臣欺陛下者；今臣至，无所受事，罢去，此人必有以毁臣者。夫陛下以一人之誉而召臣，一人之毁而去臣[37]，臣恐天下有识闻之有以窥陛下也[38]。"上默然惭，良久曰："河东吾股肱郡⑧，故特召君耳。"布辞之官[39]。

楚人曹丘生[40]，辩士[41]，数招权顾金钱[42]。事贵人赵同等[43]，与窦长君善[44]。季布闻之，寄书谏窦长君曰："吾闻曹丘生非长者[45]，勿与通[46]。"及曹丘生归，欲得书请季布。窦长君曰："季将军不说足下[47]，足下无往。"固请书[48]，遂行。使人先发书[49]，季布果大怒，待曹丘。曹丘至，即揖季布曰[50]："楚人谚曰：'得黄金百，不如得季布一诺'，足下何以得此声于梁楚间哉？且仆楚人，足下亦楚人也。仆游扬足下之名于天下[51]，顾不重邪[52]？何足下距仆之深也[53]！"季布乃大说，引入，留数月，为上客，厚送之。季布名所以益闻者，曹丘扬之也。

季布弟季心，气盖关中[54]，遇人恭谨[55]，为任侠，方数千里[56]，士皆争为之死。尝杀人[57]，亡之吴[58]，从袁丝匿。长事袁丝[59]，弟畜灌夫、籍福之属[60]。尝为中司马，中尉郅都不敢不加礼。少年多时时窃籍其名以行[61]。当是时，季心以勇，布以诺，著闻关中[62]。

季布母弟丁公[63]，为楚将。丁公为项羽逐窘高祖彭城西[64]，短兵接，高祖急，顾丁公曰[65]："两贤岂相厄哉[66]！"于是丁公引兵而还，汉王遂解去[67]。及项王灭，丁公谒见高祖。高祖以丁公徇军中[68]，曰："丁公为项王臣不忠，使项王失天下者，乃丁公也。"遂斩丁公，曰："使后世为人臣者无效丁公！"

栾布者，梁人也。始梁王彭越为家人时[69]，尝与布游[70]。穷困，赁佣于齐[71]，为酒人保[72]。数岁，彭越去之巨野中为盗，而布为人所略卖[73]，为奴于燕。为其家主报仇，燕将臧荼举以为都尉。臧荼后为燕王，以布为将。及臧荼反，汉击燕，虏布。梁王彭越闻之，乃言上，请赎布以为梁大夫。

使于齐，未还，汉召彭越，责以谋反[74]，夷三族[75]。已而枭彭越头于雒阳[76]，下诏曰："有敢收视者[77]，辄捕之[78]。"布从齐还，奏事彭越头下，祠而哭之。吏捕布以闻[79]。上召布，骂曰："若与彭越反邪[80]？吾禁人勿收，若独祠而哭之，与越反明矣。趣亨之[81]。"方提趣汤[82]，布顾曰："愿一言而死。"上曰："何言？"布曰："方上之困于彭城，败荥阳、成皋间，项王所以不能遂西[83]，徒以彭王居梁地[84]，与汉合从苦楚也[85]。当是之时，彭王一顾[86]，与楚则汉破[87]，与汉而楚破。且垓下之会，微彭王[88]，项氏不亡。天下已定，彭王剖符受封[89]，亦欲传之万世。今陛下一征兵于梁，彭王病不行，而陛下疑以为反，反形未见，以苛小案诛灭之[90]，臣恐功臣人人自危也。今彭王已死，臣生不如死，请就亨。"于是上乃释布罪，拜为都尉。

孝文时，为燕相，至将军。布乃称曰："穷困不能辱身下志[91]，非人也[92]；富贵不能快意[93]，非贤也。"于是尝有德者厚报之，有怨者必以法灭之。吴、楚反时[94]，以军功封俞侯，复为燕相。燕齐之间皆为栾布立社[95]，号曰栾公社。

景帝中五年薨[96]。子贲嗣，为太常，牺牲不如令[97]，国除[98]。

太史公曰：以项羽之气[99]，而季布以勇显于楚，身履军搴旗者数矣[100]，可谓壮士。然至被刑戮[101]，为人奴而不死，何其下也！彼必自负其材[102]，故受辱而不羞，欲有所用其未足也[103]，故终为汉名将。贤者诚重其死。夫婢妾贱人感慨而自杀者[104]，非能勇也，其计画无复之耳[105]。栾布哭彭越，趣汤如归者[106]，彼诚知所处，不自重其死[107]。虽往古烈士[108]，何以加哉！

【译文】

季布是楚地人，喜好逞义气，替人打抱不平，在楚地很有名气。项羽派他率领军队，曾多次使汉王刘邦陷于困窘。等到项羽被消灭掉以后，汉高祖出千金悬赏捉拿季布，并下令如有胆敢窝藏季布的人，定罪要灭他三族。季布躲藏在濮阳一个姓周的人家。那位姓周的人说："汉朝悬赏捕捉你非常急迫，快要追踪搜捕到我家来了，将军您能够听从我的话，我才胆敢献个计策；如果不能，我宁愿先自杀。"季布答应了他。那位姓周的人便把季布的头发像犯人一样剃掉，用刑具铁箍束住他的脖子，给他穿上粗布衣服，把他放在运货的大车里，将他和周家的几十个奴仆一起装在车上，到鲁地朱家处卖掉。朱家心里知道这人是季布，于是买下他并将他安置在田地里耕作，朱家告诫自己的儿子说："田间耕作的事，都要听从这个佣人的吩咐，一定要让他和你吃同样的饭。"朱家于是乘坐轻便的马车到洛阳去，拜见了汝阴侯滕公夏侯婴。滕公留朱家宴饮了几天。朱家乘机问滕公说："季布犯了什么大罪，皇上追捕他这么急迫？"滕公说："季布多次为项羽使皇上陷入窘境，皇上怨恨他，所以一定要抓住他。"朱家说："您看季布是怎样的人呢？"滕公说："他是一个有才能的人。"朱家说："臣子各自被他们的主上任用，季布被项羽任用，这是职责。项羽的臣子难道可以全杀光吗？现在皇上刚刚夺得天下，仅因为个人的私恨去追捕一个人，为什么要向天下人显示自己的肚量狭小呢！而且凭着季布的才能，汉王朝追捕又如此急迫，他不能向北逃到匈奴去，也会向南逃到越地去。这种忌恨勇士而去资助敌国的行为，如同楚人伍子胥帮吴国灭楚后鞭打楚平王尸体一样。您为什么不周旋地向皇上说明呢？"汝阴侯滕公知道朱家是位大侠，猜想季布藏在他家，便答应说："好。"滕公等待合适的时机，果真按照朱家的意思向皇上说明。皇上于是就赦免了季布。在这个时候，众公卿都称赞季布能变刚强为柔顺，朱家也因此而在当时出了名。后来季布被皇上召见，谢罪，皇上任命他做了郎中。

汉惠帝的时候，季布担任中郎将。匈奴王单于曾经写信侮辱吕后，言辞无礼，吕后大怒，召集诸位将军商议此事。上将军樊哙说："我希望给我十万人马，带领他们横扫匈奴。"各位将军都迎合吕后的心思，说："没错。"季布说："樊哙应该被斩首！高皇帝曾率领四十多万大军尚且被围困在平城，如今樊哙怎么能用十万人马就可以横扫匈奴呢？这是当面欺诬！况且秦朝正是因为对匈奴用兵，陈胜等才借机起义。直到现在创伤还没有痊愈，而樊哙又当面阿谀，想要使天下动荡不安。”这个时候，殿上的将军都感到惊恐，吕后宣布退朝，于是不再商议攻打匈奴的事了。

季布做了河东郡守，汉文帝的时候，有人说他有才能，汉文帝便召见他，打算任命他做御史大夫。又有人说他很勇敢，但会借酒使性，让人难以接近。季布来到京城长安，在客馆住了一个月，皇帝召见后就让他回去。季布因此对皇上进言说：“我没有功劳却蒙受恩宠，在河东郡任职。现在陛下无缘无故地召见我，这一定是有人谬赞我来欺骗陛下；现在我来到了京城，没有接受任何事情，就让我回去，这一定是有人在您面前毁谤我。陛下因为一个人的赞誉就召见我，又因为一个人的毁谤而让我回去，我担心天下有见识的人知道这件事，就能窥测出您的深浅。”皇上默不作声，感到羞愧，过了很久才说道：“河东是我一个重要的郡，好比是大腿和臂膀，因此特地召见你！”季布辞别皇上，回到河东郡守的职任。

楚地有个叫曹丘的先生，是个娴于辞令的辩士，多次借重权势获取钱财。他曾经事奉过汉文帝的幸臣宦官赵同等，与窦长君也有交情。季布听说了这件事，便寄信劝窦长君说：“我听说曹丘先生不是个厚道的人，您不要和他来往。”等到曹丘先生回乡时，想要窦长君写信介绍他去拜见季布，窦长君说：“季将军不喜欢您，您不要去。”曹丘坚持请求窦长君写介绍信，得到信后，就出发了。曹丘派人先把窦长君的介绍信送给季布，季布接到信果然大怒，等待着曹丘的到来。曹丘到了，就对季布施礼作揖，说道：“楚人有句谚语说：‘得到黄金百斤，比不上得到季布的一句承诺。’您怎么能在梁、楚一带获得这样的声誉呢？况且我是楚地人，您也是楚地人。我在天下周游宣扬您的大名，这难道不重要吗？您为什么这样坚决地拒绝我呢！”季布于是非常高兴，请曹丘进来，留他住了几个月，把他当作上等贵客，送给他丰厚的礼物。季布的名声之所以更加的显扬，这都是曹丘宣扬的结果啊！

季布的弟弟季心，他的侠义之气超过关中所有的人，对待别人恭敬谨慎，做行侠仗义的事，方圆几千里的士人都争着替他效命。季心曾经杀人，逃到吴地，隐藏在袁丝家里。季心像对待兄长一样事奉袁丝，又像对待弟弟一样爱护灌夫、籍福等人。他曾经担任中尉的属下司马，中尉郅都也不敢不以礼相待。年轻人经常私自假借他的名义去办事。在那个时候，季心因勇敢而出名，季布因重诺言而出名，都在关中有显著的名声。

季布的舅舅丁公任楚军将领。丁公曾经在彭城西面替项羽追击汉高祖，使高祖狼狈不堪，在短兵交战的时候，高祖感到危急，回头对丁公说：“我们两个好汉难道要相互为难吗！”于是丁公领兵返回，汉王便解围逃离。等到项羽灭亡以后，丁公拜见高祖。高祖把丁公捆住在军营中示众，说道：“丁公做项王的臣下不能尽忠，使项王失去天下的人，就是丁公！”于是就斩了丁公，说道：“让后代做别人臣子的人不要仿效丁公！”

栾布是梁地人。当初梁王彭越还是平民的时候曾经和栾布交往。栾布家里贫穷困顿，在齐地出卖劳力，替卖酒的人家做佣工。过了几年，彭越离开了，到巨野泽中做强盗，而栾布却被人劫持贩卖，在燕地做奴仆。栾布曾替他家主人报仇，燕将臧荼推荐他担任都尉。臧荼后来做了燕王，就任用栾布做将军。等到臧荼反叛，汉军进攻燕国的时候，俘虏了栾布。梁王彭越听到了这件事，便向皇上进言，请求赎回栾布让他担任梁国的大夫。

后来栾布出使到齐国，还没返回来，汉王召见彭越，以谋反的罪名责罚他，诛灭了他的三族。随后又把彭越的头悬挂在洛阳城门下示众，并且下诏令说：“有敢来收殓埋葬或探视的，就逮捕他。”这时栾布从齐国返回，在彭越的头颅下面汇报出使之事，边祭祀边哭泣。胥吏逮捕了他，并把此事报告了皇上。皇上召见栾布，骂道：“你想和彭越共同谋反吗？我颁禁令任何人不得收尸，你偏偏要祭祀并为他啼哭，你和彭越一起造反已经很清楚了。赶快把他烹杀！”皇上左右的人正抬起栾布走向热水镬的时候，栾布回头说：“请允许我说一句话再死。”皇上说：“说什么？”栾布说：“当皇上你被困在彭城，兵败于荥阳、成皋一带的时候，项王之所以不能顺利西进，就是因为彭王据守梁地，跟汉军联合而阻挠楚军的缘故。在那个时候，只要彭王顾盼迟疑，跟楚军联合，汉军就失败；跟汉军联合，楚军就失败。况且垓下之围，如果没有彭王，项羽不会灭亡。现在天下已经安定了，彭王接受符节受了封，也想把这个封爵子孙万代地传下去。现在陛下因为向梁国征了一次兵，彭王病重不能随行，陛下就怀疑他造反，可是谋反的形迹没有显现，却用琐事末节给他定罪，诛灭他的家族，我担心有功臣子人人都会感到自己危险了。现在彭王已经死了，我活着倒不如死去的好，请您烹了我吧。”于是皇上就赦免了栾布的罪过，任命他做都尉。

汉文帝的时候，栾布担任燕国的丞相，后来又做过将军。栾布曾说：“在穷困潦倒的时候，不能屈辱自己降低意志的，不是好汉；富贵的时候，不能纵情恣意的，也不是贤人。”于是对曾经有恩于自己的人，便优厚地报答他；对曾经和他有怨仇的人，一定用法律来除掉他。吴、楚七国反叛时，栾布因军功被封为俞侯，再次做燕国的国相。燕、齐之间的人们都替栾布建造生祠，称为栾公社。

汉景帝中元五年，栾布去世。他的儿子栾贲继承爵位，担任太常，因为祭祀所用的牲畜不合法令的规定，封国被废除。

太史公说：在项羽的气势下，季布在楚地以勇敢出名，他曾多次亲自消灭敌军、拔取敌军旗帜，可称得上是勇士了。然而他遭受刑罚，给人做奴仆而不肯死去，这是多么卑下啊！他一定是自恃他的才能，因此才接受屈辱而不认为是羞耻，想要发挥他未曾施展的才干，所以终于成为汉朝的名将。贤能的人确实不会轻易去死。那些奴婢、姬妾等卑贱之人因为情绪激动而自杀的，算不上是勇敢，他们再也想不出别的办法了。栾布痛哭彭越，把赴热水镬中就死看得如同回家一样轻松快乐，他真正知道自己的处境，而不是吝惜自己的生命。即使古代有气节、有壮志的人，又怎么能超过他呢！

（王　勇　注译）

卷一百一　袁盎晁错列传第四十一

注释查阅　译文诵读

袁盎者，楚人也，字丝。父故为群盗[1]，徙处安陵。高后时，盎尝为吕禄舍人[2]。及孝文帝即位，盎兄哙任盎为中郎[3]。

绛侯为丞相，朝罢趋出[4]，意得甚。上礼之恭，常自送之。袁盎进曰："陛下以丞相何如人？"上曰："社稷臣。"盎曰："绛侯所谓功臣，非社稷臣。社稷臣主在与在，主亡与亡。方吕后时，诸吕用事，擅相王[5]，刘氏不绝如带[6]。是时绛侯为太尉，主兵柄，弗能正。吕后崩，大臣相与共畔诸吕[7]，太尉主兵，适会其成功[8]，所谓功臣，非社稷臣。丞相如有骄主色。陛下谦让，臣主失礼，窃为陛下不取也。"后朝，上益庄[9]，丞相益畏。已而绛侯望袁盎曰[10]："吾与而兄善[11]，今儿廷毁我[12]！"盎遂不谢[13]。

及绛侯免相之国[14]，国人上书告以为反[15]，征系清室[16]，宗室诸公莫敢为言，唯袁盎明绛侯无罪。绛侯得释，盎颇有力。绛侯乃大与盎结交。

淮南厉王朝[17]，杀辟阳侯，居处骄甚[18]。袁盎谏曰："诸侯大骄必生患，可适削地[19]。"上弗用。淮南王益横[20]。及棘蒲侯柴武太子谋反事觉，治[21]，连淮南王，淮南王征，上因迁之蜀[22]，槛车传送[23]。袁盎时为中郎将，乃谏曰："陛下素骄淮南王，弗稍禁，以至此，今又暴摧折之[24]。淮南王为人刚，如有遇雾露行道死，陛下竟为以天下之大弗能容，有杀弟之名，奈何？"上弗听，遂行之。

淮南王至雍，病死，闻，上辍食，哭甚哀。盎入，顿首请罪。上曰："以不用公言至此。"盎曰："上自宽，此往事，岂可悔哉！且陛下有高世之行者三，此不足以毁名。"上曰："吾高世行三者何事？"盎曰："陛下居代时[25]，太后尝病，三年，陛下不交睫[26]，不解衣，汤药非陛下口所尝弗进。夫曾参以布衣犹难之，今陛下亲以王者修之[27]，过曾参孝远矣。夫诸吕用事，大臣专制，然陛下从代乘六乘传驰不测之渊，虽贲育之勇不及陛下[28]。陛下至代邸，西向让天子位者再，南面让天子位者三。夫许由一让[29]，而陛下五以天下让，过许由四矣。且陛下迁淮南王，欲以苦其志，使改过，有司卫不谨[30]，故病死。"于是上乃解，曰："将奈何？"盎曰："淮南王有三子，唯在陛下耳。"于是文帝立其三子皆为王。盎由此名重朝廷。

袁盎常引大体忼慨[31]。宦者赵同以数幸[32]，常害袁盎[33]，袁盎患之。盎兄子种为常侍骑，持节夹乘[34]，说盎曰："君与斗，廷辱之，使其毁不用。"孝文帝出，赵同参乘[35]，袁盎伏车前曰："臣闻天子所与共六尺舆者，皆天下豪英。今汉虽乏人，陛下独奈何与刀锯余人载[36]！"于是上笑，下赵同。赵同泣下车。

文帝从霸陵上，欲西驰下峻阪。袁盎骑，并车揽辔[37]。上曰："将军怯邪？"盎曰："臣闻千金之子坐不垂堂[38]，百金之子不骑衡[39]，圣主不乘危而徼幸[40]。今陛下骋六騑，驰下峻山，如有马惊车败，陛下纵自轻[41]，奈高庙、太后何？"上乃止。

上幸上林，皇后、慎夫人从。其在禁中，常同席坐。及坐，郎署长布席，袁盎引却慎夫人坐[42]。慎夫人怒，不肯坐。上亦怒，起，入禁中。盎因前说曰："臣闻尊卑有序则上下和。今陛下既已立后，慎夫人乃妾，妾主岂可与同坐哉！适所以失尊卑矣。且陛下幸之，即厚赐之。陛下所以为慎夫人，适所以祸之。陛下独不见'人彘'乎[43]？"于是上乃说[44]，召语慎夫人。慎夫人赐盎金五十斤。

然袁盎亦以数直谏，不得久居中[45]，调为陇西都尉。仁爱士卒，士卒皆争为死。迁为齐相。徙为吴相，辞行，种谓盎曰："吴王骄日久，国多奸。今苟欲劾治[46]，彼不上书告君，即利剑刺君矣。南方卑湿，君能日饮[47]，毋何[48]，时说王曰毋反而已。如此幸得脱。"盎用种之计，吴王厚遇盎。

盎告归，道逢丞相申屠嘉，下车拜谒，丞相从车上谢袁盎。袁盎还，愧其吏，乃之丞相舍上谒[49]，求见丞相。丞相良久而见之。盎因跪曰："愿请间。"丞相曰："使君所言公事，之曹与长史掾议[50]，吾且奏之；即私邪，吾不受私语。"袁盎即跪说曰："君为丞相，自度孰与陈平、绛侯？"丞相曰："吾不如。"袁盎曰："善，君即自谓不如。夫陈平、绛侯辅翼高帝，定天下，为将相，而诛诸吕，存刘氏；君乃为材官蹶张[51]，迁为队率[52]，积功至淮阳守，非有奇计攻城野战之功。且陛下从代来，每朝，郎官上书疏，未尝不止辇受其言[53]，言不可用置之，言可受采之，未尝不称善。何也？则欲以致天下贤士大夫。上日闻所不闻，明所不知，日益圣智；君今自闭钳天下之口而日益愚。夫以圣主责愚相，君受祸不久矣。"丞相乃再拜曰："嘉鄙野人，乃不知，将军幸教。"引入与坐，为上客。

盎素不好晁错，晁错所居坐，盎去；盎坐，错亦去：两人未尝同堂语。及孝文帝崩，孝景帝即位，晁错为御史大夫，使吏案袁盎受吴王财物[54]，抵罪，诏赦以为庶人。

吴、楚反闻，晁错谓丞史曰："夫袁盎多受吴王金钱，专为蔽匿，言不反。今果反，欲请治盎宜知计谋。"丞史曰："事未发，治之有绝。今兵西乡[55]，治之何益！且袁盎不宜有谋。"晁错犹与未决[56]。人有告袁盎者，袁盎恐，夜见窦婴，为言吴所以反者，愿至上前口对状。窦婴入言上，上乃召袁盎入见。晁错在前，及盎请辟人赐间[57]，错去，固恨甚[58]。袁盎具言吴所以反状[59]，以错故，独急斩错以谢吴，吴兵乃可罢。其语具在《吴事》中。使袁盎为太常，窦婴为大将军。两人素相与善。逮吴反[60]，诸陵长者长安中贤大夫争附两人，车随者日数百乘。

及晁错已诛，袁盎以太常使吴。吴王欲使将，不肯。欲杀之，使一都尉以五百人围守盎军中。袁盎自其为吴相时，有从史尝盗爱盎侍儿[61]，盎知之，弗泄，遇之如故。人有告从史，言“君知尔与侍者通”，乃亡归。袁盎驱自追之，遂以侍者赐之，复为从史。及袁盎使吴见守[62]，从史适为守盎校尉司马，乃悉以其装赍置二石醇醪[63]，会天寒，士卒饥渴，饮酒醉，西南陬卒皆卧，司马夜引袁盎起，曰：“君可以去矣，吴王期旦日斩君[64]。”盎弗信，曰：“公何为者？”司马曰：“臣故为从史盗君侍儿者。”盎乃惊谢曰：“公幸有亲[65]，吾不足以累公”司马曰：“君弟去[66]，臣亦且亡，辟吾亲[67]，君何患！”乃以刀决张[68]，道从醉卒隧直出[69]。司马与分背[70]，袁盎解节毛怀之[71]，杖步行七八里，明，见梁骑，骑驰去，遂归报。

吴楚已破，上更以元王子平陆侯礼为楚王，袁盎为楚相。尝上书有所言，不用。袁盎病免居家，与闾里浮沉[72]，相随行，斗鸡走狗。雒阳剧孟尝过袁盎[73]，盎善待之。安陵富人有谓盎曰：“吾闻剧孟博徒[74]，将军何自通之？”盎曰：“剧孟虽博徒，然母死，客送葬车千余乘，此亦有过人者。且缓急人所有[75]。夫一旦有急叩门，不以亲为解[76]，不以存亡为辞，天下所望者，独季心、剧孟耳。今公常从数骑，一旦有缓急，宁足恃乎！”骂富人，弗与通。诸公闻之，皆多袁盎[77]。

袁盎虽家居，景帝时时使人问筹策。梁王欲求为嗣，袁盎进说，其后语塞[78]。梁王以此怨盎，曾使人刺盎。刺者至关中，问袁盎，诸君誉之皆不容口。乃见袁盎曰：“臣受梁王金来刺君，君长者，不忍刺君。然后刺君者十余曹[79]，备之！”袁盎心不乐，家又多怪，乃之棓生所问占[80]。还，梁刺客后曹辈果遮刺杀盎安陵郭门外[81]。

晁错者，颍川人也。学申商刑名于轵张恢先所[82]，与雒阳宋孟及刘礼同师。以文学为太常掌故[83]。

错为人陗直刻深[84]。孝文帝时，天下无治《尚书》者，独闻济南伏生故秦博士，治《尚书》，年九十余，老不可征，乃诏太常使人往受之。太常遣错受《尚书》伏生所。还，因上便宜事[85]，以《书》称说[86]。诏以为太子舍人、门大夫、家令。以其辩得幸太子[87]，太子家号曰“智囊”。数上书孝文时，言削诸侯事，及法令可更定者。书数十上，孝文不听，然奇其材，迁为中大夫。当是时，太子善错计策，袁盎诸大功臣多不好错。

景帝即位，以错为内史。错常数请间，言事辄听，宠幸倾九卿，法令多所更定。丞相申屠嘉心弗便，力未有以伤。内史府居太上庙壖中[88]，门东出，不便，错乃穿两门南出，凿庙壖垣。丞相嘉闻，大怒，欲因此过为奏请诛错。错闻之，即夜请间，具为上言之[89]。丞相奏事，因言错擅凿庙垣为门，请下廷尉诛。上曰：“此非庙垣，乃壖中垣，不致于法[90]。”丞相谢。罢朝，怒谓长史曰：“吾当先斩以闻，乃先请，为儿所卖，固误。”丞相遂发病死。错以此愈贵。

迁为御史大夫，请诸侯之罪过，削其地，收其枝郡[91]。奏上，上令公卿列侯宗室集议，莫敢难，独窦婴争之，由此与错有郤[92]。错所更令三十章，诸侯皆喧哗疾晁错[93]。错父闻之，从颍川来，谓错曰：“上初即位，公为政用事，侵削诸侯，别疏人骨肉[94]，人口议多怨公者，何也？”晁错曰：“固也。不如此，天子不尊，宗庙不安[95]。”错父曰：“刘氏安矣，而晁氏危矣，吾去公归矣！”遂饮药死，曰：“吾不忍见祸及吾身。”死十余日，吴楚七国果反，以诛错为名。及窦婴、袁盎进说，上令晁错衣朝衣斩东市。

晁错已死，谒者仆射邓公为校尉[96]，击吴楚军为将。还，上书言军事，谒见上。上问曰：“道军所来[97]，闻晁错死，吴楚罢不[98]？”邓公曰：“吴王为反数十年矣，发怒削地，以诛错为名，其意非在错也。且臣恐天下之士噤口[99]，不敢复言也！”上曰：“何哉？”邓公曰：“夫晁错患诸侯强大不可制，故请削地以尊京师，万世之利也。计划始行，卒受大戮，内杜忠臣之口，外为诸侯报仇，臣窃为陛下不取也。”于是景帝默然良久，曰：“公言善，吾亦恨之[100]。”乃拜邓公为城阳中尉。

邓公，成固人也，多奇计。建元中，上招贤良，公卿言邓公，时邓公免，起家为九卿[101]。一年，复谢病免归。其子章以修黄老言显于诸公间[102]。

太史公曰：袁盎虽不好学，亦善傅会[103]，仁心为质，引义忼慨。遭孝文初立，资适逢世。时以变易[104]，及吴楚一说[105]，说虽行哉，然复不遂。好声矜贤，竟以名败。晁错为家令时，数言事不用；后擅权，多所变更[106]。诸侯发难，不急匡救，欲报私仇，反以亡躯。语曰“变古乱常，不死则亡”，岂错等谓邪！

【译文】

袁盎是楚地人，字丝。他的父亲从前与强盗为伍，后来被强制迁到安陵。吕后时期，袁盎曾经做过吕后侄子吕禄的家臣。等到汉文帝登基，袁盎的哥哥袁哙保举他做了中郎官。

绛侯周勃担任丞相，朝觐之后快步走出朝廷，很是志得意满。皇上对他非常恭敬，常常亲自送他。袁盎进谏说：“陛下认为丞相是什么样的人？”皇上说：“他是国家重臣。”袁盎说：“绛侯只是通常所说的功臣，并不是国家重臣。国家重臣则与皇上生死与共。当年吕后时，诸吕掌权，擅自争相为王，以致使刘家天下几乎像丝带一样快要断绝。那时，绛侯周勃当太尉，掌握兵权，不能匡正。吕后死了，大臣们一起共同反对诸吕，太尉掌握兵权，又恰好遇到了那个成功的机会，所以他只是通常所说的功臣，而不是国家重臣。丞相如果对皇上表现出骄傲的神色，而陛下却谦恭退让，臣下与主上都违背了礼节，我私下认为陛下不应该采取这种态度。”后来上朝时，皇上逐渐威严起来，丞相也逐渐敬畏起来。过了不久，丞相埋怨袁盎说：“我与你的兄长袁哙有交情，现在你小子却在朝廷上毁谤我！”袁盎也不向他谢罪。

等到绛侯被免除丞相之职回到自己的封国后，封国中有人上书告发他谋反，于是绛侯被征召进京，囚禁在监狱中。皇族公侯都没有人敢替他说话，只有袁盎证明绛侯无罪。绛侯得以被释放，袁盎出力不少。绛侯于是与袁盎倾心结交。

淮南王刘长来京朝见时，杀死了辟阳侯，他平时待人处事相当骄横。袁盎劝谏皇上说：“诸侯太骄横必然会发生祸患，可以责罚并削减他们的封地。”皇上没有采纳他的意见。淮南王更加骄横。等到棘蒲侯柴武太子准备造反的事被发觉时，追查治罪，牵连到了淮南王，淮南王被征召，皇上便将他贬谪到蜀地去，用囚车传送。袁盎当时担任中郎将，便劝谏说：“陛下一向娇纵淮南王，不稍加限制，以至落到了现在这种地步，如今又突然摧折他。淮南王为人刚直，万一在途中遇到风寒而死在半路上，陛下就会被认为以天下之大却容不得他，而会有杀死弟弟的恶名，到时怎么办呢？”皇上不听，终于那样做了。

淮南王到了雍地就病死了，这个消息传来，皇上不吃也不喝，哭得很悲哀。袁盎进入，叩头请罪。皇上说：“因为没有采纳你的意见而遭遇如此情况。”袁盎说：“皇上请自我宽心，这已经是过去的事了，难道还可以追悔吗！再说陛下有三种高出世人的行为，这件事不足以毁坏您的名声。”皇上说：“我高于世人的行为是哪三种？”袁盎说：“陛下住在代国时，太后曾经患病，三年的时间，陛下未曾合眼，从不脱下衣服睡觉，凡汤药不是陛下亲口所尝过的，就不准进奉给太后。曾参作为贫民尚且难以做到这样，如今陛下作为王者却能做到，远超过曾参的孝。诸吕当权时，大臣独断专行，而陛下从代地乘坐六辆下等马拉的车子，奔驰到祸福难料的京城来，即使是孟贲、夏育那样的勇士，也比不上陛下。陛下到达代国在京城的官邸，面向西两次辞让天子位，面向南三次辞让天子位。许由辞让天下也只是一次，而陛下五次辞让天下，超过许由四次之多啊。再说陛下贬谪淮南王，是想让他的心志受些劳苦，使他改正过错，由于官吏护卫不谨慎，所以他才病死。”于是皇上才感到宽解，说道：“那以后怎么办呢？”袁盎说：“淮南王有三个儿子，随您安排罢了。”于是文帝便将淮南王的三个儿子都封为王。而袁盎也因此事在朝廷中名声大振。

袁盎常常称引有关大局的道理，说得慷慨激昂。宦官赵同因为多次受到皇上的宠幸，常常嫉害袁盎，袁盎为此感到忧虑。袁盎的侄儿袁种担任侍从骑士，手持符节护卫在皇帝左右。袁种劝袁盎说：“你和他相斗，在朝廷上侮辱他，使他所毁谤的话不起作用。”汉文帝出巡，赵同陪同乘车，袁盎伏在车前，说道：“我听说陪同天子共乘高大车舆的人，都是天下的英雄豪杰。如今汉王朝虽然缺乏人才，陛下为什么单单要和受过刀锯切割的人同乘一辆车呢！”于是皇上笑了，让赵同下车。赵同流着眼泪下了车。

汉文帝从霸陵上山，打算从西边的陡坡奔驰而下。袁盎骑着马，紧靠着皇帝的车子，还拉着马缰绳。皇上说："将军害怕吗？"袁盎说："我听说家有千金的人就坐时不靠近屋檐边，家有百金财富的人站时不倚在楼台的栏杆上，英明的君主不去冒险而心存侥幸。现在陛下放纵驾车的六匹马，从高坡上奔驰而下，假如有马匹受惊车辆毁坏的事，陛下纵然看轻自己，怎么对得起高祖和太后呢？"皇上这才中止。

皇上驾临上林苑，窦皇后、慎夫人随从。她们在宫中的时候，慎夫人常常是同席而坐。等到就座时，郎署长布置座席，袁盎把慎夫人的座席向后拉退了一些。慎夫人生气，不肯就座。皇上也发怒，站起来，回到宫中。袁盎就上前劝说："我听说尊贵和卑下有区别，那样上下才能和睦。如今陛下既然已经确定了皇后，慎夫人只是个妾，妾和主上怎么可以同席而坐呢！这样恰恰失去了尊卑的秩序了。再说陛下宠爱她，就厚赏她。陛下为慎夫人所做的，恰恰成为祸害她的根由。陛下难道没有看见过'人彘'吗？"皇上这才高兴，召来慎夫人，把袁盎的话告诉了她。慎夫人赐给袁盎金五十斤。

但是袁盎也因为多次直言劝谏，不能长期留在朝廷，被调任陇西都尉。他对士兵们仁慈爱护，士兵们都争相为他效死。之后，提升为齐相。又调任吴相。在辞行之时，袁种对袁盎说："吴王骄横的时间很久了，国中有许多奸诈之人。现在如果你要揭发惩办他们，他们不是上书控告你，就是用利剑把你刺死。南方地势低洼潮湿，你最好每天喝酒，不要管什么事，时常劝说吴王不要反叛就是了。像这样你才会侥幸摆脱祸患。"袁盎采纳了袁种的策略，吴王厚待袁盎。

袁盎请假回家时，路上碰到丞相申屠嘉，便下车行礼拜见，丞相只从车上表示谢意，袁盎回到家里，在下属官吏面前感到羞愧，于是到丞相府递上名帖，要求拜见丞相。丞相过了很长时间才见他，袁盎便跪下说："希望别人回避，单独说话。"丞相说："如果你所说的是公事，请到官署与长史掾吏商议，我将把你的意见报告上去；如果是私事，我不接受私下的谈话。"袁盎就跪着劝说道："你担任丞相，请自我评价，与陈平、绛侯相比你怎么样？"丞相说："我比不上他们。"袁盎说："好，你自己都说比不上他们。陈平、绛侯辅佐保护高祖，平定天下，当了将相，而诛杀诸吕，保全了刘氏天下；您只是低级武士提升为队长，积累功劳做到了淮阳郡守，并没有出奇兵攻城夺地、野外厮杀的战功。再说陛下从代地来，每次上朝，郎官呈上奏书，他从没有不停车以听取他们的意见，意见不能采用的就搁置一边，可以接受的就采纳，从来没有人不称道赞许。这是为了什么呢？是想用这种办法来招致天下贤能的士大夫。皇上每天听到自己从前没听过的事情，明白过去所未曾明白的道理，一天比一天更加英明智慧；您如今自己封闭天下人的口而日益愚昧。以圣明的君主来督责愚昧的丞相，你遭受祸患为期不远啦！"丞相于是拜了两拜，说道："我是个粗鄙庸俗的人，就是不聪明，幸蒙将军教诲。"申屠嘉引袁盎入内室同坐，把他作为上宾。

袁盎一向不喜欢晁错，只要有晁错在的地方，袁盎就离去；只要有袁盎在的地方，晁错也离开。两个人从来不在一屋说话。等到汉文帝去世，汉景帝继位，晁错当上了御史大夫，派官吏查核袁盎接受吴王刘濞财物的事，要按罪行给予惩罚，皇帝下令赦免袁盎为平民。

吴楚叛乱的消息传到京城，晁错对丞史说："袁盎接受了吴王的许多金钱，专门为他遮掩，说他不会反叛。现在反叛已成事实，我打算请求惩治袁盎，他应知道叛乱的计谋。"丞史说："事情还没有暴露出来，就惩治他，可能会使叛乱之事中断。现在叛军向西进发，惩办袁盎有什么好处呢！再说袁盎也不应该有什么阴谋。"晁错犹豫不决。有人将这件事告知了袁盎，袁盎害怕，连夜去见窦婴，向他说明吴王所以反叛的原因，希望能到皇上面前亲口对质。窦婴进宫向皇上报告了，皇上就召袁盎进宫会见。晁错就在面前，等到袁盎请求皇上避开别人单独接见，晁错退了出去，心里非常怨恨。袁盎详细地说明了吴王谋反的情况，认为这是因为晁错，只有赶快杀掉晁错以向吴王认错，吴军才可能停止。他的话都记载在《吴王濞列传》中。皇上任命袁盎担任太常，窦婴担任大将军。这两个人一向有交情。等到吴王谋反，居住在诸陵中有威望的人和长安城中的贤能官吏都争着依附他们两人，驾车跟随在后面的每天有几百辆。

等到晁错被诛杀后，袁盎以太常的身份出使吴国。吴王想让他担任将领，袁盎不肯。吴王想杀死他，派一名都尉带领五百人把袁盎围困在军中。当初袁盎担任吴国国相时，曾经有一个从史暗中喜欢袁盎的婢女，与他私通，袁盎知道此事，没有泄露，对待从史仍与从前一样。有人告诉从史，说袁盎知道他与婢女私通的事，从史便逃回家。袁盎亲自驾车追赶从史，就把婢女赐给他，仍旧让他当从史。等到袁盎出使吴国被围困，从史刚好是围困袁盎的校尉司马，此人把随身携带的全部财物卖了，用钱购买了两担味道浓厚的酒，刚好碰上天气寒冷，围困的士兵又饿又渴，喝酒都醉了，围守在西南角的士兵都醉倒了，司马乘夜里领袁盎起身，说：“您可以走了，吴王约定明天一早杀您。”袁盎不相信，说：“您是干什么的？”司马说：“我是原先做从史与您的婢女私通的人。”袁盎这才吃惊地道谢说：“您庆幸有父母在堂，我不能因此连累了您。”司马说：“您只管走，我也将要逃走，把我的父母藏匿起来，您不必担忧呢！”于是用刀把军营的帐幕割开，引导袁盎从醉倒的士兵处直接出来。司马与袁盎分道而走，袁盎解下了节旄揣在怀中，拄着杖，步行了七八里，天亮的时候，碰上了梁国的骑兵，得马奔驰而去，终于将情况报告了皇上。

吴楚叛军已被打败，皇上便把楚元王的儿子平陆侯刘礼改封为楚王，袁盎担任楚相。袁盎曾经上书进言，但未被采纳。袁盎因病免官，闲居在家，与乡里人一起混日子，相随而行，跟他们斗鸡赛狗。洛阳人剧孟曾经拜访袁盎，袁盎热情地接待他。有个安陵富人对袁盎说：“我听说剧孟是个赌徒，您为什么要和这种人来往呢？”袁盎说：“剧孟虽是个赌徒，然而他母亲去世时，送葬的客人车子有一千多辆，这也是因为他有过人之处。再说危难的事人人都有。一旦遇到危难有急事敲门，能不以父母还活着推脱，不以有事不在家拒绝，天下所仰望的人只有季心、剧孟而已。如今您身后常有几个骑兵随从着，一旦有急事，这些人难道可以依靠吗？”袁盎痛骂富人，从此不与他往来。众人听了这件事，都称赞袁盎。

袁盎虽闲居在家，汉景帝经常派人来向他询问计谋策略。梁王想成为汉景帝的继承人，袁盎向皇上进言劝阻，从此以后，这种说法便被中止，梁王因此怨恨袁盎，曾派人刺杀袁盎。刺客来到关中，打听袁盎的情况，众人都赞不绝口。刺客便去见袁盎说：“我收了梁王的金钱来刺杀你，您是个厚道长者，我不忍心刺杀您。但以后还会有十多批人来刺杀您，希望您多加防备！”袁盎心中不愉快，家里又接连发生了许多怪事，便到棓先生那里去占问吉凶。回家时，随后派来的梁国刺客果然在安陵外城门外拦截刺杀了袁盎。

晁错是颍川人。曾经在轵县张恢先生那里学习申不害和商鞅的刑名学说，与洛阳人宋孟和刘礼是同学。凭着通晓典籍担任了太常掌故。

晁错为人严峻刚正而苛刻严酷。汉文帝时，天下没有能研究《尚书》的人，只听说济南伏先生是原秦朝的博士，研治《尚书》，年纪已经九十多，因太老无法征召来，文帝于是下令太常派人前去学习。太常派晁错到伏先生那里学习《尚书》。学成回来后，趁着向皇上报告之机，以《尚书》称引解说。汉文帝下诏任命晁错担任太子舍人、门大夫、太子家令。晁错凭着他的辩才，得到太子的宠幸，太子家称他为“智囊”。文帝时，晁错多次上书，谈削减诸侯势力的事，以及修改法令的事。几十次上书，汉文帝都没有采纳，但认为他有奇才，提升为中大夫。当此之时，太子认可晁错的计策谋略，袁盎和诸位大功臣却大多不喜欢晁错。

汉景帝继位后，任命晁错为内史。晁错多次请求皇帝单独与他交谈，所谈之事景帝每每都听，对他的宠幸超过了九卿，晁错修改了不少的法令。丞相申屠嘉心里不满，但又没有足够的力量来毁伤他。内史府建在太上庙围墙里的空地上，门朝东，出入不方便，晁错便向南边开了两个门出入，因而凿开了太上庙的围墙。丞相申屠嘉听到了这件事，非常生气，打算借这次晁错的过失上奏请求诛杀晁错。晁错听到此消息，当即连夜请求单独晋见皇上，具体详细地向皇上做说明。丞相申屠嘉上朝奏事，乘机禀告了晁错擅自凿开太上庙的围墙做门，请求皇上把他交给廷尉处死。皇上说："晁错所凿的墙不是太上庙的墙，而是庙外空地上的围墙，不应算作违法。"丞相谢罪。退朝之后，生气地对长史说："我本当先杀了他再报告皇上，却先奏请，反而被这小子给出卖，实在是大错。"丞相于是发病死了。晁错因此更加显贵。

晁错被提升为御史大夫，请求就诸侯的罪过相应地削减他们的封地，收回各诸侯国边境的郡城。奏章呈送上去，皇上命令公卿、列侯和皇族共同讨论，没有一个人胆敢非难晁错的建议，只有窦婴与他争辩，因此与晁错有了隔阂。晁错所修改的法令有三十章，诸侯们都喧闹反对，痛恨晁错。晁错的父亲听到了这个消息，就从颍川赶来，对晁错说："皇上刚刚继位，你掌权做事，侵害削弱诸侯的力量，疏远人家的骨肉，人们纷纷议论怨恨您啊，为什么这样做？"晁错说："事情本来应该如此。不这样的话，天子不会受到尊崇，国家不会得到安宁。"晁错的父亲又说："照这样下去，刘家的天下安宁了，而我们晁家危险了，我要离开你回去了。"于是服药而死，死前说："我不忍心看到祸患连累自己。"晁错的父亲死后十几天，吴楚七国果然反叛，以诛杀晁错为名义。等到窦婴、袁盎进言，皇上下令让晁错穿着朝服在东市处死。

晁错死后，谒者仆射邓公担任校尉，攻打吴楚的军队时，他担任将领。回京城后，上书报告军事情况，觐见皇上。皇上问道："你从军中来，听到晁错死了，吴楚罢兵没有？"邓公说："吴王蓄意谋反已经几十年了，他为你削减他的封地而发怒，所以以诛杀晁错为名义，他的本意并不在晁错。再说我担心天下的人从此都将闭口，不敢再进言了。"皇上说："为什么呢？"邓公说："晁错担心诸侯强大了而不能够控制，所以要求削减封地，借以尊宠朝廷，这实在是关乎万世的好事啊。计划才开始实行，竟然遭到杀戮，对内堵塞了忠臣之口，对外反替诸侯报了仇，我私下认为陛下这样做不足取。"此时景帝沉默了好久，说："您的话很对，我也悔恨这件事。"于是任命邓公担任城阳中尉。

邓公是成固人，有许多奇妙计策。建元年间皇上招纳贤良之士，公卿们都推荐邓公，当时邓公免官，便由在家闲居起用为九卿。一年之后，他又推说有病辞职回家，其子邓章因为研究黄帝、老子的学说在朝廷大臣之间很有名望。

太史公说：袁盎虽然不好学，但他也善于领会贯通，他以仁爱之心为本体，常常称引大义，慷慨激昂。遇上汉文帝刚继位，他的才智正逢其时。时局不断地在变动，等到吴楚反叛时建议诛杀晁错，他的建议虽然被采纳实行，然而本人不再被朝廷所用。爱好名声夸耀才能，最终因追求名声而招致祸患。晁错担任太子家令时，多次进言而不被采用；后来擅权，修改了国家的许多法令。诸侯发动叛乱，晁错不急于匡正挽救危机，却想报个人私仇，反而因此被杀。俗话说“改变古法，搞乱常规，不是身死，就是败亡”，岂非说的是晁错这类人吗！

（王华宝　注译）

卷一百二　张释之冯唐列传第四十二

注释查阅　译文诵读

张廷尉释之者，堵阳人也，字季[1]。有兄仲同居。以訾为骑郎[2]，事孝文帝，十岁不得调，无所知名。释之曰："久宦减仲之产，不遂。"欲自免归。中郎将袁盎知其贤，惜其去，乃请徙释之补谒者。释之既朝毕，因前言便宜事[3]。文帝曰："卑之[4]，毋甚高论，令今可施行也。"于是释之言秦汉之间事，秦所以失而汉所以兴者久之。文帝称善，乃拜释之为谒者仆射。

释之从行，登虎圈[5]。上问上林尉诸禽兽簿，十余问，尉左右视，尽不能对。虎圈啬夫从旁代尉对上所问禽兽簿甚悉，欲以观其能口对响应无穷者[6]。文帝曰："吏不当若是邪？尉无赖[7]！"乃诏释之拜啬夫为上林令。释之久之前曰："陛下以绛侯周勃何如人也？"上曰："长者也。"又复问："东阳侯张相如何如人也？"上复曰："长者。"释之曰："夫绛侯、东阳侯称为长者，此两人言事曾不能出口，岂斅此啬夫谍谍利口捷给哉[8]！且秦以任刀笔之吏，吏争以亟疾苛察相高，然其敝徒文具耳[9]，无恻隐之实。以故不闻其过，陵迟而至于二世[10]，天下土崩。今陛下以啬夫口辩而超迁之，臣恐天下随风靡靡，争为口辩而无其实。且下之化上疾于景响[11]，举错不可不审也[12]。"文帝曰："善。"乃止不拜啬夫。

上就车，召释之参乘[13]，徐行，问释之秦之敝。具以质言[14]。至宫，上拜释之为公车令。

顷之，太子与梁王共车入朝，不下司马门[15]，于是释之追止太子、梁王无得入殿门。遂劾不下公门不敬[16]，奏之。薄太后闻之，文帝免冠谢曰："教儿子不谨。"薄太后乃使使承诏赦太子、梁王，然后得入。文帝由是奇释之，拜为中大夫。

顷之，至中郎将。从行至霸陵，居北临厕[17]。是时慎夫人从，上指示慎夫人新丰道，曰："此走邯郸道也。"使慎夫人鼓瑟，上自倚瑟而歌[18]，意惨凄悲怀，顾谓群臣曰："嗟乎！以北山石为椁，用纻絮斮陈[19]，蕠漆其间[20]，岂可动哉！"左右皆曰："善。"释之前进曰："使其中有可欲者，虽锢南山犹有郄[21]；使其中无可欲者，虽无石椁，又何戚焉！"文帝称善。其后拜释之为廷尉。

顷之，上行出中渭桥，有一人从桥下走出，乘舆马惊。于是使骑捕，属之廷尉。释之治问。曰："县人来[22]，闻跸[23]，匿桥下。久之，以为行已过，即出，见乘舆车骑，即走耳。"廷尉奏当[24]，一人犯跸，当罚金。文帝怒曰："此人亲惊吾马，吾马赖柔和，令他马，固不败伤我乎？而廷尉乃当之罚金⑦！"释之曰："法者天子所与天下公共也。今法如此而更重之，是法不信于民也。且方其时，上使立诛之则已。今既下廷尉，廷尉，天下之平也，一倾而天下用法皆为轻重，民安所措其手足[25]？唯陛下察之。"良久，上曰："廷尉当是也。"

其后有人盗高庙坐前玉环[26]，捕得，文帝怒，下廷尉治。释之案律盗宗庙服御物者为奏[27]，奏当弃市[28]。上大怒曰："人之无道，乃盗先帝庙器，吾属廷尉者，欲致之族[29]，而君以法奏之，非吾所以共承宗庙意也[30]。"释之免冠顿首谢曰："法如是足也。且罪等，然以逆顺为差[31]。今盗宗庙器而族之，有如万分之一，假令愚民取长陵一抔土[32]，陛下何以加其法乎？"久之，文帝与太后言之，乃许廷尉当。是时，中尉条侯周亚夫与梁相山都侯王恬开见释之持议平，乃结为亲友。张廷尉由此天下称之。

后文帝崩，景帝立，释之恐，称病。欲免去[33]，惧大诛至；欲见谢[34]，则未知何如。用王生计，卒见谢，景帝不过也。

王生者，善为黄老言[35]，处士也。尝召居廷中，三公九卿尽会立[36]，王生老人，曰："吾袜解。"顾谓张廷尉："为我结袜！"释之跪而结之。既已，人或谓王生曰："独奈何廷辱张廷尉，使跪结袜？"王生曰："吾老且贱，自度终无益于张廷尉。张廷尉方今天下名臣，吾故聊辱廷尉，使跪结袜，欲以重之[37]。"诸公闻之，贤王生而重张廷尉。

张廷尉事景帝岁余，为淮南王相，犹尚以前过也。久之，释之卒。其子曰张挚，字长公，官至大夫，免。以不能取容当世[38]，故终身不仕。

冯唐者，其大父赵人[39]。父徙代。汉兴徙安陵。唐以孝著，为中郎署长，事文帝。文帝辇过，问唐曰："父老何自为郎？家安在？"唐具以实对。文帝曰："吾居代时，吾尚食监高祛数为我言赵将李齐之贤，战于钜鹿下。今吾每饭，意未尝不在钜鹿也。父知之乎？"唐对曰："尚不如廉颇、李牧之为将也。"上曰："何以？"唐曰："臣大父在赵时，为官率将，善李牧。臣父故为代相，善赵将李齐，知其为人也。"上既闻廉颇、李牧为人，良说[40]，而搏髀曰[41]："嗟乎！吾独不得廉颇、李牧时为吾将，吾岂忧匈奴哉！"唐曰："主臣[42]！陛下虽得廉颇、李牧，弗能用也。"上怒，起，入禁中。良久，召唐让曰："公奈何众辱我，独无间处乎[43]？"唐谢曰："鄙人不知忌讳。"

当是之时，匈奴新大入朝㖃[44]，杀北地都尉卬。上以胡寇为意，乃卒复问唐曰："公何以知吾不能用廉颇、李牧也？"唐对曰："臣闻上古王者之遣将也，跪而推毂[45]，曰阃以内者[46]，寡人制之；阃以外者，将军制之。军功爵赏皆决于外，归而奏之。此非虚言也。臣大父言，李牧为赵将居边，军市之租皆自用飨士，赏赐决于外，不从中扰也。委任而责成功，故李牧乃得尽其智能，遣选车千三百乘，彀骑万三千[47]，百金之士十万[48]，是以北逐单于，破东胡，灭澹林，西抑强秦，南支韩、魏。当是之时，赵几霸[49]。其后会赵王迁立，其母倡也。王迁立，乃用郭开谗，卒诛李牧，令颜聚代之。是以兵破士北，为秦所禽灭[50]。今臣窃闻魏尚为云中守，其军市租尽以飨士卒，出私养钱[51]，五日一椎牛[52]，飨宾客军吏舍人，是以匈奴远避，不近云中之塞。虏曾一入，尚率车骑击之，所杀甚众。夫士卒尽家人子[53]，起田中从军，安知尺籍伍符[54]。终日力战，斩首捕虏，上功莫府[55]，一言不相应，文吏以法绳之。其赏不行而吏奉法必用。臣愚，以为陛下法太明，赏太轻，罚太重。且云中守魏尚坐上功首虏差六级，陛下下之吏，削其爵，罚作之[56]。由此言之，陛下虽得廉颇、李牧，弗能用也。臣诚愚，触忌讳，死罪死罪！”文帝说。是日令冯唐持节赦魏尚，复以为云中守，而拜唐为车骑都尉，主中尉及郡国车士[57]。

七年，景帝立，以唐为楚相，免。武帝立，求贤良，举冯唐。唐时年九十余，不能复为官，乃以唐子冯遂为郎。遂字王孙，亦奇士，与余善。

太史公曰：张季之言长者[58]，守法不阿意；冯公之论将率[59]，有味哉！有味哉！语曰“不知其人，视其友”。二君之所称诵，可著廊庙[60]。《书》曰[61]：不偏不党，王道荡荡；不党不偏，王道便便”。张季、冯公近之矣。

【译文】

廷尉张释之是堵阳人，字季。与二哥张仲共同生活。因为进献钱财而做了骑郎，事奉汉文帝，十年都没能得到升迁，默默无名。张释之说：“长期做郎官，耗减了哥哥的家产，不顺心。”想要辞职回家。中郎将袁盎知道他贤能，对他离职感到可惜，就请求汉文帝升迁他做谒者。张释之朝见文帝后，就上前陈说应做的便国利民之事，文帝说：“说话接近现实生活一些，不要高谈阔论，说的要让它现在就能实施。”于是，张释之又谈起秦汉之际的事，就秦朝灭亡和汉朝兴盛的原因谈了很长时间。文帝认为说的好，就任命他做了谒者仆射。

张释之跟随汉文帝出行，有一次登临虎圈，汉文帝询问上林尉书册上登记的各种禽兽的情况，问了十几个问题，上林尉只能看看左右，全都不能回答。看管虎圈的啬夫从旁代上林尉回答了皇帝提出的关于禽兽的问题，非常详细，想借此显示自己的能力，回答问题之快有如声响回应毫无迟钝。汉文帝说：“做官吏不应当像这样吗？上林尉没有能力。”于是下诏张释之让啬夫做上林令。张释之过了较长时间才上前说：“陛下认为绛侯周勃是怎样的人呢？”文帝说：“是长者啊！”又问：“东阳侯张相如是怎样的人呢？”文帝再次答说：“是长者。”张释之说：“绛侯与东阳侯都被称为长者，可这两个人谈事情时都像说不出话一样，难道要让人们去效法这个喋喋不休伶牙俐齿的啬夫吗！况且秦代由于重用了舞文弄法的官吏，所以官吏们争着以办事迅急督责苛刻为本领高，然而这样做的流弊在于徒然具有表面形式，而没有发自内心的实情。因为这个原因秦君听不到自己的过失。国势衰落到秦二世时，也就土崩瓦解了。如今陛下因为啬夫伶牙俐齿就越级提拔他，我想恐怕天下人都会追随这种风气，争相施展口舌之能而缺乏真心实意。况且在下位的人被在上的人感化，快得犹如影之随形声之回应一样，陛下一举一动都不可不审慎啊！”文帝说：“好吧！”于是，停止执行，不任命啬夫。

文帝上了车，让张释之陪乘在身旁，车慢慢前行。文帝询问张释之秦政的弊端，张释之都据实以对。到了宫里，文帝就任命张释之做了公车令。

不久，太子与梁王同乘一辆车入朝，到了宫外的司马门也没有下车，当时张释之迎上去阻止太子、梁王，不让他们进宫。并检举揭发他们在皇宫门外不下车犯了“大不敬”罪，并报告给皇帝。薄太后知道了这件事，文帝摘下帽子赔罪说：“怪我教导儿子不严。”薄太后派了使臣带着她的赦免太子、梁王罪过的诏书前来，太子、梁王才得以进宫。文帝由此更加认为张释之与众不同，任命他做了中大夫。

又过了些时候，张释之升任中郎将。跟随皇帝到了霸陵，汉文帝坐在霸陵上面的北边上眺望。这时慎夫人也跟随前行，皇帝用手指示着通往新丰的道路给她看，并说：“这是通往邯郸的道路啊。”接着，让慎夫人弹瑟，自己依着瑟的曲调而唱，心里很凄惨悲伤，回过头来对着群臣说：“唉！用北山的石头做椁，用切碎的苧麻丝絮充塞石椁缝隙，再用漆粘涂在上面，哪还能打得开呢？”身边的近侍都说：“对的。”张释之走上前说：“假若里面有了引发人们贪欲的东西，即使封铸南山做棺椁也还会有缝隙；假若里面没有引发人们贪欲的东西，即使没有石椁，又忧虑什么呢！”文帝称赞他说得好。后来任命他做了廷尉。

此后不久，皇帝行经长安城北的中渭桥，有一个人突然从桥下跑了出来，皇帝车驾的马受了惊。于是命令骑士捉住这个人，交给了廷尉张释之。张释之审讯那个人。那人说：“我是长安县的乡下人，听到了清道戒严，就躲在桥下。过了好久，以为皇帝的队伍已过去，就从桥下出来，一下子看见了皇帝的车队，就慌忙跑起来。”然后廷尉向皇帝奏报处罚情况，说他触犯了清道的禁令，应处以罚金。文帝发怒说：“这个人惊了我的马，我的马幸亏驯良温和，假如是别的马，难道不会摔伤我？可是廷尉仅判处他罚金！”张释之说：“法律是天子与天下人共有的。现在法律就这样规定，却要再加重处罚，此法律就不能取信于民。而在那时，皇上您让人立刻杀了他也就罢了；如今既然把这个人交给廷尉，廷尉是天下公正的执行人，稍一偏失，而天下执法者都会任意或轻或重，老百姓难道不会手足无措？愿陛下明察。”许久，皇帝才说：“廷尉的判处是正确的。”

后来，有人偷了高祖庙神座前的玉环，被抓到了，文帝发怒，交给廷尉治罪。张释之按法律所规定偷盗宗庙服饰器具之罪奏报皇帝，判处死刑。皇帝大怒说：

“此人无法无天，竟偷盗先帝庙中的器物。我交给廷尉审理的目的，想要给他灭族的惩处，而你却只按照法律条文将惩处意见奏报，这不是我恭敬承奉宗庙的本意啊。”张释之脱帽叩头谢罪说：“依照法律这样处罚已足够了。况且在罪名相同时，也要区别犯罪程度的轻重不同。现在他偷盗祖庙的器物就要处以灭族之罪，万一有愚蠢的人挖长陵一捧土，陛下用什么刑罚惩处他呢？”过了很久，文帝与薄太后谈论此事，才同意了廷尉的判决。当时，中尉条侯周亚夫与梁国国相山都侯王恬开看到了张释之执法论事公正，就与他结为密友。张释之由此得到天下人的称赞。

后来，文帝死去，景帝即位。张释之内心恐惧，假称生病。想要辞职离开，担心随之招致诛杀；想朝见景帝当面谢罪，又不知怎么办好。他用了王生的计策，终于见到景帝道歉谢罪，景帝没有责怪他。

王生是喜好黄老学说的处士，曾被召进朝廷中，三公九卿相聚站立。王生是个老年人，说：“我的袜带松脱了。”回过头来对张廷尉说：“帮我结好袜带！”张释之就跪下结好袜带。事后，有人问王生说：“为什么在朝廷上羞辱张廷尉，让他跪着结袜带？”王生说：“我年老，又地位卑下。自己料想最终不能给张廷尉什么帮助。张廷尉是天下名臣，我故意羞辱他，让他跪下结袜带，想用这种办法提升他的名望。”各位大臣们听说后，都称赞王生的贤德而更加敬重张廷尉。

张廷尉事奉景帝一年多，被贬谪为淮南王相，这还是由于以前得罪景帝的缘故。过了一些时候，张释之死了。他的儿子叫张挚，字长公，官职一直做到大夫，后被免职。因为他不能迎合当时的权贵显要，所以直到死也没有再做官。

冯唐，他的祖父是战国时赵国人。他的父亲移居代地。汉朝建立后，又迁到安陵。冯唐以孝行著称于时，被举荐做了中郎署长，事奉汉文帝。一次文帝乘车经过冯唐任职的官署，问冯唐说：“老人家怎么还在做郎官？家在哪里？”冯唐都如实回答。汉文帝说：“我在代郡时，我的尚食监高祛多次对我谈到赵将李齐的才能，讲述了他在钜鹿城下作战的情形。现在我每次吃饭时，心里总会想起钜鹿之战时的李齐。老人家知道这个人吗？”冯唐回答说：“他还比不上廉颇、李牧做将领的才能。”汉文帝说：“凭什么这样说呢？”冯唐说：“我祖父在赵国时，担任过统率士兵的职务，和李牧有交情。我父亲从前做过代相，与赵将李齐也过从甚密，所以知道他们的为人。”汉文帝听说了廉颇、李牧的事以后，非常高兴，拍着大腿说：“啊呀！我偏偏得不到廉颇、李牧这样的人做将领，如果有这样的将领，我难道还忧虑匈奴吗？”冯唐说：“臣诚惶诚恐！我想陛下即使得到廉颇、李牧，也不会任用他们。”汉文帝大怒，起身回宫。过了好长一会儿，召见冯唐责备他说：“你为什么当众侮辱我，难道就不能私下在僻静处说吗？”冯唐谢罪说：“鄙陋之人不懂得忌讳回避。”

在这时，匈奴人新近大举侵犯朝那，杀死北地都尉孙卬。汉文帝正为此忧虑，终于又一次询问冯唐：“您怎么知道我不能任用廉颇、李牧呢？”冯唐回答说：

“我听说古时候君王派遣将军时，跪下来推着车毂说，城门以内的事我决断，城门以外的事，由将军裁定。所有军队中因功封爵奖赏的事，都由将军在外决定，归来时再奏报朝廷。这不是虚夸之言呀。我的祖父说，李牧在赵国边境统率军队时，把征收的税金自行用来犒赏部下。赏赐由将军在外决定，朝廷不从中干预。君王交给他重任而要求他成功，所以李牧才能够充分发挥他的才智。派遣精选的兵车一千三百辆，善于骑射的士兵一万三千人，骁勇善战的士兵十万人，因此能够在北面驱逐单于，大破东胡，消灭澹林，在西面抑制强秦，在南面支援韩、魏。在这时，赵国几乎成为霸主。后来恰逢赵王迁即位，他的母亲是卖唱艺人。他一即位，就听信郭开的谗言，最终杀了李牧，让颜聚取代他。因此军队溃败，被秦人俘虏消灭。如今我听说魏尚担任云中郡郡守，他将军市上的税金全部用来犒赏士兵，还拿出了个人的养家钱，五天杀一次牛，宴请宾客、军吏、亲近左右，因此匈奴人远远躲开，不敢靠近云中郡的边关要塞。匈奴曾经入侵一次，魏尚率领军队出击，杀死了很多匈奴。那些士兵都是平民百姓家的子弟，从田野来参军，哪里知道“尺籍”“伍符”这些法令条例。他们只知道整天拼力作战，杀敌捕俘，到幕府报功，而只要有一点上报数目与实际斩获数目不相符，官吏就用法律制裁他们。将士应得的奖赏不能兑现，而官吏舞文弄法却受信用。我愚蠢地认为陛下的法令太严明，奖赏太轻，惩罚太重。况且云中郡守魏尚只犯了上报杀敌相差六人的罪，陛下就把他交给官吏，削夺他的爵位，判处一年的刑期。由此推论，陛下即使得到廉颇、李牧，也是不能重用啊。我确实愚蠢，触犯了忌讳，该当死罪，该当死罪！”文帝被说高兴了，当天就让冯唐拿着汉节前去赦免魏尚，重新让他担任云中郡郡守，而任命冯唐担任车骑都尉，掌管中尉和各郡国的车战之士。

七年以后，汉景帝即位，让冯唐做楚相，后又免职。汉武帝即位时，征求贤良之士，大家举荐冯唐。冯唐当时已九十多岁，不能再做官了，于是任用他的儿子冯遂做了郎官。冯遂字王孙，也是杰出的人才，与我是好友。

太史公说：张释之叙述长者的事，严守法度不屈从皇帝的心意；冯唐谈论任用将帅的话，有味啊！有味啊！俗话说：“不了解那个人，看看他结交的朋友就可知道。”他们两位所赞许长者将帅的话，应该标著于朝廷。《尚书》说：“不偏私不结党，王道才会平坦宽广；不结党不偏私，王道才能治理有序。”张释之、冯唐与这种说法相近啊！

（王华宝　注译）

卷一百五　扁鹊仓公列传第四十五

注释查阅　译文诵读

扁鹊者，勃海郡郑人也[1]，姓秦氏，名越人。少时为人舍长[2]。舍客长桑君过，扁鹊独奇之，常谨遇之。长桑君亦知扁鹊非常人也。出入十余年，乃呼扁鹊私坐，间与语曰[3]：“我有禁方[4]，年老，欲传与公，公毋泄[5]。”扁鹊曰：“敬诺[6]。”乃出其怀中药予扁鹊：“饮是以上池之水[7]，三十日当知物矣[8]。”乃悉取其禁方书尽与扁鹊。忽然不见，殆非人也。扁鹊以其言饮药三十日，视见垣一方人[9]。以此视病，尽见五脏症结[10]，特以诊脉为名耳。为医或在齐，或在赵。在赵者名扁鹊。

当晋昭公时，诸大夫强而公族弱[11]，赵简子为大夫，专国事[12]。简子疾，五日不知人[13]，大夫皆惧，于是召扁鹊。扁鹊入视病，出，董安于问扁鹊，扁鹊曰：“血脉治也[14]，而何怪[15]！昔秦穆公尝如此，七日而寤。寤之日，告公孙支与子舆曰：‘我之帝所甚乐[16]。吾所以久者，适有所学也。帝告我：“晋国且大乱[17]，五世不安。其后将霸，未老而死[18]。霸者之子且令而国男女无别”。’公孙支书而藏之，秦策于是出。夫献公之乱，文公之霸，而襄公败秦师于殽而归纵淫，此子之所闻。今主君之病与之同，不出三日必间[19]，间必有言也。”

居二日半，简子寤，语诸大夫曰：“我之帝所甚乐，与百神游于钧天[20]，广乐九奏万舞[21]，不类三代之乐，其声动心。有一熊欲援我，帝命我射之，中熊[22]，熊死。有罴来，我又射之，中罴，罴死。帝甚喜，赐我二笥[23]，皆有副[24]。吾见儿在帝侧，帝属我一翟犬[25]，曰：‘及而子之壮也以赐之[26]。’帝告我：‘晋国且世衰[27]，七世而亡。嬴姓将大败周人于范魁之西，而亦不能有也。’”董安于受言，书而藏之。以扁鹊言告简子，简子赐扁鹊田四万亩。

其后扁鹊过虢。虢太子死，扁鹊至虢宫门下，问中庶子喜方者曰[28]：“太子何病，国中治穰过于众事[29]？”中庶子曰：“太子病血气不时[30]，交错而不得泄[31]，暴发于外，则为中害[32]。精神不能止邪气[33]，邪气畜积而不得泄[34]，是以阳缓而阴急，故暴蹶而死[35]。”扁鹊曰：“其死何如时？”曰：“鸡鸣至今。”曰：“收乎？”曰：“未也，其死未能半日也。”“言臣齐勃海秦越人也，家在于郑，未尝得望精光[36]，侍谒于前也。闻太子不幸而死，臣能生之。”中庶子曰：“先生得无诞之乎[37]？何以言太子可生也！臣闻上古之时，医有俞跗，治病不以汤液醴洒[38]，镵石挢引[39]，案扤毒熨[40]，一拨见病之应[41]，因五藏之输[42]，乃割皮解肌，诀脉结筋[43]，搦髓脑[44]，揲荒爪幕[45]，湔浣肠胃[46]，漱涤五藏，练精易形[47]。先生之方能若是[48]，则太子可生也；不能若是而欲生之，曾不可以告咳婴之儿[49]。”终日[50]，扁鹊仰天叹曰：“夫子之为方也，若以管窥天，以郄视文[51]。越人之为方也，不待切脉、望色、听声、写形[52]，言病之所在。闻病之阳[53]，论得其阴[54]；闻病之阴，论得其阳。病应见于大表[55]，不出千里，决者至众，不可曲止也[56]。子以吾言为不诚，试入诊太子，当闻其耳鸣而鼻张，循其两股以至于阴[57]，当尚温也。”

中庶子闻扁鹊言，目眩然而不瞚[58]，舌挢然而不下[59]，乃以扁鹊言入报虢君。虢君闻之大惊，出见扁鹊于中阙[60]，曰：“窃闻高义之日久矣，然未尝得拜谒于前也。先生过小国，幸而举之[61]，偏国寡臣幸甚[62]。有先生则活，无先生则弃捐填沟壑[63]，长终而不得反[64]。”言未卒，因嘘唏服臆[65]，魂精泄横[66]，流涕长潸[67]，忽忽承睫[68]，悲不能自止，容貌变更。扁鹊曰：“若太子病[69]，所谓‘尸蹶’者也[70]。夫以阳入阴中，动胃缠缘[71]，中经维络[72]，别下于三焦、膀胱[73]，是以阳脉下遂[74]，阴脉上争，会气闭而不通[75]，阴上而阳内行，下内鼓而不起，上外绝而不为，使上有绝阳之络，下有破阴之纽[76]，破阴绝阳，色废脉乱[77]，故形静如死状。太子未死也。夫以阳入阴支兰藏者生[78]，以阴入阳支兰藏者死。凡此数事，皆五藏蹶中之时暴作也。良工取之[79]，拙者疑殆[80]。”

扁鹊乃使弟子子阳厉针砥石[81]，以取外三阳五会[82]。有间[83]，太子苏。乃使子豹为五分之熨[84]，以八减之齐和煮之[85]，以更熨两胁下[86]。太子起坐。更适阴阳[87]，但服汤，二旬而复故。故天下尽以扁鹊为能生死人[88]。扁鹊曰：“越人非能生死人也，此自当生者，越人能使之起耳[89]。”

扁鹊过齐，齐桓侯客之[90]。入朝见，曰：“君有疾在腠理[91]，不治将深。”桓侯曰：“寡人无疾。”扁鹊出，桓侯谓左右曰：“医之好利也，欲以不疾者为功[92]。”后五日，扁鹊复见，曰：“君有疾在血脉，不治恐深。”桓侯曰：“寡人无疾。”扁鹊出，桓侯不悦。后五日，扁鹊复见，曰：“君有疾在肠胃间，不治将深。”桓侯不应[93]。扁鹊出，桓侯不悦。后五日，扁鹊复见，望见桓侯而退走。桓侯使人问其故。扁鹊曰：“疾之居腠理也，汤熨之所及也；在血脉，针石之所及也；其在肠胃，酒醪之所及也[94]；其在骨髓，虽司命无奈之何[95]。今在骨髓，臣是以无请也。”后五日，桓侯体病[96]，使人召扁鹊，扁鹊已逃去。桓侯遂死。

使圣人预知微[97]，能使良医得蚤从事[98]，则疾可已[99]，身可活也。人之所病[100]，病疾多；而医之所病，病道少[101]。故病有六不治：骄恣不论于理[102]，一不治也；轻身重财，二不治也；衣食不能适，三不治也；阴阳并[103]，藏气不定，四不治也；形羸不能服药[104]，五不治也，信巫不信医，六不治也。有此一者，则重难治也[105]。

扁鹊名闻天下。过邯郸，闻贵妇人[106]，即为带下医[107]；过雒阳，闻周人爱老人，即为耳目痹医[108]；来入咸阳，闻秦人爱小儿，即为小儿医，随俗为变。秦太医令李醯自知伎不如扁鹊也，使人刺杀之。至今天下言脉者，由扁鹊也。

【译文】

扁鹊是渤海郡鄚人，姓秦，名越人。年轻时做别人客馆的主管人。有个叫长桑君的客人到客馆来，只有扁鹊认为他是一个奇人，时常恭敬地对待他。长桑君也知道扁鹊不是一般人，他来去有十多年了，一天叫扁鹊和自己坐在一起，悄悄对扁鹊说：“我有秘藏的医方，我年老了，想传留给你，你不要泄漏出去。”扁鹊说：“好的，谨遵命。”长桑君这才从怀中拿出一种药给扁鹊，并说：“用草木上的露水送服这种药，三十天后你就能知晓许多事情。”接着又拿出全部秘方给了扁鹊。忽然人就不见了，大概他不是凡人吧。扁鹊按照他说的服药三十天，就能看见墙另一边的人。因此诊视别人的疾病时，能看到五脏内所有的病症，只是表面上还在为人切脉。他有时在齐国行医，有时在赵国行医。在赵国时名叫扁鹊。

晋昭公时，众多大夫的势力强盛而国君的力量衰弱，赵简子是大夫，却独掌国事。赵简子病了，一连五天不省人事，大夫们都很忧惧，于是召来扁鹊。扁鹊入室诊视病后走出，大夫董安于向扁鹊询问病情，扁鹊说：“他的血脉正常，你们何必惊怪！从前秦穆公曾出现这种情形，昏迷了七天才苏醒。醒来的当天，告诉公孙支和子舆说：‘我前往天帝那里非常快乐。我去那么长时间，因为正好碰上天帝要指导我。天帝告诉我“晋国将要大乱，会五代不安定。之后将有人成为霸主，称霸不久他就会死去。霸主的儿子将使你的国家男女淫乱”。’公孙支把这些话记下收藏起来，后来秦国的史书才记载此事。晋献公的混乱，晋文公的称霸，以及晋襄公打败秦军回到殽山后放纵淫乱，这些都是你所闻知的。现在你们主君的病和他相同，不出三天就会痊愈，痊愈后必定也会说一些话。”

过了两天半，赵简子苏醒了，告诉众大夫说：“我到天帝那里非常快乐，与百神在天的中央游玩，那里各种乐器奏着许多乐曲，跳着各种各样的舞蹈，不像上古三代时的乐舞，乐声动人心魄。有一只熊要抓我，天帝命令我射它，我射中了熊，熊死了。有一只罴走过来，我又射它，射中了，罴也死了。天帝非常高兴，赏赐我两个竹笥，里边都装有首饰。我看见我的儿子在天帝的身边，天帝把一条狄犬托付给我，并说：‘等你的儿子长大成人时赐给他。’天帝告诉我说：‘晋国将会一代一代地衰微下去，过了七代就会灭亡。秦国人将在范魁的西边打败周人，但他们也不能拥有他的政权。’”董安于听了这些话后，记录并收藏起来。人们把扁鹊说过的话告诉赵简子，赵简子赐给扁鹊田地四万亩。

后来扁鹊路经虢国。正碰上虢太子死去，扁鹊来到虢国王宫门前，问一位喜好医术的中庶子：“太子有什么病，为什么全国举行除邪去病的祭祀超过了其他许多事？”中庶子说：“太子的病是气血运行没有规律，阴阳交错而不能疏泄，猛烈地爆发在体表，就造成内脏受伤害。人体的正气不能抑制邪气，邪气蓄积而不能疏泄，因此阳脉弛缓阴脉急迫，突然昏倒而死。”扁鹊问：“他什么时候死的？”中庶子回答：“从鸡鸣到现在。”又问：“收殓了吗？”回答说：“还没有，他死了还不到半天呢。”“请禀告虢君说，我是渤海郡的秦越人，家在鄚地，未能仰望君王的神采而拜见事奉在他的面前。听说太子死了，我能使他复活。”中庶子说：“先生该不是胡说吧？怎么说太子可以复活呢！我听说上古的时候，有个叫俞跗的医生，治病不用汤剂、药酒，镵针、砭石、导引、按摩、药熨等办法，一解开衣服诊视就知道疾病所在，顺着五脏的腧穴，然后割开皮肤剖开肌肉，疏通经脉，结扎筋腱，按治脑髓，触动膏肓，疏理横隔膜，清洗肠胃，洗涤五脏，修炼精气，改变神情气色，先生的医术能像这样，那么太子就能再生了；不能做到如此，却想要使太子再生，连刚会笑的孩子都骗不了。”过了好久，扁鹊才仰望天空叹说：“您说的那些治疗方法，就像从竹管中看天，从缝隙中看花纹一样。我用的治疗方法，不需要给病人切脉、察看脸色、听声音、观察病人的体态神情，就能说出病因在什么地方。知道疾病外在症状就能推知内中原因；知道疾病内中原因就能推知外在症状。人体内有病会从体表反映出来，据此就可诊断千里之外的病人，我决断的方法很多，不只停留在一个角度看问题。你如果认为我说的不真实可靠，你试着进去诊视太子，应会听到他耳有鸣响、看到他鼻翼扇动，顺着两腿摸到阴部，那里应该还是温热的。”

中庶子听完扁鹊的话，惊叹得目瞪口呆，舌头翘着说不出话来，于是进去把扁鹊的话告诉虢君。虢君听后十分惊讶，走出内廷在宫廷的中门接见扁鹊，说：“我听到您有高尚的品德已很长时间了，然而不能够在您面前拜见您。这次先生您路经我们小国，期待您救助我们，我这个寡德之臣真是太幸运了。有先生在就能救活我的儿子，没有先生在他就会抛尸野外而填塞沟壑，永远死而不能复生了。”话没说完，他就悲伤抽噎气郁胸中，精神散乱恍惚，长时间地流下眼泪，泪珠滚落沾在睫毛上，悲哀不能自我克制，容貌神情都发生了变化。扁鹊说："您太子得的病，就是人们所说的'尸蹷'。那是因为阳气陷入阴脉，脉气缠绕冲动了胃，损伤了经脉而脉络被阻塞，分别下注入了下焦、膀胱，因此阳脉下坠，阴气上升，阴阳两气会聚，互相闭塞，不能通畅。阴气又逆而上行，阳气只好向内运行，阳气徒然在下在内鼓动却不能上升，在上在外被阻绝又不能被阴气遣使，在上有了隔绝阳气的脉络，在下有了破坏阴气的筋纽，这样阴气破坏、阳气隔绝，使人的面色衰败血脉混乱，所以人就会身体安静得像死去的样子。太子实际没有死。因为阳入袭阴而阻绝脏气的能治愈，阴入袭阳而阻绝脏气的必死。这些情况，都会在五脏厥逆时突然发作。精良的医生能治愈这种病，拙劣的医生则困惑不解而使病人危险。"

扁鹊就叫他的学生子阳磨砺针石，在百会穴下针。过了一会儿，太子苏醒了。又让学生子豹准备能入体五分的药熨，再加上八减方的药剂混合煎煮，交替在两胁下熨敷。太子能够坐起来了。进一步调和阴阳，仅仅吃了二十天汤剂身体就恢复到从前了。因此天下的人都认为扁鹊能使死人复活。扁鹊却说："我不是能使死人复活啊，这是他自当能活，我只是促使他振作恢复罢了。"

扁鹊到了齐国，齐桓侯把他当客人招待。他到朝廷拜见桓侯，说："您有小病在皮肤和肌肉之间，不治将会深入体内。"桓侯说："我没有病。"扁鹊走出宫门后，桓侯对身边的人说："医生喜爱功利，将没病的人说成有病以求治疗的功绩。"过了五天，扁鹊再去见桓侯，说："您的病已在血脉里，不治恐怕会深入体内。"桓侯说："我没有病。”扁鹊出去后，桓侯不高兴。过了五天，扁鹊又去见桓侯，说：“您的病已在肠胃间，不治将更深地侵入体内。”桓侯不肯答话。扁鹊出去后，桓侯不高兴。过了五天，扁鹊又去，看见桓侯就向后退跑掉了。桓侯派人问他跑的缘故。扁鹊说：“疾病在皮肉之间，汤剂、药熨的效力就能达到治病；疾病在血脉中，靠针刺和砭石的效力就能达到治病；疾病在肠胃中，药酒的效力就能达到治病；疾病进入骨髓，就是掌管生命的神也无可奈何。现在疾病已进入骨髓，我因此不再要求为他治病。”过了五天后，桓侯身体上出现了重病，派人召请扁鹊，扁鹊已逃离齐国。桓侯于是就病死了。

假使桓侯能预先知道没有显露的病症，能够让良医及早诊治，那么疾病就能治好，性命就能保住。人们担忧的是疾病太多，医生忧虑的是治病的方法太少。所以有六种患病的情形不能医治：为人傲慢放纵不讲道理，是一不治；轻视身体看重钱财，是二不治；衣着饮食不能调节适当，是三不治；阴阳错乱，五脏功能不正常，是四不治；身体非常羸弱而不能服药的，是五不治；迷信巫术不相信医术的，是六不治。有其中一种情形，那就很难医治了。

扁鹊名声传扬天下。他到邯郸时，闻知当地人尊重妇女，就做治妇科病的医生；到洛地时，闻知周人敬爱老人，就做专治耳聋眼花四肢痹痛的医生；到了咸阳，闻知秦人喜爱孩子，就做治小孩疾病的医生；他随着各地的习俗来变化自己的医治范围。秦国的太医令李醯自知医术不如扁鹊，派人刺杀了扁鹊。到现在，天下谈论诊脉法的人，都遵从扁鹊的理论和实践。

（王华宝　注译）

卷一百六　吴王濞列传第四十六

注释查阅　　译文诵读

吴王濞者，高帝兄刘仲之子也[1]，高帝已定天下七年，立刘仲为代王。而匈奴攻代，刘仲不能坚守，弃国亡[2]，间行走雒阳[3]，自归天子[4]。天子为骨肉故，不忍致法[5]，废以为郃阳侯。高帝十一年秋，淮南王英布反，东并荆地，劫其国兵，西度淮[6]，击楚，高帝自将往诛之。刘仲子沛侯濞年二十，有气力，以骑将从破布军蕲西会甀，布走。荆王刘贾为布所杀，无后。上患吴、会稽轻悍，无壮王以填之[7]，诸子少，乃立濞于沛为吴王，王三郡五十三城。已拜受印[8]，高帝召濞相之[9]，谓曰："若状有反相[10]。"心独悔，业已拜，因拊其背，告曰："汉后五十年东南有乱者，岂若邪？然天下同姓为一家也，慎无反！"濞顿首曰："不敢。"

会孝惠、高后时，天下初定，郡国诸侯各务自拊循其民[11]。吴有豫章郡铜山[12]，濞则招致天下亡命者盗铸钱，煮海水为盐，以故无赋，国用富饶。

孝文时，吴太子入见，得侍皇太子饮博[13]。吴太子师傅皆楚人，轻悍，又素骄，博，争道[14]，不恭，皇太子引博局提吴太子[15]，杀之。于是遣其丧归葬。至吴，吴王愠曰[16]："天下同宗，死长安即葬长安，何必来葬为！"复遣丧之长安葬。吴王由此稍失藩臣之礼，称病不朝。京师知其以子故称病不朝，验问实不病，诸吴使来，辄系责治之[17]。吴王恐，为谋滋甚。及后使人为秋请[18]，上复责问吴使者，使者对曰："王实不病，汉系治使者数辈，以故遂称病。且夫'察见渊中鱼，不祥[19]'。今王始诈病，及觉，见责急，愈益闭[20]，恐上诛之，计乃无聊[21]。唯上弃之而与更始[22]"。于是天子乃赦吴使者归之，而赐吴王几杖[23]，老，不朝。吴得释其罪，谋亦益解[24]。然其居国以铜盐故，百姓无赋。卒践更[25]，辄与平贾[26]。岁时存问茂材[27]，赏赐闾里。佗郡国吏欲来捕亡人者[28]，讼共禁弗予[29]。如此者四十余年，以故能使其众。

晁错为太子家令，得幸太子，数从容言吴过可削[30]。数上书说孝文帝，文帝宽，不忍罚，以此吴日益横。及孝景帝即位，错为御史大夫，说上曰："昔高帝初定天下，昆弟少，诸子弱，大封同姓，故王孽子悼惠王王齐七十余城[31]，庶弟元王王楚四十余城[32]，兄子濞王吴五十余城：封三庶孽，分天下半。今吴王前有太子之郄[33]，诈称病不朝，于古法当诛，文帝弗忍，因赐几杖，德至厚。当改过自新。乃益骄溢，即山铸钱，煮海水为盐，诱天下亡人，谋作乱。今削之亦反，不削之亦反。削之，其反亟[34]，祸小；不削，反迟，祸大。”三年冬，楚王朝，晁错因言楚王戊往年为薄太后服[35]，私奸服舍[36]，请诛之。诏赦，罚削东海郡。因削吴之豫章郡、会稽郡。及前二年赵王有罪，削其河间郡。胶西王卬以卖爵有奸，削其六县。

汉廷臣方议削吴。吴王濞恐削地无已，因以此发谋，欲举事[37]。念诸侯无足与计谋者，闻胶西王勇，好气[38]，喜兵，诸齐皆惮畏，于是乃使中大夫应高誂胶西王[39]。无文书，口报曰：“吴王不肖，有宿夕之忧[40]，不敢自外，使喻其驩心[41]。”王曰：“何以教之？”高曰：“今者主上兴于奸，饰于邪臣[42]，好小善，听谗贼，擅变更律令，侵夺诸侯之地，征求滋多，诛罚良善，日以益甚。里语有之，‘舐糠及米[43]’。吴与胶西，知名诸侯也，一时见察[44]，恐不得安肆矣[45]。吴王身有内病[46]，不能朝请二十余年，尝患见疑，无以自白，今胁肩累足[47]，犹惧不见释。窃闻大王以爵事有適[48]，所闻诸侯削地，罪不至此，此恐不得削地而已。”王曰：“然，有之。子将奈何？”高曰：“同恶相助，同好相留，同情相成，同欲相趋，同利相死。今吴王自以为与大王同忧，愿因时循理，弃躯以除患害于天下，亿亦可乎[49]？”王瞿然骇曰[50]：“寡人何敢如是？今主上虽急，固有死耳，安得不戴[51]？”高曰：“御史大夫晁错，荧惑天子，侵夺诸侯，蔽忠塞贤，朝廷疾怨，诸侯皆有倍畔之意[52]，人事极矣。彗星出，蝗虫数起，此万世一时，而愁劳圣人之所以起也[53]。故吴王欲内以晁错为讨，外随大王后车，彷徉天下[54]，所乡者降[55]，所指者下，天下莫敢不服。大王诚幸而许之一言，则吴王率楚王略函谷关[56]，守荥阳敖仓之粟，距汉兵[57]，治次舍[58]，须大王[59]。大王有幸而临之，则天下可并，两主分割，不亦可乎？”王曰：“善。”高归报吴王，吴王犹恐其不与，乃身自为使，使于胶西，面结之[60]。

胶西群臣或闻王谋，谏曰：“承一帝[61]，至乐也。今大王与吴西乡，弟令事成[62]，两主分争，患乃始结。诸侯之地不足为汉郡什二，而为畔逆以忧太后，非长策也。”王弗听。遂发使约齐、菑川、胶东、济南、济北，皆许诺，而曰“城阳景王有义，攻诸吕，勿与，事定分之耳”。

诸侯既新削罚，振恐[63]，多怨晁错。及削吴会稽、豫章郡书至，则吴王先起兵，胶西正月丙午诛汉吏二千石以下，胶东、菑川、济南、楚、赵亦然，遂发兵西。齐王后悔，饮药自杀，畔约。济北王城坏未完[64]，其郎中令劫守其王[65]，不得发兵。胶西为渠率[66]，胶东、菑川、济南共攻围临菑。赵王遂亦反，阴使匈奴与连兵。

七国之发也，吴王悉其士卒[67]，下令国中曰：“寡人年六十二，身自将。少子年十四，亦为士卒先。诸年上与寡人比[68]，下与少子等者，皆发。”发二十余万人。南使闽越[69]、东越，东越亦发兵从。

孝景帝三年正月甲子，初起兵于广陵。西涉淮，因并楚兵。发使遗诸侯书曰：

“吴王刘濞敬问胶西王、胶东王、菑川王、济南王、赵王、楚王、淮南王、衡山王、庐江王、故长沙王子：幸教寡人！以汉有贼臣，无功天下，侵夺诸侯地，使吏劾系讯治[70]，以僇辱之为故[71]，不以诸侯人君礼遇刘氏骨肉，绝先帝功臣，进任奸宄[72]，诖乱天下[73]，欲危社稷。陛下多病志失[74]，不能省察[75]。欲举兵诛之，谨闻教。敝国虽狭，地方三千里；人虽少，精兵可具五十万。寡人素事南越三十余年，其王君皆不辞分其卒以随寡人，又可得三十余万。寡人虽不肖，愿以身从诸王。越直长沙者[76]，因王子定长沙以北，西走蜀、汉中。告越、楚王、淮南三王，与寡人西面；齐诸王与赵王定河间、河内，或入临晋关，或与寡人会雒阳；燕王、赵王固与胡王有约，燕王北定代、云中，抟胡众入萧关[77]，走长安，匡正天子，以安高庙。愿王勉之。楚元王子、淮南三王或不沐洗十余年[78]，怨入骨髓，欲一有所出之久矣，寡人未得诸王之意，未敢听。今诸王苟能存亡继绝，振弱伐暴，以安刘氏，社稷之所愿也。敝国虽贫，寡人节衣食之用，积金钱，修兵革，聚谷食，夜以继日，三十余年矣。凡为此，愿诸王勉用之。能斩捕大将者，赐金五千斤，封万户；列将，三千斤，封五千户；裨将，二千斤，封二千户；二千石，千斤，封千户；千石，五百斤，封五百户；皆为列侯。其以军若城邑降者[79]，卒万人，邑万户，如得大将；人户五千，如得列将；人户三千，如得裨将；人户千，如得二千石；其小吏皆以差次受爵金[80]。佗封赐皆倍军法[81]。其有故爵邑者，更益勿因[82]。愿诸王明以令士大夫，弗敢欺也。寡人金钱在天下者往往而有，非必取于吴，诸王日夜用之弗能尽。有当赐者告寡人，寡人且往遗之。敬以闻。”

七国反书闻天子，天子乃遣太尉条侯周亚夫将三十六将军，往击吴楚；遣曲周侯郦寄击赵；将军栾布击齐；大将军窦婴屯荥阳，监齐赵兵。

吴、楚反书闻，兵未发，窦婴未行，言故吴相袁盎。盎时家居，诏召入见。上方与晁错调兵笇军食[83]，上问袁盎曰：“君尝为吴相，知吴臣田禄伯为人乎？今吴楚反，于公何如？”对曰：“不足忧也，今破矣。”上曰：“吴王即山铸钱，煮海水为盐，诱天下豪桀[84]，白头举事。若此，其计不百全，岂发乎？何以言其无能为也？”袁盎对曰：“吴有铜盐利则有之，安得豪桀而诱之！诚令吴得豪桀，亦且辅王为义，不反矣。吴所诱皆无赖子弟、亡命、铸钱奸人，故相率以反。”晁错曰：“袁盎策之善[85]。”上问曰：“计安出？”盎对曰：“愿屏左右。”上屏人，独错在。盎曰：“臣所言，人臣不得知也。”乃屏错。错趋避东厢，恨甚。上卒问盎，盎对曰：“吴楚相遗书，曰‘高帝王子弟各有分地，今贼臣晁错擅適过诸侯，削夺之地’。故以反为名，西共诛晁错，复故地而罢。方今计独斩晁错，发使赦吴楚七国，复其故削地，则兵可无血刃而俱罢。”于是上嘿然良久[86]，曰：“顾诚何如，吾不爱一人以谢天下[87]。”盎曰：“臣愚计无出此，愿上孰计之[88]。”乃拜盎为太常，吴王弟子德侯为宗正。盎装治行[89]。后十余日，上使中尉召错，绐载行东市[90]。错衣朝衣斩东市[91]。则遣袁盎奉宗庙，宗正辅亲戚，使告吴如盎策。至吴，吴楚兵已攻梁壁矣。宗正以亲故，先入见，谕吴王使拜受诏。吴王闻袁盎来，亦知其欲说己，笑而应曰："我已为东帝，尚何谁拜？"不肯见盎而留之军中，欲劫使将。盎不肯，使人围守，且杀之，盎得夜出，步亡去，走梁军，遂归报。

条侯将乘六乘传，会兵荥阳。至雒阳，见剧孟，喜曰："七国反，吾乘传至此，不自意全[92]。又以为诸侯已得剧孟，剧孟今无动。吾据荥阳，以东无足忧者。"至淮阳，问父绛侯故客邓都尉曰："策安出？"客曰："吴兵锐甚，难与争锋。楚兵轻，不能久。方今为将军计，莫若引兵东北壁昌邑[93]，以梁委吴，吴必尽锐攻之。将军深沟高垒，使轻兵绝淮泗口，塞吴饷道[94]。彼吴梁相敝而粮食竭[95]，乃以全强制其罢极[96]，破吴必矣。"条侯曰："善。"从其策，遂坚壁昌邑南，轻兵绝吴饷道。

吴王之初发也[97]，吴臣田禄伯为大将军。田禄伯曰："兵屯聚而西，无佗奇道，难以就功[98]。臣愿得五万人，别循江淮而上，收淮南、长沙，入武关，与大王会，此亦一奇也。"吴王太子谏曰："王以反为名，此兵难以藉人[99]，藉人亦且反王，奈何？且擅兵而别[100]，多佗利害，未可知也，徒自损耳。"吴王即不许田禄伯。

吴少将桓将军说王曰："吴多步兵，步兵利险[101]；汉多车骑，车骑利平地。愿大王所过城邑不下，直弃去，疾西据雒阳武库，食敖仓粟，阻山河之险以令诸侯[102]，虽毋入关，天下固已定矣。即大王徐行[103]，留下城邑[104]，汉军车骑至，驰入梁楚之郊，事败矣。"吴王问诸老将，老将曰："此少年推锋之计可耳[105]，安知大虑乎！"于是王不用桓将军计。

吴王专并将其兵[106]，未度淮，诸宾客皆得为将、校尉、候、司马，独周丘不得用。周丘者，下邳人，亡命吴，酤酒无行[107]，吴王濞薄之，弗任。周丘上谒，说王曰："臣以无能，不得待罪行间[108]。臣非敢求有所将，愿得王一汉节[109]，必有以报王。"王乃予之。周丘得节，夜驰入下邳。下邳时闻吴反，皆城守。至传舍[110]，召令。令入户，使从者以罪斩令。遂召昆弟所善豪吏告曰："吴反兵且至，至，屠下邳不过食顷。今先下[111]，家室必完，能者封侯矣。"出乃相告，下邳皆下。周丘一夜得三万人，使人报吴王，遂将其兵北略城邑。比至城阳[112]，兵十余万，破城阳中尉军。闻吴王败走，自度无与共成功[113]，即引兵归下邳。未至，疽发背死[114]。

二月中，吴王兵既破，败走，于是天子制诏将军曰："盖闻为善者，天报之以福；为非者，天报之以殃。高皇帝亲表功德，建立诸侯，幽王、悼惠王绝无后，孝文皇帝哀怜加惠，王幽王子遂、悼惠王子卬等，令奉其先王宗庙，为汉藩国，德配天地，明并日月。吴王濞倍德反义[115]，诱受天下亡命罪人，乱天下币，称病不朝二十余年，有司数请濞罪[116]，孝文皇帝宽之，欲其改行为善。今乃与楚王戊、赵王遂、胶西王卬、济南王辟光、菑川王贤、胶东王雄渠约从反，为逆无道，起兵以危宗庙，贼杀大臣及汉使者，迫劫万民，夭杀无罪[117]，烧残民家，掘其丘冢，甚为暴虐。今卬等又重逆无道，烧宗庙，卤御物[118]，朕甚痛之。朕素服避正殿[119]，将军其劝士大夫击反虏[120]。击反虏者，深入多杀为功，斩首捕虏比三百石以上者皆杀之，无有所置[121]。敢有议诏及不如诏者，皆要斩[122]。”

初，吴王之度淮，与楚王遂西败棘壁[123]，乘胜前，锐甚。梁孝王恐，遣六将军击吴，又败梁两将，士卒皆还走梁。梁数使使报条侯求救，条侯不许。又使使恶条侯于上[124]，上使人告条侯救梁，复守便宜不行[125]。梁使韩安国及楚死事相弟张羽为将军[126]，乃得颇败吴兵[127]。吴兵欲西，梁城守坚，不敢西，即走条侯军[128]，会下邑。欲战，条侯壁，不肯战。吴粮绝，卒饥，数挑战，遂夜犇条侯壁[129]，惊东南。条侯使备西北，果从西北入。吴大败，士卒多饥死，乃畔散[130]。于是吴王乃与其麾下壮士数千人夜亡去，度江走丹徒，保东越[131]。东越兵可万余人[132]，乃使人收聚亡卒。汉使人以利啖东越[133]，东越即绐吴王[134]，吴王出劳军，即使人鏦杀吴王[135]，盛其头，驰传以闻。吴王子子华、子驹亡走闽越。吴王之弃其军亡也，军遂溃，往往稍降太尉、梁军[136]。楚王戊军败，自杀。

三王之围齐临菑也，三月不能下。汉兵至，胶西、胶东、菑川王各引兵归。胶西王乃袒跣[137]，席稿[138]，饮水，谢太后。王太子德曰：“汉兵远，臣观之已罢[139]，可袭，愿收大王余兵击之，击之不胜，乃逃入海，未晚也。”王曰：“吾士卒皆已坏[140]，不可发用。”弗听。汉将弓高侯颓当遗王书曰：“奉诏诛不义，降者赦其罪，复故；不降者灭之。王何处[141]，须以从事[142]。”王肉袒叩头汉军壁，谒曰：“臣卬奉法不谨，惊骇百姓，乃苦将军远道至于穷国，敢请菹醢之罪[143]。”弓高侯执金鼓见之[144]，曰：“王苦军事，愿闻王发兵状。”王顿首膝行对曰：“今者，晁错天子用事臣，变更高皇帝法令，侵夺诸侯地。卬等以为不义[145]，恐其败乱天下，七国发兵，且以诛错。今闻错已诛，卬等谨以罢兵归。”将军曰：“王苟以错不善，何不以闻？乃未有诏虎符，擅发兵击义国。以此观之，意非欲诛错也。”乃出诏书为王读之。读之讫，曰：“王其自图。”王曰：“如卬等死有余罪。”遂自杀。太后、太子皆死。胶东、菑川、济南王皆死，国除，纳于汉。郦将军围赵十月而下之，赵王自杀。济北王以劫故，得不诛，徙王菑川。

初，吴王首反，并将楚兵，连齐赵。正月起兵，三月皆破，独赵后下。复置元王少子平陆侯礼为楚王，续元王后。徙汝南王非王吴故地，为江都王。

太史公曰：吴王之王，由父省也[146]。能薄赋敛，使其众，以擅山海利[147]。逆乱之萌，自其子兴。争技发难[148]，卒亡其本；亲越谋宗，竟以夷陨[149]。晁错为国远虑，祸反近身。袁盎权说[150]，初宠后辱。故古者诸侯地不过百里，山海不以封。“毋亲夷狄，以疏其属”，盖谓吴邪？“毋为权首，反受其咎[151]”，岂盎、错邪？

【译文】

吴王刘濞是汉高祖哥哥刘仲的儿子。高祖平定天下七年之后，封刘仲为代王。后来，匈奴围攻代，刘仲不能坚守，丢弃封国逃跑，抄小路逃到洛阳，向天子自首。天子因为他是骨肉兄弟的缘故，不忍心依法制裁，只是废黜其王号贬为郃阳侯。高祖十一年秋，淮南王英布反叛，向东兼并了荆地，挟持该侯国的军队，西渡淮水，攻打楚国，高祖亲自率军诛讨他。刘仲的儿子刘濞时年二十，强壮有力，以骑将的身份跟随高祖在蕲县西边的会甀打败英布的军队，而英布逃走。荆王刘贾被英布杀死，没有后嗣。皇帝担心吴地、会稽地的人浮躁强悍，没有勇壮的王来震慑他们，自己的儿子们年龄小，就封立刘濞在沛地做吴王，统辖三郡五十三个县。拜官受印后，高祖召刘濞前来看他的面相，说："你的容貌有反叛之相。"当时内心后悔，但已经任命了，就轻拍他的后背，告诫他说："汉兴立后五十年东南方向将有叛乱发生，难道是你吗？然而天下同姓是一家人，你千万慎重不要造反！"刘濞叩头说："不敢。"

到孝惠帝、高后时，天下刚刚安定，郡国的诸侯们各自努力安抚所属百姓。吴国拥有豫章郡的铜矿山，刘濞就招募天下亡命之徒私下铸钱，煮海水制盐，因此国家不征赋税，而费用富足。

孝文帝时，吴王太子入京朝见，得以陪伴皇太子饮酒下棋。吴太子的老师都是楚地人，浮躁强悍，又平素骄纵，下棋时，与皇太子发生争执，态度不恭敬，皇太子拿起棋盘掷击吴太子，打死了他。事后把吴太子的遗体送回国埋葬。到了吴国，吴王怨怒说："天下同姓一家人，死在长安就应该葬在长安，何必送回吴国下葬呢！"又送遗体到长安下葬。吴王从此逐渐违忤藩臣所应遵守的礼节，称病不肯入朝。京城的人知道他因儿子死的缘故才称病不肯入朝的，经查问确实没有病，此后吴王的使臣一来，就拘禁诘问并治罪。吴王害怕了，更加积极地筹划谋反。后来吴王派人进京行秋请之礼，皇帝又诘问这个使者，使者对皇帝说："吴王确实没有病，朝廷拘禁惩治好几拨使者，因此就称病不来。而且有这样一种说法'看清深水中的鱼是不吉祥的'。现今吴王开始假称生病，等到被朝廷察觉，遭严厉谴责，就越发装病，害怕皇帝杀他，称病的计谋是出于无可奈何。希望皇帝捐弃前嫌给吴王重新开始的机会。"于是天子就赦免吴国的使者让他们回去，并赐给吴王几、杖，认可他老了，可以不入京朝见。吴王得以解除他的罪过，谋反的念头就放松了。然而他所在的封国因为有铜盐的收益，百姓没有赋税。士兵服役发给代役金，而且给价公平。每年按时节慰问有才能的人，给平民赏赐。其他郡国官吏要追捕的逃犯，吴王公开收容他们而不交出。这样做了四十多年，吴王就能支使利用他的百姓了。

晁错做太子家令，得到太子的宠幸，多次怂恿太子说吴王有罪应削减其封地。多次上书劝说文帝，文帝宽厚，不忍心处罚，因此吴王更加骄横。等到景帝即位，晁错做了御史大夫，又劝皇帝说："从前高祖刚刚平定天下时，兄弟少，儿子弱小，就大大赐封同姓之人，所以庶子悼惠王封为齐王统辖七十多个县，异母弟刘交做楚元王统辖四十多个县，兄长的儿子刘濞做吴王统辖五十多个县：分封这三个人，就分去天下的一半。现今吴王因以前儿子被打死的嫌隙，假称生病不入京朝见，依照古法应杀，文帝不忍心，就赏他几、杖。对他的恩德非常优厚，他本当改过自新。然而他却更加骄横过度，就着铜山铸造钱币，煮海水制盐，引诱天下亡命之徒，谋划作乱。现在削减其封地也是造反，不削减也是造反。削减其封地，反得快，灾祸小；不削减，反得晚，灾祸大。”景帝三年冬天，楚王来朝见，晁错借这个机会说楚王刘戊去年为薄太后服丧时，在服丧住的房子里偷着淫乱，请求诛杀他。景帝下诏赦免了他的死罪，只是削减东海郡作为惩罚。随之削减了吴的豫章郡、会稽郡。还因两年前赵王有罪，削减了他的河间郡。胶西王刘卬因售卖爵位，削减了他的六个县。

汉朝大臣正在讨论削减吴王的封地时，吴王刘濞担心削地没有止境，借机公开个人图谋，想要起兵发难。考虑到诸侯中没有能共同谋划的人，知道胶西王勇壮，好任性使气，喜斗胜，几个齐地的诸侯王都怕他，于是派中大夫应高去诱惑胶西王。不带书信，只是口头通报说：“吴王不才，有着旦夕将至的忧虑，不敢把自己当作外人，使您明白他的好意。”胶西王说：“有何指教？”应高说：“现在皇帝任用奸臣，被奸邪之臣蒙蔽，喜欢眼前的小利，听信谗言，擅自改变法令，侵夺诸侯的封地，对封国征求越来越多，诛杀惩罚善良的人，这些情形日益严重。俗话说：‘吃完米糠就会吃到米。’吴王和胶西王是有名的诸侯，一旦被朝廷注意盯上，恐怕不能安宁自由了。吴王身患内疾，不能朝见皇帝已二十多年了，曾经担心被猜疑，又无法解释，现在缩敛肩膀并脚走路，犹且害怕不被谅解。我听说大王因为卖爵的事而被责罚，听说诸侯被削减封地，所犯罪过不该如此处罚，这种惩罚恐怕也不是削地就能了结的。”胶西王说：“是的，确有这样的事。你说怎么办？”应高说：“憎恶相同的互相帮助，爱好相同的互相流连，情感相同的互相成全，愿望相同的共同追求，利益相同的以死相助。现在吴王自认为与大王有相同的忧虑，愿借此时机顺应事理，牺牲个人身躯为天下除害，想来是可以的吗？”胶西王吃惊地说：“我哪里敢这样做？现在皇帝虽然威逼急迫，我本来就有死罪啊，怎么能不拥戴他呢？”应高说：“御史大夫晁错，迷惑天子，侵夺诸侯，蔽塞忠心贤良之人，朝廷大臣都有憎恨怨恨之心，诸侯都有背叛之意，人臣之事他已做到极点了。现在彗星出现，蝗灾不断发生，这是万世难逢的唯一机会，而且百姓忧愁劳苦

之时就是圣人起事的大好时机啊。所以吴王想对内以讨伐晁错为旗帜，在外追随大王车后，驰骋天下，使所向之处投降，使所指之地攻克，天下无人敢不顺从。侥幸大王您能许诺我一个字，那么吴王就率领楚王攻打函谷关，守住荥阳敖仓的粮食，抗拒汉兵。给您准备好住处，等待大王的到来。大王真的能够幸临，那么天下就可以并吞，两位君主分治天下，不也是可以的吗？”胶西王说：“好。”应高回去报告吴王，吴王还是担心胶西王不参与起兵发难，就亲自做使者，出使胶西，当面与胶西王订立盟约。

胶西群臣中有人知道了胶西王的反叛之谋，规劝说：“事奉一个皇帝，是最快乐的事。现在大王和吴王向西进兵，假使事情成功了，两主定会有分歧争端，灾难就从此开始缠身。诸侯的土地不足朝廷各郡的十分之二，而背叛朝廷也会使太后担忧，这不是长远之计啊。”胶西王不听。于是派使者联合齐王、菑川王、胶东王、济南王、济北王，都答应了，而且说：“城阳景王为了正义，才攻打那些姓吕的，不要拉他参与起兵，事成之后分些土地给他就行了。”

诸侯近来受削减封地的惩罚，震惊恐惧，大多怨恨晁错。等到削减吴国会稽郡、豫章郡的文书发到吴国，吴王首先起兵作乱，胶西王在正月丙午这天杀死了朝廷派来的二千石以下的官员，胶东王、菑川王、济南王、楚王、赵王也都如此，于是向西进兵。齐王后来后悔，服毒自杀，违背盟约。济北王的城墙损坏没有竣工，他的郎中令劫持控制着他，使他不能发兵。胶西王为首领，和胶东王、菑川王、济南王一起率兵围攻临菑。赵王刘遂也反叛了，暗中派使者到匈奴商议联合作战。

七国发难的时候，吴王征召他的全部士兵，下令全国说：“我年纪六十二岁，亲自统率军队。小儿子年龄十四岁，也身先士卒。凡是年长和我相同的，年轻与我的小儿子相同的人，都要出征。”征发了二十多万人。派人到南边的闽越、东越去，东越也发兵跟随吴王。

景帝三年正月甲子，先从广陵起兵出发。向西渡过淮河，于是与楚军会合。派使者送给诸侯的信中说：“吴王刘濞恭敬地问候胶西王、胶东王、菑川王、济南王、赵王、楚王、淮南王、衡山王、庐江王、已故的长沙王的儿子，希望得到你们的指教！因为汉廷有奸臣，无功于天下，却侵夺诸侯的土地，派官吏审讯囚系惩治，专以侮辱诸侯为能事，不用诸侯王的礼仪对待刘氏骨肉同胞，抛开先帝的功臣，进用坏人，惑乱天下，想要危害国家。皇帝体弱多病神志失常，不能明察政情。我想要起兵诛讨奸臣，我恭敬听从各位指教。我国虽然狭小，土地也是方圆三千里；人口虽然少，精锐士兵也能准备五十万。本人一向事奉南越三十多年，他们的君主都不拒绝，分派士兵跟随我进兵，又可以得到三十多万人。本人虽不才，愿亲自追随各位王侯。越正好与长沙接壤，他们可追随长沙王的儿子平定长沙以北，然后迅速向西进攻蜀汉。派人告诉东越王、楚王、淮南王三个侯王，和我一起向西进攻；齐地诸王和赵王平定河间、河内后，有的进入临津关，有的与我在洛阳会合；燕王、赵王本来与匈奴王有盟约，燕王在北方平定代郡、云中郡，然后统领匈奴军队进入萧关，直取长安，纠正天子的错误，来安定高祖庙。希望诸王勉力去做。楚元王的儿子以及淮南的三王淮南王、衡山王、庐江王已经十多年不洗澡了，怨恨深入骨髓，想要有所行动已经很久了，只是我不知诸王的心意，不敢听命。现在诸位王侯如能保存延续将要灭绝的国家，扶弱锄强，来安定刘氏，这是宗庙社稷所希望的。我国虽然贫穷，我节省衣食的费用，积蓄金钱，修治兵器甲胄，积聚粮食，夜以继日，有三十多年了。都是为了今天，希望诸王努力利用这些资源。能逮捕杀死大将军的，赏赐黄金五千斤，封邑万户；逮捕杀死将军的，赏赐黄金三千斤，封邑五千户；逮捕杀死副将的，赏赐黄金二千斤，封邑二千户；逮捕杀死俸禄二千石的官员，赏赐黄金一千斤，食邑一千户；逮捕俸禄一千石的官员，赏赐黄金五百斤，封邑五百户；以上有功的人都可被封为列侯。那些带着军队或者城邑来投降的，士兵达万人，城中户口有万户，赏赐与俘获一名大将军相同；士兵城中户数五千的，赏赐与俘获一名将军相同；士兵城中户数三千的，赏赐与俘获一名副将相同；士兵城中户数一千的，赏赐与俘获一名二千石的官员相同；那些投降的小官吏也依职位差别受到封爵赏金。其他的封赏都比平时的规定多一倍。那些原有封爵领地的人，只会增加，不会就着原来的数字补齐。希望诸王明确地向全体将士宣布，我不敢欺骗他们。我的金钱天下到处都有，不一定到吴国兑取，诸王日夜使用也不会用光。有应赏赐的人告诉我，我将亲自前往送给他。恭敬地告诉你们知道。”

七国叛乱的文书报知天子后，天子派太尉条侯周亚夫率领三十六名将军，前往攻打吴、楚；派曲周侯郦寄攻打赵；派将军栾布攻打齐；大将军窦婴驻扎在荥阳，监视齐、赵的军队。

吴、楚等国叛乱的文书被上报时，汉朝的军队还未出动，窦婴也未出发，他向皇帝称赞过去吴王的丞相袁盎。袁盎当时赋闲在家，皇帝下诏召他进见。皇帝正和晁错一起筹算军队和军粮的事情，皇帝问袁盎：“你曾做过吴王的丞相，知道吴国臣子田禄伯的为人吗？现在吴楚叛乱，你如何看？”袁盎回答说：“不值得忧虑，很快就能打败他们。”皇帝说：“吴王靠着铜山铸造钱币，煮海水制盐，引诱天下豪杰，在头发白了的时候举兵作乱，如果没有周全的计谋，怎么会发动叛乱呢？为什么说他不能有所作为呢？”袁盎回答说：“吴国有铜矿煮盐之利那是确实的，哪里真能得到豪杰并诱惑他们呢！假如吴王真能得到豪杰，也应该辅佐吴王做合乎道义的事，就不会叛乱了。吴王所诱惑的都是无赖子弟，逃亡铸钱的奸邪之徒，所以才相互勾引而叛乱。”晁错说：“袁盎分析得对。”皇帝问：“怎么拿出好的对策呢？”袁盎说：“希望屏退左右的人。”皇帝让身边的人退下去，只有晁错还在。袁盎说：“我所说的，为人臣子的不能知道。”于是又屏退晁错。晁错急忙到东厢回避，对此非常恼恨。皇帝最后又问袁盎，袁盎回答说：“吴、楚相互往来的书信说‘高祖封立刘氏子弟为王并各自拥有分封土地，现在贼臣晁错擅自贬谪责罚诸侯，削夺封地’。所以他们以造反的名义，共同向西诛讨晁错，只要恢复了原来封地就罢兵。现在的计策只有斩杀晁错，派使者赦免吴、楚七国的罪过，恢复他们原来被削减的封地，那么就能不必血染兵器而战事结束。”于是皇帝静默了很长一段时间，说：“关键是效果究竟会怎么样，我不会因为吝惜一个人而拒绝天下的。”袁盎说：“我愚蠢的计策没有能超出这个的了，希望皇帝仔细考虑。”于是任命袁盎做太常，吴王弟弟的儿子德侯做宗正。袁盎准备行装出发。十多天后，皇帝派中尉召见晁错，骗晁错乘车巡行东市，晁错穿着上朝的衣服在东市被杀。然后就派袁盎以事奉宗庙的太常身份，德侯以辅助亲戚的宗正身份，按照袁盎的计策出使告知吴王。到了吴国，吴楚的军队已进攻梁国营垒了。宗正因有亲戚的关系，先进去见吴王，谕告吴王跪拜接受诏令。吴王听说袁盎来了，也知道他要说服自己，笑着回答说：“我已经成为东帝，还跪拜谁呢？”不肯见袁盎而把他扣留在军中，想胁迫袁盎做将军。袁盎不肯，就派人包围看守着他，将要杀他。袁盎得以趁夜色逃出，徒步逃离，跑向梁王的军营，而后归朝报告。

条侯乘坐六匹马拉的传车，会师荥阳。到了洛阳，看见剧孟，高兴地说：“七国叛乱，我乘传车到达这里，自己没有想到会安全抵达。还以为诸侯已经得到了剧孟，剧孟现在没有起兵的举动。我又占据荥阳，荥阳以东没有值得忧虑的了。”到达淮阳，询问父亲绛侯从前的门客邓都尉说：“怎样拿出好的计策呢？”门客说：“吴兵锐气正盛，与其交战很难取胜。楚兵浮躁，锐气不能保持长久。现在为将军谋划，不如率军在东北的昌邑筑垒坚守，把梁国放弃给吴军，吴军一定会用全部精锐军队攻打梁。将军深挖沟高筑垒坚守，派轻装的军队断绝淮河泗水交汇处，阻塞吴军的粮道。吴、梁因相持疲敝而粮草耗尽，然后我方用保持强盛锐气的军队制服对方疲敝已极的军队，打败吴国是必然的。”条侯说：“好。”按照他的计策，在昌邑南边筑垒坚守，派轻装的军队断绝吴军粮道。

吴王刚发兵之时，吴臣田禄伯担任大将军。田禄伯说：“军队集结在一起西进，没有其他道路出奇兵，难于成功。我愿率领五万人，另外沿着长江、淮水而上，收聚淮南、长沙的军队，攻入武关，与大王会师，这也是一着奇计啊。”吴王太子规劝说：“父王是以造反为旗号的，这样的军队难以委托他人，委托他人如果他也造反，怎么办呢？而且拥有军队独掌兵权而分别行动，许多其他的利害，不可能预先知道，徒然损害自己罢了。”吴王也就没有同意田禄伯的建议。

吴国一名年轻的桓将军对吴王说：“吴国大多是步兵，步兵适宜在险要地形作战；汉军多战车骑兵，战车骑兵适宜在平地作战。希望大王对途经的城邑不必攻下，径直放弃离开，迅速西进占领洛阳兵器库，吃上敖仓粮食，依靠山河的险要来号令诸侯，即使不能入关，天下大局实际已经决定了。假如大王行进迟缓，滞留攻下城池，汉军的战车骑兵一到，冲入梁国楚国的郊野，事情就失败了。”吴王征询各位老将的意见，他们说：“这作为青年人敢打敢冲、勇往直前之计还可以，他哪里能知道深远的计谋呢！”于是吴王没有采纳桓将军的计策。

吴王专断地集中兵力并亲自领兵，还没渡过淮河，众多宾客都被授予将军、校尉、侯、司马等职务，只有周丘不被任用。周丘是下邳人，逃亡到吴国，喜欢喝酒而没有操行，吴王刘濞鄙薄他，并不任用。周丘拜见吴王，对吴王说：“我因无能，不能在军队中任职。我不敢要求率领军队，希望得到大王一个汉朝的符节，必定能够报答大王。”吴王就给了他符节。周丘得到符节，连夜驱驰进入下邳。下邳当时听说吴王反叛，都去守城。周丘到了客舍，召见下邳县令。县令一进门，周丘就让随从人员捏造罪名杀了他。于是召集他兄弟们交好的富豪官吏告诉说：“吴王造反的军队将到，到后，屠杀下邳城里的人不过是吃顿饭的时间。现在先投降，家室一定能保全，有才能的人还可以封侯。”这些人出去后互相转告，下邳人全投降了。周丘一夜工夫得到三万人，派人报告了吴王，然后就率领他的军队向北攻占城邑。等到达城阳，军队已发展到十多万人，攻破城阳中尉的军队。后来听说吴王战败逃走，自己估计无法与吴王共同成就大业，就率领军队返回下邳。还没到下邳，就后背毒疮发作而死。

二月中旬，吴王军队已被击垮，大败而逃，于是天子颁布诏令给将军说：“听说行善的人，上天会用福事报答他；作恶的人，上天会用灾祸报偿他。高祖皇帝亲自表扬功德，封立诸侯，幽王、悼惠王的封爵断绝了，孝文皇帝哀怜他们格外施加恩惠，封立幽王的儿子遂、悼惠王的儿子卬为王，让他们奉祀其先王宗庙，成为汉朝的藩国，恩德与天地相匹配，光明与日月同光。吴王刘濞违背恩德违反道义，引诱招收天下逃亡的罪人，扰乱天下的币制，称病不入京朝见达二十多年，主管大臣多次呈请惩治刘濞的罪行，孝文皇帝宽恕他，希望他能改过从善。现在竟然与楚王刘戊、赵王刘遂、胶西王刘卬、济南王刘辟光、菑川王刘贤、胶东王刘雄渠盟约反叛，做出叛逆无道的事，发兵危害宗庙，残杀大臣和汉朝使者，胁迫千万百姓，乱杀无辜，烧毁民舍，挖掘坟墓，极为残暴。现在胶西王刘卬等更加大逆不道，烧毁宗庙，掠夺供奉宗庙的器物，我非常痛恨他们。我穿着白色衣服避开正殿，将军们要勉励全体将士攻击叛敌。攻击叛敌时，深入敌军多杀敌人建立战功，捕捉到的官员俸禄在三百石以上者都杀死，不要释放。胆敢有议论诏书和不按诏书去做的，都处腰斩之刑。”

当初，吴王渡过淮河，与楚王向西进军，在棘壁打败汉军，乘胜向前，锐气极盛。梁孝王害怕了，派六名将军攻打吴王，梁王的两名将军又被打败，士卒都逃回梁国。梁王多次派使者向条侯报告情况并求援，条侯不答应。又派使者在皇帝面前说条侯坏话，皇帝派人让条侯救援梁国，条侯还是坚持对自己有利的计策不出兵相救。梁王派韩安国和为国事而被杀的楚国丞相的弟弟张羽做将军，才能够小胜吴国的军队。吴国的军队想要西进，梁国据城坚守，吴军不敢向西，就跑到条侯驻军的地方，在下邑相遇。吴军想与条侯军作战，条侯坚守营垒，不肯交战。吴人军粮断绝，士兵饥饿，多次向条侯挑战没有结果，就夜里奔袭条侯的营垒，惊扰东南方向。条侯派人防备西北方向，敌人果然从西北方向侵入。吴军大败，士兵大多饿死，就开始叛逃溃散。于是吴王和他的部下壮士几千人连夜逃走，渡过长江逃到丹阳，投靠东越。东越的军队大约一万多人，又派人收容集中吴国的逃兵。汉朝派人用厚利诱惑东越，东越当即欺骗吴王，让吴王出去慰劳军队，就派人用矛戟刺杀吴王，装着他的头，派快车迅速报知皇帝。吴王的儿子子华、子驹逃到了闽越。吴王丢下他的军队逃跑时，他的军队就溃散了，大多陆续投降了太尉、梁王的军队。楚王刘戊兵败，自杀而亡。

齐国的胶西王、胶东王、菑川王围攻齐国的临菑，三个月不能攻下。汉朝军队一到，胶西王、胶东王、菑川王各自率军返回。胶西王于是赤膊光脚，坐在草席上，喝着凉水，向他的母亲王太后谢罪。王太子刘德说："汉军远道而来，我看他们已经疲敝了，可以袭击他们，希望收集大王的剩余军队进攻汉军，进攻不能取胜，就逃入大海，也为时不晚啊。"胶西王说："我的士兵已经溃散，不能发动使用了。"没有听从太子的话。汉朝将军弓高侯颓当送给胶西王的信写道："奉诏书前来诛讨不义的人，投降的赦免罪过，恢复原来的爵位封土；不投降的诛灭他们。大王何去何从，我等待你的答复以采取相应的行动。"胶西王到汉军营垒前赤膊叩头请求说："我刘卬违犯王法，惊扰百姓，才使将军辛苦地远道而来到这个穷国，请求惩处我碎尸万段之罪。"弓高侯手持金鼓来见他，说："大王被战事所苦，我希望知道大王发兵的经过。"胶西王叩头膝行回答说："现在，晁错是皇帝当政的大臣，他改变高祖皇帝的法令，侵夺诸侯的土地。我们认为这是不道义的，担心他会败乱天下，所以七国发兵，将要诛杀晁错。现在听说晁错已被诛杀，我们就收兵而归了。"将军说："大王如果认为晁错不好，为什么不报告天子？没有得到皇帝的诏书虎符，就擅自发兵攻打守义不反的侯国。由此看来，你们的本意并非要杀晁错啊。"就拿出诏书给他宣读。宣读完毕，说："大王自己考虑应该怎么办吧！"胶西王说："像我这样的人死有余辜。"于是自杀了。太后、太子也都跟着死去。胶东王、菑川王、济南王也先后都死了，封国被废除，收归汉朝。郦将军围攻赵都城十个月才攻下，赵王自杀。济北王因被劫持的缘故，得以不被诛杀，迁封为菑川王。

当初，吴王刘濞带头反叛，将楚军和吴军合在一起率领，联合齐、赵的军队。正月起兵作乱，三月就被打败，只有赵国最后被攻克。景帝又封立楚元王的小儿子平陆侯刘礼为楚王，作为楚元王的继承人。迁汝南王刘非统辖吴国原有封地，做江都王。

太史公说：吴王刘濞之所以被封吴王，是由于父亲被削王爵的缘故。吴王能减少赋税，支使民众，是因他有铜山海盐的便利。叛逆作乱的念头是因儿子被打死而萌发的。因下棋争执而发难，最后丧失国家；亲近外族越人而谋害同宗，最后自己死亡。晁错为国家深谋远虑，灾祸反而降临自身。袁盎善于狡诈诡辩，最初受到宠信，后来遭受屈辱。所以古时候诸侯土地不超过百里，山海也不分封给诸侯。“不亲近夷狄，以致疏远宗亲”，大概说的是吴王吧？“不要做变革的带头者，反而会遭受灾难”，难道不是说的袁盎、晁错吗？

（王华宝　注译）

卷一百七　魏其武安侯列传第四十七

注释查阅　译文诵读

魏其侯窦婴者[1]，孝文后从兄子也。父世观津人。喜宾客。孝文时，婴为吴相，病免。孝景初即位，为詹事[2]。

梁孝王者[3]，孝景弟也，其母窦太后爱之。梁孝王朝，因昆弟燕饮[4]。是时上未立太子，酒酣，从容言曰："千秋之后传梁王。"太后欢。窦婴引卮酒进上[5]，曰："天下者，高祖天下，父子相传，此汉之约也，上何以得擅传梁王！"太后由此憎窦婴。窦婴亦薄其官，因病免。太后除窦婴门籍[6]，不得入朝请[7]。

孝景三年，吴、楚反，上察宗室诸窦毋如窦婴贤，乃召婴。婴入见，固辞谢病不足任[8]。太后亦惭。于是上曰："天下方有急，王孙宁可以让邪？"乃拜婴为大将军，赐金千斤。婴乃言袁盎、栾布诸名将贤士在家者进之。所赐金，陈之廊庑下[9]，军吏过，辄令财取为用[10]，金无入家者。窦婴守荥阳，监齐赵兵。七国兵已尽破，封婴为魏其侯。诸游士宾客争归魏其侯。孝景时每朝议大事，条侯[11]、魏其侯，诸列侯莫敢与亢礼[12]。

孝景四年，立栗太子，使魏其侯为太子傅。孝景七年，栗太子废，魏其数争不能得。魏其谢病，屏居蓝田南山之下数月[13]，诸宾客辩士说之，莫能来。梁人高遂乃说魏其曰："能富贵将军者，上也；能亲将军者，太后也。今将军傅太子，太子废而不能争；争不能得，又弗能死。自引谢病，拥赵女[14]，屏闲处而不朝。相提而论，是自明扬主上之过。有如两宫螫将军[15]，则妻子毋类矣[16]。"魏其侯然之，乃遂起，朝请如故。

桃侯免相，窦太后数言魏其侯。孝景帝曰："太后岂以为臣有爱[17]，不相魏其？魏其者，沾沾自喜耳，多易[18]。难以为相持重。"遂不用，用建陵侯卫绾为丞相[19]。

武安侯田蚡者[20]，孝景后同母弟也[21]，生长陵。魏其已为大将军后，方盛，蚡为诸郎[22]，未贵，往来侍酒魏其，跪起如子姓[23]。及孝景晚节，蚡益贵幸，为太中大夫。蚡辩有口，学《槃盂》诸书[24]，王太后贤之。孝景崩，即日太子立，称制[25]，所镇抚多有田蚡宾客计策。蚡弟田胜，皆以太后弟，孝景后三年封：蚡为武安侯，胜为周阳侯。

武安侯新欲用事为相，卑下宾客[26]，进名士家居者贵之，欲以倾魏其诸将相。建元元年，丞相绾病免，上议置丞相、太尉。籍福说武安侯曰："魏其贵久矣，天下士素归之。今将军初兴，未如魏其，即上以将军为丞相，必让魏其。魏其为丞相，将军必为太尉。太尉、丞相尊等耳，又有让贤名。"武安侯乃微言太后风上[27]，于是乃以魏其侯为丞相，武安侯为太尉。籍福贺魏其侯，因吊曰[28]："君侯资性喜善疾恶，方今善人誉君侯，故至丞相；然君侯且疾恶，恶人众，亦且毁君侯。君侯能兼容，则幸久；不能，今以毁去矣[29]。"魏其不听。

魏其、武安俱好儒术，推毂赵绾为御史大夫[30]，王臧为郎中令。迎鲁申公[31]，欲设明堂[32]，令列侯就国，除关，以礼为服制，以兴太平。举適诸窦宗室毋节行者[33]，除其属籍。时诸外家为列侯，列侯多尚公主[34]，皆不欲就国，以故毁日至窦太后。太后好黄老之言，而魏其、武安、赵绾、王臧等务隆推儒术，贬道家言，是以窦太后滋不说魏其等[35]。及建元二年，御史大夫赵绾请无奏事东宫[36]。窦太后大怒，乃罢逐赵绾、王臧等，而免丞相、太尉，以柏至侯许昌为丞相，武强侯庄青翟为御史大夫。魏其、武安由此以侯家居。

武安侯虽不任职，以王太后故，亲幸，数言事多效[37]，天下吏士趋势利者，皆去魏其归武安。武安日益横[38]。建元六年，窦太后崩，丞相昌、御史大夫青翟坐丧事不办，免[39]。以武安侯蚡为丞相，以大司农韩安国为御史大夫。天下士郡诸侯愈益附武安。

武安者，貌侵[40]，生贵甚。又以为诸侯王多长，上初即位，富于春秋，蚡以肺腑为京师相，非痛折节以礼诎之[41]，天下不肃。当是时，丞相入奏事，坐语移日[42]，所言皆听。荐人或起家至二千石，权移主上。上乃曰："君除吏已尽未？吾亦欲除吏。"尝请考工地益宅[43]，上怒曰："君何不遂取武库！"是后乃退。尝召客饮，坐其兄盖侯南乡[44]，自坐东乡，以为汉相尊，不可以兄故私桡[45]。武安由此滋骄，治宅甲诸第。田园极膏腴，而市买郡县器物相属于道。前堂罗钟鼓，立曲旃[46]；后房妇女以百数。诸侯奉金玉狗马玩好，不可胜数。

魏其失窦太后，益疏不用，无势，诸客稍稍自引而怠傲，唯灌将军独不失故。魏其日默默不得志，而独厚遇灌将军。

灌将军夫者，颍阴人也。夫父张孟，尝为颍阴侯婴舍人，得幸，因进之，至二千石，故蒙灌氏姓为灌孟。吴楚反时，颍阴侯灌何为将军，属太尉，请灌孟为校尉。夫以千人与父俱。灌孟年老，颍阴侯强请之，郁郁不得意，故战常陷坚[47]，遂死吴军中。军法，父子俱从军，有死事，得与丧归。灌夫不肯随丧归，奋曰："愿取吴王若将军头[48]，以报父之仇。"于是灌夫被甲持戟，募军中壮士所善愿从者数十人。及出壁门，莫敢前。独二人及从奴十数骑驰入吴军，至吴将麾下，所杀伤数十人。不得前，复驰还，走入汉壁，皆亡其奴，独与一骑归。夫身中大创十余，适有万金良药，故得无死。夫创少瘳[49]，又复请将军曰："吾益知吴壁中曲折，请复往。”将军壮义之，恐亡夫，乃言太尉，太尉乃固止之。吴已破，灌夫以此名闻天下。

颍阴侯言之上，上以夫为中郎将。数月，坐法去。后家居长安，长安中诸公莫弗称之。孝景时，至代相。孝景崩，今上初即位，以为淮阳天下交，劲兵处[50]，故徙夫为淮阳太守。建元元年，入为太仆。二年，夫与长乐卫尉窦甫饮，轻重不得[51]，夫醉，搏甫。甫，窦太后昆弟也。上恐太后诛夫，徙为燕相。数岁，坐法去官，家居长安。

灌夫为人刚直，使酒，不好面谀。贵戚诸有势在己之右[52]，不欲加礼，必陵之；诸士在己之左，愈贫贱，尤益敬，与钧[53]。稠人广众，荐宠下辈。士亦以此多之[54]。

夫不喜文学，好任侠[55]，已然诺[56]。诸所与交通[57]，无非豪桀大猾[58]。家累数千万，食客日数十百人。陂池田园，宗族宾客为权利，横于颍川。颍川儿乃歌之曰：“颍水清，灌氏宁；颍水浊，灌氏族[59]。”

灌夫家居虽富，然失势，卿相侍中宾客益衰。及魏其侯失势，亦欲倚灌夫引绳批根生平慕之后弃之者[60]。灌夫亦倚魏其而通列侯宗室为名高。两人相为引重[61]，其游如父子然。相得欢甚，无厌，恨相知晚也。

灌夫有服[62]，过丞相。丞相从容曰：“吾欲与仲孺过魏其侯，会仲孺有服。”灌夫曰：“将军乃肯幸临况魏其侯[63]，夫安敢以服为解！请语魏其侯帐具，将军旦日蚤临[64]。”武安许诺。灌夫具语魏其侯如所谓武安侯。魏其与其夫人益市牛酒，夜洒扫，早帐具至旦。平明，令门下候伺。至日中，丞相不来。魏其谓灌夫曰：“丞相岂忘之哉？”灌夫不怿[65]，曰：“夫以服请，宜往。”乃驾，自往迎丞相。丞相特前戏许灌夫，殊无意往。及夫至门，丞相尚卧。于是夫入见，曰：“将军昨日幸许过魏其，魏其夫妻治具，自旦至今，未敢尝食。”武安鄂[66]，谢曰：“吾昨日醉，忽忘与仲孺言。”乃驾往，又徐行，灌夫愈益怒。及饮酒酣，夫起舞属丞相[67]，丞相不起，夫从坐上语侵之。魏其乃扶灌夫去，谢丞相。丞相卒饮至夜，极欢而去。

丞相尝使籍福请魏其城南田。魏其大望曰[68]：“老仆虽弃，将军虽贵，宁可以势夺乎！”不许。灌夫闻，怒，骂籍福。籍福恶两人有郄[69]，乃谩自好谢丞相曰[70]：“魏其老且死，易忍，且待之。”已而武安闻魏其、灌夫实怒不予田，亦怒曰：“魏其子尝杀人，蚡活之。蚡事魏其无所不可，何爱数顷田？且灌夫何与也？吾不敢复求田。”武安由此大怨灌夫、魏其。

元光四年春，丞相言灌夫家在颍川，横甚，民苦之。请案[71]。上曰：“此丞相事，何请。”灌夫亦持丞相阴事，为奸利，受淮南王金与语言[72]。宾客居间，遂止，俱解。

夏，丞相取燕王女为夫人，有太后诏，召列侯宗室皆往贺。魏其侯过灌夫，欲与俱。夫谢曰：“夫数以酒失得过丞相，丞相今者又与夫有郄。”魏其曰：“事已解。”强与俱。饮酒酣，武安起为寿，坐皆避席伏。已魏其侯为寿，独故人避席耳，余半膝席[73]。灌夫不悦。起行酒，至武安，武安膝席曰：“不能满觞。”夫怒，因嘻笑曰：“将军贵人也。”属之[74]。时武安不肯。行酒次至临汝侯，临汝侯方与程不识耳语，又不避席。夫无所发怒，乃骂临汝侯曰：“生平毁程不识不直一钱，今日长者为寿，乃效女儿呫嗫耳语[75]！”武安谓灌夫曰：“程李俱东西宫卫尉，今众辱程将军，仲孺独不为李将军地乎？”灌夫曰：“今日斩头陷匈[76]，何知程李乎！”坐乃起更衣，稍稍去。魏其侯去，麾灌夫出。武安遂怒曰：“此吾骄灌夫罪。”乃令骑留灌夫。灌夫欲出不得。籍福起为谢，案灌夫项令谢。夫愈怒，不肯谢。武安乃麾骑缚夫置传舍[77]，召长史曰：“今日召宗室，有诏。”劾灌夫骂坐不敬，系居室[78]。遂按其前事，遣吏分曹逐捕诸灌氏支属，皆得弃市罪[79]。魏其侯大媿[80]，为资使宾客请，莫能解。武安吏皆为耳目，诸灌氏皆亡匿，夫系，遂不得告言武安阴事。

魏其锐身为救灌夫。夫人谏魏其曰：“灌将军得罪丞相，与太后家忤[81]，宁可救邪？”魏其侯曰：“侯自我得之，自我捐之，无所恨。且终不令灌仲孺独死，婴独生。”乃匿其家[82]，窃出上书。立召入，具言灌夫醉饱事，不足诛。上然之，赐魏其食，曰：“东朝廷辩之。”

魏其之东朝，盛推灌夫之善，言其醉饱得过，乃丞相以他事诬罪之。武安又盛毁灌夫所为横恣，罪逆不道。魏其度不可奈何，因言丞相短。武安曰：“天下幸而安乐无事，蚡得为肺腑，所好音乐狗马田宅。蚡所爱倡优巧匠之属，不如魏其、灌夫日夜招聚天下豪桀壮士与论议，腹诽而心谤，不仰视天而俯画地[83]，辟倪两宫间[84]，幸天下有变，而欲有大功。臣乃不知魏其等所为。”于是上问朝臣：“两人孰是？”御史大夫韩安国曰：“魏其言灌夫父死事，身荷戟驰入不测之吴军，身被数十创，名冠三军，此天下壮士，非有大恶，争杯酒，不足引他过以诛也。魏其言是也。丞相亦言灌夫通奸猾，侵细民，家累巨万，横恣颍川，凌轹宗室[85]，侵犯骨肉，此所谓‘枝大于本，胫大于股，不折必披’，丞相言亦是。唯明主裁之。”主爵都尉汲黯是魏其。内史郑当时是魏其，后不敢坚对。余皆莫敢对。上怒内史曰：“公平生数言魏其、武安长短，今日廷论，局趣效辕下驹[86]，吾并斩若属矣。”即罢起入，上食太后。太后亦已使人候伺，具以告太后。太后怒，不食，曰：“今我在也，而人皆藉吾弟[87]，令我百岁后，皆鱼肉之矣！且帝宁能为石人邪[88]？此特帝在，即录录[89]，设百岁后，是属宁有可信者乎？”上谢曰：“俱宗室外家，故廷辩之。不然，此一狱吏所决耳。”是时郎中令石建为上分别言两人事。

武安已罢朝，出止车门，召韩御史大夫载，怒曰：“与长孺共一老秃翁，何为首鼠两端[90]？”韩御史良久谓丞相曰：“君何不自喜？夫魏其毁君，君当免冠解印绶归，曰‘臣以肺腑幸得待罪，固非其任，魏其言皆是’。如此，上必多君有让，不废君。魏其必内愧，杜门齰舌自杀[91]。今人毁君，君亦毁人，譬如贾竖女子争言[92]，何其无大体也！”武安谢罪曰：“争时急，不知出此。”

于是上使御史簿责魏其[93]，所言灌夫颇不雠[94]，欺谩。劾系都司空。孝景时，魏其常受遗诏，曰“事有不便，以便宜论上”。及系，灌夫罪至族，事日急，诸公莫敢复明言于上。魏其乃使昆弟子上书言之，幸得复召见。书奏上，而案尚书大行无遗诏[95]。诏书独藏魏其家，家丞封。乃劾魏其矫先帝诏，罪当弃市。五年十月，悉论灌夫及家属。魏其良久乃闻，闻即恚[96]，病痱[97]，不食欲死。或闻上无意杀魏其，魏其复食，治病，议定不死矣。乃有蜚语为恶言闻上，故以十二月晦论弃市渭城。

其春，武安侯病，专呼服谢罪[98]。使巫视鬼者视之，见魏其、灌夫共守，欲杀之。竟死。子恬嗣。元朔三年，武安侯坐衣襜褕入宫[99]，不敬。

淮南王安谋反觉，治。王前朝，武安侯为太尉，时迎王至霸上，谓王曰：“上未有太子，大王最贤，高祖孙，即宫车晏驾[100]，非大王立当谁哉！”淮南王大喜，厚遗金财物[101]。上自魏其时不直武安[102]，特为太后故耳。及闻淮南王金事，上曰：“使武安侯在者，族矣。”

太史公曰：魏其、武安皆以外戚重，灌夫用一时决策而名显。魏其之举以吴楚，武安之贵在日月之际[103]。然魏其诚不知时变，灌夫无术而不逊，两人相翼，乃成祸乱。武安负贵而好权，杯酒责望，陷彼两贤。呜呼哀哉！迁怒及人，命亦不延。众庶不载[104]，竟被恶言[105]。呜呼哀哉！祸所从来矣！

【译文】

魏其侯窦婴，是汉文帝窦皇后堂兄的儿子。他的父辈以上世世代代是观津人。他喜欢结交宾客。汉文帝时，窦婴任吴国国相，因病免职。汉景帝刚刚即位时，他担任詹事。

梁孝王是景帝的弟弟，母亲窦太后很疼爱他。梁孝王入朝，景帝以兄弟的身份与他一起宴饮。这时景帝还没有立太子。酒兴正浓时，景帝随便地说：“我死之后要把帝位传给梁王。”窦太后听了非常高兴。这时窦婴持酒敬献景帝，说：“天下是高祖打下的天下，帝位应当父子相传，这是汉朝立下的制度，皇上怎能擅自传给梁王！”窦太后因此憎恨窦婴。窦婴也嫌詹事的官职太小，就借口生病辞职。窦太后于是剥夺了窦婴进出宫门的名籍，每逢节日也不准许他进宫朝请。

景帝三年，吴、楚等七国反叛，皇上考察皇族成员和窦姓诸人，没有谁像窦婴那样贤能，于是召见窦婴。窦婴入宫拜见，坚决推辞，借口有病，不能胜任。窦太后也感到惭愧。于是皇上说：“天下正有急难，您怎么能推辞呢？”于是任命窦婴为大将军，赏赐黄金千斤。这时袁盎、栾布诸名将贤士都闲居在家，窦婴推荐起用他们。皇帝所赏赐的黄金，就放在堂前的廊屋下，下属军官来见，窦婴就让他们自己酌量取用，丝毫没有拿回自己家中。窦婴驻守荥阳，监督齐国和赵国两路兵马。七国叛乱全部平定之后，窦婴封为魏其侯。这时游士宾客都争相归附魏其侯。景帝时每次朝廷讨论军政大事，所有列侯都不敢与条侯周亚夫、魏其侯窦婴平起平坐。

景帝四年，立栗太子，派魏其侯担任太子太傅。景帝七年，栗太子被废，魏其侯多次为栗太子争辩都没有奏效。魏其侯就推说有病，隐居在蓝田南山下好几个月，许多宾客、辩士都来劝说他，但没有人能说服他回到京城来。梁地人高遂来劝解魏其侯说："能使您富贵的是皇上，使您成为朝廷亲信的是太后。现在您担任太子的师傅，太子被废黜而不能力争，力争不成，又不能去殉职。自己托病引退，拥抱着歌姬美女，退隐闲居而不参加朝会。把这些情况互相比照起来看，这是您自己表明要张扬皇帝的过错。假如皇上和太后要加害于您，那您一家大小都活不了。"魏其侯认为他说得很对，于是就出山回朝，朝见皇帝像过去一样。

桃侯刘舍被免去丞相职务，窦太后多次推荐魏其侯当丞相。景帝说："太后难道认为我有所吝啬而不让魏其侯当丞相吗？魏其侯这个人骄傲自满，容易自我欣赏，做事草率轻浮，难以出任丞相，担当重任。"终于没有任用他，任用了建陵侯卫绾做丞相。

武安侯田蚡，是汉景帝皇后的同母弟弟，出生在长陵。魏其侯当了大将军，正当显赫的时候，田蚡还是个郎官，没有显贵，来往于魏其侯家中，陪侍宴饮，跪拜起立像魏其侯的子孙辈一样。等到景帝的晚年，田蚡也显贵起来，受到宠信，做了太中大夫。田蚡能言善辩，口才很好，学过《槃盂》之类的黄老道家书籍，王太后认为他有才能。景帝去世，当天太子登位继立，王太后摄政，她在全国的镇压、安抚行动，大都采用田蚡门下宾客的策略。田蚡和他的弟弟田胜，都因为是王太后的弟弟，在景帝去世的同一年，被分别封为武安侯和周阳侯。

武安侯刚掌权想当丞相，所以对他的宾客非常谦卑，推荐闲居在家的名士出来做官，让他们显贵，想以此来压倒窦婴等将相的势力。建元元年，丞相卫绾因病免职，皇上酝酿任命丞相和太尉。籍福劝说武安侯道："魏其侯显贵已经很久了，天下有才能的人一向归附他。现在您刚刚发迹，不能和魏其侯相比，就是皇上任命您做丞相，也一定要让给魏其侯。魏其侯当丞相，您一定会当太尉。太尉和丞相的尊贵地位是相等的，而且您还有让相位给贤者的好名声。"武安侯于是就委婉地告诉太后，让她暗示皇上，于是便任命魏其侯为丞相，武安侯为太尉。籍福去向魏其侯道贺，顺便劝诫说："您的天性是喜欢好人憎恨坏人，当今好人称赞您，所以您当了丞相，然而您也憎恨坏人，坏人相当多，他们也会毁谤您的。如果您能并容好人和坏人，那么您丞相的职位就可以保持长久；如果不能够这样的话，马上就会受到毁谤而离职。"魏其侯不听。

魏其侯窦婴和武安侯田蚡都爱好儒家学说，推荐赵绾当了御史大夫，王臧担任郎中令。把鲁国人申培迎到京师来，准备设立明堂，命令列侯们回到自己的封地上，废除关禁，按照礼法来制定凶吉的服饰和制度，以此来表明太平的气象。同时检举谴责窦氏家族和皇族成员中品德不好的人，开除他们的族籍。这时诸外戚中的列侯，大多娶公主为妻，都不想回到各自的封地中去，因为这个缘故，毁谤魏其侯等人的言语每天都传到窦太后的耳中。窦太后喜欢黄老学说，而魏其侯、武安侯、赵绾、王臧等人则努力推崇儒家学说，贬低道家的学说，因此窦太后更加不喜欢魏其侯等人。到了建元二年，御史大夫赵绾请皇上不要把政事禀奏给太后。窦太后大怒，便罢免并驱逐了赵绾、王臧等人，还解除了丞相和太尉的职务，任命柏至侯许昌当了丞相，武强侯庄青翟当了御史大夫。魏其侯、武安侯从此以列侯的身份闲居家中。

武安侯虽然不担任官职，但因为王太后的缘故，仍然受到皇上的宠信，多次议论政事，建议大多见效，天下趋炎附势的官吏和士人，都离开了魏其侯而归附了武安侯。武安侯一天天更加骄横。建元六年，窦太后逝世，丞相许昌和御史大夫庄青翟因为丧事办得不周到，都被免官。于是任用武安侯田蚡担任丞相，任用大司农韩安国担任御史大夫。天下的士人、郡守和诸侯王更加依附于武安侯。

武安侯身材矮小，其貌不扬，可是刚一出生就很尊贵。他又认为当时的诸侯王都年纪大了，皇上刚刚即位，年纪很轻，自己以皇帝的至亲心腹担任朝廷的丞相，如果不狠狠地整顿一番，用礼法来使他们屈服，天下人就不会敬畏他。在那时候，丞相入朝廷奏事，往往一坐就是大半天，他所说的话皇帝都听，他所推荐的人有的从闲居一下子提拔到二千石级，大权从皇帝那里移到自己手中。皇上于是说："你要任命的官吏已经任命完了没有？我也想任命几个官。"他曾经要求把考工官署的地盘划给自己扩建住宅，皇上生气地说："你何不把武器库也取走！"从这以后才收敛一些。有一次，他请客人宴饮，让他的兄长盖侯南向坐，自己却东向坐，认为汉朝的丞相尊贵，不可以因为是兄长就私下委屈自己。武安侯从此更加骄纵，他修建住宅，其规模、豪华超过了所有贵族的府第。田地庄园都极其肥沃，他派到各郡县去购买器物的人，在大道上络绎不绝。前堂摆设着钟鼓，竖立着曲柄长幡，在后房的美女数以百计。诸侯奉送给他的珍宝金玉、狗马和玩好器物，数也数不清。

魏其侯自从失去了窦太后的支持，被皇上更加疏远不受重用，没有权势，诸宾客渐渐自动离去，甚至对他懈怠傲慢，只有灌将军一人没有改变原来的态度。魏其侯天天闷闷不乐，唯独对灌将军格外厚待。

灌将军灌夫是颍阴人。灌夫的父亲是张孟，曾经做过颍阴侯灌婴的家臣，受到灌婴的宠信，便向朝廷推荐他，官至二千石级，所以用灌氏家的姓叫灌孟。吴楚叛乱时，颍阴侯灌何担任将军，是太尉周亚夫的部下，他向太尉推荐灌孟担任校尉。灌夫带领一千人与父亲一起从军。灌孟年纪已经老了，颍阴侯极力推荐他，灌孟郁郁不得志，每逢作战时，常常攻击敌人的坚固阵地，因而战死在吴军中。按照当时军法的规定，父子一起从军参战，有一个为国战死，未死者可以护送灵柩回来。但灌夫不肯随同父亲的灵柩回去。他慷慨激昂地表示："希望斩取吴王或者吴国将军的头，以替父亲报仇。"于是灌夫披上铠甲，手拿戈戟，召集了军中与他素来有

交情又愿意跟他同去的勇士几十个人。等到走出军门，没有人敢再前进。只有两人和灌夫属下的奴隶共十多个骑兵飞奔冲入吴军中，一直到达吴军的将旗之下，杀死杀伤敌军几十人。不能再继续前进了，又飞马返回汉军营地，所带去的奴隶全都战死了，只有他一人回来。灌夫身上受重创十多处，恰好有名贵的良药，所以才得不死。灌夫的创伤稍稍好转，又向将军请求说：“我现在更加了解吴军营垒中路径曲折，请您让我再回去。”将军认为他勇敢而有义气，恐怕灌夫战死，便向太尉周亚夫报告，太尉便坚决地阻止了他。等到吴军被攻破，灌夫也因此名闻天下。

颍阴侯把灌夫的情况向皇上汇报了，皇上就任命灌夫担任中郎将。过了几个月，因为犯法而丢了官。后来到长安安了家，长安城中的许多显贵没有不称赞他的。汉景帝时，灌夫官至代国国相。景帝去世，当今皇上武帝刚即位，认为淮阳是天下的交通枢纽，必须驻扎强大的兵力加以防守，因此调任灌夫担任淮阳太守。建元元年，又把灌夫内调为太仆。建元二年，灌夫与长乐卫尉窦甫喝酒，灌夫喝醉了，打了窦甫。窦甫，是窦太后的兄弟。皇上恐怕窦太后杀灌夫，调派他担任了燕国国相。几年以后，又因犯法丢官，闲居在长安家中。

灌夫为人刚强直爽，好发酒疯，不喜欢当面奉承人。对皇亲国戚及有势力的人，凡是地位在自己以上的，他不但不想对他们表示尊敬，反而要想办法去凌辱他们；对地位在自己之下的许多士人，越是贫贱的，就更加恭敬，跟他们平等相待。在大庭广众之中，推荐夸奖那些比自己地位低的人。士人们也因此而推重他。

灌夫不喜欢文章经学，爱打抱不平，已经答应了别人的事，一定办到。凡和他交往的那些人，无不是杰出人士或大奸巨猾。他家中积累的资产有几千万，每天的食客少则几十，多则近百。为了在田园中修筑堤塘，灌溉农田，他的宗族和宾客扩张权势，垄断利益，在颍川一带横行霸道。颍川的儿童于是作歌唱道：“颍水清清，灌氏安宁；颍水浑浊，灌氏灭族。”

灌夫闲居在家虽然富有，但失去了权势，达官贵人及一般宾客逐渐减少。等到魏其侯失去权势，也想依靠灌夫去报复那些平日仰慕自己，失势后又抛弃了自己的人。灌夫也想依靠魏其侯去结交列侯和皇族以抬高自己的名声。两人互相援引借重，他们的交往就如同父子之间那样密切。彼此情投意合，没有嫌忌，只恨相知太晚了。

灌夫在服丧期内去拜访丞相，丞相随便地说："我想和你一起去拜访魏其侯，恰值你现在服丧不便前往。"灌夫说："您竟肯屈驾光临魏其侯，我灌夫怎敢因为服丧而推辞呢！请允许我告诉魏其侯设置帷帐，备办酒席，您明天早点光临。"武安侯答应了。灌夫详细地告诉了魏其侯，就像他对武安侯所说的那样。魏其侯和他的夫人特地多买了酒和肉，连夜打扫房子，布置帷帐，准备酒宴，一直忙到天亮。天刚亮，就让府中管事的人在宅前伺候。等到中午，不见丞相到来。魏其侯对灌夫说："丞相难道忘记了这件事？"灌夫很不高兴，说："我灌夫不嫌丧服在身而应他之约，他应该来。"于是便驾车，亲自前往迎接丞相。丞相前一天只不过开玩笑似地答应了灌夫，实在没有打算来赴宴的意思。等到灌夫来到门前，丞相还在睡觉。于是灌夫进门去见他，说："将军昨天幸蒙答应拜访魏其侯，魏其侯夫妇备办了酒食，从早晨到现在，没敢吃一点东西。"武安侯装作惊讶地道歉说："我昨天喝醉了，忘记了跟您说的话。"便驾车前往，但又走得很慢，灌夫更加生气。等到喝酒喝醉了，灌夫舞蹈了一番，舞毕邀请丞相，丞相竟不起身，灌夫在酒宴上用话讽刺他。魏其侯便扶灌夫离去，向丞相表示了歉意。丞相一直喝到天黑，尽欢才离去。

丞相曾经派籍福去索取魏其侯在城南的田地。魏其侯大为怨恨地说："我虽然被废弃不用，将军虽然显贵，怎么可以仗势硬夺我的田地呢！"不答应。灌夫听说后，也生气，大骂籍福。籍福不愿两人有隔阂，就自己编造了好话向丞相道歉说："魏其侯年事已高，就快死了，还不能忍耐吗，姑且等待着吧。"不久，武安侯听说魏其侯和灌夫实际是愤怒而不肯让给田地，也很生气地说："魏其侯的儿子曾经杀人，我救了他的命。我服侍魏其侯没有不听从他的，为什么他竟舍不得这几顷田地？再说灌夫为什么要干预呢？我不敢再要这块田地了。"武安侯从此十分怨恨灌夫、魏其侯。

元光四年的春天，丞相向皇上说灌夫家住颍川，十分横行，百姓都受其苦。请求皇上查办。皇上说："这是丞相的职责，何必请示。"灌夫也抓住了丞相的秘事，即用非法手段谋取利益，接受了淮南王的金钱并说了些不该说的话。宾客们从中调解。双方才停止互相攻击，彼此和解。

那年夏天，丞相娶燕王的女儿做夫人，太后下了诏令，叫列侯和皇族都去祝贺。魏其侯拜访灌夫，打算同他一起去。灌夫推辞说："我多次因为酒醉失礼而得罪了丞相，丞相近来又和我有嫌隙。"魏其侯说："事情已经和解了。"硬拉他一道去。酒喝到差不多时，武安侯起身敬酒祝寿，在坐的宾客都离开座位，伏在地上，表示不敢当。过了一会儿，魏其侯起身为大家敬酒祝寿，只有那些魏其侯的老朋友离开了席位，其余半数的人照常坐在那里，只是稍微欠了欠上身。灌夫不高兴。他起身依次敬酒，敬到武安侯时，武安侯照常坐在那里，只稍欠了一下上身说：“不能喝满杯。”灌夫火了，便苦笑着说：“您是贵人，请吧。”当时武安侯不肯答应。敬酒敬到临汝侯，临汝侯正在跟程不识附耳说悄悄话，又不离开席位。灌夫没有地方发泄怒气，便骂临汝侯说：“你平时诋毁程不识不值一钱，今天长辈给你敬酒祝寿，你却学女孩子一样在那儿同程不识咬耳说话！”武安侯对灌夫说：“程将军和李将军都是东西两宫的卫尉，现在当众侮辱程将军，仲孺难道不给你所尊敬的李将军留有余地吗？”灌夫说：“今天杀我的头，穿我的胸，我都不在乎，还顾什么程将军、李将军！”座客们便起身上厕所，渐渐离去。魏其侯也离去，挥手示意让灌夫出去。武安侯于是发火道：“这是我宠惯灌夫的过错。”便命令骑士扣留灌夫。灌夫想出去又出不去。籍福起身替灌夫道了歉，并按着灌夫的脖子让他道歉。灌夫越发火了，不肯道歉。武安侯便指挥骑士们捆绑灌夫放在客房中，叫来长史说：“今天请宗室宾客来参加宴会，是有太后诏令的。”弹劾灌夫，说他在宴席上辱骂宾客，侮辱诏令，犯了“不敬”罪，把他囚禁在特别监狱里。于是追查他以前的事情，派遣差吏分头追捕所有灌氏的分支亲属，都判决为杀头示众的罪名。魏其侯感到非常惭愧，出钱让宾客向武安侯求情，也不能使灌夫获释。武安侯的属吏都是他的耳目，所有灌氏的人都逃跑、躲藏起来了，灌夫被拘禁，于是无法告发武安侯的秘事。

魏其侯挺身而出营救灌夫。他的夫人劝他说：“灌将军得罪了丞相，和太后家的人作对，怎么能营救得了呢？”魏其侯说：“侯爵是我挣来的，现在由我把它丢掉，没有什么可遗憾的。再说我总不能让灌仲孺自己去死，而我独自活着。”于是就瞒着家人，私自出来上书给皇帝。皇帝马上把他召进宫去，魏其侯就把灌夫喝醉了而失言的情况详细地说了一遍，认为不足以判处死刑。皇上认为他说得对，赏赐魏其侯一同进餐，说道：“到东宫去公开辩论这件事。”

魏其侯到东宫，极力夸赞灌夫的长处，说他酗酒获罪，而丞相却拿别的罪来诬陷灌夫。武安侯接着又竭力诋毁灌夫骄横放纵，犯了大逆不道的罪。魏其侯思忖没有别的办法对付，便攻击丞相的短处。武安侯说：“天下幸而太平无事，我才得以做皇上的心腹，爱好音乐、狗马和田宅。我所喜欢的不过是歌伎艺人、巧匠这些人，不像魏其侯和灌夫那样，招集天下的豪杰壮士，不分白天黑夜地商量讨论，腹诽心谤深怀对朝廷的不满，不是抬头观天象，就是低头在地上画，窥测于东、西两宫之间，希望天下发生变故，好让他们立功成事。我倒不明白魏其侯他们到底要做些什么？”于是皇上向在朝的大臣问道：“他们两人的话谁的对呢？”御史大夫韩安国说：“魏其侯说灌夫的父亲为国而死，灌夫手持戈戟冲入到强大的吴军中，身受创伤几十处，名声在全军数第一，这是天下的勇士，如果不是有特别大的罪恶，只是因为喝了口酒而引起口舌之争，是不值得援引其他的罪状来判处死刑的。魏其侯的话是对的。丞相又说灌夫同大奸巨猾结交，欺压平民百姓，积累家产数万万，横行颍川，凌辱侵犯皇族，这是所谓‘树枝比树干大，小腿比大腿粗’，其后果不是折断，就是分裂。丞相的话也不错。希望英明的主上自己裁决这件事吧。”主爵都尉汲黯认为魏其侯对。内史郑当时也认为魏其侯对，但后来又不敢坚持自己的意见去回答皇上。其余的人都不敢回答。皇上怒斥内史道：“你平日多次说到魏其侯、武安侯的长处和短处，今天当廷辩论，畏首畏尾地像驾在车辕下的马驹，我将一并杀掉你们这些人。”马上起身罢朝，进入宫内事奉太后进餐。太后也已经派人在朝廷上探听消息，他们把廷辩的情况详细地报告了太后。太后发火了，不吃饭，说：“现在我还活着，别人竟敢都作践我的弟弟，假若我死了以后，都会像宰割鱼肉那样宰割他了。再说皇帝怎么能像石头人一样自己不做主张呢！现在幸亏皇帝还在，这班大臣就随声附和，假设皇帝死了以后，这些人还有可以信赖吗？”皇上道歉说：“都是皇室的外家，所以在朝廷上辩论他们的事。不然的话，只要一个狱吏就可以解决了。”这时郎中令石建向皇上分别陈述了魏其侯、武安侯两个人的事情。

武安侯既已退朝，出了停车门，招呼韩御史大夫同乘一辆车。生气地说：“我和你共同对付一个老秃翁，你为什么还模棱两可，犹豫不定？”韩御史大夫过了好一会儿才对丞相说：“您怎么这样不自爱自重？他魏其侯毁谤您，您应当摘下官帽，解下印绶，归还给皇上，说：‘我以皇帝的心腹，侥幸得此相位，本来是不称职的，魏其侯的话都是对的。’像这样，皇上必定会称赞您有谦让的美德，不会罢免您。魏其侯一定内心惭愧，闭门咬舌自杀。现在别人诋毁您，您也诋毁人家，这样彼此互骂，好像商人、女人吵嘴一般，多么不识大体呢！”武安侯认错说：“争辩时太性急了，没有想到应该这样做。”

于是皇上派御史依据文书所列灌夫罪状逐一责问魏其侯，与魏其侯所说的有很多不相符的地方，犯了欺骗皇上的罪行。被弹劾，拘禁在名叫都司空的特别监狱里。汉景帝时，魏其侯曾接收过他临死时的诏书，那上面写道：“假如遇到对你有什么不方便的事情，你可以随机应变，把你的意见呈报给皇帝。”等到自己被拘禁，灌夫定罪要灭族，情况一天比一天紧急，大臣们谁也不敢再向皇帝说明这件事。魏其侯便让侄子上书向皇帝报告接受遗诏的事，希望再次得到皇上的召见。奏书呈送皇上，可是查对尚书保管的档案，却没有景帝临终的这份遗诏。这道诏书只封藏在魏其侯家中，是由魏其侯的家臣盖印加封的。于是便弹劾魏其侯伪造先帝的诏书，应该判处斩首示众的罪。元光五年十月，灌夫和他的家属全部被处决了。魏其侯过了许久才听到这个消息，听到后愤慨万分，患了中风病，饭也不吃了，打算死。有人听说皇上没有杀魏其侯的意思，魏其侯又开始吃饭了，开始医治疾病，朝中讨论决定不处死刑了。然而有流言蜚语，制造了许多诽谤魏其侯的话让皇上听到，因此就在当年十二月的最后一天将魏其侯在渭城大街上斩首示众。

这年的春天，武安侯病了，嘴里老是叫喊，讲的都是服罪谢过的话。让能看见鬼的巫师来诊视他的病，巫师看见魏其侯和灌夫两个人的鬼魂共同监守着武安侯，要杀死他。最终武安侯死了，儿子田恬继承了爵位。元朔三年，武安侯田恬因穿短衣进入宫中，犯了“不敬”之罪，封爵被废除。

淮南王刘安谋反的事被发觉了，皇上让追查此事。淮南王前次来朝，武安侯担任太尉，当时到霸上来迎接淮南王，说：“皇上没有太子，大王最贤明，又是高祖的孙子，一旦皇上去世，不是大王继承皇位，还应该是谁呢！”淮南王十分欢喜，送给武安侯许多金银财物。皇上自从魏其侯的事件发生时就不认为武安侯是对的，只是碍着王太后的缘故罢了。等听到淮南王向武安侯送金银财物时，皇上说：“假使武安侯还活着的话，该灭族了。”

太史公说：魏其侯和武安侯都凭外戚的关系身居显要职位，灌夫因为一次下定决心冒险立功而显名于当时。魏其侯被任用，是由于平定吴、楚七国叛乱；武安侯显贵，则是由于利用了皇帝刚刚即位，王太后掌权的机会。然而魏其侯实在是太不懂时势的变化，灌夫不学无术又不谦逊，两人互相庇护，酿成了这场祸乱。武安侯依仗显贵的地位而且喜欢玩弄权术，由于一杯酒的怨愤，陷害了两位贤人。可悲啊！迁怒于别人，以致自己的性命也不长久。受不到百姓的拥戴，终究蒙受了坏名声。可悲啊！灾祸就是这么来的！

（王永吉　注译）

卷一百九
李将军列传第四十九

注释查阅　译文诵读

李将军广者，陇西成纪人也。其先曰李信，秦时为将，逐得燕太子丹者也[1]。故槐里[2]，徙成纪。广家世世受射[3]。孝文帝十四年，匈奴大入萧关，而广以良家子从军击胡[4]，用善骑射[5]，杀首虏多[6]，为汉中郎。广从弟李蔡亦为郎，皆为武骑常侍，秩八百石。尝从行[7]，有所冲陷折关及格猛兽[8]，而文帝曰："惜乎，子不遇时！如令子当高帝时，万户侯岂足道哉！"

及孝景初立，广为陇西都尉，徙为骑郎将。吴楚军时[9]，广为骁骑都尉，从太尉亚夫击吴楚军[10]，取旗，显功名昌邑下。以梁王授广将军印[11]，还，赏不行。徙为上谷太守，匈奴日以合战。典属国公孙昆邪为上泣曰："李广才气，天下无双，自负其能，数与虏敌战，恐亡之。"于是乃徙为上郡太守。后广转为边郡太守，徙上郡。尝为陇西、北地、鴈门、代郡、云中太守，皆以力战为名。

匈奴大入上郡，天子使中贵人从广勒习兵击匈奴[12]。中贵人将骑数十纵，见匈奴三人，与战。三人还射，伤中贵人，杀其骑且尽。中贵人走广。广曰："是必射雕者也。"广乃遂从百骑往驰三人。三人亡马步行，行数十里。广令其骑张左右翼，而广身自射彼三人者，杀其二人，生得一人，果匈奴射雕者也。已缚之上马，望匈奴有数千骑，见广，以为诱骑，皆惊，上山陈[13]。广之百骑皆大恐，欲驰还走。广曰："吾去大军数十里，今如此以百骑走，匈奴追射我立尽。今我留，匈奴必以我为大军之诱，必不敢击我。"广令诸骑曰："前！"前未到匈奴陈二里所[14]，止，令曰："皆下马解鞍！"其骑曰："虏多且近，即有急，奈何？"广曰："彼虏以我为走，今皆解鞍以示不走，用坚其意[15]。"于是胡骑遂不敢击。有白马将出护其兵，李广上马，与十余骑犇射杀胡白马将，而复还至其骑中，解鞍，令士皆纵马卧。是时会暮，胡兵终怪之，不敢击。夜半时，胡兵亦以为汉有伏军于旁欲夜取之，胡皆引兵而去。平旦，李广乃归其大军。大军不知广所之，故弗从。

居久之，孝景崩，武帝立，左右以为广名将也，于是广以上郡太守为未央卫尉[16]，而程不识亦为长乐卫尉[17]。程不识故与李广俱以边太守将军屯。及出击胡，而广行无部伍行陈，就善水草屯，舍止，人人自便，不击刀斗以自卫[18]，莫府省约文书籍事[19]，然亦远斥候[20]，未尝遇害。程不识正部曲行伍营陈[21]，击刀斗，士吏治军簿至明，军不得休息，然亦未尝遇害。不识曰："李广军极简易，然虏卒犯之[22]，无以禁也；而其士卒亦佚乐[23]，咸乐为之死。我军虽烦扰，然虏亦不得犯我。"是时汉边郡李广、程不识皆为名将，然匈奴畏李广之略，士卒亦多乐从李广而苦程不识。程不识孝景时以数直谏为太中大夫。为人廉，谨于文法。

后汉以马邑城诱单于，使大军伏马邑旁谷，而广为骁骑将军[24]，领属护军将军。是时单于觉之，去，汉军皆无功。其后四岁，广以卫尉为将军，出雁门击匈奴。匈奴兵多，破败广军，生得广。单于素闻广贤，令曰："得李广必生致之[25]。"胡骑得广，广时伤病，置广两马间，络而盛卧广。行十余里，广详死[26]，睨其旁有一胡儿骑善马[27]，广暂腾而上胡儿马[28]，因推堕儿，取其弓，鞭马南驰数十里，复得其余军，因引而入塞。匈奴捕者骑数百追之，广行取胡儿弓，射杀追骑，以故得脱。于是至汉，汉下广吏。吏当广所失亡多[29]，为虏所生得，当斩，赎为庶人。

顷之[30]，家居数岁。广家与故颍阴侯孙屏野居蓝田南山中射猎[31]。尝夜从一骑出，从人田间饮。还至霸陵亭[32]，霸陵尉醉，呵止广。广骑曰："故李将军。"尉曰："今将军尚不得夜行，何乃故也！"止广宿亭下。居无何[33]，匈奴入杀辽西太守，败韩将军，后韩将军徙右北平。于是天子乃召拜广为右北平太守。广即请霸陵尉与俱，至军而斩之。

广居右北平，匈奴闻之，号曰"汉之飞将军"，避之，数岁不敢入右北平。

广出猎，见草中石，以为虎而射之，中石没镞[34]，视之，石也。因复更射之，终不能复入石矣。广所居郡闻有虎，尝自射之。及居右北平，射虎，虎腾伤广[35]，广亦竟射杀之[36]。

广廉，得赏赐辄分其麾下，饮食与士共之。终广之身，为二千石四十余年，家无余财，终不言家产事。广为人长，猨臂，其善射亦天性也，虽其子孙他人学者，莫能及广。广讷口少言[37]，与人居则画地为军陈，射阔狭以饮[38]。专以射为戏，竟死。广之将兵，乏绝之处，见水，士卒不尽饮，广不近水，士卒不尽食，广不尝食。宽缓不苛，士以此爱乐为用。其射，见敌急，非在数十步之内，度不中不发[39]，发即应弦而倒。用此，其将兵数困辱，其射猛兽亦为所伤云。

居顷之，石建卒，于是上召广代建为郎中令。元朔六年，广复为后将军，从大将军军出定襄[40]，击匈奴。诸将多中首虏率，以功为侯者，而广军无功。后二岁，广以郎中令将四千骑出右北平，博望侯张骞将万骑与广俱，异道。行可数百里[41]，匈奴左贤王将四万骑围广[42]，广军士皆恐，广乃使其子敢往驰之。敢独与数十骑驰，直贯胡骑，出其左右而还，告广曰："胡虏易与耳[43]。"军士乃安。广为圜陈外向[44]，胡急击之，矢下如雨。汉兵死者过半，汉矢且尽。广乃令士持满毋发[45]，而广身自以大黄射其裨将[46]，杀数人，胡虏益解[47]。会日暮[48]，吏士皆无人色，而广意气自如，益治军。军中自是服其勇也。明日，复力战，而博望侯军亦至，匈奴军乃解去。汉军罢[49]，弗能追。是时广军几没[50]，罢归。汉法，博望侯留迟后期，当死，赎为庶人。广军功自如[51]，无赏。

初，广之从弟李蔡与广俱事孝文帝。景帝时，蔡积功劳至二千石。孝武帝时，至代相。以元朔五年为轻车将军，从大将军击右贤王，有功中率[52]，封为乐安侯。元狩二年中，代公孙弘为丞相。蔡为人在下中[53]，名声出广下甚远，然广不得爵邑，官不过九卿，而蔡为列侯，位至三公。诸广之军吏及士卒或取封侯。广尝与望气王朔燕语[54]，曰："自汉击匈奴而广未尝不在其中，而诸部校尉以下，才能不及中人，然以击胡军功取侯者数十人，而广不为后人，然无尺寸之功以得封邑者，何也？岂吾相不当侯邪？且固命也？"朔曰："将军自念，岂尝有所恨乎[55]？"广曰："吾尝为陇西守，羌尝反，吾诱而降，降者八百余人，吾诈而同日杀之。至今大恨独此耳。"朔曰："祸莫大于杀已降，此乃将军所以不得侯者也。"

后二岁，大将军、骠骑将军大出击匈奴[56]，广数自请行。天子以为老，弗许；良久乃许之，以为前将军[57]。是岁，元狩四年也。

广既从大将军青击匈奴，既出塞，青捕虏知单于所居，乃自以精兵走之，而令广并于右将军军，出东道。东道少回远[58]，而大军行水草少，其势不屯行。广自请曰："臣部为前将军，今大将军乃徙令臣出东道，且臣结发而与匈奴战[59]，今乃一得当单于，臣愿居前，先死单于。"大将军青亦阴受上诫，以为李广老，数奇[60]，毋令当单于，恐不得所欲。而是时公孙敖新失侯，为中将军从大将军，大将军亦欲使敖与俱当单于，故徙前将军广。广时知之，固自辞于大将军。大将军不听，令长史封书与广之莫府，曰："急诣部，如书[61]。"广不谢大将军而起行[62]，意甚愠怒而就部，引兵与右将军食其合军出东道。军亡导，或失道，后大将军。大将军与单于接战，单于遁走，弗能得而还。南绝幕[63]，遇前将军、右将军。广已见大将军，还入军。大将军使长史持糒醪遗广[64]，因问广、食其失道状，青欲上书报天子军曲折[65]。广未对，大将军使长史急责广之幕府对簿[66]。广曰："诸校尉无罪，乃我自失道。吾今自上簿至莫府[67]。"

广谓其麾下曰："广结发与匈奴大小七十余战，今幸从大将军出接单于兵，而大将军又徙广部行回远，而又迷失道，岂非天哉！且广年六十余矣，终不能复对刀笔之吏[68]。"遂引刀自刭。广军士大夫一军皆哭。百姓闻之，知与不知，无老壮皆为垂涕。而右将军独下吏，当死，赎为庶人。

广子三人，曰当户、椒、敢，为郎。天子与韩嫣戏，嫣少不逊[69]，当户击嫣，嫣走。于是天子以为勇。当户早死，拜椒为代郡太守，皆先广死。当户有遗腹子名陵。广死军时，敢从骠骑将军。广死明年，李蔡以丞相坐侵孝景园壖地[70]，当下吏治，蔡亦自杀，不对狱[71]，国除。李敢以校尉从骠骑将军击胡左贤王，力战，夺左贤王鼓旗，斩首多，赐爵关内侯[72]，食邑二百户，代广为郎中令。顷之，怨大将军青之恨其父[73]，乃击伤大将军，大将军匿讳之。居无何，敢从上雍，至甘泉宫猎。骠骑将军去病与青有亲，射杀敢。去病时方贵幸，上讳云鹿触杀之。居岁余，去病死。而敢有女为太子中人[74]，爱幸，敢男禹有宠于太子，然好利，李氏陵迟衰微矣[75]。

李陵既壮，选为建章监，监诸骑。善射，爱士卒。天子以为李氏世将，而使将八百骑。尝深入匈奴二千余里，过居延视地形，无所见虏而还。拜为骑都尉，将丹阳楚人五千人，教射酒泉、张掖以屯卫胡。

数岁，天汉二年秋，贰师将军李广利将三万骑击匈奴右贤王于祁连天山，而使陵将其射士步兵五千人出居延北可千余里，欲以分匈奴兵，毋令专走贰师也。陵既至期还，而单于以兵八万围击陵军。陵军五千人，兵矢既尽，士死者过半，而所杀伤匈奴亦万余人。且引且战，连斗八日，还未到居延百余里，匈奴遮狭绝道，陵食乏而救兵不到，虏急击招降陵。陵曰："无面目报陛下。"遂降匈奴。其兵尽没，余亡散得归汉者四百余人。

单于既得陵，素闻其家声，及战又壮，乃以其女妻陵而贵之。汉闻，族陵母妻子。自是之后，李氏名败，而陇西之士居门下者皆用为耻焉。

太史公曰：传曰"其身正，不令而行；其身不正，虽令不从"[76]。其李将军之谓也？余睹李将军悛悛如鄙人[77]，口不能道辞。及死之日，天下知与不知，皆为尽哀。彼其忠实心诚信于士大夫也。谚曰"桃李不言，下自成蹊"[78]。此言虽小，可以谕大也。

【译文】

将军李广，陇西郡成纪县人。他的先祖叫李信，秦朝时任将军，就是追获了燕太子丹的那位将军。他原籍槐里县，后来迁到成纪。李广家世代传习射箭之术。孝文帝十四年，匈奴人大举入侵萧关，李广以良家子的身份参军抗击匈奴，因为他善于骑射，斩获敌人首级和俘虏敌人数量多，所以被任为汉朝廷的中郎。李广的堂弟李蔡，也被任为中郎。二人又都任武骑常侍，年俸八百石。李广经常随从皇帝出行，常有冲锋陷阵、抵御敌人以及格杀猛兽的事。文帝说："可惜啊，你没遇到好时机！如果让你生当高祖争夺天下之时，封个万户侯那还在话下吗！"

到景帝即位后，李广任陇西都尉，又改任骑郎将。吴、楚七国叛乱时，李广任骁骑都尉，随从太尉周亚夫反击吴、楚叛军，在昌邑城下夺取了敌人的军旗，立功扬名。可是由于梁孝王私自把将军印授给李广，回朝后，朝廷没有对他进行封赏。调他任上谷太守，匈奴每天都来交战。典属国公孙昆邪哭着对皇上说："李广的才气，天下无双，自己仗恃有本领，屡次和敌人正面作战，恐怕会失去这员良将。"于是又调他任上郡太守。以后李广转任边境各郡太守，又再次调任上郡太守。他曾任陇西、北地、雁门、代郡、云中等太守，都以奋力作战而出名。

匈奴大举入侵上郡，天子派来一名宦官跟随李广学习军事，抗击匈奴。这位宦官带领几十名骑兵，纵马驰骋，遇到三个匈奴人，就与他们交战，三个匈奴人回身放箭，射伤了宦官，几乎杀光了他的那些骑兵。宦官逃回到李广那里，李广说："这一定是匈奴的射雕能手。"李广于是就带上一百名骑兵前去追赶那三个匈奴人。那三个人没有马，徒步前行。走了几十里，李广命令他的骑兵左右散开，两路包抄。他亲自去射杀那三个人，射死了两个，活捉了一个，果然是匈奴的射雕手。把他捆绑上马之后，远远望见几千名匈奴骑兵。他们看到李广，以为是诱敌之骑兵，都很吃惊，跑上山去摆好了阵势。李广的百名骑兵也都大为惊恐，想回马飞奔逃跑。李广说："我们离开大军几十里，照现在这样的情况，我们这一百名骑兵只要一跑，匈奴就要来追击射杀，我们会立刻被杀光的。现在我们停留不走，匈奴一定以为我们是大军来诱敌的，必定不敢攻击我们。"李广向骑兵下令："前进！"骑兵向前进发，到了离匈奴阵地还有大约二里的地方，停下来，下令说："全体下马解下马鞍！"骑兵们说："敌人那么多，并且又离得近，如果有了紧急情况，怎么办？"李广说："那些敌人原以为我们会逃跑，现在我们都解下马鞍表示不逃，这样就能使他们更加坚定地相信我们是诱敌之兵。"于是匈奴骑兵终于不敢来攻击。有一名骑白马的匈奴将领出来监护他的士兵，李广立即上马和十几名骑兵一起奔驰，射死了那骑马的匈奴将领，之后又回到自己的骑兵队里，解下马鞍，让士兵们都放开马，随便躺卧。这时正值日暮黄昏，匈奴军队始终觉得奇怪，不敢进攻。到了半夜，匈奴兵又以为汉朝有伏兵在附近，想趁夜偷袭他们，因而匈奴就领兵撤离了。第二天早晨，李广才回到他的大军营中，大军不知道李广的去向，所以无法随后接应。

过了好几年，景帝去世，武帝即位。左右近臣都认为李广是名将，于是李广由上郡太守调任未央宫的禁卫军长官，程不识也来任长乐宫的禁卫军长官。程不识和李广从前都任边郡太守并兼管军队驻防。到出兵攻打匈奴的时候，李广行军没有严格的队列和阵势，靠近水草丰茂的地方驻扎军队，停宿的地方人人都感到便利，晚上也不打更自卫，幕府简化各种文书簿册，但他远远地布置了哨兵，所以不曾遭到过危险。程不识对队伍的编制、行军队列、驻营阵势等要求很严格，夜里打更，文书军吏处理考绩等公文簿册要到天明，军队得不到休息，但也不曾遇到危险。程不识说："李广治兵简便易行，然而敌人如果突然进犯他，他就无法阻挡了。而他的士卒倒也安逸快乐，都甘心为他拼死。我的军队虽然军务纷繁忙乱，但是敌人也不敢侵犯我。"那时汉朝边郡的李广、程不识都是名将，但是匈奴人害怕李广的谋略，士兵也大多愿意跟随李广而以跟随程不识为苦。程不识在景帝时由于屡次直言进谏被封为太中大夫，为人清廉，谨守朝廷文书法令。

后来，汉朝用马邑城引诱单于，派大军在马邑两旁的山谷中埋伏，李广任骁骑将军，受护军将军韩安国的统领节制。当时单于发觉了汉军的计谋，就逃跑了。汉军都没有战功。四年以后，李广由卫尉被任为将军，出雁门关进攻匈奴。匈奴兵多，打败了李广的军队，并生擒了李广。单于平时就听说李广很有才能，下令说：“俘获李广一定要活着送来。”匈奴骑兵俘虏了李广，当时李广受伤生病，就把李广放在两匹马中间，装在绳编的网兜里躺着。走了十多里，李广假装死去，斜眼看到他旁边的一个匈奴少年骑着一匹好马，李广突然一纵身跳上匈奴少年的马，趁势把少年推下去，夺了他的弓，打马向南飞驰数十里，重又遇到他的残部，于是带领他们进入关塞。匈奴出动追捕的骑兵几百名来追赶他，李广一边逃一边拿起匈奴少年的弓射杀追来的骑兵，因此才能逃脱。于是回到汉朝京城，朝廷把李广交给执法官吏。执法官判决李广损失伤亡太多，他自己又被敌人活捉，应该斩首，李广用钱物赎了死罪，削职为民。

转眼间，李广在家已闲居数年，李广家和已故颍阴侯灌婴的孙子灌强一起隐居在蓝田，常到南山中打猎。曾在一天夜里带着一名骑马的随从外出，和别人一起在田野间饮酒。回来时走到霸陵亭，霸陵尉喝醉了，大声呵斥，禁止李广通行。李广的随从说：“这是前任李将军。”亭尉说：“现任将军尚且不许通行，何况是前任呢！”便扣留了李广，让他停宿在霸陵亭下。没过多久，匈奴入侵杀死辽西太守，打败了韩将军，韩将军迁调右北平。于是天子就召见李广，任他为右北平太守。李广随即请求派霸陵尉一起赴任，到了军中就把他杀了。

李广驻守右北平，匈奴听说后，称他为“汉朝的飞将军”，躲避他好几年，不敢入侵右北平。

李广外出打猎，看见草丛里的一块石头，认为是老虎就向它射去，射中了石头，箭头都射进去了，过去一看，原来是石头。接着重新再射，始终不能再射进石头了。李广驻守过各郡，听说有老虎，常常亲自去射杀。到驻守右北平时，一次射虎，老虎跳起来伤了李广，李广最终也射死了老虎。

李广为官清廉，得到赏赐就分给他的部下，饮食总与士兵在一起。李广一生到死，做二千石俸禄的官共四十多年，家中没有多余的财物，始终也不谈及家产方面的事。李广身材高大，两臂如猿，善于射箭也是天赋，即便是他的子孙或外人向他学习，也没人能赶上他。李广语言迟钝，说话不多，与别人在一起就在地上画军阵，然后比射箭，按射箭的远近及准确程度来定罚谁喝酒。他专门以射箭为消遣，一直到死。李广带兵，遇到缺粮断水的地方，见到水，士兵还没有完全喝到水，李广不去靠近水；士兵还没有完全吃上饭，李广一口饭也不尝。李广对士兵宽厚和缓不苛刻，士兵因此爱戴他，乐于为他所用。李广射箭的方法是，看见敌人逼近，如果不在数十步之内，估计射不中，就不发射。只要一发射，敌人立即随弓弦之声倒地。因此他领兵有几次被困受辱，射猛兽也曾被猛兽所伤。

没过多久，石建死了，于是皇上召见李广，让他接替石建任郎中令。元朔六年李广又被任为后将军，跟随大将军卫青的军队从定襄出塞，征伐匈奴。许多将领因斩杀敌人首级符合规定数额，以战功被封侯，而李广的军队却没有战功。过了两年，李广以郎中令官职率领四千骑兵从右北平出塞，博望侯张骞率领一万骑兵与李广一同出征，分行两条道路。行军约几百里，匈奴左贤王率领四万骑兵包围了李广，李广的士兵都很害怕，李广就派他的儿子李敢骑马往匈奴军中奔驰。李敢独自和几十名骑兵飞奔，直穿匈奴骑兵阵，又从其左右两翼突出，回来向李广报告说："匈奴敌兵很容易对付啊！"士兵们这才安心。李广布成圆形兵阵，面向外，匈奴猛攻，箭如雨下。汉兵死了一半多，箭也用光了。李广就命令士兵拉满弓，不要放箭，而李广亲自用大黄弩弓射匈奴的副将，杀死了好几个，匈奴军才渐渐散开。这时天色已晚，军吏士兵都面无人色，可是李广却神态自然，更加注意整顿军队。军中从此都很佩服他的勇敢。第二天，又去奋力作战，博望侯的军队也赶到了，匈奴军才解围退去。汉军非常疲惫，所以也不能去追击。当时李广军几乎全军覆没，只好收兵回朝。按汉朝法律，博望侯行军迟缓，延误期限，应处死刑，用钱赎罪，降为平民。李广功过相抵，没有封赏。

当初，李广的堂弟李蔡和李广一起事奉文帝。到景帝时，李蔡积累功劳已得到年俸二千石的官位。武帝时，做到代国的国相。元朔五年被任为轻车将军，跟随大将军卫青攻打匈奴右贤王有功，达到斩杀敌人首级的规定，被封为乐安侯。元狩二年间，代公孙弘任丞相。李蔡的才干在下等之中，声名比李广差得很远，然而李广得不到封爵和封地，官位没超过九卿，可是李蔡却被封为列侯，官位达到三公。李广属下的军官和士兵们，也有人得到了侯爵之封。李广曾和星象家王朔私下闲谈说："自从汉朝攻打匈奴以来，我没有一次不参加。可是各部队校尉以下的军官，才能还不如中等人，然而由于攻打匈奴有军功被封侯的有几十人。我李广不算比别人差，但是没有一点功劳用来得到封地，这是什么原因呢？难道是我的生相就不该封侯吗？还是本来就命该如此呢？"王朔说："将军自

己回想一下，难道曾有过值得悔恨的事吗？”李广说：“我曾当过陇西太守，羌人有一次反叛，我诱骗他们投降，投降的有八百多人，我用欺诈手段在同一天把他们都杀了。直到今天我最大的悔恨只有这件事。”王朔说：“能使人受祸的事，没有比杀死已投降的人更大的了，这也就是将军不能封侯的原因。”

又过了两年，大将军卫青、骠骑将军霍去病率军大举出征匈奴，李广几次亲自请求随行。天子认为他已年老，没有答应；好久才准许他前去，让他任前将军。这一年是元狩四年。

李广不久随大将军卫青出征匈奴，出边塞以后，卫青捉到敌兵，知道了单于住的地方，就自己带领精兵去追逐单于，而命令李广和右将军的队伍合并，从东路出击。东路有些迂回绕远，而且大军走在水草缺少的地方，势必不能并队行进。李广就亲自请求说：“我的职务是前将军，如今大将军却命令我改从东路出兵，况且我从年少时就与匈奴作战，到今天才得到一次与单于对敌的机会，我愿做前锋，先和单于决一死战。”大将军卫青曾暗中受到皇上的警告，认为李广年老，命运不好，不要让他与单于对敌，恐怕不能实现俘获单于的愿望。那时公孙敖刚刚丢掉了侯爵，任中将军，随从大将军出征，大将军也想让公孙敖跟自己一起与单于对敌，故意把前将军李广调开。李广当时也知道内情，所以坚决要求大将军收回调令。大将军不答应他的请求，命令长史写文书发到李广的幕府，并对他说：“赶快到右将军部队中去，照文书上写的办。”李广不向大将军告辞就起程了，心中非常恼怒地前往军部，领兵与右将军赵食其合兵后从东路出发。军队没有向导，有时迷失道路，结果落在大将军之后。大将军与单于交战，单于逃跑了，卫青没有战果只好回兵。大将军向南行渡过沙漠，遇到了前将军和右将军。李广谒见大将军之后，回到自己军中。大将军派长史带着干粮和酒送给李广，顺便向李广和赵食其询问迷失道路的情况，卫青要给天子上书报告详细的军情。李广没有回答。大将军派长史急切责令李广幕府的人员前去受审对质。李广说：“校尉们没有罪，是我自己迷失道路，我现在亲自到大将军幕府去受审对质。”

李广对他的部下说：“我从少年起与匈奴打过大小七十多仗，如今有幸跟随大将军出征同单于军队交战，可是大将军又调我的部队去走迂回绕远的路，偏又迷失道路，难道不是天意吗！况且我已六十多岁了，毕竟不能再受那些刀笔吏的侮辱。”于是就拔刀自刎了。李广军中的所有将士都为之痛哭。百姓听到这个消息，不论认识的不认识的，也不论老的少的都为李广落泪。右将军赵食其单独被交给执法官吏，应判为死罪，用财物赎罪，降为平民。

李广有三个儿子，名叫当户、椒、敢，都任郎官。一次天子和弄臣韩嫣戏耍，韩嫣有点放肆的举动，李当户去打韩嫣，韩嫣逃跑了，于是天子认为当户很勇敢。当户死得早，李椒被封为代郡太守，二人都比李广先死。当户有遗腹子名李陵。李广死在军中的时候，李敢正跟随骠骑将军霍去病。李广死后第二年，李蔡以丞相之位侵占景帝陵园前大道两旁的空地，因而获罪，应送交法吏查办，李蔡不愿受审对质，也自杀了，他的封国被废除。李敢以校尉官职随从骠骑将军出击匈奴左贤王，奋力作战，夺得左贤王的战鼓和军旗，斩杀很多敌人首级，因而赐封了关内侯的爵位，封给食邑二百户，接替李广任郎中令。不久，李敢怨恨大将军卫青使他父亲饮恨而死，就打伤了大将军，大将军把这件事隐瞒下来，没有张扬。又过了不久，李敢随从皇上去雍县，到甘泉宫打猎。骠骑将军霍去病和卫青有亲戚关系，就把李敢射死了。霍去病当时正当显贵并且受宠，皇上就隐瞒真相，说李敢是被鹿撞死的。又过一年多，霍去病死了。李敢有个女儿是太子的侍妾，很受宠爱，李敢的儿子李禹也受太子宠爱，但他贪财好利，李氏家族日渐败落衰微了。

李陵到壮年以后，被选任为建章营的监督官，监管所有骑兵。他善于射箭，爱护士兵，天子认为李家世代为将，因而让李陵率领八百骑兵。李陵曾深入匈奴境内两千多里，穿过居延海，观察地形，没有遇见敌人就回来了。后被封为骑都尉，统率丹阳的楚兵五千人，在酒泉、张掖教练射箭，屯驻在那里防备匈奴。

几年后，天汉二年秋天，贰师将军李广利率领三万骑兵在祁连山进攻匈奴右贤王，武帝派李陵率领他的步兵射手五千人，出兵到居延海以北大约一千里的地方，想用此法分散敌人的兵力，不让他们专门去对付贰师将军。李陵已到预定期限就要回兵，而单于用八万大军包围截击李陵的军队。李陵军队只有五千人，箭射光了，士兵死了大半，但他们杀伤匈奴也有一万多人。李陵军边退边战，接连战斗了八天，往回走到离居延海还有一百多里的地方，匈奴兵拦堵住狭窄的山谷，截断了他们的归路。李陵军队缺乏粮食，救兵也不到，敌人加紧进攻，并劝诱李陵投降。李陵说："我没脸面去回报皇帝了！"于是就投降了匈奴。他的军队全军覆没，余下逃散能回到汉朝的只有四百多人。

单于得到李陵之后，因平素就听说过李陵家的名声，打仗时又很勇敢，于是就把自己的女儿嫁给李陵，使他显贵。汉朝知道后，就杀了李陵的母亲妻儿全家。从此以后，李家名声败落，陇西一带曾为李氏门下宾客的人士，都以此为耻辱。

太史公说：《论语》里说："在上位的人自身行为端正，不下命令事情也能实行；自身行为不正，发下命令也没人听从。"这就是说的李将军吧？我所看到的李将军，老实厚道像个乡下人，开口不善讲话，可在他死的那天，天下人不论认识他的还是不认识他的，都为他尽情哀痛。他那忠实的品格确实得到了将士们的信赖。谚语说："桃树李树不会讲话，树下却自然地被人踩出一条小路。"这话说的虽然是小事，但可以用来比喻大道理。

（赵生群注　王永吉译）

卷一百十　匈奴列传第五十

注释查阅　译文诵读

匈奴，其先祖夏后氏之苗裔也[1]，曰淳维。唐虞以上有山戎、猃狁、荤粥[2]，居于北蛮，随畜牧而转移。其畜之所多则马、牛、羊，其奇畜则橐驰[3]、驴、骡[4]、驶騠[5]、騊駼[6]、驒騱[7]。逐水草迁徙，毋城郭常处耕田之业[8]，然亦各有分地。毋文书[9]，以言语为约束。儿能骑羊，引弓射鸟鼠；少长则射狐兔，用为食。士力能毌弓[10]，尽为甲骑。其俗，宽则随畜[11]，因射猎禽兽为生业，急则人习战攻以侵伐[12]，其天性也。其长兵则弓矢，短兵则刀铤[13]。利则进，不利则退，不羞遁走。苟利所在，不知礼义。自君王以下，咸食畜肉，衣其皮革，被旃裘[14]。壮者食肥美，老者食其余。贵壮健，贱老弱。父死，妻其后母；兄弟死，皆取其妻妻之[15]。其俗有名不讳，而无姓字。

夏道衰，而公刘失其稷官[16]，变于西戎，邑于豳[17]。其后三百有余岁，戎狄攻大王亶父[18]，亶父亡走岐下，而豳人悉从亶父而邑焉，作周[19]。其后百有余岁，周西伯昌伐畎夷氏[20]。后十有余年，武王伐纣而营邑，复居于酆、鄗，放逐戎夷泾、洛之北，以时入贡，命曰“荒服”[21]。其后二百有余年，周雒道衰，而穆王伐犬戎[22]，得四白狼四白鹿以归。自是之后，荒服不至。于是周遂作《甫刑》之辟[23]。穆王之后二百有余年，周幽王用宠姬褒姒之故[24]，与申侯有郤[25]。申侯怒而与犬戎共攻杀周幽王于骊山之下，遂取周之焦获，而居于泾、渭之间，侵暴中国[26]。秦襄公救周，于是周平王去酆、鄗而东徙雒邑。当是之时，秦襄公伐戎至岐，始列为诸侯。是后六十有五年，而山戎越燕而伐齐，齐釐公与战于齐郊。其后四十四年，而山戎伐燕。燕告急于齐，齐桓公北伐山戎，山戎走[27]。其后二十有余年，而戎狄至雒邑，伐周襄王，襄王奔于郑之氾邑。初，周襄王欲伐郑，故娶戎狄女为后，与戎狄兵共伐郑。已而黜狄后，狄后怨，而襄王后母曰惠后，有子子带，欲立之，于是惠后与狄后、子带为内应，开戎狄[28]，戎狄以故得入，破逐周襄王，而立子带为天子。于是戎狄或居于陆浑，东至于卫，侵盗暴虐中国。中国疾之，故诗人歌之曰“戎狄是应”[29]，“薄伐猃狁，至于大原”[30]，“出舆彭彭，城彼朔方”[31]。周襄王既居外四年，乃使使告急于晋。晋文公初立，欲修霸业，乃兴师伐逐戎翟[32]，诛子带，迎内周襄王[33]，居于雒邑。

当是之时，秦、晋为强国。晋文公攘戎翟，居于河西圁、洛之间[34]，号曰赤翟、白翟。秦穆公得由余，西戎八国服于秦，故自陇以西有緜诸、绲戎、翟、獂之戎，岐、梁山、泾、漆之北有义渠、大荔、乌氏、朐衍之戎。而晋北有林胡、楼烦之戎，燕北有东胡、山戎。各分散居豀谷，自有君长，往往而聚者百有余戎，然莫能相一[35]。

自是之后百有余年，晋悼公使魏绛和戎翟，戎翟朝晋。后百有余年，赵襄子逾句注而破并代以临胡貉[36]。其后既与韩、魏共灭智伯，分晋地而有之，则赵有代、句注之北，魏有河西、上郡，以与戎界边。其后义渠之戎筑城郭以自守，而秦稍蚕食，至于惠王，遂拔义渠二十五城。惠王击魏，魏尽入西河及上郡于秦。秦昭王时，义渠戎王与宣太后乱[37]，有二子。宣太后诈而杀义渠戎王于甘泉[38]，遂起兵伐残义渠。于是秦有陇西、北地、上郡，筑长城以拒胡。而赵武灵王亦变俗胡服，习骑射，北破林胡、楼烦；筑长城，自代并阴山下[39]，至高阙为塞[40]，而置云中、雁门、代郡。其后燕有贤将秦开，为质于胡、胡甚信之。归而袭破走东胡，东胡却千余里。与荆轲刺秦王秦舞阳者，开之孙也。燕亦筑长城，自造阳至襄平。置上谷、渔阳、右北平、辽西、辽东郡以拒胡。当是之时，冠带战国七[41]，而三国边于匈奴。其后赵将李牧时，匈奴不敢入赵边。后秦灭六国，而始皇帝使蒙恬将十万之众北击胡，悉收河南地，因河为塞[42]，筑四十四县城临河，徙適戍以充之[43]。而通直道，自九原至云阳，因边山险堑豀谷可缮者治之，起临洮至辽东万余里。又度河据阳山北假中[44]。

当是之时，东胡强而月氏盛。匈奴单于曰头曼，头曼不胜秦，北徙。十余年而蒙恬死，诸侯畔秦[45]，中国扰乱，诸秦所徙適戍边者皆复去，于是匈奴得宽，复稍度河南[46]，与中国界于故塞[47]。

单于有太子名冒顿。后有所爱阏氏[48]，生少子，而单于欲废冒顿而立少子，乃使冒顿质于月氏。冒顿既质于月氏，而头曼急击月氏。月氏欲杀冒顿，冒顿盗其善马，骑之亡归。头曼以为壮，令将万骑[49]。冒顿乃作为鸣镝[50]，习勒其骑射[51]，令曰："鸣镝所射而不悉射者，斩之。"行猎鸟兽，有不射鸣镝所射者，辄斩之。已而冒顿以鸣镝自射其善马，左右或不敢射者，冒顿立斩不射善马者。居顷之，复以鸣镝自射其爱妻，左右或颇恐，不敢射，冒顿又复斩之。居顷之，冒顿出猎，以鸣镝射单于善马，左右皆射之。于是冒顿知其左右皆可用。从其父单于头曼猎，以鸣镝射头曼，其左右亦皆随鸣镝而射杀单于头曼，遂尽诛其后母与弟及大臣不听从者。冒顿自立为单于。

冒顿既立，是时东胡强盛，闻冒顿杀父自立，乃使使谓冒顿，欲得头曼时有千里马。冒顿问群臣，群臣皆曰："千里马，匈奴宝马也，勿与。"冒顿曰"奈何与人邻国而爱一马乎[52]？"遂与之千里马。居顷之，东胡以为冒顿畏之，乃使使谓冒顿，欲得单于一阏氏。冒顿复问左右，左右皆怒曰："东胡无道，乃求阏氏！请击之。”冒顿曰：“奈何与人邻国爱一女子乎？”遂取所爱阏氏予东胡。东胡王愈益骄，西侵。与匈奴间，中有弃地，莫居，千余里，各居其边为瓯脱[53]。东胡使使谓冒顿曰：“匈奴所与我界瓯脱外弃地，匈奴非能至也，吾欲有之。”冒顿问群臣，群臣或曰：“此弃地，予之亦可，勿予亦可。”于是冒顿大怒曰：“地者，国之本也，奈何予之！”诸言予之者，皆斩之。冒顿上马，令国中有后者斩，遂东袭击东胡。东胡初轻冒顿，不为备。及冒顿以兵至，击，大破灭东胡王，而虏其民人及畜产。既归，西击走月氏，南并楼烦、白羊河南王[54]。悉复收秦所使蒙恬所夺匈奴地者，与汉关故河南塞，至朝鄅、肤施，遂侵燕、代。是时汉兵与项羽相距，中国罢于兵革[55]，以故冒顿得自强，控弦之士三十余万[56]。

自淳维以至头曼千有余岁，时大时小，别散分离，尚矣[57]，其世传不可得而次云[58]。然至冒顿而匈奴最强大，尽服从北夷[59]，而南与中国为敌国[60]，其世传国官号乃可得而记云。

置左右贤王，左右谷蠡王，左右大将，左右大都尉，左右大当户，左右骨都侯。匈奴谓贤曰“屠耆”，故常以太子为左屠耆王。自如左右贤王以下至当户，大者万骑，小者数千，凡二十四长，立号曰“万骑”。诸大臣皆世官。呼衍氏，兰氏，其后有须卜氏，此三姓其贵种也。诸左方王将居东方，直上谷以往者，东接秽貉、朝鲜[61]；右方王将居西方，直上郡以西，接月氏、氐、羌；而单于之庭直代、云中[62]：各有分地，逐水草移徙。而左右贤王、左右谷蠡王最为大国，左右骨都侯辅政。诸二十四长亦各自置千长、百长、什长、裨小王、相封[63]、都尉、当户、且渠之属。

岁正月，诸长小会单于庭，祠。五月，大会茏城，祭其先、天地，鬼神。秋，马肥，大会蹛林[64]，课校人畜计[65]。其法：拔刃尺者死[66]，坐盗者没入其家[67]；有罪，小者轧，大者死。狱久者不过十日，一国之囚不过数人。而单于朝出营，拜日之始生，夕拜月。其坐，长左而北乡[68]。日上戊己[69]。其送死，有棺椁金银衣裘，而无封树丧服[70]；近幸臣妾从死者，多至数千百人[71]。举事而候星月[72]，月盛壮则攻战，月亏则退兵。其攻战，斩首虏赐一卮酒，而所得卤获因以予之[73]，得人以为奴婢。故其战，人人自为趣利[74]，善为诱兵以冒敌[75]。故其见敌则逐利，如鸟之集；其困败，则瓦解云散矣。战而扶舆死者[76]，尽得死者家财。

后北服浑庾、屈射、丁零、鬲昆、薪犁之国。于是匈奴贵人大臣皆服，以冒顿单于为贤。

是时汉初定中国，徙韩王信于代[77]，都马邑。匈奴大攻围马邑，韩王信降匈奴。匈奴得信，因引兵南逾句注，攻太原，至晋阳下。高帝自将兵往击之。会冬大寒雨雪[78]，卒之堕指者十二三[79]，于是冒顿详败走[80]，诱汉兵。汉兵逐击冒顿，冒顿匿其精兵，见其羸弱[81]，于是汉悉兵[82]，多步兵，三十二万，北逐之。高帝先至平城，步兵未尽到，冒顿纵精兵四十万骑围高帝于白登，七日，汉兵中外不得相救饷。匈奴骑，其西方尽白马，东方尽青駹马[83]，北方尽乌骊马[84]，南方尽骍马[85]。高帝乃使使间厚遗阏氏[86]，阏氏乃谓冒顿曰："两主不相困。今得汉地，而单于终非能居之也。且汉王亦有神，单于察之。"冒顿与韩王信之将王黄、赵利期[87]，而黄、利兵又不来，疑其与汉有谋，亦取阏氏之言，乃解围之一角。于是高帝令士皆持满傅矢外乡[88]，从解角直出，竟与大军合，而冒顿遂引兵而去。汉亦引兵而罢，使刘敬结和亲之约[89]。

是后韩王信为匈奴将，及赵利、王黄等数倍约[90]，侵盗代、云中。居无几何，陈豨反，又与韩信合谋击代。汉使樊哙往击之，复拔代、雁门、云中郡县，不出塞。是时匈奴以汉将众往降，故冒顿常往来侵盗代地。于是汉患之，高帝乃使刘敬奉宗室女公主为单于阏氏[91]，岁奉匈奴絮缯酒米食物各有数，约为昆弟以和亲，冒顿乃少止。后燕王卢绾反，率其党数千人降匈奴，往来苦上谷以东[92]。

高祖崩，孝惠、吕太后时，汉初定，故匈奴以骄。冒顿乃为书遗高后[93]，妄言。高后欲击之，诸将曰："以高帝贤武，然尚困于平城。"于是高后乃止，复与匈奴和亲。

至孝文帝初立，复修和亲之事。其三年五月，匈奴右贤王入居河南地，侵盗上郡葆塞蛮夷[94]，杀略人民[95]。于是孝文帝诏丞相灌婴发车骑八万五千，诣高奴[96]，击右贤王。右贤王走出塞。文帝幸太原。是时济北王反[97]，文帝归，罢丞相击胡之兵。

其明年，单于遗汉书曰："天所立匈奴大单于敬问皇帝无恙。前时皇帝言和亲事，称书意[98]，合欢[99]。汉边吏侵侮右贤王，右贤王不请，听后义卢侯难氏等计，与汉吏相距，绝二主之约，离兄弟之亲。皇帝让书再至[100]，发使以书报，不来，汉使不至，汉以其故不和，邻国不附。今以小吏之败约故，罚右贤王，使之西求月氏击之。以天之福，吏卒良，马强力，以夷灭月氏，尽斩杀降下之。定楼兰、乌孙、呼揭及其旁二十六国，皆以为匈奴。诸引弓之民[101]，并为一家。北州已定，愿寝兵休士卒养马[102]，除前事，复故约，以安边民，以应始古[103]，使少者得成其长，老者安其处，世世平乐。未得皇帝之志也，故使郎中系雩浅奉书，请献橐他一匹[104]、骑马二匹、驾二驷。皇帝即不欲匈奴近塞[105]，则且诏吏民远舍[106]。使者至，即遣之。"以六月中来至薪望之地[107]。书至，汉议击与和亲孰便。公卿皆曰："单于新破月氏，乘胜，不可击。且得匈奴地，泽卤[108]，非可居也。和亲甚便。"汉许之。

孝文皇帝前六年[109]，汉遗匈奴书曰："皇帝敬问匈奴大单于无恙。使郎中系雩浅遗朕书曰：'右贤王不请，听后义卢侯难氏等计，绝二主之约，离兄弟之亲，汉以故不和，邻国不附。今以小吏败约故，罚右贤王使西击月氏，尽定之。愿寝兵休士卒养马，除前事，复故约，以安边民，使少者得成其长，老者安其处，世世平乐。'朕甚嘉之，此古圣主之意也。汉与匈奴约为兄弟，所以遗单于甚厚。倍约离兄弟之亲者，常在匈奴。然右贤王事已在赦前，单于勿深诛[110]。单于若称书意，明告诸吏，使无负约，有信，敬如单于书。使者言单于自将伐国有功[111]，甚苦兵事。服绣袷绮衣、绣袷长襦、锦袷袍各一[112]，比余一[113]，黄金饰具带一，黄金胥纰一[114]，绣十匹，锦三十匹，赤绨、绿缯各四十匹[115]，使中大夫意、谒者令肩遗单于。”

后顷之，冒顿死，子稽粥立，号曰老上单于。

老上稽粥单于初立，孝文皇帝复遣宗室女公主为单于阏氏，使宦者燕人中行说傅公主[116]。说不欲行，汉强使之。说曰：“必我行也，为汉患者。”中行说既至，因降单于，单于甚亲幸之。

初，匈奴好汉缯絮食物[117]，中行说曰：“匈奴人众不能当汉之一郡[118]，然所以强者，以衣食异，无仰于汉也。今单于变俗，好汉物，汉物不过什二，则匈奴尽归于汉矣。其得汉缯絮，以驰草棘中，衣袴皆裂敝[119]，以示不如旃裘之完善也；得汉食物，皆去之，以示不如湩酪之便美也[120]。”于是说教单于左右疏记[121]，以计课其人众畜物。

汉遗单于书，牍以尺一寸，辞曰：“皇帝敬问匈奴大单于无恙”，所遗物及言语云云。中行说令单于遗汉书以尺二寸牍，及印封皆令广大长[122]，倨傲其辞曰“天地所生日月所置匈奴大单于敬问汉皇帝无恙”，所以遗物言语亦云云。

汉使或言曰：“匈奴俗贱老。”中行说穷汉使曰[123]：“而汉俗屯戍从军当发者[124]，其老亲岂有不自脱温厚肥美以赍送饮食行戍乎[125]？”汉使曰：“然。”中行说曰：“匈奴明以战攻为事，其老弱不能斗，故以其肥美饮食壮健者，盖以自为守卫，如此父子各得久相保，何以言匈奴轻老也？”汉使曰：“匈奴父子乃同穹庐而卧。父死，妻其后母；兄弟死，尽取其妻妻之。无冠带之饰、阙庭之礼[126]。”中行说曰：“匈奴之俗，人食畜肉，饮其汁，衣其皮；畜食草饮水，随时转移。故其急则人习骑射[127]，宽则人乐无事，其约束轻，易行也。君臣简易，一国之政犹一身也。父子兄弟死，取其妻妻之，恶种姓之失也[128]。故匈奴虽乱，必立宗种[129]。今中国虽详不取其父兄之妻[130]，亲属益疏则相杀，至乃易姓[131]，皆从此类。且礼义之敝[132]，上下交怨望[133]，而室屋之极[134]，生力必屈[135]。夫力耕桑以求衣食，筑城郭以自备，故其民急则不习战功，缓则罢于作业[136]。嗟土室之人[137]，顾无多辞令[138]，喋喋而佔佔[139]，冠固何当[140]？”

自是之后，汉使欲辩论者，中行说辄曰：“汉使无多言，顾汉所输匈奴缯絮米糵[141]，令其量中[142]，必善美而已矣，何以为言乎？且所给备善则已[143]；不备，苦恶[144]，则候秋孰[145]，以骑驰蹂而稼穑耳[146]。”日夜教单于候利害处[147]。

汉孝文皇帝十四年[148]，匈奴单于十四万骑入朝那、萧关，杀北地都尉卬，虏人民畜产甚多，遂至彭阳。使奇兵入烧回中宫[149]，候骑至雍甘泉[150]。于是文帝以中尉周舍、郎中令张武为将军，发车千乘，骑十万，军长安旁以备胡寇。而拜昌侯卢卿为上郡将军，宁侯魏遬为北地将军，隆虑侯周灶为陇西将军，东阳侯张相如为大将军，成侯董赤为前将军，大发车骑往击胡。单于留塞内月余乃去，汉逐出塞即还，不能有所杀。匈奴日已骄，岁入边，杀略人民畜产甚多，云中、辽东最甚，至代郡万余人。汉患之，乃使使遗匈奴书。单于亦使当户报谢，复言和亲事。

孝文帝后二年[151]，使使遗匈奴书曰："皇帝敬问匈奴大单于无恙。使当户、且居雕渠难、郎中韩辽遗朕马二匹，已至，敬受。先帝制[152]：长城以北引弓之国，受命单于；长城以内冠带之室[153]，朕亦制之。使万民耕织射猎衣食，父子无离，臣主相安，俱无暴逆。今闻渫恶民贪降其进取之利[154]，倍义绝约[155]，忘万民之命，离两主之欢，然其事已在前矣。书曰：'二国已和亲，两主欢说[156]，寝兵休卒养马，世世昌乐，阘然更始[157]。'朕甚嘉之。圣人者日新，改作更始，使老者得息，幼者得长，各保其首领而终其天年[158]。朕与单于俱由此道，顺天恤民，世世相传，施之无穷[159]，天下莫不咸便。汉与匈奴邻敌之国[160]，匈奴处北地，寒，杀气早降[161]，故诏吏遗单于秫糵金帛丝絮佗物岁有数[162]。今天下大安，万民熙熙，朕与单于为之父母。朕追念前事，薄物细故[163]，谋臣计失，皆不足以离兄弟之欢。朕闻天不颇覆[164]，地不偏载，朕与单于皆捐往细故[165]，俱蹈大道，堕坏前恶，以图长久[166]，使两国之民若一家，子元元万民[167]，下及鱼鳖，上及飞鸟，跂行喙息蠕动之类[168]，莫不就安利而辟危殆[169]。故来者不止[170]，天之道也。俱去前事：朕释逃虏民，单于无言章尼等。朕闻古之帝王，约分明而无食言。单于留志[171]，天下大安，和亲之后，汉过不先[172]。单于其察之。"

单于既约和亲，于是制诏御史曰："匈奴大单于遗朕书，言和亲已定，亡人不足以益众广地[173]，匈奴无入塞，汉无出塞，犯今约者杀之，可以久亲，后无咎[174]，俱便。朕已许之。其布告天下，使明知之。"

后四岁[175]，老上稽粥单于死，子军臣立为单于。既立，孝文皇帝复与匈奴和亲。而中行说复事之。

军臣单于立四岁[176]，匈奴复绝和亲，大入上郡、云中各三万骑，所杀略甚众而去。于是汉使三将军军屯北地[177]，代屯句注，赵屯飞狐口，缘边亦各坚守以备胡寇[178]。又置三将军[179]，军长安西细柳、渭北棘门、霸上以备胡。胡骑入代句注边，烽火通于甘泉、长安。数月，汉兵至边，匈奴亦去远塞，汉兵亦罢。后岁余，孝文帝崩，孝景帝立，而赵王遂乃阴使人于匈奴。吴楚反，欲与赵合谋入边。汉围破赵，匈奴亦止。自是之后，孝景帝复与匈奴和亲，通关市[180]，给遗匈奴，遣公主，如故约。终孝景时，时小入盗边，无大寇。

今帝即位，明和亲约束，厚遇，通关市，饶给之[181]。匈奴自单于以下皆亲汉，往来长城下。

汉使马邑下人聂翁壹奸兰出物与匈奴交[182]，详为卖马邑城以诱单于[183]。单于信之，而贪马邑财物，乃以十万骑入武州塞。汉伏兵三十余万马邑旁，御史大夫韩安国为护军，护四将军以伏单于[184]。单于既入汉塞，未至马邑百余里，见畜布野而无人牧者，怪之，乃攻亭。是时雁门尉史行徼[185]，见寇，葆此亭[186]，知汉兵谋，单于得，欲杀之，尉史乃告单于汉兵所居。单于大惊曰："吾固疑之。"乃引兵还。出曰："吾得尉史，天也，天使若言[187]。"以尉史为"天王"。汉兵约单于人马邑而纵，单于不至，以故汉兵无所得。汉将军王恢部出代击胡辎重，闻单于还，兵多，不敢出。汉以恢本造兵谋而不进[188]，斩恢。自是之后，匈奴绝和亲，攻当路塞[189]，往往入盗于汉边，不可胜数。然匈奴贪，尚乐关市，嗜汉财物，汉亦尚关市不绝以中之[190]。

自马邑军后五年之秋，汉使四将军各万骑击胡关市下。将军卫青出上谷，至茏城，得胡首虏七百人。公孙贺出云中，无所得。公孙敖出代郡，为胡所败七千余人。李广出雁门，为胡所败，而匈奴生得广[191]，广后得亡归[192]。汉因敖、广，敖、广赎为庶人。其冬，匈奴数入盗边，渔阳尤甚。汉使将军韩安国屯渔阳备胡。其明年秋，匈奴二万骑入汉，杀辽西太守，略二千余人。胡又入败渔阳太守军千余人，围汉将军安国，安国时千余骑亦且尽，会燕救至[193]，匈奴乃去。匈奴又入雁门，杀略千余人。于是汉使将军卫青将三万骑出雁门，李息出代郡，击胡。得首虏数千人。其明年，卫青复出云中以西至陇西，击胡之楼烦、白羊王于河南，得胡首虏数千，牛羊百余万。于是汉遂取河南地，筑朔方[194]，复缮故秦时蒙恬所为塞[195]，因河为固。汉亦弃上谷之什辟县造阳地以予胡[196]。是岁，汉之元朔二年也[197]。

其后冬，匈奴军臣单于死。军臣单于弟左谷蠡王伊稚斜自立为单于，攻破军臣单于太子於单。於单亡降汉，汉封於单为涉安侯，数月而死。

伊稚斜单于既立，其夏，匈奴数万骑入杀代郡太守恭友，略千余人。其秋，匈奴又入雁门，杀略千余人。其明年，匈奴又复入代郡、定襄、上郡，各三万骑，杀略数千人。匈奴右贤王怨汉夺之河南地而筑朔方，数为寇，盗边，及入河南，侵扰朔方，杀略吏民甚众。

其明年春，汉以卫青为大将军，将六将军、十余万人，出朔方高阙击胡。右贤王以为汉兵不能至，饮酒醉，汉兵出塞六七百里，夜围右贤王。右贤王大惊，脱身逃走，诸精骑往往随后去。汉得右贤王众男女万五千人，裨小王十余人。其秋，匈奴万骑入杀代郡都尉朱英，略千余人。

其明年春，汉复遣大将军卫青将六将军、兵十余万骑，乃再出定襄数百里击匈奴，得首虏前后凡万九千余级，而汉亦亡两将军[198]，军三千余骑。右将军建得以身脱[199]，而前将军翕侯赵信兵不利，降匈奴。赵信者，故胡小王，降汉，汉封为翕侯，以前将军与右将军并军分行，独遇单于兵，故尽没。单于既得翕侯，以为自次王[200]，用其姊妻之，与谋汉。信教单于益北绝幕[201]，以诱罢汉兵[202]，徼极而取之[203]，无近塞。单于从其计。其明年，胡骑万人入上谷，杀数百人。

其明年春[204]，汉使骠骑将军去病将万骑出陇西，过焉支山千余里，击匈奴，得胡首虏骑万八千余级，破得休屠王祭天金人[205]。其夏，骠骑将军复与合骑侯数万骑出陇西[206]、北地二千里，击匈奴。过居延，攻祁连山，得胡首虏三万余人，裨小王以下七十余人。是时匈奴亦来入代郡、雁门，杀略数百人。汉使博望侯及李将军广出右北平[207]，击匈奴左贤王。左贤王围李将军，卒可四千人[208]，且尽，杀虏亦过当[209]。会博望侯军救至，李将军得脱。汉失亡数千人，合骑侯后骠骑将军期[210]，及与博望侯皆当死[211]，赎为庶人。

其秋，单于怒浑邪王、休屠王居西方为汉所杀虏数万人，欲召诛之。浑邪王与休屠王恐，谋降汉，汉使骠骑将军往迎之。浑邪王杀休屠王，并将其众降汉。凡四万余人，号十万。于是汉已得浑邪王，则陇西、北地、河西益少胡寇[212]，徙关东贫民处所夺匈奴河南、新秦中以实之，而减北地以西戍卒半。其明年，匈奴入右北平、定襄各数万骑，杀略千余人而去。

其明年春，汉谋曰"翕侯信为单于计，居幕北，以为汉兵不能至。"乃粟马[213]，发十万骑，负私从马凡十四万匹[214]，粮重不与焉[215]。令大将军青、骠骑将军去病中分军[216]，大将军出定襄，骠骑将军出代，咸约绝幕击匈奴[217]。单于闻之，远其辎重，以精兵待于幕北。与汉大将军接战一日，会暮，大风起，汉兵纵左右翼围单于。单于自度战不能如汉兵，单于遂独身与壮骑数百溃汉围西北遁走。汉兵夜追不得。行斩捕匈奴首虏万九千级[218]，北至阗颜山赵信城而还。

单于之遁走，其兵往往与汉兵相乱而随单于。单于久不与其大众相得，其右谷蠡王以为单于死，乃自立为单于。真单于复得其众，而右谷蠡王乃去其单于号，复为右谷蠡王。

汉骠骑将军之出代二千余里，与左贤王接战，汉兵得胡首虏凡七万余级，左贤王将皆遁走。骠骑封于狼居胥山[219]，禅姑衍[220]，临翰海而还[221]。

是后匈奴远遁，而幕南无王庭。汉度河自朔方以西至令居[222]，往往通渠置田官，吏卒五六万人，稍蚕食，地接匈奴以北。

初，汉两将军大出围单于，所杀虏八九万，而汉士卒物故亦数万[223]，汉马死者十余万。匈奴虽病[224]，远去，而汉亦马少，无以复往。匈奴用赵信之计，遣使于汉，好辞请和亲。天子下其议[225]，或言和亲，或言遂臣之[226]。丞相长史任敞曰："匈奴新破，困，宜可使为外臣[227]，朝请于边[228]。"汉使任敞于单于。单于闻敞计，大怒，留之不遣。先是汉亦有所降匈奴使者，单于亦辄留汉使相当[229]。汉方复收士马，会骠骑将军去病死，于是汉久不北击胡。

数岁，伊稚斜单于立十三年死，子乌立为单于。是岁，汉元鼎三年也。乌维单于立，而汉天子始出巡郡县。其后汉方南诛两越，不击匈奴，匈奴亦不侵入边。

乌维单于立三年，汉已灭南越，遣故太仆贺将万五千骑出九原二千余里[230]，至浮苴井而还，不见匈奴一人。汉又遣故从骠侯赵破奴万余骑出令居数千里，至匈河水而还，亦不见匈奴一人。

是时天子巡边，至朔方，勒兵十八万骑以见武节[231]，而使郭吉风告单于[232]。郭吉既至匈奴，匈奴主客问所使[233]，郭吉礼卑言好[234]，曰："吾见单于而口言。"单于见吉，吉曰："南越王头已悬于汉北阙。今单于即能前与汉战，天子自将兵待边；单于即不能，即南面而臣于汉。何徒远走[235]，亡匿于幕北寒苦无水草之地，毋为也[236]。"语卒，而单于大怒，立斩主客见者[237]，而留郭吉不归，迁之北海上[238]。而单于终不肯为寇于汉边，休养息士马，习射猎，数使使于汉[239]，好辞甘言求请和亲[240]。

汉使王乌等窥匈奴。匈奴法，汉使非去节而以墨黥其面者不得入穹庐[241]。王乌，北地人，习胡俗，去其节，黥面，得入穹庐。单于爱之，详许甘言[242]，为遣其太子入汉为质，以求和亲。

汉使杨信于匈奴。是时汉东拔秽貉、朝鲜以为郡，而西置酒泉郡以鬲绝胡与羌通之路[243]。汉又西通月氏、大夏，又以公主妻乌孙王，以分匈奴西方之援国[244]。又北益广田至胘雷为塞[245]，而匈奴终不敢以为言。是岁，翕侯信死，汉用事者以匈奴为已弱，可臣从也[246]。杨信为人刚直屈强[247]，素非贵臣，单于不亲。单于欲召入，不肯去节，单于乃坐穹庐外见杨信。杨信既见单于，说曰："即欲和亲，以单于太子为质于汉。"单于曰："非故约。非约，汉常遣翁主[248]，给缯絮食物有品[249]，以和亲，而匈奴亦不扰边。今乃欲反古[250]，令吾太子为质，无几矣[251]。"匈奴俗，见汉使非中贵人，其儒先[252]，以为欲说[253]，折其辩[254]；其少年，以为欲刺[255]，折其气。每汉使入匈奴，匈奴辄报偿[256]。汉留匈奴使，匈奴亦留汉使，必得当乃肯止[257]。

杨信既归，汉使王乌，而单于复讇以甘言[258]，欲多得汉财物，绐谓王乌曰[259]："吾欲入汉见天子，面相约为兄弟。"王乌归报汉，汉为单于筑邸于长安。匈奴曰："非得汉贵人使，吾不与诚语。"匈奴使其贵人至汉，病，汉予药，欲愈之，不幸而死。而汉使路充国佩二千石印绶往使，因送其丧，厚葬直数千金[260]，曰"此汉贵人也[261]"。单于以为汉杀吾贵使者，乃留路充国不归。诸所言者，单于特空绐王乌，殊无意入汉及遣太子来质。于是匈奴数使奇兵侵犯边。汉乃拜郭昌为拔胡将军，及浞野侯屯朔方以东[262]，备胡。路充国留匈奴三岁，单于死。

乌维单于立十岁而死，子乌师庐立为单于。年少，号为儿单于。是岁元封六年也。自此之后，单于益西北，左方兵直云中[263]，右方直酒泉、敦煌郡。

儿单于立，汉使两使者，一吊单于[264]，一吊右贤王，欲以乖其国[265]。使者入匈奴，匈奴悉将致单于[266]。单于怒而尽留汉使。汉使留匈奴者前后十余辈，而匈奴使来，汉亦辄留相当。

是岁，汉使贰师将军广利西伐大宛[267]，而令因杅将军敖筑受降城[268]。其冬，匈奴大雨雪，畜多饥寒死。儿单于年少，好杀伐，国人多不安。左大都尉欲杀单于，使人间告汉曰[269]："我欲杀单于降汉；汉远，即兵来迎我[270]，我即发[271]。"初，汉闻此言，故筑受降城，犹以为远。

其明年春，汉使浞野侯破奴将二万余骑出朔方西北二千余里，期至浚稽山而还[272]。浞野侯既至期而还，左大都尉欲发而觉，单于诛之，发左方兵击浞野。浞野侯行捕首虏得数千人。还，未至受降城四百里，匈奴兵八万骑围之。浞野侯夜自出求水，匈奴间捕[273]，生得浞野侯，因急击其军。军中郭纵为护[274]，维王为渠[275]，相与谋曰："及诸校尉畏亡将军而诛之，莫相劝归。"军遂没于匈奴。匈奴儿单于大喜，遂遣奇兵攻受降城。不能下，乃寇入边而去。其明年，单于欲自攻受降城，未至，病死。

儿单于立三岁而死。子年少，匈奴乃立其季父乌维单于弟右贤王呴犁湖为单于。是岁太初三年也。

呴犁湖单于立，汉使光禄徐自为出五原塞数百里，远者千余里，筑城鄣列亭至庐朐[276]，而使游击将军韩说、长平侯卫伉屯其旁，使强弩都尉路博德筑居延泽上[277]。

其秋，匈奴大入定襄、云中，杀略数千人，败数二千石而去，行破坏光禄所筑城列亭鄣。又使右贤王入酒泉、张掖，略数千人。会任文击救[278]，尽复失所得而去。是岁，贰师将军破大宛，斩其王而还。匈奴欲遮之[279]，不能至。其冬，欲攻受降城，会单于病死。

呴犁湖单于立一岁死。匈奴乃立其弟左大都尉且鞮侯为单于。

汉既诛大宛，威震外国。天子意欲遂困胡，乃下诏曰："高皇帝遗朕平城之忧，高后时单于书绝悖逆[280]。昔齐襄公复九世之仇[281]，《春秋》大之。"是岁太初四年也。

且鞮侯单于既立，尽归汉使之不降者。路充国等得归。单于初立，恐汉袭之，乃自谓"我儿子，安敢望汉天子！汉天子，我丈人行也[282]。汉遣中郎将苏武厚币赂遗单于。单于益骄，礼甚倨[283]，非汉所望也。其明年，浞野侯破奴得亡归汉[284]。

其明年[285]，汉使贰师将军广利以三万骑出酒泉，击右贤王于天山，得胡首虏万余级而还。匈奴大围贰师将军，几不脱。汉兵物故什六七[286]。汉复使因杅将军敖出西河，与强弩都尉会涿涂山[287]，毋所得。又使骑都尉李陵将步骑五千人，出居延北千余里，与单于会，合战，陵所杀伤万余人，兵及食尽[288]，欲解归[289]，匈奴围陵，陵降匈奴，其兵遂没，得还者四百人。单于乃贵陵，以其女妻之。

后二岁，复使贰师将军将六万骑，步兵十万，出朔方。强弩都尉路博德将万余人，与贰师会。游击将军说将步骑三万人[290]，出五原。因杅将军敖将万骑、步兵三万人，出雁门。匈奴闻，悉远其累重于余吾水北[291]，而单于以十万骑待水南，与贰师将军接战。贰师乃解而引归，与单于连战十余日。贰师闻其家以巫蛊族灭[292]，因并众降匈奴[293]，得来还千人一两人耳。游击说无所得。因杅敖与左贤王战，不利，引归。是岁汉兵之出击匈奴者不得言功多少，功不得御[294]。有诏捕太医令随但，言贰师将军家室族灭，使广利得降匈奴。

太史公曰：孔氏著《春秋》，隐、桓之间则章[295]，至定、哀之际则微[296]，为其切当世之文而罔褒[297]，忌讳之辞也。世俗之言匈奴者[298]，患其徼一时之权[299]，而务讇纳其说，以便偏指[300]，不参彼已[301]；将率席中国广大[302]，气奋[303]，人主因以决策，是以建功不深。尧虽贤，兴事业不成[304]，得禹而九州宁。且欲兴圣统[305]，唯在择任将相哉！唯在择任将相哉！

【译文】

匈奴的祖先是夏后氏的后代，叫做淳维。唐尧、虞舜以前有山戎、猃狁、荤粥等称呼，居住在北方蛮荒之地，随着畜牧活动而迁移。他们的牲畜较多的是马、牛、羊，他们的奇特牲畜则是骆驼、驴、骡、駃騠、騊駼、驒騱。他们追寻着水草而迁徙，没有城郭和经常居住的地方，不从事农业生产，但是也有各自分占的土地。没有文字和书籍，用言语来约束人们的行动。儿时就能骑羊，拉弓射击鸟和鼠，稍微长大时就能射击狐兔，用来做食物。成年男子都能拉开弓，全都披挂铠甲，骑着战马。匈奴的风俗，无战事时则随意游牧，以射猎飞禽走兽为职业；形势紧急时，则人人都会打仗以侵袭掠夺，这是他们的天性。他们的长兵器有弓和箭，短兵器有刀和鋋。形势有利就进攻，不利就后退，不以逃跑为羞耻。只要有利可图，就不顾礼义。自君王以下，都以牲畜的肉为主食，穿皮革衣服，披着带毛的皮袄。强壮的人吃肥美的食物，老年人则吃剩余之物。他们看重壮健之人，轻视老弱者。父亲死去，儿子则以后母为妻；兄弟死去，活着的兄弟就要娶他的妻子为妻。匈奴人有名却不避讳，但没有姓和字。

夏朝政治衰微时，公刘失去他的稷官之职，改变了西戎的风俗，在豳地建都邑住了下来。这以后三百多年，戎狄族进攻周太王亶父，亶父逃到岐山脚下，而豳地人都跟随亶父来到岐山下，在此营造城邑，创建周国。这以后又过了百余年，周西伯姬昌讨伐畎夷氏。其后十多年，周武王讨伐商纣王，并营建洛邑，重又回到酆京、镐京居住，把戎夷驱逐到泾水和洛水以北，让他们按时向周进贡，叫做“荒服”。其后二百余年，周朝政治衰微，周穆王讨伐犬戎，获得四条白狼和四只白鹿而归。从此以后，荒服的戎夷之人不再来镐京进贡。于是周王朝就制定了《甫刑》的法规。穆王以后二百余年，周幽王因为宠幸褒姒的缘故，与申侯有了仇怨。申侯动怒，就和犬戎一起在骊山之下攻击并杀死了周幽王，犬戎就夺取了周朝的焦获之地，居住到泾水和渭水之间，侵犯中原地区。此时秦襄公援救周王朝，于是周平王离开了酆京、镐京，向东迁徙到洛邑。正当此时，秦襄公攻打戎人来到岐山，开始被封为诸侯。此后六十五年，山戎越过燕国进攻齐国，齐釐公与山戎在齐国城外交战。其后四十四年，山戎进攻燕国。燕国向齐国告急，齐桓公北上讨伐山戎，山戎逃跑。这以后二十多年，戎狄来到洛邑，攻打周襄王，襄王逃奔到郑国的氾邑。最初，周襄王想讨伐郑国，所以娶了戎狄的女儿做王后，同戎狄之兵一起讨伐郑国。不久，襄王废黜了狄后，狄后怨恨；襄王的后母叫惠后，有个儿子叫子带，想立他为王，于是惠后同狄后、子带为内应，为戎狄打开城门，因此戎狄才得以进城，打败周军，赶走周襄王，而立子带为天子。于是戎狄中的一些人就住到了陆浑，向东到达了卫国，侵犯虐害中原人民，中原人民痛恨他们，所以《诗经》的作者们作诗说“打击戎狄”，“讨伐猃狁，到达大原”，“出动军车战马盛多，在朔方筑城”。周襄王在外住了四年，于是派使者向晋国告急。当时晋文公刚刚即位执政，想要创建霸业，就发兵讨伐并驱逐了戎狄，杀了子带，迎回周襄王，居住在洛邑。

当此时，秦、晋是强国。被晋文公赶跑的戎狄，居住在河西的圁水、洛水之间，被称为赤狄、白狄。秦穆公得到由余的帮助，使西戎八个国家都服从秦国，所以从陇地往西有绵诸、绲戎、狄、獂等戎族，岐山、梁山、泾水，漆水以北，有义渠、大荔、乌氏、朐衍等戎族。在晋国北部有林胡、楼烦等戎族，燕国北部有东胡和山戎。各自分散居住在溪谷里，都有自己的君长，常常相聚在一起的竟有一百多个戎族部落，但没有谁能统一。

从此以后一百多年，晋悼公派魏绛与戎狄人讲和，戎狄都朝见晋国。以后一百多年，赵襄子越过句注山，击败而且吞并了代地，逼近胡人和貉人居住区。此后赵襄子与韩康子、魏桓子共同消灭了智伯，瓜分了晋国并占有了其国土。这样，赵国就占有了代地与句注山以北的土地，魏国占有了河西和上郡，因此就和戎人接界。此后，义渠的戎人修建城郭以守卫自己，而秦国逐渐蚕食他们，到了惠王时，就攻取了义渠的二十五座城。惠王攻打魏国，魏国将西河和上郡都给了秦国。秦昭王时，义渠戎人的王与宣太后淫乱通奸，生下两个儿子。宣太后在甘泉宫谋杀了义渠戎王，于是发兵讨伐并消灭了义渠。于是秦国占有了陇西、北地、上郡，修筑长城以抵御匈奴。而赵武灵王也改变风俗，穿起胡服，练习骑马射箭的本领，打败了北方的林胡、楼烦。修筑长城，从代地沿着阴山西下，直到高阙建起关塞，设置云中郡、雁门、代郡。此后燕国有位贤能的将领叫秦开，在胡人那里做人质，胡人特别信任他，他回国后袭击并打跑了东胡，东胡后退一千余里。与荆轲一起去刺杀秦王的秦舞阳，就是秦开的孙子。燕国也修筑长城，从造阳修到襄平；设置了上谷，渔阳、右北平、辽西、辽东郡以抵御胡人。当此之时，具有文明礼俗且又经常彼此攻伐的大国共有七个，而其中三个和匈奴交界。后来李牧当赵国将军时，匈奴不敢进入赵国的边境。其后秦朝灭亡了六国，而秦始皇派蒙恬率领十万大军向北攻打匈奴，将黄河以南的土地全都收复。凭借黄河为边塞，靠近黄河修起四十四座县城，迁徙因犯罪而被罚守边的人充实到这里。又修起直通大道，从九原直到云阳。利用山边、险要的沟堑、溪谷等可以修缮的地方筑起城池，起自临洮，直到辽东，长达一万余里。又渡过黄河，占据了阳山、北假一带。

当此之时，东胡强大而月氏兴盛。匈奴的单于叫头曼，头曼打不过秦，就向北迁徙。过了十多年，蒙恬死去，诸侯背叛了秦国，中原混乱，那些被秦谪守边疆的人也都又离去。于是匈奴得到宽缓之机，又渐渐渡过黄河，在黄河以南与中原旧有的关塞接界。

单于有一位太子叫冒顿，后来单于所爱的阏氏生了个小儿子。单于就想废除冒顿而立小儿子为太子，于是便派冒顿到月氏去当人质。冒顿到月氏当人质后，而头曼却急攻月氏。月氏想杀了冒顿，冒顿偷了月氏的良马，骑着它逃回匈奴。头曼认为他勇猛，就命令他统领一万骑兵。冒顿就制造了一种响箭，训练他的部下骑马射箭，下令说："凡是我的响箭所射的目标，如果谁不跟着我全力去射击它，就斩首。"首先射猎鸟兽，有人不射响箭所射的目标，冒顿就把他杀了。不久，冒顿以响箭射击自己的良马，左右之人有不敢射击的，冒顿立即杀了他们。过了些日子，冒顿又用响箭射击自己心爱的妻子，左右之人有感到恐惧的，不敢射击，冒顿又把他们杀了。过些日子，冒顿出去打猎，用响箭射击单于的良马，左右之人都跟着射。于是冒顿知道他左右的人都是可用的人。他跟随单于头曼去打猎，用响箭射击头曼，他左右的人也都跟随响箭而射杀了单于头曼，于是将他的后母及弟弟和不服从的大臣全部杀死。冒顿自立为单于。

冒顿当了单于后，这时东胡强大兴盛，听说冒顿杀父自立，就派使者对冒顿说，想得到头曼时的千里马。冒顿问群臣，群臣都说："千里马是匈奴的宝马，不给。"冒顿说："怎么可以与人家为邻国却吝惜一匹马呢？"于是就把千里马给了东胡。过了一段时间，东胡以为冒顿怕他，就派使者对冒顿说，想要单于的一个阏氏。冒顿又询问左右大臣，左右大臣皆发怒说："东胡没有道理，竟然想要阏氏，请出兵攻打他。"冒顿说："怎么可以与人家为邻国却吝惜一个女人呢？"于是就把自己喜爱的阏氏送给了东胡。东胡王愈来愈骄傲，向西进犯侵扰。东胡与匈奴之间有一块空地，没人居住，这地方有一千多里，双方都在这空地的两边修起哨所。东胡派使者对冒顿说："匈奴同我们交界的哨所以外的空地，你们匈奴不能去，我们想占有它。"冒顿征求群臣意见，群臣中有人说："这是被丢弃的空地，给他们也可以，不给他们也可以。"于是冒顿大怒："土地，是国家的根本，怎么可以给他们！"那些说给东胡空地的人都被杀了。冒顿上马，命令国内如有后退者就杀头，于是向东袭击东胡。东胡最初轻视匈奴，因此未做防备。等到冒顿领兵到来，一交战，就大败东胡，消灭了东胡王，而且俘虏了东胡百姓，掠夺了牲畜财产。匈奴冒顿归来后，向西出击打跑月氏，向南吞并了楼烦和白羊河南王。完全收复了秦派蒙恬从匈奴人那里夺去的土地，与汉朝以原来的河南塞为界，逼近朝𨚗和肤施两地，于是侵犯燕国和代地。这时汉军正与项羽大军相抗争，中原地区被战争搞得疲惫不堪，因此冒顿才能独自强大，拥有能拉弓射箭的军队三十余万。

从淳维到头曼有一千多年，匈奴势力时大时小，离散分化，因为时间久远，所以他们的世系不能依次排列出来。但是到了冒顿当单于时，匈奴势力最为强大，使北方夷人完全服从，而与南方的中国成为势均力敌之国，此后，他们的世系、国家的官位名号才能被记录下来。

匈奴设置了左、右贤王，左、右谷蠡王，左、右大将，左、右大都尉，左、右大当户，左、右骨都侯等官位。匈奴人称"贤"为"屠耆"，所以常常让太子做左屠耆王。从左、右贤王以下直到当户，官职大的拥有万名骑兵，小的也有数千骑兵，共有二十四位长官，确定名号称“万骑”。诸位大臣的官职都世袭。呼衍氏、兰氏，其后又有须卜氏，这三姓是他们的贵族。诸位左方的王和将居住在东方，直到上谷郡以东，东边与秽貉和朝鲜交界。右方的王和将居住在西方，直到上郡以西，与月氏、氐、羌接壤。而单于的王庭所在地一直延伸到代、云中两郡：他们各有自己的分地，追寻水草而迁徙住地。左、右贤王和左、右谷蠡王是最大的，左、右骨都侯辅佐单于治国。二十四长官也各自设置有千长、百长、什长、裨小王、相封、都尉、当户、且渠等属官。

每年正月，各位官长在单于王庭有小聚会，举行祭祀。五月，在茏城有大聚会，祭祀祖先、天地神、鬼神。秋天，马肥壮时，在蹛林有大聚会，考核和计算人口和牲畜的数目。匈奴的法律规定，有意杀人并将刀剑拔出刀鞘一尺的就判死刑，犯盗窃罪的没收他的家产；犯罪轻者判压碎骨节的刑罚，重者处死。坐牢最长的不过十天，一国的犯人不过几人而已。单于在早晨走出营地，去拜初升的太阳，傍晚拜月亮。就座时，年长的在左边，而且要面朝北方。对于日期，他们崇尚戊日和己日。他们安葬死者，有棺椁、金银和衣裘，但却没有坟、树和丧服。单于死后，他所亲近和宠幸的大臣妻妾跟随陪葬的，多至数十人或上百人。准备打仗时，要先观察星月，如果月亮圆满就进攻，月亮亏缺就退兵。匈奴人在攻伐征战时，谁杀死或俘虏敌人，都要赏赐一壶酒，所缴获的战利品也分给他们，抓到的人给他们当奴婢用。所以在打仗时，每个人都主动地去寻求自己的利益，善于以小部队诱敌深入而突然以大部队包围敌人。所以他们见到敌兵就去追逐利益，如同鸟儿飞集一处。如果遇到危难失败，队伍就会瓦解，如同云雾消散。战争中谁能尽力将战死的同伴尸体运回来，就可得到死者的全部家财。

后来，冒顿又征服了北方的浑庾、屈射、丁零、鬲昆、薪犁诸国。于是匈奴的贵族、大臣都佩服冒顿，认为冒顿单于最贤能。

这时，汉朝刚刚平定了中原，迁徙韩王信到代地，建都马邑城。匈奴大规模围攻马邑，韩王信投降了匈奴。匈奴俘获了韩王信，于是率兵向南越过了句注山，攻打太原，直到晋阳城下。汉高帝亲自领兵前去迎击匈奴，正遇上严冬，天气严寒下大雪，士兵冻掉手指的有十分之二三。于是冒顿假装失败逃跑，引诱汉军。汉军追赶冒顿，冒顿把他的精锐军队隐藏起来，只出现一些老弱残兵。于是汉朝出动全部军队，多半是步兵，共三十二万人，向北追击匈奴。高帝先到达平城，步兵还未全到，冒顿指挥他的四十万精锐骑兵，将高帝包围在白登山。七天当中，汉军内外不能相互救助军粮。匈奴的骑兵，在西面的全是白马，在东面的全是青马，在北面的全是黑马，在南面的全是赤色马。高帝就派使者暗中送给阏氏很多礼物，阏氏就对冒顿说：“两方的君王不能相互困扰。如果得到汉朝的土地，单于终究是不能在那里居住的。而且汉王也有神的帮助，希望单于认真考虑这件事。”冒顿与韩王信的将军王黄和赵利约定了会师的日期，但王黄与赵利的军队没按时到，冒顿疑心他们同汉军有阴谋，就采纳了阏氏的建议，解除了包围圈的一角。于是高帝命令战士都拉满弓，箭上弦，面朝外，从冒顿解围的那个通道一直冲出来，终于与大军相会合。冒顿于是领兵而去，而高帝也率兵归去，派刘敬到匈奴缔结和亲的盟约。

此后，韩王信当上匈奴的将军，他同赵利和王黄屡次违背汉与匈奴所订的盟约，侵扰掠夺代郡和云中郡。过了不久，汉朝将军陈豨谋反，又与韩信合谋进攻代地。汉朝派遣樊哙前去阻击他们，重新攻占了代郡、雁门和云中等郡县，但没有越过边塞。这时，匈奴因为一些汉朝的将军前来投降，所以冒顿常常在代地往来，进行侵扰劫夺。于是汉朝对此感到忧虑，高帝就派刘敬送汉朝皇族的公主去给单于当阏氏，每年奉送给匈奴一定数量的棉絮、缯、酒、米和食物，相互结为兄弟，实行和亲政策，冒顿才稍为停止侵扰。后来，燕王卢绾造反，率领他的党徒数千人投降了匈奴，在上谷以东往来，给当地人带来苦难。

高祖死后，在孝惠帝、吕太后时期，汉朝刚刚安定，所以匈奴骄横。冒顿就写信给吕太后，胡说一番。吕太后想攻打他，诸位将军说："凭着高帝的贤明和武功，尚且在平城被围困。"于是吕太后才放弃进攻的主张，又与匈奴和亲。

到孝文帝刚继位时，又推行和亲之事。孝文帝三年五月，匈奴右贤王进入河南地居住，侵扰掠夺在边塞小城的蛮夷，屠杀抢掠人民。于是孝文帝下令让丞相灌婴出动八万五千战车和骑兵，前往高奴，攻打右贤王。右贤王逃到了塞外。汉文帝亲自到太原。这时济北王刘兴居造反，汉文帝返回京城，解散了丞相攻打匈奴的军队。

第二年，匈奴单于送给汉朝一封信说："上天所立的匈奴大单于恭敬地问候皇帝平安。前些时候，皇帝说过和亲的事，和来信说的意思相合，双方都高兴。汉朝边境的官吏侵扰侮辱右贤王，右贤王没有请示单于，却听信了后义卢侯难氏等人的计谋，与汉朝官吏相对抗，断绝了匈奴与汉朝皇帝缔结的条约，离间了汉与匈奴的兄弟般的亲密关系。皇帝责备匈奴的书信第二次送来，我们派出使者送信报告情况，结果使者被汉朝扣留未归，而汉朝的使者也不到匈奴来，汉朝因为这个原因不与我们和解，我们邻国也不能归附。如今因为小官吏破坏了和约的缘故，我惩罚右贤王，派他向西去寻找月氏并攻打他们。依靠上天的福佑，官吏和士卒都很精良，战马强壮有力，因此已平灭了月氏，将反抗不服的全杀死，并降服了一般百姓。平定了楼兰、乌孙、呼揭和他们旁边的二十六个国家，使他们都变成匈奴的臣民。那些善于弯弓射箭的人们，合并成一家。北方已经安定，我们愿意停战，休养士兵，喂养马匹，消除从前令人不快的事情，恢复旧有的条约，使边民安宁，顺应双方从古以来的好关系，使少年人能够成长起来，老年人能够平安地生活，世世代代和平安乐。我们尚不知皇帝的心意，所以派郎中系雩浅呈送书信请示皇上，并献上骆驼一匹，战马二匹，驾车之马八匹。皇帝如果不希望匈奴靠近汉朝的边塞，那么我就诏告官吏百姓居住到远离汉朝边塞的地方。使者到达后，请即刻让他回来。"在六月中旬，匈奴使者来到了薪望这个地方。书信送到后，汉朝就商议攻打与和亲两种政策哪种更有利。公卿们都说："单于刚打败月氏，正处在胜利的有利时机，不能攻打他。况且得到匈奴的土地，都是低洼盐碱地，不能居住。还是和亲特别有利。”汉朝答应了匈奴的请求。

孝文皇帝前元六年，汉朝给匈奴的信中说：“皇帝敬问匈奴大单于平安，郎中系雩浅送给我的信中说：‘右贤王没有请示单于，听信了后义卢侯难氏等的计谋，断绝了匈奴和汉朝国君的和约，离散了兄弟般的亲密关系，汉朝因此不肯与我们和解，邻国也不能为附。如今因为小官吏破坏了和约，所以罚右贤王让他向西去攻打月氏，全部平定了他们。愿意停战，休养士卒，喂养马匹，消除从前令人不快的事情，恢复旧有的和约，以使边民安宁，使少年人能够成长起来，老年人能够安定地生活，世世代代和平安乐。’我很赞赏这一想法，这是古代圣明君主的心意啊。汉朝与匈奴缔结和约，结为兄弟，拿来送给匈奴的东西非常丰厚。违背和约、离散兄弟般的亲密关系的却常常是匈奴。但是右贤王的事已经出现在大赦之前，单于不要深责此事。单于的行动如果能同来信中所表示的相符合，明确告知各官吏，让他们不要违背和约，要守信用，我将谨慎地按单于信中的请求对待此事。使者说单于亲自率军讨伐别的国家而有功劳，却非常为战争而苦恼。现在有皇帝穿戴的绣袷绮衣、绣袷长襦、锦袷袍各一件，比余一个，黄金装饰的衣带一件，黄金带钩一件，绣花绸十匹，锦缎三十匹，赤绨和绿缯各四十匹，派中大夫意、谒者令肩赠送给单于。”

此后不久，冒顿死去，他儿子稽粥当了君王，叫做老上单于。

老上稽粥单于刚继位，孝文皇帝又派遣皇族公主去做单于的阏氏，让宦官燕国人中行说去当公主的辅佐者。中行说说不愿去，汉朝强迫他。他说：“如果一定让我去，我将成为汉朝的祸患。”中行说到达后，就投降了单于，单于特别宠信他。

最初，匈奴喜欢汉朝的缯絮和食物，中行说说：“匈奴的人口总数，抵不上汉朝的一个郡，然而之所以强大，就在于衣食与汉人不同，不必依赖汉朝。如今单于如改变原有风俗而喜欢汉朝的衣物食品，汉朝的东西不超过其总数的十分之二，那么匈奴就全归向于汉朝了。希望把从汉朝得到的缯絮做成衣裤，穿上它在杂草棘丛中骑马奔驰，让衣裤破裂损坏，以此显示汉朝的缯絮不如匈奴的旃衣皮袄坚固完美。把从汉朝得来的食物都丢掉，以此显示它们不如匈奴的乳汁和乳制品方便味美。”于是中行说教单于身边的人分条记事的方法，以便核算记录匈奴的人口和牲畜的数目。

汉朝送给单于的书信，写在一尺一寸的木札上，开头文辞是“皇帝恭敬地问候匈奴大单于平安”，并写上所赠送的东西和要说的话。中行说就让单于用一尺二寸的木札写信给汉朝皇帝，并将印章和封泥的尺寸都加长加宽加大，把开头的文词写得很傲慢：“天地所生、日月所安置的匈奴大单于恭敬地问候汉朝皇帝平安。”再写上所送东西和要说的话语，等等。

汉朝使者中有人说：“匈奴风俗轻视老年人。”中行说诘难汉朝使者说：“你们汉朝风俗，凡有当兵被派去戍守疆土将要出发的，他们的父母难道有不省下暖和衣物和肥美食品，把它们送给出行者吃穿的吗？”汉朝使者说：“是这样。”中行说说："匈奴人都明白战争是重要的事，那些年老体弱的人不能打仗，所以将那些肥美的食物给壮健的人吃喝，大概这是为了保卫自己，这样，父亲儿子才能长久地相互保护，怎么可以说匈奴人轻视老年人呢？"汉朝使者说："匈奴人父子竟然同在一个毡房睡觉。父亲死后，儿子竟以后母为妻。兄弟死后，将死者的妻子都娶做自己的妻子。没有帽子和衣带等服饰，缺少朝廷礼节。"中行说说："匈奴的风俗是，人人吃牲畜的肉，喝它们的乳汁，用它们的皮做衣服穿；牲畜吃草喝水，随着时序的推移而转换地点。所以他们在有战事时，就人人能骑马射箭，在时势宽松时，人们都欢乐无事，他们受到的约束很少，容易做到。君臣关系简单，一个国家的政治事务，就像一个人的身体一样，父子和兄弟死了，活着的娶他们的妻子做自己的妻子，这是惧怕种族的消失。所以匈奴虽然伦常混乱，但却一定要立本族的子孙。如今中国人虽然假装正派，不娶其父兄的妻子做老婆，可是亲属关系却越来越疏远，而且相互残杀，甚至竟改朝易姓，都是由上述原因造成的。况且礼义的弊端，使君王臣民之间相互产生怨恨，而且极力修造宫室房屋，必然使民力耗尽。努力耕田种桑而求得衣食满足，修筑城郭以保卫自己，所以百姓在有战事时不熟悉攻战本领，在宽松时却又被劳作搞得很疲惫。唉！生活在土石房屋里的汉人啊，姑且不要多说话，喋喋不休，窃窃私语，戴上冠帽的人究竟能干什么？"

自此之后，汉朝使者有想辩论的，中行说就说："汉朝使者不要多说话，只想着汉朝输送给匈奴的缯絮米蘖，一定要使其数量足，又质量好就行了，何必要说话呢！而且所供给匈奴的东西齐全美好就罢了，如果不齐全，粗劣，那么等到庄稼成熟时，匈奴就要骑着马奔驰践踏你们成熟待收的庄稼。"中行说日夜教导单于侦察有利的进攻时机和地点。

汉文帝十四年，匈奴单于率领十四万骑兵攻入朝邮、萧关，杀死了北地都尉孙卬，劫掠很多百姓和牲畜，于是到达彭阳，并派出奇兵攻入回中宫，把它烧毁。匈奴侦察骑兵到达雍地的甘泉宫。于是汉文帝用中尉周舍、郎中令张武做将军，派出千辆兵车、十万骑兵，驻守在长安旁以防御匈奴的侵扰。同时又任命昌侯卢卿为上郡将军，宁侯魏遬为北地将军，隆虑侯周灶为陇西将军，东阳侯张相如为大将军，成侯董赤为前将军，派出大量兵车和骑兵去攻打匈奴。匈奴单于停留在汉朝边塞内一个多月就离开了，汉朝兵马追出塞外就返回了，没能斩杀敌军。匈奴一天比一天骄横，每年闯入境内，杀害和掠夺许多百姓和牲畜，云中郡和辽东郡受害最严重，连同代郡共有一万余人被杀掠。汉朝忧虑此事，就派使者给匈奴送去一封信。单于也派遣当户来汉送信，以表答谢之意，双方再次商量和亲之事。

孝文帝后元二年，派使者给匈奴送信说："皇帝敬问匈奴大单于平安。你派当户且居雕渠难和郎中韩辽送给我两匹马，已经到达，我恭敬地接受。汉朝先帝规定：长城以北，是拉弓射箭者的国家，属于单于统辖。长城以内，是戴冠束带者的家园，我也要管理它。要让千万百姓种地、织布、射猎而获得衣食，使父子不相分离，君主和臣民相互安心，都没有暴虐和叛逆之事。如今我听说邪恶之民贪图掠取的利益，违背道义，断绝和约，忘却千万百姓的生命，离散两国君主的友谊，但这些都是以前的事情了。你信中说：‘两国已经和亲，两国君王都高兴，停战、休养士卒，喂养马匹，世世代代昌盛和乐，安定和乐的局面重新开始。’我特别赞赏这个想法。圣明的人天天都能有新的进步，改正不足，重新开始，使老年人得到安养，年幼的人得以成长，各自保持生命，而终享其天年。我和单于都遵循这个道理，顺应天意，安抚百姓，世世代代相传，永远延续下去，天下之人无不获益。汉朝与匈奴是势力相当的邻国，匈奴地处北方，天气寒冷，肃杀之气来得较早，所以我命令官吏每年都送给单于一定数量的秫蘖、金帛、丝絮和其他物品。如今天下特别安宁，万民喜乐，我和单于是他们的父母。我回想从前的事情，都是些微末小事，是谋臣失策所致，都不足以离散兄弟间的欢爱。我听说天不会偏心只覆盖一方，大地也不会偏心只承载一处。我与单于都抛弃从前的小误会，都遵循正大之道，消除从前的不快，考虑两国的长远利益，使两国人民如同一家的儿女。千千万万的百姓，以及水中的鱼鳖，天上的飞鸟，地上爬行、喘息、蠕动的各种兽类和虫类，没有不追寻安全有利的生活环境而躲避危险的。所以前来归顺的都不阻止，这是天经地义的道理。往事一概不究，我解除逃往匈奴的汉人的罪责，单于也不要再提起逃往汉朝的章尼等人的事情。我听说古代帝王们订立条约，条款分明，从不背弃。我希望单于留心盟约，天下定会特别安宁。和亲以后，汉朝不会首先负约。请单于明察此事。”

单于签署和亲盟约后，于是汉文帝就下诏给御史：“匈奴大单于送给我的信中说，和亲已确定，开战不足以增加民众和扩大土地，今后匈奴人不再闯入边塞，汉朝人也不要走出边塞，违犯现今条约的就处死，这就可以长久保持亲近友好关系，今后不再产生祸患，对双方都有利，我已答应了他的要求。希望向全国发布告示，让百姓都知道此事。”

汉文帝后元四年，老上稽粥单于死去，他的儿子军臣继位当了单于。军臣单于继位后，孝文帝再次与匈奴和亲。而中行说仍然事奉军臣单于。

军臣单于继位四年时，匈奴又断绝了和亲关系，大举进攻上郡、云中郡，各有三万骑兵，杀死许多汉人，抢掠大量财物而离去。于是汉朝派出三位将军驻军北地，代国驻句注，赵国驻飞口，沿着边塞之地各派兵坚守，以防备匈奴入侵。又安置三位将军率兵驻守长安西边的细柳，渭河北岸的棘门和霸上，以防御匈奴。匈奴骑兵侵入代地句注边界，报警的烽火便通向甘泉和长安。几个月后，汉朝兵马来到边境，匈奴也远远地离开边塞，汉朝的军队也就作罢。此后一年多，孝文帝去世，孝景帝继位，赵王刘遂就暗中派人与匈奴联络。吴、楚等七国叛乱时，匈奴想同赵国联合入侵边塞。后来，汉王朝围困并攻破赵国，匈奴也停止了入侵。从此以后，孝景帝又与匈奴和亲，互通关市，送给匈奴礼物，派遣公主嫁给单于，按以前的盟约行事。直到孝景帝去世，匈奴虽时有小规模骚扰边境的活动，却没有大的侵掠行动。

当今皇上汉武帝继位，申明和亲的约束，宽待匈权，互通关市，赠送丰厚的财物。匈奴从单于到平民都亲近汉朝，往来于长城之下。

汉朝派马邑城的聂翁壹故意违犯禁令，运出货物与匈奴交易，假称出卖马邑城以引诱单于。单于相信他，又贪恋马邑城的财物，就用十万骑兵侵入武州边塞。汉朝在马邑城附近埋伏下三十余万大军，御史大夫韩安国担任护军将军，监督四位将军以伏击单于。单于进入汉朝边塞后，离马邑城尚有一百余里，看到牲畜遍野却无放牧之人，感到奇怪，就去攻打汉朝的侦察哨所。这时，雁门郡的尉史正在巡察，看到敌军，就保护侦察哨所，他知道汉朝的打算。单于捉到了尉史，想杀死他，尉史便向单于报告了汉朝军队埋伏的地点。单于大惊说："我本来就对此事有疑心。"于是单于就率兵而回。走出边境时说道："我得到尉史，是天意，天让你向我报告。"就封尉史做"天王"。汉朝军队约定，单于进入马邑城才纵兵攻杀。如今单于未到马邑，所以汉朝军队一无所获。汉朝将军王恢的军队本想代郡走出攻击匈奴的辎重，听说单于大军已回，兵卒多，因而不敢出击。汉朝认为王恢本是这次伏击战出谋划策的人，却不敢进攻，就杀了王恢。从此以后，匈奴断绝和亲关系，攻击直通要道的边塞，常常侵入汉朝边境抢掠，次数多得无法计算。而匈奴贪婪，还是喜欢与汉朝互通关市，非常喜爱汉朝的财物，汉朝也仍然与匈奴保持着关市贸易关系，以投合他们的心意。

马邑军事行动之后的第五年秋天，汉朝派四位将军各率一万骑兵，在关市附近攻打匈奴。将军卫青率兵出上谷郡，到达茏城，杀死和俘获匈奴七百人。公孙贺率兵出云中郡，没有收获。公孙敖率兵出代郡，被匈奴打败，损失七千余人。李广率兵出雁门郡，被匈奴打败，匈奴人活捉了李广，后来李广得以逃归汉朝。汉朝囚禁公孙敖和李广，公孙敖和李广交了赎金而成为平民百姓。这年冬天，匈奴屡次闯入抢掠，渔阳受害尤其严重。汉朝派将军韩安国驻军渔阳以防御匈奴。第二年秋天，匈奴两万骑兵侵入汉朝，杀死辽西太守，掠走两千余人。匈奴又侵入渔阳，打败渔阳太守的一千多军队，把汉朝将军韩安国围困起来。这时韩安国的一千多骑兵也将要全部被歼，正好燕王的救兵赶到，匈奴才离去。匈奴又侵入雁门郡，杀死和抢走千余人。于是汉朝派将军卫青率三万骑兵出雁门，李息率兵出代郡，攻打匈奴，杀死和俘虏匈奴数千人。第二年，卫青又出云中郡西边至陇西一带，在黄河河套南岸地带攻打匈奴属下的楼烦和白羊王，杀死和俘虏数千人，得到牛羊百余万头。于是汉朝就夺取了黄河河套南岸地区，修筑朔方城，又修缮从前秦朝蒙恬所修建的关塞，凭借黄河作为防线。汉朝也放弃了上谷郡的曲折僻远的县如造阳一带给匈奴。这一年是汉武帝元朔二年。

后一年的冬天，匈奴军臣单于死去。军臣单于的弟弟左谷蠡王伊稚斜自立为单于，打败了军臣单于的太子於单。於单逃走，投降汉朝，汉朝封於单为涉安侯，几个月后死了。

伊稚斜单于继位后，当年夏天，匈奴数万骑兵攻入代郡，杀死太守恭友，抢掠一千余人。当年秋天，匈奴又攻入雁门，杀死和抢走一千余人。第二年，匈奴又攻入代郡、定襄、上郡，分别各有三万骑兵，杀死和抢走数千人。匈奴右贤王怨恨汉朝夺走黄河河套南岸的土地，并修筑朔方城，因而屡次侵扰，到边境抢掠，以及攻入河套南岸，侵扰朔方城，杀死和抢劫很多官吏和平民。

第二年春天，汉朝任用卫青担任大将军，统领六位将军，十余万大军，出朔方、高阙，去攻打匈奴。右贤王认为汉兵不能到来，喝醉了酒，汉兵走出塞外六七百里，夜间包围了右贤王。右贤王大惊，脱身逃跑，许多精锐骑兵也都跟着离去。汉朝俘虏右贤王属下的男女一万五千人，裨小王十余人。这年秋天，匈奴一万骑兵攻入代郡，杀死代郡都尉朱英，抢掠一千余人。

下一年春天，汉朝又派遣大将军卫青率领六将军，大军十余万骑兵，再次走出定襄数百里攻打匈奴，前后共杀死和俘获一万九千余人，而汉朝也损失了两位将军和他们统领的三千多骑兵。右将军苏建得以只身脱逃，而前将军翕侯赵信出军不利，因而投降匈奴。赵信本是匈奴的小王，投降汉朝，汉朝封他为翕侯，因为前将军与右将军两军合并，而又与大队军马分开行进，独自遇上了单于的军队，所以全军覆没。单于既已得到了翕侯，就封他为自次王，并将姐姐嫁给他做妻子，与他商量对付汉朝。赵信教单于向更北面迁移，越过沙漠，以此引诱汉军，使其疲劳，待他们极度疲劳时再攻取他们，不要靠近边塞。单于听信了他的计谋。第二年，匈奴一万骑兵攻入上谷郡，杀死数百汉人。

第二年春天，汉朝派骠骑将军霍去病率领一万骑兵走出陇西，越过焉支山一千余里，攻打匈奴，斩杀和俘虏匈奴一万八千余人，打败休屠王，获得了祭天金人。这年夏天，骠骑将军又同合骑侯率领数万骑兵走出陇西、北地二千余里，攻打匈奴。经过居延，攻打祁连山，打死和俘虏匈奴三万余人，其中有裨小王以下七十余人。这时匈奴也侵入代郡、雁门郡，杀死和抢走数百人。汉朝派博望侯张骞和李广将军走出右北平，进攻匈奴左贤王。左贤王围困了李将军，李将军的士兵约四千人都几乎拼尽，所杀匈奴人的数目超过了自己军队的人数。正好博望侯的救兵赶到，李将军得以逃脱。汉朝伤亡几千人，合骑侯耽误了骠骑将军所规定的日期，所以他与博望侯张骞都被判为死刑，交赎金而变成了平民。

这年秋天，单于对浑邪王、休屠王居住西方而被汉朝杀死和俘虏数万人的事感到愤怒，想召见并诛杀他们。浑邪王与休屠王感到恐惧，密谋投降汉朝，汉朝派骠骑将军前去迎接他们。浑邪王杀了休屠王，合并了他的军队，领着军队投降了汉朝，共四万余人，号称十万。于是汉朝自从接受浑邪王投降以后，陇西、北地、河西遭受匈奴侵扰的事越来越少，就开始将关东的贫苦之民，迁移到从匈奴那里夺回的河套南岸和新秦中地区，充实那里的人口，并将北地以西的戍卒减少一半。第二年，匈奴向右北平和定襄各派数万骑兵入侵，杀死和抢夺千余人而去。

第二年春天，汉朝谋划说："翕侯赵信向单于献计，居住到大沙漠以北，认为汉军不能到达。"就用粟米喂马，发出十万骑兵，再加上自愿担负粮食马匹随军出征的总共有十四万人，粮食和辎重不在此数目之内。命令大将军卫青和骠骑将军霍去病平分军队，大将军率兵走出定襄，骠骑将军率兵走出代郡，都约定越过沙漠攻打匈奴。单于听到这一消息，将辎重送往远处，率精兵守候在漠北。匈奴与汉大将军卫青的军队交战一天，正在日暮时分，刮起了大风，汉军从左右两翼急速围攻单于。单于自己料定打下去不能战胜汉军，于是他独自同数百名健壮的骑兵，冲破汉军的包围圈向西北逃走。汉军夜晚追赶，没有捉到他，而在行进中却杀死和活捉匈奴一万九千人，到达北边阗颜山赵信城就退回来了。

单于逃跑时，他的军队常常同汉军混战在一起，并设法追随单于。单于很长时间没有与他的大队人马相会了，他的右谷蠡王认为单于死了，就自立为单于。真单于又找到了他的大军，于是右谷蠡王就去掉他的单于王号，又重当右谷蠡王。

汉朝骠骑将军霍去病走出代郡两千余里，与左贤王交战，汉军杀死和俘虏匈奴共七万多人，左贤王与将军都逃跑了。骠骑将军便在狼居胥山祭天，在姑衍山祭地，举行封禅之礼，登高眺望大沙漠后才回师。

此后，匈奴向远处逃走，大沙漠以南没有了匈奴的立足之地。汉朝军队渡过黄河，从朔方向西直到令居，常常在那里开通沟渠，开垦田地，有官吏士卒五六万人，慢慢蚕食北方土地，地界接近匈奴旧地以北。

当初，汉朝的两位将军大规模地出兵围攻单于，杀死和俘虏八九万人，而汉朝士卒也死了好几万，汉朝的马匹死了十多万。匈奴虽然疲惫而远逃，但汉朝也因为马匹少，无法再追击。匈奴采用赵信的计谋，向汉朝派遣使者，说好话请求和亲。汉朝天子将此问题交给臣下商议，有人说和亲，有人说趁机让匈奴臣服于汉。丞相长史任敞说："匈奴刚刚遭受失败，处境困难，应当让他们做外臣，每年春秋两季到边境上来朝拜皇上。"汉朝就派任敞出使匈奴，去见单于。单于听了任敞的计划，大怒，将他扣留下来，不让他回汉朝。在此之前，汉朝也招降过匈奴使者，单于也扣留汉朝使者相抵偿。汉朝正在重新收集士卒兵马，恰巧骠骑将军霍去病病逝，于是汉朝很长时间没有北上攻打匈奴。

几年以后，伊稚斜单于继位十三年去世了，他的儿子乌维继位当了单于。这年，是汉武帝元鼎三年。乌维单于继位，汉天子开始出京巡视郡县。此后汉朝正在诛杀南方的南越和东越，没有进攻匈奴，匈奴也没有侵入汉朝边境。

乌维单于继位三年，汉朝已灭亡南越，就派遣原来的太仆公孙贺率领一万五千骑兵走出九原二千余里，到达浮苴井才撤回，没有看到一个匈奴人。汉朝又派遣原来的从骠侯赵破奴率领一万多骑兵走出令居几千里地，到达匈河水才撤回，也没看到一个匈奴人。

这时，皇帝巡视边境，到达朔方郡，统率十八万骑兵以显示军威，又派郭吉以嘲讽的口气告诉单于。郭吉到了匈奴，匈奴主客询问他出使的目的，郭吉礼数谦卑，态度和好，说："我见到单于再亲口对他说。"单于接见了郭吉，郭吉说："南越王的人头已经悬挂在汉朝京城的北阙之上。如今单于如有能力，就前去与汉军交战，天子亲自领兵在边境上等待你；单于如果没有能力，就应当面朝南方向汉朝称臣。何必白白地向远处逃跑，躲在沙漠以北的又冷又艰苦也缺少水草的地方，没有什么必要。"他说完了，单于就大怒起来，立刻杀了允许郭吉进见的那位主客，而且扣留郭吉，不让他回汉朝，把他迁移到北海那里去。单于也始终不敢到汉朝边境去侵扰抢夺，只是休养士卒和马匹，练习射箭打猎的本领，屡次派使者到汉朝，说些好话，请求和亲。

汉朝派遣王乌等去窥探匈奴的情况。匈奴的法律规定，汉朝使者若不放弃旄节和用墨黥面就不能进入毡帐。王乌是北地人，熟悉匈奴风俗，就放弃旄节，用墨黥面，所以进入毡帐。单于喜爱他，假装用好话做出许诺，派遣太子到汉朝做人质，以此要求同汉朝和亲。

汉朝派杨信到匈奴去。此时，汉朝在东边攻取了秽貉和朝鲜，并设置了郡，而西边设置了酒泉郡，用以隔绝匈奴和羌人的通道。汉朝又向西沟通了月氏和大夏，又把公主嫁给乌孙王做妻子，以此离间匈奴和西方援国的关系。汉朝又向北扩大田地，直到胘雷作为边塞，匈奴始终不敢说什么话。这一年，翕侯赵信死了，汉朝的官员们认为匈奴已经衰弱，可以把他们变为属臣。杨信为人刚直倔强，一向不是汉朝尊贵的大臣，单于不亲近他。单于想召他到毡帐里，但他不肯放弃旄节，单于就坐在毡帐外面接见杨信。杨信见到单于后，说："若想和亲，就把单于太子当做人质送到汉朝去。"单于说："这不是以前的盟约。从前的盟约规定，汉朝常常派公主来匈奴，还送来一定规格的绸布、丝棉和食物，以此同匈奴和亲，而匈奴也不骚扰汉朝边境。现在竟然想违反旧约，让我的太子去当人质，这样做，双方和平相处是没有希望的。"匈奴风俗，看到汉朝使者不是皇宫中受宠的宦官，而是儒生，就认为他是来游说的，便想法驳倒他的说辞；如果是少年，就认为他是来行刺的，便设法挫败他的气势。每次汉朝使者来到匈奴，匈奴总要派使者回访。如果汉朝扣留匈奴使者，匈奴也扣留汉朝使者，一定要使双方扣留的人数相等才肯停止。

杨信回到汉朝后，汉朝又派王乌出使匈奴，而单于又用好话谄媚他，想多得到些汉朝的财物，欺骗王乌说："我想到汉朝拜见天子，当面缔约，结为兄弟。"王乌归来向汉朝作了汇报，汉朝就为单于在长安修筑了官邸。匈奴说："不见到汉朝尊贵之人充当的使者，我不同他说实话。"匈奴派他的尊贵之人出使汉朝，得了病，汉朝给他药吃，想治好他的病，可是他不幸死去。汉朝使者路充国佩带二千石的印信出使匈奴，顺便护送匈奴使者的丧仪队伍，丰厚葬礼的费用价值数千金，说："这是汉朝贵人殡葬的规格。"单于认为汉朝杀死了自己的尊贵使者，就扣留了路充国，不让他返回汉朝。单于所说的那些话，只是白白地欺骗王乌，根本无意到汉朝拜见天子，也无意派太子到汉朝做人质。于是匈奴屡次派突击队侵犯汉朝边境。汉朝就任命郭昌做拔胡将军，同浞野侯驻防朔方以东，防御匈奴。路充国被扣留在匈奴三年时，单于死去。

乌维单于继位十年就死去了，他儿子乌师庐继位当了单于。因为乌师庐年龄小，称为儿单于。这年是汉武帝元封六年。从此以后，单于越发向西北迁移，左边的军队直到云中郡，右边的军队直达酒泉和敦煌郡。

儿单于继位后，汉朝派遣两位使者，一位吊唁单于，一位吊唁右贤王，想以此离间他们的君臣关系，使国家混乱。使者进入匈奴，匈奴人把他们全部送到单于那儿。单于发了怒，把汉朝使者全部扣留。汉朝使者被扣留在匈奴的前后共有十多批，匈奴使者来到汉朝，汉朝也扣留相等数量的匈奴使者。

这一年，汉朝派贰师将军李广利向西讨伐大宛，而命令因杅将军公孙敖建造受降城。这年冬天，匈奴下了大雪，牲畜多半因饥饿寒冷而死去。儿单于年少，喜欢杀人和打仗，国人多半不安心。左大都尉想杀单于，派人私下报告汉朝说："我想杀死单于投降汉朝，汉朝遥远，如果派兵来迎我，我就立刻杀单于。"起初，汉朝听到这话，所以修了受降城，天子还认为城离匈奴太远了。

第二年春天，汉朝派浞野侯赵破奴率领两万多骑兵走出朔方郡西北二千余里，约定到浚稽山才回师。浞野侯按时到达约定的地点才回来，左大都尉想杀单于而被发觉，单于杀了他，派出左方的军队攻击浞野侯。浞野侯边走边捕杀匈奴得到数千人。浞野侯回到离受降城四百里的地方，匈奴八万骑兵围攻他。浞野侯在夜晚独自出去找水，匈奴偷偷地搜捕，活捉了浞野侯，趁机急攻他的军队。汉军中的郭纵担任护军，维王担任大首领，两人商量道："趁诸位校尉害怕失掉将军会遭汉君诛杀，我们就不要相互劝说回汉朝了。"汉军于是就陷没在匈奴。匈奴儿单于大喜，就派遣突击队进攻受降城。受降城攻不下来，就入侵边塞而去。第二年，单于想亲自攻打受降城，但未到受降城，病死了。

儿单于继位三年就死了。他儿子年少，匈奴就立他的叔父乌维单于的弟弟右贤王呴犁湖当单于。这一年是汉武帝太初三年。

呴犁湖单于继位后，汉朝派光禄徐自为走出五原塞数百里，最远的达一千余里，修筑小的城堡和哨所，直到庐朐，而派游击将军韩说、长平侯卫伉在旁驻军，又派强弩都尉路博德在居延泽修建城堡。

这年秋天，匈奴大举入侵定襄、云中，杀死和抢掠数千人，打败数位俸禄二千石的高官才离开，行军途中破坏了光禄徐自为所修的城堡。又派右贤王侵入九泉、张掖，抢掠数千人。正遇上汉朝将军任文截击相救，匈奴又失掉了抢来的全部汉人而离去。这一年，贰师将军李广利攻破大宛，杀了大宛王才归来。匈奴想拦击李广利，未能赶到。这年冬天，匈奴想攻打受降城，正逢单于病死。

呴犁湖单于继位一年就死了，匈奴便立他的弟弟左大都尉且鞮侯当单于。

汉朝诛杀大宛国王后，威震国外。天子想乘机围困匈奴，就颁布诏命说："高皇帝留给我平城之围的忧患；高后时，单于来信所言大逆不道到了极点。从前齐襄公报了九世之前的怨仇，《春秋公羊传》大加赞美。"这一年是汉武帝太初四年。

且鞮侯单于继位后，将汉朝被扣留又不肯投降的使者全部送归汉朝，路充国等人才回到汉朝。单于刚刚继位，担心汉朝袭击他，就自己说："我是儿子辈分，哪里敢同天子相比！汉天子是我的长辈。"汉朝派遣中郎将苏武给单于送去了丰厚的礼物。单于越发骄横，礼节非常倨傲，汉朝大失所望。第二年，浞野侯赵破奴逃离匈奴，回到汉朝。

第二年，汉朝派贰师将军李广利率三万骑兵走出酒泉，在天山攻击右贤王，杀死和俘虏匈奴一万多人而回。匈奴人包围了贰师将军，几乎不能逃脱，汉朝军队死去十分之六七。汉朝又派因杅将军公孙敖兵出西河地区，同强弩都尉在涿涂山会合，什么也没有得到。又派骑都尉李陵率步兵五千人，兵出居延以北一千余里，与单于相遇，双方交战，李陵的军队杀死杀伤匈奴一万余人，最后武器与粮食用完了，李陵想自行脱逃，可是匈奴却包围了李陵，李陵投降了匈奴，他的军队就覆灭了，得以回汉朝的只有四百人。单于于是尊宠李陵，把他的女儿嫁给李陵。

此后第二年，汉朝又派贰师将军率六万骑兵、十万步兵，兵出朔方郡。强弩都尉路博德率领一万余人，同贰师将军会合。游击将军韩说率领步兵和骑兵三万人，兵出五原。因杅将军公孙敖率领一万骑兵、三万步兵，兵出雁门。匈奴听到这消息，就把他们的许多贵重的东西转运到远远的余吾水以北，而单于率领的十万骑兵在余吾水以南等候汉军，同贰师将军交战。贰师将军就离开原地，领兵往回，与单于连战十多天。贰师将军听说他的家属因巫蛊之罪而被灭族，因而就收拢军队投降了匈奴，他的军队得以回汉朝的每一千人中只有一两人罢了。游击将军韩说一无所得，因杅将军公孙敖与左贤王交战，形势不利，就领兵回到汉朝。这年汉朝军队走出边塞同匈奴交战的，都不能谈功劳的多少，因为他们的功劳都不能和损失相抵偿。皇帝下令逮捕太医令随但，因为是他说出了贰师将军家被灭族的消息，致使李广利投降了匈奴。

太史公说：孔子著《春秋》，对于鲁隐公、鲁桓公时期的事情写得显著明白，到了鲁定公、鲁哀公时期则写得隐晦含蓄，因为这是切近当代政治而又不加褒贬的文字，是忌讳的文辞。世俗人中主张对匈奴用兵的人，错误就在于他们想侥幸求得一时的权势，因而致力于向统治者进献谄言，以求实现其偏颇的主张，而不考虑匈奴和汉朝的实际情况。将帅们对付匈奴只是依仗着中国土地的广大，逞一时的意气，天子就根据这些来制定对策，所以建立的功业并不深远。尧虽然贤明，兴办事业有所不成，在得到大禹以后才治好水，使九州安宁。况且，想要建设理想的圣王政治，关键在于选择任用好将相啊！关键在于选择任用好将相啊！

（王华宝　注译）

卷一百一十一　卫将军骠骑列传第五十一

注释查阅　译文诵读

大将军卫青者，平阳人也。其父郑季[1]，为吏，给事平阳侯家[2]，与侯妾卫媪通[3]，生青。青同母兄卫长子，而姊卫子夫自平阳公主家得幸天子，故冒姓为卫氏。字仲卿。长子更字长君。长君母号为卫媪。媪长女卫孺，次女少儿，次女即子夫。后子夫男弟步广皆冒卫氏。

青为侯家人，少时归其父，其父使牧羊。先母之子皆奴畜之[4]，不以为兄弟数[5]。青尝从入至甘泉居室，有一钳徒相青曰："贵人也，官至封侯。"青笑曰："人奴之生，得毋笞骂即足矣，安得封侯事乎！"

青壮，为侯家骑[6]，从平阳主。建元二年春，青姊子夫得入宫幸上。皇后，堂邑大长公主女也，无子，妒。大长公主闻卫子夫幸，有身[7]，妒之，乃使人捕青。青时给事建章，未知名。大长公主执囚青，欲杀之。其友骑郎公孙敖与壮士往篡取之[8]，以故得不死。上闻，乃召青为建章监，侍中，及同母昆弟贵，赏赐数日间累千金。孺为太仆公孙贺妻。少儿故与陈掌通[9]，上召贵掌[10]。公孙敖由此益贵。子夫为夫人。青为大中大夫。

元光五年，青为车骑将军，击匈奴，出上谷；太仆公孙贺为轻车将军，出云中；大中大夫公孙敖为骑将军，出代郡；卫尉李广为骁骑将军，出雁门：军各万骑。青至茏城，斩首虏数百。骑将军敖亡七千骑；卫尉李广为虏所得，得脱归：皆当斩，赎为庶人。贺亦无功。

元朔元年春，卫夫人有男，立为皇后。其秋，青为车骑将军，出雁门，三万骑击匈奴，斩首虏数千人。明年，匈奴入杀辽西太守，虏略渔阳二千余人[11]，败韩将军军。汉令将军李息击之，出代；令车骑将军青出云中以西至高阙。遂略河南地[12]，至于陇西，捕首虏数千，畜数十万，走白羊、楼烦王。遂以河南地为朔方郡。以三千八百户封青为长平侯。青校尉苏建有功，以千一百户封建为平陵侯。使建筑朔方城。青校尉张次公有功，封为岸头侯。天子曰："匈奴逆天理，乱人伦，暴长虐老，以盗窃为务，行诈诸蛮夷，造谋藉兵[13]，数为边害，故兴师遣将，以征厥罪。《诗》不云乎，'薄伐猃狁，至于太原[14]'；'出车彭彭，城彼朔方[15]’。”今车骑将军青度西河至高阙[16]，获首虏二千三百级，车辎畜产毕收为卤[17]，已封为列侯，遂西定河南地，按榆谿旧塞[18]，绝梓领[19]，梁北河[20]，讨蒲泥[21]，破符离[22]，斩轻锐之卒，捕伏听者三千七十一级[23]，执讯获丑[24]，驱马牛羊百有余万，全甲兵而还[25]，益封青三千户。”其明年，匈奴入杀代郡太守友[26]，入略雁门千余人。其明年，匈奴大入代、定襄、上郡，杀略汉数千人。

其明年，元朔之五年春，汉令车骑将军青将三万骑，出高阙；卫尉苏建为游击将军，左内史李沮为强弩将军，太仆公孙贺为骑将军，代相李蔡为轻车将军，皆领属车骑将军[27]，俱出朔方：大行李息、岸头侯张次公为将军，出右北平：咸击匈奴。匈奴右贤王当卫青等兵[28]，以为汉兵不能至此，饮醉。汉兵夜至，围右贤王，右贤王惊，夜逃，独与其爱妾一人壮骑数百驰，溃围北去。汉轻骑校尉郭成等逐数百里，不及，得右贤裨王十余人[29]，众男女万五千余人，畜数千百万，于是引兵而还。至塞，天子使使者持大将军印，即军中拜车骑将军青为大将军，诸将皆以兵属大将军，大将军立号而归[30]。天子曰：“大将军青躬率戎士，师大捷，获匈奴王十有余人，益封青六千户。”而封青子伉为宜春侯，青子不疑为阴安侯，青子登为发干侯。青固谢曰[31]：“臣幸得待罪行间[32]，赖陛下神灵，军大捷，皆诸校尉力战之功也。陛下幸已益封臣青。臣青子在襁褓中，未有勤劳[33]，上幸列地封为三侯[34]，非臣待罪行间所以劝士力战之意也。伉等三人何敢受封！”天子曰：“我非忘诸校尉功也，今固且图之[35]。”乃诏御史曰：“护军都尉公孙敖三从大将军击匈奴，常护军[36]，傅校获王[37]，以千五百户封敖为合骑侯。都尉韩说从大将军出窳浑[38]，至匈奴右贤王庭，为麾下搏战获王，以千三百户封说为龙頟侯。骑将军公孙贺从大将军获王，以千三百户封贺为南窌侯。轻车将军李蔡再从大将军获王[39]，以千六百户封蔡为乐安侯。校尉李朔，校尉赵不虞，校尉公孙戎奴，各三从大将军获王，以千三百户封朔为涉轵侯，以千三百户封不虞为随成侯，以千三百户封戎奴为从平侯。将军李沮、李息及校尉豆如意有功，赐爵关内侯，食邑各三百户。”其秋，匈奴入代，杀都尉朱英。

其明年春，大将军青出定襄，合骑侯敖为中将军，太仆贺为左将军，翕侯赵信为前将军，卫尉苏建为右将军，郎中令李广为后将军，左内史李沮为强弩将军，咸属大将军，斩首数千级而还。月余，悉复出定襄击匈奴[40]，斩首虏万余人。右将军建、前将军信并军三千余骑，独逢单于兵，与战一日余，汉兵且尽。前将军故胡人，降为翕侯，见急，匈奴诱之，遂将其余骑可八百，奔降单于。右将军苏建尽亡其军，独以身得亡去，自归大将军。大将军问其罪正闳[41]、长史安、议郎周霸等：“建当云何[42]？”霸曰：“自大将军出，未尝斩裨将。今建弃军，可斩以明将军之威。”闳、安曰：“不然。《兵法》‘小敌之坚，大敌之禽也’[43]。今建以数千当单于数万[44]，力战一日余，士尽，不敢有二心，自归。自归而斩之，是示后无反意也[45]。不当斩。”大将军曰：“青幸得以肺腑待罪行间，不患无威，而霸说我以明威[46]，甚失臣意。且使臣职虽当斩将，以臣之尊宠而不敢自擅专诛于境外，而具归天子，天子自裁之，于是以见为人臣不敢专权，不亦可乎？”军吏皆曰“善”。遂囚建诣行在所[47]。入塞罢兵。

是岁也，大将军姊子霍去病年十八，幸，为天子侍中。善骑射，再从大将军，受诏与壮士，为剽姚校尉，与轻勇骑八百直弃大军数百里赴利[48]，斩捕首虏过当[49]。于是天子曰：“剽姚校尉去病斩首虏二千二十八级，及相国、当户，斩单于大父行籍若侯产[50]，生捕季父罗姑比再冠军[51]，以千六百户封去病为冠军侯。上谷太守郝贤四从大将军，捕斩首虏二千余人，以千一百户封贤为众利侯。”是岁，失两将军军，亡翕侯，军功不多，故大将军不益封。右将军建至，天子不诛，赦其罪，赎为庶人。

大将军既还，赐千金。是时王夫人方幸于上，宁乘说大将军曰：“将军所以功未甚多，身食万户，三子皆为侯者，徒以皇后故也。今王夫人幸而宗族未富贵，愿将军奉所赐千金为王夫人亲寿[52]。”大将军乃以五百金为寿。天子闻之，问大将军，大将军以实言，上乃拜宁乘为东海都尉。

张骞从大将军，以尝使大夏，留匈奴中久，导军[53]，知善水草处，军得以无饥渴，因前使绝国功[54]，封骞博望侯。

冠军侯去病既侯三岁，元狩二年春，以冠军侯去病为骠骑将军，将万骑出陇西，有功。天子曰：“骠骑将军率戎士逾乌盭[55]，讨遬濮[56]，涉狐奴，历五王国，辎重人众慑慴者弗取[57]，冀获单于子[58]。转战六日，过焉支山千有余里，合短兵[59]，杀折兰王，斩卢胡王，诛全甲，执浑邪王子及相国、都尉，首虏八千余级，收休屠祭天金人，益封去病二千户。”

其夏，骠骑将军与合骑侯敖俱出北地，异道[60]；博望侯张骞、郎中令李广俱出右北平，异道：皆击匈奴。郎中令将四千骑先至，博望侯将万骑在后至。匈奴左贤王将数万骑围郎中令，郎中令与战二日，死者过半，所杀亦过当。博望侯至，匈奴兵引去。博望侯坐行留[61]，当斩，赎为庶人。而骠骑将军出北地，已遂深入[62]，与合骑侯失道，不相得，骠骑将军逾居延至祁连山，捕首虏甚多。天子曰：“骠骑将军逾居延，遂过小月氏，攻祁连山，得酋涂王，以众降者二千五百人，斩首虏三万二百级，获五王，五王母，单于阏氏、王子五十九人，相国、将军、当户、都尉六十三人，师大率减什三，益封去病五千户。赐校尉从至小月氏爵左庶长[63]。鹰击司马破奴再从骠骑将军斩遬濮王，捕稽沮王，千骑将得王、王母各一人，王子以下四十一人，捕虏三千三百三十人，前行捕虏千四百人[64]，以千五百户封破奴为从骠侯。校尉句王高不识，从骠骑将军捕呼于屠王王子以下十一人，捕虏千七百六十八人，以千一百户封不识为宜冠侯。校尉仆多有功，封为煇渠侯。”合骑侯敖坐行留不与骠骑会，当斩，赎为庶人。诸宿将所将士马兵亦不如骠骑，骠骑所将常选[65]，然亦敢深入，常与壮骑先其大军[66]，军亦有天幸，未尝困绝也。然而诸宿将常坐留落不遇[67]。由此骠骑日以亲贵，比大将军[68]。

其秋，单于怒浑邪王居西方数为汉所破，亡数万人，以骠骑之兵也。单于怒，欲召诛浑邪王。浑邪王与休屠王等谋欲降汉，使人先要边[69]。是时大行李息将城河上，得浑邪王使，即驰传以闻。天子闻之，于是恐其以诈降而袭边，乃令骠骑将军将兵往迎之。骠骑既渡河，与浑邪王众相望。浑邪王裨将见汉军而多欲不降者，颇遁去。骠骑乃驰入与浑邪王相见，斩其欲亡者八千人，遂独遣浑邪王乘传先诣行在所，尽将其众渡河，降者数万，号称十万。既至长安，天子所以赏赐者数十巨万。封浑邪王万户，为漯阴侯。封其裨王呼毒尼为下摩侯，鹰庇为烊渠侯，禽梨为河綦侯，大当户铜离为常乐侯。于是天子嘉骠骑之功，曰："骠骑将军去病率师攻匈奴西域王浑邪，王及厥众萌咸相奔[70]，率以军粮接食[71]，并将控弦万有余人[72]，诛獟駻[73]，获首虏八千余级，降异国之王三十二人，战士不离伤[74]，十万之众咸怀集服[75]，仍与之劳[76]，爰及河塞，庶几无患，幸既永绥矣[77]。以千七百户益封骠骑将军。"减陇西、北地、上郡戍卒之半，以宽天下之繇[78]。

居顷之，乃分徙降者边五郡故塞外，而皆在河南，因其故俗，为属国[79]。其明年，匈奴入右北平、定襄，杀略汉千余人。

其明年，天子与诸将议曰："翕侯赵信为单于画计，常以为汉兵不能度幕轻留[80]，今大发士卒，其势必得所欲。"是岁元狩四年也。

元狩四年春，上令大将军青、骠骑将军去病将各五万骑，步兵转者踵军数十万[81]，而敢力战深入之士皆属骠骑。骠骑始为出定襄，当单于。捕虏言单于东，乃更令骠骑出代郡，令大将军出定襄。郎中令为前将军，太仆为左将军，主爵赵食其为右将军，平阳侯襄为后将军，皆属大将军。兵即度幕，人马凡五万骑，与骠骑等咸击匈奴单于。赵信为单于谋曰："汉兵既度幕，人马罢[82]，匈奴可坐收虏耳[83]。"乃悉远北其辎重[84]，皆以精兵待幕北。而适值大将军军出塞千余里，见单于兵陈而待[85]，于是大将军令武刚车自环为营[86]，而纵五千骑往当匈奴。匈奴亦纵可万骑。会日且入[87]，大风起，沙砾击面，两军不相见，汉益纵左右翼绕单于[88]。单于视汉兵多，而士马尚强，战而匈奴不利，薄莫[89]，单于遂乘六赢，壮骑可数百，直冒汉围西北驰去[90]。时已昏，汉、匈奴相纷挐[91]，杀伤大当[92]。汉军左校捕虏，言单于未昏而去，汉军因发轻骑夜追之，大将军军因随其后。匈奴兵亦散走。迟明[93]，行二百余里，不得单于，颇捕斩首虏万余级，遂至窴颜山赵信城，得匈奴积粟食军。军留一日而还，悉烧其城余粟以归。

大将军之与单于会也，而前将军广、右将军食其军别从东道，或失道，后击单于。大将军引还，过幕南，乃得前将军、右将军。大将军欲使使归报，令长史簿责前将军广[94]，广自杀。右将军至，下吏，赎为庶人。大将军军入塞，凡斩捕首虏万九千级。

是时匈奴众失单于十余日，右谷蠡王闻之，自立为单于。单于后得其众，右王乃去单于之号。

骠骑将军亦将五万骑，车重与大将军军等，而无裨将。悉以李敢等为大校，当裨将，出代、右北平千余里，直左方兵[95]，所斩捕功已多大将军。军既还，天子曰："骠骑将军去病率师，躬将所获荤粥之士[96]，约轻赍[97]，绝大幕，涉获章渠，以诛比车耆，转击左大将，斩获旗鼓，历涉离侯[98]。济弓闾，获屯头王、韩王等三人，将军、相国、当户、都尉八十三人，封狼居胥山，禅于姑衍，登临翰海[99]。执卤获丑七万有四百四十三级[100]，师率减什三，取食于敌，逴行殊远而粮不绝[101]，以五千八百户益封骠骑将军。"右北平太守路博德属骠骑将军，会与城，不失期，从至梼余山，斩首捕虏二千七百级，以千六百户封博德为符离侯。北地都尉邢山从骠骑将军获王，以千二百户封山为义阳侯。故归义因淳王复陆支、楼专王伊即靬皆从骠骑将军有功，以千三百户封复陆支为壮侯，以千八百户封伊即靬为众利侯。而骠侯破奴、昌武侯安稽从骠骑有功，益封各三百户。校尉敢得旗鼓[102]，为关内侯，食邑二百户。校尉自为爵大庶长[103]。军吏卒为官，赏赐甚多。而大将军不得益封，军吏卒皆无封侯者。

两军之出塞，塞阅官及私马凡十四万匹[104]，而复入塞者不满三万匹。乃益置大司马位[105]，大将军、骠骑将军皆为大司马。定令，令骠骑将军秩禄与大将军等。自是之后，大将军青日退，而骠骑日益贵。举大将军故人门下多去事骠骑，辄得官爵，唯任安不肯。

骠骑将军为人少言不泄，有气敢任[106]。天子尝欲教之孙、吴兵法，对曰："顾方略何如耳[107]，不至学古兵法。"天子为治第[108]，令骠骑视之，对曰："匈奴未灭，无以家为也。"由此上益重爱之。然少而侍中，贵，不省士[109]。其从军，天子为遣太官赍数十乘，既还，重车余弃粱肉[110]，而士有饥者。其在塞外，卒乏粮，或不能自振[111]，而骠骑尚穿域蹋鞠[112]。事多此类。大将军为人仁善退让，以和柔自媚于上，然天下未有称也。

骠骑将军自四年军后三年[113]，元狩六年而卒。天子悼之，发属国玄甲，军陈自长安至茂陵[114]，为冢象祁连山。谥之，并武与广地曰景桓侯。子嬗代侯。嬗少，字子侯，上爱之，幸其壮而将之。居六岁，元封元年，嬗卒，谥哀侯。无子，绝，国除。

自骠骑将军死后，大将军长子宜春侯伉坐法失侯。后五岁，伉弟二人，阴安侯不疑及发干侯登皆坐酎金失侯[115]。失侯后二岁，冠军侯国除。其后四年，大将军青卒，谥为烈侯。子伉代为长平侯。

自大将军围单于之后，十四年而卒。竟不复击匈奴者，以汉马少，而方南诛两越，东伐朝鲜，击羌、西南夷，以故久不伐胡。

大将军以其得尚平阳长公主故[116]，长平侯伉代侯。六岁，坐法失侯。

左方两大将军及诸裨将名[117]：

最大将军青[118]，凡七出击匈奴，斩捕首虏五万余级。一与单于战，收河南地，遂置朔方郡，再益封，凡万二千八百户。封三子为侯，侯千三百户。并之，万五千七百户。其校尉裨将以从大将军侯者九人。其裨将及校尉已为将者十四人。为裨将者曰李广，自有传。无传者曰：

将军公孙贺。贺，义渠人，其先胡种[119]。贺父浑邪，景帝时为平曲侯，坐法失侯。贺，武帝为太子时舍人。武帝立八岁，以太仆为轻车将军，军马邑。后四岁，以轻车将军出云中。后五岁，以骑将军从大将军有功，封为南窌侯。后一岁，以左将军再从大将军出定襄，无功。后四岁，以坐酎金失侯。后八岁，以浮沮将军出五原二千余里，无功。后八岁，以太仆为丞相，封葛绎侯。贺七为将军，出击匈奴无大功，而再侯[120]，为丞相。坐子敬声与阳石公主奸，为巫蛊，族灭，无后。

将军李息，郁郅人。事景帝。至武帝立八岁，为材官将军，军马邑；后六岁，为将军，出代；后三岁，为将军，从大将军出朔方：皆无功。凡三为将军，其后常为大行。

将军公孙敖，义渠人。以郎事武帝。武帝立十二岁，为骠骑将军，出代，亡卒七千人，当斩，赎为庶人。后五岁，以校尉从大将军有功，封为合骑侯。后一岁，以中将军从大将军，再出定襄，无功。后二岁，以将军出北地，后骠骑期，当斩，赎为庶人。后二岁，以校尉从大将军，无功。后十四岁，以因杅将军筑受降城。七岁，复以因杅将军再出击匈奴，至余吾，亡士卒多，下吏，当斩，诈死，亡居民间五六岁。后发觉，复系[121]。坐妻为巫蛊，族。凡四为将军，出击匈奴，一侯。

将军李沮，云中人。事景帝。武帝立十七岁，以左内史为强弩将军。后一岁，复为强弩将军。

将军李蔡，成纪人也。事孝文帝、景帝、武帝。以轻车将军从大将军有功，封为乐安侯。已为丞相，坐法死。

将军张次公，河车人。以校尉从卫将军青有功，封为岸头侯。其后太后崩，为将军，军北军。后一岁，为将军，从大将军，再为将军，坐法失侯。次公父隆，轻车武射也。以善射，景帝幸近之也。

将军苏建，杜陵人。以校尉从卫将军青，有功，为平陵侯，以将军筑朔方。后四岁，为游击将军，从大将军出朔方。后一岁，以右将军再从大将军出定襄，亡翕侯，失军，当斩，赎为庶人。其后为代郡太守，卒，冢在大犹乡。

将军赵信，以匈奴相国降，为翕侯。武帝立十七岁，为前将军，与单于战，败，降匈奴。

将军张骞，以使通大夏，还，为校尉。从大将军有功，封为博望侯。后三岁，为将军，出右北平，失期，当斩，赎为庶人。其后使通乌孙，为大行而卒，冢在汉中。

将军赵食其，祋祤人也。武帝立二十二岁，以主爵为右将军，从大将军出定襄，迷失道，当斩，赎为庶人。

将军曹襄，以平阳侯为后将军，从大将军出定襄。襄，曹参孙也。

将军韩说，弓高侯庶孙也。以校尉从大将军有功，为龙頟侯，坐酎金失侯。元鼎六年，以待诏为横海将军，击东越有功，为按道侯。以太初三年为游击将军，屯于五原外列城。为光禄勋，掘蛊太子宫[122]，卫太子杀之。

将军郭昌，云中人也。以校尉从大将军。元封四年，以太中大夫为拔胡将军，屯朔方。还击昆明，毋功，夺印。

将军荀彘，太原广武人。以御见[123]，侍中，为校尉，数从大将军。以元封三年为左将军击朝鲜，毋功。以捕楼船将军坐法死。

最骠骑将军去病，凡六出击匈奴，其四出以将军，斩捕首虏十一万余级。及浑邪王以众降数万，遂开河西酒泉之地，西方益少胡寇。四益封，凡万五千一百户。其校吏有功为侯者凡六人，而后为将军二人。

将军路博德，平州人。以右北平太守从骠骑将军有功，为符离侯。骠骑死后，博德以卫尉为伏波将军，伐破南越，益封。其后坐法失侯。为强弩都尉，屯居延，卒。

将军赵破奴，故九原人。尝亡入匈奴，已而归汉，为骠骑将军司马。出北地时有功，封为从骠侯。坐酎金失侯。后一岁，为匈河将军，攻胡至匈河水，无功。后二岁，击虏楼兰王，复封为浞野侯。后六岁，为浚稽将军，将二万骑击匈奴左贤王，左贤王与战，兵八万骑围破奴，破奴生为虏所得[124]，遂没其军。居匈奴中十岁，复与其太子安国亡入汉。后坐巫蛊，族。

自卫氏兴，大将军青首封，其后枝属为五侯[125]。凡二十四岁而五侯尽夺，卫氏无为侯者。

太史公曰：苏建语余曰："吾尝责大将军至尊重，而天下之贤大夫毋称焉[126]，愿将军观古名将所招选择贤者，勉之哉。大将军谢曰：'自魏其、武安之厚宾客，天子常切齿[127]。彼亲附士大夫[128]，招贤绌不肖者[129]，人主之柄也[130]。人臣奉法遵职而已，何与招士[131]！'"骠骑亦放此意[132]，其为将如此。

【译文】

大将军卫青是平阳县人。他的父亲郑季担任县中小吏，在平阳侯曹寿家供事，曾与平阳侯的女仆卫媪通奸，生下卫青。卫青的同母哥哥是卫长子，而同母姐姐卫子夫在平阳公主家得到汉武帝的宠爱，所以冒充姓卫。卫青字叫仲卿。卫长子改表字叫长君。长君的母亲叫卫媪。卫媪的大女儿叫卫孺，二女儿叫卫少儿，三女儿就是卫子夫。后来卫子夫的弟弟步和广都冒充姓卫。

卫青是平阳侯家的奴仆，小时候回到父亲郑季家里，他父亲让他牧羊。郑季前妻生的儿子都把他当作奴仆来对待，不把他算作兄弟。卫青曾跟人到甘泉宫的居室，有个戴着铁枷的犯人给卫青相面说："你是个贵人，将来能当大官，封侯！"卫青笑笑说："我是别人奴仆所生的孩子，能不挨他人打骂就心满意足了，怎么可能有封侯的事呢！"

卫青长大后，做了平阳侯家的侍从骑士，时常跟随平阳公主。汉武帝建元二年的春天，卫青的姐姐卫子夫进入皇宫，受到武帝的宠幸。皇后陈阿娇是堂邑大长公主刘嫖的女儿，没有生儿子，却嫉妒别人，大长公主听说卫子夫受到武帝宠幸，且有了身孕，很嫉妒她，就派人逮捕了卫青。当时卫青在建章宫供职，尚不出名。大长公主逮捕囚禁卫青，想杀死他。卫青的朋友骑郎公孙敖就和一些壮士把他抢了出来，因此卫青得以不死。武帝听到这个消息，就召来卫青做了建章监，加侍中官衔。连同他的同母兄弟们都得以显贵，皇上的赏赐数日之间竟累积千金之多。卫孺做了太仆公孙贺的妻子。卫少儿原来与陈掌私通，武帝便召来陈掌，使他显贵。公孙敖因此也越来越显贵。卫子夫有了夫人的封号，卫青也升为大中大夫。

元光五年，卫青当了车骑将军，讨伐匈奴，从上谷出兵；太仆公孙贺担任轻车将军，由云中出兵；大中大夫公孙敖担任骑将军，由代郡出兵；卫尉李广担任骁骑将军，由雁门出兵；每军各有一万骑兵。卫青领兵到达茏城，斩杀敌人数百人。骑将军公孙敖损失七千名骑兵；卫尉李广被敌人俘获，逃脱而回。公孙敖和李广都被判为死刑，都交赎金免死，成为平民。公孙贺也没有功劳。

元朔元年春天，卫子夫生下男孩，被立为皇后。这年秋天，卫青当上车骑将军，从雁门出境，率领三万骑兵攻打匈奴，斩杀敌人几千人。第二年，匈奴侵入边境，杀死辽西郡的太守，掳掠渔阳郡二千多人，打败了韩安国将军的军队。汉朝命令李息将军攻打匈奴，从代郡出兵；又命令车骑将军卫青从云中出发，向西攻打，直到高阙。于是攻占了河南地区，直到陇西，捕获敌人几千名，缴获牲畜十万头，打跑了白羊王和楼烦王。汉朝就把河南地区改设为朔方郡。并划定三千八百户封卫青为长平侯。卫青的校尉苏建有军功，朝廷也划定一千一百户封苏建为平陵侯，并派苏建修筑朔方城。卫青的校尉张次公有军功，被封为岸头侯。天子说："匈奴背逆天理，悖乱人伦，侵凌长辈，虐待老人，专以盗窃为事，欺诈裹胁各少数民族阴谋凭借其武力侵犯汉朝边境，屡次造成边患，所以朝廷才调动军队，派遣将领，去讨伐他的罪恶。《诗经》上不是说：'征讨猃狁，直到太原'，'出征的战车似万马奔腾，修筑那座朔方城'。如今车骑将军卫青越过西河地区，直到高阙，斩杀敌军二千三百人，缴获其全部战车、辎重和牲畜，已被封为列侯，于是往西平定了河南地区，巡行榆谿的古代要塞，越过梓领，架设北河的桥梁，讨伐蒲泥，攻破符离，斩杀敌人轻捷精锐的士卒，捕获敌人的侦察兵三千零七十一人，捉到敌人的间谍，捕获大量敌人，赶回敌人的一百多万只马、牛和羊，保全大军，胜利回师，增封卫青三千户。"第二年，匈奴侵入边境，杀死代郡太守共友，侵入雁门，抢掠一千余人。第二年，匈奴大规模入侵代郡、定襄、上郡，斩杀抢掠汉人数千。

第二年，即元朔五年春天，朝廷命令车骑将军卫青率领三万骑兵，从高阙出征；命令卫尉苏建做游击将军，左内史李沮做强弩将军，太仆公孙贺做骑将军，代国之相李蔡做轻车将军，他们都隶属车骑将军卫青，一同从朔方出征；朝廷又命令大行李息、岸头侯张次公为将军，从右北平出征：全都攻打匈奴。匈奴右贤王正对着卫青等人的大兵，以为汉朝军队不能到达这里，便喝酒至醉。汉军晚上来到，包围了右贤王，右贤王大惊，连夜逃跑，独自与他的一个爱妾和几百名精壮的骑兵，急驰突围，向北而去。汉朝的轻骑校尉郭成等追赶了几百里，没有追上。汉军捕获了右贤王的小王十多人，男女民众一万五千余人，牲畜数千百万头，于是卫青便领兵凯旋。卫青的军队走到边塞，武帝派遣使者拿着大将军的官印，就在军中任命车骑将军卫青为大将军，其他将军都隶属于大将军卫青，指令卫青以"大将军"的威仪率军回朝。武帝说："大将军卫青亲自率领战士攻杀，军队获得大捷，俘虏匈奴之王十多人，加封卫青六千户。"又封卫青的儿子卫伉为宜春侯，卫青的儿子卫不疑为阴安侯，卫青的儿子卫登为发干侯。卫青坚决推辞说："我侥幸地能在军中做事，依赖陛下的神圣威灵，才使军队获得大捷，同时这也是各位校尉奋力作战的功劳。陛下已经降恩加封我食邑。臣卫青的儿子们年龄还小，没有征战的劳苦和功绩，皇上降恩，割地封他们三人为侯，这不是我在军中做事用来鼓励战士奋力打仗的本意啊！卫伉等三人怎么敢接受封赏。"天子说："我并非忘了各位校尉的功劳，现在本来就要考虑他们的奖赏。"武帝就下令御史说："护军都尉三次随大将军出击匈奴，经常接应各军，率领一校人马，捕获匈奴小王，划定一千五百户封公孙敖为合骑侯。都尉韩说随从大将军从窳浑塞出兵，直打到匈奴右贤王的王庭，在大将军的指挥之下搏杀奋战，俘获匈奴小王，划定一千三百户封韩说为龙頟侯。骑将军公孙贺跟随大将军俘获匈奴小王，划定一千三百户封公孙贺为南窌侯。轻车将军李蔡两次随大将军俘获匈奴小王，划定一千六百户封李蔡为乐安侯。校尉李朔、校尉赵不虞、校尉公孙戎奴，每人都三次跟随大将军俘获匈奴小王，划定一千三百户封李朔为涉轵侯，划定一千三百户封赵不虞为随成侯，划定一千三百户封公孙戎奴为从平侯。将军李沮、李息及校尉豆如意有军功，赐给关内侯的爵位，每人食邑三百户。”这年秋天，匈奴侵入代郡，杀死都尉朱英。

第二年春天，大将军卫青从定襄出征。合骑侯公孙敖做中将军，太仆公孙贺做左将军，翕侯赵信做前将军，卫尉苏建做右将军，郎中令李广做后将军，左内史李沮做强弩将军，都隶属大将军，斩杀敌人几千人而回。一个多月后，他们又全都从定襄出征攻打匈奴，杀敌一万多人。右将军苏建、前将军赵信的军队合为一军，共三千多骑兵，独遇匈奴单于的军队，与他们交战一天多，汉军将要全军被歼。前将军赵信原本是匈奴人，投降汉朝被封为翕侯，如今看到军情危急，匈奴人又引诱他，于是他率领剩余的大约八百骑兵，跑到单于那儿投降。右将军苏建损失了全部军队，独自一人逃回，自己来到大将军卫青那里。大将军卫青就苏建的罪过向军正闳、长史安和议郎周霸等征询意见，说：“应给苏建定什么罪？”周霸说：“自从大将军出征，不曾杀过副将。如今苏建弃军而回，可以杀苏建以显明大将军的威严。”闳和安都说：“不能这样。兵法上说‘小部队遇到敌方的大部队，如果坚战，那只有被敌方全部消灭’。如今苏建率几千军队抵御单于的几万军队，奋力战斗了一天多的时间，战士全部牺牲，仍然不敢有背叛汉朝之心，自己归来。自己归来而被杀死，这是告诉后人再遇到类似问题就干脆不要回来。不应当杀苏建。”大将军卫青说：“卫青我侥幸以皇帝亲戚的身份在军队中做事，不忧虑没有威严，而周霸劝我树立个人的威严，与我的心意很不合。况且假使我的职权允许我斩杀有罪的将军，但凭我尊崇的地位也不敢在国境外擅自诛杀，而应将情况向天子详细报告，让天子自己裁决，由此表现出做臣子的不敢专权，不也是可以的吗？”军官们都说：“好！”于是就把苏建押送到皇帝的行在所。卫青领兵进入边塞，停止了对匈奴的征伐。

这一年，大将军卫青姐姐的儿子霍去病十八岁，受到武帝宠爱，当了皇帝的侍中。霍去病善于骑马射箭，两次随从大将军出征，大将军奉皇上之命拨给他一些壮士，任命他为剽姚校尉。他同八百名轻捷勇敢的骑兵，径直抛开大军几百里，寻找杀敌良机，结果他们所斩杀的敌兵数量超过了他们的损失。于是皇上说：“剽姚校尉霍去病杀敌二千零二十八人，其中包括匈奴相国和当户，杀死单于祖父一辈的籍若侯产，活捉单于叔父罗姑比，他的功劳，在全军两次排第一，划定一千六百户封霍去病为冠军侯。上谷太守郝贤四次随大将军出征，斩获敌军二千余名，划定一千一百户封郝贤为众利侯。”这一年，损失了两位将军的军队，翕侯赵信逃亡，军功不多，所以大将军卫青没有增封。右将军苏建回来后，天子没有杀他，赦免了他的罪过，交赎金而成为平民百姓。

大将军卫青回到京城，皇上赏赐他千金。这时，王夫人正受汉武帝的宠幸，宁乘就劝说卫青道：“将军您之所以军功还不太多，自己却食邑万户，三个儿子都受封为侯，只是因卫皇后的缘故。如今王夫人得幸，而她的同姓亲戚还没有富贵，希望将军捧着皇上赏赐的千金，去给王夫人的双亲祝寿。”于是大将军卫青就用五百金给王夫人的双亲祝寿。武帝听到这消息，就问大将军卫青，卫青把事实报告了皇上，皇上就任命宁乘做东海都尉。

张骞随从大将军出征，因为他曾经出使大夏，被扣留在匈奴很长时间，这次他为大军作向导，熟知有水草的好地方，因而使大军免于饥渴。再加上张骞以前出使遥远国家的功劳，被封为博望侯。

冠军侯霍去病被封侯三年，在元狩二年春天，皇帝命冠军侯霍去病担任骠骑将军，率领一万骑兵，从陇西出击匈奴，有军功。武帝说："骠骑将军亲自率领战士越过乌盭山，讨伐遬濮，渡过狐奴河，经过五个匈奴的王国，不掠取畏惧顺从者的财物和民众，差点儿捕获单于的儿子。转战六天，越过焉支山一千余里，与敌人短兵相接，杀死了折兰王，砍掉卢胡王的头，诛杀全副武装的敌兵，抓获了浑邪王的儿子及匈奴相国、都尉，歼敌八千余人，缴获了休屠王的祭天金人。加封霍去病二千户。"

这年夏天，骠骑将军与合骑侯公孙敖都从北地出征，分道进兵；博望侯张骞、郎中令李广都从右北平出征，分道进军。他们都去攻打匈奴。郎中令率领四千骑兵首先到达，博望侯率领一万骑兵随后到达。匈奴左贤王率领几万骑兵围攻郎中令李广，郎中令与敌兵战斗了两天，超过一半的士兵战死了，他们杀死敌人的数目超过了他们损失的人数。博望侯领兵赶到时，匈奴的军队已撤走。博望侯犯有行军滞留而延误军机之罪，被判为死刑，交赎金而成为平民。骠骑将军出了北地后，已远远地深入到匈奴之中，因合骑侯公孙敖走错了路，未能相会。骠骑将军越过居延泽，到达祁连山，捕获了很多敌人。天子说："骠骑将军越过居延泽，于是经过小月氏，攻到祁连山，俘虏酋涂王，敌兵率众投降的有二千五百人，杀敌三万零二百人，俘获五个匈奴小王、五个匈奴小王的母亲、单于的妻子、匈奴王子五十九个，还俘获匈奴相国、将军、当户、都尉等共六十三人，汉朝军队大概减损十分之三，增封霍去病五千户。赏赐随霍去病到达小月氏的校尉们左庶长的爵位。鹰击司马赵破奴两次跟随骠骑将军出征，斩杀了遬濮王，俘获了稽且王，千骑将捉到匈奴小王和小王母各一人，王子以下四十一人，俘虏敌兵三千三百三十人，先头部队俘虏敌兵一千四百人，划定一千五百户封赵破奴为从骠侯。校尉句王高不识，跟随骠骑将军霍去病俘虏呼于屠王和王子以下共十一人，俘虏敌兵一千七百六十八人，划定一千一百户封高不识为宜冠侯。校尉仆多有军功，封为煇渠侯。"合骑侯公孙敖犯了行军滞留而未能与骠骑将军会师之罪，判为死刑，交赎金而成为平民。各位老将军所率领的兵士和马匹武器也不如骠骑将军的，骠骑将军所率领的是平常被挑选的精兵。但他敢于深入敌境内作战，常常和壮健的骑兵跑在大军的前面，他的军队也有好运气，未曾遇到绝大的困境。但各位老将却经常因为行军迟缓落后，遇不到好的战机。从此以后，骠骑将军日渐受到亲近，更加显贵，与大将军卫青相仿佛。

这年秋天，匈奴单于因为身处西方的浑邪王屡次被骠骑将军率领的汉军打败，损失几万人而大怒，想召来浑邪王，并将其杀死。因此浑邪王和休屠王等想投降汉朝，就先派人到边境寻找汉人。这时，大行李息率兵在黄河岸边筑城，见到浑邪王的使者，立即就命令传车急驰而归，向皇帝报告。皇上听说此事后，担心浑邪王用诈降的办法偷袭边境，于是就命令骠骑将军领兵前去迎接他们。骠骑将军已经渡过黄河，与浑邪王的部队相互远望着。浑邪王的副将们看到汉朝军队而多数不想投降，有好多人逃遁而去。骠骑将军霍去病就打马跑到敌营，同浑邪王相见，杀了想逃走的八千人，于是命浑邪王一个人乘着传车，先行到皇帝的行在所，然后由他领着浑邪王的全部军队渡过黄河，投降者有几万人，号称十万。他们到达长安后，天子用来赏赐的钱就有几十万。划定一万户封浑邪王为漯阴侯。封他的小王呼毒尼为下摩侯，鹰庇为煇渠侯，禽梨为河綦侯，大当户铜离为常乐侯。于是天子称赞骠骑侯霍去病的功劳说："骠骑将军霍去病率领军队攻打匈奴西域浑邪王，浑邪王及其部队与民众都相率投奔汉朝，骠骑将军全部用军粮接济供应。骠骑将军并率领他们的善射兵卒一万余人，诛杀了妄图逃亡的凶悍之人，斩杀八千多人，使敌国之王三十二人投降汉朝。汉军士卒没有伤亡，十万之众全部归来。由于他们承担了频繁兴战之苦，因而使河塞地区几乎消除了边患，有幸将永保安宁。划定一千七百户增封骠骑将军。"于是就减少了陇西、北地、上郡戍守之兵的一半，以此使全国百姓的徭役负担得到宽缓。

过了不久，朝廷就将归降的匈奴人分别迁徙到边境五郡原先的边塞以外，但都在河南地区，并按照他们原有的习俗，作为汉王朝的属国。第二年，匈奴侵入右北平、定襄，杀掠汉朝一千多人。

第二年，汉武帝同诸位将军们商议说："翕侯赵信替匈奴单于出谋划策，常常认为汉朝军队不能越过沙漠轻易留在那里，现在派大军出击，势必能实现我们的愿望。"这一年是元狩四年。

元狩四年春天，武帝命大将军卫青、骠骑将军霍去病各率五万骑兵，几十万步兵和转运物资的人跟随其后，而那些敢于奋力战斗和勇于深入的士兵都隶属于骠骑将军。骠骑将军开始要从定襄出征，迎击单于。后来捕到的匈奴俘虏说单于向东而去，于是就改令骠骑将军从代郡出征，命大将军卫青从定襄出征。郎中令李广做前将军，太仆公孙贺做左将军，主爵都尉赵食其做右将军，平阳侯曹襄做后将军，他们都隶属大将军。大军随即越过沙漠，人马共五万骑兵，同骠骑将军等都攻打匈奴的单于。赵信替单于出谋划策说："汉军已越过沙漠，人困马疲，匈奴可以坐收汉军俘虏了。"于是把他们的辎重全部运到遥远的北方，全把精兵安排在大漠以北等待汉军。正碰上大将军卫青的军队开出塞外一千多里，看见单于的军队排列成阵势等在那里，于是大将军下令让武刚车排成环形营垒，又命五千骑兵纵马奔驰，抵挡匈奴。匈奴也有大约一万骑兵奔驰而来。恰巧太阳将落，刮起大风，沙石打在人们的脸上，两军都看不见对方。汉军又命左右两翼急驰向前，包抄单于。单于看到汉朝军队很多，而且战士和战马还很强大，若是交战，对匈奴不利。因此，在傍晚时单于就乘着六头骡子拉的车子，同大约几百名壮健的骑兵，径直冲开汉军包围圈，向西北奔驰而去。当时天已黄昏，汉朝军队和匈奴人相互扭打，杀伤人数大致相同。汉军左校尉捕到匈奴俘虏，说单于在天未黑时已离去，于是汉军就派出轻骑兵连夜追击，大将军的军队也跟随其后。匈奴的兵士四散奔逃。直到天快亮时，汉军已行走二百余里，没有追到单于。却俘获和斩杀敌兵一万多人，于是到达了窴颜山赵信城，获得匈奴积存的粮食以供军队食用。汉军留住一日而返回，把城中剩余的粮食全部烧掉才归来。

大将军卫青同单于会战时，前将军李广和右将军赵食其的军队分别从东路进军，因为迷了路，没能如期同卫青合击单于。直到大将军领兵回到大漠以南时，才遇到前将军和右将军。大将军想派使者回京报告天子，就命令长史去按文书所列罪状审问前将军李广，李广自杀。右将军回到京城，被交给法官，赵食其交赎金而成为平民。大将军卫青这次进入边塞，总共斩获敌兵一万九千人。

这时，匈奴的部众失去单于十多天，右谷蠡王听到这消息后，就自己当了单于。单于后来又得以与他的部众会合，右谷蠡王就去掉自立的单于之名。

骠骑将军也率领五万骑兵，所带军需物资与大将军卫青的相同，但没有副将。他就任用李敢等人做大校，充当副将，从代郡、右北平出征一千余里，遇上左贤王的军队，他们斩获敌兵的功劳已远远超过了大将军卫青。大军全部归来时，武帝说："骠骑将军霍去病率领军队出征，又亲自率领所俘虏的匈奴士兵，携带轻便军需物资，越过大沙漠，渡河捕获单于近臣章渠，诛杀匈奴小王比车耆；转而进攻匈奴左大将，斩杀敌将，夺取其军旗和战鼓；翻越离侯山，渡过弓闾河，捕获匈奴屯头王和韩王等三人，以及将军、相国、当户、都尉等八十三人。然后在狼居胥山祭天，在姑衍山祭地，并且登高以望大沙漠。共捕获俘虏和杀敌七万零四百四十三人，汉军大概减损十分之三。他们从敌人那里取得粮食，远行到极远的地方而没有断绝军粮，划定五千八百户增封骠骑将军霍去病。"右北平太守路博德隶属于骠骑将军，与骠骑将军在与城会师，没有错过日期，跟随骠骑将军到达梼余山，俘虏和斩杀匈奴二千七百人，划定一千六百户封路博德为符离侯。北地都尉邢山随骠骑将军捕获匈奴小王，划定一千二百户封邢山为义阳侯。从前投降汉朝的匈奴因淳王复陆支、楼专王伊即靬都随从骠骑将军攻打匈奴有功，划定一千三百户封复陆支为壮侯，划定一千八百户封伊即靬为众利侯。从骠侯赵破奴、昌武侯赵安稽都跟随骠骑将军打匈奴有功，各增封三百户。校尉李敢夺取了敌军的军旗战鼓，封为关内侯，赐食邑二百户。校尉徐自为被授予大庶长的爵位。另外骠骑将军霍去病属下的小吏士卒当官和受赏的人很多。而大将军卫青没能得到加封，军中的官员和士卒都没有封侯的。

当卫青和霍去病所率领的两支大军出塞时，曾在边塞统计当时官府和私人马匹共十四万匹，而他们重回塞内时战马不满三万匹。于是朝廷增置大司马官位，大将军和骠骑将军都当了大司马。而且定下法令，让骠骑将军的官阶和俸禄与大将军相等。从此以后，大将军卫青的权势日渐减退，而骠骑将军日渐显贵。大将军的老友和门客多半离开了他，而去侍奉骠骑将军，这些人常因此得到官爵，只有任安不肯这样做。

骠骑将军为人寡言少语，不泄露别人说的话，有气魄，敢做敢当。武帝曾想教他孙子和吴起的兵法，他回答说："战争只看方针策略如何就够了，不至于学习古代兵法。"武帝为他修建府第，让骠骑将军去看看，他回答说："匈奴还没有消灭，没有功劳住这样的家啊。"从此以后，武帝更加重用和喜爱骠骑将军霍去病。但是，霍去病从少年时代起，就在宫中侍候皇帝，显贵后，却不知体恤士卒。他出兵时，天子派遣太官赠送他几十车食物，待他回来时，辎重车上丢弃许多剩余的米和肉，而他的士卒还有忍饥挨饿的。他在塞外打仗时，士卒缺粮，有的人饿得站不起来，而骠骑将军还在画出球场，踢球游戏。他做的事多半如此。大将军卫青为人仁爱善良，善于退让，以宽和柔顺取悦皇上，但是天下之人没有称扬他的。

骠骑将军自元狩四年出击匈奴以后三年，即元狩六年去世。武帝对他的死很悲伤，调遣边境五郡的铁甲军，从长安到茂陵排列成阵，给霍去病修的坟墓外形像祁连山的样子。赐他谥号，把勇武与扩地两方面加以合并，称他为景桓侯。霍去病的儿子嬗接替了冠军侯的爵位。霍嬗年龄小，表字叫子侯，皇上喜爱他，希望他长大后任命他为将军。过了六年，即元封元年，霍嬗死去，赐其谥号哀侯。他没有儿子，后代断绝了，封国被废除。

自从骠骑将军死后，大将军的长子宜春侯卫伉因犯法而失掉侯爵。五年以后，卫伉的两个弟弟阴安侯卫不疑和发干侯卫登，都因犯了助祭金方面的罪而失掉侯爵。失掉侯爵后二年，冠军侯的封国被废除。此后四年，大将军卫青死去，朝廷赐其谥号烈侯。卫青儿子卫伉接替爵位做长平侯。

自从大将军围攻匈奴单于之后十四年就死去了。这期间没有再攻打匈奴，是由于汉朝马匹少，而且正在讨伐南方的东越和南越，讨伐东方的朝鲜，攻击羌人和西南夷，因此长时间没有征讨匈奴。

因为大将军卫青娶了平阳公主的原因，所以长平侯卫伉才能接替侯爵。但是六年后，他又因犯法而失去侯爵。

下面是两位大将军及其诸位副将的名单：

总计大将军卫青出击匈奴共有七次，斩获敌兵五万余人。他同单于交战一次，收复河南地区，于是设置了朔方郡，两次增封，共受封一万一千八百户。他的三个儿子都被封侯，每人受封一千三百户。卫家受封的户数合并起来，共有一万五千七百户。卫青的校尉、副将因跟随卫青有功而被封侯的共有九个人，他的副将及校尉中已经当了将军的共十四人。副将李广单独有传。其他没有传的有：

将军公孙贺。他是义渠人，他的祖先是匈奴族人。公孙贺的父亲浑邪，汉景帝时被封为平曲侯，因为犯法而失掉侯爵。公孙贺是汉武帝当太子时的舍人。汉武帝即位八年，公孙贺以太仆身份做了轻车将军，驻军在马邑。过了四年，公孙贺以轻车将军的身份从云中出发攻打匈奴。又过了五年，公孙贺以骑将军的身份跟随大将军攻打匈奴有功，被封为南窌侯。过了一年，公孙贺以左将军的身份两次跟随大将军从定襄出兵攻打匈奴，没有立功。过了四年，因为犯了助祭金方面的罪而失掉侯爵。过了八年，以浮沮将军的身份从五原出兵，远征两千余里攻打匈奴，没有立功。过了八年，以太仆的身份出任丞相，受封葛绎侯。公孙贺七次当将军，出击匈奴没有建立大功，而两次被封侯，当了丞相。后来因儿子公孙敬声与阳石公主通奸，又搞巫蛊之事，被灭族，没有后代。

将军李息是郁郅人。他曾服侍汉景帝。到汉武帝即位八年时，当了材官将军，驻军在马邑。过了六年，他做了将军，从代郡出兵打匈奴。过了三年，李息当将军，跟随大将军从朔方出兵打匈奴，都没有立功。李息共三次当将军，后来他常常担任大行之职。

将军公孙敖是义渠人。最初以郎官身份服侍汉武帝。汉武帝即位十二年，他当了骑将军，从代郡出兵打匈奴，损失了七千士兵，判死刑，他交赎金而成了平民。过了五年，他以校尉身份跟随大将军打匈奴立功，被封为合骑侯。过了一年，以中将军身份随大将军两次从定襄出兵打匈奴，没有立功。过了二年，他以将军身份从北地出兵，延误了同骠骑将军约定的时间，被判死刑，交赎金而成为平民。过了二年，他以校尉的身份跟随大将军打匈奴，没有立功。过了十四年，他以因杅将军的身份负责修筑受降城。七年后，他又以因杅将军的身份再次出兵打匈奴，进军到余吾，因为损失士卒多，被交付法官，判处死刑，他却诈称已死，逃亡到民间五六年。后来，这件事被发觉了，又遭逮捕。他因妻子搞巫蛊事，全家都被杀。他共当过四次将军，出击匈奴，一次封侯。

将军李沮是云中人，曾服侍汉景帝。汉武帝即位十七年时，他以左内史的身份当了强弩将军。一年后，他又当了强弩将军。

将军李蔡是成纪人，曾服侍汉文帝、汉景帝和汉武帝。曾以轻车将军身份跟随大将军打匈奴有功，被封为乐安侯。后来当了丞相，因犯法而被杀。

将军张次公是河车人，曾以校尉身份随从卫青将军打匈奴有功，封为岸头侯。后来王太后死去，他当了将军，驻守在北军。过了一年，他当将军，跟随大将军卫青打匈奴。他两次当将军，因犯法而失掉侯爵。张次公的父亲张隆，是驾驭轻便战车的勇敢射手。他因为善于射箭，而得到汉景帝的喜欢和亲近。

将军苏建是杜陵人，以校尉身份跟随卫青将军打匈奴，因为有战功而被封为平陵侯，并以将军身份负责修筑朔方城。过了四年，他当游击将军，跟随大将军卫青从朔方出兵打匈奴。过了一年，他以右将军的身份再次随大将军从定襄出兵打匈奴，结果翕侯叛逃匈奴，大军蒙受了损失，他被判死刑，交赎金而成为平民。此后，他当了代郡太守，一直到死，坟墓在大犹乡。

将军赵信，以匈奴相国的身份投降汉朝，当了翕侯。汉武帝即位十七年，赵信当了前将军，同匈奴单于打仗，失败后投降了匈奴。

将军张骞，以使者的身份出访大夏，回来后当了校尉。他随大将军卫青攻打匈奴有功，被封为博望侯。过了三年，他当了将军，从右北平出击匈奴，因误了约定的军期，被判处死刑，他交赎金而成为平民。此后，他作为使者出使乌孙，后来又当了大行，死后其墓在汉中。

将军赵食其是祋祤人。汉武帝即位二十二年，他以主爵都尉的身份当了右将军，跟随大将军卫青从定襄出兵打匈奴，因为迷路误了军期，被判处死刑，他交赎金而成为平民。

将军曹襄，以平阳侯的身份当了后将军，跟随大将军卫青从定襄出兵打匈奴。曹襄是曹参的孙子。

将军韩说是弓高侯韩颓当的庶出孙子。他以校尉的身份跟随大将军卫青打匈奴有功，被封为龙頟侯，后因犯了助祭金方面的罪行而失掉侯爵。元鼎六年，韩说以待诏的身份做了横海将军，领兵攻打东越有功，被封为按道侯。在太初三年，他当了游击将军，驻军在五原以外的城堡。后来，他做了光禄勋，因为到太子宫挖掘巫蛊罪证，被卫太子杀死。

将军郭昌是云中人。他以校尉身份跟随大将军卫青打匈奴。元封四年，他以太中大夫的身份当了拔胡将军，驻军朔方。回来以后，他领兵去攻打昆明，没有立功，被收回官印罢了官。

将军荀彘是太原郡广武人。他凭善于驾车求见，被任命为侍中，做了校尉，屡次随从大将军卫青打匈奴。在元封三年时，他当了左将军，领兵攻打朝鲜，没有立功。因为捕楼船将军杨仆犯了罪，他被处死。

总计骠骑将军霍去病共六次出击匈奴，其中四次出击是以将军的身份，共斩获匈奴兵士十一万多人。及至浑邪王率众数万人投降后，于是开拓了河西和酒泉等地，使西部地区匈奴的侵扰愈益减少。他被四次加封，共食邑一万五千一百户。他的校尉因有功被封侯的共有六人，以后成为将军的有两人。

将军路博德是平州人。他以右北平太守的身份跟随骠骑将军打匈奴有功，被封为符离侯。骠骑将军霍去病死后，路博德以卫尉的身份当了伏波将军，讨伐并打败南越，朝廷给予加封。这以后他因犯法而失掉侯爵。后来，他当了强弩都尉，驻军居延，直至死去。

将军赵破奴原来是九原人，曾经逃到匈奴，后来又回归汉朝，当了骠骑将军霍去病的司马。他领兵从北地出击匈奴，时常有功，被封为从骠侯。后来他犯了助祭金方面的罪行而失掉侯爵。一年后，他当了匈河将军，攻打匈奴直到匈河水，没有立功。过了两年，他攻打并俘虏了楼兰王，又被封为浞野侯。六年后，他当了浚稽将军，率领两万骑兵攻打匈奴左贤王，左贤王与他交战，用八万骑兵围困了赵破奴，赵破奴被敌人所活捉，他的军队全部覆灭。他在匈奴住了十年，又同他的长子安国逃回汉朝。后来，他因为犯了巫蛊罪，被灭族。

自从卫氏兴起，大将军卫青首先被封侯，后来他的子孙有五人被封侯。总共经历了二十四年，而五个侯爵全被剥夺，卫氏没有人再被封侯。

太史公说：苏建曾对我说：“我曾经责备‘大将军卫青极尊贵，而全国的贤士大夫却不称赞他，希望将军能够效法古代那些招选贤人的名将，努力去做吧’。大将军拒绝说：‘自从魏其侯窦婴和武安侯田蚡厚待宾客后，天子常切齿痛恨。那让士大夫亲近和归附，招纳贤才、废除不肖者的事，是国君的权柄。当大臣的只需遵守法度与本职职责，何必参与招贤纳士的事呢！’”骠骑将军霍去病也仿效此意，他们当将军的做法就是这样。

（王华宝　注译）

卷一百一十六
西南夷列传第五十六

注释查阅　译文诵读

西南夷君长以什数[1]，夜郎最大；其西靡莫之属以什数[2]，滇最大；自滇以北君长以什数，邛都最大：此皆魋结[3]，耕田，有邑聚。其外西自同师以东，北至楪榆[4]，名为嶲、昆明，皆编发[5]，随畜迁徙，毋常处，毋君长，地方可数千里。自嶲以东北，君长以什数，徙、筰都最大[6]；自筰以东北，君长以什数，冉、駹最大。其俗或土箸[7]，或移徙，在蜀之西。自冉駹以东北，君长以什数，白马最大，皆氐类也[8]。此皆巴蜀西南外蛮夷也。

始楚威王时，使将军庄蹻将兵循江上，略巴、黔中以西。庄蹻者，故楚庄王苗裔也。蹻至滇池，方三百里，旁平地，肥饶数千里，以兵威定属楚[9]。欲归报，会秦击夺楚巴、黔中郡，道塞不通，因还，以其众王滇，变服，从其俗以长之[10]。秦时常頞略通五尺道[11]，诸此国颇置吏焉。十余岁，秦灭。及汉兴，皆弃此国而开蜀故徼[12]。巴、蜀民或窃出商贾[13]，取其筰马、僰僮、髦牛[14]，以此巴、蜀殷富。

建元六年，大行王恢击东越，东越杀王郢以报。恢因兵威使番阳令唐蒙风指晓南越[15]。南越食蒙蜀枸酱[16]，蒙问所从来，曰“道西北牂柯，牂柯江广数里，出番禺城下”。蒙归至长安，问蜀贾人，贾人曰：“独蜀出枸酱，多持窃出市夜郎。夜郎者，临牂柯江，江广百余步，足以行船。南越以财物役属夜郎[17]，西至同师，然亦不能臣使也。”蒙乃上书说上曰：“南越王黄屋左纛[18]，地东西万余里，名为外臣，实一州主也。今以长沙、豫章往，水道多绝，难行。窃闻夜郎所有精兵，可得十余万，浮船牂柯江，出其不意，此制越一奇也。诚以汉之强，巴蜀之饶，通夜郎道，为置吏，易甚。”上许之。乃拜蒙为郎中将，将千人，食重万余人[19]，从巴蜀筰关入，遂见夜郎侯多同。蒙厚赐，喻以威德，约为置吏，使其子为令。夜郎旁小邑皆贪汉缯帛，以为汉道险，终不能有也，乃且听蒙约。还报，乃以为犍为郡。发巴蜀卒治道，自僰道指牂柯江[20]。蜀人司马相如亦言西夷邛、筰可置郡。使相如以郎中将往喻[21]，皆如南夷，为置一都尉，十余县，属蜀。

当是时，巴蜀四郡通西南夷道，戍转相饷[22]。数岁，道不通，士罢饿离湿[23]，死者甚众；西南夷又数反，发兵兴击[24]，耗费无功。上患之，使公孙弘往视问焉。

还对，言其不便[25]。及弘为御史大夫，是时方筑朔方以据河逐胡，弘因数言西南夷害，可且罢，专力事匈奴。上罢西夷，独置南夷夜郎两县一都尉，稍令犍为自葆就[26]。

及元狩元年，博望侯张骞使大夏来，言居大夏时见蜀布、邛竹杖，使问所从来，曰："从东南身毒国[27]，可数千里，得蜀贾人市"[28]。或闻邛西可二千里有身毒国。骞因盛言大夏在汉西南，慕中国，患匈奴隔其道，诚通蜀，身毒国道便近，有利无害。于是天子乃令王然于、柏始昌、吕越人等，使间出西夷西，指求身毒国[29]。至滇，滇王尝羌乃留，为求道西十余辈[30]。岁余，皆闭昆明[31]，莫能通身毒国。

滇王与汉使者言曰："汉孰与我大[32]？"及夜郎侯亦然。以道不通故，各自以为一州主，不知汉广大。使者还，因盛言滇大国，足事亲附[33]。天子注意焉。

及至南越反，上使驰义侯因犍为发南夷兵。且兰君恐远行，旁国虏其老弱，乃与其众反，杀使者及犍为太守。汉乃发巴蜀罪人尝击南越者八校尉击破之[34]。会越已破，汉八校尉不下，即引兵还，行诛头兰[35]。头兰，常隔滇道者也。已平头兰，遂平南夷为牂柯郡。夜郎侯始倚南越，南越已灭，会还诛反者，夜郎遂入朝。上以为夜郎王。

南越破后，及汉诛且兰、邛君，并杀筰侯，冉、駹皆振恐，请臣置吏。乃以邛都为越嶲郡，筰都为沈犁郡，冉、駹为汶山郡，广汉西白马为武都郡。

上使王然于以越破及诛南夷兵威风喻滇王入朝。滇王者，其众数万人，其旁东北有劳浸、靡莫，皆同姓相扶，未肯听。劳浸、靡莫数侵犯使者吏卒。元封二年，天子发巴蜀兵击灭劳浸、靡莫，以兵临滇。滇王始首善[36]，以故弗诛。滇王离难西南夷[37]，举国降，请置吏入朝。于是以为益州郡，赐滇王王印，复长其民[38]。

西南夷君长以百数，独夜郎、滇受王印。滇小邑，最宠焉。

太史公曰：楚之先岂有天禄哉[39]？在周为文王师，封楚。及周之衰，地称五千里。秦灭诸侯，唯楚苗裔尚有滇王。汉诛西南夷，国多灭矣，唯滇复为宠王。然南夷之端[40]，见枸酱番禺[41]，大夏杖邛竹。西夷後揃[42]，剽分二方[43]，卒为七郡。

【译文】

西南夷的君长多得用十来计算，其中夜郎的势力最大。夜郎以西的靡莫之夷也多得用十来计算，其中滇的势力最大。从滇往北，那里的君长也多得用十来计算，其中邛都势力最大。这些夷国的人都头梳椎髻，耕种田地，有聚居的城镇和村落。他们以外的地方，西边从同师往东，直到北边的楪榆，被称为嶲和昆明，这些男人都把头发结成辫子，随着放牧的牲畜到处迁徙，没有固定的居住之地，也没有君长，他们活动的范围有几千里。从巂往东北去，君长多得用十来计算，其中徙和筰都势力最大。从筰往东北去，君长多得用十来计算，其中冉和駹的势力最大。他们的风俗是，有的是土著之民，有的是移徙之民，都在蜀郡的西边。从冉、駹往东北去，君长多得用十来计算，其中白马的势力最大，都是氐族的同类。这些都是巴郡、蜀郡西南以外的蛮夷。

当初楚威王时，楚国派将军庄跻率军队沿长江而上，攻取了巴郡、蜀郡和黔中郡以西的地方。庄跻是楚庄王的子孙。庄跻到达滇池，这里方圆三百里，旁边都是平地，肥沃富饶的地方达几千里。庄跻依靠其军队的威势平定该地，让它归属楚国。他想回楚国报告此事，正赶上秦国攻打并夺取了楚国巴郡、黔中郡，道路不通，因而又回到滇池，凭着军队在滇称王，改换服式，顺从当地习俗，当了滇人的统治者。秦朝时，常頞曾大略地开通了五尺道，并在这些国家设置了官吏。过了十多年，秦朝灭亡。等到汉朝建立，将这些国家都放弃了，而将蜀郡的原来的边界当作关塞。巴郡和蜀郡百姓有的人偷着出塞做买卖，换取筰国的马、僰国的僮仆与牦牛，因此巴、蜀两郡特别富有。

汉武帝建元六年，大行王恢攻打东越，东越杀死其王郢以回报汉朝。王恢凭借兵威派番阳令唐蒙向南越告知出兵之意。南越拿出蜀郡出产的杞酱给唐蒙吃，唐蒙询问从何处得来，南越说："取道西北牂柯江而来，牂柯江宽度有几里，流经番禺城下。"唐蒙回到长安，询问蜀郡商人，商人说："只有蜀郡出产枸酱，当地人多拿着它暗中到夜郎去卖。夜郎紧临牂柯江，江面宽百余步，足以行船。南越想用财物使夜郎归属自己，可是他的势力直达西边的同师，但也没能将夜郎像臣民一样地听从使唤。"唐蒙就上书皇上说："南越王乘坐黄屋之车，车上插着左纛之旗，他的土地东西一万多里，名义上是外臣，实际上是一州之主。如今从长沙和豫章郡前去，水路多被阻绝，难以前行。我私下听说夜郎拥有精兵，可能有十多万，我们乘船沿牂柯江而下，出其不意而加以攻击，这是制服南越的一条奇计。如果真能用汉朝的强大，巴蜀的富饶，打通前往夜郎的道路，在那里设置官吏，是很容易的。"汉武帝同意唐蒙的主张，就任命他为郎中将，率领一千人，以及负责粮食、辎重的人员一万多人，从巴蜀筰关进入夜郎，会见了夜郎侯多同。唐蒙给了他很多赏赐，又以武威和恩德开导他，约定给他们设置官吏，让他的儿子担任县令。夜郎旁边小城之人都贪图汉朝的丝绸布帛，心中认为汉朝到夜郎的道路险阻，终究不能占有，就暂且接受了唐蒙的盟约。唐蒙回到京城向皇上报告，皇上就把夜郎改设为犍为郡。此后就调遣巴、蜀两郡的兵士修筑道路，从僰一直修到牂柯江。蜀郡人司马相如也向皇帝说西夷的邛、筰可以设郡，皇帝就派司马相如以郎中将的身份前往西夷，明白告知，朝廷将按南夷的方式对待他们，给他们设置一个都尉、十余个县，归属于蜀郡。

当此时，巴郡、蜀郡、广汉郡、汉中郡开通西南夷的道路，戍边的士卒、运送物资和军粮的人很多。几年下来，道路没有修通，士卒疲惫饥饿和遭受潮湿而死

的很多，西南夷又屡次造反，汉朝调遣军队去镇压，耗费钱财和人力，却无成效。皇上忧虑此事，便派公孙弘去亲自观察询问。公孙弘回京禀告皇上，声称对汉朝不利。及至公孙弘当御史大夫，这时汉朝正修筑朔方郡城，以便凭借黄河驱逐匈奴，公孙弘乘机多次陈说开发西南夷的害处，可暂时停止开发，以集中力量对付匈奴。皇上下令停止在西夷的活动，只在南夷的夜郎设置两县和一都尉，命令犍为郡保全自己，并逐步谋求发展。

待到汉武帝元狩元年，博望侯张骞出使大夏国归来后，说他待在大夏时看到蜀郡的布帛，邛都的竹杖，让人询问这些东西的来历，回答的人说："从东南边的身毒国弄来的，相距有数千里，可以与蜀地的商人做买卖。"有人听说邛地以西大约二千里处有个身毒国。张骞乘机大谈大夏在汉朝的西南方，仰慕中国，忧虑匈奴阻隔他们与中国的通道，假如能开通蜀地的道路，身毒国的道路就既方便又近，对汉朝有利无害。于是汉武帝就命令王然于、柏始昌、吕越人等，让他们寻找捷径从西夷的西边出发，去寻找身毒国。他们到达滇国，滇王尝羌就留下他们，并为他们派出十多批到西边去寻找道路的人。过了一年多，寻路的人们全被昆明国阻拦，没有能通往身毒国。

滇王与汉朝使者说道："汉朝和我国相比，哪个大？"汉朝使者到达夜郎，夜郎也提出了这个问题。这是因为道路不通的缘故，各自以为自己是一州之主，不知道汉朝的广大。汉朝使者回到京城，于是极力陈说滇是大国，值得让他亲近和归附汉朝。汉武帝对此事留心了。

等到南越造反时，皇上派驰义侯以犍为郡的名义调发南夷的军队。且兰君害怕他的军队远行后，旁边的国家会乘机掳掠他的老弱之民，就与他的徒众谋反，杀了汉朝使者和犍为郡的太守。汉朝就调动巴郡和蜀郡原拟攻打南越的八个校尉，率领被赦从军的罪犯去攻打并攻破且兰。正逢南越已被攻破，汉朝的八个校尉尚未沿牂柯江南下，就带兵撤回，在行军中诛灭了头兰。头兰是经常阻隔汉朝与滇国交通道路的国家。头兰被平定后，就平定南夷而设为牂柯郡。夜郎侯开始时依靠南越，南越被消灭后，正赶上汉军回来诛杀反叛者，夜郎侯就入朝拜见皇上。汉武帝封他为夜郎王。

南越破灭后，等到汉朝诛杀了且兰君、邛君，并杀了筰侯，冉、駹都震惊恐怖，便向汉朝请求称臣，为他们设置官吏。汉朝就以邛都为越巂郡，以筰都为沈犁郡，以冉、駹为汶山郡，以广汉西边的白马为武都郡。

皇上派王然于利用破南越及诛杀南夷君长的兵威，委婉地劝说滇王入朝拜见。滇王有军队数万人，他旁边东北方有劳浸和靡莫，都与滇王同姓，相互依靠，不肯听从。劳浸和靡莫屡次侵犯汉朝使者和吏卒。汉武帝元封二年，天子调动巴郡和蜀郡的军队攻打并消灭了劳浸和靡莫，大军逼近滇国。滇王最早带头对汉朝有善意，因此没有被诛杀。滇王于是离开西夷，率领全国向汉朝投降，请求为他们设置官吏，并进京朝见。于是汉朝就把滇国设置为益州郡，赐给滇王王印，又使他仍为滇国的君长。

西南夷的君长多得用百来计算，唯独夜郎和滇的君长得到汉朝授予的王印。滇是个小城，最受汉朝宠爱。

太史公说：楚国的祖先难道有老天爷赐给的福禄吗？在周朝时，其先祖鬻熊当了周文王的老师，熊绎又被周成王封到楚地而立国。等到周朝衰微之时，楚国领土号称有五千里。秦国灭亡诸侯，唯独楚国的后代子孙还有滇王存在。汉朝诛杀西南夷，该地邦国多被消灭，只有滇王受到汉天子的宠爱。但是平定南夷的开始，是在番禺见到了枸酱，在大夏看到了邛竹杖。西夷后来被分割，分成西、南两方，最后被汉王分设为七个郡。

（王华宝　注译）

卷一百一十七　司马相如列传第五十七

注释查阅　译文诵读

司马相如者，蜀郡成都人也，字长卿。少时好读书，学击剑，故其亲名之曰“犬子”[1]。相如既学，慕蔺相如之为人，更名相如。以赀为郎[2]，事孝景帝，为武骑常侍，非其好也。会景帝不好辞赋，是时梁孝王来朝，从游说之士齐人邹阳、淮阴枚乘、吴庄忌夫子之徒，相如见而说之[3]。因病免，客游梁。梁孝王令与诸生同舍，相如得与诸生游士居数岁，乃著《子虚之赋》。

会梁孝王卒，相如归，而家贫，无以自业[4]。素与临邛令王吉相善，吉曰：“长卿久宦游不遂，而来过我[5]。”于是相如往，舍都亭。临邛令缪为恭敬[6]，日往朝相如。相如初尚见之，后称病，使从者谢吉，吉愈益谨肃。临邛中多富人，而卓王孙家僮八百人，程郑亦数百人，二人乃相谓曰：“令有贵客，为具召之[7]。”并召令。令既至，卓氏客以百数。至日中，谒司马长卿，长卿谢病不能往。临邛令不敢尝食，自往迎相如。相如不得已，强往，一坐尽倾[8]。酒酣，临邛令前奏琴曰：“窃闻长卿好之，愿以自娱。”相如辞谢，为鼓一再行[9]。是时卓王孙有女文君新寡，好音，故相如缪与令相重，而以琴心挑之[10]。相如之临邛，从车骑，雍容闲雅甚都[11]。及饮卓氏，弄琴，文君窃从户窥之，心悦而好之，恐不得当也[12]。既罢，相如乃使人重赐文君侍者通殷勤。文君夜亡奔相如，相如乃与驰归成都。家居徒四壁立。卓王孙大怒曰：“女至不材，我不忍杀，不分一钱也。”人或谓王孙，王孙终不听。文君久之不乐，曰：“长卿第俱如临邛，从昆弟假贷犹足为生，何至自苦如此！”相如与俱之临邛，尽卖其车骑，买一酒舍酤酒，而令文君当炉[13]。相如身自著犊鼻裈，与保庸杂作，涤器于市中。卓王孙闻而耻之，为杜门不出。昆弟诸公更谓王孙曰[14]：“有一男两女，所不足者非财也。今文君已失身于司马长卿，长卿故倦游，虽贫，其人材足依也，且又令客[15]，独奈何相辱如此！”卓王孙不得已，分予文君僮百人，钱百万，及其嫁时衣被财物。文君乃与相如归成都，买田宅，为富人。

居久之，蜀人杨得意为狗监，侍上。上读《子虚赋》而善之，曰：“朕独不得与此人同时哉！”得意曰：“臣邑人司马相如自言为此赋。”上惊，乃召问相如。

相如曰："有是。然此乃诸侯之事，未足观也。请为天子游猎赋，赋成奏之。"上许，令尚书给笔札。相如以"子虚"，虚言也，为楚称[16]；"乌有先生"者，乌有此事也，为齐难[17]；"无是公"者，无是人也，明天子之义。故空借此三人为辞，以推天子诸侯之苑囿[18]。其卒章归之于节俭，因以风谏。奏之天子，天子大说。……

赋奏，天子以为郎。无是公言天子上林广大，山谷、水泉、万物，及子虚言楚云梦所有甚众，侈靡过其实，且非义理所尚，故删取其要，归正道而论之。

相如为郎数岁，会唐蒙使略通夜郎西僰中[19]，发巴、蜀吏卒千人，郡又多为发转漕万余人，用兴法诛其渠帅[20]，巴、蜀民大惊恐。上闻之，乃使相如责唐蒙，因喻告巴、蜀民以非上意。檄曰：

告巴、蜀太守：蛮夷自擅、不讨之日久矣，时侵犯边境，劳士大夫。陛下即位，存抚天下，辑安中国。然后兴师出兵，北征匈奴，单于怖骇，交臂受事，诎膝请和。康居西域，重译请朝[21]，稽首来享[22]。移师东指，闽越相诛。右吊番禺[23]，太子入朝。南夷之君，西僰之长，常效贡职，不敢怠堕，延颈举踵，喁喁然皆争归义[24]，欲为臣妾，道里辽远，山川阻深，不能自致。夫不顺者已诛，而为善者未赏，故遣中郎将往宾之[25]；发巴、蜀士民各五百人，以奉币帛、卫使者不然[26]，靡有兵革之事，战斗之患。今闻其乃发军兴制，惊惧子弟，忧患长老，郡又擅为转粟运输，皆非陛下之意也。当行者或亡逃、自贼杀[27]，亦非人臣之节也。

夫边郡之士，闻烽举燧燔，皆摄弓而驰，荷兵而走，流汗相属，唯恐居后；触白刃，冒流矢，义不反顾，计不旋踵，人怀怒心，如报私仇。彼岂乐死恶生，非编列之民[28]，而与巴、蜀异主哉？计深虑远，急国家之难，而乐尽人臣之道也。故有剖符之封，析珪而爵，位为通侯，居列东第[29]；终则遗显号于后世，传土地于子孙。行事甚忠敬，居位甚安佚，名声施于无穷[30]，功烈著而不灭。是以贤人君子，肝脑涂中原、膏液润野草而不辞也。今奉币役至南夷，即自贼杀，或亡逃抵诛[31]，身死无名，谥为至愚，耻及父母，为天下笑。人之度量相越[32]，岂不远哉！然此非独行者之罪也，父兄之教不先，子弟之率不谨也[33]；寡廉鲜耻，而俗不长厚也。其被刑戮，不亦宜乎！

陛下患使者有司之若彼，悼不肖愚民之如此，故遣信使晓喻百姓以发卒之事，因数之以不忠死亡之罪，让三老、孝弟以不教诲之过[34]。方今田时，重烦百姓，已亲见近县，恐远所溪谷山泽之民不遍闻，檄到，亟下县道[35]，使咸知陛下之意，唯毋忽也。

相如还报。唐蒙已略通夜郎，因通西南夷道，发巴、蜀、广汉卒，作者数万人[36]。治道二岁，道不成，士卒多物故[37]，费以巨万计。蜀民及汉用事者多言其不便。是时邛、筰之君长闻南夷与汉通，得赏赐多，多欲愿为内臣妾，请吏[38]，比南夷。天子问相如，相如曰："邛、筰、冉、駹者近蜀，道亦易通，秦时尝通为郡县，至汉兴而罢。今诚复通，为置郡县，愈于南夷。"天子以为然，乃拜相如为中郎将，建节往使。副使王然于、壶充国、吕越人驰四乘之传，因巴、蜀吏币物以赂西夷。至蜀，蜀太守以下郊迎，县令负弩矢先驱，蜀人以为宠。于是卓王孙、临邛诸公皆因门下献牛酒以交欢。卓王孙喟然而叹，自以得使女尚司马长卿晚[39]，而厚分与其女财，与男等同。司马长卿便略定西夷，邛、筰、冉、駹、斯榆之君，皆请为内臣。除边关，关益斥[40]，西至沫、若水，南至牂柯为徼[41]，通零关道，桥孙水以通邛都。还报天子，天子大说[42]。

相如使时，蜀长老多言通西南夷不为用，唯大臣亦以为然[43]。相如欲谏，业已建之，不敢，乃著书，籍以蜀父老为辞[44]，而己诘难之，以风天子[45]，且因宣其使指[46]，令百姓知天子之意。其辞曰：

汉兴七十有八载，德茂存乎六世，威武纷纭，湛恩汪涉[47]，群生澍濡[48]，洋溢乎方外[49]。于是乃命使西征，随流而攘，风之所被，罔不披靡。因朝冉从駹，定筰存邛，略斯榆，举苞满，结轶还辕[50]，东乡将报[51]，至于蜀都。

耆老大夫荐绅先生之徒二十有七人[52]，俨然造焉。辞毕[53]，因进曰："盖闻天子之于夷狄也，其义羁縻勿绝而已。今罢三郡之士[54]，通夜郎之涂[55]，三年于兹，而功不竟，士卒劳倦，万民不赡，今又接以西夷，百姓力屈，恐不能卒业，此亦使者之累也，窃为左右患之。且夫邛、筰、西僰之与中国并也，历年兹多[56]，不可记已。仁者不以德来，强者不以力并[57]，意者其殆不可乎！今割齐民以附夷狄，弊所恃以事无用[58]，鄙人固陋，不识所谓。"

使者曰："乌谓此邪？必若所云，则是蜀不变服而巴不化俗也。余尚恶闻若说[59]。然斯事体大，固非观者之所觏也[60]。余之行急，其详不可得闻已，请为大夫粗陈其略。

"盖世必有非常之人，然后有非常之事；有非常之事，然后有非常之功。非常者，固常人之所异也。故曰非常之原，黎民惧焉；及臻厥成，天下晏如也。

"昔者鸿水浡出，泛滥衍溢，民人登降移徙，崎岖而不安。夏后氏戚之，乃堙鸿水，决江疏河，漉沉赡灾[61]，东归之于海，而天下永宁。当斯之勤，岂唯民哉！心烦于虑而身亲其劳，躬胝无胈[62]，肤不生毛。故休烈显乎无穷[63]，声称浃乎于兹[64]。

"且夫贤君之践位也，岂特委琐握龊[65]，拘文牵俗，循诵习传，当世取说云尔哉[66]！必将崇论闳议，创业垂统，为万世规。故驰骛乎兼容并包，而勤思乎参天贰地。且《诗》不云乎：'普天之下，莫非王土；率土之滨，莫非王臣。'是以六合之内，八方之外，浸浔衍溢[67]，怀生之物有不浸润于泽者，贤君耻之。今封疆之内，冠带之伦，咸获嘉祉，靡有阙遗矣。而夷狄殊俗之国，辽绝异党之地，舟舆不通，人迹罕至，政教未加，流风犹微。内之则犯义侵礼于边境[68]，外之则邪行横作[69]，放弑其上，君臣易位，尊卑失序，父兄不辜，幼孤为奴，系累号泣[70]，内向而怨，曰：'盖闻中国有至仁焉，德洋而恩普[71]，物靡不得其所，今独曷为遗己？'举踵思慕，若枯旱之望雨。盭夫为之垂涕[72]，况乎上圣，又恶能已？故北出师以讨强胡，南驰使以诮劲越[73]。四面风德，二方之君，鳞集仰流[74]，愿得受号者以亿计。故乃关沫、若，徼牂柯，镂零山[75]，梁孙原。创道德之涂，垂仁义之统，将博恩广施，远抚长驾，使疏逖不闭[76]，阻深暗昧，得耀乎光明，以偃甲兵于此，而息诛伐于彼。遐迩一体，中外提福[77]，不亦康乎？夫拯民于沉溺，奉至尊之休德，反衰世之陵迟[78]，继周氏之绝业，斯乃天子之急务也。百姓虽劳，又恶可以已哉？

"且夫王事固未有不始于忧勤，而终于佚乐者也。然则受命之符，合在于此矣。方将增泰山之封，加梁父之事，鸣和鸾，扬乐颂，上咸五[79]，下登三[80]。观者未睹指，听者未闻音，犹鷦明已翔乎寥廓，而罗者犹视乎薮泽[81]，悲夫！"

于是诸大夫芒然丧其所怀来而失厥所以进，喟然并称曰："允哉汉德，此鄙人之所愿闻也。百姓虽怠，请以身先之。"敞罔靡徙[82]，因迁延而辞避[83]。

其后有人上书言相如使时受金，失官。居岁余，复召为郎。

相如口吃而善著书，常有消渴疾[84]。与卓氏婚，饶于财。其进仕宦，未尝肯与公卿国家之事[85]，称病闲居，不慕官爵。常从上至长杨猎，是时天子方好自击熊彘，驰逐野兽，相如上疏谏之。其辞曰：

臣闻物有同类而殊能者，故力称乌获，捷言庆忌，勇期贲、育。臣之愚，窃以为人诚有之，兽亦宜然。今陛下好陵阻险，射猛兽，卒然遇轶材之兽[86]，骇不存之地[87]，犯属车之清尘[88]，舆不及还辕，人不暇施巧，虽有乌获、逢蒙之伎，力不得用，枯木朽株尽为害矣。是胡、越起于毂下，而羌、夷接轸也[89]，岂不殆哉！虽万全无患，然本非天子之所宜近也。

且夫清道而后行，中路而后驰，犹时有衔橛之变[90]，而况涉乎蓬蒿，驰乎丘坟，前有利兽之乐，而内无存变之意，其为祸也，不亦难矣！夫轻万乘之重不以为安而乐，出于万有一危之涂以为娱，臣窃为陛下不取也。

盖明者远见于未萌，而智者避危于无形，祸固多藏于隐微，而发于人之所忽者也。故鄙谚曰："家累千金，坐不垂堂[91]。"此言虽小，可以喻大。臣愿陛下之留意幸察。

上善之。还过宜春宫，相如奏赋以哀二世行失也。……

相如拜为孝文园令。天子既美《子虚》之事，相如见上好仙道，因曰："上林之事未足美也，尚有靡者。臣尝为《大人赋》，未就，请具而奏之[92]。"相如以为列仙之传居山泽间，形容甚臞[93]，此非帝王之仙意也，乃遂就《大人赋》。……

相如既奏《大人之颂》，天子大说，飘飘有凌云之气，似游天地之间意。

相如既病免，家居茂陵。天子曰："司马相如病甚，可往从悉取其书；若不然，后失之矣。"使所忠往，而相如已死，家无书。问其妻，对曰："长卿固未尝有书也。时时著书，人又取去，即空居。长卿未死时，为一卷书，曰有使者来求书，奏之。无他书。"其遗札书言封禅事，奏所忠。忠奏其书，天子异之。其书曰：

伊上古之初肇，自昊穹兮生民[94]，历撰列辟[95]，以迄于秦。率迩者踵武[96]，逖听者风声[97]。纷纶葳蕤[98]，堙灭而不称者，不可胜数也。续《昭》《夏》，崇号谥，略可道者七十有二君。罔若淑而不昌[99]，畴逆失而能存[100]？

轩辕之前，遐哉邈乎，其详不可得闻也。五、三、《六经》载籍之传[101]，维见可观也。《书》曰“元首明哉，股肱良哉”。因斯以谈，君莫盛于唐尧，臣莫贤于后稷。后稷创业于唐，公刘发迹于西戎，文王改制，爰周郅隆[102]，大行越成[103]，而后陵夷衰微，千载无声，岂不善始善终哉！然无异端，慎所由于前，谨遗教于后耳。故轨迹夷易，易遵也；湛恩濛涌[104]，易丰也；宪度著明，易则也；垂统理顺，易继也。是以业隆于襁褓而崇冠于二后[105]。揆厥所元，终都攸卒[106]，未有殊尤绝迹可考于今者也[107]。然犹蹑梁父，登泰山，建显号，施尊名。大汉之德，逢涌原泉[108]，沕潏漫衍[109]，旁魄四塞[110]，云尃雾散[111]，上畅九垓[112]，下溯八埏[113]。怀生之类，沾濡浸润，协气横流[114]，武节飘逝[115]，迩陕游原[116]，迥阔泳沫[117]，首恶湮没，暗昧昭晢，昆虫凯泽[118]，回首面内。然后囿驺虞之珍群[119]，徼麋鹿之怪兽[120]，導一茎六穗于庖[121]，牺双觡共抵之兽[122]，获周余珍[123]、收龟于岐，招翠黄乘龙于沼。鬼神接灵圉，宾于间馆。奇物谲诡，俶傥穷变[124]。钦哉，符瑞臻兹，犹以为薄，不敢道封禅！盖周跃鱼陨杭[125]，休之以燎[126]，微夫斯之为符也[127]，以登介丘[128]，不亦恧乎[129]！进让之道，其何爽与？

于是大司马进曰：“陛下仁育群生，义征不憓[130]，诸夏乐贡，百蛮执贽，德侔往初，功无与二，休烈浃洽，符瑞众变，期应绍至，不特创见[131]。意者泰山、梁父设坛场望幸，盖号以况荣，上帝垂恩储祉，将以荐成，陛下谦让而弗发也。挈三神之欢[132]，缺王道之仪，群臣恧焉。或谓且天为质暗，珍符固不可辞；若然辞之，是泰山靡记而梁父靡几也[133]。亦各并时而荣，咸济世而屈[134]，说者尚何称于后，而云七十二君乎？夫修德以锡符[135]，奉符以行事，不为进越[136]。故圣王弗替，而修礼地祇，谒款天神[137]，勒功中岳，以彰至尊，舒盛德，发号荣，受厚福，以浸黎民也。皇皇哉斯事！天下之壮观，王者之丕业，不可贬也。愿陛下全之。而后因杂荐绅先生之略术[138]，使获耀日月之末光绝炎，以展采错事[139]，犹兼正列其义，校饬厥文，作《春秋》一艺，将袭旧六为七，摅之无穷[140]，俾万世得激清流，扬微波，蜚英声[141]，腾茂实。前圣之所以永保鸿名而常为称首者用此，宜命掌故悉奏其义而览焉[142]。”

于是天子沛然改容[143]，曰：“愉乎[144]，朕其试哉！”乃迁思回虑，总公卿之议，询封禅之事，诗大泽之博，广符瑞之富。乃作颂曰：

自我天覆，云之油油。甘露时雨，厥壤可游。滋液渗漉[145]，何生不育；嘉谷六穗，我穑曷蓄！

非唯雨之，又润泽之；非唯濡之，氾尃濩之[146]。万物熙熙，怀而慕思。名山显位，望君之来。君乎君乎，侯不迈哉[147]！

般般之兽[148]，乐我君囿；白质黑章，其仪可喜；旼旼睦睦[149]，君子之能[150]。

盖闻其声，今观其来。厥涂靡踪，天瑞之征。兹亦于舜，虞氏以兴。

濯濯之麟，游彼灵畤[151]。孟冬十月，君徂郊祀[152]。驰我君舆，帝以享祉。三代之前，盖未尝有。

宛宛黄龙，兴德而升。采色炫耀，熿炳辉煌。正阳显见[153]，觉寤黎烝。于传载之，云受命所乘。

厥有之章，不必谆谆。依类托寓，谕以封峦[154]。

披艺观之[155]，天人之际已交，上下相发允答[156]。圣王之德，兢兢翼翼也，故曰“兴必虑衰，安必思危”。是以汤、武至尊严，不失肃祗[157]；舜在假典[158]，顾省厥遗：此之谓也。

司马相如既卒五岁，天子始祭后土。八年而遂先礼中岳，封于泰山，至梁父禅肃然。

相如他所著，若《遗平陵侯书》《与五公子相难》《草木书》篇不采，采其尤著公卿者云。

太史公曰：《春秋》推见至隐[159]，《易》本隐之以显[160]，《大雅》言王公大人而德逮黎庶，《小雅》讥小己之得失[161]，其流及上[162]。所以言虽外殊，其合德一也。相如虽多虚辞滥说，然其要归引之节俭，此与《诗》之风谏何异！杨雄以为靡丽之赋[163]，劝百风一，犹驰骋郑、卫之声，曲终而奏雅，不已亏乎？余采其语可论者著于篇。

【译文】

司马相如是蜀郡成都人，字长卿。少年时喜好读书，学习击剑，因此他的父母给他取名为“犬子”。相如完成学业之后，仰慕蔺相如的为人，就改名为相如。凭借家中的资财被授为郎官，侍奉汉景帝，担任武骑常侍，但这不是他的爱好。汉景帝不喜好辞赋，而这时梁孝王来京朝见皇上，随从的游说之士齐郡人邹阳、淮阴人枚乘、吴人庄忌先生等一批人，相如一见就喜欢上他们。借口有病辞去了官职，客居梁国。梁孝王让他与儒生们住在一起，相如得以同诸位儒生和游说之士相处数年，就写了《子虚赋》。

后逢梁孝王去世，相如返回家中，然而家中已经贫穷，没有自谋生计的手段。他一向与临邛县令王吉相友好，王吉说：“长卿多年在外求官不如意，你可到我这儿来。”于是相如前往临邛，居住在城内的客馆里。临邛县令假装献殷勤，每天都去拜访相如。相如开头还以礼相见，后来声称有病，便让随从拒绝王吉。王吉更加谨慎恭敬。临邛城中富人多，如卓王孙有家奴八百人，程郑也有几百人，两人共同商议说：“县令有贵宾，我们办酒食宴请他。”一并邀请了县令。县令来到后，

看见卓氏邀请来的宾客有几百人。到了中午，去请司马长卿，长卿托言有病不能前往。临邛县令不敢尝一下饭食，亲自去迎接相如。相如不得已，勉强前往，满座来客都为相如的品貌人才所倾倒。酒兴正浓时，临邛县令捧着琴上前说：“我私下听说长卿喜欢弹琴，希望能弹奏一曲以自娱。”相如推谢了一番后，弹奏了一两支曲子。这时卓王孙有个女儿叫作文君，刚死了丈夫，喜爱音乐，因此相如假装与县令相敬重，而用琴声挑逗她。相如此番到临邛来时，跟从着许多车马，从容大方而举止文雅；及至在卓氏家中饮酒、玩琴时，文君私自从门缝中偷看，心中欢喜而仰慕他，担心配不上。宴会结束，相如便使人重赏文君侍者以此向文君转达恳切深厚的情意。文君夜间逃出家中私奔相如，相如就与文君赶着车马急返成都，家中空空，唯有四面墙壁直立。卓王孙大怒说：“女儿极不成材，我不忍心杀她，但绝不分给她一个钱！”有人劝说卓王孙，卓氏始终不听。过了很长时间文君也产生了不快，说道：“长卿只管与我一同前往临邛，从兄弟中借贷也足以维持生活，何至于让自己困苦到这个样子！”于是相如与文君一同来到临邛，把车马全部卖掉，买了一个酒店做卖酒的生意，而让文君坐在炉前卖酒。相如亲自穿上形如牛鼻样子的围裙，与雇工共同操作，在闹市中洗涤酒器。卓王孙听说后认为是奇耻大辱，为此闭门不出。兄弟和长辈们轮番规劝王孙说：“你只有一儿两女，所缺的不是钱财啊！如今文君已经委身于司马长卿，长卿本来厌倦了宦游生活，虽然家贫，但人的才能还是靠得住的，况且又是县令的客人，为什么偏偏如此相辱呢！”卓王孙不得已，分给文君家奴一百人，钱一百万，以及她出嫁时的衣裳、被褥和财物。文君便与相如回到成都，置买田地房屋，成为富人。

过了好久，蜀郡人杨得意担任狗监，事奉汉武帝。有一天汉武帝读《子虚赋》，认为写得好，说道：“为什么偏偏我不能够与这个人同一时代！”得意说：“我的同乡司马相如自称写了此赋。”武帝大惊，便召见相如询问。相如说：“有这回事，然而这写的是诸侯之事，不值得一看。请允许我作天子游猎之赋，赋写好后进献。”皇上答应了他，让尚书发给他书写用的笔和木简。相如以“子虚”为空言虚语，是为了称说楚国之美；“乌有先生”为哪有这事，是为了替齐国诘难楚国；“无是公”为没有此人，是为阐明做天子的道理。因而假借这三个人写成文章，用以推许天子诸侯的苑囿游猎。其文章结尾归结到“节俭”二字，想以此劝谏天子。进献给天子后，天子大为高兴。……

赋写成后进献天子，天子即任命相如为郎官。“无是公”称说上林苑的广大，山谷、水泉和万物，以及“子虚”称说云梦泽拥有之物众多，奢侈淫靡言过其实，而且也不是礼义所崇尚的，因此删取其中的要点，归之于正道，而加以评论。

相如担任郎官数年后，适逢唐蒙受命经略和开通夜郎及其西面的僰中，征发巴、蜀二郡的官吏士卒上千人，两郡又多为他征调水陆运输人员一万多，他又用战时法规杀了他们的大首领，巴、蜀两郡百姓大为震惊恐惧。皇上听到这种情况，就派相如前去责备唐蒙，并告知巴、蜀百姓，唐蒙所为并非皇上的本意。檄文说：

告知巴、蜀太守：蛮夷自己擅掌兵权，不服朝廷，已经有很长时间未加讨伐了，故而时常侵扰边境，使将士和官员们辛劳征讨。当今皇上即位，存恤安抚天下，使中原安宁和睦。然后调兵出征，北伐匈奴，单于恐怖震惊，拱手称臣，屈膝求和。康居等西域诸国，经多重翻译，请求朝见，虔敬叩拜，进献贡物。尔后移师东指，闽、越受到责罚；接着汉军救番禺，南越王派太子婴齐入朝。南夷的君主，西僰的首领，都经常进献贡物和赋税，不敢怠慢，人人都伸长脖颈，高抬脚跟，景仰朝廷，争归仁义，愿做汉朝的臣仆，只是道路遥远，山河阻隔，不能亲自来朝廷致意。如今不顺从者已被诛杀，而为善事者尚未奖赏，所以派遣中郎将前来以礼相待，至于征发巴、蜀的士卒百姓各五百人，只是为了奉献礼品、护卫使者不发生意外，没有兴兵打仗的祸患。如今，皇上听说中郎将竟然动用战时法令，使巴、蜀子弟担惊受怕，巴、蜀长老忧虑担心；巴、蜀二郡又擅自为中郎将转运粮食，这都不是皇上的本意。至于被征当行的人，有的逃跑，有的自相残杀，这也不是臣下应有的节操。

那些边疆郡县的士卒，听到烽火高举、燧烟点燃的消息，都张弓上马，扛着兵器奔赴战场，人人汗流浃背紧紧跟随，唯恐落后；打起仗来身触利刃，冒着流矢，也义无反顾，决计不想掉头逃跑，人人怀着愤怒的心情，如报私仇一般。他们难道乐意去死而厌恶生存，不是名在户籍的良民，而与巴、蜀非同一个君主吗？只是他们思考深远，急国家之所难，而乐意去履行臣民的义务罢了。因此有剖符的封赏，分珪而受爵，位在列侯，宅列东第。死后可将显贵的谥号流传后世，封赏的土地传给后代子孙，做事非常忠诚敬业，当官非常安逸，好的名声传播到久远的后世，功业卓著而永不泯灭。因此贤人君子都能肝脑涂地，膏血润泽边野之草而在所不辞。如今仅仅承担供奉币帛的差役到南夷，就自相杀害，或者逃跑被诛，身死而无美名，谥号为“至愚”，其耻辱牵连到父母，被天下人嘲笑。由此可见人的气度和才识的差距，难道不是很远吗？但这不只是应征之人的罪过，父兄们没有给他严格的教育，为子弟所做表率不够谨慎，以致于寡廉鲜耻，世风就不淳厚了。因而他们遭受杀戮，难道不是理所当然的吗！

皇上担心使者和官员们的心情是那样，而哀伤不贤的愚民又是这样，所以派遣信使将征发士卒的事情明明白白告知百姓，并责备他们不能忠于朝廷、不能为国家而死的罪过，责备三老和孝弟等没有履行教诲职责的过失。现在正是农忙季节，很不想烦扰百姓，我已经亲自见到靠近县城的人，担心偏远地方的溪谷山间的百姓不能全部听到，这篇檄文一到，就要急速下发到各县道百姓那里，使他们全知道当今皇上的心意，千万不要怠忽！

相如回京向汉武帝汇报。唐蒙已经营开通了夜郎，并想趁机开通西南夷的道路，征发巴、蜀、广汉的士兵，参加劳作的有数万人。修了两年，路没有修成，士兵多死亡，耗费的钱财要用亿来计算。蜀地民众和汉朝当权者多认为不适宜修路。这时，邛、筰的君长听说南夷与汉朝交往，得到的赏赐很多，因而大都想做汉朝的臣仆，请求给他们委任官吏，希望与南夷同等待遇。皇上向相如询问此事，相如说："邛、筰、冉、駹靠近蜀郡，道路容易开通。秦朝时曾设置郡县，到汉朝建国时才废除。如今如果重新开通，设置郡县，其价值超过南夷。"皇上认为相如说得对，就任命相如为中郎将，持节出使。与副使王然于、壶充国、吕越人等，乘坐驿站四马拉的传车前往，想凭借巴、蜀的官吏和财物去笼络西南夷。相如等到达蜀郡，蜀郡太守及以下官员都到郊界上迎接，县令则背负着弓箭在前面开路，蜀人都以他为荣。于是，卓王孙、临邛诸位父老都到相如门下进献牛酒以结交同乐。卓王孙喟然感叹，自认为把女儿嫁给司马相如的时间太晚，便分给了女儿文君丰厚的财物，使与儿子所分的均等。司马相如便经营平定了西夷，邛、筰、冉、駹、斯榆的君长都请求成为汉朝的臣子。于是拆除了旧的关隘，使边关扩大，西边到达沫水和若水，南边到达牂柯为边界，开通了零关道，在孙水上建桥以通邛都。相如还京报告皇上，皇上大为高兴。

相如出使西南夷时，蜀郡的长老多半都说开通西南夷没有用，即使是朝廷大臣也有人以为是这样。相如也想向皇上进谏，但开通的建议业已由自己提出，因而不敢再进谏言，于是就写文章，假借与蜀郡父老谈话的形式，而自己来诘难对方，以此讽谏皇上，并且借此宣扬自己出使的意图，让百姓了解天子的心意。文章说：

汉朝兴起已七十八年，盛德已延续六代，武功盛多，皇恩浩荡，所有生灵蒙受润泽，漫溢到四方之地。于是皇上就下令使者西征，一面前进，一面开拓，德风所及之处，无不臣服。因而使冉夷朝见，駹夷顺从，平定了筰，保全了邛，占领斯榆，攻取苞满。然后掉转车辕，将东向回京禀报，途中到达蜀郡成都。

蜀郡的耆老、大夫、荐绅先生共有二十七人，庄严恭敬地前来拜访。寒暄已毕，趁机进言说："听说天子对于夷狄，原则上只是牵制他们不使断绝关系而已。而如今却使三郡的士兵疲劳不堪，去打通夜郎的道路，至今三年，修路之功未能完成，士兵劳苦疲倦，万民衣食不足，如今又要接着开通西夷，百姓之力已经耗尽，恐怕不能最终完成此事；同时这也是使者的负担啊，我们私下为您担忧。况且邛、筰、西僰与中国并立，已经历很多年，记都记不清了。仁慈的人不能以道德招其前来，强大的人也不能以武力兼并他，想来恐怕是因其道路遥远艰险而不可行吧！如今割弃平民去使夷狄归附，使平民疲敝去对待无用夷狄，鄙人见识浅陋，不知为什么这样做！”

使者说：“为什么这样说呢？一定像你们所说的那样，那么蜀人就不能改变原来夷狄的服饰，而巴人的风俗也永远不能变化了。我平素就讨厌听这种说法。但是这件事意义重大，本来就不是旁观者所能看懂的。我行程急促，其详情不可能细说，请为大夫们粗略地陈说一番。

“大概世间一定要有超越寻常的人，然后才会有超常的事情出现；有了超常的事情出现，然后才会建立异乎寻常的功业。异乎寻常，本来是常人感到奇异的。所以说超常的事情开始出现时，百姓会惊惧；等到其事成功了，天下也就太平了。

“从前洪水涌出，四处泛滥，百姓上下迁移，崎岖而不得安宁。夏禹为此忧虑，就堵塞洪水，挖江疏河，分导洪水，消除灾情，使洪水东流大海，让天下百姓永保安宁。当此劳苦之时，难道只有百姓吗？夏禹终日思虑而又亲身受此劳苦，手脚生出老茧，腿上没有白肉，皮肤磨得不长汗毛，所以他美好的功业显赫于无穷，名望盛传至今天。

“况且贤明的君主践履大位，难道只是委琐局促，谨小慎微，被成法所拘束，为世俗所牵制，因循旧习，取悦于当世而已吗！应当有崇高宏伟的议论主张，开创功业，传留法统，作为万世遵行的规范。所以要尽力做到兼容并蓄，勤于思考，使功德可与天地并列。况且《诗经》里不是说过：‘普天之下，没有哪里不是王的领土；四海之内，没有谁不是王的臣民。’所以天地之内，八方之外，教化如雨露满布，如果还有哪个有生命的东西没有受到君恩的滋润，贤君将视为自己的耻辱。如今疆域以内，受教化的文明之人，都获得欢乐幸福，没有遗漏。而那些与我们风俗不同的夷狄国家，与我们相隔遥远、族类不同的地域，车船不通，人迹罕至，政治教化还未达到，社会风气还很低下。如果接纳他们，他们将在边境做出违背礼义的事情；将他们抛弃在外，他们就会在自己国内为非作歹，驱逐或杀害其君。颠倒君臣关系，改变尊卑次序，父兄无罪被杀，幼儿与孤儿被当做奴隶，被捆绑号泣，向汉朝发出抱怨说：‘听说中国有最仁爱的国君，美德盛大而恩泽普施，万物没有不得其所者，现在为什么偏偏遗弃了我们。’抬起脚跟，思慕不已，就像干旱时人们盼望雨水一样。就是凶暴之人也会为之感动流泪，更何况当今皇上贤明，又怎么可以无动于衷呢？所以向北出兵讨伐强大的匈奴，派使者急驰南方，责备强劲的闽越。四方邻国都受仁德的教化，南夷和西夷的君长，就像游鱼聚集，仰向水流，愿意得到汉朝封号的数以亿计。所以才以沫水和若水为关塞，以牂柯为边界，凿通零山道，在孙水源头架起桥梁。开创了通向道德的坦途，传留下施行仁义的传统。将要广施恩德，安抚、控制边远地区的人民，使疏远之国不被隔闭，偏僻幽暗之地得到光明，使汉朝停止征讨夷狄的战争，使夷狄避免被大军诛伐。使远近一体，内外安定幸福，不也是康乐之事吗？将人民从水深火热中拯救出来，尊奉皇上的美德，拯救衰败的社会，继承周代已断绝的功业，这是皇上的当务之急啊！百姓纵然有些劳苦，又怎么可以停止呢？

“况且帝王的事业本来没有哪个不是从忧劳开始，而以逸乐终结的。既然如此，那么承受天命的祥瑞之兆，合当在通西夷这件事上了。如今皇上将要到泰山顶筑台祭天，在梁父山下拓场祭地，使车上的鸾铃鸣响，颂歌之声高扬，恩德上同五帝，下超三王。旁观者未看到事情的主旨，旁听者没听到歌曲的主音，如同鹪明已在空廓的天空飞翔，而捕鸟人还眼盯着草泽，真是可悲啊！”

于是诸位大夫心情茫然，忘却了来时所怀有的想法而忘记了要想进谏的话，深有感慨地一同称颂道：“汉朝的威德诚然如此，这是鄙陋之人愿意听到的。百姓虽然懈怠，请允许我们给他们做表率。”大夫们失意而进退失据，因而手足失措地告别而去。

此后，有人上书告相如出使时接受贿赂，因而失掉了官职。他在家呆了一年多，又被召去当了郎官。

相如口吃，而善于写文章。他常患糖尿病。与卓文君结婚后，财富充足。他担任官职，不愿意参与公卿和国家的大事，借病闲居在家，不羡慕官职爵位。他曾经跟随皇上到长杨宫去打猎。这时，天子正喜欢亲自击杀熊猪，驰马追逐野兽，相如上疏加以劝谏。文章说：

下臣听说，万物中有族类相同而能力却大不相同的，所以谈到力气就称赞乌获，说到轻捷善射就推崇庆忌，言及勇猛必称孟贲和夏育。我很愚昧，私下认为人有这种情况，兽也应当有这种情况。现在陛下喜欢登上险阻之地，射击猛兽，如果突然遇到轻捷超群的野兽，在意想不到之处冲出，向着您的车驾冲来，要躲避则车驾来不及旋转车辕，要抵御则人们没时间施展技巧，纵然有乌获和逄蒙的本领，力量发挥不出来，那么枯萎的树枝和腐朽的树桩全都可以变成祸害。这就像胡人、越人突然出现在天子的车乘之下，而羌人、夷人又紧跟在车后，岂不是很危险吗！即使是绝对安全而无祸患，而这本不是天子所应该接近的地方啊！

况且清除道路然后行走，选择道路中央而后驶车奔驰，有时还会出现马的缰绳嚼子出问题而造成突然的灾祸，更何况是在蓬蒿中跋涉，在荒丘上奔驰，前面有以猎获野兽为利的快乐，而内心里却没有应付突然事故的准备，出现祸患也不是很难的事啊！看轻帝王的重要不考虑安全问题，而乐于出入虽作万全准备仍有一丝危险的地方，以此作为消遣，我私自以为陛下不应该这样做。

大凡明白人早在事情发生之前就有预见，而有智慧的人能在祸害还未形成之前就避开它，祸患本来多半隐藏在暗蔽预料之外，发生在人们疏忽之时。所以谚语说："家中积累千金，就不坐在屋檐下。"这句话虽然说的是小事，但却可以用来说明大事。我期望陛下留意明察。

皇上认为司马相如说得很好。回来路过宜春宫时，相如又向皇上献赋，哀悼秦二世行事的过失。……

后相如被授为汉文帝陵园令。皇上既赞美《子虚》之事，相如又看出皇上喜欢仙道，便趁机说："上林之事算不得最美好，还有更靡丽的。臣曾经写过《大人赋》，未完稿，请允许我写完后献给皇上。"相如认为传说中的众仙人居住在山林沼泽间，形体容貌特别清瘦，这不是帝王心意中的仙人，于是就写成了《大人赋》。……

相如献上《大人之颂》后，皇上特别高兴，飘飘然有凌驾云霄的气势，心情好似有遨游于天地之间的意味。

相如因病免官后，家居于茂陵。皇上说："司马相如病得很厉害，可派人去把他的书全部取回来；如果不这样，以后就散失了。"于是就派所忠前往茂陵，而相如已经死去，家中没有书。询问相如的妻子，她回答说："长卿本来不曾有书。他时时写书，别人又及时取走，因而家中总是空空的。长卿还没死的时候，写过一卷书，他说如有使者来取书，就把它献上。再没有别的书了。"他留下来的书札上写的是封禅的事，进献给所忠。所忠把书献给皇上，皇上对书感到诧异。书上写道：

从上古初始，自天降生万民，历数各代君王，一直到秦。考察近代君王的足迹遗业，探听审察远古君王的遗风美名，繁多而纷乱，名声和事迹被埋灭而不被人们称道者，数也数不尽。而能够继承舜、禹，有崇号美谥，其事迹大略可以称道者只有七十二君。没有顺从善道而不昌盛，谁违理失德而能生存？

轩辕以前，时间久远，事迹邈茫，其详细情况不得而知了。五帝三皇的事见于《六经》和其他典籍，则可以看到大概的情况。《尚书》上说："君王圣明啊，大臣杰出啊。"根据这些记载，可以说君王的圣明没有超过唐尧的，大臣的贤良没有比得上后稷的。后稷在唐尧时创建了功业，公刘在西戎之地发迹，文王改革制度，使周隆盛，太平之道于是形成。其后世子孙，虽政绩衰微，但千年以来并无恶声，这难道不是善始善终吗。而周王朝所以能够这样，没有别的原因，只是对前代留下的能谨慎对待，又严谨地垂教于后世子孙罢了。所以周王朝制定的制度平易，容易遵守；深恩广被，容易丰足；法度显明，容易效法；传续法统顺乎情理，容易继承。所以周公的业绩隆盛于年幼的成王时代，而且功德之高又超越文王和武王。但是察其所始，直至其最后结束，并无特别优异卓绝的业绩可与当今汉朝相比。然而，周人尚且走上梁父山，登上泰山，建立显贵的封号，给予尊崇的美名。大汉的恩德，如泉源奔涌而出，到处扩散，广布四方；又如云雾散布，上通九天，下至八方大地；一切生灵，皆受恩泽滋润，祥和之气，广泛散布，军威远震。近狭之地如游恩泽之源，广远之处好似浮在恩惠之末；领头作恶的被消灭，暗昧之人得以明白；连昆虫都蒙受恩泽归依汉朝。然后，驺虞之类的珍兽聚于苑囿，白麟一类的怪兽入于栅栏，在庖厨中选择一茎六穗的嘉禾以供祭祀，以角生枝杈的珍兽做供品，在岐山获得了周朝宝鼎和蓄养的神龟，从沼泽里招来了黄帝升仙时骑的神马翠黄、乘龙。至德能与鬼神相接，如神仙灵圉，在间馆中待以宾客之礼。珍奇之物变化多端，卓异超凡，变化无穷。令人钦敬啊，祥瑞的征兆显现在这里，尚且认为自己的功德微薄，不敢谈论封禅之事。从前周武王渡河时白鱼跳到船中，武王认为是美好的祥瑞，就用白鱼燎祭上天。这是多么微小的祥瑞啊，但却因此登泰山封禅，不感到惭愧吗！周朝不该封禅而封禅，汉朝应该封禅却不封禅，其中苟进与谦让相差是多么鲜明啊！

于是大司马进言说："陛下以仁德抚育天下百姓，以道义征伐不肯顺服者，华夏诸侯愿意进贡，蛮夷之人也执持礼物前来朝拜，美德与往初的圣君相等，功业无与相比，美好的事业和谐融洽，符瑞的征兆变化众多，应期相继而来，不仅仅出现一次。我想大概泰山、梁父山的祭坛，盼望汉家天子早日临幸，加封尊号以赐予荣耀。上帝降恩积福，正准备协助您完成以上诸事，陛下却谦让而不去封禅。这是断绝了上帝、泰山、梁父山的欢心，使王道的礼仪缺而不全，群臣对此感到惭愧。有人说那天道本是质朴暗昧的，因此珍奇的符兆本来是不能拒绝的；如果这样拒绝它，则是使泰山没法得到表彰，而梁父山也没法得到祭祀了。如果古代帝王都只顾荣耀一时，终世之后就无所闻，那么论者还有什么可以向后世陈述，而讲什么七十二君封禅的事呢？修明道德，则天赐祥瑞；顺应祥瑞以行封禅之事，不能算作越礼。所以圣明的君王不废除封禅之礼，而是修礼于地神，诚告天神，在嵩山刻石纪功，以表彰它最尊贵的地位，宣扬盛明的德行，显示尊号与荣耀，接受厚福，以沾溉百姓。封禅之事，堂皇伟大啊！它是天下的壮观，王者的大业，不能贬低。希望陛下成全它。然后综合荐绅先生们的谋术，使他们获得日月余光远炎的照耀，以施展其才能，办好诸事；并正天时、列人事以阐述封禅大义，校订润色其文字，草拟一部像《春秋》那样的封禅大典，与原有的六经合起来称为七经，并传布永久，使万世之后仍能激发忠义之士，扬起隐微之波，飞扬英华之名，腾驰茂盛之实。前代圣贤所以永保伟大名声而被列为最受称道的圣君明主，就在于行封禅之礼，应当命令掌故之官将封禅的仪式呈报陛下，以备观览。”

于是天子有所感动而改变了神色，说：“好啊，我就试试看吧！”皇上回心转意，汇总公卿的议论，询问封禅的情况，作诗歌颂恩泽的博大，宣扬符瑞的富饶。于是写颂道：

自我苍天覆盖，云朵油然飘流。甘露时雨普降，其地可以遨游。液汁滋润渗透，万物有何不育。嘉谷一茎六穗，收获怎不积蓄！

不但降下雨水，又把我来润泽；不仅沾我一人，且又广泛散布。万物和乐熙熙，怀恋且又敬慕。名山应有显位，盼望圣君到来。君王啊君王啊，为何还不前来！

文采斑斓瑞兽，喜欢我君苑囿；皮毛白地黑纹，仪表令人喜爱。恭谨而又和睦，呈现君子情态。从前闻你美声，如今亲见前来。来路不留踪迹，乃是天现瑞征。驺虞舜时亦出，有虞因此而盛。

嬉戏肥泽白麟，游乐来此灵畤。正当孟冬十月，君上前往郊祀。跑到我君车旁，受祭答以福祉。夏商周代以前，此等奇事未有。

宛曲伸展黄龙，因遇圣德上升。色彩闪耀夺目，明亮光灿辉煌。纯乾之阳显现，觉悟天下万民。经传曾有记载，受命天子所乘。

天命显示章明，不必教诲谆谆。依此类推寓意，晓谕应当封禅。

翻开典籍查看，天道和人事已经贯通，天人感应非常合适。圣明君王的美德，戒慎恭敬，小心翼翼，所以说“兴旺时必须考虑衰微，安乐时必须想到危难”。因此，商汤、周武王虽位居至尊，而不失严肃恭敬；虞舜身在高位，总是反省自己的缺失，所说的就是这个道理。

司马相如死了五年之后，天子才开始祭祀土地神。到他死后八年，天子终于先祭中岳，然后又封泰山，再到梁父山，禅肃然山。

相如的其他著作，如《遗平陵侯书》《与五公子相难》《草木书》篇没有收录，只收录他尤其为公卿所传诵的代表作品。

太史公说：《春秋》是由具体的事实中推究出抽象深奥的道理，《易经》是探讨精微深奥的道理来把握明显具体的事情，《大雅》讲的是王公大人却使其德普及到黎民百姓，《小雅》讥刺个人的得失而使之达到对王公大人讽刺的目的。所以言辞的外在表现虽不同，但其符合道德教化却是一致的。相如的文章虽多华靡的言辞和夸张的说法，但其主旨却归结引向节俭，这同《诗经》讽谏之旨有何不同？扬雄认为“相如的华丽辞赋，鼓励奢侈的言辞为一百，而劝导节俭的言辞仅仅是一，它就如同大量演奏郑、卫的靡靡之音以后，曲终时演奏点缀一点雅乐一样”，这不是已经亏负了吗？我收录了相如的一些可以论述的文字，写在这篇文章中。

（王华宝　注译）

卷一百二十

汲郑列传第六十

注释查阅　译文诵读

汲黯字长孺，濮阳人也。其先有宠于古之卫君。至黯七世，世为卿大夫。黯以父任[1]，孝景时为太子洗马[2]，以庄见惮[3]。孝景帝崩，太子即位，黯为谒者。东越相攻，上使黯往视之。不至，至吴而还，报曰："越人相攻，固其俗然，不足以辱天子之使。"河内失火，延烧千余家，上使黯往视之。还报曰："家人失火，屋比延烧[4]，不足忧也。臣过河南，河南贫人伤水旱万余家，或父子相食，臣谨以便宜[5]，持节发河南仓粟以振贫民[6]。臣请归节，伏矫制之罪[7]。"上贤而释之，迁为荥阳令。黯耻为令，病归田里。上闻，乃召拜为中大夫。以数切谏，不得久留内，迁为东海太守。黯学黄老之言，治官理民，好清静，择丞史而任之。其治，责大指而已[8]，不苛小[9]。黯多病、卧闺阁内不出。岁余，东海大治。称之。上闻，召以为主爵都尉，列于九卿。治务在无为而已，弘大体，不拘文法[10]。

黯为人性倨，少礼，面折[11]，不能容人之过。合己者善待之，不合己者不能忍见，士亦以此不附焉。然好学，游侠，任气节，内行脩絜[12]，好直谏，数犯主之颜色，常慕傅柏、袁盎之为人也。善灌夫、郑当时及宗正刘弃。亦以数直谏，不得久居位。

当是时，太后弟武安侯蚡为丞相，中二千石来拜谒[13]，蚡不为礼。然黯见蚡未尝拜，常揖之。天子方招文学儒者，上曰吾欲云云，黯对曰："陛下内多欲而外施仁义，奈何欲效唐虞之治乎！"上默然，怒，变色而罢朝。公卿皆为黯惧。上退，谓左右曰："甚矣，汲黯之戆也[14]！"群臣或数黯[15]，黯曰："天子置公卿辅弼之臣，宁令从谀承意，陷主于不义乎？且已在其位，纵爱身，奈辱朝廷何！"

黯多病，病且满三月，上常赐告者数[16]，终不愈。最后病，庄助为请告。上曰："汲黯何如人哉？"助曰："使黯任职居官，无以逾人。然至其辅少主，守城深坚[17]，招之不来，麾之不去[18]，虽自谓贲、育亦不能夺之矣[19]。"上曰："然。古有社稷之臣，至如黯，近之矣。"

大将军青侍中，上踞厕而视之。丞相弘燕见[20]，上或时不冠。至如黯见，上不冠不见也。上尝坐武帐中，黯前奏事，上不冠，望见黯，避帐中，使人可其奏。其见敬礼如此。

张汤方以更定律令为廷尉，黯数质责汤于上前，曰："公为正卿，上不能褒先帝之功业，下不能抑天下之邪心，安国富民，使囹圄空虚[21]，二者无一焉。非苦就行[22]，放析就功[23]，何乃取高皇帝约束纷更之为[24]？公以此无种矣[25]。"黯时与汤论议，汤辩常在文深小苛，黯伉厉守高不能屈[26]，忿发骂曰："天下谓刀笔吏不可以为公卿，果然。必汤也，令天下重足而立[27]，侧目而视矣！"

是时，汉方征匈奴，招怀四夷。黯务少事，乘上间，常言与胡和亲，无起兵[28]，上方向儒术，尊公孙弘。及事益多，吏民巧弄。上分别文法，汤等数奏决谳以幸[29]。而黯常毁儒，面触弘等徒怀诈饰智以阿人主取容[30]，而刀笔吏专深文巧诋，陷人于罪，使不得反其真[31]，以胜为功。上愈益贵弘、汤，弘、汤深心疾黯，唯天子亦不说也[32]，欲诛之以事。弘为丞相，乃言上曰："右内史界部中多贵人宗室，难治，非素重臣不能任，请徙黯为右内史。"为右内史数岁，官事不废。

大将军青既益尊，姊为皇后，然黯与亢礼[33]。人或说黯曰："自天子欲群臣下大将军，大将军尊重益贵，君不可以不拜。"黯曰："夫以大将军有揖客，反不重邪？"大将军闻，愈贤黯，数请问国家朝廷所疑，遇黯过于平生。

淮南王谋反，惮黯，曰："好直谏，守节死义，难惑以非。至如说丞相弘[34]，如发蒙振落耳[35]。"

天子既数征匈奴有功，黯之言益不用。

始黯列为九卿，而公孙弘、张汤为小吏。及弘、汤稍益贵，与黯同位，黯又非毁弘、汤等。已而弘至丞相，封为侯；汤至御史大夫；故黯时丞相史皆与黯同列[36]，或尊用过之。黯褊心[37]，不能无少望[38]，见上，前言曰："陛下用群臣如积薪耳，后来者居上。"上默然。有间黯罢[39]，上曰："人果不可以无学，观黯之言也日益甚。"

居无何，匈奴浑邪王率众来降，汉发车二万乘。县官无钱[40]，从民贳马[41]。民或匿马，马不具。上怒，欲斩长安令。黯曰："长安令无罪，独斩黯，民乃肯出马。且匈奴畔其主而降汉[42]，汉徐以县次传之，何至令天下骚动，罢弊中国而以事夷狄之人乎[43]！上默然。及浑邪至，贾人与市者，坐当死者五百余人。黯请间，见高门[44]，曰："夫匈奴攻当路塞，绝和亲，中国兴兵诛之，死伤者不可胜计，而费以巨万百数[45]。臣愚以为陛下得胡人皆以为奴婢，以赐从军死事者家；所卤获[46]，因予之以谢天下之苦，塞百姓之心[47]。今纵不能，浑邪率数万之众来降，虚府库赏赐，发良民侍养，譬若奉骄子。愚民安知市买长安中物而文吏绳以为阑出财物于边关乎[48]？陛下纵不能得匈奴之资以谢天下，又以微文杀无知者五百余人，是所谓'庇其叶而伤其枝'者也，臣窃为陛下不取也。"上默然，不许，曰："吾久不闻汲黯之言，今又复妄发矣。"后数月，黯坐小法，会赦免官。于是黯隐于田园。

居数年，会更五铢钱，民多盗铸钱，楚地尤甚。上以为淮阳楚地之郊[49]，乃召拜黯为淮阳太守。黯伏谢不受印，诏数强予，然后奉诏。诏召见黯，黯为上泣曰：

“臣自以为填沟壑[50]，不复见陛下，不意陛下复收用之。臣常有狗马病[51]，力不能任郡事，臣愿为中郎，出入禁闼，补过拾遗，臣之愿也。”上曰：“君薄淮阳邪？吾今召君矣。顾淮阳吏民不相得，吾徒得君之重，卧而治之。”黯既辞行，过大行李息，曰：“黯弃居郡，不得与朝廷议也。然御史大夫张汤智足以拒谏，诈足以饰非，务巧佞之语，辩数之辞[52]，非肯正为天下言，专阿主意。主意所不欲，因而毁之；主意所欲，因而誉之。好兴事，舞文法，内怀诈以御主心[53]，外挟贼吏以为威重。公列九卿，不早言之，公与之俱受其僇矣[54]。”息畏汤，终不敢言。黯居郡如故治，淮阳政清。后张汤果败，上闻黯与息言，抵息罪[55]。令黯以诸侯相秩居淮阳[56]。七岁而卒。

卒后，上以黯故，官其弟汲仁至九卿，子汲偃至诸侯相。黯姑姊子司马安亦少与黯为太子洗马。安文深，巧善宦，官四至九卿，以河南太守卒。昆弟以安故，同时至二千石者十人。濮阳段宏始事盖侯信，信任宏，宏亦再至九卿。然卫人仕者皆严惮汲黯，出其下。

郑当时者，字庄，陈人也。其先郑君尝为项籍将；籍死，已而属汉。高祖令诸故项籍臣名籍，郑君独不奉诏。诏尽拜名籍者为大夫，而逐郑君。郑君死孝文时。

郑庄以任侠自喜，脱张羽于厄，声闻梁、楚之间。孝景时，为太子舍人。每五日洗沐[57]，常置驿马长安诸郊，存诸故人[58]，请谢宾客[59]，夜以继日，至其明旦，常恐不遍。庄好黄老之言，其慕长者如恐不见。年少官薄，然其游知交皆其大父行[60]，天下有名之士也。武帝立，庄稍迁为鲁中尉、济南太守、江都相，至九卿为右内史。以武安侯、魏其时议，贬秩为詹事，迁为大农令。

庄为太史[61]，诫门下：“客至，无贵贱无留门者。”执宾主之礼，以其贵下人。庄廉，又不治其产业，仰奉赐以给诸公[62]。然其馈遗人，不过算器食[63]。每朝，候上之间，说未尝不言天下之长者。其推毂士及官属丞史[64]，诚有味其言之也，常引以为贤于己。未尝名吏，与官属言，若恐伤之。闻人之善言，进之上，唯恐后。山东士诸公以此翕然称郑庄[65]。

郑庄使视决河，自请治行五日[66]。上曰：“吾闻‘郑庄行，千里不赍粮[67]，请治行者何也？”然郑庄在朝，常趋和承意，不敢甚引当否[68]。及晚节，汉征匈奴，招四夷，天下费多，财用益匮。庄任人宾客为大农僦人[69]，多逋负[70]。司马安为淮阳太守，发其事，庄以此陷罪，赎为庶人。顷之，守长史。上以为老，以庄为汝南太守。数岁，以官卒。

郑庄、汲黯始列为九卿，廉，内行修絜。此两人中废，家贫，宾客益落。及居郡，卒后家无余赀财[71]。庄兄弟子孙以庄故，至二千石六七人焉。

太史公曰：夫以汲、郑之贤，有势则宾客十倍，无势则否，况众人乎！下邽翟公有言，始翟公为廷尉，宾客阗门[72]；及废，门外可设雀罗[73]。翟公复为廷尉，宾客欲往，翟公乃大署其门曰：“一死一生，乃知交情。一贫一富，乃知交态[74]。一贵一贱，交情乃见[75]。”汲、郑亦云，悲夫！

【译文】

汲黯字长孺，是濮阳县人。其祖先曾受到古卫国国君的恩宠。到汲黯已是第七代，代代都在朝中任卿、大夫之职。汲黯靠父亲保举，孝景帝时当了太子洗马，因严肃而被人敬畏。景帝去世后，太子继位，任命他做谒者。东越的闽越人和瓯越人相互进攻，皇上派汲黯前往视察。他未到东越，行至吴县便折返而归，禀报说：“东越人相攻，是当地民俗本来就如此好斗，不值得烦劳天子的使臣去过问。”河内郡发生了火灾，绵延烧及一千余家，皇上派汲黯去视察。他回来报告说：“那里普通人家不慎失火，由于房屋相邻火势蔓延开去，不必多忧。我路过河南郡时，眼见当地万余家饱受水旱灾害之苦，有的竟至于父子相食，我就趁便凭所持的符节，下令发放了河南郡官仓的储粮，以赈济当地灾民。现在我请求缴还符节，承受假传圣旨的罪责。”皇上认为汲黯贤良而赦免他，并调任他担任荥阳县令。汲黯以当县令为耻辱，便称病辞官还乡。皇上闻讯，召汲黯担任中大夫。由于屡次向皇上直言谏诤，他不能久留朝中，被外放担任东海郡太守。汲黯学习黄老学说，治理官事和处理民事，喜好清静少事，挑选出得力的郡丞和书史，任用他们办事。他治理郡务，督查下属按大原则行事，并不苛求小节。汲黯体弱多病，经常躺在卧室内休息不出门。一年多的时间，东海郡清明太平，人们都称赞他。皇上得知后，召汲黯回京担任主爵都尉，比照九卿的待遇。他治理郡务力求无为而治，把握大局而不拘守规章条文。

汲黯为人性情傲慢，缺少礼数，当面顶撞人，不能容忍别人的过错。与自己心性相投的，他就亲近善待；与自己合不来的，就不耐烦相见，士人也因此不愿依附他。但是汲黯好学，仗义行侠，注重志气节操。他平日居家，品行美好纯正；入朝，喜欢直言劝谏，屡次触犯皇上的尊严，时常仰慕傅柏和袁盎的为人。他与灌夫、郑当时和宗正刘弃交好。他们也因为多次直谏而不得久居其官位。

正当汲黯任主爵都尉时，王太后的弟弟武安侯田蚡做了宰相。中二千石的高官来谒见下拜，田蚡都不予还礼。而汲黯求见田蚡时从不下拜，常常仅拱手作揖。这时皇上正在招揽文学之士和崇奉儒学的儒生，说“我想要”如何如何，汲黯便答道：“陛下内心欲望很多而表面上施行仁义，怎么想效法唐尧虞舜的治理呢！”皇上沉默不语，心中恼怒，变了脸色就罢朝了。公卿大臣都为汲黯担心。皇上退朝后，对身边的近臣说：“太过分了，汲黯太愚直！”群臣中有人责怪汲黯，汲黯说：“天子设置公卿百官这些辅佐之臣，难道是让他们一味屈从取容，阿谀奉迎，陷君主于不义吗？何况我已身居九卿之位，纵然爱惜自己的生命，但不能尽责而给朝廷带来了耻辱那可怎么办！”

汲黯多病，而且已抱病满了三个月，皇上多次恩准他休假养病，却始终不愈。最后一次病得很厉害，庄助替他请假，皇上问道："汲黯这个人怎么样？"庄助说："让汲黯当官执事，没有过人之处。然而他能辅佐年少的君主，坚守已成的事业，以利诱之他不会来，以威驱之他不会去，即使有人自称勇武如孟贲、夏育，也不能使他改变主意。"皇上说："是的。古代有所谓安邦保国的忠臣，像汲黯就很近似他们了。"

大将军卫青入侍宫中，皇上曾蹲在厕所内接见他。丞相公孙弘有事求见，皇上有时连帽子也不戴。至于汲黯进见，皇上不戴好帽子是不会接见他的。皇上曾坐在威严的武帐中，适逢汲黯前来启奏公事，皇上没戴帽，望见汲黯，就避入帐内，派近侍代为批准他的奏议。汲黯如此受皇上尊敬礼遇。

张汤刚以更改制定刑律法令做了廷尉，汲黯就曾多次在皇上面前质问指责张汤，说："你身为正卿，却对上不能弘扬先帝的功业，对下不能遏止天下人的邪恶欲念，安国富民，使监狱空无罪犯，这两方面你没有一样做好。相反，明知不对还艰难去做，以求造就好的德行，随意破坏制度，以成就个人的功绩。尤为甚者，你怎么竟敢把高祖皇帝定下的简约规章也乱改一气呢？你这样做会断子绝孙的。"汲黯时常和张汤争辩，张汤辩论起来，总爱故意深究条文，苛求细节；汲黯则出言刚直严肃，志气昂奋，不肯屈服，他怒不可遏地骂张汤说："天下人都说不能让刀笔吏身居公卿之位，果真如此。如果依张汤之法行事，必令天下人恐惧得双足并立而不敢迈步，眼睛也不敢正视！"

这时，汉朝正征讨匈奴，招抚各地少数民族。汲黯力求国家少事，借向皇上进言的机会，常常建议与胡人和亲，不要兴兵打仗。皇上正倾心于儒家学说，尊用公孙弘，对此不以为意。及至国内事端纷起，下层官吏和不法之民都弄巧避法，皇上这才要强调法治，严明法纪，张汤等人也便不断进呈案件请皇帝裁决，以博取皇上的宠幸。而汲黯常常诋毁儒学，当面抨击公孙弘之流内怀奸诈而外逞智巧，以此阿谀主上取得欢心，而刀笔吏专门深抠法律条文，巧言加以诋毁，构陷他人有罪，使事实真相不得昭示，并将胜民成狱作为功劳。皇上更加倚重公孙弘和张汤，公孙弘、张汤则深恨汲黯，就连皇上也不喜欢他，想借故杀了他。公孙弘做了丞相，向皇上建议说："右内史管界内多有达官贵人和皇室宗亲居住，很难管理，不是素来有声望的大臣不能胜任，请调汲黯担任右内史。"汲黯当了几年右内史，政事从不废弛。

大将军卫青越发尊贵后，其姐卫子夫做了皇后，但是汲黯仍与他行平等之礼。有人劝汲黯说："从天子那里就想让群臣居于大将军之下，大将军如今受到皇帝的尊敬和器重，地位更加显贵，你不可不行跪拜之礼。"汲黯答道："因为大将军有拱手行礼的客人，就反倒使他不受敬重了吗？"大将军听到他这么说，更加认为汲黯贤良，多次向他请教国家与朝中的疑难之事，对待他超过了平素。

淮南王刘安阴谋反叛，畏惧汲黯，说："汲黯爱直言相谏，固守志节，宁愿为正义捐躯，很难用不正当的手段诱惑他。至于游说丞相公孙弘，就像揭掉盖东西的蒙布或把快落的树叶振掉那么容易。”

天子已经多次征讨匈奴大获成功，汲黯与胡人和亲的主张就更加听不进去了。

当初汲黯享受九卿待遇时，公孙弘、张汤不过是一般小吏。等到公孙弘、张汤日渐显贵，与汲黯官位相当时，汲黯又责难诋毁他们。不久，公孙弘升为丞相，封为平津侯；张汤官至御史大夫；昔日汲黯手下的郡丞、书史也都与汲黯同级了，有的被重用而地位超过了他。汲黯心窄性躁，不可能没有一点怨言，朝见皇上时，他上前说：“陛下使用群臣就像堆柴垛一样，后来的堆在上面。”皇上沉默不语。一会儿汲黯退了下去，皇上说：“一个人确实不可以没有学识，听汲黯这番话，他的愚直越来越严重了。”

时隔不久，匈奴浑邪王率部众降汉，朝廷征发两万车辆前去迎接。朝廷无钱，便向百姓借马。有的人把马藏起来，马无法凑齐。皇上大怒，要杀长安县令。汲黯说：“长安县令没有罪，只要杀了我，百姓就肯献出马匹了。况且匈奴将领背叛他们的君主来投降汉朝，朝廷可以慢慢地让沿途各县准备车马将他们接运过来，何至于让全国骚扰不安，使我国人疲于奔命地去侍奉那些匈奴人呢！”皇上沉默无言。及至浑邪王到来，商人因与匈奴人做买卖，被判处死罪的有五百多人。汲黯请求觐见，在未央宫的高门殿见到了皇上，他说：“匈奴攻打我们设在往来要路上的关塞，断绝和亲的友好关系，我国发兵征讨他们，战死疆场与负伤的人数不胜数，而且耗费了数以百亿计的巨资。臣下我愚蠢，以为陛下抓获匈奴人，会把他们全作为奴婢赏给从军而死的家属，并将掳获的财物也就便送给他们，以此告谢天下人付出的辛劳，满足百姓的心愿。现在纵然做不到，浑邪王率领几万部众前来归降，也不该用空官府的财物赏赐他们，征调良民去伺候他们，把他们捧得如同宠儿一般。无知的百姓哪里懂得让匈奴人购买长安城中的货物，就会被死抠法律条文的执法官视为将财物非法走私出关而判罪呢？陛下纵然不能将缴获匈奴的物资用来慰劳天下人，却要用严苛的法令杀戮五百多无知的老百姓，这就是所谓‘保护树叶而损害树枝’的做法，我私下认为陛下不该这样做。”皇上沉默，不同意，说：“我很久没听到汲黯的话了，今日他又一次信口胡说了。”事后数月，汲黯因犯小法被判罪，适逢皇上大赦，仅遭免官。于是汲黯归隐于田园。

过了几年，遇上改铸五铢钱，很多老百姓私铸钱币，楚地尤其严重。皇上认为

淮阳郡是通往楚地的交通要道，就征召汲黯任命他为淮阳郡太守。汲黯拜伏于地辞谢，不肯接印，皇上屡下诏令强迫给他，他才领命。皇上下诏召见汲黯，汲黯哭着对皇上说："我自以为至死也见不到陛下了，想不到陛下又收纳任用我。我常有狗病马病的，体力难以胜任太守之职的烦劳。我希望当中郎，出入宫禁之门，为您纠正过失，补救缺漏。这就是我的愿望。"皇上说："你看不上淮阳郡太守这个职位吗？过些时候我会召你回来的。只因淮阳地方官民关系紧张，我只得借助你的威望，请你躺在家中去治理吧。"汲黯向皇上告别后，又去探望大行令李息，他说："我被弃置居于外郡，不能参与朝廷的议政了。可是，御史大夫张汤他的智巧足以阻挠他人的批评，奸诈足以文饰自己的过失，专用巧妙谄媚之语，强辩而有条理之词，不肯堂堂正正地替天下人说话，而一心迎合主上的心思。皇上不想要的，他就顺其心意诋毁；皇上想要的，他就跟着夸赞。他喜欢无事生非，搬弄法令条文，在朝中深怀奸诈以迎合皇上的旨意，在朝外挟制坏的官吏来加强自己的威势。您位居九卿，若不及早向皇上进言，您和他都会被诛杀的。"李息害怕张汤，始终不敢向皇上进谏。汲黯治理郡务，一如往昔作风，淮阳郡政治清明起来。后来，张汤果然身败名裂。皇上得知汲黯当初对李息说的那番话后，判处李息有罪。诏令汲黯在淮阳郡享受诸侯国相的俸禄待遇，七年后汲黯逝世。

汲黯死后，皇上因为汲黯的关系，让他的弟弟汲仁做官，官至九卿，儿子汲偃官至诸侯国相。汲黯姑母的儿子司马安年轻时也与汲黯同为太子洗马，司马安擅长玩弄法律条文，巧于为官，其官位四次做到九卿，在河南郡太守任上去世。兄弟们由于司马安的缘故，同时官至二千石职位的有十人。濮阳人段宏起初事奉盖侯王信，王信保举段宏，段宏也两次官至九卿。但是濮阳同乡做官的人都很敬畏汲黯，甘居其下。

郑当时，字庄，是陈县人。其祖先郑君曾做项籍手下的将领；项籍死后，就归了汉朝。高祖下令所有项籍的旧部下在提到项籍时都直呼其名，郑君偏偏不服从命令。高祖下旨将那些肯直呼项籍名讳的人都拜为大夫，而赶走了郑君。郑君死于孝文帝时。

郑庄以仗义行侠为乐事，解救张羽于危难之中，声名传遍梁、楚之间。孝景帝时，他做太子舍人。每逢五天一次的休假日，他常在长安四郊置备马匹，骑马去慰问各位老友，邀请拜谢宾朋，夜以继日，通宵达旦，还总是担心有所疏漏。郑庄喜爱黄老学说，他仰慕年长者，就生怕无法见到那样。他年纪轻，官位卑微，但来往的至交都是祖父一辈，天下知名的人物。武帝即位后，郑庄由鲁国中尉、济南郡太守、江都国相，官至九卿中的右内史。由于平议武安侯田蚡和魏其侯窦婴的纷争意见不当，他被贬为詹事，又调任大农令。

郑庄做右内史时，告诫属下官吏说："有客来访，不论尊贵低贱，一律不得让人滞留门口等候。"他秉持宾主之礼，以高贵身份而谦下待客。郑庄廉洁，又不治理私产，仅依靠官俸和赏赐所得供给各位年长的宾客。而所馈送的礼物，只不过是用竹器盛的食物。每逢上朝，遇有向皇帝进言的机会，他的言论必谈到天下年高望重之人。他推举士人和属下的丞、史诸官吏，委实饶有兴味，言语中时常称举他们比自己贤能。他从不直呼吏员的名字，与属下谈话，生怕伤害了对方。听到别人有善言，便向皇帝汇报，唯恐落后了。因此，殽山以东广大地区的士人和长者都众口一词称赞他的美德。

郑庄被派遣视察黄河决口，他请求给五天时间准备行装。皇上说："我听说'郑庄远行，千里不带粮'，为什么还要准备行装呢？"然而郑庄在朝中常常附和顺从主上之意，不敢过于明确表示自己的是非主张。到他晚年，汉朝征讨匈奴，招抚各少数民族，天下耗费财物很多，国家财力物力更加匮乏。郑庄保举的人及其宾客，替大农令承办运输，亏欠钱款甚多。司马安任淮阳郡太守，检举此事，郑庄因此落下罪责，交钱赎罪后削职为民。不久，入丞相府代理长史之职。皇帝认为他年事已高，让他担任汝南郡太守。几年后，他卒于任上。

郑庄、汲黯当初位列九卿，清廉，平日居家操行纯正。这两人中途都曾被罢官，家境清贫，宾客日趋没落。待到做郡守，死后家中没有剩余的财物。郑庄的兄弟子孙因他的缘故，官至二千石者有六七人。

太史公说：凭着汲黯、郑当时那样的贤德，有权势时宾客十倍，无权势时情形就全然相反，何况一般人呢！下邽县翟公曾说过，起初他做廷尉，家中宾客盈门；待到被废职，门外便冷清得可以张网捕雀。他复职廷尉后，宾客们又想往见，翟公就在大门上写道："一死一生，乃知交情。一贫一富，乃知交态。一贵一贱，交情乃见。"汲黯、郑庄也有此不幸，可悲啊！

（王华宝　注译）

卷一百二十一
儒林列传第六十一

注释查阅　译文诵读

太史公曰：余读功令[1]，至于广厉学官之路[2]，未尝不废书而叹也。曰：嗟乎！夫周室衰而《关雎》作，幽厉微而礼乐坏[3]，诸侯恣行，政由强国。故孔子闵王路废而邪道兴，于是论次《诗》《书》，修起礼乐。适齐闻《韶》，三月不知肉味。自卫返鲁，然后乐正，《雅》《颂》各得其所。世以混浊莫能用，是以仲尼干七十余君无所遇[4]，曰“苟有用我者，期月而已矣[5]”。西狩获麟，曰“吾道穷矣”。故因史记作《春秋》，以当王法，以辞微而指博[6]，后世学者多录焉。

自孔子卒后，七十子之徒散游诸侯，大者为师傅卿相，小者友教士大夫，或隐而不见[7]。故子路居卫，子张居陈，澹台子羽居楚，子夏居西河，子贡终于齐。如田子方、段干木、吴起、禽滑厘之属，皆受业于子夏之伦，为王者师。是时独魏文侯好学。后陵迟以至于始皇[8]，天下并争于战国，儒术既绌焉，然齐鲁之间学者独不废也。于威、宣之际，孟子、荀卿之列，咸遵夫子之业而润色之，以学显于当世。

及至秦之季世，焚《诗》《书》，坑术士，六艺从此缺焉。陈涉之王也[9]，而鲁诸儒持孔氏之礼器往归陈王。于是孔甲为陈涉博士，卒与涉俱死。陈涉起匹夫，驱瓦合適戍[10]，旬月以王楚，不满半岁竟灭亡，其事至微浅，然而缙绅先生之徒负孔子礼器往委质为臣者，何也？以秦焚其业，积怨而发愤于陈王也。

及高皇帝诛项籍，举兵围鲁，鲁中诸儒尚讲诵、习礼乐，弦歌之音不绝，岂非圣人之遗化，好礼乐之国哉？故孔子在陈，曰“归与归与！吾党之小子狂简[11]，斐然成章[12]，不知所以裁之[13]”。夫齐鲁之闲于文学[14]，自古以来，其天性也。故汉兴，然后诸儒始得修其经艺，讲习大射乡饮之礼。叔孙通作汉礼仪，因为太常，诸生弟子共定者，咸为选首[15]，于是喟然叹兴于学。然尚有干戈，平定四海，亦未暇遑庠序之事也[16]。孝惠、吕后时，公卿皆武力有功之臣。孝文时颇征用，然孝文帝本好刑名之言[17]。及至孝景，不任儒者，而窦太后又好黄老之术，故诸博士具官待问，未有进者。

及今上即位，赵绾、王臧之属明儒学，而上亦乡之[18]，于是招方正贤良文学之士。自是之后，言《诗》于鲁则申培公，于齐则辕固生，于燕则韩太傅。言《尚书》自济南伏生。言《礼》自鲁高堂生。言《易》自菑川田生。言《春秋》于齐鲁自胡毋生，于赵自董仲舒。及窦太后崩，武安侯田蚡为丞相，绌黄老、刑名百家之言，延文学儒者数百人，而公孙弘以《春秋》白衣为天子三公，封以平津侯。天下之学士靡然乡风矣。

公孙弘为学官，悼道之郁滞，乃请曰："丞相、御史言：制曰：'盖闻导民以礼，风之以乐。婚姻者，居室之大伦也。今礼废乐崩，朕甚愍焉。故详延天下方正博闻之士，咸登诸朝。其令礼官劝学讲议，洽闻兴礼，以为天下先。太常议，与博士弟子[19]，崇乡里之化，以广贤材焉。'谨与太常臧、博士平等议曰：闻三代之道，乡里有教，夏曰校，殷曰序，周曰庠。其劝善也，显之朝廷；其惩恶也，加之刑罚。故教化之行也，建首善自京师始，由内及外。今陛下昭至德，开大明，配天地，本人伦，劝学修礼，崇化厉贤，以风四方，太平之原也。古者政教未洽，不备其礼，请因旧官而兴焉。为博士官置弟子五十人，复其身[20]。太常择民年十八已上，仪状端正者，补博士弟子。郡国县道邑有好文学，敬长上，肃政教，顺乡里，出入不悖所闻者，令相长丞上属所二千石[21]，二千石谨察可者，当与计偕[22]，诣太常，得受业如弟子。一岁皆辄试，能通一艺以上，补文学掌故缺；其高弟可以为郎中者[23]，太常籍奏[24]。即有秀才异等，辄以名闻。其不事学若下材及不能通一艺，辄罢之，而请诸不称者罚。臣谨案诏书律令下者，明天人分际，通古今之义，文章尔雅[25]，训辞深厚，恩施甚美。小吏浅闻，不能究宣，无以明布谕下。治礼次治掌故，以文学礼义为官，迁留滞。请选择其秩比二百石以上，及吏百石通一艺以上，补左右内史、大行卒史[26]；比百石已下，补郡太守卒史：皆各二人，边郡一人。先用诵多者，若不足，乃择掌故补中二千石属，文学掌故补郡属，备员。请著功令。佗如律令[27]。"制曰："可。"自此以来，则公卿大夫士吏斌斌多文学之士矣[28]。

申公者，鲁人也。高祖过鲁，申公以弟子从师入见高祖于鲁南宫。吕太后时，申公游学长安，与刘郢同师。已而郢为楚王，令申公傅其太子戊。戊不好学，疾申公。及王郢卒，戊立为楚王，胥靡申公[29]。申公耻之，归鲁，退居家教，终身不出门，复谢绝宾客，独王命召之乃往。弟子自远方至受业者百余人。申公独以《经诗》为训以教，无传[30]，疑者则阙不传。

兰陵王臧既受《诗》，以事孝景帝为太子少傅，免去。今上初即位，臧乃上书宿卫上，累迁，一岁中为郎中令。及代赵绾亦尝受《诗》申公，绾为御史大夫。绾、臧请天子，欲立明堂以朝诸侯，不能就其事，乃言师申公。于是天子使使束帛加璧安车驷马迎申公，弟子二人乘轺传从[31]。至，见天子。天子问治乱之事，申公时已八十余，老，对曰："为治者不在多言，顾力行何如耳。"是时天子方好文词，见申公对，默然。然已招致，则以为太中大夫，舍鲁邸，议明堂事。太皇窦太后好老子言，不说儒术[32]，得赵绾、王臧之过以让上[33]，上因废明堂事，尽下赵绾、王臧吏，后皆自杀。申公亦疾免以归，数年卒。

弟子为博士者十余人：孔安国至临淮太守，周霸至胶西内史，夏宽至城阳内史，砀鲁赐至东海太守，兰陵缪生至长沙内史，徐偃为胶西中尉，邹人阙门庆忌为胶东内史。其治官民皆有廉节，称其好学。学官弟子行虽不备[34]，而至于大夫、郎中、掌故以百数。言《诗》虽殊，多本于申公。

清河王太傅辕固生者，齐人也。以治《诗》，孝景时为博士。与黄生争论景帝前。黄生曰："汤武非受命[35]，乃弑也[36]。"辕固生曰："不然。夫桀纣虐乱，天下之心皆归汤武，汤武与天下之心而诛桀纣，桀纣之民不为之使而归汤武，汤武不得已而立，非受命为何？"黄生曰："冠虽敝，必加于首；履虽新，必关于足[37]。何者，上下之分也。今桀纣虽失道，然君上也；汤武虽圣，臣下也。夫主有失行，臣下不能正言匡过以尊天子，反因过而诛之，代立践南面[38]，非弑而何也？"辕固生曰："必若所云，是高帝代秦即天子之位，非邪？"于是景帝曰："食肉不食马肝[39]，不为不知味；言学者无言汤武受命，不为愚。"遂罢。是后学者莫敢明"受命""放杀"者。

窦太后好《老子》书，召辕固生问《老子》书。固曰："此是家人言耳[40]。"太后怒曰："安得司空城旦书乎[41]？"乃使固入圈刺豕。景帝知太后怒而固直言无罪，乃假固利兵，下圈刺豕，正中其心，一刺，豕应手而倒。太后默然，无以复罪，罢之。居顷之，景帝以固为廉直，拜为清河王太傅。久之，病免。

今上初即位，复以贤良征固。诸谀儒多疾毁固，曰"固老"，罢归之。时固已九十余矣。固之征也，薛人公孙弘亦征，侧目而视固。固曰："公孙子，务正学以言，无曲学以阿世！"自是之后，齐言《诗》皆本辕固生也。诸齐人以《诗》显贵，皆固之弟子也。

韩生者，燕人也。孝文帝时为博士，景帝时为常山王太傅。韩生推《诗》之意而为《内外传》数万言，其语颇与齐鲁间殊，然其归一也。淮南贲生受之。自是之后，而燕赵间言《诗》者由韩生。韩生孙商为今上博士。

伏生者，济南人也。故为秦博士。孝文帝时，欲求能治《尚书》者，天下无有，乃闻伏生能治，欲召之。是时伏生年九十余，老，不能行，于是乃诏太常使掌故朝错往受之。秦时焚书，伏生壁藏之。其后兵大起，流亡，汉定，伏生求其书，亡数十篇，独得二十九篇，即以教于齐鲁之间。学者由是颇能言《尚书》，诸山东大师无不涉《尚书》以教矣。

伏生教济南张生及欧阳生，欧阳生教千乘兒宽。兒宽既通《尚书》，以文学应郡举，诣博士受业，受业孔安国。兒宽贫，无资用，常为弟子都养[42]，及时时间行佣赁[43]，以给衣食。行常带经，止息则诵习之。以试第次，补廷尉史。是时张汤方乡学[44]，以为奏谳掾[45]，以古法议决疑大狱，而爱幸宽。宽为人温良，有廉智，自持，而善著书、书奏，敏于文，口不能发明也。汤以为长者，数称誉之。及汤为御史大夫，以兒宽为掾，荐之天子。天子见问，说之[46]，张汤死后六年，兒宽位至御史大夫。九年而以官卒。宽在三公位，以和良承意从容得久，然无有所匡谏；

于官，官属易之[47]，不为尽力。张生亦为博士。而伏生孙以治《尚书》征，不能明也。

自此之后，鲁周霸、孔安国，雒阳贾嘉，颇能言《尚书》事。孔氏有古文《尚书》，而安国以今文读之，因以起其家[48]，逸《书》得十余篇，盖《尚书》滋多于是矣。

诸学者多言《礼》，而鲁高堂生最本[49]。《礼》固自孔子时而其经不具，及至秦焚书，书散亡益多，于今独有《士礼》，高堂生能言之。

而鲁徐生善为容[50]。孝文帝时，徐生以容为礼官大夫。传子至孙徐延、徐襄。襄，其天姿善为容，不能通《礼经》；延颇能，未善也。襄以容为汉礼官大夫，至广陵内史。延及徐氏弟子公户满意、桓生、单次，皆尝为汉礼官大夫。而瑕丘萧奋以《礼》为淮阳太守。是后能言《礼》为容者，由徐氏焉。

自鲁商瞿受《易》孔子，孔子卒，商瞿传《易》，六世至齐人田何，字子庄，而汉兴。田何传东武人王同子仲，子仲传菑川人杨何。何以《易》元光元年征，官至中大夫。齐人即墨成以《易》至城阳相。广川人孟但以《易》为太子门大夫。鲁人周霸，莒人衡胡，临菑人主父偃，皆以《易》至二千石。然要言《易》者本于杨何之家。

董仲舒，广川人也。以治《春秋》，孝景时为博士。下帷讲诵，弟子传以久次相受业[51]，或莫见其面，盖三年董仲舒不观于舍园，其精如此。进退容止，非礼不行，学士皆师尊之。今上即位，为江都相。以《春秋》灾异之变推阴阳所以错行[52]，故求雨闭诸阳，纵诸阴，其止雨反是。行之一国，未尝不得所欲。中废为中大夫，居舍，著《灾异之记》。是时辽东高庙灾，主父偃疾之，取其书奏之天子。天子召诸生示其书，有刺讥。董仲舒弟子吕步舒不知其师书，以为下愚。于是下董仲舒吏，当死[53]，诏赦之。于是董仲舒竟不敢复言灾异。

董仲舒为人廉直。是时方外攘四夷，公孙弘治《春秋》不如董仲舒，而弘希世用事[54]，位至公卿。董仲舒以弘为从谀[55]。弘疾之，乃言上曰："独董仲舒可使相胶西王。"胶西王素闻董仲舒有行[56]，亦善待之。董仲舒恐久获罪，疾免居家。至卒，终不治产业，以修学著书为事。故汉兴至于五世之间，唯董仲舒名为明于《春秋》，其传公羊氏也。

胡毋生，齐人也。孝景时为博士，以老归教授。齐之言《春秋》者多受胡毋生，公孙弘亦颇受焉。

瑕丘江生为《谷梁春秋》。自公孙弘得用，尝集比其义，卒用董仲舒。

仲舒弟子遂者[57]：兰陵褚大，广川殷忠，温吕步舒。褚大至梁相。步舒至长史，持节使决淮南狱，于诸侯擅专断，不报，以《春秋》之义正之，天子皆以为是。弟子通者[58]，至于命大夫；为郎、谒者、掌故者以百数。而董仲舒子及孙皆以学至大官。

【译文】

太史公说：我读政府颁布的有关教育、考核及人才选拔等的法令，读到广开学官进身之路以激励士子的规定时，未尝不放下书册而慨叹。唉！周朝开始衰落，诗人就创作了《关雎》这首诗，到幽王、厉王时王室衰微，礼乐制度崩坏了，以后诸侯横行无忌，天下大政都由强国做主。所以孔子哀伤王道废弃而邪道盛行，于是就删定编次了《诗》《书》，修订振兴礼乐。去齐国时听见演奏《韶》乐，他三个月之中食肉不辨其味。从卫国返回鲁国后，他就使鲁国的音乐回到了正确的方向，《雅》和《颂》各得其所。当时的世道混乱，没有谁肯任用孔子，所以孔子以他的理想游说了七十多个国君都未能遇上一个知音。他说：“谁要是能任用我，一年之内我就能让他看到效果啊。”后来鲁人在西郊狩猎，捕捉到一头麒麟，孔子说：“我的道到尽头了。”所以他依据历史记载而作了一部《春秋》，以当王者的治国大法。这部书语辞精微而意旨博大，后世的学者多有传抄。

自从孔子去世以后，所谓“七十子”的学生们就分散各地，游说诸侯，成就大的当上了诸侯的师傅卿相，成就小的也能做士大夫的老师、朋友，也有人隐居起来，不显露自己。那时子路在卫国，子张在陈国，澹台子羽在楚国，子夏在西河，而子贡终老于齐国。像田子方、段干本、吴起、禽滑厘之类，都是子夏等人的学生，而当上了王者之师。当时只有魏文侯最为好学。后来风气逐渐衰败，一直到秦始皇的时代，全国各地都在此战国时期争权夺利，儒家学术被扔在一边，然而在齐鲁地方，读书人仍不废弃儒家学说。齐国在威王、宣王时期，孟子、荀卿这样的儒家大师，都遵奉孔子的学说而又有所发挥润色，他们凭借自己的学识扬名于当世。

等到秦朝末年，焚烧《诗》《书》，活埋儒生术士，六部经典从此就残缺了。陈涉称王，鲁地的儒生们带着孔氏的礼器前往归顺陈王。那时孔甲担任了陈涉的博士，最终和陈涉一起死难。陈涉本是一个平民百姓，率领一批因罪被罚去边境的乌合之众，不过十来天个把月的时间就据有楚地而称王，不到半年又终于败亡。其事很微不足道，可是那些缙绅先生却背负着孔子遗留下来的礼器前往归顺称臣，这是为什么呢？是因为秦朝焚毁了他们安身立命的老家底，胸中积满怨愤，要通过陈王将怒气发泄出来。

等到高皇帝消灭项羽，发兵围困鲁地，鲁地的儒生们尚且还在讲习讽诵儒家经典，演习礼乐，音乐歌唱的声音不绝于耳，这难道不是圣人遗留的教化，爱好礼乐之邦吗？所以当初孔子在陈国曾说："回去吧！回去吧！我们那里的年轻学子志向远大，才气纵横，斐然可观，我不知道怎样去调教他们。"齐鲁之人娴熟典章文献，自古以来是他们的天性。所以汉朝兴起，儒生们开始得以研究他们的经典，讲论演习大射、乡饮等礼仪。叔孙通制定了汉朝的各种礼仪制度，从而被任命为太常，跟随他共定礼仪的弟子，都在选官时被优先任用。于是人们都深受触动，群起赞叹，立志向学。但当时还有征战之事，需要用武力去平定天下，所以也来不及顾及兴办学校的事。孝惠帝和吕太后时期，朝廷的公卿都是武将出身的功臣。孝文帝时，征召任用了不少，但孝文帝原本所欣赏的还是法家刑名之学。到了孝景帝，就不再任用儒者，而当时窦太后又喜爱道家黄老之术，所以那些博士官只是设其职以备皇上顾问，没有进身受到重用的。

等到当今皇上即位，赵绾、王臧这些人深明儒学，而皇上对儒学也很向往，于是就招纳任用方正、贤良、文学之士。从此以后，讲说《诗经》的，在鲁地有申培公，在齐地有辕固生，在燕地有韩太傅。讲说《尚书》的，源自济南的伏生。讲说《礼经》的，源自鲁地的高堂生。讲说《易经》的，源自菑川的田生。讲说《春秋》的，在齐鲁一带源自胡毋生，在赵地则源自董仲舒。等到窦太后死后，武安侯田蚡任丞相，废斥黄老、法家刑名等各种学派的学说，请来了通晓文献经典的儒生几百人，而公孙弘以《春秋》一经起家，从平民做到天子的三公，被封为平津侯。天下的学子也就随风倒向儒家了。

公孙弘担任学官，他哀伤儒道不通畅，就上书奏请说："丞相和御史大夫上言：皇上有诏书说，'听说为政者应该用礼仪来引导百姓，用音乐来感化他们。婚姻，是家庭最重要的一种伦常。而今礼乐制度废弃崩坏，朕为此很忧伤。现广泛邀请天下行为方正、见闻广博的读书人，将他们都请进朝廷。命令礼官，鼓励人们学习、研讨儒术，以求知识广博，振兴礼制，作为天下百姓的榜样。命令太常商议，为博士配备弟子，提高乡里的道德教化水平，这样来广泛地造就贤才。'臣等恭敬奉命，与太常臧、博士平等商议的意见为：听说三代治国之道，在乡里都设有教育机构，夏代称作校，殷代称作序，周代称作庠。那时鼓励人向善，就将他推荐给朝廷做官；惩治恶行，就使恶人身受刑罚。所以教化的推行，应该先把京师建成最好的模范地区，再由内及外。现今陛下明白地宣示了最重要的德业，施展大智大明，与天地相配，以人伦为本，劝导修学，修订礼制，崇尚教化，激励贤人，使天下四方都受到感化，这是太平的根源啊！过去政治和教育未能很好地协调，有关学校的礼制也不完备，现在请准许在旧学官的基础上来兴办。建议为博士官配置弟子五十人，免除他们的劳役和赋税。由太常选择百姓中年龄十八岁以上、容貌端正的人作为博士弟子。各郡、国、县、道、邑如果有爱好典章文献之学，尊敬长上，敬奉政教法令，推动乡里和顺，言行与所学的道理不相违背的，各地的县令、侯国相、县长、县丞等要向自己的上级郡太守或王国相推荐；郡太守、王国相要认真地考察，的确符合的，应当让他们同上计吏一起进京，到太常那里，允许他们像博士弟子一样受业学习。一年后，都要参加考试，能通晓一种经典的，可以任用为文学掌故；其中的高材生可以担任郎中，由太常开具名单上奏；如有成绩优异才能突出的，随时把姓名报给皇上。不努力学习或才具低下，不能通晓一种经典的，就罢斥遣还；并请示皇上给那些举荐不当的官员以惩罚。臣认为皇上所颁布的诏书律令，辨明了天道人事之间的微妙关系，贯通着古今的大义，文章雅正，所作训辞用意深厚，所施恩德十分完美。但各地的小吏见识浅陋，不能深刻领会并宣扬其中的深义，无法将皇上的意图明白地传谕到民间。而研究礼法、掌故之学的人，凭借通晓典章文献和礼仪当官，升职并不顺利。现请选择其中秩禄比二百石以上，以及虽然秩禄只有一百石却能通晓一种以上经典的小吏，担任左右内史、大行属下的卒史；秩禄为一百石以下的，担任郡太守属下的卒史，每郡各二人，边郡一人。先任用能较多地背诵经文的，如果人数不够，就选择掌故担任中二千石级官员的属吏，选择文学掌故担任郡太守的属吏，都要使编制满员。请将此法确定下来，其他则照原有的律令执行。”皇上下诏说：“可以。”从此以后，公卿大夫以至士子小吏有了许多文质彬彬通熟典章文献的人。

申公是鲁人。高祖经过鲁地时，申公曾作为弟子跟随老师到鲁南宫去谒见高祖。吕太后当政时期，申公到长安游学，与楚元王的儿子刘郢为同学。后来刘郢继位当上了楚王，就让申公做他的太子刘戊的师傅。刘戊不好学，恼恨申公。等到刘郢去世，刘戊被立为楚王，他就强迫申公拖着绳索刑具服苦役，申公感到耻辱，就回到鲁地，退居在家教授学生，终身不出家门。又谢绝宾客往来，只有鲁王有命召见他才去。从远方来从学受业的弟子有一百多人。申公只讲解《经诗》的字义词义而不发挥其微言大义，不撰写传注，凡是自己有疑惑的地方则空下来不讲。

兰陵人王臧从申公学《诗》，凭此学识事奉孝景帝，当上了太子少傅，后来因故免官离开。当今皇上刚即位，王臧就上书请求担任宿卫之事，多次得到升迁，一年之中就做到郎中令。又有代人赵绾也曾经跟申公学《诗》，当时官任御史大夫。赵绾、王臧向天子建议，要设立明堂以朝见诸侯，而他们不能完成这件事，就进言推荐他们的老师申公。于是天子派遣使者用束帛加璧、安车驷马隆重地迎请申公，两个弟子也得以乘坐使者用的轺车一路跟随。申公到长安，拜见天子。天子问他天下或治或乱的道理，申公当时已经八十多岁，年事已老，回答说：“治理好天下不在于多说些什么，而是要看努力实行的情况如何。”当时天子正喜欢用文辞张扬治绩，听了申公的话，默然不语。然而既已把申公请来了，就任命他为太中大夫，住在鲁王在京师的府邸中，商议设立明堂的事情。太皇窦太后爱好老子的学说，不喜欢儒家学说，她找到赵绾、王臧的过错而责备皇上，皇上因而取消了议立明堂之事，把赵绾、王臧都送交法司定罪，二人后来都自杀了。申公也因病免官回家，几年以后去世。

申公的弟子担任博士的有十几个，其中孔安国官至临淮太守，周霸官至胶西内史，夏宽官至城阳内史，砀县人鲁赐官至东海太守，兰陵人缪生官至长沙内史，徐偃官至胶西中尉，邹人阙门庆忌官至胶东内史。他们治理官吏百姓都廉洁而有节操，与他们好学的作风相称。申公那些担任博士的弟子教出来的学生，德行虽然不够完备，而官至大夫、郎中、掌故的人数以百计。他们讲说《诗经》虽有不同，但大多以申公之说为本。

清河王太傅辕固生是齐人。因为研治《诗经》，孝景帝时当了博士。他曾同黄生在景帝前争论。黄生说："商汤和周武王不是承受天命得天下，而是弑君篡位。"辕固生说："不对。夏桀和商纣残暴昏乱，那时天下的人心都归向商汤和周武王。商汤和周武王顺应天下的人心而诛讨夏桀和商纣，夏桀、商纣的百姓不肯为自己的王出力而倒向商汤和武王，商汤和周武王不得已而代立称王，这不是承受天命又是什么？"黄生说："帽子虽然破旧，一定戴在头上；鞋子虽然崭新，一定穿在脚下。为什么这样，因为有上下之分。夏桀、商纣虽然无道，但他们是君上；商汤、周武王虽然是圣人，但他们是臣下。主上有行为不当，臣子不能直言进谏、代为补救，以使天子继续保持尊位，反而利用主上的过失而杀了他，取而代之，南面称王，这不是弑君篡位又是什么？"辕固生说："一定依照你的理论，那么高祖皇帝代替秦朝即位为天子，难道也错了？"于是景帝说："吃肉不吃马肝，不能说不懂得享受美味；探讨学问不谈商汤、周武王承受天命的事情，不能说是愚昧无知。"这才结束了这场争辩。以后的学者没有人再敢去说明商汤周武王承受天命、放逐夏桀、诛杀商纣的事。

窦太后喜欢读《老子》书，召见辕固生询问有关《老子》这部书的问题。

辕固生说："这只不过是奴仆的言论而已。"窦太后发怒，说："难道还有刑徒囚犯的书吗？"于是就让辕固生下兽栏去与野猪搏斗。景帝知道太后恼怒辕固生而辕固生只是说话直来直去并无罪过，就给辕固生锋利的兵器。辕固生下栏刺野猪，刺中野猪的心脏，一刺中，野猪应手倒毙。太后见了无话可说，没有理由再惩办他，只好作罢。不久以后，景帝认为辕固生廉洁正直，就任命他为清河王太傅。过了较长时间，辕固生因病免官。

当今皇上刚即位，又以贤良的名义征召辕固生。那些谄媚求宠的儒生大多嫉恨诋毁他，说"辕固生太老了"，于是皇上不再召用辕固生，让他回家。当时辕固生已经九十多岁了。当辕固生被征召入京时，薛人公孙弘同时也被征召，他对辕固生侧目而视。辕固生对他说："公孙先生，你要致力于儒学正道，不要歪曲儒学去逢迎世俗！"从此以后，齐国讲说《诗经》的都以辕固生的说法为依据。那些因通晓《诗经》而显贵的齐人，都是辕固生的弟子。

韩生是燕人。孝文帝时担任博士，孝景帝时担任常山王太傅。韩生推广《诗经》的意旨而为《诗经》作《内外传》共几万字，其中的说法与齐鲁地方对《诗经》的解释不太一样，但总的归向是一致的。淮南的贲生从韩生受学。从此以后，燕赵地方讲说《诗经》的都源自韩生。韩生的孙子韩商是当今皇上的博士。

伏生是济南人。原先当过秦朝的博士。孝文帝时，想征求对《尚书》素有研究的人，找遍天下都没有，后来听说伏生能研究《尚书》，想把他召来。当时伏生已经九十多岁了，年老，不能上路。于是皇上下诏太常，派遣掌故晁错到伏生那里去受学。秦朝焚书，伏生把儒家经典隐藏在夹墙里。后来战事大起，伏生流亡在外，汉朝平定天下，伏生回家寻求藏书，已经亡佚了几十篇，只找到二十九篇。伏生就拿这二十九篇在齐鲁一带教授学生。学者也因此而能够讲说《尚书》，山东地区的儒学大师没有不涉猎《尚书》并传授学生的。

伏生教给济南的张生和欧阳生，欧阳生又教给千乘的兒宽。兒宽既已通晓《尚书》，以文学的身份应千乘郡的察举，被送往京师博士那里去学习，受业于孔安国。兒宽家境贫困，缺乏衣食之资，经常给其他博士弟子做饭，又时时暗中外出给人做短工，以此供给自己的衣食费用。他出门总是带着经书，休息时就诵读复习。他考试时得到较高的名次，被任命为廷尉史。那时的廷尉张汤正心向儒学，就让他当奏谳掾。兒宽用古法来审议判决重大的疑难案件，很受张汤的喜爱宠信。兒宽为人温和良善，有廉洁的操守，又有智巧，能够控制约束自己。他还擅长著书和草拟奏章，文思敏捷，但不善于口头表达。张汤认为他是个忠厚长者，屡屡称赞他。等张汤当上了御史大夫，就用兒宽为属吏。又将他推荐给天子，天子召见询问，听了对答很喜欢他。张汤死后六年，兒宽官至御史大夫，九年后在御史大夫任上病故。兒宽身居三公之位，因为性情温和良善、顺从主上意旨而能安逸宽缓地长期任职，然而他对天子的缺失不能补救劝谏；任官办事，他的部属都轻视他，不肯为他尽力。张生也当上了博士。伏生的孙子因为能研究《尚书》而被征召，却不能讲明

《尚书》。

从此以后，鲁人周霸、孔安国，洛阳人贾嘉，略通一些，能讲读《尚书》中的事。孔氏藏有用古文字书写的《尚书》，孔安国能用当今的文字把它读通，因此创立了一家之言而受重视。先前亡佚的《尚书》又得到了十几篇，《尚书》的篇数就此增多了。

许多学者都讲说《礼》，而鲁人高堂生最早。古《礼》本自孔子的时代而经文不全，等到秦朝焚书，书籍散失亡佚的更多，到现在就只存《士礼》了，高堂生能够讲读它。

而鲁人徐生擅长演习各种礼仪。孝文帝时，他因此当上了礼官大夫。传授给儿子，一直传到孙子徐延、徐襄。徐襄天生资质好善于掌握礼节仪式，却不能通晓《礼经》。徐延对《礼经》颇有了解，但也没有达到尽善尽美的程度。徐襄因为熟悉礼仪而当上了朝廷的礼官大夫，官至广陵内史。徐延以及徐氏的弟子公户满意、桓生、单次等，都曾担任汉朝的礼官大夫，而瑕丘人萧奋因为通晓《礼》官至淮阳太守。这以后能讲说《礼经》、善于掌握礼仪的，都出自徐氏门下。

自从鲁人商瞿从孔子那里受《易》，孔子去世后，商瞿就传授《易》，经六世传到齐地姓田名何字子庄这一个人时，正好汉朝兴起。田何传给东武人王同子仲，子仲传给菑川人杨何。杨何凭借《易经》，在元光元年被朝廷征召，官至中大夫。齐人即墨成凭借《易经》官至城阳相。广川人孟但凭借《易经》官至太子门大夫。鲁人周霸、莒人衡胡、临菑人主父偃都凭借《易经》官至二千石之职。总的来说，讲说《易经》的人都以杨何家的学说为本。

董仲舒是广川人。因为对《春秋》素有研究，孝景帝时担任博士。他设帐授徒，弟子们依照入学时间的先后长短递相传授，有的弟子竟从未见过他的面。有三年时间董仲舒不到自家的后园观看，其专心致志程度到这样地步。他的举止行动，容色态度，不符合礼的决不去做，学士们都把他当作老师那样敬重。当今皇上即位后，被任命为江都相。他凭借《春秋》记载的灾异变化来推算未来阴阳错乱造成灾祸的情况，所以主张久旱求雨要幽闭各种属于阳性的事物，而放纵属于阴性的事物；久雨求晴，则与此相反。在一个诸侯王国推行，没有不应验的。中途因故被贬为中大夫，在家闲居，撰写了《灾异之记》。当时辽东地方的高庙发生了火灾，主父偃嫉恨董仲舒，就把他撰写的书上奏给天子。天子召来儒生们，给他们看这部书，书中有讥刺朝廷的话。董仲舒的弟子吕步舒不知道是他老师写的书，认为是下愚之作。于是董仲舒被送到狱吏那里，论罪被判死刑，天子下诏赦免了他。从此董仲舒再也不敢议论灾异之事了。

董仲舒为人廉洁正直。当时正用兵外出征伐四夷，公孙弘研究《春秋》的水平不如董仲舒，但他迎合世俗，受到重用，官至公卿。董仲舒认为公孙弘是阿谀奉承之徒。公孙弘忌恨他，就对皇上说："只有董仲舒可以去当胶西王的相。"胶西王一向听说董仲舒有高尚的操行，也就善待他。董仲舒担心在胶西待久了会获罪，就告病辞官，归家闲居。直到去世，他始终不经营私家的产业，只从事于研究学问，进行撰述。因此，从汉朝兴起到现在五世之中，唯独董仲舒以精通《春秋》而著名，他所传授的是公羊氏的《春秋》之学。

胡毋生是齐人。孝景帝时担任博士，因为年老而归家教授弟子。齐地讲说《春秋》的人大多是出自胡毋生的门下，公孙弘也从胡毋生那里传授的。

瑕丘江生研究《谷梁春秋》。自从公孙弘被重用以后，他曾把谷梁氏与公羊氏两家对《春秋》的解释放在一起比较其优劣，最后采用了董仲舒的公羊学。

董仲舒的弟子中功成名遂的，有兰陵人褚大、广川人殷忠、温人吕步舒等。褚大官至梁相。吕步舒官至长史，曾奉命手持符节出使去审决淮南王谋反的案件，对诸侯王敢于自行判罪断案，事先不向皇上请示报告，就用《春秋》大义作为依据来定案，天子认为他做的都很正确。董仲舒弟子中致身通达的，官做到命大夫；担任郎官、谒者、掌故的，数以百计。而董仲舒自己的儿子以及孙子，也都凭借学问做到大官。

（王华宝　注译）

卷一百二十二 酷吏列传第六十二

注释查阅　译文诵读

孔子曰[1]：“导之以政[2]，齐之以刑[3]，民免而无耻。导之以德，齐之以礼，有耻且格[4]。”老氏称[5]：“上德不德，是以有德；下德不失德，是以无德。”“法令滋章[6]，盗贼多有。”太史公曰：信哉是言也！法令者治之具，而非制治清浊之源也[7]。昔天下之网尝密矣，然奸伪萌起，其极也，上下相遁[8]，至于不振。当是之时，吏治若救火扬沸[9]，非武健严酷[10]，恶能胜其任而愉快乎！言道德者，溺其职矣[11]。故曰[12]：“听讼，吾犹人也，必也使无讼乎。”“下士闻道大笑之[13]”。非虚言也。汉兴，破觚而为圜[14]，斫雕而为朴[15]，网漏于吞舟之鱼[16]，而吏治，不至于奸，黎民艾安[17]。由是观之，在彼不在此[18]。

高后时，酷吏独有侯封，刻轹宗室[19]，侵辱功臣。吕氏已败，遂夷侯封之家。孝景时，晁错以刻深颇用术辅其资[20]，而七国之乱，发怒于错，错卒以被戮。其后有郅都、宁成之属。

郅都者，杨人也。以郎事孝文帝。孝景时，都为中郎将，敢直谏，面折大臣于朝。尝从入上林，贾姬如厕，野彘卒入厕[21]。上目都，都不行。上欲自持兵救贾姬，都伏上前曰：“亡一姬复一姬进，天下所少宁贾姬等乎？陛下纵自轻，奈宗庙太后何！”上还，彘亦去。太后闻之，赐都金百斤。由此重郅都。

济南瞯氏宗人三百余家，豪猾，二千石莫能制，于是景帝乃拜都为济南太守。至则族灭瞯氏首恶，余皆股栗。居岁余，郡中不拾遗。旁十余郡守畏都如大府[22]。

都为人勇，有气力，公廉，不发私书，问遗无所受[23]，请寄无所听。常自称曰：“已倍亲而仕[24]，身固当奉职死节官下，终不顾妻子矣。”

郅都迁为中尉。丞相条侯至贵倨也[25]，而都揖丞相。是时民朴，畏罪自重，而都独先严酷，致行法不避贵戚，列侯宗室见都侧目而视，号曰“苍鹰”。

临江王征诣中尉府对簿[26]，临江王欲得刀笔为书谢上，而都禁吏不予。魏其侯使人以间与临江王。临江王既为书谢上，因自杀。窦太后闻之，怒，以危法中都[27]，都免归家。孝景帝乃使使持节拜都为雁门太守，而便道之官[28]，得以便宜从事。匈奴素闻郅都节，居边，为引兵去，竟郅都死不近雁门。匈奴至为偶人象郅都，令骑驰射莫能中，见惮如此。匈奴患之。窦太后乃竟中都以汉法。景帝曰：“都忠臣。”欲释之。窦太后曰：“临江王独非忠臣邪？”于是遂斩郅都。

宁成者，穰人也[29]。以郎谒者事景帝。好气，为人小吏，必陵其长吏[30]；为人上，操下如束湿薪[31]。滑贼任威[32]。稍迁至济南都尉，而郅都为守。始前数都尉皆步入府，因吏谒守如县令，其畏郅都如此。及成往，直陵都出其上。都素闻其声，于是善遇，与结欢。久之，郅都死，后长安左右宗室多暴犯法，于是上召宁成为中尉。其治效郅都，其廉弗如，然宗室豪桀皆人人惴恐。

武帝即位，徙为内史。外戚多毁成之短，抵罪髡钳。是时九卿罪死即死，少被刑，而成极刑[33]，自以为不复收[34]，于是解脱，诈刻传出关归家[35]。称曰：“仕不至二千石，贾不至千万[36]，安可比人乎！”乃贳贷买陂田千余顷[37]，假贫民[38]，役使数千家。数年，会赦。致产数千金，为任侠，持吏长短，出从数十骑，其使民威重于郡守.

周阳由者，其父赵兼以淮南王舅父侯周阳，故因姓周阳氏。由以宗家任为郎，事孝文及景帝。景帝时，由为郡守。武帝即位，吏治尚循谨甚，然由居二千石中，最为暴酷骄恣。所爱者，挠法活之[39]；所憎者，曲法诛灭之。所居郡，必夷其豪。为守，视都尉如令。为都尉，必陵太守，夺之治。与汲黯俱为忮[40]，司马安之文恶[41]，俱在二千石列，同车未尝敢均茵伏[42]。

由后为河东都尉，时与其守胜屠公争权，相告言罪。胜屠公当抵罪，义不受刑，自杀，而由弃市。

自宁成、周阳由之后，事益多，民巧法[43]，大抵吏之治类多成、由等矣。

赵禹者，斄人[44]。以佐史补中都官，用廉为令史，事太尉亚夫。亚夫为丞相，禹为丞相史，府中皆称其廉平。然亚夫弗任[45]，曰：“极知禹无害[46]，然文深[47]，不可以居大府。”今上时，禹以刀笔吏积劳，稍迁为御史。上以为能，至太中大夫。与张汤论定诸律令，作见知[48]，吏传得相监司[49]。用法益刻，盖自此始.

张汤者，杜人也。其父为长安丞，出，汤为儿守舍。还而鼠盗肉，其父怒，笞汤[50]。汤掘窟得盗鼠及余肉，劾鼠掠治[51]，传爰书[52]，讯鞫论报[53]，并取鼠与肉，具狱磔堂下[54]。其父见之，视其文辞如老狱吏，大惊，遂使书狱[55]。父死后，汤为长安吏，久之。

周阳侯始为诸卿时，尝系长安[56]，汤倾身为之。及出为侯，大与汤交，遍见汤贵人。汤给事内史，为宁成掾，以汤为无害，言大府，调为茂陵尉，治方中。

武安侯为丞相，征汤为史，时荐言之天子，补御史，使案事。治陈皇后蛊狱，深竟党与。于是上以为能，稍迁至太中大夫。与赵禹共定诸律令，务在深文[57]，拘守职之吏。已而赵禹迁为中尉，徙为少府，而张汤为廷尉，两人交欢，而兄事禹。禹为人廉倨。为吏以来，舍毋食客。公卿相造请禹[58]，禹终不报谢，务在绝知友宾客之请，孤立行一意而已。见文法辄取，亦不覆案求官属阴罪。汤为人多诈，舞智以御人。始为小吏，干没[59]，与长安富贾田甲、鱼翁叔之属交私。及列九卿，收接天下名士大夫，已心内虽不合，然阳浮慕之[60]。

是时上方乡文学[61]，汤决大狱，欲傅古义[62]，乃请博士弟子治《尚书》《春秋》补廷尉史。亭疑法[63]，奏谳疑事[64]，必豫先为上分别其原。上所是，受而著谳决法廷尉，絜令扬主之明[65]。奏事即谴，汤应谢，乡上意所便，必引正、监、掾史贤者，曰："固为臣议，如上责臣，臣弗用，愚抵于此。"罪常释。间即奏事，上善之，曰："臣非知为此奏，乃正、监、掾史某为之。"其欲荐吏，扬人之善、蔽人之过如此。所治即上意所欲罪，予监史深祸者；即上意所欲释，与监史轻平者。所治即豪，必舞文巧诋；即下户羸弱，时口言，虽文致法，上财察[66]，于是往往释汤所言。汤至于大吏，内行修也。通宾客饮食[67]。于故人子弟为吏及贫昆弟，调护之尤厚。其造请诸公，不避寒暑。是以汤虽文深意忌不专平[68]，然得此声誉。而刻深吏多为爪牙用者，依于文学之士。丞相弘数称其美[69]。及治淮南、衡山、江都反狱，皆穷根本。严助及伍被，上欲释之。汤争曰："伍被本画反谋，而助亲幸出入禁闼爪牙臣[70]，乃交私诸侯如此，弗诛，后不可治。"于是上可论之[71]。其治狱所排大臣自为功，多此类。于是汤益尊任，迁为御史大夫。

会浑邪等降，汉大兴兵伐匈奴，山东水旱，贫民流徙，皆仰给县官[72]，县官空虚。于是丞上指[73]，请造白金及五株钱，笼天下盐铁[74]，排富商大贾，出告缗令[75]，锄豪强并兼之家，舞文巧诋以辅法[76]。汤每朝奏事，语国家用，日晏，天子忘食。丞相取充位[77]，天下事皆决于汤。百姓不安其生，骚动，县官所兴，未获其利，奸吏并侵渔[78]，于是痛绳以罪。则自公卿以下，至于庶人，咸指汤[79]。汤尝病，天子至自视病，其隆贵如此。

匈奴来请和亲，群臣议上前。博士狄山曰："和亲便。"上问其便，山曰："兵者凶器，未易数动。高帝欲伐匈奴，大困平城，乃遂结和亲。孝惠、高后时，天下安乐。及孝文帝欲事匈奴，北边萧然苦兵矣。孝景时，吴楚七国反，景帝往来两宫间，寒心者数月。吴楚已破，竟景帝不言兵，天下富实。今自陛下举兵击匈奴，中国以空虚，边民大困贫。由此观之，不如和亲。"上问汤，汤曰："此愚儒，无知。"狄山曰："臣固愚忠，若御史大夫汤乃诈忠。若汤之治淮南、江都，以深文痛诋诸侯，别疏骨肉，使蕃臣不自安。臣固知汤之为诈忠。"于是上作色曰："吾使生居一郡，能无使虏入盗乎？"曰："不能。"曰："居一县？"对曰："不能。"复曰："居一障间[80]？"山自度辩穷且下吏，曰："能。"于是上遣山乘鄣[81]。至月余，匈奴斩山头而去。自是以后，群臣震慴[82]。

汤之客田甲，虽贾人，有贤操。始汤为小吏时，与钱通，及汤为大吏，甲所以责汤行义过失，亦有烈士风。

汤为御史大夫七岁，败。

河东人李文尝与汤有郤[83]，已而为御史中丞，恚，数从中文书事有可以伤汤者，不能为地[84]。汤有所爱史鲁谒居，知汤不平，使人上蜚变告文奸事[85]，事下汤，汤治论杀文，而汤心知谒居为之。上问曰："言变事纵迹安起[86]？"汤详惊曰[87]："此殆文故人怨之。"谒居病卧闾里主人[88]，汤自往视疾，为谒居摩足。赵国以冶铸为业，王数讼铁官事，汤常排赵王。赵王求汤阴事。谒居尝案赵王，赵王怨之，并上书告："汤，大臣也，史谒居有病，汤至为摩足，疑与为大奸。"事下廷尉。谒居病死，事连其弟，弟系导官[89]。汤亦治他囚导官，见谒居弟，欲阴为之，而详不省。谒居弟弗知，怨汤，使人上书告汤与谒居谋，共变告李文。事下减宣。宣尝与汤有卻，及得此事，穷竟其事，未奏也。会人有盗发孝文园瘗钱[90]，丞相青翟朝，与汤约俱谢，至前，汤念独丞相以四时行园[91]，当谢，汤无与也[92]，不谢，丞相谢，上使御史案其事。汤欲致其文丞相见知[93]，丞相患之。三长史皆害汤，欲陷之。

始长史朱买臣，会稽人也。读《春秋》。庄助使人言买臣，买臣以《楚辞》与助俱幸，侍中，为太中大夫，用事；而汤乃为小吏，跪伏使买臣等前。已而汤为廷尉，治淮南狱，排挤庄助，买臣固心望[94]。及汤为御史大夫，买臣以会稽守为主爵都尉，列于九卿。数年，坐法废，守长史[95]，见汤，汤坐床上，丞史遇买臣弗为礼。买臣楚士，深怨，常欲死之。王朝，齐人也。以术至右内史。边通，学长短，刚暴强人也，官再至济南相。故皆居汤右[96]，已而失官，守长史，诎体于汤[97]。汤数行丞相事[98]，知此三长史素贵，常凌折之。以故三长史合谋曰："始汤约与君谢，已而卖君；今欲劾君以宗庙事，此欲代君耳。吾知汤阴事。"使吏捕案汤左田信等[99]，曰汤且欲奏请，信辄先知之，居物致富，与汤分之，及他奸事。事辞颇闻。上问汤曰："吾所为，贾人辄先知之，益居其物，是类有以吾谋告之者。"汤不谢。汤又详惊曰："固宜有。"减宣亦奏谒居等事。天子果以汤怀诈面欺，使使八辈簿责汤。[100]汤具自道无此，不服，于是上使赵禹责汤。禹至，让汤曰[101]："君何不知分也。君所治夷灭者几何人矣？今人言君皆有状，天子重致君狱[102]，欲令君自为计[103]，何多以对簿为？"汤乃为书谢曰："汤无尺寸功，起刀笔吏，陛下幸致为三公，无以塞责，然谋陷汤罪者，三长史也。"遂自杀。

汤死，家产直不过五百金[104]，皆所得奉赐[105]，无他业。昆弟诸子欲厚葬汤，汤母曰："汤为天子大臣，被污恶言而死，何厚葬乎！"载以牛车，有棺无椁。天子闻之，曰："非此母不能生此子。"乃尽案诛三长史。丞相青翟自杀。出田信。上惜汤，稍迁其子安世[106]。

赵禹中废，已而为廷尉。始条侯以为禹贼深[107]，弗任。及禹为少府，比九卿。禹酷急，至晚节，事益多，吏务为严峻，而禹治加缓，而名为平。王温舒等后起，治酷于禹。禹以老，徙为燕相。数岁，乱悖有罪，免归。后汤十余年，以寿卒于家。

……

太史公曰：自郅都、杜周十人者，此皆以酷烈为声。然郅都伉直，引是非，争天下大体。张汤以知阴阳人主，与俱上下，时数辩当否，国家赖其便。赵禹时据法守正。杜周从谀[108]，以少言为重。自张汤死后，网密，多诋严，官事寖以秏废。九卿碌碌奉其官，救过不赡，何暇论绳墨之外乎[109]！然此十人中，其廉者足以为仪表，其污者足以为戒，方略教导[110]，禁奸止邪，一切亦皆彬彬质有其文武焉[111]。虽惨酷，斯称其位矣。至若蜀守冯当暴挫[112]，广汉李贞擅磔人[113]，东郡弥仆锯项，天水骆璧推咸[114]，河东褚广妄杀，京兆无忌、冯翊殷周蝮鸷[115]，水衡阎奉朴击卖请[116]，何足数哉！何足数哉！

【译文】

孔子说：“依靠政令来引导，依靠刑法来整治，这样百姓只能免于犯罪，而无羞耻之心。用道德来指引，用礼教来规范，这样百姓就既有了羞耻之心又能顺从。”老子说：“最有道德的人并不标榜自己有德，因此才是真正具有道德；道德低下的人声称自己没有失去道德，因此他并不真正具有道德。法令愈发严酷，而盗贼就愈多。”太史公说：这些话都说得很对啊！法令是治理国家的工具，但不是管理好坏的根本办法。从前秦时法网很严密，但是奸诈欺伪的事经常发生，最为严重的时候，上下之间互相推诿责任，以致国家无法振兴。当时，官吏用法处理政事，就好像抱薪救火、扬汤止沸一样无济于事；假如不动用武力、不采取严酷的手段，如何能胜任其职而心情愉快呢？在这种情况下，还一味谈通过道德来治理国家，就会失职了。因此，孔子说：“审理诉讼案件，我与别人的办法一样，所不同的是，我要使诉讼事件不再发生！”老子说：“地位卑贱且无学识的人听到人家说‘道’，就会大肆嘲笑。”这不是假话。汉朝初年，废除秦朝严苛的刑法而改为宽松的刑法，废除法律繁杂之文而改为简洁朴实的条文，法网宽得能漏掉吞舟的大鱼，但官吏的政绩却日益兴盛，百姓不再有奸邪的行为，百姓平安无事。由此看来，治理国家的关键，在于道德，而不是严苛的刑法。

高后执政时，酷吏只有侯封。侯封侵凌践踏宗室，侵害污辱功臣。吕氏败灭以后，侯封也就被抄家灭族了。孝景帝时，晁错生性刻薄严苛，又很会使用手段来增强自己的才具，而吴楚七国发动叛乱，也正以痛恨晁错为借口，晁错最终因此被杀。此后的酷吏有郅都、宁成这一类人。

郅都是杨县人。他曾经以郎的身份事奉孝文帝。孝景帝时，他担任中郎将，敢于直言不讳地劝谏皇帝，在朝廷上当面指责大臣。他曾随从景帝到上林苑，景帝宠爱的贾姬上厕所，一头野猪突然闯入厕所。景帝用眼色示意郅都去救贾姬，郅都不动。景帝想亲自拿了兵器去救，郅都跪伏在景帝面前说：“失去一个美人，又会有另一个美人进奉，天下难道会缺少贾姬这样的美人吗？陛下纵使不爱惜自己的生命，怎么能不为宗庙和太后着想啊！”景帝返回了，而野猪也离开了。太后听说了这件事，赐给郅都一百斤金子。从此郅都受到重视。

济南地方的瞷氏，同宗之人有三百多家，强横狡猾，郡守没有谁能够制止他们的不法行为，于是景帝就任命郅都为济南太守。郅都到任后就族灭了瞷氏的首恶，其余的人全部害怕得两腿发抖。过了一年多，济南郡中没人敢拾取路上别人丢失的东西。附近十几个郡的郡守畏惧郅都，就像他是上级长官一样。

郅都为人勇敢，很有力气，公正廉明，不拆看私人请托的来信，从不接受礼物，从不听从请托。他曾经自称："已经背离父母出来做官，本来就应该忠诚尽职，不惜以身相殉，终究顾不得妻子儿女了。"

郅都升任中尉。丞相条侯自以为身份尊贵极其傲慢，而郅都见了丞相只是一揖而已。当时民风淳朴，百姓们都害怕刑罚，能够自爱，而郅都偏偏首先采用严酷的做法，执法不回避贵族外戚，那些列侯宗室见了郅都都不敢用正眼去瞧他，给他起了个外号叫"苍鹰"。

临江王被征召进京，受命到中尉府去质对文书上记录的罪状。临江王要求得到刀笔等书写用具给皇上写信谢罪，而郅都禁止手下狱吏而不给他。魏其侯派人等到机会偷偷把刀笔给了临江王。临江王在写信向皇上谢罪后，就自杀了。窦太后听说了这件事，动了怒气，就以罗织罪名之罪中伤郅都，于是郅都被免去官职，回家居住。孝景帝又派遣使者拿着符节任命郅都为雁门太守，让他由近路赴任，还允许他根据事势的需要从便处理，不必事先上奏。匈奴早就听说郅都很有气节，现在郅都来边地任职，为此自动退兵离去，一直到郅都死，始终不靠近雁门。匈奴甚至照郅都的模样做了一个木偶当靶子，让骑兵驰马射箭，却没有一个人能够射中，郅都被匈奴畏惧到这种程度。匈奴将郅都当作大患。窦太后最终用汉朝的律法把郅都构陷成罪。景帝说："郅都是忠臣。"想放了他。窦太后说："临江王难道就不是忠臣吗？"于是就把郅都斩了。

宁成是穰县人。以郎官、谒者的身份事奉景帝。他喜欢使气逞强，在别人手下当小吏，一定要欺凌他的长官；当别人的上级，对待下属如同紧捆湿柴一般，严加管束。为人奸猾凶险，任意行使威权。官职逐渐上升，宁成当上了济南都尉，当时正是郅都担任太守。这以前的几任都尉都步行进入太守的府署，通过府吏传达才进去谒见太守，就像县令晋见一样，他们畏惧郅都到了这种程度。等到宁成当济南都尉，他简直就要凌驾郅都之上。郅都一向听说他的名声，就善待他，与他结交，相处很愉快。过了很久，郅都死了，这以后长安城中宗室恃强犯法的事情很多，于是景帝就把宁成召来，任命他为中尉。宁成的政绩可以与郅都相比，在廉洁方面则不如郅都，然而那些宗室豪强都惴惴不安，人人自危。

武帝即位后，宁成调任内史。外戚们经常在武帝面前诋毁宁成的短处，终于使他抵了罪，受了剃光头发、用铁圈束颈的刑罚。当时九卿大官如果有罪受处罚，往往就自杀，很少有受刑的，而宁成承受了重刑，自以为不会再被朝廷起用，于是就私自解了束颈的铁圈，伪刻了出关的符信，逃出函谷关回到家乡。他自称说："当官当不到二千石，做生意赚不到一千万，怎么能与别人相比啊！"就赊欠借贷，买下靠近池塘便于灌溉的良田一千多顷，出租给贫民，被他奴役使唤的有好几千家。

过了几年，遇上大赦。他聚拢的财产有数千金，行侠仗义，利用所掌握的隐私挟制官吏，外出时有数十人骑马随从。他役使百姓，权威比郡守还重。

周阳由这个人，因为他父亲赵兼以淮南王舅父的身份被封为周阳侯，改姓为周阳氏。周阳由凭借外戚身份保任为郎官，事奉孝文帝和景帝。景帝时他担任郡守。武帝即位之初，官吏施政办事尚且温循谨慎，而周阳由在二千石级的官吏中，最为残暴严酷，骄横恣纵。对所爱的人犯了死罪，他就曲解法律使之活；对所恨的人，他就歪曲法律置之于死地。他到哪一个郡为官，必定要削平郡中的豪强。担任郡太守，视郡都尉如下属县令。担任郡都尉，又一定要欺凌太守，侵夺其治郡之权。他与汲黯一样刻毒，同司马安一样善于玩弄法律条文构陷别人。汲黯、司马安二人虽与他是二千石的同级官员，同乘一车时，或坐或立，从来不敢平等抗礼。

周阳由后来担任河东郡都尉，时常与郡太守胜屠公争权，互相告发说对方有罪。胜屠公按法应当抵罪，但他义不受刑，就自杀了，而周阳由则被处死并陈尸街头示众。

从宁成、周阳由以后，刑狱之事越来越多，老百姓巧诈以避法，大致来说，官吏施政办事，与宁成、周阳由等大多相似了。

赵禹是斄县人。他由地方小吏佐史补任京都官府中的小吏，因为廉洁又被任命为掌文书的令史，在太尉周亚夫手下当差。周亚夫担任丞相后，赵禹担任丞相史，丞相府中的人都称赞他廉洁公平。然而周亚夫却不肯重用他，说道："我完全知道赵禹的能干没人比得上，但他用法苛刻深险，不能让他久居丞相府。"当今皇上即位后，赵禹由于多年做文书案牍积有劳绩，逐渐升任御史。皇上认为他能力很强，他官至太中大夫。赵禹与张汤一起讨论制定各种法令，创立知情不告一体同罪的条款，官吏们得以互相监督，伺察过失。朝廷上下用法越来越苛刻，就是从此开始的。

张汤是杜县人。他的父亲担任长安丞，一次外出，张汤是个儿童，留下看家。老鼠偷走了家中的肉，父亲发怒，鞭打了他。张汤挖掘老鼠洞，抓住老鼠并找到了老鼠吃剩的肉，就起诉拷问老鼠，把问的"口供"记录为文书，盘查根究，审讯得实，依法判决，并将老鼠和作为罪证的肉放在一起，定案后在堂下杀了老鼠。他父亲看到了，发现他写的文辞老练，就像出自老法官之手，大为吃惊，就让他学习狱律之事。父亲死后，张汤有很长一段时间在长安作吏。

周阳侯起初当诸卿时，曾经因事被拘捕于长安狱，张汤尽力照应他。等到周阳侯出狱被封为列侯，与张汤订下深交，将张汤广泛地介绍给贵人。张汤在内史宁成手下做事，当他的属吏，宁成认为张汤的才能在吏员中没人比得上，就禀告上级官府，调张汤担任茂陵县尉，主管帝王寿穴。

武安侯当了丞相，征召张汤作丞相史。经常在天子面前推荐张汤，天子就委任张汤为御史，让他审查追究一些事件。张汤负责审理陈皇后巫蛊诅咒一案，深究彻查同党。于是皇上认为他很能干，他的官职也逐渐上升到太中大夫。张汤与赵禹共同制定各种法令，一意使法律条文苛细严峻，约束钳制那些在职的官吏。不久以后，赵禹升任中尉，又调任少府，而张汤也被任命为廷尉。二人交好，张汤将赵禹当作兄长。赵禹为人廉洁傲慢，当官以来，家中从无食客。公卿丞相登门拜访，赵禹始终不去回访答谢，务必使自己能够完全杜绝好友和宾客的请托，独立地凭自己的意志执法行事。他见到狱辞与文法相应，就随即据以定案，也不去复查、推求属官暗中犯法之事。张汤则为人狡猾虚伪，往往运用智巧来控制属官。一开始当小吏时，就想侥幸得利，与长安富商田甲、鱼翁叔这一类人私下结交。等到官居九卿之列，又招纳天下有名的士大夫，自己心中虽然与人意见不合，但在表面上装出倾慕的样子。

当时皇上正爱好典章文献之学，张汤判决重大案件，想附会古义，就请求委派研究《尚书》《春秋》的博士弟子担任廷尉史。评议遇到的疑难问题。奏报审罪定案的情况，张汤总是预先为皇上分别讲清有关事件的原委。如果皇上认为正确，他领受旨意后就将皇上的评断意见作为廷尉今后判案的定法，并举出此事以颂扬主上的圣明；如果奏事时受到皇上的谴责，张汤马上应声谢罪，顺着皇上的意向，举出廷尉正、监、掾史等属官中贤者的姓名，说："某某本来就向我表示过异议，就像皇上您所指责我的那样，我没有用，是因为我的愚昧才形成这种状况。"这样他的过错常常被开释。有时奏事，皇上认为他的意见很好，他就说："不是我自己知道应该这样奏对，这是我的属官正、监、掾史某某教我的。"他要推荐属官，就这样表扬别人的长处，掩盖别人的过失。他处理案件，如果是皇上想欲严办的，就交给属官中用法苛刻严酷的人去办；如果是皇上想要开释的，就交给属官中用法轻平宽大的人去办。所审处的人如果是有势力的豪强，一定要玩弄法律条文巧妙诋毁；如果是无依无靠的贫民，张汤总是口头向皇上报告，虽然根据法律条文应予判罪，还请皇上审察裁定，于是皇上往往就根据张汤的口头报告予以宽释。张汤当上大官，而其私德很好。供应宾客饮食。对待故人的子弟和贫穷的同宗兄弟，照料保护尤其周到。他拜访公卿贵族，不因严寒酷暑而疏忽怠慢。所以张汤虽然用法严刻，忌恨心重，不很公平，但也能得到良好的声誉。而那些被他当作爪牙使用的执法苛刻严酷的官吏，又都依附于通熟经典文献的儒士，丞相公孙弘曾屡次赞扬张汤。及至张汤负责审理淮南王、衡山王、江都王谋反的案件，都追根究底。庄助和伍被二人，皇上想宽释他们，张汤争辩说："伍被本来就替淮南王策划谋反，而庄助原是出入宫中被皇上您所亲信的大臣，却私下勾结诸侯王做这种事情，这两个人不杀，今后就无法治理国家了。"于是皇上同意了他处死伍、庄二人的意见。他审理案件时排斥别的大臣的意见，为自己图功，多如此类。这以后张汤更受皇上宠任，升为御史大夫。

正逢匈奴的浑邪王等率众归降，汉朝大规模地出兵征讨匈奴，而山东地区发生水旱灾荒，贫民流离失所，都依靠官府救济，官府仓库都空了。于是张汤承奉皇上的意旨，建请铸造白金币和五铢钱，由官府垄断全国盐铁两业的经营，排挤打击富有的大商人，颁布告缗令，剪除那些仗势侵吞他人田地财产的豪强之家，玩弄法律条文巧妙诋毁以配合有关法令。张汤每次朝见奏事，讲国家的财政问题，讲到太阳偏西，皇上听得忘记吃饭。当时的丞相只是居位充数，天下大事都由张汤决策。百姓们不能安居乐业，天下骚动，朝廷新采取了一些措施，没有获得好处，而贪官污吏却乘机从旁侵吞渔利，于是张汤就对他们狠加惩罚。这样一来，从公卿以下，直到平民百姓，都指责并痛恨张汤。张汤曾经得病，天子甚至亲自到他家去探望，他的尊荣显贵到达了这种地步。

匈奴派使者来请求与汉朝和亲，百官群臣在皇上面前商议此事。博士狄山说："和亲对国家有好处。"皇上问他和亲有什么好处，狄山说："兵器是凶器，不能经常动用。当年高帝要讨伐匈奴，结果在平城大受困窘，于是就同匈奴和亲。孝惠、高后时天下百姓安居乐业。及至孝文帝想对匈奴采取行动，北方边境又骚乱起来，受用兵之苦。孝景时，吴楚七国谋反，景帝往来于未央宫和长乐宫之间与太后商议对策，好几个月心中惊恐不安。吴楚被击破以后，景帝终生不再提用兵的事，天下富裕充实。现在自从陛下发兵攻击匈奴以来，国中财物消耗一空，边境人民贫困不堪。从这些来看，不如与匈奴和亲。"皇上询问张汤的意见，张汤说："这是个迂腐的儒生，十分无知。"狄山说："我本来就是愚忠，像御史大夫张汤却是诈忠。张汤审理淮南王、江都王案件，玩弄法律条文对诸侯大加诋毁，离间皇上的骨肉之亲，使藩卫之臣人人自危。我本来就知道张汤的行为是诈忠。"于是皇上变了脸色，对狄山说："我让你守卫一郡，你能做到不让敌寇入境劫掠吗？"狄山回答："不能。"皇上再问："守卫一县呢？"狄山又回答："不能。"皇上又问："守卫一个堡寨呢？"狄山自己思忖被迫得哑口无言将会被交给法司治罪，就说："能。"于是皇上就派遣狄山去守堡寨。狄山到边境一个多月，匈奴就进攻堡寨砍下了狄山的头，然后退走。从此以后，群臣都震惊恐惧了。

张汤的门客田甲，虽是个商人，却有贤能操守。当初张汤做小吏时，田甲与他有钱财上的交往，等到张汤当了大官，田甲总是以行义督促张汤，有过失则指正张汤，也有义烈之士的作风。

张汤担任御史大夫七年之后，失败了。

河东人李文曾经与张汤有小过节，不久以后担任了御史中丞，他憎恨张汤，屡次从殿中兰台收藏的文书档案中寻找可以中伤张汤的材料，不肯为张汤留有余地。张汤有个喜爱的书吏鲁谒居，知道张汤对李文的作为气愤不平，就派人呈递匿名信揭发李文干违法之事。这一案件交给张汤审理，张汤判处李文死罪，把他杀了，而张汤心里明白是鲁谒居做的。皇上问他："说李文这件事的踪迹从何而起？"张汤假装吃惊说："这大概是李文的老相识怨恨他而起吧。"鲁谒居卧病在闾里中所租住的房子里，张汤亲自前往探视病情，为鲁谒居按摩足部。当时赵国把冶铁并铸造铁器当作重要的产业，赵王屡次控告朝廷所派铁官，而张汤处理时经常排压赵王。赵王就寻求张汤的隐私。鲁谒居曾经查究过赵王，赵王也很怨恨他。赵王于是就上书一并告发二人："张汤，是国家的大臣，属下书史鲁谒居有病，张汤竟亲自为他按摩足部，我怀疑二人勾结有大阴谋。"这件事被交给廷尉处理。鲁谒居此时已病死，事情牵连到他的弟弟，他的弟弟被拘禁在导官衙署里。张汤到导官衙署去审理其他囚犯，看到了鲁谒居的弟弟，打算暗中救他，而装作不相识。鲁谒居的弟弟不知道张汤的用意，怨恨张汤，就派人上书告发张汤同鲁谒居合谋，一起设计诬告李文。此事交由减宣审理。减宣曾与张汤有过节，等到抓住了这件事，就追根究底彻查，未及时上奏案情。逢上有人偷掘了埋在孝文帝陵园中送葬的钱，丞相庄青翟上朝，与张汤约好两人一起谢罪，到了皇上跟前，张汤心想只有丞相一年四季巡视陵园，他应当引咎谢罪，与我张汤没有什么相干，就不谢罪。丞相谢罪后，皇上派遣御史追查此事。张汤想罗织丞相知情不报故意放走罪犯的罪名，丞相很是担忧。丞相手下的三个长史都认为张汤是个祸患，想陷害他。

当初长史朱买臣是会稽人，学《春秋》。庄助让人向皇上推荐朱买臣，朱买臣因为通熟《楚辞》，而与庄助一起被皇上宠信，在宫中侍从，担任太中大夫，当政掌权；而这时张汤只是个小吏，在朱买臣等面前跪伏受命，听从使唤。后来张汤当上了廷尉，查处淮南王谋反一案，排挤打压庄助，朱买臣本来心怀怨恨。及至张汤担任了御史大夫，朱买臣由会稽太守改任主爵都尉，官居九卿之列。几年后因犯法而罢官，代理丞相府的长史，一次去见张汤，张汤坐在床上，他的下属对待朱买臣又都不讲礼节。朱买臣是楚地的士人，对张汤怀有深恨，常想以死相拼。王朝是齐人，凭借玩权术官至右内史。边通学习纵横之术，是个刚强暴烈的人，做官两次做到济南相。二人过去的地位都居张汤之上，后来丢了官，代理丞相府的长史，见到张汤都得跪拜行礼。张汤有好几次代理丞相的职务，知道这三个长史过去身份高贵，就经常故意欺凌折辱他们。因此三长史合谋后对丞相说："起初张汤约好与您一起向皇上谢罪，不一会儿却出卖您。如今他想用牵涉到宗庙的事情来弹劾您，这是想取代您。我们知道张汤的阴私。"于是就派官员逮捕审查张汤案证人田信等，说"张汤每次将要向皇上奏请，田信总能事先知道内容，就囤积货物，以此致富，同张汤分享赢利"，以及其他违法行为。有关事情的言论都让皇上听到了。皇上问张汤："我所采取的措施，商人总能事先知道，从而大量囤积货物，这很像是有人把我的想法告诉了他们。"张汤听了并不谢罪，又假装吃惊说："的确像有人泄密了。”减宣也向皇上奏报有关鲁谒居等的案情。皇上果然认为张汤内心奸诈当面欺骗，派出八批使者拿着控罪文书与张汤对质。张汤全部予以否认，不服罪。于是皇上派赵禹审问张汤。赵禹到后，责备张汤说：“你怎么这样不识好歹。你办案毁灭了多少人家？现在别人控告你都有清楚的事实，天子不愿将你法办，是想让你自己了结此事，你又何必多次对质呢？”张汤于是写信向皇上谢罪说：“我没有一点功劳，从一个从事案牍工作的小吏起家，受陛下宠幸提拔到三公的位置，未能很好地尽职。然而阴谋陷害我的，是丞相府的三个长史。”于是自杀了。

张汤死后，所留家产不超过五百金，都是生前所得的官俸和皇上的赏赐，没有其他产业。兄弟子侄想厚葬张汤，张汤的母亲说：“张汤是天子的大臣，蒙受恶言污蔑而死，为什么要厚葬他！”就用牛车出丧，棺材不用外椁。天子听说这件事，说：“不是这样的母亲，不能生出这样的儿子。”于是把三个长史都治罪处死。丞相庄青翟自杀。又释放了田信。皇上怜惜张汤，就逐渐提拔他的儿子张安世。

赵禹中途废置不用，不久后担任了廷尉。起初条侯认为他狠毒苛刻，不肯重用他。到后来赵禹当上了少府，与九卿并列。赵禹为政严酷急迫，到了晚年，刑狱之事越来越多，一般官吏都崇尚严刑峻法，而赵禹施政却越来越宽缓，被称为平正。王温舒等后起之辈，治理比赵禹严酷。后来赵禹因为年老，改任燕相。几年后，因违背法纪和常理有罪，被免官而回家。他晚于张汤十多年，享受天年后在家中去世。

……

太史公说：从郅都到杜周这十个人，都以严酷猛烈而著称。然而郅都为人刚直，辩论大是大非，来争国家的重大原则。张汤因为懂得观察皇上的喜怒哀乐而投其所好，皇上与他上下配合，当时屡次辩论国事的妥当与否，国家靠他而得到了好处。赵禹时常依据法律，坚守正道。杜周则顺从意旨、阿谀奉承，以少说话为重要原则。自从张汤死后，法网更加严密，办案多诋毁严酷，而政事就渐渐荒废败坏了。九卿之官碌碌无为，只求保护官职，他们防止发生过错还来不及，哪有时间研究法律以外的事情呢！不过这十个人中，那廉洁的人完全可以成为人们的表率，那卑污的人也完全可以作为人们的鉴戒，他们捕治奸盗的办法和训导士民的条教，禁止奸邪，一切所作所为，也都斯文有礼，晓喻及用法两种不同手段并施。执法虽然严酷，但这与他们的职务相称。至于像蜀郡太守冯当凶暴地摧残人，广汉郡李贞擅自将人车裂，东郡弥仆锯断犯人的脖子，天水郡骆壁椎击犯人逼供定案，河东郡褚广妄杀无辜，京兆尹无忌、左冯翊殷周狠如毒蛇、凶比猛禽，水衡都尉阎奉拷打逼迫犯人出钱卖法徇私，这些人哪里值得一提啊！这些人哪里值得一提啊！

（王华宝　注译）

卷一百二十四
游侠列传第六十四

注释查阅　译文诵读

韩子曰[1]：“儒以文乱法[2]，而侠以武犯禁[3]。”二者皆讥，而学士多称于世云[4]。至如以术取宰相、卿、大夫[5]，辅翼其世主[6]，功名俱著于春秋，固无可言者。及若季次、原宪，闾巷人也[7]，读书怀独行君子之德[8]，义不苟合当世，当世亦笑之，故季次、原宪终身空室蓬户[9]，褐衣疏食不厌[10]，死而已四百余年，而弟子志之不倦[11]。今游侠，其行虽不轨于正义[12]，然其言必信，其行必果[13]，已诺必诚[14]，不爱其躯，赴士之厄困。既已存亡死生矣，而不矜其能[15]，羞伐其德，盖亦有足多者焉[16]。

且缓急[17]，人之所时有也。太史公曰：“昔者虞舜窘于井廪[18]；伊尹负于鼎俎[19]；傅说匿于傅险[20]；吕尚困于棘津[21]；夷吾桎梏[22]；百里饭牛[23]；仲尼畏匡，菜色陈、蔡[24]。此皆学士所谓有道仁人也，犹然遭此灾，况以中材而涉乱世之末流乎？其遇害何可胜道哉！

鄙人有言曰：“何知仁义，已飨其利者为有德[25]。”故伯夷丑周，饿死首阳山，而文、武不以其故贬王[26]；跖、跻暴戾，其徒诵义无穷。由此观之，“窃钩者诛，窃国者侯；侯之门仁义存”[27]，非虚言也。

今拘学或抱咫尺之义[28]，久孤于世，岂若卑论侪俗[29]，与世沉浮而取荣名哉！而布衣之徒，设取予然诺[30]，千里诵义，为死不顾世，此亦有所长，非苟而已也。故士穷窘而得委命[31]，此岂非人之所谓贤豪间者邪[32]？诚使乡曲之侠，予季次、原宪比权量力[33]，效功于当世[34]，不同日而论矣。要以功见言信[35]，侠客之义又曷可少哉！

古布衣之侠，靡得而闻已。近世延陵、孟尝、春申、平原、信陵之徒[36]，皆因王者亲属，藉于有土卿相之富厚，招天下贤者，显名诸侯，不可谓不贤者矣。比如顺风而呼，声非加疾，其势激也。至如闾巷之侠，修行砥名[37]，声施于天下[38]，莫不称贤，是为难耳。然儒、墨皆排摈不载。自秦以前，匹夫之侠，湮灭不见，余甚恨之。以余所闻，汉兴有朱家、田仲、王公、剧孟、郭解之徒[39]，虽时扞当世之文罔[40]，然其私义廉洁退让，有足称者。名不虚立，士不虚附。至如朋党宗强比周[41]，设财役贫[42]，豪暴侵凌孤弱，恣欲自快，游侠亦丑之。余悲世俗不察其意，而猥以朱家、郭解等令与暴豪之徒同类而共笑之也[43]。

鲁朱家者，与高祖同时。鲁人皆以儒教，而朱家用侠闻。所藏活豪士以百数，其余庸人不可胜言。然终不伐其能、歆其德[44]，诸所尝施，唯恐见之。振人不赡，先从贫贱始。家无余财，衣不完采，食不重味，乘不过軥牛。专趋人之急，甚己之私。既阴脱季布将军之厄，及布尊贵，终身不见也。自关以东，莫不延颈愿交焉。

楚田仲以侠闻，喜剑，父事朱家，自以为行弗及。田仲已死，而雒阳有剧孟。周人以商贾为资，而剧孟以任侠显诸侯。吴楚反时，条侯为太尉，乘传车将至河南，得剧孟，喜曰："吴楚举大事而不求孟，吾知其无能为已矣。"天下骚动，宰相得之若得一敌国云。剧孟行大类朱家，而好博，多少年之戏。然剧孟母死，自远方送丧盖千乘。及剧孟死，家无余十金之财。而符离人王孟亦以侠称江淮之间。

是时济南瞯氏、陈周庸亦以豪闻，景帝闻之，使使尽诛此属。其后代诸白、梁韩无辟、阳翟薛兄[45]、陕韩孺纷纷复出焉。

郭解，轵人也，字翁伯，善相人者许负外孙也。解父以任侠，孝文时诛死。解为人短小精悍，不饮酒。少时阴贼[46]，慨不快意[47]，身所杀甚众。以躯借交报仇，藏命作奸剽攻，休乃铸钱掘冢，固不可胜数。适有天幸，窘急常得脱，若遇赦。及解年长，更折节为俭[48]，以德报怨，厚施而薄望。然其自喜为侠益甚。既已振人之命，不矜其功。其阴贼著于心，卒发于睚眦如故云[49]。而少年慕其行，亦辄为报仇，不使知也。解姊子负解之势，与人饮，使之嚼[50]。非其任，强必灌之。人怒，拔刀刺杀解姊子，亡去。解姊怒曰："以翁伯之义，人杀吾子，贼不得？"弃其尸于道，弗葬，欲以辱解。解使人微知贼处[51]。贼窘自归，具以实告解。解曰："公杀之固当，吾儿不直。"遂去其贼，罪其姊子，乃收而葬之。诸公闻之，皆多解之义，益附焉。

解出入，人皆避之。有一人独箕倨视之[52]，解遣人问其名姓。客欲杀之。解曰："居邑屋至不见敬[53]，是吾德不修也，彼何罪！"乃阴属尉史曰："是人，吾所急也[54]，至践更时脱之[55]。"每至践更，数过，吏弗求。怪之，问其故，乃解使脱之。箕踞者乃肉袒谢罪。少年闻之，愈益慕解之行。

雒阳人有相仇者，邑中贤豪居间者以十数[56]，终不听。客乃见郭解。解夜见仇家，仇家曲听解。解乃谓仇家曰："吾闻雒阳诸公在此间，多不听者。今子幸而听解，解奈何乃从他县夺人邑中贤大夫权乎！"乃夜去，不使人知，曰："且无用，待我去，令雒阳豪居其间，乃听之。"

解执恭敬，不敢乘车入其县廷。之旁郡国，为人请求事，事可出，出之[57]；不可者，各厌其意[58]。然后乃敢尝酒食。诸公以故严重之[59]，争为用。邑中少年及旁近县贤豪，夜半过门常十余车，请得解客舍养之。

及徙豪富茂陵也，解家贫，不中訾[60]，吏恐，不敢不徙。卫将军为言："郭解家贫不中徙。"上曰："布衣权至使将军为言，此其家不贫。"解家遂徙。诸公送者出千余万。轵人杨季主子为县掾，举徙解[61]。解兄子断杨掾头。由此杨氏与郭氏为仇。

解入关，关中贤豪知与不知，闻其声，争交欢解。解为人短小，不饮酒，出未尝有骑。已又杀杨季主。杨季主家上书，人又杀之阙下[62]。上闻，乃下吏捕解[63]。解亡，置其母家室夏阳，身至临晋。临晋籍少公素不知解，解冒[64]，因求出关。籍少公已出解，解转入太原。所过辄告主人家。吏逐之，迹至籍少公[65]。少公自杀，口绝。久之，乃得解。穷治所犯，为解所杀，皆在赦前。轵有儒生侍使者坐，客誉郭解，生曰："郭解专以奸犯公法，何谓贤！"解客闻，杀此生，断其舌。吏以此责解，解实不知杀者。杀者亦竟绝，莫知为谁。吏奏解无罪。御史大夫公孙弘议曰："解布衣为任侠行权，以睚眦杀人，解虽弗知，此罪甚于解杀之。当大逆无道。"遂族郭解翁伯。

自是之后，为侠者极众，敖而无足数者[66]。然关中长安樊仲子、槐里赵王孙、长陵高公子、西河郭公仲、太原卤公孺、临淮兒长卿、东阳田君孺，虽为侠而逡逡有退让君子之风。至若北道姚氏，西道诸杜，南道仇景，东道赵他、羽公子，南阳赵调之徒，此盗跖居民间者耳，曷足道哉！此乃乡者朱家之羞也[67]。

太史公曰：吾视郭解，状貌不及中人，言语不足采者。然天下无贤与不肖，知与不知，皆慕其声，言侠者皆引以为名。谚曰："人貌荣名，岂有既乎[68]！"於戏，惜哉！

【译文】

韩非说："儒生以文墨扰乱法律，而侠士则凭武力触犯禁令。"这两种人都遭到讥评，而有学问的人还是多被世人称颂。至于那些依靠权术获得宰相、卿、大夫官位，并辅助当世君主的人，其功名都已著录在史书之中，所以没有什么可以说的了。至于季次、原宪这些人，他们隐居街巷，一心读书，保持着独特品行并践行君子的仁德，坚持正义，不与世俗苟合，同世人却也讥笑他们。所以季次、原宪终生居住在简陋的破草房之中，粗麻布衣、粗茶淡饭，都供应不足。他们去世至今已有四百多年了，但他们的后代学生仍不知疲倦地纪念他们。现在的游侠之士，他们的行为虽不符合正统之道，但他们说的话一定要兑现，办的事一定很果决，一旦答应就忠诚去办，不惜自己的生命，去解救别人的危难。将别人从危难和死亡线上拯救出来后，也决不夸耀自己的能力，同时羞于炫耀自己的恩德。这大概也是他们值得称赞之处吧。

况且，危急是人们常常会遇到的。太史公说：从前虞舜曾在井底和米仓中受过危难；伊尹曾背着铁锅和砧板做过厨子；傅说曾隐匿在傅岩修筑城墙；吕尚曾在棘

津受穷困；管夷吾曾披枷带锁；百里奚曾喂过牛；孔仲尼曾在匡地被围困，又曾在陈国、蔡国饿得面如黄菜叶。这些都是被学士们称为有道的仁人，还不免经历这些灾难，更何况那些中等才能而又处于乱世之末的人呢？他们所经历的灾难又怎么说得完呢！

鄙野之人有这样的说法："何必知道仁义呢，给我好处的人就是有德性的人。"所以伯夷耻事周朝，饿死在首阳山，而周文王、周武王并不因他们的死而贬损王号；跖和跻残酷暴戾，而他们的党徒却无穷无尽地称颂他们的仁义。由此看来，"偷了衣带钩的人被诛杀，窃取了国家的人却被封侯；只有那侯门之中，才有所谓的仁义存在"。这说法并不是假话。

现在有一些拘泥于学术的人，死抱着短浅的仁义，长期地孤立于世，他们哪里比得上那些以低俗的言论媚俗、随波逐流从而窃取名声的人呢？而出身平民的游侠之士，取或予都讲究原则，并且重视诺言，能千里仗义而行，为别人赴死而不顾世俗议论，他们也有所长，并不是随随便便就能做到的。所以，那些士人在困窘的时候，往往将性命托付给游侠的，这难道不是人们所说的贤能、豪杰吗？如果让乡间的侠客与季次、原宪他们比较一下的话，他们为当时社会所做的贡献肯定不可同日而语。但是从做事功效和践行诺言方面来说，侠客的义气又怎能缺少呢？

古代的民间侠客，已经无从知道了。近代的延陵季子、孟尝君、春申君、平原君、信陵君这些人，都依仗是君王的亲属，凭借着有封地和卿相的地位与厚富，广招天下贤人，在诸侯中名声显扬，不能说他们不算贤能。这好像是顺风呼喊，声音并没有更加响亮，只是风势将声音激扬到远处罢了。至于民间的侠客，他们修炼自己的品德，磨砺自己的名誉，使得声名传于天下，天下人无不称颂他们，这是十分难得的啊！但是儒家、墨家都排斥、摈弃他们，对他们不加记载。从秦代以前，民间侠客都被历史埋没了，我对此十分遗憾。据我所知，汉朝兴起以来有朱家、田仲、王公、剧孟、郭解这些人，虽然他们常常触犯当时的法网，但他们讲求仁义，廉洁谦让，这些都是值得称道的。他们的名声不是凭空建立的，士人也不是凭空依附他们。至于像结党营私的豪强们，他们互相勾结，倚仗钱财奴役贫苦百姓，以野蛮暴力侵害孤弱之人，放纵贪欲，只图自身快乐，游侠也是很憎恨这些丑行的。我悲叹世俗之人不了解游侠的真实用心，而轻率地将朱家、郭解等人与豪强暴徒看作同类而一并加以讥笑啊！

鲁地的朱家，是与高祖同时代的人。鲁地的人大都传授儒家的学说，而朱家却以游侠闻名于世。他所窝藏救活的豪杰之士就数以百计，一般人就多到数不清。可是他始终不宣扬自己的能力，不沾沾自喜于自己的品德，对于施过恩惠的人，则唯恐再见到他们。他赈济别人的困乏，先从那些贫贱的人开始。他没有多余的财产，衣服没有一处完整的花纹，吃饭没有第二菜，出入乘坐的不过是小牛车。他专门救助别人的急难，把它看作比自己的私事还重要。他曾经暗中解救过季布将军的灾难，等到季布地位尊贵，他终生不再见季布。关东的人，没有不渴望和他结交的。

楚地的田仲以游侠闻名于世，喜欢剑术，像对待父亲一样地尊重朱家，认为自己的行为赶不上朱家。田仲死后，在雒阳又有剧孟。周地的人靠经营商业积累财富，但是剧孟却以游侠显名于诸侯间。吴、楚两国造反之时，条侯作大尉，乘坐驿车将至河南郡时，将剧孟罗致帐下，大喜说："吴、楚起兵夺取天下而不找剧孟，我知道他们不能有所作为了。"天下骚动之时，宰相得到了他就像获得了一个与自己势均力敌的国家一样。剧孟的行为非常类似朱家，但好赌博，喜欢年轻人的游戏。然而剧孟母亲死的时候，从远方来送葬的人多至千余。及至剧孟死时，家里连十金的财产都没有。当时符离人王孟也以游侠闻名于江淮之间。

当时，济南的瞷某、陈地的周庸也以豪杰之名闻于世，景帝听到了他们的情况，派使者将他们全杀了。但此后，代地的白姓诸人、梁地的韩无辟、阳翟的薛兄、陕地的韩孺，又纷纷出现在各地。

郭解是轵县人，字翁伯，是善于相面的许负的外孙。他父亲因为行侠义之事，在孝文帝时被杀。郭解为人短小精悍，不喝酒。少年时内心残忍，不痛快发脾气时亲手杀过很多人。为朋友报仇不惜性命，窝藏亡命之徒，违法犯禁，四处劫掠，无事时铸钱盗墓等等，更是不可胜数。好像有老天爷保佑似的，他每当遇到危难时常常得以脱身，或者遇上大赦。到他长大以后，改变了作风，约束自己，用恩德去酬答别人的怨恨，多施恩惠而少望别人报答。可是，喜欢做侠义之事更甚于从前。救了别人的性命，而不显示自己的功德。然而，内心的残忍会因一点小事而突然发作，仍然与过去一样。青年们仰慕他的行为，也经常为他报仇，但不使他知道。郭解姐姐的儿子仗着郭解的势力，与人饮酒时，逼那人干杯。那人没有那样的酒量，他就强行灌那人。那个人大怒，拔出刀来杀死了他，逃亡而去。郭解姐姐大怒说："凭着你的名义，人家杀了我的儿子，凶手能抓不着？"她把儿子的尸首抛置在大道上，不埋葬，打算用这样的办法来侮辱郭解。郭解派人侦察到了凶手的住处。凶手害怕了，自己回来，把实情都告诉了郭解。郭解说："您杀他是应该的，我们的孩子没有道理。"于是放了凶手，归罪于自己姐姐的儿子，就为他收尸而埋葬。大家听到这件事，都赞扬郭解的义气，而更加归附于他。

郭解出入之时，大家都回避他。唯独有一个人箕踞着看他，他派人去问那人姓名。宾客们打算杀掉那人。郭解说："在自己的里巷中不被人尊敬，是我的道德不完善，他有什么罪！"于是私下对县尉属吏说："这个人，是我所关注的，到践更的时候免掉他。"以后，每到践更之时，好几次官吏都没有找此人。此人感到奇怪，询问原因，才知道是郭解使他免掉差役。这位箕踞而坐之人于是就袒裸着上身去谢罪。青年们知道了这件事，更加仰慕郭解的作为。

雒阳有彼此相仇的两家，当地十多位贤人豪杰都从中调停过，但始终没能说服双方。有人就来找郭解。郭解夜间去见这两个仇家，他们勉强接受了他的调停。郭解就对他们说："我听说雒阳有好几个名人调停过这件事，但都没有效果。现在你们幸而接受了我的调停，我怎么能从邻县夺取当地贤德之人的权势呢！"于是在夜间离开，不让别人知道，说："你们暂时先别听我的话，等我走后，让雒阳的豪杰再来居中调停，那时你们再听。"

郭解态度恭敬，从不敢乘车进入轵县县衙。到旁的郡国替人请托事情，可以脱解的，设法脱解；不可以脱解的，尽可能满足他们的要求，然后才敢吃饭。因此大家非常尊敬他，争相为他效劳。县里的青年和邻近县里的贤人豪杰，常常半夜到他家的有十几辆车，将郭解的门客接到自己家里供养。

等到往茂陵迁徙豪富之时，郭解家贫，不符合迁徙的资产标准，官吏感到棘手，但又不敢不迁徙他。卫将军替他说话："郭解家贫不符合迁徙的标准。"皇上说："一个百姓的权势大到使将军替他说话，这说明他的家不贫？"郭解家就这样被迁徙了。大家出钱一千多万给他送行。轵县人杨季主的儿子做县掾，检举迁徙郭解。郭解哥哥的儿子砍了杨掾的头。从此以后，杨家与郭家就成了仇敌。

郭解入关后，关中的贤人豪杰，不论认识或不认识他，听到他的名声，都争着与他结交。郭解为人矮小，不喝酒，外出时从不骑马。后来杨季主又被杀。杨季主家人上书，又有人把上书的人杀死在宫门前。皇上听说了，就下诏书命令主事官员逮捕郭解，郭解逃亡了，他把自己的母亲和家室安置在夏阳，只身跑到了临晋。临晋人籍少公过去并不认识郭解，郭解冒然相见，请求帮助他出关。籍少公帮助郭解出了关，郭解转入太原。郭解逃亡时，常常把自己的去向告诉接待他的主人。官吏追捕他，追踪到了籍少公。籍少公自杀，线索中断。此后很久，才抓到郭解。深入究治他所犯的罪，被杀死的那些人，都在赦免令以前。轵县有个儒生在陪着使者闲坐时，见有人称颂郭解，便说："郭解专门以奸邪触犯国家的法律，哪里称得上贤德！"郭解的门客听到了，杀了这个儒生，割了他的舌头。官吏因这件事责难郭解，而郭解确实不知道杀人的人是谁。杀人的人也就再无踪迹，无法知道他是谁。官吏上奏郭解无罪。御史大夫公孙弘议论说："郭解以一个普通百姓，行侠义，弄权势，因为一点小事就杀人，他虽然不知道这件事，但他的罪行比亲自杀人还要大。应判处大逆不道之罪。"于是将郭解一家灭门。

从此以后，行侠的人很多，但都傲慢不值一提。但是，关中长安的樊仲子、槐里的赵王孙、长陵的高公子、西河的郭公仲、太原的卤公孺、临淮的兒长卿、东阳的田君孺，虽然行侠豪迈，但待人恭顺，有退让君子的风度。至于像北路的姚某，西路的杜姓诸人，南路的仇景，东路的赵他、羽公子，南阳的赵调等人，不过是老百姓中的盗跖罢了，哪里值得称道啊！他们是从前朱家的耻辱罢了。

太史公说：我看郭解，相貌不及一般人，言谈也没有可取之处。然而天下无论好人或坏人，也不论认识或不认识他的，都仰慕他的名声，行侠的人都标榜郭解而借以提高自己的名声。俗话说："人的容貌与道德名声，哪有一定的联系啊！"哎呀，可惜啊！

（王华宝　注译）

卷一百二十五
佞幸列传第六十五

注释查阅　　译文诵读

谚曰“力田不如逢年[1]，善仕不如遇合”，固无虚言。非独女以色媚，而士宦亦有之。

昔以色幸者多矣。至汉兴，高祖至暴抗也[2]，然籍孺以佞幸[3]；孝惠时有闳孺。此两人非有材能，徒以婉佞贵幸[4]，与上卧起，公卿皆因关说[5]。故孝惠时郎侍中皆冠鵕鸃[6]，贝带[7]，傅脂粉，化闳、籍之属也[8]。两人徙家安陵。

孝文时中宠臣，士人则邓通，宦者则赵同[9]、北宫伯子。北宫伯子以爱人长者[10]；而赵同以星气幸，常为文帝参乘；通无伎能[11]。邓通，蜀郡南安人也，以濯船为黄头郎[12]。孝文帝梦欲上天，不能，有一黄头郎从后推之上天，顾见其衣裻带后穿[13]。觉而之渐台[14]，以梦中阴目求推者郎[15]，即见邓通，其衣后穿，梦中所见也。召问其名姓，姓邓氏，名通，文帝说焉[16]，尊幸之日异。通亦愿谨[17]，不好外交，虽赐洗沐[18]，不欲出。于是文帝赏赐通巨万以十数，官至上大夫。文帝时时如邓通家游戏[19]。然邓通无他能，不能有所荐士，独自谨其身以媚上而已。上使善相者相通，曰“当贫饿死”。文帝曰：“能富通者在我也。何谓贫乎？”于是赐邓通蜀严道铜山[20]，得自铸钱，“邓氏钱”布天下。其富如此。

文帝尝病痈，邓通常为帝唶吮之[21]。文帝不乐，从容问通曰：“天下谁最爱我者乎？”通曰：“宜莫如太子。”太子入问病，文帝使唶痈，唶痈而色难之[22]。已而闻邓通常为帝唶吮之，心惭，由此怨通矣。及文帝崩，景帝立，邓通免，家居。居无何，人有告邓通盗出徼外铸钱[23]。下吏验问，颇有之，遂竟案[24]，尽没入邓通家，尚负责数巨万[25]。长公主赐邓通，吏辄随没入之，一簪不得著身。于是长公主乃令假衣食[26]。竟不得名一钱，寄死人家[27]。

孝景帝时中无宠臣，然独郎中令周文仁，仁宠最过庸[28]，乃不甚笃。

今天子中宠臣，士人则韩王孙嫣，宦者则李延年。嫣者，弓高侯孽孙也[29]。今上为胶东王时，嫣与上学书相爱。及上为太子，愈益亲嫣。嫣善骑射，善佞。上即位，欲事伐匈奴，而嫣先习胡兵[30]，以故益尊贵，官至上大夫，赏赐拟于邓通。时嫣常与上卧起。江都王入朝，有诏得从入猎上林中。天子车驾跸道未行[31]，而先使嫣乘副车，从数十百骑，骛驰视兽[32]。江都王望见，以为天子，辟从者，伏谒道傍。嫣驱不见。既过，江都王怒，为皇太后泣曰：“请得归国入宿卫[33]，比韩嫣。”太后由此嗛嫣[34]。嫣侍上，出入永巷不禁[35]，以奸闻皇太后。皇太后怒，使使赐嫣死。上为谢，终不能得，嫣遂死。而案道侯韩说，其弟也，亦佞幸。

李延年，中山人也。父母及身兄弟及女，皆故倡也[36]。延年坐法腐[37]，给事狗中[38]。而平阳公主言延年女弟善舞，上见，心说之，及入永巷，而召贵延年。延年善歌，为变新声，而上方兴天地祠，欲造乐诗歌弦之[39]。延年善承意，弦次初诗。其女弟亦幸，有子男。延年佩二千石印，号协声律。与上卧起，甚贵幸，埒如韩嫣也[40]。久之，浸与中人乱，出入骄恣。及其女弟李夫人卒后，爱弛，则禽诛延年昆弟也[41]。

自是之后，内宠嬖臣大底外戚之家，然不足数也[42]。卫青、霍去病亦以外戚贵幸，然颇用材能自进。

太史公曰：甚哉爱憎之时！弥子瑕之行[43]，足以观后人佞幸矣。虽百世可知也。

【译文】

俗话说“努力耕田不如遇上好年景，善于做官不如遇上性情相投的君主”，确实不是空话。不只是女人可以用美色得到宠幸，而且士宦之中也有这种人。

从前男人靠美色得到宠幸的有很多。到汉朝建立，高祖虽然暴猛伉直，然而籍孺靠献媚得到宠幸；孝惠帝时有闳孺。这两个人并没有什么才能，只是靠柔顺谄媚而得到显贵宠幸，与皇帝同起居，公卿们有事都要通过他们去禀告。所以，孝惠帝时郎侍中等官员都戴着用锦鸡羽毛装饰的帽子，系着用贝壳装饰的腰带，脸上涂脂抹粉，效仿闳孺、籍孺之流。后来，闳孺、籍孺二人把家迁到安陵。

孝文帝时宫中受宠幸的臣子，士人中有邓通，宦者中有赵同和北宫伯子。北宫伯子靠爱护别人、恭谨厚道得宠。而赵同则以观星望气的方术得宠，经常陪同文帝乘车出行；邓通没有什么才能。邓通是蜀郡安南人，因为会划船成为黄头郎。孝文帝梦见自己想上天，上不去，有一个黄头郎从后面推他上天，回头看见那个人衣服缝带后有个洞。文帝醒来后到渐台，按照梦中所见暗中寻找推他上天的那个人，就见了邓通，他的衣服后面有个洞，正是梦中所见到的那个人。于是把他召来询问其姓名，姓邓名通，文帝很喜欢他，就尊宠他，对他一天比一天好。邓通也老实谨慎，不喜欢与外人交往，即使赐给他假期，他也不想出去。于是文帝赏赐给邓通亿万钱竟达数十次，官至上大夫。文帝经常到邓通家游玩。然而邓通没有其他能耐，也不能推荐士人，只是自身谨小慎微来讨好皇帝而已。皇帝派懂相术的人给邓通看相，说：他当会因贫穷而饿死。文帝说：“能使邓通富贵的人是我，怎么说他会贫穷呢！”于是又赏赐给邓通蜀郡严道的铜山，允许他自铸钱币，因此“邓氏钱”遍布全国。他的富足就是如此。

文帝曾得过痈疽病，邓通经常为文帝吮吸脓水。文帝不乐时，从容地问邓通说："天下哪一个人最爱我呢？"邓通说："应当没有超过太子的。"太子进来探望文帝的病情，文帝让他吮吸脓水，太子虽然吮吸了脓水，但他面有难色。后来太子听说邓通经常为文帝吮吸脓水，内心感到惭愧，但从此怨恨邓通。到文帝死了，景帝即位后，邓通被免官，闲居家中，过了不久，有人告发邓通偷偷到界外铸钱。于是皇帝把他交给法官查办，确实有很多这样的事，因此彻查，把邓通家的财产全部没收入官，还欠债数百万。长公主赏赐给邓通财物，官吏随后就没收入官，一只簪子也不得着身，于是长公主又派人给他衣食，以维持其性命。邓通最终竟不能拥有一文钱，最后客死在别人家里。

孝景帝时宫中没有宠臣，只有郎中令周仁，周仁受宠超过一般人，但仍然不很深厚。

如今天子宫中的宠臣，士人有韩嫣，宦官则有李延年。韩嫣是弓高侯韩颓当的庶孙。当今皇帝做胶东王时，韩嫣与皇帝一起学习书法相互喜爱。及至皇帝做太子时，更加亲近韩嫣。韩嫣善于骑马射箭，也善于献媚取宠。皇帝即位以后，打算进攻匈奴，而韩嫣率先熟习匈奴的兵器和战略战术，因此更加尊贵，官至上大夫，皇帝赏赐时也比照邓通。当时韩嫣经常和皇帝一起起居。江都王刘非进京朝见皇帝，皇帝下诏让他随从到上林苑中打猎。天子车驾清道戒严还未出行，就先派韩嫣乘坐副车，带着数十近百骑士，急驰去观察野兽。江都王望见后以为是天子出行，于是避开随从，伏在路旁拜见。韩嫣驱车经过未看见。韩嫣过去以后，江都王非常生气，对皇太后哭诉："请求归还封国，回宫宿卫，与韩嫣待遇一样。"太后因此对韩嫣含恨在心。韩嫣侍奉皇上，出入永巷都不受限制，因为有奸情被皇太后听到。皇太后很生气，于是派遣使者令他自杀。皇帝为他谢罪，最终也没有得免，韩嫣就自杀了。而案道侯韩说是韩嫣的弟弟，也因谄媚而得到宠幸。

李延年是中山国人。父母以及他自身、兄弟、姐妹，都是原来的歌舞艺人。李延年因犯法受了宫刑，在宫中养狗。而平阳公主说李延年的妹妹善于歌舞，皇上见到后，心中喜欢她，等到她进入后宫后，皇帝就召见了延年，并使他显贵。李延年善于唱歌，会创作新的乐曲，而皇上正在建造天地祠，准备创作些乐诗来歌颂这件事。李延年很善于逢迎皇上的心意，在器乐伴奏下演唱了新歌词。他的妹妹也很受宠幸，并生了一个儿子。李延年身佩二千石官吏的印信，并任协律都尉。和皇帝同起居，非常宠幸显贵，就像韩嫣一样。过了好久，渐渐和宫女淫乱起来，出入皇宫时骄横放纵。等到她的妹妹李夫人死后，皇帝的宠爱渐渐减弱，官府就捕捉并杀了李延年的兄弟们。

从此以后，宫内的宠臣大多出自外戚之家，然而不足称道。卫青、霍去病也因是外戚而显贵受宠，但是他们主要是靠自己的才干受到提拔的。

太史公说：受宠爱和憎恨的时宜太重要了，从弥子瑕的情况就足以看到以后靠谄媚得到宠幸的人的结果。即使是百世以后也是可以预知的。

卷一百二十六 滑稽列传第六十六

注释查阅　译文诵读

孔子曰："六艺于治一也[1]。《礼》以节人[2]，《乐》以发和[3]，《书》以道事[4]，《诗》以达意，《易》以神化[5]，《春秋》以道义[6]。"太史公曰："天道恢恢[7]，岂不大哉！谈言微中[8]，亦可以解纷[9]。"

淳于髡者，齐之赘婿也[10]。长不满七尺，滑稽多辩，数使诸侯，未尝屈辱。齐威王之时喜隐[11]，好为淫乐长夜之饮，沉湎不治，委政卿大夫。百官荒乱，诸侯并侵，国且危亡，在于旦暮，左右莫敢谏。淳于髡说之以隐曰："国中有大鸟，止王之庭，三年不蜚又不鸣[12]，王知此鸟何也？"王曰："此鸟不飞则已，一飞冲天；不鸣则已，一鸣惊人。"于是乃朝诸县令长七十二人[13]，赏一人，诛一人，奋兵而出。诸侯振惊[14]，皆还齐侵地。盛行三十六年。语在《田完世家》中[15]。

威王八年，楚大发兵加齐。齐王使淳于髡之赵请救兵[16]，赍金百斤[17]，车马十驷。淳于髡仰天大笑，冠缨索绝[18]。王曰："先生少之乎？"髡曰："何敢！"王曰："笑岂有说乎？"髡曰："今者臣从东方来，见道傍有禳田者[19]，操一豚蹄[20]，酒一盂，祝曰：'瓯窭满篝[21]，污邪满车[22]，五谷蕃熟[23]，穰穰满家[24]。'臣见其所持者狭而所欲者奢，故笑之。"于是齐威王乃益赍黄金千溢[25]，白璧十双[26]，车马百驷。髡辞而行，至赵。赵王与之精兵十万，革车千乘[27]。楚闻之，夜引兵而去。

威王大说[28]，置酒后宫，召髡赐之酒。问曰："先生能饮几何而醉？对曰："臣饮一斗亦醉，一石亦醉。"威王曰："先生饮一斗而醉，恶能饮一石哉！其说可得闻乎？"髡曰："赐酒大王之前，执法在旁，御使在后，髡恐惧俯伏而饮，不过一斗径醉矣。若亲有严客[29]，髡帣韝鞠跽[30]，侍酒于前，时赐余沥[31]，奉觞上寿[32]，数起，饮不过二斗径醉矣。若朋友交游，久不相见，卒然相睹[33]，欢然道故，私情相语，饮可五六斗径醉矣。若乃州闾之会[34]，男女杂坐，行酒稽留[35]，六博投壶[36]，相引为曹[37]，握手无罚，目眙不禁[38]，前有堕珥[39]，后有遗簪，髡窃乐此，饮可八斗而醉二参[40]。日暮酒阑[41]，合尊促坐[42]，男女同席，履舄交错[43]，杯盘狼藉，堂上烛灭，主人留髡而送客，罗襦襟解[44]，微闻芗泽[45]，当此之时，髡心最欢，能饮一石。故曰酒极则乱，乐极则悲；万事尽然。”言不可极，极之而衰。以讽谏焉。齐王曰：“善。”乃罢长夜之饮，以髡为诸侯主客[46]。宗室置酒，髡尝在侧[47]。

其后百余年，楚有优孟。

优孟，故楚之乐人也。长八尺，多辩，常以谈笑讽谏。楚庄王之时，有所爱马，衣以文绣，置之华屋之下，席以露床，啖以枣脯。马病肥死，使群臣丧之，欲以棺椁大夫礼葬之。左右争之，以为不可。王下令曰：“有敢以马谏者，罪至死。”优孟闻之，入殿门，仰天大哭。王惊而问其故。优孟曰：“马者王之所爱也，以楚国堂堂之大，何求不得，而以大夫礼葬之，薄，请以人君礼葬之。”王曰：“何如？”对曰：“臣请以雕玉为棺，文梓为椁，楩枫豫章为题凑[48]，发甲卒为穿圹，老弱负土，齐、赵陪位于前，韩、魏翼卫其后，庙食太牢[49]，奉以万户之邑。诸侯闻之，皆知大王贱人而贵马也。”王曰：“寡人之过一至此乎！为之奈何？”优孟曰：“请为大王六畜葬之。以垅灶为椁[50]，铜历为棺[51]，赍以姜枣[52]，荐以木兰[53]，祭以粮稻，衣以火光，葬之于人腹肠。”于是王乃使以马属太官[54]，无令天下久闻也。

楚相孙叔敖知其贤人也，善待之。病且死，属其子曰：“我死，汝必贫困。若往见优孟[55]，言我孙叔敖之子也。”居数年，其子穷困负薪，逢优孟，与言曰：“我，孙叔敖子也。父且死时，属我贫困往见优孟。”优孟曰：“若无远有所之[56]。”即为孙叔敖衣冠，抵掌谈语。岁余，像孙叔敖，楚王及左右不能别也。庄王置酒，优孟前为寿。庄王大惊，以为孙叔敖复生也，欲以为相。优孟曰：“请归与妇计之，三日而为相。”庄王许之。三日后，优孟复来。王曰：“妇言谓何？”孟曰：“妇言慎无为，楚相不足为也。如孙叔敖之为楚相，尽忠为廉以治楚，楚王得以霸。今死，其子无立锥之地，贫困负薪以自饮食。必如孙叔敖，不如自杀。”因歌曰：“山居耕田苦，难以得食。起而为吏，身贪鄙者余财，不顾耻辱，身死家室富；又恐受赇枉法[57]，为奸触大罪，身死而家灭。贪吏安可为也！念为廉吏，奉法守职，竟死不敢为非。廉吏安可为也！楚相孙叔敖持廉至死，方今妻子穷困负薪而食，不足为也！”于是庄王谢优孟，则乃召孙叔敖子，封之寝丘四百户，以奉其祀。后十世不绝。此知可以言时矣[58]。

其后二百余年，秦有优旃[59]。

优旃者，秦倡侏儒也。善为笑言，然合于大道。秦始皇时，置酒而天雨，陛楯者皆沾寒[60]。优旃见而哀之。谓之曰：“汝欲休乎？”陛楯者皆曰：“幸甚。”优旃曰：“我即呼汝，汝疾应曰诺。”居有顷，殿上上寿呼万岁。优旃临槛大呼曰：“陛楯郎！”郎曰：“诺。”优旃曰：“汝虽长，何益，幸雨立[61]。我虽短也，幸休居。”于是始皇使陛楯者得半相代[62]。

始皇尝议欲大苑囿，东至函谷关，西至雍、陈仓。优旃曰：“善。多纵禽兽于其中，寇从东方来，令麋鹿触之足矣。”始皇以故辍止。

二世立，又欲漆其城。优旃曰："善。主上虽无言，臣固将请之。漆城虽于百姓愁费，然佳哉！漆城荡荡[63]，寇来不能上。即欲就之，易为漆耳，顾难为荫室[64]。"于是二世笑之，以其故止。居无何，二世杀死，优旃归汉，数年而卒。

太史公曰：淳于髡仰天大笑，齐威王横行[65]。优孟摇头而歌，负薪者以封。优旃临槛疾呼，陛楯得以半更。岂不亦伟哉！

诸先生曰[66]：臣幸得以经术为郎，而好读外家传语[67]。窃不逊让，复作故事滑稽之语六章，编之于左。可以览观扬意[68]，以示后世好事者读之，以游心骇耳[69]，以附益上方太史公之三章。

……

魏文侯时，西门豹为邺令。豹往到邺，会长老，问之民所疾苦。长老曰："苦为河伯娶妇，以故贫。"豹问其故，对曰："邺三老、廷掾常岁赋敛百姓[70]，收取其钱得数百万，用其二三十万为河伯娶妇，与祝巫共分其余钱持归[71]。当其时，巫行视小家女好者[72]，云是当为河伯妇，即娉取[73]。洗沐之，为治新缯绮縠衣[74]，间居斋戒[75]；则为治斋宫河上，张缇绛帷[76]，女居其中。为具牛酒饭食，十余日。共粉饰之，如嫁女床席，令女居其上，浮之河中。始浮，行数十里乃没。其人家有好女者，恐大巫祝为河伯取之，以故多持女远逃亡。以故城中益空无人，又困贫，所从来久远矣。民人俗语曰'即不为河伯娶妇[77]，水来漂没，溺其人民'云。"西门豹曰："至为河伯娶妇时，愿三老、巫祝、父老送女河上，幸来告语之，吾亦往送女。"皆曰："诺。"

至其时，西门豹往会之河上。三老、官属、豪长者、里父老皆会，以人民往观之者三二千人。其巫，老女子也，已年七十。从弟子女十人所[78]，皆衣缯单衣[79]，立大巫后。西门豹曰："呼河伯妇来，视其好丑。"即将女出帷中，来至前。豹视之，顾谓三老、巫祝、父老曰："是女子不好[80]，烦大巫妪为入报河伯，得更求好女，后日送之。"即使吏卒共抱大巫妪投之河中。有顷，曰："巫妪何久也？弟子趣之[81]！"复以弟子一人投河中。有顷，曰："弟子何久也？复使一人趣之！"复投一弟子河中。凡投三弟子。西门豹曰："巫妪、弟子是女子也，不能白事[82]，烦三老为入白之。"复投三老河中。西门豹簪笔磬折[83]，向河立待良久。长者、吏傍观者皆惊恐。西门豹顾曰："巫妪、三老不来还，奈之何？"欲复使廷掾与豪长者一人入趣之。皆叩头，叩头且破，额血流地，色如死灰。西门豹曰："诺，且留待之须臾。"须臾，豹曰："廷掾起矣。状河伯留客之久[84]，若皆罢去归矣[85]。"邺吏民大惊恐，从是以后，不敢复言为河伯娶妇。

西门豹即发民凿十二渠，引河水灌民田，田皆溉。当其时，民治渠少烦苦[86]，不欲也。豹曰："民可以乐成[87]，不可与虑始。今父老子弟虽患苦我，然百岁后期令父老子孙思我言。"至今皆得水利，民人以给足富。十二渠经绝驰道[88]，到汉之立，而长吏以为十二渠桥绝驰道，相比近[89]，不可。欲合渠水，且至驰道合三渠为一桥[90]。邺民人父老不肯听长吏，以为西门君所为也，贤君之法式不可更也。长吏终听置之[91]。故西门豹为邺令，名闻天下，泽流后世，无绝已时[92]，几可谓非贤大夫哉[93]！

传曰："子产治郑，民不能欺；子贱治单父，民不忍欺；西门豹治邺，民不敢欺。"三子之才能谁最贤哉？辨治者当能别之[94]。

【译文】

孔子说："六艺在治国方面的作用是一致的。《礼》用来节制人们的行为，《乐》用来启发和谐的情感，《书》用来使人通晓史事，《诗》用来表达情意，《易》用来演绎神妙的变化，《春秋》用来阐发世间的大义。"太史公说：天道是那样广阔，难道还不大吗？说话隐约委婉而切中事理，也可以排解纷扰。

淳于髡是齐国的"上门女婿"。身高不到七尺，辞令机智善辩，几次出使诸侯国，从未受过屈辱。齐威王当政时喜欢说隐语，喜爱恣意作乐，通宵饮酒，沉溺其中不理朝政，将国事托付给卿大夫。官吏懈怠，政事混乱，诸侯国一起来犯，齐国即将危亡，就在朝夕之间了，左右都没有一个敢谏诤的。淳于髡用隐语来劝说齐威王："都城中有一只大鸟，栖息在大王的宫廷里，三年来不飞也不鸣叫，大王可知道这鸟为什么这样？"威王说："这鸟不飞则罢，一飞就直冲云天；不鸣叫则罢，一鸣叫就震惊世人。"于是上朝召集各县令县长七十二人，奖励了一个，处死了一个，重振军威并出兵。诸侯国大为震惊，都归还了侵占齐国的土地。从此，齐威王的威名震慑诸侯达三十六年。这件事记在《田敬仲完世家》中。

齐威王八年，楚国派出大军进攻齐国。齐威王派淳于髡到赵国去请援军，让他带上赠送的礼品黄金百斤、车马十套，淳于髡仰天大笑，笑得系在冠上的带子全都断了。齐王说："先生嫌它少吗？"淳于髡说："怎么敢呢？"齐王说："那你的笑难道有什么说法吗？"淳于髡说："刚才臣从东方来，看见大路旁有祭祈农事的，拿着一只小猪蹄，一盂酒，祷告说：'狭窄的高地粮食装满笼，易涝的低洼田粮食装满车，五谷丰登，多得装满了家。'臣见他所拿的祭品少而想要得到的多，所以在笑他呢。"于是齐威王就增加赠礼为黄金千镒，白璧十双，车马一百套。淳于髡辞别动身，到了赵国。赵王派给他精兵十万，战车一千乘。楚国听到消息，连夜撤兵而去了。

齐威王大为高兴，在后宫办了酒席，召见淳于髡并赏他喝酒。问道："先生喝多少酒才会醉呢？"淳于髡回答说："臣喝一斗也醉，喝一石也醉。"威王说："先生喝一斗就醉了，怎么能喝一石呢？其中奥妙能说来听听吗？"淳于髡说："在大王面前喝赏酒，执法官在旁边，监察的御史在后边，我心里害怕跪倒喝酒，不到一斗就直接醉了。如果家父来了尊贵的客人，我要挽起长袖，弯腰跪地，在前边侍候他们喝酒，他们不时赏我点多余的清酒，我举起酒杯祝他们长寿，起身几次，喝不到二斗也就醉了。如果朋友故交好久没见面了，突然相逢，畅快地追忆往事，互诉衷情，喝到大概五六斗也就醉了。如果是乡里举行的节日盛会，男女同坐一处，时喝时停，玩玩六博、投壶之类的游戏，互相介绍、称兄道弟，握了异性的手不受责罚，盯着人家看也不被禁止，前有姑娘掉下的耳饰，后有妇女遗落的发簪，我私心喜欢这种场面，喝到八斗大概才有两三分醉意。天色已晚，酒席将散，将酒杯并在一起，人也坐在一起，男女同席，鞋子交错乱放，杯盘散乱，厅堂的烛光就要熄灭，主人留住髡而送走其他客人。有女子解开了薄罗衫儿，可以微微地闻到她身上的香气，当此之时，髡心里最欢快，能喝到一石。所以说，酒喝过了头就会做出乱七八糟的事，乐到了顶就要生悲。世上所有的事都是这样。”说的是做事不能过度，过了度就要走向衰败，淳于髡用这番话来劝谏齐威王。齐威王说：“说得好！”就停止了通宵达旦的喝酒，并任用淳于髡担任诸侯主客的职务。王室宗族举办酒宴时，淳于髡常在一旁作陪。

在这以后一百多年，楚国出了个优孟。

优孟原是楚国的歌舞艺人。身高八尺，富有辩才，经常用谈笑方式婉转劝谏。楚庄王的时候，他有一匹喜爱的马，给它穿上华美的衣服，将它安置在雕梁画栋的房子里，用没有帷帐的床给它做卧席，用蜜饯的枣干喂养它。马因此得肥胖病死了，他要群臣给马治丧，想用棺椁盛殓、安葬大夫的礼仪安葬它。左右近臣劝止他，认为不能这样做。庄王下令说：“有谁敢于因葬马的事谏诤，就是死罪。”优孟听到这件事后，走进殿门，仰天大哭。庄王很吃惊，问他哭的原因。优孟说：“马是大王所珍爱的，凭实力巨大的楚国，有什么做不到的，仅按照大夫的礼仪安葬它，微薄了，请用安葬君主的礼仪安葬它。”庄王说：“为什么？”优孟回答说：“我请求用精雕细琢的美玉做内棺，用花纹的梓木做外椁，楩、枫、豫、樟各色上等木材做护棺的题凑，发动战士为它挖掘墓穴，让年迈体弱的人背土筑坟，齐国、赵国的代表在前头陪祭，韩国、魏国的代表在后面守卫，盖一座庙宇用牛羊猪祭祀，以万户的大县来供奉。各诸侯国听到这件事，都知道大王轻视人而重视马呢。”庄王说：“我的过失竟然到了这种地步吗！这该怎么办呢？”优孟说：“请让我替大王按六畜待遇安葬它。筑土灶做外椁，用铜鬲当棺材，用姜枣来调味，用木兰来解腥，用稻米作祭品，用火光作衣裳，把它安葬在人的肠胃中。”于是庄王就派人把死马交给主管宫中膳食的太官，别让天下人长期传布这件事。

楚国相国孙叔敖知道优孟是个贤人，善待他。孙叔敖病危将死，嘱咐他的儿子说：“我死后，你一定会穷困。到那时，你去拜见优孟，说你是孙叔敖的儿子。”过了几年，他的儿子穷困到背柴为生，路上遇到优孟，对优孟说：“我是孙叔敖的儿子。父亲弥留之际，嘱咐我贫困了就前去找优孟。”优孟说：“你不要远往他处。”优孟回到家里，就缝制了孙叔敖的衣服和帽子穿戴起来，模仿孙叔敖的行止举动、音容笑貌。过了一年多，模仿得活像孙叔敖，连楚庄王和亲近大臣都分辨不出来。楚庄王举行酒宴，优孟上前敬酒祝福，楚庄王大惊，以为是孙叔敖复活了，想请他做相国。优孟说："请让我回去和妻子商量此事，三天以后再来担任相国。"楚庄王允许了。三天以后，优孟又来了。庄王说："你妻子怎么说的？"优孟说："我妻子说千万不要做，楚国的相国不值得做。像孙叔敖那样做楚国的相国，忠正廉洁治理楚国，楚王才得以称霸。如今死了，他的儿子连插下锥子的土地都没有，穷困到靠背柴卖来维持饮食。一定要像孙叔敖那样，倒不如自杀。"接着唱道："住在山野耕田受苦，难以得到食物。外出做官，本身贪赃卑鄙的才能积下钱财，不顾廉耻，自己死了而家室富足；又担心受贿枉法，为非作歹，触犯大罪，自己被处死而家室遭诛灭。贪官哪能做呢！想做个清官廉吏，奉公守法，尽忠职守，到死不敢做坏事。清官又哪能做呢！楚相国孙叔敖坚持廉洁操守至死，如今妻子儿子穷困到靠背柴卖糊口，清官不值得做啊！"于是庄王向优孟道歉，就召见孙叔敖的儿子，封给他寝丘四百户，用来供奉孙叔敖的祭祀。后来传到十代没有断绝。优孟的这种智慧，可以说抓住时机了。

在优孟以后两百多年，秦朝出了个优旃。

优旃是秦朝的歌舞艺人而且身材短小。他善于说笑话，然而合于大道理。秦始皇时，宫中摆酒宴而天下雨，殿阶下的执盾侍卫都被雨淋湿受冻。优旃见了很怜悯他们，对他们说："你们想休息吗？"殿阶下的执盾侍卫都说："非常希望。"优旃说："我如果喊你们，你们要很快答应说'唉'。"过了一阵，宫殿上向秦始皇祝酒高呼万岁。优旃走近栏杆大声喊道："陛下的执盾侍卫们！"卫士们说："唉。"优旃说："你们虽然长得高大，有什么好处，只有幸站在露天淋雨。我虽然生得矮小，却有幸在这里休息。"于是始皇让侍卫减半值班，轮番换岗。

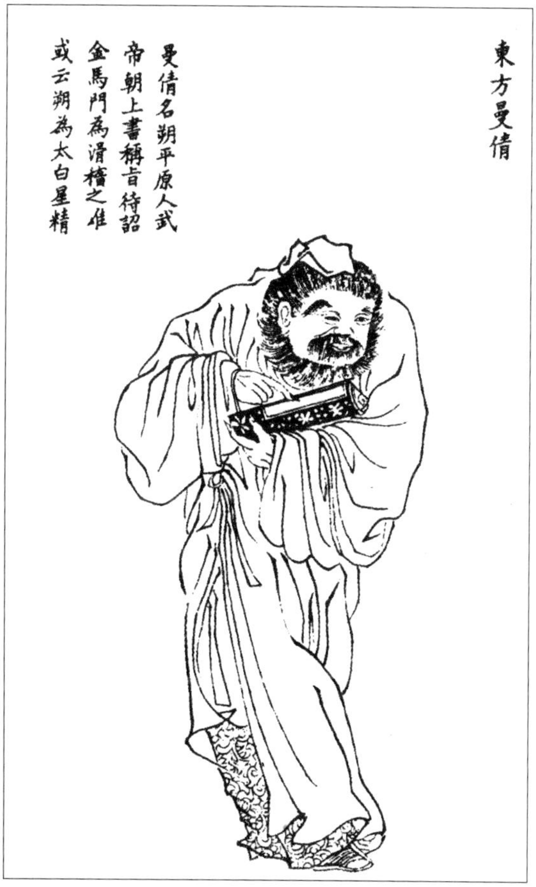

秦始皇曾经想扩大皇家园林，东到函谷关，西至雍县和陈仓。优旃说："好，多养些禽兽在那里面，敌人从东方来侵犯，让麋鹿用角去抵触他们足够啦。"始皇因此停止了。

秦二世皇帝即位，又想用漆涂饰

城墙。优旃说："好。皇上即使不说，我本来也要请您这样做的。漆城墙虽然给百姓造成愁苦和耗费，可是很美呀！涂了漆的城墙光亮阔气，敌人来了爬也爬不上。要想成就这件事，涂漆倒也容易，但难找给漆过的城墙遮蔽太阳、阴干涂漆的大房子。"于是二世笑了，因这番话停止了漆城计划。不久，秦二世被杀死，优旃归顺了汉朝，几年以后死了。

太史公说：淳于髡仰天大笑，齐威王因而得志于诸侯。优孟摇头歌唱，靠背柴卖为生的人因而受加封。优旃靠近栏杆大叫，殿阶下侍卫得以减半值班，轮番接替。这些人所起的作用，难道不也伟大吗！

褚少孙先生说：我有幸能因通晓经术而做了郎官，而且喜欢读史传杂说之类的书。不自量力，又写了六章滑稽故事，把它们编在太史公文的后面。看了可以扩大见闻，把它们留给后世人看，好事者读了，以愉悦心怀，耸动视听，特将它附在以上太史公的三则滑稽故事的后面。

……

魏文侯的时候，西门豹担任邺县令。西门豹去到邺县，召集年高而有名望的人，向他们询问人们感到痛苦的事情。那些人说："苦于为河神娶妻，因为这件事人民穷困。"西门豹问其中的原因，回答说："邺县的三老、廷掾常年向老百姓征收捐税，收取的钱达几百万，用其中二三十万替河神娶妻，与庙祝、巫婆瓜分那些剩余的钱拿回家去。当时，巫婆四出巡查，见到贫苦人家的女儿长得好看的，说这应该做河神的媳妇，当即留下聘礼娶走。为她洗澡洗头，替她缝制新的绸绢衣服，让她单独住，清心静养以示虔诚。替她在河边建造斋戒的房子，张挂深红色丝绸的帐子，女孩住在里面。为她备办牛酒饭食，持续十多天。到了那天，大家共同装饰乘浮之具，像出嫁女儿那样的床帐枕席，让女孩坐在上面，放在河中漂行。起初浮在水面上，漂流几十里就沉没了。那些有美貌女儿的人家，担心大巫婆替河神娶女儿，因此大多带着女儿远远逃亡。所以城里逐渐空虚无人，更加穷困了，这样的情况已经很久了。民间俗话说'如果不给河神娶妻，河水会来淹没田地村庄，淹死那里的百姓'。"西门豹说："等到给河神娶妻时，希望三老、巫婆、父老都到河边去送女子，也希望来告诉我，我也前去送女子。"大家说："是。"

到了那天，西门豹到河边和大家相会。三老、官吏、豪绅以及乡间的父老们都聚集在一起，与前来观看的百姓共有两三千人。那个大巫是个老太婆，已经年纪七十岁。随从女徒弟约有十来个人，都穿着绸子单衣，站在大巫婆后面。西门豹说："唤河神的媳妇来，让我看看她长得美还是丑。"有人就将女孩从帐子里扶出，来到西门豹面前，西门豹看了看她，回头对三老、庙祝、巫婆、父老们说："这个女子不漂亮，麻烦大巫婆替我进去报告河神，应该重找一个漂亮女人，后天把她送来。"立即让官吏士兵一道抱起大巫婆扔进河里。不久，说道："巫婆怎么去这么久不回来呢？徒弟去催她一下！”又把一个徒弟扔进河里。过了一会儿，说道：“徒弟怎么去这么久呢？再派一个去催她们一下！”又把一个徒弟扔进河里。一共扔了三个徒弟。西门豹说：“巫婆、徒弟是女人，不会汇报事情，麻烦三老替我前去禀告一下。”又把三老扔进河中。西门豹把毛笔似的簪子插在头发上，腰弯得像石磬似的，面对着河水站立等了很久。长老、官吏和旁观者都惊慌惧怕。西门豹回头说：“巫婆、三老不回来，怎么办呢？”要再派廷掾和一个豪绅进去催她们。廷掾和那个豪绅都叩头求饶，头都叩破了，额上的鲜血一直流到地上，脸色像冷却的灰烬一样苍白。西门豹说：“好吧，暂且等待一会儿。”过了片刻，西门豹说：“廷掾起来吧。看样子河神要把客人久留了，你们都离开回家吧。”邺县的官吏和百姓十分惊慌害怕，从此以后，不敢再提替河神娶妻了。

西门豹随即征发百姓开凿了十二条渠道，引漳河水灌溉民田。农田全得到灌溉。在开渠的时候，百姓对开渠稍嫌烦扰劳苦，不想干。西门豹说：“百姓可以跟他们安享现成事物，不可跟他们商量新事物的创造。现在父老子弟虽然埋怨我带来了辛苦，但是百年以后，一定要使得父老的子孙们想起我所说的话。”直到现在，那里都得到河水的利益，百姓因丰收而富足。十二条河渠横穿御道，到汉朝建立，地方官吏认为十二渠上的桥梁截断了御道，彼此又相距很近，不可以。想将一些渠道合并，而且将快要流经御道那段的渠道三条合成一条，只架一座桥。邺县百姓父老都不肯听从地方官吏，认为那是西门先生所规划开凿的，贤良的长官的制度规范不能更改。地方官吏终于听从了大家的意见，将合渠的事搁置了。所以西门豹担任邺县的县令，名声传遍天下，恩泽流传后代，没有终了之时，难道可以说他不是一位贤能的大夫吗！

古书上说：“子产治理郑国，百姓不能欺骗他；子贱治理单父，百姓不忍欺骗他；西门豹治理邺县，百姓不敢欺骗他。”他们三个人的才能谁最杰出呢？明白事理的人应当能分辨出来。

（王华宝　注译）

卷一百二十九 货殖列传第六十九

注释查阅　译文诵读

老子曰[1]：“至治之极[2]，邻国相望，鸡狗之声相闻，民各甘其食，美其服，安其俗，乐其业，至老死不相往来。”必用此为务[3]，輓近世涂民耳目[4]，则几无行矣。

太史公曰：夫神农以前，吾不知已。至若《诗》《书》所述虞夏以来，耳目欲极声色之好，口欲穷刍豢之味[5]，身安逸乐，而心夸矜势能之荣使[6]。俗之渐民久矣，虽户说以眇论[7]，终不能化。故善者因之，其次利道之[8]，其次教诲之，其次整齐之，最下者与之争。

夫山西饶材、竹、穀、𬪩、旄、玉石[9]；山东多鱼、盐、漆、丝、声色[10]；江南出楠、梓、姜、桂、金、锡、连、丹沙、犀、玳瑁、珠玑、齿、革[11]；龙门、碣石北多马、牛、羊、旃裘、筋角[12]；铜、铁则千里往往山出棋置[13]：此其大较也[14]。皆中国人民所喜好，谣俗被服饮食奉生送死之具也[15]。故待农而食之，虞而出之[16]，工而成之，商而通之。此宁有政教发征期会哉[17]？人各任其能，竭其力，以得所欲。故物贱之征贵[18]，贵之征贱，各劝其业，乐其事，若水之趋下，日夜无休时，不召而自来，不求而民出之。岂非道之所符，而自然之验邪？

《周书》[19]曰：“农不出则乏其食，工不出则乏其事，商不出则三宝绝[20]，虞不出则财匮少。”匮少而山泽不辟矣[21]。此四者，民所衣食之原也[22]。原大则饶[23]，原小则鲜[24]。上则富国，下则富家。贫富之道，莫之夺予[25]，而巧者有余，拙者不足。故太公望封于营丘[26]，地潟卤[27]，人民寡，于是太公劝其女功[28]，极技巧，通鱼盐，则人物归之，繦至而辐凑[29]。故齐冠带衣履天下[30]，海岱之间敛袂而往朝焉[31]。其后，齐中衰，管子修之，设轻重九府[32]，则桓公以霸，九合诸侯[33]，一匡天下；而管氏亦有三归[34]，位在陪臣，富于列国之君。是以齐富强至于威、宣也。

故曰[35]：“仓廪实而知礼节[36]，衣食足而知荣辱。”礼生于有而废于无[37]。故君子富，好行其德；小人富，以适其力[38]。渊深而鱼生之，山深而兽往之，人富而仁义附焉。富者得势益彰，失势则客无所之[39]，以而不乐[40]，夷狄益甚。谚曰：

“千金之子，不死于市[41]。”此非空言也。故曰：“天下熙熙[42]，皆为利来；天下壤壤[43]，皆为利往。”夫千乘之王[44]，万家之侯[45]，百室之君[46]，尚犹患贫，而况匹夫编户之民乎[47]！

昔者越王句践困于会稽之上，乃用范蠡、计然。计然曰：“知斗则修备[48]，时用则知物[49]，二者形则万货之情可得而观已。故岁在金，穰；水，毁；木，饥；火，旱。旱则资舟[50]，水则资车，物之理也。六岁穰，六岁旱，十二岁一大饥。夫粜[51]，二十病农，九十病末。末病则财不出，农病则草不辟矣[52]。上不过八十，下不减三十[53]，则农末俱利，平粜齐物[54]，关市不乏，治国之道也。积著之理[55]，务完物[56]，无息币[57]。以物相贸易，腐败而食之货勿留[58]，无敢居贵。论其有余不足，则知贵贱。贵上极则反贱，贱下极则反贵。贵出如粪土，贱取如珠玉。财币欲其行如流水。”修之十年，国富，厚赂战士，士赴矢石[59]，如渴得饮，遂报强吴，观兵中国[60]，称号“五霸”。

范蠡既雪会稽之耻，乃喟然而叹曰：“计然之策七，越用其五而得意。既已施于国，吾欲用之家。”乃乘扁舟浮于江湖，变名易姓，适齐为鸱夷子皮[61]，之陶为朱公[62]。朱公以为陶天下之中，诸侯四通，货物所交易也。乃治产积居，与时逐而不责于人[63]。故善治生者，能择人而任时。十九年之中三致千金，再分散与贫交疏昆弟。此所谓富好行其德者也。后年衰老而听子孙，子孙修业而息之[64]，遂至巨万。故言富者皆称陶朱公。

子赣既学于仲尼，退而仕于卫，废著鬻财于曹、鲁之间[65]，七十子之徒，赐最为饶益[66]。原宪不厌糟糠[67]，匿于穷巷。子贡结驷连骑[68]，束帛之币以聘享诸侯[69]，所至，国君无不分庭与之抗礼[70]。夫使孔子名布扬于天下者，子贡先后之也[71]。此所谓得势而益彰者乎？

白圭，周人也。当魏文侯时，李克务尽地力，而白圭乐观时变，故人弃我取，人取我与[72]。夫岁孰取谷，予之丝漆；茧出取帛絮，予之食。太阴在卯，穰；明岁衰恶。至午，旱；明岁美。至酉，穰；明岁衰恶。至子，大旱；明岁美，有水。至卯，积著率岁倍[73]。欲长钱，取下谷；长石斗，取上种[74]。能薄饮食，忍嗜欲，节衣服，与用事僮仆同苦乐，趋时若猛兽挚鸟之发[75]。故曰：“吾治生产，犹伊尹、吕尚之谋，孙吴用兵，商鞅行法是也。是故其智不足与权变，勇不足以决断，仁不能以取予，强不能有所守，虽欲学吾术，终告之矣。”盖天下言治生祖白圭[76]。白圭其有所试矣，能试有所长，非苟而已也。

猗顿用盬盐起。而邯郸郭纵以铁冶成业，与王者埒富[77]。

乌氏倮畜牧，及众，斥卖，求奇缯物，间献遗戎王[78]。戎王什倍其偿，与之畜，畜至用谷量马牛[79]。秦始皇帝令倮比封君，以时与列臣朝请[80]。而巴（蜀）寡妇清[81]，其先得丹穴[82]，而擅其利数世，家亦不訾[83]。清，寡妇也，能守其业，用财自卫，不见侵犯。秦皇帝以为贞妇而客之，为筑女怀清台。夫倮鄙人牧长[84]，清穷乡寡妇，礼抗万乘，名显天下，岂非以富邪？

汉兴，海内为一，开关梁，驰山泽之禁[85]，是以富商大贾周流天下，交易之物莫不通，得其所欲，而徙豪杰诸侯强族于京师。

……

夫天下物所鲜所多，人民谣俗，山东食海盐，山西食盐卤，领南、沙北固往往出盐[86]，大体如此矣。

总之，楚越之地，地广人希，饭稻羹鱼，或火耕而水耨，果隋蠃蛤[87]，不待贾而足，地势饶食，无饥馑之患，以故呰窳偷生[88]，无积聚而多贫。是故江淮以南，无冻饿之人，亦无千金之家。沂、泗水以北，宜五谷桑麻六畜，地小人众，数被水旱之害，民好畜藏，故秦、夏、梁、鲁好农而重民。三河、宛、陈亦然，加以商贾。齐、赵设智巧，仰机利。燕、代田畜而事蚕。

由此观之，贤人深谋于廊庙，论议朝廷，守信死节隐居岩穴之士设为名高者安归乎[89]？归于富厚也。是以廉吏久，久更富，廉贾归富。富者，人之情性，所不学而俱欲者也。故壮士在军，攻城先登，陷阵却敌，斩将搴旗，前蒙矢石，不避汤火之难者，为重赏使也。其在闾巷少年，攻剽椎埋[90]，劫人作奸，掘冢铸币，任侠并兼，借交报仇，篡逐幽隐[91]，不避法禁，走死地如骛者，其实皆为财用耳。今夫赵女郑姬，设形容[92]，揳鸣琴，揄长袂[93]，蹑利屣[94]，目挑心招，出不远千里，不择老少者，奔富厚也。游闲公子，饰冠剑，连车骑，亦为富贵容也。弋射渔猎，犯晨夜，冒霜雪，驰阬谷，不避猛兽之害，为得味也。博戏驰逐，斗鸡走狗，作色相矜，必争胜者，重失负也。医方诸食技术之人，焦神极能，为重糈也[95]。吏士舞文弄法，刻章伪书，不避刀锯之诛者，没于赂遗也[96]。农工商贾畜长[97]，固求富益货也。此有知尽能索耳[98]，终不余力而让财矣[99]。

谚曰："百里不贩樵，千里不贩籴[100]。"居之一岁，种之以谷；十岁，树之以木；百岁，来之以德。德者，人物之谓也。今有无秩禄之奉，爵邑之入，而乐与之比者，命曰："素封[101]"。封者食租税，岁率户二百。千户之君则二十万，朝觐聘享出其中。庶民农工商贾，率亦岁万息二千，百万之家则二十万，而更徭租赋出其中[102]。衣食之欲，恣所好美矣。故曰陆地牧马二百蹄，牛蹄角千，千足羊，泽中千足彘，水居千石鱼陂[103]，山居千章之材。安邑千树枣；燕、秦千树栗；蜀、汉、江陵千树橘；淮北、常山已南，河济之间千树萩[104]；陈、夏千亩漆；齐、鲁千亩桑麻；渭川千亩竹；及名国万家之城，带郭千亩亩钟之田，若千亩卮茜，千畦姜韭：此其人皆与千户侯等。然是富给之资也，不窥市井，不行异邑，坐而待收，身有处士之义而取给焉。若至家贫亲老，妻子软弱，岁时无以祭祀进醵[105]，饮食被服不足以自通，如此不惭耻，则无所比矣。是以无财作力，少有斗智，既饶争时，此其大经也[106]。今治生不待危身取给，则贤人勉焉。是故本富为上，末富次之，奸富最下。无岩处奇士之行，而长贫贱，好语仁义，亦足羞也。

凡编户之民，富相什则卑下之[107]，伯则畏惮之[108]，千则役，万则仆，物之理也。夫用贫求富，农不如工，工不如商，刺绣文不如倚市门[109]，此言末业，贫者之资也。……

此其章章尤异者也[110]。皆非有爵邑奉禄弄法犯奸而富，尽椎埋去就[111]，与时俯仰，获其赢利，以末致财，用本守之，以武一切[112]，用文持之，变化有概[113]，故足术也[114]。若至力农畜[115]，工虞商贾，为权利以成富，大者倾郡[116]，中者倾县，下者倾乡里者，不可胜数。

夫纤啬筋力[117]，治生之正道也，而富者必用奇胜。田农，掘业，而秦扬以盖一州。掘冢，奸事也，而田叔以起。博戏，恶业也，而桓发用富。行贾，丈夫贱行也，而雍乐成以饶。贩脂，辱处也[118]，而雍伯千金。卖浆，小业也，而张氏千万。洒削[119]，薄技也，而郅氏鼎食。胃脯[120]，简微耳，浊氏连骑[121]。马医，浅方，张里击钟[122]。此皆诚壹之所致。

由是观之，富无经业[123]，则货无常主，能者辐凑[124]，不肖者瓦解。千金之家比一都之君，巨万者乃与王者同乐。岂所谓“素封”者邪？非也？

【译文】

老子说：“古代太平之世达到极盛时期的时候，虽然邻国的百姓彼此望得见，鸡犬之声彼此听得见，但人们各自以为自家的食物最香甜，衣裳最漂亮，习俗最安适，职业最快乐。以至于老死也不相往来。”要是谁以此为目标，而在近代去涂饰堵塞老百姓的耳目，使他们再回复到往古的时代，那就几乎是行不通的了。

太史公说：神农以前的事，我已无从考知了。至于《诗经》《尚书》所记载的虞、夏以来的情况，还是可以考知的：人们的耳朵、眼睛要竭力享受声、色之乐，嘴里要吃尽各种美味。身体安于舒适快乐，而心里又羡慕夸耀有权势、有才干的光荣。这种风气浸染民心已经很久了。即使用高妙的理论挨家挨户去劝导，到底也不能使他们改变，所以，对于人民最好的做法是顺其自然，其次是因势利导，再其次是进行教育，再其次是制定规章，限制他们的发展。而最坏的做法是与民争利。

太行山以西出产大量的木材、竹子、楮树、野麻、旄牛尾、玉石；太行山以东盛产鱼、盐、漆、丝，又有歌舞和女色；江南出产楠树、梓树、生姜、桂皮、金、锡、铅、朱砂、犀角、玳瑁、珠玑、象牙、皮革；龙门、碣石以北盛产马、牛、羊、毡、裘、筋、角；至于铜、铁则分布在千里的疆土上，各处的山都出产，真是星罗棋布。这是大概的情形。所有这些都是中原地区人民喜爱的必需品，通常用来做穿着、吃喝、养生送死的东西。所以说大家都靠农民的耕种才有吃的，靠虞人才能把山泽中的资源开发出来，靠工人做成各种器具，靠商人贸易使货物流通。这难道是有政治教令征发和约束他们吗？人们各按其能力干自己的工作。尽自己的力量，来满足自己的欲望。因此，东西贱是贵的征兆，东西贵是贱的征兆。这就刺激各行各业的人努力从事自己的职业，以自己的工作为乐趣，就如同水往低处流一样，昼夜不停。用不着召唤，他们自己会送来；东西用不着寻求，人们自己会生产。这难道不就证明了农、虞、工、商的工作是符合经济法则的吗？

《周书》上说：“农民不生产，粮食就缺乏；工人不生产，器物就缺乏；商人不转运，粮食、器物、财货就断绝；虞人不生产，财货就缺乏。”财货缺乏，山泽中的资源就不能开发了。农、工、商、虞这四种人的生产，是人民赖以穿衣吃饭的来源。来源大就富足，来源小就贫困。来源大了，对上可以使国家富强，对下可以使家庭富裕，贫富全靠自己。富了也没人掠夺他，穷了没人给他东西，而聪明的人有余，愚笨的人不足。姜太公封在营丘，那里的土地都是盐碱地，劳力很少。于是姜太公就鼓励妇女纺线织布，尽力施展她们的技巧，并且使本地的鱼盐流通外地。老百姓用襁褓背着孩子络绎不绝地归聚到那里，真如同车辐凑集于车毂似的。因而齐国产的冠带衣履，行销天下；东海和泰山之间的各小国的国君，都拱手敛袖恭恭敬敬地来齐国朝见。后来，齐国中途衰弱，管仲又修订了太公的政策，设立了调节物价出纳货币的九府。齐桓公就借此称霸，多次会合诸侯，使天下的一切都得到匡正，而管仲也奢侈地收取市租。他虽处陪臣之位，却比列国的君主还要富。因此，齐国的富强一直延续到齐威王、齐宣王时代。

所以，管仲说：“仓库储备充实，老百姓才能懂得礼节；衣食丰足，老百姓才能分辨荣辱。”礼仪是在富有的时候产生的，到贫困的时候就废弃了。因此，君子富了，才肯施恩德；平民富了，才能调节自己的劳力。水深，鱼自然会聚集；山深，兽自然会奔去；人富了，仁义自然归附。富人得了势，声名就更显著；一旦失势，就会如同客居的人一样没有归宿，因而不快活。在夷狄外族，这种情况则更厉害。俗话说：“家有千金的人，不会死在市上。”这不是空话啊。所以说：“天下的人乐融融，都是为财利而来；天下的人闹嚷嚷，都是为着财利而往。”兵车千辆的国君，食邑万户的诸侯，食禄百户的大夫，尚且都还怕穷，更何况普通的平民百姓呢！

从前，越王勾践被围困在会稽山上，于是任用范蠡、计然。计然说：“知道要打仗，就要做好战备；了解何时需要用何物，才算懂得事物规律。时与用二者掌握了，那么各种货物的供需行情就能看清楚了。所以，岁在金时，就丰收；岁在水时，就歉收；岁在木时，就饥馑；岁在火时，就干旱。旱时，就要备船以待；涝时，就要备车以待，这样符合事物发展的规律。一般来说，六年一丰收，六年一干旱，十二年发生一次大饥荒。出售粮食，每斗价格二十钱，农民会受损害；每斗价格九十钱，商人要受损失。商人受损失，钱财就不流通；农民受损害，田地就会荒芜。粮价每斗价格最高不超过八十钱，最低不少于三十钱，那么农民和商人都能获利。粮食平价出售则平抑调整其他物价，关卡税收和市场供应都不缺乏，这是治国之道。积贮货物的原理是，应当务求完好牢靠，没有滞留的资金。以货物相交易，凡属容易腐败和腐蚀的物品不要久留，切忌冒险囤居以求高价。弄清货物过剩或短缺，就会知道物价的涨跌。物价贵到极点，就会返归于贱；物价贱到极点，就要返归于贵。贵时要视同粪土及时卖出，贱时要视同珠宝及时购进。货物钱币要如同流水那样畅通。”勾践按计然的策略治国十年，越国富有了，能用重金去激励战士，使战士们不顾箭射石击，冲锋陷阵，就像口渴时求得饮水那样，终于报仇雪耻，灭掉强大的吴国，继而耀武扬威于中原，被称为“五霸”之一。

范蠡协助越王雪洗了会稽被困之耻后，便长叹道：“计然的策略有七条，越国只用了其中五条，就实现了雪耻的愿望。既然用于治国很有效，我要把它用来治家。”于是，他便乘坐小船漂泊江湖，改名换姓，到齐国叫鸱夷子皮，到了陶邑叫朱公。朱公认为陶邑居于天下中心，与各诸侯国四通八达，是货物交流的便利之地。于是就治理产业，囤积居奇，把握时机，追逐利润，而不责求他人。所以，善于经营财富的人，要能选择交易对象并把握时机。十九年期间，他三次赚得千金之财，两次分散给贫穷的朋友和远房同姓的兄弟。这就是所谓的富有便喜好去做仁德之事。范蠡后来年老力衰而听凭子孙，子孙继承了他的事业并有所发展，终致有了巨万家财。所以，后世谈论富翁时，都称颂陶朱公。

子贡曾在孔子那里学习，离开后到卫国做官，在曹国和鲁国之间贱买贵卖以经商，孔门七十多个高徒之中，子贡最为富有。孔门高徒原宪穷得连糟糠都吃不饱，隐居在简陋的巷子里。而子贡却乘坐四马并辔齐头牵引的车子，携带束帛厚礼去访问、馈赠诸侯，所到之处，国君都与他行宾主之礼。使孔子大名传扬于天下，是子贡辅助他的结果啊。这就是所谓得到形势之助而使名声更加显著吧？

白圭是西周人。魏文侯在位时，李克致力于开发土地资源，而白圭却喜欢观察市场和货物等的变化，所以别人抛售时他就收购，别人购进时他就出售。谷物成熟时，他买进粮食，出售丝、漆；蚕茧结成时，他买进绢帛棉絮，给对方粮食。他了解，太岁在卯位时，五谷丰收；第二年收成转大坏。太岁在午宫时，会发生旱灾；第二年收成大丰收。太岁在酉位时，五谷丰收；第二年收成转大坏。太岁在子位时，会发生大旱；第二年收成大丰收，有雨水。太岁复至卯位时，他囤积的货物大致比常年要增加一倍。要增加钱财收入，他便收购次质的谷物；要增长谷子石斗的容量，他便去买上等的谷物。他能饮食简单，控制嗜好，节省穿戴，与雇用的奴仆同甘共苦，捕捉赢利的时机就像猛兽猛禽捕捉食物那样迅捷。因此他说："我经商赚钱，就像伊尹、吕尚筹划谋略，孙子、吴起用兵打仗，商鞅推行变法那样。所以，如果他的智慧不足以随机应变，勇气不足以果敢决断，仁德不能够正确取舍，强大不能够有所坚守，虽然想学习我的方法，我终究不会教给他的。"因而，天下人谈论经商致富之道都效法白圭。白圭大概是有所尝试，尝试而能有所擅长，这不是苟且马虎就能成的。

猗顿是靠经营池盐起家的。而邯郸的郭纵以冶铁成就家业，其财富可与王侯相比。

乌氏倮经营畜牧业，等到繁殖众多之时，便全部卖掉，再购求各种奇异的丝织品等，暗中献给戎王。戎王以十倍于所献物品的东西给他补偿，送给他牲畜，牲畜多到以山谷为单位来计算牛马的数量。秦始皇诏令乌氏倮位与封君同列，按规定时间与诸大臣进宫朝拜。而巴郡寡妇清，其祖先得到朱砂矿，独得其利达好几代人，家产也多得不计其数。清是寡妇，能守住先人的家业，用钱财来保护自己，不受别人侵犯。秦始皇认为她是个贞妇而以客礼相待，为她修筑了女怀清台。乌氏倮不过是个边鄙之人、畜牧主，清是个穷乡僻壤的寡妇，却能受到皇帝礼敬，名扬天下，难道不是因为他们富有吗?

汉朝兴起，天下一统，便开放关卡要道，解除山泽开采的禁令，因此富商大贾得以通行天下，交易的货物无不畅通，他们得以为所欲为，汉朝政府又将豪杰、诸侯和豪强大族迁到京城。

……

天下物产各地有少有多，民间习俗各有不同，山东地区吃海盐，山西地区吃池盐，岭南和大漠以北本来也有许多地方出产盐，其情形大体如此。

总而言之，楚越地区，地广人稀，以稻米为饭，以鱼类为菜羹，刀耕火种，水耨除草，瓜果螺蛤，不须从外地购买，便能自给自足。土地有利，食物丰足，没有饥馑之患，因此人们懒惰，得过且过，没有积蓄，多为贫穷人家。所以，江淮以南既无挨饿受冻之人，也无千金富户。沂水、泗水以北地区，适合种植五谷桑麻，饲养六畜，地少人多，常遭水旱灾害，百姓喜好积聚财物，所以秦、夏、梁、鲁地区勤于农业而重视劳力。三河地区以及宛、陈等地也是这样，再加上经商贸易。齐、赵之人聪明灵巧，靠投机获利。燕、代之人能种田、畜牧并养蚕。

由此看来，贤能之人在朝廷上出谋划策，论辩争议，守信尽节及隐居深山之士追求清高大名，他们究竟都是为什么呢？都是为了财富多啊。因此，为官清廉就能做官长久，长久了便会更加富有；商人买卖公道就能多赚钱而致富。富有，是人们的本性，是用不着学习就都会追求的东西。所以，壮士在军队中，攻城先登，冲锋陷阵，斩将夺旗，冒着箭射石击向前冲，不回避赴汤蹈火的艰难险阻，都是受重赏的驱使。那些住在乡里的青少年，杀人埋尸，拦路抢劫，盗掘坟墓，私铸钱币，恃勇逞强，侵吞霸占，借助同伙，图报私仇，暗中追逐掠夺，不避法律禁令，往死路上走却如同快马奔驰，其实都是为了财富罢了。如今赵国、郑国的女子，打扮得漂漂亮亮，弹着琴瑟，舞动长袖，踩着轻便舞鞋，用眼挑逗，用心勾引，出外不远千里，不择年老年少，就是奔着发大财的。游手好闲的贵族公子，帽子宝剑装饰讲究，车辆马匹成排结队，也是为了显摆富贵的架子。猎人渔夫，起早贪黑，冒着霜雪，奔走在深山大谷，不避猛兽的伤害，为的是获得各种野味。进出赌场，斗鸡走狗，个个争得面红耳赤，自我夸耀，必定要争取胜利，是因为重视输赢。医生方士及各种靠技艺谋生的人，劳神过度，极尽其能，是为了获得更多的报酬。官府吏士舞文弄墨，私刻公章，伪造文书，不避砍头断脚之罪，这是因为被他人的贿赂收买了。至于农、工、商、贾储蓄增殖，原本就是为了谋求增添个人的财富。如此用智慧尽能力求取，终究是为了不遗余力地争夺财富。

谚语说："贩柴的不出一百里，贩粮的不出一千里。"在某地住上一年，就要种植谷物；住上十年，就要栽种树木；住上百年，就应招来德行。所谓德，说的是人与物的关系。现在有些人，没有官职俸禄或爵位封地的收入，而生活快乐富有可与有官有爵者相比，被称作"素封"。有封地的人享受租税，每年每户缴入二百钱。享有千户的封君，每年租税收入可达二十万钱，朝拜天子、访问诸侯和祭祀馈赠都要从中开支。普通百姓如农民、工人、行商、坐贾，大概每年一万钱的利息可得二千钱，拥有一百万钱的人家可得利息二十万钱，而更徭租赋的费用要从中开支。这种人就能随心所欲地吃穿玩乐了。所以说陆地牧马五十匹，养牛一百六十七头，养羊二百五十只，草泽里养猪二百五十口，水中拥有年产鱼一千石的鱼塘，山里拥有成材大树一千株。安邑有千株枣树；燕、秦有千株栗子树；蜀郡、汉水、江陵地区有千株橘树；淮北、常山以南和黄河、济水之间有千株楸树；陈、夏有千亩漆树；齐、鲁有千亩桑麻；渭川有千亩竹子；还有名扬国内、万户人家的都城，郊外有亩产一钟的千亩良田，或者千亩栀子、茜草，千畦生姜、韭菜：这一类人都与千户侯的财富相等。然而这些富足的资本，人们不用到市上去察看，不用到外地奔波，坐在家中即可等着收获，身有处士之名，而取用丰足。至于那些贫穷人家，父母年老，妻子儿女瘦弱不堪，逢年过节无钱祭祀、会集聚餐，吃喝穿戴都难以自足，如此状况还不感到羞愧，那就无可比拟了。所以，没有钱财就只能出卖劳力，稍有钱财便斗智巧以取胜，已经富足便争时逐利，这是常理。如今谋求生财，谁能不冒生命危险而取得，那就会得到贤人的鼓励。所以，靠从事农业生产而致富为上，靠从事商贸而致富次之，耍奸欺骗致富为最低下。没有深居山野奇士的品行，而长期贫贱，却好妄谈仁义，也足以羞愧啊。

凡是编入户口的平民，对于财富比自己多十倍的人就会低声下气，多百倍就会惧怕人家，多千倍就会被人役使，多万倍就会成为奴仆，这是事物的常理。要从贫穷达到富有，务农不如做工，做工不如经商，刺绣织锦不如倚门卖笑，这是说明经商末业是穷人致富凭借的手段。

……

以上这些都是显赫有名、尤其出众的人物。他们都不是有爵位封邑、俸禄收入或靠舞文弄法、作奸犯科而发财致富的，全是靠推测事理，进退取舍，随行就市，获得赢利，靠经营商业获得财富，用经营农业守住财富，以强力手段夺取一切，用法律政令等维持下去，变化多端大略如此，所以是值得记述的。至于那些致力于农业、畜牧、手工、山林、渔猎或经商的人，凭籍权势和财利而成为富人，大者超过一郡，中者超过一县，小者超过乡里，那更是多得不可胜数。

精打细算、勤劳节俭，是经营家业的正路，但想要致富的人必须出奇制胜。种田务农是笨重的行业，而秦扬却靠它成为一州的首富。盗墓本来是犯法的勾当，而田叔却以此起家。赌博本来是恶劣的行为，而桓发却靠它致富。行走叫卖是男子汉轻视的行业，而雍乐成却靠它发财。贩卖油脂是耻辱的行当，而雍伯却靠它挣到了千金。卖水浆本是小本生意，而张氏靠它赚了一千万钱。磨刀本只是不起眼的小手艺，而郅氏靠它富至列鼎而食。卖羊肚儿本是微不足道的事，而浊氏靠它富至车马成行。给马治病是浅薄的小术，而张里靠它富至击钟佐食。这些人都是靠心志专一而致富的。

由此看来，致富并没有固定的行业，而财货也没有一定的主人，有本领的人能够集聚财货，没有本领的人则会败家破财。富有千金的人家可以与一个都会的封君相比，拥有巨万家财的富翁便能与国君一样享乐。这难道是所谓的“素封”者吗？不是吗？

（王华宝　注译）

卷一百三十　太史公自序第七十

注释查阅　译文诵读

昔在颛顼，命南正重以司天[1]，北正黎以司地[2]。唐虞之际，绍重黎之后[3]，使复典之，至于夏商，故重黎氏世序天地。其在周，程伯休甫其后也。当周宣王时，失其守而为司马氏[4]。司马氏世典周史[5]。惠襄之间，司马氏去周适晋。晋中军随会奔秦，而司马氏入少梁。

自司马氏去周适晋，分散，或在卫，或在赵，或在秦。其在卫者，相中山。在赵者，以传剑论显，蒯聩其后也。在秦者名错，与张仪争论[6]，于是惠王使错将伐蜀，遂拔，因而守之。错孙靳，事武安君白起。而少梁更名曰夏阳。靳与武安君阬赵长平军，还而与之俱赐死杜邮，葬于华池。靳孙昌，昌为秦主铁官，当始皇之时。蒯聩玄孙卬为武信君将而徇朝歌[7]。诸侯之相王，王卬于殷[8]。汉之伐楚，卬归汉[9]，以其地为河内郡。昌生无泽[10]，无泽为汉市长[11]。无泽生喜，喜为五大夫，卒，皆葬高门。喜生谈，谈为太史公[12]。

太史公学天官于唐都[13]，受《易》于杨何[14]，习道论于黄子[15]。太史公仕于建元、元封之间，愍学者之不达其意而师悖[16]，乃论六家之要指曰[17]：

《易大传》："天下一致而百虑，同归而殊涂。"夫阴阳、儒、墨、名、法、道德，此务为治者也，直所从言之异路[18]，有省不省耳。尝窃观阴阳之术，大祥而众忌讳[19]，使人拘而多所畏；然其序四时之大顺，不可失也。儒者博而寡要[20]，劳而少功，是以其事难尽从；然其序君臣父子之礼，列夫妇长幼之别，不可易也。墨者俭而难遵，是以其事不可遍循；然其强本节用[21]，不可废也。法家严而少恩；然其正君臣上下之分，不可改矣。名家使人俭而善失真[22]；然其正名实，不可不察也。道家使人精神专一，动合无形[23]，赡足万物。其为术也，因阴阳之大顺，采儒、墨之善，撮名、法之要，与时迁移，应物变化，立俗施事，无所不宜，指约而易操，事少而功多。儒者则不然。以为人主天下之仪表也，主倡而臣和，主先而臣随。如此则主劳而臣逸。至于大道之要，去健羡[24]，绌聪明[25]，释此而任术。夫神大用则竭，形大劳则敝。形神骚动，欲与天地长久，非所闻也。

夫阴阳、四时、八位、十二度、二十四节各有教令，顺之者昌，逆之者不死则亡。未必然也，故曰“使人拘而多畏”。夫春生夏长，秋收冬藏，此天道之大经也[26]，弗顺则无以为天下纲纪，故曰“四时之大顺，不可失也”。

夫儒者以六艺为法。六艺经传以千万数，累世不能通其学，当年不能究其礼，故曰“博而寡要，劳而少功”。若夫列君臣父子之礼，序夫妇长幼之别，虽百家弗能易也。

墨者亦尚尧舜道，言其德行曰：“堂高三尺，土阶三等，茅茨不翦[27]，采椽不刮[28]。食土簋[29]，啜土刑[30]，粝粱之食，藜藿之羹。夏日葛衣，冬日鹿裘。”其送死，桐棺三寸，举音不尽其哀。教丧礼，必以此为万民之率。使天下法若此，则尊卑无别也。夫世异时移，事业不必同，故曰“俭而难遵”。要曰强本节用，则人给家足之道也。此墨子之所长，虽百长弗能废也。

法家不别亲疏，不殊贵贱，一断于法，则亲亲尊尊之恩绝矣。可以行一时之计，而不可长用也，故曰“严而少恩”。若尊主卑臣，明分职不得相踰越，虽百家弗能改也。

名家苛察缴绕[31]，使人不得反其意，专决于名而失人情，故曰“使人俭而善失真”。若夫控名责实[32]，参伍不失[33]，此不可不察也。

道家无为，又曰无不为，其实易行，其辞难知。其术以虚无为本，以因循为用。无成势，无常形，故能究万物之情。不为物先，不为物后，故能为万物主。有法无法，因时为业；有度无度，因物与合[34]。故曰“圣人不朽，时变是守[35]。虚者道之常也，因者君之纲”也。群臣并至，使各自明也。其实中其声者谓之端，实不中其声者谓之窾[36]。窾言不听，奸乃不生，贤不肖自分，白黑乃形。在所欲用耳，何事不成。乃合大道，混混冥冥。光耀天下，复反无名。凡人所生者神也，所托者形也。神大用则竭，形大劳则敝，形神离则死。死者不可复生，离者不可复反，故圣人重之。由是观之，神者生之本也，形者生之具也[37]。不先定其神形，而曰“我有以治天下”，何由哉？

太史公既掌天官，不治民。有子曰迁。

迁生龙门，耕牧河山之阳。年十岁则诵古文。二十而南游江、淮，上会稽，探禹穴[38]，窥九疑[39]，浮于沅、湘；北涉汶、泗，讲业齐、鲁之都，观孔子之遗风，乡射邹、峄[40]；戹困鄱、薛、彭城[41]，过梁、楚以归。于是迁仕为郎中，奉使西征巴、蜀以南，南略邛、笮、昆明[42]，还报命。

是岁天子始建汉家之封[43]，而太史公留滞周南，不得与从事，故发愤且卒。而子迁适使反，见父于河洛之间。太史公执迁手而泣曰：“余先周室之太史也。自上世尝显功名于虞夏，典天官事。后世中衰，绝于予乎？汝复为太史，则续吾祖矣。今天子接千岁之统，封泰山，而余不得从行，是命也夫，命也夫！余死，汝必为太史；为太史，无忘吾所欲论著矣。且夫孝始于事亲，中于事君，终于立身。扬名于后世，以显父母，此孝之大者。夫天下称诵周公，言其能论歌文武之德，宣周邵之风[44]，达太王王季之思虑[45]，爰及公刘[46]，以尊后稷也[47]。幽厉之后，王道缺，礼乐衰，孔子修旧起废，论《诗》、《书》，作《春秋》，则学者至今则之。自获麟以来四百有余岁[48]，而诸侯相兼，史记放绝[49]。今汉兴，海内一统，明主贤君忠臣死义之士，余为太史而弗论载，废天下之史文，余甚惧焉，汝其念哉！”迁俯首流涕曰：“小子不敏，请悉论先人所次旧闻，弗敢阙。”

卒三岁而迁为太史令，绅史记石室金匮之书[50]。五年而当太初元年，十一月甲子朔旦冬至，天历始改[51]，建于明堂，诸神受纪。

太史公曰：“先人有言：‘自周公卒五百岁而有孔子。孔子卒后至于今五百岁[52]，有能绍明世[53]，正《易传》，继《春秋》，本《诗》《书》《礼》《乐》之际？’意在斯乎！意在斯乎！小子何敢让焉。”

上大夫壶遂曰：“昔孔子何为而作《春秋》哉？”太史公曰：“余闻董生曰[54]：‘周道衰废，孔子为鲁司寇，诸侯害之，大夫壅之。孔子知言之不用，道之不行也，是非二百四十二年之中，以为天下仪表，贬天子，退诸侯，讨大夫，以达王事而已矣。’子曰：‘我欲载之空言，不如见之于行事之深切著明也。’夫《春秋》，上明三王之道[55]，下辨人事之纪，别嫌疑，明是非，定犹豫，善善恶恶，贤贤贱不肖，存亡国，继绝世，补敝起废，王道之大者也。《易》著天地阴阳四时五行，故长于变；《礼》经纪人伦[56]，故长于行；《书》记先王之事，故长于政；《诗》记山川谿谷禽兽草木牝牡雌雄，故长于风；《乐》乐所以立，故长于和；《春秋》辩是非[57]，故长于治人。是故《礼》以节人，《乐》以发和，《书》以道事，《诗》以达意，《易》以道化，《春秋》以道义。拨乱世反之正，莫近于《春秋》。《春秋》文成数万，其指数千。万物之散聚皆在《春秋》。《春秋》之中，弑君三十六，亡国五十二，诸侯奔走不得保其社稷者不可胜数。察其所以，皆失其本已。故《易》曰‘失之豪釐[58]，差以千里’。故曰‘臣弑君，子弑父，非一旦一夕之故也，其渐久矣’。故有国者不可以不知《春秋》，前有谗而弗见，后有贼而不知；为人臣者不可以不知《春秋》，守经事而不知其宜[59]，遭变事而不知其权[60]。为人君父而不通于《春秋》之义者，必蒙首恶之名；为人臣子而不通于《春秋》之义者，必陷篡弑之诛，死罪之名。其实皆以为善，为之不知其义，被之空言而不敢辞[61]。夫不通礼义之旨，至于君不君，臣不臣，父不父，子不子。夫君不君则犯[62]，臣不臣则诛，父不父则无道，子不子则不孝。此四行者，天下之大过也。以天下之大过予之，则受而弗敢辞。故春秋者，礼义之大宗也。夫礼禁未然之前，法施已然之后；法之所为用者易见，而礼之所为禁者难知。”

壶遂曰：“孔子之时，上无明君，下不得任用，故作《春秋》，垂空文以断礼义，当一王之法[63]。今夫子上遇明天子，下得守职，万事既具，咸各序其宜[64]，夫子所论，欲以何明？”

太史公曰：“唯唯[65]，否否[66]，不然。余闻之先人曰：‘伏羲至纯厚，作《易》、八卦。尧舜之盛，《尚书》载之，礼乐作焉。汤武之隆，诗人歌之。《春秋》采善贬恶，推三代之德，褒周室，非独刺讥而已也。’汉兴以来，至明天子，获符瑞，封禅，改正朔[67]，易服色[68]，受命于穆清[69]，泽流罔极[70]，海外殊俗，重译款塞[71]，请来献见者，不可胜道。臣下百官力诵圣德，犹不能宣尽其意。且士贤能而不用，有国者之耻；主上明圣而德不布闻，有司之过也。且余尝掌其官，废明圣盛德不载，灭功臣世家贤大夫之业不述，堕先人所言，罪莫大焉。余所谓述故事，整齐其世传，非所谓作也，而君比之于《春秋》，谬矣。”

于是论次其文。七年而太史公遭李陵之祸，幽于缧绁[72]。乃喟然而叹曰：“是余之罪也夫！是余之罪也夫！身毁不用矣。”退而深惟曰：“夫《诗》、《书》隐约者[73]，欲遂其志之思也。昔西伯拘羑里[74]，演《周易》；孔子戹陈蔡，作《春秋》；屈原放逐，著《离骚》；左丘失明，厥有《国语》；孙子膑脚，而论兵法；不韦迁蜀，世传《吕览》；韩非囚秦，《说难》《孤愤》；《诗》三百篇，大抵贤圣发愤之所为作也。此人皆意有所郁结，不得通其道也，故述往事，思来者。”于是卒述陶唐以来，至于麟止，自黄帝始[75]。

维昔黄帝，法天则地，四圣遵序[76]，各成法度；唐尧逊位[77]，虞舜不台[78]；厥美帝功，万世载之。作《五帝本纪》第一。

维禹之功，九州攸同[79]，光唐虞际[80]，德流苗裔；夏桀淫骄，乃放鸣条。作《夏本纪》第二。

维契作商，爰及成汤；太甲居桐，德盛阿衡；武丁得说，乃称高宗；帝辛湛湎[81]，诸侯不享[82]。作《殷本纪》第三。

维弃作稷，德盛西伯；武王牧野，实抚天下；幽厉昏乱，既丧酆镐；陵迟至赧，洛邑不祀。作《周本纪》第四。

维秦之先，伯翳佐禹[83]；穆公思义，悼豪之旅；以人为殉，诗歌黄鸟；昭襄业帝。作《秦本纪》第五。

始皇既立，并兼六国，销锋铸鐻[84]，维偃干革，尊号称帝，矜武任力[85]；二世受运，子婴降虏。作《始皇本纪》第六。

秦失其道，豪桀并扰[86]；项梁业之[87]，子羽接之；杀庆救赵，诸侯立之；诛婴背怀，天下非之。作《项羽本纪》第七。

子羽暴虐，汉行功德；愤发蜀汉，还定三秦；诛籍业帝，天下惟宁，改制易俗。作《高祖本纪》第八。

惠之早霣[88]，诸吕不台[89]；崇强禄、产，诸侯谋之；杀隐幽友，大臣洞疑[90]，遂及宗祸。作《吕太后本纪》第九。

汉既初兴，继嗣不明，迎王践祚，天下归心；蠲除肉刑[91]，开通关梁[92]，广恩博施，厥称太宗。作《孝文本纪》第十。

诸侯骄恣，吴首为乱，京师行诛，七国伏辜，天下翕然[93]，大安殷富。作《孝景本纪》第十一。

汉兴五世[94]，隆在建元，外攘夷狄，内修法度，封禅，改正朔，易服色。作《今上本纪》第十二[95]。

维三代尚矣，年纪不可考，盖取之谱牒旧闻[96]，本于兹，于是略推，作《三代世表》第一。

幽厉之后，周室衰微，诸侯专政，《春秋》有所不纪；而谱牒经略[97]，五霸更盛衰，欲睹周世相先后之意，作《十二诸侯年表》第二。

春秋之后，陪臣秉政，强国相王；以至于秦，卒并诸夏，灭封地，擅其号[98]。作《六国年表》第三。

秦既暴虐，楚人发难[99]，项氏遂乱，汉乃扶义征伐；八年之间，天下三嬗[100]，事繁变众，故详著《秦楚之际月表》第四。

汉兴已来，至于太初百年，诸侯废立分削[101]，谱纪不明，有司靡踵[102]，强弱之原云以世[103]。作《汉兴已来诸侯年表》第五。

维高祖元功[104]，辅臣股肱，剖符而爵，泽流苗裔，忘其昭穆[105]，或杀身陨国。作《高祖功臣侯者年表》第六。

惠景之间，维申功臣宗属爵邑[106]，作《惠景间侯者年表》第七。

北讨强胡，南诛劲越，征伐夷蛮，武功爰列。作《建元以来侯者年表》第八。

诸侯既强，七国为从[107]，子弟众多，无爵封邑，推恩行义，其势销弱，德归京师。作《王子侯者年表》第九。

国有贤相良将，民之师表也[108]。维见汉兴以来将相名臣年表，贤者记其治，不贤者彰其事。作《汉兴以来将相名臣年表》第十。

维三代之礼，所损益各殊务[109]，然要以近性情，通王道，故礼因人质为之节文[110]，略协古今之变[111]。作《礼书》第一。

乐者，所以移风易俗也。自《雅》《颂》声兴[112]，则已好《郑》《卫》之音[113]，《郑》《卫》之音所从来久矣。人情之所感，远俗则怀。比《乐书》以述来古[114]，作《乐书》第二。

非兵不强，非德不昌，黄帝、汤、武以兴，桀、纣、二世以崩，可不慎欤？《司马法》所从来尚矣，太公、孙、吴、王子能绍而明之，切近世，极人变。作《律书》第三[115]。

律居阴而治阳[116]，历居阳而治阴[117]，律历更相治，间不容翲忽[118]。五家之文怫异[119]，维太初之元论[120]。作《历书》第四。

星气之书，多杂机祥[121]，不经；推其文，考其应，不殊。比集论其行事[122]，验于轨度以次[123]，作《天官书》第五。

受命而王，封禅之符罕用[124]，用则万灵罔不禋祀[125]。追本诸神名山大川礼，作《封禅书》第六。

维禹浚川，九州攸宁；爰及宣防[126]，决渎通沟[127]。作《河渠书》第七。

维币之行，以通农商；其极则玩巧，并兼兹殖，争于机利，去本趋末。作《平准书》以观事变[128]，第八。

太伯避历，江蛮是适；文武攸兴，古公王迹。阖庐弑僚，宾服荆楚；夫差克齐，子胥鸱夷；信嚭亲越，吴国既灭。嘉伯之让，作《吴世家》第一。

申、吕肖矣[129]，尚父侧微[130]，卒归西伯，文武是师；功冠群公，缪权于幽[131]；番番黄发[132]，爰飨营丘。不背柯盟，桓公以昌，九合诸侯，霸功显彰。田、阚争宠，姜姓解亡。嘉父之谋，作《齐太公世家》第二。

依之违之[133]，周公绥之[134]；愤发文德，天下和之；辅翼成王，诸侯宗周[135]。隐桓之际，是独何哉？三桓争强，鲁乃不昌。嘉旦《金縢》，作《周公世家》第三。

武王克纣，天下未协而崩。成王既幼，管蔡疑之，淮夷叛之，于是召公率德，安集王室，以宁东土。燕哙之禅，乃成祸乱。嘉《甘棠》之诗，作《燕世家》第四。

管蔡相武庚，将宁旧商；及旦摄政，二叔不飨；杀鲜放度，周公为盟；大任十子，周以宗强。嘉仲悔过，作《管蔡世家》第五。

王后不绝，舜禹是说；维德休明，苗裔蒙烈。百世享祀，爰周陈杞，楚实灭之。齐田既起，舜何人哉？作《陈杞世家》第六。

收殷余民，叔封始邑，申以商乱，《酒》《材》是告[136]，及朔之生，卫顷不宁；南子恶蒯聩，子父易名。周德卑微，战国既强，卫以小弱，角独后亡。嘉彼《康诰》[137]，作《卫世家》第七。

嗟箕子乎！嗟箕子乎！正言不用，乃反为奴。武庚既死，周封微子。襄公伤于泓，君子孰称。景公谦德，荧惑退行。剔成暴虐，宋乃灭亡。嘉微子问太师，作《宋世家》第八。

武王既崩，叔虞邑唐。君子讥名，卒灭武公。骊姬之爱，乱者五世；重耳不得意，乃能成霸。六卿专权，晋国以秏[138]。嘉文公锡珪鬯[139]，作《晋世家》第九。

重黎业之，吴回接之[140]；殷之季世，粥子牒之[141]。周用熊绎，熊渠是续。庄王之贤，乃复国陈；既赦郑伯，班师华元。怀王客死，兰咎屈原；好谀信谗，楚并于秦。嘉庄王之义，作《楚世家》第十。

少康之子，实宾南海，文身断发，鼋鳝与处[142]，既守封、禺，奉禹之祀。句践困彼，乃用种、蠡。嘉句践夷蛮能修其德，灭强吴以尊周室，作越王句践世家第十一。

桓公之东，太史是庸。及侵周禾，王人是议。祭仲要盟，郑久不昌。子产之仁，绍世称贤。三晋侵伐，郑纳于韩。嘉厉公纳惠王，作《郑世家》第十二。

维骥騄耳[143]，乃章造父。赵夙事献，衰续厥绪[144]。佐文尊王，卒为晋辅。襄子困辱，乃禽智伯。主父生缚，饿死探爵。王迁辟淫，良将是斥。嘉鞅讨周乱，作《赵世家》第十三。

毕万爵魏，卜人知之。及绛戮干，戎翟和之。文侯慕义，子夏师之。惠王自矜，齐秦攻之。既疑信陵，诸侯罢之。卒亡大梁，王假厮之。嘉武佐晋文申霸道，作《魏世家》第十四。

韩厥阴德，赵武攸兴。绍绝立废，晋人宗之。昭侯显列，申子庸之。疑非不信，秦人袭之。嘉厥辅晋匡周天子之赋[145]，作《韩世家》第十五。

完子避难，适齐为援，阴施五世，齐人歌之。成子得政，田和为侯。王建动心，乃迁于共。嘉威、宣能拨浊世而独宗周，作《田敬仲完世家》第十六。

周室既衰，诸侯恣行。仲尼悼礼废乐崩，追修经术，以达王道，匡乱世反之于正，见其文辞，为天下制仪法，垂六艺之统纪于后世。作《孔子世家》第十七。

桀、纣失其道而汤、武作，周失其道而《春秋》作。秦失其政，而陈涉发迹，诸侯作难，风起云蒸，卒亡秦族。天下之端，自涉发难。作《陈涉世家》第十八。

成皋之台，薄氏始基。诎意适代[146]，厥崇诸窦。栗姬偩贵[147]，王氏乃遂。陈后太骄，卒尊子夫。嘉夫德若斯[148]，作《外戚世家》十九。

汉既谲谋，禽信于陈；越荆剽轻[149]，乃封弟交为楚王，爰都彭城，以强淮泗，为汉宗藩。戊溺于邪，礼复绍之。嘉游辅祖，作《楚元王世家》第二十。

维祖师旅，刘贾是与；为布所袭，丧其荆、吴。营陵激吕，乃王琅邪；怵午信齐[150]，往而不归，遂西入关，遭立孝文，获复王燕。天下未集，贾、泽以族，为汉藩辅。作《荆燕世家》第二十一。

天下已平，亲属既寡；悼惠先壮，实镇东土。哀王擅兴，发怒诸吕，驷钧暴戾，京师弗许。厉之内淫，祸成主父。嘉肥股肱，作《齐悼惠王世家》第二十二。

楚人围我荥阳，相守三年；萧何填抚山西[151]，推计踵兵[152]，给粮食不绝，使百姓爱汉，不乐为楚。作《萧相国世家》第二十三。

与信定魏，破赵拔齐，遂弱楚人。续何相国，不变不革，黎庶攸宁。嘉参不伐功矜能，作《曹相国世家》第二十四。

运筹帷幄之中[153]，制胜于无形，子房计谋其事，无知名，无勇功，图难于易，为大于细。作《留侯世家》第二十五。

六奇既用[154]，诸侯宾从于汉；吕氏之事，平为本谋，终安宗庙，定社稷。作《陈丞相世家》第二十六。

诸吕为从，谋弱京师，而勃反经合于权；吴楚之兵，亚夫驻于昌邑，以戹齐赵，而出委以梁。作《绛侯世家》第二十七。

七国叛逆，蕃屏京师，唯梁为扞；偩爱矜功，几获于祸。嘉其能距吴楚，作《梁孝王世家》第二十八。

五宗既王，亲属洽和，诸侯大小为藩，爰得其宜，僭拟之事稍衰贬矣[155]。作《五宗世家》第二十九。

三子之王[156]，文辞可观。作《三王世家》第三十。

末世争利，维彼奔义；让国饿死，天下称之。作《伯夷列传》第一。

晏子俭矣，夷吾则奢；齐桓以霸，景公以治。作《管晏列传》第二。

李耳无为自化，清净自正；韩非揣事情，循势理。作《老子韩非列传》第三。

自古王者而有《司马法》，穰苴能申明之。作《司马穰苴列传》第四。

非信廉仁勇不能传兵论剑，与道同符，内可以治身，外可以应变，君子比德焉。作《孙子吴起列传》第五。

维建遇谗，爰及子奢，尚既匡父，伍员奔吴。作《伍子胥列传》第六。

孔氏述文，弟子兴业，咸为师傅，崇仁厉义[157]。作《仲尼弟子列传》第七。

鞅去卫适秦，能明其术，强霸孝公，后世遵其法。作《商君列传》第八。

天下患衡秦毋餍[158]，而苏子能存诸侯，约从以抑贪强。作《苏秦列传》第九。

六国既从亲，而张仪能明其说，复散解诸侯。作《张仪列传》第十。

秦所以东攘雄诸侯，樗里、甘茂之策。作《樗里甘茂列传》第十一。

苞河山[159]，围大梁，使诸侯敛手而事秦者[160]，魏冄之功。作《穰侯列传》第十二。

南拔鄢郢，北摧长平，遂围邯郸，武安为率；破荆灭赵，王翦之计。作《白起王翦列传》第十三。

猎儒墨之遗文，明礼义之统纪，绝惠王利端，列往世兴衰。作《孟子荀卿列传》第十四。

好客喜士，士归于薛，为齐扞楚魏。作《孟尝君列传》第十五。

争冯亭以权，如楚以救邯郸之围，使其君复称于诸侯。作《平原君虞卿列传》第十六。

能以富贵下贫贱，贤能诎于不肖，唯信陵君为能行之。作《魏公子列传》第十七。

以身徇君，遂脱强秦，使驰说之士南乡走楚者，黄歇之义。作《春申君列传》第十八。

能忍訽于魏齐[161]，而信威于强秦[162]，推贤让位，二子有之。作《范雎蔡泽列传》第十九。

率行其谋，连五国兵，为弱燕报强齐之雠，雪其先君之耻。作《乐毅列传》第二十。

能信意强秦，而屈体廉子，用徇其君，俱重于诸侯。作《廉颇蔺相如列传》第二十一。

湣王既失临淄而奔莒，唯田单用即墨破走骑劫，遂存齐社稷。作《田单列传》第二十二。

能设诡说解患于围城[163]，轻爵禄，乐肆志[164]。作《鲁仲连邹阳列传》第二十三。

作辞以讽谏，连类以争义，《离骚》有之。作《屈原贾生列传》第二十四。

结子楚亲，使诸侯之士斐然争入事秦。作《吕不韦列传》第二十五。

曹子匕首，鲁获其田，齐明其信；豫让义不为二心。作《刺客列传》第二十六。

能明其画，因时推秦，遂得意于海内，斯为谋首。作《李斯列传》第二十七。

为秦开地益众，北靡匈奴，据河为塞，因山为固，建榆中。作《蒙恬列传》第二十八。

填赵塞常山以广河内，弱楚权，明汉王之信于天下。作《张耳陈馀列传》第二十九。

收西河、上党之兵，从至彭城；越之侵掠梁地以苦项羽。作《魏豹彭越列传》第三十。

以淮南叛楚归汉，汉用得大司马殷，卒破子羽于垓下。作《黥布列传》第三十一。

楚人迫我京索，而信拔魏赵，定燕齐，使汉三分天下有其二，以灭项籍。作《淮阴侯列传》第三十二。

楚汉相距巩洛，而韩信为填颍川，卢绾绝籍粮饷。作《韩信卢绾列传》第三十三。

诸侯畔项王，唯齐连子羽城阳，汉得以间遂入彭城。作《田儋列传》第三十四。

攻城野战，获功归报，哙、商有力焉，非独鞭策，又与之脱难。作《樊郦列传》第三十五。

汉既初定，文理未明，苍为主计，整齐度量，序律历。作《张丞相列传》第三十六。

结言通使，约怀诸侯；诸侯咸亲，归汉为藩辅。作《郦生陆贾列传》第三十七。

欲详知秦楚之事，维周緤常从高祖，平定诸侯。作《傅靳蒯成列传》第三十八。

徙强族，都关中，和约匈奴；明朝廷礼，次宗庙仪法。作《刘敬叔孙通列传》第三十九。

能摧刚作柔，卒为列臣；栾公不劫于埶而倍死。作《季布栾布列传》第四十。

敢犯颜色，以达主义；不顾其身，为国家树长画。作《袁盎晁错列传》第四十一。

守法不失大理，言古贤人，增主之明。作《张释之冯唐列传》第四十二。

敦厚慈孝，讷于言，敏于行，务在鞠躬，君子长者。作《万石张叔列传》第四十三。

守节切直，义足以言廉，行足以厉贤，任重权不可以非理挠。作《田叔列传》第四十四。

扁鹊言医，为方者宗，守数精明；后世循序，弗能易也，而仓公可谓近之矣。作《扁鹊仓公列传》第四十五。

维仲之省，厥濞王吴，遭汉初定，以填抚江淮之间。作《吴王濞列传》第四十六。

吴楚为乱，宗属唯婴贤而喜士，士乡之，率师抗山东荥阳。作《魏其武安列传》第四十七。

智足以应近世之变，宽足用得人。作《韩长孺列传》第四十八。

勇于当敌，仁爱士卒，号令不烦，师徒乡之。作《李将军列传》第四十九。

自三代以来，匈奴常为中国患害；欲知强弱之时，设备征讨，作《匈奴列传》第五十。

直曲塞，广河南，破祁连，通西国，靡北胡。作《卫将军骠骑列传》第五十一。

大臣宗室以侈靡相高，唯弘用节衣食为百吏先。作《平津侯列传》第五十二。

汉既平中国，而佗能集杨越以保南藩，纳贡职。作《南越列传》第五十三。

吴之叛逆，瓯人斩濞，葆守封、禺为臣。作《东越列传》第五十四。

燕丹散乱辽间，满收其亡民，厥聚海东，以集真藩，葆塞为外臣。作《朝鲜列传》第五十五。

唐蒙使略通夜郎，而邛笮之君请为内臣受吏。作《西南夷列传》第五十六。

《子虚》之事，《大人》赋说，靡丽多夸，然其指风谏，归于无为。作《司马相如列传》第五十七。

黥布叛逆，子长国之，以填江淮之南，安剽楚庶民。作《淮南衡山列传》第五十八。

奉法循理之吏，不伐功矜能，百姓无称，亦无过行。作《循吏列传》第五十九。

正衣冠立于朝廷，而群臣莫敢言浮说，长孺矜焉；好荐人，称长者，壮有溉[165]。作《汲郑列传》第六十。

自孔子卒，京师莫崇庠序[166]，唯建元、元狩之间，文辞粲如也[167]。作《儒林列传》第六十一。

民倍本多巧，奸轨弄法[168]，善人不能化，唯一切严削为能齐之[169]。作《酷吏列传》第六十二。

汉既通使大夏，而西极远蛮，引领内乡，欲观中国。作《大宛列传》第六十三。

救人于戹，振人不赡，仁者有乎；不既信[170]，不倍言，义者有取焉。作《游侠列传》第六十四。

夫事人君能说主耳目，和主颜色，而获亲近，非独色爱，能亦各有所长。作《佞幸列传》第六十五。

不流世俗，不争势利，上下无所凝滞，人莫之害，以道之用。作《滑稽列传》第六十六[171]。

齐、楚、秦、赵为日者[172]，各有俗所用。欲循观其大旨，作《日者列传》第六十七[173]。

三王不同龟，四夷各异卜，然各以决吉凶。略窥其要，作《龟策列传》第六十八[174]。

布衣匹夫之人，不害于政，不妨百姓，取与以时而息财富[175]，智者有采焉。作《货殖列传》第六十九[176]。

维我汉继五帝末流[177]，接三代绝业。周道废，秦拨去古文，焚灭《诗》《书》，故明堂石室金匮玉版图籍散乱。于是汉兴，萧何次律令，韩信申军法，张苍为章程，叔孙通定礼仪，则文学彬彬稍进，《诗》《书》往往间出矣。自曹参荐盖公言黄老[178]，而贾生、晁错明申、商[179]，公孙弘以儒显，百年之间，天下遗文古事靡不毕集太史公。太史公仍父子相续纂其职。曰："于戏[180]！余维先人尝掌斯事，显于唐虞，至于周，复典之，故司马氏世主天官。至于余乎，钦念哉！钦念哉！"罔罗天下放失旧闻，王迹所兴，原始察终，见盛观衰，论考之行事，略推三代，录秦汉，上记轩辕，下至于兹，著十二本纪，既科条之矣[181]。并时异世，年差不明[182]，作十表。礼乐损益，律历改易，兵权山川鬼神，天人之际，承敝通变，作八书。二十八宿环北辰，三十辐共一毂[183]，运行无穷，辅拂股肱之臣配焉[184]，忠信行道，以奉主上，作三十世家。扶义俶傥，不令己失时，立功名于天下，作七十列传。凡百三十篇，五十二万六千五百字，为《太史公书》[185]。序略[186]，以拾遗补艺[187]，成一家之言，厥协《六经》异传[188]，整齐百家杂语，藏之名山，副在京师[189]，俟后世圣人君子。第七十。

太史公曰：余述历黄帝以来至太初而讫，百三十篇。

【译文】

从前颛顼帝治理天下，任命南正重掌管天文，北正黎掌管农事。在唐尧、虞舜之时，又让重、黎的后代继承其业继续掌管天文和农事，一直到夏商时期都是如此，所以，重黎氏世代掌管着天文地理。在周朝时，程伯林甫就是他们的后裔。在周宣王时，重黎氏因失去掌管天文农事的职守而成为司马氏。司马氏世代掌管周史。周惠王和周襄王统治期间，司马氏离开周都前往晋国。后来，晋国中军元帅随会逃奔秦国，而这时司马氏迁居少梁。

自从司马氏离开周朝迁至晋国之后，族人便分散至各地，有的在卫国，有的在赵国，有的在秦国。在卫国的一支，出过中山国的相。在赵国的一支，以传授剑术理论而显扬于世，蒯聩就是他们的后代。在秦国的一支有个名叫司马错的，曾与张仪争论，因此秦惠王派司马错率军攻打蜀国，攻取后，他便做了蜀地郡守。司马错之孙司马靳，侍奉武安君白起。这时少梁已更名为夏阳。司马靳与武安君坑杀赵国长平之战的降兵，回国后与白起一起被赐死在杜邮，安葬在华池。司马靳之孙司马昌，是秦国主管冶铸铁器的官员，生活在秦始皇时代。蒯聩玄孙司马卬，曾是武信君项梁的部将，带兵攻占了朝歌。诸侯分封为王时，司马卬被封在殷地。汉攻伐楚之时，司马卬归降汉王，汉把殷地改为河内郡。司马昌生司马无泽，司马无泽任过管理汉朝市场的官员。无泽生司马喜，司马喜封爵五大夫，他们死后都埋葬在高门。司马喜生司马谈，司马谈做了太史公。

太史公从师唐都学习天文之学，从师杨何学习《易经》，从师黄子学习道家理论。太史公在建元至元封年间做官，他忧虑学者不能通晓各学派的要义而所学悖谬，于是论述阴阳、儒、墨、名、法和道德六家的要旨说：

《周易·系辞》说：“天下人为了达到同一个目标，可以有各种不同的思路，采取不同的方法。”阴阳家、儒家、墨家、名家、法家和道家，都是致力于治理天下的学派，只是所遵从的学说有异，有的明白有的不明白罢了。我曾私下研究过阴阳家的学说，发现它注重吉凶祸福的预兆且禁忌避讳很多，使人受到束缚并多有所畏惧，但阴阳家关于一年四季运行顺序的学说，是不可丢弃的。儒家学问广博但殊少要领，花费了气力功效却有限，因此儒家的主张难以完全遵从；然而儒家序列君臣父子之礼，夫妇长幼之别，这些学说则是不可改变的。墨家俭省而难以依遵，因此该派的主张不能全部遵循；但他们注重发展农业及节约财用的主张，则是不可废弃的。法家主张严刑峻法却刻薄寡恩；但他们明确君臣上下的名分等级，则不可更改的。名家使人受拘束，反而使人看不清事物的本质和真相；但它辩正名与实的关系，则是不能不认真考察的。道家使人精神专一，行动合乎无形的规律，使万物丰足。道家学说是依据阴阳家四时变化运行的顺序，吸收儒墨两家之长，撮取名、法两家之精要，随着时势的发展而发展，顺应事物的变化，树立良好风俗，应用于人事，无不适宜，意旨简约扼要而容易掌握，用力少而功效多。儒家则不是这样。他们认为君主是天下人的表率，君主倡导，臣下应和，君主先行，臣下随从。这样一来，君主劳累而臣下安逸。对于大道的要旨，是舍弃刚强与贪欲，去掉聪明智慧，将这些放置一边而用智术治理天下。精神过度使用就会衰竭，身体过度劳累就会疲惫，身体和精神扰乱，不宁，却想要与天地共长久，则是从未听说过的事。

阴阳家关于四时、八位、十二度和二十四节气各有修规教令，顺应这些教令会昌盛，违背它不死则亡。这些不一定是对的，所以说阴阳家“使人受束缚而多所畏惧”。春生、夏长、秋收、冬藏，这是自然界的基本规律，不顺应它就无法制定天下纲纪，所以说“四时的运行是不能丢弃的”。

儒家以六艺为准则，而六艺的经文和解说的传文以千万计，几代相继不能精通其学问，人于壮年不能穷究其礼仪，所以说儒家“学说广博但殊少抓住要领，用力多却功效有限”。对于序列君臣父子之礼，及区别夫妇长幼之礼节，即使是百家学说也不能改变。

墨家也崇尚尧舜之道，谈论他们的品德行为说：“堂屋只有三尺高，堂下土阶只有三层，用茅草搭盖屋顶而不加修剪，用栎木做椽子而不经刮削。用陶簋吃饭，用陶铏喝汤，吃的是糙米粗饭和野菜羹。夏天穿葛布衣，冬天穿鹿皮裘。”墨家为死者送葬只做一副厚仅三寸的桐木棺材，送葬者哭丧不能过于哀痛。教民丧礼，必须以此为万民的统一标准。假使天下都照此法去做，那尊卑就没有区别了。世代不同，时势变化，人们所做的事业不一定相同，所以说墨家“俭省而难以遵从”。墨家学说的要旨是注重发展农业及节约财用，则是家家户户生活富裕丰足之道。这是墨子学说的长处，即使百家学说也是不能废弃它的。

法家不区别亲疏远近，不区分贵贱尊卑，一律依据法令来决断，那么亲爱亲者，尊崇尊者的恩爱关系就断绝了。这些可作为一时之计来施行，却不可长用，所以说法家“严酷而刻薄寡恩”。至于法家主张使君主尊贵臣子卑下，明确名分职责不得相互逾越，即使百家之说也是不能更改的。

名家在枝节问题上繁琐考究，纠缠不清，使人不能反思求其意，一切取决于概念名称却失弃人情常理，所以说它“使人受拘束，反而使人看不清事物的本质和真相”。至于依循名称探求事实，将名与实错综比照不失误，这是不可不认真考察的。

道家主张无为，又说无所不为，其实际主张容易施行，但其文辞很难理解。其学说以虚无为理论基础，以顺应事物发展的规律为方法论，认为事物没有固定的态势，没有不变的形态，所以能够探求万物的实情。不超越事物的发展，也不落后于事物的发展，所以能够成为万物的主宰。道家有法度，但不墨守法度，而是因时间的推移、事物的发展而随之变化，以求与万事万物的发展协调和谐。所以说“圣人无机巧之心，顺应时势的变化。虚无是道的永恒规律，顺应事物发展是君主治民的纲要”。群臣一齐到来，君主应让他们各自明确自己的职分。其实际情况符合其言论名声者，就是端正；实际情况不符合其言论声名者，叫做假空。君主不听信空话，奸邪就不会产生，贤才与不贤之人自然分清，黑白也就分明。问题在于想不想运用罢了，只要肯运用什么事办不成呢。这样才会合乎大道，达到混沌无迹的境界。光辉照耀天下，重又返归于无名。大凡人的存在本于精神，寄托于形体。精神过度使用就会衰竭，形体过度劳累就会疲惫，形、神分离就会死亡。死去的人不能复生，形、神分离便不能重新结合在一起，所以圣人重视这个问题。由此看来，精神是人生命的根本，形体是生命的具体表现形式。不先安定自己的精神，却侈谈“我有能力治理天下”，凭借什么呢？

太史公职掌天文，不治理民事。太史公有个儿子名叫司马迁。

司马迁生于龙门，在黄河之北、龙门山之南耕种放牧。十岁便已习诵古文。二十岁开始南游江、淮地区，登会稽山，探察禹穴，观览九疑山，于沅水湘水之上泛舟；北渡汶水、泗水，在齐、鲁两地的都会研讨学问，考察孔子遗留下来的风教，在邹县、峄山行乡射之礼；在鄱、薛、彭城一带经历困难，经过梁、楚之地回到家乡。于是司马迁出仕郎中，奉命出使西征巴蜀以南，往南经略邛、笮、昆明，回到朝廷复命。

这一年，天子开始举行汉朝的封禅典礼，而太史公被滞留在洛阳一带，不能参与其事，所以心中愤懑，致病将死。其子司马迁正好这时完成使命归来，在黄河、洛水之间拜见了父亲。太史公握着司马迁的手哭着说：“我们的先祖是周朝的太史。在上古虞夏之世曾功名显扬，职掌天文之事。后来中途衰落，要断绝在我手里了吗？你能再做太史，就会接续我们祖先的事业了。现在天子继承一统的大业，在泰山举行封禅典礼，而我不能随行，这是命啊，是命啊！我死之后，你一定要做太史；做了太史，不要忘记我想要完成的著述啊。再说孝道始于奉养双亲，进而侍奉君主，最终在于立身扬名。在后世扬名，来显耀父母，这是最大的孝道。天下称道歌颂周公，说他能够论述歌颂文王、武王的功德，宣扬周、邵的风尚，通晓太王、王季的思虑，追推到公刘的功业，来使其始祖后稷尊显。周幽王、厉王以后，王道残缺，礼乐衰颓，孔子编修整理旧有的典籍，振兴被废弃的礼乐，论述《诗经》《书经》，写作《春秋》，学者至今以之为准则。自获麟以来四百余年，诸侯相互兼并，史书丢弃殆尽。如今汉朝兴起，海内统一，明主贤君忠臣死义之士，我作为太史都未能予以评论载录，断绝了天下的修史传统，对此我甚感惶恐，你可要记在心上啊！”司马迁低下头流着眼泪说：“儿子虽然不聪明，请让我详述先人整理的历史旧闻，不敢稍有缺漏。”

司马谈去世三年后司马迁任太史令，开始阅读整理史书及国家收藏的文献。又五年后正值汉太初元年，这一年十一月初一甲子日天明冬至时改变了历法，天子在明堂举行颁布太初历的仪式，诸神皆受太初历。

太史公说：“先父说过：‘自周公去世后五百年而有孔子。孔子去世后到现在五百年了，有能继承发扬前代圣贤的事业，正定《易传》，接续《春秋》，阐释《诗》《书》《礼》《乐》本义的人吗？’其意就在此时吧！就在此时吧！我又怎敢推辞呢。”

上大夫壶遂问：“从前孔子为何要作《春秋》呢？”太史公说：“我听董生讲：‘周朝王道衰败废弛，孔子担任鲁国司寇，诸侯嫉害他，卿大夫阻挠他。孔子知道自己的意见不被采纳，政治主张无法实行，便褒贬评定二百四十二年间的是非，作为天下评判是非的标准，贬抑无道的天子，斥责为非的诸侯，声讨乱政的大夫，为使国家政事通达而已’。孔子说：‘我与其载述空洞的说教，不如举出在位者所作所为以见其是非美恶，这样就更加深切显明了。’《春秋》这部书，上阐明三王的治道，下辨别人事的纪纲，辨别嫌疑，判明是非，论定犹豫不决之事，褒善怨恶，尊重贤能，轻视不肖，使灭亡的国家存在下去，断绝了的世系继续下去，补救衰敝之事，振兴废弛之业，这是最大的王道。《易》载述天地、阴阳、四时、五行，所以在说明变化方面见长；《礼》规范人伦，所以在行事方面见长；《书》记述先王事迹，所以在政治方面见长；《诗》记山川溪谷、禽兽草木，牝牡雌雄，所以在风土人情方面见长；《乐》是论述音乐立人的经典，所以在和谐方面见长；《春秋》论辨是非，所以在治人方面见长。由此可见《礼》是用来节制约束人的，《乐》是用来诱发人心平和的，《书》是来述说政事的，《诗》是用来表达情意的，《易》是用来讲变化的，《春秋》是用来论述道义的。平定乱世，使之复归正道，没有什么著作比《春秋》更切近有效。《春秋》不过数万字，而其要旨就有数千条。万物的离散聚合都在《春秋》之中。在《春秋》一书中，记载弑君事件三十六起，被灭亡的国家五十二个，诸侯出奔逃亡不能保其国家的数不胜数。考察其变乱败亡的原因，都是丢掉了作为立国立身根本的春秋大义。所以《易》中讲'失之毫厘，差以千里'。说'臣弑君，子弑父，并非一朝一夕的缘故，其发展渐进已是很久了'。因此，做国君的不可以不知《春秋》，否则就是谗佞之徒站在面前也看不见，残贼之臣紧跟在后面也不会发觉。做人臣者不可以不知《春秋》，否则就只会株守常规之事而不懂得因事制宜，遇到突发事件则不知如何灵活对待。做人君、人父若不通晓《春秋》的要义，必定会蒙受首恶之名。做人臣、人子如不通晓《春秋》要义，必定会陷于篡位杀上而被诛伐的境地，并蒙死罪之名。其实他们都认为是好事而去做，只因为不懂得《春秋》大义，而蒙受史家口诛笔伐的不实之言却不敢推卸罪名。如不明了礼义的要旨，就会弄到君不像君，臣不像臣，父不像父，子不像子的地步。君不像君，就会被臣下干犯，臣不像臣就会被诛杀，父不像父就会昏聩无道，子不像子就会忤逆不孝。这四种恶行，是天下最大的罪过。把天下最大的罪过加在他身上，也只得接受而不敢推卸。所以《春秋》这部经典是礼义根本之所在。礼是禁绝坏事于发生之前，法规施行于坏事发生之后；法施行的作用显而易见，而礼禁绝的作用却隐而难知。"

壶遂说："在孔子的时代，上没有圣明君主，他处在下面又得不到任用，所以撰写《春秋》，留下空洞的史文来裁断礼义，当作王者之法则。现在先生上遇圣明天子，下得当官供职，万事已经具备，而且全部各得其所，先生所要撰述的，想要阐明什么呢？"

太史公说："嗯嗯，不是的，不完全是这样。我听先父说过：'伏羲最为纯厚，作《易》、八卦。尧舜时代的强盛，《尚书》有所记载，礼乐于此时创制。商汤周武时代的隆盛，诗人予以歌颂。《春秋》扬善贬恶，推崇夏、商、周三代盛德，褒扬周王室，并非仅仅讽刺讥斥而已。'汉朝兴建以来，至当今英明天子，获见祥瑞吉兆，举行封禅大典，改订历法，变换服色，受命于上天，恩泽流布无边，海外不同习俗的国家，经过几重翻译来叩关门，请求进献朝见的，不可胜数。臣下百官竭力颂扬天子的功德，仍不能完全表达出他们的心意。再说贤能的人才不被任用，是国君的耻辱；君主明圣而功德不能广泛传扬，是有关官员的罪过。况且我曾担任太史令的职务，若弃置天子圣明盛德而不予记载，埋没功臣、世家、贤大夫的功业而不予载述，违背先父的临终遗言，罪过没比这个更大的了。我所说的缀述旧事，整理有关人物的家世传记，并非所谓的创作，而您拿它与《春秋》相比，那就错了。”

于是论述编次所得文献。七年之后太史公遭逢李陵之祸，被囚禁狱中。于是喟然叹息道：“这是我的罪过啊！这是我的罪过啊！身体残毁没有用了。”退而深思道：“《诗》《书》含义隐微而言辞简约的原因，是作者想要表达他们的心中的思绪。从前周文王被拘禁羑里，推演出《周易》；孔子在陈、蔡遭遇困厄，作有《春秋》；屈原被放逐，著成《离骚》；左丘明双目失明，才编撰了《国语》，孙子受了膑刑，却论述兵法；吕不韦被贬徙蜀郡，世上才流传《吕览》；韩非被囚禁于秦国，才写下《说难》《孤愤》；《诗》三百余篇，大都是圣人贤士抒发愤懑而作的。这些人都是心中聚集郁闷，理想主张不得实现，因而追述往事，思考未来。”于是最终记述从陶唐以来到汉武帝获麟为止的历史，而始自黄帝。

从前黄帝效仿天地自然之道，颛顼、帝喾、尧、舜四位圣王先后相继，各自建成法度；唐尧让位于虞舜，虞舜因觉自己不能胜其任而不悦；这些帝王的美德丰功，万世流传。作《五帝本纪》第一。

大禹的功业，九州因此同享其成，光耀唐虞之际，恩德流传后世；夏桀荒淫骄横，于是被放逐鸣条。作《夏本纪》第二。

契建立商，传到成汤；太甲被放逐居桐地改过，伊尹功德隆盛；武丁得傅说辅佐，才被称为高宗；帝辛沉湎无道，诸侯不再进贡。作《殷本纪》第三。

弃发明种谷，西伯姬昌时功德隆盛；武王在牧野伐纣，安抚天下百姓；幽王、厉王昏乱，丧失了丰、镐二京；王室衰败直至赧王，洛邑断绝了周室的祭祀。作《周本纪》第四。

秦的祖先伯翳，曾经辅佐大禹；秦穆公思及君义，祭悼秦国在殽战死的将士；穆公死后以活人殉葬，诗人作《黄鸟》诉其哀伤；昭襄王奠定了帝业。作《秦本纪》第五。

秦始皇即位，兼并了六国，销毁兵器铸为钟鐻，希望干戈止息，尊号称为皇帝，炫耀武威专任暴力；秦二世承受国运，子婴投降做了俘虏。作《始皇本纪》第六。

秦朝丧失道义，豪杰并起造反；项梁开创反秦大业，项羽接续其业；项羽杀了庆子冠军宋义，解救了赵国，诸侯拥立他；可他诛杀子婴，背弃义帝怀王，天下都责难他。作《项羽本纪》第七。

项羽残酷暴虐，汉王建功施德；发愤于蜀、汉，率军北还平定三秦；诛灭项羽建立帝业，天下安定，又改革制度，更易风俗。作《高祖本纪》第八。

惠帝早逝，诸吕用事不得民心；吕后重用吕禄、吕产，加强他们的权力，诸侯图谋剪除他们；吕后先后杀害赵隐王、赵幽王刘友，朝中大臣疑惧，终于导致吕氏宗族覆灭之祸。作《吕太后本纪》第九。

汉朝初建，帝位继承人不明，众臣迎立代王刘恒即位，天下人心归附；文帝废除肉刑，开通水陆要道，广施恩惠，被称为太宗。作《孝文本纪》第十。

诸侯王骄横放肆，吴王率先叛乱，朝廷发兵讨伐，七国叛军伏罪，天下安定，太平富裕。作《孝景本纪》第十一。

汉朝建国五代，兴隆盛世在建元年间，天子外攘夷狄，内修法度，举行封禅，修订历法，改变服色。作《今上本纪》第十二。

夏、商、周三代久远，具体年代已不可考，大致取之于传世的谱牒旧闻，以此为据，进而简略地推断，作《三代世表》第一。

周幽王、周厉王之后，周朝王室衰落，诸侯各自为政，《春秋》有些未作记载；而谱牒只记概要，五霸又交替盛衰，为考察周朝各诸侯国的先后关系，作《十二诸侯年表》第二。

春秋以后，陪臣执政，强国之君竞相称王，及至秦王嬴政，终于吞并各国，铲除封地，独享尊号。作《六国年表》第三。

秦朝暴虐，楚人陈胜发难，项氏接着动乱，汉王于是仗义征伐。八年之间，天下三易其主，事变繁多，所以详著《秦楚之际月表》第四。

汉朝兴建以来，直到太初一百年间，诸侯废立分削的情况，谱录记载不明，主管的官员也无法接着记下去，但可据其世系推知其强弱的原由。作《汉兴已来诸侯年表》第五。

高祖始取天下，辅佐他创业的功臣，都得剖符封爵，恩泽传给他们的子孙后代，有的忘其亲疏远近，分不出辈分，也有的竟至杀身亡国。作《高祖功臣侯者年表》第六。

汉惠帝、汉景帝年间，增封功臣宗属爵位和食邑。作《惠景间侯者年表》第七。

北面攻打强悍的匈奴，南面诛讨强劲的越人，征伐四方蛮夷，不少人以武功封侯。作《建元以来侯者年表》第八。

诸侯国日渐强大，吴楚等七国南北连成一片，诸侯王子弟众多，没有爵位封邑，朝廷下令推行恩义，分封诸侯王子弟为侯，致使王国势力日益削弱，而德义却归于朝廷。作《王子侯者年表》第九。

国家的贤相良将，是民众的表率。曾看到汉兴以来将相名臣年表，对贤者则记其治绩，对不贤者则彰显其劣迹。作《汉兴以来将相名臣年表》第十。

夏、商、周三代之礼，各有所增减而不同，但总地来看，其要领都在于使礼切近人的性情，通于王道，所以礼根据人的质朴本性而制成，减掉了那些繁文缛节，大体顺应了古今之变。作《礼书》第一。

乐，是用来改变风气习俗的。自《雅》《颂》之声兴起，人们就已经喜好郑、卫一带的音乐，郑、卫一带的音乐由来已久了。人的情感受音乐的感召，那远方异俗之人就会归附。编辑已有《乐书》来论述自古以来音乐的兴衰，作《乐书》第二。

没有军队国家就不会强大，没有德政国家就不会昌盛，黄帝、商汤、周武王以明于此而兴，夏桀、商纣、秦二世以昧于此而亡，怎么可以对此不慎重呢？《司马法》产生已很久了，姜太公、孙武、吴起、王子成甫能继承并有所发明，切合近世情况，极尽人事之变。作《律书》第三。

律处于阴而治阳，历处于阳而治阴，律历交替相治，其间不容许丝毫差错。五家的历书文辞相互矛盾，只有太初元年所论历法较为正确。作《历书》第四。

关于占星望气之书，大多杂有预测凶吉的内容，缺乏根据；推究其文辞，考察其应验，并无特别之处。缀辑整合其书以探讨星气运行之事，并依次用法则加以验证。作《天官书》第五。

承受天命做了帝王，封禅的符瑞之事不可轻易举行，举行封禅那一切神灵无不受祭祀的。追溯祭祀名山大川诸神之礼，作《封禅书》第六。

大禹疏通河川，九川得以安宁；到了建立宣防宫之时，大小河道得以疏通。作《河渠书》第七。

钱币的发行，是为沟通农商交易；交易发展到极点就有了玩弄巧诈，兼并扩张，争相投机取利，舍本逐末的弊端。作《平准书》来考察世事的变化，为第八篇。

太伯避让季历，出奔江南蛮夷之地，文王、武王得以振兴周邦，发展了古公亶父的王业。阖闾弑杀吴王僚，夺取王位，使楚国宾服；夫差战胜齐国，逼杀伍子胥并以革囊盛尸抛江；听信伯嚭的话亲善越国，最终被越国所灭。为赞许太伯让位的美德，作《吴世家》第一。

申、吕两国衰弱，尚父出身微末，最终投归西伯，文王、武王师事之；他的功劳为群臣之首，默然谋虑幽深之策；头发斑白，受封于营丘。齐桓公不背弃与鲁国在柯地所订盟约，事业由此昌盛，多次会合诸侯，霸业显赫。田常与阚止争宠，姜姓齐国于是瓦解灭亡。为赞美尚父的宏谋，作《齐太公世家》第二。

西周初建，诸侯有的服从，有的不服从，周公都安抚他们；他努力宣扬文德，天下都响应随和；辅佐保护成王，诸侯以周天子为天下宗主。隐公、桓公之际却屡屡发生悖礼之事，这是为什么呢？后因三桓争强，鲁国国运于是不昌。赞美周公旦《金縢》策文，作《周公世家》第三。

武王战胜商纣，天下尚未太平他便驾崩了。成王年幼，管叔、蔡叔怀疑周公篡位，淮夷也起兵叛乱，在这时召公以高德做表率，使王室团结安定，使东方得以安宁。燕王哙禅位于臣下，于是造成了祸乱。赞赏《甘棠》诗篇，作《燕世家》第四。

管叔蔡叔辅佐武庚，想要安定商朝旧地；周公旦摄政，二叔因叛乱失败而不享爵禄；周公杀管叔鲜流放蔡叔度，为盟誓忠于成王，太任生育十个儿子，周室以宗族繁盛而强大。表彰蔡仲悔过，作《管蔡世家》第五。

先王后代延继不绝，舜、禹即是证明；他们功德美好清明，后代得以承其功业。百世享受祭祀，到了周朝封有陈国、杞国，后被楚国灭掉。后来齐田氏又兴起，舜是位多么了不起的人啊！作《陈杞世家》第六。

收纳殷的遗民，康叔封开始成为卫君。周公用商朝乱德亡国的教训申饬他，写了《酒诰》《梓材》等辞来告诫他。到卫公子朔出生，卫国开始倾危不宁；南子憎恶蒯聩，造成父子名分颠倒。周朝统治日益衰微，各诸侯国日益强大，卫国因为弱小，国君角反而后亡。赞美《康诰》，作《卫世家》第七。

可赞啊，箕子！可叹啊，箕子！正确的意见没有被采纳，却反而成为奴仆。武庚死后，周朝封微子于宋。宋襄公在泓水之战中受伤，又有哪位君子称道？景公有自谦爱民之德，火星为之退行。剔成暴虐无道，宋国因而灭亡。赞美微子请教太师，作《宋世家》第八。

武王去世后，叔虞封邑于唐。君子讥讽晋穆公为儿子取名之事，武公终于灭而代之。骊姬受献公宠爱，造成五世之乱；重耳不得志，却能成就霸业。六卿专权，晋国因此衰亡。赞美文公因功得天子珪鬯，作《晋世家》第九。

重黎创建功业，吴回继承其业；殷朝末年，粥子时有了纪事的谱牒。周成王任用熊绎封为楚子，熊渠继承先世之业。楚庄王贤明，恢复陈国国号。赦免了郑伯之罪，因华元之言而班师回国。怀王客死于秦，子兰归咎屈原，楚君喜阿谀信谗言，终于被秦所吞并。赞美庄王的德义，作《楚世家》第十。

少康之子，封地靠近南海，纹身断发，与鼋鼍相处，守在封山禺山，事奉大禹的祭祀。勾践受到夫差的困辱，于是重用文种、范蠡。赞美勾践身在夷蛮能修其德，消灭强大吴国以尊奉周室，作《越王勾践世家》第十一。

桓公东迁，采用太史的建议。庄公派兵侵犯周土，割取庄稼，受到周王臣民的非议。祭仲被胁迫订盟，郑国长期不得昌兴。子产的仁政，后世称道贤明。三晋侵犯征伐，郑终被韩吞并。赞美郑厉公接纳周惠王，作《郑世家》第十二。

骥騄这等良马使造父彰名。赵夙事奉晋献公，赵衰继承他的事业。辅佐晋文公尊奉国王，终于成为晋国辅臣。赵襄子被困辱，却擒捉了智伯。主父遭臣子围困，掏雀充饥活活饿死。赵王迁邪僻淫乱，贬斥良将。赞许赵鞅子讨平周王室之乱，作《赵世家》第十三。

毕万封爵于魏，卜官预知其后代必昌盛。及至魏绛羞辱杨干，戎翟与之媾和。文侯仰慕仁义，拜子夏为师。惠王骄傲自大，受到齐国秦国的攻打。安釐王怀疑信陵君，因而诸侯疏远魏国。魏终于被秦所灭，魏王假做了仆役。赞美魏武子佐助晋文公创立霸业，作《魏世家》第十四。

韩阙暗中施德，赵武得以复兴。延续被灭绝者，重立被废弃者，晋人尊崇他。韩昭侯名显诸侯，重用申子。韩王怀疑韩非而不信用，秦攻袭韩。赞赏韩厥辅佐晋君匡正周王室之赋，作《韩世家》第十五。

完子避难，出奔到齐国求援，田氏暗施恩惠于民相继五世，齐人歌颂田氏。田成子夺得齐国政权，田和成为诸侯。齐王建心意被说动，使齐迁于共。赞许齐威王、齐宣王能冲破污浊之世而独尊崇周天子，作《田敬仲完世家》第十六。

周王室衰落后，诸侯恣意而行。孔子哀悼礼乐崩废，追研经术，以重建王道，匡正乱世，使之返于正道，观其著述，为天下制定礼仪法度，留下六艺纲纪于后世。作《孔子世家》第十七。

夏桀、殷纣失其王道而商汤、周武兴起，周失其王道而《春秋》问世。秦失其为政之道，陈涉发起反秦义举，诸侯相继造反，风起云涌，终于灭亡秦朝。天下亡秦之开端，始于陈涉发难。作《陈涉世家》第十八。

成皋台是薄氏的肇基之地。窦太后委屈己意到了代国，才使窦氏得以尊贵。栗姬依仗尊贵，王氏才得以顺达显贵。陈皇后过于骄贵任性，终于使子夫受到尊宠。

赞美卫子夫德行如此之好，作《外戚世家》第十九。

汉高祖施用诡计，在陈擒拿韩信；越、楚之民慓悍轻捷，于是封其弟刘交做了楚王，建都彭城，以加强淮、泗地区的统治，作为汉宗室藩屏。刘戊深陷邪念合谋反叛，刘礼又被封为楚王继承王业。赞赏刘交辅佐高祖，作《楚元王世家》第二十。

高祖率军反秦，刘贾参与其事；后被英布攻袭，丧失了他的荆、吴之地。营陵侯游说打动吕后，被封为琅琊王；被祝午诱骗轻信齐王，前往齐国不得归返，于是西入关中，又遇到迎立孝文帝的事，获封燕王。当天下未安定之时，刘贾、刘泽因是高祖宗族，成为了汉朝的藩辅。作《荆燕世家》第二十一。

天下平定后，高祖亲属已不多。齐悼惠王先长大成人，被封王镇守东部国土。齐哀王擅自起兵，是出于愤怒讨伐诸吕；驷钧粗暴乖戾，朝廷不同意拥立他。厉王亲属内部淫乱，杀身之祸成于主父偃之手。赞赏悼惠王刘肥为天子的得力助手，作《齐悼惠王世家》第二十二。

楚人于荥阳围困汉军，相持三年；萧何镇抚山西，计算粮饷补充兵员，粮食供给不断，使百姓爱戴汉王，而不乐意为楚王出力。作《萧相国世家》第二十三。

帮助韩信平定魏地，打败赵国，攻取齐地，削弱了楚王的势力。接替萧何成为汉相国，政事不做变更，百姓得以安宁。赞美曹参不夸耀自己的功劳和才能，作《曹相国世家》第二十四。

在营帐中谋划战事，于无形之中克敌制胜，子房谋划这些事，没有智巧之名，没有勇武之功，从易处着手解决难题，从小处着手成就大事。作《留侯世家》第二十五。

六出奇计都被高祖采用，使诸侯归附于汉；消灭诸吕之事，陈平是主谋，安定了国家。作《陈丞相世家》第二十六。

诸吕相互勾结，图谋削弱皇室，周勃背离常义而合于权变；吴楚七国起兵叛乱，周亚夫于昌邑驻军，以扼制齐赵之军，而放弃了梁。作《绛侯世家》第二十七。

吴楚七国叛反，藩屏天子的同姓王中，只有梁孝王抵御敌国；但他自恃宠爱夸耀前功，几乎遭受大难。赞赏他能抵抗吴楚叛军，作《梁孝王世家》第二十八。

五宗被封王以后，天子亲属融洽和睦，诸侯或大或小皆为藩屏，各得其宜，僭位而自拟于天子的事逐渐减少。作《五宗世家》第二十九。

当今皇上的三位皇子被封为王，策告之文文辞典雅可观。作《三王世家》第三十。

朝代末期人人争利，而伯夷、叔齐兄弟却趋向仁义，相互推让君位双双饿死，天下称赞他们的美德。作《伯夷列传》第一。

晏子俭朴，管夷吾则奢侈；齐桓公靠管仲辅佐而称霸，齐景公靠晏子辅佐而国家大治。作《管晏列传》第二。

李耳主张自然教化，清静寡欲自归于正。韩非揣度事物的规律，遵循时事变化之理。作《老子韩非列传》第三。

自古以来帝王就掌有《司马法》，穰苴能够对其阐述发挥。作《司马穰苴列传》第四。

没有信、廉、仁、勇不能传授兵法论说剑术，兵法剑术与道相符，内可以修身，外可以应变，君子比之为德。作《孙子吴起列传》第五。

太子建遭遇谗毁，祸及伍奢，伍尚救父，伍员逃奔吴国。作《伍子胥列传》第六。

孔子传述文德，弟子振兴其业，都成为师傅，教导人们尊仁行义。作《仲尼弟子列传》第七。

商鞅离开卫国到了秦国，能阐明发挥他的治国之术，使秦孝公强盛称霸，后世遵循其法度。作《商君列传》第八。

天下担忧强横的秦贪得无厌，而苏秦能保全诸侯，立约合纵来抑制秦的贪婪强横。作《苏秦列传》第九。

六国已经合纵相互亲近，而张仪阐明自己的主张，使诸侯再次离散瓦解。作《张仪列传》第十。

秦国之所以能够向东侵伐称雄诸侯，是樗里、甘茂的良策。作《樗里甘茂列传》第十一。

席卷河山，围攻大梁，使诸侯拱手而服事秦国，是魏冉的功劳。作《穰侯列传》第十二。

向南攻占鄢郢，向北摧毁长平，进而围困赵都邯郸，武安君白起是主帅；破楚灭赵，是王翦的计谋。作《白起王翦列传》第十三。

涉猎儒家墨家的遗文，阐明礼义的纪纲，根绝梁惠王逐利的念头，列述往世的兴衰。作《孟子荀卿列传》第十四。

喜爱门客爱好士人，士人归附薛地，替齐国抵御楚国、魏国。作《孟尝君列传》第十五。

用权变争得冯亭所献上党之地，到楚国求救以解救邯郸之围，使其国君得以重新在诸侯中称名。作《平原君虞卿列传》第十六。

能以富贵之躯居于卑微之人之下，自身贤能而能屈就不贤之人，只有信陵君能够如此。作《魏公子列传》第十七。

舍身以救其主，最终逃离强秦，使游说之士向南趋赴楚国，这是黄歇的忠义。作《春申君列传》第十八。

能忍受魏齐的羞辱，而在强秦树立威信，推举贤能辞让相位，范雎、蔡泽二位先生都有这样的美德。作《范雎蔡泽列传》第十九。

领头亲身施展他的谋略，联合五国军队，为弱燕报复了强齐侵凌的仇恨，洗雪了燕国先君的耻辱。作《乐毅列传》第二十。

能在强秦面前随意陈述，又能对廉颇忍让谦恭，以尽忠其君，将相二人都在诸侯有威重之名。作《廉颇蔺相如列传》第二十一。

齐湣王丢失临淄后逃到莒邑，只有田单凭借即墨击败驱逐骑劫，于是保住齐国江山。作《田单列传》第二十二。

能用特异之说解除围城之患，看轻爵位利禄，却以从心之所欲为乐。作《鲁仲连邹阳列传》第二十三。

创作诗赋辞章来讽喻进谏，用连类比附来伸张正义，《离骚》有这样的特色。作《屈原贾生列传》第二十四。

与子楚结交，使各诸侯国的士人争相入秦为秦效力。作《吕不韦列传》第二十五。

曹沫拿出匕首，鲁国重获失去的土地，也使齐君彰明信义；豫让守义忠君而无二心。作《刺客列传》第二十六。

能够阐明自己的计划，顺应时势推尊秦国，秦国最终得志于海内，李斯实为谋首。作《李斯列传》第二十七。

为秦开拓疆土增聚民众，向北击败匈奴，据黄河为要塞，依山岭为固垒，建榆中。作《蒙恬列传》第二十八。

镇守赵国以常山为要塞来扩张黄河以北，削弱楚国的势力，向天下彰明汉王的信义。作《张耳陈馀列传》第二十九。

收拢西河、上党之兵，跟随高祖到彭城；彭越侵掠梁地以困扰项羽。作《魏豹彭越列传》第三十。

黥布以淮南之地叛楚归汉，汉王通过他而得到楚大司马周殷，最终在垓下打败项羽。作《黥布列传》第三十一。

楚军困迫汉军于京、索，而韩信攻克魏、赵，平定燕、齐，使三分天下汉得其二，从而消灭了项羽。作《淮阴侯列传》第三十二。

楚汉在巩、洛一带相持，而韩王信为汉镇守颍川，卢绾断绝了项羽军队的粮饷。作《韩信卢绾列传》第三十三。

诸侯叛离项王，唯有齐王在城阳牵制项羽，使汉王得以趁机攻入彭城。作《田儋列传》第三十四。

攻取城池在野外作战，获得军功回来汇报，樊哙、郦商是出力很多的战将，夏侯婴不仅为汉王驱车，还帮汉王摆脱危难。作《樊郦列传》第三十五。

汉朝初定天下，文治条理尚未明确，张苍担任主计，统一度量衡，编订律历。作《张丞相列传》第三十六。

结定盟约互通使节，笼抚诸侯；诸侯都来亲附，归顺汉朝成为藩属辅臣。作《郦生陆贾列传》第三十七。

想要详细了解秦楚之际的事情，只有周緤因常跟随高祖，参加平定诸侯的军事活动而最清楚。作《傅靳蒯成列传》第三十八。

迁徙豪强大族，建都关中，与匈奴议和结约；修明朝廷礼节，编次宗庙仪法。作《刘敬叔孙通列传》第三十九。

季布能改其刚戾而为柔顺，终于成为汉朝名臣；栾公不被威势所劫迫而背叛死者。作《季布栾公列传》第四十。

袁盎敢于犯颜强谏，使主上言行合于道义，晁错不顾自身安危，为国家树立长远计划。作《袁盎晁错列传》第四十一。

维护法律不失大节，称述古代贤人，增长君主圣明。作《张释之冯唐列传》第四十二。

敦厚慈孝，不善言辞，敏于行事，致力于谦恭，堪为君子长者。作《万石张叔列传》第四十三。

恪守节操恳切刚直，节义足以称清廉，行为足以激励贤能，担任要职而不能以无理之事使之屈服。作《田叔列传》第四十四。

扁鹊论医，为医家所尊奉，医术精细高明；后世遵循其法，不能改易，而仓公可谓接近扁鹊了。作《扁鹊仓公列传》第四十五。

刘仲被削夺爵位，其子刘濞受封做了吴王，适逢汉朝初定天下，让他镇抚江淮之间。作《吴王濞列传》第四十六。

吴、楚叛乱，宗室亲属中只有窦婴贤能而喜好结交士人，士人归心于他，率军在荥阳抵抗崤山以东的叛军。作《魏其武安侯列传》第四十七。

才智足以应付近世之变，宽厚足以得人心。作《韩长孺列传》第四十八。

勇于抗敌，仁爱士卒，号令简明不繁杂，将士归向于他。作《李将军列传》第四十九。

自夏、商、周三代以来，匈奴常为中原祸害，要了解匈奴强弱的时势，设法戒备或进行征讨，作《匈奴列传》第五十。

平定塞外，扩展河南之地，攻破祁连山，打开通往西域各国的道路，压倒北方匈奴。作《卫将军骠骑列传》第五十一。

大臣和宗室以奢侈浪费相互攀比，只有公孙弘以节衣缩食为百官表率。作《平津侯列传》第五十二。

汉朝平定中原后，而赵佗能安抚杨越以保卫南方藩属之地，纳贡尽职。作《南越列传》第五十三。

吴国反叛为逆，东瓯人斩杀刘濞，保卫封禺山，成为汉朝的臣属。作《东越列传》第五十四。

燕太子丹部众败散在辽东，卫满收拢其逃亡百姓，聚集在海东，来联合真藩，保卫边塞而成为汉朝之臣。作《朝鲜列传》第五十五。

唐蒙出使经略交通夜郎，而邛、笮之君请求成为汉朝内臣并接受朝廷所派官吏。作《西南夷列传》第五十六。

《子虚赋》中的故事，《大人赋》的颂辞，文辞华丽大多夸张，但其旨意在于讽喻劝谏，归结于无为而治。作《司马相如列传》第五十七。

黥布反叛为逆，高祖少子刘长后被封为那里的王，镇守江淮之南，安抚剽悍的楚地百姓。作《淮南衡山列传》第五十八。

遵奉法律按照事理办事的官吏，不自夸其功劳贤能，百姓对其无所称赞，也没有什么过失行为。作《循吏列传》第五十九。

端正衣冠立于朝廷，而群臣中没人敢说虚浮不实的话，汲长孺刚正庄重；好荐贤人，称道长者，郑庄却不得志。作《汲郑列传》第六十。

自孔子去世后，京师没有人重视学校教育，只有建元至元狩之间，文教事业灿烂辉煌。作《儒林列传》第六十一。

人们背弃本业而多巧诈，作奸犯科，玩弄法律，善人也不能感化他们，只有一切依法严酷惩治才能使他们整齐划一，遵守社会秩序。作《酷吏列传》第六十二。

汉与大夏交通使节后，西方极远的蛮族，伸长脖子望着内地，想观瞻中国文明。作《大宛列传》第六十三。

救人于危难，济人于贫困，在仁的地方有此美德；不失信用，不背诺言，在义的方面有可取之处。作《游侠列传》第六十四。

侍奉君主能使其耳目愉快，脸色和悦，同时得到主上的亲近，这不仅是由于美色招人喜爱，技能也各有特长。作《佞幸列传》第六十五。

不与世俗同流，不争势夺利，上下无所阻碍，没有人能伤害他们，因善用其道。作《滑稽列传》第六十六。

齐、楚、秦、赵占卜者，各有随俗所用的方法。想要总体考察其要旨，作《日者列传》第六十七。

夏、商、周三代君主占卜之法不同，四方蛮夷卜筮风俗各异，但都以卜筮判断吉凶祸福。粗略考察卜筮的要略，作《龟策列传》第六十八。

平民布衣这样的人，不妨害政令，也不妨害百姓，选取时机买卖增殖财富，在智慧的方面有可取得借鉴之处。作《货殖列传》第六十九。

我大汉王朝继承五帝的遗风，接续三代中断的大业。周朝王道废弛，秦朝毁弃古代文化典籍，焚毁《诗》《书》，所以明堂、石室金匮玉版图籍散失错乱。这时汉朝兴起，萧何修订法律，韩信申明军法，张苍制立章程，叔孙通确定礼仪，于是品学兼优的文学之士逐渐进用。《诗》《书》不断地在各地发现。自曹参荐举盖公讲论黄老之道，而贾生、晁错通晓申不害、商鞅之法，公孙弘以儒术显贵，百年之间，天下遗文古事无不汇集于太史公。太史公父子相继执掌这职务。太史公说："呜呼！我先人曾职掌此事，扬名于唐虞之世，直到周朝，再次职掌其事，所以司马氏世代相继主掌天官之事。难道中止于我这一代吗？敬记在心，敬记在心啊！"网罗搜集天下散失的旧闻，对帝王兴起的事迹溯源探终，既要看到它的兴盛，也要看到它的衰亡，研讨考察各代所行之事，简略推断三代，详细载录秦汉，上记轩辕，下至于今，著十二本纪，已按类别加以排列。有的同时异世，年代差误不明，作十表。礼乐增减，律历改易，兵法权谋，山川鬼神，探讨天和人的关系，趁其衰败实行变革，作八书。二十八宿列星环绕北辰，三十根车辐集于车毂，运行无穷，辅弼股肱之臣与此相当，他们忠信行道，以奉事主上，作三十世家。有些人仗义而行，倜傥不羁，不使自己失去时机，立功名于天下，作七十列传。总计一百三十篇，五十二万六千五百字，称为《太史公书》。序略，以拾遗补充六艺，成为一家之言，协合《六经》异传，整齐百家杂语，藏之于名山，将副本留在京城，留待后世圣人君子观览。这是第七十篇列传。

太史公说：我记述从黄帝以来至太初年止的史事，共一百三十篇。

（赵生群注　王永吉译）

附录 报任安书

注释查阅

太史公牛马走司马迁再拜言[1]，少卿足下[2]：

曩者辱赐书[3]，教以慎于接物[4]，推贤进士为务[5]，意气勤勤恳恳[6]，若望仆不相师[7]，而用流俗人之言[8]。仆非敢如此也。仆虽罢驽[9]，亦侧闻长者遗风矣[10]。顾自以为身残处秽[11]，动而见尤[12]，欲益反损，是以独抑郁而谁与语[13]。谚曰："谁为为之[14]？孰令听之？"盖钟子期死，伯牙终身不复鼓琴[15]。何则？士为知己者用，女为说己者容[16]。若仆，大质已亏缺矣[17]，虽才怀随、和[18]，行若由、夷[19]，终不可以为荣，适足以见笑而自点耳[20]。书辞宜答，会东从上来[21]，又迫贱事，相见日浅[22]，卒卒无须臾之间得竭指意[23]。今少卿抱不测之罪，涉旬月[24]，迫季冬[25]，仆又薄从上雍[26]，恐卒然不可为讳[27]。是仆终已不得舒愤懑以晓左右[28]，则长逝者魂魄私恨无穷[29]，请略陈固陋[30]。阙然久不报[31]，幸勿为过。

仆闻之："修身者，智之符也[32]；爱施者，仁之端也；取予者，义之表也；耻辱者，勇之决也；立名者，行之极也。"士有此五者，然后可以托于世，列于君子之林矣。故祸莫憯于欲利[33]，悲莫痛于伤心，行莫丑于辱先，而诟莫大于宫刑。刑余之人[34]，无所比数[35]，非一世也，所从来远矣。昔卫灵公与雍渠同载，孔子适陈；商鞅因景监见，赵良寒心；同子参乘，袁丝变色[36]：自古而耻之。夫中材之人，事有关于宦竖，莫不伤气，而况于忼慨之士乎？如今朝廷虽乏人，奈何令刀锯之余荐天下豪俊哉！

仆赖先人绪业[37]，得待罪辇毂下二十余年矣。所以自惟：上之，不能纳忠效信，有奇策材力之誉，自结明主；次之，又不能拾遗补阙[38]，招贤进能，显岩穴之士[39]；外之，不能备行伍，攻城野战，有斩将搴旗之功[40]；下之，不能累日积劳，取尊官厚禄，以为宗族交游光宠。四者无一遂[41]，苟合取容，无所短长之效[42]，可见于此矣。向者仆亦尝厕下大夫之列[43]，陪外廷末议[44]，不以此时引维纲[45]，尽思虑，今已亏形，为扫除之隶[46]，在阘茸之中[47]，乃欲卬首伸眉[48]，论列是非，不亦轻朝廷、羞当世之士邪！嗟乎，嗟乎！如仆尚何言哉！尚何言哉！

且事本末未易明也。仆少负不羁之才[49]，长无乡曲之誉[50]，主上幸以先人之故，使得奏薄技，出入周卫之中[51]。仆以为戴盆何以望天[52]，故绝宾客之知，亡室家之业，日夜思竭其不肖之才力，务一心营职，以求亲媚于主上。而事乃有大谬不然者。

夫仆与李陵，俱居门下[53]，素非能相善也。趣舍异路[54]，未尝衔杯酒、接殷勤之余欢。然仆观其为人，自守奇士，事亲孝，与士信，临财廉，取予义，分别有让，恭俭下人[55]，常思奋不顾身，以徇国家之急。其素所畜积也，仆以为有国士之风。夫人臣出万死不顾一生之计，赴公家之难，斯已奇矣。今举事一不当，而全躯保妻子之臣，随而媒孽其短[56]，仆诚私心痛之。且李陵提步卒不满五千，深践戎马之地，足历王庭，垂饵虎口，横挑强胡，仰亿万之师，与单于连战十余日，所杀过当[57]，虏救死扶伤不给[58]。旃裘之君长咸震怖[59]，乃悉征其左右贤王，举引弓之人，一国共攻而围之。转斗千里，矢尽道穷，救兵不至，士卒死伤如积。然李陵一呼劳军，士无不起，躬自流涕，沫血饮泣[60]，张空弮[61]，冒白刃，北向争死敌者。陵未没时，使有来报，汉公卿王侯皆奉觞上寿[62]。后数日，陵败书闻，主上为之食不甘味，听朝不怡，大臣忧惧，不知所出。仆窃不自料其卑贱，见主上惨怆怛悼[63]，诚欲效其款款之愚[64]。以为李陵素与士大夫绝甘分少[65]，能得人之死力，虽古之名将不能过也。身虽陷败，彼观其意，且欲得其当而报于汉。事已无可奈何，其所摧败，功亦足以暴于天下[66]。仆怀欲陈之，而未有路，适会召问，即以此指，推言陵之功。欲以广主上之意，塞睚眦之辞。未能尽明，明主不深晓，以为仆沮贰师[67]，而为李陵游说，遂下于理[68]。拳拳之忠终不能自列[69]，因为诬上，卒从吏议[70]。家贫，货赂不足以自赎[71]。交游莫救，左右亲近不为一言。身非木石，独与法吏为伍，深幽囹圄之中[72]，谁可告愬者[73]！此正少卿所亲见，仆行事岂不然乎？李陵既生降，隤其家声[74]，而仆又佴之蚕室[75]，重为天下观笑。悲夫，悲夫！事未易一二为俗人言也[76]。

仆之先，非有剖符丹书之功[77]，文史星历[78]，近乎卜祝之间[79]，固主上所戏弄，倡优所畜[80]，流俗之所轻也。假令仆伏法受诛，若九牛亡一毛，与蝼蚁何以异？而世俗又不能与死节者次比[81]，特以为智穷罪极，不能自免，卒就死耳。何也？素所自树立使然[82]。人固有一死，或重于泰山，或轻于鸿毛，用之所趋异也。太上不辱先，其次不辱身，其次不辱理色[83]，其次不辱辞令；其次诎体受辱[84]，其次易服受辱[85]，其次关木索、被箠楚受辱[86]，其次剔毛发、婴金铁受辱[87]，其次毁肌肤、断肢体受辱，最下腐刑极矣[88]！传曰："刑不上大夫[89]。"此言士节不可不勉励也。猛虎在深山，百兽震恐，及其在槛阱之中[90]，摇尾而求食，积威约之渐也[91]。故士有画地为牢，势不可入；削木为吏，议不可对：定计于鲜也[92]。今交手足，受木索，暴肌肤，受榜箠，幽于圜墙之中[93]。当此之时，见狱吏则头抢地[94]，视徒隶则心惕息[95]。何者？积威约之势也。及以至是，言不辱者，所谓强颜耳，曷足贵乎！且西伯[96]，伯也，拘于牖里；李斯，相也，具于五刑；淮阴，王也，受械于陈[97]；彭越、张敖[98]，南乡称孤，系狱具罪；绛侯诛诸吕[99]，权倾五伯，囚于请室；魏其[100]，大将也，衣赭衣、关三木；季布为朱家钳奴；灌夫受辱于居室[101]。此人皆身至王侯将相，声闻邻国，及罪至罔加[102]，不能引决自裁[103]，在尘埃之中。古今一体，安在其不辱也！由此言之，勇怯，势也；强弱，形也。审矣[104]，曷足怪乎？且人不能蚤自裁绳墨之外[105]，以稍陵夷[106]，至于鞭箠之间，乃欲引节[107]，斯不亦远乎！古人所以重施刑于大夫者，殆为此也。

夫人情莫不贪生恶死，念亲戚[108]，顾妻子。至激于义理者不然，乃有所不得已也。今仆不幸，蚤失父母，无兄弟之亲，独身孤立。少卿视仆于妻子何如哉？且勇者不必死节，怯夫慕义，何处不勉焉？仆虽怯懦，欲苟活，亦颇识去就之分矣[109]，何至自沉溺累绁之辱哉[110]！且夫臧获婢妾犹能引决[111]，况若仆之不得已乎？所以隐忍苟活，幽于粪土之中而不辞者[112]，恨私心有所不尽，鄙陋没世而文采不表于后也[113]。

古者富贵而名摩灭，不可胜记，唯倜傥非常之人称焉[114]。盖文王拘而演《周易》；仲尼厄而作《春秋》；屈原放逐，乃赋《离骚》；左丘失明，厥有《国语》；孙子膑脚，《兵法》修列；不韦迁蜀，世传《吕览》；韩非囚秦，《说难》、《孤愤》[115]；《诗》三百篇，大氐贤圣发愤之所为作也[116]。此人皆意有所郁结，不得通其道[117]，故述往事，思来者。及如左丘无目，孙子断足，终不可用，退而论书策，以舒其愤，思垂空文以自见[118]。

仆窃不逊，近自托于无能之辞，网罗天下放失旧闻[119]，略考其事，稽其成败兴坏之理[120]。上计轩辕[121]，下至于兹，为十表、本纪十二、书八章、世家三十、列传七十，凡百三十篇。亦欲以究天人之际[122]，通古今之变，成一家之言。草创未就，会遭此祸，惜其不成，是以就极刑而无愠色[123]。仆诚已著此书，藏之名山，传之其人[124]，通邑大都。则仆偿前辱之责[125]，虽万被戮[126]，岂有悔哉！然此可为智者道，难为俗人言也。

且负下未易居[127]，下流多谤议[128]。仆以口语遇遭此祸，重为乡党所戮笑，以污辱先人，亦何面目复上父母之丘墓乎？虽累百世，垢弥甚耳[129]！是以肠一日而九回，居则忽忽若有所亡，出则不知其所往。每念斯耻，汗未尝不发背沾衣也。身直为闺阁之臣[130]，宁得自引深藏岩穴邪[131]？故且从俗浮沉，与时俯仰，以通其狂惑[132]。今少卿乃教以推贤进士，无乃与仆私心刺谬乎[133]？今虽欲自雕琢，曼辞以自饰[134]，无益于俗，不信，适足取辱耳。要之，死日然后是非乃定。书不能悉意，略陈固陋。谨再拜。

【译文】

太史公、像牛马一般的仆役、司马迁再拜说，少卿足下：

此前，蒙您屈尊给我写信，教导我要善于待人接物，应将推荐贤士当作自己的要务。情意那样诚恳，好像抱怨我没有遵从您的教诲，而是效法了世俗之人的做法。我是不敢这样做的。我即使才能庸劣，也曾从旁听说过有德之人留传下来的风尚。只是自以为身体残缺处于污秽耻辱的境地，一有行动就会受指责，想做有益的事反而会招来损害，因此只能独自愁闷，没有谁可以诉说。谚语说："为谁做事？又有谁听从我的话？"锺子期死后，俞伯牙终身不再弹琴，为什么呢？士人要为懂他的知己效力，女子要为喜爱她的人梳妆打扮。像我这样的人，即使自己怀有像随侯珠与和氏璧那样珍贵的才能，品行像许由和伯夷那样高尚，终究不能再以此为荣，恰恰只会被人耻笑而自取污辱罢了。您的信本应当早日回复，适逢随从皇上东巡归来，又迫于一些琐事，彼此见面的机会较少，匆匆忙忙没有半点空闲，得以详尽说明自己的心意。如今您遭到无法预料之罪，再过一个月，逼近冬末，我又迫于跟随皇上到雍地去，恐怕突然之间就会发生不可避免的事，那样的话我就最终无法向您明告我的愤懑之情了，那么您的魂魄也会抱恨无穷尽的，请允许我把浅陋之见略加陈述。时隔很久没有回信，望您不要责备。

我听说："修身是智慧的标志；爱人并施惠于人是仁义的发端；拿取和付出什么是礼义的体现；有耻辱之心是勇敢的先决条件；立名于世是行为的最终目标。"士人有了这五个方面，然后可以立身于世，并进入君子的行列。所以祸害没有比贪欲私利更惨的，悲伤没有比刺伤心灵更痛的，行为没有比污辱祖先更丑的，而耻辱没有比受宫刑更大的。受刑后得到余生的人，无法和别人相比，并不是一代如此，而是由来已久了。从前卫灵公与宦官雍渠同乘一辆车，孔子见到后就到陈国去了；商鞅依靠宦官景监的引见得到重用，赵良感到寒心；赵谈陪汉文帝乘车，袁丝脸色都变了。自古以来就以宦官为耻辱。那些才能平庸的人，事情只要涉及宦官，尚且没有不生气的，何况是那些志气昂扬的人呢？当今朝廷即使缺乏人才，可怎么能让一个受过宫刑的人来举荐天下的豪杰呢！

我仰仗先人遗业，才勉强在皇帝左右为官二十多年。所以常自己思考：往高处说，不能尽心报效诚信，更没有因出奇的谋略和特殊的能力受到赞誉，取得皇上的信任；其次，又不能为朝政拾取遗漏弥补缺陷，招纳举荐贤能之士，让隐士显露才能；对外，不能参加军队，攻城野战，有斩将夺旗的功劳；往低处说，不能以日积月累的辛劳，取得高官厚禄，使宗族和朋友都感到荣耀。这四者没有一样成功，只好勉强求合以求容纳，没有什么大小贡献，由此可见我的情况。从前，我也曾置身下大夫的行列，在外朝陪着发表些微不足道的意见，不在那个时候申说展示治国之才，如今已经身体残缺成了从事扫除杂务的差役，处在卑贱的地位，还想要昂首扬眉，评论是非，那不是轻慢朝廷、羞辱当今的高人吗？唉！唉！像我这样的人还有什么可说的呢！还有什么可说的呢！

况且事情的前因后果是不容易说清楚的。我年少时自负是不受约束的高才，长大后没有得到乡里的赞誉，幸而皇上因我先人的缘故，使我能够贡献浅薄的才能，

出入于宫禁之中。我以为戴着盆是不能望天的，所以断绝了与朋友的交往，忘记了家庭的事情，日夜都想尽自己并不强的能力，谋求专心忠于职守，以便能够讨好皇上，然而事情竟会大错特错，而不是想象的那样。

我和李陵都在宫廷做官，平时没有什么交情。彼此志趣不同，没有在一起喝过酒、尽情交欢。然而我观察他的为人，是能自守节操的奇士，侍奉父母讲孝道，与士人交往重诚信，面对钱财能廉洁，收取和给予都以义为准则，对有差别的事肯于退让，谦恭待人并甘居人后，时常想着奋不顾身为国家的急难而牺牲自己。从他平素的言行来看，我认为他有国士的风度。作为臣子虽经历万般危险也不为自己的生命考虑，只想着解公家之危难，这已经很出奇了。如今所做的事一有不当，那些只顾保全自己和妻儿的臣子，跟随着就将他的失误尽情夸大，我确实内心里对此感到痛苦。况且李陵率领的步兵不满五千，深入匈奴的势力范围，踏入单于的住地，在虎口中投下诱饵，勇敢地挑战强悍的匈奴，仰攻亿万敌军，与单于连续作战十多天，所杀之敌超过了自己的军队，敌人来不及救援死伤士兵，匈奴的君王都震惊恐怖，于是将左右贤王的兵马全都调来，发动会拉弓射箭的人，举全国之力共同围攻李陵。李陵率兵转战千里，箭用光了，路走绝了，救兵不到，死伤的士兵堆积如山，然而李陵一喊慰劳军队，士兵没有不奋起的，个个涕泪横流，满脸是血，吞下眼泪，再拉开空弓，冒着刀箭，向北争着和敌人拼命。李陵没有覆没的时候，曾有使者来报告战况，汉朝公卿王侯都举杯向皇上祝贺胜利。后来过了几天，李陵兵败的奏章上报后，皇上为此吃饭不香，上朝不乐，大臣忧心恐惧，不知道该怎么办。我私下没有考虑自己地位卑贱，看到皇上悲戚哀伤，真心想献上自己的恳切忠诚之愚见，认为李陵一向与军官们舍弃甘美的食物，自己少分东西，能使人们拼死为他效力，即使是古代名将，也不能超过他。李陵虽然兵败陷身于匈奴，看他的心意，将会等到合适的时机再报效汉朝。事情已经无可奈何，他消灭了那么多敌军，战功也足能显示于天下了。我心中想要陈述这个想法，而没有机会，适逢皇上召见问话，我就按这个思路说了李陵的功劳，想用这番话拓展皇上的想法，堵塞怨恨李陵的人所说的坏话。没有能够完全说明，皇上不理解，认为我是有意中伤贰师将军李广利，并为李陵游说，于是就把我交给了司法官。忠诚之心最终不能陈述，因此被定欺骗皇上之罪，皇上最后同意了狱吏的判决。我家中贫穷，财物不够用来赎罪，没有朋友相救，皇上左右的近臣也没有人向皇帝说一句求情话。自身并非木石，却要与法吏在一起，被囚禁在监狱之中，有谁可以听我诉说啊！这正是少卿您亲眼所见，我的所作所为难道不是这样吗？李陵既已投降匈奴，败坏了他家的名声，而我又受宫刑被投入蚕室，更加被天下人嘲笑。悲痛啊！悲痛啊！事情是不容易一一地讲给俗人听的。

我的先辈没有立下能够得到皇上赐给剖符和丹书铁券那样的大功，只是掌管史籍和天文历法，类似于占卜祭祀之官，本来就是供皇上戏耍，像蓄养倡优那样的，是世俗之人看不起的职业。假如我依法被处死，就像九牛失去一根毛，与死个蚂蚁有什么两样？而世人又不会将我与那些死于气节的人相提并论，只不过认为你智虑穷尽，罪大恶极，不能自己赎免，最终走上死路罢了。为什么呢？这是平时自己的工作和职业所造成的状况决定的。人本来都有一死，有人死得比泰山还重，有人死得比鸿毛还轻，死的原因是不一样的。最重要的是不能使祖先受辱，其次是不使自身受辱，其次是不使脸面受辱，其次是不让别人用文辞和教令来羞辱，其次是身体被捆绑受辱，其次是换上囚服受辱，其次是戴上枷索、被刑杖拷打受辱，其次是剃光头发、颈戴铁圈受辱，其次是毁伤肌肤、砍断肢体受辱，最下等的是宫刑，受辱到了极点。古书上说："刑罚不用在大夫身上。"这话是说士大夫在气节方面不能不磨砺。猛虎在深山里，百兽都震惊恐惧，等它到了兽笼或陷阱里，就要摇着尾巴乞求食物，这是由于长期用威力制约而逐渐取得的结果。所以，即使有个在地上划出的监牢，士人也绝对不能进去；即使有个用木头削成的狱吏询问你，也不能去质对。受刑之前早就拿定主意。如今被捆绑手脚，戴上枷索，暴露肌肤，受到鞭打，囚禁在监狱之中。到了这时候，看到狱吏就要叩头触地，看到狱卒就胆战心惊。为什么呢？这是长期受威力制约造成的情况。已经到了这种地步，还说不受辱的人，不过是厚脸皮罢了，还有什么值得尊重的呢！况且周文王是诸侯之长，曾被拘禁在牖里；李斯是丞相，也受遍了五种刑罚；韩信曾是诸侯王，却在陈地被戴上刑具；彭越、张敖已南面称王，都被下狱定罪；绛侯周勃诛杀吕氏家族，权力超过了春秋时的五霸，后被囚禁在待罪之室；魏其侯是大将军，也穿上了囚衣，戴上了刑具；季布做了朱家的家奴；灌夫被关押在居室受辱。这些人都已经身居王侯将相，名声远播邻国，等犯罪受到法令制裁，不能自杀，被关在监狱里。古今都一样，哪里会不受辱呢！从这些情况来说，所谓勇敢和怯懦，是由势决定的；所谓坚强和软弱，是由形决定的。这很明显，有什么值得奇怪的呢？况且一个人如果不能在受刑之前早点自杀，就会逐渐衰颓；到了鞭打受刑的时候，才想自杀殉节，那不是太晚了吗？古人慎重考虑对士大夫用刑的原因，大概就是这一点吧！

人之常情没有不贪恋生存、厌恶死亡的，没有不思念父母、照顾妻儿的。至于那些为义理所激励的人则不是这样，那是由不得已的形势造成的。如今我很不幸，早年丧失父母，没有兄弟相亲，孤独一人在世。少卿您看我对妻儿该如何呢？况且勇敢的人不必以死殉节，怯懦的人只要仰慕节义，在任何情况下都要勉励自己义不受辱！我虽然怯懦，想要苟且偷生，但也还知道偷生与赴死的界限，何至于自甘陷身牢狱去受辱呢？并且奴隶婢妾还能够去自杀，何况我这种处于不得已境地的人呢？我之所以要克制忍耐、苟且偷生，囚禁在污秽的监狱之中也在所不辞，是因为遗憾心中还有未了之事，身死之后文章不能留传后世呀！

古代富贵而名声泯灭不传的人，是无法全部统计的，只有卓越不凡的特殊人物能够名扬后世。周文王被拘禁后将《周易》的八卦推演为六十四卦；孔子周游列国受困返回鲁国后开始作《春秋》；屈原被放逐后，因幽愤才创作了《离骚》；左丘明失明后，才有《国语》的写作；孙子被割去膑骨，才写出《兵法》；吕不韦贬官迁徙到蜀地，世上传出了《吕氏春秋》；韩非被秦国囚禁，写出了《说难》《孤愤》等文章；《诗经》三百篇诗，大都是圣贤为抒发忧愤而创作出来的。这些人都是心中忧闷，不能实现他的理想，所以才记述以往的史事，想让后人看到并了解自己的志向。至于左丘明失去双目，孙子被割去膑骨，最终不可能被任用，便退而著书立说，以此来抒发他们的愤慨，想让文章流传后世以表现自己的志向。

我私下不自量力，近来托身在无用的文辞之中，收集天下散失的史籍与传闻，考证前代人物的事迹，考察成败兴衰的道理，上自黄帝，下至当今，写成了十表、本纪十二篇、书八章、世家三十篇、列传七十篇，共计一百三十篇。也是想借此探究天道与人事的关系，贯通从古到今的变化规律，形成有独特见解、自成体系的一家言。草稿尚未完成，正逢这场灾祸，我痛惜此事没有完成，因此受到最残酷的刑罚也不露怨怒之色。我确实想著成此书，把它珍藏在名山，传给识货的人，让它在通都大邑之间流传。那么，我就可以偿还从前受辱所欠的债了，即使受到再多的侮辱，难道会后悔吗！然而我这番苦心只能对智者讲，很难对俗人说啊！

况且在背负罪名的情况下不容易处世，处在卑微的地位会招来更多的诽谤。我因发表私见遭受这场灾祸，深为家乡的人耻笑，污辱了祖先，又有什么脸面再去谒拜父母的坟墓呢？即使再经历一百代，耻辱只会越来越深啊！因此，愁肠每天都千回百转，在家恍恍惚惚若有所失，外出则不知道要到哪里。每当想起这种耻辱，没有不汗流浃背沾湿衣裳的。自己简直就是个宦官，还怎么能自行隐退，藏身到深山岩穴之中呢？所以只能暂且随世俗浮沉，跟着世风进退，以此来抒发内心的狂乱迷惑。如今少卿您却教诲我要推荐贤士，岂不是与我内心的苦衷相违背吗？现在我即使想粉饰自己，用美妙的言辞宽慰自己，也毫无用处，不会被世俗所信任，只是自讨羞辱罢了。总之，到了死的那天，然后是非才论定。信中不能完全表达，只能简略陈述浅陋之见。特此再拜。

（王华宝　注译）

融媒体出版物

史记

文白对照精选本

第二卷

〔西汉〕司马迁 著
赵生群 王华宝 主编

党建读物出版社
（英华电子音像出版社）
河北冠林数字出版有限公司

目录

译文诵读

卷三十三 鲁周公世家第三

注释查阅　译文诵读

周公旦者，周武王弟也。自文王在时，旦为子孝，笃仁[1]，异于群子。及武王即位，旦常辅翼武王[2]，用事居多[3]。武王九年，东伐，至盟津，周公辅行。十一年，伐纣，至牧野，周公佐武王，作《牧誓》[4]。破殷，入商宫。已杀纣，周公把大钺[5]，召公把小钺，以夹武王[6]，衅社[7]，告纣之罪于天，及殷民。释箕子之囚。封纣子武庚禄父，使管叔、蔡叔傅之[8]，以续殷祀。遍封功臣同姓戚者。封周公旦于少昊之虚曲阜[9]，是为鲁公。周公不就封，留佐武王。

武王克殷二年，天下未集[10]，武王有疾，不豫[11]，群臣惧，太公、召公乃缪卜[12]。周公曰："未可以戚我先王[13]。"周公于是乃自以为质[14]，设三坛，周公北面立，戴璧秉圭[15]，告于太王、王季、文王。史策祝曰[16]："惟尔元孙王发[17]，勤劳阻疾[18]。若尔三王是有负子之责于天[19]，以旦代王发之身。旦巧能，多材多艺，能事鬼神。乃王发不如旦多材多艺，不能事鬼神。乃命于帝庭，敷佑四方[20]，用能定汝子孙于下地[21]，四方之民罔不敬畏[22]。无坠天之降葆命[23]，我先王亦永有所依归。今我其即命于元龟[24]，尔之许我，我其以璧与圭归[25]，以俟尔命[26]。尔不许我，我乃屏璧与圭[27]。"周公已令史策告太王、王季、文王，欲代武王发，于是乃即三王而卜[28]。卜人皆曰吉，发书视之[29]，信吉。周公喜，开籥[30]，乃见书遇吉。周公入贺武王曰："王其无害。旦新受命三王，维长终是图[31]。兹道能念予一人[32]。"周公藏其策金縢匮中[33]，诫守者勿敢言。明日，武王有瘳[34]。

其后武王既崩，成王少，在强葆之中[35]。周公恐天下闻武王崩而畔[36]，周公乃践阼代成王摄行政当国[37]。管叔及其群弟流言于国曰："周公将不利于成王。"周公乃告太公望、召公奭曰："我之所以弗辟而摄行政者[38]，恐天下畔周，无以告我先王太王、王季、文王。三王之忧劳天下久矣，于今而后成。武王蚤终[39]，成王少，将以成周，我所以为之若此。"于是卒相成王，而使其子伯禽代就封于鲁。周公戒伯禽曰："我文王之子，武王之弟，成王之叔父，我于天下亦不贱矣。然我一沐三捉发[40]，一饭三吐哺[41]，起以待士，犹恐失天下之贤人。子之鲁，慎无以国骄人[42]。”

管、蔡、武庚等果率淮夷而反[43]。周公乃奉成王命，兴师东伐，作《大诰》[44]。遂诛管叔，杀武庚，放蔡叔[45]。收殷余民，以封康叔于卫，封微子于宋，以奉殷祀。宁淮夷东土[46]，二年而毕定。诸侯咸服宗周[47]。

天降祉福[48]，唐叔得禾，异母同颖[49]，献之成王，成王命唐叔以馈周公于东土，作《馈禾》。周公既受命禾，嘉天子命[50]，作《嘉禾》。东土以集，周公归报成王，乃为诗贻王，命之曰《鸱鸮》[51]。王亦未敢训周公[52]。

成王七年二月乙未，王朝步自周[53]，至丰[54]，使太保召公先之雒相土[55]。其三月，周公往营成周雒邑，卜居焉，曰吉，遂国之[56]。

成王长，能听政。于是周公乃还政于成王，成王临朝。周公之代成王治，南面倍依以朝诸侯[57]。及七年后，还政成王，北面就臣位，匔匔如畏然[58]。

初，成王少时，病，周公乃自揃其蚤沈之河[59]，以祝于神曰：“王少未有识，奸神命者乃旦也[60]。”亦藏其策于府[61]。成王病有瘳。及成王用事，人或谮周公[62]，周公奔楚。成王发府，见周公祷书，乃泣，反周公[63]。

周公归，恐成王壮，治有所淫佚[64]，乃作《多士》[65]，作《毋逸》[66]。《毋逸》称：“为人父母，为业至长久，子孙骄奢忘之，以亡其家，为人子可不慎乎！故昔在殷王中宗，严恭敬畏天命，自度治民[67]，震惧不敢荒宁[68]，故中宗飨国七十五年[69]。其在高宗，久劳于外，为与小人，作其即位[70]，乃有亮闇[71]，三年不言，言乃欢，不敢荒宁，密靖殷国[72]，至于小大无怨，故高宗飨国五十五年。其在祖甲，不义惟王[73]，久为小人于外，知小人之依[74]，能保施小民[75]，不侮鳏寡[76]，故祖甲飨国三十三年。”《多士》称曰：“自汤至于帝乙，无不率祀明德[77]，帝无不配天者。在今后嗣王纣，诞淫厥佚[78]，不顾天及民之从也。其民皆可诛。”周多士。“文王日中昃不暇食[79]，飨国五十年。”作此以诫成王。

成王在丰，天下已安，周之官政未次序[80]，于是周公作《周官》[81]，官别其宜[82]。作《立政》[83]，以便百姓。百姓说[84]。

周公在丰，病，将没[85]，曰：“必葬我成周，以明吾不敢离成王。”周公既卒，成王亦让，葬周公于毕，从文王，以明予小子不敢臣周公也[86]。

周公卒后，秋未获[87]，暴风雷雨，禾尽偃[88]，大木尽拔。周国大恐。成王与大夫朝服以开金縢书，王乃得周公所自以为功代武王之说。二公及王乃问史、百执事，史、百执事曰：“信有，昔周公命我勿敢言。”成王执书以泣，曰：“自今后其无缪卜乎！昔周公勤劳王家，惟予幼人弗及知。今天动威以彰周公之德，惟朕小子其迎，我国家礼亦宜之。”王出郊，天乃雨，反风，禾尽起。二公命国人，凡大木所偃，尽起而筑之[89]。岁则大孰[90]。于是成王乃命鲁得郊祭文王[91]。鲁有天子礼乐者，以褒周公之德也[92]。

周公卒，子伯禽固已前受封，是为鲁公。鲁公伯禽之初受封之鲁，三年而后报政周公。周公曰：“何迟也？”伯禽曰：“变其俗，革其礼，丧三年然后除之，故迟。”太公亦封于齐，五月而报政周公。周公曰：“何疾也？”曰：“吾简其君臣礼，从其俗为也。”及后闻伯禽报政迟，乃叹曰：“呜呼，鲁后世其北面事齐矣！夫政不简不易，民不有近；平易近民，民必归之。”

伯禽即位之后，有管、蔡等反也，淮夷、徐戎亦并兴反[93]。于是伯禽率师伐之于肸，作《肸誓》[94]，曰：“陈尔甲胄[95]，无敢不善。无敢伤牿[96]。马牛其风[97]，臣妾逋逃[98]，勿敢越逐[99]，敬复之。无敢寇攘[100]，逾墙垣。鲁人三郊三隧[101]，峙尔刍茭[102]、糗粮[103]、桢榦[104]，无敢不逮[105]。我甲戌筑而征徐戎，无敢不及，有大刑[106]。”作此《肸誓》，遂平徐戎，定鲁。

鲁公伯禽卒，子考公酋立。考公四年卒，立弟熙，是谓炀公。炀公筑茅阙门[107]。六年卒，子幽公宰立。幽公十四年，幽公弟濞杀幽公而自立，是为魏公。魏公五十年卒，子厉公擢立。厉公三十七年卒，鲁人立其弟具，是为献公。献公三十二年卒，子真公濞立。

真公十四年，周厉王无道，出奔彘[108]，共和行政[109]。二十九年，周宣王即位。

三十年，真公卒，弟敖立，是为武公。

武公九年春，武公与长子括、少子戏西朝周宣王。宣王爱戏，欲立戏为鲁太子。周之樊仲山父谏宣王曰：“废长立少，不顺[110]；不顺，必犯王命[111]；犯王命，必诛之：故出令不可不顺也。令之不行，政之不立；行而不顺，民将弃上。夫下事上，少事长，所以为顺。今天子建诸侯，立其少，是教民逆也。若鲁从之，诸侯效之，王命将有所壅[112]；若弗从而诛之，是自诛王命也。诛之亦失，不诛亦失，王其图之。”宣王弗听，卒立戏为鲁太子。夏，武公归而卒，戏立，是为懿公。

懿公九年，懿公兄括之子伯御与鲁人攻弑懿公，而立伯御为君。伯御即位十一年，周宣王伐鲁，杀其君伯御，而问鲁公子能道顺诸侯者[113]，以为鲁后[114]。樊穆仲曰：“鲁懿公弟称，肃恭明神，敬事耆老[115]；赋事行刑，必问于遗训而咨于固实[116]；不干所问[117]，不犯所咨。”宣王曰：“然，能训治其民矣。”乃立称于夷宫[118]，是为孝公。自是后，诸侯多畔王命。

孝公二十五年，诸侯畔周，犬戎杀幽王。秦始列为诸侯。

二十七年，孝公卒，子弗湟立，是为惠公。

惠公三十年，晋人弑其君昭侯。四十五年，晋人又弑其君孝侯。

四十六年，惠公卒，长庶子息摄当国[119]，行君事，是为隐公。初，惠公適夫人无子[120]，公贱妾声子生子息。息长，为娶于宋。宋女至而好[121]，惠公夺而自妻之。生子允。登宋女为夫人[122]，以允为太子。及惠公卒，为允少故，鲁人共令息摄政，不言即位。

隐公五年，观渔于棠[123]。八年，与郑易天子之太山之邑祊及许田[124]，君子讥之[125]。

十一年冬，公子挥谄谓隐公曰[126]：“百姓便君[127]，君其遂立。吾请为君杀子允，君以我为相。”隐公曰：“有先君命。吾为允少，故摄代。今允长矣，吾方营菟裘之地而老焉[128]，以授子允政。”挥惧子允闻而反诛之，乃反谮隐公于子允曰：“隐公欲遂立，去子，子其图之。请为子杀隐公。”子允许诺。十一月，隐公祭钟巫[129]，齐于社圃[130]，馆于蒍氏[131]。挥使人杀隐公于蒍氏，而立子允为君，是为桓公。

桓公元年，郑以璧易天子之许田[132]。二年，以宋之赂鼎入于太庙[133]，君子讥之。

三年，使挥迎妇于齐，为夫人。六年，夫人生子，与桓公同日，故名曰同。同长，为太子。

十六年，会于曹，伐郑，入厉公。

十八年春，公将有行，遂与夫人如齐。申繻谏止[134]，公不听，遂如齐。齐襄公通桓公夫人。公怒夫人，夫人以告齐侯。夏四月丙子，齐襄公飨公[135]，公醉，使公子彭生抱鲁桓公，因命彭生摺其胁[136]，公死于车。鲁人告于齐曰：“寡君畏君之威，不敢宁居，来修好礼。礼成而不反，无所归咎，请得彭生除丑于诸侯。”齐人杀彭生以说鲁[137]。立太子同，是为庄公。庄公母夫人因留齐，不敢归鲁。

庄公五年冬，伐卫，内卫惠公[138]。

八年，齐公子纠来奔。九年，鲁欲内子纠于齐，后桓公，桓公发兵击鲁，鲁急，杀子纠。召忽死。齐告鲁生致管仲。鲁人施伯曰：“齐欲得管仲，非杀之也，将用之，用之则为鲁患。不如杀，以其尸与之。”庄公不听，遂囚管仲与齐。齐人相管仲。

十三年，鲁庄公与曹沫会齐桓公于柯，曹沫劫齐桓公，求鲁侵地，已盟而释桓公。桓公欲背约，管仲谏，卒归鲁侵地。十五年，齐桓公始霸。二十三年，庄公如齐观社[139]。

三十二年。初，庄公筑台临党氏，见孟女，说而爱之，许立为夫人，割臂以盟。孟女生子斑。斑长，说梁氏女，往观。圉人荦自墙外与梁氏女戏。斑怒，鞭荦。庄公闻之，曰：“荦有力焉，遂杀之，是未可鞭而置也[140]。”斑未得杀。会庄公有疾。庄公有三弟，长曰庆父，次曰叔牙，次曰季友。庄公取齐女为夫人曰哀姜。哀姜无子。哀姜娣曰叔姜[141]，生子开。庄公无適嗣，爱孟女，欲立其子斑。庄公病，而问嗣于弟叔牙。叔牙曰：“一继一及[142]，鲁之常也。庆父在，可为嗣，君何忧？”庄公患叔牙欲立庆父，退而问季友。季友曰：“请以死立斑也。”庄公曰：“曩者叔牙欲立庆父[143]，奈何？”季友以庄公命命牙待于针巫氏，使针季劫饮叔牙以鸩[144]，曰：“饮此，则有后奉祀；不然，死且无后。”牙遂饮鸩而死，鲁立其子为叔孙氏。八月癸亥，庄公卒，季友竟立子斑为君，如庄公命。侍丧，舍于党氏。

先时庆父与哀姜私通，欲立哀姜娣子开。及庄公卒而季友立斑，十月己未，庆父使圉人荦杀鲁公子斑于党氏。季友奔陈。庆父竟立庄公子开，是为湣公。

湣公二年，庆父与哀姜通益甚。哀姜与庆父谋杀湣公而立庆父。庆父使卜齮袭杀湣公于武闱。季友闻之，自陈与湣公弟申如邾，请鲁求内之。鲁人欲诛庆父。庆父恐，奔莒。于是季友奉子申入[145]，立之，是为釐公。釐公亦庄公少子。哀姜恐，奔邾。季友以赂如莒求庆父，庆父归，使人杀庆父，庆父请奔，弗听，乃使大夫奚斯行，哭而往。庆父闻奚斯音，乃自杀。齐桓公闻哀姜与庆父乱以危鲁，及召之邾而杀之，以其尸归，戮之鲁[146]。鲁釐公请而葬之。

季友母陈女，故亡在陈，陈故佐送季友及子申[147]。季友之将生也，父鲁桓公使人卜之，曰："男也，其名曰'友'，间于两社[148]，为公室辅。季友亡，则鲁不昌。"及生，有文在掌曰"友"，遂以名之，号为成季。其后为季氏，庆父后为孟氏也。

釐公元年，以汶阳鄪封季友。季友为相。

九年，晋里克杀其君奚齐、卓子。齐桓公率釐公讨晋乱，至高梁而还，立晋惠公。十七年，齐桓公卒。二十四年，晋文公即位。

三十三年，釐公卒，子兴立，是为文公。

文公元年，楚太子商臣弑其父成王，代立。三年，文公朝晋襄公。

十一年十月甲午，鲁败翟于咸，获长翟乔如[149]，富父终甥舂其喉以戈[150]，杀之，埋其首于子驹之门[151]，以命宣伯。

初，宋武公之世，鄋瞒伐宋[152]，司徒皇父帅师御之，以败翟于长丘，获长翟缘斯。晋之灭路，获乔如弟棼如。齐惠公二年，鄋瞒伐齐，齐王子城父获其弟荣如，埋其首于北门。卫人获其季弟简如。鄋瞒由是遂亡。

十五年，季文子使于晋。

十八年二月，文公卒。文公有二妃：长妃齐女为哀姜，生子恶及视；次妃敬嬴，嬖爱[153]，生子俀。俀私事襄仲，襄仲欲立之，叔仲曰不可。襄仲请齐惠公，惠公新立，欲亲鲁，许之。冬十月，襄仲杀子恶及视而立俀，是为宣公。哀姜归齐，哭而过市[154]，曰："天乎！襄仲为不道，杀適立庶！"市人皆哭，鲁人谓之"哀姜"。鲁由此公室卑[155]，三桓强[156]。

宣公俀十二年，楚庄王强，围郑。郑伯降，复国之。

十八年，宣公卒，子成公黑肱立，是为成公。季文子曰："使我杀適立庶失大援者，襄仲。"襄仲立宣公，公孙归父有宠。宣公欲去三桓，与晋谋伐三桓。会宣公卒，季文子怨之，归父奔齐。

成公二年春，齐伐取我隆。夏，公与晋郤克败齐顷公于鞍，齐复归我侵地。四年，成公如晋，晋景公不敬鲁。鲁欲背晋合于楚，或谏，乃不[157]。十年，成公如晋。晋景公卒，因留成公送葬，鲁讳之[158]。十五年，始与吴王寿梦会钟离。

十六年，宣伯告晋，欲诛季文子。文子有义，晋人弗许。

十八年，成公卒，子午立，是为襄公。是时襄公三岁也。

襄公元年，晋立悼公。往年冬，晋栾书弑其君厉公。四年，襄公朝晋。

五年，季文子卒。家无衣帛之妾，厩无食粟之马，府无金玉，以相三君。君子曰："季文子廉忠矣。"

九年，与晋伐郑。晋悼公冠襄公于卫，季武子从，相行礼。

十一年，三桓氏分为三军。

十二年，朝晋。十六年，晋平公即位。二十一年，朝晋平公。

二十二年，孔丘生。

二十五年，齐崔杼弑其君庄公，立其弟景公。

二十九年，吴延陵季子使鲁，问周乐，尽知其意，鲁人敬焉。

三十一年六月，襄公卒。其九月，太子卒。鲁人立齐归之子裯为君，是为昭公。

昭公年十九，犹有童心[159]。穆叔不欲立，曰："太子死，有母弟可立，不即立长。年钧择贤[160]，义钧则卜之[161]。今裯非適嗣，且又居丧意不在戚而有喜色[162]，若果立，必为季氏忧。"季武子弗听，卒立之。比及葬，三易衰[163]。君子曰是不终也[164]。

昭公三年，朝晋，至河，晋平公谢还之，鲁耻焉。四年，楚灵王会诸侯于申，昭公称病不往。七年，季武子卒。八年，楚灵王就章华台，召昭公。昭公往贺，赐昭公宝器；已而悔，复诈取之。十二年，朝晋至河，晋平公谢还之。十三年，楚公子弃疾弑其君灵王，代立。十五年，朝晋，晋留之葬晋昭公，鲁耻之。二十年，齐景公与晏子狩竟[165]，因入鲁问礼。二十一年，朝晋至河，晋谢还之。

二十五年春，鸜鹆来巢。师己曰："文成之世童谣曰'鸜鹆来巢[166]，公在乾侯[167]。鸜鹆入处，公在外野'。"

季氏与郈氏斗鸡，季氏芥鸡羽[168]，郈氏金距[169]。季平子怒而侵郈氏，郈昭伯亦怒平子。臧昭伯之弟会伪谗臧氏[170]，匿季氏，臧昭伯囚季氏人。季平子怒，囚臧氏老[171]。臧、郈氏以难告昭公。昭公九月戊戌伐季氏，遂入。平子登台请曰："君以谗不察臣罪，诛之，请迁沂上。"弗许。请囚于鄪，弗许。请以五乘亡[172]，弗许。子家驹曰："君其许之。政自季氏久矣，为徒者众，众将合谋。"弗听。郈氏曰："必杀之。"叔孙氏之臣戾谓其众曰："无季氏与有，孰利？"皆曰："无季氏是无叔孙氏。"戾曰："然，救季氏！"遂败公师。孟懿子闻叔孙氏胜，亦杀郈昭伯。郈昭伯为公使，故孟氏得之。三家共伐公，公遂奔。己亥，公至于齐。齐景公曰："请致千社待君[173]。"子家曰："弃周公之业而臣于齐，可乎？"乃止。子家曰："齐景公无信，不如早之晋。"弗从。叔孙见公还，见平子，平子顿首[174]。初欲迎昭公，孟孙、季孙后悔，乃止。

二十六年春，齐伐鲁，取郓而居昭公焉。夏，齐景公将内公，令无受鲁赂。申丰、汝贾许齐臣高龁、子将粟五千庾[175]。子将言于齐侯曰："群臣不能事鲁君，有异焉[176]。宋元公为鲁如晋，求内之，道卒。叔孙昭子求内其君，无病而死。不知天弃鲁乎？抑鲁君有罪于鬼神也？愿君且待。”齐景公从之。

二十八年，昭公如晋，求入。季平子私于晋六卿，六卿受季氏赂，谏晋君，晋君乃止，居昭公乾侯。二十九年，昭公如郓。齐景公使人赐昭公书，自谓“主君”。昭公耻之，怒而去乾侯。三十一年，晋欲内昭公，召季平子。平子布衣跣行[177]，因六卿谢罪[178]。六卿为言曰：“晋欲内昭公，众不从。”晋人止。三十二年，昭公卒于乾侯。鲁人共立昭公弟宋为君，是为定公。

定公立，赵简子问史墨曰：“季氏亡乎？”史墨对曰：“不亡。季友有大功于鲁，受鄪为上卿，至于文子、武子，世增其业。鲁文公卒，东门遂杀適立庶，鲁君于是失国政。政在季氏，于今四君矣[179]。民不知君，何以得国！是以为君慎器与名[180]，不可以假人[181]。”

定公五年，季平子卒。阳虎私怒，囚季桓子，与盟，乃舍之。七年，齐伐我，取郓，以为鲁阳虎邑以从政。八年，阳虎欲尽杀三桓適，而更立其所善庶子以代之。载季桓子将杀之，桓子诈而得脱。三桓共攻阳虎，阳虎居阳关。九年，鲁伐阳虎，阳虎奔齐，已而奔晋赵氏。

十年，定公与齐景公会于夹谷，孔子行相事[182]。齐欲袭鲁君，孔子以礼历阶[183]，诛齐淫乐，齐侯惧，乃止，归鲁侵地而谢过。十二年，使仲由毁三桓城，收其甲兵。孟氏不肯堕城[184]，伐之，不克而止。季桓子受齐女乐，孔子去。

十五年，定公卒，子将立，是为哀公。

哀公五年，齐景公卒。六年，齐田乞弑其君孺子。

七年，吴王夫差强，伐齐，至缯，征百牢于鲁[185]。季康子使子贡说吴王及太宰嚭，以礼诎之。吴王曰：“我文身[186]，不足责礼。”乃止。

八年，吴为邹伐鲁，至城下，盟而去。齐伐我，取三邑。十年，伐齐南边。十一年，齐伐鲁。季氏用冉有有功，思孔子，孔子自卫归鲁。

十四年，齐田常弑其君简公于徐州。孔子请伐之，哀公不听。十五年，使子服景伯，子贡为介[187]，适齐，齐归我侵地。田常初相，欲亲诸侯。

十六年，孔子卒。

十六年前479，孔子去世。

二十二年，越王句践灭吴王夫差。

二十七年春，季康子卒。夏，哀公患三桓，将欲因诸侯以劫之，三桓亦患公作难[188]，故君臣多间[189]。公游于陵阪，遇孟武伯于街，曰：“请问余及死乎？”对曰：“不知也。”公欲以越伐三桓。八月，哀公如陉氏。三桓攻公，公奔于卫，去如邹，遂如越。国人迎哀公复归，卒于有山氏[190]。子宁立，是为悼公。

悼公之时，三桓胜，鲁如小侯，卑于三桓之家。

十三年，三晋灭智伯，分其地有之。

三十七年，悼公卒，子嘉立，是为元公。元公二十一年卒，子显立，是为穆公。穆公三十三年卒，子奋立，是为共公。共公二十二年卒，子屯立，是为康公。

康公九年卒，子匽立，是为景公。景公二十九年卒，子叔立，是为平公。是时六国皆称王。

平公十二年，秦惠王卒。二十年，平公卒，子贾立，是为文公。文公七年，楚怀王死于秦。二十三年，文公卒，子雠立，是为顷公。

顷公二年，秦拔楚之郢，楚顷王东徙于陈。十九年，楚伐我，取徐州。二十四年，楚考烈王伐灭鲁。顷公亡，迁于下邑[191]，为家人[192]，鲁绝祀[193]。顷公卒于柯。

鲁起周公，至顷公，凡三十四世。

太史公曰：余闻孔子称曰“甚矣鲁道之衰也！洙泗之间龂龂如也[194]”。观庆父及叔牙闵公之际，何其乱也？隐桓之事；襄仲杀适立庶；三家北面为臣，亲攻昭公，昭公以奔。至其揖让之礼则从矣[195]，而行事何其戾也[196]？

【译文】

周公旦是周武王的弟弟。从文王还在世时，周公作为儿子非常孝顺，诚厚仁爱，和别的儿子不同。到武王即位，周公经常辅佐武王，处理很多政务。武王九年，武王东征至盟津，周公随军辅助。十一年，武王讨伐殷纣，进军到牧野，周公佐助武王，发布了《牧誓》。周军攻破殷都，进入殷王宫。武王杀殷纣以后，周公手持大钺，召公手持小钺，左右夹辅武王，举行祭祀殷朝的社坛，向上天与殷民宣布纣王的罪状。把箕子从监狱中释放出来。封赏纣王的儿子武庚禄父，命管叔、蔡叔辅助他，以继续主持殷朝的祭祀。遍封功臣、同姓和周王室的亲戚。封周公于少昊的旧址曲阜，作为鲁国的诸侯。但周公并未去自己的封国，而是留在朝廷辅佐武王。

武王灭殷后的第二年，天下尚未统一，武王患病，身体不安，群臣恐惧，太公和召公就想虔敬地进行占卜。周公说：“这个不足以使先王动心。”周公于是以自身为人质，设立三个祭坛，周公向北站立，捧璧持圭，向太王、王季、文王三位先祖祈祷。命史官作册文祝告说：“你们的子孙周王发，辛劳成疾，如果三位先王欠上天一个儿子，就让我周旦代替周王发。我灵巧能干，多才多艺，能侍奉鬼神。周王发不如我多才多艺，不能事奉鬼神。周王发禀受天命，要普济天下，而且能使你们的子孙在人世安定地生活，四方百姓无不敬畏他。他能使上天宝贵的任命长守不失，我们的先王也能永享奉祀。现在我将听命于大龟，你们如果答应我的要求，我将圭璧献上，听从您的命令。你们如果不答应，我就把圭璧收藏起来。”周公命史官作册文向太王、王季、文王祝告，用自己代替武王发去死，就到三王祭坛前占卜。卜人都说吉利，打开兆书一看，确实是吉。周公十分高兴，又开锁察看柜中的占兆书，也是吉象。周公即进宫祝贺武王说："大王您没有灾祸。我刚刚接到三位先王之命，让您只需考虑如何使周王室长治久安。此所谓上天能关照天子啊。"周公把册文收进金丝缠束的柜子中，密封，告诫守柜者不许泄露。第二天，武王就痊愈了。

后来武王去世，成王幼小，还是尚在襁褓中的孩子。周公怕天下人听说武王死了而背叛周王朝，就登位替成王代为处理政务，主持国家大权。管叔和他的弟兄在国中散布流言说："周公将对成王不利。"周公就告诉太公望、召公奭说："我之所以不避嫌疑代理国政，是因为怕天下人背叛周室，没法向我们的先王太王、王季、文王交代。三位先王为天下的基业忧劳已久，现在才刚成功。武王早逝，成王年幼，为了完成稳定周朝的大业，我才这样做。"于是终究留下辅佐成王，而命自己的长子伯禽到鲁国受封。周公告诫伯禽说："我是文王的儿子，武王的弟弟，成王的叔父，在全天下中我的地位不算低了。但我却洗一次头要多次握起头发，吃一顿饭多次吐出正在咀嚼的食物，起来接待贤士，这样还怕失掉天下的贤人。你到鲁国以后，千万不要因为自己是国君而慢待他人。"

管叔、蔡叔、武庚等人果然率领淮夷造反。周公于是奉成王的命令举兵东征，发布了《大诰》。于是诛杀管叔，杀掉武庚，流放蔡叔。集中殷朝遗民，把康叔封在卫地，把微子封在宋地，来奉行殷朝的祭祀。平定淮夷及东部地区，两年时间内全部完成。诸侯都归顺周王朝。

天降福瑞，唐叔得到二茎共生一穗的稻禾，献给成王，成王命唐叔送给在东部作战的周公，写了《馈禾》。周公接受稻禾后，感激天子的恩赐，写了《嘉禾》。东方安定后，周公回报成王，作诗赠给成王，这首诗名为《鸱鸮》。成王也未敢责备周公。

成王七年二月乙未日，成王从镐京步行到丰邑朝拜文王庙，命太保召公先行到洛邑勘察地形。这年三月，周公去洛邑营造成周京城，并进行占卜，吉象，于是就以洛邑为国都。

成王长大，能够自己处理国事了。于是周公就把政权还给成王，成王临朝听政。周公代替成王治天下时，面向南方，背对屏风接受诸侯的朝拜。七年后，还政给成王，周公面北回到臣子的位置上，一副谨慎恭敬、如履薄冰的样子。

当初，成王幼小时，生病了，周公就剪下自己的指甲扔入河中，向神祝告说："王年幼不懂事，冒犯神灵的是我周旦。"也把那祝告册文藏进秘府，成王病果然痊愈。到成王执政后，有人说周公坏话，周公逃亡到楚国。成王在秘府发现周公当年的祈祷册文，感动得哭了，立即迎回了周公。

周公归国后，怕成王年少，治理国家会荒淫放纵，就写了《多士》和《毋逸》。《毋逸》说："为人父母的，创业要经历长久时间的努力，子孙骄奢淫逸，忘记了祖先的困苦，毁败了家业，做儿子的能不谨慎吗！因此从前殷王中宗，庄重恭敬地畏惧天命，治民时严于律己，战战兢兢，不敢荒废事业，自图逸乐，所以中宗拥有国家七十五年。到了高宗，长期在民间劳碌，与百姓共同生活，等他即位后守丧，三年不谈国事，因其孝行而得到臣民拥戴，不敢荒淫逸乐，使得殷商国家安定，百姓大臣均无怨言，所以高宗拥有国家五十五年。到了祖甲，认为自己当君王不合道义，因此长时间逃避于民间，深知百姓的需要，他安定国家，施惠于百姓，不侮辱怠慢鳏寡，所以祖甲拥有国家三十三年。”《多士》说：“自商汤到帝乙，诸王无不遵循礼制去祭祀，修明德行，都能符合天命。后来到殷纣时，大肆荒淫逸乐，不顾天意民心，万民都认为他该杀。”周王朝很多贤士。“周文王每天忙到日头偏西还顾不上吃饭，拥有国家五十年。”周公写了这些用来告诫成王。

成王居于丰京，当时天下虽已安定，但周朝的官职制度尚未安排得当，于是周公写了《周官》，划定百官职责。写了《立政》，以利百姓，百姓欢悦。

周公在丰都患病，临终时说：“一定要把我埋葬在成周，以表明我不敢离开成王。”周公死后，成王也谦让，把周公葬在毕原，跟随着文王，来表示成王不敢视周公为臣子。

周公死后，那年秋天庄稼尚未收割，突然狂风暴雨，庄稼倒伏，大树连根拔起。全国上下十分害怕。成王和大夫穿好朝服，打开金丝缠封起来的盒子，于是发现了周公愿以己身代替武王去死的册文。太公、召公和成王于是问史官和主管人员，他们说：“确有此事，但以前周公命令我们不许说出去。”成王手执册文哭了，说：“恐怕没有比这个更虔诚的册文了！过去周公为王室辛劳，但我年幼未能理解。现在上天发威来彰明周公的美德，我应设祭祭天，我们国家也应该有这种典礼。”成王于是到南郊举行郊天大礼，天立即下雨了，风向反转，倒伏的庄稼全部立起。太公、召公命国人把倒下的大树都扶起，夯实土基。当年大丰收。于是成王便准许鲁国可以在南郊祭祀文王。鲁国之所以有周天子一样的礼乐，是为了褒奖周公的德行。

周公的儿子伯禽在周公死前已经接受封国，这就是鲁公。鲁公伯禽当初受封到鲁国，三年以后才向周公汇报政绩。周公说：“为何这么迟？”伯禽说：“改变当地风俗，变革当地礼制，服丧三年才能免除，因此迟了。”太公受封到齐国，五个月后就向周公汇报政绩。周公说：“为何这么迅速？”太公说：“我简化了君臣之间的礼仪，顺从当地的风俗做事。”等后来太公听说伯禽汇报政绩很迟，叹息说：“唉！鲁国后代将要北面事奉齐国了！为政不简约易行，百姓就不会亲近；政令平易近民，百姓必然归附。”

伯禽即位以后，发生了管、蔡等叛乱的事情，淮夷、徐戎也一起兴兵造反。于是伯禽率军到肸邑讨伐他们，写了《肸誓》，说：“准备你们的战甲头盔，没人敢不准备好。不许毁坏牛马。牛马走失，奴隶逃跑，不得擅离职守去追捕，别人的牛马奴隶跑到自己处要归还。不许劫略侵扰，不许入户盗窃。鲁国西、南、北三面近郊和远郊的人，准备好粮草、干粮和木桩，不许缺少。甲戌日我军修筑工事征伐徐戎，到时谁敢不到，就处以死刑。”发布《肸誓》后，就平定了徐戎，安定了鲁国。

鲁公伯禽死后，儿子考公酋继位。考公在位四年死，立他的弟弟熙为君，这就是炀公。炀公修建了茅阙门。炀公在位六年死，儿子幽公宰继位。幽公十四年，幽公的弟弟杀死幽公，自立为君，这就是魏公。魏公在位五十年死，儿子厉公擢继位。厉公在位三十七年死，鲁人立他的弟弟具为君，这就是献公。献公在位三十二年死，儿子真公濞继位。

真公十四年，周厉王为政无道，出逃到彘邑，周公、召公共同执政。二十九年，周宣王即位。

三十年，真公死，弟弟敖继位，这就是武公。

武公九年春，武公和长子括、少子戏西行朝拜周宣王。宣王喜欢戏，想立戏为鲁国太子。周大夫樊仲山父劝谏宣王说："废弃长子立少子不符合礼制；不符合礼制，必然触犯先王命令；触犯先王命令必被诛杀：所以发布命令不可违背礼制。命令难以实行，政权的威信就无法树立；办事违背礼制，百姓将背弃主上。下级事奉上级，年轻者事奉年长者，这才符合礼制。现在天子您封建诸侯，立诸侯的小儿子为继承人，是教给人民违犯礼制。如果鲁国遵从您的命令，诸侯也仿效而行，先王的命令必然阻塞难行；如果鲁国不遵从您的命令，您必要诛伐鲁国，您就等于自己诛伐先王的命令。您诛伐鲁国是错的，不诛伐也是错的，请您好好考虑这件事。"宣王不听，最终立戏为鲁太子。夏天，武公回鲁国后去世，戏继位，这就是懿公。

懿公九年，懿公哥哥括的儿子伯御和鲁国人攻杀懿公，立伯御为国君。伯御在位十一年，周宣王讨伐鲁国，杀死鲁国国君伯御，询问鲁国公子中谁能启发训导诸侯，让他做鲁国国君。樊穆仲说："鲁懿公的弟弟称，庄重恭谨地事奉鬼神，尊敬地事奉长者；处理事务执行法规时，必定咨询先王遗训和以往的经验教训，不违反先王遗训，不抵触过去的经验。"宣王说："好，这样就能训导治理好他的百姓。"于是在夷宫立称为鲁君，这就是孝公。从此以后，诸侯多有违抗王命的。

孝公二十五年，诸侯背叛周室，犬戎人杀死幽王。秦自此被封为诸侯。

二十七年，孝公死，儿子弗湟继位，这就是惠公。

惠公三十年，晋人杀了他们的国君昭侯。四十五年，晋人又杀了他们的国君孝侯。

四十六年，惠公死，长庶子息代理政务，行使国君的权力，这就是隐公。当初，惠公的嫡夫人没有儿子，他的贱妾声子生下儿子息。息长大后，惠公为息娶了一个宋国的女子。宋国女子来到鲁国，惠公看她漂亮就夺为自己的妻子。她生下儿子允。惠公将宋女升为夫人，立允为太子。到惠公死时，因为允年少，鲁人一致让息代理国政，不让其即位。

隐公五年，到棠地观看捕鱼。八年，与郑国交换天子所赐的封邑太山的祊和许田，君子讥讽这件事。

十一年冬，公子挥向隐公献媚说："百姓认为您当国君比较适宜，您就正式做国君吧。我请求为您杀掉太子允，您让我当国相。"隐公说："有先君的遗命。我是因为允年少，所以代理国政。现在允长大了，我正营造菟裘这个地方准备养老，把国政交还给太子允。”公子挥害怕太子允听到自己的话而杀他，反而向太子允说隐公的坏话：“隐公想正式做国君，除掉您，您要考虑此事。请允许我为您杀死隐公。”太子允答应了。十一月，隐公祭祀钟巫之神，在社圃斋戒，住在蔿氏家中。公子挥派人在蔿氏家里杀死隐公，立太子允为鲁君，这就是桓公。

桓公元年，郑国用玉璧换取天子赐给鲁的封邑许田。二年，鲁君命把宋国赂送的大鼎放入太庙，君子讥讽这件事。

三年，派公子挥到齐国迎娶齐女为桓公夫人。六年，夫人生下一子，与桓公生日相同，所以起名叫“同”。同长大，成为太子。

十六年，桓公与诸侯在曹国盟会，讨伐郑国，将郑厉公送回国。

十八年春，桓公准备外出远行，就与夫人一同去齐国。申繻劝谏阻止，桓公不听，于是去了齐国。齐襄公与桓公夫人私通。桓公恼怒夫人，夫人把情况告诉了齐侯。夏四月丙子日，齐襄公宴请桓公，桓公酒醉后，齐襄公命公子彭生抱住桓公，趁机命彭生折断桓公肋骨，桓公死在车上。鲁人向齐侯提出要求说：“我们国君畏敬您的威严，不敢安居，到齐国修订两国友睦的礼仪。礼仪完成了，但人却未能返回，不知道该归罪给谁，只要求得到彭生，以消除此事在诸侯之间所产生的不好的影响。”齐人杀死彭生来向鲁人解释。鲁人立太子同为君，这就是庄公。庄公的母亲因此留在齐国，不敢返回鲁国。

庄公五年冬，讨伐卫国，武力支持卫惠公回国执政。

八年冬，齐公子纠逃亡来鲁国。九年，鲁国想武力护送子纠返回齐国，但落在齐桓公后面，齐桓公发兵攻打鲁国，鲁国形势危急，杀了子纠。召忽自杀。齐人告知鲁国要生得管仲。鲁人施伯说：“齐国想得到管仲，并非想杀他，而是将要任用他，他被任用后必为鲁国大患。不如杀死管仲，把他尸体交给齐国。”庄公不听，把管仲囚禁，交给齐国。齐人用管仲为相。

十三年，鲁庄公和曹沫在柯地与齐桓公盟会，曹沫劫持齐桓公，索要鲁被齐侵占的土地，盟誓后释放桓公。桓公想毁约，管仲劝谏，终于归还了侵占鲁国的土地。十五年，齐桓公开始称霸于诸侯。二十三年，庄公到齐国去观看祭祀神社的活动。

三十二年。当初，庄公修筑台子，正好俯临党氏家，庄公见到孟女，喜欢并爱慕她，答应立她为夫人，割破胳膊订下盟誓。孟女生儿子斑。斑长大后，喜爱梁氏家的女儿，前去看望她。一个名叫荦的养马人从墙外与梁氏女嬉戏。斑大怒，鞭打荦。庄公听说此事，说：“荦很有力气，应该杀掉他，不能打完后就放了。”斑没有来得及杀荦。碰巧庄公有病。庄公有三个弟弟，长弟名庆父，次弟名叔牙，幼弟名季友。庄公娶齐女为夫人，名哀姜。哀姜没有儿子。哀姜的妹妹名叔姜，生儿子开。庄公没有嫡子，喜爱孟女，想立她的儿子斑为太子。庄公病重，向弟弟叔牙询问谁可继承君位。叔牙说：“父死子继，兄终弟及，这是鲁国常规。庆父还在，可当继承人，您有什么担忧的？”庄公担心叔牙想立庆父，叔牙退下后又问季友。季友说：“请允许我拼死也要立斑为国君。”庄公曰：“刚才叔牙想立庆父，怎么办呢？”季友就以庄公名义命令叔牙在针巫氏家中待命，派针季强迫叔牙喝毒酒，对叔牙说：“你喝了这个，则你的后代还有人祭祀、继承你；不然，你死了，你的后人也将灭绝。”叔牙于是饮毒酒死去，鲁国立叔牙的儿子为叔孙氏。八月癸亥日，庄公死，季友终于立子斑为君，符合庄公的遗命。子斑守丧时，住在党氏家里。

当初庆父与哀姜私通，庆父想立哀姜妹妹的儿子开。结果庄公死后季友立斑为君，十月己未日，庆父派圉人荦在党氏家杀死鲁公子斑。季友逃到陈国。庆父终于立庄公儿子开为君，这就是湣公。

湣公二年，庆父与哀姜私通更加频繁。哀姜与庆父谋划杀死湣公而立庆父为鲁君。庆父派卜齮在武闱杀死湣公。季友听说这件事后，与湣公弟弟申从陈国赶到邾国，要求鲁人接纳申为鲁君。鲁人想杀庆父。庆父害怕，逃到莒国。于是季友拥戴子申回到鲁国，立为国君，这就是釐公。釐公也是庄公的小儿子。哀姜恐惧，逃到邾国。季友以贿赂的方式向莒人索要庆父，庆父被送回，季友派人杀庆父，庆父请求出逃，季友不答应，就派大夫奚斯哭着去告诉庆父。庆父听到奚斯的哭声，就自杀了。齐桓公听到哀姜与庆父淫乱，危害鲁国，就从邾国把哀姜召回杀了，把她的尸体送回鲁国，陈尸示众。鲁釐公求情后埋葬了哀姜。

季友的母亲是陈国的女子，所以季友逃亡时去陈国，陈国帮助护送季友和子申回国。季友临降生时，桓公令人为他占卜，卜人说：“这是一个男孩，他的名字叫‘友’，将来定将成为公室重臣。季友死后，鲁国不再昌盛。”到降生时，掌中有纹路为‘友’字，就以友命名，取号叫成季。他的后代被称为季氏，庆父的后代被称为孟氏。

釐公元年，把汶阳与鄪邑封赐季友。季友为鲁相。

九年，晋大夫里克杀死他的国君奚齐、卓子。齐桓公率领鲁釐公讨平晋乱，到达高梁返回，立晋惠公为君。十七年，齐桓公死。二十四年，晋文公即位。

三十三年，釐公死，儿子兴继位，这就是文公。

文公元年，楚国太子商臣杀了他的

父亲成王，自立为君。三年，文公朝会晋襄公。

十一年十月甲午日，鲁人在咸地打败长翟，俘虏长翟乔如，鲁大夫富父终甥用戈刺乔如的喉咙，杀死了他，把乔如的首级埋在子驹门，并以乔如二字为宣伯命名。

当初，宋武公之时，鄋瞒伐宋，司徒皇父帅师抵御，在长丘击败翟人，俘获长翟缘斯。晋国灭掉路国时，俘获乔如的弟弟棼如。齐惠公二年，鄋瞒伐齐，齐王子城父俘获他的弟弟荣如，把他的首级埋在北门。卫人俘获他的弟弟简如。鄋瞒从此就灭亡了。

十五年，季文子到晋国出使。

十八年二月，鲁文公死。文公有两个妃子：长妃齐女是哀姜，生儿子恶和视；次妃是敬嬴，颇受宠爱，生儿子倭。倭私下笼络襄仲，襄仲想立倭为君，叔仲认为不可以。襄仲请求齐惠公，齐惠公刚即位，想亲近鲁国，就答应了。冬十月，襄仲杀死恶与视，立倭为鲁君，这就是宣公。哀姜返回齐国，号哭着经过集市，说："天哪！襄仲大逆不道，杀嫡子而立庶子！"集市上的人都哭了，鲁国人都称她为"哀姜"。从此鲁国公室衰微，而三桓的势力强盛起来。

宣公倭十二年，楚庄王强大，围攻郑国。郑伯投降，后来庄王又恢复他的国家。

十八年，宣公死，儿子成公黑肱继位，这就是成公。季文子说："使我国杀嫡子而立庶子、失去诸侯支持的人，就是襄仲。"襄仲拥立宣公，他的儿子公孙归父备受宣公宠爱。宣公想除掉三桓，与晋国商量讨伐三桓。适值宣公死去，季文子怨恨公孙归父，归父逃到齐国。

成公二年春，齐国讨伐鲁国，夺取隆邑。夏天，成公与晋国大夫郤克在鞍地打败齐顷公的军队，齐国归还侵占鲁国的土地。四年，成公到晋国，晋景公不尊重成公。成公想背叛晋国与楚联盟，有人劝谏，才作罢。十年，成公到晋国。晋景公死，晋人趁机留下成公送葬，鲁人讳言此事。十五年，鲁国开始与吴王寿梦在钟离盟会。

十六年，宣伯请求晋国，想让晋人杀掉季文子。季文子有道义，晋人没有答应。

十八年，成公死，儿子午继位，这就是襄公。这时襄公才三岁。

襄公元年，晋人立悼公为君。去年冬天，晋大夫栾书杀死他的国君厉公。四年，襄公朝见晋国。

五年，季文子死。家中没有穿丝绸的妻妾，马厩中没有吃谷子的马，府库中没有金玉，就这样做了三代国君的相。君子说："季文子真是廉洁忠正啊！"

九年，鲁国与晋国共同讨伐郑国。晋悼公在卫国为襄公举行冠礼，季武子随从，辅助举行冠礼仪式。

十一年，三桓氏分别掌握鲁国三军。

十二年，朝见晋君。十六年，晋平公即位。二十一年，朝见晋平公。

二十二年，孔丘降生。

二十五年，齐国大夫崔杼杀死他的国君庄公，立庄公弟弟景公为齐君。

二十九年，吴国的延陵季子出使鲁国，求问周室的礼乐，全部了解其中的内容，鲁人十分敬重他。

三十一年六月，襄公死。这年九月，太子死。鲁国人立襄齐归的儿子裯为鲁君，这就是昭公。

昭公时年十九岁，还是幼稚顽皮。穆叔不想立他，说："太子死了，有他同母弟可立为君，如无同母弟，才立庶长子。年龄相同的就要选择贤能的人，才能也相同就用占卜来决定。现在裯不是嫡子，而且居丧时并不悲伤，反而喜形于色，如果真的立了他，必定成为季氏的祸患。"季武子不听，终于立裯为君。等到襄公下葬时，裯三次更换丧服。君子说："这个人不得善终。"

昭公三年，朝见晋君到黄河边，晋平公辞谢，让昭公返回，鲁人以为耻辱。四年，楚灵王和诸侯在申地盟会，昭公称病不去。七年，季武子死。八年，楚灵王建成章华台，召见昭公。昭公前往祝贺，灵王赐给昭公宝器；后又反悔，又骗取回来。十二年，昭公朝见晋君到黄河边，晋平公辞谢，昭公返回。十三年，楚公子弃疾杀死他的国君灵王，自立为楚王。十五年，昭公朝见晋君，晋人留下他给晋昭公送葬，鲁人以为耻辱。二十年，齐景公与晏子在边境巡狩，顺便到鲁国询问礼制。二十一年，昭公朝见晋君到黄河，晋君辞谢，昭公返回。

二十五年春，有鸜鹆鸟来鲁国巢居。师己说："文公和成公时期有童谣说：'鸜鹆飞来筑巢，国君出居乾侯。鸜鹆定居鲁国，国君住在野外。'"

季氏与郈氏斗鸡，季氏给鸡装上护甲，郈氏给鸡爪套上金属套。季平子一怒之下侵犯郈氏，郈氏也愤恨季平子。臧昭伯的弟弟臧会造伪诬陷臧氏，藏在季平子家中，臧昭伯因此拘禁季氏家人。季平子大怒，把臧氏家臣囚禁。臧氏与郈氏向昭公告难。昭公在九月戊戌日攻伐季氏，进入季氏私邑。季平子登台请求说："您因听信谗言，不能细察情况就来诛伐我，请允许我迁居到沂水边。"昭公不答应。季平子又请求把自己囚禁在鄪邑，仍不答应。季平子又请求带五乘车出逃，昭公还不答应。子家驹说："您答应了吧。季氏长久把持政权，徒党极多，他们将合谋对付您。"昭公不听。郈氏说："一定要杀死季平子。"叔孙氏家臣戾对他的徒众说："季氏灭亡或存在，哪一个对我们有利？"大家都说："没有了季氏就没有叔孙氏。"戾说："对，我们去救援季氏。"于是他们击败昭公军队。孟懿子听到叔孙氏战胜，就杀死郈昭伯。郈昭伯正作为昭公使节派往孟氏，所以孟氏抓住杀了他。孟孙、叔孙、季孙三家共同讨伐昭公，昭公于是逃奔出国。己亥日，昭公到达齐国。齐景公说："我给你两万五千户来接待你。"子家说："背弃周公的大业而做齐国的臣子，可以这样吗？"昭公才作罢。子家说："齐景公不讲信用，不如早点去晋国。"昭公不听。叔孙见昭公回国，就去见季平子，季平子叩头。起初他们想迎回昭公，孟孙、季孙后又反悔，于是作罢。

二十六年春天，齐国讨伐鲁国，占领郓邑让鲁昭公住在那里。夏天，齐景公想护送昭公回国，命令不得接受鲁国的贿赂。申丰、汝贾许诺给齐大夫高龁、子将粟谷八万斗。子将对齐侯说：“鲁群臣不服从鲁君，有怪异之处。宋元公为鲁昭公到晋国，想支持昭公回国，却死在路上。叔孙昭子请求让鲁君回国，却无病而死。不知是上天抛弃鲁国，还是鲁君得罪了鬼神呢？请您再等等看吧。”齐景公听从了他的话。

二十八年，昭公到晋国，要求支持他回国为君。季平子暗中贿赂晋国的六卿，六卿接受了季氏的贿赂，劝谏晋君，晋君也才作罢，让昭公居住在乾侯。二十九年，昭公到郓邑。齐景公派人给昭公送信，信中称昭公为“主君”。昭公以之为耻辱，一怒之下又去了乾侯。三十一年，晋君想支持昭公回鲁，召见季平子。季平子身着布衣，赤脚行走，通过六卿谢罪。六卿替季平子对晋君说：“晋国虽支持昭公，但鲁人不听从。”晋国也就作罢。三十二年，昭公死在乾侯。鲁人一同拥立昭公弟弟宋为国君，这就是定公。

定公继位，赵简子问史墨说：“季氏会灭亡吗？”史墨回答说：“不会。季友为鲁国立过大功，受封于鄪，是鲁国上卿，到了季文子、季武子时，累世增加功业。鲁文公死，东门遂杀嫡子，立庶子，鲁君丧失国政。国政掌握在季氏手中，至今已经经历四代国君了。人民不知道他们的国君，他怎么能掌握国家政权！因此做国君的要慎守礼器爵号，不可以把它们送给别人。”

定公五年，季平子死。阳虎因私愤囚禁季桓子，季桓子与他订立盟约，才被释放。七年，齐国伐鲁，占领郓邑，把郓邑作为阳虎的封邑，在那里处理政务。八年，阳虎想把三桓的嫡子全部杀掉，改立与自己关系密切的庶子代替嫡子；阳虎用车载季桓子，想要杀掉他，季桓子用计脱身。三桓联合攻打阳虎，阳虎占据阳关。九年，鲁国讨伐阳虎，阳虎逃亡到齐国，不久又逃到晋国赵氏处。

十年，定公与齐景公在夹谷相会，孔子主持盟会。齐人想袭击定公，孔子按礼仪登阶而上，诛杀齐国演奏淫乐的乐人，齐侯恐惧，不敢袭击定公，归还侵占的鲁国土地来谢罪。十二年，派仲由拆毁三桓家族的城墙，没收他们的铠甲武器。孟氏不肯拆毁城墙，定公派兵攻伐，没有攻克而作罢。季桓子接受齐国的女乐，孔子离开鲁国。

十五年，定公死，儿子将继位，这就是哀公。

哀公五年，齐景公死。六年，齐大夫田乞杀死他的国君孺子。

七年，吴王夫差强盛，讨伐齐国，到达缯地，向鲁国索要牛、羊、猪各一百头。季康子派子贡说服吴王和太宰嚭，用礼仪贬斥他们。吴王说：“我们是纹身的蛮夷之人，不值得用礼制来要求。”就停止了对鲁国的索要。

八年，吴国为邹国攻伐鲁国，到达都城下，与鲁订盟约后离去。齐国讨伐鲁国，攻取三座城邑。十年，鲁攻打齐国南部边境。十一年，齐国讨伐鲁国。季氏任用冉有甚有成效，思念孔子，孔子就从卫国返回鲁国。

十四年，齐国大夫田常在徐州杀死他的国君简公。孔子请求出兵讨伐田常，哀公不听。十五年，派子服景伯为使节，子贡为助手，到达齐国。齐国归还侵占鲁国的土地。田常刚当上齐相，想要亲睦诸侯。

二十二年，越王勾践灭掉吴王夫差。

二十七年春田，季康子死。夏天，哀公担心三桓作乱，想借助诸侯的力量劫取三桓的势力，三桓也怕哀公发难，因此君臣之间隔阂加深。哀公去陵阪游玩，路遇孟武伯，哀公说："请问我能善终吗？"孟武伯回答说："不知道。"哀公想借助越国攻伐三桓。八月，哀公到陉氏家。三桓攻打哀公，哀公逃亡到卫国，又离开卫国到邹国，终于到了越国。鲁人迎接哀公回国，死在有山氏家里。他的儿子宁继位，这就是悼公。

悼公时期，三桓强盛，鲁君犹如很小的诸侯，地位比三桓之家还要卑弱。

十三年，韩、赵、魏三晋灭掉智伯，瓜分占有了他的土地。

三十七年，悼公死，儿子嘉继位，这就是元公。元公在位二十一年死，儿子显继位，这就是穆公。穆公在位三十三年死，儿子奋继位，这就是共公。共公在位二十二年死，儿子屯继位，这就是康公。康公在位九年死，儿子匽继位，这就是景公。景公在位二十九年死，儿子叔继位，这就是平公。此时六国都已自称为王。

平公十二年，秦惠王死。二十年，平公死，儿子贾继位，这就是文公。文公七年，楚怀王死在秦国。二十三年，文公死，儿子雠继位，这就是顷公。

顷公二年，秦攻克楚国郢都，楚顷王向东迁都于陈。十九年，楚国讨伐鲁国，夺取徐州。二十四年，楚考烈王伐灭掉鲁国。顷公逃亡，迁居下邑，成为平民，鲁国祭祀断绝。顷公在柯邑死去。

鲁国从周公到顷公，总计三十四代。

太史公说：我听说孔子曾说"鲁国的道德真是衰微至极了！洙水、泗水之间人们争辩计较不休"。回看庆父、叔牙在闵公时期把鲁国搞得多么混乱！隐公、桓公兄弟相争；襄仲杀嫡子而立庶子；孟孙、叔孙、季孙三家本是臣子，竟亲自攻打昭公，以致昭公逃亡。他们虽然对于礼仪揖让的礼节一致遵从，但实际行事却又与此违背啊！

（苏　芃　注译）

卷三十四

燕召公世家第四

注释查阅　译文诵读

召公奭，与周同姓，姓姬氏。周武王之灭纣，封召公于北燕。

其在成王时，召公为三公[1]：自陕以西，召公主之；自陕以东，周公主之。成王既幼，周公摄政[2]，当国践祚[3]，召公疑之，作《君奭》[4]。《君奭》不说周公[5]。周公乃称“汤时有伊尹，假于皇天[6]；在太戊，时则有若伊陟、臣扈，假于上帝，巫咸治王家[7]；在祖乙，时则有若巫贤；在武丁，时则有若甘般：率维兹有陈[8]，保乂有殷[9]”。于是召公乃说。

召公之治西方，甚得兆民和[10]。召公巡行乡邑，有棠树，决狱政事其下[11]，自侯伯至庶人各得其所[12]，无失职者。召公卒，而民人思召公之政，怀棠树不敢伐，哥咏之[13]，作《甘棠》之诗[14]。

自召公已下九世至惠侯[15]。燕惠侯当周厉王奔彘、共和之时[16]。

惠侯卒，子釐侯立。是岁，周宣王初即位。釐侯二十一年，郑桓公初封于郑。三十六年，釐侯卒，子顷侯立。

顷侯二十年，周幽王淫乱，为犬戎所弑。秦始列为诸侯。

二十四年，顷侯卒，子哀侯立。哀侯二年卒，子郑侯立。郑侯三十六年卒，子缪侯立。

缪侯七年，而鲁隐公元年也。十八年卒，子宣侯立。宣侯十三年卒，子桓侯立。桓侯七年卒，子庄公立。

庄公十二年，齐桓公始霸。十六年，与宋、卫共伐周惠王，惠王出奔温，立惠王弟穨为周王。十七年，郑执燕仲父而内惠王于周[17]。二十七年，山戎来侵我[18]，齐桓公救燕，遂北伐山戎而还。燕君送齐桓公出境，桓公因割燕所至地予燕，使燕共贡天子[19]，如成周时职[20]；使燕复修召公之法。三十三年卒，子襄公立。

襄公二十六年，晋文公为践土之会[21]，称伯[22]。三十一年，秦师败于殽[23]。三十七年，秦穆公卒。四十年，襄公卒，桓公立。

桓公十六年卒，宣公立。宣公十五年卒，昭公立。昭公十三年卒，武公立。是岁晋灭三郤大夫[24]。

武公十九年卒，文公立。文公六年卒，懿公立。懿公元年，齐崔杼弑其君庄公。四年卒，子惠公立。

惠公元年，齐高止来奔。六年，惠公多宠姬，公欲去诸大夫而立宠姬宋，大夫共诛姬宋，惠公惧，奔齐。四年，齐高偃如晋，请共伐燕，入其君。晋平公许，与齐伐燕，入惠公。惠公至燕而死。燕立悼公。

悼公七年卒，共公立。共公五年卒，平公立。晋公室卑[25]，六卿始强大[26]。平公十八年，吴王阖闾破楚，入郢。十九年卒，简公立。简公十二年卒，献公立。晋赵鞅围范、中行于朝歌[27]。献公十二年，齐田常弑其君简公。十四年，孔子卒。二十八年，献公卒，孝公立。

孝公十二年，韩、魏、赵灭知伯，分其地，三晋强。

十五年，孝公卒，成公立。成公十六年卒，湣公立。湣公三十一年卒，釐公立。是岁，三晋列为诸侯。

釐公三十年，伐败齐于林营。釐公卒，桓公立。桓公十一年卒，文公立。是岁，秦献公卒。秦益强。

文公十九年，齐威王卒。二十八年，苏秦始来见，说文公。文公予车马金帛以至赵，赵肃侯用之。因约六国，为从长[28]。秦惠王以其女为燕太子妇。

二十九年，文公卒，太子立，是为易王。

易王初立，齐宣王因燕丧伐我，取十城；苏秦说齐，使复归燕十城。十年，燕君为王。苏秦与燕文公夫人私通，惧诛，乃说王使齐为反间[29]，欲以乱齐。易王立十二年卒，子燕哙立。

燕哙既立，齐人杀苏秦。苏秦之在燕，与其相子之为婚[30]，而苏代与子之交[31]。及苏秦死，而齐宣王复用苏代。燕哙三年，与楚、三晋攻秦，不胜而还。子之相燕，贵重[32]，主断[33]。苏代为齐使于燕，燕王问曰：“齐王奚如[34]？”对曰：“必不霸。”燕王曰：“何也？”对曰：“不信其臣。”苏代欲以激燕王以尊子之也。于是燕王大信子之。子之因遗苏代百金[35]，而听其所使。

鹿毛寿谓燕王：“不如以国让相子之。人之谓尧贤者，以其让天下于许由，许由不受，有让天下之名而实不失天下。今王以国让于子之，子之必不敢受，是王与尧同行也。”燕王因属国于子之[36]，子之大重。或曰：“禹荐益，已而以启人为吏。及老，而以启人为不足任乎天下，传之于益。已而启与交党攻益[37]，夺之。天下谓禹名传天下于益，已而实令启自取之。今王言属国于子之，而吏无非太子人者，是名属子之而实太子用事也。”王因收印自三百石吏已上而效之子之[38]。子之南面行王事，而哙老不听政[39]，顾为臣[40]，国事皆决于子之。

三年，国大乱，百姓恫恐[41]。将军市被与太子平谋，将攻子之。诸将谓齐湣王曰：“因而赴之[42]，破燕必矣。”齐王因令人谓燕太子平曰：“寡人闻太子之义，将废私而立公，饬君臣之义[43]，明父子之位。寡人之国小，不足以为先后[44]。虽然，则唯太子所以令之。”太子因要党聚众[45]，将军市被围公宫，攻子之，不克。

将军市被及百姓反攻太子平，将军市被死，以徇[46]。因构难数月[47]，死者数万，众人恫恐，百姓离志。孟轲谓齐王曰：“今伐燕，此文、武之时，不可失也。”王因令章子将五都之兵[48]，以因北地之众以伐燕[49]。士卒不战，城门不闭，燕君哙死，齐大胜。燕子之亡二年，而燕人共立太子平，是为燕昭王。

燕昭王于破燕之后即位，卑身厚币以招贤者[50]。谓郭隗曰：“齐因孤之国乱而袭破燕，孤极知燕小力少，不足以报。然诚得贤士以共国[51]，以雪先王之耻，孤之愿也。先生视可者，得身事之。”郭隗曰：“王必欲致士[52]，先从隗始。况贤于隗者[53]，岂远千里哉！”于是昭王为隗改筑宫而师事之。乐毅自魏往，邹衍自齐往，剧辛自赵往，士争趋燕[54]。燕王吊死问孤，与百姓同甘苦。

二十八年，燕国殷富，士卒乐轶轻战[55]，于是遂以乐毅为上将军，与秦、楚、三晋合谋以伐齐。齐兵败，湣王出亡于外。燕兵独追北[56]，入至临淄，尽取齐宝，烧其宫室宗庙。齐城之不下者，独唯聊、莒、即墨，其余皆属燕，六岁。

昭王三十三年卒，子惠王立。

惠王为太子时，与乐毅有隙[57]；及即位，疑毅，使骑劫代将。乐毅亡走赵。齐田单以即墨击败燕军，骑劫死，燕兵引归，齐悉复得其故城。湣王死于莒，乃立其子为襄王。

惠王七年卒。韩、魏、楚共伐燕。燕武成王立。

武成王七年，齐田单伐我，拔中阳。十三年，秦败赵于长平四十余万。十四年，武成王卒，子孝王立。

孝王元年，秦围邯郸者解去。三年卒，子今王喜立。

今王喜四年，秦昭王卒。燕王命相栗腹约欢赵[58]，以五百金为赵王酒。还报燕王曰：“赵王壮者皆死长平，其孤未壮，可伐也。”王召昌国君乐间问之。对曰：“赵四战之国[59]，其民习兵，不可伐。”王曰：“吾以五而伐一。”对曰：“不可。”燕王怒，群臣皆以为可。卒起二军，车二千乘[60]，栗腹将而攻鄗，卿秦攻代。唯独大夫将渠谓燕王曰：“与人通关约交[61]，以五百金饮人之王，使者报而反攻之，不祥，兵无成功。”燕王不听，自将偏军随之[62]。将渠引燕王绶止之曰[63]：“王必无自往，往无成功。”王蹴之以足。将渠泣曰：“臣非以自为，为王也！”燕军至宋子，赵使廉颇将，击破栗腹于鄗。破卿秦乐乘于代。乐间奔赵。廉颇逐之五百余里，围其国[64]。燕人请和，赵人不许，必令将渠处和[65]。燕相将渠以处和[66]。赵听将渠，解燕围。

六年，秦灭东周，置三川郡。七年，秦拔赵榆次三十七城，秦置大原郡。九年，秦王政初即位。十年，赵使廉颇将攻繁阳，拔之。赵孝成王卒，悼襄王立。使乐乘代廉颇，廉颇不听，攻乐乘，乐乘走，廉颇奔大梁。十二年，赵使李牧攻燕，拔武遂、方城。剧辛故居赵，与庞煖善，已而亡走燕。燕见赵数困于秦，而廉颇去，令庞煖将也，欲因赵弊攻之[67]。问剧辛，辛曰：“庞煖易与耳[68]。”燕使剧辛将击赵，赵使庞煖击之，取燕军二万，杀剧辛。秦拔魏二十城，置东郡。十九年，秦拔赵之鄚九城。赵悼襄王卒。二十三年，太子丹质于秦，亡归燕。二十五年，秦虏灭韩王安，置颍川郡。二十七年，秦虏赵王迁，灭赵。赵公子嘉自立为代王。

燕见秦且灭六国，秦兵临易水，祸且至燕。太子丹阴养壮士二十人[69]，使荆轲献督亢地图于秦，因袭刺秦王。秦王觉，杀轲，使将军王翦击燕。二十九年，秦攻拔我蓟，燕王亡，徙居辽东，斩丹以献秦。三十年，秦灭魏。

三十三年，秦拔辽东，虏燕王喜，卒灭燕。是岁，秦将王贲亦虏代王嘉。

太史公曰：召公奭可谓仁矣！甘棠且思之，况其人乎？燕外迫蛮貉[70]，内措齐、晋[71]，崎岖强国之间[72]，最为弱小，几灭者数矣。然社稷血食者八九百岁[73]，于姬姓独后亡，岂非召公之烈邪[74]！

【译文】

召公奭和周王室同姓，姓姬。周武王灭掉商纣，将召公封在北燕。

在周成王时期，召公位居三公：自陕地以西，由召公主管；自陕地以东，由周公主管。成王还很幼小，周公代他主持朝政，执掌国家大权，登天子位。召公怀疑周公，周公就写了《君奭》。召公对周公不满。周公于是称扬殷商时的有关史实说："商汤时有伊尹，治理国家合于天道；在太戊，当时有伊陟、臣扈，治理国家合于天道，并有巫咸治理朝政；在祖乙，当时有巫贤；在武丁，当时有甘般：这些大臣都各在其位，各尽其能，殷朝得到了治理和安定。"于是召公才高兴起来。

召公治理西方，深受广大民众的拥戴。召公到乡村城镇去巡察，有一棵棠树，他就在树下审理案件，处理政事。从贵族到平民都各得其所，没有失职的。召公去世后，民众思念他的政绩，爱护那棵棠树舍不得砍伐，并且歌咏着它，作了名为《甘棠》的诗篇。

从召公以后，经过九代传到惠侯。燕惠侯在位正值周厉王逃跑到彘，周定公和召穆公共同执政的时候。

惠侯去世，儿子釐侯即位。这一年，周宣王刚刚继位。釐侯二十一年，郑桓公被封到郑。三十六年，釐侯去世，儿子顷侯继位。

顷侯二十年，周幽王淫乱，被犬戎杀死。秦国开始被列为诸侯。

二十四年，顷侯去世，儿子哀侯继位。哀侯二年去世，儿子郑侯继位。郑侯三十六年去世，儿子缪侯继位。

缪侯七年，是鲁隐公元年。缪侯十八年去世，儿子宣侯继位。宣侯十三年去世，儿子桓侯继位。桓侯七年去世，儿子庄公继位。

庄公十二年，齐桓公开始称霸。十六年，庄公和宋国、卫国一起征伐周惠王，惠王逃奔到温，他们拥立惠王的弟弟穨为周王。十七年，郑国拘捕了燕仲父，把惠王接回到京城。二十七年，山戎侵犯燕国，齐桓公来救援燕国，于是率兵北上讨伐山戎，然后回国。燕庄公送齐桓公出了国境，齐桓公就把燕庄公所到的地方割让给了燕国，让燕和诸侯一道向天子进贡，像周成王时一样，让燕庄公重新修明燕召公时的法度。三十三年，庄公去世，儿子襄公继位。

襄公二十六年，晋文公召集诸侯在践上盟会，称霸。三十一年，秦军在殽山被晋军打败。三十七年，秦穆公去世。四十年，襄公去世，桓公继位。

桓公十六年去世，宣公继位。宣公十五年去世，昭公继位。昭公十三年去世，武公继位。这一年，晋国诛灭了三郤大夫。

武公十九年去世，文公继位。文公六年去世，懿公继位。懿公元年，齐国崔杼杀死了他的国君齐庄公。四年懿公去世，儿子惠公即位。

惠公元年，齐国高止逃奔到燕国。六年，惠公有很多宠臣，他打算废黜众大夫而任用宠臣宋，大夫们一起诛杀了宠臣宋。惠公害怕，逃奔到齐国。四年，齐国派高偃到晋国，请求联合讨伐燕国，送燕惠公回国为君。晋平公答应了，和齐国一起讨伐燕国，把燕惠公送回了燕国。惠公刚到燕国就死去了。燕人拥立悼公为君。

悼公七年去世，共公即位。共公五年去世，平公继位。晋国公室衰落，六卿开始强大起来。平公十八年，吴王阖闾攻破楚国，进入郢都。十九年，平公去世，简公继位。简公十二年去世，献公继位。晋国赵鞅把范氏、中行氏围困在朝歌。献公十二年，齐国田常杀死了他的国君齐简公。十四年，孔子去世。二十八年，献公去世，孝公继位。

孝公十二年，韩、魏、赵三家灭掉了智伯，瓜分了他的封地，这三家强大起来。

十五年，孝公去世，成公继位。成公十六年去世，湣公继位。湣公三十一年去世，釐公继位。这一年，韩、赵、魏三国被列为诸侯。

釐公三十年，燕国在林营征伐并打败了齐军。釐公去世，桓公继位。桓公十一年去世，文公继位。这一年，秦献公去世，秦国更加强大。

文公十九年，齐威王去世。二十八年，苏秦初次来燕国拜见，游说文公。文公赠给他车辆、马匹、黄金和绢帛，让他到赵国去，赵肃侯重用了他。苏秦于是与六国结成抗秦联盟，使燕王成为联盟的领袖。秦惠王把自己的女儿嫁给燕太子。

二十九年，文公去世，太子继位，这就是易王。

易王刚刚继位，齐宣王趁着给文公办丧事的机会攻打燕国，夺取了十座城池；苏秦游说齐王，说服齐王把十座城池又归还了燕国。十年，燕君正式称王。苏秦和燕文公的夫人私通，害怕被诛杀，于是就游说易王派他出使齐国去搞反间，借以扰乱齐国。易王十二年去世，儿子燕王哙继位。

燕王哙继位以后，齐人杀掉了苏秦。苏秦在燕国时，和国相子之结成亲家，苏秦的弟弟苏代也和子之交往密切。等到苏秦死后，齐宣王又任用了苏代。燕王哙三年，燕国联合楚国及韩、赵、魏三家攻打秦国，没有取胜就回国了。子之做燕国的国相，位尊权重，主决国家大事。苏代为齐国出使到燕国，燕王问他说：“齐王这个人怎么样？”苏代回答说：“肯定不能称霸。”燕王问：“为什么？”他回答说：“不信任他的大臣。”苏代是想用这些话刺激燕王，使他尊重子之。于是燕王十分信任子之。子之就赠给苏代一百镒黄金，任凭他使用。

鹿毛寿对燕王说：“您不如把国家让给国相子之。人们之所以称道尧为君贤圣，是因为他把天下让给了许由，许由不接受，因此尧有了禅让天下的美名而实际上并没有失去天下。如今您把国家让给子之，子之一定不敢接受，这就表明您和尧有同样的德行了。”燕王于是把国家托付给了子之，子之的地位就更加尊贵了。有人对燕王说：“大禹举荐了伯益，却任用启的臣子当官吏。等到大禹年老时，又认为启不足以担当治理天下的重任，把君位传给了伯益。不久，启就和他的同党攻打伯益，夺走了君位。天下人都说大禹名义上是把天下传给了伯益，而实际上是让启自己夺了回去。如今大王说是把国家托付给了子之，但官吏却没有一个不是太子的臣子，这正是名义上把国家托付给子之，实际上还是由太子执政啊。”燕王于是把俸禄三百石以上的官吏的印信收起来，交给了子之。子之就面朝南行使君权，燕王哙年老不再处理政务，反而成为了臣子，国家一切政务都由子之裁决。

三年，燕国大乱，百官恐惧。将军市被和太子平谋划，准备攻打子之。齐国众将对齐湣王说：“趁机出兵进攻燕国，一定能攻破燕国。”齐王于是派人对燕太子平说：“我听说太子深明大义，将要废除私利而建立公道，整顿君臣关系，明确父子名位。我的国家很小，不足以辅翼您。即使这样，我们也愿意听从太子的差遣。”太子平于是邀集同党聚合徒众，将军市被包围了王宫，攻打子之，没有取胜。将军市被和百官又反过来攻打太子平。将军市被战死，被陈尸示众。因此造成了国内几个月的祸乱。死了好几万人，民众非常恐惧，百官离心。孟轲对齐王说：“现在去讨伐燕国，这正是周文王、武王伐纣那样的好时机，千万不能丧失啊。”齐王就命令章子率领五都的军队，并且偕同北方边境的士卒，一起讨伐燕国。燕国的士兵不迎战，城门也不关闭，燕君哙被杀，齐军大胜。燕子之死后两年，燕人共同拥立太子平，这就是燕昭王。

燕昭王是在燕国被攻破之后即位的，他待人谦卑，拿出丰厚的礼物来招

揽贤才。他对郭隗说：“齐国趁我们的国家动乱袭击攻破燕国，我深知燕国国家小、力量弱，不足以报仇。可是如果得到贤士一起来治理国家，雪洗先王的耻辱，这是我的愿望啊。先生看到有合适的人才，我愿意亲自侍奉他。”郭隗说：“假若大王一定要招致贤士，那就先从我开始。至于那些比我更贤能的人，难道还会因为千里之远而不来吗？”昭王于是给郭隗改建住宅，并像对待老师般侍奉他。乐毅从魏国到来，邹衍从齐国到来，剧辛从赵国到来，贤士们争着奔赴燕国。燕王吊祭死者，慰问孤寡，和百姓同甘共苦。

二十八年，燕国殷实富足，士兵都乐于出击，不惧战事。燕王于是任命乐毅为上将军，和秦、楚以及赵、魏、韩等国共同谋划征伐齐国。齐军战败，齐湣王逃到国外。燕军单独追击败逃的齐军，攻入齐都临淄，夺取了齐国所有的宝物，焚烧了齐国的宗庙和宫室。齐国没有被攻下的城池只有聊、莒和即墨三处，其余都隶属燕国，长达六年。

昭王三十三年去世，儿子惠王继位。

惠王在做太子的时候，就和乐毅有嫌隙；即位以后，他怀疑乐毅，让骑劫代替乐毅做将军。乐毅逃跑到赵国。齐国田单凭借即墨打败了燕军，骑劫战死，燕军退回，齐国又全部收复了原有的城池。齐湣王在莒死去，齐人就拥立他的儿子为襄王。

惠王七年去世，韩、魏、楚三国联合攻打燕国。燕武成王继位。

武成王七年，齐国田单征伐燕国，攻占了中阳。十三年，秦国在长平打败了赵国四十多万军队。十四年，武成王去世，儿子孝王继位。

孝王元年，秦国围困邯郸的军队解除包围，离开了赵国。孝王三年去世，儿子燕王喜继位。

燕王喜四年，秦昭王去世。燕王派国相栗腹和赵国订立友好盟约，送上五百镒黄金给赵王置酒祝寿。栗腹回国报告燕王说：“赵王国内壮年人都战死在长平了，他们的遗孤还没有长大，可以进攻赵国。”燕王叫来昌国君乐间询问这事情。乐间回答说：“赵国是个四面受敌、经常抗战的国家，他的百姓熟悉军事，不可以进攻。”燕王说：“我们是以五个人攻打他们一个人。”乐间仍然回答说：“不可以。”燕王很生气，群臣都认为可以进攻。燕国终于派出两路军队，兵车二千辆，让栗腹率领一路攻打鄗，卿秦率领一路攻打代。只有大夫将渠对燕王说：“和人家互通关卡，制订了盟约，拿出五百镒黄金给人家的君王祝酒，使者回来一报告就反过来进攻人家，这不吉祥，作战不会成功。”燕王听不进去，自己率领侧翼部队随军出发。将渠拉住燕王的绶带阻止说：“大王一定不要亲自前去，去了是不会成功的！”燕王用脚踢他。将渠哭着说：“我不是为了自己，为的是大王啊！”燕军到达宋子，赵国派廉颇率兵，在鄗打败了栗腹。乐乘也在代打败了卿秦。乐间逃奔到赵国。廉颇追赶燕军，追出五百多里，包围了燕国的都城。燕国人请求议和，赵国人不同意，一定要让将渠出面主持议和。燕国便任命将渠为国相，前去主持议和。

赵国听从了将渠，解除了对燕国的包围。

燕王喜六年，秦国灭掉东周，设置了三川郡。七年，秦国攻占了赵国榆次等三十七个城邑，设置了太原郡。九年，秦王嬴政即位。十年，赵国派廉颇率兵攻打并占领了魏国的繁阳。赵孝成王去世，悼襄王继位。悼襄王派乐乘接替廉颇统兵，廉颇不听命令，攻打乐乘，乐乘逃走，廉颇逃奔到大梁。十二年，赵国派李牧进攻燕国，夺取了武遂和方城。剧辛从前住在赵国时，和庞煖很要好，后来逃跑到燕国。燕王看到赵国屡次被秦兵围困，而且廉颇又离开了赵国，让庞煖领兵作战，想要趁赵国疲惫的机会去进攻它。燕王询问剧辛，剧辛说："庞煖很容易对付。"燕王就派剧辛领兵攻打赵国，赵国派庞煖迎战，俘获了燕军两万人，杀死了剧辛。秦国攻取了魏国二十座城池，设置东郡。十九年，秦国攻取了赵国的邺等九座城池。赵悼襄王去世。二十三年，燕太子丹被送到秦国去做人质，逃回了燕国。二十五年，秦国俘虏了韩王安，灭掉韩国，设置颍川郡。二十七年，秦国俘虏了赵王迁，灭掉赵国。赵国公子嘉自立为代王。

燕国君臣看到秦国即将灭掉六国，秦军临近易水，祸患将要降临燕国。燕太子丹暗地里供养着二十名壮士，他派荆轲把督亢地图献给秦王，趁机刺杀秦王。秦王发觉了，杀死了荆轲，派将军王翦进攻燕国。二十九年，秦军攻取了燕国都城蓟，燕王逃走，迁居辽东，杀掉太子丹献给了秦国。三十年，秦国灭掉魏国。

三十三年，秦军攻取了辽东，俘虏了燕王喜，终于灭掉了燕国。这一年，秦将王贲也俘虏了代王嘉。

太史公说：召公奭可以称得上有仁德的人了！连甘棠树尚且被人们思念，何况召公本人呢？燕国外受蛮貉逼迫，在内又和齐、晋等国交错，艰难地生存在强国之间，最为弱小，有许多次几乎灭亡。然而国家一直延续了八九百年，在姬姓的封国中它最后灭亡，这难道不是召公的功德吗？

（苏　芃　注译）

卷三十五
管蔡世家第五

注释查阅　译文诵读

太史公曰：余寻曹共公之不用僖负羁[1]，乃乘轩者三百人[2]，知唯德之不建。及振铎之梦，岂不欲引曹之祀者哉[3]？如公孙强不修厥政[4]，叔铎之祀忽诸[5]。

【译文】

太史公说：我通过探求曹共公不听信贤人僖负羁，却让后宫宠幸的美女三百人乘坐大夫轩车的事，认识到共公不树德政。到了曹叔振铎托梦于人，难道不是想将曹国延续下去吗？然而公孙强不好好治理国家，曹叔振铎的香火就断绝了。

（苏　芃　注译）

卷三十六 陈杞世家第六

注释查阅　译文诵读

太史公曰：舜之德可谓至矣！禅位于夏，而后世血食者历三代[1]。及楚灭陈，而田常得政于齐，卒为建国[2]，百世不绝，苗裔兹兹[3]，有土者不乏焉[4]。至禹，于周则杞，微甚，不足数也。楚惠王灭杞，其后越王句践兴。

【译文】

太史公曰：舜的道德可谓达到了最高的境界！让位给夏禹，经历夏商周三代仍享受祭祀。等到楚国灭掉陈国之后，田常又取得了齐国政权，最终成为了一个诸侯王国，百代不绝，后代子孙蕃盛，得到封地的人很多。至于禹，在周时其后代成为杞国之君，很弱小，不值一提。楚惠王灭掉杞以后，禹的后代越王勾践就振兴起来。

（苏　芃　注译）

卷四十　楚世家第十

注释查阅　译文诵读

楚之先祖出自帝颛顼高阳。高阳者，黄帝之孙，昌意之子也。高阳生称，称生卷章[1]，卷章生重黎。重黎为帝喾高辛居火正[2]，甚有功，能光融天下[3]，帝喾命曰祝融[4]。共工氏作乱[5]，帝喾使重黎诛之而不尽。帝乃以庚寅日诛重黎，而以其弟吴回为重黎后，复居火正，为祝融。

吴回生陆终。陆终生子六人，坼剖而产焉[6]。其长一曰昆吾[7]；二曰参胡[8]；三曰彭祖[9]；四曰会人[10]；五曰曹姓[11]；六曰季连[12]，芈姓，楚其后也。昆吾氏，夏之时尝为侯伯，桀之时汤灭之。彭祖氏，殷之时尝为侯伯，殷之末世灭彭祖氏。季连生附沮，附沮生穴熊。其后中微，或在中国[13]，或在蛮夷，弗能纪其世。

周文王之时，季连之苗裔曰鬻熊。鬻熊子事文王，蚤卒[14]。其子曰熊丽。熊丽生熊狂，熊狂生熊绎。

熊绎当周成王之时，举文、武勤劳之后嗣[15]，而封熊绎于楚蛮，封以子男之田[16]，姓芈氏，居丹阳[17]。楚子熊绎与鲁公伯禽、卫康叔子牟、晋侯燮、齐太公子吕伋俱事成王。

熊绎生熊艾，熊艾生熊䵣，熊䵣生熊胜。熊胜以弟熊杨为后。熊杨生熊渠。

熊渠生子三人。当周夷王之时，王室微，诸侯或不朝，相伐。熊渠甚得江汉间民和[18]，乃兴兵伐庸、杨粤，至于鄂[19]。熊渠曰："我蛮夷也，不与中国之号谥。"乃立其长子康为句亶王[20]，中子红为鄂王[21]，少子执疵为越章王[22]，皆在江上楚蛮之地。及周厉王之时，暴虐，熊渠畏其伐楚，亦去其王。

后为熊毋康，毋康蚤死。熊渠卒，子熊挚红立。挚红卒，其弟弑而代立，曰熊延。熊延生熊勇。

熊勇六年，而周人作乱，攻厉王，厉王出奔彘[23]。熊勇十年，卒，弟熊严为后。

熊严十年，卒。有子四人，长子伯霜，中子仲雪，次子叔堪，少子季徇。熊严卒，长子伯霜代立，是为熊霜。

熊霜元年，周宣王初立。熊霜六年卒，三弟争立。仲雪死；叔堪亡，避难于濮[24]；而少弟季徇立，是为熊徇。熊徇十六年，郑桓公初封于郑[25]。二十二年，熊徇卒，子熊咢立。熊咢九年，卒，子熊仪立，是为若敖。

若敖二十年，周幽王为犬戎所弑[26]，周东徙，而秦襄公始列为诸侯。

二十七年，若敖卒，子熊坎立，是为霄敖。霄敖六年卒，子熊眴立，是为蚡冒。蚡冒十三年，晋始乱，以曲沃之故。蚡冒十七年卒。蚡冒弟熊通弑蚡冒子而代立，是为楚武王。

武王十七年，晋之曲沃庄伯弑主国晋孝侯。十九年，郑伯弟段作乱。二十一年，郑侵天子之田。二十三年，卫弑其君桓公。二十九年，鲁弑其君隐公。三十一年，宋太宰华督弑其君殇公。

三十五年，楚伐随[27]。随曰："我无罪。"楚曰："我蛮夷也[28]。今诸侯皆为叛相侵，或相杀。我有敝甲[29]，欲以观中国之政，请王室尊吾号。"随人为之周，请尊楚，王室不听，还报楚。三十七年，楚熊通怒曰："吾先鬻熊，文王之师也，蚤终。成王举我先公，乃以子男田令居楚，蛮夷皆率服[30]，而王不加位，我自尊耳。"乃自立，为武王，与随人盟而去。于是始开濮地而有之。

五十一年，周召随侯，数以立楚为王[31]。楚怒，以随背己，伐随。武王卒师中而兵罢。子文王熊赀立，始都郢。

文王二年，伐申[32]，过邓[33]，邓人曰"楚王易取"，邓侯不许也。六年，伐蔡[34]，虏蔡哀侯以归，已而释之。楚强，陵江汉间小国，小国皆畏之。十一年，齐桓公始霸，楚亦始大。

十二年，伐邓，灭之。十三年，卒，子熊艱立，是为庄敖。庄敖五年，欲杀其弟熊恽，恽奔随，与随袭弑庄敖代立，是为成王。

成王恽元年，初即位，布德施惠，结旧好于诸侯。使人献天子，天子赐胙[35]，曰："镇尔南方夷越之乱，无侵中国。"于是楚地千里。

十六年，齐桓公以兵侵楚，至陉山[36]。楚成王使将军屈完以兵御之，与桓公盟。桓公数以周之赋不入王室，楚许之，乃去。

十八年，成王以兵北伐许，许君肉袒谢[37]，乃释之。二十二年，伐黄[38]。二十六年，灭英[39]。

三十三年，宋襄公欲为盟会，召楚。楚王怒曰："召我，我将好往袭辱之。"遂行，至盂[40]，遂执辱宋公，已而归之。三十四年，郑文公南朝楚。楚成王北伐宋，败之泓[41]，射伤宋襄公，襄公遂病创死[42]。

三十五年，晋公子重耳过，成王以诸侯客礼飨[43]，而厚送之于秦。

三十九年，鲁僖公来请兵以伐齐，楚使申侯将兵伐齐，取穀[44]，置齐桓公子雍焉。齐桓公七子皆奔楚，楚尽以为上大夫。灭夔[45]，夔不祀祝融、鬻熊故也。

夏，伐宋，宋告急于晋，晋救宋，成王罢归。将军子玉请战，成王曰："重耳亡居外久，卒得反国，天之所开，不可当。"子玉固请[46]，乃与之少师而去[47]。晋果败子玉于城濮[48]。成王怒，诛子玉。

四十六年。初，成王将以商臣为太子，语令尹子上[49]。子上曰："君之齿未也[50]，而又多内宠，绌乃乱也[51]。楚国之举[52]，常在少者。且商臣蠭目而豺声[53]，忍人也[54]，不可立也。"王不听，立之。后又欲立子职而绌太子商臣[55]。商臣闻而未审也，告其傅潘崇曰[56]："何以得其实？"崇曰："飨王之宠姬江芈而勿敬也。"商臣从之。江芈怒曰："宜乎王之欲杀若而立职也[57]。"商臣告潘崇曰："信矣[58]。"崇曰："能事之乎？"曰："不能。""能亡去乎？"曰："不能。""能行大事乎[59]？"曰："能。"冬十月，商臣以宫卫兵围成王。成王请食熊蹯而死，不听。丁未，成王自绞杀。商臣代立，是为穆王。

穆王立，以其太子宫予潘崇，使为太师，掌国事。穆王三年，灭江[60]。四年，灭六、蓼[61]。六、蓼，皋陶之后[62]。八年，伐陈[63]。十二年，卒。子庄王侣立。

庄王即位三年，不出号令，日夜为乐，令国中曰："有敢谏者死，无赦！"伍举入谏。庄王左抱郑姬，右抱越女，坐钟鼓之间。伍举曰："愿有进。"隐曰[64]："有鸟在于阜[65]，三年不蜚不鸣[66]，是何鸟也？"庄王曰："三年不蜚，蜚将冲天；三年不鸣，鸣将惊人。举退矣，吾知之矣。"居数月，淫益甚[67]。大夫苏从乃入谏。王曰："若不闻令乎？"对曰："杀身以明君，臣之愿也。"于是乃罢淫乐，听政，所诛者数百人，所进者数百人，任伍举、苏从以政，国人大说[68]。是岁灭庸。六年，伐宋，获五百乘。

八年，伐陆浑戎[69]，遂至洛[70]，观兵于周郊。周定王使王孙满劳楚王。楚王问鼎小大轻重，对曰："在德不在鼎。"庄王曰："子无阻九鼎[71]！楚国折钩之喙[72]，足以为九鼎。"王孙满曰："呜呼！君王其忘之乎？昔虞夏之盛，远方皆至，贡金九牧[73]，铸鼎象物[74]，百物而为之备，使民知神奸[75]。桀有乱德，鼎迁于殷，载祀六百。殷纣暴虐，鼎迁于周。德之休明[76]，虽小必重；其奸回昏乱[77]，虽大必轻。昔成王定鼎于郏鄏[78]，卜世三十，卜年七百[79]，天所命也。周德虽衰，天命未改。鼎之轻重，未可问也。"楚王乃归。

九年，相若敖氏[80]。人或谗之王，恐诛，反攻王，王击灭若敖氏之族。十三年，灭舒[81]。

十六年，伐陈，杀夏征舒[82]。征舒弑其君，故诛之也。已破陈，即县之。群臣皆贺，申叔时使齐来[83]，不贺。王问，对曰："鄙语曰[84]：'牵牛径人田[85]，田主取其牛。'径者则不直矣，取之牛，不亦甚乎？且王以陈之乱而率诸侯伐之，以义伐之而贪其县，亦何以复令于天下！"庄王乃复国陈后。

十七年春，楚庄王围郑，三月克之。入自皇门[86]，郑伯肉袒牵羊以逆[87]，曰："孤不天2[88]，不能事君，君用怀怒[89]，以及敝邑，孤之罪也。敢不惟命是听！宾之南海[90]，若以臣妾赐诸侯，亦惟命是听。若君不忘厉、宣、桓、武[91]，不绝其社稷，使改事君，孤之愿也，非所敢望也。敢布腹心。"楚群臣曰："王勿许。"庄王曰："其君能下人[92]，必能信用其民，庸可绝乎[93]！"庄王自手旗，左右麾军[94]，引兵去三十里而舍[95]，遂许之平。潘尫入盟[96]，子良出质[97]。夏六月，晋救郑，与楚战，大败晋师河上[98]，遂至衡雍而归[99]。

二十年，围宋，以杀楚使也。围宋五月，城中食尽，易子而食，析骨而炊。宋华元出告以情。庄王曰："君子哉！"遂罢兵去。

二十三年，庄王卒，子共王审立。

共王十六年，晋伐郑。郑告急，共王救郑。与晋兵战鄢陵，晋败楚，射中共王目。共王召将军子反。子反嗜酒，从者竖阳谷进酒，醉。王怒，射杀子反，遂罢兵归。

三十一年，共王卒，子康王招立。康王立十五年卒，子员立，是为郏敖。

康王宠弟公子围、子比、子晳、弃疾。郏敖三年，以其季父康王弟公子围为令尹，主兵事。四年，围使郑，道闻王疾而还。十二月己酉，围入问王疾，绞而弑之，遂杀其子莫及平夏。使使赴于郑[100]。伍举问曰："谁为后？"对曰："寡大夫围。"伍举更曰："共王之子围为长。"子比奔晋，而围立，是为灵王。

灵王三年六月，楚使使告晋，欲会诸侯。诸侯皆会楚于申。伍举曰："昔夏启有钧台之飨[101]，商汤有景亳之命，周武王有盟津之誓，成王有岐阳之蒐[102]，康王有丰宫之朝，穆王有涂山之会，齐桓有召陵之师，晋文有践土之盟，君其何用？"灵王曰："用桓公。"时郑子产在焉。于是晋、宋、鲁、卫不往。灵王已盟，有骄色。伍举曰："桀为有仍之会，有缗叛之。纣为黎山之会，东夷叛之。幽王为太室之盟，戎、翟叛之。君其慎终[103]！"

七月，楚以诸侯兵伐吴，围朱方。八月，克之，囚庆封，灭其族。以封徇[104]，曰："无效齐庆封弑其君而弱其孤[105]，以盟诸大夫！"封反曰："莫如楚共王庶子围弑其君兄之子员而代之立！"于是灵王使疾杀之[106]。

七年，就章华台，下令内亡人实之[107]。

八年，使公子弃疾将兵灭陈。十年，召蔡侯，醉而杀之。使弃疾定蔡，因为陈蔡公。

十一年，伐徐以恐吴。灵王次于乾溪以待之[108]。王曰："齐、晋、鲁、卫，其封皆受宝器，我独不[109]。今吾使使周求鼎以为分[110]，其予我乎？"析父对曰："其予君王哉！昔我先王熊绎辟在荆山[111]，荜露蓝蒌以处草莽[112]，跋涉山林以事天子，唯是桃弧棘矢以共王事[113]。齐，王舅也；晋及鲁、卫，王母弟也：楚是以无分而彼皆有。周今与四国服事君王，将惟命是从，岂敢爱鼎？"灵王曰："昔我皇祖伯父昆吾旧许是宅，今郑人贪其田，不我予，今我求之，其予我乎？"对曰："周不爱鼎，郑安敢爱田？"灵王曰："昔诸侯远我而畏晋，今吾大城陈、蔡、不羹[114]，赋皆千乘[115]，诸侯畏我乎？"对曰："畏哉！"灵王喜曰："析父善言古事焉。"

十二年春，楚灵王乐乾溪，不能去也。国人苦役。初，灵王会兵于申，僇越大夫常寿过[116]，杀蔡大夫观起。起子从亡在吴，乃劝吴王伐楚，为间越大夫常寿过而作乱[117]，为吴间[118]。使矫公子弃疾命召公子比于晋[119]，至蔡，与吴、越兵欲袭蔡。令公子比见弃疾，与盟于邓。遂入杀灵王太子禄，立子比为王，公子子晳为令尹，弃疾为司马。先除王宫[120]，观从从师于乾溪，令楚众曰："国有王矣。先归，复爵邑田室[121]。后者迁之。"楚众皆溃，去灵王而归。

灵王闻太子禄之死也，自投车下[122]，而曰："人之爱子亦如是乎？"侍者曰："甚是。"王曰："余杀人之子多矣，能无及此乎？"右尹曰："请待于郊以听国人。"王曰："众怒不可犯。"曰："且入大县而乞师于诸侯。"王曰："皆叛矣。"又曰："且奔诸侯以听大国之虑。"王曰："大福不再[123]，祇取辱耳。"于是王乘舟将欲入鄢。右尹度王不用其计，惧俱死，亦去王亡。

灵王于是独傍偟山中，野人莫敢入王。王行遇其故铜人[124]，谓曰："为我求食，我已不食三日矣。"铜人曰："新王下法，有敢饷王从王者[125]，罪及三族，且又无所得食。"王因枕其股而卧。铜人又以土自代，逃去。王觉而弗见，遂饥弗能起。芋尹申无宇之子申亥曰[126]："吾父再犯王命[127]，王弗诛，恩孰大焉！"乃求王，遇王饥于釐泽，奉之以归。夏五月癸丑，王死申亥家，申亥以二女从死，并葬之。

是时楚国虽已立比为王，畏灵王复来，又不闻灵王死，故观从谓初王比曰[128]："不杀弃疾，虽得国，犹受祸。"王曰："余不忍。"从曰："人将忍王。"王不听，乃去。弃疾归。国人每夜惊，曰："灵王入矣！"乙卯夜，弃疾使船人从江上走呼曰："灵王至矣！"国人愈惊。又使曼成然告初王比及令尹子晳曰："王至矣！国人将杀君，司马将至矣[129]！君蚤自图，无取辱焉。众怒如水火，不可救也。"初王及子晳遂自杀。丙辰，弃疾即位为王，改名熊居，是为平王。

平王以诈弑两王而自立，恐国人及诸侯叛之，乃施惠百姓。复陈蔡之地而立其后如故，归郑之侵地。存恤国中[130]，修政教。吴以楚乱故，获五率以归[131]。平王谓观从："恣尔所欲[132]。"欲为卜尹，王许之。

初，共王有宠子五人，无適立[133]，乃望祭群神[134]，请神决之，使主社稷，而阴与巴姬埋璧于室内[135]，召五公子斋而入。康王跨之，灵王肘加之，子比、子晳皆远之。平王幼，抱而入再拜，压纽[136]。故康王以长立，至其子失之；围为灵王，及身而弑；子比为王十余日，子晳不得立，又俱诛。四子皆绝无后。唯独弃疾后立，为平王，竟续楚祀，如其神符。

初，子比自晋归，韩宣子问叔向曰："子比其济乎[137]？"对曰："不就[138]。"宣子曰："同恶相求，如市贾焉[139]，何为不就？"对曰："无与同好，谁与同恶？取国有五难：有宠无人，一也；有人无主[140]，二也；有主无谋，三也；有谋而无民，四也；有民而无德，五也。子比在晋十三年矣，晋、楚之从不闻通者，可谓无人矣；族尽亲叛，可谓无主矣；无衅而动[141]，可谓无谋矣；为羁终世[142]，可谓无民矣；亡无爱征，可谓无德矣。王虐而不忌，子比涉五难以弑君[143]，谁能济之！有楚国者，其弃疾乎？君陈、蔡，方城外属焉。苛慝不作[144]，盗贼伏隐，私欲不违[145]，民无怨心。先神命之，国民信之。芈姓有乱，必季实立[146]，楚之常也。子比之官，则右尹也；数其贵宠，则庶子也；以神所命，则又远之；民无怀焉，将何以立？”宣子曰：“齐桓、晋文不亦是乎？”对曰：“齐桓，卫姬之子也，有宠于厘公。有鲍叔牙、宾须无、隰朋以为辅，有莒、卫以为外主，有高、国以为内主。从善如流，施惠不倦。有国，不亦宜乎？昔我文公，狐季姬之子也，有宠于献公。好学不倦。生十七年，有士五人，有先大夫子余、子犯以为腹心，有魏犨、贾佗以为股肱，有齐、宋、秦、楚以为外主，有栾、郤、狐、先以为内主。亡十九年，守志弥笃[147]。惠、怀弃民，民从而与之。故文公有国，不亦宜乎？子比无施于民，无援于外，去晋，晋不送；归楚，楚不迎。何以有国！”子比果不终焉，卒立者弃疾，如叔向言也。

平王二年，使费无忌如秦为太子建取妇[148]。妇好，来，未至，无忌先归，说平王曰：“秦女好，可自娶，为太子更求。”平王听之，卒自娶秦女，生熊珍。更为太子娶。是时伍奢为太子太傅，无忌为少傅。无忌无宠于太子，常谗恶太子建。建时年十五矣，其母蔡女也，无宠于王，王稍益疏外建也[149]。

六年，使太子建居城父，守边。无忌又日夜谗太子建于王曰：“自无忌入秦女，太子怨，亦不能无望于王[150]，王少自备焉。且太子居城父，擅兵[151]，外交诸侯，且欲入矣。”平王召其傅伍奢责之。伍奢知无忌谗，乃曰：“王柰何以小臣疏骨肉？”无忌曰：“今不制，后悔也。”于是王遂囚伍奢。乃令司马奋扬召太子建，欲诛之。太子闻之，亡奔宋。

无忌曰：“伍奢有二子，不杀者为楚国患。盍以免其父召之，必至。”于是王使使谓奢：“能致二子则生，不能将死。”奢曰：“尚至，胥不至。”王曰：“何也？”奢曰：“尚之为人，廉，死节，慈孝而仁，闻召而免父，必至，不顾其死。胥之为人，智而好谋，勇而矜功[152]，知来必死，必不来。然为楚国忧者必此子。”于是王使人召之，曰：“来，吾免尔父。”伍尚谓伍胥曰：“闻父免而莫奔，不孝也；父戮莫报，无谋也；度能任事[153]，知也[154]。子其行矣，我其归死。”伍尚遂归。伍胥弯弓属矢[155]，出见使者，曰：“父有罪，何以召其子为？”将射，使者还走，遂出奔吴。伍奢闻之，曰：“胥亡，楚国危哉。”楚人遂杀伍奢及尚。

十年，楚太子建母在居巢，开吴[156]。吴使公子光伐楚，遂败陈、蔡，取太子建母而去。楚恐，城郢[157]。初，吴之边邑卑梁与楚边邑钟离小童争桑，两家交怒相攻，灭卑梁人。卑梁大夫怒，发邑兵攻钟离。楚王闻之怒，发国兵灭卑梁。吴王闻之大怒，亦发兵，使公子光因建母家攻楚，遂灭钟离、居巢。楚乃恐而城郢。

十三年，平王卒。将军子常曰：“太子珍少，且其母乃前太子建所当娶也。”欲立令尹子西。子西，平王之庶弟也，有义。子西曰：“国有常法，更立则乱，言之则致诛。”乃立太子珍，是为昭王。

昭王元年，楚众不说费无忌，以其谗亡太子建，杀伍奢子父与郤宛。宛之宗姓伯氏子嚭及子胥皆奔吴，吴兵数侵楚，楚人怨无忌甚。楚令尹子常诛无忌以说众，众乃喜。

四年，吴三公子奔楚，楚封之以扞吴[158]。五年，吴伐取楚之六、潜。七年，楚使子常伐吴，吴大败楚于豫章。

十年冬，吴王阖闾、伍子胥、伯嚭与唐、蔡俱伐楚，楚大败，吴兵遂入郢，辱平王之墓[159]，以伍子胥故也。吴兵之来，楚使子常以兵迎之，夹汉水阵[160]。吴伐败子常，子常亡奔郑。楚兵走，吴乘胜逐之，五战及郢。己卯，昭王出奔。庚辰，吴人入郢。

昭王亡也，至云梦。云梦不知其王也，射伤王。王走郧。郧公之弟怀曰："平王杀吾父，今我杀其子，不亦可乎？"郧公止之，然恐其弑昭王，乃与王出奔随。吴王闻昭王往，即进击随，谓随人曰："周之子孙封于江汉之间者，楚尽灭之。"欲杀昭王。王从臣子綦乃深匿王[161]，自以为王，谓随人曰："以我予吴。"随人卜予吴，不吉，乃谢吴王曰："昭王亡，不在随。"吴请入自索之，随不听，吴亦罢去。

昭王之出郢也，使申鲍胥请救于秦。秦以车五百乘救楚，楚亦收余散兵，与秦击吴。十一年六月，败吴于稷。会吴王弟夫概见吴王兵伤败，乃亡归，自立为王。阖闾闻之，引兵去楚，归击夫概。夫概败，奔楚，楚封之堂溪，号为堂溪氏。

楚昭王灭唐。九月，归入郢。十二年，吴复伐楚，取番。楚恐，去郢，北徙都鄀。

十六年，孔子相鲁。二十年，楚灭顿，灭胡。二十一年，吴王阖闾伐越。越王句践射伤吴王，遂死。吴由此怨越而不西伐楚。

二十七年春，吴伐陈，楚昭王救之，军城父[162]。十月，昭王病于军中，有赤云如鸟，夹日而蜚[163]。昭王问周太史，太史曰："是害于楚王，然可移于将相。"将相闻是言，乃请自以身祷于神[164]。昭王曰："将相，孤之股肱也，今移祸，庸去是身乎！"弗听。卜而河为祟[165]，大夫请祷河。昭王曰："自吾先王受封，望不过江、汉，而河非所获罪也。"止不许。孔子在陈，闻是言，曰："楚昭王通大道矣。其不失国，宜哉！"

昭王病甚，乃召诸公子大夫曰："孤不佞[166]，再辱楚国之师[167]，今乃得以天寿终，孤之幸也。"让其弟公子申为王，不可。又让次弟公子结，亦不可。乃又让次弟公子闾，五让，乃后许为王。将战，庚寅，昭王卒于军中。子闾曰："王病甚，舍其子让群臣，臣所以许王，以广王意也[168]。今君王卒，臣岂敢忘君王之意乎！"乃与子西、子綦谋，伏师闭涂[169]，迎越女之子章立之，是为惠王。然后罢兵归，葬昭王。

惠王二年，子西召故平王太子建之子胜于吴，以为巢大夫，号曰白公。白公好兵而下士，欲报仇。六年，白公请兵令尹子西伐郑。初，白公父建亡在郑，郑杀之，白公亡走吴，子西复召之，故以此怨郑，欲伐之。子西许而未为发兵。八年，晋伐郑，郑告急楚，楚使子西救郑，受赂而去。白公胜怒，乃遂与勇力死士石乞等袭杀令尹子西、子綦于朝，因劫惠王，置之高府[170]，欲弑之。惠王从者屈固负王亡走昭王夫人宫。白公自立为王。月余，会叶公来救楚，楚惠王之徒与共攻白公，杀之。惠王乃复位。是岁也，灭陈而县之[171]。

十三年，吴王夫差强，陵齐、晋[172]，来伐楚。十六年，越灭吴。四十二年，楚灭蔡。四十四年，楚灭杞。与秦平[173]。是时越已灭吴，而不能正江、淮北；楚东侵，广地至泗上。

五十七年，惠王卒，子简王中立。

简王元年，北伐灭莒。八年，魏文侯、韩武子、赵桓子始列为诸侯。

二十四年，简王卒，子声王当立。声王六年，盗杀声王，子悼王熊疑立。悼王二年，三晋来伐楚，至乘丘而还。四年，楚伐周。郑杀子阳。九年，伐韩，取负黍。十一年，三晋伐楚，败我大梁、榆关。楚厚赂秦，与之平。二十一年，悼王卒，子肃王臧立。

肃王四年，蜀伐楚，取兹方。于是楚为扞关以距之[174]。十年，魏取我鲁阳。十一年，肃王卒，无子，立其弟熊良夫，是为宣王。

宣王六年，周天子贺秦献公。秦始复强，而三晋益大，魏惠王、齐威王尤强。三十年，秦封卫鞅于商，南侵楚。是年，宣王卒，子威王熊商立。

威王六年，周显王致文武胙于秦惠王[175]。

七年，齐孟尝君父田婴欺楚，楚威王伐齐，败之于徐州，而令齐必逐田婴。田婴恐，张丑伪谓楚王曰："王所以战胜于徐州者，田肦子不用也。肦子者，有功于国，而百姓为之用。婴子弗善而用申纪。申纪者，大臣不附，百姓不为用，故王胜之也。今王逐婴子，婴子逐，肦子必用矣。复搏其士卒以与王遇[176]，必不便于王矣。"楚王因弗逐也。

十一年，威王卒，子怀王熊槐立。魏闻楚丧，伐楚，取我陉山。

怀王元年，张仪始相秦惠王。四年，秦惠王初称王。

六年，楚使柱国昭阳将兵而攻魏，破之于襄陵，得八邑。又移兵而攻齐，齐王患之。陈轸适为秦使齐，齐王曰："为之柰何？"陈轸曰："王勿忧，请令罢之。"即往见昭阳军中，曰："愿闻楚国之法，破军杀将者何以贵之？"昭阳曰："其官为上柱国，封上爵执珪[177]。"陈轸曰："其有贵于此者乎？"昭阳曰："令尹。"陈轸曰："今君已为令尹矣，此国冠之上[178]。臣请得譬之[179]。人有遗其舍人一卮酒者[180]，舍人相谓曰：'数人饮此，不足以徧[181]，请遂画地为蛇，蛇先成者独饮之。'一人曰：'吾蛇先成。'举酒而起，曰：'吾能为之足。'及其为之足，而后成人夺之酒而饮之，曰：'蛇固无足，今为之足，是非蛇也。'今君相楚而攻魏，破军杀将，功莫大焉，冠之上不可以加矣。今又移兵而攻齐，攻齐胜之，官爵不加于此；攻之不胜，身死爵夺，有毁于楚[182]：此为蛇为足之说也。不若引兵而去以德齐[183]，此持满之术也[184]。"昭阳曰："善。"引兵而去。

燕、韩君初称王。秦使张仪与楚、齐、魏相会，盟啮桑。

十一年，苏秦约从山东六国共攻秦[185]，楚怀王为从长。至函谷关，秦出兵击六国，六国兵皆引而归，齐独后。十二年，齐愍王伐败赵、魏军，秦亦伐败韩，与齐争长[186]。

十六年，秦欲伐齐，而楚与齐从亲[187]，秦惠王患之，乃宣言张仪免相，使张仪南见楚王，谓楚王曰："敝邑之王所甚说者无先大王，虽仪之所甚愿为门阑之厮者亦无先大王[188]。敝邑之王所甚憎者无先齐王，虽仪之所甚憎者亦无先齐王。而大王和之，是以敝邑之王不得事王，而令仪亦不得为门阑之厮也。王为仪闭关而绝齐，今使使者从仪西取故秦所分楚商于之地方六百里，如是则齐弱矣。是北弱齐，西德于秦，私商于以为富，此一计而三利俱至也。"怀王大悦，乃置相玺于张仪，日与置酒，宣言"吾复得吾商于之地"。群臣皆贺，而陈轸独吊[189]。怀王曰："何故？"陈轸对曰："秦之所为重王者，以王之有齐也。今地未可得而齐交先绝，是楚孤也。夫秦又何重孤国哉，必轻楚矣。且先出地而后绝齐，则秦计不为。先绝齐而后责地[190]，则必见欺于张仪。见欺于张仪，则王必怨之。怨之，是西起秦患，北绝齐交。西起秦患，北绝齐交，则两国之兵必至。臣故吊。"楚王弗听，因使一将军西受封地。

张仪至秦，详醉坠车[191]，称病不出三月，地不可得。楚王曰："仪以吾绝齐为尚薄邪？"乃使勇士宋遗北辱齐王。齐王大怒，折楚符而合于秦[192]。秦齐交合，张仪乃起朝，谓楚将军曰："子何不受地？从某至某，广袤六里。"楚将军曰："臣之所以见命者六百里，不闻六里。"即以归报怀王。怀王大怒，兴师将伐秦。陈轸又曰："伐秦非计也。不如因赂之一名都，与之伐齐，是我亡于秦，取偿于齐也，吾国尚可全。今王已绝于齐而责欺于秦，是吾合秦齐之交而来天下之兵也，国必大伤矣。"楚王不听，遂绝和于秦，发兵西攻秦。秦亦发兵击之。

十七年春，与秦战丹阳，秦大败我军，斩甲士八万，虏我大将军屈匄、裨将军逢侯丑等七十余人，遂取汉中之郡。楚怀王大怒，乃悉国兵复袭秦，战于蓝田，大败楚军。韩、魏闻楚之困，乃南袭楚，至于邓。楚闻，乃引兵归。

十八年，秦使使约复与楚亲，分汉中之半以和楚。楚王曰："愿得张仪，不愿得地。"张仪闻之，请之楚。秦王曰："楚且甘心于子[193]，柰何？"张仪曰："臣善其左右靳尚，靳尚又能得事于楚王幸姬郑袖，袖所言无不从者。且仪以前使负楚以商于之约，今秦楚大战，有恶，臣非面自谢楚不解[194]。且大王在，楚不宜敢取仪。诚杀仪以便国，臣之愿也。"仪遂使楚。

至，怀王不见，因而囚张仪，欲杀之。仪私于靳尚，靳尚为请怀王曰："拘张仪，秦王必怒。天下见楚无秦[195]，必轻王矣。"又谓夫人郑袖曰："秦王甚爱张仪，而王欲杀之，今将以上庸之地六县赂楚，以美人聘楚王[196]，以宫中善歌者为之媵[197]。楚王重地，秦女必贵，而夫人必斥矣[198]。夫人不若言而出之。"郑袖卒言张仪于王而出之。仪出，怀王因善遇仪，仪因说楚王以叛从约而与秦合亲，约婚姻。张仪已去，屈原使从齐来，谏王曰："何不诛张仪？"怀王悔，使人追仪，弗及。是岁，秦惠王卒。

二十年，齐愍王欲为从长，恶楚之与秦合，乃使使遗楚王书曰："寡人患楚之不察于尊名也。今秦惠王死，武王立，张仪走魏，樗里疾、公孙衍用，而楚事秦。夫樗里疾善乎韩，而公孙衍善乎魏；楚必事秦，韩、魏恐，必因二人求合于秦，则燕、赵亦宜事秦。四国争事秦，则楚为郡县矣。王何不与寡人并力收韩、魏、燕、赵，与为从而尊周室，以案兵息民[199]？令于天下，莫敢不乐听，则王名成矣。王率诸侯并伐，破秦必矣。王取武关、蜀、汉之地，私吴、越之富而擅江海之利，韩、魏割上党，西薄函谷[200]，则楚之强百万也。且王欺于张仪，亡地汉中，兵锉蓝田，天下莫不代王怀怒。今乃欲先事秦！愿大王孰计之。"

楚王业已欲和于秦，见齐王书，犹豫不决，下其议群臣。群臣或言和秦，或曰听齐。昭雎曰："王虽东取地于越，不足以刷耻；必且取地于秦，而后足以刷耻于诸侯。王不如深善齐、韩以重樗里疾，如是则王得韩、齐之重以求地矣。秦破韩宜阳，而韩犹复事秦者，以先王墓在平阳，而秦之武遂去之七十里，以故尤畏秦。不然，秦攻三川，赵攻上党，楚攻河外，韩必亡。楚之救韩，不能使韩不亡，然存韩者楚也。韩已得武遂于秦，以河山为塞，所报德莫如楚厚，臣以为其事王必疾。齐之所信于韩者，以韩公子眛为齐相也。韩已得武遂于秦，王甚善之，使之以齐、韩重樗里疾，疾得齐、韩之重，其主弗敢弃疾也。今又益之以楚之重，樗里子必言秦，复与楚之侵地矣。"于是怀王许之，竟不合秦，而合齐以善韩。

二十四年，倍齐而合秦[201]。秦昭王初立，乃厚赂于楚。楚往迎妇。二十五年，怀王入与秦昭王盟，约于黄棘。秦复与楚上庸。二十六年，齐、韩、魏为楚负其从亲而合于秦，三国共伐楚。楚使太子入质于秦而请救。秦乃遣客卿通将兵救楚，三国引兵去。

二十七年，秦大夫有私与楚太子斗，楚太子杀之而亡归。二十八年，秦乃与齐、韩、魏共攻楚，杀楚将唐眛，取我重丘而去。二十九年，秦复攻楚，大破楚，楚军死者二万，杀我将军景缺。怀王恐，乃使太子为质于齐以求平。三十年，秦复伐楚，取八城。秦昭王遗楚王书曰："始寡人与王约为弟兄，盟于黄棘，太子为质，至驩也[202]。太子陵杀寡人之重臣，不谢而亡去，寡人诚不胜怒，使兵侵君王之边。今闻君王乃令太子质于齐以求平。寡人与楚接境壤界，故为婚姻，所从相亲久矣。而今秦楚不驩，则无以令诸侯。寡人愿与君王会武关，面相约，结盟而去，寡人之愿也。敢以闻下执事[203]。"楚怀王见秦王书，患之。欲往，恐见欺；无往，恐秦怒。昭雎曰："王毋行，而发兵自守耳。秦虎狼，不可信，有并诸侯之心。"怀王子子兰劝王行，曰："奈何绝秦之驩心！"于是往会秦昭王。昭王诈令一将军伏兵武关，号为秦王。楚王至，则闭武关，遂与西至咸阳，朝章台，如蕃臣，不与亢礼[204]。楚怀王大怒，悔不用昭子言。秦因留楚王，要以割巫、黔中之郡。楚王欲盟，秦欲先得地。楚王怒曰："秦诈我而又强要我以地！"不复许秦。秦因留之。

楚大臣患之，乃相与谋曰："吾王在秦不得还，要以割地，而太子为质于齐，齐、秦合谋，则楚无国矣。"乃欲立怀王子在国者。昭睢曰："王与太子俱困于诸侯，而今又倍王命而立其庶子，不宜。"乃诈赴于齐[205]，齐愍王谓其相曰："不若留太子以求楚之淮北。"相曰："不可，郢中立王，是吾抱空质而行不义于天下也。"或曰："不然。郢中立王，因与其新王市曰'予我下东国[206]，吾为王杀太子，不然，将与三国共立之'，然则东国必可得矣。"齐王卒用其相计而归楚太子。太子横至，立为王，是为顷襄王。乃告于秦曰："赖社稷神灵，国有王矣。"

顷襄王横元年，秦要怀王不可得地，楚立王以应秦，秦昭王怒，发兵出武关攻楚，大败楚军，斩首五万，取析十五城而去。二年，楚怀王亡逃归，秦觉之，遮楚道[207]，怀王恐，乃从间道走赵以求归[208]。赵主父在代[209]，其子惠王初立，行王事，恐，不敢入楚王。楚王欲走魏，秦追至，遂与秦使复之秦。怀王遂发病。顷襄王三年，怀王卒于秦，秦归其丧于楚[210]。楚人皆怜之，如悲亲戚。诸侯由是不直秦[211]。秦楚绝。

六年，秦使白起伐韩于伊阙，大胜，斩首二十四万。秦乃遗楚王书曰："楚倍秦，秦且率诸侯伐楚，争一旦之命[212]。愿王之饬士卒[213]，得一乐战。"楚顷襄王患之，乃谋复与秦平。七年，楚迎妇于秦，秦楚复平。

十一年，齐秦各自称为帝；月余，复归帝为王。

十四年，楚顷襄王与秦昭王好会于宛，结和亲。十五年，楚王与秦、三晋、燕共伐齐，取淮北。十六年，与秦昭王好会于鄢。其秋，复与秦王会穰。

十八年，楚人有好以弱弓微缴加归雁之上者[214]，顷襄王闻，召而问之。对曰："小臣之好射鶀雁[215]，罗鸗[216]，小矢之发也，何足为大王道也。且称楚之大，因大王之贤，所弋非直此也[217]。昔者三王以弋道德，五霸以弋战国。故秦、魏、燕、赵者，鶀雁也；齐、鲁、韩、卫者，青首也[218]；驺、费、郯、邳者，罗鸗也。外其余则不足射者。见鸟六双，以王何取？王何不以圣人为弓，以勇士为缴，时张而射之[219]？此六双者，可得而囊载也。其乐非特朝昔之乐也，其获非特凫雁之实也。王朝张弓而射魏之大梁之南，加其右臂而径属之于韩，则中国之路绝而上蔡之郡坏矣。还射圉之东，解魏左肘而外击定陶，则魏之东外弃而大宋、方与二郡者举矣。且魏断二臂，颠越矣[220]；膺击郯国[221]，大梁可得而有也。王绢缴兰台[222]，饮马西河，定魏大梁，此一发之乐也。若王之于弋诚好而不厌，则出宝弓，碆新缴[223]，射噣鸟于东海[224]，还盖长城以为防，朝射东莒，夕发浿丘，夜加即墨，顾据午道[225]，则长城之东收而太山之北举矣。西结境于赵而北达于燕，三国布䎱[226]，则从不待约而可成也。北游目于燕之辽东而南登望于越之会稽，此再发之乐也。若夫泗上十二诸侯，左萦而右拂之[227]，可一旦而尽也。今秦破韩以为长忧，得列城而不敢守也；伐魏而无功，击赵而顾病，则秦魏之勇力屈矣，楚之故地汉中、析、郦可得而复有也。王出宝弓，碆新缴，涉鄳塞，而待秦之倦也，山东、河内可得而一也。劳民休众，南面称王矣。故曰秦为大鸟，负海内而处，东面而立，左臂据赵之西南，右臂傅楚鄢郢，膺击韩魏，垂头中国，处既形便，势有地利，奋翼鼓翅，方三千里，则秦未可得独招而夜射也[228]。”欲以激怒襄王，故对以此言。襄王因召与语，遂言曰：“夫先王为秦所欺而客死于外，怨莫大焉。今以匹夫有怨，尚有报万乘，白公、子胥是也。今楚之地方五千里，带甲百万，犹足以踊跃中野也，而坐受困，臣窃为大王弗取也。”于是顷襄王遣使于诸侯，复为从，欲以伐秦。秦闻之，发兵来伐楚。

楚欲与齐韩连和伐秦，因欲图周。周王赧使武公谓楚相昭子曰：“三国以兵割周郊地以便输，而南器以尊楚，臣以为不然。夫弑共主，臣世君，大国不亲；以众胁寡，小国不附。大国不亲，小国不附，不可以致名实。名实不得，不足以伤民[229]。夫有图周之声，非所以为号也。”昭子曰：“乃图周则无之。虽然，周何故不可图也？”对曰：“军不五不攻，城不十不围。夫一周为二十晋[230]，公之所知也。韩尝以二十万之众辱于晋之城下，锐士死，中士伤，而晋不拔。公之无百韩以图周，此天下之所知也。夫怨结两周以塞驺鲁之心，交绝于齐，声失天下，其为事危矣。夫危两周以厚三川[231]，方城之外必为韩弱矣。何以知其然也？西周之地，绝长补短，不过百里。名为天下共主，裂其地不足以肥国，得其众不足以劲兵。虽无攻之，名为弑君。然而好事之君，喜攻之臣，发号用兵，未尝不以周为终始。是何也？见祭器在焉，欲器之至而忘弑君之乱。今韩以器之在楚，臣恐天下以器雠楚也。臣请譬之。夫虎肉臊，其兵利身，人犹攻之也。若使泽中之麋蒙虎之皮，人之攻之必万于虎矣。裂楚之地，足以肥国；诎楚之名[232]，足以尊主。今子将以欲诛残天下之共主，居三代之传器，吞三翮六翼[233]，以高世主，非贪而何？《周书》曰‘欲起无先’，故器南则兵至矣。”于是楚计辍不行。

十九年，秦伐楚，楚军败，割上庸、汉北地予秦。二十年，秦将白起拔我西陵。二十一年，秦将白起遂拔我郢，烧先王墓夷陵。楚襄王兵散，遂不复战，东北保于陈城[234]。二十二年，秦复拔我巫、黔中郡。

二十三年，襄王乃收东地兵，得十余万，复西取秦所拔我江旁十五邑以为郡，距秦。二十七年，使三万人助三晋伐燕。复与秦平，而入太子为质于秦。楚使左徒侍太子于秦。

三十六年，顷襄王病，太子亡归。秋，顷襄王卒，太子熊元代立，是为考烈王。考烈王以左徒为令尹，封以吴，号春申君。

考烈王元年，纳州于秦以平。是时楚益弱。

六年，秦围邯郸，赵告急楚，楚遣将军景阳救赵。七年，至新中。秦兵去。十二年，秦昭王卒，楚王使春申君吊祠于秦[235]。十六年，秦庄襄王卒，秦王赵政立。二十二年，与诸侯共伐秦，不利而去。楚东徙都寿春，命曰郢。

二十五年，考烈王卒，子幽王悍立。李园杀春申君[236]。幽王三年，秦、魏伐楚。秦相吕不韦卒。九年，秦灭韩。十年，幽王卒，同母弟犹代立，是为哀王。哀王立二月余，哀王庶兄负刍之徒袭杀哀王而立负刍为王。是岁，秦虏赵王迁。

王负刍元年，燕太子丹使荆轲刺秦王。二年，秦使将军伐楚，大破楚军，亡十余城。三年，秦灭魏。四年，秦将王翦破我军于蕲，而杀将军项燕。

五年，秦将王翦、蒙武遂破楚国，虏楚王负刍，灭楚，为郡云。

太史公曰：楚灵王方会诸侯于申，诛齐庆封，作章华台，求周九鼎之时，志小天下；及饿死于申亥之家，为天下笑。操行之不得，悲夫！势之于人也，可不慎与？弃疾以乱立，嬖淫秦女[237]，甚乎哉，几再亡国！

【译文】

楚人的祖先是帝颛顼高阳的后代。高阳，是黄帝的孙子，昌意的儿子。高阳生了称，称生了卷章，卷章生了重黎。重黎担任帝喾高辛的火正一职，功劳很大，能够使光明普照天下，帝喾给他命名为祝融。共工氏作乱，帝喾派重黎去诛灭他们，却没能消灭干净。于是帝喾在庚寅日杀了重黎，让他的弟弟吴回继任，仍旧做火正，为祝融。

吴回生了陆终。陆终生了六个儿子，都是剖腹而生的。最大的叫昆吾；行二的叫参胡；行三的叫彭祖；行四的叫会人；行五的叫曹姓；行六的叫季连，芈姓，楚人就是他的后代。昆吾氏，在夏朝时曾经是侯伯，夏桀的时候商汤消灭了他们。彭祖氏，在殷朝时曾经是侯伯，殷朝末期殷人消灭了彭祖氏。季连生了附沮，附沮生了穴熊。他的后人家道衰落，有的在中原地区，有的在蛮夷之地，无法再统计他们的世系了。

周文王时，季连有个后人叫做鬻熊。鬻熊的儿子效劳于文王，死得早。他的儿子叫做熊丽。熊丽生了熊狂，熊狂生了熊绎。

熊绎正处于周成王时期，成王选拔帮助周文王、周武王伐灭商朝的功臣的后代，把熊绎封在了楚蛮之地，给予他子、男爵位的田地，姓芈氏，住在丹阳。楚子熊绎与鲁公伯禽、卫康叔子牟、晋侯燮、齐太公子吕伋一起事奉成王。

熊绎生了熊艾，熊艾生了熊黮，熊黮生了熊胜。熊胜把弟弟熊杨立为继承人。熊杨生了熊渠。

熊渠生了三个儿子。在周夷王时，周朝王室衰微，有些诸侯不再朝觐天子，而是相互攻伐。熊渠很得江汉一地的民心，于是起兵讨伐庸、杨粤，直到鄂地。熊渠道："我是蛮夷，不遵从中原的名号和谥法。"于是立他的长子康为句亶王，二儿子红为鄂王，小儿子执疵为越章王，都封在江边楚蛮之地。到了周厉王时期，厉王暴虐，熊渠害怕他讨伐楚国，也就撤销了王号。

熊渠立熊毋康为继任，毋康死得早。熊渠死后，他的儿子熊挚红即位。挚红死后，他的弟弟弑君后代立为王，这就是熊延。熊延生了熊勇。

熊勇六年，周人造反，攻击厉王，厉王逃奔到彘。熊勇十年，去世，他的弟弟熊严继位。

熊严十年，去世。他有四个儿子，长子叫伯霜，二儿子叫仲雪，三儿子叫叔堪，小儿子叫季徇。熊严死后，长子伯霜代立为王，这就是熊霜。

熊霜元年，周宣王即位。熊霜六年去世，三个弟弟争夺王位。仲雪身死；叔堪逃亡到濮地避难；而最小的弟弟季徇即位，这就是熊徇。熊徇十六年，郑桓公开始被封到郑地。二十二年，熊徇去世，他的儿子熊咢即位。熊咢九年，去世，儿子熊仪即位，这就是若敖。

若敖二十年，周幽王被犬戎所杀，周国东迁，秦襄公开始被列为诸侯。

二十七年，若敖去世，儿子熊坎继位，这就是霄敖。霄敖六年去世，儿子熊眴继位，这就是蚡冒。蚡冒十三年，晋国开始内乱，这是因为曲沃之变。蚡冒十七年去世。蚡冒的弟弟熊通弑杀了蚡冒的儿子而代立为王，这就是楚武王。

武王十七年，晋国的曲沃庄伯弑杀了宗主国国君晋孝侯。十九年，郑伯的弟弟共叔段造反。二十一年，郑人入侵了天子的田地。二十三年，卫人弑杀了他们的君主桓公。二十九年，鲁人弑杀了他们的君主隐公。三十一年，宋国太宰华督弑杀了他们的君主殇公。

三十五年，楚国讨伐随国。随人说："我们没有过错。"楚人说："我们是蛮夷。如今诸侯都互相背叛攻伐，有的还相互残杀。我们也有军队，也想去参与中原的政事，请周王室拔高我们的名号。"随人为此事前去周王朝，请求周天子为楚人加封，周王室没有听从，随人回来通报楚国。三十七年，楚熊通发怒道："我的祖先鬻熊，是文王的老师，去世得早。成王提拔我的先公，给予他子、男爵位的田地，住在楚地，蛮夷之人都顺从我们，然而周天子却不给我们加封进爵，那我自封为王好了。"于是自封为王，称武王，与随人结盟后离开。从此开始楚国打入了濮地，并占据了这里。

五十一年，周天子召见随侯，数落他扶持楚熊通称王。楚王大怒，以为随人背叛了自己，于是就讨伐随国。武王在行军中去世，于是罢兵。他的儿子文王熊赀即位，开始建都在郢。

文王二年，讨伐申国，路过邓国，邓人说"楚王此时容易被拿下"，邓侯没有允许。六年，讨伐蔡国，俘虏了蔡哀侯回来，不久又将他释放。楚国强大，欺凌江汉之间的小国，小国都畏惧他。十一年，齐桓公开始称霸，楚国也开始壮大起来。

十二年，讨伐邓国，消灭了他们。十三年，文王去世，儿子熊囏即位，这就是庄敖。庄敖五年，想要杀了他的弟弟熊恽，熊恽逃奔到随国，和随人一起袭击弑杀了庄敖代立为王，这就是楚成王。

成王恽元年，刚刚即位，施行德政，惠及百姓，与各个诸侯重修旧好。他派人给周天子进贡，天子赐予楚王胙肉，说："去平定你们南方蛮夷的叛乱，不要入侵中原。”从此楚国的地盘绵延千里。

十六年，齐桓公起兵攻打楚国，直至陉山。楚成王派将军屈完带兵抵御，与桓公盟会。桓公责备楚国不向周朝王室进贡税赋，楚人答应改正，于是齐国退兵。

十八年，成王率兵北伐许国，许君赤膊前来谢罪，于是楚王放过了他。二十二年，讨伐黄国。二十六年，消灭了英国。

三十三年，宋襄公想要进行盟会，召见楚王。楚王大怒道：“竟敢召见我，那我就好声好色地过去偷袭羞辱他。”于是出发，到了盂地，就俘虏并羞辱了宋襄公，不久又放他回国。三十四年，郑文公南下朝见楚国。楚成王北伐宋国，在泓水一带大败宋军，射伤了宋襄公，襄公受伤发病死掉了。

三十五年，晋公子重耳路过楚国，成王用诸侯的礼节招待了他，给了他大量财富，送他去了秦国。

三十九年，鲁僖公派人来借兵讨伐齐国，楚王派出申侯带兵伐齐，攻取了穀地，把齐桓公的儿子安置在了那里。齐桓公的七个儿子都逃奔到楚国，楚国把他们都当做上大夫。楚国消灭夔国，因为夔人不祭祀祝融、鬻熊。

三十九年夏，楚国讨伐宋国，宋国向晋国告急，晋国出兵救援了宋国，成王罢兵回国。将军子玉请求出战，成王说：“重耳长期在外逃亡，最终回国成为君主，这是上天为他开路，不可阻挡。”子玉坚持请求，于是成王给了他少量兵力前去出战。晋军果然在城濮大败子玉的军队。成王大怒，诛杀了子玉。

四十六年，起初，成王想要立商臣为太子，告诉了令尹子上。子上说：“君王您的年岁还未老，而又在宫内新增权宠，废黜原太子是一桩祸患。楚国扶立的国君，常常是小儿子。况且商臣眼睛像黄蜂，声音像豺狼，是个残忍的人，不可以立他为太子。”成王不听，还是立了商臣。后来成王又要立儿子职而废黜太子商臣。商臣听说此事，不知详情，就去问他的师傅潘崇：“怎样才能确认这件事？”潘崇说：“你去宴请成王的宠姬江芈，但对她不要恭敬。”商臣听从了此计。江芈大怒说：“该死！难怪大王要杀了你来扶立职。”商臣告诉潘崇说：“证实了。”潘崇说：“你能事奉职吗？”商臣说：“不能。”“那你愿意逃亡吗？”答道：“不能。”“那你能起兵造反吗？”商臣说：“能。”当年冬日十月，商臣率领宫中卫兵包围成王。成王请求吃一顿熊掌之后再死，商臣不允许。丁未日，成王上吊自杀。商臣代立为王，这就是楚穆王。

穆王即位后，将他做太子时的宫殿赐给潘崇，让他做太师，执掌国政。穆王三年，消灭了江国。四年，消灭六国、蓼国。六国、蓼国的国君，都是皋陶的后人。八年，讨伐陈国。十二年，穆王去世。他的儿子楚庄王侣继位。

庄王即位三年，不理朝政，不施号令，日日夜夜寻欢作乐，命令国中人说：“有胆敢进谏的，一律杀无赦！”伍举入宫进谏。庄王左边抱着郑国的丽人，右边搂着越国的美女，坐在钟鼓之间。伍举说：“我有话想说。”于是打了一句隐语：“有只鸟在土山上，三年不飞也不叫，这是只什么鸟？”庄王说：“三年不飞，就要一飞冲天；三年不鸣，就要一鸣惊人。你退下吧，我知道了。”过了几个月，庄王更加荒淫无度。于是大夫苏从入宫进谏。庄王说：“你没听过我的命令吗？”答道：“一死换取国君的贤明，是臣下的愿望。”于是庄王停止了纵欲享乐，理朝听政，诛杀不贤之人数百人，任用能人贤士数百人，命伍举、苏从处理国政，国人皆大欢喜。这一年消灭了庸国。六年，讨伐宋国，缴获战车五百辆。

八年，讨伐陆浑戎，于是到了洛地，在周国都城的郊外阅兵。周定王派王孙满慰劳楚王。楚王询问周鼎的大小轻重，王孙满答道：“周王朝的地位在于德政而不在于鼎的大小轻重。”楚庄王说：“你们不要仗着那九鼎！楚国拿出钩戟的尖刃，足够铸成九鼎。”王孙满说：“啊呀！君王您忘了吗？当初虞夏强盛之时，远近诸侯都来朝拜，九州首领都来进献黄铜，铸成九鼎为事物造像，世间万物齐备于此，让百姓明晰神圣和奸邪。夏桀道德败乱，九鼎迁移到了殷朝，享国六百年。殷纣实行暴政，九鼎又迁移到了周朝。一个王朝施行仁德，政治清明，即便鼎小，地位却重；如果奸党横行，政治昏乱，即便鼎大，地位也轻。当初成王把九鼎安置在郏鄏，占卜得知周朝传三十代，享国七百年，这是天赐命数。如今周朝的德业虽然有所衰败，但是天命还没有改变。九鼎的大小轻重，楚国还不能询问。”楚王于是返回。

九年，任若敖氏为相。有人向楚王进谗言诬陷若敖氏，若敖氏害怕被杀，反过来攻击楚王，楚王反击消灭了若敖氏一族。十三年，消灭舒国。

十六年，讨伐陈国，杀了夏征舒。夏征舒弑陈君，所以才杀了他。攻破陈国之后，在陈国故地设置了一个县。群臣都来祝贺，申叔时出使齐国归来，不祝贺楚王。楚王质问，申叔时答道：“俗语说道：‘牵牛过了别人的地，地主就抢了他的牛。’踩了别人的田地固然不对，但是抢了别人的牛，不也非常过分吗？况且大王是因为陈国内乱才率领诸侯前去讨伐陈国的乱臣贼子的，兴起义师讨伐陈国却贪恋别人的土地设为郡县，如此还怎么再号令天下！”于是楚庄王恢复陈国，扶立陈太子为君。

十七年春，楚庄王率兵包围郑国，三个月攻克郑军。楚庄王从皇门入城，郑伯光着上身，牵着一头羊前来迎接，说：“我不受苍天保佑，不能侍奉大王，大王因此发怒，惩罚了我们，这都是我的罪过。我怎么敢不唯命是从！就算您把我流放到南海，把我赐给诸侯做奴隶，我也一定听命于您。如果大王还能念及厉王、宣王、桓公、武公的情面，不断绝他们的香火，让我转而侍奉于您，我心甘情愿，不敢再有所奢望。我斗胆向您坦白我内心的想法。”楚国群臣进言：“大王不要答应他。”楚庄王说：“郑国君主能够屈尊于人下，那一定也能取信于人民，又哪里能消灭他呢！”于是楚庄王亲手挥舞军旗，左右指挥军队，引兵离开三十里驻扎下来，于是答应和郑国讲和。潘尪入城和郑国结盟，郑国派子良做楚国的人质。夏六月，晋军救援郑国，与楚军大战，楚军在黄河岸上大败晋军，又追赶晋军到衡雍才回去。

二十年，楚军包围宋国，因为宋人杀了楚国使者。围困了宋国国都五个月，

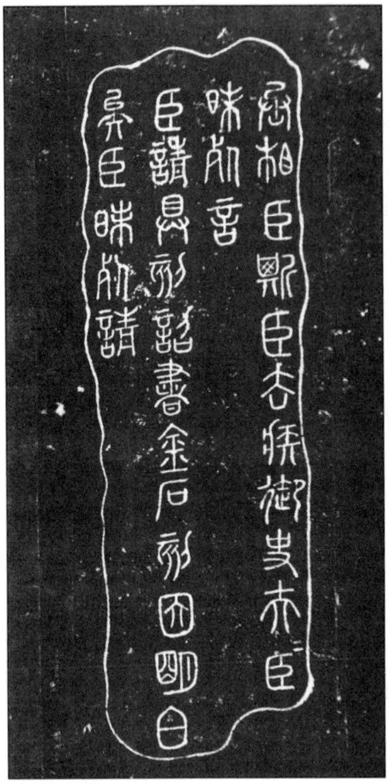

城中断粮，人们交换孩子来吃，析开死人的骨头当做柴火。宋人华元出城向楚庄王报告内情。楚庄王说：“真是个君子啊！”于是罢兵离开。

二十三年，楚庄王去世，他的儿子共王审继位。

共王十六年，晋国讨伐郑国。郑国向楚国告急，共王救援郑国。楚军与晋军在鄢陵交战，晋军打败楚军，射中共王的眼睛。共王传呼将军子反。子反好酒，随从竖阳谷向子反劝酒，子反喝醉了。共王大怒，射死子反，于是撤军回国。

三十一年，共王死，儿子康王招即位。康王即位十五年死，儿子员即位，这就是郏敖。

康王有宠爱的弟弟公子围、子比、子皙、弃疾。郏敖三年，让自己的叔父、康王弟弟公子围为令尹，主管军事。四年，公子围出使郑国，途中听说楚王生病就返回楚国。十二月己酉，公子围进宫询问楚王病情，趁机勒死楚王，又杀死楚王的儿子莫和平夏，派使者到郑国报丧。伍举问：“谁将即位？”使者回答：“寡大夫公子围。”伍举更正说：“共王的儿子公子围最年长。”子比逃到晋国，公子围即位，这就是楚灵王。

灵王三年六月，楚国派使者通知晋国，想与诸侯相会。诸侯都到楚国的申邑盟会。伍举说：“从前夏启有钧台宴飨，商汤有景亳诰命，周武王有盟津誓师，成王有岐阳会猎，康王有丰宫朝觐，穆王有涂山相会，齐桓公有召陵会师，晋文公有践土结盟，您打算使用哪种礼仪？”灵王说：“使用齐桓公的。”当时郑国的子产在楚国。晋、宋、鲁、卫都未参与盟会。灵王与诸侯订立盟约后，面露骄色。伍举说：“桀举行有仍会盟，有缗背叛他。纣王举行黎山会盟，东夷背叛他。幽王举行太室会盟，戎、翟背叛他。您一定要善始善终啊！”

七月，楚国率诸侯军讨伐吴国，包围了朱方。八月，攻克朱方，囚禁庆封，诛灭庆封家族。楚国将庆封示众，说：“大家不要仿效齐国庆封杀死自己的国君，欺凌齐国的幼君，来与诸大夫结盟。”庆封反唇相讥说：“不要学习楚共王的庶子公子围杀死他的国君兄长的儿子员而代立！”于是灵王派人立即杀死了庆封。

七年，灵王建成了章华台，下令安置逃亡者在里面服役。

八年，楚王派公子弃疾率军灭掉了陈国。十年，楚王召来蔡侯，灌醉后杀死了他。派弃疾平定蔡国，封他做陈、蔡的地方官。

十一年，楚王讨伐徐国以恫吓吴国。灵王驻扎在乾溪等待战果。灵王说：“齐、晋、鲁、卫，他们受封时都接受了宝器，只有我国没有。今天我派使者到周求周鼎作为分封的宝器，周王室会给我吗？”析父回答说：“他一定会给您的！过去我们的先王熊绎远在偏僻的荆山，赶着简陋的车子，身穿破衣烂衫，居住在蛮荒地区，跋山涉水事奉天子，曾把桃木弓、棘枝箭进贡给周王室。齐国君是周王的舅父；晋和鲁、卫国君是周王同母弟弟。因此，他们都有宝器，唯独楚国没有。周王室现在和那四个国家都事奉您，将对您唯命是从，怎么敢吝惜鼎呢？”灵王说：“过去我们远祖伯父昆吾住在原来的许国，今天郑国人贪婪地占据那块田地，不给我们，现在我们去要回，他们会给我们吗？”析父回答说：“周王室不吝惜鼎，郑国怎么敢吝惜田呢？”灵王又说：“过去诸侯们都疏远我们而畏惧晋国，现在我们扩大加固陈、蔡、不羹的城池，那里都备有一千辆战车的兵力，诸侯怕我们吗？”析父回答说：“很怕呀！”灵王高兴地说：“析父善谈往古的事啊！”

十二年的春天，楚灵王在乾溪作乐，舍不得离去。楚国百姓苦于徭役。当初，灵王在申与诸侯会师时，曾侮辱了越国大夫常寿过，杀死了蔡国大夫观起。观起的儿子观从逃到吴国，他劝吴王讨伐楚国，挑拨越国大夫常寿过与越国的关系，要他挑起内乱，做吴国的间谍。观起派人假借公子弃疾的命令从晋国召回公子比，到了蔡国，想与吴国、越国军队袭击蔡国。让公子比会见弃疾，并在邓与弃疾结盟。于是，入宫杀死灵王的太子禄，拥立子比为楚王，任命公子子皙做令尹、弃疾做司马。先清除了王宫，观从又率领军队到乾溪，向楚国将士宣布说：“楚国已经拥立新王了。先返回国都的，恢复他们的爵邑田室，后返回的一律流放。”楚军全都溃散，离开灵王返回国都。

灵王听到太子禄的死讯，不由自主跌倒在车下，说：“别人爱自己的儿子也都如此吗？”侍者说：“还要超过您。”灵王说：“我杀别人的儿子也太多了，能不落到这步田地吗？”右尹说：“请您到国都郊外听从国人的处置吧。”灵王说：“众人的愤怒不可冒犯。”右尹说：“暂且到大县向诸侯请兵吧。”灵王说：“诸侯都背叛我了。”右尹又说：“暂且逃到他国，听从大国的安排吧。”灵王说：“为君之福不能再次降临，只不过是自取侮辱罢了。”于是灵王想乘船进入鄢城。右尹估计灵王不会听从他的计策，担心与灵王一块被杀，也离开灵王逃走了。

灵王于是独自在山中徘徊，村民们没有敢收容灵王的。灵王在路上遇见过去的内侍，对他说：“你替我找口饭吃吧，我已经饿了三天了。”内侍说：“新王颁下诏令，有敢给您送饭并跟随您的诛灭三族，何况我也无处寻食。”灵王便头枕内侍大腿睡下。内侍用土块来代替自己，逃走了。灵王醒后不见内侍，饿得起不来了。芋地地方官申无宇的儿子申亥说：“我的父亲曾经两次触犯王法，灵王都没有杀他，恩德没有比这更大的了！”于是他到处寻找灵王，终于在釐泽找到饥饿的灵王，事奉灵王到自己的家中。夏季五月癸丑，灵王死在申亥家，申亥把两个女儿给他殉葬，安葬在一起。

这时楚国虽然已经拥立公子比为楚王，却怕灵王再次返回，又没有听到灵王的死讯，所以观从对新王子比说：“不杀死弃疾，即使拥有整个国家也还要遭受灾难。”楚王说：“我不忍心杀他。”观从说：“别人可忍心杀您啊。”新王不听从，观从就离去了。弃疾回来。都城的人每每夜里都很惊恐，说：“灵王进城了。”乙卯日夜间，弃疾让撑船的人在长江岸边奔走呼号说：“灵王来了！”国内人更加惊惧。弃疾又让曼成然告诉新王子比和令尹子皙说：“灵王到了！国内人将要杀死你们，司马将要来到了！您早做打算，不要自取侮辱。众人的愤怒如同水火，是无法解救的。”新王和子皙就自杀了。丙辰日，弃疾即位做了楚王，改名为熊居，这就是楚平王。

平王靠诈骗的方法杀死两个君王而自己即位，恐怕国人和诸侯背叛自己，就对百姓布施恩惠。归还陈、蔡两国的地盘，并让两国原来国君的后代即位，如过去一样，归还了侵占郑国的土地。平王对国内百姓抚恤安慰，修明政务。吴国因楚国动乱，抓获楚国五位将帅回国。平王对观从说：“你想要什么都满足你。”观从想做卜尹，平王答应了他。

当初，共王有五个宠爱的儿子，没有嫡长子来继承王位，就祭祀山川群神，请求神灵决断继承人，让他主持社稷。共王暗中与巴姬在祖庙里埋了块玉璧，叫五位公子斋戒后进入祖庙。康王跨璧而过，灵王的手肘放在玉璧上，子比、子皙都远离玉璧。平王年幼，别人抱着他参拜，正好压在璧玉的袢上。因此，康王因为年长即位了，君位传到他的儿子便丧失；公子围做了灵王，结果被杀；子比只做了十几天君王，子皙未能即位，又都被杀。这四个公子都没有后代。唯独弃疾最后继位，就是平王，终于继续了楚国的祭祀，就像符合神灵的意志。

当初，子比从晋国回国，韩宣子问叔向：“子比能成功吗？”叔向答道：“不能成功。”宣子说：“楚国人和子比都厌恶楚王，互相支持，如同市场上做买卖，怎么能不成功呢？”叔向答道：“如果一个人不能和人民共同追求做好事，谁能跟他去做坏事呢？夺取王位有五个难处：有宠爱的但无贤才，是一难；有贤才却无靠山，是二难；有靠山却无长远谋划，是三难；有长远谋划却没有人民拥护，是四难；有人民拥护却没有德行，是五难。子比在晋国十三年了，没听说晋国楚国跟随他的人有贤能，所以说他没有贤才；家族被灭，亲人背叛，可以说他没有靠山；没有机会却轻举妄动，可以说他没有长远的谋划；一辈子羁旅在外，可以说他没有人民的拥护；逃亡在外，国内人却没有爱戴他的迹象，可以说他没有德行。灵王暴虐，无所顾忌，子比五难具备而想杀死国君，怎么能成功！拥有楚国的，大概是弃疾吧，他统治陈地、蔡地，方城以外都归属他。没发生过烦扰邪恶的事，盗贼隐遁，不因个人的欲望而违背民心，因此百姓毫无怨言。祖先神灵保佑他，人民信任他。芈氏发生内乱，排行最小的孩子最终继位，这是楚国的常例。子比的官职，不过是右尹；论他的权势宠爱，无非是个庶子；论神命，又离璧很远；百姓不归顺他，他将凭什么即位呢？”宣子说：“齐桓公、晋文公不也是这样的吗？”叔向回答：“齐桓公是卫姬的儿子，受釐公宠爱。有鲍叔牙、宾须无、隰朋的辅佐，有莒国、卫国为外援，有高氏、国氏为内应。他听从正确意见像流水一样，对百姓不倦急地布施恩惠。他能享有齐国，不也应该的吗？过去我们文公，是狐季姬的儿子，受献公宠爱，好学不倦。他年仅十七岁，就结交五位贤才，有先大夫子余、子犯为心腹，有魏犨、贾佗为左臂右膀，有齐国、宋国、秦国、楚国为外援，有栾、郤、狐、先为内应。文公逃亡十九年，返国的志向十分坚定。惠公、怀公不体恤百姓，百姓都跟随欢迎文公。因此文公享有晋国，不也应该的吗？子比没有什么可给予百姓的，又得不到外援，离开晋国时，晋国人不护送；他返回楚国，楚国人不迎接。凭什么享有楚国呢！”子比果然最终没做成楚王，最终即位的是弃疾，正如叔向所预言的一样。

平王二年，弃疾委派费无忌到秦国为太子建娶妻。这个女子很漂亮，已经上路了，还没到达楚都时，无忌先一步赶回，游说平王说：“秦国女子很漂亮，您可以自己迎娶，再为太子另寻一位。”平王听从了无忌的劝说，终于自己娶了秦女，生下熊珍。又为太子娶了另一位女子。当时伍奢是太子的太傅，无忌是少傅。无忌不受太子宠爱，常常中伤诽谤太子建。太子建当时十五岁了，他的母亲是蔡国女子，不被平王宠幸，平王渐渐疏远了太子建。

六年，平王让太子建住在城父，戍守边界。无忌又日夜在平王面前中伤太子建说：“从我迎入秦国女子后，太子怨恨我，也不可能不怨恨您，您也要略加防备啊。况且太子住在城父，专揽兵权，对外结交诸侯，而且时时想打进国都。”平王便把太傅伍奢叫来责备一番。伍奢心知是无忌进了谗言，就说：“君王您为什么因为一个小人而疏远亲生骨肉呢？”无忌说：“现在不制服伍奢，今后要后悔的。”于是平王就囚禁了伍奢。让司马奋扬召太子建回来，想杀死太子。太子听到消息，逃到了宋国。

无忌说：“伍奢有两个儿子，不杀死他们将成为楚国的祸害。为什么不以免除他们父亲的死罪为条件把他们召来，这样他们必定会来。”于是平王派使者对伍奢说：“能把你的两个儿子召来，你就可以活命，否则就得处死。”伍奢说：“伍尚会来，伍胥不会来。”平王说：“为什么？”伍奢说：“伍尚为人廉洁，敢为节义而死，慈爱孝悌忠义，听到听从召唤就能赦免父亲，必然会来，不顾惜自己的性命。伍胥为人聪慧而有谋略，勇猛而崇尚建功立业，知道来了必死无疑，一定不会来。可是，成为楚国未来忧患的必定是这个儿子。”于是平王派人去召唤他们，说：“你们来，我就赦免你们的父亲。”伍尚对伍胥说：“听到父亲可以免死却不去，那是不孝；父亲被杀而不能报仇，那是无谋；估计能力担当责任，那是智慧。你快走吧，我去领死。”伍尚就来了。伍胥拉满弓搭上箭，出来见使者，说：“父亲有罪，为什么叫儿子回去呢？”说完就要拉弓射使者，使者掉头就跑，伍胥便逃到了吴国。伍奢听到这个消息后说：“伍胥跑了，楚国危险了。”楚国就杀死了伍奢和伍尚。

十年，楚国太子建的母亲住在居巢，暗中与吴国有来往。吴国派公子光讨伐楚国，打败陈国、蔡国军队，带走太子建的母亲才撤兵。楚国害怕，加固了郢都。先前，吴国的边邑卑梁和楚国的边邑钟离有两个小孩争夺桑树，两家发怒互相攻打，钟离人杀死了卑梁人。卑梁的长官大怒，派邑里的守军攻打钟离。楚王听说后大怒，派军占据了卑梁。吴王听说后大怒，也派出军队，让公子光借太子建母亲家在楚国为由而攻打楚国，一举攻下了钟离、居巢。楚国于是畏惧而加固了郢都。

十三年，平王去世。将军子常说："太子珍还年幼，况且他的母亲就是以前太子建应当娶的。"想立令尹子西为王。子西是平王的庶弟，有仁义。子西说："国家有常行的法度，改立继承人就会招致祸乱，谈论这件事就要招来杀身之祸。"于是楚国拥立太子珍，这就是昭王。

昭王元年，楚国民众不满费无忌，因为他进献谗言驱逐了太子建，还杀了伍奢父子和郤宛。宛室宗姓伯嚭和伍子胥都逃奔到了吴国，吴军屡次入侵楚国，楚人非常怨恨费无忌。楚令尹子常杀了无忌来取悦众人，众人都很高兴。

四年，吴国的三位公子逃奔到楚国，楚王进封他们来抵御吴国。五年，吴军伐取楚国的六、潜二地。七年，楚国派子常伐吴，吴军在豫章大败楚军。

十年冬日，吴王阖闾、伍子胥、伯嚭带兵与唐、蔡两国的军队一同讨伐楚国，楚军大败，于是吴兵攻入郢都，掘平王坟墓鞭尸，这是伍子胥的缘故。吴兵到来时，楚王派子常带兵迎战，在汉水两岸布阵。吴军击败了子常，子常逃亡到郑国。楚兵败走，吴军乘胜追击，大战五次，打到了郢都。己卯日，昭王出国逃亡。庚辰日，吴人攻入郢都。

昭王逃跑，到了云梦。云梦人不知道他就是昭王，把他射伤。昭王逃到郧地。郧公的弟弟怀说："平王杀了我们的父亲，现在我们杀了他的儿子，难道不可以吗？"郧公制止了他，但又怕他弑杀昭王，于是和昭王一同出奔到随国。吴王听说昭王去往随国，于是就进军攻打随地，对随人说："周天子子孙被分封在江汉之间的，楚国把他们都消灭了。"想让他们杀了昭王。于是昭王的随从大臣子綦把大王深藏起来，自己假扮成昭王，对随人说："把我献给吴军吧。"随人占卜了把他献给吴军一事，不吉利，于是辞谢吴王道："昭王逃跑了，不在随国这儿。"吴人申请亲自进入随国搜寻，随人不听，吴人也就作罢离开。

昭王逃出郢都时，派申鲍胥到秦国请救兵。秦国派出战车五百乘救援楚国，楚国也收拾起残兵败将，和秦军一起攻击吴军。十一年六月，在稷地打败吴军。恰逢吴王的弟弟夫概见吴王兵败，士气大伤，于是就逃回吴国，自立为王。吴王阖闾听说这件事，带兵离开楚国，回去攻击夫概。夫概战败，逃奔到了楚国，楚王把他封在堂溪，号称为堂溪氏。

楚昭王消灭唐国。九月，回到郢都。十二年，吴国再次伐楚，取得番地。楚人恐惧，离开了郢都，向北迁都到了鄀地。

十六年，孔子出任鲁国宰相。二十年，楚国消灭顿国和胡国。二十一年，吴王阖闾讨伐越国。越王勾践射伤吴王，吴王去世。吴人从此怨恨越国，不再西进伐楚。

二十七年春，吴国讨伐陈国，楚昭王出兵救陈，驻军在城父。十月，昭王在军中生病，见到像鸟一样的红云，伴着太阳飞翔。昭王问周太史是什么情况，太史说：“这对楚王您有害，不过祸患可以转移到将相身上。”将相听到这话，就纷纷请求以自己的身体为代价向神灵祈祷。昭王说：“将相，是寡人的胳膊、大腿，如今把祸患转移到他们身上，怎么能算离开了我的身体呢！”终究没听太史的话。占卜得知黄河神作祟，大夫请求向河神祈祷。昭王说：“自从我的先王受封到楚国，一直只祭祀江水、汉水，河神不会是我们获罪的原因。”制止了众人不许祭祀河神。孔子在陈国，听了这番话，说道：“楚昭王真的是通达事理。他没有丧失国位，是应该的！”

昭王病重，于是召集各个公子大夫说：“寡人不贤，两次使楚国的军队受辱，如今能得以天年寿终，是寡人的福气。”让位给他的弟弟公子申为王，公子申不同意。又让位二弟公子结，公子结也不同意。于是又让位给小弟公子闾，让了五回，后来才答应为王。将要打仗，庚寅日，昭王在军中去世。子闾说：“大王病重，不用他的儿子而让位给群臣，微臣之所以许诺为王，是为了让大王安心。如今大王过世，臣下怎么敢忘了大王的恩义呢！”于是和子西、子綦谋划，秘密派兵封锁道路，迎来越女的儿子章，立他为王，这就是惠王。然后罢兵回国，把昭王下葬。

惠王二年，子西从吴国召回以前平王太子建的儿子胜，任命为巢大夫，号称为白公。白公热爱战争，礼贤下士，想要报仇雪恨。六年，白公向令尹子西请兵伐郑。起先，白公的父亲建逃亡在郑国，郑人杀了他，白公逃亡到了吴国，子西又把他召回，他因此怨恨郑国，想要讨伐郑国。子西答应了却不给他发兵。八年，晋国讨伐郑国，郑国向楚国告急，楚国派子西前去救援郑国，受贿后离开。白公大怒，于是就和勇猛的敢死之士石乞等人在朝堂上袭击杀死了令尹子西、子綦，顺势劫持惠王，把他安置在高府，谋划弑君。惠王随从屈固背着惠王逃跑到昭王夫人的宫殿。白公自立为王。过了一个多月，遇上叶公前来援救楚国，楚惠王一众和叶公一起攻打白公，杀了他。于是惠王重新获得王位。这一年，楚国灭了陈国，以之为县。

十三年，吴王夫差强大，霸凌齐国、晋国，又前来讨伐楚国。十六年，越国消灭吴国。四十二年，楚国消灭蔡国。四十四年，楚国消灭杞国。和秦国讲和。这时越国已经消灭了吴国，但不能平定江、淮以北一带；于是楚国向东进兵掠地，把地盘扩展到了泗水一带。

五十七年，惠王去世，他的儿子简王中继位。

简王元年，北伐消灭莒国。八年，魏文侯、韩武子、赵桓子开始被列为诸侯。

二十四年，简王去世，他的儿子声王当继位。声王六年，贼寇谋杀了声王，他的儿子悼王熊疑继位。悼王二年，三晋前来伐楚，打到乘丘一带后退兵。四年，楚国讨伐周国。郑人杀了相国子阳。九年，讨伐韩国，攻取负黍。十一年，三晋伐楚，在大梁、榆关打败我军。楚国出重金贿赂秦国，和他讲和。二十一年，悼王去世，他的儿子肃王臧继位。

肃王四年，蜀国伐楚，攻取兹方。于是楚建造扞关来抵御蜀人。十年，魏国攻取楚国鲁阳。十一年，肃王去世，没有儿子，立了他的弟弟熊良夫为王，这就是宣王。

宣王六年，周天子朝贺秦献公。秦国重新开始强大起来，同时三晋势力也越来越壮大，魏惠王和齐威王尤其强势。三十年，秦王把卫鞅封在商地，向南侵略楚国。这一年，宣王去世，他的儿子威王熊商继位。

威王六年，周显王给秦惠王进献祭祀周文王、武王的祭肉。

七年，齐孟尝君的父亲田婴欺骗楚国，楚威王伐齐，在徐州击败齐军，进而命令齐国必须驱逐田婴。田婴惊恐，这时张丑骗楚王说："大王之所以能在徐州战胜齐军，是因为田盼子没有被任用。田盼子，有功于国家，百姓都愿意为他所用。田婴与田盼关系不好，所以田婴任用申纪。申纪这个人，大臣们不亲附他，百姓也不愿意听他话，所以大王能够打败他。如今大王要求驱逐田婴子，田婴子被驱逐了，田盼子一定会被任用。如果田盼子重新集结士兵和您相遇交战，一定会对您不利。"于是楚王不再要求驱逐田婴。

十一年，威王去世，他的儿子怀王熊槐继位。魏人听说楚国治丧，趁机讨伐楚国，攻取楚国陉山一带。

怀王元年，张仪开始任秦惠王宰相。四年，秦惠王开始称王。

六年，楚王派柱国昭阳带兵攻打魏国，在襄陵击破魏军，夺得八座城邑。又转移兵力攻打齐国，齐王很是忧虑。恰逢陈轸为秦国出使齐国，齐王说："我该怎么办呢？"陈轸说："大王不用担心，让我教他们罢兵。"随即前往楚军军中拜见昭阳，说："我想听一听楚国的法度，破杀敌军将领的人如何加官进爵？"昭阳说："让他官拜上柱国，封为上爵执珪。"陈轸说："还有比这更显贵的吗？"昭阳说："令尹。"陈轸说："如今您已经是令尹了，在国中官阶最高。微臣请求打个比方。有个人给了他的门客们一卮酒，门客们互相商定道：'我们好几个人喝这一点酒，不够每个人都能喝上的，我们就比赛在地上画蛇，蛇先画成的人独享这一卮酒。'一个人说：'我的蛇先画成了。'举起酒起身，说：'我还能为蛇画上脚呢。'等到他给蛇画上了脚，这时候画出蛇的人夺过酒一饮而尽，说：'蛇本来没有脚，你给画了脚，这就不是蛇了。'如今您在楚国任令尹又攻打魏国，大破敌军，斩杀将领，功劳没有比您再大的了，也没有什么更高的官位给您加封了。现在您又转移兵力攻齐，攻齐打赢了，官爵也不会再加封了；攻齐战败，自己死了，官爵也被剥夺，楚国也有损失：这就是画蛇添足的寓意。您不如引兵撤退施德于齐国，这是长盛不衰的方法。"昭阳说："好。"于是引兵离开。

燕、韩两国君主开始称王。秦国派遣张仪和楚、齐、魏三方会面，在啮桑结盟。

十一年，苏秦约定合纵联合山东六国共同攻秦，楚怀王为合纵联盟的首长。军至函谷关，秦国出兵袭击六国，六国纷纷引兵撤退回国，齐国独独最后回去。十二年，齐愍王讨伐击败了赵、魏两国的军队，秦国也讨伐击败了韩军，和齐国争为诸侯之长。

十六年，秦国想要讨伐齐国，然而楚国和齐国合纵亲善，秦惠王对此忧虑，于是扬言罢免张仪丞相的职位，让张仪南下面见楚王，对楚王说：“下国秦王欣赏的人莫过于大王，论在下愿意为他当守门卒隶的人，也莫过于大王。下国小王憎恨的人莫过于齐王，在下憎恶的人也莫过于齐王。然而大王却和齐王交好，因此下国的秦王无法事奉您，而使得我也不能为您当守门卒隶。如果大王为我关闭国门，和齐国断交，现在派使者跟我西进，收回当年秦国分得的楚国商于之地，共方圆六百里，这样就削弱了齐国。楚国北面削弱了齐国，西面又施惠于秦国，又吞并商于之地开拓疆土，这是施一计而尽得三利。”怀王大喜，于是就把相印赐给张仪，每日给他办置酒席，宣言“我又重得我商于之地了”。群臣都来朝贺，唯独陈轸前来吊丧。怀王说：“你为何这样？”陈轸回答说：“秦国之所以重视大王您，是因为大王和齐国交好。如今商于之地还没得到就先和齐国断交，这样楚国就被孤立了。秦国又何必重视一个孤立无援的国家呢，那时一定就轻视楚国了。而且如果秦国先献出土地再让楚国和齐国断交，那样秦国的诡计也无法施展。我们先和齐国断交再索取土地，就一定会被张仪欺骗。被张仪欺骗，大王一定会怨恨秦国。怨恨秦国，这样就会西边惹起秦国的祸乱，北面又断绝了和齐国的交情。西边惹起秦国的祸患，北面又断绝了和齐国的交情，那齐、秦两国的军队一定会来攻打我们。臣因此吊问不幸。”楚王不听他的话，于是派了一个将军西去收受封地。

张仪到了秦地，假装喝醉跌下马车，自称生病，三月没出门，商于之地无法取得。楚王说：“难道张仪觉得我和齐国断交还不够吗？”于是派勇士宋遗北上羞辱齐王。齐王大怒，撕毁和楚国的信符而和秦国联手。秦齐联手，张仪才出来朝会，对楚将军说：“您为何不接受封地？从某处到某处，有六里之广。”楚将军说：“我所听到的命令说是六百里，没听说是六里。”于是立马回去报告怀王。怀王大怒，将要起兵伐秦。陈轸又劝道：“伐秦不是个办法。不如顺势贿赂秦国一个大城市，和秦国一同伐齐，这样我们虽然在秦国那边有损失，但是可以从齐国获取补偿，我们的国家还可以保全。如今大王已经和齐国断交，又责备秦国欺骗我们，这样我们就是在促成秦国和齐国交好，还招徕了天下的敌兵，国家一定会受损。”楚王不听，于是就和秦国断交，发兵向西攻打秦国。秦国也发兵回击。

十七年春，楚国和秦国在丹阳交战，秦军大败楚军，斩杀披甲将士八万人，俘虏楚国大将军屈匄、裨将军逢侯丑等七十余人，于是夺取了汉中郡。楚怀王大怒，又尽出全国兵力再次袭击秦国，在蓝田大战，楚军大败。韩、魏两国听说楚国交困，于是南下袭击楚国，打到了邓地。楚王听说这事，只能引兵回国。

十八年，秦国派使者约定和楚国恢复亲善关系，分汉中之地的一半给楚国，与楚国讲和。楚王说：“我想得到张仪，不想要地。”张仪听说了，就请求前往楚国。秦王说：“楚王要拿您解气，怎么办？”张仪说：“微臣和楚王的亲信靳尚关系不错，靳尚又能取悦于楚王的爱妃郑袖，郑袖所说的话楚王无不听从。况且因为张仪之前出使楚国，违背了割让商于之地的约定，如今秦楚大战，相互交恶，微臣除非亲自向楚王谢罪，否则事端无法解决。况且有大王在，楚王应该不敢随便取我性命。就算真的杀了张仪，但是有利于秦国，这也是微臣的愿望。”于是张仪就出使楚国。

张仪来到楚国，楚怀王不见他，就把他囚禁起来，想要杀了他。张仪和靳尚私交很好，靳尚为他请求怀王说：“囚禁了张仪，秦王一定会发怒。天下人看到楚国得不到秦国支持，一定会轻视大王您了。”又对夫人郑袖说：“秦王非常钟爱张仪，而大王想要杀了他，如今将要用上庸之地一共六个县贿赂楚国，把美人嫁给楚王，让宫中善于歌唱的女子给她陪嫁。楚王重视土地，秦国女子也一定会显贵，那样夫人就会被冷落了。夫人不如向大王进言放了张仪。”最终郑袖向楚王为张仪讲情，释放了他。张仪出狱，怀王就善待张仪，于是张仪劝说楚王背叛合纵的约定而与秦国和亲，约定婚姻。张仪离开之后，屈原出使齐国归来，进谏楚王说：“为何没有杀了张仪？”怀王后悔，派人追捕张仪，没有追上。这一年，秦惠王去世了。

二十年，齐愍王想要成为合纵之长，反感楚国和秦国交好，于是派使者给楚王寄信道：“寡人担心楚王看不清自己尊贵的名分。如今秦惠王死了，武王即位，张仪出走魏国，樗里疾、公孙衍当政，而楚国事奉秦国。樗里疾与韩国交好，而公孙衍和魏国交好；如果楚国一定要事奉秦国，韩、魏两国就会恐惧，必然会通过此二人向秦国求和，那样燕、赵两国也应该会事奉秦国。四国争相事奉秦国，那样楚国就成了秦国的郡县了。大王何不与寡人一起收服韩、魏、燕、赵四国，相与合纵，尊奉周室，平息战事，休养人民呢？号令天下，天下人没有敢不听您的话的，大王的名望便树立了。大王率领诸侯一同伐秦，一定能够攻破秦国。如此大王收取武关、蜀、汉等地，私吞吴、越的财富，独揽江海的便利，韩、魏割让上党，向西迫近函谷关，那样楚国能够强大百万倍。况且大王被张仪欺骗，丧失汉中之地，又兵败蓝田，天下人没有不替大王您感到愤怒的。如今您却愿意率先事奉秦国！希望大王好好思量此事。”

楚王已经想和秦国讲和，看到齐王来信，又犹豫不决，于是就和群臣一起商议。群臣有的赞成和秦国讲和，有的赞成听齐王的劝说。昭雎说道：“大王虽然在东方从越国取得了土地，但还不足以雪耻；一定要从秦国夺回失地，之后才称得上在诸侯面前洗刷了耻辱。大王不如和齐、韩两国深交，让秦国看重樗里疾，这样大王就能凭借韩、齐的厚势来索求土地了。秦军攻破了韩国的宜阳，然而韩国却仍然事奉秦国，这是因为韩国先王的坟墓在平阳，而秦国的武遂离那儿只有七十里，因此韩国特别害怕秦国。否则，秦国攻打三川，赵国攻打上党，楚国攻打河外，韩国一定会灭亡。楚国救韩，未必能让韩国不灭亡，但是使韩国能保有国位的就是楚国。韩从秦国得到武遂，以河山为关塞，所要报恩的对象没有比楚国更重的，臣认为韩国一定急于事奉大王您。齐国之所以能取信于韩国，是因为韩公子眛担任齐相。韩国从秦国得到武遂，大王又和韩国交好，用与齐、韩两国的关系加强樗里疾的地位，樗里疾得到齐、韩的重视，秦王也不敢随便废弃樗里疾。如今再加上楚国的支撑，樗里疾一定会在秦国为楚国说话，让秦国归还侵略楚国得到的土地。”于是怀王赞成了昭雎的意见，最终没有和秦国联手，而和齐国联合，与韩国交好。

二十四年，楚国又背叛齐国和秦国交好。秦昭王刚刚即位，于是下重本贿赂楚国。楚国派人前去秦国迎娶妇人和亲。二十五年，怀王进入秦国和秦昭王盟誓，在黄棘立下合约。秦国重新归还楚国上庸之地。二十六年，齐、韩、魏三国因楚国背叛了合纵亲善关系去和秦国联合，一同讨伐楚国。楚国派太子到秦国做人质来换取救兵。于是秦国派遣客卿通领兵救楚，三国军队引兵离去。

二十七年，秦国有个大夫私下里和楚太子争斗，楚太子杀了他逃回楚国。二十八年，秦国和齐、韩、魏三国一同攻打楚国，杀了楚将唐眛，夺取楚国重丘后退兵。二十九年，秦国再度攻打楚国，大破楚军，楚军士兵战死两万人，秦军杀死楚国将军景缺。怀王恐惧，于是派太子到齐国做人质求和。三十年，秦国再度伐楚，夺取八座城池。秦昭王给楚王写信说：“一开始寡人和大王您相约为兄弟，在黄棘盟誓，太子来做人质，相互交欢。您的太子凌辱杀死了寡人的重臣，没有谢罪径自逃走，寡人实在怒不可遏，派兵侵犯了大王的边疆。如今听说大王要让太子到齐国做人质求和。寡人的国家和楚国接壤，所以彼此通婚，两国相互亲善很久了。如今秦楚两国不交欢，就无法号令诸侯。寡人想和大王在武关盟会，当面约定，结盟后回国，这是寡人的愿望。冒昧报告于您的手下。”楚怀王看到秦王来信，很是忧虑。想要前去，担心被欺骗；不去，又怕秦王发怒。昭雎说：“大王不要去，我们自己发兵做好防卫就行了。秦国狼子野心，不值得相信，他们有吞并诸侯的想法。”怀王的儿子子兰劝说怀王出行，说：“又何必断绝秦王的一片好意呢！”于是就去会见秦昭王。昭王使诈派一个将军在武关埋下伏兵，号称是秦王一行。楚王到后，就关闭武关，于是押着怀王向西到了咸阳，在章台朝见秦王，像一个下国的臣工，不能和秦王用平等的礼仪。楚怀王大怒，后悔没有听昭雎的话。秦王顺势挽留下楚王，要挟他割让巫、黔中的郡县。楚王想要盟会，秦王则想先得到割地。楚王大怒道：“秦国骗了我，又要挟我割地！”于是不再答应秦国的要求。秦国就扣留了怀王。

楚国大臣很是忧虑，于是相互谋划道：“我们大王在秦国不能回来，要挟我们割地，而太子又在齐国做人质，齐、秦合起来同谋，那么楚国恐怕就要覆灭了。”于是想要立怀王在国中的儿子为王。昭雎说：“大王和太子都被困在诸侯国中，如今又背叛大王的命令立了他的庶子，不应该。”于是假装向齐国告丧，齐愍王对他的丞相说：“我们不如扣留楚太子来索要楚国的淮北。”丞相说：“不行，万一楚国国中另立楚王，那样我们空有一个人质却犯了天下不义之行。”有人说：“不是这样。如果楚国另立楚王，我们就顺势和他们的新王交易道‘把你们的淮北割给我们，我们替您杀了太子，否则，我们就和其他三国一同扶立这个太子’，这样我们就一定能获得淮北之地。”齐王最终听用了丞相的说法，归还了楚太子。太子横回国后，被立为楚王，这就是顷襄王。于是楚人告诉秦人说：“依赖社稷神灵的保佑，我们国家又有新王了。”

顷襄王横元年，秦要挟怀王没能得到土地，楚国立新王来回应秦国，秦昭王大怒，发兵出武关攻楚，大败楚军，斩首五万人，攻取析地十五城后退兵。二年，楚怀王逃跑回国，秦国觉察了此事，封锁了通往楚国的道路，怀王恐惧，于是从小道逃跑到赵国请求借道回国。赵主父当时在代地，他的儿子惠王刚刚即位，行王政，畏惧秦国，不敢接受楚王。楚王想要逃到魏国，秦国追兵赶到，于是怀王只能和秦国使臣一道再次回到秦国。怀王就发病了。顷襄王三年，怀王死在秦国，秦国向楚国归还了怀王的灵柩。楚人都哀怜怀王，就像失去了自己的亲人一般。诸侯因此认为秦国无理。秦楚两国绝交。

六年，秦国派白起伊阙对战韩军，大胜，斩首二十四万。于是秦王给楚王寄信说：“楚国背叛了秦国，秦国将要率领诸侯一同伐楚，决一死战。希望大王整顿士卒，我们痛痛快快地打一仗。”楚顷襄王为此忧虑，于是再次谋求和秦国讲和。七年，楚国从秦国迎娶妇人和亲，秦楚讲和。

十一年，齐王和秦王各自称帝；一个多月后，又归还帝位，重新称王。

十四年，楚顷襄王与秦昭王在宛地友好相会，结为婚姻。十五年，楚王与秦国、三晋、燕国一同伐齐，攻取淮北。十六年，又和秦昭王在鄢地友好会盟。当年秋天，又和秦王在穰地相会。

十八年，楚国有个人能用力量微弱的弓箭，系以纤细的丝线射中归雁，顷襄王听说了，就召见了他询问一番。这人回答说：“小臣喜欢射鶀雁，罗鸗，这些只是射一射小箭，哪里值得跟大王说呢。况且凭楚国之大，大王之贤明，我们所能射中的不止这些。古时候三王射的靶子是道德仁义，五霸射的靶子是战国诸侯。所以说秦、魏、燕、赵等国，是鶀雁；齐、鲁、韩、卫等国，是青首；驺、费、郯、邳等国，是罗鸗。此外其余的各个小国都不值得一射。有鸟六对，大王如何捕获呢？大王何不以圣人为弓箭，以勇士为绳索，看准时机张弓一射？这六对鸟，是可以用袋子装下、用车子载走的。这种快乐不仅仅是一朝一夕的快乐，这种收获也不仅仅是凫雁之类的小利。大王早上张弓射魏国大梁之南，在他右翼加兵一直连到韩国，那么通往中原的路就被切断，上蔡郡也就崩溃了。再射圉地之东，折散魏国的左翼，向外攻击定陶，那么魏国东部之外就会被废弃，而大宋、方与二郡都可以拿下。而且魏国折断了双臂，也就自行败落了；正面攻击郯国，大梁就可以攻取占据。大王在兰台收拾绳索，在西河喂马喝水，平定魏国大梁，这是射第一发箭的乐趣所在。如果大王果真喜欢如此射箭而不厌烦，就拿出宝弓，系上新缴，到东海射噣鸟，回来建筑长城作为国防设施，早晨箭射东莒，晚上发兵沨丘，夜里增兵即墨，回头占据午道，那么长城以东可以收取，太山以北可以拿下了。西边和赵国接壤而北方到达燕国边界，三国比翼而飞，合纵的形势不需要约定也能形成。北望燕国的辽东，南面登高俯视越国的会稽，这是射第二发箭的乐趣。那泗水之上的十二诸侯，左右开弓收拾一番，一早上就可以全部攻取。如今秦国攻破韩国却造成了长久的忧患，得到了城池却不敢镇守；伐魏一无所获，攻赵反而自己受损，秦魏的勇力也渐渐耗尽了，楚国故地汉中、析、郦是可以失而复得的。大王拿出宝弓，系上新缴，渡过鄳塞，等待秦国疲倦的时机，山东、河内可以取得并且统一。慰劳百姓，休养生息，您也可以南面称王了。所以说秦是一只大鸟，背靠海内西陆居住，面朝东站立，左臂占据赵国的西南，右臂围揽了楚国的鄢郢，正面搏击韩魏，低头俯视中原大地，所在之地拥有地形的便利，奋起两翼，方圆三千里，秦国无法用烛火招致、在夜里射中。”此人想要激怒襄王，所以才回答了这番话。襄王就召来他和他交谈，于是进言道：“我们先王被秦人欺骗，客死他乡，怨愤仇恨莫大于此。如今匹夫有怨气，都可以报复万乘之国，白公、伍子胥都是这样的。现在楚国之地方圆五千里，有百万兵士，还是足以纵横中原的，却坐以待毙，微臣私底下为大王觉得不值。”于是顷襄王向诸侯派遣使者，重新约定合纵，想要伐秦。秦国听说此事，发兵前来伐楚。

楚国想和齐、韩联合伐秦，准备趁机消灭周国。周王赧派武公对楚相昭子说：“你们三国动用军队割裂周国郊外的土地来方便运输，还南迁九鼎来尊崇楚国，臣认为不妥。弑杀天下共同的君主，把世代相传的天子当做臣下，大国就不会和你亲善；凭借人多势众欺负势单力薄者，小国也不会亲附你们。大国不亲善，小国不依附，也就无法得到名声和利益。名利都得不到，不配劳民伤财，出兵举事。你有了图谋周室的名声，是无法号令天下的。”昭子说：“所谓图谋周室一事是子虚乌有。就算如此，周国为何不能谋取？”武公答道：“没有敌军五倍的兵力不可进攻，没有十倍的兵力不可围城。一个周国的权重是魏国的二十倍，你也是知道的。韩国曾经出二十万大军却在魏国城下受挫，精兵战死，士卒受伤，也没有攻下魏国。你没有百倍于韩国的兵力来谋取周国，这是天下人都知道的。你们和两周结怨，失去驺、鲁的民心，又和齐国断交，在四海之内丧失了名声，事情就很危险了。危害两周增强了韩国的三川，楚方城之外的土地一定会被韩国削弱。何以知道会这样呢？西周之地，截长补短，不过是方圆百里。名义上是天下共同的尊主，但是占领了周的地盘不足以开拓疆土，获得周国的民众也不足以加强兵力。像那样做了，即便没攻打周国，名义上也是弑君。然而好大喜功的君主，热衷战争的臣子，发号施令派兵遣将，没有不以周王室为最终目的的。这是为什么呢？他们看到九鼎在这里，想要获得九鼎，忘记了弑君的罪名。如今韩国把九鼎运到楚国，臣怕天下之人都要为了这九鼎来和楚国作对了。听臣打个比方。虎肉腥臊，还有利爪作为武器，尚且还有人打虎。假使让湿地的麋鹿蒙上虎皮，打它的人一定万倍于打虎的人。分割楚国的领土，足以开疆扩土；折损楚国的名号，足以获得尊奉周室的美名。如今你想要残害天下共奉的君主，占有三代相传的宝器，私吞九鼎，使名声高于天下尊主，这不是贪婪是什么呢？《周书》说‘想要起事，不要身先天下’，所以九鼎南迁，天下的军队就来讨伐你们了。”于是楚国废止了侵周的计划。

十九年，秦国伐楚，楚军战败，割让上庸、汉北之地给秦国。二十年，秦将白起攻占我国西陵。二十一年，秦将白起攻取我国郢都，烧毁先王的坟墓夷陵。楚襄王军队溃散，于是不再作战，逃亡东北依凭陈城自保。二十二年，秦国又占领我国巫、黔中两郡。

二十三年，襄王收整东部的残兵，得到十余万人，再次西进攻取秦国所占据的我国长江旁的十五座城邑设为郡县，抗拒秦国。二十七年，派三万人协助三晋伐燕。再次和秦国讲和，派太子到秦国作人质。楚国还派了左徒到秦国事奉太子。

三十六年，顷襄王生病，太子逃回了楚国。秋天，顷襄王去世，太子熊元继位，这就是考烈王。考烈王任左徒为令尹，把吴地封给他，号为春申君。

考烈王元年，将州献给秦国以求和。这时楚国日益衰弱。

六年，秦国包围了邯郸，赵国向楚国告急，楚国派将军景阳救赵。七年，楚国打到新中。秦军退去。十二年，秦昭王逝世，楚王让春申君到秦国吊唁。十六年，秦庄襄王逝世，秦王赵政即位。二十二年，楚国与诸侯国共同讨伐秦国，形势不利而撤军了。楚国向东迁都到寿春，将寿春命名为郢。

二十五年，考烈王逝世，儿子幽王悍即位。李园杀死了春申君。幽王三年，秦国、魏国伐楚。秦国宰相吕不韦逝世。九年，秦国灭韩国。十年，幽王逝世，同母弟犹即位，这就是哀王。哀王即位两个多月，哀王的哥哥负刍的党徒袭击杀死了哀王，拥立负刍做楚王。当年，秦国俘获了赵王迁。

王负刍元年，燕太子丹派荆轲刺杀秦王。二年，秦国派将军讨伐楚国，大败楚军，楚国丢失了十多座城池。三年，秦国灭亡了魏国。四年秦国大将军王翦在蕲打败楚军，杀死将军项燕。

五年，秦将王翦、蒙武攻进楚都，俘虏了楚王负刍，灭亡楚国，分楚为郡。

太史公说：当楚灵王在申会合诸侯，杀死齐庆封，修筑章华台，要索取周王室九鼎的时候，他志向高远，藐视天下；等到在申亥家饿死时，却被天下人所耻笑。没有操守德行，实在可悲！人们对权势，能不谨慎吗？弃疾以制造内乱而即位，宠幸秦国女子，也太过分了，几乎再度使国家灭亡！

（苏　芃　注译）

卷四十一
越王句践世家第十一

注释查阅　译文诵读

越王句践[1]，其先禹之苗裔，而夏后帝少康之庶子也[2]。封于会稽[3]，以奉守禹之祀[4]。文身断发[5]，披草莱而邑焉[6]。后二十馀世，至于允常[7]。允常之时，与吴王阖庐战而相怨伐[8]。允常卒，子句践立，是为越王。

元年，吴王阖庐闻允常死，乃兴师伐越。越王句践使死士挑战[9]，三行，至吴陈[10]，呼而自刭。吴师观之，越因袭击吴师，吴师败于槜李[11]，射伤吴王阖庐。阖庐且死[12]，告其子夫差曰[13]：“必毋忘越。”

三年，句践闻吴王夫差日夜勒兵[14]，且以报越，越欲先吴未发往伐之。范蠡谏曰：“不可。臣闻兵者凶器也[15]，战者逆德也，争者事之末也。阴谋逆德，好用凶器，试身于所末，上帝禁之，行者不利。”越王曰：“吾已决之矣。”遂兴师。吴王闻之，悉发精兵击越，败之夫椒[16]。越王乃以馀兵五千人保栖于会稽[17]。吴王追而围之。

越王谓范蠡曰[18]：“以不听子[19]，故至于此，为之柰何？”蠡对曰：“持满者与天[20]，定倾者与人[21]，节事者以地[22]。卑辞厚礼以遗之[23]，不许，而身与之市[24]。”句践曰：“诺。”乃令大夫种行成于吴[25]，膝行顿首曰[26]：“君王亡臣句践使陪臣种敢告下执事[27]：句践请为臣，妻为妾[28]。”吴王将许之。子胥言于吴王曰[29]：“天以越赐吴，勿许也。”种还，以报句践。句践欲杀妻子，燔宝器[30]，触战以死[31]。种止句践曰：“夫吴太宰嚭贪[32]，可诱以利，请间行言之[33]。”于是句践乃以美女宝器令种间献吴太宰嚭。嚭受，乃见大夫种于吴王[34]。种顿首言曰：“愿大王赦句践之罪，尽入其宝器。不幸不赦，句践将尽杀其妻子，燔其宝器，悉五千人触战，必有当也[35]。”嚭因说吴王曰：“越以服为臣，若将赦之，此国之利也。”吴王将许之。子胥进谏曰：“今不灭越，后必悔之。句践贤君，种、蠡良臣，若反国，将为乱。”吴王弗听，卒赦越，罢兵而归。

句践之困会稽也，喟然叹曰[36]：“吾终于此乎？”种曰：“汤系夏台[37]，文王囚羑里[38]，晋重耳犇翟[39]，齐小白犇莒[40]，其卒王霸[41]。由是观之，何遽不为福乎[42]？”

吴既赦越，越王句践反国[43]，乃苦身焦思[44]，置胆于坐，坐卧即仰胆，饮食亦尝胆也，曰："女忘会稽之耻邪？"身自耕作，夫人自织，食不加肉[45]，衣不重采[46]，折节下贤人，厚遇宾客，振贫吊死[47]，与百姓同其劳。欲使范蠡治国政，蠡对曰："兵甲之事，种不如蠡；填抚国家[48]，亲附百姓，蠡不如种。"于是举国政属大夫种，而使范蠡与大夫柘稽行成[49]，为质于吴。二岁而吴归蠡。

句践自会稽归七年，拊循其士民[50]，欲用以报吴。大夫逢同谏曰[51]："国新流亡[52]，今乃复殷给[53]，缮饰备利[54]，吴必惧[55]，惧则难必至。且鸷鸟之击也[56]，必匿其形。今夫吴兵加齐、晋，怨深于楚、越，名高天下，实害周室，德少而功多，必淫自矜[57]。为越计，莫若结齐，亲楚，附晋，以厚吴[58]。吴之志广，必轻战[59]。是我连其权[60]，三国伐之，越承其弊[61]，可克也。"句践曰："善。"

居二年[62]，吴王将伐齐。子胥谏曰："未可。臣闻句践食不重味[63]，与百姓同苦乐。此人不死，必为国患。吴有越，腹心之疾，齐与吴，疥瘲也[64]。愿王释齐先越。"吴王弗听，遂伐齐，败之艾陵[65]，虏齐高、国以归[66]。让子胥[67]。子胥曰："王毋喜！"王怒，子胥欲自杀，王闻而止之。越大夫种曰："臣观吴王政骄矣，请试尝之贷粟，以卜其事[68]。"请贷，吴王欲与，子胥谏勿与，王遂与之，越乃私喜。子胥言曰："王不听谏，后三年吴其墟乎[69]！"太宰嚭闻之，乃数与子胥争越议，因谗子胥曰："伍员貌忠而实忍人[70]，其父兄不顾[71]，安能顾王？王前欲伐齐，员强谏，已而有功，用是反怨王[72]。王不备伍员，员必为乱。"与逢同共谋，谗之王。王始不从，乃使子胥于齐，闻其托子于鲍氏[73]，王乃大怒，曰："伍员果欺寡人，欲反！"使人赐子胥属镂剑以自杀[74]。子胥大笑曰："我令而父霸，我又立若，若初欲分吴国半予我，我不受，已，今若反以谗诛我。嗟乎，嗟乎，一人固不能独立！"报使者曰："必取吾眼置吴东门，以观越兵入也！"于是吴任嚭政。

居三年，句践召范蠡曰："吴已杀子胥，导谀者众[75]，可乎？"对曰："未可。"

至明年春，吴王北会诸侯于黄池[76]，吴国精兵从王，惟独老弱与太子留守。句践复问范蠡，蠡曰"可矣"。乃发习流二千人[77]，教士四万人[78]，君子六千人[79]，诸御千人[80]，伐吴。吴师败，遂杀吴太子。吴告急于王，王方会诸侯于黄池，惧天下闻之，乃秘之。吴王已盟黄池，乃使人厚礼以请成越[81]。越自度亦未能灭吴，乃与吴平[82]。

其后四年，越复伐吴。吴士民罢弊[83]，轻锐尽死于齐、晋[84]。而越大破吴，因而留围之三年，吴师败，越遂复栖吴王于姑苏之山[85]。吴王使公孙雄肉袒膝行而前[86]，请成越王曰："孤臣夫差敢布腹心[87]，异日尝得罪于会稽，夫差不敢逆命，得与君王成以归。今君王举玉趾而诛孤臣[88]，孤臣惟命是听，意者亦欲如会稽之赦孤臣之罪乎？"句践不忍，欲许之。范蠡曰："会稽之事，天以越赐吴，吴不取。今天以吴赐越，越其可逆天乎？且夫君王蚤朝晏罢[89]，非为吴邪？谋之二十二年，一旦而弃之，可乎？且夫天与弗取，反受其咎。‘伐柯者其则不远’，君忘会稽之戹乎[90]？”句践曰：“吾欲听子言，吾不忍其使者。”范蠡乃鼓进兵，曰：“王已属政于执事，使者去，不者且得罪。”吴使者泣而去。句践怜之，乃使人谓吴王曰：“吾置王甬东[91]，君百家。”吴王谢曰：“吾老矣，不能事君王！”遂自杀。乃蔽其面，曰：“吾无面以见子胥也！”越王乃葬吴王而诛太宰嚭。

句践已平吴，乃以兵北渡淮[92]，与齐、晋诸侯会于徐州[93]，致贡于周[94]。周元王使人赐句践胙[95]，命为伯[96]。句践已去，渡淮南，以淮上地与楚[97]，归吴所侵宋地于宋，与鲁泗东方百里[98]。当是时，越兵横行于江、淮东[99]，诸侯毕贺，号称霸王。

范蠡遂去，自齐遗大夫种书曰[100]：“蜚鸟尽[101]，良弓藏；狡兔死，走狗烹。越王为人长颈鸟喙[102]，可与共患难，不可与共乐。子何不去？”种见书，称病不朝。人或谗种且作乱，越王乃赐种剑曰：“子教寡人伐吴七术，寡人用其三而败吴，其四在子，子为我从先王试之。”种遂自杀。

句践卒，子王鼫与立[103]。王鼫与卒，子王不寿立[104]。王不寿卒，子王翁立[105]。王翁卒，子王翳立[106]。王翳卒，子王之侯立[107]。王之侯卒，子王无彊立[108]。

王无彊时，越兴师北伐齐，西伐楚，与中国争强[109]。当楚威王之时[110]，越北伐齐，齐威王使人说越王曰[111]：“越不伐楚，大不王，小不伯[112]。图越之所为不伐楚者，为不得晋也[113]。韩、魏固不攻楚。韩之攻楚，覆其军[114]，杀其将，则叶、阳翟危[115]；魏亦覆其军，杀其将，则陈、上蔡不安[116]。故二晋之事越也，不至于覆军杀将，马汗之力不效[117]。所重于得晋者何也？”越王曰：“所求于晋者，不至顿刃接兵，而况于攻城围邑乎？愿魏以聚大梁之下[118]，愿齐之试兵南阳、莒地[119]，以聚常、郯之境[120]，则方城之外不南[121]，淮、泗之间不东[122]，商、於、析、郦、宗胡之地[123]，夏路以左[124]，不足以备秦，江南、泗上不足以待越矣[125]。则齐、秦、韩、魏得志于楚也[126]，是二晋不战而分地，不耕而获之。不此之为，而顿刃于河山之间以为齐秦用[127]，所待者如此其失计，柰何其以此王也！”齐使者曰：“幸也越之不亡也！吾不贵其用智之如目[128]，见豪毛而不见其睫也[129]。今王知晋之失计，而不自知越之过，是目论也[130]。王所待于晋者，非有马汗之力也，又非可与合军连和也，将待之以分楚众也。今楚众已分，何待于晋？”越王曰：“柰何？”曰：“楚三大夫张九军，北围曲沃、於中[131]，以至无假之关者三千七百里[132]，景翠之军北聚鲁、齐、南阳[133]，分有大此者乎？且王之所求者，斗晋楚也[134]；晋楚不斗，越兵不起，是知二五而不知十也。此时不攻楚，臣以是知越大不王，小不伯。复雠、庞、长沙[135]，楚之粟也[136]；竟泽陵[137]，楚之材也[138]。越窥兵通无假之关[139]，此四邑者不上贡事于郢矣[140]。臣闻之，图王不王，其敝可以伯。然而不伯者，王道失也。故愿大王之转攻楚也。”

于是越遂释齐而伐楚。楚威王兴兵而伐之，大败越，杀王无彊，尽取故吴地至浙江[141]，北破齐于徐州。而越以此散，诸族子争立，或为王，或为君，滨于江南海上[142]，服朝于楚[143]。

后七世，至闽君摇[144]，佐诸侯平秦。汉高帝复以摇为越王[145]，以奉越后。东越、闽君[146]，皆其后也。

范蠡事越王句践，既苦身勠力[147]，与句践深谋二十馀年，竟灭吴[148]，报会稽之耻，北渡兵于淮以临齐、晋，号令中国，以尊周室，句践以霸，而范蠡称上将军。还反国，范蠡以为大名之下，难以久居，且句践为人可与同患，难与处安，为书辞句践曰："臣闻主忧臣劳，主辱臣死。昔者君王辱于会稽，所以不死，为此事也。今既以雪耻，臣请从会稽之诛。"句践曰："孤将与子分国而有之。不然，将加诛于子[149]。"范蠡曰："君行令，臣行意[150]。"乃装其轻宝珠玉[151]，自与其私徒属乘舟浮海以行[152]，终不反。于是句践表会稽山以为范蠡奉邑[153]。

范蠡浮海出齐[154]，变姓名，自谓鸱夷子皮，耕于海畔，苦身戮力，父子治产。居无几何[155]，致产数十万[156]。齐人闻其贤，以为相。范蠡喟然叹曰："居家则致千金，居官则至卿相，此布衣之极也。久受尊名，不祥。"乃归相印，尽散其财，以分与知友乡党[157]，而怀其重宝，间行以去[158]，止于陶[159]，以为此天下之中[160]，交易有无之路通，为生可以致富矣[161]。于是自谓陶朱公。复约要父子耕畜[162]，废居[163]，候时转物，逐什一之利。居无何，则致赀累巨万[164]。天下称陶朱公。

朱公居陶，生少子。少子及壮，而朱公中男杀人，囚于楚。朱公曰："杀人而死，职也[165]。然吾闻千金之子不死于市[166]。"告其少子往视之[167]。乃装黄金千溢[168]，置褐器中[169]，载以一牛车。且遣其少子，朱公长男固请欲行，朱公不听。长男曰："家有长子曰家督[170]，今弟有罪，大人不遣，乃遗少弟，是吾不肖。"欲自杀。其母为言曰："今遣少子，未必能生中子也，而先空亡长男，柰何？"朱公不得已而遣长子，为一封书遗故所善庄生[171]。曰："至则进千金于庄生所，听其所为，慎无与争事。"长男既行，亦自私赍数百金[172]。

至楚，庄生家负郭[173]，披藜藋到门[174]，居甚贫。然长男发书进千金，如其父言。庄生曰："可疾去矣，慎毋留！即弟出，勿问所以然。"长男既去，不过庄生而私留[175]，以其私赍献遗楚国贵人用事者[176]。

庄生虽居穷阎[177]，然以廉直闻于国，自楚王以下皆师尊之。及朱公进金，非有意受也，欲以成事后复归之以为信耳。故金至，谓其妇曰："此朱公之金。有如病不宿诫[178]，后复归，勿动。"而朱公长男不知其意，以为殊无短长也[179]。

庄生间时入见楚王[180]，言"某星宿某[181]，此则害于楚"。楚王素信庄生，曰："今为柰何？"庄生曰："独以德为可以除之。"楚王曰："生休矣[182]，寡人将行之。"王乃使使者封三钱之府[183]。楚贵人惊告朱公长男曰："王且赦。"曰："何以也？"曰："每王且赦，常封三钱之府。昨暮王使使封之。"朱公长男以为赦，弟固当出也，重千金虚弃庄生[184]，无所为也，乃复见庄生。庄生惊曰：

“若不去邪？”长男曰：“固未也。初为事弟，弟今议自赦[185]，故辞生去。”庄生知其意欲复得其金，曰：“若自入室取金。”长男即自入室取金持去，独自欢幸。

庄生羞为儿子所卖[186]，乃入见楚王曰：“臣前言某星事，王言欲以修德报之。今臣出，道路皆言陶之富人朱公之子杀人囚楚，其家多持金钱赂王左右，故王非能恤楚国而赦[187]，乃以朱公子故也。”楚王大怒曰：“寡人虽不德耳，柰何以朱公之子故而施惠乎！”令论杀朱公子[188]，明日遂下赦令。朱公长男竟持其弟丧归[189]。

至，其母及邑人尽哀之，唯朱公独笑，曰：“吾固知必杀其弟也！彼非不爱其弟，顾有所不能忍者也[190]。是少与我俱，见苦，为生难，故重弃财。至如少弟者，生而见我富，乘坚驱良逐狡兔[191]，岂知财所从来，故轻弃之，非所惜吝。前日吾所为欲遣少子，固为其能弃财故也。而长者不能，故卒以杀其弟，事之理也，无足悲者。吾日夜固以望其丧之来也。”

故范蠡三徙，成名于天下，非苟去而已[192]，所止必成名。卒老死于陶，故世传曰陶朱公。

太史公曰：禹之功大矣，渐九川[193]，定九州[194]，至于今诸夏艾安[195]。及苗裔句践，苦身焦思，终灭强吴，北观兵中国，以尊周室，号称霸王。句践可不谓贤哉！盖有禹之遗烈焉[196]。范蠡三迁，皆有荣名，名垂后世。臣主若此，欲毋显，得乎！

【译文】

越王勾践的祖先是禹的后裔、夏后帝少康的庶子。他被封在会稽，为禹守陵祭祀。越人纹身剪发，披荆斩棘建造了城邑，在那儿居住。经过了二十多代，传到了允常。允常在位时，和吴王阖庐结怨而相互攻伐。允常死后，他的儿子勾践即位，这就是越王。

越王元年，吴王阖庐听说允常死了，于是就发兵讨伐越国。越王勾践派敢死之士前去激吴军出战，一共三排人，到了吴军阵前，大喊着拔剑自刎。吴军纷纷围观此事，越人趁机偷袭吴军，在槜李大败吴军，射伤了吴王阖庐。阖庐快要死时，对他的儿子夫差说道：“一定不要忘了败给越国的耻辱。”

越王三年，勾践听说吴王夫差日夜操练兵马，要来报复越国，越王想先于吴国发兵前去讨伐。范蠡劝谏越王道：“不能这样。微臣听说兵器是不祥之物，战争悖逆道德，争端不值得作为家国大事。暗自谋划着发动背德的战争，喜欢动用不祥的兵器，又投身于制造争端，上天禁止这样乱来，这么做的人不会顺利的。”越王说：“我意已决。”于是发兵攻吴。吴王听说这事，于是动员全部精锐兵力去攻击越人，在夫椒大败越军。越王于是带领着五千个残兵败将借会稽山藏匿起来。吴王率军追击，包围了会稽山。

越王对范蠡说：“我因为没听您的话，才到了这个地步，我该怎么办呢？”范蠡答道：“保守家业的人受天保佑，转危为安的人受人帮助，节约用度的人拥有地利。你要对吴王出语谦卑，进献厚重的礼物请求饶恕，如果吴王不原谅你，就把自身出卖给吴国。”勾践说：“遵命。”于是派大夫文种去吴国求和，文种跪着用膝盖前行，叩头恳求道：“吴王的叛臣勾践派陪臣文种斗胆进言于您的执事：勾践请求做您的臣奴，他的妻子做您的奴婢。”吴王想答应此事。伍子胥对吴王说：“上天把越国赐给吴国，不要答应勾践的条件。”文种回去后，把情况汇报给了勾践。勾践听后想要杀掉妻子儿女，烧毁所有宝物，拼死一战。文种劝阻勾践，道：“吴国太宰伯嚭贪婪，可以私下利诱他帮我们说话。”于是勾践让文种秘密地把美女、珍宝进献给太宰伯嚭。伯嚭收受礼物后，就向吴王引见大夫文种。文种叩头进言道：“请求大王宽恕勾践的罪行，勾践会尽数缴纳他的宝物给您。如果不幸您没有饶过他，勾践会杀光他的妻子儿女，烧毁所有宝物，率领五千余兵与您拼死一战，那样的话吴军也会付出相应的代价的。”伯嚭顺势劝说吴王：“越王因为顺从做了臣子，您如果宽恕了他，这对国家是有好处的。”吴王又要答应下来。伍子胥进谏道：“现在不灭了越国，将来一定会后悔的。勾践是贤能的君主，文种、范蠡都是能臣，回到国中，一定会成为我们的祸患。”吴王没有听，最终还是宽恕了越王，退兵回国。

勾践困在会稽山时，长叹道：“我就要这样完了吗？”文种说道：“商汤被困在夏台，周文王被囚禁在羑里，晋文公重耳逃奔翟国，齐桓公小白流亡到莒国，他们最终都称王、称霸。这样看来，现在的境况又何尝不是福气呢？”

吴王赦免越王后，勾践回到自己的国都，就强迫自己身受劳苦，心中焦虑，把苦胆吊在座席旁边，坐着躺着都能仰头看到，吃饭喝水时也要尝一尝这苦胆，对自己说：“你忘记会稽战败的耻辱了吗？”他亲自下地耕作，他的夫人自己织布，吃饭时不增加肉菜，穿衣没有花色纹饰，屈尊尚贤，厚待宾客，赈济穷人，吊祭死者，和黎民百姓一起辛勤劳动。勾践想要让范蠡主持国政，范蠡回应道：“用兵打仗，文种不如我；但是治理国家，亲和百姓，我不如文种。”于是勾践把国家大政都委托给文种，让范蠡和大夫柘稽去吴国求情，留在那里做人质。两年后吴国让范蠡回国了。

勾践从会稽归国七年间，抚慰群臣百姓，准备报复吴国。大夫柘稽进谏道：“国家破亡在前，到现在才恢复殷实，就要整顿军备，吴国一定会戒惧，吴国戒惧了，我们的灾难也就来了。况且猛禽出击时，一定会隐藏自身。如今吴国对齐国、晋国出兵，又与楚国、越国结怨深重，名声威震天下，实际上危害了周王朝，吴国仁德欠缺却又功高盖世，一定会骄傲放纵。为越国考虑，亲附交好于齐国、楚国、晋国，巴结吴国让他更加骄横，这样再好不过了。吴国野心很大，一定会轻率地发动战争。到那时我方连结齐国、楚国、晋国三方势力，三国一起攻打吴国，越国趁着吴国困顿疲乏，可以击败吴军。”勾践说：“好。”

过了两年，吴王要去讨伐齐国。伍子胥进谏道：“不可以。我听说勾践在国内吃饭都不享用美味，而和老百姓同甘共苦。这个人不死，一定会成为吴国的祸患。越国对于吴国，那是心腹大患，而齐国，不过是皮毛之疾。希望大王放下齐国，先解决越国。”吴王不听，继而侵略了齐国，在艾陵击败齐军，俘虏了齐国高氏和国氏两大家族的首领回来。于是吴王责备了伍子胥。伍子胥说：“大王不要高兴得太早！”吴王大怒，伍子胥想要自杀，吴王听到后制止了他。越国大夫文种对勾践说：“我看吴王为政很骄傲了，您试着向他借粮食，来验一验这件事。”于是越国向吴国借粮，吴王想借给越国，伍子胥进谏不让给，吴王还是执意借了粮食，越人因此暗自窃喜。伍子胥说道：“大王不听我的忠言，三年后吴国怕是要沦为一片废墟了！”太宰伯嚭听说了，就多次和伍子胥在越国的问题上产生争议，又在吴王面前谗言污蔑伍子胥说：“伍员看起来忠诚，实际上为人残忍，当年他逃亡时连父亲兄长都不管，如今哪里会为大王您着想呢？大王之前要讨伐齐国，伍员竭力进谏，反对此事，后来大王战胜归来，他却因此反过来怨恨大王。大王如果不防备伍员，伍员一定会造反。”伯嚭和逢同一起谋划，向吴王进谗言陷害伍子胥。吴王一开始不信，就让伍子胥出使齐国，听说了伍子胥出去后把儿子托付给了齐国鲍氏，吴王大怒，说：“伍员果真欺骗了寡人，想要造反！”于是派使者赐伍子胥属镂剑，让他自杀。伍子胥大笑道：“我辅佐你父亲称霸，又扶立你做了吴王，你当初要把吴国的一半分给我，我没要，如今，你却因为谗言反过来要杀了我。唉！唉！我看你一个人如何独存！”他对使者说：“你一定要取下我的眼珠挂在吴国国都的东城门上，我要看着越国的士兵攻入吴都！”之后吴国国政都任伯嚭操持。

过了三年，勾践召见范蠡问道：“吴王已经杀了伍子胥，他手下谄媚之人众多，现在可以报复吴国了吗？”范蠡答道：“还不可以。”

到了第二年春天，吴王北上和诸侯在黄池盟会，吴国的精锐部队都同吴王一起，只留下了老人儿童和吴太子在国中守城。勾践再一次问范蠡能否进攻，范蠡说“可以了”。于是越王出动熟悉水战的兵士两千人，训练有素的战士四万人，士族六千人，侍卫一千人，讨伐吴国。吴军战败，吴太子被杀。吴国向外出的吴王告急，这时吴王正和诸侯在黄池盟会，怕天下诸侯听说这件事，就把这个情况秘而不宣。吴王在黄池盟会结束后，就派使者带着丰厚的礼物向越国求和。越国估计自己也没到能消灭吴国的时候，于是就和吴国讲和。

之后四年，越国再一次讨伐吴国。吴国军民疲惫不堪，精锐敏捷的军队都死在了对齐、晋的战争之中。越国大破吴军，因而驻军围困吴国三年，吴军惨败，越人又把吴王夫差围困在了姑苏之山。吴王派公孙雄袒露上身、跪地前行，向越王求和道：“孤立无援的罪臣夫差斗胆向您表达忠心，往日曾经在会稽得罪了您，罪臣夫差不敢违抗您的命令，和大王讲和，送您回国。如今劳您大驾讨伐罪臣，罪臣惟命是从，您是否也能像当年会稽一事那样，宽恕小臣的罪过呢？”勾践于心不忍，想要答应吴王的请求。范蠡说道：“会稽一事，那是上天把越国赐给了吴国，吴国自己不要。如今上天把吴国赐给了越国，越国难道要违背天意吗？况且大王每天早起上朝，很晚才休息，难道不是为了报复吴国吗？谋划这件事情足足二十二年，一下子废弃了，难道这样也可以吗？再者，上天赐予的东西，不去接受会反过来遭遇祸患。俗话说‘拿着斧柄伐木，案例近在眼前’，大王您忘了在会稽山遭受的灾厄了吗？”勾践说：“我想听您的话，但是我实在不忍心那使者的请求。”于是范蠡击鼓进军，说：“大王已经把政务委托与我，使者速速离开，否则就会治罪于你。”吴国使者含泪离去。勾践怜悯吴王，就派使者对吴王说：“我把您安置在甬东，做一个百户的首领。”吴王辞谢道：“我年老了，不能再效劳于您了！”于是就自杀了。吴王自杀时遮住了自己的脸，说：“我没有颜面去见伍子胥！”于是越王安葬了吴王，诛杀了太宰伯嚭。

勾践平定吴国之后，就引兵北渡淮河，和齐国、晋国在徐州会盟，向周王室进献贡品。周元王派人赐给勾践祭拜周室先祖的祭肉，令他做诸侯之长。勾践离开徐州，渡淮河南下，把淮河北部给了楚国，把之前吴国从宋国那里侵略来的地盘还给宋国，又把鲁国泗水东边百里见方的土地给了鲁国。到这时，越军在长江、淮河东部所向无阻，天下诸侯都前来进贺，勾践成为了一世霸主。

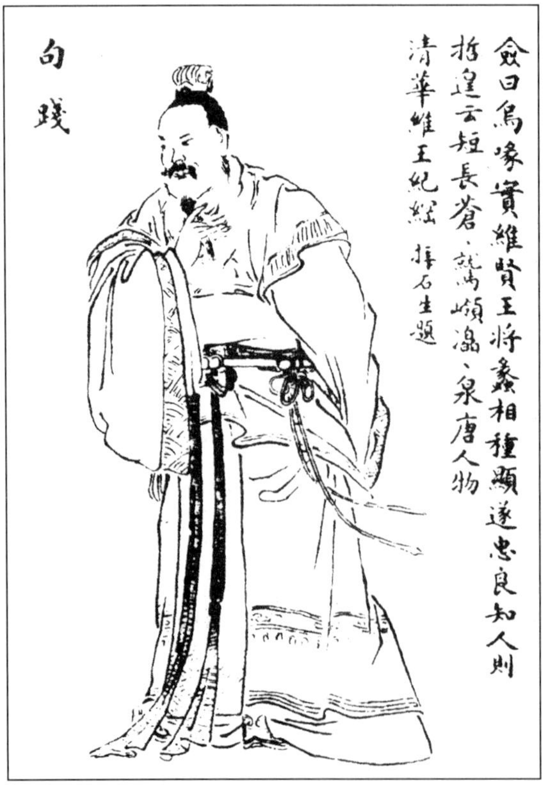

之后范蠡就辞官离开，从齐国寄信给大夫文种说：“飞鸟被打光了，良弓就要遭到雪藏；兔子被打光了，猎狗也可以杀掉煮了。越王长着长脖子、鹰钩嘴，这种人只可以和他一块受苦，不能和他一起享福。您为何还不离开他呢？”文种看到书信，就称病不再上朝。有人向越王进谗言说文种将要造反，于是越王就赐了文种一把剑，说：“先生教了寡人七个讨伐吴国的计谋，寡人用了其中三条就打败吴国，其余四条还在先生那儿，您试着到九泉之下为我的先人出谋划策吧。”于是文种就自杀了。

勾践死后，儿子王鼫与继位。王鼫与死后，儿子王不寿继位。王不寿死后，儿子王翁继位。王翁死后，儿子王翳继位。王翳死后，儿子王之侯继位。王之侯死后，儿子王无彊继位。

王无彊在位时，越国起兵向北征伐齐国，向西征伐楚国，和中原列国争强斗胜。在楚威王时，越国北伐齐国，齐威王派人游说越王道："越国如果不讨伐楚国，大不能称王，小不能称霸。我想越国之所以不讨伐楚国，是因为没有得到晋人的支持。韩国、魏国是不会攻打楚国的。韩国要是攻打楚国，一旦全军覆没，将领被杀，那么叶、阳翟两地就危急了；魏国也是，一旦全军覆没，将领被杀，那么陈、上蔡两地也不得安宁。所以说韩国、魏国即使协助越国，也不至于为了越国损兵折将，是不会用尽汗马之劳的。您又是为什么这么看重韩国和魏国呢？"越王道："我想让晋人做的，不是为了我们出兵打仗，更何况攻城略地呢？我们只是想让魏国在大梁屯兵，让齐军在南阳和莒地演习，驻扎在常、郯的边境处，那么方城之外的楚军不会南下，淮、泗之间的楚军也不能东进，在商、於、析、郦、宗胡等地，中原以西，楚军不够防备秦国，这样江南、泗上的楚军也就无法和我抗衡了。那样齐、秦、韩、魏都可以从楚国获利，如此韩、魏不用作战就能分得地盘，不用耕作就可以收获粮食。他们却不这样做，而在黄河、华山之间来回消耗兵力，被齐国和秦国利用，治国的人如此失策，他们是怎么称王的！"齐国使者道："越国没有灭亡真是侥幸！我看您用脑仿佛用眼一样，看得见毫毛却看不见自己的睫毛，太不明智了。现在大王知道晋人失策，却不知道越国自己也有过错，这就像用眼一般。您想让晋人做的，不是出汗马之劳相助，也不是要他们和您联军作战，而是要让他们分散楚国的兵力。但如今楚国兵力已然分散，哪里用得着晋人？"越王道："这怎么说？"使者道："楚国三位大夫兵分九路，向北包围曲沃、於中，战线延伸到无假之关，全长三千七百里，景翠的军队又北上驻扎在鲁、齐、南阳之地，分兵有比这更甚的吗？而且大王想要的，是让晋、楚互相争斗；晋、楚不争斗，越国军队就不会去攻楚，这就像看到二乘五却不知道结果是一十一样。此时不打楚国，卑臣因此知道越国大不能称王，小不能称霸。再者雠、庞、长沙三地，是楚国的粮仓；竟泽陵，是楚国盛产木材的地方。越国进军打通无假之关，这四座城邑就不再服从楚国。卑臣听过一句俗话，想称王不成，再差也能称霸。如果越国没能称霸，就是您根本不在称王的路子上。所以我希望大王转而调兵攻打楚国。"

于是越王放过齐国，讨伐楚国。楚威王起兵讨伐越国，大败越军，杀了王无彊，尽数攻占越国之前吞并的吴国的土地，直至浙江，还北上在徐州攻破齐军。于是越国从此溃散，王族子弟争相自封，有的称王，有的为君，流亡在江南临海之地，服从于楚国。

之后七代，到了闽君摇时期，他辅佐诸侯推翻秦朝暴政。汉高帝又立闽君摇为越王，让他接续越国王室的香火。东越、闽君，都是越王勾践的后代。

范蠡效劳于越王勾践，吃苦耐劳，和勾践一同谋划了二十多年，最终消灭了吴国，一雪会稽战败的耻辱，向北进兵度过淮河，贴近齐国、晋国，在中原发号施令，尊崇周王室，于是勾践称霸于诸侯，范蠡成为上将军。等他们回到国都，范蠡觉得身负如此的名声，一定难以长久，而且勾践这个人可以一起吃苦，却无法在安定的环境中共处，于是上书向勾践请辞：“微臣听说，主上忧愁，臣下就要劳苦，主上受辱，臣下应该赴死。之前大王在会稽受辱，我之所以没有死，就是为了等到今日消灭吴国。如今我们已经一雪前耻，微臣请求为在会稽时没能赴死一事给微臣治罪。”勾践说：“寡人要把国家分一半给您，我们一同享有。否则，我就要开罪于您。”范蠡说：“大王您有您的命令，微臣也有自己的意愿。”于是就载上轻便的宝物、珠宝、玉器，和他的家仆们一道乘船漂洋过海，一去不复返。于是勾践就标记出会稽山作为范蠡的封邑。

范蠡出海来到齐国，隐姓埋名，化名鸱夷子皮，在海边耕地，辛苦努力，父子一同从事生产。没过多久，积累了数十万的财富。齐人听说他贤能，立他为宰相。范蠡长叹道：“治家就能获得千金的财富，做官就能做到卿相的位置，这也是平民百姓的极致了。一直获得崇高的名声，不吉利。”于是就归还了相印，散尽了财产，分给好友和乡亲，而自己带上贵重的宝物，悄悄离开，驻留在了陶地，觉得这里是天下的中心，货物交易的途径通畅，做生意可以发大财。于是他自称陶朱公。他再次要求家人一同种地放牧，囤货卖货，看准时机流转商品，追求十分之一的利润。又没过多久，积累了千万财富。天下人都称道陶朱公。

朱公住在陶地，生了个小儿子。小儿子长大时，他的二儿子杀了人，被关押在楚国。朱公说：“杀人者死，天经地义。但是我听说富贵人家的儿子不该在闹市中受刑示众。”于是让他的小儿子前去楚国打探打探。于是就给他载上黄金千镒，放在粗布袋子里，载在一辆牛车上。就要送走小儿子时，朱公的大儿子坚决要求让自己去楚国，朱公不同意。大儿子说：“家里面大儿子就该帮父母管事，如今弟弟犯罪，放我大儿子不去管，让小儿子去办事，是嫌我没出息。”于是就要自杀。他的母亲说：“现如今派小儿子过去，也未必能救活二儿子，却要先白白死一个大儿子，何必呢？”朱公不得已只好派大儿子去，写了一封信让他带给自己的旧友庄生。朱公叮嘱道：“到了以后把这一千镒黄金送到庄生家，听他的话办事，千万不要和他争执。”大儿子出发后，也私自带上了几百镒黄金。

到了楚国，只见庄生家背靠城墙，拨开杂草野菜才能到门口，生活很是贫困。然而大儿子还是打开书信，献上黄金千镒，照着父亲的话做了。庄生说：“你速速离开吧，千万不要久留！一旦你弟弟被放了出来，也不要问是怎么回事。”大儿子走后，不再过问庄生，私自留了下来，把他自己带来的黄金进献给了楚国的达官贵人。

庄生虽然住在陋巷之中，但是他的清廉耿直闻名全国，上至楚王下至百姓都像尊敬老师一样尊敬他。朱公进献他黄金千镒时，他不是存心想接受，只是要来作为信物，事成之后还要归还。所以黄金送到之后，对他的妻子说：“这是朱公的黄金。如果我生病猝死没来得及交代，现在告诉你，这些金子之后还要还给朱公，不要动它。”然而朱公大儿子不知道他的用意，只觉得他也没什么本事救自己的弟弟。

庄生挑准时机入宫拜见楚王，说“有某颗星星运行到了某个位置，这是楚国的凶兆”。楚王向来信任庄生，说：“那现在该怎么办？”庄生说：“只有行德政才可以消灾。”楚王说：“先生不必多言，我这就去做了。”于是大王派人封锁了国家的钱库。楚国的显贵惊奇地对朱公的大儿子说：“大王要大赦天下了。”大儿子问：“何以见得？”答道：“每次楚王要大赦天下，常会封锁国家钱库。昨天晚上大王派人把钱库封了。”朱公大儿子认为大赦天下的话，弟弟固然会被放出来，可惜了白白浪费在庄生身上的千镒黄金，也没发挥作用，于是再一次前去拜访庄生。庄生见到他后大惊，说道：“你怎么没走？”大儿子说：“我本来就没离开。当初我来是为了弟弟的事，如今弟弟说来不劳您，自己就会被赦免，我特来向先生告辞。”庄生知道他意在要回送的金子，就说：“你自己进屋取金子吧。”于是大儿子就径自走进房间拿走金子离开了，暗自欢喜庆幸。

庄生耻于被小儿戏弄，于是又进宫对楚王说：“微臣前日说那星星的事，大王说要修德政消灾。今日微臣出门，路人都说陶地富人朱公的儿子犯了杀人罪被关在楚国，他家人带了大量钱财贿赂大王的亲信，所以说大王大赦天下不是为了抚恤国民，只是为了放过朱公的儿子。”楚王听后大怒道：“寡人即便德政不修，也不至于为了区区朱公的儿子来施惠天下！”于是下令论罪诛杀朱公的二儿子，第二天就下令大赦天下。朱公大儿子最后带着弟弟的尸首回来了。

到家以后，儿子的母亲和他们的乡人都很哀痛，唯独朱公笑起来，说：“我就知道你会害死你的弟弟！你不是不爱弟弟，只是你舍不得那一点钱财。这是因为你从小和我在一块，看过我吃苦受罪，知道做生意不容易，所以看重钱财。像小儿子那样的，生下来就看到我富裕，坐着坚固的马车，骑良马打猎，哪里知道财富从哪儿来，所以可以轻易地舍弃财物，不觉得可惜。前些天我想派小儿子去，就是因为他能舍弃财物。然而大儿子做不到，所以最后会害死你的弟弟，这就是事物的道理，没什么好悲伤的。我天天就等着看你奔丧归来呢。”

所以说范蠡三次迁徙，天下闻名，他不是随便离开一个地方，他所到之处，必然能在那儿成就名声。范蠡最后老死在了陶地，因此世人传称他为陶朱公。

太史公说道：禹的功劳真是显赫，他疏通九川，平定九州，直至今日四海之内一片太平。到了他的后代勾践，吃苦耐劳，磨砺心志，最终消灭了强大的吴国，向北进军中原，尊崇周王室，称霸诸侯。如此勾践能不被称为贤明吗！大概他是有大禹遗传的功烈吧。范蠡三次迁徙，都获得了荣耀的名声，流传后世。像这样的君臣，想让他们不能建功立业，怎么可能！

（苏　芃　注译）

卷四十三 赵世家第十三

注释查阅　译文诵读

赵氏之先，与秦共祖。至中衍，为帝大戊御。其后世蜚廉有子二人，而命其一子曰恶来，事纣，为周所杀，其后为秦。恶来弟曰季胜，其后为赵。

季胜生孟增。孟增幸于周成王，是为宅皋狼。皋狼生衡父，衡父生造父。造父幸于周缪王。造父取骥之乘匹[1]，与桃林盗骊、骅骝、绿耳[2]，献之缪王。缪王使造父御，西巡狩，见西王母，乐之忘归。而徐偃王反，缪王日驰千里马，攻徐偃王，大破之。乃赐造父以赵城，由此为赵氏。

自造父已下六世至奄父，曰公仲，周宣王时伐戎，为御。及千亩战，奄父脱宣王[3]。奄父生叔带。叔带之时，周幽王无道，去周如晋[4]，事晋文侯，始建赵氏于晋国。

自叔带以下，赵宗益兴，五世而至赵夙。

赵夙，晋献公之十六年伐霍、魏、耿[5]，而赵夙为将伐霍。霍公求奔齐[6]。晋大旱，卜之，曰"霍太山为祟[7]"。使赵夙召霍君于齐，复之[8]，以奉霍太山之祀，晋复穰[9]。晋献公赐赵夙耿。

夙生共孟，当鲁闵公之元年也。共孟生赵衰，字子馀。

赵衰卜事晋献公及诸公子[10]，莫吉；卜事公子重耳[11]，吉，即事重耳。重耳以骊姬之乱亡奔翟[12]，赵衰从。翟伐廧咎如[13]，得二女，翟以其少女妻重耳，长女妻赵衰而生盾。初，重耳在晋时，赵衰妻亦生赵同、赵括、赵婴齐。赵衰从重耳出亡，凡十九年，得反国[14]。重耳，为晋文公，赵衰为原大夫，居原，任国政。文公所以反国及霸，多赵衰计策。语在晋事中。

赵衰既反晋，晋之妻固要迎翟妻，而以其子盾为適嗣，晋妻三子皆下事之。晋襄公之六年，而赵衰卒，谥为成季。

赵盾代成季任国政。二年而晋襄公卒，太子夷皋年少，盾为国多难，欲立襄公弟雍。雍时在秦，使使迎之。太子母日夜啼泣，顿首谓赵盾曰："先君何罪，释其適子而更求君？"赵盾患之，恐其宗与大夫袭诛之，乃遂立太子，是为灵公，发兵距所迎襄公弟于秦者[15]。灵公既立，赵盾益专国政。

灵公立十四年，益骄。赵盾骤谏，灵公弗听。及食熊蹯，胹不熟[16]，杀宰人，持其尸出，赵盾见之。灵公由此惧，欲杀盾。盾素仁爱人，尝所食桑下饿人反扞救盾[17]，盾以得亡。未出境，而赵穿弑灵公而立襄公弟黑臀[18]，是为成公。赵盾复反，任国政。君子讥盾"为正卿，亡不出境，反不讨贼"，故太史书曰"赵盾弑其君"。晋景公时而赵盾卒，谥为宣孟，子朔。

赵朔，晋景公之三年，朔为晋将下军救郑[19]，与楚庄王战河上。朔娶晋成公姊为夫人。

晋景公之三年，大夫屠岸贾欲诛赵氏。初，赵盾在时，梦见叔带持要而哭[20]，甚悲；已而笑，拊手且歌[21]。盾卜之，兆绝而后好[22]。赵史援占之[23]，曰："此梦甚恶，非君之身，乃君之子，然亦君之咎。至孙，赵将世益衰。"屠岸贾者，始有宠于灵公，及至于景公而贾为司寇，将作难[24]，乃治灵公之贼以致赵盾[25]，徧告诸将曰："盾虽不知，犹为贼首。以臣弑君，子孙在朝，何以惩辠[26]？请诛之。"韩厥曰[27]："灵公遇贼[28]，赵盾在外，吾先君以为无罪，故不诛。今诸君将诛其后，是非先君之意而今妄诛。妄诛谓之乱。臣有大事而君不闻[29]，是无君也[30]。"屠岸贾不听。韩厥告赵朔趣亡[31]。朔不肯，曰："子必不绝赵祀[32]，朔死不恨。"韩厥许诺，称疾不出。贾不请而擅与诸将攻赵氏于下宫[33]，杀赵朔、赵同、赵括、赵婴齐，皆灭其族。

赵朔妻成公姊，有遗腹，走公宫匿[34]。赵朔客曰公孙杵臼，杵臼谓朔友人程婴曰："胡不死？"程婴曰："朔之妇有遗腹，若幸而男，吾奉之[35]；即女也，吾徐死耳[36]。"居无何，而朔妇免身[37]，生男。屠岸贾闻之，索于宫中。夫人置儿绔中[38]，祝曰："赵宗灭乎，若号[39]；即不灭[40]，若无声。"及索，儿竟无声。已脱，程婴谓公孙杵臼曰："今一索不得，后必且复索之，柰何？"公孙杵臼曰："立孤与死孰难[41]？"程婴曰："死易，立孤难耳。"公孙杵臼曰："赵氏先君遇子厚，子彊为其难者[42]，吾为其易者，请先死。"乃二人谋取他人婴儿负之，衣以文葆[43]，匿山中。程婴出，谬谓诸将军曰[44]："婴不肖[45]，不能立赵孤。谁能与我千金，吾告赵氏孤处。"诸将皆喜，许之，发师随程婴攻公孙杵臼。杵臼谬曰："小人哉程婴！昔下宫之难不能死，与我谋匿赵氏孤儿，今又卖我。纵不能立，而忍卖之乎！"抱儿呼曰："天乎天乎！赵氏孤儿何罪？请活之[46]，独杀杵臼可也。"诸将不许，遂杀杵臼与孤儿。诸将以为赵氏孤儿良已死[47]，皆喜。然赵氏真孤乃反在，程婴卒与俱匿山中。

居十五年，晋景公疾，卜之，大业之后不遂者为祟[48]。景公问韩厥，厥知赵孤在，乃曰："大业之后在晋绝祀者，其赵氏乎？夫自中衍者皆嬴姓也。中衍人面鸟噣[49]，降佐殷帝大戊，及周天子，皆有明德。下及幽厉无道，而叔带去周适晋，事先君文侯，至于成公，世有立功，未尝绝祀。今吾君独灭赵宗，国人哀之，故见龟策[50]。唯君图之[51]。"景公问："赵尚有后子孙乎？"韩厥具以实告。于是景公乃与韩厥谋立赵孤儿，召而匿之宫中。诸将入问疾，景公因韩厥之众以胁诸将而见赵孤[52]。赵孤名曰武。诸将不得已，乃曰："昔下宫之难，屠岸贾为之，矫以君命[53]，并命群臣。非然[54]，孰敢作难！微君之疾[55]，群臣固且请立赵后[56]。今君有命，群臣之愿也。"于是召赵武、程婴徧拜诸将[57]，遂反与程婴、赵武攻屠岸贾，灭其族。复与赵武田邑如故[58]。

及赵武冠，为成人，程婴乃辞诸大夫，谓赵武曰："昔下宫之难，皆能死。我非不能死，我思立赵氏之后。今赵武既立，为成人，复故位，我将下报赵宣孟与公孙杵臼。"赵武啼泣顿首固请，曰："武愿苦筋骨以报子至死，而子忍去我死乎！"程婴曰："不可。彼以我为能成事，故先我死；今我不报，是以我事为不成。"遂自杀。赵武服齐衰三年，为之祭邑，春秋祠之，世世勿绝。

赵氏复位十一年，而晋厉公杀其大夫三郤[59]。栾书畏及[60]，乃遂弑其君厉公，更立襄公曾孙周，是为悼公。晋由此大夫稍彊[61]。

赵武续赵宗二十七年，晋平公立。平公十二年，而赵武为正卿。十三年，吴延陵季子使于晋，曰："晋国之政卒归于赵武子、韩宣子、魏献子之后矣。"赵武死，谥为文子。

文子生景叔。景叔之时，齐景公使晏婴于晋，晏婴与晋叔向语[62]。婴曰："齐之政后卒归田氏[63]。"叔向亦曰："晋国之政将归六卿[64]。六卿侈矣，而吾君不能恤也[65]。"

赵景叔卒，生赵鞅，是为简子。

赵简子在位，晋顷公之九年，简子将合诸侯戍于周。其明年，入周敬王于周，辟弟子朝之故也。

晋顷公之十二年，六卿以法诛公族祁氏、羊舌氏[66]，分其邑为十县，六卿各令其族为之大夫。晋公室由此益弱。

后十三年，鲁贼臣阳虎来奔，赵简子受赂，厚遇之。

赵简子疾，五日不知人，大夫皆惧。医扁鹊视之，出，董安于问[67]。扁鹊曰："血脉治也[68]，而何怪[69]！在昔秦缪公尝如此，七日而寤[70]。寤之日，告公孙支与子舆曰：'我之帝所，甚乐。吾所以久者，适有学也。帝告我："晋国将大乱，五世不安；其后将霸，未老而死；霸者之子且令而国男女无别。"'公孙支书而藏之，秦谶于是出矣。献公之乱，文公之霸，而襄公败秦师于殽而归纵淫，此子之所闻。今主君之疾与之同，不出三日疾必间，间必有言也。"

居二日半，简子寤。语大夫曰："我之帝所，甚乐。与百神游于钧天[71]，广乐九奏万舞，不类三代之乐，其声动人心。有一熊欲来援我[72]，帝命我射之，中熊，熊死。又有一罴来，我又射之，中罴，罴死。帝甚喜，赐我二笥[73]，皆有副。吾见儿在帝侧，帝属我一翟犬，曰：'及而子之壮也以赐之。'帝告我：'晋国且世衰，七世而亡，嬴姓将大败周人于范魁之西，而亦不能有也。今余思虞舜之勋[74]，适余将以其胄女孟姚配而七世之孙[75]。'"董安于受言而书藏之。以扁鹊言告简子，简子赐扁鹊田四万亩。

他日，简子出，有人当道，辟之不去，从者怒，将刃之。当道者曰："吾欲有谒于主君。"从者以闻。简子召之，曰："嘻，吾有所见子晰也。"当道者曰："屏左右[76]，愿有谒。"简子屏人。当道者曰："主君之疾，臣在帝侧。"简子曰："然，有之。子之见我，我何为？"当道者曰："帝令主君射熊与罴，皆死。"简子曰："是，且何也？"当道者曰："晋国且有大难[77]，主君首之。帝令主君灭二卿[78]，夫熊与罴皆其祖也。"简子曰："帝赐我二笥皆有副，何也？"当道者曰："主君之子将克二国于翟，皆子姓也。"简子曰："吾见儿在帝侧，帝属我一翟犬，曰'及而子之长以赐之'。夫儿何谓以赐翟犬？"当道者曰："儿，主君之子也。翟犬者，代之先也。主君之子且必有代。及主君之后嗣，且有革政而胡服，并二国于翟[79]。"简子问其姓而延之以官[80]。当道者曰："臣野人[81]，致帝命耳。"遂不见。简子书藏之府。

异日，姑布子卿见简子，简子徧召诸子相之。子卿曰："无为将军者。"简子曰："赵氏其灭乎？"子卿曰："吾尝见一子于路，殆君之子也[82]。"简子召子毋卹。毋卹至，则子卿起曰："此真将军矣！"简子曰："此其母贱，翟婢也，奚道贵哉？"子卿曰："天所授，虽贱必贵。"自是之后，简子尽召诸子与语，毋卹最贤。简子乃告诸子曰："吾藏宝符于常山上，先得者赏。"诸子驰之常山上，求，无所得。毋卹还，曰："已得符矣。"简子曰："奏之。"毋卹曰："从常山上临代，代可取也。"简子于是知毋卹果贤，乃废太子伯鲁，而以毋卹为太子。

后二年，晋定公之十四年，范、中行作乱。明年春，简子谓邯郸大夫午曰："归我卫士五百家，吾将置之晋阳。"午许诺，归而其父兄不听，倍言[83]。赵鞅捕午，囚之晋阳。乃告邯郸人曰："我私有诛午也，诸君欲谁立？"遂杀午。赵稷、涉宾以邯郸反。晋君使籍秦围邯郸。荀寅、范吉射与午善，不肯助秦而谋作乱，董安于知之。十月，范、中行氏伐赵鞅，鞅奔晋阳，晋人围之。范吉射、荀寅仇人魏襄等谋逐荀寅，以梁婴父代之；逐吉射，以范皋绎代之。荀栎言于晋侯曰："君命大臣，始乱者死。今三臣始乱而独逐鞅，用刑不均，请皆逐之。"十一月，荀栎、韩不佞、魏哆奉公命以伐范、中行氏，不克。范、中行氏反伐公，公击之，范、中行败走。丁未，二子奔朝歌[84]。韩、魏以赵氏为请。十二月辛未，赵鞅入绛[85]，盟于公宫。其明年，知伯文子谓赵鞅曰："范、中行虽信为乱，安于发之，是安于与谋也。晋国有法，始乱者死。夫二子已伏罪而安于独在。"赵鞅患之。安于曰："臣死，赵氏定，晋国宁，吾死晚矣。"遂自杀。赵氏以告知伯，然后赵氏宁。

孔子闻赵简子不请晋君而执邯郸午，保晋阳，故书《春秋》曰"赵鞅以晋阳畔[86]"。

赵简子有臣曰周舍，好直谏。周舍死，简子每听朝，常不悦，大夫请辠。简子曰："大夫无罪。吾闻千羊之皮不如一狐之腋。诸大夫朝，徒闻唯唯[87]，不闻周舍之鄂鄂[88]，是以忧也。"简子由此能附赵邑而怀晋人。

晋定公十八年，赵简子围范、中行于朝歌，中行文子奔邯郸。明年，卫灵公卒。简子与阳虎送卫太子蒯聩于卫，卫不内[89]，居戚[90]。

晋定公二十一年，简子拔邯郸[91]，中行文子奔柏人[92]。简子又围柏人，中行文子、范昭子遂奔齐。赵竟有邯郸、柏人。范、中行馀邑入于晋。赵名晋卿，实专晋权，奉邑侔于诸侯[93]。

晋定公三十年，定公与吴王夫差争长于黄池[94]，赵简子从晋定公，卒长吴。定公三十七年卒，而简子除三年之丧，期而已[95]。是岁，越王句践灭吴。

晋出公十一年，知伯伐郑。赵简子疾，使太子毋恤将而围郑。知伯醉，以酒灌击毋恤。毋恤群臣请死之。毋恤曰："君所以置毋恤[96]，为能忍诟。"然亦愠知伯。知伯归，因谓简子，使废毋恤，简子不听。毋恤由此怨知伯。

晋出公十七年，简子卒，太子毋恤代立，是为襄子。

赵襄子元年，越围吴。襄子降丧食，使楚隆问吴王[97]。

襄子姊前为代王夫人。简子既葬，未除服，北登夏屋[98]，请代王。使厨人操铜枓以食代王及从者[99]，行斟，阴令宰人各以枓击杀代王及从官，遂兴兵平代地。其姊闻之，泣而呼天，摩笄自杀[100]。代人怜之，所死地名之为摩笄之山。遂以代封伯鲁子周为代成君。伯鲁者，襄子兄，故太子。太子蚤死[101]，故封其子。

襄子立四年，知伯与赵、韩、魏尽分其范、中行故地。晋出公怒，告齐、鲁，欲以伐四卿。四卿恐，遂共攻出公。出公奔齐，道死。知伯乃立昭公曾孙骄，是为晋懿公。知伯益骄。请地韩、魏，韩、魏与之。请地赵，赵不与，以其围郑之辱[102]。知伯怒，遂率韩、魏攻赵。赵襄子惧，乃奔保晋阳。

原过从，后，至于王泽，见三人，自带以上可见，自带以下不可见。与原过竹二节，莫通。曰："为我以是遗赵毋恤。"原过既至，以告襄子。襄子齐三日[103]，亲自剖竹，有朱书曰："赵毋恤，余霍泰山山阳侯天使也。三月丙戌，余将使女反灭知氏。女亦立我百邑，余将赐女林胡之地[104]。至于后世，且有伉王[105]，赤黑，龙面而鸟噣，鬓麋髭頿[106]，大膺大胸，修下而冯，左衽界乘[107]，奄有河宗[108]，至于休溷诸貉[109]，南伐晋别，北灭黑姑[110]。"襄子再拜，受三神之令。

三国攻晋阳，岁馀，引汾水灌其城，城不浸者三版。城中悬釜而炊[111]，易子而食。群臣皆有外心，礼益慢，唯高共不敢失礼。襄子惧，乃夜使相张孟同私于韩、魏。韩、魏与合谋，以三月丙戌，三国反灭知氏，共分其地。于是襄子行赏，高共为上。张孟同曰："晋阳之难，唯共无功。"襄子曰："方晋阳急，群臣皆懈，惟共不敢失人臣礼，是以先之。"于是赵北有代，南并知氏，彊于韩、魏。遂祠三神于百邑，使原过主霍泰山祠祀。

其后娶空同氏，生五子。襄子为伯鲁之不立也，不肯立子，且必欲传位与伯鲁子代成君。成君先死，乃取代成君子浣立为太子。襄子立三十三年卒，浣立，是为献侯。

献侯少即位，治中牟[112]。

襄子弟桓子逐献侯，自立于代[113]，一年卒。国人曰桓子立非襄子意，乃共杀其子而复迎立献侯。

十年，中山武公初立。十三年，城平邑[114]。十五年，献侯卒，子烈侯籍立。

烈侯元年，魏文侯伐中山，使太子击守之[115]。六年，魏、韩、赵皆相立为诸侯，追尊献子为献侯。

烈侯好音，谓相国公仲连曰："寡人有爱，可以贵之乎？"公仲曰："富之可，贵之则否。"烈侯曰："然。夫郑歌者枪、石，二人，吾赐之田，人万亩。"公仲曰："诺。"不与。居一月，烈侯从代来，问歌者田。公仲曰："求，未有可者。"有顷，烈侯复问。公仲终不与，乃称疾不朝。番吾君自代来，谓公仲曰："君实好善，而未知所持[116]。今公仲相赵，于今四年，亦有进士乎[117]？"公仲曰："未也。"番吾君曰："牛畜、荀欣、徐越皆可。"公仲乃进三人。及朝，烈侯复问："歌者田何如？"公仲曰："方使择其善者。"牛畜侍烈侯以仁义[118]，约以王道，烈侯逌然[119]。明日，荀欣侍以选练举贤，任官使能。明日，徐越侍以节财俭用，察度功德。所与无不充[120]，君说[121]。烈侯使使谓相国曰："歌者之田且止[122]。"官牛畜为师[123]，荀欣为中尉[124]，徐越为内史[125]，赐相国衣二袭[126]。

九年，烈侯卒，弟武公立。武公十三年卒，赵复立烈侯太子章，是为敬侯。是岁，魏文侯卒。

敬侯元年，武公子朝作乱，不克[127]，出奔魏。赵始都邯郸。

二年，败齐于灵丘。三年，救魏于廪丘[128]，大败齐人。四年，魏败我兔台。筑刚平以侵卫。五年，齐、魏为卫攻赵，取我刚平。六年，借兵于楚伐魏，取棘蒲[129]。八年，拔魏黄城[130]。九年，伐齐。齐伐燕，赵救燕。十年，与中山战于房子[131]。

十一年，魏、韩、赵共灭晋，分其地。伐中山，又战于中人[132]。十二年，敬侯卒，子成侯种立。

成侯元年，公子胜与成侯争立，为乱。二年六月，雨雪[133]。三年，太戊午为相。伐卫，取乡邑七十三。魏败我蔺[134]。四年，与秦战高安[135]，败之。五年，伐齐于鄄[136]。魏败我怀。攻郑，败之，以与韩，韩与我长子[137]。六年，中山筑长城。伐魏，败涿泽[138]，围魏惠王。七年，侵齐，至长城。与韩攻周。八年，与韩分周以为两。九年，与齐战阿下[139]。十年，攻卫，取甄[140]。十一年，秦攻魏，赵救之石阿[141]。十二年，秦攻魏少梁[142]，赵救之。十三年，秦献公使庶长国伐魏少梁[143]，虏其太子、痤[144]。魏败我浍[145]，取皮牢[146]。成侯与韩昭侯遇上党[147]。十四年，与韩攻秦。十五年，助魏攻齐。

十六年，与韩、魏分晋，封晋君以端氏[148]。

十七年，成侯与魏惠王遇葛孽[149]。十九年，与齐、宋会平陆[150]，与燕会阿。二十年，魏献荣椽[151]，因以为檀台[152]。二十一年，魏围我邯郸。二十二年，魏惠王拔我邯郸，齐亦败魏于桂陵[153]。二十四年，魏归我邯郸，与魏盟漳水上[154]。秦攻我蔺。二十五年，成侯卒。公子緤与太子肃侯争立，緤败，亡奔韩。

肃侯元年，夺晋君端氏，徙处屯留[155]。二年，与魏惠王遇于阴晋[156]。三年，公子范袭邯郸，不胜而死。四年，朝天子。六年，攻齐，拔高唐[157]。七年，公子刻攻魏首垣[158]。十一年，秦孝公使商君伐魏，虏其将公子卬。赵伐魏。十二年，秦孝公卒，商君死。十五年，起寿陵[159]。魏惠王卒。

十六年，肃侯游大陵，出于鹿门，大戊午扣马曰[160]："耕事方急，一日不作，百日不食。"肃侯下车谢[161]。

十七年，围魏黄，不克。筑长城。

十八年，齐、魏伐我，我决河水灌之，兵去。二十二年，张仪相秦。赵疵与秦战，败，秦杀疵河西，取我蔺、离石。二十三年，韩举与齐、魏战，死于桑丘。

二十四年，肃侯卒。秦、楚、燕、齐、魏出鋭师各万人来会葬。子武灵王立。

武灵王元年，阳文君赵豹相。梁襄王与太子嗣，韩宣王与太子仓来朝信宫[162]。武灵王少，未能听政，博闻师三人[163]，左右司过三人。及听政，先问先王贵臣肥义，加其秩；国三老年八十[164]，月致其礼。

三年，城鄗[165]。四年，与韩会于区鼠。五年，娶韩女为夫人。

八年，韩击秦，不胜而去。五国相王，赵独否，曰："无其实，敢处其名乎！"令国人谓己曰"君"。

九年，与韩、魏共击秦，秦败我，斩首八万级[166]。齐败我观泽[167]。十年，秦取我中都及西阳[168]。齐破燕。燕相子之为君，君反为臣。十一年，王召公子职于韩，立以为燕王，使乐池送之。十三年，秦拔我蔺，虏将军赵庄。楚、魏王来，过邯郸。十四年，赵何攻魏。

十六年，秦惠王卒[169]。王游大陵。他日，王梦见处女鼓琴而歌诗曰："美人荧荧兮，颜若苕之荣[170]。命乎命乎，曾无我嬴[171]！"异日，王饮酒乐，数言所梦，想见其状。吴广闻之，因夫人而内其女娃嬴。孟姚也。孟姚甚有宠于王，是为惠后。

十七年，王出九门，为野台，以望齐、中山之境。

十八年，秦武王与孟说举龙文赤鼎，绝膑而死。赵王使代相赵固迎公子稷于燕，送归，立为秦王，是为昭王。

十九年春正月，大朝信宫[172]。召肥义与议天下，五日而毕[173]。王北略中山之地[174]，至于房子，遂之代，北至无穷[175]，西至河，登黄华之上。召楼缓谋曰："我先王因世之变，以长南藩之地，属阻漳、滏之险[176]，立长城，又取蔺、郭狼[177]，败林人于荏，而功未遂。今中山在我腹心，北有燕，东有胡，西有林胡、楼烦、秦、韩之边，而无强兵之救，是亡社稷，柰何？夫有高世之名，必有遗俗之累。吾欲胡服。"楼缓曰："善。"群臣皆不欲。

于是肥义侍，王曰："简、襄主之烈[178]，计胡、翟之利。为人臣者，宠有孝弟长幼顺明之节[179]，通有补民益主之业，此两者臣之分也。今吾欲继襄主之迹，开于胡、翟之乡[180]，而卒世不见也[181]。为敌弱[182]，用力少而功多，可以毋尽百姓之劳，而序往古之勋。夫有高世之功者，负遗俗之累；有独智之虑者，任骜民之怨[183]。今吾将胡服骑射以教百姓，而世必议寡人[184]，柰何？”肥义曰：“臣闻疑事无功，疑行无名。王既定负遗俗之虑，殆无顾天下之议矣。夫论至德者不和于俗，成大功者不谋于众。昔者舜舞有苗[185]，禹袒裸国[186]，非以养欲而乐志也，务以论德而约功也[187]。愚者闇成事[188]，智者睹未形，则王何疑焉。”王曰：“吾不疑胡服也，吾恐天下笑我也。狂夫之乐，智者哀焉；愚者所笑，贤者察焉。世有顺我者，胡服之功未可知也。虽驱世以笑我，胡地中山吾必有之。”于是遂胡服矣。

使王緤告公子成曰：“寡人胡服，将以朝也，亦欲叔服之。家听于亲而国听于君[189]，古今之公行也。子不反亲，臣不逆君，兄弟之通义也。今寡人作教易服而叔不服，吾恐天下议之也。制国有常，利民为本；从政有经[190]，令行为上。明德先论于贱，而行政先信于贵[191]。今胡服之意，非以养欲而乐志也；事有所止而功有所出，事成功立，然后善也。今寡人恐叔之逆从政之经，以辅叔之议。且寡人闻之，事利国者行无邪，因贵戚者名不累，故愿慕公叔之义，以成胡服之功。使緤谒之叔，请服焉。”公子成再拜稽首曰：“臣固闻王之胡服也。臣不佞[192]，寝疾[193]，未能趋走以滋进也。王命之，臣敢对[194]，因竭其愚忠。曰：臣闻中国者[195]，盖聪明徇智之所居也[196]，万物财用之所聚也，贤圣之所教也，仁义之所施也，《诗》《书》礼乐之所用也，异敏技能之所试也，远方之所观赴也，蛮夷之所义行也[197]。今王舍此而袭远方之服，变古之教，易古之道，逆人之心，而佛学者[198]，离中国，故臣愿王图之也。”使者以报。王曰：“吾固闻叔之疾也，我将自往请之。”

王遂往之公子成家，因自请之，曰：“夫服者，所以便用也；礼者，所以便事也。圣人观乡而顺宜[199]，因事而制礼，所以利其民而厚其国也[200]。夫翦发文身[201]，错臂左衽[202]，瓯越之民也。黑齿雕题[203]，却冠秫绌[204]，大吴之国也。故礼服莫同，其便一也。乡异而用变，事异而礼易。是以圣人果可以利其国，不一其用；果可以便其事，不同其礼。儒者一师而俗异，中国同礼而教离，况于山谷之便乎？故去就之变，智者不能一；远近之服，贤圣不能同。穷乡多异，曲学多辩[205]。不知而不疑，异于己而不非者，公焉而众求尽善也。今叔之所言者俗也，吾所言者所以制俗也。吾国东有河、薄洛之水[206]，与齐、中山同之，无舟楫之用。自常山以至代、上党，东有燕、东胡之境，而西有楼烦、秦、韩之边，今无骑射之备。故寡人无舟楫之用，夹水居之民，将何以守河、薄洛之水；变服骑射，以备燕、三胡、秦、韩之边。且昔者简主不塞晋阳以及上党，而襄主并戎取代以攘诸胡，此愚智所明也。先时中山负齐之彊兵，侵暴吾地，系累吾民，引水围鄗，微社稷之神灵，则鄗几于不守也。先王丑之，而怨未能报也。今骑射之备，近可以便上党之形，而远可以报中山之怨。而叔顺中国之俗以逆简、襄之意，恶变服之名以忘鄗事之丑，非寡人之所望也。”公子成再拜稽首曰：“臣愚，不达于王之义，敢道世俗之闻，臣之辠也。今王将继简、襄之意以顺先王之志，臣敢不听命乎！”再拜稽首。乃赐胡服。明日，服而朝。于是始出胡服令也。

赵文、赵造、周袑、赵俊皆谏止王毋胡服，如故法便[207]。王曰：“先王不同俗，何古之法？帝王不相袭，何礼之循？虙戏、神农教而不诛，黄帝、尧、舜诛而不怒[208]。及至三王，随时制法，因事制礼。法度制令各顺其宜，衣服器械各便其用。故礼也不必一道，而便国不必古。圣人之兴也不相袭而王，夏、殷之衰也不易礼而灭。然则反古未可非，而循礼未足多也[209]。且服奇者志淫，则是邹、鲁无奇行也；俗辟者民易[210]，则是吴、越无秀士也。且圣人利身谓之服，便事谓之礼。夫进退之节，衣服之制者，所以齐常民也，非所以论贤者也。故齐民与俗流，贤者与变俱。故谚曰‘以书御者不尽马之情，以古制今者不达事之变’。循法之功，不足以高世；法古之学，不足以制今。子不及也。”遂胡服招骑射。

二十年，王略中山地，至宁葭[211]；西略胡地，至榆中。林胡王献马。归，使楼缓之秦，仇液之韩，王贲之楚，富丁之魏，赵爵之齐。代相赵固主胡，致其兵。

二十一年，攻中山。赵袑为右军[212]，许钧为左军，公子章为中军，王并将之。牛翦将车骑，赵希并将胡、代。赵与之陉，合军曲阳，攻取丹丘、华阳、鸱之塞[213]。王军取鄗、石邑、封龙、东垣。中山献四邑和，王许之，罢兵。二十三年，攻中山。二十五年，惠后卒。使周袑胡服傅王子何[214]。二十六年，复攻中山，攘地北至燕、代，西至云中、九原[215]。

二十七年五月戊申，大朝于东宫，传国，立王子何以为王。王庙见礼毕，出临朝。大夫悉为臣，肥义为相国，并傅王。是为惠文王。惠文王，惠后吴娃子也。武灵王自号为主父[216]。

主父欲令子主治国，而身胡服将士大夫西北略胡地，而欲从云中、九原直南袭秦，于是诈自为使者入秦。秦昭王不知，已而怪其状甚伟，非人臣之度，使人逐之，而主父驰已脱关矣。审问之，乃主父也。秦人大惊。主父所以入秦者，欲自略地形[217]，因观秦王之为人也。

惠文王二年，主父行新地[218]，遂出代，西遇楼烦王于西河而致其兵。

三年，灭中山，迁其王于肤施[219]。起灵寿，北地方从，代道大通。还归，行赏，大赦，置酒酺五日[220]，封长子章为代安阳君。章素侈，心不服其弟所立。主父又使田不礼相章也。

李兑谓肥义曰：“公子章彊壮而志骄，党众而欲大，殆有私乎？田不礼之为人也，忍杀而骄。二人相得，必有谋阴贼起，一出身徼幸。夫小人有欲，轻虑浅谋，徒见其利而不顾其害，同类相推，俱入祸门。以吾观之，必不久矣。子任重而势大，乱之所始，祸之所集也，子必先患。仁者爱万物而智者备祸于未形，不仁不智，何以为国？子奚不称疾毋出，传政于公子成？毋为怨府[221]，毋为祸梯。”肥义曰：“不可，昔者主父以王属义也，曰：‘毋变而度，毋异而虑，坚守一心，以殁而世。’义再拜受命而籍之[222]。今畏不礼之难而忘吾籍，变孰大焉。进受严命，退而不全，负孰甚焉。变负之臣，不容于刑。谚曰‘死者复生，生者不愧’。吾言已在前矣，吾欲全吾言，安得全吾身！且夫贞臣也难至而节见，忠臣也累至而行明[223]。子则有赐而忠我矣，虽然，吾有语在前者也，终不敢失。”李兑曰：“诺，子勉之矣！吾见子已今年耳。”涕泣而出。李兑数见公子成，以备田不礼之事。

异日肥义谓信期曰：“公子与田不礼甚可忧也。其于义也声善而实恶，此为人也不子不臣。吾闻之也，奸臣在朝，国之残也；谗臣在中，主之蠹也[224]。此人贪而欲大，内得主而外为暴。矫令为慢，以擅一旦之命，不难为也，祸且逮国[225]。今吾忧之，夜而忘寐，饥而忘食。盗贼出入，不可不备。自今以来，若有召王者必见吾面，我将先以身当之[226]，无故而王乃入。”信期曰：“善哉，吾得闻此也！”

四年，朝群臣，安阳君亦来朝。主父令王听朝，而自从旁观窥群臣宗室之礼。见其长子章傫然也[227]，反北面为臣，诎于其弟[228]，心怜之，于是乃欲分赵而王章于代，计未决而辍[229]。

主父及王游沙丘，异宫，公子章即以其徒与田不礼作乱，诈以主父令召王。肥义先入，杀之。高信即与王战。公子成与李兑自国至，乃起四邑之兵入距难[230]，杀公子章及田不礼，灭其党贼而定王室。公子成为相，号安平君，李兑为司寇。公子章之败，往走主父，主父开之，成、兑因围主父宫。公子章死，公子成、李兑谋曰：“以章故围主父，即解兵，吾属夷矣。”乃遂围主父。令宫中人“后出者夷”，宫中人悉出。主父欲出不得，又不得食，探爵鷇而食之[231]，三月馀而饿死沙丘宫。主父定死，乃发丧赴诸侯[232]。

是时王少，成、兑专政，畏诛，故围主父。主父初以长子章为太子，后得吴娃，爱之，为不出者数岁，生子何，乃废太子章而立何为王。吴娃死，爱弛，怜故太子，欲两王之，犹豫未决，故乱起，以至父子俱死，为天下笑，岂不痛乎！

五年，与燕鄚、易。八年，城南行唐。九年，赵梁将，与齐合军攻韩，至鲁关下。及十年，秦自置为西帝。十一年，董叔与魏氏伐宋，得河阳于魏。秦取梗阳。十二年，赵梁将攻齐。十三年，韩徐为将，攻齐。公主死。十四年，相国乐毅将赵、秦、韩、魏、燕攻齐，取灵丘。与秦会中阳。十五年，燕昭王来见。赵与韩、魏、秦共击齐，齐王败走，燕独深入，取临菑。

十六年，秦复与赵数击齐，齐人患之。苏厉为齐遗赵王书曰[233]：

臣闻古之贤君，其德行非布于海内也，教顺非洽于民人也[234]，祭祀时享非数常于鬼神也[235]，甘露降，时雨至，年谷丰孰[236]，民不疾疫，众人善之，然而贤主图之。

今足下之贤行功力，非数加于秦也；怨毒积怒[237]，非素深于齐也。秦赵与国，以彊征兵于韩，秦诚爱赵乎？其实憎齐乎？物之甚者，贤主察之。秦非爱赵而憎齐也，欲亡韩而吞二周，故以齐餤天下[238]。恐事之不合，故出兵以劫魏、赵。

恐天下畏己也，故出质以为信。恐天下亟反也，故征兵于韩以威之。声以德与国，实而伐空韩，臣以秦计为必出于此。夫物固有势异而患同者，楚久伐而中山亡，今齐久伐而韩必亡。破齐，王与六国分其利也。亡韩，秦独擅之。收二周，西取祭器，秦独私之。赋田计功，王之获利孰与秦多?

说士之计曰："韩亡三川[239]，魏亡晋国，市朝未变而祸已及矣。"燕尽齐之北地，去沙丘、钜鹿敛三百里[240]，韩之上党去邯郸百里，燕、秦谋王之河山，间三百里而通矣。秦之上郡近挺关，至于榆中者千五百里，秦以三郡攻王之上党[241]，羊肠之西，句注之南，非王有已。踰句注，斩常山而守之[242]，三百里而通于燕，代马胡犬不东下，昆山之玉不出，此三宝者亦非王有已。王久伐齐，从彊秦攻韩，其祸必至于此。愿王孰虑之。

且齐之所以伐者，以事王也；天下属行，以谋王也。燕秦之约成而兵出有日矣。五国三分王之地，齐倍五国之约而殉王之患，西兵以禁彊秦，秦废帝请服，反高平、根柔于魏，反巠分、先俞于赵。齐之事王，宜为上佼[243]，而今乃抵辠，臣恐天下后事王者之不敢自必也。愿王孰计之也。

今王毋与天下攻齐，天下必以王为义。齐抱社稷而厚事王，天下必尽重王义。王以天下善秦，秦暴，王以天下禁之，是一世之名宠制于王也。

于是赵乃辍，谢秦不击齐。

王与燕王遇。廉颇将，攻齐昔阳，取之。

十七年，乐毅将赵师攻魏伯阳。而秦怨赵不与己击齐，伐赵，拔我两城。十八年，秦拔我石城。王再之卫东阳，决河水，伐魏氏。大潦[244]，漳水出。魏冉来相赵。十九年，秦败我二城。赵与魏伯阳。赵奢将，攻齐麦丘，取之。

二十年，廉颇将，攻齐。王与秦昭王遇西河外。

二十一年，赵徙漳水武平西。二十二年，大疫。置公子丹为太子。

二十三年，楼昌将，攻魏几，不能取。十二月，廉颇将，攻几，取之。二十四年，廉颇将，攻魏房子，拔之，因城而还。又攻安阳，取之。二十五年，燕周将，攻昌城、高唐，取之。与魏共击秦。秦将白起破我华阳，得一将军。二十六年，取东胡欧代地[245]。

二十七年，徙漳水武平南。封赵豹为平阳君。河水出，大潦。

二十八年，蔺相如伐齐，至平邑。罢城北九门大城。燕将成安君公孙操弑其王。二十九年，秦、韩相攻，而围阏与。赵使赵奢将，击秦，大破秦军阏与下，赐号为马服君。

三十三年，惠文王卒，太子丹立，是为孝成王。

孝成王元年，秦伐我，拔三城。赵王新立，太后用事，秦急攻之。赵氏求救于齐，齐曰："必以长安君为质，兵乃出。"太后不肯，大臣彊谏。太后明谓左右曰："复言长安君为质者，老妇必唾其面。"左师触龙言愿见太后，太后盛气而胥之[246]。入，徐趋而坐[247]，自谢曰："老臣病足，曾不能疾走[248]，不得见久矣。

窃自恕[249]，而恐太后体之有所苦也，故愿望见太后。”太后曰：“老妇恃辇而行耳。”曰：“食得毋衰乎？”曰：“恃粥耳。”曰：“老臣间者殊不欲食[250]，乃彊步，日三四里，少益嗜食，和于身也[251]。”太后曰：“老妇不能。”太后不和之色少解[252]。左师公曰：“老臣贱息舒祺最少[253]，不肖，而臣衰，窃怜爱之，愿得补黑衣之缺以卫王宫，昧死以闻[254]。”太后曰：“敬诺。年几何矣？”对曰：“十五岁矣。虽少，愿及未填沟壑而托之。”太后曰：“丈夫亦爱怜少子乎？”对曰：“甚于妇人。”太后笑曰：“妇人异甚。”对曰：“老臣窃以为媪之爱燕后贤于长安君。”太后曰：“君过矣，不若长安君之甚。”左师公曰：“父母爱子，则为之计深远。媪之送燕后也，持其踵，为之泣，念其远也，亦哀之矣。已行，非不思也，祭祀则祝之曰‘必勿使反’，岂非计长久，为子孙相继为王也哉？”太后曰：“然。”左师公曰：“今三世以前，至于赵主之子孙为侯者，其继有在者乎？”曰：“无有。”曰：“微独赵[255]，诸侯有在者乎？”曰：“老妇不闻也。”曰：“此其近者祸及其身，远者及其子孙。岂人主之子侯则不善哉？位尊而无功，奉厚而无劳，而挟重器多也。今媪尊长安君之位，而封之以膏腴之地，多与之重器，而不及今令有功于国，一旦山陵崩[256]，长安君何以自托于赵？老臣以媪为长安君之计短也，故以为爱之不若燕后。”太后曰：“诺，恣君之所使之。”于是为长安君约车百乘，质于齐，齐兵乃出。

子义闻之，曰：“人主之子，骨肉之亲也，犹不能持无功之尊，无劳之奉，而守金玉之重也，而况于予乎？”

齐安平君田单将赵师而攻燕中阳，拔之。又攻韩注人[257]，拔之。二年，惠文后卒。田单为相。

四年，王梦衣偏裻之衣[258]，乘飞龙上天，不至而坠，见金玉之积如山。明日，王召筮史敢占之，曰：“梦衣偏裻之衣者，残也。乘飞龙上天不至而坠者，有气而无实也。见金玉之积如山者，忧也。”

后三日，韩氏上党守冯亭使者至，曰：“韩不能守上党，入之于秦。其吏民皆安为赵，不欲为秦。有城市邑十七，愿再拜入之赵，财王所以赐吏民[259]。”王大喜，召平阳君豹告之曰：“冯亭入城市邑十七，受之何如？”对曰：“圣人甚祸无故之利。”王曰：“人怀吾德[260]，何谓无故乎？”对曰：“夫秦蚕食韩氏地，中绝不令相通，固自以为坐而受上党之地也。韩氏所以不入于秦者，欲嫁其祸于赵也。秦服其劳而赵受其利，虽彊大不能得之于小弱，小弱顾能得之于彊大乎[261]？岂可谓非无故之利哉！且夫秦以牛田，之水通粮，蚕食，上乘倍战者，裂上国之地，其政行，不可与为难[262]，必勿受也。”王曰：“今发百万之军而攻，踰年历岁未得一城也。今以城市邑十七币吾国[263]，此大利也。”

赵豹出，王召平原君与赵禹而告之。对曰：“发百万之军而攻，踰岁未得一城，今坐受城市邑十七，此大利，不可失也。”王曰：“善。”乃令赵胜受地，告冯亭曰：“敝国使者臣胜，敝国君使胜致命，以万户都三封太守，千户都三封县令，皆世世为侯，吏民皆益爵三级，吏民能相安，皆赐之六金。”冯亭垂涕不见使者，曰：“吾不处三不义也：为主守地，不能死固[264]，不义一矣；入之秦，不听主令，不义二矣；卖主地而食之，不义三矣。”赵遂发兵取上党。廉颇将军军长平。

七年，廉颇免而赵括代将。秦人围赵括，赵括以军降，卒四十馀万皆坑之[265]。王悔不听赵豹之计，故有长平之祸焉。

王还，不听秦，秦围邯郸。武垣令傅豹、王容、苏射率燕众反燕地。赵以灵丘封楚相春申君。

八年，平原君如楚请救[266]。还，楚来救，及魏公子无忌亦来救，秦围邯郸乃解。

十年，燕攻昌壮，五月拔之。赵将乐乘、庆舍攻秦信梁军，破之。太子死。而秦攻西周，拔之。徒父祺出。十一年，城元氏，县上原。武阳君郑安平死，收其地。十二年，邯郸廥烧[267]。十四年，平原君赵胜死。

十五年，以尉文封相国廉颇为信平君。燕王令丞相栗腹约驩，以五百金为赵王酒[268]，还归，报燕王曰：“赵氏壮者皆死长平，其孤未壮，可伐也。”王召昌国君乐间而问之。对曰：“赵，四战之国也，其民习兵，伐之不可。”王曰：“吾以众伐寡，二而伐一，可乎？”对曰：“不可。”王曰：“吾即以五而伐一，可乎？”对曰：“不可。”燕王大怒。群臣皆以为可。燕卒起二军，车二千乘，栗腹将而攻鄗，卿秦将而攻代。廉颇为赵将，破杀栗腹，虏卿秦、乐间。

十六年，廉颇围燕。以乐乘为武襄君。十七年，假相大将武襄君攻燕[269]，围其国。十八年，延陵钧率师从相国信平君助魏攻燕。秦拔我榆次三十七城。十九年，赵与燕易土：以龙兑、汾门、临乐与燕；燕以葛、武阳、平舒与赵。

二十年，秦王政初立。秦拔我晋阳。

二十一年，孝成王卒。廉颇将，攻繁阳，取之。使乐乘代之，廉颇攻乐乘，乐乘走，廉颇亡入魏。子偃立，是为悼襄王。

悼襄王元年，大备魏[270]。欲通平邑、中牟之道，不成。

二年，李牧将，攻燕，拔武遂、方城。秦召春平君，因而留之。泄钧为之谓文信侯曰：“春平君者，赵王甚爱之而郎中妒之[271]，故相与谋曰‘春平君入秦，秦必留之’，故相与谋而内之秦也。今君留之，是绝赵而郎中之计中也。君不如遣春平君而留平都。春平君者言行信于王，王必厚割赵而赎平都。”文信侯曰：“善。”因遣之。城韩皋。

三年，庞煖将，攻燕，禽其将剧辛。四年，庞煖将赵、楚、魏、燕之鋭师，攻秦蕞，不拔；移攻齐，取饶安。五年，傅抵将，居平邑；庆舍将东阳河外师，守河梁。六年，封长安君以饶。魏与赵邺。

九年，赵攻燕，取狸、阳城。兵未罢，秦攻邺，拔之。悼襄王卒，子幽缪王迁立。

幽缪王迁元年，城柏人。二年，秦攻武城，扈辄率师救之，军败，死焉。

三年，秦攻赤丽、宜安，李牧率师与战肥下，却之。封牧为武安君。四年，秦攻番吾，李牧与之战，却之。

五年，代地大动[272]，自乐徐以西，北至平阴，台屋墙垣太半坏，地坼东西百三十步[273]。六年，大饥，民讹言曰："赵为号，秦为笑。以为不信，视地之生毛。"

七年，秦人攻赵，赵大将李牧、将军司马尚将，击之。李牧诛，司马尚免，赵怱及齐将颜聚代之。赵怱军破，颜聚亡去。以王迁降。

八年十月，邯郸为秦。

太史公曰：吾闻冯王孙曰："赵王迁，其母倡也[274]，嬖于悼襄王[275]。悼襄王废適子嘉而立迁。迁素无行，信谗，故诛其良将李牧，用郭开。"岂不缪哉！秦既虏迁，赵之亡大夫共立嘉为王，王代六岁，秦进兵破嘉，遂灭赵以为郡。

【译文】

赵氏和秦国有着共同的祖先。到了中衍一代，他为殷王大戊驾车。中衍的后代蜚廉有两个儿子，其中一个叫做恶来，效力于商纣王，被周人所杀，他的后代是秦人。恶来的弟弟叫做季胜，他的后代是赵氏。

季胜生了孟增。孟增受宠于周成王，号称宅皋狼。皋狼生了衡父，衡父生了造父。造父受宠于周穆王。造父挑选了良马八匹，和桃林产的盗骊、骅骝、绿耳，献给穆王。穆王让造父驾车，到西方巡视诸侯，遇见了西王母，高兴得忘了回去。此时徐偃王造反，穆王乘着造父进献的千里马连日赶回，大败徐偃王叛军。穆王于是把赵城赏赐给造父，从此成为赵氏。

从造父往下六代到了奄父，名叫公仲，周宣王讨伐戎人时，公仲为周宣王驾车。千亩之战时，公仲帮周宣王脱离险境。奄父生了叔带。那时候周幽王昏庸无道，叔带离开周朝，去往晋国，效忠于晋文侯，开始在晋国建立赵氏的基业。

从叔带往下，赵氏宗族越来越兴盛，经历五代传到赵夙。

赵夙时，晋献公十六年讨伐霍、魏、耿三国，派赵夙作为将领攻打霍国。霍公求出逃到齐国。晋国大旱，占卜结果说："霍国的太山神在作怪。"于是晋献公让赵夙把霍君从齐国召回，重建霍国，让他复位，来祭祀太山之神，晋国重获丰收。晋献公把耿地赐给赵夙。

赵夙生了共孟，这时正当鲁闵公元年。共孟生了赵衰，字子馀。

赵衰占卜为晋献公和其他公子效劳，不吉利；占卜效忠于公子重耳，吉利，于是效忠重耳。重耳因为骊姬之乱逃亡到翟国，赵衰跟从他。翟国攻打廧咎如，俘获两名女子，翟人把年少的嫁给重耳做妻子，年长的给了赵衰，生下了赵盾。当初，重耳还在晋国的时候，赵衰的妻子已经生了赵同、赵括、赵婴齐三子。赵衰随重耳出逃，总共十九年，才得以返回晋国。重耳即位，也就是晋文公，赵衰做了原邑的大夫，居于原邑，负责处理晋国的政务。晋文公之所以能返回故国，之后称霸诸侯，其间多有采用赵衰的计策。这些事详见于《晋世家》。

赵衰返回晋国之后，他原先在晋国的妻子坚持要求他迎回在翟国娶的妻子，让她生的儿子赵盾做嫡子，自己所生的三个儿子在赵盾之下，为赵盾效力。晋襄公六年，赵衰去世，谥号为“成季”。

赵盾代替他的父亲成季执掌晋国政务。两年后晋襄公去世，他的太子夷皋年纪太小，赵盾因为国事多灾多难，想要立襄公的弟弟子雍为君主。子雍当时在秦国，赵盾派遣使者去迎接他。太子的母亲日夜哭泣，跪倒在赵盾面前说：“先君有什么过错？您却抛开他的太子而去扶持别人当君主。”赵盾很是焦虑，担心外戚宗族和其他大夫发动政变杀了他，于是就立太子为君主，这就是晋灵公，赵盾就又派遣军队阻拦从秦国迎来子雍的人们。晋灵公即位后，赵盾更加专权了。

晋灵公即位后十四年，愈加骄横放纵。赵盾屡次进谏，晋灵公都不听。灵公要吃熊掌，厨师没有炖烂，灵公就把厨师杀了，把他的尸体运出去，这事被赵盾看到了。灵公因此感到害怕，想要杀了赵盾。赵盾平时为人仁慈，爱惜他人，他曾经给了一个在桑树下快要饿死的人一些食物，救了他一命，这个人于是便来保卫赵盾，赵盾才得以逃脱。赵盾还没有逃出晋国国境，他的族弟赵穿就杀了晋灵公，立襄公的弟弟黑臀为国君，这就是晋成公。赵盾又回到晋国，主持国事。君子讽刺赵盾“作为正卿，逃跑了不出国境，回来了也不讨伐弑君的逆臣”，因此史官写下“赵盾弑君”。晋景公年间赵盾去世，谥号为宣孟，他的儿子赵朔继承了他的职位。

赵朔时，晋景公三年，赵朔替晋国率领下军去营救郑国，在河上一地与楚庄王战斗。赵朔娶了晋成公的姐姐作为夫人。

晋景公三年，大夫屠岸贾想要诛灭赵氏。起先，赵盾还活着的时候，梦见先祖叔带扶着腰恸哭，非常悲伤；一会儿又笑了起来，拍着手歌唱。赵盾占卜了这个梦，征兆是中断以后又变好。史援占卜后说：“这个梦很凶险，但不发生在您身上，而在您儿子身上，但也是您的灾厄。到了孙子一辈，赵氏将更加衰败。”屠岸贾一开始受宠于晋灵公，到晋景公年间，屠岸贾任司寇，想要灭赵氏一门，就追究晋灵公被害一事到赵盾头上，告诉各位将领说：“赵盾虽然自己不知道弑君一事，但终究还是逆臣的首领。他作为臣子杀了君长，而他的子孙还在朝中任职，这如何能惩治罪犯？我请求灭赵氏一族。”韩厥说：“灵公被杀，赵盾当时不在朝中，我们先君认为他没有罪过，所以不杀他。现在你们要杀了他的后人，这是违背了先君的意愿而肆意杀人。肆意杀人就是制造祸乱。臣子谋划这么一件大事，却不告诉君主，这是目无君长。”屠岸贾不听。韩厥告诉赵朔速速逃跑。赵朔不肯，说：“你如果能让赵氏不绝后，我死而无憾。”韩厥答应了他，于是称自己有病不再出门。

屠岸贾没有请示晋景公，擅自带领各位将领在下宫攻打赵氏，杀了赵朔、赵同、赵括、赵婴齐，灭了赵氏一族。

赵朔的妻子、成公的姐姐当时怀有身孕，逃到宫中藏了起来。赵朔有个门客叫公孙杵臼，他对赵朔的朋友程婴说："你为何不自杀？"程婴说："赵朔的妻子怀有身孕，如果有幸是个男孩，我就把他养大；如果是女孩，我再死也不迟。"没过多久，赵朔的妻子分娩，生了一个男孩。屠岸贾听说后，到宫中去找这个孩子。赵氏夫人把小孩藏在套裤里面，祈祷道："赵氏如果该绝后，你就哭；如果不该，你就不要出声。"等到屠岸贾的人来找的时候，小孩最终都没有出声。脱险之后，程婴对公孙杵臼说："屠岸贾这一次没有找到，之后必然还会再来找，怎么办？"公孙杵臼说："抚养孤儿重振赵氏，和一死相比，哪个更难？"程婴说："死比较容易，抚养孤儿要难。"公孙杵臼说："赵氏先君赵朔待你不薄，为难你去做难的，我去做那容易的，先去就死吧。"于是他们二人谋划找一个别人家的婴儿，给他穿上华丽的小儿衣服，藏在山中。程婴出去对各位将领谎称："我没出息，不能扶持赵氏孤儿。谁给我千金，我就告诉他赵氏孤儿藏身之地。"各将领都很高兴，许诺了他，派兵跟着程婴去捉拿公孙杵臼。公孙杵臼假装怒道："程婴你这个小人！之前下宫之地赵氏灭门时，你不能赴死，和我一起计划藏匿赵氏孤儿，现在又出卖我。你就算没本事扶持孤儿，又何以忍心出卖我们！"又抱着小孩大呼："天啊！天啊！赵氏孤儿有什么罪过？求你们放过孩子，只杀了我公孙杵臼吧！"各将领不答应，于是就杀了公孙杵臼和这个婴儿。各个将领以为赵氏孤儿确实已经死了，都很高兴。然而真的赵氏孤儿还活着，程婴带着他到山中藏了起来。

又过了十五年，晋景公生病，占卜说是大业的后人不顺，在此作怪。景公问韩厥这件事，韩厥知道赵氏孤儿还活着，就说："大业的后人在晋国绝后了的，不就是赵氏吗？从中衍以来，后代都姓嬴。中衍长着人脸鸟嘴，后代辅佐殷帝大戊和周天子，都德才兼备。后来到了周幽王、厉王时期，叔带离开周朝来到晋国，效力于先君文侯，一直到成公，代代立功，没有断过祭祀。后来是您诛灭了他们一族，百姓都怜悯他们，所以才显现在龟策上的吧。请您认真考虑此事。"景公问道："赵氏还有子孙后代吗？"韩厥就把实情告诉了景公。于是景公和韩厥谋划扶立赵氏孤儿，把他召来藏在宫中。各位将领进宫询问景公的病情，景公倚仗韩厥人手众多，胁迫将领们见了赵氏孤儿。赵氏孤儿名叫赵武。各个将领不得已，于是说："当年下宫之难，是屠岸贾一手策划的，他假托您的命令，还号令了群臣。要不是这样，谁敢去灭赵氏一门！如果不是您身体欠安，我们本来也是要请求扶持赵氏后人的。现在您下达了命令，也正是我们所希望的。"于是召来赵武、程婴与各位将领相拜，这些将领就又反过来和程婴、赵武一起攻打屠岸贾，灭了屠岸贾一族。恢复了赵氏旧有的领地。

等到赵武二十岁行冠礼成人后，程婴辞别了各位大夫，对赵武说："当年下宫之难，大家都可以一死了之。我并不是不敢死，我想的是扶立赵氏的后人。现在赵武被拥立，也长大了，恢复了赵氏旧有的地位，我要去九泉之下把这事告诉赵宣子和公孙杵臼。”赵武大哭，跪下来坚决请求程婴不要这样，说：“我赵武愿意不辞辛劳报答您一辈子，您怎么忍心舍我而去呢？”程婴说：“不能这样。公孙杵臼当年认为我能成事，才早我一步死去的；现在我不去告诉他，他会以为我这事情还没有做成。”于是就自杀了。赵武以叔伯之礼为程婴服丧三年，为他辟出一块领地专门用来每年祭祀他，代代不绝。

赵氏恢复爵位十一年，晋厉公诛杀了郤锜、郤犨、郤至三位大夫。栾书担心波及自身，于是就杀了晋厉公，改立晋襄公的曾孙，名周，这就是晋悼公。从此晋国大夫势力逐渐强盛起来。

赵武接续赵氏宗族的第二十七年，晋平公即位。平公十二年，赵武做了晋国的正卿。十三年，吴公子季札出使晋国，说：“晋国的国政最后必然由赵武子、韩宣子、魏献子的后人掌管。”赵武死后，谥号为文子。

文子生了景叔。景叔时，齐景公派遣晏婴出使晋国，晏婴对晋国的叔向说：“齐国国政最后会落入田氏掌握之中。”叔向也说：“晋国国政最后会由六卿掌管。六卿太过分了，而我的君主却不担忧。”

景叔去世，他的儿子赵鞅继位，这就是赵简子。

赵简子在位期间，晋顷公九年，赵简子会合诸侯在周国边境驻军。第二年，把周敬王迎回周国，这是因为驱逐了敬王弟弟子朝。

晋顷公十二年，六卿法办祁氏、羊舌氏，诛灭了他们全族，把他们的领地分成十个县，六卿各自派他自己的族人去做各个县的大夫。晋国的公族从此更加衰弱。

之后十三年，鲁国的叛臣阳虎来投奔赵氏，赵简子收了他的贿赂，给予优待。

赵简子生病，连续五天不省人事，大夫们都很害怕。名医扁鹊前来看病，出门后，董安于来询问病情。扁鹊说：“赵简子血脉正常，你有什么好怕的！以前秦穆公也曾经这样，七天以后才醒过来。醒来那天，他告诉大夫公孙支和子舆说：‘这七天我去了上帝那里，非常高兴。我之所以留这么久，是因为在那里恰好知道了一些事情。上帝告诉我，晋国将要大乱，连续五代动荡不安；之后会称霸，但是国君没做多久就会死去；称霸的国君的儿子还会让这个国家男女不分，混乱不堪。’公孙支把这些话写下藏了起来，秦国的谶语就是这时出现的。晋献公时开始的动乱，晋文公称霸，还有晋襄公先在崤山打败了秦军，回国后就放纵无度，这些都是你知道的。现在赵简子的病和秦穆公一样，不出三日一定会结束，病好了一定会说些什么。”

过了两天半，赵简子醒来了。他告诉大夫说：“我到了上帝那里，非常高兴。我和各个神仙在高天中央游览，欣赏了各种隆重的乐舞，和我听过的都不一样，那声音震撼人心。有一只熊要来抓我，上帝命令我用箭射它，我射中了，熊死了。又有一只罴过来，我又射了一箭，射中了它，罴也死了。上帝很开心，赐给我两件竹笥，各附带一个小件。我看见有个小孩在上帝身边，上帝又给了我一只翟犬，说：

‘等你的儿子长大了，把这只翟犬赐给他。’上帝告诉我：‘晋国将会一代代越来越衰败，七代以后灭亡，嬴姓的人将会在范魁一地西边把周人打得惨败，但他们无法占有那里。如今我遥想大费在虞舜时期的卓越功勋，适时会把舜的后代孟姚许配给你的七世孙。’”董安于听了这些话，也写下藏了起来。他把扁鹊说的话告诉赵简子，赵简子赐给扁鹊四万亩田地。

后来有一天，赵简子出行，有人挡在路上，赶他不走，随从生气，想要杀了他。挡道的人说：“我想请见你们的主公。”随从禀报了赵简子。赵简子把路人召来，说：“呀！你不就是我之前在梦中见到的那个叫子晰的人吗？”挡道的人说：“请您让您的随从退下，我有话对您讲。”赵简子退下了随从。挡道的人说：“您生病时，我在上帝身旁。”赵简子说：“是的，有这么一回事。那您见我，有什么事吗？”挡道的人说：“上帝命令您用箭射熊和罴，熊罴都死了。”赵简子说：“是的，这是什么意思呢？”挡道的人说：“晋国将要发生很大的祸患，而您是起头的人。上帝命令您消灭晋国的两大势力，那熊和罴正是他们的祖先。”赵简子说：“上帝赐给我两个竹笥，都带着小件，是什么意思呢？”挡道的人说：“您的儿子将会在翟人之地攻克两个国家，他们国姓都是子姓。”赵简子说：“我看到一个小孩在上帝身边，上帝给了我一只翟犬，说‘等到你儿子长大了送给他’。这小孩是谁，又为什么要赐予翟犬？”挡道的人说：“小孩，就是您的儿子。翟犬，是代国君主的祖先。您的儿子将来一定会占有代国。等到您的后代，会有改革政治、身穿胡人服装的，将在翟人之地吞并两个国家。”赵简子问挡道的人的姓名，想要聘请他做官。挡道的人说：“我是山野之人，只是要把上帝的话传达给您罢了。”接着就不见了。赵简子把这些话写下来，藏在家中。

又有一天，姑布子卿拜访赵简子，赵简子叫来了所有儿子让他相面。姑布子卿说：“这里面没有一个能带兵的。”赵简子说：“赵氏难道要无后了吗？”姑布子卿说：“我刚刚曾在路上看到一个孩子，大概也是您的儿子吧。”赵简子就叫来了这个名叫毋卹的儿子。毋卹来了，姑布子卿说："这才是真正的大将军！"赵简子说："他的母亲地位最低，是一个翟人婢女，怎么会有贵相呢？"姑布子卿说："上天所赐的，虽然低贱，日后也一定能高贵起来。"在这之后，赵简子召集各个儿子谈话，发现毋卹最贤能。赵简子就对各个儿子说："我在常山上藏了一个宝贵的符节，先得到的就能获得赏赐。"各个儿子都策马疾驰到常山上，寻找符节，都没有收获。毋卹回来，说："我已经得到了这个符节了。"赵简子说："说来听听。"毋卹说："从常山上去，下临代国，代国可以攻取。"赵简子因此知道了毋卹果然贤能，于是就废除了太子伯鲁，改立毋卹做太子。

两年后，晋定公十四年，范氏、中行氏造反。第二年春天，赵简子对邯郸大夫赵午说："你把我那五百家卫国人还给我，我要把他们安置在晋阳。"赵午答应了，回去之后他的父亲兄弟都不同意，就违背了诺言。赵鞅就把赵午逮捕，把他囚禁在晋阳。又告诉邯郸人说："我私底下已经把赵午杀了，你们谁想做邯郸大夫？"接着就杀了赵午。赵午的儿子赵稷和家臣涉宾就在邯郸谋反。晋定公派籍秦包围邯郸。荀寅和范吉射和赵午交好，不肯帮助籍秦，也策划造反，董安于知道了这件事。十月，范氏、中行氏讨伐赵鞅，赵鞅逃到了晋阳，范氏、中行氏率领的晋军包围了晋阳。荀寅和范吉射的仇人魏襄子等人谋划着驱逐荀寅，让梁婴父取代他；驱逐范吉射，让范皋绎代替他。荀栎对晋定公说："先君任命大臣的时候说，率先造反的人要处死。现在赵氏、范氏、中行氏率先造反，却单单驱逐了赵鞅，这样处罚不公平，我请求把他们全部驱逐。"十一月，荀栎、韩不佞、魏哆子奉晋君之命讨伐范氏、中行氏，没能战胜。范氏、中行氏反过来攻击晋定公，晋定公出兵反抗，范氏、中行氏战败逃走。丁未日，荀寅、范吉射二人逃去朝歌。韩、魏两家为赵氏在晋定公面前求情。十二月辛未日，赵鞅进入国都，与其他各家在宫中盟誓。第二年，知伯文子对赵鞅说："范氏、中行氏两家虽然确实谋反，但是是董安于揭发了他们，可以说董安于也参与了谋反。按照晋国的法度，率先造反的人要处死。现在荀寅、范吉射都已经伏法，但是董安于还活着。"赵鞅对这事很是忧愁。董安于说："我死了，赵氏就能安定，晋国也就可以太平，这样看我是死得迟了。"于是就自杀了。赵氏把董安于自杀一事汇报给知伯，之后赵氏才得以稳定。

孔子听说赵简子没有请示晋定公就擅自囚禁了邯郸大夫赵午，依仗着有晋阳一地，因此在《春秋》中写道"赵鞅在晋阳谋反"。

赵简子有个家臣叫周舍，喜欢直言进谏。周舍死了以后，赵简子每次听早朝，常常不开心，大夫们都请求赵简子给自己治罪。赵简子说："你们没有罪过。我听说一千张羊皮也比不上一只狐狸腋下的那一块皮毛。列位大夫上朝，我只听到顺从的声音，听不到周舍那样耿直的谏言，因为这我才忧虑的。"赵简子因此能让赵氏领地的人们归附，也成为晋国百姓人心之所向。

晋定公十八年，赵简子在朝歌包围范氏、中行氏，中行文子逃到了邯郸。第二年，卫灵公去世。赵简子和阳虎把卫国太子蒯聩送回卫国，卫国不接受，于是蒯聩就先住在戚地。

晋定公二十一年，赵简子攻取邯郸，中行文子逃到了柏人。赵简子又包围了柏人，中行文子和范昭子于是就逃亡到了齐国。赵氏最后占领了邯郸和柏人。范氏、中行氏剩下的城邑归晋国所有。赵氏名义上是晋国的臣子，实际上已经专断了晋国的政权，领地和诸侯相当。

晋定公三十年，定公和吴王夫差在黄池争做诸侯之长，赵简子跟着定公一起去了，最后还是让吴王做了诸侯之长。晋定公在他即位第三十七年去世，赵简子废除了三年国丧，只服丧一年。这一年越王勾践消灭了吴国。

晋出公十一年，知伯讨伐郑国。赵简子生病，就让毋卹带兵跟知伯去包围郑国。知伯喝醉了以后，把酒浇在毋卹身上。毋卹的臣子们纷纷请求和知伯拼命。毋卹说："父亲之所以立我为太子，是因为我能忍受耻辱。"但是还是愤恨知伯。知伯回去以后，就对赵简子说，让他废除毋卹太子之位，赵简子没有听从。毋卹因此怨恨知伯。

晋出公十七年，赵简子去世，太子毋卹继位，这就是赵襄子。

赵襄子元年，越国包围了吴国。赵襄子降低了服丧期间的饮食标准，派遣楚隆去慰问吴王。

赵襄子的姐姐之前是代国国君的夫人。赵简子下葬后，还没到脱下丧服时，赵襄子向北登上夏屋山，邀请代国国君。他让厨师拿着大铜勺给代王和他的随从进献食物，刚要舀上，暗中命令厨师各自用手中的大铜勺打死了代王和他的随行官员，接着发兵消灭了代国。赵襄子的姐姐听说了这件事，大哭着呼喊苍天，磨尖了簪子自杀了。代国人怜悯她，把她死去的地方命名为摩笄之山。赵襄子于是把代国封给兄长伯鲁的儿子周，让他做代君。伯鲁是赵襄子的兄长，赵襄子被立之前的太子。伯鲁死得早，因此封给了他的儿子。

赵襄子即位四年，知伯和赵氏、韩氏、魏氏一起瓜分了范氏、中行氏以前的地盘。晋出公很愤怒，把这事告知齐国、鲁国，想要讨伐知氏、赵氏、韩氏、魏氏四家。四家很害怕，就一起攻击晋出公。出公逃往齐国，死在了路上。于是知伯拥立晋昭公的曾孙，名叫骄，这就是晋懿公。知伯越来越骄横。知伯向韩氏、魏氏索要土地，韩氏、魏氏献出了土地。他又向赵氏索要土地，赵氏不给，因为当年包围郑国时候知伯羞辱了赵襄子。知伯生气，于是带领韩氏、魏氏攻击赵氏。赵襄子畏惧，就逃跑了，固守在晋阳。

赵襄子的家臣原过跟着赵襄子一起逃跑，落在后面，到了王泽，看到了三个人，他们从衣带往上可以看见，看不见衣带以下的下半身。他们给了原过两节竹子，竹筒封死。他们说："帮我把这个送给赵毋卹。"后来原过赶上了赵襄子，把这件事情汇报给了他。赵襄子斋戒三天，亲自剖开竹筒，里面有红字文书写道："赵毋卹，我是霍泰山山阳侯派来的天神使者。两年后的三月丙戌，我将会帮助你消灭知氏。你也要在百邑兴建庙宇供奉我们，我们会把林胡的土地赏赐给你。到了你的后代，会有一位强悍的君王，他面色红黑，长着龙的脸、鸟的嘴，浓眉长须，胸脯宽阔，下身修长，身材魁梧，衣襟左开，披甲驰骋，包揽了河宗之地，一直到各个少数民族地区，南面讨伐晋国的其他城邑，北面消灭了黑姑。”襄公拜了两拜，接受了三位神灵的旨令。

知伯、韩氏、魏氏攻打晋阳，打了一年多，引导汾水灌进了晋阳城内，城墙没被淹没的高度只剩六尺。城中百姓把锅吊起来煮饭，交换小孩当做食物。各个大臣都有叛逃的想法，对待赵襄子的礼仪也越来越怠慢，唯独高共始终不敢无礼。赵襄子很害怕，于是在夜里派丞相张孟同私下与韩氏、魏氏见面。韩氏、魏氏和赵氏一起谋划，在三月丙戌，三家一起反过来消灭了知氏，瓜分了他的土地。于是赵襄子要赏赐群臣，高共得到的赏赐最丰厚。张孟同说：“晋阳受难的时候，只有高共没有什么功劳。”赵襄子说：“当时晋阳危急，各个大臣都懈怠了，只有高共不敢丢弃作为臣子的礼仪，所以我让他受赏最多。”于是赵氏在北面拥有代国，南面吞并了知氏，势力比韩氏、魏氏要强。于是赵襄子在百邑为三位神灵兴建祠堂，派原过主持霍泰山的祭祀。

赵襄子后来娶了空同氏，生了五个儿子。襄公因为哥哥伯鲁当年没被立为太子，不肯扶立自己的儿子，一定要把位置传给伯鲁的儿子代成君。但是代成君已经死了，于是赵襄子把代成君的儿子浣立为太子。赵襄子即位三十三年后去世，浣继承了赵襄子的爵位，这就是赵献侯。

献侯年少即位，迁都到中牟。

赵襄子的弟弟桓子驱逐了献侯，在代地自立为君，一年后死了。赵国人认为桓子自立为君，违背了赵襄子的意愿，于是一起杀死了桓子的儿子，又把献侯迎接回来立为君主。

献侯十年，中山武公建国即位。十三年，建造了平邑城。十五年，献侯去世，他的儿子烈侯赵籍即位。

烈侯元年，魏文侯讨伐中山国，命令太子击镇守。六年，魏氏、韩氏、赵氏相继被立为诸侯，追尊赵献子为献侯。

烈侯喜欢音乐，对相国公仲连说：“我有喜欢的人，可以赐予他爵位吗？”公仲连说：“可以让他富裕，但不能赐给他高贵的地位。”烈侯说：“好。郑国有两位歌手，叫枪和石，我要赐给他们田地，每个人一万亩。”公仲连说：“遵命。”但是没有给。过了一个月，烈侯从代地归来，问起了给歌手田地的事情。公仲连说：“我去找了，还没有合适的。”过了一阵子，烈侯又问起这件事。公仲连始终没有给出土地，于是就称病不上朝了。番吾君从代地来，对公仲连说：“您确实是想做好事，但是不明白方法。现在您做赵国的丞相，到现在已经四年了，有举荐过贤人吗？”公仲连说：“没有。”番吾君说：“牛畜、荀欣、徐越都可以举荐。”公仲连就举荐了这三个人。待到上朝的时候，烈侯又问：“歌手的田地安排得怎么样了？”公仲连说：“才让去挑选好地。”牛畜用仁义去劝谏烈侯，用王道约束他，烈侯显得神色宽舒。第二天，荀欣劝说烈侯选举贤才，任用他们做官。又过一天，徐越劝谏烈侯节省财用，考量臣子的功劳和品德。他们给出的建议都很妥当，烈侯很高兴。烈侯派使者对公仲连说："给歌手田地的事情权且搁置一下吧。"任命牛畜做太师，荀欣做中尉，徐越做内史，赏赐公仲连两套衣裳。

九年，烈侯去世，他的弟弟武公即位。武公十三年去世，赵国人又扶立烈侯的太子赵章，这就是敬侯。这一年，魏文侯去世。

敬侯元年，武公的儿子朝造反，没有成功，出逃到了魏国。赵国开始建都在邯郸。

敬侯二年，赵军在灵丘击败秦军。三年，在廪丘拯救了魏军，大败齐军。四年，魏军在兔台打败我军。建造刚平城准备侵犯卫国。五年，齐国、魏国替卫国攻打赵国，夺取了刚平城。六年，赵国从楚国借兵讨伐魏国，攻占了棘蒲。八年，攻取了魏国的黄城。九年，讨伐齐国。齐国讨伐燕国，赵国派兵救燕。十年，在房子与中山国发生战争。

敬侯十一年，魏国、韩国、赵国一起消灭了晋国，瓜分了晋国的土地。赵国讨伐中山国，在中人再次激战。十二年，敬侯去世，他的儿子成侯赵种继位。

成侯元年，公子胜和成侯争夺君主之位，造反作乱。二年的六月，下起了雪。三年，太戊午出任相国。讨伐卫国，夺去了七十三个乡邑。魏军在蔺地击败赵军。四年，在高安与秦军相战，击败了秦军。五年，在鄄地讨伐齐国。魏国在怀地击败赵军。攻打郑国，获胜，把攻占的土地给了韩国，作为交换韩国把长子给了赵国。六年，中山国修筑长城。讨伐魏国，在浊泽击败魏军，包围了魏惠王。七年，赵入侵齐国，一直打到了齐国的长城下。和韩国一起攻打周国。八年，赵国和韩国把周国一分为二。九年，在阿地与齐国相战。十年，攻打卫国，夺取甄地。十一年，秦国攻打魏国，赵国在石阿救了魏军。十二年，秦军又进攻魏国的少梁，赵国派兵解救魏军。十三年，秦献公派庶长国讨伐魏国少梁，俘虏了魏国太子和将军公孙痤。魏军在浍水击败赵军，夺取了皮牢。成侯和韩昭侯在上党会晤。十四年，赵国联合韩国一起进攻秦国。十五年，赵军帮助魏军进攻齐国。

成侯十六年，赵国再次和韩国、魏国分割晋国土地，把晋君封到了端氏。

成侯十七年，与魏惠王在葛孽会面。十九年，成侯与齐君、宋君在平陆会面，与燕君在阿地会面。二十年，魏国给赵国进献上好的建筑木材，于是就用这些材料建造了檀台。二十一年，魏军包围了赵国的邯郸。二十二年，魏惠王攻占了邯郸，齐国也在桂陵打败了魏军。二十四年，魏国把邯郸归还给赵国，成侯与魏惠王在漳水盟誓。秦国攻打赵国蔺地。二十五年，成侯去世。公子緤与太子赵肃侯争夺君主之位，公子緤失败，逃亡去了韩国。

肃侯元年，赵国夺去了晋君的封地端氏，把晋君迁到了屯留。二年，和魏惠王在阴晋会晤。三年，肃侯的弟弟公子范领兵袭击邯郸，战败而死。四年，肃侯朝觐周天子。六年，赵国攻打齐国，夺取高唐。七年，肃侯的弟弟公子刻领兵攻打魏国的首垣。十一年，秦孝公派商鞅带兵攻打魏国，俘虏了魏国将领公子卬。赵国也讨伐魏国。十二年，秦孝公去世，商鞅也死了。十五年，肃侯为自己修筑陵墓。魏惠王去世。

肃侯十六年，要去大陵游玩，刚出了鹿门，太戊午拉住马说：“国内农耕的事务正忙着，现在一天不耕作，国人一百天都没有吃的。”肃侯下车致歉。

肃侯十七年，包围魏国黄城，没能攻克。赵国修筑长城。

肃侯十八年，齐国、魏国入侵赵国，赵方挖开黄河堤岸引水淹没齐、魏的军营，他们退兵而去。二十二年，张仪出任秦国宰相。将军赵疵与秦军交战，战败，秦军在河西杀死了赵疵，还攻占了赵国的蔺地和离石。二十三年，将军韩举与齐军、魏军交战，战死在桑丘。

二十四年，肃侯去世。秦国、楚国、燕国、齐国、魏国各自派出精兵一万人，前来参加肃侯的葬礼。肃侯的儿子武灵王继位。

武灵王元年，阳文君赵豹出任丞相。梁襄王和太子魏嗣，韩宣王和太子韩仓前来信宫朝贺。武灵王年少，不能处理朝政，有帮助他增长学问的官员三人，帮助他纠正过错的官员三人。待到他听朝的时候，先去拜问了肃侯朝的重臣肥义，给他加官晋爵；国家的三老年龄都到了八十岁，每个月都给他们送去礼品。

武灵王三年，修筑鄗城城墙。四年，在区鼠和韩宣王会面。五年，娶韩宣王女儿为夫人。

武灵王八年，韩国攻击秦国，失败退兵。这一年有五个国家相互退尊彼此的君主称王，单单赵王不同意，说：“没有为王的实力，怎么敢自封王的称号！”他让赵国人称自己为“君”。

武灵王九年，赵国与韩国、魏国一同攻击秦国，秦国打败赵军，斩首八万人。齐军也在观泽打败赵军。十年，秦国攻占了赵国的中都和西阳。齐国攻破了燕国。燕国宰相子之唆使燕王让位给自己，燕王去做臣子。十一年，武灵王从韩国召来燕公子职，立他做燕王，让乐池送他回国。十三年，秦国夺取赵国蔺地，俘虏了将军赵庄。楚王、魏王访问赵国，经过邯郸。十四年，将军赵何攻打魏国。

武灵王十六年，秦惠王去世。武灵王游览大陵。有一天，武灵王梦见一个未嫁的女子弹着琴唱道：“美人光彩夺目啊，面容好似凌霄花。这大概是天命吧，我的美艳无人压。”又一天，武灵王喝酒喝得高兴，好几次说到做的这个梦，想象着看到那美人的样貌。赵人吴广听说了这件事，就通过武灵王的夫人把他的女儿娃嬴进献给了武灵王。这就是孟姚。孟姚很被武灵王宠幸，也就成了惠后。

武灵王十七年，王来到九门，在这里建造了野台，用来瞭望齐国、中山国的国境。

武灵王十八年，秦武王和孟说逞能去举龙纹赤鼎，压断了膝盖骨而死。武灵王让代丞相赵固从燕国把秦公子稷迎来，送回秦国，立他为秦王，这就是秦昭王。

武灵王十九年初春正月，在信宫大会群臣。召见了肥义来一起商议天下大事，用了五天才结束。武灵王在北方争夺了中山国的地盘，一直到达房子，于是又去代地，再北上到无穷之地，向西去到黄河，登到黄华山上。他召见楼缓谋划道："我的先王顺应时代的变化，来开拓南方的疆土，相接着依仗着漳水和滏水之险要，修建长城，又取得蔺地和郭狼，在荏地击败林胡人，但是功业尚未完成。现在中山国在我国腹地，北有燕国，东有东胡，西边有林胡、楼烦、秦国、韩国的边境，但是一旦有危机我们却没有强大的军队来进行救援，这样的话赵国社稷难保，该怎么办？如果要获得高出世人的名望，必然会遭后世的议论。我要提倡穿胡人的衣服。"楼缓说："好。"群臣都不同意。

此时肥义正陪在武灵王身旁，武灵王说："先祖赵简子、赵襄子的显赫功勋，要算上战胜胡人、翟人一事。作为臣子，困顿时候也要明白父子、兄弟、长幼的次序，通达时更要做出有利于百姓和君主的事业，这两者是做人臣的本分。现在我想追随先君襄子的足迹，朝胡、翟的所在开拓疆土，但是担心终我一生也无法实现。因为胡、翟弱小，不需要出大力就可以获得战功，也可以不用太过劳民伤财，去能够享有古往今来鲜有的功勋。有高出世人的功绩的人，往往要承受后世的议论；有独特智力思维的人，往往受到傲慢之人的怨恨。现在我想让百姓穿胡人的服装，学习骑马射箭，但是世人一定会对我有所非议，该怎么办？"肥义说："我听说对事情有疑虑不会成功，行为犹犹豫豫不会成名。主公如果决定要背负上遗弃风俗的重担，就不要再顾虑天下人的非议了。有大道德的人做事不会和民俗一致，做大事的人也不会和众人一起谋划。以前舜到了有苗和蛮人跳舞，禹到了裸国也一同袒露身体，不是觉得这么做身心舒畅，而是想通过这样求取大功大德。愚笨的人看不到已经做成的事，智慧的人在事情还没成规模的时候就看得一清二楚了，主公您还有什么疑虑呢？"武灵王说："我对推行胡人服装一事坚定不移，只是担心天下人取笑我。狂徒高兴的事情，智者能看出其中的可悲之处；愚人所耻笑的事情，智者也能对其利弊看得明白。如果世人服从我，穿胡服带来的功绩不可估量。即便世人都嘲笑我，我也一定要去占领胡人、中山国的地盘。"于是就推行了胡服的政策。

武灵王让王緤转告公子成说："我将要穿上胡人的衣服上朝，也想请叔叔穿上胡服。家里听父母的，国中听君主的，这是自古以来的公理。做子女的不违抗父母，做臣子的不反对君主，这是先王告诉我们的大道理。现在我让民众改穿胡服而您却不穿，我怕这会引起天下人的议论。国家定制有纲常，根本在于有利于人民；从事政治有纲纪，最重要的是执行命令。高尚的道德要在下层民众中推广，但是执行政策要先约束住贵族。现在让民众穿胡服，本意不在于贪图身心欲望的满足；事业的兴废都有它的原因，事情做到成功，然后才能看到它的好处。现在我担心叔叔违逆执政的纲纪，来申明自己的主张。再者我听说，做有利于国家的事情是不会有过错的，借助权贵办事就不会败坏名声，所以我希望仰仗叔叔的大义，来做成推广胡服的大事。我派王緤拜见您，请您穿上胡服。"公子成长拜叩头说道："我本已听说主公要推行胡服了。我不成器，还卧病在床，没有能去宫中给主上请安。

主公有命令，我就斗胆说两句，也算是竭尽了我的忠诚。说来就是：我听说中原地带，是聪明敏捷智慧的人居住的地方，是世间财富货物囤积的地方，是圣人贤才推行教育的地方，是施展仁义之道的地方，是按《诗》《书》礼乐行事的地方，是任用有一技之长的人的地方，是远方各族前来观摩的地方，是蛮夷之人要来效法的地方。现在主上舍弃中原的优越而要穿上胡人的服装，变乱了自古以来的礼教，篡改了祖宗的古法，不合民心，也违背了有识之士的意见，背离了中原的礼俗，所以微臣希望主公认真考虑此事。”使者回来后把这些话汇报给了武灵王。武灵王说：“我也一直知道叔叔有病在身，我要亲自前去看望他。”

于是武灵王去了公子成家，说：“衣服，方便穿着行动就可以了；礼仪，方便行事也就可以了。圣人因俗制宜，根据事情的具体情况来制定礼仪，为的是利于百姓、使国家富强。瓯越的人民会剪断头发，纹上纹身，交叉手臂，衣襟左开，没有礼貌。大吴的人民会涂黑牙齿，在额头上刻画，戴着鱼皮帽子，穿着工艺粗劣的衣服。所以说礼仪服饰没有什么统一的标准，但它们在方便生活这一点上是一样的。所处的地方不一样，生活的器用也要变化，面临的情况不同，礼俗也要更改。所以圣人如果真的要做对国家有利的事，对器用不会去强制统一；果真可以方便处理事务，礼俗也不会去统一。儒者们宗师一人，但也会风格各异，中原地区礼仪相同，但是各个地方的教化也无法统一，更何况山野之中的礼俗呢？所以说事物发展的方向，智者也难以得到一致的见解；各地的服饰，圣贤也没办法让它们统一。越是偏僻的乡里越容易出现奇怪的东西，越是不正经的学问越是好强词夺理地争辩。不知道的东西不要去轻易怀疑，和自己不一样的见解不要去轻易否定，这才是公正平等、追求完善的态度。现在叔叔所说的是风俗，我想说的是制定风俗的道理。我国东边有黄河和薄洛水，这是和齐国、中山国共有的，但是在那儿没有水兵、船只可用。从常山到代、上党，东边有燕国、东胡的国境，西边有楼烦、秦国、韩国的边界，但是那儿却没有战马弓弩配备。所以寡人没有船只可用，在黄河、薄洛水两岸居住的居民，要怎样守卫这两条河流；而推广改变服饰骑马射箭，才能防御住燕国、胡人、秦国、韩国边境来兵进犯。而且过去赵简子不在晋阳和上党建造关塞来扩大疆域，赵襄子吞并戎族、夺取代地、驱逐胡人，他们的用意不管傻子与聪明人都能明白。先前中山国倚仗齐国的强盛兵力，侵略了我们的地盘，俘虏了我们的人民，引导河水围困鄗城，要不是社稷之神保佑我们，那么鄗恐怕也是守不住的。先王以这件事为丑，却没能报仇雪恨。现在准备好骑兵和弓弩，近处可以加强上党的军备，远看还能用来报中山国之仇。但是叔叔一味顺从中原礼仪，却违背了赵简子、襄子的志向，厌恶变乱服饰的臭名，却忘记了鄗城所遭受的国耻，这不是寡人所希望看到的。”公子成再三叩头说道：“微臣愚钝，没能领会主公的意思，却冒昧说了那些礼俗之类的话，这是我的罪过啊。现在主公要继承赵简子、襄子的志向，遵循先王的旨意，我哪里敢不听从您呢！”说完又下拜叩头。于是武灵王赐给他胡人服饰。第二天，公子成穿着胡服上朝。到这时才正式颁布了改穿胡服的命令。

赵文、赵造、周祒、赵俊都劝谏武灵王停止推行胡服政策，认为恢复旧制更有利。武灵王说：“先王的风俗各不相同，哪一个是所谓的古法？帝王们也没有代代承袭前朝的制度，又哪里谈什么礼仪的继承？伏羲氏、神农氏教化人民，用不上死刑，黄帝、尧、舜杀人但不连坐。到了三代之时，随时代的变化制定法律，根据不同的情况制定礼仪。法律制度命令都顺从时宜，衣服器具都重在方便实用。所以说礼仪不一定要统一，有利于国家的话也不一定就要法古。圣人开创盛世不是靠承袭旧法，夏桀、殷纣的灭国也不是因为改变了风俗。所以说违背古法不一定就错了，而一味遵循旧制也不值得赞成。而且要是说穿着奇怪的人一定心思不正，那么邹国、鲁国就不会有做坏事的人了；要说礼俗不正的地方人民也一定不守规矩，那么吴国、越国也就不该有优秀的人才了。况且圣人把好穿在身上的叫做衣服，好用来做事的叫做礼仪。行为的尺度，服饰的规定，这都是用来管理普通百姓的，不是用这个来衡量优秀的人才的。所以普通的百姓随波逐流，贤能的人才与时俱进。俗话说‘照着书驾车的人不懂马，照着古法治理当下的人不通事物的变化’。遵循旧法的功劳，不足以高出世人；效法古代的学问，不足以治理当下的社会。你们的思想跟不上了。”于是就继续推行胡服政策，招募会骑马射箭的人。

武灵王二十年，率兵侵略中山国的土地，直至宁葭；向西侵略胡人的土地，直至榆中。林胡王进献马匹求和。武灵王回来后，派楼缓、仇液、王贲、富丁、赵爵分别到秦国、韩国、楚国、魏国、齐国做使臣。代国丞相赵固主持胡人政务，征用胡人的士兵。

武灵王二十一年，攻打中山国。赵祒带领右路军，许钧带领左路军，公子章带领中路军，武灵王统帅三军。牛翦率领战车和骑兵，赵希率领胡人和代国的军队。赵国把陉地借道给他们，让他们在曲阳会合，攻取了丹丘、华阳、鸱的关塞。武灵王的军队攻取了鄗、石邑、封龙、东垣。中山国又进献四座城池来求和，武灵王许可了，于是退兵。二十三年，再次攻打中山国。二十五年，惠后去世。武灵王派周祒去教导辅佐王子何。二十六年，再次攻打中山国，向北开拓疆域直至燕国、代国，向西到达云中、九原。

武灵王二十七年五月戊申，在东宫大会群臣，传让国位给太子何，立他为赵王。新任赵王到太庙祭拜祖宗完毕，就上朝听政。满朝大夫都做新任赵王的臣子，肥义任相国，共同辅佐赵王。这就是惠文王。惠文王，就是惠后娃嬴生的孩子。武灵王退位自称主父。

主父想让儿子惠文王主政治国，而自己穿着胡服率领士大夫去西北巡行胡地，想从云中、九原一直南下袭击秦国，于是假称自己是使者进入秦国。秦昭王没能察觉，但后来觉得这个使者相貌伟岸，不像是为人臣子的气度，于是派人去追赶他，而这时主父已经快马加鞭逃出秦国边关了。仔细调查后，才知道这原来是主父。主父之所以进入秦国，是为了亲自巡视秦国的地形，也趁机看看秦王的为人。

惠文王二年，主父巡视新获取的地盘，又离开代地，向西在黄河西段与楼烦王会面，收编了他的军队。

惠文王三年，消灭了中山国，把中山王迁置肤施。主父修建灵寿城，北部地区刚刚归顺，通往代国的道路无比顺畅。主父回到邯郸，奖赏群臣，大赦天下，设酒宴五天，封长子赵章到代地做安阳君。赵章一向放肆不羁，心中不服他的弟弟被立为赵王。主父又派田不礼做赵章的丞相。

李兑对肥义说："公子章强悍而又骄横，党羽众多，欲望又强，大概会谋反吧？田不礼为人残忍，杀人不眨眼，又很蛮横。两人合到一起，一定会密谋叛变，铤而走险。小人有了欲望，就会轻率地思考、谋划，只见到好处却看不到灾祸，再被同样的人唆使，就会一起惹出祸患。在我看来，不久这事就会发生。您责任重大，势力雄厚，叛乱溯起源来会算到您头上，灾祸也会集中到您这里，您一定会首先受难。仁者慈爱万物，智者在灾祸没成形的时候就做好准备，您这样既不是仁者也不是智者，还怎么治国呢？您何不称病不再出门，把政事都交给公子成？不要集中怨恨，惹来灾祸。"肥义说："不行。之前主父把赵王托付给我，说：'你不要变节，也不要有异心，坚守你的意念，终其一生不要背叛。'我叩拜着接受并牢记了这个命令。现在如果我因为害怕田不礼发难而忘掉了我所铭记的誓言，论变节没有比这更厉害的了。在主父面前接受了这样郑重的嘱托，回来后却不能尽责，论背叛也没有比这更厉害的了。变节背叛的人臣，罪过大得没有刑罚能够惩治。俗话说'做人要让死去的人再生的时候，活着的人不会愧疚'。我话已经说在前头了，我要坚守我的誓言，哪里还顾得上保全自身的性命呢！况且说贞臣在灾难来临时表现出贞节，忠臣在忧患到来时显现出品行。您的教诲是对我的忠告，但是我已经许下了诺言，永远不会忘记。"李兑说："好吧，您尽力吧！我看您也活不过今年了。"说完流着眼泪离开了。李兑又多次拜见了公子成，让他防备田不礼叛乱。

又一天肥义对信期说："公子章和田不礼很让人担忧。他们对我表面上看起来很好，实际上很厌恶我，这两个人没有什么做儿子、做臣子的品行。我听说，朝中有奸臣，这就是国家的祸害；朝中有谄媚的人，这是主上的蛀虫。田不礼这个人贪得无厌，欲望很大，得到主父的信任，在外胡作非为。假如有一天独揽君命，假称主父，不难做出谋反之事，到那时就会殃及国家。如今我很是忧虑，夜里睡不着觉，饿了也吃不下饭。国中有盗贼，不可以不防备。从今往后，如果有说是主父召见赵王的，你一定先来告诉我，我先去亲自看看，没有什么变故再让赵王去。”信期说：“听到您这么说，我就放心多了！”

惠文王四年，朝见群臣，安阳君公子章也来朝会。主父让惠文王听朝，自己从旁侧观察群臣和宗亲的礼仪。主父看到他的长子赵章一副颓丧的样子，面朝北称臣，在弟弟面前受屈，心中很是怜悯，于是打算从赵国分出代国土地让赵章在那里称王，计划还没有拿定，就先废止了。

主父和惠文王到沙丘游玩，住在不同的宫殿里，公子章带领着他的党徒和田不礼一同发动叛乱，假称主父的命令召见惠文王。肥义先去试探，被他们杀害了。于是高信帮助赵王与叛军作战。公子成和李兑从邯郸赶来，发起四方兵力前去抵御叛乱，杀死了公子章和田不礼，消灭了他们的党羽，安定了赵王室。事后公子成出任相国，号为安平君，李兑任司寇。当初公子章兵败，逃跑到主父那里，主父接纳了他，于是公子成、李兑就包围了主父的宫殿。公子章死后，公子成和李兑谋划说道：“我们因为公子章包围了主父的宫殿，即使解除包围，我们这些人也要被灭族。”于是就包围了主父。下令宫中“出来迟的将全被处死”，宫中的人就都跑出来了。主父想出来也不行，宫中又没有东西可吃，饿得抓几只小鸟充饥，三个月后，饿死在了沙丘里。在确定主父死了以后，才发讣告通知诸侯各国。

这时惠文王年少，公子成、李兑专权，害怕被主父诛杀，才包围了主父。主父一开始立长子赵章为太子，后来娶了娃嬴，很爱她，为此好几年都没有出宫，生了儿子赵何，于是就废了太子赵章，立赵何为王。娃嬴死后，主父对她的爱心有所减弱，又怜悯起以前的太子，想让赵章、赵何都为王，犹犹豫豫没有决断，于是兴起了祸乱，导致主父、公子章父子两人都死掉了，成为天下的笑柄，这难道不值得哀痛吗！

惠文王五年，将鄚、易二县划归燕国。八年，修筑南行唐县城。九年，赵梁担任将领，与齐军联合攻打韩国，直至鲁关。到了惠文王十年，秦国自立为西帝。十一年，董叔带兵和魏军一起讨伐宋国，魏国将河阳划给赵国。秦军攻取了梗阳。十二年，赵梁带兵攻打齐国。十三年，韩徐担任将领，攻打齐国。惠文王的姐姐去世。十四年，相国乐毅统帅赵国、秦国、韩国、魏国、燕国五国联军攻打齐国，赵国夺去了灵丘。惠文王与秦昭王在中阳会面。十五年，燕昭王前来会见惠文王。赵军与韩军、魏军、秦军一起攻击齐军，齐闵王兵败逃跑，燕军孤军深入，夺去了临淄。

惠文王十六年，秦国再度和赵国一起数次攻打齐国，齐国人感到很忧虑。苏厉替齐国给赵王写了一封信道：

我听说古时候贤明的君主，他的德行还没有遍及四海之内，教化还没有在人民中普及开来，四时对鬼神的祭祀还不够的时候，却能风调雨顺，谷物成熟丰收，人民也没有遭受瘟疫，这时众人都觉得这是好事，而贤君却需要反思了。

如今足下的贤能和功劳，并不是都对秦国有好处；而您的积怨怒气，也不是一向就对齐国如此深重。秦赵两国交好，依仗着自身强大逼迫韩国一同出兵，秦国真的是喜爱赵国吗？秦真的就痛恨齐国吗？事物反常的地方，贤君要仔细审视。秦国并不是喜爱赵国而憎恨齐国，秦想的是消灭韩国再吞并东西二周，只是把齐国当做诱饵来满足其他各国罢了。秦担心得不到合作不能成事，所以出兵胁迫魏国、赵国同行。担心天下各国畏惧自己，所以才派出人质来获取信任。担心天下迅速反秦，所以才从韩国调兵来建立威信。表面上说着用美德和各国交好，实际是想侵伐国内空虚的韩国，微臣认为秦国的计划一定是出于这个目的的。事物发展一向都是形势不同而忧患相通，过去各国连年讨伐楚国而中山国却灭亡了，如今各国总是讨伐齐国，韩国也一定会灭亡。攻破齐国，您和其他六国一起分享战果。而韩国灭亡，秦国会把它独吞。收取了二周，向西取得周室礼器，秦国也会把这些独占。论获取的土地和功绩，您获得的好处和秦国相比谁的更多？

说客所言："韩国丧失了三川，魏国丢掉了原晋国的土地，等不到一场集市散去的功夫赵国就会被秦国攻入。"燕国包揽了齐国北边的土地，离沙丘、钜鹿不足三百里，韩国的上党到邯郸约一百里，如果燕王和秦王合计图谋大王的江山，中间只需要三百里就可以联通攻赵。秦国的上郡靠近挺关，到达榆中约一千五百里，秦国凭借三郡来攻打赵国的上党，那么羊肠坂以西，句注山以南的土地，就不再是赵王您的了。秦军越过句注山，横断常山，相隔三百里就是燕国，代国的良马、胡人的猎犬不能东下，昆山的美玉无法开采，这三件宝物也不再是您的了。大王连年讨伐齐国，跟随强大的秦国攻打韩国，最后祸患必然到达这个地步。希望大王认真思考这件事。

况且齐国之所以被秦国攻打，是为了赵王；天下各国相继起兵，本来是为了攻打赵国。燕国和秦国相约出兵攻赵指日可待。当初五国联合要瓜分赵国的土地，齐王背叛了五国的合约陪您共赴患难，向西出兵抵御强大的秦国，秦王才废除帝号，表示顺从，归还了魏国的高平、根柔和赵国的巠分、先俞。齐国对您算是上等的交情了，但如今您却攻打齐国，微臣怕从此以后向着赵国的人都难以自保了。希望您好好思量。

现在大王不要和各国一起来攻打齐国，天下各国一定会认同您的道义。齐国用自己的江山社稷来归附于您，天下各国也会敬重您的王道。大王率领天下与秦国相互善待，如果秦国还是蛮横霸道，那就带领天下人一起抗击秦国，这样一世的英明荣耀都在大王您的掌握之中。

于是赵国罢兵，推辞了秦国的要求，不再攻打齐国。

惠文王与燕昭王会晤。廉颇带兵进攻齐国昔阳，占领此地。

惠文王十七年，乐毅率领赵国军队攻打魏国的伯阳。秦国抱怨赵国不与自己一道攻击齐国，讨伐赵国，攻取了两座城池。十八年，秦军攻取我国石城。惠文王两次前往卫国东阳，挖开黄河水，讨伐魏国。赵国发生水灾，漳水泛滥。秦相魏冉前来赵国任宰相。十九年，秦国击败赵军，攻取两座城池。赵国把伯阳归还魏国。赵奢带兵攻打齐国麦丘，占领此地。

惠文王二十年，廉颇率兵攻打齐国。惠文王和秦昭王在西河外会晤。

惠文王二十一年，赵国出力将漳水改道流经武平西部。二十二年，赵国发生大瘟疫。惠文王立公子丹为太子。

惠文王二十三年，楼昌率兵攻打魏国几县，没能攻取。十二月，廉颇带兵再次攻打几县，攻占此地。二十四年，廉颇带兵攻打魏国房子，占领此地，于是在这里修筑了城池才回去。又攻打安阳，占领此地。二十五年，燕周带兵攻打昌城、高唐，占领此二地。赵军又和魏军一起攻击秦军。秦军将领白起攻破我国华阳，俘虏了一位将军。二十六年，赵军收复东胡抢去的代地。

惠文王二十七年，又改漳水河道使流经武平南部。惠文王封弟弟赵豹为平阳君。黄河水泛滥，造成大洪灾。

惠文王二十八年，蔺相如带兵讨伐齐国，直抵平邑。赵国停止修筑北部的九门城。燕国将领成安君公孙操谋杀了燕惠王。二十九年，秦国和韩国互相攻打，围困了赵国的阏与。赵国派大将赵奢带兵攻击秦军，在阏与大败秦军，赵奢立功被赐予马服君的称号。

惠文王三十三年，赵王去世，太子赵丹即位，这就是赵孝成王。

孝成王元年，秦国入侵赵国，夺取三座城池。赵王刚刚即位，太后主持政务，与秦国的战势十分紧急。赵国向齐国求救，齐方表示："一定要让长安君来我国做人质，我们才会出兵相救。"太后不答应，群臣都强力进谏。赵太后明确对大臣说："再跟我谈让长安君做人质的，老妇我一定吐唾沫在他脸上。"左师触龙说自己要见太后，太后怒气冲冲地等着他来。触龙进殿，缓缓地小步前行，坐下后，致歉道："老臣腿脚有毛病，实在没办法快步走，很久没来给您请安了。我暗自忖度着，担心您身体不舒服，所以想来见见您。"太后说："老妇都靠坐车出入。"触龙说："那您胃口还好吗？"太后答道："靠喝粥罢了。"触龙道："老臣先前特别没胃口，于是就勉强自己走路，每天走三四里，渐渐能吃些东西，身体也好多了。"太后说道："老妇办不到。"太后不开心的脸色稍有缓解。触龙说道："老臣犬子舒祺年纪最小，不成器，而我又老了，很疼爱他，希望能让他到宫廷侍卫中补缺来保卫王室，我冒死向您请求此事。"太后说："一定没问题。他多大了？"答道："十五岁了。虽然年纪还小，但我想赶在自己死以前把他安顿好。"太后说："大丈夫也会像这样疼爱小儿子吗？"触龙答道："比女人还厉害。"太后笑道："女人这方面可是尤其厉害呀。"触龙道："老臣觉得太后爱燕后胜过长安君。"太后说道："你错了，远不如爱长安君。"触龙说道："父母疼爱孩子，就要给他做好长远的规划。当初您送燕后去燕国，拉着她的脚，哭泣不止，想着她要远嫁，非常悲伤。等到燕后走了，并不是不思念她，但是祭祀的时候就会祈祷道‘可别让她回来呀’，这难道不是为了长远之计，让赵氏子子孙孙可以代代继承为王吗？”太后说：“是的。”触龙说：“从现在往上数三代以前，历代赵王室子孙封了侯，而现在还持有爵位的，有吗？”太后答道：“没有。”触龙说：“不单单赵国，其他诸侯国这样的有吗？”太后答道：“老妇没听说过。”触龙道：“这是他们招惹灾祸，早的殃及自身，晚的也要祸害子孙。难道说王室子孙封了侯爵就变坏了吗？他们地位尊贵却没有功劳，俸禄优厚却从不劳动，同时还掌握着很多宝物。如今太后您给长安君尊贵的地位，封给他肥沃的土地，赐给他很多宝物，但至今不让他为国立功，日后一旦您不在了，长安君怎样在赵国自立呢？老臣觉得太后对长安君的计划太短浅，所以才觉得您爱他不如爱燕后。”太后说道：“好的，一切都听您安排。”于是赵国给长安君套好一百辆马车，到齐国做人质，齐国才派兵援救赵国。

子义听说了这件事，感叹道：“君主的儿子，是血脉相连的宗亲，尚且不能没有功劳而获得尊贵的地位，不能不事劳作而获得丰厚的俸禄，不能轻易地守住被赐予的贵重珍宝，更何况我们这些普通人呢？”

齐国安平君田单率领赵军攻打燕国中阳，占领此地。又攻打韩国注人，占领此地。孝成王二年，惠文后去世。田单出任赵国宰相。

孝成王四年，赵王梦见穿着左右异色的衣服，乘着飞龙飞上天空，还没飞到就坠落了，只见黄金美玉堆积成山。第二天，孝成王召见筮史敢，让他占卜这件事，筮史敢说道：“梦见穿着左右异色的衣服，象征着兵败国破。乘着飞龙上天，没飞到就坠落，就是光有气势却没得到实惠。看见黄金美玉堆积成山，象征着忧患。”

三天后，韩国上党郡守冯亭使者前来，说：“韩国守不住上党，上党会落入秦国手中。上党的官民都愿意做赵国的臣民，不愿意做秦国的臣民。我们有城市县邑十七座，甘愿行大礼送入贵国，听大王裁度，赏赐您的臣民。”孝成王很高兴，召见平阳君赵豹，告诉他说：“冯亭进献带城带市的大邑十七座，接受了如何？”赵豹答道：“圣人把没有来由的利益当做大灾大祸。”孝成王说道：“他们的人民归附于我的德政，怎么能说没来由呢？”答道：“秦国蚕食韩国的土地，让上党和韩国中断不能相连，本来已经认为可以坐收上党之地了。韩国之所以不愿意把土地献给秦国，是想嫁祸给赵国。秦国劳民伤财打仗却被赵国获取了利益，即便是强国都不能去占弱国这种便宜，更何况弱国反过来占强国的便宜呢？这能说不是没来由的利益吗！而且秦国粮仓丰足，漕运发达，蚕食列国，勇于作战的战士都可以获得封地，而且政令高效，不可以与秦国为敌，这些城邑一定不要接受。”孝成王说：“如今发动百万大军作战，打好几年未必能得到一座城池。现在有城市邑十七座白白送给我国，这是不可错失的大利益。”

赵豹出去后，孝成王又召见了平原君赵胜和赵禹，告诉他们这件事。他们答道：“发动百万大军作战，打好几年也没能得到一座城池，如今坐收城市邑十七座，这样的大利益不可错失。”孝成王说：“好。”于是派赵胜去接受土地，告知冯亭说：“我是赵国使者赵胜，我国国君派我前来传达旨意，封三座万户大邑给太守，三座千户大邑给县令，世世代代享有侯爵，官民一同晋升爵位三级，官民相安无事，都再赐予黄金每人六镒。”冯亭流泪不愿见使者，说：“我不愿身处这三种不义的境地：为主公镇守国土，守不住却不能殉国，这是一不义；主公把土地献给秦国，我没有听主公的，这是二不义；出卖了主公的土地，还拿它做自己的食邑，这是三不义。”于是赵国发兵夺去了上党。廉颇带兵驻军在长平。

孝成王七年，廉颇被罢免，赵括代替他成为将领。秦军围困赵括，赵括兵败投降，秦军坑杀赵军四十多万人。孝成王后悔当初没有听从赵豹的计谋，才招致了长平的灾祸。

孝成王回到邯郸，不听命于秦王，秦军围困邯郸。武垣县令傅豹和王容、苏射等人率领民众归顺燕国。赵国把灵丘封给楚国国相春申君。

孝成王八年，平原君到楚国请救兵帮助解围。回来后，楚国派兵前来救援，魏国的公子无忌也前来救赵，秦国撤兵，邯郸解围。

孝成王十年，燕国进攻赵国昌壮，五个月后攻取此地。赵国将领乐乘、庆舍进攻信梁率领的秦军，击溃了他们。赵太子死去。秦国进攻西周国，攻占此地。赵国派徒父祺出兵救周。十一年，修筑元氏县城，在上原设县。武阳君郑安平死去，赵国收回了给他的封地。十二年，邯郸囤地粮草的仓库失火。十四年，平原君赵胜去世。

孝成王十五年，把尉文一地封给相国廉颇，封他为信平君。燕王派丞相栗腹与赵国交好，带黄金五百镒为赵王祝寿，回来后，报告燕王说：“赵国年轻力壮的人都死在了长平一战，他们留下的孤儿还没长大，可以去讨伐赵国。”燕王召见昌国君乐间向他询问此事。乐间答道：“赵国四面受敌，连年征战，他们的人民擅长作战，不可以讨伐他们。”燕王说：“我以多击少，用两支军队打他们一个，可以吗？”乐间答道：“不可以。”燕王说：“那我五支军队打他们一支，可以了吗？”答道：“不行。”燕王大怒。群臣都认为可以打赵国。最终燕国派出两支军队，战车两千乘，栗腹率兵攻打鄗地，卿秦率兵攻打代地。廉颇担任赵国将领，攻破敌军，杀死栗腹，俘虏了卿秦和乐间。

孝成王十六年，廉颇带兵包围燕国。赵国封乐乘为武襄君。十七年，派授予丞相虚衔的武襄君乐乘率兵攻打燕国，包围了燕国国都。十八年，延陵钧带兵跟从相国信平君廉颇帮助魏国攻打燕国。秦国攻占了我国榆次地区的三十七座城池。十九年，赵国和燕国交换土地：赵国把龙兑、汾门、临乐给燕国；燕国把葛、武阳、平舒给赵国。

孝成王二十年，秦王嬴政即位。秦国攻占我国晋阳。

孝成王二十一年，赵王去世。廉颇带兵攻打魏国繁阳，占领此地。赵国派出乐乘去接替廉颇，廉颇一怒之下攻击乐乘，乐乘逃亡，廉颇也逃到了魏国。孝成王儿子赵偃即位，这就是悼襄王。

悼襄王元年，赵国为了防范魏国大修战备。赵国想要修筑连通平邑和中牟的道路，没能成功。

悼襄王二年，李牧任将领攻打燕国，攻取了武遂和方城。秦王召见了春平君，就把他扣留了。泄钧为春平君游说文信侯吕不韦说：“春平君是赵王特别宠爱的近臣，而赵王的郎中都嫉妒他，于是互相谋划道‘春平君到了秦国，秦王一定会扣留他’，于是合计把他送入秦国。现在您要留住他，这是要断绝和赵国的友善关系，还中了郎中们的计谋。您不如把春平君遣送回国，把平都侯羁押下来。春平君言行都得到赵王的信任，有他的话赵王一定会割让大量的地盘来赎回平都侯。”文信侯说：“好。”于是遣返了春平君。赵国修筑韩皋城。

悼襄王三年，庞煖任将领率兵攻打燕国，俘获了燕国将领剧辛。四年，庞煖率领赵国、楚国、魏国、燕国的精兵，一起攻打秦国蕞地，没能攻取；又调兵攻打齐国，攻取了饶安。五年，傅抵任将领屯兵平邑；庆舍率领驻扎在黄河东面东阳一带的部队守卫黄河的渡口。六年，把饶地封给秦长安君。魏国把邺城割让给赵国。

悼襄王九年，赵国攻打燕国，攻占狸和阳城。还没退兵，秦国攻打邺城，占领了此地。悼襄王去世，他的儿子幽缪王赵迁继位。

幽缪王元年，赵国修筑柏人城。二年，秦国攻打武城，扈辄领兵前去救援，兵败身死。

幽缪王三年，秦国攻打赵国的赤丽和宜安，李牧领兵在肥县城下作战，击退了秦军。赵王封李牧为武安君。四年，秦国进攻番吾，李牧带兵和秦军作战，击退了他们。

幽缪王五年，代地发生大地震，从乐徐往西，北到平阴，楼台房屋墙壁一大半都倒塌了，地面东西裂开约一百三十步宽。六年，赵国发生大饥荒，百姓编歌谣唱道：“赵国哭来，秦国就笑。要是不信，看地上长不出草。”

幽缪王七年，秦军进攻赵国，赵国大将军李牧、将军司马尚带兵作战，抗击秦军。不久李牧被诛杀，司马尚被罢免，赵忽和齐将颜聚接替他们。很快赵忽兵败，颜聚逃跑。赵王迁以身投降。

幽缪王八年十月，赵国国都邯郸沦为秦国领地。

太史公说道：我听冯王孙说："赵王迁，他的母亲是个歌女，受悼襄王宠爱。于是悼襄王就废除长子赵嘉而立赵迁为太子。赵迁一向没有德行，听信谗言，所以才会听宦官郭开的话杀了赵国的良将李牧。"这不是太荒唐了吗！秦军俘虏了赵王迁，赵国流亡的大夫们一同扶持赵嘉为王，在代地称王六年，之后秦国进军攻破赵嘉之地，于是彻底消灭赵国，在赵地设郡。

（苏　芃　注译）

卷四十六　田敬仲完世家第十六

注释查阅　译文诵读

太史公曰：盖孔子晚而喜易。易之为术[1]，幽明远矣[2]，非通人达才孰能注意焉！故周太史之卦田敬仲完，占至十世之后；及完奔齐，懿仲卜之亦云。田乞及常所以比犯二君[3]，专齐国之政，非必事势之渐然也[4]，盖若遵厌兆祥云[5]。

【译文】

太史公说：孔子晚年才喜欢读《易经》。《易经》作为一门学问，从有形无形的事物中预知未来，道理深奥，如果不是博古通今智慧高超的人，谁能专注于它呢！所以周太史为田敬仲完卜卦，能预知十代以后的事；到田完逃奔齐国，懿仲为他卜卦也是如此。田乞和田常所以相继杀害两位国君，独揽齐国政权，不一定是事情的形势慢慢发展到了这个地步，大概像是要遵循或符合占卜的预兆吧！

（苏　芃　注译）

卷四十七　孔子世家第十七

注释查阅　　译文诵读

孔子生鲁昌平乡陬邑[1]。其先宋人也，曰孔防叔。防叔生伯夏，伯夏生叔梁纥[2]。纥与颜氏女[3]野合而生孔子，祷于尼丘[4]得孔子。鲁襄公二十二年而孔子生。生而首上圩顶[5]，故因名曰丘云。字仲尼，姓孔氏。

丘生而叔梁纥死，葬于防山[6]。防山在鲁东，由是孔子疑其父墓处，母讳之也。孔子为儿嬉戏，常陈俎豆[7]，设礼容[8]。孔子母死，乃殡五父之衢[9]，盖其慎也。陬人挽父之母诲[10]孔子父墓，然后往合葬于防焉。

孔子要绖[11]，季氏[12]飨士，孔子与往。阳虎绌[13]曰："季氏飨士，非敢飨子也。"孔子由是退。

孔子年十七，鲁大夫孟釐子[14]病且死，诫其嗣懿子曰："孔丘，圣人之后，灭于宋。其祖弗父何[15]始有宋而嗣让厉公。及正考父[16]佐戴、武、宣公，三命兹益恭，故鼎铭云：'一命而偻，再命而伛，三命而俯，循墙而走，亦莫敢余侮。饘[17]于是，粥于是，以餬余口。'其恭如是。吾闻圣人之后，虽不当世，必有达者。今孔丘年少好礼，其达者欤？吾即没，若必师之。"及釐子卒，懿子与鲁人南宫敬叔[18]往学礼焉。是岁，季武子卒，平子[19]代立。

孔子贫且贱。及长，尝为季氏史[20]，料量平[21]；尝为司职吏而畜蕃息。由是为司空。已而去鲁，斥乎齐，逐乎宋、卫，困于陈蔡之间，于是反鲁。孔子长九尺有六寸[22]，人皆谓之"长人"而异之。鲁复善待，由是反鲁。

鲁南宫敬叔言鲁君曰："请与孔子适[23]周。"鲁君与之一乘车，两马，一竖子[24]俱，适周问礼，盖见老子云。辞去，而老子送之曰："吾闻富贵者送人以财，仁人者送人以言。吾不能富贵，窃仁人之号，送子以言，曰：'聪明深察而近于死者，好议人者也。博辩广大危其身者，发人之恶[25]者也。为人子者毋以有己，为人臣者毋以有己。'"孔子自周反于鲁，弟子稍益进焉。

是时也，晋平公淫[26]，六卿擅权，东伐诸侯；楚灵王兵强，陵轹[27]中国；齐大而近于鲁。鲁小弱，附于楚则晋怒；附于晋则楚来伐；不备于齐，齐师侵鲁。

鲁昭公之二十年，而孔子盖年三十矣。齐景公与晏婴来适鲁，景公问孔子曰：

“昔秦穆公国小处辟，其霸何也？”对曰：“秦，国虽小，其志大；处虽辟，行中正。身举五羖[28]，爵之大夫，起累绁之中，与语三日，授之以政。以此取之，虽王可也，其霸小矣。”景公说。

孔子年三十五，而季平子与郈昭伯[29]以斗鸡故得罪鲁昭公，昭公率师击平子，平子与孟氏、叔孙氏三家共攻昭公，昭公师败，奔于齐，齐处昭公乾侯[30]。其后顷之，鲁乱。孔子适齐，为高昭子家臣，欲以通乎景公。与齐太师语乐，闻《韶》音，学之，三月不知肉味，齐人称之。

景公问政孔子，孔子曰：“君君，臣臣，父父，子子。”景公曰：“善哉！信如君不君，臣不臣，父不父，子不子，虽有粟，吾岂得而食诸！”他日又复问政于孔子，孔子曰：“政在节财。”景公说，将欲以尼溪田封孔子。晏婴进曰：“夫儒者滑稽而不可轨法；倨傲自顺，不可以为下；崇丧遂哀，破产厚葬，不可以为俗；游说乞贷，不可以为国。自大贤之息，周室既衰，礼乐缺有间。今孔子盛容饰，繁登降之礼，趋详之节，累世不能殚其学，当年不能究其礼。君欲用之以移齐俗，非所以先细民[31]也。”后，景公敬见孔子，不问其礼。异日，景公止孔子曰：“奉子以季氏，吾不能，以季孟之间待之。”齐大夫欲害孔子，孔子闻之。景公曰：“吾老矣，弗能用也。”孔子遂行，反乎鲁。

孔子年四十二，鲁昭公卒于乾侯，定公立[32]。定公立五年，夏，季平子卒，桓子嗣立。季桓子穿井得土缶[33]，中若羊，问仲尼，云得狗。仲尼曰：“以丘所闻，羊也。丘闻之，木石之怪夔[34]、罔阆[35]，水之怪龙、罔象[36]，土之怪坟羊[37]。”

吴伐越，堕会稽[38]，得骨节专车[39]。吴使使问仲尼：“骨何者最大？”仲尼曰：“禹致群神于会稽山，防风氏后至[40]，禹杀而戮之，其节专车，此为大矣。”吴客曰：“谁为神？”仲尼曰：“山川之神，足以纲纪天下，其守为神，社稷为公侯，皆属于王者。”客曰：“防风何守？”仲尼曰：“汪罔氏[41]之君守封、禺之山[42]，为釐姓[43]。在虞、夏、商为汪罔，于周为长翟，今谓之大人。”客曰：“人长几何？”仲尼曰：“僬侥氏三尺[44]，短之至也。长者不过十之，数之极也。”于是吴客曰：“善哉圣人！”

桓子嬖臣[45]曰仲梁怀，与阳虎有隙。阳虎欲逐怀，公山不狃止之[46]。其秋，怀益骄，阳虎执怀。桓子怒，阳虎因囚桓子，与盟而醳[47]之。阳虎由此益轻季氏。季氏亦僭于公室[48]，陪臣执国政，是以鲁自大夫以下皆僭离于正道。故孔子不仕，退而修《诗》《书》《礼》《乐》，弟子弥众，至自远方，莫不受业焉。

定公八年，公山不狃不得意于季氏，因阳虎为乱，欲废三桓之适，更立其庶孽阳虎素所善者，遂执季桓子。桓子诈之，得脱。定公九年，阳虎不胜，奔于齐。是时孔子年五十。

公山不狃以费畔季氏，使人召孔子。孔子循道弥久，温温无所试[49]，莫能己用，曰：“盖周文、武起丰镐而王，今费虽小，傥庶几乎！”欲往。子路不说，止孔子。孔子曰：“夫召我者岂徒哉？如用我，其为东周乎！”然亦卒不行。

其后定公以孔子为中都宰，一年，四方皆则之。由中都宰为司空，由司空为大司寇[50]。

定公十年春，及齐平。夏，齐大夫黎钼言于景公曰[51]：“鲁用孔丘，其势危齐。”乃使使告鲁为好会，会于夹谷[52]。鲁定公且以乘车好往。孔子摄相事[53]，曰：“臣闻有文事者必有武备，有武事者必有文备。古者诸侯出疆，必具官以从。请具左右司马。”定公曰：“诺。”具左右司马。会齐侯夹谷，为坛位，土阶三等，以会遇之礼相见，揖让而登。献酬之礼毕[54]，齐有司趋而进曰[55]：“请奏四方之乐。”景公曰：“诺。”于是旍旄羽袚矛戟剑拨鼓噪而至[56]。孔子趋而进，历阶而登[57]，不尽一等，举袂而言曰：“吾两君为好会，夷狄之乐何为于此！请命有司！”有司却之，不去，则左右视晏子与景公。景公心怍[58]，麾而去之[59]。有顷，齐有司趋而进曰：“请奏宫中之乐。”景公曰：“诺。”优倡侏儒为戏而前[60]。孔子趋而进，历阶而登，不尽一等，曰：“匹夫而营惑诸侯者罪当诛[61]！请命有司！”有司加法焉[62]，手足异处。景公惧而动，知义不若，归而大恐，告其群臣曰：“鲁以君子之道辅其君，而子独以夷狄之道教寡人，使得罪于鲁君，为之奈何？”有司进对曰：“君子有过则谢以质[63]，小人有过则谢以文。君若悼之，则谢以质。”于是齐侯乃归所侵鲁之郓、汶阳、龟阴之田以谢过[64]。

定公十三年夏，孔子言于定公曰：“臣无藏甲[65]，大夫毋百雉之城[66]。”使仲由为季氏宰，将堕三都。于是叔孙氏先堕郈[67]。季氏将堕费，公山不狃、叔孙辄率费人袭鲁。公与三子入于季氏之宫，登武子之台。费人攻之，弗克，入及公侧。孔子命申句须、乐颀下伐之[68]，费人北。国人追之，败诸姑蔑[69]。二子奔齐，遂堕费。将堕成，公敛处父谓孟孙曰[70]：“堕成，齐人必至于北门。且成，孟氏之保鄣[71]，无成，是无孟氏也。我将弗堕。”十二月，公围成，弗克。

定公十四年，孔子年五十六，由大司寇行摄相事，有喜色。门人曰：“闻君子祸至不惧，福至不喜。”孔子曰：“有是言也。不曰‘乐其以贵下人’乎？”于是诛鲁大夫乱政者少正卯[72]。与闻国政三月，粥羔豚者弗饰贾[73]，男女行者别于涂[74]，涂不拾遗；四方之客至乎邑者不求有司，皆予之以归。

齐人闻而惧，曰：“孔子为政必霸，霸则吾地近焉，我之为先并矣。盍致地焉[75]？”黎钼曰：“请先尝沮之[76]；沮之而不可则致地，庸迟乎[77]！”于是选齐国中女子好者八十人，皆衣文衣而舞《康乐》[78]，文马三十驷，遗鲁君。陈女乐文马于鲁城南高门外。季桓子微服往观再三[79]，将受，乃语鲁君为周道游，往观终日，怠于政事。子路曰：“夫子可以行矣。”孔子曰：“鲁今且郊，如致膰乎大夫[80]，则吾犹可以止。”桓子卒受齐女乐，三日不听政；郊，又不致膰俎于大夫。孔子遂行，宿乎屯[81]。而师己送[82]，曰：“夫子则非罪。”孔子曰：“吾歌可夫？”歌曰：“彼妇之口，可以出走；彼妇之谒[83]，可以死败。盖优哉游哉，维以卒岁！”师己反，桓子曰：“孔子亦何言？”师己以实告。桓子喟然叹曰：“夫子罪我以群婢故也夫！”

孔子遂适卫，主于子路妻兄颜浊邹家[84]。卫灵公问孔子："居鲁得禄几何？"对曰："奉粟六万。"卫人亦致粟六万。居顷之，或谮孔子于卫灵公[85]。灵公使公孙余假一出一入。孔子恐获罪焉，居十月，去卫。

将适陈，过匡，颜刻为仆，以其策指之曰："昔吾入此，由彼缺也。"匡人闻之，以为鲁之阳虎。阳虎尝暴匡人[86]，匡人于是遂止孔子。孔子状类阳虎，拘焉五日。颜渊后，子曰："吾以汝为死矣。"颜渊曰："子在，回何敢死！"匡人拘孔子益急，弟子惧。孔子曰："文王既没，文不在兹乎[87]？天之将丧斯文也，后死者不得与于斯文也。天之未丧斯文也，匡人其如予何！"孔子使从者为宁武子臣于卫[88]，然后得去。

去即过蒲[89]。月余，反乎卫，主蘧伯玉家[90]。灵公夫人有南子者[91]，使人谓孔子曰："四方之君子不辱欲与寡君为兄弟者，必见寡小君[92]。寡小君愿见。"孔子辞谢，不得已而见之。夫人在絺帷中[93]。孔子入门，北面稽首。夫人自帷中再拜，环佩玉声璆然[94]。孔子曰："吾乡为弗见[95]，见之礼答焉。"子路不说。孔子矢之曰[96]："予所不者，天厌之！天厌之！"居卫月余，灵公与夫人同车，宦者雍渠参乘[97]，出，使孔子为次乘，招摇市过之。孔子曰："吾未见好德如好色者也。"于是丑之，去卫，过曹。是岁，鲁定公卒。

孔子去曹适宋，与弟子习礼大树下。宋司马桓魋[98]欲杀孔子，拔其树。孔子去。弟子曰："可以速矣。"孔子曰："天生德于予，桓魋其如予何！"

孔子适郑，与弟子相失，孔子独立郭东门。郑人或谓子贡曰："东门有人，其颡似尧[99]，其项类皋陶[100]，其肩类子产[101]，然自要以下不及禹三寸，累累若丧家之狗[102]。"子贡以实告孔子。孔子欣然笑曰："形状，末也[103]。而谓似丧家之狗，然哉！然哉！"

孔子遂至陈，主于司城贞子家[104]。岁余，吴王夫差伐陈，取三邑而去。赵鞅伐朝歌[105]。楚围蔡，蔡迁于吴。吴败越王句践会稽。

有隼集于陈廷而死[106]，楛矢贯之[107]，石砮，矢长尺有咫[108]。陈湣公使使问仲尼[109]。仲尼曰："隼来远矣，此肃慎之矢也[110]。昔武王克商，通道九夷百蛮，使各以其方贿来贡[111]，使无忘职业。于是肃慎贡楛矢，石砮，长尺有咫。先王欲昭其令德[112]，以肃慎矢分大姬，配虞胡公而封诸陈[113]。分同姓以珍玉，展亲；分异姓以远方职，使无忘服。故分陈以肃慎矢。"试求之故府[114]，果得之。

孔子居陈三岁，会晋楚争强，更伐陈，及吴侵陈，陈常被寇。孔子曰："归与，归与！吾党之小子狂简[115]，进取不忘其初。"于是孔子去陈。

过蒲，会公叔氏以蒲畔[116]，蒲人止孔子。弟子有公良孺者[117]，以私车五乘从孔子。其为人长贤，有勇力，谓曰："吾昔从夫子遇难于匡，今又遇难于此，命也已。吾与夫子再罹难，宁斗而死。"斗甚疾。蒲人惧，谓孔子曰："苟毋适卫，吾出子。"与之盟，出孔子东门。孔子遂适卫。子贡曰："盟可负邪？"孔子曰："要盟也，神不听[118]。"

卫灵公闻孔子来，喜，郊迎。问曰："蒲可伐乎？"对曰："可。"灵公曰："吾大夫以为不可。今蒲，卫之所以待晋楚也，以卫伐之，无乃不可乎？"孔子曰："其男子有死之志，妇人有保西河之志[119]。吾所伐者不过四五人。"灵公曰："善。"然不伐蒲。

灵公老，怠于政，不用孔子。孔子喟然叹曰："苟有用我者，期月而已[120]，三年有成。"孔子行。

佛肸为中牟宰[121]。赵简子攻范、中行[122]，伐中牟。佛肸畔，使人召孔子。孔子欲往。子路曰："由闻诸夫子，'其身亲为不善者，君子不入也'。今佛肸亲以中牟畔，子欲往，如之何？"孔子曰："有是言也。不曰坚乎，磨而不磷[123]；不曰白乎，涅而不淄[124]。我岂匏瓜也哉，焉能系而不食？"

孔子击磬。有荷蒉而过门者，曰："有心哉，击磬乎！硁硁乎[125]，莫己知也夫而已矣！"

孔子学鼓琴师襄子[126]，十日不进。师襄子曰："可以益矣。"孔子曰："丘已习其曲矣，未得其数也[127]。"有间，曰："已习其数，可以益矣。"孔子曰："丘未得其志也。"有间，曰："已习其志，可以益矣。"孔子曰："丘未得其为人也。"有间，曰有所穆然深思焉，有所怡然高望而远志焉。曰："丘得其为人，黯然而黑，几然而长[128]，眼如望羊[129]，如王四国，非文王其谁能为此也！"师襄子辟席再拜，曰："师盖云《文王操》也[130]。"

孔子既不得用于卫，将西见赵简子。至于河而闻窦鸣犊、舜华之死也[131]，临河而叹曰："美哉水，洋洋乎！丘之不济此，命也夫！"子贡趋而进曰："敢问何谓也？"孔子曰："窦鸣犊、舜华，晋国之贤大夫也。赵简子未得志之时，须此两人而后从政；及其已得志，杀之乃从政。丘闻之也，刳胎杀夭则麒麟不至郊[132]，竭泽涸渔则蛟龙不合阴阳，覆巢毁卵则凤皇不翔。何则？君子讳伤其类也。夫鸟兽之于不义也尚知辟之，而况乎丘哉！"乃还息乎陬乡[133]，作为《陬操》以哀之。而反乎卫，入主蘧伯玉家。

他日，灵公问兵陈。孔子曰："俎豆之事则尝闻之，军旅之事未之学也。"明日，与孔子语，见蜚雁[134]，仰视之，色不在孔子。孔子遂行，复如陈。

夏，卫灵公卒，立孙辄，是为卫出公[135]。六月，赵鞅内太子蒯聩于戚[136]。阳虎使太子绻[137]，八人衰绖[138]，伪自卫迎者，哭而入，遂居焉。冬，蔡迁于州来[139]。是岁鲁哀公三年，而孔子年六十矣。齐助卫围戚，以卫太子蒯聩在故也。

夏，鲁桓、釐庙燔，南宫敬叔救火。孔子在陈，闻之，曰："灾必于桓、釐庙乎？"已而果然。

秋，季桓子病，辇而见鲁城，喟然叹曰："昔此国几兴矣，以吾获罪于孔子，故不兴也。"顾谓其嗣康子曰："我即死，若必相鲁[140]；相鲁，必召仲尼。"后数日，桓子卒，康子代立。已葬，欲召仲尼。公之鱼曰[141]："昔吾先君用之不终，终为诸侯笑。今又用之，不能终，是再为诸侯笑。"康子曰："则谁召而可？”曰：“必召冉求。”于是使使召冉求。冉求将行，孔子曰：“鲁人召求，非小用之，将大用之也。”是日，孔子曰：“归乎归乎！吾党之小子狂简，斐然成章，吾不知所以裁之。”子赣知孔子思归，送冉求，因诫曰“即用，以孔子为招”云。

冉求既去，明年，孔子自陈迁于蔡。蔡昭公将如吴[142]，吴召之也。前昭公欺其臣迁州来，后将往，大夫惧复迁，公孙翩射杀昭公。楚侵蔡。秋，齐景公卒。

明年，孔子自蔡如叶。叶公问政，孔子曰：“政在来远附迩[143]。”他日，叶公问孔子于子路，子路不对。孔子闻之，曰：“由，尔何不对曰‘其为人也，学道不倦，诲人不厌，发愤忘食，乐以忘忧，不知老之将至云尔’？”

去叶，反于蔡。长沮、桀溺耦而耕，孔子以为隐者，使子路问津焉[144]。长沮曰：“彼执舆者为谁[145]？”子路曰：“为孔丘。”曰：“是鲁孔丘与？”曰：“然。”曰：“是知津矣。”桀溺谓子路曰：“子为谁？”曰：“为仲由。”曰：“子，孔丘之徒与？”曰：“然。”桀溺曰：“悠悠者天下皆是也，而谁以易之[146]？且与其从辟人之士，岂若从辟世之士哉[147]！”耰而不辍[148]。子路以告孔子，孔子怃然曰：“鸟兽不可与同群。天下有道，丘不与易也。”

他日，子路行，遇荷蓧[149]丈人，曰：“子见夫子乎？”丈人曰：“四体不勤，五谷不分，孰为夫子！”植其杖而芸。子路以告，孔子曰：“隐者也。”复往，则亡。

孔子迁于蔡三岁，吴伐陈。楚救陈，军于城父。闻孔子在陈、蔡之间，楚使人聘孔子。孔子将往拜礼，陈、蔡大夫谋曰：“孔子贤者，所刺讥皆中诸侯之疾。今者久留陈、蔡之间，诸大夫所设行皆非仲尼之意。今楚，大国也，来聘孔子。孔子用于楚，则陈、蔡用事大夫危矣。”于是乃相与发徒役围孔子于野。不得行，绝粮。从者病，莫能兴。孔子讲诵弦歌不衰。子路愠，见曰：“君子亦有穷乎？”孔子曰：“君子固穷，小人穷斯滥矣。”

子贡色作。孔子曰：“赐，尔以予为多学而识之者与？”曰：“然。非与？”孔子曰：“非也。予一以贯之。”

孔子知弟子有愠心[150]，乃召子路而问曰：“诗云‘匪兕匪虎，率彼旷野[151]’。吾道非邪？吾何为于此？”子路曰：“意者吾未仁邪？人之不我信也[152]。意者吾未知邪[153]？人之不我行也。”孔子曰：“有是乎！由，譬使仁者而必信，安有伯夷、叔齐？使知者而必行，安有王子比干？”

子路出，子贡入见。孔子曰：“赐，诗云‘匪兕匪虎，率彼旷野’。吾道非邪？吾何为于此？”子贡曰：“夫子之道至大也，故天下莫能容夫子。夫子盖少贬焉[154]？”孔子曰：“赐，良农能稼而不能为穑[155]，良工能巧而不能为顺。君子能修其道，纲而纪之，统而理之，而不能为容。今尔不修尔道而求为容[156]。赐，而志不远矣！”

子贡出，颜回入见。孔子曰：“回，诗云‘匪兕匪虎，率彼旷野’。吾道非邪？吾何为于此？”颜回曰：“夫子之道至大，故天下莫能容。虽然，夫子推而行之，不容何病？不容然后见君子！夫道之不修也，是吾丑也。夫道既已大修而不用，是有国者之丑也。不容何病？不容然后见君子！”孔子欣然而笑曰：“有是哉颜氏之子！使尔多财，吾为尔宰[157]。”

于是使子贡至楚。楚昭王兴师迎孔子，然后得免。

昭王将以书社地七百里封孔子[158]。楚令尹子西曰：“王之使使诸侯有如子贡者乎？”曰：“无有。”“王之辅相有如颜回者乎？”曰：“无有。”“王之将率有如子路者乎？”曰：“无有。”“王之官尹有如宰予者乎？”曰：“无有。”“且楚之祖封于周，号为子男五十里。今孔丘述三五之法，明周召之业，王若用之，则楚安得世世堂堂方数千里乎？夫文王在丰，武王在镐，百里之君，卒王天下。今孔丘得据土壤，贤弟子为佐，非楚之福也。”昭王乃止。其秋，楚昭王卒于城父。

楚狂接舆歌而过孔子，曰：“凤兮凤兮，何德之衰！往者不可谏兮，来者犹可追也！已而已而，今之从政者殆而[159]！”孔子下，欲与之言。趋而去，弗得与之言。

于是孔子自楚反乎卫。是岁也，孔子年六十三，而鲁哀公六年也。

其明年，吴与鲁会缯，征百牢[160]。太宰嚭召季康子。康子使子贡往，然后得已。

孔子曰：“鲁卫之政，兄弟也。”是时，卫君辄父不得立，在外，诸侯数以为让[161]。而孔子弟子多仕于卫，卫君欲得孔子为政。子路曰：“卫君待子而为政，子将奚先[162]？”孔子曰：“必也正名乎！”子路曰：“有是哉，子之迂也！何其正也？”孔子曰：“野哉由也！夫名不正则言不顺，言不顺则事不成，事不成则礼乐不兴，礼乐不兴则刑罚不中，刑罚不中则民无所错手足矣[163]。夫君子为之必可名，言之必可行。君子于其言，无所苟而已矣。”

其明年，冉有为季氏将师，与齐战于郎，克之。季康子曰：“子之于军旅，学之乎？性之乎[164]？”冉有曰：“学之于孔子。”季康子曰：“孔子何如人哉？”对曰：“用之有名；播之百姓、质诸鬼神而无憾。求之至于此道，虽累千社，夫子不利也。”康子曰：“我欲召之，可乎？”对曰：“欲召之，则毋以小人固之，则可矣。”而卫孔文子将攻太叔，问策于仲尼。仲尼辞不知，退而命载而行，曰：“鸟能择木，木岂能择鸟乎！”文子固止。会季康子逐公华、公宾、公林，以币迎孔子，孔子归鲁。

孔子之去鲁凡十四岁而反乎鲁。

鲁哀公问政，对曰：“政在选臣。”季康子问政，曰：“举直错诸枉，则枉者直[165]。”康子患盗，孔子曰：“苟子之不欲，虽赏之不窃。”然鲁终不能用孔子，孔子亦不求仕。

孔子之时，周室微而礼乐废，《诗》《书》缺。追迹三代之礼，序《书传》，上纪唐虞之际，下至秦缪，编次其事。曰：“夏礼吾能言之，杞不足征也[166]。殷礼吾能言之，宋不足征也。足，则吾能征之矣。”观殷夏所损益，曰：“后虽百世可知也，以一文一质。周监[167]二代，郁郁乎文哉。吾从周。”故《书传》《礼记》自孔氏。

孔子语鲁大师：“乐其可知也。始作翕如，纵之纯如，皦如，绎如也，以成[168]。”“吾自卫反鲁，然后乐正，《雅》《颂》各得其所。”

古者诗三千余篇，及至孔子，去其重，取可施于礼义，上采契、后稷，中述殷、周之盛，至幽、厉之缺，始于衽席，故曰“《关雎》之乱以为《风》始[169]，《鹿鸣》为《小雅》始，《文王》为《大雅》始，《清庙》为《颂》始”。三百五篇孔子皆弦歌之，以求合《韶》《武》《雅》《颂》之音。礼乐自此可得而述，以备王道，成六艺。

孔子晚而喜《易》，序《彖》《系》《象》《说卦》《文言》。读易，韦编三绝。曰：“假我数年，若是，我于易则彬彬矣[170]。”

孔子以《诗》《书》《礼》《乐》教，弟子盖三千焉，身通六艺者七十有二人。如颜浊邹之徒，颇受业者甚众。

孔子以四教：文，行，忠，信。绝四：毋意，毋必，毋固，毋我[171]。所慎：斋，战，疾。子罕言利与命与仁。不愤不启，举一隅不以三隅反，则弗复也。

其于乡党，恂恂似不能言者[172]。其于宗庙朝廷，辩辩言，唯谨尔[173]。朝，与上大夫言，訚訚如也[174]；与下大夫言，侃侃如也[175]。

入公门，鞠躬如也；趋进，翼如也[176]。君召使傧，色勃如也[177]。君命召，不俟驾行矣[178]。

鱼馁，肉败，割不正，不食。席不正，不坐。食于有丧者之侧，未尝饱也。

是日哭，则不歌。见齐衰、瞽者，虽童子必变[179]。

“三人行，必得我师。”“德之不修，学之不讲，闻义不能徙，不善不能改，是吾忧也。”使人歌，善，则使复之，然后和之。

子不语：怪、力、乱、神。

子贡曰：“夫子之文章，可得闻也。夫子言天道与性命，弗可得闻也已。”颜渊喟然叹曰：“仰之弥高，钻之弥坚[180]。瞻之在前，忽焉在后。夫子循循然善诱人，博我以文，约我以礼，欲罢不能。既竭我才，如有所立，卓尔。虽欲从之，蔑由也已[181]。”达巷党人曰：“大哉孔子，博学而无所成名。”子闻之曰：“我何执？执御乎？执射乎？我执御矣。”牢曰：“子云‘不试，故艺’[182]。”

鲁哀公十四年春，狩大野。叔孙氏车子钼商获兽[183]，以为不祥。仲尼视之，曰：“麟也。”取之。曰：“河不出图，雒不出书，吾已矣夫！”颜渊死，孔子曰：“天丧予！”及西狩见麟，曰：“吾道穷矣！”喟然叹曰：“莫知我夫！”子贡曰：“何为莫知子？”子曰：“不怨天，不尤人，下学而上达[184]，知我者其天乎！”

“不降其志，不辱其身，伯夷、叔齐乎！”谓“柳下惠、少连降志辱身矣”。谓“虞仲、夷逸隐居放言，行中清，废中权”。“我则异于是，无可无不可。”

子曰：“弗乎弗乎，君子病没世而名不称焉[185]。吾道不行矣，吾何以自见于后世哉？”乃因史记作《春秋》，上至隐公，下讫哀公十四年，十二公。据鲁，亲周，故殷，运之三代。约其文辞而指博。故吴、楚之君自称王，而《春秋》贬之曰“子”；践土之会实召周天子，而《春秋》讳之曰“天王狩于河阳”：推此类以绳当世[186]。贬损之义，后有王者举而开之。《春秋》之义行，则天下乱臣贼子惧焉。

孔子在位听讼，文辞有可与人共者，弗独有也。至于为《春秋》，笔则笔，削则削，子夏之徒不能赞一辞[187]。弟子受《春秋》，孔子曰：“后世知丘者以《春秋》，而罪丘者亦以《春秋》。”

明岁，子路死于卫。孔子病，子贡请见。孔子方负杖逍遥于门，曰：“赐，汝来何其晚也？”孔子因叹，歌曰：“太山坏乎！梁柱摧乎！哲人萎乎[188]！”因以涕下。谓子贡曰：“天下无道久矣，莫能宗予。夏人殡于东阶，周人于西阶，殷人两柱间。昨暮予梦坐奠两柱之闲，予始，殷人也。”后七日卒。

孔子年七十三，以鲁哀公十六年四月己丑卒。

哀公诔之曰：“旻天不吊[189]，不慭遗一老[190]，俾屏余一人以在位[191]，茕茕余在疚[192]。呜呼哀哉！尼父，毋自律[193]！”子贡曰：“君其不没于鲁乎！夫子之言曰：‘礼失则昏，名失则愆[194]。失志为昏，失所为愆。’生不能用，死而诔之，非礼也。称‘余一人’，非名也。”

孔子葬鲁城北泗上[195]，弟子皆服三年。三年心丧毕[196]，相诀而去，则哭，各复尽哀；或复留。唯子赣庐于冢上，凡六年，然后去。弟子及鲁人往从冢而家者百有余室，因命曰孔里。鲁世世相传以岁时奉祠孔子冢，而诸儒亦讲礼乡饮大射于孔子冢[197]。孔子冢大一顷。故所居堂、弟子内，后世因庙，藏孔子衣冠琴车书，至于汉二百余年不绝。高皇帝过鲁，以太牢祠焉。诸侯卿相至，常先谒，然后从政。

孔子生鲤，字伯鱼。伯鱼年五十，先孔子死。

伯鱼生伋，字子思，年六十二。尝困于宋。子思作《中庸》。

子思生白，字子上，年四十七。子上生求，字子家，年四十五。子家生箕，字子京，年四十六。子京生穿，字子高，年五十一。子高生子慎，年五十七，尝为魏相。

子慎生鲋，年五十七，为陈王涉博士，死于陈下。

孔子葬鲁城北泗上，弟子皆服三年。三年心丧毕，相诀而去，则哭，各复尽哀；或复留。唯子赣庐于冢上，凡六年，然后去。弟子及鲁人往从冢而家者百有余室，因命曰孔里。鲁世世相传以岁时奉祠孔子冢，而诸儒亦讲礼乡饮大射于孔子冢。孔子冢大一顷。故所居堂、弟子内，后世因庙，藏孔子衣冠琴车书，至于汉二百余年不绝。高皇帝过鲁，以太牢祠焉。诸侯卿相至，常先谒，然后从政。

鲋弟子襄，年五十七。尝为孝惠皇帝博士，迁为长沙太守。长九尺六寸。

子襄生忠，年五十七。忠生武，武生延年及安国。安国为今皇帝博士，至临淮太守，蚤卒。安国生卬，卬生驩。

太史公曰：《诗》有之："高山仰止，景行行止[198]。"虽不能至，然心乡往之[199]。余读孔氏书，想见其为人。适鲁，观仲尼庙堂车服礼器，诸生以时习礼其家，余祗回留之不能去云。天下君王至于贤人众矣，当时则荣，没则已焉。孔子布衣，传十余世，学者宗之。自天子王侯，中国言六艺者折中于夫子[200]，可谓至圣矣！

【译文】

孔子出生在鲁国昌平乡陬邑。祖先是宋国人，叫孔防叔。防叔生伯夏，伯夏生叔梁纥。叔梁纥与颜氏家的女子野合而生孔子，孔子正是在其父母往尼丘山祈祷后生下的。孔子生于鲁襄公二十二年。他出生时头顶有凹陷之处，所以就起名叫丘。孔子字仲尼，姓孔氏。

孔丘出生后不久，叔梁纥便去世了，葬在防山。防山位于鲁国东部，因此孔子不知道他父亲的确切墓址，母亲也没有告诉他。孔子小时候在外嬉戏，常常摆设祭器祭品，学着做祭祀时的礼仪举止。孔子的母亲去世后，便把灵柩暂且安放在五父之衢，大概是出于谨慎的缘故。陬邑人輓父的母亲告诉了孔子其父之墓址所在，孔子之后就将母亲的灵柩送往防山和其父葬在一起。

孔子还腰系着麻带，季氏举行宴会款待士人，孔子前往参加。阳虎阻拦道："季氏设宴款待，并没想请你啊。"孔子因此离去。

孔子十七岁时，鲁大夫孟釐子病重将死，告诫儿子懿子道："孔丘是圣人后代，其先祖在宋国被灭败。他的先祖弗父何本要统治宋国，却让位给其弟弟厉公。到他的另一个先祖正考父辅佐宋戴公、宋武公、宋宣公时，三次受命愈发恭敬，所以正考父庙鼎的铭文说：'第一次任命时鞠躬而受，第二次任命时弯腰而受，第三次任命时俯首而受，走路时沿着墙脚走，也没人敢轻慢我。

在这个鼎里做饭煮粥来糊口。’他是这样的恭敬节俭。我听说圣人的后代，虽不一定做国君，但必定会有才德显达之人。如今孔子年少而好礼，他不就是才德显达的人吗？我死之后，你一定要以他为师。”等到孟釐子死后，孟懿子和鲁国人南宫敬叔就前往孔子那儿学礼。这一年，季武子逝世，平子继位。

孔子家境贫穷，且社会地位低下。长大之后，曾给季氏做过管理仓库的小吏，出纳钱粮计量公平；也曾任过管理牧场的小吏，牲畜繁衍生息，因此又升任司空。过了不久，他离开了鲁国，在齐国受到排斥，在宋国、卫国受到驱逐，又在陈国和蔡国之间被围困，因此返回了鲁国。孔子身高九尺六寸，人们都称他为“长人”，认为他异于常人。鲁国后来又和善地对待孔子，所以他才返回了鲁国。

鲁国人南宫敬叔对鲁昭公说：“请让我与孔子一起到周地去。”鲁昭公就给了他一辆车、两匹马，一名童仆随他出发，到周地学礼，见到了老子。告辞时，老子送他们时说道：“我听说富贵的人送人以财物，品德高尚的人是送人以言语。我不是富贵之人，只能窃用仁人的名号，用言语为你们送行。这几句话是：‘聪明深察的人常接近于死亡，那是因为他们喜欢议论别人；博学善辩眼界开阔的人常危及自身，那是因为他们喜欢揭发别人的罪恶。做子女的和做臣子的不要总是想着自己。’”孔子从周地回到鲁国，跟他学习的弟子就渐渐增多了。

当时，晋平公昏乱无道，韩氏、赵氏、魏氏、中行氏、范氏、知氏六大氏族执掌国政，向东征伐诸侯国；楚灵王兵强势大，也常侵犯中原各国；齐是大国且靠近鲁国。鲁国小而弱，归附楚国就会惹怒晋国；归附晋国楚国就会来讨伐；若事奉齐国不周到，齐国就会攻打鲁国。

鲁昭公二十年，孔子大概三十岁了。齐景公和晏婴来到鲁国，景公问孔子：“从前秦穆公国小且又位于偏僻之地，却能够称霸，这是为什么呢？”孔子回答说：“秦国虽小，志向却很远大；地方虽然偏僻，但政令却很得当。秦穆公亲自选用五张黑羊皮赎来的百里奚，授其大夫的官爵，把他从狱中解救出来，与他连续谈了三天，就把执政大权交给了他。用这种方法来治理国家，即使统治天下也是可以的，他做个霸主还算是小的。”景公听后很高兴。

孔子三十五岁时，季平子因为与郈昭伯斗鸡的事得罪了鲁昭公，昭公率领军队攻打平子，平子和孟孙氏、叔孙氏三家联合攻打昭公，昭公兵败，逃到了齐国，齐国把昭公安置在乾侯这个地方。不久之后，鲁国变乱。孔子来到齐国，做了高昭子的家臣，想借高昭子来接近景公。他与齐国的太师谈论音乐，听到了《韶》乐，学习起来，三个月之间吃肉都不觉得有味道，齐国人都称颂他。

齐景公向孔子请教为政之事，孔子说：“国君要像国君，臣子要像臣子，父亲要像父亲，儿子要像儿子。”景公听了后说：“很好！假如国君不像国君，臣子不像臣子，父亲不像父亲，儿子不像儿子，即使有很多粮食，我哪里能吃得着呢！”改日景公又向孔子请教为政之道，孔子说：“管理国家的关键是节用。”景公听了很高兴，打算把尼谿的田地封赏给孔子。晏婴进言道：“儒者能说会道，不能用法来约束他们；他们傲慢任性自以为是，不能作为下臣使用；他们重视丧葬之礼，追求尽哀，不惜用尽家产来厚葬，不能让这种做法成为风气；他们到处游说乞求官禄，不能任用他们治理国家。自从那些圣贤去世后，周王室也随之衰微，礼崩乐坏。现在孔子讲究仪容服饰，制定繁琐的上、下朝礼节，刻意快步行走的规矩，这些繁文缛节几代人相继也学习不完，有生之年也搞不清楚。您要用他这套东西来改变齐国风俗，恐怕这并不能引导老百姓。”之后，齐景公虽然恭敬地接见孔子，却不再向他请教礼的有关问题了。另一天，景公留下孔子，说：“用给季氏那样高的待遇事奉您，我不能做到，但可用上卿季孙氏、下卿孟孙氏之间的待遇待您。”有齐国大夫想要加害孔子，孔子听说了这个消息。景公对孔子说：“我已年老，不能再任用你了。”孔子就离开齐国，返回了鲁国。

孔子四十二岁时，鲁昭公在乾侯去世，鲁定公继位。定公继位后的第五年夏天，季平子死了，季桓子继位。季桓子在掘井时掘得一个陶器，里面有只像羊的东西，和孔子说时却谎称得到一只狗。孔子说：“据我所知，应该是羊。我听说，山林中的怪物是一种叫夔的单足兽和罔阆，水中的怪物是龙和罔象，泥土中的怪物是一种雌雄不明的羊。”

吴国攻打越国，毁坏了越国国都会稽，得到一节有一辆车长的骨头。吴国派使者来问孔子：“什么骨头最大？”孔子说：“大禹召会群神到会稽山，防风氏后到，大禹就杀死了他并陈尸示众，防风氏的骨头一节就有一车长，这就是最大的骨头。”吴国使者又问：“那神又是谁？”孔子说：“山川的神灵能造福天下，监守山川按时祭祀的是神，守护土谷的是公侯，他们都隶属于王者”。吴使又问：“防风氏是守护什么的？”孔子说：“汪罔氏的君长监守封山和禺山一带的祭祀，是釐姓。在虞、夏、商三代叫汪罔，在周叫长翟，现在叫大人。”吴使问：“人的身高有多少？”孔子说：“僬侥氏身高三尺，是最矮的；高的是他的十倍，算是最高的了。”吴国使者听后说：“太好了，真是圣人！”

季桓子有个宠臣叫仲梁怀，与阳虎有嫌隙。阳虎想要逐出仲梁怀，公山不狃阻止了他。那年秋天，仲梁怀愈加骄横，阳虎把他抓了起来。季桓子很是恼怒，阳虎就把季桓子也囚禁起来，直到与季桓子立盟约才把他释放出来。阳虎从此以后更加看不起季氏。季氏办事也凌驾鲁君，大夫家臣专政，因此鲁国自大夫以下都背离了正道。所以孔子不再在鲁国做官，退居在家修订整理《诗》《书》《礼》《乐》等，弟子越来越多，即使距离遥远，也都前来向孔子求教。

鲁定公八年，公山不狃在季桓子手下未受器重，就趁着阳虎作乱，打算废掉季孙氏、孟孙氏、叔孙氏三家的嫡长子，改立阳虎平日喜欢的三桓的庶子为继承人，便把季桓子抓了起来。桓子用计骗他，才得以逃脱。鲁定公九年，阳虎失败，逃奔到齐国。这时，孔子五十岁。

公山不狃凭借费城反叛季氏，派人来召请孔子。孔子探寻所依循的治国之道很久了，郁郁不得志，无处可以施展，没人任用自己，就说：“当初周文王、周武王兴起于丰、镐而成就王业，现在费城虽小，差不多也可以了吧！”想要应召前去。子路不高兴，制止了孔子。孔子说：“他们请我去，难道会让我白跑一趟吗？如果任用我，我将在东方建立一个像周那样的国家！”可是最终也没能成行。

后来鲁定公任命孔子做了中都宰，一年后，四方各地都效法他。孔子便由中都宰提升为司空，又由司空升任大司寇。

鲁定公十年春天，鲁国与齐国交好。到了夏天，齐国大夫黎钼对景公说：“鲁国起用孔丘，势必会危及齐国。”于是齐景公就派使者告诉鲁国，说要与鲁国举行友好会晤，地点在夹谷。鲁定公准备好车辆随从，毫无戒备地前去赴约。孔子主持会晤典礼事宜，对定公说：“我听说做文事需要有武装准备，做武事也必须有文事配合。从前诸侯离开自己的疆界，一定要带齐官员随从。请求您安排左、右司马同去。”定公说：“好的。”就带了左、右司马一道去。定公在夹谷与齐侯相会，修筑盟坛，设置了三级登坛的台阶，用会遇之礼相见，拱手揖让登坛。彼此献上礼品的仪式行过后，齐国的有司快步走上前说：“请开始演奏四方各族的舞乐。”齐景公说：“好的。”于是齐国的乐队以旌旗为先导，有的头戴羽冠，有的手执矛、戟、剑、拨等武器也跟着上台，喧闹着一拥而上。孔子快步上前，一步一个台阶，还差一级台阶时，便扬起衣袖说道：“我们两国国君来此和好相会，为什么会在这里演奏夷狄的舞乐，请命令有司让他们下去！”有司令乐队退下，乐队不肯动，左右张望晏子与景公的眼色。景公心里惭愧，挥手令乐队退下。过了不久，齐国有司又快步前来说道：“请演奏宫中乐曲。”景公说：“好的。”于是歌舞杂技艺人和侏儒前来表演。孔子看后快步进前，一步一阶，最后一阶还没有迈上就说：“普通人迷惑诸侯，论罪当杀！请命令有司去执行！”于是有司依法将那些人处以腰斩，手足异处。齐景公很是恐惧，受到震动，知道自己在道义上不如他，回国后很是慌恐，告诉群臣们说：“鲁国是用君子之道来辅佐他们的国君，而你们却用夷狄的做法教我，使我得罪了鲁国国君，这该怎么办？”有司上前回答说：“君子有了过错，就应用实际行动来道歉认错；小人有了过错，就用花言巧语来表示谢罪。大王如果痛心，就用具体行动来谢罪吧。”于是齐景公就退还了以前侵夺的鲁国郓、汶阳、龟阴的田地，来表达歉意。

鲁定公十三年夏天，孔子对定公说：“臣子的家中不能收藏武器，大夫封邑的城墙不能有高过一丈长过三百丈的。”定公于是就派仲由去当季氏的管家，打算拆毁季孙、孟孙、叔孙三家封邑的城墙。这时，叔孙氏首先拆了郈邑的城墙。季孙氏也准备拆费邑的城墙，公山不狃和叔孙辄就带领费邑的人袭击鲁国。定公和季孙、孟孙、叔孙三人躲进了季孙府中，登上了季孙武子的高台。费邑人进攻他们，未能获胜，有人已经突入鲁定公所登高坛的近侧。孔子命令申句须、乐颀下台去攻打他们，费邑人败走，鲁国人乘胜追击，在姑蔑城把他们彻底击败。公山不狃、叔孙辄两人逃亡到齐国，于是费邑的城墙终究被拆毁了。将要拆成城时，孟孙氏的家臣公敛处父告诉孟孙说：“拆除成邑的城墙，齐国人必能近逼到我们的北门。况且成城又是你们孟氏的屏障，没有成城也就等于没有孟氏。我不打算拆毁。”十二月，鲁定公率兵包围成城，没能攻下来。

鲁定公十四年，孔子五十六岁，他由大司寇代理相国职务，面露喜色。他的弟子说：“听说君子大祸临头不害怕，福事到来也无喜色。”孔子说：“有这句话，但不是还有一句‘乐在身居高位而礼贤下士’吗？”孔子在那时把扰乱国政的大夫少正卯杀了。孔子参与国政三个月，贩卖猪、羊的商人不敢漫天要价了，男女分开走路，掉在路上的东西也没人捡走；各地的旅客来到鲁国的城邑，不需要向官员们求情送礼，都能有宾至如归的感觉。

齐国人听闻了这个消息就害怕了，说：“孔子执政下去，一定会称霸，一旦鲁国称霸，我们离鲁国最近，必然会首先来吞并我们。何不先送一些土地给他们呢？”黎钼说：“请先试着阻止他们，如果不成，再送土地给他们，难道还算迟吗！”于是就从齐国挑选了八十个美女，都穿上华丽的衣服，学跳《康乐》的舞蹈，连同一百二十四身上有色彩的马，一起送给鲁君。先把女乐和文马安置在鲁城南面的高门外。季桓子身穿便服前往观看再三，想要接受，就告诉鲁君说要外出到各地周游视察，乘机整天到那儿看美女和骏马，连国家政事也懒得管了，子路对孔子说：“老师，我们可以离开这里了。”孔子说：“鲁国现在就要在郊外祭祀，如果能把典礼后的祭肉分给大夫们，那么我还可以留下。”季桓子最后收下了齐国送来的女乐，一连三天不问政务；在郊祀后，又没把祭肉分给大夫们。孔子于是离开了鲁国，当天就在屯邑住宿过夜。鲁国一个名叫师己的乐师来为他送行，说：“先生您是没有错的。”孔子说：“我唱首歌，好不好？”于是唱道：“那些妇人的口，可以把大臣赶走；接近那些妇人，可以败事亡身。悠闲啊！我只有这样安度时光！”师己返回后，桓子问他：“孔子说了些什么？”师己如实相告。桓子长叹一声说：“先生怪罪我是因为我接受了齐国女乐啊！”

孔子到了卫国，寄居在子路妻子的兄长颜浊邹家中。卫灵公问孔子：“你在鲁国时的俸禄是多少？”孔子回答说：“俸米六万斗。”卫国也同样给了他俸米六万斗。过了不久，有人向卫灵公说了孔子坏话。卫灵公就派公孙余假监视孔子的出入。孔子害怕在那儿获罪，居住了十个月，便离开了卫国。

孔子将要到陈国，经过匡地，弟子颜刻为他赶车。颜刻用马鞭指着城墙说：“以前我进入这儿，就是从那个缺口进去的。”匡人听说后，以为是鲁国的阳虎，阳虎曾经残害过匡人，于是匡人就围困了孔子。孔子模样很像阳虎，所以被困在那里五天。颜渊后来赶到，孔子说：“我还以为你死了。”颜渊说：“老师您在，我怎么敢死！”匡人围攻孔子越来越急，弟子们很害怕。孔子说：“周文王死后，周代的礼乐制度不就在我们这儿吗？上天如果要毁灭这些礼乐制度的话，就不会让我们这些后死的人来维护它了。上天如果没有要消灭这些礼乐制度，匡人又能把我们怎么样！”孔子派一个随从到宁武子那里称臣，然后他们才得以离开匡地。

离开匡地之后就到了一个叫蒲的地方，过了一个多月，师徒又返回了卫国，寄住在蘧伯玉家。卫灵公有个夫人，叫南子，派人对孔子说："各国君子，凡是看得起我们国君，愿意与之建立兄弟之交的，必定要来拜见南子夫人，南子夫人也愿意召见您。"孔子推辞一番，最后不得已才去见她。南子夫人坐在细葛布做的帷帐中等待。孔子进门后，面朝北叩头行礼。南子夫人在帷帐中拜了两拜，披戴的玉器首饰发出了叮当撞击的声响。孔子说："我本来不愿见她，既然不得已见了，就得以礼对她。"子路不高兴了。孔子发誓道："我假若有不对的地方，让上天厌弃我！让上天厌弃我！"在卫国住了一个多月，灵公与南子夫人同车出行，宦官雍渠陪在车右，出来后，让孔子坐在第二辆车上跟从，招摇过市。孔子说："我从来没有见过这样喜好德行像喜欢美色的人啊。"于是对灵公的所作所为感到厌恶，师徒们便离开卫国，往曹国去了。这一年，鲁定公去世。

孔子离开曹国到达宋国，在大树下向弟子们传习礼仪。宋国司马桓魋想要杀掉孔子，就把树砍去了。孔子只得离开。弟子们说："我们应该要快点儿走啊。"孔子说："上天把传承道德的使命赋予我，桓魋又能把我怎么样！"

孔子到了郑国，与弟子们失散了，孔子一个人站在外城东门。有郑国人看见了，就对子贡说："东门处有个人，他的额头像尧，脖子像皋陶，肩膀像子产，可是从腰部以下比禹矮了三寸，一副垂头丧气的样子，活像一条丧家狗。"子贡如实地告诉了孔子。孔子高兴地说道："他描述我的相貌，不一定对，但说我像条丧家狗，是对的！是对的！"

孔子于是到了陈国，寄住在司城贞子家里。一年多后，吴王夫差攻打陈国，攻占了三个城邑后退去。赵鞅攻打朝歌。楚国包围了蔡国，蔡国迁移到吴地。吴国在会稽打败了越王勾践。

有只隼落在了陈国的宫廷中死去了，身上穿透了一支楛木做的箭，箭头是石制的，箭长一尺八寸。陈愍公派使者向孔子请教，孔子说："隼鸟来自远方，这是肃慎部族的箭。从前周武王灭商，沟通了与少数民族的联系，让九夷百蛮各族都进贡各自的地方特产，让他们不能忘记自己的职责、义务。于是肃慎部族进贡了楛木做的箭、石头制作的箭头，长一尺八寸。先王为了彰显他的美德，就把肃慎部族的箭分给了长女太姬，后来太姬嫁给了虞胡公，虞胡公又分封在陈国。当初王室分珍

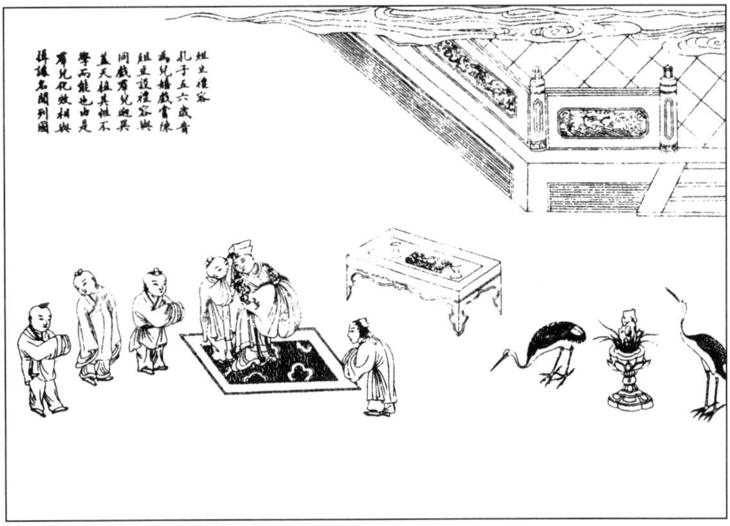

宝玉器给同姓诸侯，是为了表示亲近；把远方的贡品分给异姓诸侯，是为了让他们不要忘记服从周王朝。所以把肃慎部族的箭分给了陈国。”陈愍公派人到以前收藏各方贡物仓库中去寻找，果然找到了那种箭。

孔子在陈国停留了三年，正逢晋、楚争霸，轮番攻打陈国，甚至吴国也攻打陈国，陈国经常遭受侵略。孔子说：“回去吧，回去吧！我的这些弟子，志向远大，行事疏略，但是他们能积极进取，不忘初衷。”于是孔子就离开了陈国。

孔子经过蒲邑，正好遇上公叔氏据蒲邑反叛卫国，蒲人扣留了孔子。孔子弟子中有个叫公良孺的人，自己带了五辆车跟随孔子。这人身材高大，有才德和勇力，对孔子说：“我从前跟随老师，在匡地遇到危难，如今又在这里遇到危难，这是命中注定吧。我和老师再次遭难，这次我宁可搏斗而死。”公良孺和蒲人打斗激烈，蒲人害怕，就对孔子说：“如果你们不去卫国，我就放你们离开。”孔子与他们订立了盟约，才放孔子一行从东门出去。孔子后来去了卫国。子贡说：“可以违背盟约吗？”孔子说：“要挟之下订立的盟约，神不会认可的。”

卫灵公听说孔子来了，很是高兴，亲自到郊外迎接。灵公问孔子：“可以讨伐蒲邑吗？”孔子答道：“可以。”灵公说：“我的大夫却认为不可讨伐。现在的蒲邑是防御晋、楚的屏障，我们卫国去攻打，恐怕是不可以的吧？”孔子说：“蒲邑的男子有誓死效国的决心，妇女有守卫西河的志愿。我说的要讨伐的，不过是四五个人罢了。”卫灵公说：“很好。”可是最终还是没有出兵讨伐。

卫灵公年老，疏于政务，不起用孔子。孔子长叹道：“如果有人任用我，一年时间就差不多了，三年就会有成效。”孔子后来离开了卫国。

佛肸做了中牟的长官。赵简子攻打范氏、中行氏，讨伐中牟。佛肸就趁机反叛了赵简子，并派人召见孔子，孔子想要过去。子路说：“我听老师说过：‘凡是亲自做坏事的人，君子是不去那儿的。’现在佛肸自己占据中牟反叛，老师想要前去，这是为什么呢？”孔子说：“我说过这句话。但我不也说过，坚硬的东西是磨不坏的；洁白的东西是染不黑的。我难道是匏瓜吗，怎么可以总挂着却不被人吃呢？”

孔子正敲着磬，有个背着草筐的人路过门口，说：“有心啊，这个击磬的人，如此固执，没人赏识自己，就算了吧！”

孔子向师襄子学习弹琴，十天也没学新曲子。师襄子说：“可以学新曲了。”孔子说：“我已经熟习乐曲了，但还没有熟练掌握弹琴的技法。”过了一段时间，师襄子说：“你已熟习弹琴的技法了，可以学新曲了。”孔子说：“我还没有领会乐曲的情志。”又过了一段时间，师襄子说：“你已经领悟了曲子的情志，可以学新曲了。”孔子说：“我还没有体会出作曲者是怎样的人。”过了些时间，孔子沉静地深思着什么，接着欣然喜悦，似乎志向高远。说：“我体会到作曲者是个什么样的人了，他肤色黝黑，身材高大，目光深邃，好像统治四方的王者，不是文王，又有谁能够如此呢！”师襄子恭敬地离开席位，向孔子拜了两拜，说：“我老师曾说过，这首曲子好像是《文王操》”。

孔子由于得不到卫国重用，打算西行去见赵简子。到了黄河边，听到窦鸣犊、舜华死去的消息，面对黄河感叹道：“壮美的黄河水，浩浩荡荡，我不能渡过黄河，也是命吧！”子贡快步走上前去说：“冒昧地问老师，这是什么意思？”孔子说：“窦鸣犊、舜华二人，都是晋国有德行的大夫。赵简子还没得志的时候，是依靠这二人才得以从政的；等到他得志了，却杀了他们从而一人执掌政权。我听说过，剖腹取胎杀害幼兽，麒麟就不去到那儿的郊野，排干池水抓鱼，那么蛟龙就不会调合阴阳兴风致雨了，倾覆鸟巢毁坏鸟卵，那么凤凰就不愿到那里飞翔。这是为什么呢？君子忌讳伤害同类。那些鸟兽对于不义行为尚且知道避开，何况是我呢！”于是便回到陬乡，创作了《陬操》的琴曲来表示哀悼。后来孔子又回到卫国，住在蘧伯玉家里。

有一天，卫灵公向孔子询问军队列阵之事。孔子答道：“祭祀的礼仪我倒曾听说过，排兵布阵之事还未曾学过。”第二天，卫灵公与孔子谈话，看到空中飞来大雁，抬头仰望，注意力不在孔子身上。孔子于是离开了卫国，再次前往陈国。

这年夏天，卫灵公去世，其孙辄立为国君，就是卫出公。六月间，赵鞅把太子蒯聩接纳到戚地。阳虎让太子蒯聩穿上孝服，又让八人披麻带孝，装扮成从卫国来迎接太子回去的人，哭着进了戚城，在那儿住了下来。冬天，蔡国迁都到州来。这一年是鲁哀公三年，孔子六十岁了。齐国帮助卫国包围了戚城，是卫太子蒯聩在那里的缘故。

这年夏天，鲁桓公、釐公的庙堂起火了。南宫敬叔去救火。孔子在陈国，听到了这个消息，说道：“火灾一定是在桓公、釐公的庙堂吧？”后来果然如他所言。

这年秋天，季桓子病重，乘着车看到鲁城，长叹一声说：“以前这个国家几乎要兴盛了，因为我得罪了孔子，所以没能兴起。”回头对他的嗣子季康子说：“我要是死了，你一定会做鲁国的相国；做相之后，你一定要召回孔子。”过了几天，季桓子死了，季康子继承了职位。丧事办完，想召回孔子。公之鱼说：“以前鲁定公曾经任用过他，没能有始有终，最后被诸侯讥笑。现在你再任用他，如果不能善终，会再次招来诸侯讥笑。”季康子说：“那么召谁才好呢？”公之鱼说：“一定要召冉求。”季康子于是就派人召回冉求。冉求将要起身前往，孔子说：“这次鲁国召冉求回去，不会小用，会重用他。”到了那天，孔子说：“回去吧，回去吧！我的这些弟子志向高远而行事疏阔，富有文采，我不知道从何下手来教育他们。”子赣知道孔子思念家乡想要回去，在送冉求时，告诉他“你要是被重用，要把老师请回去”之类的话。

冉求离去后，第二年，孔子从陈国移居蔡国。吴国召蔡昭公到吴国去，蔡昭公将要前去。以前昭公欺骗他的大臣，把国都迁到州来，这次将要前往，大夫们害怕他又要迁都，公孙翩就射杀了蔡昭公。楚军侵犯蔡国。同年秋天，齐景公去世。

第二年，孔子从蔡国前往叶地。叶公问孔子为政之道，孔子说：“为政之道在于招纳远方的贤人，使近处之人归服。”有一天，叶公向子路问孔子的情况，子路不回答。孔子听说后，说：“仲由，你为什么不对他说：‘他这个人呀，学习起道来不知疲倦，教导起人来不知厌烦，发愤学习忘记了吃饭，快乐时能忘记忧愁，连衰老将要到来也不知道’这样的话呢。”

孔子离开叶地，回到蔡国。长沮、桀溺两人并肩耕田，孔子以为他们是隐士，叫子路去打听渡口在哪儿。长沮说：“那个拉着马缰的人是谁？”子路说：“是孔丘。”长沮又问：“是鲁国的孔丘吗？”子路说：“是的。”长沮说：“那他应该知道渡口在哪儿。”桀溺问子路：“你是谁？”子路说：“我是仲由。”桀溺说：“你是孔丘的弟子吗？”子路说：“是的。”桀溺说：“天下动荡不安，谁能改变这种现状呢？你与其跟着逃避暴乱的人四处奔走，还不如跟着那些躲避乱世的人呐！”说完就继续耕田。子路把这话告诉孔子，孔子失望地说：“我们是不能与鸟兽同群的。如果天下有秩序，我也用不着改变这个局面了。”

有一天，子路走着，遇到一位扛着除草器具的老人。子路问他：“您看见我的老师了吗？”老人说：“四肢不勤劳，五谷分辨不清，谁是你的老师呢！”之后就把拐杖插在地上拔草去了。子路把这话告诉了孔子，孔子说：“这是位隐士。”子路又前往，老人已经离开了。

孔子迁居到蔡国三年，吴国攻打陈国。楚国救援陈国，驻扎在城父。听说孔子在陈国和蔡国之间，楚国便派人去召请孔子。孔子正要前往拜见答礼，陈国、蔡国的大夫商议说：“孔子是位贤人，他所抨击的都切中诸侯弊病。现在长期地停留在陈国和蔡国之间，大夫们的所作所为都不合仲尼的意思。如今的楚国，是大国，聘请孔子。如果孔子在楚国被重用，那么陈、蔡两国掌权的大夫们就危险了。”于是他们就派了一些服劳役的人把孔子围困在野外。孔子一行无法出来，粮食也断绝了。跟从的弟子饿病了，站不起来。孔子却不停地给大家讲学，朗诵诗歌、歌唱弹琴也不停止。子路很生气，见到孔子说：“君子也有困顿的时候吗？”孔子说：“君子在困顿面前能坚守节操，小人在困境中就会胡作非为了。”

子贡脸色变了。孔子说：“赐，你认为我是博学强记的人吗？”子贡答道：“是的。难道不是这样吗？”孔子说：“不是的。我是用一种基本思想把所学的知识贯穿起来的。”

孔子知道弟子们

不高兴，就叫来子路，问他：“《诗经》说‘不是犀牛也不是老虎，可是却徘徊在旷野上’。是我们的追求不对吗？我们为什么会落到这步田地呢？”子路说：“想必是我们还不是仁人吧？所以人家才不信任我们。想必是我们还不够有智谋吧？所以人家不让我们通行。”孔子说：“有这样的话吗？仲由，假使仁德的人能得到信任，怎么会有伯夷、叔齐饿死呢？假使有智谋的人能畅行无阻，怎么会有王子比干被剖心呢？”

子路出去了，子贡来拜见孔子。孔子说：“赐，《诗经》上说‘不是犀牛也不是老虎，可是却徘徊在旷野上’。是我们的追求有什么不对吗？我们为什么会落到这步田地？”子贡说：“老师的理想太博大了，所以天下都不能容纳老师。老师何不稍微降低一下标准呢？”孔子说：“赐，好的农夫善于耕种，却不一定有好的收获，好的工匠手艺巧妙，但他的作品未必能使每个人都称心如意。君子能够修养自身的理想和学说，有条有理，有纲有目，但未必能被世人接受。现在你不去修养自身，却想着去求得别人容纳。赐啊，你的志向并不远大啊！”

子贡出去之后，颜回进来拜见。孔子说：“回啊，《诗经》说‘不是犀牛也不是老虎，可是却徘徊在旷野上’。难道是我们的理想有什么不对吗？我们为什么会落到这步田地呢？”颜回说：“老师的理想和学说很是博大，所以天下没能容纳老师。虽然如此，老师还是要推行自己的学说，不被接受又有什么关系呢？不被接受，这样才能显出君子的伟大！一个人不修养自身，才是自己的耻辱。而下大力研修的学说却不被人所用，就是当权者的耻辱了。不被天下接受又有什么关系呢？不被接受，这样才能显出君子的伟大！”孔子听后欣慰地笑道：“正是这样，颜家的小子！如果你有很多钱财，我愿意做你的管家。”

孔子后来派子贡到楚国。楚昭王调动军队来迎接孔子，孔子一行才得以脱身。

楚昭王想把七百户人家封给孔子。楚国的令尹子西说：“大王派往各诸侯国的使臣有像子贡这样的吗？”昭王说：“没有。”子西又问：“大王的辅佐大臣有像颜回这样的吗？”昭王说：“没有。”子西又问：“大王的将帅有像子路这样的吗？”昭王说：“没有。”子西还问：“大王的主事官员，有像宰予这样的吗？”昭王说：“没有。”子西接着说：“况且楚国祖先在受周天子分封时，封号是子爵，受封土地方圆五十里。现在孔丘讲述三皇五帝的治国之道，发扬周公旦、召公奭辅佐周天子的事业，大王如果任用了他，楚国还能世世代代保有方圆几千里的土地吗？以前文王在丰邑、武王在镐京，作为只有百里之地的君主，最终能统治天下。现在如果让孔丘拥有那些土地，还有贤能的弟子辅佐，并不是楚国的福音。”昭王就打消了原来的想法。那年秋天，楚昭王在城父去世。

楚国狂人接舆有一天唱着歌从孔子旁路过，说道：“凤凰呀凤凰，你的德行为何这般衰微！过去的无法挽回，未来还可以抓得住！算了吧，算了吧，现在从政的人都很危险啊！”孔子下车，想和他谈谈。但接舆却快步走开了，孔子没能跟他说上话。

孔子从楚国返回了卫国。这年，孔子六十三岁，是鲁哀公六年。

第二年，吴国和鲁国在缯地会盟，吴国要求鲁国提供百牢的祭品。吴国太宰嚭召见季康子。季康子派子贡前往交涉，然后鲁国才得以免纳百牢的祭品。

孔子说："鲁国、卫国的政治形势，像兄弟般相似。"这时，卫出公辄的父亲蒯聩没有继位，流亡在外，诸侯对此事屡加指责。而孔子的弟子有很多在卫国做官，卫出公辄也想请孔子来参与政事。子路说："卫国国君想请您出来执政，您打算先做什么呢？"孔子回答说："我一定要理清名分！"子路说："真这样吗，您太迂阔了！为什么要首先理清名分呢？"孔子说："子路你太缺乏教养了！名分不正，言论就不顺当，言论不顺，事情就办不成，事情办不成，礼乐教化就不能兴盛，礼乐教化不兴盛，刑罚就不公正，刑罚不公正，老百姓就不知所措。所以君子办事必符合名分，言语一定要切实可行。君子对于他们所说的话，应该毫不马虎才行啊。"

第二年，冉有为季氏统领军队，在郎地同齐国作战，打败了齐军。季康子说："您的军事才能，是学来的，还是天生的呢？"冉有答道："是从孔子那儿学来的。"季康子又问："孔子是怎样的人呢？"冉有回答："孔子做事讲究符合名分；他的学说不论是传给百姓，还是对质于鬼神，都是没有缺憾的。我做的这些事情，虽然受封到二千五百户人家，而夫子却不会认可的。"季康子说："我想召请他过来，可以吗？"冉有说："您要请他回来，不让小人从中阻碍，就可以了。"当时，卫国大夫孔文子准备攻打太叔，向孔子询问计策。孔子推辞说不知道，之后就吩咐备车离开了卫国，说："鸟儿能选择树木栖息，难道能让树木选择鸟儿吗！"孔文子坚决留他下来。恰好季康子派公华、公宾、公林带着礼物迎接孔子，孔子就返回了鲁国。

孔子从离开鲁国到返回鲁国，其间一共经过了十四年。

鲁哀公向孔子询问为政之道，孔子答道："为政最重要的是选好大臣。"季康子也向孔子询问为政之道，孔子答道："举用正直的人，管理邪曲的人，那样邪曲的人也能成为正直的人了。"季康子担忧盗窃之事，孔子说："如果你自己不贪图钱财，就是给人奖赏，人们也是不会去偷窃的。"但是鲁国最终也没能重用孔子，孔子也不主动要求出来做官。

孔子那个时候，周王室衰微，礼崩乐坏，《诗》《书》也残缺不全。孔子追究夏、商、周三代的礼仪制度，编定《书传》的篇次，上起唐尧、虞舜，下至秦穆公，依照事情先后，加以编排。孔子说："夏代的礼仪制度我还能讲出来，只是杞国没有留下足够的证明。殷商的礼仪制度我也能讲，只是宋国没有留下足够的证明。如果杞、宋两国有足够的文献，我就能够证明了。"孔子考察了殷、夏礼仪制度的变化后，说："将来即使经过一百世，礼制的变化也是可以知道的，因为总是一代崇尚文采，一代崇尚质朴。周代的礼仪制度借鉴了夏代和殷代，多么丰富多彩呀！我遵从欣赏周代的礼仪制度。"所以《书传》《礼记》都是孔子整理编定的。

孔子对鲁国乐官太师说："音乐是可以通晓的。开始演奏的协调一致，继续下去是节奏和谐，音节明快，连续不断，直到整首乐曲演奏完成。"孔子又说："我从卫国返回鲁国后，就开始整理诗乐，使《雅》《颂》得以合理地分类。"

古代留传的诗有三千多篇，到孔子时，把重复的删掉，选取可用于礼义教化的，最早的有追述殷始祖契、周始祖后稷的诗篇，其次有叙述殷、周两代兴盛的诗篇，还有批判周幽王、厉王政治缺失的诗篇，而开篇则是叙述夫妇关系和感情的，所以说："《关雎》作为《国风》的第一篇，《鹿鸣》作为《小雅》的第一篇，《文王》作为《大雅》的第一篇，《清庙》作为《颂》的第一篇。"三百零五篇诗孔子都配以乐谱，以求合于《韶》《武》《雅》《颂》这些乐曲的曲调。先王的礼乐制度可以得到追述，配合使得王道完备，孔子也完成了"六艺"的编修。

孔子晚年喜好《周易》，写了《彖辞》《系辞》《卦》《文言》等十篇解易的传文。孔子读《周易》，把编书简的牛皮绳磨断了多次。孔子说："如果再给我几年时间，我对《周易》就能够透彻理解了。"

孔子用《诗》《书》《礼》《乐》作为教材来教育弟子，有大约三千弟子，其中能精通礼、乐、射、御、书、数这六种技艺的有七十二人。至于像颜浊邹那样受到孔子教诲的，却不算正式弟子的就更多了。

孔子从四个方面教育弟子：学问、言行、忠恕、信义。还为弟子订立四条禁律：不揣测、不武断、不固执、不自以为是。孔子认为应当谨慎对待的是：斋戒、战争、疾病。孔子很少谈到利益，却喜欢讲天命、仁德。他教育弟子之时，不到弟子真正努力思考却仍想不明白的时候，不去急着启发开导。他讲一个道理，弟子不能举一反三，他就不再重复讲述了。

孔子在自己乡里，谦恭得像个不善言谈的人。在宗庙祭祀和朝廷议政的情境，却能言善辩，言辞明晰而又通达，态度恭谨。上朝时，与上大夫交谈，态度中正自然；与下大夫交谈，则显得轻松和悦了。

孔子进入宫廷大门，低头弯腰，恭敬谨慎；进门后快步向前，恭敬有礼。国君命他迎接宾客，他的表情十分庄重认真。国君召见他，他会不等待车子备好，就动身起行了。

鱼不新鲜，肉有变味，或者不按规矩切的，孔子一概不吃。席位不正，他就不就座。在有丧事的人旁边吃饭，从来不会吃饱。

孔子如果在一天内哭泣过，这天就不再歌唱。看见穿丧服的人和盲人，即使是个小孩，他也必定会表现出同情的样子。

孔子说："三个人同行，其中必有可以做我老师的。"孔子又说："不修明道德，不探求学业，见到别人的长处又不学习，对缺点错误又不能改正，这些是我担忧的问题。"孔子请别人唱歌，要是唱得好，就请人再唱一遍，自己也会和唱起来。

孔子不谈论与怪异、暴力、叛乱、鬼神有关的事情。

子贡说："老师在文章上的见解，我们是可以学习的。老师对有关天道与命运的体悟，我们就难以学习了。"颜渊长叹道："我越仰慕老师的学问，越觉得它高深无比，越是钻研探讨，越觉得它坚实深厚。看着它是在前面，忽然间又在后面了。老师善于循序渐进地诱导，用典籍来丰富我的见识，用礼仪来规范我的言行，使我想停止学习都不行。我们已经竭尽了才力，现在也好像有所建树，但老师的学问却依然高立在面前。虽然我想追赶上去，但是却无从追得上。"达巷这里的人对我说："孔子伟大啊，他博学多才，别人却无法知晓他属于哪一家。"孔子听到后说："我要专于哪一行呢？是驾车？还是射箭？我看还是专于驾车吧。"子牢说："老师曾说过：'我是没有被世任用，所以才学会了这些技艺。'"

鲁哀公十四年春天，哀公在大野狩猎。给叔孙氏驾车的钽商猎获了一头野兽，认为这是不祥之兆。孔子看到后说："这是麒麟。"一众人便将它取走了。孔子说："黄河上再不见神龙背负八卦图出现，洛水上再不见神龟背负洛书出现，我大概没什么希望了！"颜渊死了，孔子说："这是上天要我的命呀！"等到他西去狩猎见到麒麟，说："我的思想和主张行不通啊！"孔子感慨道："没有人能了解我啊！"子贡说："为什么没有人了解您呢？"孔子回答说："我不抱怨天，也不怪罪人，我从下学人事起，上通天理，能了解我的，看来只有上天了吧！"

孔子说："不降低自己的志向，不让自己的人格受辱，只有伯夷、叔齐二人吧！"孔子又说："柳下惠、少连降低了志向，人格受到了侮辱。"他又说："虞仲、夷逸隐居，直言论道，行为合乎清高纯洁，自我退隐也合于权变之计。"他还说："我跟他们都不同，对我来说没有绝对的行或不行。"

孔子说："不是吗，不是吗，君子担忧的是死后没有留下好的名声。我的主张未能施行，我用什么留名后世呢？"于是就根据鲁国的史书作了《春秋》，上起鲁隐公元年，下止鲁哀公十四年，共记载了鲁国十二个国君其间的大事。孔子以鲁国资料编写了《春秋》，尊奉周王室为正统，借鉴殷商制度，上承夏、商、周三代的法统。文辞简约而旨意广博。所以吴、楚的国君自称为王，而《春秋》中仍称其

为子爵；践土与诸侯会盟，实际上是召周天子入会的，而《春秋》中却避讳说“周天子巡狩于河阳”：《春秋》就是用这一原则，来褒贬当时事件，确立准绳，以待后来能有王者加以推广开来，使《春秋》的思想、义法在天下推行，那么乱臣奸贼们就要害怕了。

孔子任司寇时，审理诉讼案件，文辞上有可与别人商议的时候，从不独自决断。到写《春秋》时，应该写的一定写，应当删的一定删，子夏这样擅长文辞的弟子，一句话也增删不了。弟子们受教《春秋》，孔子说：“因为《春秋》，后人了解我，而后人怪罪我，也将因为这部《春秋》。”

第二年，子路死在卫国。孔子病重，子贡请求拜见。孔子正拄着拐杖在门口休闲地散步，说：“赐，你怎么来得这么晚啊？”孔子于是叹息，唱道：“泰山崩塌了！梁柱要折了！哲人衰微了！”孔子边唱边流下了眼泪。又对子贡说：“天下无道已经很久了，没有人能施行我的主张。夏人死了停棺在东面的台阶上，周人死了停棺在西面的台阶上，殷人死了停棺在两柱之间。昨天晚上我梦见自己坐在两柱之间受人祭奠，我是殷商人的后代啊。”七天后，孔子去世。

孔子终年七十三岁，是在鲁哀公十六年四月己丑日去世的。

鲁哀公作的悼词说：“老天爷不仁慈，不肯留下这位老人，扔下我孤零零一人在位，太伤心了。悲痛啊！尼父啊，我也不顾礼法了！”子贡说：“鲁君大概不会在鲁国终老吧！老师曾说：‘礼法丧失就会昏乱，名分丧失就会犯下过失。丧失意志就会昏乱，失去国家就是过错。’老师活着的时候不用他，死后却作祭文哀悼他，不合礼法。自称‘余一人’，也是不合名分的。”

孔子死后葬在鲁城北的泗水岸边，弟子们都服丧三年。三年守丧完毕，大家道别离去，都相对而哭，很是悲伤；有的人就又留了下来。只有子赣在墓旁住下，守墓六年，然后才离开。弟子及鲁国人前往墓旁居住的有一百多家，因而就把这里命名为孔里。鲁国世世代代相传，每年都按时到孔子墓祭拜，儒生们也在这时来这里讲习礼仪，行乡饮酒礼、大射礼等。孔子的墓地有一顷大。孔子故居的堂屋和弟子居住的内室，后来改成庙宇，收藏孔子生前穿戴过的衣帽，使用过的琴、车、书等，直到汉代二百多年间没有停止。汉高祖刘邦经过鲁地，用太牢祭祀孔子。诸侯卿相到任，总是先去拜谒孔子墓，之后才就职。

孔子生鲤，字伯鱼。伯鱼终年五十岁，在孔子之前过世。

伯鱼生伋，字子思，终年六十二岁。曾经在宋国受困。子思作了《中庸》。

子思生白，字子上，终年四十七岁。子上生求，字子家，终年四十五岁。子家生箕，字子京，终年四十六岁。子京生穿，字子高，终年五十一岁。子高生慎，终年五十七岁，曾做过魏相。

子慎生鲋，终年五十七岁，做过陈胜的博士，死在陈地。

鲋的弟弟叫襄，终年五十七岁。曾做过孝惠帝博士，后提升为长沙郡太守。身高九尺六寸。

子襄生忠，终年五十七岁。忠生武，武生延年和安国。安国做了武帝的博士，官至临淮郡太守，去世较早。安国生卬，卬生驩。

太史公说：《诗》有言："像高山般令人瞻仰，像大道般令人遵循。"虽然不能达到这种境地，但是心里却向往着。我读孔子著作，可以想见他的为人。到了鲁地，参观了孔子的庙堂、车服、礼器，看到学生们按时到孔子旧宅中演习礼仪。我怀着敬意，徘徊留恋不愿离开。自古以来天下君王和贤人很多，活着的时候显贵荣耀，可死去后什么都没有了。孔子作为平民，名声和学说传了十多代了，读书人仍奉他为宗师。从天子王侯到讲谈六艺之人，都把孔子的学说当作准则，可以说孔子是至高无上的圣人！

（苏　芃　注译）

卷四十八 陈涉世家第十八

注释查阅　译文诵读

陈胜者，阳城人也[1]，字涉。吴广者，阳夏人也[2]，字叔。陈涉少时，尝与人佣耕[3]，辍耕之垄上[4]，怅恨久之，曰："苟富贵，无相忘。"庸者笑而应曰："若为庸耕[5]，何富贵也？"陈涉太息曰[6]："嗟乎，燕雀安知鸿鹄之志哉[7]！"

二世元年七月[8]，发闾左適戍渔阳九百人[9]，屯大泽乡[10]。陈胜、吴广皆次当行[11]，为屯长[12]。会天大雨[13]，道不通，度已失期[14]。失期，法皆斩。陈胜、吴广乃谋曰："今亡亦死[15]，举大计亦死[16]，等死[17]，死国可乎[18]？"陈胜曰："天下苦秦久矣[19]。吾闻二世少子也[20]，不当立，当立者乃公子扶苏[21]。扶苏以数谏故[22]，上使外将兵[23]。今或闻无罪，二世杀之。百姓多闻其贤，未知其死也。项燕为楚将[24]，数有功，爱士卒，楚人怜之。或以为死[25]，或以为亡。今诚以吾众诈自称公子扶苏、项燕[26]，为天下唱[27]，宜多应者[28]。"吴广以为然。乃行卜[29]。卜者知其指意，曰："足下事皆成，有功[30]。然足下卜之鬼乎[31]！"陈胜、吴广喜，念鬼[32]，曰："此教我先威众耳[33]。"乃丹书帛曰"陈胜王"，置人所罾鱼腹中[34]。卒买鱼烹食，得鱼腹中书，固以怪之矣[35]。又间令吴广之次所旁丛祠中[36]，夜篝火[37]，狐鸣呼曰"大楚兴，陈胜王"[38]。卒皆夜惊恐。旦日，卒中往往语[39]，皆指目陈胜[40]。

吴广素爱人，士卒多为用者。将尉醉，广故数言欲亡，忿恚尉[41]，令辱之，以激怒其众。尉果笞广[42]。尉剑挺[43]，广起，夺而杀尉。陈胜佐之，并杀两尉。召令徒属曰[44]："公等遇雨，皆已失期，失期当斩。藉弟令毋斩[45]，而戍死者固十六七[46]。且壮士不死即已，死即举大名耳[47]，王侯将相宁有种乎[48]！"徒属皆曰："敬受命。"乃诈称公子扶苏、项燕，从民欲也。袒右[49]，称大楚。为坛而盟，祭以尉首。陈胜自立为将军，吴广为都尉[50]。攻大泽乡，收而攻蕲[51]。蕲下[52]，乃令符离人葛婴将兵徇蕲以东[53]。攻铚、酂、苦、柘、谯[54]，皆下之。行收兵[55]。比至陈[56]，车六七百乘，骑千馀，卒数万人。攻陈[57]，陈守令皆不在，独守丞与战谯门中[58]。弗胜，守丞死，乃入据陈[59]。数日，号令召三老、豪杰与皆来会计事[60]。三老、豪杰皆曰："将军身被坚执锐[61]，伐无道，诛暴秦，复立楚国之社稷，功宜为王。”陈涉乃立为王，号为“张楚”。

当此时，诸郡县苦秦吏者，皆刑其长吏[62]，杀之以应陈涉。乃以吴叔为假王[63]，监诸将以西击荥阳[64]。令陈人武臣、张耳、陈馀徇赵地[65]，令汝阴人邓宗徇九江郡[66]。当此时，楚兵数千人为聚者，不可胜数。

葛婴至东城[67]，立襄彊为楚王[68]。婴后闻陈王已立，因杀襄彊还报。至陈，陈王诛杀葛婴。陈王令魏人周市北徇魏地[69]。吴广围荥阳。李由为三川守[70]，守荥阳，吴叔弗能下。陈王征国之豪杰与计，以上蔡人房君蔡赐为上柱国[71]。

周文[72]，陈之贤人也，尝为项燕军视日[73]，事春申君[74]，自言习兵，陈王与之将军印，西击秦。行收兵至关[75]，车千乘，卒数十万，至戏[76]，军焉[77]。秦令少府章邯免郦山徒、人奴产子生[78]，悉发以击楚大军，尽败之。周文败，走出关，止次曹阳二三月[79]。章邯追败之，复走次渑池十馀日[80]。章邯击，大破之。周文自刭，军遂不战。

武臣到邯郸，自立为赵王，陈馀为大将军，张耳、召骚为左右丞相[81]。陈王怒，捕系武臣等家室[82]，欲诛之。柱国曰：“秦未亡而诛赵王将相家属，此生一秦也。不如因而立之。”陈王乃遣使者贺赵，而徙系武臣等家属宫中[83]，而封耳子张敖为成都君[84]，趣赵兵亟入关[85]。赵王将相相与谋曰：“王王赵，非楚意也。楚已诛秦，必加兵于赵。计莫如毋西兵，使使北徇燕地以自广也[86]。赵南据大河[87]，北有燕、代[88]，楚虽胜秦，不敢制赵[89]。若楚不胜秦，必重赵。赵乘秦之獘[90]，可以得志于天下。”赵王以为然，因不西兵，而遣故上谷卒史韩广将兵北徇燕地[91]。

燕故贵人豪杰谓韩广曰：“楚已立王，赵又已立王。燕虽小，亦万乘之国也，愿将军立为燕王。”韩广曰：“广母在赵，不可。”燕人曰：“赵方西忧秦，南忧楚，其力不能禁我[92]。且以楚之彊，不敢害赵王将相之家，赵独安敢害将军之家！”韩广以为然，乃自立为燕王。居数月[93]，赵奉燕王母及家属归之燕。

当此之时，诸将之徇地者，不可胜数。周市北徇地至狄[94]，狄人田儋杀狄令[95]，自立为齐王，以齐反，击周市。市军散，还至魏地，欲立魏后故宁陵君咎为魏王[96]。时咎在陈王所，不得之魏。魏地已定，欲相与立周市为魏王，周市不肯。使者五反，陈王乃立宁陵君咎为魏王，遣之国。周市卒为相。

将军田臧等相与谋曰[97]：“周章军已破矣[98]，秦兵旦暮至[99]，我围荥阳城弗能下，秦军至，必大败。不如少遗兵[100]，足以守荥阳，悉精兵迎秦军。今假王骄，不知兵权[101]，不可与计，非诛之，事恐败。”因相与矫王令以诛吴叔[102]，献其首于陈王。陈王使使赐田臧楚令尹印，使为上将。田臧乃使诸将李归等守荥阳城[103]，自以精兵西迎秦军于敖仓[104]。与战，田臧死，军破。章邯进兵击李归等荥阳下，破之，李归等死。

阳城人邓说将兵居郯[105]，章邯别将击破之[106]，邓说军散走陈。铚人伍徐将兵居许[107]，章邯击破之，伍徐军皆散走陈。陈王诛邓说。

陈王初立时，陵人秦嘉、铚人董绁、符离人朱鸡石、取虑人郑布、徐人丁疾等皆特起[108]，将兵围东海守庆于郯[109]。陈王闻，乃使武平君畔为将军[110]，监郯下军。秦嘉不受命，嘉自立为大司马[111]，恶属武平君。告军吏曰："武平君年少，不知兵事，勿听！"因矫以王命杀武平君畔。

章邯已破伍徐，击陈，柱国房君死。章邯又进兵击陈西张贺军[112]。陈王出监战，军破，张贺死。

腊月[113]，陈王之汝阴[114]，还至下城父[115]，其御庄贾杀以降秦[116]。陈胜葬砀[117]，谥曰隐王。

陈王故涓人将军吕臣为仓头军[118]，起新阳[119]，攻陈，下之，杀庄贾，复以陈为楚。

初，陈王至陈，令铚人宋留将兵定南阳[120]，入武关[121]。留已徇南阳，闻陈王死，南阳复为秦。宋留不能入武关，乃东至新蔡[122]，遇秦军，宋留以军降秦。秦传留至咸阳[123]，车裂留以徇[124]。

秦嘉等闻陈王军破出走，乃立景驹为楚王[125]，引兵之方与[126]，欲击秦军定陶下[127]。使公孙庆使齐王[128]，欲与并力俱进。齐王曰："闻陈王战败，不知其死生，楚安得不请而立王[129]！"公孙庆曰："齐不请楚而立王，楚何故请齐而立王！且楚首事[130]，当令于天下。"田儋诛杀公孙庆。

秦左右校复攻陈[131]，下之。吕将军走，收兵复聚。鄱盗当阳君黥布之兵相收[132]，复击秦左右校，破之青波[133]，复以陈为楚。会项梁立怀王孙心为楚王[134]。

陈胜王凡六月[135]。已为王，王陈。其故人尝与庸耕者闻之，之陈，扣宫门曰[136]："吾欲见涉。"宫门令欲缚之[137]。自辩数，乃置[138]，不肯为通[139]。陈王出，遮道而呼涉[140]。陈王闻之，乃召见，载与俱归。入宫，见殿屋帷帐[141]，客曰："夥颐[142]！涉之为王沉沉者[143]！"楚人谓多为夥，故天下传之，夥涉为王[144]，由陈涉始。客出入愈益发舒[145]，言陈王故情。或说陈王曰："客愚无知，颛妄言[146]，轻威[147]。"陈王斩之。诸陈王故人皆自引去[148]，由是无亲陈王者。陈王以朱房为中正[149]，胡武为司过[150]，主司群臣。诸将徇地，至，令之不是者，系而罪之，以苛察为忠[151]。其所不善者，弗下吏[152]，辄自治之。陈王信用之。诸将以其故不亲附。此其所以败也。

陈胜虽已死，其所置遣侯王将相竟亡秦[153]，由涉首事也。高祖时为陈涉置守冢三十家砀[154]，至今血食[155]。

褚先生曰[156]：地形险阻，所以为固也；兵革刑法，所以为治也。犹未足恃也。夫先王以仁义为本，而以固塞文法为枝叶[157]，岂不然哉！吾闻贾生之称曰：

"秦孝公据殽函之固[158]，拥雍州之地[159]，君臣固守，以窥周室。有席卷天下，包举宇内[160]，囊括四海之意，并吞八荒之心。当是时也，商君佐之[161]，内立法度，务耕织，修守战之备；外连衡而斗诸侯[162]。于是秦人拱手而取西河之外[163]。

“孝公既没，惠文王、武王、昭王蒙故业[164]，因遗策[165]，南取汉中[166]，西举巴蜀[167]，东割膏腴之地[168]，收要害之郡[169]。诸侯恐惧，会盟而谋弱秦[170]。不爱珍器重宝肥饶之地，以致天下之士[171]。合从缔交[172]，相与为一。当此之时，齐有孟尝[173]，赵有平原[174]，楚有春申，魏有信陵[175]：此四君者，皆明知而忠信[176]，宽厚而爱人，尊贤而重士。约从连衡，兼韩、魏、燕、赵、宋、卫、中山之众。于是六国之士有宁越、徐尚、苏秦、杜赫之属为之谋[177]，齐明、周最、陈轸、邵滑、楼缓、翟景、苏厉、乐毅之徒通其意[178]，吴起、孙膑、带他、兒良、王廖、田忌、廉颇、赵奢之伦制其兵[179]。尝以什倍之地[180]，百万之师仰关而攻秦[181]。秦人开关而延敌[182]，九国之师遁逃而不敢进。秦无亡矢遗镞之费[183]，而天下固已困矣。于是从散约败，争割地而赂秦[184]。秦有馀力而制其弊，追亡逐北[185]，伏尸百万，流血漂橹[186]，因利乘便[187]，宰割天下，分裂山河，彊国请服[188]，弱国入朝[189]。

“施及孝文王、庄襄王[190]，享国之日浅[191]，国家无事。

“及至始皇，奋六世之馀烈[192]，振长策而御宇内[193]，吞二周而亡诸侯，履至尊而制六合[194]，执敲朴以鞭笞天下[195]，威振四海。南取百越之地[196]，以为桂林、象郡[197]，百越之君俛首系颈[198]，委命下吏[199]。乃使蒙恬北筑长城而守藩篱[200]，却匈奴七百馀里，胡人不敢南下而牧马，士亦不敢贯弓而报怨[201]。于是废先王之道，燔百家之言[202]，以愚黔首[203]。堕名城[204]，杀豪俊[205]，收天下之兵聚之咸阳，销锋鍉[206]，铸以为金人十二[207]，以弱天下之民。然后践华为城[208]，因河为池[209]，据亿丈之城，临不测之溪以为固。良将劲弩，守要害之处，信臣精卒，陈利兵而谁何[210]。天下已定，始皇之心，自以为关中之固，金城千里[211]，子孙帝王万世之业也。

“始皇既没，馀威振于殊俗[212]。然而陈涉瓮牖绳枢之子[213]，甿隶之人[214]，而迁徙之徒也。材能不及中人[215]，非有仲尼、墨翟之贤[216]，陶朱、猗顿之富也[217]。蹑足行伍之间[218]，俛仰仟佰之中[219]，率罢散之卒[220]，将数百之众，转而攻秦。斩木为兵，揭竿为旗[221]，天下云会响应[222]，赢粮而景从[223]，山东豪俊遂并起而亡秦族矣[224]。

“且天下非小弱也；雍州之地，殽函之固自若也[225]。陈涉之位，非尊于齐、楚、燕、赵、韩、魏、宋、卫、中山之君也；鉏耰棘矜[226]，非铦于句戟长铩也[227]；適戍之众，非俦于九国之师也[228]；深谋远虑，行军用兵之道，非及乡时之士也[229]。然而成败异变，功业相反也。尝试使山东之国与陈涉度长絜大[230]，比权量力，则不可同年而语矣。然而秦以区区之地[231]，致万乘之权，抑八州而朝同列[232]，百有馀年矣。然后以六合为家，殽函为宫。一夫作难而七庙堕[233]，身死人手，为天下笑者，何也？仁义不施，而攻守之势异也[234]。”

【译文】

陈胜是阳城人，字涉。吴广是阳夏人，字叔。陈涉年轻时，曾经被人雇佣来耕田，干活累了，在田埂上休息，愤恨难平，说道："以后要是富贵了，我们不要相互忘记。"其他被雇来的人笑着说道："你就是一个耕地的雇工，怎么会富贵起来？"陈涉长叹一声，说道："燕雀哪里能知道鸿鹄的志向呢！"

二世元年七月，秦征发住在里巷左侧的贫民九百人，去渔阳守边，驻扎在大泽乡。陈胜、吴广都在征发之列，担任屯长。恰逢下大雨，道路不通，推测已经会错过到达渔阳的期限。按照秦律，不准时到达都要斩首。于是陈胜、吴广密谋说道："现在我们逃跑终是一死，造反也就是一死，都是死，为国事而死不是更值得吗？"陈胜说："天下百姓因为秦国的暴政受苦已经很久了。我听说秦二世是小儿子，不应当即位，该继位的是公子扶苏。扶苏因为屡次劝谏秦始皇，被秦始皇发配边疆带兵。现在听说扶苏明明无罪，却被二世杀了。百姓们大多知道扶苏贤能，却不知道他已经死了。项燕是以前楚国的将领，有很多功劳，爱惜士兵，楚人很怜悯他。有人认为他死了，有人认为他逃跑了。现在果真凭我们的人众自称是扶苏和项燕，倡导天下人抗秦，应该会有很多响应的人。"吴广觉得这样可以成事。于是他们去进行占卜，占卜的人知道他们的意图，说道："您的计划都能成功，可以建功立业。但是您要不要再向鬼神占卜一下！"陈胜、吴广很高兴，揣度卜鬼的事情，恍然大悟道："这是教我们先在人众中建立威信啊。"于是在素帛上用红字写着"陈胜王"，塞到别人捕捞上来的鱼的肚子里。士兵买鱼吃，杀鱼时发现了鱼肚子里的帛书，本来已经觉得很奇怪了。陈胜又暗中让吴广到他营地旁草野中的神庙里，夜里点起灯火，学狐狸叫着"大楚兴，陈胜王"。士兵们夜里都很害怕。第二天，士兵们时时说起这些事，偷看着陈胜指指点点。

吴广向来关爱众人，士兵里面很多人都愿意为他效劳。一天将尉喝醉了，吴广有意多次在他面前说想要逃跑，激怒将尉，让他羞辱自己，来激起众人的义愤。将尉果然抽打了吴广。将尉拔出了宝剑，吴广起身夺剑，杀死了将尉。陈胜帮助他，合起来把两个将尉都杀了。于是陈胜、吴广召集命令一同被罚服役的人们说："诸位在此地遭遇了大雨，都已经错过了期限，过了期限都要判处斩刑。就算是没有被斩，戍边而死的人本来就十有六七。况且壮士不死也就罢了，拼死的话也要是为了做出功名显赫的大事，他们王侯将相难道都是天生的吗！”服役的众人都说道：“遵命。”于是陈胜等人假称是公子扶苏、楚将项燕的军队，顺从人民的心愿。众人都袒露右臂，自称大楚。又建起祭坛进行盟誓，拿两个将尉的头颅作为祭品。陈胜自立为将军，吴广做都尉。陈胜军队进攻大泽乡，攻取之后又去攻打蕲地。收取蕲地后，陈胜命令符离人葛婴带兵巡行并占领蕲地以东的区域。之后又攻打铚、酂、苦、柘、谯等地，全部攻取。行军路上还一直招收人马扩充队伍。等到到了陈地，陈胜军队已经有战车六七百乘，骑兵一千余人，士卒数万人。攻打陈地，陈地的郡守县令都不在，只有守丞在建有瞭望楼的城门处抵抗。陈地守军战败，守丞战死，于是陈胜军队进城占据了陈地。几天后，陈胜命令当地的三老、豪杰们前来共同商讨事务。三老、豪杰都说：“将军身披坚固的铠甲，手持锋利的兵刃，讨伐无道的昏君，诛灭实行暴政的秦朝，重新建立楚国的江山社稷，功劳之大，应当称王。”于是陈涉自立为王，定国号为“张楚”。

在这时，各个郡县苦于秦朝官吏的人民，都纷纷起来反抗，杀掉他们的长官来响应陈胜。于是陈胜让吴广代理为王，监督众将领向西攻打荥阳。派陈人武臣、张耳、陈馀带兵巡行占领赵地，派汝阴人邓宗带兵占领九江郡。到这时，大楚一带数千人规模的起义军，多得数之不尽。

葛婴到达东城后，扶立襄彊做楚王。后来葛婴听说陈胜称王了，于是就杀掉了襄彊，回去报告陈王。回到陈地，陈王诛杀了葛婴。陈胜命令魏人周市向北占领魏地。吴广率兵包围荥阳。当时李由任三川郡守，守卫荥阳，吴广没能攻下此地。于是陈王召集国中的豪杰一起合计，任上蔡房君蔡赐做上柱国辅佐自己。

周文是陈地的贤人，曾经给项燕的军队占卜时日吉凶，效劳于春申君，自称熟悉带兵打仗，陈胜赐给他将军印绶，让他向西攻打秦王朝。周文一路行军招兵到达函谷关，拥有了战车一千乘，士兵数十万，到达戏亭，驻扎在此地。秦朝命令少府章邯免除在骊山修筑秦始皇陵的苦工和在秦朝为奴隶的儿子们的徭役，尽数充军来迎击大楚的军队，将他们全数击败。周文败兵之后，逃出了函谷关，停下来在曹阳驻扎了两三个月。章邯追兵赶来打败他们，于是周文又败逃到渑池驻扎了十几天。章邯再度攻击，大破周文的军队。周文拔剑自尽，其他人溃不成军。

武臣到达邯郸，自立为赵王，任陈馀为大将军，张耳、召骚为左右丞相。陈王大怒，逮捕囚禁了武臣等人的家属，想要诛杀他们。上柱国蔡赐说：“秦朝还没有灭亡就诛杀武臣等人的家属，这就又催生了一个秦国。不如顺势立武臣为赵王。”于是陈王派遣使者前去恭贺赵王即位，把武臣等人的家属转移到宫中囚禁，又封张耳的儿子张敖为成都君，催促赵军赶紧攻入函谷关。赵王君臣合计谋划道：“大王在赵称王，并不合陈王的意图。等楚军灭了秦朝，一定会派兵攻打赵国。我们的计划应该是不要向西面进军，而派人北上去侵略燕地，扩大自己的地盘。赵国占据了南边的黄河流域，北方有燕地、代地，楚军即便战胜了秦军，也不敢轻易管制赵国。如果楚军战胜不了秦军，那就一定会看重赵军的势力。赵国乘着秦朝衰败，可以号令天下。”赵王觉得这样很对，于是不再向西进军，而派遣上谷郡卒史韩广带兵北上占领燕地。

燕地旧时的贵族豪杰对韩广说：“楚国陈胜已经称王，赵国也扶立了赵王。燕国虽然小一些，但也是有万乘战车的大国，希望将军您立为燕王。”韩广说：“我的母亲在赵国，不便称王。”燕人说道：“赵国正是西边担心秦国，南边防备楚国的时候，他们的实力不能阻止我们称王。况且凭借楚国的强大，也没敢加害于赵王及其将相的家属，赵国就偏偏敢加害将军您的家人吗！”韩广觉得没错，于是就自立为燕王。过了几个月，赵王奉还燕王的母亲和其他家属回到燕国。

在这时，巡视各地、侵夺地盘的将领，多得不胜枚举。周市率兵北进到狄县，狄人田儋杀死了狄县县令，自立为齐王，在齐地造反，攻打周市的军队。周市军溃散，回到了魏地，想要立前魏王之后宁陵君魏咎为王。当时魏咎还在陈王那里，无法到魏国来。魏地平定之后，魏人相继要立周市为魏王，周市不同意。他派使者去请求陈王，来回五趟，陈王才立宁陵君魏咎为魏王，把他遣送到魏国。周市最终出任魏国丞相。

吴广部下将军田臧等人一起谋划道：“周文的军队已经被击破了，秦军朝夕之间就能打到这儿来，我等包围荥阳，久攻不下，秦军到了，一定会惨败。不如现在留下少量兵力，够包围荥阳就行了，然后调动精兵迎击秦军。如今假王吴广骄横，又不懂用兵的策略，不能和他一起出谋划策，如果不杀了他，我们的计划恐怕也要失败。”于是他们假传陈王的命令诛杀了吴广，把他的头颅献给了陈王。陈王只能派使者授予田臧楚国令尹的印信，任命他为上将。于是田臧派李归等将领包围荥阳城，自己率领精兵向西在敖仓迎击秦军。交战之后，田臧身死，军队被击破。章邯又进军到荥阳城下攻打李归等人的部队，大破敌军，李归等人战死。

阳城人邓说带兵驻扎在郏县，章邯派别将击败了他们，邓说的军队溃散败亡到陈地。铚人伍徐带兵驻扎在许地，章邯派兵击破了他们，伍徐的军队也溃散败亡到陈地。陈王诛杀了邓说。

陈王刚即位时，陵人秦嘉、铚人董绁、符离人朱鸡石、取虑人郑布、徐人丁疾等都各自起兵抗秦，率兵把东海郡守庆包围在郯城。陈王听说了这件事，于是就派武平君畔做将军，监督统帅郯城下的各路军队。秦嘉拒绝服从命令，自立为大司马，厌恶隶属于武平君一事。他对军吏们说道：“武平君年轻，不懂军事，大家不要听他的话！”于是假称陈王的命令谋杀了武平君畔。

章邯击破伍徐军队之后，去攻打陈地，上柱国房君战死。章邯又进兵攻打陈地西侧的张贺军队。陈王亲自上前线督战，还是战败，张贺战死。

二世元年十二月，陈王到汝阴，又退回到下城父，他的车夫庄贾刺杀了他，投降秦朝。陈胜在砀县下葬，谥号隐王。

陈王之前的内侍、后来出任将军的吕臣率领头裹青色头巾的起义军，在新阳起兵，攻占了陈地，杀死了庄贾，再度据陈地号称楚国。

起初，陈王到陈地，让铚人宋留带兵平定南阳，进入武关。宋留攻占南阳以后，听说陈王被害，南阳人再次归顺秦朝。宋留无法攻入武关，于是带兵向东到了新蔡，在新蔡遭遇了秦军，宋留就率军投降了秦朝。秦朝命令将宋留押解到咸阳，把他车裂示众。

秦嘉等人听说陈王兵败出逃，于是立景驹为楚王，引兵到方与，想在定陶与秦军作战。秦嘉等人派公孙庆出使齐王，想和他合力进军攻秦。齐王说："我听说陈王战败，生死不明，楚国怎么能不请示我就拥立新的楚王！"公孙庆说："齐国立齐王也没有请示楚国，楚国凭什么要请示齐国之后才能立楚王！而且楚国率先抗秦，应当号令天下。"田儋一怒之下杀了公孙庆。

秦军的左右校尉再次攻打陈，占领此地。将军吕臣败逃，收拾残兵再度汇集成军。鄱江盗贼当阳君黥布收纳了他们的部队，再度回击秦军左右校尉，在青波大破敌军，又一次据陈地号称楚国。这时项梁也拥立前楚怀王的孙子熊心为楚王。

陈胜称王前后一共六个月。称王后，在陈地即位。有一个旧时与陈王一同受雇耕田的人听说了，赶往陈地，敲打王宫大门说道："我要见陈涉。"宫门守令准备把他绑缚住。这人不停地为自己辩解，才被放过，但是守令不愿意为他通报陈王。一次陈王出行，这人拦道大喊陈涉的名字。陈王听到了，于是就召见了他，用车载上他一起回宫。这人进入宫中，看见高大的宫殿屋室，华贵的帷幕床帐，惊叹道："夥颐！陈涉你做了大王真是阔绰啊！"楚人把多叫做夥，所以天下人传言称那些

乘乱称王的草莽之人叫做“夥涉为王”，就是从陈胜这里开始的。这人在陈胜宫中出入，越发放肆，常常说起自己和陈王旧时的交情。就有人跟陈王说：“您这位客人愚昧无知，只会乱说胡话，还蔑视您的王威。”于是陈王就斩杀了他的故人。之后陈王的各个故人也都自己退下离开，从此陈王再也没有亲近的人了。陈王任朱房为中正，胡武为司过，让他们管理群臣。各个将领外出开疆扩土，回来之后，不听朱房、胡武命令的，就被抓起来问罪，他们把苛刻地考察他人当做对陈王的忠诚。他们两个若是不喜欢谁，根本不通过下级的主事官员，直接自行决断给别人治罪。陈王却相信这两个人。众将领因此也不再亲附陈王了。这些都是陈胜失败的原因。

陈胜虽然已经死了，但他所任命派遣的封王、诸侯、文武大臣最终消灭了秦朝，这都是由陈涉首先起义开始的。汉高祖时为陈涉在砀县设置了守陵人三十家，到现在还在祭祀陈涉。

褚先生说：险要的地势和阻塞，是用来巩固边防的；武装和刑法，是用来治理国家的。但是光靠这些还是不够的。先王把仁义作为根本，而把坚固的关塞、繁杂的法规当做枝叶，难道不该是这样吗！我听贾生说过：

“秦孝公凭借崤山和函谷关的牢固，坐拥雍州的地盘，君臣一同坚守自己的领地，来觊觎周王朝的国土。他们有掌控普天之下的志向、吞并四海之内的意图。在这时，商鞅辅佐秦孝公，在国内设立法度，让百姓耕田织布，修葺战备，在外用连横的策略与六国争斗。于是秦人轻易地取得了西河之外的土地。

“孝公死后，惠文王、武王、昭王继承先王的伟业，遵循流传下来的国策，南向攻取汉中，西边吞并巴蜀，东方斩获韩魏的丰饶土地，北上取得险要的郡县。诸侯畏惧秦国，于是联盟谋求削弱秦国。各国奉出珍贵的器物、财宝和肥沃的土地，用来招徕天下的能人。六国缔结合纵的约定，合为一体共同抗秦。在这时，齐国有孟尝君，赵国有平原君，楚国有春申君，魏国有信陵君：这四位封君，都是明智而又忠信、宽厚而又仁慈、又尊重人才的贤明之人。各国约定联合起来破坏秦国的连横策略，聚集了韩、魏、燕、赵、宋、卫、中山的人众。这时候六国的人才有宁越、徐尚、苏秦、杜赫等人作为谋臣，齐明、周最、陈轸、邵滑、楼缓、翟景、苏厉、乐毅等人为各国统筹联络，吴起、孙膑、带他、兒良、王廖、田忌、廉颇、赵奢等人率领士卒。各国曾经以十倍于秦国的土地，百万人的军团西上函谷关攻打秦国。秦人大开关门请敌人入关，九国联军却犹犹豫豫不敢进兵，纷纷逃走。秦国没有耗费一根箭杆、一只箭头，就让其他各国困顿不堪。于是合纵的联盟解散，各国又争相割让土地讨好秦国。秦国就用自己余下的兵力去制服疲惫的敌人，追杀逃兵，驱逐败卒，战场上横尸百万，血流成河，浮起了盾牌，秦国趁机让各国任其宰割，分裂天下，强国纷纷请求服从于秦，弱国国君就只能直接入秦称臣。

“延续到了孝文王、庄襄王两代，两位国君在位时间都很短，国家平安无事。

“到秦始皇即位，他奋起六代秦王留下的功业，挥舞长鞭驾驭海内，吞并东西二周，消灭诸侯列国，登上至尊的皇帝之位，统治天下四方，手持权杖，鞭策黎民，威震天下。秦军南下夺取百越之地，设置桂林郡、象郡，百越的君主被捆住脖子俯首称臣，把性命交给秦朝的下级官吏。秦始皇又派蒙恬在北方修筑长城，保卫边关，击退匈奴人七百多里，匈奴不敢往南放马，更不敢张弓反击，报仇雪恨。从此秦始皇废弃了先人的王道，焚烧了各个思想流派的著作，来愚弄黎民百姓。他毁坏天下重镇，杀死有异见的豪杰才俊，把天下的兵器搜集到国都咸阳，熔化了兵刃和箭头，铸成十二座铜人，削弱天下百姓，让他们手无寸铁。然后秦王朝把华山作为城墙，把黄河作为护城河，依仗这亿万丈的高墙、不可测的深渊，形成牢不可破的防守。王朝派出勇猛的将领、精良的弓弩手，去护卫险要的关隘，让亲信的臣子、精锐的部队严兵把守，喝问行人。天下安定以后，秦始皇心想，关中地区无比牢固，铜墙铁壁绵延千里，这是子子孙孙代代相传，万世不绝的基业。

“始皇帝死后，他的余威还在震撼着异邦。然而陈涉只是个贫困人家的儿子，一个佣耕的平民百姓，一个被发配充军的徒隶。他的才能还比不上一般人，根本没有孔子、墨子那样的贤能，没有陶朱、猗顿那样的财富。他行走于充军人的队伍里，在军中做事，却率领疲惫涣散的士卒，带着几百人众，转过头来攻打秦王朝。他们斩断树木做成棍棒，举起竹竿当做旗帜，结果天下之人云集于此，响应陈涉起义，自己背上粮食，亲自追随陈涉，接着山东六国的豪杰才俊纷纷起义消灭了秦王朝。

“况且秦国一统天下，实力不容小觑；雍州之地，崤山和函谷关的牢固也一如从前。陈涉的地位，远不如齐、楚、燕、赵、韩、魏、宋、卫、中山的君主尊贵；他们打仗用的锄柄荆木，也比不上秦兵锋利的刀枪剑戟；他们本是发配充军的人众，不能和当年的九国联军等同；而陈涉等人的计谋思虑、用兵之法，也远比不上当年六国的名士。然而二者最后一成一败，功绩完全相反。如果拿山东六国的条件和陈涉相比，看看孰强孰弱，那么这两者完全不能同日而语。然而当年秦国凭借小小的领地，发展成为一个有万乘兵力的政权，压制天下各国，让诸侯前来朝拜，前后经历百余年的努力。然后秦王朝把四海之内作为自己一家所有，把崤山、函谷关当做自己的宫墙。此时陈涉一人起义，秦王的宗庙轰然倒塌，二世被他人所杀，王朝成为天下人的笑柄，这是为什么呢？是因为当政的人不行仁义之道，看不清打天下时和守天下时的形势，是不同的啊。”

（苏　芃　注译）

卷五十 楚元王世家第二十

注释查阅　译文诵读

太史公曰：国之将兴，必有祯祥[1]，君子用而小人退。国之将亡，贤人隐，乱臣贵。使楚王戊毋刑申公[2]，遵其言，赵任防与先生[3]，岂有篡杀之谋，为天下僇哉[4]？贤人乎，贤人乎！非质有其内，恶能用之哉？甚矣，“安危在出令，存亡在所任”，诚哉是言也！

【译文】

太史公说：国家将要兴起的时候，一定有吉祥的征兆，君子被重用，小人被斥退。国家将要灭亡的时候，贤人隐退，乱臣得到重用。假使楚王戊不惩罚申公，听从他的话，赵王任用防与先生，哪会有反叛的阴谋，遭天下人杀戮呢？贤人啊，贤人啊！不是内心贤能的君王，怎能任用你们呢？太重要啦！“国家的安危在于发出的政令，国家的存亡在于任用的大臣”，这话实在太对了。

（苏　芃　注译）

卷五十二　齐悼惠王

世家第二十二

注释查阅　译文诵读

太史公曰：诸侯大国无过齐悼惠王。以海内初定，子弟少，激秦之无尺土封[1]，故大封同姓，以填万民之心[2]。及后分裂，固其理也。

【译文】

太史公曰：诸侯中的大国没有超过齐悼惠王的。由于天下刚刚平定，刘氏子弟较少，鉴于秦朝没有对宗亲分封尺寸土地的教训，所以就大封同姓，以此来镇抚万民之心。到以后被分裂为几国，本来也是理所当然的。

（苏　芃　注译）

卷五十三 萧相国世家第二十三

注释查阅　译文诵读

萧相国何者，沛丰人也[1]。以文无害为沛主吏掾[2]。

高祖为布衣时，何数以吏事护高祖。高祖为亭长，常左右之。高祖以吏繇咸阳[3]，吏皆送奉钱三，何独以五。

秦御史监郡者与从事，常辨之[4]。何乃给泗水卒史事[5]，第一。秦御史欲入言征何，何固请，得毋行。

及高祖起为沛公，何常为丞督事[6]。沛公至咸阳，诸将皆争走金帛财物之府分之，何独先入收秦丞相御史律令图书藏之[7]。沛公为汉王，以何为丞相。项王与诸侯屠烧咸阳而去。汉王所以具知天下阸塞[8]，户口多少，彊弱之处，民所疾苦者，以何具得秦图书也。何进言韩信，汉王以信为大将军。语在淮阴侯事中。

汉王引兵东定三秦[9]，何以丞相留收巴蜀，填抚谕告[10]，使给军食。汉二年，汉王与诸侯击楚，何守关中，侍太子，治栎阳[11]。为法令约束，立宗庙社稷宫室县邑，辄奏上，可许以从事；即不及奏上，辄以便宜施行[12]，上来以闻。关中事计户口转漕给军[13]，汉王数失军遁去，何常兴关中卒，辄补缺。上以此专属任何关中事。

汉三年，汉王与项羽相距京索之间[14]，上数使使劳苦丞相。鲍生谓丞相曰：“王暴衣露盖，数使使劳苦君者，有疑君心也。为君计，莫若遣君子孙昆弟能胜兵者悉诣军所[15]，上必益信君[16]。”于是何从其计，汉王大说。

汉五年，既杀项羽，定天下，论功行封。群臣争功，岁余功不决。高祖以萧何功最盛，封为酂侯，所食邑多。功臣皆曰：“臣等身被坚执锐[17]，多者百余战，少者数十合，攻城略地，大小各有差。今萧何未尝有汗马之劳，徒持文墨议论，不战，顾反居臣等上，何也[18]？”高帝曰：“诸君知猎乎？”曰：“知之。”“知猎狗乎？”曰：“知之。”高帝曰：“夫猎，追杀兽兔者狗也，而发踪指示兽处者人也。今诸君徒能得走兽耳，功狗也。至如萧何，发踪指示，功人也。且诸君独以身随我，多者两三人；今萧何举宗数十人皆随我，功不可忘也。”群臣皆莫敢言。

列侯毕已受封，及奏位次，皆曰：“平阳侯曹参身被七十创，攻城略地，功最多，宜第一。”上已桡功臣多封萧何[19]，至位次未有以复难之，然心欲何第一。关内侯鄂君进曰[20]：“群臣议皆误。夫曹参虽有野战略地之功，此特一时之事。夫上与楚相距五岁，常失军亡众，逃身遁者数矣。然萧何常从关中遣军补其处，非上所诏令召，而数万众会上之乏绝者数矣。夫汉与楚相守荥阳数年，军无见粮，萧何转漕关中，给食不乏。陛下虽数亡山东[21]，萧何常全关中以待陛下，此万世之功也。今虽亡曹参等百数，何缺于汉？汉得之不必待以全。奈何欲以一旦之功而加万世之功哉！萧何第一，曹参次之。”高祖曰：“善。”于是乃令萧何第一，赐带剑履上殿，入朝不趋。

上曰：“吾闻进贤受上赏。萧何功虽高，得鄂君乃益明。”于是因鄂君故所食关内侯邑封为安平侯。是日，悉封何父子兄弟十余人，皆有食邑。乃益封何二千户，以帝尝繇咸阳时，“何送我独赢奉钱二[22]”也。

汉十一年，陈豨反[23]，高祖自将，至邯郸。未罢，淮阴侯谋反关中[24]，吕后用萧何计，诛淮阴侯，语在淮阴事中。上已闻淮阴侯诛，使使拜丞相何为相国[25]，益封五千户，令卒五百人一都尉为相国卫[26]。诸君皆贺，召平独吊[27]。召平者，故秦东陵侯。秦破，为布衣[28]，贫，种瓜于长安城东，瓜美，故世俗谓之“东陵瓜”，从召平以为名也。召平谓相国曰：“祸自此始矣。上暴露于外而君守于中，非被矢石之事而益君封置卫者[29]，以今者淮阴侯新反于中，疑君心矣。夫置卫卫君，非以宠君也。愿君让封勿受，悉以家私财佐军，则上心说。”相国从其计，高帝乃大喜。

汉十二年秋，黥布反[30]，上自将击之，数使使问相国何为。相国为上在军，乃拊循勉力百姓[31]，悉以所有佐军，如陈豨时。客有说相国曰：“君灭族不久矣。夫君位为相国，功第一，可复加哉？然君初入关中，得百姓心，十余年矣，皆附君，常复孳孳得民和[32]。上所为数问君者，畏君倾动关中。今君胡不多买田地，贱贳贷以自污[33]？上心乃安。”于是相国从其计，上乃大说。

上罢布军归，民道遮行上书[34]，言相国贱彊买民田宅数千万[35]。上至，相国谒。上笑曰：“夫相国乃利民！”民所上书皆以与相国，曰：“君自谢民。”相国因为民请曰：“长安地狭，上林中多空地，弃，愿令民得入田，毋收稾为禽兽食[36]。”上大怒曰：“相国多受贾人财物，乃为请吾苑！”乃下相国廷尉，械系之[37]。数日，王卫尉侍，前问曰：“相国何大罪，陛下系之暴也[38]？”上曰：“吾闻李斯相秦皇帝，有善归主，有恶自与。今相国多受贾竖金而为民请吾苑，以自媚于民，故系治之。”王卫尉曰：“夫职事苟有便于民而请之，真宰相事，陛下奈何乃疑相国受贾人钱乎！且陛下距楚数岁[39]，陈豨、黥布反，陛下自将而往[40]，当是时，相国守关中，摇足则关以西非陛下有也。相国不以此时为利，今乃利贾人之金乎[41]？且秦以不闻其过亡天下，李斯之分过，又何足法哉。陛下何疑宰相之浅也。”高帝不怿[42]。是日，使使持节赦出相国。相国年老，素恭谨，入，徒跣谢[43]。高帝曰：“相国休矣！相国为民请苑，吾不许，我不过为桀纣主，而相国为贤相。吾故系相国，欲令百姓闻吾过也。”

何素不与曹参相能，及何病，孝惠自临视相国病，因问曰：“君即百岁后[44]，谁可代君者？”对曰：“知臣莫如主。”孝惠曰：“曹参何如？”何顿首曰：“帝得之矣！臣死不恨矣[45]！”

何置田宅必居穷处，为家不治垣屋[46]。曰：“后世贤，师吾俭；不贤，毋为势家所夺。”

孝惠二年，相国何卒，谥为文终侯[47]。

后嗣以罪失侯者四世，绝，天子辄复求何后，封续酂侯，功臣莫得比焉。

太史公曰：萧相国何于秦时为刀笔吏，录录未有奇节[48]。及汉兴，依日月之末光，何谨守管籥[49]，因民之疾秦法，顺流与之更始。淮阴、黥布等皆以诛灭，而何之勋烂焉[50]。位冠群臣，声施后世，与闳夭、散宜生等争烈矣[51]。

【译文】

相国萧何，是沛郡丰县人。他因为通晓律令，无人能比，被任命为沛县的主吏掾。

高祖刘邦还是平民的时候，萧何多次因公事保护他。刘邦做了亭长，萧何也常常帮助他。刘邦以吏员的身份去咸阳服劳役，其他吏员都送给刘邦三钱，唯独萧何送了五钱。

秦朝的御史监督沛郡的工作，萧何作为他的从事人员，办事明辨有条理。于是任命萧何担任泗水郡卒史的工作，在考核中又获得第一。秦朝的御史想要上奏征调萧何，萧何极力恳请推辞，才免于调任。

等到刘邦起事做了沛公，萧何常常作为他的副手督办事务。刘邦进入咸阳，诸位将领争相进入收藏财物的府库瓜分财宝，唯独萧何首先收取了秦朝丞相、御史的律令、地图、文书等，并保管起来。沛公做了汉王，任命萧何为丞相。项羽与各路诸侯在咸阳焚烧屠杀后就离开了。刘邦之所以能知道天下的险要关卡，民户、人口的数量，各地实力的强弱，人民的疾苦，都是因为萧何得到了秦朝的地图、文书。萧何向刘邦推荐韩信，刘邦任命韩信为大将军。这件事记载在《淮阴侯列传》中。

刘邦带领军队向东进发，平定三秦，萧何以丞相的身份留守巴蜀，镇守安抚，告谕百姓，让他们给军队供应粮食。汉二年，刘邦与各路诸侯进攻楚军，萧何镇守关中，事奉太子，治理栎阳。萧何制定法律、规章，建立宗庙、社稷、宫室、县邑，总是先上奏刘邦，得到准许以后再施行；如果来不及上奏刘邦，就酌情合宜地办理，待刘邦归来后再上报。萧何处理关中各种政事，包括统计民户、人口，运送军粮供给军队。刘邦多次丢弃军队逃走，萧何每每征发关中的士卒，补足缺额。刘邦因此让萧何全权负责关中的事务。

汉三年，刘邦与项羽在京、索之间对峙，刘邦多次派遣使者慰问萧何。鲍生对萧何说："大王在外风餐露宿，却多次派遣使者来慰问您，这是有怀疑您的心思。为您考虑，不如派遣您的子孙兄弟中能打仗的都到军队里去，大王一定会更加相信您。"萧何听从了他的计策，刘邦极为高兴。

汉五年，既已杀死项羽，平定天下，于是按照功劳进行分封。群臣争功，一年多也没有定下功劳的大小。刘邦认为萧何功劳最大，封他为酂侯，食邑很多。功臣们都说："我们这些人身披铠甲，手执兵器，多的打了一百多仗，少的也经过了几十次战斗，攻克城池，夺取土地，或多或少，都有不同。现在萧何没有任何军功，只是办理文书，议论政事，从未亲自战斗，反而功劳在我们之上，这是什么道理？"刘邦说："你们知道打猎吗？"群臣回答说："知道。"刘邦说："打猎的时候，追赶击杀野兽、兔子的是狗，发现踪迹、向猎狗指示野兽位置的是人。现在诸位只不过能追获猎物而已，就像是有功之狗；至于萧何，是发现踪迹、指示位置的有功之人。而且诸位不过是孤身一人跟随我，多的也不过两三个人；现在萧何整个家族几十人都跟随着我，功劳不可忘却。"群臣都不敢说话了。

列侯都已经受封，等到排列位次的时候，大家都说："平阳侯曹参受伤七十次，攻占城池，夺得土地，功劳最大，应该排在第一。"刘邦已经违背功臣意愿，赐封萧何很多食邑，在位次问题上无法反驳众人，但还是想把萧何排在第一。关内侯鄂君进言说："群臣的议论都是错的。曹参虽然有在外作战、夺取土地的功劳，但这不过是一时的事情。陛下与楚军交战五年，常常丢弃军队，士卒逃散，孤身逃走也有很多次了。而萧何常从关中调遣军队补充兵员，并非出于陛下的征召命令，而数万人的军队解陛下困窘之围，这也有很多次了。汉与楚在荥阳对峙多年，军中没有粮食，萧何从关中转运，供给粮食，从未匮乏。陛下多次丢失山东之地，而萧何总是保全关中来等候陛下，这是万世不易的功劳啊。像曹参这样的人即使少了几百个，对汉来说有什么损失？即使汉得到天下，也未必能凭这些人来保全。为什么要让一时的功绩凌驾于万世不易的勋劳上呢！萧何应当排在第一，曹参排在第二。”刘邦说：“好。”于是命令萧何位次排在第一，赐给他带剑穿鞋上殿，入朝时不用小步快走的待遇。

刘邦说：“我听说推荐贤能的人应该受到优厚的奖赏。萧何虽然功劳很高，有了鄂君才更加明白。”于是以鄂君原有的关内侯的食邑封他为安平侯。这一天，分封了萧何父子兄弟十几个人，都有食邑。于是又加封萧何两千户食邑，因为刘邦去咸阳服劳役时，“唯独萧何比别人多送我两个大钱。”

汉十一年，陈豨叛乱，刘邦亲自带兵，到了邯郸。战事尚未结束，韩信在关中谋反，吕后采用萧何的计策，诛杀了韩信，这件事记载在《淮阴侯列传》中。刘邦听说韩信被杀，派遣使者任命丞相萧何为相国，增加五千户食邑，另以士兵五百人，由一个都尉统率，作为萧何的护卫。大家都来祝贺萧何，只有召平前来吊唁。召平是原来秦朝的东陵侯。秦朝灭亡，召平成了平民，生活贫困，在长安城东种瓜，瓜味甜美，人们称之为“东陵瓜”，就是因召平来命名的。召平对萧何说：“祸患就要从此开始了。皇帝在外征战，而您留守后方，您没有亲自作战的风险，而要给您增加守备，是因为现在韩信在关中谋反，因此怀疑您的心思。皇帝设置卫队来守护您，不是为了尊宠您的。希望您推辞封邑不要接受，将家中的私产全部捐献出来作为军费，那么皇帝就会高兴了。”萧何听从了他的计策，刘邦果然大为高兴。

汉十二年，黥布反叛，刘邦亲自带领军队讨伐，多次派遣使者询问萧何的活动。萧何考虑到皇帝身处军中，于是尽力安抚勉励百姓，把自己的私产都捐献出去作为军费，就像在陈豨谋反时做的一样。有说客劝告萧何说：“您距离灭族不远了。您现在做到了相国，功劳排在第一，难道还能再增加吗？您当初来到关中，深得民心，已经有十几年了，百姓都亲附您，您也一直勤勤恳恳，得到百姓的爱戴。皇帝之所以屡屡垂问您，是担心您动摇关中。现在您为什么不多多购买田地，低价借贷，给自己制造污点？这样皇帝才会放心。”于是萧何采纳了他的计策，刘邦果然很高兴。

刘邦征讨黥布的军队回来，民众拦路上书告状，说相国以低价强买百姓的田地宅院，价值数千万。刘邦到达长安，萧何觐见。刘邦冷笑说：“相国真是做了利民的好事！”于是把民众的上书都丢给萧何，说：“你自己去向百姓谢罪。”萧何趁此机会为百姓请求：“长安土地狭小，而上林苑中有很多空地，都废弃未用，希望允许百姓入内种田，但留下禾秆，作为禽兽的食料。”刘邦大怒说：“相国收受了商人的钱财贿赂，居然来求取我的上林苑！”于是把萧何关入廷尉的监狱，戴上刑具。过了几天，王卫尉随侍皇帝，进前问道：“相国犯了什么大罪，陛下突然把他关押起来了？”刘邦说：“我听说李斯担任秦始皇的丞相，善政归功于君主，过错都自己承担。现在相国收受了低贱的商人的贿赂，而来为百姓求取我的上林苑，以便自己讨好百姓，所以我才把他关了起来。”王卫尉说：“职责中有便利于民众之处而立刻向皇帝请求，这真是宰相所应做的事啊。陛下怎么怀疑是相国收受了商人的钱财呢？况且陛下与楚军对峙多年，陈豨、黥布谋反，陛下也是亲自带兵征讨，在这个时候，相国留守关中，一旦他动摇，函谷关以西都不再是陛下所有的了。相国不在这时谋利，现在反倒贪求商人的钱财吗？而且秦朝因为不能听取过失而失去了天下，李斯分担过错的做法，又怎么值得效法呢？陛下怀疑宰相，这种想法太浅薄了啊！”刘邦很不高兴。同一天，刘邦派遣使者带着符节赦免并释放萧何。萧何年纪大了，素来为人恭谦谨慎，入内拜见，脱下鞋子谢罪。刘邦说：“相国不要这样了！相国为百姓请求上林苑，而我没有允许，我不过是像夏桀、商纣一样的君主，而您才是贤明的宰相。我故意用刑具拘禁相国，是想让百姓知道我的过错。”

萧何向来与曹参不和，等到萧何病重，惠帝刘盈亲自探视萧何的病情，于是问萧何：“如果您不幸去世以后，谁可以代替您呢？”萧何回答说：“了解臣下的莫过于君主。”刘盈说：“曹参怎么样？”萧何叩首回答说：“陛下得到合适的人选了！我死而无憾了！”

萧何购置田地宅院一定选在偏僻贫穷的地方，建造宅院也不修筑围墙。萧何说：“如果子孙贤能，希望他效法我的清俭；如果不贤能，也不要被权势之家所侵夺。”

惠帝二年，萧何去世，谥号是文终侯。

萧何的后裔有四代因为有罪而失去爵位，封爵中断；天子每次都访求萧何的后代，继续封为酂侯，其他功臣中没有能与他相比的。

太史公说：相国萧何在秦朝的时候不过是办理文书的小吏，为人平凡，没有奇伟的表现。待到汉朝兴起，才凭借日月的余光跟随高祖。他谨慎地守护国家要事，根据民众痛恨秦朝法令的情势，顺应民意，革新政治。韩信、英布等人都已被诛杀翦灭，而萧何的功勋愈发光辉灿烂。萧何地位冠诸群臣，声名流布于后世，可以说是与闳夭、散宜生等人媲美了。

（苏　芃　注译）

卷五十四　曹相国世家第二十四

注释查阅　译文诵读

太史公曰：曹相国参攻城野战之功所以能多若此者，以与淮阴侯俱。及信已灭，而列侯成功，唯独参擅其名[1]。参为汉相国，清静极言合道。然百姓离秦之酷后[2]，参与休息无为，故天下俱称其美矣。

【译文】

太史公说：曹相国曹参的战功之所以如此之多，是因为他跟淮阴侯韩信一起共事。等到韩信被消灭，列侯成就的战功，唯独曹参享有名声。曹参作为汉朝相国，极力主张清静无为，这完全合于道家的学说。百姓遭受秦朝的酷政统治以后，曹参给予他们休养生息的时机，所以天下人都称颂他的美德。

（苏　芃　注译）

卷五十五

留侯世家第二十五

注释查阅　译文诵读

留侯张良者，其先韩人也。大父开地[1]，相韩昭侯、宣惠王、襄哀王。父平，相釐王、悼惠王。悼惠王二十三年，平卒。卒二十岁，秦灭韩。良年少，未宦事韩[2]。韩破，良家僮三百人，弟死不葬，悉以家财求客刺秦王，为韩报仇，以大父、父五世相韩故[3]。

良尝学礼淮阳。东见仓海君。得力士，为铁椎重百二十斤。秦皇帝东游，良与客狙击秦皇帝博浪沙中，误中副车[4]。秦皇帝大怒，大索天下，求贼甚急，为张良故也。良乃更名姓，亡匿下邳[5]。

良尝闲从容步游下邳圯上[6]，有一老父，衣褐，至良所，直堕其履圯下[7]，顾谓良曰："孺子，下取履！"良鄂然[8]，欲殴之。为其老，强忍，下取履。父曰："履我！"良业为取履，因长跪履之。父以足受，笑而去。良殊大惊，随目之。父去里所[9]，复还，曰："孺子可教矣。后五日平明，与我会此。"良因怪之，跪曰："诺。"五日平明，良往。父已先在，怒曰："与老人期，后，何也？"去，曰："后五日早会。"五日鸡鸣，良往。父又先在，复怒曰："后，何也？"去，曰："后五日复早来。"五日，良夜未半往。有顷，父亦来，喜曰："当如是。"出一编书，曰："读此则为王者师矣。后十年兴。十三年，孺子见我济北，谷城山下黄石即我矣。"遂去，无他言，不复见。旦日视其书，乃《太公兵法》也[10]。良因异之，常习诵读之。

居下邳，为任侠[11]。项伯常杀人[12]，从良匿。

后十年，陈涉等起兵，良亦聚少年百余人。景驹自立为楚假王，在留。良欲往从之，道还沛公。沛公将数千人，略地下邳西，遂属焉。沛公拜良为厩将[13]。良数以太公兵法说沛公，沛公善之，常用其策。良为他人言，皆不省[14]。良曰："沛公殆天授[15]。"故遂从之，不去见景驹。

及沛公之薛，见项梁。项梁立楚怀王。良乃说项梁曰："君已立楚后，而韩诸公子横阳君成贤[16]，可立为王，益树党。"项梁使良求韩成，立以为韩王。以良为韩申徒[17]，与韩王将千余人西略韩地，得数城，秦辄复取之，往来为游兵颍川。

沛公之从雒阳南出轘辕[18]，良引兵从沛公，下韩十余城，击破杨熊军。沛公乃令韩王成留守阳翟，与良俱南，攻下宛，西入武关。沛公欲以兵二万人击秦峣下军[19]，良说曰："秦兵尚强，未可轻。臣闻其将屠者子，贾竖易动以利[20]。愿沛公且留壁，使人先行，为五万人具食，益为张旗帜诸山上，为疑兵，令郦食其持重宝啗秦将[21]。"秦将果畔，欲连和俱西袭咸阳，沛公欲听之。良曰："此独其将欲叛耳，恐士卒不从。不从必危，不如因其解击之[22]。"沛公乃引兵击秦军，大破之。逐北至蓝田，再战，秦兵竟败。遂至咸阳，秦王子婴降沛公。

沛公入秦宫，宫室帷帐狗马重宝妇女以千数，意欲留居之。樊哙谏沛公出舍，沛公不听。良曰："夫秦为无道，故沛公得至此。夫为天下除残贼，宜缟素为资[23]。今始入秦，即安其乐，此所谓'助桀为虐'。且'忠言逆耳利于行，毒药苦口利于病'，愿沛公听樊哙言。"沛公乃还军霸上[24]。

项羽至鸿门下[25]，欲击沛公，项伯乃夜驰入沛公军，私见张良，欲与俱去。良曰："臣为韩王送沛公，今事有急，亡去不义。"乃具以语沛公。沛公大惊，曰："为将奈何？"良曰："沛公诚欲倍项羽邪？"沛公曰："鲰生教我距关无内诸侯[26]，秦地可尽王，故听之。"良曰："沛公自度能却项羽乎？"沛公默然良久，曰："固不能也。今为奈何？"良乃固要项伯。项伯见沛公。沛公与饮为寿，结宾婚[27]。令项伯具言沛公不敢倍项羽，所以距关者，备他盗也。及见项羽后解。语在《项羽》事中。

汉元年正月，沛公为汉王，王巴蜀。汉王赐良金百溢[28]，珠二斗，良具以献项伯。汉王亦因令良厚遗项伯，使请汉中地。项王乃许之，遂得汉中地。汉王之国，良送至褒中，遣良归韩。良因说汉王曰："王何不烧绝所过栈道[29]，示天下无还心，以固项王意。"乃使良还，行烧绝栈道。

良至韩，韩王成以良从汉王故，项王不遣成之国，从与俱东。良说项王曰："汉王烧绝栈道，无还心矣。"乃以齐王田荣反书告项王。项王以此无西忧汉心，而发兵北击齐。

项王竟不肯遣韩王，乃以为侯，又杀之彭城。良亡，间行归汉王，汉王亦已还定三秦矣。复以良为成信侯，从东击楚。至彭城，汉败而还。至下邑，汉王下马踞鞍而问曰："吾欲捐关以东等弃之，谁可与共功者？"良进曰："九江王黥布，楚枭将[30]，与项王有郄[31]；彭越与齐王田荣反梁地：此两人可急使。而汉王之将独韩信可属大事，当一面。即欲捐之，捐之此三人，则楚可破也。"汉王乃遣随何说九江王布，而使人连彭越。及魏王豹反，使韩信将兵击之，因举燕、代、齐、赵。然卒破楚者，此三人力也。

张良多病，未尝特将也，常为画策臣，时时从汉王。

汉三年，项羽急围汉王荥阳，汉王恐忧，与郦食其谋桡楚权[32]。食其曰："昔汤伐桀，封其后于杞。武王伐纣，封其后于宋。今秦失德弃义，侵伐诸侯社稷，灭六国之后，使无立锥之地。陛下诚能复立六国后世，毕已受印，此其君臣百姓必皆戴陛下之德，莫不乡风慕义[33]，愿为臣妾。德义已行，陛下南乡称霸，楚必敛衽而朝[34]。”汉王曰：“善。趣刻印[35]，先生因行佩之矣。”

食其未行，张良从外来谒。汉王方食，曰：“子房前！客有为我计桡楚权者。”其以郦生语告，曰：“于子房何如？”良曰：“谁为陛下画此计者？陛下事去矣。”汉王曰：“何哉？”张良对曰：“臣请藉前箸为大王筹之[36]。”曰：“昔者汤伐桀而封其后于杞者，度能制桀之死命也。今陛下能制项籍之死命乎？”曰：“未能也。”“其不可一也。武王伐纣封其后于宋者，度能得纣之头也。今陛下能得项籍之头乎？”曰：“未能也。”“其不可二也。武王入殷，表商容之闾[37]，释箕子之拘[38]，封比干之墓[39]。今陛下能封圣人之墓，表贤者之闾，式智者之门乎[40]？”曰：“未能也。”“其不可三也。发巨桥之粟[41]，散鹿台之钱[42]，以赐贫穷。今陛下能散府库以赐贫穷乎？”曰：“未能也。”“其不可四矣。殷事已毕，偃革为轩[43]，倒置干戈，覆以虎皮，以示天下不复用兵。今陛下能偃武行文，不复用兵乎？”曰：“未能也。”“其不可五矣。休马华山之阳，示以无所为。今陛下能休马无所用乎？”曰：“未能也。”“其不可六矣。放牛桃林之阴，以示不复输积。今陛下能放牛不复输积乎？”曰：“未能也。”“其不可七矣。且天下游士离其亲戚，弃坟墓，去故旧，从陛下游者，徒欲日夜望咫尺之地。今复六国，立韩、魏、燕、赵、齐、楚之后，天下游士各归事其主，从其亲戚，反其故旧坟墓，陛下与谁取天下乎？其不可八矣。且夫楚唯无强[44]，六国立者复桡而从之[45]，陛下焉得而臣之？诚用客之谋，陛下事去矣。”汉王辍食吐哺[46]，骂曰：“竖儒[47]，几败而公事[48]！”令趣销印。

汉四年，韩信破齐而欲自立为齐王，汉王怒。张良说汉王，汉王使良授齐王信印，语在《淮阴》事中。

其秋，汉王追楚至阳夏南，战不利而壁固陵，诸侯期不至。良说汉王，汉王用其计，诸侯皆至。语在《项籍》事中。

汉六年正月，封功臣。良未尝有战斗功，高帝曰：“运筹策帷帐中，决胜千里外，子房功也。自择齐三万户。”良曰：“始臣起下邳，与上会留，此天以臣授陛下。陛下用臣计，幸而时中，臣愿封留足矣，不敢当三万户。”乃封张良为留侯，与萧何等俱封。

上已封大功臣二十余人，其余日夜争功不决，未得行封。上在雒阳南宫，从复道望见诸将往往相与坐沙中语[49]。上曰：“此何语？”留侯曰：“陛下不知乎？此谋反耳。”上曰：“天下属安定[50]，何故反乎？”留侯曰：“陛下起布衣，以此属取天下[51]，今陛下为天子，而所封皆萧、曹故人所亲爱，而所诛者皆生平所仇怨。今军吏计功，以天下不足遍封，此属畏陛下不能尽封，恐又见疑平生过失及诛，故即相聚谋反耳。”上乃忧曰：“为之柰何？”留侯曰：“上平生所憎，群臣所共知，谁最甚者？”上曰：“雍齿与我故[52]，数尝窘辱我。我欲杀之，为其功多，故不忍。”留侯曰：“今急先封雍齿以示群臣，群臣见雍齿封，则人人自坚矣[53]。”

于是上乃置酒，封雍齿为什方侯，而急趣丞相、御史定功行封。群臣罢酒，皆喜曰："雍齿尚为侯，我属无患矣。"

刘敬说高帝曰："都关中。"上疑之。左右大臣皆山东人[54]，多劝上都雒阳："雒阳东有成皋[55]，西有殽黾[56]，倍河[57]，向伊雒[58]，其固亦足恃。"留侯曰："雒阳虽有此固，其中小，不过数百里，田地薄，四面受敌，此非用武之国也。夫关中左殽函[59]，右陇蜀[60]，沃野千里，南有巴蜀之饶，北有胡苑之利[61]，阻三面而守[62]，独以一面东制诸侯。诸侯安定，河渭漕挽天下[63]，西给京师；诸侯有变，顺流而下，足以委输[64]。此所谓金城千里[65]，天府之国也，刘敬说是也。"于是高帝即日驾，西都关中。

留侯从入关。留侯性多病[66]，即道引不食谷[67]，杜门不出岁余。

上欲废太子[68]，立戚夫人子赵王如意。大臣多谏争，未能得坚决者也[69]。吕后恐，不知所为。人或谓吕后曰："留侯善画计筴[70]，上信用之。"吕后乃使建成侯吕泽劫留侯[71]，曰："君常为上谋臣，今上欲易太子，君安得高枕而卧乎？"留侯曰："始上数在困急之中，幸用臣筴。今天下安定，以爱欲易太子，骨肉之间，虽臣等百余人何益。"吕泽强要曰："为我画计。"留侯曰："此难以口舌争也。顾上有不能致者，天下有四人。四人者年老矣，皆以为上慢侮人，故逃匿山中，义不为汉臣。然上高此四人。今公诚能无爱金玉璧帛[72]，令太子为书，卑辞安车，因使辩士固请，宜来。来，以为客，时时从入朝，令上见之，则必异而问之。问之，上知此四人贤，则一助也。"于是吕后令吕泽使人奉太子书，卑辞厚礼，迎此四人。四人至，客建成侯所。

汉十一年，黥布反，上病，欲使太子将，往击之。四人相谓曰："凡来者[73]，将以存太子。太子将兵，事危矣。"乃说建成侯曰："太子将兵，有功则位不益太子；无功还，则从此受祸矣。且太子所与俱诸将，皆尝与上定天下枭将也，今使太子将之，此无异使羊将狼也，皆不肯为尽力，其无功必矣。臣闻'母爱者子抱'[74]，今戚夫人日夜待御，赵王如意常抱居前，上曰'终不使不肖子居爱子之上'[75]，明乎其代太子位必矣。君何不急请吕后承间为上泣言[76]：'黥布，天下猛将也，善用兵，今诸将皆陛下故等夷[77]，乃令太子将此属，无异使羊将狼，莫肯为用，且使布闻之，则鼓行而西耳[78]。上虽病，强载辎车，卧而护之，诸将不敢不尽力。上虽苦，为妻子自强。'"于是吕泽立夜见吕后，吕后承间为上泣涕而言，如四人意。上曰："吾惟竖子固不足遣[79]，而公自行耳。"于是上自将兵而东，群臣居守，皆送至灞上。留侯病，自强起，至曲邮，见上曰："臣宜从，病甚。楚人剽疾[80]，愿上无与楚人争锋。"因说上曰："令太子为将军，监关中兵。"上曰："子房虽病，强卧而傅太子。"是时叔孙通为太傅，留侯行少傅事。

汉十二年，上从击破布军归，疾益甚，愈欲易太子。留侯谏，不听，因疾不视事。叔孙太傅称说引古今，以死争太子。上详许之[81]，犹欲易之。及燕[82]，置酒，太子侍。四人从太子，年皆八十有余，须眉皓白，衣冠甚伟。上怪之，问曰："彼何为者？”四人前对，各言名姓，曰东园公，角里先生[83]，绮里季，夏黄公。上乃大惊，曰：“吾求公数岁，公辟逃我，今公何自从吾儿游乎？”四人皆曰：“陛下轻士善骂，臣等义不受辱，故恐而亡匿。窃闻太子为人仁孝，恭敬爱士，天下莫不延颈欲为太子死者[84]，故臣等来耳。”上曰：“烦公幸卒调护太子。”

四人为寿已毕，趋去[85]。上目送之，召戚夫人指示四人者曰：“我欲易之，彼四人辅之，羽翼已成，难动矣。吕后真而主矣[86]。”戚夫人泣，上曰：“为我楚舞，吾为若楚歌。”歌曰：“鸿鹄高飞[87]，一举千里[88]。羽翮已就[89]，横绝四海。横绝四海，当可奈何！虽有矰缴[90]，尚安所施！”歌数阕[91]，戚夫人嘘唏流涕，上起去，罢酒。竟不易太子者，留侯本招此四人之力也。

留侯从上击代，出奇计马邑下，及立萧何相国，所与上从容言天下事甚众[92]，非天下所以存亡，故不著。留侯乃称曰：“家世相韩，及韩灭，不爱万金之资，为韩报雠强秦，天下振动。今以三寸舌为帝者师，封万户，位列侯，此布衣之极，于良足矣。愿弃人间事，欲从赤松子游耳[93]。”乃学辟谷，道引轻身[94]。会高帝崩，吕后德留侯，乃强食之，曰：“人生一世间，如白驹过隙，何至自苦如此乎！”留侯不得已，强听而食。

后八年卒，谥为文成侯。子不疑代侯。

子房始所见下邳圯上老父与太公书者，后十三年从高帝过济北，果见谷城山下黄石，取而葆祠之[95]。留侯死，并葬黄石冢。每上冢伏腊[96]，祠黄石。

留侯不疑，孝文帝五年坐不敬，国除。

太史公曰：学者多言无鬼神，然言有物[97]。至如留侯所见老父予书，亦可怪矣。高祖离困者数矣[98]，而留侯常有功力焉，岂可谓非天乎？上曰：“夫运筹筴帷帐之中，决胜千里外，吾不如子房。”余以为其人计魁梧奇伟[99]，至见其图，状貌如妇人好女。盖孔子曰：“以貌取人，失之子羽[100]。”留侯亦云。

【译文】

留侯张良的祖先是韩国人。他的祖父张开地担任过韩昭侯、韩宣惠王和韩襄哀王的相国，他的父亲张平也是韩釐王和韩悼惠王的相国。悼惠王二十三年，张平去世，他去世二十年后，秦国灭掉韩国。张良因为年纪小，未曾在韩国做官。韩国灭亡后，张良家的家仆有三百人，但他的弟弟死了却没有安葬，而是将家财全部用来求买刺客刺杀秦王，为韩国报仇，这是因为他的祖父、父亲做过韩国五位君主的相国。

张良曾在淮阳学礼。他东行去拜见仓海君时，结识了一名力士，打造了一个一百二十斤重的铁锤。秦始皇东游，张良和刺客在博浪沙袭击他，结果误中了属车。秦始皇大怒，在全国急切地索求刺客，就是为了找到张良。张良于是更改了姓名，逃到下邳躲藏起来。

张良曾在闲暇时从容地在下邳的一座桥上散步，一位穿粗布衣服的老人走到张良所在的地方，故意把他自己的鞋子掉到桥下，回头对张良说："小孩，下去把我的鞋拿上来！"张良很惊讶，本想打他，因为他年老，所以努力地忍耐下来，下桥取鞋。老人又说："给我穿鞋！"张良已经给他取了鞋，所以就直身跪着为他穿上了鞋。老人伸脚让他穿鞋，笑着离开。张良非常惊讶，目光一直跟随他离去的身影。老人离开了一里路光景，又返回来，说道："这孩子是可塑之才。五天以后天刚亮的时候，到这里和我相会。"张良于是感到很奇怪，跪下道："遵命。"五天后，天刚亮的时候，张良前往。老人已经等在那里，生气道："你与老人约定相会，却来得比我更晚，这是什么道理？"离开并说道："五天后早来相会。"五天后鸡鸣的时候，张良就起身前往。老人又已经等在那里，又很生气地说道："来这么晚，为什么？"离开并说："五天后再早点来。"五天后，还不到半夜，张良就动身前往。过了一会儿，老人也到来了，高兴地说道："就应该这样。"老人拿出一卷书说："读了这卷书，你就可以做王者的老师了。十年后你会发迹。十三年后，你到济北见我，谷城山下的黄石就是我。"然后老人就离开了，再没说别的话，也没有再来见过他。张良等到天亮的时候看老人送给他的书，这书原来是《太公兵法》。张良因此将它视为非常之书，常常反复地诵读它。

张良住在下邳的时候，好行侠仗义。项伯曾经杀了人，张良将他藏了起来。

十年后，陈涉等人起兵，张良处也聚集了百余名少年。景驹在留地自封为楚假王。张良想去那里跟随他，路上遇见了沛公。沛公率领数千人，攻打下邳西，张良于是跟随了他。沛公任命张良为军中掌管马匹的官。张良屡次用太公兵法劝说沛公，沛公认为很好，常常听从他的计策。张良对别人说太公兵法，别人都不能领悟。张良说："沛公大概是天资聪颖吧。"因此就跟随了沛公，没有去拜见景驹。

后来沛公前往薛地，见到项梁。项梁拥立了楚怀王。张良于是游说项梁道："您已经拥立了楚国的后人，而曾经韩国的公子横阳君成很是贤良，可以将他立为王，这样就更加扶植起您的同盟了。"项梁派遣张良访求到韩成，把他立为韩王，并任命张良为韩国的申徒，与韩王率领千余人向西攻打韩国故地，攻占了数座城池，秦马上又抢夺回去，韩王与张良等人领兵在颍川地区往来攻打。

沛公从雒阳南穿过轘辕山时，张良率兵跟随他，攻下韩国十余座城池，击败了杨熊的军队。沛公于是命令韩王成在阳翟留守，自己则与张良一同南下，攻下宛地，向西进入武关。沛公想带兵二万攻打秦峣关下的军队，张良游说他道："秦的军队还很强大，不可轻敌。我听说他们的将军是屠夫的儿子，商贾之人很容易被利益打动。希望沛公您暂且停止前进，扎下大营，命人先行，为五万人准备好粮食，使他们在各个山上展开旗帜作为疑兵，再命令郦食其带着贵重的宝物贿赂秦将。"秦将果然叛变，想要联合军队和沛公一起往西袭击咸阳，沛公想答应这个主意。张良道："这只是他们的将领想要叛变罢了，恐怕士卒并不依从。士卒不依从则军队一定有危险，我们不如乘他们懈怠的时候攻打他们。"沛公于是带兵攻打秦军，秦军大败。沛公追逐败军到蓝田，再战，秦军最终全败。于是前往咸阳，秦王子婴投降沛公。

沛公进入秦宫，宫室里的帷帐、犬、马、贵重的宝物和妇女数以千计，沛公想要留下住在那里。樊哙劝沛公出去居住，沛公不听从他。张良说："秦行无道之事，因此沛公才能够到这里来。为天下除掉凶残之人，应当过得艰苦朴素。如今才刚刚进入秦宫，就安逸享乐，这是所谓的'助纣为虐'。况且'忠言逆耳利于行，毒药苦口利于病'，希望沛公能听从樊哙的话。"沛公于是带兵回到霸上。

项羽到鸿门下，想要攻打沛公，项伯于是连夜驰马到沛公军中，私下求见张良，想与他一起离开。张良说："我为韩王送沛公，如今事态紧急，就这样离开不够道义。"于是将事情完整地告诉了沛公。沛公非常惊讶，道："这可如何是好？"张良说道："沛公真的想要背叛项羽吗？"沛公说："有个见识浅薄的小人让我据守函谷关，不要让诸侯进来，就可全部占领秦地为王，因此我听从了他的话。"张良问："沛公自己估计能够击退项羽吗？"沛公沉默了很久，才说道："这本就是不能做到的。如今可怎么办？"张良于是坚持邀请项伯。项伯会见了沛公。沛公与项伯饮酒祝寿，结为亲家，使项伯对项羽详细说明沛公不敢背叛项羽，他之所以据守函谷关，是为了防备别的盗贼。到沛公见到项羽之后，二人就和解了。其他详细的叙述可参见《项羽本纪》。

汉元年正月，沛公立为汉王，统治巴蜀之地。汉王赐予张良黄金百镒，珍珠二斗，张良把它们都送给了项伯。汉王也因此令张良多多赠予项伯财物，让他请项羽赐自己统治汉中之地。项王于是同意了这件事，汉王因此得到了汉中之地。汉王前往自己的封国，张良送到褒中，汉王让张良回到韩国。张良因此劝说汉王："大王为何不烧断经过的栈道，向天下人表示没有回来的想法，来使项王放心？"沛公于是派遣张良回去，沿途烧断经过的栈道。

张良到了韩国，因为张良跟随过汉王，项王不派韩王成到封国，而是让他跟自己一起东行。张良游说项王道："汉王已经烧断了栈道，没有再回来的想法了。"就书面禀告了项王齐王田荣叛变的事情。项王因此不担心西方的汉国，而是派遣军队向北攻打齐国。

项王最终不肯派韩王回国，就封他为侯，又在彭城杀了他。张良逃跑，走小道投奔汉王，这时汉王也已经还兵平定了三秦。汉王又封张良为成信侯，让他跟随自己向东攻打楚国。到彭城，汉大败而还。到下邑，汉王下马坐在马鞍上问道："我想要拿出函谷关以东的地方征求和我共成功业的人，谁合适？"张良进言："九江王黥布是楚国的猛将，他与项王有嫌隙。彭越和齐王田荣一同起兵在梁地叛变。这两个人在急迫的情况下可以驱使。而汉王的将领中唯有韩信可以以大事委任他，他可以独当一面。如果想要送出占领的土地，就把它们送给这三个人，这样就可以打

败楚国了。”汉王于是派遣随何游说九江王黥布，并派人与彭越联盟。到魏王豹叛变的时候，派韩信带兵攻打他，并趁机攻下燕、代、齐、赵。但是最终击败楚国，是凭借了这三人的力量。

张良多病，未曾专门带兵打过仗，常常是作为出谋划策的大臣，时时跟随汉王。

汉三年，项羽忽然围困汉王于荥阳，汉王恐惧忧虑，和郦食其商讨削弱楚国的实力。郦食其道：“从前汤讨伐桀的时候，封他的后人在杞国。武王讨伐纣王的时候，封他的后人在宋国。如今秦背弃道义，侵袭讨伐诸侯国家，灭掉六国后人，使他们没有寸土存身。陛下如果能再封立六国后人，让他们都接受印信，那么他们的君臣百姓必定会感戴陛下的盛德，都仰慕您的德义，希望成为您的臣子和奴婢。德义已经施行，则陛下将为王称霸，楚国必定恭敬地前来朝见您。”汉王道：“很好。快刻印，先生您就带上它们出发吧。”

郦食其还没出发，张良就从外面前来谒见。汉王正在进食，道：“子房上前！有客卿为我设计削弱楚国的实力。”并将郦食其的话告诉了他，问他：“子房认为此计如何？”张良回答：“谁替陛下策划了这样的计谋？陛下的大事都要毁于一旦了。”汉王问：“为何？”张良回答道：“我请求借着面前的筷子为大王您做一下分析。”接着问道：“当初汤讨伐桀并封他的后人在杞国，是估计自己可以置桀于死地。如今陛下能置项籍于死地吗？”汉王回答：“不能。”“这是不可的原因之一。武王讨伐纣王并封他的后人在宋国，是估计自己能得到纣王的项上人头。如今陛下能得到项籍的人头吗？”汉王回答：“不能。”“这是不可的原因之二。武王进入殷地，旌表商容所居的里门，释放被囚禁的箕子，修封比干的坟墓。如今陛下能够修封圣人的坟墓，旌表贤者居处的里门，登临智者的门庭吗？”汉王答道：“不能。”“这是不可的原因之三。武王散发巨桥的粮食和鹿台的钱财，将这些赐给贫穷的百姓。如今陛下能够布散府库钱粮，将它们赐给贫穷之人吗？”汉王回答：“不能。”“这是不可的原因之四。讨伐殷的战争结束之后，武王将兵车改为乘车，倒着放置武器，并在上面蒙上虎皮，来向天下表示不再用兵。如今陛下能够废弃武道施行文政，不再用兵吗？”汉王回答：“不能。”“这是不可的原因之五。武王使人在华山南面放马休息，表示不再使用它们。如今陛下能放马休息，不再使用它们吗？”汉王回答：“不能。”“这是不可的原因之六。武王使人在桃林以北放牛，来表示不再运输积聚。如今陛下能放牛不再运输积聚粮草吗？”汉王回答："不能。""这是不可的原因之七。况且天下游士离开他们的亲友，跟随陛下四处奔波，只是想要得到日夜企望的一点封地。如今恢复六国封制，立韩、魏、燕、赵、齐、楚各国的后人，天下的游士各自回到他们的君主那里执事，和他们的亲人在一起，回到他们故人的坟墓所在，那么陛下要和谁一起谋取天下？这是不可的原因之八。况且天下诸侯惟楚最强，被封立的六国后人再屈从于楚，陛下岂能再使他们臣服？如果真的使用了客卿的计策，则陛下的大事将毁于一旦。"汉王中断进餐，吐出嘴里的食物骂道："儒生小子，差点败坏了你老子的大事！"命令马上销毁印信。

汉四年，韩信击破齐国并想立自己为齐王，汉王震怒。张良劝说汉王，汉王派张良授予齐王印信，此事在《淮阴侯列传》中有详细记述。

四年秋，汉王追逐楚军到阳夏之南，战争失利，就在固陵筑城坚守，约定同盟的诸侯都没前来。张良劝说汉王，汉王采用了他的计谋，诸侯就纷纷前来了。此事参见《项羽本纪》。

汉六年正月，大封功臣。张良没有战功，高祖道："运筹帷幄之中，决胜千里之外，是子房的功劳。你自己选择齐国三万户封邑。"张良说："当初我起兵下邳，与皇上在留地相会，这是上天将我授予陛下。陛下使用了我的计策，幸而偶尔有效，我希望被封在留就够了，不敢接受三万户的封地。"高祖于是封张良为留侯，和萧何等人一同接受封赏。

皇上已经封赏重要的二十余位功臣，其他有功之人日夜争夺功绩不能决断，还没有得到封赏。皇上在雒阳南宫，从复道上望见各位将领一起坐在沙上说话。皇上问道："他们说什么？"留侯回答："陛下不知道吗？他们这是在谋反。"皇上问道："天下刚刚安定下来，他们为何谋反？"留侯回答："陛下以平民身份起家，凭借这些人获得了天下，如今陛下成为了天子，封赏的却都是萧何、曹参这些人所亲近的故人，诛杀的都是平素所仇视怨恨的人。如今军吏统计功劳，认为天下不能都被封赏，这些人担心陛下不能全部封赏，又担心自己因为从前的过失被诛杀，因此就聚集起来谋反。"皇上于是担忧道："那可如何是好？"留侯道："群臣都知道的，陛下平素最憎恨的人，是谁？"皇上道："雍齿是我的故交，曾屡次羞辱我。我想杀了他，却因为他劳苦功高，不忍心杀掉。"留侯道："如今先赶紧封赏雍齿来向群臣表示陛下的意思，群臣看到雍齿都被封赏了，就都放心了。"于是皇上就摆下酒宴，封雍齿为什方侯，又紧急催促丞相、御史议定功绩实行封赏。群臣参加过酒宴后，都高兴道："雍齿尚且被封为侯，我们这些人没有可担忧的了。"

刘敬劝说高祖道："以关中为国都。"高祖迟疑不决。左右大臣都是殽山以东人，许多人都劝皇帝以雒阳为都："雒阳以东有成皋，以西有殽黾、倍河，又面对伊雒，险固也足以依靠。"留侯道："雒阳虽然有这样险固的地势，但是中间的平原地区面积小，只不过数百里，田地贫瘠，四面受敌，这不是适宜用兵的国都。关中则左面有殽山、函谷关，右面有陇山、岷山，中间有数千里肥沃的土地，南面有富饶的巴蜀之地，北面有胡人牧场的有利条件，依仗三面险阻进行防守，凭借东边一面敞开的地形制约诸侯。诸侯安定时，黄河、渭水连通天下的粮食运输，供给京城；诸侯变乱时，则漕运可以顺流而下，足以运送物资供应前线。这就是所谓的金城千里，天府之国，刘敬说的对。”于是高祖即日起驾向西，定都关中。

留侯跟随高祖进入关中。留侯身体多病，于是就行导引和辟谷之术，一年多闭门不出。

皇帝想要废掉太子，改立戚夫人的儿子赵王刘如意。许多大臣进行谏诤，都没能改变他的主意。吕后很害怕，不知该如何是好。有人对吕后说：“留侯擅长出谋划策，皇上信任他，常常采用他的计谋。”吕后于是让建成侯吕泽胁持了留侯，对他说：“您一直是皇上的谋臣，如今皇上想要更立太子，您岂能安然置身事外呢？”留侯道：“从前皇上屡次陷身困窘危急之中，幸而采纳了我的计谋。如今天下安定，皇上因为偏爱之情想要更换太子，这是至亲之间的事情，即使有百余名像我这样的人又有什么用。”吕泽坚持要求他：“为我出谋划策。”留侯说：“这不是能用口舌争得的。天下有四位皇上不能招致的人。这四人年事已高，都因为皇上轻慢别人，因此逃避躲藏在山中，坚持道义不肯做大汉的臣子。但是皇上很看重这四人。如今您若真的能够不爱惜金玉璧帛，让太子写书信，用谦卑的言辞和舒适的马车，派遣委托雄辩之士坚持邀请他们，他们应当会来。他们来到之后，就以待客的礼节招待他们，不时请他们一同跟随进入朝堂，使皇上看到，那么皇上一定会感到惊异并询问。皇上问了，就知道这四人是贤能之士。这会对太子有帮助。”于是吕后命令吕泽派人捧着太子的书信，用谦卑的言辞和丰厚的礼物，去迎接这四人。四人来到后，客居在建成侯的处所。

汉十一年，黥布叛乱，皇帝重病，想要派太子将兵，前往讨伐。四人讨论道：“大抵我们前来，就是为了保存太子的地位。太子领兵作战，则形势危急了。”于是劝说建成侯道：“太子领兵，如果获得战功，对于太子的地位也没有什么增益；如果没有战功，那么从此以后就要承受灾祸了。况且将与太子一同作战的诸位将领，都是曾经和皇上平定天下的猛将，如今派太子率领他们，这无异于让羊去统领一群狼，他们都不肯为太子尽心竭力，因此太子一定得不到战功。我们听说‘爱其母则抱其子’，如今戚夫人日夜事奉在皇帝身边，赵王如意常常被抱到皇帝眼前，皇帝说‘将来我不会让不像我的儿子的地位高于我的儿子’，很明显赵王将会取代太子的地位。您何不赶紧请吕后寻机向皇帝哭诉进言：‘黥布是天下的猛将，擅长带兵打仗，如今诸位将领都是陛下的平辈，却命令太子去统领这些人，这无异于让羊统领狼，没有人会为他所用，况且如果让黥布听闻这道指令，那么他会马上击鼓领兵向西进军了。皇上即使病重，坚持着躺在辎车里，让人好好监护，诸位将领也不敢不尽力。陛下虽然辛苦，为了妻儿也要坚持一下。’”于是吕泽马上连夜求见吕后，吕后寻机向皇帝哭诉，就按四人说的那样去做。皇帝说：“我思量着这小子确实能力不足，不能派遣，只好你老子我亲自去一趟了。”于是皇帝亲自领兵向东，留守的群臣都送驾到灞上。留侯病重，自己支撑着起来，到曲邮见到皇上说：“我本应该随驾，无奈重病缠身。楚国兵卒勇猛敏捷，希望陛下不要急切地和他们争夺胜负。”趁机劝皇帝道：“命令太子做将军，督察关中军队。”皇帝说：“子房即使病重，躺着也要坚持辅佐太子。”当时叔孙通是太子太傅，留侯代理少傅职权。

汉十二年，皇帝跟随击败黥布的军队归来，病情更加严重，更想要改立太子。留侯进谏，皇帝不听从他的建议，留侯便借病重为由不再治理政事。太傅叔孙通的陈说博引古今之事，以死抗争保全太子。皇帝假装许诺了他，但实际上还想改换太子。等到宴饮之时，摆下了酒席，太子侍酒。四人跟随太子，年龄看上去都八十多岁，须眉洁白，衣冠很是伟岸。皇帝对此感到奇怪，问道：“他们为何出现在这里？”四人上前各自回答了自己的姓名，是东园公、角里先生、绮里季和夏黄公。皇帝非常惊讶，道：“我访求你们许多年，你们都避我不见，如今你们为何主动与我的儿子交往，跟随他呢？”四人都回答道：“陛下轻慢士人，常常谩骂他们，我们根据道义不想被羞辱，因此畏惧，逃跑隐匿。我们听说太子为人仁厚孝顺，恭敬爱惜士人，天下人都企望为太子做事，哪怕为他而死，因此我们就前来跟随他了。”皇帝说道：“希望能劳烦你们一直调教保护太子。”

四人祝酒后，快步离开。皇帝目送他们离去，召戚夫人来，指着这四人说：“我想改换太子，那四人却辅佐他，太子羽翼已成，难以被撼动了。吕后真的要做你的主人了。”戚夫人哭泣，皇帝说：“你为我表演楚舞，我为你唱楚歌。”歌谣是这样唱的：“天鹅高高飞起，一飞即是千里。鸿鹄羽翼已成，可以纵横四海。鸿鹄纵横四海，那可如何才是！就算是有弓箭，又要到哪设置！”唱了数段歌谣，戚夫人感叹哭泣，皇上起身离开，停止酒宴。最终没有更换太子，正是因为留侯招来的这四人的力量。

留侯跟随皇帝讨伐代国，在马邑城下献上奇计，还劝皇帝立萧何为相国，他平素与皇帝闲谈的天下事还有很多，因为不是事关天下存亡的大事，所以没有记录下来。留侯于是称说："我的家族世代在韩国为相，到韩国灭亡之后，我不吝啬万金的资财，为韩国向强大的秦国报仇，撼动了天下。如今我凭借三寸不烂之舌成为帝王的老师，有万户封地，有侯爵的地位，这是平民能达到的顶点了，对我来说已经足够了。希望能捐弃世事，我想以学道升仙为事。"于是学习辟谷之术，用导引术修行。这时正逢高祖驾崩，吕后感激留侯的恩德，于是坚持要他进食，劝道："人生一世间，如白驹过隙，你何至于使自己如此辛苦呢！"留侯不得已，只好暂且听从她的话而进食。

八年后，张良去世，谥号文成侯。他的儿子张不疑继承了侯位。

至于子房当初见到的在下邳的桥上送他太公兵法的老人，从那时起十三年后，张良跟随高祖经过济北，果然看到谷城山下的黄石，于是将它取来，珍藏并祭祀它。留侯去世，把黄石一同埋在坟中。子孙每每上坟扫墓祭祀，就祭祀黄石。

留侯张不疑，在孝文帝五年因为不敬获罪，被废除封国。

太史公说：学者常说没有鬼神，但又说有奇异之事。至于像留侯所见到的老人赠书，也就是很奇怪的事情了。高祖屡次遭遇困境，而这种时候留侯常能帮助他，难道还能说不是天意如此吗？皇帝说过："运筹帷幄之中，决胜千里之外，我比不上子房。"我曾以为张良大概身材高壮雄伟，等到见到他的画像，发现他的相貌如同妇人美女。大概这就是孔子说的："以貌取人，会错失子羽之才。"留侯也是这样的。

（赵生群注　王永吉译）

卷五十六
陈丞相世家第二十六

注释查阅　　译文诵读

陈丞相平者，阳武[1]户牖乡人也。少时家贫，好读书，有田三十亩，独[2]与兄伯[3]居。伯常耕田，纵[4]平使游学[5]。平为人长大美色。人或谓陈平曰："贫何食而肥若是？"其嫂嫉[6]平之不视家生产[7]，曰："亦食糠覈[8]耳。有叔如此，不如无有。"伯闻之，逐其妇而弃之。

及平长，可娶妻，富人莫肯与者，贫者平亦耻之。久之，户牖富人有张负[9]，张负女孙五嫁而夫辄死[10]，人莫敢娶。平欲得之。邑中有丧，平贫，侍丧[11]，以先往后罢为助[12]。张负既见之丧所，独视伟平[13]，平亦以故后去。负随平至其家，家乃负郭[14]穷巷，以弊席为门，然门外多有长者[15]车辙。张负归，谓其子仲[16]曰："吾欲以女孙予陈平。"张仲曰："平贫不事事[17]，一县中尽笑其所为，独奈何予女乎？"负曰："人固有好美如陈平而长贫贱者乎？"卒与女。为平贫，乃假贷币以聘，予酒肉之资以内[18]妇。负诫其孙曰："毋以贫故，事人[19]不谨[20]。事兄伯如事父，事嫂如母。"平既娶张氏女，赍[21]用益饶[22]，游道[23]日广。

里中社[24]，平为宰[25]，分肉食甚均。父老曰："善，陈孺子[26]之为宰！"平曰："嗟乎，使平得宰天下，亦如是肉矣！"

陈涉起而王陈[27]，使周市[28]略定[29]魏地[30]，立魏咎[31]为魏王，与秦军相攻于临济[32]。陈平固已前谢[33]其兄伯，从少年[34]往事魏王咎于临济。魏王以为太仆[35]。说魏王不听，人或谗之，陈平亡去。

久之，项羽略地至河上[36]，陈平往归之，从入[37]破秦，赐平爵卿。项羽之东王彭城[38]也，汉王还定三秦[39]而东，殷王[40]反楚。项羽乃以平为信武君，将魏王咎客在楚者以往，击降殷王而还。项王使项悍[41]拜平为都尉[42]，赐金二十溢[43]。居无何，汉王攻下殷。项王怒，将诛定殷者将吏。陈平惧诛，乃封其金与印，使使归项王，而平身[44]闲行[45]杖剑亡[46]。渡[47]河，船人见其美丈夫独行，疑其亡将，要[48]中当有金玉宝器，目之，欲杀平。平恐，乃解衣臝而佐[49]刺船[50]。船人知其无有，乃止。

平遂至修武降汉，因[51]魏无知[52]求见汉王，汉王召入。是时万石君[53]奋为汉王中涓[54]，受平谒[55]，入见[56]平。平等七人俱进，赐食。王曰："罢，就舍矣。"平曰："臣为事来，所言不可以过今日。"于是汉王与语而说之，问曰："子之居楚何官？"曰："为都尉。"是日乃拜平为都尉，使为参乘[57]，典护军[58]。诸将尽讙[59]，曰："大王一日得楚之亡卒，未知其高下，而即与同载，反使监护军长者！"汉王闻之，愈益幸平。遂与东伐项王。至彭城，为楚所败。引而还，收散兵至荥阳[60]，以平为亚将[61]，属于韩王信，军广武[62]。

绛侯、灌婴等咸[63]谗[64]陈平曰："平虽美丈夫，如冠玉[65]耳，其中[66]未必有也。臣闻平居家时，盗其嫂[67]；事魏不容，亡归楚；归楚不中，又亡归汉。今日大王尊官之[68]，令护军。臣闻平受诸将金，金多者得善处，金少者得恶处[69]。平，反覆乱臣也，愿王察之。"汉王疑之，召让[70]魏无知。无知曰："臣所言者，能也；陛下所问者，行也。今有尾生[71]、孝己[72]之行而无益于胜负之数，陛下何暇用之乎？楚汉相距[73]，臣进奇谋之士，顾[74]其计诚足以利国家不[75]耳。且盗嫂受金又何足疑乎？"汉王召让平曰："先生事魏不中[76]，遂事楚而去[77]，今又从吾游，信者固多心[78]乎？"平曰："臣事魏王，魏王不能用臣说，故去，事项王。项王不能信人，其所任爱，非诸项[79]即妻之昆弟[80]，虽有奇士不能用，平乃去楚。闻汉王之能用人，故归大王。臣躶身来，不受金无以为资。诚臣计划有可采者，愿大王用之；使无可用者，金具在[81]，请封输官[82]，得请骸骨[83]。"汉王乃谢，厚赐，拜为护军中尉，尽护诸将。诸将乃不敢复言。

其后，楚急攻，绝汉甬道[84]，围汉王于荥阳城。久之，汉王患之，请割荥阳以西以和。项王不听。汉王谓陈平曰："天下纷纷，何时定乎？"陈平曰："项王为人，恭敬爱人，士之廉节好礼者多归之。至于行功爵邑，重[85]之，士亦以此不附。今大王慢而少礼，士廉节者不来；然大王能饶[86]人以爵邑，士之顽钝嗜利无耻者亦多归汉。诚各去其两短，袭[87]其两长，天下指麾[88]则定矣。然大王恣侮[89]人，不能得廉节之士。顾楚有可乱[90]者，彼项王骨鲠之臣[91]亚父、钟离眛、龙且、周殷之属，不过数人耳。大王诚能出捐数万斤金，行反闲，闲其君臣，以疑其心，项王为人意忌[92]信谗，必内相诛。汉因举兵而攻之，破楚必矣。"汉王以为然，乃出黄金四万斤，与陈平，恣[93]所为，不问其出入[94]。

陈平既多以金纵反间于楚军，宣言诸将钟离眛等为项王将，功多矣，然而终不得裂地[95]而王，欲与汉为一，以灭项氏而分王其地。项羽果意[96]不信钟离眛等。项王既疑之，使使至汉。汉王为太牢[97]具，举进。见楚使，即详[98]惊曰："吾以为亚父使，乃项王使！"复持去，更以恶草具[99]进楚使。楚使归，具以报项王。项王果大疑亚父。亚父欲急攻下荥阳城，项王不信，不肯听。亚父闻项王疑之，乃怒曰："天下事大定矣，君王自为之！愿请骸骨归！"归未至彭城，疽[100]发背而死。陈平乃夜出女子二千人荥阳城东门，楚因击之，陈平乃与汉王从城西门夜出去。遂入关，收散兵复东。

其明年，淮阴侯破齐，自立为齐王，使使言之汉王。汉王大怒而骂，陈平蹑[101]汉王。汉王亦悟，乃厚遇齐使，使张子房卒立信为齐王。封平以户牖乡。用其奇计策，卒灭楚。常[102]以护军中尉从定燕王臧荼。

汉六年，人有上书告楚王韩信反。高帝问诸将，诸将曰："亟[103]发兵阬竖子耳。"高帝默然。问陈平，平固辞谢[104]，曰："诸将云何？"上具告之。陈平曰："人之上书言信反，有知之者乎？"曰："未有。"曰："信知之乎？"曰："不知。"陈平曰："陛下精兵孰与楚？"上曰："不能过。"平曰："陛下将用兵有能过韩信者乎？"上曰："莫及也。"平曰："今兵不如楚精，而将不能及，而举兵攻之，是趣之战[105]也，窃为陛下危之。"上曰："为之奈何？"平曰："古者天子巡狩[106]，会诸侯。南方有云梦[107]，陛下弟[108]出伪游云梦，会诸侯于陈。陈[109]，楚之西界，信闻天子以好出游，其势必无事而郊迎谒。谒，而陛下因禽之，此特一力士之事耳。"高帝以为然，乃发使告诸侯会陈，"吾将南游云梦"。上因随以行。行未至陈，楚王信果郊迎道中。高帝豫具[110]武士，见信至，即执缚之，载后车。信呼曰："天下已定，我固当烹！"高帝顾谓信曰："若毋声！而反[111]，明矣！"武士反接[112]之。遂会诸侯于陈，尽定楚地。还至洛阳，赦信以为淮阴侯，而与功臣剖符[113]定封。

于是与平剖符，世世勿绝，为户牖侯。平辞曰："此非臣之功也。"上曰："吾用先生谋计，战胜克敌，非功而何？"平曰："非魏无知，臣安得进？"上曰："若子可谓不背本矣。"乃复赏魏无知。其明年，以护军中尉从攻反者韩王信于代。卒[114]至平城[115]，为匈奴所围，七日不得食。高帝用陈平奇计，使单于[116]阏氏，围以得开。高帝既出，其计祕，世莫得闻。

高帝南过曲逆[117]，上其城，望见其屋室甚大，曰："壮哉县！吾行天下，独见洛阳与是耳。"顾问御史曰："曲逆户口几何？"对曰："始秦时三万余户，闲者兵数起，多亡匿[118]，今见[119]五千户。"于是乃诏御史，更以陈平为曲逆侯，尽食之，除前所食户牖。

其后常[120]以护军中尉从攻陈豨及黥布。凡六出奇计，辄益邑，凡六益封。奇计或颇祕，世莫能闻也。

高帝从破布军还，病创[121]，徐行至长安。燕王卢绾反，上使樊哙以相国将兵攻之。既行，人有短恶哙者。高帝怒曰："哙见吾病，乃冀[122]我死也。"用陈平谋而召绛侯周勃受诏牀下，曰："陈平亟[123]驰传载勃代哙将，平至军中即斩哙头！"二人既受诏，驰传未至军，行计之曰："樊哙，帝之故人也，功多，且又乃吕后弟吕媭之夫，有亲且贵，帝以忿怒故，欲斩之，则恐后悔。宁囚而致上[124]，上自诛之。"未至军，为坛[125]，以节[126]召樊哙。哙受诏，即反接载槛车[127]，传诣长安，而令绛侯勃代将，将兵定燕反县。

平行闻高帝崩，平恐吕太后及吕媭谗怒，乃驰传先去。逢使者诏平与灌婴屯于荥阳。平受诏，立复驰至宫，哭甚哀，因奏事丧前。吕太后哀之，曰："君劳，出休矣。"平畏谗之就[128]，因固请得宿卫中。太后乃以为郎中令[129]，曰："傅教[130]

孝惠。”是后吕媭谗乃不得行。樊哙至，则赦复爵邑。

王陵者，故沛[131]人，始为县豪[132]，高祖微[133]时，兄事陵。陵少文，任气，好直言。及高祖起沛，入至咸阳，陵亦自聚党数千人，居南阳，不肯从沛公。及汉王之还攻项籍，陵乃以兵属汉。项羽取陵母置军中，陵使至，则东乡[134]坐陵母，欲以招陵。陵母既私送使者，泣曰：“为老妾语陵，谨事[135]汉王。汉王，长者也，无以老妾故，持二心。妾以死送使者。”遂伏剑而死。项王怒，烹陵母。陵卒从汉王定天下。以善雍齿，雍齿，高帝之仇，而陵本无意从高帝，以故晚封，为安国侯。

安国侯既为右丞相，二岁，孝惠帝崩。高后欲立诸吕为王，问王陵，王陵曰：“不可。”问陈平，陈平曰：“可。”吕太后怒，乃详[136]迁陵为帝太傅[137]，实不用陵。陵怒，谢疾免，杜门[138]竟不朝请[139]，七年而卒。

陵之免丞相，吕太后乃徙平为右丞相，以辟阳侯审食其为左丞相。左丞相不治[140]，常给事[141]于中。

食其亦沛人。汉王之败彭城西，楚取太上皇、吕后为质，食其以舍人[142]侍吕后。其后从破项籍为侯，幸于吕太后。及为相，居中，百官皆因[143]决事。

吕媭常以前陈平为高帝谋执[144]樊哙，数谗曰：“陈平为相非治事，日饮醇酒，戏妇女。”陈平闻，日益甚。吕太后闻之，私独喜。面质[145]吕媭于陈平曰：“鄙语曰‘儿妇人口不可用’，顾君与我何如耳。无畏吕媭之谗也。”

吕太后立诸吕为王，陈平伪听之。及吕太后崩，平与太尉勃合谋，卒诛诸吕，立孝文皇帝，陈平本谋也。审食其免相。

孝文帝立，以为太尉勃亲以兵诛吕氏，功多；陈平欲让勃尊位，乃谢病。孝文帝初立，怪平病，问之。平曰：“高祖时，勃功不如臣平。及诛诸吕，臣功亦不如勃。愿以右丞相让勃。”于是孝文帝乃以绛侯勃为右丞相，位次第一；平徙为左丞相，位次第二。赐平金千斤，益封三千户。

居顷之，孝文皇帝既益明习国家事，朝而问右丞相勃曰：“天下一岁决狱[146]几何？”勃谢[147]曰：“不知。”问：“天下一岁钱谷出入几何？”勃又谢不知，汗出沾背，愧不能对。于是上亦问左丞相平。平曰：“有主者。”上曰：“主者谓谁？”平曰：“陛下即[148]问决狱，责[149]廷尉；问钱谷，责治粟内史。”上曰：“苟各有主者，而君所主者何事也？”平谢曰：“主臣！陛下不知其驽下[150]，使待罪宰相。宰相者，上佐天子理阴阳，顺四时，下育万物之宜，外镇抚四夷诸侯，内亲附百姓，使卿大夫各得任其职焉。”孝文帝乃称善。右丞相大惭，出而让[151]陈平曰：“君独不素教我对！”陈平笑曰：“君居其位，不知其任邪？且陛下即问长安中盗贼数，君欲强对邪？”于是绛侯自知其能不如平远矣。居顷之，绛侯谢病请免相，陈平专为一丞相。

孝文帝二年，丞相陈平卒，谥为献侯。子共侯买代侯。二年卒，子简侯恢代侯。二十三年卒，子何代侯。二十三年，何坐略[152]人妻，弃市[153]，国除[154]。

始陈平曰："我多阴谋，是道家之所禁。吾世[155]即[156]废[157]，亦已矣，终不能复起7，以吾多阴祸也。"然其后曾孙陈掌以卫氏亲贵戚，愿得续封陈氏，然终不得。

太史公曰：陈丞相平少时，本好黄帝、老子之术[158]。方其割肉俎[159]上之时，其意固已远矣。倾侧扰攘[160]楚魏之闲，卒归高帝。常出奇计，救纷纠之难，振国家之患。及吕后时，事多故矣，然平竟自脱[161]，定宗庙，以荣名终，称贤相，岂不善始善终哉！非知[162]谋孰能当此者乎？

【译文】

陈丞相名平，是阳武县户牖乡人。小时候家境贫困，喜欢读书。家里有田地三十亩，陈平与他大哥一同生活。他大哥以耕田为业，而让陈平随意出外游学。陈平身材高大，相貌堂堂。有人开玩笑问他："你们家里这么穷，你是吃些什么长得这么胖？"他的嫂子早就恨他不在家里劳动，于是就顺口说："也不过是吃糠咽菜罢了。有这样的小叔子，还不如没有的好。"陈平的大哥听到这话，就把他的妻子赶出家去，休掉了。

等到陈平长大成人，可以娶妻子了，富裕人家没有人肯把闺女嫁给他；而娶穷人家的闺女，陈平又不愿意，就这样一直过了很久。后来户牖乡有个富户名叫张负，张负的孙女曾五次嫁人，而五个丈夫都死了，于是再没有人敢娶她了，陈平听到这个消息，很想得到她。正巧这时候户牖乡里有人办丧事，因为陈平家穷，他就去给丧家帮忙，他总是去得最早，走得最晚，以求多得一点生活补助。张负在办丧事的人家里见到了陈平，对陈平特别看重，而陈平也因此故意走得最晚。有一天张负跟着陈平到他家里看了看，原来他家住在一条靠近城墙的穷巷子里，门是用一张破草席做的，然而他家门口却有不少有身份的人的车子印。张负回到家对他的儿子张仲说："我想把孙女嫁给陈平。"张仲说："陈平家里穷而且又什么事都不干，全县的人都耻笑他的所作所为，为什么偏偏把我的女儿嫁给他呢？"张负说："像陈平那样相貌出众的人，有贫穷一辈子的吗？"最后还是坚持着把孙女嫁给了他。因为陈平家穷，张负就借钱给他让他备办聘礼，给他办酒席的钱让他举办婚礼。张负还特别告诫她的孙女说："不要因为人家穷，就对人家不礼貌。对待大哥要像对待父亲一样，对待大嫂要像对待母亲一样。"而陈平自从娶了张负的孙女以后，家里的生活日用比从前富裕了，因此他的交游也就越来越广泛了。

陈平所在的里巷每当社日祭完土地神的时候，总是由陈平来给大家分配祭肉，他分得很公平。老人们都夸他说："好！陈平这小子祭肉分得公平。"陈平感慨地说："唉！有朝一日让我主持分割天下，我也能像今天分配肉这样的公平！"

陈涉起兵到陈郡称王后，派周市北入魏地，拥立魏咎做了魏王，并与秦朝军队会战于临济。陈平早些时候便已辞别了他的哥哥与一批年轻人去临济投奔了魏王，魏王让陈平给他做太仆。这期间陈平曾给魏王出过许多主意，魏王不听，再加上有人说陈平的坏话，于是陈平就离开了他们。

过了好长一段时间，项羽率军拓地来到了黄河边上，陈平就又去投奔了项羽。这以后陈平就跟着项羽一直打败了秦朝，被项羽封了个卿一级的爵位。当项羽自称西楚霸王东归彭城后，被封到汉中去的刘邦又趁机杀回来夺取了关中，并进而率兵东下，殷王司马卬也背叛了项羽。于是项羽就封陈平为信武君，让他率领着魏王咎留在彭城的旧部前去讨伐，陈平收服了司马卬，胜利而回。项羽大喜，派项悍前去拜陈平为都尉，赏给他黄金二十镒。没过多久，殷王又被刘邦降服。项王大怒，将要杀掉上次去平殷地的将官。陈平害怕被杀，于是就把项羽封赏自己的黄金和信印包好，派人送还了项羽，而自己只身一人提着宝剑从小路走了。过黄河的时候，船夫见他这样一个魁梧的美男子单人行走，怀疑他是个开小差的将军，估计他一定带有金珠宝器，因而眼睛盯着，想杀他。陈平很害怕，便故意脱掉衣服，光着膀子帮着他划船。船夫知道他身上没有什么东西，这才没有伤害他。

陈平逃到了修武县，请求魏无知把他引见给刘邦，刘邦叫他进去。这时候万石君石奋正做刘邦的侍从，他接过了陈平的名片，让陈平进去。陈平等七个人一同受到了刘邦的接见，并被招待吃了饭。刘邦却说："吃完饭，大家都到客舍去休息吧。"陈平说："我是为了一件急事才来的，我的事不能过今天。"于是刘邦立即同他谈了一回，谈得很高兴。刘邦问他："您在项羽那里身居何职？"陈平说："做都尉。"于是刘邦也立即任令陈平为都尉，让他陪着自己同乘一辆车，负责协调监管军队。部将们一齐大哗，都说："大王忽然得到了项羽的一个逃兵，还不知道他的本事大小，马上就和他同乘一辆车，还要让他来监督我们这些老将！"刘邦听说后反而更加亲近和重用陈平。于是陈平就跟着刘邦一起东进，攻打项羽，结果在彭城被项羽打得大败。刘邦收集残兵败将逃到了荥阳，任命陈平为亚将，让他跟着韩王信驻扎在广武。

这时绛侯、灌婴等人都说陈平的坏话，他们对刘邦说："陈平虽然是个美男子，但这就像帽子上镶的那块玉一样，他的肚子里不一定有什么真货色。我们还听说陈平在家时，和他的嫂子通奸；后来到魏王那里干事，人家不要他，他就又投奔了项羽；后来在项羽那里也不行，这才又跑来投奔大王。现在大王封他大官，让他监护军队。可是我们又听说他常常接受将军们的贿赂，谁给他送钱送得多谁就得到好处；谁送得少谁就受到刁难。陈平是个反复无常的家伙，希望大王好好了解观察一下。"刘邦听完心里有怀疑，于是就把魏无知找来，责备他。魏无知说："当初我向您推荐他，是说他有本事；现在您要责问的，是他的品行。假如陈平空有尾生、孝己那样的品行，而对于我们战场上的胜败丝毫没有好处，对于这种人您有闲工夫用他么？现在是楚、汉相抗，我推荐的是有奇谋的人，现在的关键是要看他的计谋是不是对国家有利。至于说和嫂子通奸，接受一点贿赂，这又有什么值得大惊小怪呢？”刘邦又把陈平找来责问说：“您过去替魏王办事，办得不好，就又去投奔了项羽，现在您又来找我，一个讲信义的人，能够像你这样三心二意吗？”陈平说：“我过去替魏王办事，魏王不采用我的意见，所以我去投奔了项王。项王也不能信用人，他所信用的不是项家的子弟就是他妻子那边的亲戚，别的人哪怕有奇才他也不能用，所以我才离开了他。我听说您能够知人善任，所以才来投奔您。我是孤身一个人来的，如果不接受一些金钱，我就连一点活动的资本都没有。如果我的主意有可用的，那就请您采用它；如果没有可用的，我所接受的钱财还都在那里，请您没收归公，我自己请求辞职还乡。”刘邦一听赶紧赔礼道歉，又厚厚地赏赐了他，同时正式地封拜他为护军中尉，让他进一步监督协调所有的将领。这一来将军们都不敢再说三道四了。

后来，楚军加紧进攻汉军，切断了汉军运输粮饷的通道，把刘邦包围在荥阳城中。这样持续了很长一段时间，刘邦很着急，于是请求划荥阳为界，荥阳以东属楚，荥阳以西属汉，两下讲和。项羽不答应。刘邦对陈平说：“天下这么乱哄哄的，什么时候才能安定呢？”陈平说：“项羽的秉性是待人慈和而又恭敬，所以一些有棱角、有气节的人，都去投奔他。可是等到要论功行赏的时候，他又特别吝啬，因此很多人又不愿意跟着他。现在大王您尽管对人傲慢，缺少礼貌，一些有棱角有气节的人不来；但是您却能够慷慨地把爵位封土分给人们，因此那些不讲礼节又贪图利益的人们又都会跑到您这里来。假如你们两位谁能够去掉自己的短处，吸收对方的长处，那么他马上就可夺得天下，就可以太平无事了。现在您经常任意侮辱人，虽然不易得到廉正守节的好汉，但是现在楚军内部也有容易被我们挑起矛盾的地方。忠于项羽，给项羽起主心骨作用的大臣，也不过就是亚父范增和钟离眛、龙且、周殷等几个人，您如果能豁出去用几万斤金，去挑拨离间项羽君臣之间的关系，让他们互相猜忌，项羽本来就为人多疑，好听谗言，这样他们很快地就会自相残杀起来。到那时您再趁机出兵从外面攻他，这就肯定可以打败楚军了。”刘邦觉得很好，便拿出黄金四万斤，让陈平任意使用，从不问他是怎么开销的。

陈平用了很多钱在楚军中进行离间活动，放出谣言说钟离眛等人作为项王的战将，功劳很多，然而到头来却不能够分地为王，因此他们想同汉王联合，消灭项氏，从而分割楚国的土地，各自称王。项羽一听果然不信任钟离眛等人了。在此以后，项羽曾有一次派使者到刘邦那里去，当时刘邦安排了猪、羊、牛三牲齐备的宴席来招待他们，等到摆开桌子上菜时，他们假意地表现出才发现来人是项羽派来的，就假装惊讶地说：“我们还以为是亚父范增派来的人呢，原来是项王派来的！”于是就把好菜端了回去，另端来一些粗劣的饭菜给项羽的使者吃。使者回去后，把所见所闻都报告了项羽。项羽果然开始怀疑范增。按范增的主意是希望赶快攻下荥阳城，但是项羽不信任他，根本不听他的。等范增知道项羽怀疑自己时，生气地说：“整个天下的形势基本定局了，以后的事情您自己好好看着办吧！我请求告老还乡！”于是范增东归，还没有走到彭城，因为背上的毒疮突然迸发而死。这个时候陈平故意在夜里派两千女子出荥阳东门诱敌，楚军不知虚实，集中兵力往攻，陈平与刘邦等趁机开荥阳西门逃走了。刘邦、陈平等回到关中，招集起了逃散的队伍，很快地又回到荥阳。

第二年，韩信灭掉齐国后，先自己当了齐王，而后才派使者来向刘邦报告。刘邦一听气得大骂起来，这时陈平暗中踩刘邦的脚，刘邦立刻醒悟了，于是便好好地招待了韩信的使者，并立刻派张良前去封韩信为齐王，同时把户牖乡给了陈平作封地。刘邦采用了陈平的不少奇谋妙策，终于消灭了项羽。后来陈平还曾以护军中尉的身份跟着刘邦平定过燕王臧荼的叛乱。

汉高祖六年，有人写信告发楚王韩信造反。刘邦问将军们该怎么办，将军们异口同声地说：“立即发兵活埋了这小子！”刘邦沉默不语，又问陈平。陈平推辞了半天，说：“将军们怎么说？”刘邦把将军们的意思说了一遍。陈平说：“有人写信告韩信造反，这件事有别人知道吗？”刘邦说：“没有。”陈平又问：“韩信知道有人告他吗？”刘邦说：“不知道。”陈平又问：“您的军队同韩信的军队比较，谁的战斗力更强？”刘邦说：“我的军队比不上。”陈平又问：“您的将领们指挥打仗的才能有超过韩信的吗？”刘邦说：“没有。”陈平说：“您的兵不如韩信的兵精，您的将领又比不上韩信，您还要出兵去打他，这不是逼着他同我们决战吗，我替您感到危险！”刘邦说：“那怎么办呢？”陈平说：“古时候有天子外出巡视在外而会见诸侯的制度，现在南方有个云梦泽，您就假装说要到云梦地区视察，并在陈郡同各地的诸侯们会见。陈郡就在楚国西界。韩信听说您这是一次和平愉快的出游，他一定会毫无防范地到郊外来迎接您，到那时，您就趁势逮捕他，这么做只要一个武士就够了！”刘邦觉得有理，便派人通知各地的诸侯们到陈郡相会，“我要到云梦地区巡游”。于是刘邦就带着陈平出发了。还没有到达陈郡，韩信果然到郊外路旁来迎接了。这时刘邦早已经埋伏下武士，见韩信一到，便立即把他捆绑起来，放在了刘邦后面的车上。韩信大声喊道：“天下已经安定，我是应该被你们所杀了！”刘邦回头对韩信说：“你不用喊叫，你要造反的事情已经很清楚了！”武士们把韩信的双手反绑起来。刘邦在陈郡会见了各地的诸侯，并把楚地全部稳定住。待到回到洛阳，刘邦又把韩信放了，把他降为淮阴侯，而与其他功臣们剖符立誓确定了他们各自的封爵。

刘邦与陈平剖符为信，封陈平为户牖侯，立誓让陈平世世代代相传不断。陈平推辞说：“这不是我的功劳！”刘邦说：“我因为采用了你的计策，所以才克敌制胜，这不是你的功劳是什么呢？”陈平说：“当初如果没有魏无知的引荐，我怎么能够来到您的跟前呢？”刘邦说：“你可真称得上是一个不忘本的人！”于是立即赏赐了魏无知。第二年，陈平以护军中尉的身份随刘邦到代国讨伐韩王信的叛乱，一直到了平城，结果遭到了匈奴军队的包围，一连七天没吃上饭。这时刘邦又采用了陈平的计谋，派人到单于的妻子那里进行活动，包围才得以解除。刘邦这次是出来了，但究竟他们是用了什么计策，由于太秘密了，局外人无法知道。

刘邦从平城脱险南归，路过曲逆县时，登上城楼远望，见城里的房屋都很高大，不禁感叹说：“多么雄伟的一座县城啊！这样的城邑，我走遍天下，只在洛阳和这里看到过。”他回头问御史说：“曲逆县的户口有多少？”御史答道：“当初秦朝的时候有三万多户，近年来由于不断的战争，许多人都逃走了，如今只有五千户。”于是刘邦马上让御史改封陈平为曲逆侯，全县的一切赋税都归陈平享用，撤销以前划给陈平的户牖乡。

在此以后，陈平还曾经以护军中尉的身份跟随刘邦去平定过陈豨及黥布的叛乱。陈平一共给刘邦出了六次奇计，每次事成之后都能使他的封地有所增加。只是他的奇计有的太秘密了，人们没法儿知道。

刘邦从打败黥布的前线回来，由于受了伤，只能慢慢地回到长安。这时，燕王卢绾造反了，刘邦派樊哙以相国的身份率兵前去讨伐。军队出发后，有人向刘邦说樊哙的坏话。刘邦一听大怒说：“樊哙见我生病，原来竟盼着我早死啊！”于是按照陈平的意见，把绛侯周勃叫到了床前，对他们说：“陈平你赶快乘传车送周勃前去代樊哙领兵，而你到达樊哙军中后，立即斩他的人头回来报告！”陈平、周勃接

受密令后出发了。半道上两个人商量说："樊哙，是皇上的老朋友，功劳很多，而且又是吕后的妹妹吕媭的丈夫，他既是皇亲，又是权贵，刚才皇上只不过是因为一时的愤怒，让我们去杀他，这件事恐怕他会后悔。因此我们宁可用囚车把他活着带回来交给皇上，让皇上自己杀他。"于是他们在快到樊哙兵营的地方搭起了台子，派人持符节把樊哙请了来。他们向樊哙宣读了刘邦的诏书后，立即捆起了他的双手，把他装上囚车，押回了长安。同时宣布让绛侯周勃代替樊哙统兵，前往平定燕国各县的叛乱。

陈平在押送樊哙回长安的路上，听说刘邦死了，他害怕吕后、吕媭姐妹二人因樊哙问题说他的坏话，于是就赶快乘传车先回长安。半道上正遇见朝廷的使者，使者传令让陈平与灌婴一道去驻守荥阳。陈平接受命令后，没有直奔荥阳，而是立即赶到长安皇宫哭灵，他悲痛欲绝地当着刘邦的灵柩向吕后报告了受命处置樊哙事情的经过。吕后很同情他，就说："您很累了，出去休息吧。"陈平害怕趁他不在有人向吕后说他的坏话，因而坚决请求去守卫宫廷。于是吕后就任命他为郎中令，并说："你要好好地保护教导我的儿子。"这样，才使吕媭没能再说攻击诽谤的坏话。樊哙押回长安后，立即被吕后宣布无罪，恢复了原来的爵位和封地。

王陵也是沛县人，开始是沛县的一个豪绅，刘邦贫贱时，把他当作兄长一样对待。王陵不大讲究礼节，重义气，爱直言不讳。刘邦从沛县起兵，后来西入咸阳时，王陵也聚集了几千人，正占据着南阳，他不愿跟随刘邦西进。等到刘邦二次收复关中率军东攻项羽时，王陵才率部归属了刘邦。项羽听说后就派人把王陵的母亲掠来设在军中当人质，王陵派人到项羽军中探听母亲的消息，项羽故意表示恭敬，让王陵的母亲坐在朝东的长者的席位上，想用这种办法来招引王陵降楚。王陵的母亲在给使者送别时，暗中流着泪对使者说："你们回去告诉王陵，叫他好好地为汉王卖力。汉王是个宽厚慈爱的人，叫王陵不要因为我而对汉王有什么三心二意。我现在就用一死来给你送行吧。"说完自刎而死。项羽大怒，派人把王陵母亲的尸体扔到锅里煮了。王陵从此便死心塌地地追随刘邦去打天下了。王陵和雍齿关系好，而雍齿是刘邦的仇人，再加上王陵开始时曾有一段时间不愿意追随刘邦，所以刘邦嫉恨他，在分封功臣时，对王陵封得较晚，封他为安国侯。

王陵做右丞相两年，孝惠帝死了。这时，吕后想封她娘家姓吕的人们为王，先征求王陵的意见，王陵回答说："不行！"吕后又问陈平，陈平说："可以。"于是吕后深恨王陵。她名义上是提拔王陵为太傅，实际是疏远他，把他的右丞相职务免掉了。王陵很生气，于是称病辞职，闭门不出，连朝也不上了。一直到七年后死去了。

王陵被罢免丞相之后，吕后就提拔陈平做右丞相，任命辟阳侯审食其为左丞相。审食其为相后不管丞相职分内的事，仍是经常在内廷中服务。

审食其也是沛县人。当刘邦在彭城被项羽打败向西逃时，项羽把刘邦的父亲和吕后俘虏去了，押在军中当人质，从那时起审食其就以一个侍从的身份侍候吕后。

后来又跟随刘邦打败了项羽，被封为辟阳侯，他特别受吕后的宠爱。到他做了丞相时，仍经常住在宫中，文武百官不论什么事都要去向他请示。

吕媭因为陈平曾为刘邦设计捉拿樊哙，所以一直嫉恨在心，她多次攻击陈平说："陈平做丞相，根本不过问国家大事，整天饮酒作乐，玩弄妇女。"陈平听说后，就故意做得更过分。吕后看到这种情形，心中暗自高兴。有一天她当着吕媭的面对陈平说："俗话说小孩子和女人的话不可听，关键就看你对我怎么样了，你不要害怕吕媭说你的坏话。"

后来吕后公开封立吕氏家族的人们为王，陈平都假装同意。等到吕后一死，陈平就与太尉周勃合谋，最后消灭了吕氏一党，拥立了孝文帝，在这个事情中陈平是主谋人，而审食其从此被免掉了左丞相。

孝文帝即位后，因为太尉周勃亲自率军消灭了吕氏一党，功劳最大；而陈平当时也有意把最高的职位让给周勃，于是自己就称病不朝。当时孝文帝刚刚即位，对于陈平的称病感到奇怪，问他为什么。陈平说："在帮着高帝打天下的时候，周勃的功劳没有我大。等到消灭吕氏一党时，我的功劳又没有周勃大。因此我情愿把右丞相的尊位让给他。"孝文帝一见如此，就任命绛侯周勃为右丞相，位列第一；任命陈平为左丞相，位列第二。同时又赏赐陈平金千斤，给他增加了封地三千户。

过了一段时间，孝文帝已经越来越熟悉国家大事了。有一次在上朝的时候他问右丞相周勃："全国一年中要审理多少案件？"周勃惶恐地说："不知道。"孝文帝又问："全国一年的钱粮收支各有多少？"周勃又惶恐地说："不知道。"说罢汗流浃背，自愧没能回答皇帝的问题。于是孝文帝又问左丞相陈平。陈平回答说："有专门主管这方面事情的人。"孝文帝说："主管这方面事情的人是谁？"陈平说："您如果要问审理案件的事，可以问廷尉，您要了解钱粮收支情况，可以问治粟内史。"孝文帝说："如果各种事情各有别的人管，那么你管什么呢？"陈平说："主管群臣。您不以我的才能低下，把我放在了宰相的位子上。所谓宰相，他的职责是对上要辅佐天子调理阴阳，顺应四时变化；对下要培育万物生长，不失时机；对外要镇抚诸侯，安定四夷；对内要使百姓亲附，使大夫各尽其职。"孝文帝听罢点头称善。而右丞相周勃相比之下，觉得惭愧极了。出朝后他责怪陈平说："你平常为什么不教给我怎么回答主上说话！"陈平笑道："您身为宰相，难道还不明白它的任务是什么吗？假如皇上再问长安城里有多少盗贼，你也非要勉强回答吗？"这一来绛侯周勃知道自己的才能比陈平差远了。过了不久，周勃便称病辞去了右丞相，从此丞相的职务便由陈平一个人独当了。

孝文帝二年，陈平去世，被谥为"献侯"。他的儿子共侯陈买继位为侯。过了两年，陈买去世，陈买的儿子简侯陈恢继位为侯。过了二十三年陈恢去世，陈恢的儿子陈何继位为侯。又过了二十三年，陈何因抢夺他人的妻子被斩首示众，从此曲逆侯的封地被废除。

早在很久以前陈平就自己说过："我一生好搞阴谋，这是道家所忌讳的。如果在我自己这一辈子，我的侯爵被废除，我估计那也差不多了，而且永远也不能再复兴，因为我阴谋搞得多，阴祸也就该多啊。”后来他的曾孙陈掌因为是大将军卫青的亲戚，又贵幸一时，他曾经请求重续曲逆的爵邑，但始终没有得到。

太史公说：丞相陈平从年轻的时候就爱好黄帝、老子的学说，当他在里巷祭祀切肉的时候，就已经表现出他的远大志向了。他先是在楚国、魏国经历了许多艰难险阻，最后投奔了高皇帝。他曾为高皇帝出过许多奇谋，解决过许多非常复杂的问题，挽救了国家的危急。到了吕后时期，国家处于多事之秋，然而陈平却始终能够自免于祸，到头来还是靠着他稳定了汉室江山，他自己也获得了很高的荣誉，被后世称为贤相，这不是一种少有的善始善终吗!如果不是有足够的智谋，怎么能够获得这种结果呢?

（苏　芃　注译）

卷五十七 绛侯周勃世家第二十七

注释查阅　译文诵读

绛[1]侯周勃者，沛人也。其先卷[2]人，徙沛。勃以织薄曲[3]为生，常[4]为人吹箫给[5]丧事，材官[6]引强[7]。

高祖之为沛公初起，勃以中涓[8]从攻胡陵[9]，下[10]方与[11]。方与反，与战，却适[12]。攻丰[13]。击秦军砀东。还军留及萧。复攻砀，破之。下下邑，先登[14]。赐爵五大夫[15]。攻蒙[16]、虞，取之。击章邯车骑，殿[17]。定魏地。攻爰戚、东缗，以往至栗，取之。攻啮桑，先登。击秦军阿下，破之。追至濮阳，下甄城。攻都关、定陶，袭取宛朐，得单父令。夜袭取临济，攻张，以前至卷，破之。击李由军雍丘下。攻开封，先至城下为多。后章邯破杀项梁，沛公与项羽引兵东如砀[18]。自初起沛还至砀一岁二月。楚怀王封沛公号安武侯，为砀郡长。沛公拜勃为虎贲[19]令，以令从沛公定魏地。攻东郡尉于城武，破之。击王离军，破之。攻长社，先登。攻颍阳、缑氏[20]，绝河津[21]。击赵贲军尸北。南攻南阳守齮，破武关、峣关。破秦军于蓝田[22]，至咸阳，灭秦。

项羽至，以沛公为汉王。汉王赐勃爵为威武侯。从入汉中，拜为将军。还定三秦[23]，至秦，赐食邑怀德。攻槐里[24]、好畤[25]，最[26]。击赵贲、内史保于咸阳，最。北攻漆。击章平、姚卬军。西定汧。还下郿、频阳[27]。围章邯废丘。破西丞[28]。击盗巴[29]军，破之。攻上邽[30]。东守峣关。转击项籍。攻曲逆，最。还守敖仓，追项籍。籍已死，因东定楚地泗川、东海郡，凡得二十二县。还守洛阳、栎阳，赐与颍阴侯共食钟离。以将军从高帝反者燕王臧荼，破之易下。所将卒当驰道为多。赐爵列侯，剖符世世勿绝。食绛八千一百八十户，号绛侯。

以将军从高帝击反韩王信于代，降下霍人。以前至武泉，击胡骑，破之武泉北。转攻韩信军铜鞮，破之。还，降太原六城。击韩信胡骑晋阳下，破之，下晋阳。后击韩信军于砦石[31]，破之，追北[32]八十里。还攻楼烦三城，因击胡骑平城[33]下，所将卒当驰道为多。勃迁为太尉[34]。

击陈豨，屠[35]马邑。所将卒斩豨将军乘马絺。击韩信、陈豨、赵利军于楼烦，破之。得豨将宋最、雁门守圂。因转攻得[36]云中守遬、丞相箕肆、将勋。定雁门郡十七县，云中郡十二县。因复击豨灵丘，破之，斩豨，得豨丞相程纵、将军陈武、都尉高肆。定代郡九县。

燕王卢绾反，勃以相国代樊哙将，击下蓟，得绾大将抵、丞相偃、守陉、太尉弱、御史大夫施，屠浑都[37]。破绾军上兰[38]，复击破绾军沮阳。追至长城，定上谷十二县，右北平十六县，辽西、辽东二十九县，渔阳[39]二十二县。最[40]从高帝得相国一人，丞相二人，将军、二千石各三人；别[41]破军二，下城三，定郡五，县七十九，得丞相、大将各一人。

勃为人木强[42]敦厚，高帝以为可属[43]大事。勃不好文学，每召诸生[44]说士[45]，东乡坐[46]而责之："趣[47]为我语。"其椎[48]少文如此。

勃既定燕而归，高祖已崩矣，以列侯事孝惠帝。孝惠帝六年，置太尉官，以勃为太尉。十岁，高后崩。吕禄以赵王为汉上将军，吕产以吕王为汉相国，秉[49]汉权，欲危刘氏。勃为太尉，不得入军门。陈平为丞相，不得任事。于是勃与平谋，卒诛诸吕而立孝文皇帝。其语在吕后、孝文事中。

文帝既立，以勃为右丞相，赐金五千斤，食邑万户。居月余，人或说勃曰："君既诛诸吕，立代王，威震天下，而君受厚赏，处尊位，以[50]宠[51]，久之即[52]祸及身矣。"勃惧，亦自危，乃谢请归相印。上许之。岁余，丞相平卒，上复以勃为丞相。十余月，上曰："前日吾诏列侯就国，或未能行，丞相吾所重，其率先之。"乃免相就国。

岁余，每河东[53]守尉行县[54]至绛，绛侯勃自畏恐诛，常被[55]甲、令家人持兵以见之。其后人有上书告勃欲反，下廷尉[56]。廷尉下其事长安，逮捕勃治[57]之。勃恐，不知置辞。吏稍[58]侵辱之。勃以千金与狱吏，狱吏乃书牍[59]背示之，曰"以公主为证"。公主者，孝文帝女也，勃太子胜之尚之[60]，故狱吏教引为证。勃之益封受赐，尽以予薄昭。及系急，薄昭为言薄太后，太后亦以为无反事。文帝朝，太后以冒絮[61]提文帝，曰："绛侯绾[62]皇帝玺，将兵于北军，不以此时反，今居一小县，顾[63]欲反邪！"文帝既见绛侯狱辞[64]，乃谢曰："吏方[65]验而出之。"于是使使持节[66]赦绛侯，复爵邑。绛侯既出，曰："吾尝将百万军，然安知狱吏之贵乎！"

绛侯复就国。孝文帝十一年卒，谥为武侯。子胜之代侯。六岁，尚公主，不相中[67]，坐杀人，国除。绝一岁，文帝乃择绛侯勃子贤者河内守亚夫，封为条侯，续绛侯后。

条侯亚夫自未侯为河内[68]守时，许负相[69]之，曰："君后三岁而侯。侯八岁为将相，持国秉[70]，贵重矣，于人臣无两。其后九岁而君饿死。"亚夫笑曰："臣之兄已代父侯矣，有如卒，子当代，亚夫何说[71]侯乎？然既已贵如负言，又何说饿死？指示我。"许负指其口曰："有从理[72]入口，此饿死法也[73]。"居三岁，其兄绛侯胜之有罪，孝文帝择绛侯子贤者，皆推亚夫，乃封亚夫为条侯，续绛侯后。

文帝之后六年，匈奴大入边。乃以宗正[74]刘礼为将军，军霸上[75]；祝兹侯徐厉为将军，军棘门[76]；以河内守亚夫为将军，军细柳[77]：以备胡。上自劳军。至霸上及棘门军，直驰入，将以下骑送迎。已而之细柳军，军士吏被甲，锐兵刃[78]，彀弓弩[79]，持满。天子先驱[80]至，不得入。先驱曰："天子且至！"军门都尉[81]曰："将军令曰'军中闻将军令，不闻天子之诏'。"居无何，上至，又不得入。于是上乃使使持节诏将军："吾欲入劳军。"亚夫乃传言开壁门[82]。壁门士吏谓从属车骑曰："将军约，军中不得驱驰。"于是天子乃按辔徐行[83]。至营，将军亚夫持兵揖曰："介胄[84]之士不拜，请以军礼见。"天子为动，改容式[85]车。使人称谢："皇帝敬劳将军。"成礼而去。既出军门，群臣皆惊。文帝曰："嗟乎，此真将军矣！曩者[86]霸上、棘门军，若儿戏耳，其将固可袭而虏也。至于亚夫，可得而犯邪！"称善者久之。月余，三军皆罢。乃拜亚夫为中尉[87]。

孝文且崩时，诫太子曰："即[88]有缓急[89]，周亚夫真可任将兵。"文帝崩，拜亚夫为车骑将军。

孝景三年，吴楚反。亚夫以中尉为太尉，东击吴楚。因自请上曰："楚兵剽轻[90]，难与争锋。愿以梁委之，绝其粮道，乃可制。"上许之。

太尉既会兵[91]荥阳，吴方攻梁，梁急，请救。太尉引兵东北走昌邑[92]，深壁而守。梁日使使请太尉，太尉守便宜[93]，不肯往。梁上书言景帝，景帝使使诏救梁。太尉不奉诏，坚壁不出，而使轻骑兵弓高侯等绝吴楚兵后食道。吴兵乏粮，饥，数欲挑战，终不出。夜，军中惊，内相攻击扰乱，至于太尉帐下。太尉终卧不起。顷之，复定。后吴奔壁东南陬[94]，太尉使备西北。已而其精兵果奔西北，不得入。吴兵既饿，乃引而去。太尉出精兵追击，大破之。吴王濞弃其军，而与壮士数千人亡走，保于江南丹徒。汉兵因乘胜，遂尽虏之，降其兵，购吴王千金。月余，越人斩吴王头以告。凡相攻守三月，而吴楚破平。于是诸将乃以太尉计谋为是。由此梁孝王与太尉有却。

归，复置太尉官。五岁，迁为丞相，景帝甚重之。景帝废栗太子，丞相固争[95]之，不得。景帝由此疏之。而梁孝王每朝，常与太后言条侯之短。

窦太后曰："皇后兄王信可侯也。"景帝让[96]曰："始南皮、章武侯先帝不侯，及臣即位乃侯之。信未得封也。"窦太后曰："人主各以时行耳。自窦长君在时，竟不得侯，死后乃其子彭祖顾[97]得侯。吾甚恨[98]之。帝趣[99]侯信也！"景帝曰："请得与丞相议之。"丞相议之，亚夫曰："高皇帝约'非刘氏不得王，非有功不得侯。不如约，天下共击之'。今信虽皇后兄，无功，侯之，非约也。"景帝默然而止。

其后匈奴王徐卢等五人降，景帝欲侯之以劝[100]后。丞相亚夫曰："彼背其主降陛下，陛下侯之，则何以责[101]人臣不守节者乎？"景帝曰："丞相议不可用。"乃悉封徐卢等为列侯。亚夫因谢病。景帝中三年，以病免相。

顷之，景帝居禁中[102]，召条侯，赐食。独置大胾[103]，无切肉，又不置櫡[104]。

条侯心不平，顾谓尚席[105]取櫡。景帝视而笑曰："此不足君所乎？"条侯免冠谢[106]。上起[107]，条侯因趋出[108]。景帝以目送之，曰："此怏怏[109]者非少主臣也！"

居无何，条侯子为父买工官尚方[110]甲楯五百被[111]可以葬[112]者。取庸[113]苦之，不予钱。庸知其盗买[114]县官[115]器，怒而上变[116]告子，事连污[117]条侯。书既闻上，上下吏。吏簿责条侯，条侯不对。景帝骂之曰："吾不用也。"召诣廷尉[118]。廷尉责曰："君侯欲反邪？"亚夫曰："臣所买器，乃葬器也，何谓反邪？"吏曰："君侯纵不反地上，即欲反地下耳。"吏侵之益急。初，吏捕条侯，条侯欲自杀，夫人止之，以故不得死，遂入廷尉。因不食五日，呕血而死。国除。绝一岁，景帝乃更封绛侯勃他子坚为平曲侯，续绛侯后。十九年卒，谥为共侯。子建德代侯，十三年，为太子太傅。坐酎金不善，元鼎五年，有罪，国除。

条侯果饿死。死后，景帝乃封王信为盖侯。

太史公曰：绛侯周勃始为布衣时，鄙朴[119]人也，才能不过凡庸。及从高祖定天下，在将相位，诸吕欲作乱，勃匡[120]国家难，复之乎正。虽伊尹、周公，何以加哉！亚夫之用兵，持威重，执坚刃[121]，穰苴曷有加焉！足己[122]而不学，守节不逊[123]，终以穷困。悲夫！

【译文】

绛侯周勃是沛县人。他的祖先原来是卷县人，后来迁居沛县。周勃原来以编织养蚕的工具为生，他还会吹箫，曾去给办丧事的人家充当吹鼓手或做仪仗队员。

刘邦夺得沛县县长起兵时，周勃就以侍从的身份跟着刘邦，他随刘邦攻打过胡陵，打下了方与。后来方与又反叛，周勃率军往讨，将叛军击败。接着又进攻丰邑，又在砀县东打击秦军，后因战斗不利而退守留县和萧县。当第二次进攻砀县时，砀县被周勃占领。后来在攻打下邑的时候，周勃最先登上城楼。累计上述功劳，刘邦赐给了周勃五大夫的爵位。后来周勃又攻下了蒙甚、虞县，在刘邦击秦将章邯的时候，周勃获得下功。继而又往攻爰戚、东缗，一直打到栗县，这些县都被周勃占领了。在进攻啮桑镇的战斗中，周勃又最先登上了城楼。接着又在东阿城下击败了秦军，并乘胜追击到濮阳，攻下了甄县。接着又攻下了都关，定陶，袭击了宛朐，俘获了单父县的县令。接着又夜袭临济，攻下张县，又乘胜前进打到了卷县，一路上势如破竹。后来又在雍丘城下进击秦将李由。在攻占开封时，周勃的兵卒首先攻到城下的人数最多。在秦将章邯打败了项梁的军队杀死了项梁后，周勃随同刘邦、项羽等一同向东退到了砀县。周勃从沛县起兵跟随刘邦到今天东退砀县，前后已经有一年零四个月了。这时楚怀王封刘邦为安武侯，做砀郡的地方长官。而

刘邦让周勃当了负责保卫工作的虎贲令，接着周勃又以虎贲令的身份跟着刘邦平定了魏地，又在城武县打败了秦朝东郡郡尉的军队。又曾经打败过秦将王离的军队。在进攻长社县城的时候，周勃又最先登上了城楼。接着又进攻颍阳、缑氏，而后北上控制了黄河平明津的渡口。又在尸乡以北打击过秦将赵贲的军队。又南下攻击过秦朝南阳郡太守龄，又乘胜西进攻破了武关和峣关。又在蓝田打败了秦朝军队，一直到进入咸阳，推翻了秦朝。

项羽来到咸阳后，封刘邦为汉王。刘邦则封周勃为威武侯。不久周勃又跟随刘邦一起到了汉中，刘邦封周勃为将军。等到刘邦从汉中回军收复三秦时，部队刚到关中，刘邦就把怀德县赐给了周勃作为食邑。接着在攻打槐里、好畤二县时，周勃的战功最大。紧跟着进击咸阳，与赵贲和内史保作战，周勃的功劳又最大。而后北攻漆县，打击了章平、姚卬的军队。再西取汧县。又回军攻下了郿县、频阳，把章邯包围在废丘。接着打败了西县县丞，击溃了盗巴的军队，又攻克了上邽。后来又东去镇守峣关。又从峣关东出辗转攻击项羽。在攻取曲逆时，周勃的战功最多。接着又回兵驻守敖仓，最后又东进追击项羽。项羽死后，周勃率军平定了楚地的泗川、东海两郡，共取得二十二个县。后来又回师镇守刘邦的临时首都洛阳、栎阳。为了报答周勃的功劳，刘邦把钟离县赐给周勃与灌婴为食邑。后来周勃又以将军的身份跟随刘邦去讨伐造反的燕王臧荼，破臧荼于易水下。在战斗中周勃率领的士兵一直在刘邦的前面打先锋。因而在刘邦分封功臣的时候周勃被封为列侯，并剖符为信，发誓世代相继，永不断绝。刘邦把绛县的八千一百八十户赐给周勃作食邑，周勃号称绛侯。

后来周勃又以将军的身份跟随刘邦北去讨伐造反的韩王信，他首先攻下了霍人县。接着又前进到武泉，在武泉北击溃了匈奴人的骑兵。而后又辗转至铜鞮，击溃了韩王信的军队。接着又回兵北进，收复了太原郡的六个县城，并在太原郡的首府晋阳城下打败了韩王信和匈奴人的联军，占领了晋阳城。后来又在硰石镇击败了韩王信的军队，并乘胜追击了八十里。接着又回师攻击了楼烦的三座城邑，并乘胜北上在平城下攻击了匈奴人的骑兵。在以上战斗中周勃率领着士卒经常在刘邦前面打头阵。因为军功周勃被提升为太尉。

后来周勃又奉命北击叛将陈豨，血洗了马邑城。周勃的部卒杀了陈豨的部将乘马絺。接着在楼烦打败了韩王信、陈豨、赵利等人的联军，俘获了陈豨的将领宋最和雁门郡的太守圂。接着又进攻云中郡，俘获了云中郡的太守遬、韩王信的丞相箕肆与将军勋。前后共平定了雁门郡的十七个县，云中郡的十二个县。接着又进击陈豨于灵丘，陈豨兵败被杀，陈豨的丞相程纵、将军陈武、都尉高肆等被俘虏，从而平定了代郡的九个县。

后来燕王卢绾造反时，周勃以相国的身份取代了樊哙的军权，他攻下了蓟县，俘获了卢绾的大将抵、丞相偃、太守陉、太尉弱、御史大夫施等，血洗了浑都。接着又在上兰、沮阳相继打败了卢绾军，并乘胜追击到长城下，前后共平定了上谷郡的十二个县，右北平的十六个县，辽西郡、辽东郡的二十九个县，渔阳郡的二十二个县。总括起来，周勃跟随刘邦作战时，曾获相国一人，丞相二人，将军、两千石各三人；此外周勃还单独率军击败过两支敌军，攻下了三座城，平定了五个郡，共七十九个县，俘虏了丞相、大将各一人。

周勃为人刚直憨厚，被刘邦认为是一个可以托付大事的人。周勃没什么文化修养，每当会见儒生和游说之士时，自己总是坐在上位呵斥他们："有话给我快说！"他的犟直粗鲁就是这个样子。

周勃平定了燕国的叛乱回到长安时，刘邦已经死了，从此以后他就以列侯的身份侍候孝惠皇帝。孝惠帝六年，开始设置太尉官，于是周勃被任命为太尉。十年后，吕太后死了。当时吕禄正以赵王的身份充任上将军，吕产以吕王的身份担任相国，两人控制着国家的权柄，对刘氏皇室造成了严重的威胁。当时周勃虽然名义上是太尉，但却无法进入军门。陈平虽然名义上是丞相，但却不能过问国家大事。于是周勃与陈平联合起来，共同定计最后铲除了吕氏一党而拥立了孝文皇帝。关于这件事的详细经过记述在《吕太后本纪》和《孝文本纪》中。

孝文帝即位后，任命周勃为右丞相，赐给他五千斤金子，封赏他食邑一万户。过了一个月，有人劝周勃说："您消灭了吕氏一党，拥立代王当了皇帝，您的权威已经使整个天下为之震动了；现在您又接受了如此优厚的赏赐，高踞在如此尊贵的地位上，您的荣耀已经到顶点了，这样下去不用很久您就会大祸临头的。"周勃一听很害怕，自己也感到处境的危险，于是他就向孝文帝请求辞职，归还相印。孝文帝答应了他的请求。过了一年多，丞相陈平死了，孝文帝又任命周勃当了丞相。又过了十多个月，孝文帝说："前些日子我曾命令在京的列侯们回到自己的封地上去，可是有的人至今还没有动身，丞相您是我最尊重的人，您给他们带个头吧。"于是周勃被免去丞相职务也回到自己的封地上去了。

在周勃退居自己封地的一年多里，每当河东郡的太守或郡尉视察工作前来绛县，周勃总怀疑他们是来逮捕自己的，所以自己总是身披铁甲，并让家丁们做好一切应变的准备后才出去接见他们。这样，后来就有人上书告发周勃说他要造反，孝文帝责成廷尉查处这件事。廷尉又把这件事交给了长安令，长安令逮捕了周勃并对他进行审问。周勃非常害怕，不知道该说什么好。这时狱吏们也越来越欺侮他。周勃无奈，拿出了千金重礼去打点狱吏，于是有个狱吏在木简背面写了几个字说：请公主出来作证。所谓公主，就是文帝的女儿，嫁给了周勃的长子周胜之为妻，所以现在狱吏向他提醒了这个门路。另外早在文帝刚刚即位，给周勃加封地的时候，周勃就把自己应得的财宝全部送给了孝文帝的舅舅薄昭。因此到周勃这次事情紧急时，薄昭就向薄太后说明了周勃的情况，薄太后自己也认为周勃不可能造反。于是当孝文帝来给太后请安时，太后扯下自己的头巾向孝文帝打去，说："当初，周勃掌管着皇帝的大印，并统帅着整个北军时，在那个时候他都不想造反，现在住在一个小县里，反而想要造反吗？"孝文帝当时也看到了周勃的口供，于是向太后赔礼说："主管的官吏们再核对一下，马上就放他出去了。"于是孝文帝立刻派使者拿着符节到狱中宣告周勃无罪马上释放。同时，恢复了他的封爵和食邑等。绛侯出狱后，感慨地说："我曾经率领过百万大军，但是我哪里知道当一个狱吏居然还有这样的权威！"

周勃又回到了自己的封地，到孝文帝十一年时死去，朝廷谥之为武侯。其子周胜之继承了绛侯的爵位。继位后的第六年，因为周胜之同公主关系不和，而且又犯了杀人罪，因而绛侯的爵位被剥夺。过了一年后，孝文帝又从周勃的儿子中挑了一个贤明的现任河内郡郡守的周亚夫，封他为条侯，接续绛侯的爵位。

当周亚夫任河内郡太守还没有被封侯的时候，许负就曾给他相面说："您在三年之后就要被封侯，封侯八年之后要做将相，掌握国家大权，那时您的地位将尊贵到极点，在人臣中独一无二。但是再过九年您将被饿死。"周亚夫笑着说："我的长兄已经接替了父亲的侯爵，日后他死了，也将由他的儿子接替，我又怎么轮得上封侯呢？再说如果我真是像您所说的封侯拜相有了尊贵到极点的权位，那又怎么会饿死呢？请你指着我面相告诉我。"于是许负指着周亚夫的嘴说："你的嘴角上有一条竖的纹理进入嘴中，这是一种饿死的面相。"过了三年，周亚夫的哥哥周胜之因为杀人罪而被剥夺侯爵，孝文帝要在周勃的儿子中找一个贤明的，大家都举荐周亚夫，于是孝文帝就封周亚夫为条侯，让他接续绛侯周勃的爵位。

汉文帝后元六年，匈奴人大举入侵汉朝的北部边境。孝文帝派宗正刘礼为将军，率军驻扎在霸上，派祝兹侯徐厉为将军，率军驻扎在棘门；派河内郡郡守周亚夫为将军，率军驻扎在细柳，以防备匈奴人入袭京城。有一天孝文帝亲自去慰劳军队。当他到达霸上和棘门的两座军营时，都是让孝文帝的车驾侍从长驱直入，以将军为首的骑兵所有人等都下马俯伏迎送皇帝。接着孝文帝又向细柳而来。这里的官兵们都身披铁甲，营门前的士兵们都一个个刀出鞘，弓上弦，戒备森严得很。当皇帝车驾的先驱到达营门时，门前的卫兵拦住了他们。先驱说："皇帝马上就到了！"把守营门的都尉说，"将军命令我们军营中只能听将军的命令，不能听皇帝的圣旨。”过了不久，孝文帝的车驾来到营前，卫队仍是拦着不准他们入内。于是孝文帝只好派使者手执符节进去通知周亚夫说：“皇帝要入营慰劳官兵。”周亚夫这才传令打开营门。营门的守卫又对皇帝的侍从们说：“将军有规矩，军营中不允许车马飞跑。”于是孝文帝告诉待从们一律勒住缰绳，缓慢前进。当文帝到达营门时，将军周亚夫手持兵器迎过来作了一个揖说：“我甲胄在身不能施拜，只能以军队的礼节参见皇上。”孝文帝很感动，他严肃地俯身在车前的横木上向官兵们致礼，并让人向周亚夫传呼道：“皇帝谨向将军致以最亲切的问候。”就这样，直到结束了全部慰劳仪式才起驾离去。孝文帝出了周亚夫的军营，跟随皇帝的群臣和侍卫们都还一个个惊魂未定。孝文帝赞叹地说：“这才是真正的将军，刚才去过的霸上和棘门，简直就是儿戏，军队的主将完全可以被敌人所偷袭，所俘获，至于周亚夫，谁能侵犯得了呢！”这件事一直被汉文帝念叨赞叹了好几天。一个月以后，随着匈奴人的威胁解除，三支驻军也全部撤去。于是孝文帝改拜周亚夫为中尉以维持首都的治安。

孝文帝临死前，告诫太子说：“如果日后国家有了紧急情况，周亚夫是可以信托任命率领军队的。”孝文帝死后，周亚夫被任命为车骑将军。

孝景帝三年，吴王刘濞伙同楚王刘戊等一起举兵造反。周亚夫从中尉升任太尉，受命率兵东进迎击吴、楚叛军。出发前他向汉景帝请求说：“楚地的军队一向剽悍迅猛，我们不能同他们硬拼。我们可以暴露梁国这个侧面让叛军攻击，以消耗叛军的锐气，而我们则是抄后路切断他们的粮道，这样才有可能打败他们。”汉景帝答应了周亚夫的请求。

周亚夫把朝廷的各路军队集结在荥阳，这时吴国军队正在进攻梁国，梁国的形势危急，梁王请求周亚夫出兵援救。周亚夫置之不理，他把军队带到了咸阳东北的昌邑县，深沟高垒，坚守不出。梁王天天派人请求周亚夫救援，周亚夫以因时因地制宜为借口就是不动。梁王只得上书向景帝告急，景帝派人诏令周亚夫出兵救援梁国。周亚夫拒不执行诏令，仍坚守营垒不肯出兵救梁，而是派了弓高侯等率领轻骑兵切断了吴、楚军队后方的运输线。这样一来吴国军队的粮草补给不上了，士兵们开始饿肚子。这时吴军连续几次向周亚夫的军队挑战，但周亚夫始终坚守阵地不肯出战。一天夜里，周亚夫的营中忽然发生骚乱，乱兵几乎都闹到了周亚夫的帐篷之下。但周亚夫始终镇静地躺在床上不起来。过了一会儿，营中自己又平静下来了。后来吴兵忽然向周亚夫营幕的东南角发起攻击，周亚夫立即命令要注意防备西北角。不一会儿吴国的精锐部队果然开始了对西北角的猛攻，只因周亚夫有备，所以吴兵未能攻入。最后因为吴国军队已经绝粮，于是只好撤退。这时周亚夫立即派精兵追击，吴军大败。吴王刘濞只好放弃了军队只带着几千名壮士逃到了江南的丹徒县。汉兵乘胜追击，全部俘获了吴国军队，迫使他们投降，同时悬出千金之赏，购买吴王刘濞的人头。一个月后，丹徒有人杀了吴王把人头送给了周亚夫。这次周亚夫与叛军作战，前后总共用了三个月，吴、楚等国就被削平了。这时各位将领才认识到周亚夫当初的计谋是正确的。但也正是从这次平叛开始，梁孝王同周亚夫结下了怨仇。

因为周亚夫是以太尉的官衔率军平定这次叛乱的，所以当周亚夫回朝后，朝廷为此又特意恢复了以前已经废除的太尉官。又过了五年后，周亚夫被迁升为丞相，汉景帝非常重用他。后来当汉景帝要废除栗太子的时候，周亚夫极力拦阻，但未能成功，而汉景帝则从此对周亚夫越来越疏远。梁孝王每次来长安朝见太后时，也常常在太后面前说周亚夫的坏话。

有一次窦太后向汉景帝说："皇后的哥哥王信应该封侯。"汉景帝拒绝说："南皮侯、章武侯都是您的亲戚，先帝在世时都没有封他们，是到我即位后才封的；王信是我这辈的亲戚，这时候不能封他。"窦太后说："做主子的理应根据各自的时代情况办事。我大哥窦长君到死也未能封侯，等你即位后倒把他的儿子窦彭祖封了侯，我对这件事一直感到遗憾。你现在还是要赶紧封王信为侯!"汉景帝说："请让我和丞相商量一下再说。"周亚夫说："高皇帝当初曾有明确规定，不是刘家的子弟不能封王，没有功劳的人不能封侯。谁不遵守这个规定，全国就一起讨伐他。现在王信虽然是皇后的哥哥，但他没有功劳，封他为侯，是违背高皇帝规定的。"汉景帝听了没再说话，于是此事也就算完了。

后来匈奴王徐卢等五人归降了汉朝，汉景帝准备封他们为侯，想以此来吸引别的匈奴人也来投降。周亚夫说："他们这些人都是背叛了自己的主子来归降您的，您封他们为侯，以后我们还怎么要求我们自己的那些对主子不忠的人呢！"汉景帝说："丞相的意见不能采用。"于是把徐卢等五人全都封为列侯。周亚夫对此不满，借故称病请假。汉景帝中元三年，周亚夫因病被罢免了丞相职务。

过后不久，汉景帝召周亚夫入宫，设宴招待他，但桌上只摆着一大块肉，既没有切碎的肉，又没有放筷子。周亚夫心里不高兴，他回头叫主管酒席的官员去拿筷子。这时汉景帝看着周亚夫冷笑说："这还不能满足你的要求吗？"周亚夫一听只好脱帽请罪。这时汉景帝已经生气地站起来了，周亚夫见此情景，也躬身快步出门而去。汉景帝盯着他的背影说：“这个心怀不满的家伙，可不是一个将来能受下一代皇帝支使的人！”

没过多久，周亚夫的儿子为周亚夫向专为宫廷服务的制造厂买了五百套作殉葬用的铠甲和兵器。由于虐待雇工，不给人工钱，雇工们知道这是偷着买了皇家使用的陪葬品，于是一怒之下上书告发周亚夫的儿子谋反，事情很自然地牵连到了周亚夫。汉景帝看过控告信后，把这个案件交给有关的法吏去办理。法吏拿着簿书到周亚夫家验问，周亚夫不理他。汉景帝听说后生气地骂道：“我也用不着叫你对簿了。”于是下令叫周亚夫到廷尉那里去受审。廷尉责问周亚夫说：“君侯你想造反吗？”周亚夫说：“我买的那些东西都是殉葬品，怎么能说是造反呢？”旁边的小吏们说：“假使您不是想在人间造反，也是想到地下去造反！”接着他们就越来越厉害地迫害周亚夫。本来当狱吏去逮捕周亚夫时，周亚夫就想自杀，由于他的夫人劝阻他，所以才没有死。到了廷尉这里，在狱中周亚夫五日拒不进食，最后吐血而死。封国也随之被废除。周亚夫的封爵断绝一年之后，汉景帝又改封周勃的另一个儿子周坚为平曲侯，让他接续绛侯周勃的爵位。周坚为平曲侯十九年死去，被谥为共侯。他的儿子周建德继承爵位。十三年，周建德被任命为太子太傅。元鼎五年，因为交纳的祭祀宗庙的黄金成色不好而获罪，封国被废除。

周亚夫果然是被饿死的。周亚夫死后，汉景帝封王信为盖侯。

太史公说：绛侯周勃在还是一个平民的时候，为人粗俗质朴，才能很平常。等到跟着高祖平定了天下，居然能够出将入相。待至诸吕篡权作乱时，周勃又能挽救国家的危机，使国家恢复了正统。这样的功勋恐怕即使伊尹、周公，也难以超过了。周亚夫的用兵，能够威严稳重，意志坚定，即使司马穰苴也难以超过他！可惜过于自信，而不知道学习进步，能够坚守节操而不能忍让谦逊，结果落了个悲剧下场，真叫人感慨万分！

（苏　芃　注译）

卷六十一 伯夷列传第一

注释查阅　译文诵读

夫学者载籍极博[1]，犹考信于《六艺》[2]。《诗》《书》虽缺[3]，然虞、夏之文可知也[4]。尧将逊位[5]，让于虞舜；舜、禹之间，岳牧咸荐；乃试之于位，典职数十年[6]，功用既兴，然后授政。示天下重器[7]，王者大统[8]，传天下若斯之难也。而说者曰[9]：尧让天下于许由，许由不受，耻之，逃隐。及夏之时，有卞随、务光者。此何以称焉[10]？太史公曰：余登箕山，其上盖有许由冢云。孔子序列古之仁圣贤人，如吴太伯、伯夷之伦详矣。余以所闻由、光义至高，其文辞不少概见[11]，何哉？

孔子曰："伯夷、叔齐，不念旧恶，怨是用希[12]。""求仁得仁，又何怨乎？"[13]余悲伯夷之意，睹轶诗可异焉[14]。其传曰：

伯夷、叔齐，孤竹君之二子也。父欲立叔齐，及父卒，叔齐让伯夷。伯夷曰："父命也。"遂逃去。叔齐亦不肯立而逃之。国人立其中子。于是伯夷、叔齐闻西伯昌善养老，盍往归焉[15]。及至，西伯卒，武王载木主[16]，号为文王，东伐纣。伯夷、叔齐叩马而谏曰[17]："父死不葬，爰及干戈，可谓孝乎？以臣弑君，可谓仁乎？"左右欲兵之[18]。太公曰："此义人也。"扶而去之。武王已平殷乱，天下宗周，而伯夷、叔齐耻之，义不食周粟，隐于首阳山，采薇而食之[19]。及饿且死，作歌。其辞曰："登彼西山兮，采其薇矣。以暴易暴兮，不知其非矣。神农、虞、夏忽焉没兮，我安适归矣？于嗟徂兮[20]，命之衰矣！"遂饿死于首阳山。

由此观之，怨邪非邪？

或曰："天道无亲，常与善人。"若伯夷、叔齐，可谓善人者非邪？积仁絜行如此而饿死！且七十子之徒，仲尼独荐颜渊为好学。然回也屡空。糟糠不厌[21]，而卒蚤夭[22]。天之报施善人，其何如哉？盗跖日杀不辜，肝人之肉[23]，暴戾恣睢[24]，聚党数千人横行天下，竟以寿终。是遵何德哉？此其尤大彰明较著者也[25]。若至近世，操行不轨，专犯忌讳，而终身逸乐，富厚累世不绝。或择地而蹈之，时然后出言，行不由径[26]，非公正不发愤，而遇祸灾者，不可胜数也。余甚惑焉，傥所谓天道，是邪非邪？

子曰“道不同，不相为谋[27]”，亦各从其志也。故曰，“富贵如可求，虽执鞭之士，吾亦为之。如不可求，从吾所好[28]”。“岁寒，然后知松柏之后凋[29]”。举世混浊，清士乃见[30]。岂以其重若彼，其轻若此哉?

“君子疾没世而名不称焉[31]。”贾子曰：“贪夫徇财[32]，烈士徇名[33]，夸者死权[34]，众庶冯生[35]。”“同明相照，同类相求。”“云从龙，风从虎，圣人作而万物睹[36]。”伯夷、叔齐虽贤，得夫子而名益彰。颜渊虽笃学，附骥尾而行益显[37]。岩穴之士[38]，趣舍有时若此[39]，类名堙灭而不称，悲夫！闾巷之人，欲砥行立名者[40]，非附青云之士[41]，恶能施于后世哉[42]?

【译文】

书籍虽然很多，但学者们仍然以“六艺”经典为征信的凭据。《诗经》《尚书》虽有缺失，但是关于虞、夏两代的文字还是可以知道的。尧即将退位时，让给虞舜；舜让位给禹时，都经过四方诸侯长和州牧们的推荐；于是，让他们先试着任职工作。主持事务数十年，做出了成就，建立了功绩，然后才将帝位授予他们。这显示天下是极贵重的宝器，帝王是最大的统领者，所以把天下移交给继承者是如此的困难啊。然而有人说，尧要把天下让给许由，许由不肯接受，并以此为耻辱，而逃走隐居起来。到了夏朝的时候，又有了不肯接受让位的卞随、务光。这是根据什么如此说的呢？太史公说：我登过箕山，相传山上可能有许由的墓。孔子依次列出古代的仁人、圣人、贤人，如吴太伯和伯夷这些人，非常详细。我依据个人所闻，可知许由、务光的节义品德最为高尚，而经书中有关他们概略的文字都见不到，这是为什么呢?

孔子说：“伯夷、叔齐，不记以前的过错，因此怨恨他们的人就少。”“求仁而得仁，又有什么可怨恨的呢？”我对伯夷兄弟的用意深感悲痛，但看到那些未被《诗经》收录的逸诗后又感到诧异。他们的传记说道：

伯夷、叔齐是孤竹君的两个儿子。其父想立叔齐为国君，等到父亲去世后，叔齐要让位给伯夷。伯夷说：“这是父亲的遗命啊！”于是便逃走了。叔齐也不肯即位而逃走。国人只好立孤竹君的二儿子为王。这时，伯夷、叔齐听说西伯昌能很好地奉养老人，便商量着说：何不前去投奔他。等到达那里，西伯已去世了，武王用车载着西伯的木神主，追谥为文王，率军东征商纣。伯夷、叔齐拉住武王的马而谏阻道："父亲死了不安葬，却这么快大动干戈，这难道是孝的行为吗？身为臣子却要去杀害国君，这难道可以算仁德吗？"武王的左右想杀掉他们。姜太公说："他们是仁义之人啊！"扶起而让他们离开了。武王平定了殷商之乱后，天下都归附了周朝，而伯夷、叔齐却以此为耻，他们坚持节义不吃周朝的粮食，隐居在首阳山中，靠着采食薇菜充饥。等饿到快死的时候，他们作了一首歌，歌辞说："登上西山啊，采些那薇菜呀！用暴力来取代暴力，却不知道那是错的啊。神农、虞舜和夏禹等圣人倏忽辞世了，我辈到哪里寻找归宿啊？哎呀，别啦，永别啦！我们就要归天了，命运是如此衰微啊！"终于饿死在首阳山中。

从这首诗来看，伯夷、叔齐是有怨呢，还是不怨呢？

有人说："天道没有偏私，它常帮助善良的人。"像伯夷、叔齐，算得上是善良的人了吧！难道不是吗？他们行善积仁、修养品行，这样竟然给饿死了！再说孔子的七十二位贤弟子这批人吧，孔子特别赞扬颜渊好学，然而颜回常常为贫穷所困扰，连酒糟谷糠一类的食物都吃不饱，最终过早地死了。上天对于好人的回报到底是怎样的呢？盗跖每天都屠杀无辜的人，割人肝当肉吃，凶暴残忍，胡作非为，聚集党徒数千人，横行天下，最后竟然能够长寿而终，这又是遵循的什么仁德呢？这几个例子都是最显明的。若要说到近代，那些行为不轨、违法乱纪的人，反倒能终身安逸享乐，他们富贵丰厚历经几代都享用不尽；而有的人行路先选择好才落脚，说话要等到合适的时机才启唇，走路从来不抄小道，不是为了主持公正就不表露愤懑，结果像这样谨慎的人反倒遭遇灾祸，这种情形多得简直数也数不清。我对此深感困惑。假若有所谓的天道，那么这究竟是正确的还是错误的呢？

孔子说"道路不同的人，就不互相商议谋划"，应当各自遵从自己的意志。所以说"富贵如果能够求得，即使是做执鞭驾车的人，我也愿意；如果不能求得，那还是按照我自己的喜好去干吧"。"天气寒冷以后，才知道松树、柏树是最后凋谢的"。世间到处混浊之时，那清白高洁的人就显得格外突出。这难道是因为将道义看得过重，将富贵看得太轻吗？

孔子说："君子感到痛心的是死后名声不被大家称颂。"贾谊说："贪得无厌的人为追求钱财而死，胸怀大志的人为追求名节而死，夸耀权势的人为争权而死，平民百姓只求能够生存。"《易经》中说："同是明灯，方能相互映照；同是一类，方能相互感应。""云随飞龙而腾空，风随猛虎而生起，圣人出现而万物的本来面目才被揭示。"伯夷、叔齐虽然贤良，由于得到了孔子的赞扬，名声才更加显赫；颜渊虽然专心好学，由于追随孔子，品德的高尚才更加明显。那些居于深山洞穴的隐士，他们出仕与隐退也都因时而行，他们的美名大都被埋没而不被人们所传颂，真可悲啊！普通的士人，想要磨练品行，树立名声，如果不依靠像孔子这样德高望重的圣人，怎么可能留名于后世呢？

（王华宝　注译）

卷六十二 管晏列传第二

注释查阅　译文诵读

管仲夷吾者，颍上人也。少时常与鲍叔牙游[1]，鲍叔知其贤。管仲贫困，常欺鲍叔[2]，鲍叔终善遇之，不以为言。已而鲍叔事公子小白，管仲事公子纠[3]。及小白立，为桓公，公子纠死，管仲囚焉[4]。鲍叔遂进管仲[5]。管仲既用，任政于齐，齐桓公以霸，九合诸侯[6]，一匡天下，管仲之谋也。管仲曰："吾始困时，尝与鲍叔贾，分财利多自与，鲍叔不以我为贪，知我贫也。吾尝为鲍叔谋事而更穷困，鲍叔不以我为愚，知时有利不利也。吾尝三仕三见逐于君[7]，鲍叔不以我为不肖，知我不遭时也。吾尝三战三走，鲍叔不以我为怯，知我有老母也。公子纠败，召忽死之，吾幽囚受辱，鲍叔不以我为无耻，知我不羞小节而耻功名不显于天下也[8]。生我者父母，知我者鲍子也。"鲍叔既进管仲，以身下之。子孙世禄于齐[9]，有封邑者十余世，常为名大夫。天下不多管仲之贤而多鲍叔能知人也。

管仲既任政相齐，以区区之齐在海滨，通货积财，富国强兵，与俗同好恶[10]。故其称曰[11]："仓廪实而知礼节，衣食足而知荣辱，上服度则六亲固[12]。""四维不张[13]，国乃灭亡。""下令如流水之原[14]，令顺民心。"故论卑而易行[15]。俗之所欲，因而予之；俗之所否，因而去之。其为政也，善因祸而为福，转败而为功。贵轻重[16]，慎权衡[17]。桓公实怒少姬，南袭蔡[18]，管仲因而伐楚，责包茅不入贡于周室[19]。桓公实北征山戎[20]，而管仲因而令修召公之政。于柯之会，桓公欲背曹沫之约，管仲因而信之，诸侯由是归齐[21]。故曰："知与之为取，政之宝也[22]。"

管仲富拟于公室，有三归、反坫[23]，齐人不以为侈。管仲卒，齐国遵其政，常强于诸侯。后百余年而有晏子焉。

晏平仲婴者，莱之夷维人也。事齐灵公、庄公、景公，以节俭力行重于齐[24]。即相齐，食不重肉[25]，妾不衣帛。其在朝，君语及之，即危言[26]；语不及之，即危行。国有道，即顺命[27]；无道，即衡命[28]。以此三世显名于诸侯。

越石父贤，在缧绁中。晏子出，遭之涂[29]，解左骖赎之[30]，载归。弗谢，入闺[31]。久之，越石父请绝。宴子戄然[32]，摄衣冠谢曰[33]："婴虽不仁，免子于厄，何子求绝之速也？”石父曰：“不然。吾闻君子诎于不知己而信于知己者[34]。方吾在缧绁中，彼不知我也。夫子既已感寤而赎我[35]，是知己；知己而无礼，固不如在缧绁之中。”晏子于是延入为上客。

晏子为齐相，出，其御之妻从门间而窥其夫。其夫为相御，拥大盖，策驷马，意气扬扬，甚自得也。既而归，其妻请去[36]。夫问其故。妻曰：“晏子长不满六尺，身相齐国，名显诸侯。今者妾观其出，志念深矣[37]，常有以自下者。今子长八尺，乃为人仆御，然子之意自以为足，妾是以求去也。”其后夫自抑损[38]。晏子怪而问之，御以实对。晏子荐以为大夫。

太史公曰：吾读管氏《牧民》《山高》《乘马》《轻重》《九府》[39]，及《晏子春秋》[40]，详哉其言之也。既见其著书，欲观其行事，故次其传。至其书，世多有之，是以不论，论其轶事。

管仲，世所谓贤臣，然孔子小之[41]。岂以为周道衰微，桓公既贤，而不勉之至王，乃称霸哉？语曰[42]：“将顺其美[43]，匡救其恶，故上下能相亲也。”岂管仲之谓乎？

方晏子伏庄公尸哭之，成礼然后去[44]，岂所谓“见义不为无勇”者邪？至其谏说，犯君之颜[45]，此所谓“进思尽忠，退思补过”者哉[46]！假令晏子而在，余虽为之执鞭，所忻慕焉[47]。

【译文】

管仲，名夷吾，是颍上人。他年轻的时候常与鲍叔牙交往，鲍叔牙知道他贤明。管仲家贫，经常占鲍叔牙的便宜，但鲍叔牙始终待他很好，不因为这些事而有什么抱怨。不久，鲍叔牙事奉齐国公子小白，管仲事奉公子纠。等到小白被拥立为齐桓公以后，桓公让鲁国杀了公子纠，管仲沦为阶下囚。鲍叔牙于是向齐桓公推荐管仲。管仲被任用以后，在齐国处理政事，桓公依靠管仲而称霸，并多次会合诸侯，使天下步入正轨，这都得益于管仲的策略。管仲说：“我当初贫困的时候，曾经与鲍叔牙一同经商，分钱财时自己常常多拿一些，但鲍叔牙不认为我贪财，他知道我生活贫困。我曾经为鲍叔牙出谋划策，结果使他更加窘迫，但鲍叔牙不认为我愚笨，他知道时机有利和不利。我曾经多次做官，多次都被君主罢黜，但鲍叔牙不认为我没有才能，他知道我没有遇到好的时机。我曾多次作战，多次逃跑，但鲍叔牙不认为我胆小，他知道我还有老母的缘故。公子纠争位失败，召忽因此而死，我却被关在深牢中隐忍苟活，但鲍叔牙不认为我无耻，他知道我不会因为小节而羞，而会因为功名不曾显耀于天下而耻。生我的人是父母，了解我的人却是鲍叔牙啊！”鲍叔牙推荐了管仲以后，情愿居于管仲之下。他的子孙世代在齐国享受俸

禄，得到封地的有十几代人，多数是著名的大夫。因此，世人不称赞管仲的贤明，反而赞美鲍叔牙能够识别人才。

管仲出任齐相执掌政事以后，凭借着小小的齐国在海滨的地理条件，使货物流通，财富积聚，国富兵强，百姓团结齐心。所以，他在《管子·牧民篇》中称述说："粮仓储备充实了，百姓才懂得礼节；衣食丰足了，百姓才能知道荣辱；国君谨遵法度，'六亲'才会得以稳固。""不提倡礼义廉耻四大纲纪，国家就会灭亡。""国家颁布政令就像流水的源头，顺着百姓的心意流下。"所以政令符合下情就容易执行。百姓想要的，就给他们；百姓所反对的，就顺从他们废除掉。管仲处理政事，善于转祸为福，转败为胜。他重视分别事物的轻重缓急，慎重地权衡事情的利弊得失。齐桓公实际上是怨恨少姬改嫁而南下袭击蔡国，管仲则寻找借口攻打楚国，责备楚国没有向周王室进贡苞茅。桓公实际上是向北出兵攻打山戎，而管仲则趁机让燕国施行召公的善政。齐鲁在柯地会盟，桓公想背弃曹沫胁迫他订立的盟约，管仲则顺势劝他树立信义，诸侯们因此归附齐国。所以管仲说："懂得给予就是为了取得的道理，这是治理国家的宝贵经验啊。"

管仲的财富可以与诸侯王室相比拟，他府中拥有设置华丽的三归台和国君的宴饮设备，而齐国人却不认为他奢侈僭越。管仲去世后，齐国仍遵循他的政策法令，常常称强于诸侯国。此后过了百余年，齐国又出了个人物叫晏婴。

晏平仲，名婴，是莱国夷维人。曾辅佐过齐灵公、庄公、景公三代国君，由于节约俭朴又努力工作，受到齐国人的尊重。他做了齐国宰相后，食不兼味，妻妾不穿丝绸衣服。在朝廷上，国君说话涉及到他，就直言不讳；国君的话不涉及他，就正直地去办事。国君能行正道，就顺应听从；不能行正道时，就对命令斟酌着去做。因此，他在齐灵公、庄公、景公三代，名声显扬于各诸侯。

越石父是个贤才，却在囚禁之中。晏子外出，在路上遇到他，就用乘车左边的马将他赎了出来，并用车拉回家。晏子没有向越石父告辞，就走进内室，过了好久才出来，越石父就请求与晏子绝交。晏子非常震惊，匆忙整理好衣冠道歉说："我即使说不上仁德，也总算帮助您从困境中解脱出来，您为什么这么快就要求绝交呢？"越石父说："话不能怎么说。我听说君子在不了解自己的人那里受到委屈，而在了解自己的人那里得到礼遇。当我在囚禁之中时，那些人不了解我。你既然已经受到感动而醒悟把我赎买出来，这就是了解我；了解我却如此无礼，那还不如在囚禁之中。"于是晏子就请他进屋，奉为贵宾。

晏子做齐国宰相时，一次外出，他车夫的妻子从门缝里偷偷地观察她的丈夫。他丈夫替宰相驾车，支起大车盖，挥动着鞭子赶着四匹马，神气十足，洋洋得意。不久车夫回到家里，妻子就要求离婚。车夫问她离婚的原因，妻子说："晏子身高不足六尺，却做了齐的宰相，名声显扬于诸侯之中。我看他外出，志向思想都非常深沉，常有那种甘居人下的谦和态度。现在你身高八尺，才不过做人家的车夫，看你的神态，却自以为挺满足，因此我请求离开你。"从此以后，车夫就慢慢变得谦虚起来。晏子感到很奇怪，就问他，车夫就如实相告。后来晏子就推荐他做了大夫。

太史公说：我读了管仲的《牧民》《山高》《乘马》《轻重》《九府》和《晏子春秋》，这些书详细记载了他们的言论！读了他们的著作以后，还想了解他们的事迹，所以就编写了他们的合传。至于他们的著作，世人大都能够见到，因此不再论述，只记载他们的轶事传闻。

管仲是世人称赞的贤臣，然而孔子却小看他，难道是因为周朝统治衰微，既然桓公贤明，管仲没有勉励他实行王道却辅佐他成就霸业吗？《孝经》中说："要顺势助成君王美好的德行，匡正挽救他的过错，这样君臣百姓之间就能亲密无间。"这难道说的就是管仲吗？

当初晏子伏在庄公尸体上痛哭，完成了臣子礼节后离去，难道他就是人们所说的"遇到正义的事情不去做就是没有勇气"的人吗？至于晏子直言进谏，敢于冒犯国君的威严，难道他就是人们所说的"进就想竭尽忠心，退就想弥补过失"的人吗？假使晏子还活着，即使让我替他执鞭驾车，也是我所非常高兴和十分向往的事情啊！

（王华宝　注译）

卷六十三 老子韩非列传第三

注释查阅　译文诵读

老子者，楚苦县厉乡曲仁里人也，姓李氏，名耳，字聃，周守藏室之史也[1]。

孔子适周[2]，将问礼于老子。老子曰："子所言者，其人与骨皆已朽矣，独其言在耳。且君子得其时则驾[3]，不得其时则蓬累而行[4]。吾闻之，良贾深藏若虚[5]，君子盛德、容貌若愚。去子之骄气与多欲，态色与淫志[6]，是皆无益于子之身。吾所以告子，若是而已。"孔子去，谓弟子曰："鸟，吾知其能飞；鱼，吾知其能游；兽，吾知其能走。走者可以为罔[7]，游者可以为纶[8]，飞者可以为矰[9]。至于龙吾不能知，其乘风云而上天。吾今日见老子，其犹龙邪！"

老子修道德[10]，其学以自隐无名为务[11]。居周之久，见周之衰，迺遂去。至关，关令尹喜曰："子将隐矣，强为我著书。"于是老子迺著书上下篇，言道德之意五千余言而去，莫知其所终。

或曰：老莱子亦楚人也，著书十五篇，言道家之用，与孔子同时云。

盖老子百有六十余岁，或言二百余岁，以其修道而养寿也[12]。

自孔子死之后百二十九年，而史记周太史儋见秦献公曰："始秦与周合，合五百岁而离，离七十岁而霸王者出焉。"或曰儋即老子，或曰非也，世莫知其然否。老子，隐君子也。

老子之子名宗，宗为魏将，封于段干。宗子注，注子宫，宫玄孙假，假仕于汉孝文帝。而假之子解为胶西王卬太傅，因家于齐焉。

世之学老子者则绌儒学[13]，儒学亦绌老子。"道不同不相为谋"[14]，岂谓是邪？李耳无为自化，清静自正[15]。

庄子者，蒙人也，名周。周尝为蒙漆园吏，与梁惠王、齐宣王同时。其学无所不窥[16]，然其要本归于老子之言[17]。故其著书十余万言，大抵率寓言也[18]。作《渔父》《盗跖》《胠箧》，以诋訾孔子之徒[19]，以明老子之术。《畏累虚》《亢桑子》之属，皆空语无事实。然善属书离辞[20]，指事类情[21]，用剽剥儒、墨[22]，虽当世宿学不能自解免也[23]。其言洸洋自恣以适己[24]，故自王公大人不能器之。

楚威王闻庄周贤，使使厚币迎之，许以为相。庄周笑谓楚使者曰："千金，重利；卿相，尊位也。子独不见郊祭之牺牛乎[25]？养食之数岁[26]，衣以纹绣，以入大庙。当是之时，虽欲为孤豚[27]，岂可得乎？子亟去[28]，无污我。我宁游戏污渎之中自快，无为有国者所羁[29]，终身不仕，以快吾志焉。”

申不害者，京人也，故郑之贱臣。学术以干韩昭侯[30]，昭侯用为相。内修政孝，外应诸侯，十五年。终申子之身，国治兵强，无侵韩者。

申子之学本于黄老而主刑名[31]。著书二篇，号曰《申子》。

韩非者，韩之诸公子也。喜刑名法术之学，而其归本于黄老[32]。非为人口吃，不能道说，而善著书。与李斯俱事荀卿，斯自以为不如非。

非见韩之削弱，数以书谏韩王，韩王不能用。于是韩非疾治国不务修明其法制[33]，执势以御其臣下[34]，富国强兵而以求人任贤，反举浮淫之蠹而加之于功实之上[35]。以为儒者用文乱法，而侠者以武犯禁。宽则宠名誉之人，急则用介胄之士。今者所养非所用，所用非所养。悲廉直不容于邪枉之臣，观往者得失之变，故作《孤愤》《五蠹》《内外储》《说林》《说难》十余万言。

然韩非知说之难，为《说难》书甚具[36]，终死于秦，不能自脱。

《说难》曰：

凡说之难，非吾知之有以说之难也；又非吾辩之难能明吾意之难也；又非吾敢横失能尽之难也[37]。凡说之难，在知所说之心[38]，可以吾说当之。

所说出于为名高者也[39]，而说之以厚利，则见下节而遇卑贱[40]，必弃远矣。所说出于厚利者也，而说之以名高，则见无心而远事情，必不收矣[41]。所说实为厚利而显为名高者也，而说之以名高，则阳收其身而实疏之；若说之以厚利，则阴用其言而显弃其身。此之不可不知也。

夫事以密成，语以泄败。未必其身泄之也，而语及其所匿之事，如是者身危。贵人有过端[42]，而说者明言善议以推其恶者，则身危。周泽未渥也而语极知[43]，说行而有功则德亡[44]，说不行而有败则见疑，如是者身危。夫贵人得计而欲自以为功，说者与知焉[45]，则身危。彼显有所出事[46]，迺自以为也故，说者与知焉，则身危。强之以其所必不为[47]，止之以其所不能已者，身危。故曰：与之论大人[48]，则以为间己[49]；与之论细人，则以为粥权[50]。论其所爱，则以为借资；论其所憎，则以为尝己[51]。径省其辞，则不知而屈之[52]；泛滥博文[53]，则多而久之。顺事陈意，则曰怯懦而不尽；虑事广肆[54]，则曰草野而倨侮[55]。此说之难，不可不知也。

凡说之务，在知饰所说之所敬，而灭其所丑[56]。彼自知其计[57]，则毋以其失穷之[58]；自勇其断，则毋以其敌怒之；自多其力[59]，则毋以其难概之[60]。规异事与同计，誉异人与同行者，则以饰之无伤也[61]。有与同失者，则明饰其无失也。大忠无所拂悟[62]，辞言无所击排[63]，迺后申其辩知焉[64]。此所以亲近不疑，知尽之难也。得旷日弥久，而周泽既渥，深计而不疑，交争而不罪，迺明计利害以致其功，直指事非以饰其身，以此相持[65]，此说之成也。

伊尹为庖，百里奚为虏[66]，皆所由干其上也。故此二子者，皆圣人也，犹不能无役身而涉世如此其污也[67]，则非能仕之所设也[68]。

宋有富人，天雨墙坏。其子曰“不筑且有盗”，其邻人之父亦云[69]，暮而果大亡其财，其家甚知其子而疑邻人之父[70]。昔者郑武公欲伐胡，迺以其子妻之[71]。因问群臣曰：“吾欲用兵，谁可伐者？”关其思曰：“胡可伐。”迺戮关其思，曰：“胡，兄弟之国也，子言伐之，何也？”胡君闻之，以郑为亲己而不备郑。郑人袭胡，取之。此二说者，其知皆当矣，然而甚者为戮，薄者见疑[72]。非知之难也，处之则难矣。

昔者弥子瑕见爱于卫君。卫国之法，窃驾君车者罪至刖[73]。既而弥子之母病，人闻，往夜告之，弥子矫驾君车而出。君闻之而贤之曰：“孝哉，为母之故而犯刖罪！”与君游果园，弥子食桃而甘，不尽而奉君。君曰：“爱我哉，忘其口而念我！”及弥子色衰而爱弛，得罪于君。君曰：“是尝矫驾吾车，又尝食我以其余桃。”故弥子之行未变于初也，前见贤而后获罪者，受憎之至变也[74]。故有爱于主，则知当而加亲；见憎于主，则罪当而加疏。故谏说之士不可不察爱憎之主而后说之矣。

夫龙之为虫也[75]，可扰狎而骑也[76]。然其喉下有逆鳞径尺，人有婴之[77]，则必杀人。人主亦有逆鳞，说之者能无婴人主之逆鳞，则几矣[78]。

人或传其书至秦。秦王见《孤愤》《五蠹》之书，曰：“嗟乎，寡人得见此人与之游，死不恨矣[79]！”李斯曰：“此韩非之所著书也。”秦因急攻韩。韩王始不用非，及急，迺遣非使秦。秦王悦之，未信用。李斯、姚贾害之[80]，毁之曰：“韩非，韩之诸公子也。今王欲并诸侯，非终为韩不为秦，此人之情也。今王不用，久留而归之，此自遗患也，不如以过法诛之[81]。”秦王以为然，下吏治非。李斯使人遗非药，使自杀。韩非欲自陈[82]，不得见。秦王后悔之，使人赦之，非已死矣。

申子、韩子皆著书，传于后世，学者多有。余独悲韩子为《说难》而不能自脱耳。

太史公曰：老子所贵道，虚无[83]，因应变化于无为，故著书辞称微妙难识。庄子散道德[84]，放论[85]，要亦归之自然。申子卑卑[86]，施之于名实。韩子引绳墨[87]，切事情，明是非，其极惨礉少恩[88]。皆原于道德之意，而老子深远矣。

【译文】

老子是楚国苦县厉乡曲仁里人。姓李，名耳，字聃，做过周朝掌管藏书室的史官。

孔子前往周都洛阳，想向老子请教礼的问题。老子说：“您所说的礼，倡导它的人肉体和骨头都已经腐烂了，只有他们的言论还在。况且君子时运来了就出仕做官，生不逢时，就像蓬草一样随风飘转。我听说这样的事，善于经商的人把货物隐藏起来好像什么东西也没有，具有高尚品德的君子，其容貌谦虚得像愚钝的人。抛弃您的骄气和过多的欲望，做作的神态和过高的志向，这些对您自身都是没有好处的。我能告诉您的东西，就这些罢了。”孔子离去以后，对弟子说：“鸟，我知道它能飞；鱼，我知道它能游；兽，我知道它能跑。会跑的可以织网捕获它，会游的可以制成丝线去钓它，会飞的可以用短箭去射它。至于龙，我就不知道该怎么办了，它是驾着风而飞腾升天的。我今天见到的老子，大概就是龙吧！”

老子研修道德学问，其学说以隐匿声迹、不求有名为宗旨。他在周都住了很久，见到周朝衰微，于是就离开了。到了函谷关，关令尹喜对他说：“您将要隐居了，勉力为我写一本书吧。”于是老子就撰写了本书上下两篇，阐述了道德的本意，共五千多字，然后离去，没有人知道他的下落。

有的人说：老莱子也是楚国人，著书十五篇，阐述道家的作用，和孔子是同时代的人。

据说老子活了一百六十多岁，也有的人说他活了二百多岁，这是因为他能修道养心而长寿的啊。

自孔子死后一百二十九年，史书记载周太史儋会见秦献公时预言说：“当初秦国与周朝合在一起，合了五百年而分开了，分开七十年后就会有称霸称王的人出现。”有的人说太史儋就是老子，也有的人说不是，世人不知道哪种说法正确。总之，老子是一位隐君子。

老子的儿子叫李宗，做过魏国的将军，封地在段干。李宗的儿子叫李注，李注的儿子叫李宫，李宫的玄孙叫李假，李假在汉文帝时做过官。而李假的儿子李解担任过胶西王刘印的太傅，因此，李氏就定居在齐地了。

世间信奉老子学说的人就贬斥儒学，信奉儒学的人也贬斥老子学说。“主张、原则不同的人，彼此不相商议、合作”，难道就是说的这种情况吗？李耳认为，无为而治，百姓自然趋于“化”；清虚明静，百姓自然归于“正”。

庄子是蒙地人，名周。他曾经担任过蒙地漆园的小官，与梁惠王、齐宣王是同时代的人。他的学术研究范围无所不包，而其中心思想则本源于老子的学说。因此他撰写十余万字的著作，大体多是托词寄意的寓言。所写《渔父》《盗跖》《胠箧》，是用来诋毁孔子学派的人，而阐明老子的学说。《畏累虚》《亢桑子》一类，都空设言语，没有实事。然而庄子善于行文措辞，表达事理，描摹情状，用来攻击和驳斥儒家和墨家，即使是当世饱学之士，也难免受到他的攻击。他的语言汪洋浩渺，纵横恣肆，以适合自己的性情，所以即便是王公大人也无法利用他。

楚威王听说庄周贤能，派遣使臣带着厚礼去迎请他，承诺让他出任宰相。庄周笑着对楚国使臣说："千金，确是厚重之礼；卿相，确是尊贵之位。您难道没有见过祭祀天地用的牛吗？喂养它几年，给它披上带有花纹的绸缎，把它牵进太庙去当祭品。在这个时候，它即使想做一头小猪，难道能办得到吗？您赶快离开，不要玷污了我。我宁愿在小水沟里身心愉快地游戏，也不愿被国君所束缚，终身不做官，让自己的心志愉快。"

申不害是京邑人，原先是郑国的低级官吏。后来学习了刑名法术学问而向韩昭侯求官，昭侯任用他为宰相。他对内修明政教，对外应对诸侯，执政了十五年。一直到申子去世，国家安定，军队强大，没有哪个国家侵犯韩国。

申不害的学说本源黄老之学而以循名责实为主。其书有两篇，称为《申子》。

韩非，是韩国的贵族子弟。他喜好刑名法术之学，而其学说的基础来源于黄老之学。韩非有口吃的毛病，不善于交谈，却擅长著书立说。他与李斯都师事荀卿，李斯自认为学识比不上韩非。

韩非看到韩国渐渐衰弱下去，多次上奏章规劝韩王，但韩王没有采纳。当时韩非痛恨治理国家不致力于修明法制，君王不能凭借掌握的权势用来驾驭臣子，不能使国富兵强而寻求任用贤能之士，却反而任用浮夸的像蛀虫一样危害国家的人，并且让他们的地位高于讲求功效的人。他认为儒家用经典文献扰乱国家的法度，而游侠之士凭借着武力违犯国家的禁令。君主在国家太平时就宠信那些徒有虚假名誉的人，形势危急时就任用那些披甲戴盔的武士。如今供养的人并不是所要用的，而所要用的人又不是所供养的。他悲叹廉洁正直的人不被邪曲奸枉之臣所容，考察古往今来得失的变化，所以写下《孤愤》《五蠹》《内外储》《说林》《说难》等十余万字的著作。

然而韩非深知游说的困难，所撰《说难》一书，讲得非常完备，但是他最终还是死在秦国，不能逃脱游说的祸难。

《说难》写道：

大凡游说的困难，既不是我的才智不足以说服对方，也不是我的论辩不足以明确表达我的观点，更不是我不敢毫无顾忌地将意见尽情表达出来。大凡游说的困难，在于如何了解游说对象的心理，然后用我的说辞去对应他。

游说的对象意在博取高名，而游说的人用重利去劝说他，你就会被认为品德低下而受到卑贱的待遇，必然会被遗弃和疏远。游说的对象志在贪图重利，而游说的人用博取高名去劝说他，你就会被认为没有头脑而脱离实际，一定不会被任用。游说的对象实际上求利而表面上求名，而游说的人用博取高名去劝说他，他就会表面上任用你而实际上疏远你；假如游说的人用重利去劝说他，他就会暗中采纳你的意见而公开抛弃你本人。这些都是游说的人不可不知道的。

事情总是密谈而成功，泄露了真相就会失败。不一定是游说者本人有意去泄露机密，而往往是在言谈之中无意说到君王的隐私，像这样，游说的人就危险了。君主有过失，而游说的人却引用一些美善之议推导出他过失的根由，那么游说的人就会有危险了。君主对游说者的恩宠还没有达到深厚的程度，而游说的人把知心话全部说出来，如果意见被采纳实行而且见到了功效，那么，君主就会忘掉你的功劳；如果意见行不通而且遭到失败，那么游说者就会被君主怀疑，像这样，游说的人就会有危险了。君主自认为有了满意良策，而且打算独占其功，游说的人参与这件事，那么也会有危险了。君主公开做着一件事，而自己另有别的目的，如果游说者预知其计谋，那么他也会有危险。勉力让君主做他坚决不愿做的事，阻止君主做他放不下的事，游说的人就危险。所以说：与君主讨论在职的大臣，你会被认为离间他们彼此的关系；与君主议论地位低下的人，你会被认为卖弄权势。议论君主的喜好，那么他就会认为你是在利用他；议论君主的憎恶，你就会被认为在试探他含怒的深浅。如果游说者文辞简略，那么就会被认为没有才智而遭到屈辱；如果你铺陈辞藻，旁征博引，那么就会被认为语言放纵而无当。如果你顺应君主的主张陈述事情，那么就会说你胆小而做事不尽人意。如果你谋虑深远，那么就会说你鄙野傲慢。这些游说的难处，是不能不知道的啊。

大凡游说者最重要的，在于懂得美化君主所说的事情，而掩盖他以为丑陋的事情。君主自认为高明的计策，就不要拿不周到来为难他；君主自认为是勇敢的决断，就不要用相反的来激怒他；君主自认为有强大的力量，就不必用困难来阻止他。谋划他事而与君主计策相同，赞誉他人而与君主行为相同，游说者大肆美化那计策和那人行为，没有坏处。有与君主同样过失的人，游说者就明确地粉饰说他没有过失。待到游说者的忠心使君主不再抵触，其说辞君主不再排斥，此后游说者就可以施展自己的口才和智慧了。这就是与君主亲近不被怀疑，知无不言的难处啊！等到经历很长的时间后，君主对游说者的恩泽已经深厚了，游说者深远的计谋也不被怀疑了，交相争议也不被加罪了，才可以明白地计议利害关系以达到帮助国君立业建功，可以直接指出君主的是非以端正其身，用这样的办法扶持君主，这样才是游说成功了。

伊尹做厨师，百里奚当奴隶，都是由此求得君上的任用。所以，这两个人都是圣人，尚且不得不历经如此卑下的过程才进入政权，那么智能之士就不把这些看作是耻辱的了。

宋国有个富人，因天下雨毁坏了墙。他儿子说“不修好墙就会被盗”，他的邻居有位老人也这么说。晚上果然丢了很多财物，他家人都认为他儿子特别聪明，却怀疑邻居那位老人。从前郑武公想攻打胡国，就把自己的女儿嫁给胡国君主为妻。就问大臣：“我要用兵，可以攻打谁？”关其思回答说：“胡国可以攻打。”郑武公就把关其思杀了，并说：“胡国，是我们兄弟之国，你说攻打它，什么居心？”胡国君主听到这件事，认为郑国君主是自己的亲人而不防备他。郑国偷袭胡国，占领了它。这两个说客，他们的预见都是正确的，然而严重的被杀死，轻微的被怀疑。所以认识某些事情并不难，如何去处理已知的事就难了。

从前弥子瑕被卫国君主宠爱。按照卫国的法律，偷驾君主车的人要受断足的刑罚。不久，弥子瑕的母亲病了，有人听说后，就连夜通知了他。弥子瑕就诈称君主之命驾着君主的车子出去了。君主听到这件事反而赞美他说：“孝顺啊，为了母亲的病竟愿犯断足的惩罚！”弥子瑕与卫君到果园游玩，弥子瑕吃到一个桃子觉得甜，将没吃完的献给卫君。卫君说：“真爱我啊，自己不吃却想着我！”等到弥子瑕容色衰退，卫君对他的宠爱疏淡时，因此得罪了卫君。卫君说：“此人曾诈称我的命令驾我的车，还曾把咬剩下的桃子给我吃。”弥子瑕的德行与当初一样没有改变，之所以从前被认为孝顺而后来获罪，是因为卫君对他的爱憎有了极大的改变。所以说，得到君主宠爱时，就被认为聪明能干，愈加亲近；被君主憎恶时，就被认为罪有应得，就愈加疏远。因此，劝谏游说的人，不能不在观察君主的爱憎态度之后再游说他。

龙属于虫类，可以驯练熟习而骑它。然而它喉咙下端有一尺长的倒鳞，人要触动它的倒鳞，它一定会杀人。君主也有倒鳞，游说的人能不触犯君主的倒鳞，就差不多算善于游说之士了。

有人把韩非的书传到了秦国。秦王见到《孤愤》《五蠹》这些书，说：“哎呀，我要见到这个人并与他交往，就死而无憾了。”李斯说：“这是韩非写的书。”秦王因此立即攻打韩国。韩王起初不任用韩非，等到情势吃紧，才派遣韩非出使秦国。秦王很喜欢他，还没被信用。李斯、姚贾嫉妒他，在秦王面前诋毁说：

“韩非，是韩国贵族子弟。如今大王要吞并各国，韩非最终还是会帮助韩国而不帮助秦国，这是人之常情啊。如今大王不任用他，长留后再放他回去，这是给自己种下后患啊。不如给他加个罪名而处死他。”秦王认为他们说的对，就下令官吏给韩非定罪。李斯派人给韩非送去了毒药，让他自杀。韩非想当面向秦王陈述是非，又不能见到。后来秦王后悔了，派人去赦免韩非，而他已经死了。

申子、韩子都著书立说，留传到后世，学者大多有他们的书。我唯独悲叹韩非撰写了《说难》而自己却逃脱不了游说者的灾难。

太史公说：老子推重“道”，虚无，以无为来适应各种变化，所以，他写的书文辞微妙难以理解。庄子推演道德，纵意推论，其要点也归本于自然。申子勤奋自勉，推行于循名责实。韩子依据法度作为规范行为的绳墨，决断事情，明辨是非，用法惨酷苛刻，绝少施恩。都来源于道德理论，而老子的思想就深邃旷远了。

（王华宝　注译）

卷六十五 孙子吴起列传第五

注释查阅　译文诵读

孙子武者[1]，齐人也。以兵法见于吴王阖庐。阖庐曰："子之十三篇[2]，吾尽观之矣，可以小试勒兵乎[3]？"对曰："可。"阖庐曰："可试以妇人乎？"曰："可。"于是许之，出宫中美女，得百八十人。孙子分为二队，以王之宠姬二人各为队长，皆令持戟。令之曰："汝知而心与左右手背乎[4]？"妇人曰："知之。"孙子曰："前，则视心；左，视左手；右，视右手；后，即视背。"妇人曰："诺。"约束既布，乃设𫓧钺[5]，即三令五申之。于是鼓之右，妇人大笑。孙子曰："约束不明，申令不熟，将之罪也。"复三令五申而鼓之左，妇人复大笑。孙子曰："约束不明，申令不熟，将之罪也；既已明而不如法者，吏士之罪也。"乃欲斩左右队长。吴王从台上观，见且斩爱姬，大骇。趣使使下令曰[6]："寡人已知将军能用兵矣。寡人非此二姬，食不甘味，愿勿斩也。"孙子曰："臣既已受命为将，将在军，君命有所不受。"遂斩队长二人以徇[7]。用其次为队长，于是复鼓之。妇人左右前后跪起皆中规矩绳墨，无敢出声。于是孙子使使报王曰："兵既整齐，王可试下观之，唯王所欲用之，虽赴水火犹可也。"吴王曰："将军罢休就舍，寡人不愿下观。"孙子曰："王徒好其言，不能用其实。"于是阖庐知孙子能用兵，卒以为将。西破强楚，入郢，北威齐晋，显名诸侯，孙子与有力焉。

孙武既死，后百余岁有孙膑。膑生阿、鄄之间，膑亦孙武之后世子孙也。孙膑尝与庞涓俱学兵法。庞涓既事魏，得为惠王将军，而自以为能不及孙膑，乃阴使召孙膑。膑至，庞涓恐其贤于己，疾之，则以法刑断其两足而黥之[8]，欲隐勿见[9]。

齐使者如梁，孙膑以刑徒阴见，说齐使。齐使以为奇，窃载与之齐。齐将田忌善而客待之。忌数与齐诸公子驰逐重射[10]。孙子见其马足不甚相远，马有上、中、下辈。于是孙子谓田忌曰："君弟重射[11]，臣能令君胜。"田忌信然之，与王及诸公子逐射千金。及临质[12]，孙子曰："今以君之下驷与彼上驷，取君上驷与彼中驷，取君中驷与彼下驷。"既驰三辈毕，而田忌一不胜而再胜，卒得王千金。于是忌进孙子于威王。威王问兵法，遂以为师[13]。

其后魏伐赵，赵急，请救于齐。齐威王欲将孙膑，膑辞谢曰："刑余之人不可[14]。”于是乃以田忌为将，而孙子为师，居辎车中，坐为计谋。田忌欲引兵之赵，孙子曰：“夫解杂乱纷纠者不控卷[15]，救斗者不搏撠[16]，批亢捣虚[17]，形格势禁[18]，则自为解耳。今梁、赵相攻，轻兵锐卒必竭于外，老弱罢于内[19]。君不若引兵疾走大梁，据其街路[20]，冲其方虚，彼必释赵而自救。是我一举解赵之围而收弊于魏也。”田忌从之，魏果去邯郸，与齐战于桂陵，大破梁军。

后十三岁，魏与赵攻韩，韩告急于齐。齐使田忌将而往，直走大梁。魏将庞涓闻之，去韩而归，齐军既已过而西矣。孙子谓田忌曰：“彼三晋之兵素悍勇而轻齐，齐号为怯，善战者因其势而利导之。兵法，百里而趣利者蹶上将[21]，五十里而趣利者军半至。使齐军入魏地为十万灶，明日为五万灶，又明日为三万灶。”庞涓行三日，大喜，曰：“我固知齐军怯，入吾地三日，士卒亡者过半矣。”乃弃其步军，与其轻锐倍日并行逐之[22]。孙子度其行[23]，暮当至马陵。马陵道狭，而旁多阻隘，可伏兵，乃斫大树白而书之曰“庞涓死于此树之下”[24]。于是令齐军善射者万弩，夹道而伏，期曰“暮见火举而俱发”[25]。庞涓果夜至斫木下，见白书，乃钻火烛之。读其书未毕，齐军万弩俱发，魏军大乱相失。庞涓自知智穷兵败，乃自刭[26]，曰：“遂成竖子之名！”齐因乘胜尽破其军，虏魏太子申以归。孙膑以此名显天下，世传其兵法。

吴起者，卫人也，好用兵。尝学于曾子，事鲁君。齐人攻鲁，鲁欲将吴起，吴起取齐女为妻[27]，而鲁疑之。吴起于是欲就名，遂杀其妻，以明不与齐也[28]。鲁卒以为将。将而攻齐，大破之。

鲁人或恶吴起曰：“起之为人，猜忍人也[29]。其少时，家累千金，游仕不遂，遂破其家。乡党笑之，吴起杀其谤己者三十余人，而东出卫郭门。与其母诀，啮臂而盟曰：‘起不为卿相，不复入卫。’遂事曾子。居顷之，其母死，起终不归。曾子薄之，而与起绝。起乃之鲁，学兵法以事鲁君。鲁君疑之，起杀妻以求将。夫鲁小国，而有战胜之名，则诸侯图鲁矣。且鲁卫兄弟之国也，而君用起，则是弃卫。”鲁君疑之，谢吴起[30]。

吴起于是闻魏文侯贤，欲事之。文侯问李克曰：“吴起何如人哉？”李克曰：“起贪而好色，然用兵司马穰苴不能过也。”于是魏文侯以为将，击秦，拔五城。

起之为将，与士卒最下者同衣食。卧不设席，行不骑乘，亲裹赢粮[31]，与士卒分劳苦。卒有病疽者[32]，起为吮之。卒母闻而哭之。人曰：“子卒也，而将军自吮其疽，何哭为？”母曰：“非然也。往年吴公吮其父，其父战不旋踵，遂死于敌。吴公今又吮其子，妾不知其死所矣。是以哭之。”

文侯以吴起善用兵，廉平[33]，尽能得士心，乃以为西河守，以拒秦、韩。

魏文侯既卒，起事其子武侯。武侯浮西河而下，中流，顾而谓吴起曰：“美哉乎山河之固，此魏国之宝也！”起对曰：“在德不在险。昔三苗氏左洞庭，右彭蠡，德义不修，禹灭之。夏桀之居，左河、济，右泰、华，伊阙在其南，羊肠在其北，修政不仁，汤放之。殷纣之国，左孟门，右太行，常山在其北，大河经其南，修政不德，武王杀之。由此观之，在德不在险。若君不修德，舟中之人尽为敌国也。”武侯曰：“善。”

吴起为西河守，甚有声名，魏置相，相田文。吴起不悦，谓田文曰：“请与子论功，可乎？”田文曰：“可。”起曰：“将三军，使士卒乐死，敌国不敢谋，子孰与起？”文曰：“不如子。”起曰：“治百官，亲万民，实府库，子孰与起？”文曰：“不如子。”起曰：“守西河而秦兵不敢东乡[34]，韩赵宾从，子孰与起？”文曰：“不如子。”起曰：“此三者，子皆出吾下，而位加吾上，何也？”文曰：“主少国疑，大臣未附，百姓不信，方是之时，属之于子乎？属之于我乎？”起默然良久，曰：“属之子矣。”文曰：“此乃吾所以居子之上也。”吴起乃自知弗如田文。

田文既死，公叔为相，尚魏公主[35]，而害吴起。公叔之仆曰：“起易去也。”公叔曰：“奈何？”其仆曰：“吴起为人节廉而自喜名也。君因先与武侯言曰：‘夫吴起贤人也，而侯之国小，又与强秦壤界，臣窃恐起之无留心也。’武侯即曰：‘奈何？’君因谓武侯曰：‘试延以公主[36]，起有留心则必受之，无留心则必辞矣。以此卜之。’君因召吴起而与归，即令公主怒而轻君。吴起见公主之贱君也，则必辞。”于是吴起见公主之贱魏相，果辞魏武侯。武侯疑之而弗信也。吴起惧得罪，遂去，即之楚。

楚悼王素闻起贤，至则相楚。明法审令[37]，捐不急之官[38]，废公族疏远者，以抚养战斗之士。要在强兵，破驰说之言从横者。于是南平百越；北并陈、蔡，却三晋；西伐秦。诸侯患楚之强。故楚之贵戚尽欲害吴起[39]。及悼王死，宗室大臣作乱而攻吴起，吴起走之王尸而伏之。击起之徒因射刺吴起，并中悼王。悼王既葬，太子立，乃使令尹尽诛射吴起而并中王尸者。坐射起而夷宗死者七十余家[40]。

太史公曰：世俗所称师旅，皆道《孙子》十三篇，吴起《兵法》，世多有，故弗论，论其行事所施设者[41]。语曰：“能行之者未必能言，能言之者未必能行。”孙子筹策庞涓明矣，然不能蚤救患于被刑[42]。吴起说武侯以形势不如德，然行之于楚，以刻暴少恩亡其躯[43]。悲夫！

【译文】

孙子名武，是齐国人。他以所著兵法求见于吴王阖庐。阖庐说：“您的十三篇我已全部拜读，可以稍微试着为我操演一下吗？”孙子回答说：“可以。”阖庐问：“可以用妇女来试吗？”孙子说：“可以。”于是允许孙子，选出宫中美女，共计一百八十人。孙子将她们分为两队，用王的宠姬二人分别担任队长，让她们全部持戟。孙子下令说：“你们知道你们的心口、左手、右手和后背的方向

吗？”众妇女回答：“知道。”孙子说：“向前，是按心口所向；向左，是按左手所向；向右，是按右手所向；向后，是按背所向。”众妇女说：“是。”操演规则宣布清楚，便陈设斧钺，当场又重复了多遍。然后用鼓声指挥她们向右，众妇女大笑。孙子说：“操演规程不明，申说不够熟悉，这是将领的过错。”又重复了多遍，用鼓声指挥她们向左，众妇女又大笑。孙子说：“操演规程不明，申说不够熟悉，是将领的过错；已经讲清而仍不按规定来做，就是队长的过错了。”说着就要将左右两队的队长斩首。吴王从台上观看，见将要斩杀爱姬，大惊失色。急忙派使者下令说：“寡人已知道将军善于用兵了。寡人如没有这两个爱姬，吃饭都不香，请不要斩首。”孙子说：“臣下既已受命为将，将在军中，君主的命令是可以不执行的。”于是将队长二人斩首示众。用地位在她们之下的人担任队长，于是又用鼓声指挥她们操演。众妇女向左向右向前向后，跪下起立，全都合乎规定，没有一个人敢出声。然后孙子派使者向吴王禀报说：“军队已经阵容整齐，大王可以下台观看，任凭大王想用她们做什么，即便是赴汤蹈火也可以。”吴王说：“将军请回客馆休息，寡人不想下台观看。”孙子说：“大王只不过喜欢书上的话，并不能运用到实际中。”因此阖庐知道孙子善于用兵，终于任用他为将。吴国向西攻破强楚，攻入郢都，向北威震齐、晋，扬名于诸侯，孙子在其中出了不少力。

孙武死了，一百多年后又出现孙膑。孙膑生于阿、鄄之间，孙膑也是孙武的后世子孙。孙膑曾经与庞涓一起学习兵法。庞涓为魏国做事，后来当了魏惠王的将军，而自认才能不如孙膑，就暗中派人召见孙膑。孙膑去了，庞涓唯恐孙膑超过自己，嫉妒他，而以刑罚砍去他的双脚并施以墨刑，想使他埋没于世不为人知。

齐国使者到大梁，孙膑以刑徒的身份暗中相见，用言辞打动齐国使者。齐国使者觉得孙膑是奇人，暗地用车把他载到齐国。齐国将军田忌欣赏孙膑而以客礼相待。田忌多次与齐国的诸公子赛马，下重金赌胜。孙子注意到他们的马奔跑能力相差不大，马分上、中、下三等。因此孙子对田忌说："您只管下大赌注，臣下能够帮您获胜。"田忌相信了他，与齐王和诸公子用千金来赌胜。到了临比赛时，孙子说："请用您的下等乘马对付他们的上等乘马，用您的上等乘马对付他们的中等乘马，用您的中等乘马对付他们的下等乘马。"三次乘马全部比赛完毕，结果田忌一场不胜而两场胜，终于得到王的千金之赏。因此田忌把孙子推荐给齐威王。威王询问他兵法，因而任他为军师。

后来魏国攻打赵国，赵国危急，向齐国请求救援。齐威王想任用孙膑为将，孙膑谢绝说："受过刑的人是不可以的。"于是任用田忌为将，而任用孙膑为军师，让他坐在辎车中筹划计谋。田忌打算率军前往赵国，孙子说："解开乱丝不能挥拳相加，平息争斗不能亲自击打，避实击虚，利用形势来牵制敌方，危难自可解除。现在魏国和赵国正在交战，精锐部队必然全部派往国外，留在国内疲于应付的都是老弱病残。您不如率兵迅速前往大梁，占据他们的交通要道，冲击其空虚之地，他们必定会放下赵国赶回自救。这样我们就能在解除赵国之围的同时又使魏国遭到打击。"田忌照他的计谋去做，魏军果然离开邯郸，与齐国会战于桂陵，结果齐军大破魏军。

又过了十三年，魏国和赵国攻打韩国，韩国向齐国告急。齐国派田忌率兵前往，扬言直奔魏都大梁。魏将庞涓听到消息，放下韩国而往回赶，但齐军已经越过国境而西进入魏国。孙子对田忌说："他们三晋的军队一向彪悍勇武而看不起齐军，齐军有怯懦的名声，善于作战的人要因势利导。兵法上说，行军百里与敌争利会折损上将军，行军五十里而与敌争利只有一半军队能赶到。下令让齐军进入魏国境内后先设十万个灶，第二天设五万个灶，再过一天设三万个灶。"庞涓行军三天，见齐军灶数变化，非常高兴，说："我本来就知道齐军怯懦，入我国境内三天，士兵已经逃跑了一大半。"所以丢下步兵，只率轻兵锐卒，昼夜兼程追赶齐军。孙子估计魏军的行军速度，天黑应当能到马陵。马陵道路狭窄，旁多险阻，可以埋伏兵马，于是削去一棵大树的外皮，在露出的白木上写字"庞涓死于此树之下"。然后命齐军善射者上万人持弩，埋伏在道路两旁，约定说"天黑见到点了的火就一起放箭"。庞涓果然在夜晚到达削去树皮的大树下，看见白木上写着字，便钻木取火来照明。字还没有读完，齐军万弩齐发，魏军大乱失去队形。庞涓自知无计可施，军队已败，就自刎了，死前说："竟然成就了这小子的名声！"齐军就乘胜全歼魏军，俘虏了魏太子申回国。孙膑因此战而名扬天下，世间流传着他的兵法。

吴起是卫国人，喜欢用兵。曾求学于曾子，臣事鲁国国君。齐人攻打鲁国，鲁国想任用吴起为将，但吴起娶了齐国女子为妻，而鲁国人怀疑他。吴起当时为了成就功名，竟杀了自己的妻子，以表白自己不帮助齐国。鲁国终于任用他为将，率兵攻打齐国，大破齐国。

鲁国有人说吴起的坏话："吴起的为人，猜忌残忍。他年轻时，家有千金，出外求仕不如意，弄得倾家荡产。乡里人都笑话他，吴起竟杀死毁谤自己的人达三十多个，出卫的外城门东去。临行向他的母亲诀别，咬了自己的胳臂发誓说：‘我吴起不做卿相，决不再回卫国。’这样吴起求学于曾子。过了不久，他的母亲去世，吴起却始终也没有回去。曾子看不起他，而与吴起断绝关系。吴起就去了鲁国，学习兵法，求事于鲁国国君。鲁国国君怀疑他与齐国有关系，吴起又杀妻求将。像鲁国这样的小国，反而有打胜仗的名声，那么诸侯就要打鲁国的主意了。况且鲁国与卫国是兄弟之国，我们的国君若起用吴起，那么就等于抛弃了卫国。”鲁国国君因而有了疑心，辞退吴起。

吴起当时听说魏文侯贤明，想去投靠他。魏文侯问李克说：“吴起是个什么样的人？”李克说：“吴起贪财好色，但用兵的能力即使司马穰苴也超不过他。”因此魏文侯任用吴起为将，进攻秦国，拔取秦国的五座城池。

吴起担任将领，与最下层的士兵吃饭穿衣同一标准。睡觉不铺设垫褥而卧草席，行军走路不骑马乘车，亲自捆扎打包和担负粮食，与士兵分担劳苦。有个士兵长了脓疮，吴起为他吸脓。士兵的母亲听说后就哭了。别人说：“你的儿子是个普通士兵，而将军却亲自为你的儿子吸脓，你为什么要哭呢？”这位母亲说：“不能这样说。往年吴公曾为孩子的父亲吸脓，他的父亲打起仗来勇往直前，绝不后退，结果死于敌手。吴公如今又给儿子吸脓，贱妾真不知道儿子会死在哪里。为了这个才哭。”

魏文侯因吴起善于用兵，廉洁公平，能赢得士兵的心，所以任用他为西河郡守，以对抗秦、韩两国。

魏文侯死后，吴起又臣事他的儿子武侯。武侯乘船顺西河而下，行至水流当中，回头对吴起说：“多么壮丽啊，险固的山河，这真是魏国的保障呀！”吴起回答说：“重要的是道德而不是险固。从前三苗氏左有洞庭，右有彭蠡，因为不修持道德礼义，夏禹灭亡了他。夏桀的国土，左有黄河、济水，右有泰山、华山，伊阙山在他的南面，羊肠坂在他的北面，不行仁政，商汤放逐了他。殷纣的国土，左有孟门山，右有太行山，恒山在他的北面，黄河流经他的南面，不行德政，周武王杀了他。从这些看来，重要的是道德而不是险固。如果您不修持道德，今天船上的人就会变成敌国的人。”武侯说：“讲得好。”

吴起任西河郡守，有很好的名声。魏国选任相，以田文为相。吴起不高兴，对田文说：“请让我与您比比功劳，可以吗？”田文说：“可以。”吴起说：“率领三军，使士兵乐于拼死作战，敌国不敢打我国的主意，您与我比谁强？”田文说：“不如您。”吴起说：“治理百官，亲和万民，充实府库，您与我比谁强？”田文说：“不如您。”吴起说：“守西河而令秦军不敢东向，韩、赵归顺，您与我比谁强？”田文说：“不如您。”吴起说：“这三点，您都在我之下，而职位反而在我之上，为什么呢？”田文说：“国君年幼，国人疑虑，大臣尚未亲附，百姓尚未信任，当此之时，是把国政交给您呢，还是交给我呢？”吴起沉默了半天，说：“应该交给您。”田文说：“这就是我的职位在您之上的原因。”吴起这才知道自己不如田文。

田文死后，公叔任丞相，娶了魏国公主，而担心吴起。公叔的仆人说：“吴起容易除掉。”公叔问：“如何做？”他的仆人说：“吴起为人廉洁而重视名誉。您可以先对武侯去讲：‘吴起是个贤人，而您的国土太小，又与强秦接壤，臣下私下担心吴起没有久留之心。’武侯会接着问：‘那么怎么办呢？’您就对武侯说：‘可以将延请他娶公主作为试探，吴起有久留之心就必然会接受，没有久留之心就必然会拒绝。用这种办法试探他。’您再召吴起一同回家，然后让您那位公主对您发怒并轻视您。吴起见公主看不起您，便一定会拒绝娶公主。”后来吴起看到那位公主看不起魏国相，果然拒绝了魏武侯。武侯也起了疑心，不再信任他。吴起害怕因此而获罪，只好离开，就到了楚国。

楚悼王一向听说吴起贤能，吴起一到楚国就让他当上楚相。吴起申明法令，裁撤多余的官吏，停止对楚公族中疏远子孙的供给，将省下的经费用于养兵。目的在于使军队强大，打击用纵横之说游说的人。因此南平百越；北并陈、蔡，迫使三晋退却；西伐秦。诸侯都忧虑楚国的强大。原来的楚国贵族都想害死吴起。等到悼王一死，宗室大臣就作乱，攻打吴起，吴起跑到悼王停尸的地方，趴在悼王身上。攻打吴起的人由于射、刺吴起，也一同击中了悼王的尸体。悼王被埋葬之后，太子即位，就命令尹将射、刺吴起而连带击中悼王的尸体的人全部处死。因射、刺吴起而被灭族的人有七十多家。

太史公说：只要世人一讲起行师用兵，都要称道《孙子》十三篇，吴起《兵法》，世上多有流传，所以不多讨论，只记载他们行事中最有独特的事。谚语说：“能做的人未必会高谈阔论，会高谈阔论的人未必能做。”孙子筹算庞涓是相当机智的，但却不能及早使自己免遭刑罚。吴起向魏武侯谈论山川形势不如道德重要，然而到了楚国，却是以刻薄残暴、缺乏仁爱而丧命。真可悲啊！

（王华宝　注译）

卷六十六

伍子胥列传第六

注释查阅　译文诵读

伍子胥者，楚人也，名员。员父曰伍奢。员兄曰伍尚。其先曰伍举，以直谏事楚庄王，有显，故其后世有名于楚。

楚平王有太子名曰建，使伍奢为太傅，费无忌为少傅。无忌不忠于太子建。平王使无忌为太子取妇于秦[1]，秦女好，无忌驰归报平王曰："秦女绝美，王可自取，而更为太子取妇。"平王遂自取秦女而绝爱幸之，生子轸。更为太子取妇。

无忌既以秦女自媚于平王，因去太子而事平王。恐一旦平王卒而太子立，杀己，乃因谗太子建。建母，蔡女也，无宠于平王。平王稍益疏建，使建守城父，备边兵。

顷之，无忌又日夜言太子短于王曰："太子以秦女之故，不能无怨望，愿王少自备也[2]。自太子居城父，将兵，外交诸侯，且欲入为乱矣。"平王乃召其太傅伍奢考问之。伍奢知无忌谗太子于平王，因曰："王独奈何以谗贼小臣疏骨肉之亲乎？"无忌曰："王今不制，其事成矣。王且见禽[3]。"于是平王怒，囚伍奢，而使城父司马奋扬往杀太子。行未至，奋扬使人先告太子："太子急去，不然将诛。"太子建亡奔宋。

无忌言于平王曰："伍奢有二子，皆贤，不诛且为楚忧。可以其父质而召之[4]，不然且为楚患。"王使使谓伍奢曰："能致汝二子则生，不能则死。"伍奢曰："尚为人仁，呼必来。员为人刚戾忍询[5]，能成大事，彼见来之并禽，其势必不来。"王不听，使人召二子曰："来，吾生汝父；不来，今杀奢也。"伍尚欲往，员曰："楚之召我兄弟，非欲以生我父也，恐有脱者后生患，故以父为质，诈召二子。二子到，则父子俱死。何益父之死？往而令仇不得报耳。不如奔他国，借力以雪父之耻，俱灭，无为也。"伍尚曰："我知往终不能全父命。然恨父召我以求生而不往，后不能雪耻，终为天下笑耳。"谓员："可去矣！汝能报杀父之仇，我将归死。"尚既就执，使者捕伍胥。伍胥贯弓执矢向使者[6]，使者不敢进，伍胥遂亡。闻太子建之在宋，往从之。奢闻子胥之亡也，曰："楚国君臣且苦兵矣[7]。"伍尚至楚，楚并杀奢与尚也。

伍胥既至宋，宋有华氏之乱，乃与太子建俱奔于郑。郑人甚善之。太子建又适晋，晋顷公曰："太子既善郑，郑信太子。太子能为我内应，而我攻其外，灭郑必矣。灭郑而封太子。"太子乃还郑。事未会，会自私欲杀其从者[8]，从者知其谋，乃告之于郑。郑定公与子产诛杀太子建。建有子名胜。伍胥惧，乃与胜俱奔吴。到昭关，昭关欲执之。伍胥遂与胜独身步走，几不得脱。追者在后。至江，江上有一渔父乘船，知伍胥之急，乃渡伍胥。伍胥既渡，解其剑曰："此剑直百金[9]，以与父。"父曰："楚国之法，得伍胥者赐粟五万石，爵执珪[10]，岂徒百金剑邪！"不受。伍胥未至吴而疾，止中道，乞食。至于吴，吴王僚方用事，公子光为将。伍胥乃因公子光以求见吴王。

久之，楚平王以其边邑钟离与吴边邑卑梁氏俱蚕，两女子争桑相攻，乃大怒，至于两国举兵相伐。吴使公子光伐楚，拔其钟离、居巢而归。伍子胥说吴王僚曰："楚可破也。愿复遣公子光。"公子光谓吴王曰："彼伍胥父兄为戮于楚，而劝王伐楚者，欲以自报其仇耳。伐楚未可破也。"伍胥知公子光有内志，欲杀王而自立，未可说以外事，乃进专诸于公子光，退而与太子建之子胜耕于野。

五年而楚平王卒。初，平王所夺太子建秦女生子轸，及平王卒，轸竟立为后，是为昭王。吴王僚因楚丧，使二公子将兵往袭楚。楚发兵绝吴兵之后，不得归。吴国内空，而公子光乃令专诸袭刺吴王僚而自立，是为吴王阖庐。阖庐既立，得志，乃召伍员以为行人[11]，而与谋国事。

楚诛其大臣郤宛、伯州犁，伯州犁之孙伯嚭亡奔吴，吴亦以嚭为大夫。前王僚所遣二公子将兵伐楚者，道绝不得归。后闻阖庐弑王僚自立，遂以其兵降楚，楚封之于舒。阖庐立三年，乃兴师与伍胥、伯嚭伐楚，拔舒，遂禽故吴反二将军。因欲至郢，将军孙武曰："民劳，未可，且待之。"乃归。

四年，吴伐楚，取六与灊。五年，伐越，败之。六年，楚昭王使公子囊瓦将兵伐吴。吴使伍员迎击，大破楚军于豫章，取楚之居巢。

九年，吴王阖庐谓子胥、孙武曰："始子言郢未可入，今果何如？"二子对曰："楚将囊瓦贪，而唐、蔡皆怨之。王必欲大伐之，必先得唐、蔡乃可。"阖庐听之，悉兴师与唐、蔡伐楚，与楚夹汉水而陈[12]。吴王之弟夫概将兵请从，王不听，遂以其属五千人击楚将子常。子常败走，奔郑。于是吴乘胜而前，五战，遂至郢。己卯，楚昭王出奔。庚辰，吴王入郢。

昭王出亡，入云梦；盗击王，王走郧。郧公弟怀曰："平王杀我父，我杀其子，不亦可乎！"郧公恐其弟杀王，与王奔随。吴兵围随，谓随人曰："周之子孙在汉川者，楚尽灭之。"随人欲杀王，王子綦匿王，己自为王以当之。随人卜与王于吴，不吉，乃谢吴不与王。

始伍员与申包胥为交，员之亡也，谓包胥曰："我必覆楚。"包胥曰："我必存之。"及吴兵入郢，伍子胥求昭王。既不得，乃掘楚平王墓，出其尸，鞭之三百，然后已。申包胥亡于山中，使人谓子胥曰："子之报仇，其以甚乎！吾闻之，人众者胜天，天定亦能破人。今子故平王之臣，亲北面而事之，今至于僇死人，此岂其无天道之极乎！”伍子胥曰：“为我谢申包胥曰，吾日莫途远[13]，吾故倒行而逆施之。”于是申包胥走秦告急，求救于秦。秦不许。包胥立于秦廷，昼夜哭，七日七夜不绝其声。秦哀公怜之，曰：“楚虽无道，有臣若是，可无存乎！”乃遣车五百乘救楚击吴。六月，败吴兵于稷。会吴王久留楚求昭王，而阖庐弟夫概乃亡归，自立为王。阖庐闻之，乃释楚而归，击其弟夫概。夫概败走，遂奔楚。楚昭王见吴有内乱，乃复入郢。封夫概于堂谿，为堂谿氏。楚复与吴战，败吴，吴王乃归。

后二岁，阖庐使太子夫差将兵伐楚，取番。楚惧吴复大来，乃去郢，徙于鄀。当是时，吴以伍子胥、孙武之谋，西破强楚，北威齐晋，南服越人。

其后四年，孔子相鲁。

后五年，伐越。越王句践迎击，败吴于姑苏，伤阖庐指，军却。阖庐病创将死[14]，谓太子夫差曰：“尔忘句践杀尔父乎？”夫差对曰：“不敢忘。”是夕，阖庐死。夫差既立为王，以伯嚭为太宰，习战射。二年后伐越，败越于夫湫。越王句践乃以余兵五千人栖于会稽之上，使大夫种厚币遗吴太宰嚭以请和，求委国为臣妾。吴王将许之。伍子胥谏曰：“越王为人能辛苦。今王不灭，后必悔之。”吴王不听，用太宰嚭计，与越平[15]。

其后五年，而吴王闻齐景公死而大臣争宠，新君弱，乃兴师北伐齐。伍子胥谏曰：“句践食不重味，吊死问疾，且欲有所用之也。此人不死，必为吴患。今吴之有越，犹人之有腹心疾也。而王不先越而乃务齐，不亦谬乎！”吴王不听，伐齐，大败齐师于艾陵，遂威邹鲁之君以归。益疏子胥之谋。

其后四年，吴王将北伐齐，越王句践用子贡之谋，乃率其众以助吴，而重宝以献遗太宰嚭。太宰嚭既数受越赂，其爱信越殊甚，日夜为言于吴王。吴王信用嚭之计。伍子胥谏曰：“夫越，腹心之病，今信其浮辞诈伪而贪齐。破齐，譬犹石田，无所用之。且《盘庚之诰》曰：‘有颠越不恭，劓殄灭之，俾无遗育，无使易种于兹邑[16]。’此商之所以兴。愿王释齐而先越；若不然，后将悔之无及。”而吴王不听，使子胥于齐。子胥临行，谓其子曰：“吾数谏王，王不用，吾今见吴之亡矣。汝与吴俱亡，无益也。”乃属其子于齐鲍牧[17]，而还报吴。

吴太宰嚭既与子胥有隙，因谗曰：“子胥为人刚暴，少恩，猜贼，其怨望恐为深祸也。前日王欲伐齐，子胥以为不可，王卒伐之而有大功。子胥耻其计谋不用，乃反怨望。而今王又复伐齐，子胥专愎强谏[18]，沮毁用事，徒幸吴之败以自胜其计谋耳。今王自行，悉国中武力以伐齐，而子胥谏不用，因辍谢，详病不行[19]。王不可不备，此起祸不难。且嚭使人微伺之[20]，其使于齐也，乃属其子于齐之鲍氏。夫为人臣，内不得意，外倚诸侯，自以为先王之谋臣，今不见用，常鞅鞅怨望[21]。愿王早图之。”吴王曰：“微子之言[22]，吾亦疑之。”乃使使赐伍子胥属镂之剑，曰：“子以此死。”伍子胥仰天叹曰：“嗟乎！谗臣嚭为乱矣，王乃反诛我。我令若父霸[23]。自若未立时，诸公子争立，我以死争之于先王，几不得立。若既得立，欲分吴国予我，我顾不敢望也。然今若听谀臣言以杀长者。”乃告其舍人曰：“必树吾墓上以梓，令可以为器；而抉吾眼县吴东门之上[24]，以观越寇之入灭吴也。”乃自刭死。吴王闻之大怒，乃取子胥尸盛以鸱夷革[25]，浮之江中。吴人怜之，为立祠于江上，因命曰胥山。

吴王既诛伍子胥，遂伐齐。齐鲍氏杀其君悼公而立阳生。吴王欲讨其贼，不胜而去。其后二年，吴王召鲁卫之君会之橐皋。其明年，因北大会诸侯于黄池，以令周室。越王句践袭杀吴太子，破吴兵。吴王闻之，乃归，使使厚币与越平。后九年，越王句践遂灭吴，杀王夫差；而诛太宰嚭，以不忠于其君，而外受重赂，与己比周也[26]。

伍子胥初所与俱亡故楚太子建之子胜者，在于吴。吴王夫差之时，楚惠王欲召胜归楚。叶公谏曰：“胜好勇而阴求死士[27]，殆有私乎！”惠王不听。遂召胜，使居楚之边邑鄢，号为白公。白公归楚三年而吴诛子胥。

白公胜既归楚，怨郑之杀其父，乃阴养死士求报郑。归楚五年，请伐郑，楚令尹子西许之。兵未发而晋伐郑，郑请救于楚。楚使子西往救，与盟而还。白公胜怒曰：“非郑之仇，乃子西也。”胜自砺剑[28]，人问曰：“何以为？”胜曰：“欲以杀子西。”子西闻之，笑曰：“胜如卵耳，何能为也。”

其后四岁，白公胜与石乞袭杀楚令尹子西、司马子綦于朝。石乞曰：“不杀王，不可。”乃劫王如高府。石乞从者屈固负楚惠王亡走昭夫人之宫。叶公闻白公为乱，率其国人攻白公。白公之徒败，亡走山中，自杀。而虏石乞，而问白公尸处，不言将亨[29]。石乞曰：“事成为卿，不成而亨，固其职也。”终不肯告其尸处。遂亨石乞，而求惠王复立之。

太史公曰：怨毒之于人甚矣哉[30]！王者尚不能行之于臣下，况同列乎！向令伍子胥从奢俱死[31]，何异蝼蚁。弃小义，雪大耻，名垂于后世，悲夫！方子胥窘于江上，道乞食，志岂尝须臾忘郢邪？故隐忍就功名，非烈丈夫孰能致此哉？白公如不自立为君者，其功谋亦不可胜道者哉！

【译文】

伍子胥是楚国人，名叫员。其父叫伍奢，其兄叫伍尚。他的祖上有位叫伍举的，以敢于直言劝谏楚庄王，而有显赫的名声，所以伍家后代在楚国也有名气。

楚平王有位太子名叫建，平王派伍奢担任太傅，费无忌担任少傅。然而费无忌却不忠于太子建。楚平王让费无忌到秦国去为太子建娶亲，那位秦女长得很漂亮，费无忌就跑回来报告平王说：“那位秦女绝顶美貌，大王可以自己娶过来，另外再

替太子娶个老婆。”平王便自己娶了那位秦女，并对她极为宠爱，生了儿子轸。又另外给太子娶了一个老婆。

费无忌既然用那位秦女向平王献媚讨好，因此就离开了太子而去侍奉平王。他担心有朝一日平王死了而太子继位，会杀掉自己，所以就极力诋毁太子建。太子建的母亲是蔡国人，在平王面前不得宠。平王渐渐地有些疏远太子建，将他派去驻守城父，守卫边疆。

不久，费无忌又一天到晚地在平王面前讲太子的坏话，说道：“太子建因为那秦女，不会没有怨恨，希望大王多少要自己防备一些。自从太子到了城父，统领着军队，对外又与诸侯各国结交往来，他将要回都城作乱呢！”平王就召来太子太傅伍奢进行审问。伍奢知道是费无忌在平王面前说了太子的坏话，就说：“大王为什么要相信那心黑口毒、拨弄是非的小臣而疏远骨肉至亲呢？”费无忌说：“大王如果现在不控制他们，他们的阴谋就要成功了。大王将要被他们抓起来了。”于是，平王大为恼怒，囚禁了伍奢，又派城父司马奋扬去杀太子。在还没有到达城父时，奋扬派人先去告知太子说：“太子赶快走，不然将被杀。”太子建便逃到了宋国。

费无忌对平王说：“伍奢有两个儿子，都很贤能，如果不把他们杀掉，他们将是楚国的祸害。可以拿他们的父亲作为人质，把他们召来，不然的话将成为楚国的后患。”平王派人对伍奢说：“你要是能把你的两个儿子招来，就饶你一命；不能的话，就将你处死。”伍奢说：“我的长子伍尚为人仁慈善良，叫了他，他一定会来的。次子伍员为人刚强坚韧，忍辱负重，能成就大事，他知道来了会一并被抓起来，势必不来。”楚王不听这些，派人去召伍尚、伍员，说：“你们来了，我就让你们的父亲活命；你们不来，我现在就杀了伍奢。”伍尚准备前去，伍员说：“楚王要招我们兄弟去，并不是真的让我们的父亲活命，只不过是怕我们逃脱了以后留下祸患，因此用父亲作人质，把我们两个骗去。我们两个一到，那父子都会处死。这对于父亲被杀死又有什么帮助呢？应招而去，只能使得我们无法报仇。不如投奔别的国家，借他们的力量为父亲报仇雪恨。现在一起去死，没有什么帮助。”伍尚说：“我也知道，我们即使去了也终究不能保全父亲的性命。然而现在父亲为保全性命而招我前去，我却不去；以后又不能报仇雪恨，结果被天下人耻笑，这将让我非常遗憾。”伍尚对伍员说：“你就逃走吧！你能够报杀父之仇，我就前去送死吧！”伍尚被抓以后，使者又要捕捉伍子胥。伍子胥拉满了弓，搭上了箭对准使者，使者不敢上前，伍子胥就逃走了。他听说太子建在宋国，就前往宋国依附太子建。伍奢听说子胥逃走了，说道：“楚国的君臣从此以后将要蒙受战争的痛苦了。”伍尚到了国都，平王便把伍奢和伍尚一起杀了。

伍子胥到宋国之后，正遇上宋元公与执政大臣华氏等相互攻打的内乱，就和太子建一道跑到郑国。郑国对他们很好。太子建又到晋国去，晋顷公说：“太子既然与郑国相友善，郑国也很信任太子。如果太子能为我作内应，而我从外面进攻，那一定能够灭掉郑国。灭掉郑国，就封给太子。”太子便回到了郑国。事情还没有准备就绪，适逢太子因私事要杀掉他的一个随从。这个随从知道他们的密谋，就把这件事报告给了郑国。郑定公和子产杀了太子建。太子建有个儿子名叫胜。事发后，伍子胥害怕了，便与胜一起逃往吴国。到了昭关，昭关的守吏想抓住他们。伍子胥只好与胜独身步行，几乎不能逃脱。追捕的人紧跟在后。伍子胥逃到江边，江上恰有一位渔翁划船而来，知道伍子胥情势紧急，就将伍子胥摆渡过去。伍子胥过江以后，解下佩剑说：“这柄剑价值百金，就将它送给您老吧！”渔翁说：“楚国的法令规定，抓到伍子胥的人赐给粟米五万石，封予执珪之爵，岂止只值一把百金之剑呢！”不肯接受剑。伍子胥还没有走到吴国都城就生起病来，只好半道上停下来，讨饭为生。到了吴国都城，吴王僚正掌权，公子光做将军。伍子胥便通过公子光的关系求见吴王僚。

过了很长的时间，楚国边境地方的钟离与吴国边境地方的卑梁氏，都以养蚕为业，两个女子采桑时打了起来，楚平王为此大怒，以至于闹到两国动用军队互攻。吴派公子光进攻楚国，攻克了钟离、居巢两地而归。伍子胥游说吴王僚：“楚国可以一举攻破。希望再派公子光伐楚。”公子光却对吴王僚说：“那伍子胥因为父兄都被楚王杀了，所以游说大王攻打楚国，他只不过是想替自己报仇罢了。进攻楚国未必能一举攻破。”伍子胥知道公子光对内政有野心，想杀掉吴王僚而自立为王，在此情形下不便游说他采取对外行动的事，便推荐了一位名叫专诸的勇士给公子光，自己与太子建之子胜隐退到乡野种田。

过了五年，楚平王死了。当初，平王从太子建那里夺走的秦女生下的儿子叫轸，等到平王死了，轸便即位为王，这就是昭王。吴王僚趁着楚国有丧事，派遣两位公子率军去偷袭楚国。楚国派军队堵住了吴军的后路，使吴军无法退回。吴国国内空虚，公子光就趁机让专诸偷袭刺杀了吴王僚而自立为王，这就是吴王阖庐。阖庐做了吴王，志满意得，就召伍员任命他为“行人”之官，参与国家大政的谋划。

楚国杀掉了它的大臣郤宛和伯州犁，伯州犁的孙子伯嚭逃出并投奔了吴国。吴王也任命伯嚭做大夫。此前吴王僚派遣两位公子率领军队攻打楚国，被切断了后路而不能退回。后来，听说阖庐杀了吴王僚自立为王，就让军队投降了楚国，楚国将他们封在舒。阖庐为王三年，就出动军队与伍子胥、伯嚭进攻楚国，攻下了舒地，活捉了以前叛吴降楚的两个将军。本想乘胜进军郢都，将军孙武说："百姓很疲劳了，不可进军，暂且等一等吧！"于是吴军便返回国中。

阖庐四年，吴国又进攻楚国，攻占了六与灊两地。五年，吴国进攻越国，又打败了越国。六年，楚昭王派公子囊瓦率军进攻吴国。吴国派伍员迎战，在豫章将楚军打得大败，攻占了楚国的居巢。

阖庐九年，吴王阖庐对伍子胥、孙武说："先前你们说郢都打不进去，现在能行了吗？"两人答道："楚国的将军囊瓦很贪婪，唐国和蔡国都很恨他。大王一定要大举进攻楚国，必须先取得唐国和蔡国的支持才行。"阖庐听从了他们的话，就动员了全部军队，联合了唐、蔡两国，进攻楚国。吴军与楚军在汉水两岸沿江对阵。吴王的弟弟夫概带兵请求跟随，吴王不同意，夫概便率领他手下的五千兵士向楚将子常发动进攻。子常战败而逃，跑到了郑国。于是，吴国的大军乘胜前进，一连打了五仗，兵临郢都。己卯这天，楚昭王逃离郢都。第二天庚辰，吴王进入郢都。

楚昭王逃离郢都后，进入云梦；受到强盗的袭击，昭王又逃到郧。郧公的弟弟怀说道："是楚平王杀了我们的父亲，我们把他的儿子杀了，不也可以吗！"郧公担心他的弟弟杀昭王，就与昭王一道逃到随。吴军包围了随，对随人说："周朝的子孙封国在汉水流域的，全被楚国灭掉了"随人准备杀掉昭王，王子綦将昭王藏了起来，自己冒充昭王来承受灾难。而随人占卜的结果为将昭王交给吴国不吉利，便借故推托，而没有将昭王交给吴国。

当初，伍员与申包胥是朋友，伍员从楚国出逃时对申包胥说："我一定要颠覆楚国。"申包胥说："我必定要让楚国保存。"等到吴军入郢，伍子胥到处寻找昭王。没有找到昭王，他就掘开楚平王的墓，拖出尸身，抽打了三百鞭，方才住手。申包胥这时逃亡在山中，派人对伍子胥说："你这样报仇，未免也太过分了吧！我听说，虽然人多势众时能胜过天理，但天理最终还是比人强的。你从前是平王的臣子，曾面朝北亲自事奉过他，如今竟然鞭打死人，这岂不是不讲天理到极点了吗！"伍子胥对来人说："替我向申包胥谢罪说，我因年事已高而报仇心切，就像日落西山却路途遥遥，所以才做出这种倒行逆施的事情来。"于是，申包胥就跑到秦国去告急，向秦国请求救援。秦国不肯出兵。申包胥站在秦国的宫廷中日夜不停地痛哭，七天七夜，哭声始终没有中断。秦哀公很受感动，说："楚王虽然无道，但是有这样的臣子，怎么能不保全呢！"他就派遣了五百辆兵车救援楚国，抗击吴国。六月，在稷打败了吴军。这时，由于吴王阖庐到处搜寻楚昭王，在楚国停留已久，阖庐的弟弟夫概乘机偷偷回到吴国，自立为王。阖庐听到这个消息，便丢下楚国赶回国内，攻打他的弟弟夫概。夫概兵败逃走，就投奔了楚国。楚昭王看到吴国发生内乱，就重返郢都。他将夫概封在堂谿，叫堂谿氏。楚国又与吴国作战，打败了吴军，吴王才撤军回国。

两年以后，吴王阖庐派太子夫差率军攻打楚国，占领了番。楚国害怕吴军又要大举入侵，就将首都迁出了郢，迁到鄀。这时期，吴国由于有伍子胥、孙武出谋划策，向西打败了强大的楚国，向北威震齐、晋等国，向南降伏了越人。

此后四年，孔子担任了鲁国的宰相。

五年以后，吴国进攻越国。越王勾践迎战吴军，在姑苏打败了吴军，阖庐的脚趾受了伤，吴军退回。阖庐的创伤恶化，病情严重将死，对太子夫差说："你会忘记是勾践杀了你父亲吗？"夫差回答说："不敢忘。"当晚，阖庐就死了。夫差即位为王，任用伯嚭为太宰，加紧操练兵士。两年后，吴国进攻越国，在夫湫打败越军。越王勾践带领余部五千人退往会稽山屯驻，派大夫文种带着厚礼送给吴国的太宰伯嚭，请求讲和，愿意带着国家给吴王当奴仆。吴王准备答应越国的请求。伍子胥劝谏道："越王勾践为人吃苦耐劳，现在大王不消灭他，以后一定会为此后悔。"吴王不听伍子胥的话，而采纳了太宰嚭的意见，与越国讲和。

此后五年，吴王听说齐景公死了，大臣们争权夺位，新立国君地位虚弱，便出动军队，北伐齐国。伍子胥劝谏说："勾践现在吃饭只吃一个菜，生活朴素，吊唁死者，问民疾苦，这正是想着要使用他们呀！此人不死，必定成为吴国的隐患。现在越国的存在对吴国来说，就好像人的腹心有疾病一样。而大王不先消灭越国，反而去致力攻打齐国，不是全搞错啦！"吴王不听从劝告，进攻齐国，在艾陵大败齐军，威名大震，使得邹、鲁等国的国君大为慑服，然后班师回朝。从此吴王就更加不听伍子胥的谋策了。

此后四年，吴王准备北伐齐国，越王勾践采用了子贡的计谋，率领他的部众协助吴国作战，又给太宰嚭进献贵重宝物。太宰嚭既屡次接受越国的贿赂，便更加信任

和喜欢越国，一天到晚在吴王面前替越国说好话。吴王十分信任伯嚭，采纳他的计谋。伍子胥劝谏道：“越国是吴国的心腹之患，现在却偏偏相信他们的虚伪的谎言和骗人的行为，又贪图伐齐的功利。然而，吴国即使攻下齐国，也好像得到了一块石田，毫无用处。况且《盘庚之诰》说：‘有叛逆不顺从的，就把他们全部彻底地消灭掉，让他们断子绝孙，决不许他们在这块土地上种下祸根。’这正是商朝兴盛起来的原因。希望大王能放下齐国而先占领越国；如果不这样，以后悔恨都来不及了。”而吴王仍然不听，却派伍子胥出使齐国。伍子胥临行之前，对他的儿子说：“我屡次劝谏我们的大王，大王不肯听从，我如今看到吴国将要灭亡了。你和吴国一起灭亡，那也没有意义。”于是，便把他的儿子托付给齐国的鲍牧，自己回吴国交差。

吴太宰嚭既与伍子胥有嫌隙，因而毁谤说：“伍子胥为人生硬凶暴，不讲感情，猜疑嫉恨，他对大王的怨恨不满恐怕早晚要成为大祸害的。前次大王准备伐齐时，伍子胥就认为不行，但大王最终出兵伐齐并大获成功。伍子胥对自己的计谋未被采纳感到羞辱，反而因此怨恨大王。如今大王准备再次伐齐，伍子胥刚愎自用，强词夺理地进行拦阻，不惜诋毁和诽谤，他只是希望吴国失败以此来证明自己的计谋高明。如今大王亲率大军，出动国内全部军队去伐齐，而伍子胥由于谏议未被采用，便不再来上朝，他假装生病而不跟大王一道北上。大王不可不防备呀，这个时候他要惹祸不困难啊。况且我派人暗中观察伍子胥，他出使齐国的时候，已经把他的儿子托付给了齐国的鲍氏了。伍子胥身为人臣，在国内不得意，便到国外倚靠诸侯，他自以为是先王的谋臣，如今不被重用，就常常心怀不满，怨恨大王。希望大王及早采取措施。”吴王说：“你不说这些话，我也早就怀疑他了。”于是，吴王派人给伍子胥送去一把“属镂”宝剑，说：“你用它去死吧！”伍子胥仰天长叹道：“天啊！奸臣伯嚭在作乱，大王却反而要杀我。我曾经使你的父亲称霸诸侯。当你还没有立为太子时，各公子争夺太子位，我在先王面前为你以死相争，你差一点就不能立为太子。你做了国君之后，要把吴国分一部分给我，我倒也没指望着那样。然而，你今天竟然听信奸臣的恶语中伤要杀害忠厚长者。”伍子胥便告诉他的舍人说：“我死后，一定要在我的墓上种上梓树，让它长成之后可以派上用场；把我的眼睛摘下来悬挂在吴的都城东门之上，我要亲眼看到越寇的入侵、吴国的灭亡。”说完便自刎而死。吴王听了伍子胥说的话后，大为愤怒，将伍子胥的尸体装在用皮革做的袋子里，漂浮在长江中。吴国百姓敬重伍子胥，为他在江边建了祠堂，这个地方因此就叫做胥山。

吴王杀了伍子胥以后，便进攻齐国。齐国的鲍氏杀了他的国君悼公而立阳生为王。吴王以杀君之罪讨伐鲍氏，但没有打赢而离去。此后二年，吴王召鲁国和卫国的国君到橐皋会盟。第二年，又北上与各国诸侯会盟于黄池，想在周室诸侯中发号令。这时，越王勾践却乘机偷袭、杀死了吴国的太子，击败了吴军。吴王听到这个消息，便回国，派遣使者送了厚礼，与越国讲和。九年以后，越王勾践终于灭掉了吴国，杀了吴王夫差，并诛杀了太宰嚭，认为他不忠于他的国君，对外接受大量的贿赂，私自与越国勾结。

当初与伍子胥一起逃亡的原楚太子建的儿子胜，居住在吴国。吴王夫差的时候，楚惠王想把胜召回楚国。叶公劝谏道：“胜为人勇武，而暗中寻访结纳亡命之徒，他恐怕有小九九呢！”惠王不听叶公的话，还是召回了胜，安置他住在楚国的边境城邑鄢，号称白公。白公回到楚国三年，吴王夫差杀了伍子胥。

白公胜既已回到楚国，怨恨郑国杀了他的父亲，便暗中收罗愿意为他而死的勇士，准备伺机报复郑国。白公回到楚国五年后，请求讨伐郑国，楚国的执政大臣令尹子西同意了。军队还没有出动，晋国出兵攻打郑国，郑国请求楚国救援。楚国派了子西去救助，与郑国订立了盟约后返回。白公胜发怒说：“我的仇人不是郑国，而是子西！”白公胜自己磨着宝剑，有人问道：“你磨剑干什么呀？”胜说：“准备用来杀子西。”子西听到这话，笑笑说：“胜就像鸟卵一样，哪里能那样做。”

此后四年，白公胜与石乞在朝廷发动突然袭击，杀了令尹子西和司马子綦。石乞说：“不杀掉国王，不行。”于是将惠王劫持到高府中。石乞的随从屈固背着惠王逃到昭夫人的宫里。叶公听到白公作乱的消息，就率领他的部属来攻打白公。白公的人被打败，逃往山里，白公胜自杀而死。石乞被俘虏了，追问他白公的尸体藏在哪里，如果不说出来就把他扔进汤镬处以烹刑。石乞说：“大功告成我作卿相，不能成功我进汤镬，本来就应当如此。”最终不肯讲出白公胜的埋尸处。于是就将石乞处以烹刑。叶公找回惠王，又重新立他为王。

太史公说：结下深仇大恨对于人的影响实在是太大了！即使是做国王的人都不能与臣子结下仇恨，何况是地位相等的人之间呢！假如当初伍子胥跟着伍奢一同死了的话，那与蝼蚁之死又有什么区别。但他能够放弃小意气，洗雪大耻辱，使名声流传于后世。可悲啊！当子胥在江边困顿窘迫之时，在路上乞讨糊口之时，心中难道会有一瞬间忘掉对郢都、楚王的仇恨吗？所以说克制忍耐成就功名，不是刚烈的男子汉又有谁能做得到呢？白公如果不是想自立为国君的话，那么他的功业也是很可称道的！

（王华宝　注译）

卷六十八 商君列传第八

注释查阅　译文诵读

商君者，卫之诸庶孽公子也[1]，名鞅，姓公孙氏，其祖本姬姓也。鞅少好刑名之学[2]，事魏相公叔座为中庶子。公叔座知其贤，未及进。会座病，魏惠王亲往问病，曰：“公叔病有如不可讳[3]，将奈社稷何？”公叔曰：“座之中庶子公孙鞅，年虽少，有奇才，愿王举国而听之。”王嘿然[4]。王且去，座屏人言曰[5]：“王即不听用鞅[6]，必杀之，无令出境。”王许诺而去。公叔座召鞅谢曰：“今者王问可以为相者，我言若[7]，王色不许我。我方先君后臣[8]，因谓王即弗用鞅，当杀之。王许我，汝可疾去矣，且见禽[9]。”鞅曰：“彼王不能用君之言任臣，又安能用君之言杀臣乎？”卒不去。惠王既去，而谓左右曰：“公叔病甚，悲乎！欲令寡人以国听公孙鞅也，岂不悖哉！”

公叔既死，公孙鞅闻秦孝公下令国中求贤者，将修缪公之业，东复侵地[10]，乃遂西入秦，因孝公宠臣景监以求见孝公。孝公既见卫鞅，语事良久，孝公时时睡，弗听。罢而孝公怒景监曰：“子之客妄人耳，安足用邪！”景监以让卫鞅。[11]卫鞅曰：“吾说公以帝道[12]，其志不开悟矣。”后五日，复求见鞅。鞅复见孝公，益愈[13]，然而未中旨。罢而孝公复让景监，景监亦让鞅。鞅曰：“吾说公以王道而未入也[14]。请复见鞅。”鞅复见孝公，孝公善之而未用也。罢而去。孝公谓景监曰：“汝客善，可与语矣。”鞅曰：“吾说公以霸道[15]，其意欲用之矣。诚复见我[16]，我知之矣。”卫鞅复见孝公。公与语，不自知厀之前于席也[17]。语数日不厌。景监曰：“子何以中吾君？吾君之欢甚也。鞅曰：”吾说君以帝王之道比三代[18]，而君曰：‘久远，吾不能待。且贤君者，各及其身显名天下，安能邑邑待数十百年以成帝王乎[19]？’故吾以彊国之术说君，君大说之耳[20]。然亦难以比德于殷、周矣。”

孝公既用卫鞅，鞅欲变法，恐天下议己。卫鞅曰：“疑行无名，疑事无功。且夫有高人之行者[21]，固见非于世[22]；有独知之虑者，必见敖于民[23]。愚者闇于成事[24]，知者见于未萌[25]。民不可与虑始而可与乐成。论至德者不和于俗[26]，成大功者不谋于众。是以圣人苟可以强国，不法其故[27]；苟可以利民，不循其礼。”孝公曰：“善。”甘龙曰：“不然。圣人不易民而教[28]，知者不变法而治。因民而教，不劳而成功；缘法而治者[29]，吏习而民安之。”卫鞅曰：“龙之所言，世俗之言也。常人安于故俗，学者溺于所闻[30]。以此两者居官守法可也，非所与论于法之外也。三代不同礼而王，五伯不同法而霸。智者作法，愚者制焉[31]；贤者更礼，不肖者拘焉。”杜挚曰：“利不百，不变法；功不十，不易器。法古无过，循礼无邪。”卫鞅曰：“治世不一道，便国不法古。故汤、武不循古而王[32]，夏、殷不易礼而亡[33]。反古者不可非，而循礼者不足多[34]。”孝公曰：“善。”以卫鞅为左庶长，卒定变法之令。

令民为什伍，而相牧司连坐[35]。不告奸者腰斩，告奸者与斩敌首同赏，匿奸者与降敌同罚。民有二男以上不分异者，倍其赋。有军功者，各以率受上爵[36]；为私斗者，各以轻重被刑大小[37]。僇力本业[38]，耕织致粟帛多者复其身[39]。事末利及怠而贫者[40]，举以为收孥[41]。宗室非有军功论[42]，不得为属籍[43]。明尊卑爵秩等级，各以差次名田宅[44]，臣妾衣服以家次[45]。有功者显荣，无功者虽富无所芬华[46]。

令既具，未布，恐民之不信，已乃立三丈之木于国都市南门，募民有能徙置北门者予十金。民怪之，莫敢徙。复曰“能徙者予五十金”。有一人徙之，辄予五十金[47]，以明不欺。卒下令。

令行于民期年[48]，秦民之国都言初令之不便者以千数[49]。于是太子犯法。卫鞅曰：“法之不行，自上犯之。”将法太子[50]。太子，君嗣也，不可施刑，刑其傅公子虔，黥其师公孙贾[51]。明日，秦人皆趋令。行之十年，秦民大说，道不拾遗，山无盗贼，家给人足[52]。民勇于公战，怯于私斗，乡邑大治[53]。秦民初言令不便者有来言令便者，卫鞅曰“此皆乱化之民也”，尽迁之于边城。其后民莫敢议令。

于是以鞅为大良造。将兵围魏安邑，降之。居三年，作为筑冀阙宫庭于咸阳[54]，秦自雍徙都之。而令民父子兄弟同室内息者为禁[55]。而集小乡邑聚为县，置令、丞，凡三十一县。为田开阡陌封疆，而赋税平[56]。平斗桶权衡丈尺。行之四年，公子虔复犯约，劓之[57]。居五年，秦人富彊，天子致胙于孝公[58]，诸侯毕贺。

其明年，齐败魏兵于马陵，虏其太子申，杀将军庞涓。其明年，卫鞅说孝公曰：“秦之与魏，譬若人之有腹心疾，非魏并秦，秦即并魏。何者？魏居领厄之西[59]，都安邑，与秦界河而独擅山东之利[60]。利则西侵秦，病则东收地。今以君之贤圣，国赖以盛。而魏往年大破于齐，诸侯畔之[61]，可因此时伐魏。魏不支秦，必东徙。东徙，秦据河山之固[62]，东乡以制诸侯[63]，此帝王之业也。”孝公以为然，使卫鞅将而伐魏。魏使公子卬将而击之。军既相距，卫鞅遗魏将公子卬书曰[64]：“吾始与公子欢，今俱为两国将，不忍相攻，可与公子面相见，盟，乐饮而罢兵，以安秦魏。”魏公子卬以为然。会盟已，饮，而卫鞅伏甲士而袭虏魏公子卬，因攻其军，尽破之以归秦。魏惠王兵数破于齐秦，国内空，日以削，恐，乃使使割河西之地献于秦以和。而魏遂去安邑，徙都大梁。梁惠王曰：“寡人恨不用公叔座之言也。”卫鞅既破魏还，秦封之於、商十五邑，号为商君。

商君相秦十年，宗室贵戚多怨望者[65]。赵良见商君。商君曰："鞅之得见也，从孟兰皋，今鞅请得交，可乎？"赵良曰："仆弗敢愿也。孔丘有言曰：'推贤而戴者进[66]，聚不肖而王者退。'仆不肖，故不敢受命。仆闻之曰：'非其位而居之曰贪位，非其名而有之曰贪名。'仆听君之义，则恐仆贪位贪名也。故不敢闻命[67]。"商君曰："子不说吾治秦与？"赵良曰："反听之谓聪[68]，内视之谓明[69]，自胜之谓强[70]。虞舜有言曰：'自卑也尚矣[71]。'君不若道虞舜之道，无为问仆矣[72]。"传则商君曰："始秦戎翟之教，父子无别，同室而居。今我更制其教，而为其男女之别，大筑冀阙，营如鲁、卫矣。子观我治秦也，孰与五羖大夫贤[73]？"赵良曰："千羊之皮，不如一狐之掖[74]；千人之诺诺，不如一士之谔谔[75]。武王谔谔以昌，殷纣墨墨以亡[76]。君若不非武王乎，则仆请终日正言而无诛[77]，可乎？"商君曰："语有之矣，'貌言华也[78]，至言实也[79]，苦言药也[80]，甘言疾也[81]。'夫子果肯终日正言，鞅之药也。鞅将事子，子又何辞焉！"赵良曰："夫五羖大夫，荆之鄙人也。闻秦缪公之贤而愿望见，行而无资，自粥于秦客[82]，被褐食牛[83]。期年，缪公知之，举之牛口之下，而加之百姓之上，秦国莫敢望焉。相秦六七年，而东伐郑，三置晋国之君，一救荆国之祸。发教封内，而巴人致贡；施德诸侯，而八戎来服。由余闻之，款关请见[84]。五羖大夫之相秦也，劳不坐乘，暑不张盖，行于国中，不从车乘，不操干戈，功名藏于府库，德行施于后世。五羖大夫死，秦国男女流涕，童子不歌谣，舂者不相杵[85]。此五羖大夫之德也。今君之见秦王也，因嬖人景监以为主，非所以为名也。相秦不以百姓为事，而大筑冀阙，非所以为功也。刑黥太子之师傅，残伤民以骏刑[86]，是积怨畜祸也。教之化民也深于命，民之效上也捷于令。今君又左建外易[87]，非所以为教也。君又南面而称寡人，日绳秦之贵公子。《诗》曰[88]：'相鼠有体，人而无礼；人而无礼，何不遄死。'以《诗》观之，非所以为寿也。公子虔杜门不出已八年矣，君又杀祝懽而黥公孙贾。《诗》曰[89]：'得人者兴，失人者崩。'此数事者，非所以得人也。君之出也，后车十数，从车载甲，多力而骈胁者为骖乘[90]，持矛而操阘戟者旁车而趋[91]。此一物不具，君固不出。《书》曰[92]：'恃德者昌，恃力者亡。'君之危若朝露，尚将欲延年益寿乎？则何不归十五都，灌园于鄙，劝秦王显岩穴之士[93]，养老存孤[94]，敬父兄，序有功[95]，尊有德，可以少安。君尚将贪商於之富，宠秦国之教[96]，畜百姓之怨，秦王一旦捐宾客而不立朝[97]，秦国之所以收君者[98]，岂其微哉？亡可翘足而待。"商君弗从。

后五月而秦孝公卒，太子立。公子虔之徒告商君欲反，发吏捕商君。商君亡至关下，欲舍客舍。客人不知其是商君也，曰："商君之法：舍人无验者坐之。"商君喟然叹曰："嗟乎，为法之敝一至此哉！"去之魏。魏人怨其欺公子卬而破魏师，弗受。商君欲之他国。魏人曰："商君，秦之贼。秦强而贼入魏，弗归，不可。"遂内秦[99]。商君既复入秦，走商邑[100]，与其徒属发邑兵北出击郑。秦发兵攻商君，杀之于郑黾池。秦惠王车裂商君以徇，曰："莫如商鞅反者！"遂灭商君之家。

太史公曰：商君，其天资刻薄人也[101]。迹其欲干孝公以帝王术[102]，挟持浮说[103]，非其质矣。且所因由嬖臣，及得用，刑公子虔，欺魏将卬，不师赵良之言，亦足发明商君之少恩矣。余尝读商君《开塞》《耕战》书[104]，与其人行事相类。卒受恶名于秦，有以也夫[105]！

【译文】

商君是卫国王室的庶出公子，名鞅，姓公孙，他的祖先原本姓姬。商鞅年少时喜好刑名之学，事奉魏国相国公叔座，担任中庶子。公叔座知道他贤能，还没来得及向魏王进荐就生病了。正当公叔座病重，魏惠王亲自前往探望病情，问道："您的病倘若有三长两短，国家将怎么办？"公叔座回答："我的中庶子公孙鞅，年纪虽轻，却身怀奇才，希望大王将全部国政交给他。"魏王沉默不语。魏王将要离去，公叔座屏退旁人说道："大王如果不重用公孙鞅，就一定要杀掉他，不要让他出国境。"魏王应承下来而离去。公叔座召见商鞅告诉道："今天大王询问可以担任相国的人选，我推荐了你，看大王的表情不赞成我的意见。我理应先国君后臣子，便对大王说如果不任用公孙鞅，就应当杀掉他。大王应承了我。你可以赶紧离开了，不然将要被抓起来。"商鞅说："大王他既然不采纳您的话任用我，又怎么会采纳您的话杀我呢？"最终没有离去。魏惠王离开公叔座后，对身边的人说："公叔座病得很重，令人悲伤啊！他想让我将全部国政交给公孙鞅，岂不荒唐啊！"

公叔座死后，公孙鞅听说秦孝公在国中下令寻求贤才，准备重建秦缪公的霸业，向东要收复被魏国侵占的土地，就西行进入秦国，通过秦孝公的宠臣景监来求见孝公。秦孝公立即见了卫鞅，交谈了很长时间的政事，孝公常常打瞌睡，不听。谈完后孝公对景监发火说："你引见的客人是个狂妄之徒罢了，哪配任用呢！"景监因此责备卫鞅。卫鞅说："我用五帝之道劝说孝公，他的心思没有开悟啊。"五天之后，卫鞅又请求孝公接见自己。卫鞅又进见孝公，谈得比前次更多，然而没有中孝公的意。谈完后孝公又责备景监，景监也责备卫鞅。卫鞅说："我用三王之道劝说孝公，而他听不进去啊。请求再一次接见我。"卫鞅再一次进见秦孝公，孝公觉得谈得好而没有采用。谈完后卫鞅离开。孝公对景监说："你引见的客人不错，可以同他交谈了。"卫鞅说："我用霸道劝说孝公，他想要采用了。如果再召见我，我知道该说什么了。"卫鞅果然又见到秦孝公。孝公与他交谈，不知不觉膝盖在座席上直往前挪动。谈了几天还不满足。景监问卫鞅："你用什么说中我们国君的心思？我们的国君高兴得很呢。"卫鞅说："我用能达到夏、商、周三代盛世的帝王之道来劝说国君，可国君说：‘时间太长，我无法等待。况且贤能的君主，都在自身就扬名天下，哪里会默默无闻地等待百十来年才成就帝王之业呢？’因此我就用强国之术向国君陈述，国君对此大为高兴。但这样就难以同殷、周的德治相比拟了。”

秦孝公立即任用卫鞅，卫鞅准备变法，但秦孝公担心天下非议自己。卫鞅说：“行动迟疑不决就不会成就英名，做事犹豫不定就不会成就大功。那些有过人行为的人，本来就会被世俗所非难；有独到见识的谋划者，必然会被老百姓所讥讽。愚蠢的人对已经做成的事情都感困惑，智慧的人对没有发生的事情都能预见。百姓，不可以同他们谋划事情的创始，只可以同他们欢庆事业的成功。讲求最高道德的人不附和世俗，成就伟大功绩的人不征询大众。因此圣人如果可以强国，就不遵行成法；如果可以利民，就不遵循旧礼。”秦孝公说：“好。”甘龙说：“不对。圣人不改变民俗而施教化，智者不改变法度而治国家。依照民俗而施教化，不费力气就会成功；根据成法而治国家，官吏习用而百姓安守。”卫鞅说：“甘龙所说的话，是凡夫俗子的言论。常人苟安于旧的习俗，学究局限于狭隘见闻。用这两种观点当官守法是可以的，但不能用来探讨变法。三代不同礼教而成就王业，五伯不同法度而建立霸业。智慧的人制定法律，愚蠢的人受制于法律；贤能的人更改礼教，不肖的人拘泥旧礼。”杜挚说：“没有百倍的利益，不能改变法度；没有十倍的功效，不能更换器具。效法古代不会有过失，遵循旧礼不会有邪恶。”卫鞅说：“治理国家不只一种方法，有利国家就不必效法古代。所以商汤、周武不循古道而缔造王业，夏桀、商纣不改礼教而亡国。违反古道的不可以否定，而因循旧礼的不值得赞美。”秦孝公说：“好。”任用卫鞅担任左庶长，终于定下了变法的命令。

下令百姓五家为伍，十家为什，相互监视，实行连坐。不告发奸恶者处以腰斩，告发奸恶者给予和斩获敌人首级相同的赏赐，藏匿奸恶者给予和投降敌人相同的惩罚。百姓家中有两个成年男子不分立门户者，加倍征收他们的口赋。有战功者，各按规定授予更高的爵位；进行私下斗殴者，各按情节轻重给予大小刑罚。努力从事农业生产，耕耘纺织送交粮食布帛多者，免除本人徭役。专事工商末利以及因懒惰而贫困者，全部将他们收捕，没入官府为奴。国君宗室中没有军功记录的，不得载入宗室名册。明确尊贵卑贱爵位俸禄等级。各按等级班次占有田地住宅，奴婢、衣着服饰也按各家的等级班次享用。有战功者显赫尊荣，没有战功者尽管富有也无处炫耀夸示。

法令已经完备，但没有公布，担心百姓不信服，于是在都城市场南门立起了一根三丈长的木头，招募百姓有能搬到北门的就奖给十镒黄金。百姓对此感到惊奇，没有人敢搬。就又宣布说“有能搬的人给五十镒黄金”。有一个人搬走木头，立即给他五十镒黄金，以表明没有欺诈。终于颁布了法令。

法令在百姓中施行一年，秦国百姓到国都来说新法不适宜的人数以千计。在此时太子触犯了法令。卫鞅说：“法令不能施行，是由于上面的人触犯法令。”商鞅准备依法惩处太子。太子，是国君的继承人，不能施加刑罚，便对太子傅公子虔行刑，并对太子师公孙贾处以黥刑。第二天，秦国百姓都服从法令了。实行新法十年，秦国百姓皆大欢喜，路上不捡拾他人遗失的东西，山中没有蟊贼强盗，家家富裕，人人满足。百姓勇敢为国作战，害怕私人斗殴，城乡大治。秦国百姓中当初说法令不适宜者，又来说法令适宜的，卫鞅说“这些都是扰乱教化的人”，将他们全部迁居到边境城堡。此后在百姓中就没有人敢于议论法令了。

于是秦孝公任用卫鞅为大良造。卫鞅率领军队包围魏国安邑，迫使安邑投降。经过三年，在咸阳大兴土木建造冀阙、宫殿，秦国从雍地迁都到咸阳。而后下令禁止百姓父子兄弟同居一室住宿。合并小都、小乡、小邑、小聚为县，设置县令、县丞，共三十一个县。整治田地，开立阡陌并封疆作为地界，从而使赋税征收整齐划一。统一斗桶、权衡、丈尺等的标准。实行第二次变法四年，公子虔再次违反规约，处以劓刑。经过五年，秦人国富兵强，周天子赠送祭肉给秦孝公，诸侯为此都来祝贺。

第二年，齐军在马陵击败魏军，俘虏魏太子申，杀死将军庞涓。又过了一年，卫鞅劝说秦孝公：“秦国与魏国，就譬如人有心腹之病，不是魏国吞并秦国，就是秦国吞并魏国。什么原因呢？魏国居于峻岭关隘的西面，在安邑建都。与秦国以黄河为界而独占华山以东的地利。情况有利就向西侵伐秦国，情况不妙就向东扩展土地。如今靠您的贤能圣明，国家赖以强盛。而魏国往年被齐军打得大败，诸侯纷纷背离，可以乘这个有利时机攻伐魏国。魏国抵挡不住秦军，必定向东迁移。魏国东迁之后，秦国占据黄河、华山的天险，向东可以控制诸侯，这是千秋帝王之业啊。”秦孝公认为此论正确，派遣卫鞅领兵攻打魏国。魏派公子卬领兵迎战秦军。两军相遇以后，卫鞅给魏将公子卬送信说：“我当初与公子相交甚好，如今同为两国之将，不忍心互相攻伐，是否可以与公子当面相见，缔结盟约，痛饮一番而后撤兵，以安定秦国和魏国。”魏公子卬认为这样好。两人会面订立盟约后，对饮，可是卫鞅事先埋伏穿戴盔甲的武士而袭击俘虏了魏公子卬，乘势攻击魏军，全部打垮魏军而返回秦国。魏惠王因军队屡次败于齐国、秦国，国内空虚，日益削弱，恐慌了，于是派遣使者割让河西之地奉送给秦国以求和解。而后魏惠王就离开安邑，迁都到大梁。梁惠王说："我悔恨当初不听公叔座的话啊。"卫鞅打败魏军归来后，秦孝公封给他於、商之间的十五个邑，称卫鞅为商鞅。

商鞅担任秦国相十年，公室贵族中有很多怨恨不满的人。赵良会见商鞅。商鞅说："我得以见到您，是通过孟兰皋，如今我请求同您结交，可以吗？"赵良说："我不敢奢望啊！孔丘有这样的话：'推举贤才而受拥戴的贤人就会来，聚集小人而想成就王业的便离开。'我不才，故而不敢从命。我听说这样的话：'不该有的地位而占据它叫做贪位，不该有的名声而拥有它叫做贪名。'我若听从您的意思，就怕我要成为贪图地位、贪图名声之人了。故而不敢从命。"商鞅说："您不乐意我治理秦国吧？"赵良说："能听取反面意见称为聪，能自我反省称为明，能约束自己称为强。虞舜有这样的话：'自我谦卑就高尚了。'您不如实行虞舜之道，那就不必问我了。"商鞅说："当初秦国施行戎翟的习俗，父子之间没有区别，男女同室共居。如今我改造他们的旧习，而制定男女的区别，大建悬示政教法令的门阙，造的与鲁国、卫国的一样。您看我治理秦国，跟五羖大夫相比谁高明？"赵良说："一千只羊的皮，不如一只狐狸的腋毛；一千人的随声附和，不如一名士人的直言争辩。周武王倡导直言争辩而昌盛，殷纣王喜好沉默无言而灭亡。您倘若不以周武王为非，那么我就请求始终直言而不受责难，可以吗？"商君说："有这样的老话：'表面好听的话好比花朵，深切中肯的话好比果实，刺耳的话好比药石，甜言蜜语好比疾病。'您当真肯始终直言，便是我的治病良药。我将拜您为师，您又何必推辞呢！"赵良说："那位五羖大夫，原是楚国郊野之人。听说秦缪公贤明而希望谒见，而上路没有盘缠，便将自己卖给秦国客商，身穿粗麻服装喂牛。一年之后，秦缪公得知他，将他从牛口之下提拔起来，让他凌驾在百姓之上，秦国没有人敢同他相比。担任秦相六七年，而向东讨伐郑国，三次置立晋国的君主，一次挽救楚国北侵的祸患。在境内发布政教，连巴人都来进纳贡品；对诸侯施予德泽，连八方戎翟都来臣服。由余听说后，也来叩关求见。五羖大夫担任秦相，即使疲劳也不坐安车，即使酷暑也不打伞盖，在国中巡行，不要随从的车辆，不携带武器，他的功名载入史册保存在府库中，他的德泽品行流传到后代。五羖大夫去世，秦国男男女女痛哭流涕，小孩子不唱歌谣，舂谷人不哼小调。这就是五羖大夫的德行啊。如今您进见秦王，借助宠臣景监作为荐主，不是成名的正道。担任秦相不拿百姓当回事，而大建宫殿门阙，这不是立功的行为。对太子的师傅处以惩罚和黥刑，用严刑峻法残害百姓，这是在积聚怨恨酝酿祸患啊。政教感化百姓的力量比君命还要深刻，百姓效法上面比执行君令还要迅速。如今您搞歪门邪道又让大权旁落，这不是实施政教的办法。您在封邑中坐北朝南自称寡人，却时时用法律约束秦国的贵胄子弟。《诗》中说：'看那老鼠都有肢体，做人却没有礼仪；做人没有礼仪，为什么不快死？'用《诗》中话来观察您的所作所为，实在不是谋求长寿善终的做法。公子虔闭门不出已经八年了，您又杀死祝懽而判处公孙贾黥刑。《诗》中说：‘得人心者兴旺发达，失人心者土崩瓦解。’这几件事，都不得人心啊。您一出行，后面随从的车乘数十辆，车上载满全副武装的卫士，力大而肌肉发达的人作陪乘，手持矛戟的武士紧紧护卫着您的车乘而快走。这中间有一样不聚齐，您就坚决不外出。《书》上说：‘依仗德行的会昌盛，依仗暴力的会灭亡。’您的生命危险得像早晨的露水，您还想要延年益寿吗？那为什么不归还封赐的十五个都邑，自己到郊外耕灌菜园，劝说秦王起用身居山林的贤士，奉养老人，抚恤孤儿，敬重父兄，录用有功之臣，尊崇有德之人，这样做才可以稍微求得平安。您若还要贪恋商、於的财富，专擅秦国的政教，积聚百姓的怨怒，秦王一旦抛弃宾客而不再在朝，秦国用来收拾您的罪名，难道会轻吗？那时死期就指日可待了。”商鞅没有听从。

五个月后秦孝公去世，太子即位。公子虔的追随者告发商鞅要谋反，国君派出官员逮捕商鞅。商鞅逃亡到边关之下，打算住客栈。客栈的人不知他是商鞅，说：“商君的法令：留宿没有证件的人要判罪。”商君喟然叹息道：“唉，制订法令的弊端竟然到了这种地步！”离开秦国前往魏国，魏人怨恨他欺骗公子卬而大败魏军，不接纳他。商君想前往其他国家。魏国有人说：“商君，是秦国的罪犯。秦国强大而他的罪犯进入魏国，不遣返，是不可以的。”于是将商君送回秦国。商君再次进入秦国后，便直奔封地商邑，与他的追随者调动邑中军队往北攻击郑国。秦王派兵攻打商君，在郑国黾池杀死了他。秦惠王车裂商君尸体以示众，说：“不许再有像商鞅这样的造反者！”于是又杀了商君的家族。

太史公说：商君，是个天性刻薄的人。考查他起初用帝王之术来求取秦孝公的信任，只不过是浮而不实之辞，并非他的本性。况且通过宠臣走门路，被任用后，施刑公子虔，欺诈魏将公子卬，不听从赵良的话，也都足以说明商君的寡恩了。我曾经读过商君的《开塞》《耕战》等，同他的行为处事方式相类似。他最终在秦国蒙受恶名，是有原因的啊！

（王华宝　注译）

卷六十九　苏秦列传第九

注释查阅　译文诵读

苏秦者，东周雒阳人也。东事师于齐，而习之于鬼谷先生[1]。

出游数岁，大困而归。兄弟嫂妹妻妾窃皆笑之，曰：“周人之俗，治产业，力工商，逐什二以为务[2]。今子释本而事口舌，困，不亦宜乎！”苏秦闻之而惭，自伤[3]，乃闭室不出，出其书偏观之。曰：“夫士业已屈首受书[4]，而不能以取尊荣，虽多亦奚以为！”于是得周书《阴符》，伏而读之。期年，以出揣摩[5]，曰：“此可以说当世之君矣。”求说周显王。显王左右素习知苏秦，皆少之[6]。弗信。

乃西至秦。秦孝公卒。说惠王曰：“秦四塞之国，被山带渭，东有关河[7]，西有汉中，南有巴蜀，北有代马[8]，此天府也。以秦士民之众，兵法之教，可以吞天下，称帝而治。”秦王曰：“毛羽未成，不可以高蜚；文理未明，不可以并兼。”方诛商鞅，疾辩士，弗用。

乃东之赵。赵肃侯令其弟成为相，号奉阳君。奉阳君弗说之。

去游燕，岁余而后得见。说燕文侯曰：“燕东有朝鲜、辽东，北有林胡、楼烦，西有云中、九原，南有嘑沱、易水，地方二千余里，带甲数十万，车六百乘，骑六千匹，粟支数年。南有碣石、雁门之饶，北有枣栗之利，民虽不佃作而足于枣栗矣。此所谓天府者也。夫安乐无事，不见覆军杀将，无过燕者。大王知其所以然乎？夫燕之所以不犯寇被甲兵者[9]，以赵之为蔽其南也。秦赵五战，秦再胜而赵三胜。秦赵相毙[10]，而王以全燕制其后，此燕之所以不犯寇也。且夫秦之攻燕也，踰云中、九原，过代、上谷，弥地数千里[11]，虽得燕城，秦计固不能守也。秦之不能害燕亦明矣。今赵之攻燕也，发号出令，不至十日而数十万之军军于东垣矣。渡嘑沱，涉易水，不至四五日而距国都矣[12]。故曰秦之攻燕也，战于千里之外；赵之攻燕也，战于百里之内。夫不忧百里之患而重千里之外，计无过于此者。是故愿大王与赵从亲[13]，天下为一，则燕国必无患矣。”

文侯曰：“子言则可，然吾国小，西迫强赵，南近齐，齐、赵强国也。子必欲合从以安燕，寡人请以国从。”

于是资苏秦车马金帛以至赵。而奉阳君已死，即因说赵肃侯曰：“天下卿相人臣及布衣之士，皆高贤君之行义，皆愿奉教陈忠于前之日久矣。虽然，奉阳君妬而君不任事，是以宾客游士莫敢自尽于前者。今奉阳君捐馆舍[14]，君乃今复与士民相亲也，臣故敢进其愚虑。

“窃为君计者，莫若安民无事，且无庸有事于民也。安民之本，在于择交，择交而得则民安，择交而不得则民终身不安。请言外患：齐、秦为两敌而民不得安，倚秦攻齐而民不得安，倚齐攻秦而民不得安。故夫谋人之主，伐人之国，常苦出辞断绝人之交也。愿君慎勿出于口。请别白黑，所以异阴阳而已矣。君诚能听臣，燕必致旃裘狗马之地，齐必致鱼盐之海，楚必致橘柚之园，韩、魏、中山皆可使致汤沐之奉[15]，而贵戚父兄皆可以受封侯。夫割地包利，五伯之所以覆军禽将而求也[16]；封侯贵戚，汤、武之所以放弑而争也[17]。今君高拱而两有之[18]，此臣之所以为君愿也。

“今大王与秦，则秦必弱韩、魏；与齐，则齐必弱楚、魏。魏弱则割河外，韩弱则效宜阳，宜阳效则上郡绝，河外割则道不通，楚弱则无援。此三策者，不可不孰计也[19]。

“夫秦下轵道，则南阳危；劫韩包周，则赵氏自操兵；据卫取卷，则齐必入朝秦。秦欲已得乎山东[20]，则必举兵而向赵矣。秦甲渡河踰漳，据番吾，则兵必战于邯郸之下矣。此臣之所为君患也。

“当今之时，山东之建国莫强于赵。赵地方二千余里，带甲数十万，车千乘，骑万匹，粟支数年。西有常山，南有河漳，东有清河，北有燕国。燕固弱国，不足畏也。秦之所害于天下者莫如赵[21]，然而秦不敢举兵伐赵者，何也？畏韩、魏之议其后也。然则韩、魏，赵之南蔽也。秦之攻韩、魏也，无有名山大川之限，稍蚕食之，傅国都而止[22]。韩、魏不能支秦，必入臣于秦。秦无韩、魏之规[23]，则祸必中于赵矣[24]。此臣之所为君患也。

“臣闻尧无三夫之分[25]，舜无咫尺之地[26]，以有天下；禹无百人之聚[27]，以王诸侯；汤武之士不过三千，车不过三百乘，卒不过三万，立为天子：诚得其道也。是故明主外料其敌之强弱，内度其士卒贤不肖，不待两军相当而胜败存亡之机固已形于胸中矣，岂揜于众人之言而以冥冥决事哉[28]！

“臣窃以天下之地图案之，诸侯之地五倍于秦，料度诸侯之卒十倍于秦[29]，六国为一，并力西乡而攻秦，秦必破矣。今西面而事之，见臣于秦。夫破人之与破于人也，臣人之与臣于人也，岂可同日而论哉！

“夫衡人者[30]，皆欲割诸侯之地以予秦。秦成，则高台榭，美宫室，听竽瑟之音，前有楼阙轩辕[31]，后有长姣美人，国被秦患而不与其忧。是故夫衡人日夜务以秦权恐愒诸侯以求割地[32]，故愿大王孰计之也。

“臣闻明主绝疑去谗，屏流言之迹，塞朋党之门，故尊主广地强兵之计臣得陈忠于前矣。故窃为大王计，莫如一韩、魏、齐、楚、燕、赵以从亲，以畔秦。令天下之将相会于洹水之上，通质[33]，刳白马而盟[34]。要约曰：‘秦攻楚，齐、魏各出锐师以佐之，韩绝其粮道，赵涉河漳，燕守常山之北。秦攻韩、魏，则楚绝其后，齐出锐师而佐之，赵涉河漳，燕守云中。秦攻齐，则楚绝其后，韩守城皋，魏塞其道，赵涉河漳、博关，燕出锐师以佐之。秦攻燕，则赵守常山，楚军武关，齐涉勃海，韩、魏皆出锐师以佐之。秦攻赵，则韩军宜阳，楚军武关，魏军河外，齐涉清河，燕出锐师以佐之。诸侯有不如约者，以五国之兵共伐之。’六国从亲以宾秦[35]，则秦甲必不敢出于函谷以害山东矣。如此，则霸王之业成矣。”

赵王曰：“寡人年少，立国日浅，未尝得闻社稷之长计也。今上客有意存天下，安诸侯，寡人敬以国从。”乃饰车百乘[36]，黄金千溢[37]，白璧百双，锦绣千纯[38]，以约诸侯。

是时周天子致文、武之胙于秦惠王。惠王使犀首攻魏，禽将龙贾，取魏之雕阴，且欲东兵。苏秦恐秦兵之至赵也，乃激怒张仪，入之于秦。

于是说韩宣王曰：“韩北有巩、成皋之固，西有宜阳、商阪之塞，东有宛、穰、洧水，南有陉山，地方九百余里，带甲数十万，天下之强弓劲弩皆从韩出。谿子、少府时力、距来者，皆射六百步之外。韩卒超足而射[39]，百发不暇止，远者括蔽洞胸，近者镝弇心[40]。韩卒之剑朝皆出于冥山、棠谿、墨阳、合赙、邓师、宛冯、龙渊、太阿，皆陆断牛马，水截鹄雁，当敌则斩，坚甲铁幕[41]，革抉㕹芮[42]，无不毕具，以韩卒之勇，被坚甲，蹠劲弩，带利剑，一人当百，不足言也。夫以韩之劲与大王之贤，乃西面事秦，交臂而服[43]，羞社稷而为天下笑，无大于此者矣。是故愿大王孰计之。

“大王事秦，秦必求宜阳、成皋。今兹效之，明年又复求割地。与则无地以给之，不与则弃前功而受后祸。且大王之地有尽而秦之求无已，以有尽之地而逆无已之求[44]，此所谓市怨结祸者也[45]，不战而地已削矣。臣闻鄙谚曰：‘宁为鸡口，无为牛后。’今西面交臂而臣事秦，何异于牛后乎？夫以大王之贤，挟强韩之兵，而有牛后之名，臣窃为大王羞之。”

于是韩王勃然作色，攘臂瞋目，按剑仰天太息曰：“寡人虽不肖，必不能事秦。今主君诏以赵王之教[46]，敬奉社稷以从。”

又说魏襄王曰：“大王之地，南有鸿沟、陈、汝南、许、郾、昆阳、召陵、舞阳、新都、新郪，东有淮、颍、煮枣、无胥，西有长城之界，北有河外、卷、衍、酸枣，地方千里。地名虽小，然而田舍庐庑之数[47]，曾无所刍牧[48]。人民之众，车马之多，日夜行不绝，輷輷殷殷[49]，若有三军之众。臣窃量大王之国不下楚。然衡人怵王交强虎狼之秦以侵天下，卒有秦患[50]，不顾其祸。夫挟强秦之势以内劫其主，罪无过此者。魏，天下之强国也；王，天下之贤王也。今乃有意西面而事秦，称东藩，筑帝宫，受冠带，祠春秋[51]，臣窃为大王耻之。

“臣闻越王句践战敝卒三千人，禽夫差于干遂；武王卒三千人，革车三百乘，制纣于牧野。岂其士卒众哉，诚能奋其威也。今窃闻大王之卒，武士二十万，苍头二十万，奋击二十万，厮徒十万[52]，车六百乘，骑五千匹。此其过越王句践、武王远矣，今乃听于群臣之说而欲臣事秦。夫事秦必割地以效实[53]，故兵未用而国已亏矣。凡群臣之言事秦者，皆奸人，非忠臣也。夫为人臣，割其主之地以求外交，偷取一时之功而不顾其后，破公家而成私门，外挟强秦之势以内劫其主，以求割地，愿大王孰察之。

“《周书》曰：‘绵绵不绝，蔓蔓奈何？豪氂不伐，将用斧柯[54]。’前虑不定，后有大患，将亲之何？大王诚能听臣，六国从亲，专心并力壹意，则必无彊秦之患。故敝邑赵王使臣效愚计，奉明约，在大王之诏诏之。”

魏王曰：“寡人不肖，未尝得闻明教。今主君以赵王之诏诏之，敬以国从。”

因东说齐宣王曰：“齐南有泰山，东有琅邪，西有清河，北有勃海，此所谓四塞之国也。齐地方二千余里，带甲数十万，粟如丘山。三军之良，五家之兵，进如锋矢，战如雷霆，解如风雨。即有军役，未尝倍泰山[55]，绝清河，涉勃海也。临菑之中七万户，臣窃度之，不下户三男子，三七二十一万，不待发于远县，而临菑之卒固已二十一万矣。临菑甚富而实，其民无不吹竽鼓瑟，弹琴击筑，斗鸡走狗，六博蹋鞠者[56]。临菑之涂，车毂击，人肩摩，连衽成帷，举袂成幕，挥汗成雨，家殷人足，志高气扬。夫以大王之贤与齐之强，天下莫能当。今乃西面而事秦，臣窃为大王羞之。

“且夫韩、魏之所以重畏秦者，为与秦接境壤界也。兵出而相当，不出十日而战胜存亡之机决矣。韩、魏战而胜秦，则兵半折，四境不守；战而不胜，则国已危亡随其后。是故韩、魏之所以重与秦战，而轻为之臣也。今秦之攻齐则不然。倍韩、魏之地，过卫阳晋之道。径乎亢父之险[57]，车不得方轨[58]，骑不得比行，百人守险，千人不敢过也。秦虽欲深入，则狼顾[59]，恐韩、魏之议其后也。是故恫疑虚猲[60]，骄矜而不敢进，则秦之不能害齐亦明矣。

“夫不深料秦之无奈齐何，而欲西面而事之，是群臣之计过也。今无臣事秦之名而有强国之实，臣是故愿大王少留意计之。”

齐王曰：“寡人不敏，僻远守海，穷道东境之国也，未尝得闻余教[61]。今足下以赵王诏诏之，敬以国从。”

乃西南说楚威王曰：“楚，天下之强国也；王，天下之贤王也。西有黔中、巫郡，东有夏州、海阳，南有洞庭、苍梧，北有陉塞、郇阳，地方五千余里，带甲百万，车千乘，骑万匹，粟支十年。此霸王之资也。夫以楚之强与王之贤，天下莫能当也。今乃欲西面而事秦，则诸侯莫不西面而朝于章台之下矣[62]。

“秦之所害莫如楚，楚强则秦弱，秦强则楚弱，其势不两立。故为大王计，莫如从亲以孤秦。大王不从亲，秦必起两军，一军出武关，一军下黔中，则鄢、郢动矣。

“臣闻治之其未乱也，为之其未有也。患至而后忧之，则无及已。故愿大王蚤孰计之[63]。

“大王诚能听臣，臣请令山东之国奉四时之献，以承大王之明诏，委社稷，奉宗庙，练士厉兵，在大王之所用之。大王诚能用臣之愚计，则韩、魏、齐、燕、赵、卫之妙音美人必充后宫，燕、代橐驼良马必实外厩。故从合则楚王，衡成则秦帝。今释霸王之业，而有事人之名，臣窃为大王不取也。

“夫秦，虎狼之国也，有吞天下之心。秦，天下之仇雠也。衡人皆欲割诸侯之地以事秦，此所谓养仇而奉雠者也。夫为人臣，割其主之地以外交强虎狼之秦，以侵天下，卒有秦患，不顾其祸。夫外挟强秦之威以内劫其主，以求割地，大逆不忠，无过此者。故从亲则诸侯割地以事楚，衡合则楚割地以事秦，此两策者相去远矣，二者大王何居焉？故敝邑赵王使臣效愚计，奉明约，在大王诏之。”

楚王曰：“寡人之国西与秦接境，秦有举巴蜀、并汉中之心。秦，虎狼之国，不可亲也。而韩、魏迫于秦患，不可与深谋，与深谋恐反人以入于秦，故谋未发而国已危矣。寡人自料以楚当秦，不见胜也；内与群臣谋，不足恃也。寡人卧不安席，食不甘味，心摇摇然如县旌而无所终薄[64]。今主君欲一天下，收诸侯，存危国，寡人谨奉社稷以从。”

于是六国从合而并力焉。苏秦为从约长，并相六国。

北报赵王，乃行过雒阳，车骑辎重，诸侯各发使送之甚众，疑于王者[65]。周显王闻之恐惧，除道[66]，使人郊劳[67]。苏秦之昆弟妻嫂侧目不敢仰视，俯伏侍取食。苏秦笑谓其嫂曰：“何前倨而后恭也？”嫂委蛇蒲服[68]，以面掩地而谢曰：“见季子位高金多也[69]。”苏秦喟然叹曰：“此一人之身，富贵则亲戚畏惧之，贫贱则轻易之，况众人乎！且使我有雒阳负郭田二顷[70]，吾岂能佩六国相印乎！”于是散千金以赐宗族朋友。初，苏秦之燕，贷人百钱为资，及得富贵，以百金偿之。遍报诸所尝见德者。其从者有一人独未得报，乃前自言。苏秦曰：“我非忘子。子之与我至燕，再三欲去我易水之上，方是时，我困，故望子深[71]，是以后子。子今亦得矣。”

苏秦既约六国从亲，归赵，赵肃侯封为武安君，乃投从约书于秦。秦兵不敢窥函谷关十五年。

其后秦使犀首欺齐、魏，与共伐赵，欲败从约。齐、魏伐赵，赵王让苏秦[72]。苏秦恐，请使燕，必报齐。苏秦去赵而从约皆解。

秦惠王以其女为燕太子妇。是岁，文侯卒，太子立，是为燕易王。易王初立，齐宣王因燕丧伐燕，取十城。易王谓苏秦曰：“往日先生至燕，而先王资先生见赵，遂约六国从。今齐先伐赵，次至燕，以先生之故为天下笑，先生能为燕得侵地乎？”苏秦大惭曰：“请为王取之。”

苏秦见齐王，再拜，俯而庆，仰而弔。齐王曰：“是何庆弔相随之速也？”苏秦曰：“臣闻饥人所以饥而不食乌喙者[73]，为其愈充腹而与饿死同患也[74]。今燕虽弱小，即秦王之少婿也。大王利其十城而长与强秦为仇。今使弱燕为雁行而强秦敝其后[75]，以招天下之精兵，是食乌喙之类也。”齐王愀然变色曰：“然则奈何？”苏秦曰：“臣闻古之善制事者，转祸为福，因败为功。大王诚能听臣计，即归燕之十城。燕无故而得十城，必喜；秦王知以己之故而归燕之十城，亦必喜。此所谓弃仇雠而得石交者也[76]。夫燕、秦俱事齐，则大王号令天下，莫敢不听。是王以虚辞附秦，以十城取天下。此霸王之业也。”王曰：“善。”于是乃归燕之十城。

人有毁苏秦者曰：“左右卖国反覆之臣也，将作乱。”苏秦恐得罪，归，而燕王不复官也。苏秦见燕王曰：“臣，东周之鄙人也，无有分寸之功，而王亲拜之于庙而礼之于廷。今臣为王却齐之兵而得十城，宜以益亲。今来而王不官臣者，人必有以不信伤臣于王者。臣之不信，王之福也。臣闻忠信者，所以自为也；进取者，所以为人也。且臣之说齐王，曾非欺之也。臣弃老母于东周，固去自为而行进取也。今有孝如曾参，廉如伯夷，信如尾生。得此三人者以事大王，何若？”王曰：“足矣。”苏秦曰：“孝如曾参，义不离其亲一宿于外，王又安能使之步行千里而事弱燕之危王哉？廉如伯夷，义不为孤竹君之嗣，不肯为武王臣，不受封侯而饿死首阳山下。有廉如此，王又安能使之步行千里而行进取于齐哉？信如尾生，与女子期于梁下，女子不来，水至不去，抱柱而死。有信如此，王又安能使之步行千里却齐之强兵哉？臣所谓以忠信得罪于上者也。”燕王曰：“若不忠信耳[77]，岂有以忠信而得罪者乎？”苏秦曰：“不然。臣闻客有远为吏而其妻私于人者，其夫将来，其私者忧之，妻曰：‘勿忧，吾已作药酒待之矣。’居三日，其夫果至，妻使妾举药酒进之。妾欲言酒之有药，则恐其逐主母也；欲勿言乎，则恐其杀主父也。于是乎详僵而弃酒[78]。主父大怒，笞之五十。故妾一僵而覆酒，上存主父，下存主母，然而不免于笞，恶在乎忠信之无罪也夫？臣之过，不幸而类是乎！”燕王曰：“先生复就故官。”益厚遇之。

易王母，文侯夫人也，与苏秦私通。燕王知之，而事之加厚。苏秦恐诛，乃说燕王曰：“臣居燕不能使燕重，而在齐则燕必重。”燕王曰：“唯先生之所为。”于是苏秦详为得罪于燕而亡走齐，齐宣王以为客卿。

齐宣王卒，湣王即位，说湣王厚葬以明孝，高宫室大苑囿以明得意，欲破敝齐而为燕。燕易王卒，燕哙立为王。其后齐大夫多与苏秦争宠者，而使人刺苏秦，不死，殊而走[79]。齐王使人求贼，不得。苏秦且死，乃谓齐王曰：“臣即死，车裂臣以徇于市，曰‘苏秦为燕作乱于齐’，如此则臣之贼必得矣。”于是如其言，而杀苏秦者果自出，齐王因而诛之。燕闻之曰：“甚矣，齐之为苏生报仇也！”

苏秦既死，其事大泄。齐后闻之，乃恨怒燕。燕甚恐。苏秦之弟曰代，代弟苏厉，见兄遂[80]，亦皆学。及苏秦死，代乃求见燕王，欲袭故事。曰：“臣，东周之鄙人也。窃闻大王义甚高，鄙人不敏，释锄耨而干大王。至于邯郸，所见者绌于所闻于东周，臣窃负其志。及至燕廷，观王之群臣下吏，王，天下之明王也。”燕王曰：“子所谓明王者何如也？”对曰：“臣闻明王务闻其过，不欲闻其善，臣请谒王之过。夫齐、赵者，燕之仇雠也；楚、魏者，燕之援国也。今王奉仇雠以伐援国，非所以利燕也。王自虑之，此则计过，无以闻者，非忠臣也。”王曰：“夫齐者固寡人之雠，所欲伐也，直患国敝力不足也。子能以燕伐齐，则寡人举国委子。”对曰：“凡天下战国七，燕处弱焉。独战则不能，有所附则无不重。南附楚，楚重；西附秦，秦重；中附韩、魏，韩、魏重。且苟所附之国重，此必使王重矣。今夫齐，长主而自用也[81]。南攻楚五年，畜聚竭；西困秦三年，士卒罢敝[82]；北与燕人战，覆三军，得二将。然而以其余兵南面举五千乘之大宋，而包十二诸侯[83]。此其君欲得，其民力竭，恶足取乎[84]！且臣闻之，数战则民劳，久师则兵敝矣。”燕王曰：“吾闻齐有清济、浊河可以为固，长城、钜防足以为塞，诚有之乎？”对曰：“天时不与，虽有清济、浊河，恶足以为固！民力罢敝，虽有长城、钜防，恶足以为塞！且异日济西不师，所以备赵也；河北不师，所以备燕也。今济西河北尽已役矣，封内敝矣。夫骄君必好利，而亡国之臣必贪于财。王诚能无羞从子母弟以为质[85]，宝珠玉帛以事左右，彼将有德燕而轻亡宋[86]，则齐可亡已。”燕王曰：“吾终以子受命于天矣。”燕乃使一子质于齐[87]。而苏厉因燕质子而求见齐王。齐王怨苏秦，欲囚苏厉。燕质子为谢，已遂委质为齐臣[88]。

燕相子之与苏代婚，而欲得燕权，乃使苏代侍质子于齐。齐使代报燕，燕王哙问曰：“齐王其霸乎？”曰：“不能。”曰：“何也？”曰：“不信其臣。”于是燕王专任子之，已而让位，燕大乱。齐伐燕，杀王哙、子之。燕立昭王，而苏代、苏厉遂不敢入燕，皆终归齐，齐善待之。

苏代过魏，魏为燕执代。齐使人谓魏王曰：“齐请以宋地封泾阳君，秦必不受。秦非不利有齐而得宋地也，不信齐王与苏子也。今齐、魏不和如此其甚，则齐不欺秦。秦信齐，齐、秦合，泾阳君有宋地，非魏之利也。故王不如东苏子[89]，秦必疑齐而不信苏子矣。齐、秦不合，天下无变，伐齐之形成矣。”于是出苏代。代之宋，宋善待之。

齐伐宋，宋急，苏代乃遗燕昭王书曰：

“夫列在万乘而寄质于齐[90]，名卑而权轻；奉万乘助齐伐宋，民劳而实费；夫破宋，残楚淮北，肥大齐，雠强而国害：此三者皆国之大败也。然且王行之者，将以取信于齐也。齐加不信于王，而忌燕愈甚，是王之计过矣。夫以宋加之淮北，强万乘之国也，而齐并之，是益一齐也。北夷方七百里，加之以鲁、卫，强万乘之国也，而齐并之，是益二齐也。夫一齐之强，燕犹狼顾而不能支，今以三齐临燕，其祸必大矣。

“虽然，智者举事，因祸为福，转败为功。齐紫，败素也，而贾十倍[91]；越王句践棲于会稽，复残强吴而霸天下：此皆因祸为福，转败为功者也。

“今王若欲因祸为福，转败为功，则莫若挑霸齐而尊之[92]，使使盟于周室，焚秦符，曰：‘其大上计，破秦；其次，必长宾之[93]。’秦挟宾以待破，秦王必患之。秦五世伐诸侯，今为齐下，秦王之志苟得穷齐，不惮以国为功。然则王何不使辩士以此言说秦王曰：‘燕、赵破宋肥齐，尊之为之下者，燕、赵非利之也。燕、赵不利而势为之者，以不信秦王也。然则王何不使可信者接收燕、赵，令泾阳君、高陵君先于燕、赵？秦有变，因以为质，则燕、赵信秦。秦为西帝，燕为北帝，赵为中帝，立三帝以令于天下。韩、魏不听则秦伐之，齐不听则燕、赵伐之，天下孰敢不听？天下服听，因驱韩、魏以伐齐，曰“必反宋地，归楚淮北”。反宋地，归楚淮北，燕、赵之所利也；并立三帝，燕、赵之所愿也。夫实得所利，尊得所愿，燕、赵弃齐如脱蹝矣[94]。今不收燕、赵，齐霸必成。诸侯赞齐而王不从，是国伐也；诸侯赞齐而王从之，是名卑也。今收燕、赵，国安而名尊；不收燕、赵，国危而名卑。夫去尊安而取危卑，智者不为也。”秦王闻若说，必若刺心然。则王何不使辩士以此若言说秦？秦必取，齐必伐矣。

“夫取秦，厚交也；伐齐，正利也。尊厚交，务正利，圣王之事也。”

燕昭王善其书，曰：“先人尝有德苏氏，子之之乱而苏氏去燕。燕欲报仇于齐，非苏氏莫可。”乃召苏代，复善待之，与谋伐齐。竟破齐，湣王出走。

久之，秦召燕王，燕王欲往，苏代约燕王曰[95]：“楚得枳而国亡，齐得宋而国亡，齐、楚不得以有枳、宋而事秦者，何也？则有功者，秦之深雠也。秦取天下，非行义也，暴也。秦之行暴，正告天下[96]。

“告楚曰：‘蜀地之甲，乘船浮于汶，乘夏水而下江，五日而至郢。汉中之甲，乘船出于巴，乘夏水而下汉，四日而至五渚。寡人积甲宛东下随，智者不及谋，勇士不及怒，寡人如射隼矣[97]。王乃欲待天下之攻函谷，不亦远乎！’楚王为是故，十七年事秦。

“秦正告韩曰：‘我起乎少曲，一日而断大行。我起乎宜阳而触平阳，二日而莫不尽繇。我离两周而触郑[98]，五日而国举。’韩氏以为然，故事秦。

“秦正告魏曰：‘我举安邑，塞女戟，韩氏太原卷[99]。我下轵，道南阳，封冀，包两周。乘夏水，浮轻舟，强弩在前，锬戈在后[100]，决荥口，魏无大梁；决白马之口，魏无外黄、济阳；决宿胥之口，魏无虚、顿丘。陆攻则击河内，水攻则灭大梁。’魏氏以为然，故事秦。

“秦欲攻安邑，恐齐救之，则以宋委于齐。曰：‘宋王无道，为木人以象寡人，射其面。寡人地绝兵远，不能攻也。王苟能破宋有之，寡人如自得之。’已得安邑，塞女戟，因以破宋为齐罪。

“秦欲攻韩，恐天下救之，则以齐委于天下。曰：‘齐王四与寡人约，四欺寡人，必率天下以攻寡人者三。有齐无秦，有秦无齐，必伐之，必亡之。’已得宜阳、少曲，致蔺、离石，因以破齐为天下罪。

“秦欲攻魏重楚[101]，则以南阳委于楚。曰：‘寡人固与韩且绝矣。残均陵，塞鄳阸，苟利于楚，寡人如自有之。’魏弃与国而合于秦，因以塞鄳阸为楚罪。

“兵困于林中，重燕、赵，以胶东委于燕，以济西委于赵。已得讲于魏[102]，至公子延[103]，因犀首属行而攻赵[104]。

“兵伤于谯石，而遇败于阳马，而重魏，则以叶、蔡委于魏。已得讲于赵，则劫魏，魏不为割。困则使太后弟穰侯为和，嬴则兼欺舅与母[105]。

“适燕者曰‘以胶东[106]’，适赵者曰‘以济西’，适魏者曰‘以叶、蔡’，適楚者曰‘以塞鄳隘’，適齐者曰‘以宋’。此必令言如循环[107]，用兵如刺蜚，母不能制，舅不能约。

“龙贾之战，岸门之战，封陵之战，高商之战，赵庄之战，秦之所杀三晋之民数百万。今其生者皆死秦之孤也。西河之外，上雒之地，三川晋国之祸，三晋之半，秦祸如此其大也。而燕、赵之秦者，皆以争事秦说其主，此臣之所大患也。”

燕昭王不行。苏代复重于燕。

燕使约诸侯从亲如苏秦时，或从或不，而天下由此宗苏氏之从约。代、厉皆以寿死，名显诸侯。

太史公曰：苏秦兄弟三人，皆游说诸侯以显名，其术长于权变。而苏秦被反间以死，天下共笑之，讳学其术。然世言苏秦多异，异时事有类之者皆附之苏秦。夫苏秦起闾阎，连六国从亲，此其智有过人者。吾故列其行事，次其时序，毋令独蒙恶声焉。

【译文】

苏秦是东周洛阳人。他往东到齐国从师，曾在鬼谷先生那里学习。

他出外游历了好几年，很不得意而回家。他的哥哥、弟弟、嫂子、妹妹、妻子、侍妾暗地里都讥笑他，说：“周人的风俗，是治理产业，努力从事工商，以博取十分之二的利润为目的。如今你放弃根本而去搬弄口舌，受困，不也正常吗！”苏秦听了这些话，心里感到惭愧，暗自伤心，就闭门不出，拿出所有的书一一再读，说：“一个读书人已经埋头读书了，却不能用这些知识去取得高位和荣耀，书读得再多又有什么用处啊！”于是，他找出一本《周书阴符》，伏案攻读。读了一年，他从书中找出了许多揣摩国君心意的诀窍，说道：“凭借这些诀窍，我可以去游说当代的国君了。”他打算去游说周显王，显王的近臣们一向熟悉苏秦，都轻视他。苏秦不被相信。

于是苏秦向西到了秦国。秦孝公死了，他便游说秦惠王说：“秦是个四面都有险塞的国家，群山环抱，渭水萦绕，东面有函谷、蒲津等关与黄河，西面有汉中，南面有巴、蜀之地，北面有代地和马邑，这真是天然的府库啊！凭着秦国百姓众多，军事上严格训练，足可以吞并各国，建帝号统治天下。”秦惠王说：“鸟的羽毛还没有长成时，绝不可以高飞；国家大政方针还不明确，不可以兼并他国。”这时秦国刚杀了商鞅，讨厌游说之士，不任用苏秦。

于是苏秦往东到了赵国。赵肃侯用他的弟弟赵成为相，号为奉阳君。奉阳君不喜欢苏秦。

苏秦离开赵国又游历到燕国，经过一年多才见到燕文侯。苏秦进言道：“燕国东有朝鲜、辽东，北有林胡、楼烦，西有云中、九原，南有滹沱河、易水，国土纵横两千多里，战士好几十万，战车六百辆，战马六千匹，储存的粮食足够用几年。南面有从碣石山、雁门山输入丰富的物资，北边有种植枣栗获得的很大利益，即使人民不耕种田地，单是枣栗的收入也就足够了。这就是所说的天然的府库啊！

“安居乐业，没有战争，见不到将士死亡，这点没有谁能比得上燕国。大王您明白这其中的原因吗？燕国之所以不遭受侵犯、不受战争摧残，是因为赵国做了它南方的屏障。假使秦国和赵国打五次仗，秦国胜两次而赵国胜三次，秦、赵两国相互消耗，大王可以用完好的燕国从后面控制它们，这就是燕国不受敌国侵害的原因。而且秦国如要攻打燕国，要越过云中、九原，经过代郡、上谷，穿行几千里，即使能攻下燕城，秦国也会考虑根本无法守住。秦国不能加害燕国，这是明显的情况。如今赵国要进攻燕国，发布号令，不到十天就可以有几十万军队驻扎到边境的东垣一带。接着，赵军再渡滹沱，过易水，不到四五天，便直抵燕国的都城了。所以说，秦国进攻燕国，是到千里之外作战，赵国攻打燕国，是在百里之内作战。不担心近在百里之内的祸患，却看重千里之外的敌人，没有比这更错误的计策了。因而我希望大王能和赵国合纵相亲近，天下联为一体，那么燕国必定没有祸患了。”

燕文侯说：“你的话很对，但我们的国家弱小，西边靠近强大的赵国，南边接近齐国，齐、赵都是强国。你一定打算要用合纵的策略使燕国获得安定，我愿以国家听从你安排。”

于是，燕文侯供给苏秦大量车马和金帛，让他到赵国去。这时，奉阳君已死，苏秦因而游说赵肃侯道：“当今天下在位的卿相人臣和民间的有识之士，都仰慕您的品行高义，很久之前我就都愿意受您教诲为您效忠。虽说这样，由于奉阳君嫉妒贤能，您不直接管理国事，所以宾客和游说之士，没有谁敢于在您面前倾诉忠言。如今奉阳君已死，您现在又可与人民相亲近，我这才敢向您提出我一点不成熟的看法。

“我私下为您考虑，最好是使人民的生活安定，并且不必让人民有事情。安民的根本方针，在于选择邦交。选择邦交得当，人民就能安定；选择邦交不当，人民就终身不得安定。请允许我谈一谈赵国的外患问题：假如把齐、秦两国都作为敌人，人民的生活就无法安定；如倚靠秦国去攻打齐国，人民也不得安定；如倚靠齐国来攻打秦国，人民仍然不能安定。所以图谋别国的君主，进攻别的国家，这种劝人断绝邦交的话常让人困扰。希望您也不要轻易说出口。权衡赵国的利害得失，如同黑白分明，阴阳差异。您如能采纳我的建议，燕国一定会献上盛产毛毡、皮衣、狗马的土地，齐国一定会献上盛产鱼盐的海域，楚国一定会献上盛产橘柚的园林，韩、魏、中山也都会献上一部分土地作为赵国贵臣收取赋税的私邑，您尊贵的亲戚父兄也都可以得到封侯之赏。割取别国的土地而获取利益，这正是五霸冒着损兵折将的风险去追求的理由。使自己的贵戚能够封侯，也是成汤和周武王采用放逐和杀君的手段也要去争取的原因。现在您只需拱手不动便可得到这两种好处，这就是我为您考虑的愿景啊。

“现在您如果与秦国结交，那么秦国必定会削弱韩国和魏国；假如您和齐国结交，那么齐国必定会削弱楚国和魏国。魏国削弱就会割让河外，韩国削弱就会献出宜阳，献出宜阳就会使上郡走上绝境，割让河外也会使通往上郡的道路不通，楚国削弱将使赵国失去外援。这三种策略，不能不详加考虑。

“秦军如果攻下轵道，那么韩国的南阳就危险了。秦国如攻取韩国、包围周都洛阳，那么赵国将发兵自卫。如果秦军据有卫地，夺取卷城，那么齐国一定会去朝拜秦国。秦国的欲望在山东地区已得到满足，就必定举兵指向赵国。秦军渡黄河、越漳水、占据番吾，那么秦军必定直接攻到邯郸之下。这是我为您担心的一件大事。

“当前，山东地域的国家没有比赵国更强的。赵国的领土纵横两千多里，战士几十万，战车千辆，战马万匹，粮食可以供应多年。西有常山，南有漳河，东有清河，北有燕国。燕国本是一个弱国，不值得害怕。秦国在各国中最忌恨的就是赵国。但是秦国不敢举兵攻打赵国，为什么呢？就是怕韩、魏从背后打它的主意。那么，韩、魏可说是赵国南边的屏障。秦国如进攻韩、魏，没有高山和大河的阻隔，逐渐蚕食它们的土地，直到迫近它们的国都为止。韩、魏不能抵挡秦国，必然向秦国屈服称臣。秦国没有韩、魏的制约，那么战祸就会落到赵国头上。这是我为您担忧的又一件大事。

“我听说尧没有几个部属，舜没有一点土地，却都拥有了天下；大禹凭着不到一百个部众，却统治了天下诸侯；商汤、周武王的士兵不过三千人，战车不过三百辆，军队不过三万人，却能立为天子：都是因为他们懂得大道啊。因此，贤明的君主对外能估量敌人的强弱，对内能衡量自己士兵的素质，不必等到两军交锋，对胜负存亡的结局早已了然于胸，怎么会被一般人的言论所蒙蔽而稀里糊涂去决定大事呢！

“我私下查看地图加以考量，山东各国的疆土加起来是秦国的五倍，估计各国的总兵力是秦国的十倍。六国联成一气，合力向西攻打秦国，秦国必定被攻破。现在各国西向投靠秦国，被秦当作臣属。打败别人和被别人打败，使别国臣服和向别国称臣，这两者岂可同日而语啊！

“说到那些主张连横的人，都想把诸侯的土地割让给秦国。秦国获得成功，他们就会高筑楼台亭榭，美饰宫室，欣赏竽瑟的演奏，前有楼阁宫阙悬挂乐器，后有苗条艳丽美女侍候，诸侯遭到秦的侵扰时，他们不分担一点忧虑。所以那些主张连横的人，时刻都致力于用秦国的权威来恫吓诸侯，以求达到割地的目的。因此，我希望大王能仔细考虑这些事。

“我听说贤明的君主善于决断疑难，排除谗言，屏绝流言蜚语的途径，堵塞结党营私的门路。这样，我才能怀着效忠之心，在您面前陈述如何使国君尊贵、国土扩大、兵力强盛的计划。我私下为您考虑，最好是团结韩、魏、齐、楚、燕、赵合纵亲善，一同反抗秦国。使各国的将相在洹水上结盟，互相交换人质，宰杀白马，举行盟誓。相互约定：‘如果秦国攻打楚国，那么齐国、魏国就派出精锐部队帮助楚国；韩国断绝秦国运粮的道路，赵军渡过漳河，燕国则守卫常山以北一带。如果秦国进攻韩、魏二国，那么楚国就截断秦的后路，齐国派出精兵援助，赵军渡过漳河遥相呼应，燕国则守卫云中郡一带。如果秦国进攻齐国，那么楚国截断它的后路，韩国守住成皋，魏国堵住秦军通道，赵军越过漳河、博关进行支援，燕国派精兵助战。如果秦国进攻燕国，那么赵国就守住常山，楚国驻兵武关，齐国渡过渤海，韩、魏都出精兵助战。如果秦国攻打赵国，那么韩国就驻军宜阳，楚国驻军武关，魏国屯军河外，齐国渡过清河，燕国派精兵支援。诸侯中有不遵守盟约的，其余五国便联军讨伐。六国如能合纵相亲以共同抗秦，那么秦军一定不敢出函谷关来危害山东一带的国家了。这样的话，您的霸王之业就成功了。”

赵肃侯回答道：“我年纪轻，治理国家的时间很短，从未有人告诉过我治国的长远之计。如今您有意为各国谋生存，使诸侯得以安定，我诚恳地把国家托付给您。”于是装饰车子一百辆，加上黄金一千镒，白璧一百双，锦绣一千匹，用以邀约各诸侯结盟。

正当此时，周天子把祭祀文王、武王的祭肉赐给秦惠王。秦惠王派犀首进攻魏国，生擒魏将龙贾，攻占了雕阴，并打算继续向东用兵。苏秦担心秦国军队打到赵国破坏合纵，便用计激怒张仪，使他投奔秦国。

于是苏秦又游说韩宣王说：“韩国北面有巩县、成皋等坚固城池，西面有宜阳、商阪等要塞，东面有宛、穰二县和洧水，南面有陉山，土地纵横九百多里，军队几十万，天下的强弓劲弩都是韩国制造的。像谿子弩，少府所造的时力、距黍两种劲弩，都能射到六百步以外。韩国的士兵举足踏弩而射可以不停地射百来次，对远处的敌人可以射穿他的胸部，近的可以射中他的心房。韩国的剑戟都出产于冥山、棠谿、墨阳、合赙、邓师、宛冯、龙渊、太阿等地，都能在陆地上砍断牛马，在水里截杀鹄雁。攻击敌人时，能斩断坚固的铠甲、铁衣，皮制的臂衣和盾牌，像这些精良的兵器，韩国无不具备。凭着韩兵的勇敢，披上坚甲，踏着劲弩，佩着利剑，以一当百，是不在话下的。以韩军的强劲和大王的贤明，却向西投靠秦国，拱手称臣，使国家蒙受耻辱而受到天下的耻笑，没有比这更难堪的事了。所以，我希望大王能详加考虑。

“大王如果向秦国臣服，秦国必定向您索取宜阳和成皋。您现在将土地献给它，明年又会再要求您割地。给吧，没有那么多土地；不给吧，就会前功尽弃并带来后患。而且大王的土地有限，而秦国贪求却没有止境。以有限的土地去应付那无止境的贪求，这正是通常所说的买下仇恨、种下祸根，不需打仗而土地已被割走了。我听说有这样的俗语：‘宁可作为鸡首处于领导地位，也不要成为牛尾被别人支配。’现在你如果向西拱手屈服于秦，这和作牛后受人支配有什么区别呢！以大王的贤明，拥有强大的韩国军队，却落得一个牛后的名称，我私下替大王感到羞

愧。”

这时韩王一下子变了脸色，挥动手臂，怒睁双眼，按住剑柄，仰天长叹说：“我尽管没有出息，也决不会向秦国屈服，现在您将赵王的高见转告我，我愿意举国相随。”

苏秦又游说魏襄王说：“大王的国土，南有鸿沟、陈、汝南、许、郾、昆阳、召陵、舞阳、新都、新郪，东有淮水、颍水、煮枣、无胥，西有长城为界，北有河外、卷、衍、酸枣，国土纵横千里。国家的声名虽小，但乡间的房舍十分密集，连放牧牲畜的地方都没有。人烟稠密，车水马龙，川流不息，轰隆轰隆的车马声，听起来就好像大部队在行军。我私下认为大王的国家并不比楚国差。然而那些主张连横的人却想引诱您伙同虎狼一样的秦国去侵犯天下。一旦受到秦国的加害，他们是不管的。倚仗强秦的声势来胁迫自己的君主，罪过没有比这更严重的了。魏国是天下的强国，大王是天下的贤主。现在却有意向西事奉秦国，称为秦国的东方属国，为秦国建造巡狩的行宫，接受其礼仪制度，春秋贡奉，协助祭祀，我私下替您感到羞愧。

“我听说越王勾践用三千疲敝的兵士与吴国作战，在干遂生擒了吴王夫差。周武王以三千兵士，三百辆兵车，在牧野之战制服了纣王。难道是他们的兵力众多吗？实在是因为他们能发挥威力啊！我私下听说大王的兵力有武士二十万，苍头军二十万，冲击部队二十万，杂役十万，还有战车六百辆，战马五千匹，这就远远超过了越王勾践和周武王。想不到现在您竟听信群臣的话，打算向秦国臣服。向秦臣服，必然要割让土地并献上宝贵的器物，不经过战争而国家就已经蒙受损失了。凡是群臣中主张事奉秦国的人，都是奸人，不是忠臣。他们作为人臣，却割让自己国家的土地来讨好外国，只图眼前一时之功而不顾后果，损公肥私，对外依仗强秦的势力来胁迫自己的国君，以求把土地割让给秦国。希望大王仔细考虑。

“《周书》上说：‘微小时不去根，长大了怎么办？细小时不砍伐，长大后就必须用斧头砍了。’事前不考虑成熟，就会招致严重的后果，那时又怎么办呢？大王真能听从我的建议，使六国合纵相亲，齐心合力，就一定不会有强秦侵略之患了。因此，敝国的赵王派我来向您呈献这种不成熟的意见，接受您贤明的约定，究竟如何，一切全听您的吩咐。”

魏王说：“我没有才能，以前没有机会听到您高明的指教。现在您用赵王的旨意来启发我，我愿以魏国追随您。”

苏秦又向东游说齐宣王：“齐国南有泰山，东有琅邪山，西有清河，北有渤海，这可以说是四方都有险塞的国家。齐国的领土纵横两千里，军队几十万，粮食堆积如山，三军之精良，五家大夫的精兵，进攻时像锋利的刀和箭一样迅急，作战时有如雷霆万钧，撤退时像风雨一样迅捷。自有战事以来，从未征调过泰山以南的部队，也不需渡过清河、渤海去征调。临淄城内有七万户人家，我私下估计，每户不少于三个男子，三七二十一万，不必等待征调远县的军队，单是临淄的兵卒就有二十一万了。临淄非常殷实，这里的人无人不会吹竽鼓瑟，弹琴击筑，斗鸡赛狗以及下棋和踢球。临淄的街道非常热闹，车辆的轮轴互相撞击，人们拥挤得肩擦着肩，衣襟连接起来就可以成为围帐，举起衣袖就可以连成一块大幕布，举手挥汗，洒下去像雨点一样，家家富足，志气昂扬。以大王的贤明和齐国的强大，天下无人能比得上。现在您却要向西去事奉秦国，我私下为大王感到羞愧。

“而且韩、魏之所以十分害怕秦国，是因为他们和秦国的边界连接。出兵会战，用不了十天，而胜败存亡的趋势就定了。如果韩、魏战胜了秦国，那自己的兵力要损失一半，也无法守住自己的边境；如果战事失利，国家的危亡就会随着而来。所以韩、魏非常看重与秦国开战，而轻意向秦国称臣。至于秦国进攻齐国就不一样了。秦国的背后倚靠着韩、魏的土地，越过卫国阳晋的通道，经历亢父的险塞，车辆不能并驶，战马不能并行，只要用一百人守住险地，一千人也过不来。秦国即使想深入侵犯，总是有后顾之忧，怕韩、魏在后面打它的主意。所以它疑虑重重，只是虚声恫吓，骄妄矜夸而不敢再向前进。那么秦国不能加害齐国，是明摆着的事！不深切考虑秦国对齐国无可奈何的事实，却想西向屈服，这是臣僚们谋略上的失误。如采纳合纵的建议，既没有向秦称臣的屈辱名声，又有使国家强大的实效，所以我希望大王稍微考虑一下。”

齐王说：“我很不聪明，守着东面海边上偏僻荒远的国家，从没有机会听取您的教诲，现在您用赵王的旨意来开导我，我愿以齐国追随您。”

接着，苏秦又向西南游说楚威王：“楚国是天下的强国，大王是天下贤明的君主。西有黔中郡、巫郡，东有夏州、海阳，南有洞庭、苍梧，北有陉塞、郇阳。国土纵横五千多里，有军队上百万，战车千辆，战马万匹，粮食储备够十年之用。这是建立霸王之业的有利条件啊。以楚国的强大和您的贤明，天下没有谁能比得上您。现在您却打算西向事奉秦国，那么诸侯就会都倒向西方而拜倒在秦国章台宫下了。

“秦国最害怕的莫过于楚国，楚强秦国就弱，秦强楚国就弱，秦、楚势不两立。所以我为大王考虑，不如与东方各国合纵相亲以孤立秦国。如果大王不合纵，秦国必然会出动两支军队，一支军队从武关出击，一支军队指向黔中，那么楚国的鄢郢就动摇了。

“我听说处理问题最好在未乱之前，在未来临时就采取行动。祸患临头而后才去寻找对策，就来不及了。所以希望大王及早考虑。

“大王如果采纳我的意见，我愿让山东各国一年四季向您进贡，以接受您的指示，把国家和宗庙都委托给您，训练军队以备战，听从大王的指挥。大王真要能采纳我不成熟的意见，那么韩、魏、齐、燕、赵、卫等国的美好音乐和美女一定会充满您的后宫，燕、代等地的骆驼、良马就会填满您的马厩。所以说，合纵则使楚国称王；连横将使秦国称帝。如今您放弃霸王的事业，而有事奉他人的屈辱名声，我私下为您感到不值啊！

“秦国是个虎狼一样凶恶的国家，抱有并吞天下的野心。秦国是天下的共敌。主张连横的人都想割让诸侯的土地去事奉秦国，这真是奉养仇敌的人啊！作为臣子，割让自己国君的土地去结交虎狼一样的秦国，让它侵扰天下，自己的国家最终也会遭到秦国进犯，他是不管这种后患的。对外依仗强秦的势力来威胁自己的国君，以求把土地割让给秦国，大逆不忠的罪过，没有比这更大的了。如果合纵相亲，那么诸侯都会割让土地事奉楚国；连横成功，那么楚国就要割让土地给秦国，这两种策略相差太远了，大王究竟希望哪一种状况呢？所以敝国的赵王派我献上这不成熟的意见，接受您贤明的约定，全听大王的吩咐。”

楚王说：“我的国家西面与秦国接壤，秦国有夺取巴蜀、吞并汉中的野心。秦是个虎狼一样凶狠的国家，不能与它亲近。韩、魏由于受到秦国威胁，不能与它们深度计议，和它们谋划大事，恐怕它们反把消息泄漏给秦国，计划还没有实行，国家已处在危难之中了。我自己估计，单靠楚国的力量去抵挡秦国，不一定能打赢；在国内和群臣商量，又不可靠。我睡不好觉，吃不好饭，心神不定，就像飘在空中的旗子，没有个着落。现在您打算团结天下，拢合诸侯，保全危亡之国，我愿竭诚地以整个国家追随您。”

于是六国联合而力量集中，苏秦做了合纵联盟的领导人，兼任六国的相国。

苏秦北上向赵王报命，途经洛阳，随行的车马辎重以及各国护送的使者极多，与王者的派头差不多。周显王得悉这一消息后非常害怕，赶忙派人替他清扫道路，并派人到郊外迎接、慰劳。苏秦的兄弟妻嫂斜着眼不敢抬头正视，都俯伏在地上，侍候他进食。苏秦笑着向他的嫂嫂说：“你为什么以前对我那样傲慢，现在却这么恭敬呢？”嫂嫂赶快弯曲着身子匍匐在地上，把脸贴着地面谢罪说：“那是因为小叔您现在的官高而钱多啊！”苏秦深有感触地叹道：“同样是我这个人，富贵了亲人就害怕我，贫贱了就受到轻视，亲人尚且这样，何况是一般人呢！假如我在洛阳城边有二顷良田，我还能佩上六国相印吗？”于是他便把千金分赐给同族的人和朋友。当初，苏秦到燕国去，曾借别人一百钱做路费，才得以富贵，就用一百金偿还他，并广泛报答了所有曾对自己有恩的人。随从中有一人独独没有得到报偿，于是上前主动申明。苏秦说：“我不是忘记了你。以前你和我一起到燕国去，走到易水，你再三要想离开我。那时我处境艰难，因而我深深地怨恨你，所以把你放在后边。现在你也算是得到报偿了。”

苏秦约定六国合纵相亲之后，回到赵国，赵肃侯封他为武安君。于是苏秦把合纵盟约送给秦国看，秦国有十五年不敢出函谷关。

后来秦国派犀首欺骗齐、魏两国，与他们一同攻打赵国，想破坏合纵盟约。齐、魏攻打赵国，赵王责备了苏秦。苏秦害怕，请求出使燕国，说一定要报复齐国。苏秦离开赵国以后，合纵盟约随之瓦解。

秦惠王把自己的女儿嫁给燕太子为妻。这一年，燕文侯去世，太子即位，这就是燕易王。易王刚继位，齐宣王乘着燕国有丧事，发兵攻打燕国，夺取了十城。燕易王对苏秦说："以前先生您到燕国，先王资助您去见赵王，于是约定六国合纵。现在齐国先攻打赵国，其次就攻打燕国，因为您让天下耻笑，您能为燕国取回被侵占的土地吗？"苏秦非常惭愧，说道："请让我为您将失地收回吧！"

苏秦去谒见齐王，行了再拜礼，低下头来表示庆贺，随着又抬起头表示哀悼。齐王说："为什么你的庆贺和哀悼相继来得这么快啊？"苏秦说："我听说饥饿的人即使非常饥饿也不吃毒药乌头，因为这东西虽然能暂时填饱肚子，却和饿死并没有什么两样。燕国虽然弱小，但燕王却是秦王的小女婿。大王贪图燕国十城，却长期与强大的秦国为仇。现在使弱小的燕国做先锋，秦国在后面打掩护，进而招引天下的精兵来攻击，你这种做法与用乌头充饥是一样的。"齐王忧虑地变了脸色说："那怎样办呢？"苏秦说："我听说古来善于处理事情的人，能变祸事为好事，变失败为成功。大王诚心能听我的建议，就将十城归还给燕国。燕国无缘无故地收回十城，必然高兴；秦王知道您是因为他而归还燕的十城，也一定高兴。这叫做去掉仇敌而得到磐石一样的交谊。燕、秦都接受齐国的领导，那么大王号令天下，没有谁敢不听。这样，大王表面上做了个依附秦国的姿态，实际上却是用十城取得了天下。这真是霸王的伟业啊！"齐王说："很好。"于是就将十城归还给燕国。

有人诽谤苏秦说："这是个左右摇摆、出卖国家利益、反复无常的奸臣，他将会作乱。"苏秦恐怕获罪，赶快回到燕国，燕王却不让他任职。苏秦求见燕王说："我本是东周的一个平民，没有一点功劳，而您亲自在宗庙里接见我，在朝廷上以礼相待。现在我为您退了齐国军队而收复了十城，您对我应更加亲近。现在我回到燕国，而您却不让我担任官职，必然有人以'不诚信'的罪名在您面前中伤我。我'不诚信'，正是您的福分啊！我听说'忠信'只不过是为自己，'为国进取'才是为的别人。我去游说齐王，并不是欺骗他。我将年老的母亲丢在东周，这本来就是抛弃只顾自己的念头而去帮助别人实行进取。现在假如有人像曾参那样孝顺，像伯夷那样廉洁，像尾生那样守信，得到这样的三个人来事奉大王，您觉得怎样？"燕王说："足够了。"苏秦说："像曾参那样孝顺的人，按义不会离开他的父母在外住一夜，您又怎么能使他步行千里来替弱小燕国又处险境的君王效劳呢？像伯夷那样廉洁，按义不作孤竹君的继承人，不肯作周武王的臣子，不肯接受封侯的赏赐，而饿死在首阳山下。像这样廉洁的人，您又怎么能使他步行千里，到齐国去为国进取呢？像尾生那样守信用的人，和女子在桥下约会，女子没有来，大水来了也不肯离开，抱着柱子让水淹死。如此守信的人，您又怎么能够使他步行千里，去退却齐国的强兵呢？我正是那种因为‘忠信’而得罪君王的人啊。”燕王说：“你本不是‘忠信’之人，哪里会因为‘忠信’而得罪。”苏秦说：“不是这样。我听说有个到远方做官的人，他的妻子与别人私通。她的丈夫将要回来了，她的姘夫很担心。这个妻子说：‘不要担心，我已经准备好药酒等他了。’过了三天，她的丈夫果然回家了，妻子叫侍妾捧药酒给丈夫喝。侍妾想说出酒里下了毒药，恐怕他会把女主人赶出去；想不说呢，又怕害死了男主人。于是假装跌倒而打翻了酒。男主人大怒，打了她五十鞭。所以，侍妾假装跌倒而泼了药酒，对上来说是保存了男主人，对下来说是保护了女主人，却不免遭到鞭打，怎么能说忠信就不会得罪呢？我的罪过，不幸正与这个故事相同啊！”燕王说：“您还是担任原来的职位吧。”从此更加优待他。

燕易王的母亲是燕文侯的夫人，她和苏秦私通。燕易王知道了，对苏秦更加优待。苏秦恐怕被杀，就对燕王说：“我在燕国不能提高燕国的地位，我如在齐国，则定能使燕国受到重视。”燕王说：“您怎么办都行。”于是苏秦假装得罪了燕国而逃奔到齐国，齐宣王让他做客卿。

齐宣王死去，湣王继位。苏秦劝说湣王隆重地安葬宣王，以显明自己的孝心，高筑宫室，扩大苑囿，以显示自己的得意，他想以此损耗齐国，为燕国提供可乘之机。燕易王死去，燕哙继立为王。后来，齐国有许多大夫与苏秦争宠，派人暗杀苏秦，苏秦受了重伤将死，刺客逃走了。齐王派人抓凶手，没有抓到。苏秦快要死了，便对齐王说：“我如果死了，请您把我车裂了而在刑场上示众，并宣布说：‘苏秦为了燕国在齐国作乱。’这样，那暗杀我的凶手必定可以抓到。”于是齐王照他的话办，暗杀苏秦的凶手果然自己露面，齐王就将他抓来处死。燕国听到这个消息说：“齐国这样为苏先生报仇，太好啦！”

苏秦死后，他为燕国削弱齐国的事情充分暴露。齐国知道了，对燕国非常不满。燕国极端恐惧。苏秦的弟弟苏代，苏代的弟弟苏厉，见到兄长这样得意，也都学习纵横之术。苏秦死后，苏代就去求见燕易王，想继承苏秦的旧业，说：“我是东周一个普通的平民，听说大王的德行高尚，我不揣冒昧，放弃了耕种而来求见大王。我到了赵国首都邯郸，所见到的和我在东周所听到的相差很远，我私下感到失望。后来到了燕国的宫廷，看到您的群臣和属吏，便知道大王您真是天下最贤明的君王啊！”燕王问道：“你所说的贤明的君主是什么样子呢？”苏代回答说：“我听说一个贤明君主总是愿意听取自己的过失，不愿只听称道自己的好处。我愿意指出大王您哪些地方错了。齐、赵是燕国的仇敌，楚、魏是燕国的后援国。现在您却要事奉仇敌来攻打后援国，这是对燕国不利的。请您自己考虑，这种做法显然是错的；明知不利却没人告诉您，这显然不是忠臣。”燕王说：“齐国本来是我的敌人，我一直想要讨伐它，只是怕国家疲敝，力量不够。您要能以燕国攻打齐国，我愿把整个国家托付给您。”苏代回答说：“天下有力作战的大国有七个，燕国是比较衰弱的。单独与他国作战，力量不足；倘若依附谁，谁就会提高地位。向南去依附楚，楚国的威望就会提高；向西去依附秦，秦国的威望便加重；中间去依附韩、魏，韩、魏的威望就加重。如果所依附的国家威望提高，这必然使您的威望也提高了。现在的齐国，其国君年纪大而又一意孤行。南边攻楚五年，积蓄消耗殆尽；向西困扰秦国三年，士兵疲敝不堪；北边与燕人作战，打败燕的三军，俘虏了两员将领；并且用它残余的兵力，向南攻破拥有五千辆兵车的宋国，囊括了泗上十二诸侯。他的国君野心虽已得到相当满足，民力却已衰竭了，还有什么可取的呢？并且我听说：多次打仗，人民就劳累；部队长期在外，战士就疲敝。”燕王说：“我听说齐国有清济、浊河可以作为堡垒，有长城、钜防可以作为要塞，真是这样吗？”苏代回答说：“天时方面不利，虽然有清济、浊河，哪里能固守呢！人民疲敝，虽然有长城、钜防，又怎么能作为要塞呢！况且，齐国从前不从济水以西征兵，是为了防备赵国；不从河北证调军队，是为了防备燕国。现在济西、河北全都征兵了，全国都已经很疲敝了。骄横的君王必然贪利，而亡国的臣子一定贪财。您如果不以把侄儿或弟弟送作人质感到羞愧，并以宝珠玉帛去拉拢齐王的亲信，齐国将会感激燕国而把灭亡宋国看得很容易，那么，齐国就衰敝的可以被我们灭掉了。”燕王说：“我决心依靠您而接受上天的安排。”燕国就派了一个公子到齐国去做人质。苏厉通过燕国质子的关系求见齐王。齐王怨恨苏秦，想把苏厉囚禁起来。燕国的质子替他谢罪，随后苏厉也就委身做了齐国的臣子。

燕国的相国子之与苏代结成婚姻关系，想要取得燕国政权，就派苏代到齐国去侍奉质子。齐王派苏代回国复命，燕王哙问他：“齐王能称霸吗？”苏代回答说：“不能。”燕王问：“为什么？”回答说：“因为他不信任自己的臣子。”于是燕王让子之控制燕国的全权，不久又让位给他，引起了燕国大乱。齐国进攻燕国，杀掉了燕王哙和子之。燕国拥立了昭王。苏代、苏厉不敢再进入燕国，都最终归附了齐国，齐国很优待他们。

苏代经过魏国，魏国替燕国扣留了苏代。齐国派人对魏王说：“齐国请求将宋国的土地封给秦王的弟弟泾阳君，秦国一定不肯接受。秦国并非不希望拉拢齐国和取得宋地的地盘，只不过是不相信齐王和苏代罢了。现在齐、魏不和到了如此严重的程度那么，齐国就不会欺骗秦国。秦国也会相信齐国。齐、秦联合起来，泾阳君取得宋国土地，这是不利于魏国的，所以您不如放苏代东归齐国，秦国定会怀疑齐国而不相信苏代了。齐、秦不能联合，天下局势不发生变动，讨伐齐国的局面就此形成。”于是魏国释放了苏代。苏代到了宋国，宋国很好地接待他。

齐国进攻宋国，宋国危急，苏代于是写信给燕昭王说：

“燕国作为一个万乘大国，却派人到齐国为质，名声低下而权势卑微，以整个燕国力量帮助齐国攻打宋国，人民疲劳而财力损耗。攻破宋国，侵犯楚国的淮北，使齐国壮大，敌人强大而自己的国家受害。这三种情况都是对国家的大害啊！然而您还是愿意这样办，无非是为了取得齐国的信任罢了。但齐国却更加不信任您，对燕国更加怀恨，这表明您的策略错了。宋国再加上淮北的地盘，是一个力量超过万乘的大国，齐国把它吞并之后，等于增加了一个齐国。北夷的土地纵横七百里，加上鲁、卫两国的地方，也胜过一个万乘的大国，齐国把它们吞并之后，等于增加了两个齐国。以一个齐国的力量，燕国还担惊受怕而不能应付，现在以三个齐国的力量压到燕国头上，那祸害必定很大了。

“虽是这么说，但聪明人办事，能够变祸为福、转败为胜。比如齐国的紫色绢帛，本是用破旧的白绢染成，它们价格反而提高了十倍。越王勾践被困在会稽山，后来却击破强大的吴国而称霸天下。这都是变祸为福、转败为胜的事例啊！

“现在您如果想要变祸为福、转败为胜，最好是花言巧语尊齐为霸主，让各国派遣使臣到周室结盟，烧掉秦国符节与其断交，宣告说：‘最好的策略是攻破秦国，其次是永远排斥它。’秦受到排斥并时刻担心被别人攻破，秦王一定非常忧虑。秦国接连五代君主都是主动出击，现在反而屈居齐国之下，秦王的想法，只要能使齐国陷入困境，就会以全国力量相拼。既然这样，您何不派出说客用以下的话游说秦王：‘燕、赵两国攻破宋国，使齐国更加强大，尊重它并屈从它，燕、赵并不想从中得利。燕、赵既得不到利益却又势必要这样做，就是因为不相信秦王。那么，您为什么不派遣可以让燕、赵相信的人去结盟交好，分别派泾阳君、高陵君先到燕、赵两国去呢？如怕秦国的外交路线有变，就以他们二人作为人质，那么燕、赵必然相信秦国。秦国作西帝，燕作北帝，赵作中帝，树立三帝以向天下发号施令。韩、魏不服从，秦国就讨伐它；齐国不服从，燕、赵就讨伐它，天下还有谁敢不服从？天下都服从了，于是驱使韩、魏去讨伐齐国，说：“一定要交出宋国的土地，归还楚国的淮北。”交出宋国的土地，归还楚国的淮北，这是有利于燕、赵的。树立三帝，是燕、赵非常愿意的。这样，实际方面能得到利益，提高名声方面如愿以偿。燕、赵将像丢掉草鞋一样把齐国抛弃了。现在如您不拉拢燕、赵，齐国的霸业一定会成功。诸侯都拥护齐国而您不服从，国家将遭到攻伐；诸侯拥护齐国，您也一样服从，您的名声就卑下了。现在要与燕、赵结盟，会使国家安定而名望崇高；不与燕、赵结盟，会使国家危险而名声低下。抛弃名尊国安的做法而采取国危名卑的做法，聪明人是不会这样干的。’秦王听了这个说法，心头一定感到刺痛。那么，您为什么不派说客用这番话去游说秦国？秦国定会听取意见，齐国也必定会受到攻击了。

“争取秦国，这是重要的外交；讨伐齐国，是正当的利益。处理好重要的外交，谋求正当的利益，这是圣王的事业啊！”

燕昭王认为苏代这封信写得好，说：“先王曾对苏家有过恩德，后来由于子之的乱事，使得苏家兄弟离开了燕国。燕国要想向齐国报仇，非用苏家兄弟不可。”于是召回苏代，仍然很好地待他，与他商量讨伐齐国的大计，终于攻破齐国，使得齐湣王逃奔在外。

过了很久，秦国邀请燕王，燕王想前去，苏代劝阻燕王道：“楚国因得到了枳而使国家灭亡，齐国因取得宋国而使国家灭亡，齐、楚不能占有枳、宋而终于向秦国屈服，原因何在呢？那因为只要取得成功的国家，秦国都将之看成它的大敌。秦国夺取天下，不是靠行义，而是靠使用暴力。秦国使用暴力，公开地向天下宣告。

“秦警告楚国说：‘蜀地的军队，乘船浮行于汶水之上，随着夏季的水势直入长江，五天就能到达楚都郢。汉中的军队，乘船从巴水出来，趁夏季水势直入汉水，四天就能到达五渚。我在宛城集聚兵力，东出攻克随县，楚国的智士还来不及提出对策，勇士还来不及发挥威力，我已像用飞箭射杀鹰隼一样迅速取得胜利，你还想等天下的军队攻打函谷关，不是为时过晚了吗！’楚王因为这个，向秦臣服了十七年。

“秦国警告韩国说：‘我从少曲发兵，一天就可截断太行山的通道。我从宜阳发兵渡河，进击平阳，两天就会使韩国全境动摇。我穿越两周攻击新郑，五天就可攻占韩国。’韩国认为确是如此，所以向秦国臣服。

“秦国警告魏国说：‘我攻下安邑，堵住女戟，韩国通往太行山的路就会被截断。我从轵出发，经过南阳、封、冀，包围东西两周。趁着夏季的水势，乘着轻便的战船，强弓劲弩在前，利戈在后，掘开荥口放水，魏国的大梁就不复存在；掘开白马渡口，魏国的外黄、济阳就不复存在。掘开宿胥渡口，魏国的虚、顿丘就不复存在。在陆上进攻，可以击破河内；水路进攻，可以毁灭大梁。’魏国认为确是如此，所以向秦国臣服。

“秦国想攻取安邑，害怕齐国救援，就把宋地丢给齐国，任其吞并，说：‘宋王无道，做了一个像我的木偶，用箭射它的面孔。我路途阻绝，军队遥远，没法去攻打他。您假如能攻破宋国并占有它，我就会像自己占有一样。’在取得安邑、堵塞女戟之后，秦国就反过来把攻破宋国作为齐国的罪过。

“秦国想攻打韩国，害怕天下各国援助，就把齐国丢给天下，说：‘齐国曾四次与我订立盟约，却四次欺骗我，三次决心率领天下攻击我。有齐国就没有秦国，有秦国就没有齐国，一定要讨伐它，必定要灭亡它。’等到取得了韩国的宜阳、少曲，占领了蔺和离石，秦国就反过来把攻破齐国作为天下各国的罪名。

“秦国想进攻魏国，害怕楚国援助，就把南阳丢给楚国，任其吞并，说：‘我本来就要与韩国绝交了。攻破均陵，堵塞鄳阸，只要有利于楚国，我就会像自己占有一样。’等到魏国抛弃盟国转过去和秦国联合，于是把堵塞鄳阸作为楚国的罪过。

“秦国的军队在林中受困，怕燕、赵乘机攻击，就把胶东丢给燕国，把济水以西丢给赵国，任他们吞并。等到与魏讲和，并以公子延作为人质之后，秦国使用公孙衍统兵攻打赵国。

“秦军在谯石受到挫折，又在阳马被打败，怕魏国助赵攻击，就把叶、蔡丢给魏国。一到与赵国讲和，就胁迫魏国，魏国不肯割地。处在困境时，就派太后的弟弟穰侯去向别人讲和，顺利时，连舅舅与母亲都要欺侮。

“秦国谴责燕国说是‘你攻占了胶东’，谴责赵国说是‘你夺取了济西’，谴责魏国说是‘你占领了叶、蔡’，谴责楚国说是‘你堵塞了鄳隘’，谴责齐国说是‘你攻打了宋国’。它谴责各国，话说得如同车轱辘转，总会找到进攻他国的理由，把用兵看得像刺绣一样容易，母亲不能管，舅舅也不能约束。

“龙贾之战，岸门之战，封陵之战，高商之战，赵庄之战，秦国先后杀掉三晋的人民有几百万，那些现在还活着的，都是被秦国杀死的人的遗孤。西河之外，上洛大地，三川一带受到秦国的祸害，占了晋国的一半，秦国带来的祸患严重到这种程度，而燕、赵亲秦的人都争相以事奉秦国劝说他的国君，这正是我最担忧的事。”

燕昭王因此不去秦国，苏代又受到燕国的重用。

燕国派苏代联络诸侯合纵抗秦，像苏秦在世时一样。有的参与，有的不参与，而天下从此推崇苏氏兄弟缔结的合纵盟约。苏代、苏厉都长寿而死，在诸侯间获得显赫的名声。

太史公说：苏秦兄弟三人，都通过游说诸侯获得显赫的名声，他们的本领是擅长权变。苏秦蒙受间谍的罪名而死，天下人都耻笑他，避免公开学习他的策略。然而，世间对苏秦事迹的传说分歧很多，不同时期与他类似的事都会附会到他的身上。苏秦起自民间，联合六国合纵相亲，他的智慧确有过人之处。所以我列出他的事迹，排列出时间先后，不让他独自蒙受不好的名声。

（王华宝　注译）

卷七十 张仪列传第十

注释查阅　译文诵读

张仪者，魏人也。始尝与苏秦俱事鬼谷先生，学术，苏秦自以不及张仪。

张仪已学而游说诸侯。尝从楚相饮，已而楚相亡璧，门下意张仪[1]，曰：“仪贫无行，必此盗相君之璧。”共执张仪，掠笞数百[2]，不服，醳之[3]。其妻曰：“嘻！子毋读书游说，安得此辱乎？”张仪谓其妻曰：“视吾舌尚在不？”其妻笑曰：“舌在也。”仪曰：“足矣。”

苏秦已说赵王而得相约从亲，然恐秦之攻诸侯，败约后负，念莫可使用于秦者，乃使人微感张仪曰[4]：“子始与苏秦善，今秦已当路[5]，子何不往游，以求通子之愿？”张仪于是之赵，上谒求见苏秦。苏秦乃诫门下人不为通，又使不得去者数日。已而见之，坐之堂下，赐仆妾之食。因而数让之曰[6]：“以子之材能，乃自令困辱至此。吾宁不能言而富贵子，子不足收也。”谢去之。张仪之来也，自以为故人，求益，反见辱，怒，念诸侯莫可事，独秦能苦赵，乃遂入秦。

苏秦已而告其舍人曰：“张仪，天下贤士，吾殆弗如也。今吾幸先用，而能用秦柄者，独张仪可耳。然贫，无因以进[7]。吾恐其乐小利而不遂[8]，故召辱之，以激其意。子为我阴奉之。”乃言赵王，发金币车马，使人微随张仪，与同宿舍，稍稍近就之，奉以车马金钱，所欲用，为取给，而弗告。张仪遂得以见秦惠王。惠王以为客卿，与谋伐诸侯。

苏秦之舍人乃辞去。张仪曰：“赖子得显，方且报德，何故去也？”舍人曰：“臣非知君，知君乃苏君。苏君忧秦伐赵败从约，以为非君莫能得秦柄，故感怒君，使臣阴奉给君资，尽苏君之计谋。今君已用，请归报。”张仪曰：“嗟乎，此在吾术中而不悟[9]，吾不及苏君明矣！吾又新用，安能谋赵乎？为吾谢苏君，苏君之时，仪何敢言。且苏君在，仪宁渠能乎[10]！”张仪既相秦，为文檄告楚相曰：“始吾从若饮[11]，我不盗而璧[12]，若笞我。若善守汝国，我顾且盗而城[13]！”

苴、蜀相攻击，各来告急于秦。秦惠王欲发兵以伐蜀，以为道险狭难至，而韩又来侵秦，秦惠王欲先伐韩，后伐蜀，恐不利；欲先伐蜀，恐韩袭秦之敝，犹豫未能决。司马错与张仪争论于惠王之前，司马错欲伐蜀，张仪曰：“不如伐韩。”王曰："请闻其说。"

仪曰："亲魏善楚，下兵三川，塞什谷之口，当屯留之道[14]，魏绝南阳，楚临南郑，秦攻新城、宜阳，以临二周之郊，诛周王之罪，侵楚、魏之地。周自知不能救，九鼎宝器必出。据九鼎，案图籍，挟天子以令于天下，天下莫敢不听，此王业也。今夫蜀，西僻之国而戎翟之伦也，敝兵劳众不足以成名，得其地不足以为利。臣闻争名者于朝，争利者于市。今三川、周室，天下之朝市也，而王不争焉，顾争于戎翟，去王业远矣。"

司马错曰："不然。臣闻之，欲富国者务广其地，欲强兵者务富其民，欲王者务博其德，三资者备而王随之矣。今王地小民贫，故臣愿先从事于易。夫蜀，西僻之国也，而戎翟之长也，有桀纣之乱[15]。以秦攻之，譬如使豺狼逐群羊。得其地足以广国，取其财足以富民缮兵，不伤众而彼已服焉。拔一国而天下不以为暴，利尽西海而天下不以为贪，是我一举而名实附也，而又有禁暴止乱之名。今攻韩，劫天子，恶名也，而未必利也，又有不义之名，而攻天下所不欲，危矣。臣请谒其故[16]：周，天下之宗室也；齐，韩之与国也[17]。周自知失九鼎，韩自知亡三川，将二国并力合谋，以因乎齐、赵而求解乎楚、魏，以鼎与楚，以地与魏，王弗能止也。此臣之所谓危也。不如伐蜀完[18]。"

惠王曰："善，寡人请听子。"卒起兵伐蜀，十月，取之，遂定蜀，贬蜀王更号为侯，而使陈庄相蜀。蜀既属秦，秦以益强，富厚，轻诸侯。

秦惠王十年，使公子华与张仪围蒲阳，降之。仪因言秦复与魏，而使公子繇质于魏。仪因说魏王曰："秦王之遇魏甚厚，魏不可以无礼。"魏因入上郡、少梁，谢秦惠王。惠王乃以张仪为相，更名少梁曰夏阳。

仪相秦四岁，立惠王为王。居一岁，为秦将，取陕。筑上郡塞。

其后二年，使与齐、楚之相会齧桑。东还而免相，相魏以为秦，欲令魏先事秦而诸侯效之。魏王不肯听仪。秦王怒，伐取魏之曲沃、平周，复阴厚张仪益甚。张仪惭，无以归报。留魏四岁而魏襄王卒，哀王立。张仪复说哀王，哀王不听。于是张仪阴令秦伐魏。魏与秦战，败。

明年，齐又来败魏于观津。秦复欲攻魏，先败韩申差军，斩首八万，诸侯震恐。而张仪复说魏王曰："魏地方不至千里，卒不过三十万。地四平，诸侯四通辐凑，无名山大川之限。从郑至梁二百余里，车驰人走，不待力而至。梁南与楚境，西与韩境，北与赵境，东与齐境，卒戍四方，守亭鄣者不下十万[19]。梁之地势，固战场也。梁南与楚而不与齐，则齐攻其东；东与齐而不与赵，则赵攻其北；不合于韩，则韩攻其西；不亲于楚，则楚攻其南：此所谓四分五裂之道也。

"且夫诸侯之为从者，将以安社稷尊主强兵显名也。今从者一天下，约为昆弟，刑白马以盟洹水之上，以相坚也。而亲昆弟同父母，尚有争钱财，而欲恃诈伪反覆苏秦之余谋，其不可成亦明矣。

"大王不事秦，秦下兵攻河外，据卷、衍、燕、酸枣，劫卫取阳晋，则赵不南，赵不南而梁不北，梁不北则从道绝，从道绝则大王之国欲毋危不可得也。秦折韩而攻梁，韩怯于秦，秦、韩为一，梁之亡可立而须也[20]。此臣之所为大王患也。

“为大王计，莫如事秦。事秦则楚、韩必不敢动；无楚、韩之患，则大王高枕而卧，国必无忧矣。

“且夫秦之所欲弱者莫如楚，而能弱楚者莫如梁。楚虽有富大之名而实空虚；其卒虽多，然而轻走易北[21]，不能坚战。悉梁之兵南面而伐楚，胜之必矣。割楚而益梁，亏楚而适秦[22]，嫁祸安国，此善事也。大王不听臣，秦下甲士而东伐，虽欲事秦，不可得矣。

“且夫从人多奋辞而少可信[23]，说一诸侯而成封侯，是故天下之游谈士莫不日夜搤腕瞋目切齿以言从之便，以说人主。人主贤其辩而牵其说，岂得无眩哉[24]。

“臣闻之，积羽沉舟，群轻折轴，众口铄金[25]，积毁销骨，故愿大王审定计议，且赐骸骨辟魏[26]。”

哀王于是乃倍从约而因仪请成于秦[27]。

张仪归，复相秦。三岁而魏复背秦为从。秦攻魏，取曲沃。明年，魏复事秦。

秦欲伐齐，齐、楚从亲，于是张仪往相楚。楚怀王闻张仪来，虚上舍而自馆之[28]。曰：“此僻陋之国，子何以教之？”仪说楚王曰：“大王诚能听臣，闭关绝约于齐，臣请献商於之地六百里，使秦女得为大王箕帚之妾，秦楚娶妇嫁女，长为兄弟之国。此北弱齐而西益秦也，计无便此者。”楚王大说而许之[29]。群臣皆贺，陈轸独吊之[30]。楚王怒曰：“寡人不兴师发兵得六百里地，群臣皆贺，子独吊，何也？”陈轸对曰：“不然，以臣观之，商於之地不可得而齐秦合，齐秦合则患必至矣。”楚王曰：“有说乎？”陈轸对曰：“夫秦之所以重楚者，以其有齐也。今闭关绝约于齐，则楚孤。秦奚贪夫孤国[31]，而与之商於之地六百里？张仪至秦，必负王，是北绝齐交，西生患于秦也，而两国之兵必俱至。善为王计者，不若阴合而阳绝于齐，使人随张仪。苟与吾地，绝齐未晚也；不与吾地，阴合谋计也。”楚王曰：“愿陈子闭口毋复言，以待寡人得地。”乃以相印授张仪，厚赂之。于是遂闭关绝约于齐，使一将军随张仪。

张仪至秦，详失绥堕车[32]，不朝三月。楚王闻之，曰：“仪以寡人绝齐未甚邪？”乃使勇士至宋，借宋之符，北骂齐王。齐王大怒，折节而下秦。秦齐之交合，张仪乃朝，谓楚使者曰：“臣有奉邑六里，愿以献大王左右。”楚使者曰：“臣受令于王，以商於之地六百里，不闻六里。”还报楚王，楚王大怒，发兵而攻秦。陈轸曰：“轸可发口言乎？攻之不如割地反以赂秦，与之并兵而攻齐，是我出地于秦，取偿于齐也，王国尚可存。”楚王不听，卒发兵而使将军屈匄击秦。秦齐共攻楚，斩首八万，杀屈匄，遂取丹阳、汉中之地。楚又复益发兵而袭秦，至蓝田，大战，楚大败，于是楚割两城以与秦平。

秦要楚欲得黔中地[33]，欲以武关外易之。楚王曰：“不愿易地，愿得张仪而献黔中地。”秦王欲遣之，口弗忍言。张仪乃请行。惠王曰：“彼楚王怒子之负以商於之地，是且甘心于子[34]。”张仪曰：“秦强楚弱，臣善靳尚，尚得事楚夫人郑袖，袖所言皆从。且臣奉王之节使楚，楚何敢加诛。假令诛臣而为秦得黔中之地，臣之上愿。”遂使楚。楚怀王至则囚张仪，将杀之。靳尚谓郑袖曰：“子亦知子之贱于王乎？”郑袖曰：“何也？”靳尚曰：“秦王甚爱张仪而不欲出之[35]，今将以上庸之地六县赂楚，以美人聘楚，以宫中善歌讴者为媵[36]。楚王重地尊秦，秦女必贵而夫人斥矣。不若为言而出之。”于是郑袖日夜言怀王曰：“人臣各为其主用。今地未入秦，秦使张仪来，至重王。王未有礼而杀张仪，秦必大怒攻楚。妾请子母俱迁江南，毋为秦所鱼肉也。”怀王后悔，赦张仪，厚礼之如故。

张仪既出，未去，闻苏秦死，乃说楚王曰：“秦地半天下，兵敌四国,被险带河，四塞以为固。虎贲之士百余万，车千乘，骑万匹，积粟如丘山。法令既明，士卒安难乐死，主明以严，将智以武，虽无出甲，席卷常山之险，必折天下之脊[37]，天下有后服者先亡。且夫为从者，无以异于驱群羊而攻猛虎，虎之与羊不格明矣。今王不与猛虎而与群羊，臣窃以为大王之计过也。

“凡天下强国，非秦而楚，非楚而秦，两国交争，其势不两立。大王不与秦，秦下甲据宜阳，韩之上地不通。下河东，取成皋，韩必入臣，梁则从风而动。秦攻楚之西，韩、梁攻其北，社稷安得毋危?

“且夫从者聚群弱而攻至强，不料敌而轻战，国贫而数举兵，危亡之术也。臣闻之，兵不如者勿与挑战，粟不如者勿与持久。夫从人饰辩虚辞，高主之节，言其利不言其害，卒有秦祸[38]，无及为已。是故愿大王之孰计之。

“秦西有巴蜀，大船积粟，起于汶山，浮江已下，至楚三千余里。舫船载卒[39]，一舫载五十人与三月之食，下水而浮，一日行三百余里，里数虽多，然而不费牛马之力，不至十日而距扞关[40]。扞关惊，则从境以东尽城守矣[41]，黔中、巫郡非王之有。秦举甲出武关，南面而伐，则北地绝。秦兵之攻楚也，危难在三月之内，而楚待诸侯之救，在半岁之外，此其势不相及也。夫恃弱国之救，忘强秦之祸，此臣所以为大王患也。

“大王尝与吴人战，五战而三胜，阵卒尽矣；偏守新城[42]，存民苦矣。臣闻功大者易危，而民敝者怨上。夫守易危之功而逆强秦之心，臣窃为大王危之。

“且夫秦之所以不出兵函谷十五年以攻齐、赵者，阴谋有合天下之心。楚尝与秦构难，战于汉中，楚人不胜，列侯执珪死者七十余人[43]，遂亡汉中。楚王大怒，兴兵袭秦，战于蓝田。此所谓两虎相搏者也。夫秦楚相敝而韩魏以全制其后，计无危于此者矣。愿大王孰计之。

“秦下甲攻卫阳晋，必大关天下之匈[44]。大王悉起兵以攻宋，不至数月而宋可举，举宋而东指，则泗上十二诸侯尽王之有也。

“凡天下而以信约从亲相坚者苏秦，封武安君，相燕，即阴与燕王谋伐破齐而分其地；乃详有罪出走入齐[45]，齐王因受而相之；居二年而觉，齐王大怒，东裂苏秦于市。夫以一诈伪之苏秦，而欲经营天下，混一诸侯[46]，其不可成亦明矣。

“今秦与楚接境壤界[47]，固形亲之国也[48]。大王诚能听臣，臣请使秦太子入质于楚，楚太子入质于秦，请以秦女为大王箕帚之妾，效万室之都以为汤沐之邑，长为昆弟之国，终身无相攻伐。臣以为计无便于此者。”

于是楚王已得张仪而重出黔中地与秦[49]，欲许之。屈原曰：“前大王见欺于张仪，张仪至，臣以为大王烹之；今纵弗忍杀之，又听其邪说，不可。”怀王曰：“许仪而得黔中，美利也。后而倍之[50]，不可。”故卒许张仪，与秦亲。

张仪去楚，因遂之韩，说韩王曰：“韩地险恶山居，五谷所生，非菽而麦，民之食大抵菽饭藿羹[51]。一岁不收，民不餍糟糠[52]。地不过九百里，无二岁之食。料大王之卒，悉之不过三十万，而厮徒负养在其中矣[53]。除守徼亭鄣塞，见卒不过二十万而已矣[54]。秦带甲百余万，车千乘，骑万匹，虎贲之士跿跔科头贯颐奋戟者[55]，至不可胜计。秦马之良，戎兵之众，探前趹后蹄间三寻腾者[56]，不可胜数。山东之士被甲蒙胄以会战，秦人捐甲徒裼以趋敌[57]，左挈人头[58]，右挟生虏。夫秦卒与山东之卒，犹孟贲之与怯夫[59]；以重力相压，犹乌获之与婴儿[60]。夫战孟贲、乌获之士以攻不服之弱国，无异垂千钧之重于鸟卵之上，必无幸矣。

“夫群臣诸侯不料地之寡，而听从人之甘言好辞，比周以相饰也[61]，皆奋曰‘听吾计可以强霸天下’。夫不顾社稷之长利而听须臾之说，诖误人主[62]，无过此者。

“大王不事秦，秦下甲据宜阳，断韩之上地，东取成皋、荥阳，则鸿台之宫、桑林之苑非王之有也。夫塞成皋，绝上地，则王之国分矣。先事秦则安，不事秦则危。夫造祸而求其福报，计浅而怨深，逆秦而顺楚，虽欲毋亡，不可得也。

“故为大王计，莫如为秦[63]。秦之所欲莫如弱楚，而能弱楚者莫如韩。非以韩能强于楚也。其地势然也。今王西面而事秦以攻楚，秦王必喜。夫攻楚以利其地，转祸而说秦，计无便于此者。”

韩王听仪计。张仪归报，秦惠王封仪五邑，号曰武信君。使张仪东说齐湣王曰：“天下强国无过齐者，大臣父兄殷众富乐。然而为大王计者，皆为一时之说，不顾百世之利。从人说大王者，必曰‘齐西有强赵，南有韩与梁。齐，负海之国也[64]，地广民众，兵强士勇，虽有百秦，将无奈齐何’。大王贤其说而不计其实。夫从人朋党比周，莫不以从为可。臣闻之，齐与鲁三战而鲁三胜，国以危亡随其后，虽有战胜之名，而有亡国之实。是何也？齐大而鲁小也。今秦之与齐也，犹齐之与鲁也。秦赵战于河漳之上，再战而赵再胜秦；战于番吾之下，再战又胜秦。四战之后，赵之亡卒数十万，邯郸仅存，虽有战胜之名而国已破矣。是何也？秦强而赵弱。

“今秦楚嫁女娶妇，为昆弟之国。韩献宜阳；梁效河外；赵入朝渑池，割河间以事秦。大王不事秦，秦驱韩梁攻齐之南地，悉赵兵渡清河，指博关，临菑、即墨非王之有也。国一日见攻，虽欲事秦，不可得也。是故愿大王孰计之也。”

齐王曰：“齐僻陋，隐居东海之上，未尝闻社稷之长利也。”乃许张仪。

张仪去，西说赵王曰：“敝邑秦王使使臣效愚计于大王。大王收率天下以宾秦[65]，秦兵不敢出函谷关十五年。大王之威行于山东，敝邑恐惧慑伏[66]，缮甲厉兵[67]，饰车骑[68]，习驰射，力田积粟，守四封之内，愁居慑处，不敢动摇，唯大王有意督过之也[69]。

“今以大王之力，举巴蜀，并汉中，包两周，迁九鼎，守白马之津[70]。秦虽僻远，然而心忿含怒之日久矣。今秦有敝甲凋兵[71]，军于渑池，愿渡河踰漳，据番吾，会邯郸之下，愿以甲子合战，以正殷纣之事[72]，敬使使臣先闻左右。

“凡大王之所信为从者恃苏秦。苏秦荧惑诸侯，以是为非，以非为是，欲反齐国，而自令车裂于市。夫天下之不可一亦明矣。今楚与秦为昆弟之国，而韩、梁称为东藩之臣，齐献鱼盐之地，此断赵之右臂也。夫断右臂而与人斗，失其党而孤居，求欲毋危，岂可得乎！

“今秦发三将军：其一军塞午道[73]，告齐使兴师渡清河，军于邯郸之东；一军军成皋，驱韩梁军于河外；一军军于渑池。约四国为一以攻赵，赵破，必四分其地。是故不敢匿意隐情，先以闻于左右。臣窃为大王计，莫如与秦王遇于渑池，面相见而口相结，请案兵无攻[74]。愿大王之定计。”

赵王曰：“先王之时，奉阳君专权擅势，蔽欺先王，独擅绾事[75]，寡人居属师傅[76]，不与国谋计[77]。先王弃群臣[78]，寡人年幼，奉祀之日新，心固窃疑焉，以为一从不事秦，非国之长利也。乃且愿变心易虑，割地谢前过以事秦。方将约车趋行，适闻使者之明诏。”赵王许张仪，张仪乃去。

北之燕，说燕昭王曰：“大王之所亲莫如赵。昔赵襄子尝以其姊为代王妻，欲并代，约与代王遇于句注之塞。乃令工人作为金斗[79]，长其尾，令可以击人。与代王饮，阴告厨人曰：‘即酒酣乐，进热啜[80]，反斗以击之。’于是酒酣乐，进热啜，厨人进斟，因反斗以击代王，杀之，王脑涂地。其姊闻之，因摩笄以自刺，故至今有摩笄之山。代王之亡，天下莫不闻。

“夫赵王之很戾无亲[81]，大王之所明见，且以赵王为可亲乎？赵兴兵攻燕，再围燕都而劫大王，大王割十城以谢。今赵王已入朝渑池，效河间以事秦。今大王不事秦，秦下甲云中、九原，驱赵而攻燕，则易水、长城非大王之有也。

“且今时赵之于秦犹郡县也，不敢妄举师以攻伐。今王事秦，秦王必喜，赵不敢妄动，是西有强秦之援，而南无齐、赵之患，是故愿大王孰计之。”

燕王曰：“寡人蛮夷僻处，虽大男子裁如婴儿[82]，言不足以采正计。今上客幸教之，请西面而事秦，献恒山之尾五城。”燕王听仪。仪归报，未至咸阳而秦惠王卒，武王立。武王自为太子时不说张仪[83]，及即位，群臣多谗张仪曰：“无信，左右卖国以取容。秦必复用之，恐为天下笑。”诸侯闻张仪有郤武王[84]，皆畔衡[85]，复合从。

秦武王元年，群臣日夜恶张仪未已，而齐让又至[86]。张仪惧诛，乃因谓秦武王曰：“仪有愚计，愿效之。”王曰：“奈何？”对曰：“为秦社稷计者，东方有大变，然后王可以多割得地也。今闻齐王甚憎仪，仪之所在，必兴师伐之。故仪愿乞其不肖之身之梁，齐必兴师而伐梁。梁齐之兵连于城下而不能相去，王以其间伐韩，入三川，出兵函谷而毋伐，以临周，祭器必出。挟天子，按图籍，此王业也。”秦王以为然，乃具革车三十乘，入仪之梁。齐果兴师伐之。梁哀王恐。张仪曰：“王勿患也，请令罢齐兵。”乃使其舍人冯喜之楚，借使之齐，谓齐王曰：“王甚憎张仪；虽然，亦厚矣王之托仪于秦也！”齐王曰：“寡人憎仪，仪之所在，必兴师伐之，何以托仪？”对曰：“是乃王之托仪也。夫仪之出也，固与秦王约曰：‘为王计者，东方有大变，然后王可以多割得地。今齐王甚憎仪，仪之所在，必兴师伐之。故仪愿乞其不肖之身之梁，齐必兴师伐之。齐梁之兵连于城下而不能相去，王以其间伐韩，入三川，出兵函谷而无伐，以临周，祭器必出。挟天子，案图籍，此王业也。’秦王以为然，故具革车三十乘而入之梁也。今仪入梁，王果伐之，是王内罢国而外伐与国[87]，广邻敌以内自临[88]，而信仪于秦王也。此臣之所谓‘托仪’也。”齐王曰：“善。”乃使解兵。

张仪相魏一岁，卒于魏也。

陈轸者，游说之士。与张仪俱事秦惠王，皆贵重，争宠。张仪恶陈轸于秦王曰：“珍重币轻使秦楚之间，将为国交也。今楚不加善于秦而善轸者，轸自为厚而为王薄也。且轸欲去秦而之楚，王胡不听乎？”王谓陈轸曰：“吾闻子欲去秦之楚，有之乎？”轸曰：“然。”王曰：“仪之言果信矣。”轸曰：“非独仪知之也，行道之士尽知之矣。昔子胥忠于其君而天下争以为臣，曾参孝于其亲而天下愿以为子。故卖仆妾不出闾巷而售者，良仆妾也；出妇嫁于乡曲者[89]，良妇也。今轸不忠其君，楚亦何以轸为忠乎？忠且见弃，轸不之楚何归乎？”王以其言为然，遂善待之。

居秦期年，秦惠王终相张仪，而陈轸奔楚。楚未之重也，而使陈轸使于秦。过梁，欲见犀首。犀首谢弗见。轸曰：“吾为事来，公不见轸，轸将行，不得待异日。”犀首见之。陈轸曰：“公何好饮也？”犀首曰：“无事也。”曰：“吾请令公厌事可乎？”[90]曰：“奈何？”曰：“田需约诸侯从亲，楚王疑之，未信也。公谓于王曰：‘臣与燕、赵之王有故，数使人来，曰“无事何不相见”，愿谒行于王[91]。’王虽许公[92]，公请毋多车，以车三十乘，可陈之于庭，明言之燕、赵。”燕、赵客闻之，驰车告其王，使人迎犀首。楚王闻之大怒，曰：“田需与寡人约，而犀首之燕、赵，是欺我也。”怒而不听其事。齐闻犀首之北，使人以事委焉。犀首遂行，三国相事皆断于犀首。轸遂至秦。

韩魏相攻，期年不解。秦惠王欲救之，问于左右。左右或曰救之便，或曰勿救便，惠王未能为之决。陈轸适至秦，惠王曰：“子去寡人之楚，亦思寡人不？”陈轸对曰：“王闻夫越人庄舄乎？”王曰：“不闻。”曰：“越人庄舄仕楚执珪，有顷而病。楚王曰：‘舄故越之鄙细人也，今仕楚执珪，贵富矣，亦思越不？’中谢对曰[93]：‘凡人之思故，在其病也。彼思越则越声，不思越则楚声。’使人往听之，犹尚越声也。今臣虽弃逐之楚，岂能无秦声哉！”惠王曰：“善。今韩魏相攻，期年不解，或谓寡人救之便，或曰勿救便，寡人不能决，愿子为子主计之余，为寡人计之。”陈轸对曰：“亦尝有以夫卞庄子刺虎闻于王者乎？庄子欲刺虎，馆竖子止之，曰：‘两虎方且食牛，食甘必争，争则必斗，斗则大者伤，小者死，从伤而刺之，一举必有双虎之名。’卞庄子以为然，立须之[94]。有顷，两虎果斗，大者伤，小者死。庄子从伤者而刺之，一举果有双虎之功。今韩魏相攻，期年不解，是必大国伤，小国亡，从伤而伐之，一举必有两实。此犹庄子刺虎之类也。臣主与王何异也。”惠王曰：“善。”卒弗救。大国果伤，小国亡，秦兴兵而伐，大剋之。此陈轸之计也。

犀首者，魏之阴晋人也，名衍，姓公孙氏。与张仪不善。

张仪为秦之魏，魏王相张仪。犀首弗利，故令人谓韩公叔曰：“张仪已合秦魏矣，其言曰‘魏攻南阳，秦攻三川’。魏王所以贵张子者，欲得韩地也。且韩之南阳已举矣，子何不少委焉以为衍功，则秦魏之交可错矣[95]。然则魏必图秦而弃仪，收韩而相衍。”公叔以为便，因委之犀首以为功。果相魏。张仪去。

义渠君朝于魏。犀首闻张仪复相秦，害之。犀首乃谓义渠君曰：“道远不得复过，请谒事情。”曰：“中国无事，秦得烧掇焚杅君之国[96]；有事，秦将轻使重币事君之国。”其后五国伐秦。会陈轸谓秦王曰：“义渠君者，蛮夷之贤君也，不如赂之以抚其志。”秦王曰：“善。”乃以文绣千纯、妇女百人遗义渠君[97]。义渠君致群臣而谋曰：“此公孙衍所谓邪？”乃起兵袭秦，大败秦人李伯之下。

张仪已卒之后，犀首入相秦。尝佩五国之相印，为约长。

太史公曰：三晋多权变之士，夫言从衡强秦者大抵皆三晋之人也。夫张仪之行事甚于苏秦，然世恶苏秦者，以其先死，而仪振暴其短以扶其说[98]，成其衡道。要之，此两人真倾危之士哉[99]！

【译文】

张仪是魏国人。最初曾与苏秦共同事奉鬼谷先生，学习游说之术，苏秦自认为所学比不上张仪。

张仪结束学业以后，便去游说诸侯。一次，他在楚相那里饮酒，席散后，楚相佩戴的玉璧不见了，相府的幕客认为张仪有嫌疑，说：“张仪既贫穷又没有品德，必定是他偷了相国的玉璧。”于是众人抓住张仪，打了他几百竹板，张仪还是不承认，大家只好把他释放了。张仪的妻子叹气说：“唉，你如果不去读书游说，怎么会遭到这般侮辱呢？”张仪对妻子说：“你看看我的舌头还在吗？”妻子禁不住笑着回答：“舌头当然还在啰。”张仪说：“这就够了。”

当时，苏秦已经说服赵王同意合纵盟约，与同盟国结好相亲，但他又担心各国诸侯在秦的进攻下背弃盟约，从而招致盟约的破坏，考虑再三，竟找不到一个合适派往秦国为自己做事的人。于是他派人暗中启发张仪："您以前就与苏秦相好，现在他已经当权，你何不到他那里去，以谋求展现您的志愿？"张仪于是前往赵国，递上名帖请求拜见苏秦。苏秦却先已告诫手下人不替张仪通报，又设法让他好几天不能离去。然后才接见他，并叫他坐在堂下，赏给他仆人、侍女所吃的饭食，并一再奚落张仪说："像你那么有才能的人，竟弄得自己穷愁潦倒到这种地步。我哪是不能够荐举你而使你富贵呢，只是因为你不值得收留啊！"苏秦就此推辞让张仪离开。张仪这次来见苏秦，本以为是旧交，可以得到帮助，谁知反而受到侮辱，非常气愤，想到各国诸侯都没有可以侍奉的，唯有秦国才能威胁赵国，于是便前往秦国。

苏秦此后告诉自己的门客说："张仪是天下贤士，我恐怕不如他。现在我侥幸先受到重用，而能够掌握秦国大权的人，那只有张仪才行。而他当前贫穷，没有凭借的条件获得进用。我怕他满足于小利而不得大用，所以召他来当面侮辱他，以此来激发他的意志。请您为我暗中帮助他。"苏秦将计划禀告赵王以后，拨出钱财车马，派人一路上暗暗跟踪张仪，与他同住一个旅舍，逐渐接近了他，供给他车马钱财，凡张仪有所需用，都取来供给他，但并不告诉他实情。张仪因此而得以见到秦惠王。秦惠王任用张仪为客卿，与他共商攻打各国诸侯的大计。

苏秦的门客至此便向张仪告辞，张仪说："我靠你的帮助才得以显赫，正准备报答你的恩德，你为什么却要离开我呢？"门客回答说："我并不了解你，了解你的正是苏先生啊！苏先生担心秦国攻打赵国而破坏他的合纵盟约，认为非你不能掌握秦国大权，所以故意激怒你，然后派我暗中供给你所需费用，这全是苏先生的安排。现在你已经得到重用，请让我回赵国回复苏先生。"张仪说："唉！这些计谋都是我研习过的，而我竟未能发现，我比不上苏先生是明白无疑的了！再加上我新被任用，怎么可能打赵国的主意呢？请你为我答谢苏先生，只要在苏先生当权之时，我怎敢打赵国的主意呢。况且苏先生在，我张仪哪有这个能力呢！"张仪做了秦的相国后，写文书警告楚相说："过去我跟随你饮酒，并未盗你的玉璧，可你却责打了我。你好好守住你的国家吧，我将要盗取你的城池！"

苴国和蜀国相互攻打，两国都向秦国告急救援。秦惠王打算派兵攻蜀，又考虑到蜀道险要、狭窄，难以到达，而韩国又会借机入侵；想先打韩，后攻蜀吧，又担心不能取胜；想先打蜀吧，又担心韩国乘机偷袭的弊端。惠王犹豫不决，拿不定主意。司马错与张仪在秦惠王面前展开了争论，司马错主张攻蜀，张仪说不如攻韩。秦惠王说："请让我听一听你们各自的理由。"

张仪说："亲近魏国，结好楚国，派兵前往三川，阻断什谷的入口，扼守屯留的通道，让魏兵卡断去韩国南阳的道路，让楚兵直逼南郑，我们则攻打新城、宜阳，从而兵临二周的郊外，声讨周君的罪过，侵占楚、魏的地盘。周君自知局势无法挽救，必然会献出九鼎宝器。拥有了九鼎宝器，掌握了天下的地图和户籍，劫持着天子向天下发号施令，天下诸侯谁敢不听？这正是称王天下的事业啊！而当今的蜀国，不过是西部偏远的国家，戎狄的同类，损军劳民，达不到名显天下的目的；取得了他们的土地，却收不到什么实际利益。我听说过这样一句话：争名的要到朝廷，争利的应去集市。现在的三川、周室就是天下的朝廷和集市啊，而大王您不去争夺，反倒去争夺戎狄那样的落后地区，这距离称王的事业太遥远了！”

司马错说：“不是这样。我听说过：想要使国家富强的人，必须扩充他的土地；想要军队强大的人，必须使百姓富裕；想要称王，必须推广他的德政。这三个条件具备，王业也就随之而来。目前大王您的国土狭小，百姓贫穷，所以我希望先从容易的方面做起。蜀是西方偏远的国家，也是戎狄中的最大的国家，有夏桀、殷纣一样的昏暴之行。以秦国的军队去攻蜀，就好比用豺狼去驱赶群羊一样。夺得蜀的土地就可以扩展疆土，取得蜀的财富就可使百姓富裕和军备充足，不用损伤多少人而蜀国就已经臣服了。我们占有一个蜀国，但天下的人并不认为我们暴虐；获得蜀国以西的利益，天下的人并不认为我们贪婪。这样不仅一举名利双收，而且还可获得禁暴止乱的美名。现在若攻打韩国，劫持周天子，则名誉不好，而且不一定能得到实利，还会落个不义的名声，且攻打天下人都不愿意攻打的国家，这是危险的。请大王允许我陈述原因：周是天下的宗室，齐是韩的盟国。周王室料到将要失去九鼎，韩国料到将要失去三川，两国势必要协力齐心，依赖齐、赵两国以求得楚、魏的谅解，周将鼎给楚国，韩将土地割与魏国，对此大王您是不可能禁止的。这就是我所说的危险所在啊。还不如攻打蜀国更为完备。”

秦惠王对司马错说：“好，那就听你的意见吧。”终于起兵攻蜀。这年十月，拿下蜀国，把蜀王的名号改称为“侯”，并派陈庄担任蜀的相国。蜀归秦以后，秦因此更加强大富裕，也看不起各国诸侯了。

秦惠王十年，惠王派公子华与张仪率兵围困魏国的蒲阳，使守军投降。张仪提出秦把蒲阳交还魏国，并派公子繇到魏国作人质。张仪劝告魏王说：“秦王对待魏国非常仁厚，魏国不可以不还礼。”魏国于是把上郡、少梁给了秦国作为对惠王的答谢。惠王便任张仪为相国，并将少梁改为夏阳。

张仪做秦的相国四年后，拥立惠王称王。又过了一年，张仪为将，领兵攻取了陕县，同时在上郡筑塞。

此后两年，张仪被派到齧桑与齐、楚的相国盟会。从东边回国后，张仪被免掉秦相职位，为了秦国利益去魏国当了相国，想让魏国先归附秦国，然后让其他诸侯仿效魏国的做法。但魏王不肯听张仪的意见，秦王愤怒之下，派兵攻取了魏国的曲沃、平周两城，同时暗中给张仪更为丰厚的待遇。张仪感到惭愧，觉得没有什么可以作为回报。张仪在魏居留了四年后，魏襄王去世，魏哀王即位。张仪又游说哀王归秦，哀王还是不听。于是张仪暗中指使秦国攻魏。魏起兵与秦作战，被秦打败。

第二年，齐兵又至，在观津战败了魏军。秦军又准备攻打魏国，首先战败了韩申差率领的军队，斩首八万，各国诸侯为之震惊害怕。张仪于是又游说魏王道："魏国的土地纵横不满一千里，士兵不到三十万。地势四面平坦，与各国四通八达，没有高山大河的阻隔。从新郑到大梁不过两百多里路，战车或者步兵，都不费力就能到达。魏国南与楚国交界，西与韩国接壤，北与赵国毗邻，东与齐国连界，军队戍守四方，守卫边防工事的兵士当在十万以上。魏国的地势，本来就是战场啊。如果向南与楚交好而不东与齐国交好，那齐国就会从东面进攻；与东方齐国友好而不与赵国亲善，那赵兵就会从北面进攻；与韩国不和，那韩兵就会从西面进攻；与楚国不亲近，那楚兵就会从南面侵犯。这正是人们所说的四分五裂的道路啊。

"再说各国诸侯之所以合纵结盟，是想求得国家安全、巩固君主地位、增强军队力量、显扬本国声威。现在各合纵国把天下当做一家，他们结为兄弟，在洹水之滨杀白马立誓为盟，以坚定彼此的意志。然而同是父母所生的亲兄弟之间，尚且发生争夺钱财的事，那么合纵各国想要依仗欺诈虚伪、反复无常苏秦残损的谋划，不可能成功是明确无疑的了。

"大王您要是不依附秦，秦就会出兵攻打河外，占据卷、衍、燕、酸枣等地，胁迫卫国，夺取卫国的阳晋，于是赵国不能南下援魏；赵国不能南下，那魏也就不能向北和赵呼应；魏不能连赵，那么合纵各国的交通就会断绝；合纵各国的交通一断绝，那么大王您的国家要想没有危险就不可能了。秦国挟持韩国转而攻梁，韩国因为害怕秦国，与秦联为一体，于是梁的灭亡就立等可待了。这就是我为大王您担心的事情啊。

"现在为大王着想，还是不如事奉秦国。依附了秦国就必定会使楚国、韩国不敢妄动；没有了韩、楚侵扰的祸患，大王就可以高枕而卧，国家必定没有忧虑了。

"再说秦国最想削弱的国家是楚国，而最能削弱楚国的没有谁比得上魏国。楚国虽然有民富国大的名声，但实际上却很空虚；它的军队人数虽然多，但临阵会轻易败逃，不能打硬仗。我们调集魏国的全部军队南下攻打楚国，获胜是必然的。割裂楚国，有利于魏国；使楚国损耗，使秦国高兴，转嫁了灾祸，安定了国家，确是一件好事啊。大王如不听我的意见，秦出兵东向攻魏，那时魏想要事奉秦，就不可能了。

"再说主张合纵的人，他们大多话讲得激昂而很少有靠得住的，只要说动了一国国君就能受封为侯，所以天下从事游说的人无不日日夜夜、咬牙切齿、慷慨陈词，宣扬合纵的好处，以图打动君主。君主觉得他们说得很好而受到影响，又怎么可能不被迷惑呢！

"我听说过这样的话：羽毛堆积多了能把船压沉，轻东西聚载多了能把车轴压断，众人的指责可以使坚如铁石之物熔化，毁谤不止可以令人难以生存甚至遭到毁灭，故此我请求大王慎重地决定国家大计，并请您让我辞职离开魏国。"

魏哀王于是背弃合纵盟约，通过张仪，请求与秦结好。张仪回秦后，仍然做了秦国的相国。三年后，魏又背叛秦国而重新加入合纵。秦因此出兵攻魏，夺取了魏的曲沃城。第二年，魏重又归附秦国。

秦国准备攻打齐国，而齐与楚为合纵相亲之国，秦王于是派张仪前往楚国担任相职。楚怀王听说张仪来楚，安排他住在上等馆舍，并亲自为他安排住宿。怀王问张仪说："我们这里是偏远鄙陋之国，不知您有什么见教？"张仪对怀王说："大王如果真能听我的意见，关闭边关与齐国断绝来往，我愿献上商於地区六百里的地方给楚，使秦王的女儿成为大王的妻子，秦、楚两国娶妇嫁女，永远成为亲如兄弟的国家。这将北面削弱齐国，西面有利于秦国，找不到比它更好的策略了。"楚怀王非常高兴地采纳了张仪的意见。群臣都为此向怀王贺喜，唯有陈轸向怀王表示哀悼。怀王发怒说："我不用兴兵便得到六百里土地，大臣们都庆贺，唯有你表示哀悼，这是为什么？"陈轸回答道："不是这样的。依我之见，大王商於之地不可能得到，齐、秦两国还会由此联合，齐、秦一联合那楚国的灾难必定降临。"怀王问道："有什么依据吗？"陈轸回答说："秦国之所以看重楚国，是因为楚国背后有齐国。现在楚国关闭边界与齐国绝交，那么楚国就会孤立无援。秦国怎会厚待一个孤立的国家，而奉送它六百里商於之地呢？张仪回到秦国后，必定会背叛大王。这样，楚国北与齐绝交，西面从秦国引来灾祸，那两国之兵必定都会来了。妥善地为大王考虑，不如暗中与齐修好，表面上与齐绝交，派人随同张仪到秦。如果秦给了我们土地，再与齐绝交也不晚；不给我们土地，我们与齐暗中联合再作主张。"怀王说："希望你闭上嘴巴不要再说了，等着看我得到秦的土地吧。"于是怀王将楚国的相印授予张仪，还送了许多礼物。于是关闭边界，与齐断交，并派一名将军随

同张仪至秦。

张仪到秦国后，假装上车时没有拉稳绳子而从车上坠地，为养伤而三个月没有上朝。楚怀王听说此事后，说："张仪是因为我与齐国绝交做得还不够坚决吗？"便派勇士前往宋国，借宋国的符节进入齐境，大骂齐王。齐王大怒，折断结盟的符节而投靠秦国。秦与齐恢复邦交后，张仪才上朝，对楚国的使臣说："我有六里领地，愿意献给你们大王。"使臣说道："我受楚王之命，来接受六百里商於之地，没有听说是六里。"使臣回国报告楚怀王，怀王大怒，发兵攻秦。陈轸说："我可以开口说话了吗？攻打秦国，不如反过来割地贿赂秦国，再与秦国联合攻齐，这样我们向秦国割出的土地，可以从齐国取得补偿，大王的国土还可以保存。"怀王不听，仓促发兵，派将军屈匄率领攻打秦国。秦与齐共同攻打楚，杀掉楚兵八万，杀了屈匄，接着攻取了楚国的丹阳、汉中等地。楚国重又增兵袭击秦国，在蓝田与秦军大战，楚军大败，楚国于是割让两城和秦国议和，才使战事平息。

秦国要挟楚国，想用武关以外的土地换取楚国的黔中。楚王说："我不希望换地，希望得到张仪而奉献黔中地。"秦王想派张仪赴楚，但不忍说出口。张仪就自己请求到楚国去。秦惠王说："楚王恨你欺骗说给商於之地，想杀你以解恨。"张仪说："秦强楚弱，我与楚国的靳尚友好，靳尚受楚王的夫人郑袖信任。郑袖说的话楚王都要听从。况且我是拿着大王您的符节出使，楚国怎敢杀害我呢。即便杀了我，而为秦得到黔中之地，也正是我最好的愿望啊。"张仪于是出使楚国。楚怀王待张仪一到，就把他囚禁起来准备杀掉。靳尚对郑袖说："你知道你会失宠于楚王吗？"郑袖问道："为什么呢？"靳尚说："秦王很喜爱张仪，一定要救他出来。打算用上庸所属的六县送给楚国，把美女嫁到楚国，用秦宫中善于唱歌的女子作为陪嫁。楚王看重土地，尊敬秦国，秦国的美女肯定会得宠，而夫人您就会受到冷落了。还不如为张仪说情放了他。"郑袖于是日夜向怀王进言说："做臣子的各自为他的君主效劳。现在我们的土地还没有给秦国，秦国就派遣张仪前来，这是尊重大王。大王不以礼相待，反而要杀掉张仪，秦必然会大怒而进攻楚国。请让妾母子二人都迁居到江南去，以免被秦兵所残害。"怀王后悔了，赦免了张仪，仍像过去那样隆重地接待他。

张仪获释后，还没有离开楚国，就听说苏秦已死，便向楚王进说道："秦国的土地占天下一半，兵力足以抵挡四周的国家，据有险要，有黄河围绕，四面都有要塞作为坚固的防卫据点。拥有雄兵一百多万，战车千辆，战马万匹，储粮堆积如山。法令严明，士卒又甘愿临难赴死。国君圣明威严，将帅有谋有勇，不出兵则已，一出兵就会占据险峻的常山，摧垮赵国，折断天下的脊梁。天下凡是归顺在后的国家必然先遭灭亡。再说主张合纵的人，与驱赶群羊进攻猛虎没有什么不同，虎与羊之间力量悬殊是再明白不过的了。现在大王不结交猛虎却结交群羊，臣私下认为大王的计策错了。

"总计天下的强国，不是秦就是楚，不是楚就是秦，两国你争我夺，这种形势不可能使两国并立。大王不结交秦，秦发兵占据宜阳：韩国上郡的地方就不能通行。秦再攻下河东，夺取成皋，韩国必定投降称臣。魏国也会闻风而动。秦攻楚国的西面，韩、魏攻楚国的北面，国家哪能不危险呢？

“再说合纵盟约是聚集一群弱国攻打最强的国家，不估量对方就轻率作战，国家贫穷却要频繁发起战事，这是危亡的道路啊！我听说过，兵力不如对方强，就不要向对方挑起战端；粮食不如对方多，就不要与对方长期打仗。那些谈合纵的人讲的都是好听的和不切实际的言辞，夸奖主上不事秦的气节，只说合纵的好处而不说它的坏处，忽然招来秦军的战祸，那时挽救就来不及了！所以请大王对此事多加考虑。

“秦国西面拥有巴蜀之地，用大船装载粮食，从汶山出发，顺长江而下，到楚国三千余里。用大船运载兵士，每条大船能载五十人和三个月的粮食，船顺着江水漂浮而下，一天可行三百余里，行程虽然多，但并不费牛马牵引的劳力，不到十天便可抵达楚国的扞关。扞关震动，竟陵以东的城邑就都要赶忙加强战备，黔中、巫郡就不再是大王所有了。秦再挥师从武关出发，从南面进攻，那么楚国的北境就被断绝。秦兵进攻楚国，不出三个月，楚国就会面临危难，然而楚国等待各诸侯国发兵来救，却要在半年之后，这势必赶不上。依靠弱国的救援，忘记强秦的祸患，这就是臣下替大王担心的地方啊！

“大王曾经与吴国人作战，作战五次胜了三次，临阵的士兵死得差不多了；为了守卫新攻占的城邑，残存下来的百姓也吃够苦了。我听说功业大容易招致危险，百姓穷困会产生怨恨国君的情绪。为了维持容易招致危险的功业而去违背强秦的意愿，我私下替大王感到危险。

“再说秦国之所以十五年不从函谷关出兵攻打齐、赵，是因为它暗中订下了吞并天下的计划。楚国曾经与秦国发生冲突，双方在汉中交战，楚国人没有打胜，有侯爵和执珪之爵的战死了七十多人，楚国的汉中之地便因此失去。大王大怒之下，发兵袭击秦国，两军在蓝田交战。这就是常言说的两虎相争啊。秦、楚两国相互削弱而使韩、魏两国以其完整无损的兵力来对付它们的后方，没有比这更加危险的做法了。请大王对此仔细考虑吧。

“秦发兵攻取卫的阳晋以后，必定会使天下的交通要道断绝。大王调集全部兵力进攻宋国，不到数月就可攻下，攻占宋国再挥师东向，那么泗水之侧的十二个诸侯国就会全部属大王所有了。

“约集东方六国合纵相互坚守盟约的人是苏秦，他被封为武安君；担任燕国的相国以后，就暗中与燕王策划攻破齐国后瓜分其土地，苏秦便装做有罪逃往齐国，齐王收留他，让他做了相国；经过两年后事情被发觉，齐王大怒，把苏秦车裂于集市。用一个狡诈虚伪的苏秦，却想要控制天下，把各国诸侯连成一气，这不可能成功也是很明显的。

“现在秦国与楚国国境相接，本来也是形势上亲密的国家。大王真能听我的话，我可以请秦王派太子到楚国作人质，大王也派太子到秦国作人质。还可以请秦王把他的女儿作为大王您的妻子，再奉上拥有万户人家的大城作为大王的沐浴之资，秦与楚长期成为兄弟国家，永世不互相攻打。我认为没有比这更好的策略了。”

楚怀王得到张仪以后，又不舍得割弃黔中给秦国，想要同意张仪的意见。屈原对楚王说：“前次大王受了张仪的欺骗，这次张仪来楚，臣认为大王会烹杀他；现在纵然不忍心杀他，却还听信他的胡言乱语，不能这样做啊！”楚怀王说：“答应了张仪可以保得黔中，这是很有利的事啊。已经答应了，过后又背弃，不好。”怀王最终应允张仪，与秦结好。

张仪离开楚国，便前往韩国，对韩王说：“韩国地势险恶，生活在山陵之中，生长的五谷，不是豆类就是麦子，老百姓吃的大都是豆子，喝的是豆叶汤。一年没有收成，人们连吃糟糠都吃不饱。韩国纵横不到九百里，没有储存两年的粮食。估计大王手下的军队，全部不足三十万，而且其中还要包括杂役人员呢。除去守卫边界亭堡的兵士外，现成的可供调动的最多不过二十万罢了。秦国的军队有一百多万，战车千辆，战马万匹，勇猛的兵士不戴头盔踊跃奔杀，弯弓射敌，持戟冲锋的，多得数不清。秦军战马的精良，士兵的众多，马的前蹄飞腾，后蹄猛蹬，速度快到前后蹄之间一跃可以跨过三寻的，同样不可胜数。山东六国的军队盔甲齐整地与秦军会战，秦军脱掉盔甲袒臂赤足来迎敌，个个左手提人头，右手挟俘虏。秦兵与山东六国的兵相比，好比勇士孟贲与懦夫；以重兵相接触，好比力士乌获和婴孩。用孟贲、乌获那样的军队作战，攻打不肯降服的弱国，与把千钧重力直接压在鸟卵上面没有什么不同，肯定没有能够幸免的了。

“各国的君臣们不考虑自己国土的狭小，却去听信宣传合纵的人的甜言蜜语，他们结成盟党，互相吹嘘，个个慷慨激昂地说：‘听了我的主意便可以在天下称强称霸。’像这样不顾及国家的长远利益而听信一时的谬论，贻误国君，没有比这更严重的了。

“大王不归附秦国，秦就会发兵占据宜阳，截断韩国的上党地区，再东取成皋、荥阳，那么鸿台之宫、桑林之苑就不再属于大王所有了。要是阻塞了成皋，截绝了上党地区，那大王的国土就要被分割了。早归附秦国就安全，不归附秦国就危险。如果制造的是祸端却想要得到福报，计虑粗浅，结怨很深，违背秦国而顺从楚国，要想国家不亡，那是不可能的。

“所以为大王着想，还不如替秦国效劳。秦最大的希望是削弱楚国，而最能削弱楚国的就是韩国。不是因为韩国比楚国强大，而是由韩的地势所决定的。现在大王向西臣事秦国，进攻楚国，秦王必然高兴。攻打楚国有利于韩国扩大领土，转移了祸患，取悦了秦国，没有比这更好的主意了。”

韩王听从了张仪的主意。张仪回秦作了汇报，秦惠王赐给张仪五座城邑，封他为武信君。惠王又派张仪向东游说齐湣王：“天下强国没有比得上齐国的，齐国的大臣百姓全都富裕安乐。但是为大王出谋划策的人，全只谈一时之计，不顾及百世的利益。主张合纵的人向大王游说，必定说‘齐国西面有强盛的赵国，南面有韩国与魏国。齐国是个滨海的国家，地广人多，军强兵勇，即使有一百个秦国，也拿齐国无可奈何’。大王认为这种说法正确，但没有考虑其不合于实际。主张合纵的人相互勾结，没有人不吹嘘合纵的好处。我听说，齐国与鲁国三次交战而鲁国三次获胜，但国家的危亡紧随其后，虽然有战胜的名声，但带来的是亡国的现实。这是什么原因呢？齐国强大而鲁国弱小啊。现在的秦国对于齐国，就好比齐国对于鲁国。秦、赵两国在漳水之滨交战，赵军两战两胜；在番吾城下交战，赵军又两次战胜秦军。四战之后，赵国阵亡的兵士有好几十万，仅剩下首都邯郸还幸存，虽然赵国有战胜的名声，然而国家已残破了。这是什么原因呢？秦国强而赵国弱啊。

“现在秦、楚两国之间嫁女娶妇，成了兄弟国家。韩国献出宜阳，魏国献出河外，赵王到渑池朝见秦王，割让河间以臣事秦国。大王如不归附秦国，秦驱使韩、魏两国进攻齐国南部地区，出动全部赵国军队渡过清河直奔博关，临淄、即墨两城就不会属于大王所有了。齐国一旦被攻，那时即使想要附秦，已经不可能。因此望大王好好考虑这件事啊。”

齐王说：“齐国地方偏僻，处在与世隔绝的东海边上，从来没有听说国家的长远利益啊。”于是答应了张仪的建议。

张仪离齐，向西游说赵王：“敝国的国君派我为使臣，向大王进献一条不成熟的计划。大王为首、率领天下诸侯来对付秦国，使秦兵不敢出函谷关达十五年。大王的声威遍播于山东，我们秦国恐惧屈服，修治铠甲，打磨兵器，整治兵车战马，练习骑射，勤力耕作，积蓄粮食，闭守国内不出，战战兢兢，不敢轻举妄动，惟恐大王您责备我们。

“现在依靠大王的督促，秦国已攻占巴蜀，吞并汉中，囊括两周，迁移九鼎，据守白马津渡。秦国虽然偏僻边远，然而积怒含忿已经很久了。当前秦有一支破破烂烂的军队驻守在渑池，准备渡过漳水，进据番吾，与赵军在邯郸城下相会，希望在甲子那天会战，以此来重演周武王伐纣的旧事，特别派我作为使臣预先来敬告大王。

“总的来说，大王之所以相信合纵，是因为仗恃有苏秦。苏秦迷惑诸侯，颠倒是非，企图倾覆齐国，结果弄得自己在集市上被车裂。这样，天下不可能联合为一也就很显明了。如今楚国与秦国结成了兄弟国家，韩国与魏国自称为秦国东边的藩属，齐国向秦献出盛产鱼盐的领土，这就断了赵国的右臂。一个断掉了右臂的人与别人相争，失去了朋友而孤居独处，想要没有危险，怎么可能呢？

“现在秦王派出三个将军：其中一支军队截断午道，通知齐国派兵渡过清河，驻扎在邯郸的东面；一支军队驻扎在成皋，驱使韩国和魏国的军队驻扎在河外；一支军队驻扎在渑池。这四国结为一体来进攻赵国，赵国被攻破后，它的国土必定会被四国分占。因此我不敢隐瞒这种意图，先给大王报个信。我替大王着想，你不如与秦王在渑池相会，面对面亲口约定，请他按兵不要进攻。希望大王拿定主意。”

赵王说：“先王在时，奉阳君专权擅势，蒙蔽欺骗先王，独断一切政务，我的生活归师傅安排，没有参与国家的大计。先王去世时，我年龄还小，做主治国的时间才开始，内心本来就暗自怀疑，认为一心一意投入合纵盟约而不依附秦国，不符合赵国的长远利益。所以我准备改变主意，割让国土弥补以前的过错，归附秦国。正待安排车马启程时，恰好听到了您的英明指示。”赵王答应了张仪以后，张仪便离开了赵国。

张仪向北到燕国，游说燕昭王：“大王所亲近的没有谁超过赵国。过去赵襄子曾经让他姐姐嫁给代王为妻。后来他想要吞并代国，邀约代王到句注山的要塞相会。他先令工人制作了金勺，把金勺的尾部做得很长，让它可以用来袭击别人。赵襄子在与代王饮酒时，暗中吩咐厨子说：‘趁着酒饮得酣畅高兴的时候，你送去热汤，然后掉转金勺袭击代王。’于是在酒饮到酣畅高兴之时，上热汤了，厨子送上汤勺，随即将金勺倒转过来打代王，将代王杀死，代王的脑浆流了一地。赵襄子的姐姐听到这个消息，便磨尖头上的金簪自刺而死，所以到现在就有了摩笄山这个名称。代王的死因，天下人没有谁未听说。

“赵王如此狠毒，六亲不认，大王您看得很清楚，又怎能将赵王当做可以亲近的人呢？赵国起兵进攻燕国，两次围困了燕都要挟大王，迫使大王割让了十座城来谢罪。现在赵王已经到渑池朝见秦王，献上河间一带以事奉秦国。现在大王如不归附秦国，秦就会发兵到云中、九原，驱使赵国进攻燕国，这样一来，易水、长城就不再属于大王所有了。

“再说现在的赵国对于秦国而言，好比是秦的一个郡县，不敢妄自兴兵攻伐他国。如今大王依附秦国，秦王必定高兴，赵又不敢轻举妄动，这样燕国西面有强大的秦国为援，同时南面没有齐国、赵国侵犯之忧，所以希望大王慎重地考虑这件事情。”

燕王说：“我像蛮夷一样处在偏僻的地区，虽然是个大男子，而实际上像一个婴儿，说的话不足以作为正确的意见看待。今天幸承贵宾指教，我愿意向西依附秦国，并献上恒山末端的五座城池。”燕王听从了张仪的意见。张仪返回秦国报告，还没有走到咸阳，秦惠王便已去世。秦武王即位。武王在当太子的时候就不喜欢张仪，即位以后，群臣中许多人说张仪的坏话：“他没有信用，行为反覆，出卖国家利益来取得君主的欢心。秦国如果再重用他，恐怕会遭天下人的耻笑。”各国诸侯听说张仪与秦武王有隔阂，都背叛了连横，又恢复了合纵。

秦武王元年，大臣们日日夜夜诽谤张仪的事还没有平息，齐国又派使臣责备秦国任用张仪。张仪害怕被杀，便趁机对秦武王说：“我有一条不成熟的计策，愿意献给大王。”武王问：“什么样的计划？”张仪回答说：“为秦国的利益着想，东方有了大变，然后大王才可以割得更多的地方。现在听说齐王非常恨我，我所在的地方，齐王必定会发兵攻打它。因此我希望让我这不才之人前往梁国，齐就一定会兴师伐梁。梁和齐的军队纠缠在大梁城下不能脱身，大王利用这个空隙攻打韩国，进入三川。出兵函谷关但并不进攻，用来威胁周室，这样周室必定会献出祭器。挟持周天子，掌握天下的地图和户籍，这是称王的大业啊。”秦武王认为张仪说得对，就准备了三十乘兵车，载送张仪进入梁国。齐国果然兴师攻打梁国。梁哀王害怕了，张仪说：“大王不要忧虑，请让我退掉齐兵。”张仪派门客冯喜前往楚国，借用楚国的使者前往齐国，对齐王说：“大王很恨张仪，虽然如此，大王却使秦国更加信赖张仪。”齐王说：“我非常痛恨张仪，张仪走到哪里，我就要兴师讨伐到哪里，怎么说使他更受信任呢？”使者回答说：“这正是使张仪更受信任的做法啊。张仪离开秦国时，本来就与秦王谈好，说：‘为秦国的利益着想，东方有了大变，然后大王才可以割得更多的地方。现在齐王非常恨我，凡我所在之处，齐王必定兴兵讨伐。因此我希望让我这不才之人前往梁国。齐必定会兴兵伐梁。齐、梁两军纠缠在大梁城下不能脱身，大王利用这个空隙攻打韩国，进军三川。出兵函谷关却并不进攻，以此来威胁周室，这样周室必定会献出祭器。挟持周天子，掌握天下的地图和户籍，这是称王的大业啊。’秦王认为说得对。所以准备了三十乘兵车载他入梁。现在张仪到了梁国，大王果然出兵攻梁，对内消耗国力，对外攻打盟邦，多树敌人，面临危难，这不是使张仪更加受到秦王信任吗！”齐王说：“你说得对。”就下令撤军。

张仪在魏做了一年相国，死于魏国。

陈轸是一个游说之士。他与张仪同为秦惠王做事，都受到重用，二人争宠。张仪向秦惠王讲陈轸的坏话说：“陈轸携带大量钱财频繁出使于秦、楚两国，本应为国家办好外交。现在楚国并没有对秦国更亲善，却对陈轸很好，这是陈轸替自己打算多而替大王想得少的缘故啊。并且陈轸想要离开秦国投奔楚国，大王为何不让他离开呢？”惠王问陈轸道：“我听说你想要离秦投楚，有这回事吗？”陈轸回答道："有。"惠王说："张仪的话果然被证实了。"陈轸说："这件事不单是张仪知道，连路上的行人都知道。过去伍子胥对他的国君忠心，因而各国诸侯争相拉他为臣；曾参对他的双亲孝敬，因而各家父母都希望让他做自己的儿子。所以被卖的仆妾不用出家门街巷便被买去的，就是好仆妾；被丈夫抛弃的妇女能再嫁在本乡本里的，那是好妇人。现在如果我对我的国君不忠心，楚王又怎么会认为我是忠臣呢？忠心尚且被抛弃，我不往楚国又归向哪里呢？"秦惠王认为陈轸的话说得对，于是便善待他。

陈轸在秦国住了一年，秦惠王最终任用张仪为相国，于是陈轸投奔楚国。楚国并没有重用他，却派他出使秦国。陈轸路过魏国时，想要看望犀首，犀首推辞不见。陈轸说："我是为要事而来，你不见我，我就要离开这里了，不能等其他时间。"犀首便见了陈轸。陈轸问："你怎么喜欢饮酒了？"犀首答说："没有事啊。"陈轸说："请让我使你的事情多起来，行吗？"犀首问道："怎么做呢？"陈轸说："魏相田需邀约各国诸侯合纵相亲，楚王持怀疑态度，不相信他。你去对魏王说：'我与燕、赵的国君有旧交，他们多次派人来对我说"你闲着没事怎么不来见见面"，我希望到他们那里去拜见一下。'魏王即使同意你，你也不必多要车辆，只需把三十辆车子摆在庭院内，扬言说要到燕、赵去。"燕、赵两国在魏国作客的人听到这个消息，忙飞车禀告各自的国君，两国都派人到魏迎接犀首。楚王知道此事大怒，说："魏相田需来与我结约，而犀首却前往燕、赵两国，这分明是欺骗我啊！"楚王愤怒之下，不理会田需的建议，齐王听说犀首去北方，也派人把国事托付给他。犀首于是启程，燕、赵、齐三国的相国事务都归犀首决定。陈轸于是到了秦国。

韩、魏两国互相攻打，一年下来难分难解。秦惠王想援助一方，征求大臣们的意见。大臣们有的说援助好，有的说不援助好，秦惠王不能作出决定。恰逢陈轸到达秦国，秦惠王便问他说："你离开我去了楚国，还想念我吗？"陈轸答道："大王听说过越国的庄舄吗？"惠王说："没有听说过。"陈轸说："越国人庄舄在楚国担任了执珪，不久得了病。楚王问：'庄舄在越国是个地位低贱的人，如今在楚国做官，已经富贵了，还思念越国吗？'一位侍御答道：'大凡一个人怀念过去，是在他得病的时候。庄舄如果思念越国，呻吟就会是越国的口音；不思念越国，就会是楚国的口音。'楚王派人到庄舄那里偷听，他的呻吟声仍然还是越国的口音啊。虽然现在我被抛弃而到了楚国，怎么可能不发出秦国的口音呢！"秦惠王说："说得好。现在韩、魏两国互相进攻，一年了还难分难解，有的说我解救为好，有的说不解救为好，我不能做决定，希望你能在替你的楚国君主考虑之余，也为我考虑一下这件事情。"陈轸回答说："有人把卞庄子刺虎的事讲给大王听过吗？庄子想刺杀老虎，旅舍里的小伙子劝阻他说：'两只老虎正要吃牛，吃到味道好的地方必然会争夺，一争夺就必然会格斗，格斗就会使大虎受伤，小虎死亡，这时再刺杀受伤的老虎，一举就能获得杀死两只老虎的名声。'卞庄子认为说得对，站在一旁等待时机。过了一会，两只老虎果然争斗起来，大的伤了，小的死了。庄子向受伤的老虎刺去，这一举果然有了杀死双虎的功劳。如今韩、魏两国相攻，一年得不到解决，这就必然会使大国受损，小国残破，对受损的国家兴兵攻打，这一举必定会有击破两国的实效。这就与庄子刺虎是一类的道理啊。我为楚王和为大王您出主意有什么两样呢。”秦惠王说：“说得对。”终究没有去解救。结果大国果然受了损伤，小国面临灭亡，秦王兴兵讨伐，取得大胜。这正是陈轸的计谋啊。

犀首是魏国阴晋人，名衍，姓公孙氏。与张仪关系不好。

张仪为了秦国的事前往魏国，魏王拜张仪为相国。犀首认为对自己不利，因此派人对韩国的公叔说：“张仪已经使秦、魏两国联合了，他提出‘魏攻取韩国的南阳，秦攻取韩国的三川’。魏王之所以看重张仪，是想要得到韩国的土地。而且韩国的南阳已被攻下了，你何不把南阳交给公孙衍作为他的功劳，那么秦、魏两国的交往就会停止。这样一来，魏国必定会打秦国的主意从而抛弃张仪，拉拢韩国并拜公孙衍为相。”公叔认为这样好，便把南阳交给犀首，为犀首增加功劳。犀首果真做了魏国的相国，张仪只好离开。

义渠君到魏国朝拜。犀首听说张仪重新当了秦相，认为不利。犀首于是对义渠君说：“路途遥远，你不可能再来这里相见了，请让我将秦国的情况告诉您。”接着说：“中原各国如果没有事变，秦国将会烧杀侵略您的国家；如果有事变，秦国将会频繁地派出使臣用厚礼事奉您的国家。”这以后，楚、魏、齐、韩、赵五国共同进攻秦国。正好陈轸对秦王说：“义渠君是蛮夷中贤能的国君，不如送他厚礼以求稳住他的心。”秦王说：“好。”于是用了一千匹锦绣、一百名美女送给义渠君。义渠君召集群臣商量说：“这就是公孙衍说过的那回事吧？”于是发兵偷袭秦国，在李伯这个地方大败秦兵。

张仪死了之后，犀首入秦做了丞相。他曾经佩带五国的相印，当了五国盟约的领导人。

太史公说：三晋大地有许多善于权变的人，倡导合纵连横，使秦国强大的，大多数都是三晋的人。张仪做事比苏秦更偏颇，但世人讨厌苏秦的原因，是他先死，而张仪夸张地揭露他的短处，以此树立自己的主张，完成连横的策略。总之，他们两个真正称得上是倾邦覆国的人物啊！

（王华宝　注译）

卷七十一　樗里子甘茂列传第十一

注释查阅　译文诵读

樗里子者[1]，名疾，秦惠王之弟也，与惠王异母。母，韩女也。樗里子滑稽多智[2]，秦人号曰“智囊”。

秦惠王八年，爵樗里子右更[3]，使将而伐曲沃，尽出其人，取其城，地入秦。秦惠王二十五年，使樗里子为将伐赵，虏赵将军庄豹，拔蔺。明年，助魏章攻楚，败楚将屈丐，取汉中地。秦封樗里子，号为严君[4]。

秦惠王卒，太子武王立，逐张仪、魏章，而以樗里子、甘茂为左右丞相。秦使甘茂攻韩，拔宜阳。使樗里子以车百乘入周。周以卒迎之，意甚敬。楚王怒，让周[5]，以其重秦客。游腾为周说楚王曰：“知伯之伐仇犹，遗之广车[6]，因随之以兵，仇犹遂亡。何则？无备故也。齐桓公伐蔡，号曰诛楚，其实袭蔡。今秦，虎狼之国，使樗里子以车百乘入周，周以仇犹、蔡观焉，故使长戟居前，强弩在后，名曰卫疾，而实囚之。且夫周岂能无忧其社稷哉？恐一旦亡国以忧大王。”楚王乃悦。

秦武王卒，昭王立，樗里子又益尊重。

昭王元年，樗里子将伐蒲。蒲守恐，请胡衍。胡衍为蒲谓樗里子曰：“公之攻蒲，为秦乎？为魏乎？为魏则善矣，为秦则不为赖矣[7]。夫卫之所以为卫者，以蒲也。今伐蒲入于魏，卫必折而从之。魏亡西河之外而无以取者，兵弱也。今并卫于魏，魏必强。魏强之日，西河之外必危矣。且秦王将观公之事，害秦而利魏，王必罪公。”樗里子曰：“奈何？”胡衍曰：“公释蒲勿攻，臣试为公入言之，以德卫君[8]。”樗里子曰：“善。”胡衍入蒲，谓其守曰：“樗里子知蒲之病矣，其言曰必拔蒲。衍能令释蒲勿攻。”蒲守恐，因再拜曰：“愿以请。”因效金三百斤，曰：“秦兵苟退，请必言子于卫君，使子为南面[9]。”故胡衍受金于蒲以自贵于卫。于是遂解蒲而去。还击皮氏，皮氏未降，又去。

昭王七年，樗里子卒，葬于渭南章台之东。曰：“后百岁，是当有天子之宫夹我墓。”樗里子疾室在于昭王庙西渭南阴乡樗里，故俗谓之樗里子。至汉兴，长乐宫在其东，未央宫在其西，武库正直其墓。秦人谚曰：“力则任鄙[10]，智则樗里。”

甘茂者，下蔡人也。事下蔡史举先生，学百家之术。因张仪、樗里子而求见秦惠王。王见而说之，使将，而佐魏章略定汉中地[11]。

惠王卒，武王立。张仪、魏章去，东之魏。蜀侯煇、相壮反，秦使甘茂定蜀。还，而以甘茂为左丞相，以樗里子为右丞相。

秦武王三年，谓甘茂曰：“寡人欲容车通三川，以窥周室[12]，而寡人死不朽矣。”甘茂曰：“请之魏，约以伐韩，而令向寿辅行。”甘茂至，谓向寿曰：“子归，言之于王曰：‘魏听臣矣，然愿王勿伐。’事成，尽以为子功。”向寿归，以告王，王迎甘茂于息壤。甘茂至，王问其故。对曰：“宜阳，大县也，上党、南阳积之久矣。名曰县，其实郡也。今王倍数险[13]，行千里攻之，难。昔曾参之处费，鲁人有与曾参同姓名者杀人，人告其母曰‘曾参杀人’，其母织自若也。顷之，一人又告之曰‘曾参杀人’，其母尚织自若也。顷又一人告之曰‘曾参杀人’，其母投抒下机，逾墙而走。夫以曾参之贤与其母信之也，三人疑之，其母惧焉。今臣之贤不若曾参，王之信臣又不如曾参之母信曾参也，疑臣者非特三人，臣恐大王之投抒也。始张仪西并巴蜀之地，北开西河之外，南取上庸，天下不以多张子而以贤先王[14]。魏文侯令乐羊将而攻中山，三年而拔之。乐羊返而论功，文侯示之谤书一箧。乐羊再拜稽首曰：‘此非臣之功也，主君之力也。’今臣，羁旅之臣也。樗里子、公孙奭二人者挟韩而议之，王必听之，是王欺魏王而臣受公仲侈之怨也[15]。”王曰：“寡人不听也，请与子盟。”卒使丞相甘茂将兵伐宜阳。五月而不拔，樗里子、公孙奭果争之。武王召甘茂，欲罢兵。甘茂曰：“息壤在彼[16]。”王曰：“有之。”因大悉起兵[17]，使甘茂击之。斩首六万，遂拔宜阳。韩襄王使公仲侈入谢，与秦平。

武王竟至周，而卒于周。其弟立，为昭王。王母宣太后，楚女也。楚怀王怨前秦败楚于丹阳而韩不救，乃以兵围韩雍氏。韩使公仲侈告急于秦。秦昭王新立，太后楚人，不肯救。公仲因甘茂，茂为韩言于秦昭王曰：“公仲方有得秦救[18]，故敢扞楚也。今雍氏围，秦师不下殽，公仲且仰首而不朝，公叔且以国南合于楚。楚、韩为一，魏氏不敢不听，然则伐秦之形成矣。不识坐而待伐孰与伐人之利？”秦王曰：“善。”乃下师于殽以救韩。楚兵去。

秦使向寿平宜阳，而使樗里子、甘茂伐魏皮氏。向寿者，宣太后外族也，而与昭王少相长，故任用。向寿如楚，楚闻秦之贵向寿，而厚事向寿。向寿为秦守宜阳，将以伐韩。韩公仲使苏代谓向寿曰：“禽困覆车[19]。公破韩，辱公仲，公仲收国复事秦，自以为必可以封。今公与楚解口地，封小令尹以杜阳。秦楚合，复攻韩，韩必亡。韩亡，公仲且躬率其私徒以阏于秦[20]，愿公孰虑之也。”向寿曰：“吾合秦、楚非以当韩也，子为寿谒之公仲，曰秦韩之交可合也。”苏代对曰：“愿有谒于公。人曰贵其所以贵者贵。王之爱习公也，不如公孙奭；其智能公也，不如甘茂。今二人者皆不得亲于秦事，而公独与王主断于国者何？彼有以失之也。

公孙奭党于韩，而甘茂党于魏，故王不信也。今秦楚争强而公党于楚，是与公孙奭、甘茂同道也，公何以异之？人皆言楚之善变也，而公必亡之，是自为责也[21]。公不如与王谋其变也，善韩以备楚，如此则无患矣。韩氏必先以国从公孙奭而后委国于甘茂。韩，公之仇也。今公言善韩以备楚，是外举不僻仇也[22]。”向寿曰：“然，吾甚欲韩合。”对曰：“甘茂许公仲以武遂，反宜阳之民，今公徒收之，甚难。”向寿曰：“然则奈何？武遂终不可得也？”对曰：“公奚不以秦为韩求颍川于楚？此韩之寄地也。公求而得之，是令行于楚而以其地德韩也。公求而不得，是韩楚之怨不解而交走秦也[23]。秦楚争强，而公徐过楚以收韩[24]，此利于秦。”向寿曰：“奈何？”对曰：“此善事也。甘茂欲以魏取齐，公孙奭欲以韩取齐。今公取宜阳以为功，收楚韩以安之，而诛齐魏之罪，是以公孙奭、甘茂无事也[25]。”

甘茂竟言秦昭王，以武遂复归之韩。向寿、公孙奭争之，不能得。向寿、公孙奭由此怨，谗甘茂。茂惧，辍伐魏蒲阪，亡去。樗里子与魏讲[26]，罢兵。

甘茂之亡秦奔齐，逢苏代。代为齐使于秦。甘茂曰：“臣得罪于秦，惧而遁逃，无所容迹。臣闻贫人女与富人女会绩[27]，贫人女曰：‘我无以买烛，而子之烛光幸有余，子可分我余光，无损子明而得一斯便焉[28]。’今臣困而君方使秦而当路矣[29]。茂之妻子在焉，愿君以余光振之[30]。”苏代许诺。遂致使于秦。已，因说秦王曰：“甘茂，非常士也。其居于秦，累世重矣。自殽塞及至鬼谷，其地形险易皆明知之。彼以齐约韩、魏反以图秦，非秦之利也。”秦王曰：“然则奈何？”苏代曰：“王不若重其贽，厚其禄以迎之，使彼来则置之鬼谷，终身勿出。”秦王曰：“善。”即赐之上卿，以相印迎之于齐。甘茂不往。苏代谓齐湣王曰：“夫甘茂，贤人也。今秦赐之上卿，以相印迎之。甘茂德王之赐，好为王臣，故辞而不往。今王何以礼之？”齐王曰：“善。”即位之上卿而处之，秦因复甘茂之家以市于齐[31]。

齐使甘茂于楚，楚怀王新与秦合婚而欢。而秦闻甘茂在楚，使人谓楚王曰：“愿送甘茂于秦。”楚王问于范蜎曰：“寡人欲置相于秦，孰可？”对曰：“臣不足以识之。”楚王曰：“寡人欲相甘茂，可乎？”对曰：“不可。夫史举，下蔡之监门也，大不为事君，小不为家室，以苟贱不廉闻于世[32]，甘茂事之顺焉。故惠王之明，武王之察，张仪之辩，而甘茂事之，取十官而无罪。茂诚贤者也，然不可相于秦。夫秦之有贤相，非楚国之利也。且王前尝用召滑于越，而内行章义之难[33]，越国乱，故楚南塞厉门而郡江东。计王之功所以能如此者，越国乱而楚治也。今王知用诸越而忘用诸秦，臣以王为巨过矣。然则王若欲置相于秦，则莫若向寿者可。夫向寿之于秦王，亲也，少与之同衣，长与之同车，以听事[34]。王必相向寿于秦，则楚国之利也。”于是使使请秦相向寿于秦。秦卒相向寿。而甘茂竟不得复入秦，卒于魏。

甘茂有孙曰甘罗。

甘罗者，甘茂孙也。茂既死后，甘罗年十二，事秦相文信侯吕不韦。

秦始皇帝使刚成君蔡泽于燕，三年而燕王喜使太子丹入质于秦。秦使张唐往相燕，欲与燕共伐赵以广河间之地。张唐谓文信侯曰："臣尝为秦昭王伐赵，赵怨臣，曰：'得唐者与百里之地。'今之燕必经赵，臣不可以行。"文信侯不快，未有以强也。甘罗曰："君侯何不快之甚也？"文信侯曰："吾令刚成君蔡泽事燕三年，燕太子丹已入质矣，吾自请张卿相燕而不肯行。"甘罗曰："臣请行之。"文信侯叱曰："去！我身自请之而不肯，女焉能行之[35]？"甘罗曰："大项橐生七岁为孔子师[36]。今臣生十二岁于兹矣，君其试臣，何遽叱乎[37]？"于是甘罗见张卿曰："卿之功孰与武安君？"卿曰："武安君南挫强楚，北威燕、赵，战胜攻取，破城堕邑，不知其数，臣之功不如也。"甘罗曰："应侯之用于秦也，孰与文信侯专[38]？"张卿曰："应侯不如文信侯专。"甘罗曰："卿明知其不如文信侯专与？"曰："知之。"甘罗曰："应侯欲攻赵，武安君难之，去咸阳七里而立死于杜邮。今文信侯自请卿相燕而不肯行，臣不知卿所死处矣。"张唐曰："请因孺子行。"令装治行[39]。

行有日，甘罗谓文信侯曰："借臣车五乘，请为张唐先报赵。"文信侯乃入言之于始皇曰："昔甘茂之孙甘罗，年少耳，然名家之子孙，诸侯皆闻之。今者张唐欲称疾不肯行，甘罗说而行之。今愿先报赵，请许遣之。"始皇召见，使甘罗于赵。赵襄王郊迎甘罗。甘罗说赵王曰："王闻燕太子丹入质秦欤？"曰："闻之。"曰："闻张唐相燕欤？"曰："闻之。""燕太子丹入秦者，燕不欺秦也。张唐相燕者，秦不欺燕也。燕、秦不相欺者，伐赵，危矣。燕、秦不相欺无异故，欲攻赵而广河间。王不如赍臣五城以广河间[40]，请归燕太子，与强赵攻弱燕。"赵王立自割五城以广河间。秦归燕太子。赵攻燕，得上谷三十城，令秦有十一。

甘罗还报秦，乃封甘罗以为上卿，复以始甘茂田宅赐之。

太史公曰：樗里子以骨肉重，固其理，而秦人称其智，故颇采焉。甘茂起下蔡闾阎[41]，显名诸侯，重强齐楚[42]。甘罗年少，然出一奇计，声称后世。虽非笃行之君子，然亦战国之策士也。方秦之强时，天下尤趋谋诈哉[43]。

【译文】

樗里子，名叫疾，是秦惠文王的弟弟，与秦惠文王不是同一个母亲。他的母亲是韩国女子。樗里子能言善辩，富于才智，秦国人把他称作"智囊"。

秦惠文王八年，授予樗里子右更的爵位，让他领兵去攻打曲沃，他把那里的人全驱赶走，夺取了城池，将土地归入秦国。秦惠文王二十五年，派樗里子任将军攻打赵国，他俘虏了赵国将军庄豹，攻占了蔺城。第二年，他协助魏章攻打楚国，打败楚将屈丐，夺取了汉中的土地。秦国封赏樗里子，封号为严君。

秦惠文王去世，太子秦武王即位，驱逐了张仪和魏章，而让樗里子、甘茂任左、右丞相。秦国派甘茂去攻打韩国，他攻占了宜阳。派樗里子以一百辆战车进入周王国内。周王用步兵去迎接樗里子，表现得非常尊敬。楚王愤怒了，责备周王，因为他们看重秦国的宾客。游腾为周王去向楚王游说，说："智伯攻打仇犹时，派大车到仇犹去，接着派兵跟在后面，仇犹就被灭亡了。为什么呢？仇犹没有防备的缘故。齐桓公攻打蔡国，号称是去诛伐楚国，实际上是偷袭蔡国。现在秦国是一个虎狼一样的国家，派樗里子用上百辆兵车到周国来。周王借鉴先前的仇犹和蔡国，所以让持长戟的士兵在前面，持强弩的士兵在后面，名义上是保卫樗里子，实际上是在囚禁他。而且周王难道不为他的国家担忧吗？他害怕一旦亡了国会使大王您感到忧虑。"楚王这才高兴了。

秦武王去世，昭王即位，樗里子又更加受到尊重。

昭王元年，樗里子准备攻打蒲城。蒲守害怕了，向胡衍请求帮助。胡衍为蒲城去对樗里子说："您攻打蒲城这件事，是为了秦国呢？还是为了魏国呢？为魏国就好了，为秦国就不能算有利可图。卫国之所以能成为卫国，就是靠了蒲城。现在攻打蒲城将它归入魏国，卫国一定会屈服而顺从魏国。魏国丧失了西河以外的土地而无法夺回的原因是军队弱小。现在把卫国并入魏国，魏国必定会强盛起来。魏国强盛的时候，西河以外的土地一定会危险的。而且秦王将要观察您的行事，危害秦国而利于魏国，秦王一定会降罪于您。"樗里子说："那怎么办呢？"胡衍说："您先放下蒲城不去进攻，我试着给您进蒲城劝说他们，以此向卫君施恩德。"樗里子说："好。"胡衍进了蒲城，对蒲守说："樗里子已经知道蒲城的弱点了，他说一定要攻下蒲城。我能叫他放过蒲城不进攻。"蒲守害怕了，就接连向胡衍行礼，说："希望您帮助求情。"接着奉上黄金三百斤，说："秦军如果退走了，我一定会向卫君报告您的功劳，让您任高官。"所以胡衍在蒲城接受了黄金，由此在卫国享有尊贵的地位。这时樗里子便解除蒲城包围而退走。返回时攻打皮氏，皮氏没有投降，樗里子又退走了。

秦昭王七年，樗里子去世，埋葬在渭南章台的东面。他说："过后一百年，这里应该有天子的宫殿夹着我的墓。"樗里子的住宅在昭王庙西边的渭南阴乡樗里，所以俗称他为"樗里子"。到了汉朝兴起，长乐宫在他墓地东面，未央宫在他墓地西面，武库正对着他的坟墓。秦国人的民谚说："讲力气要数任鄙，论智慧要数樗里。"

甘茂是下蔡人。服侍下蔡的史举先生，学习百家学说。他通过张仪、樗里子求见秦惠王。秦惠王见到他后很高兴，让他领兵，辅佐魏章攻占并平定了汉中地区。

秦惠王去世，武王即位。张仪、魏章离开秦国，向东去魏国。蜀侯嬴煇和蜀相陈壮造反，秦王派甘茂去平定蜀地。回来后，就用甘茂做左丞相，用樗里子做右丞相。

秦武王三年，武王对甘茂说："我想让带篷帷的车子通行到三川地区，以此窥探周王朝，我就是死了也永垂不朽。”甘茂说：“请让我到魏国，约他攻打韩国，让向寿辅助我前往。”甘茂到了韩国，对向寿说：“你回去，对大王讲：‘魏国听从我的意见了，然而希望大王不要攻打韩国。’事情成功后，全部都作为你的功劳。”向寿回去，把这些话告诉了秦王，秦王在息壤迎接甘茂。甘茂到后，秦王问他这样做的原因。甘茂回答说：“宜阳是个大县，上党和南阳的积蓄存在那里很久了。名义上叫县，实际上是郡。现在大王要避开多处险要，行走上千里去攻打它，很难。过去曾参住在费邑时，鲁国人中有一个与曾参姓名相同的杀了人，有人来告诉他母亲说‘曾参杀人了’，其母仍泰然自若地织布。过了一会儿，一个人又来告诉她说‘曾参杀人了’，其母仍镇定自若地织布。不久，又一个人来告诉她‘曾参杀人了’，其母扔下梭子，跳下织布机，越墙逃走了。以曾参的贤德和他母亲信任他的程度，有三个人怀疑他，他的母亲就害怕了。现在我的贤德不如曾参，大王信任我的程度又不如曾参的母亲相信曾参，怀疑我的人不止三个，我怕大王扔下梭子呀。起先张仪向西并吞了巴蜀之地，向北开拓了西河以外的地区，向南攻取了上庸，天下的人并不因此赞誉张仪却由此认为先王贤明。魏文侯命令乐羊领兵攻打中山国，三年后攻占了它。乐羊回来后评定他的战功，魏文侯给他看一箱子诽谤他的信件文书。乐羊再三行礼，叩着头说：‘这次战胜不是我的功劳，是君主您的力量。’现在我是一个旅居秦国的外乡人。樗里子、公孙奭两个人依凭韩国来议论这件事，大王一定会听从他们。这就让大王欺骗了魏王而使我招致群臣公仲侈等的怨恨。”武王说：“我不会听的，请让我与你盟誓。”终于派丞相甘茂领兵去攻打宜阳，五个月也没有攻下来。樗里子、公孙奭果然来争议，反对这件事。武王召来甘茂，要停止作战。甘茂说：“息壤之盟在那里。”武王说：“有这么回事。”就大量地发动军队，派甘茂去攻击韩国。砍下了六万个敌人的首级，于是攻占了宜阳。韩襄王派遣公仲侈到秦国来谢罪，与秦国停战讲和。

武王终于到了周国，却死在周国。他的弟弟即位，是昭王。昭王母亲宣太后是楚国的女子。楚怀王怨恨以前秦国在丹阳打败楚国而韩国不去救援，就用兵围攻韩国的雍氏城。韩国派公仲侈到秦国去告急。秦昭王刚继位，太后是楚国人，不肯去救援。公仲侈托请甘茂，甘茂为韩国向秦昭王进言说：“公仲侈是依仗会有秦国救援，才敢抵御楚国。现在雍氏被围攻，秦军不越过崤山帮助，公仲侈将要仰起头来不朝见，公叔伯婴将把韩国合并入南方的楚国。楚国、韩国合为一体，魏国不敢不听从它们，那么攻打秦国的局势就会形成了。不知道坐着等人家来攻打与攻打别人哪一个更有利？”秦王说：“好！”秦国就派兵出崤山救援韩国，楚兵退走了。

秦国派向寿平定宜阳，而派樗里子、甘茂攻打魏国皮氏。向寿是宣太后娘家的亲属，与昭王从小互相敬爱，因此得到任用。向寿到楚国，楚国听说秦国把向寿看得很尊贵，就花重金结交向寿。向寿为秦国守卫宜阳，准备攻打韩国。韩国的公仲侈让苏代去对向寿说：“禽兽被逼急了，还能掀翻人的车子。您打败了韩国，侮辱了公仲侈，公仲侈重振国家再次服侍秦国，自己以为一定能受到封赏。现在您给楚国解口这块地方，用杜阳这块地封了小令尹。秦、楚合在一起再去攻韩国，韩国一定会灭亡。韩国灭亡，公仲侈将亲自率领他的私人部属来对抗秦国。我希望您对此深思熟虑。”向寿说：“我把秦、楚合起来不是用来与韩国对抗的，您为我拜见公仲侈，说明一下。说秦与韩交往，可以联合起来。”苏代回答说：“我希望向您说明一下。人家说尊重自己被别人看重的地方才会得到尊重。秦王宠爱亲近您的程度，不如对公孙奭深；他评价您的智慧才能，不如对甘茂的评价高。现在这两个人全不能亲自参与秦国的国事，而只有您和秦王决断国事，是什么原因呢？他们有失策的地方。公孙奭与韩国结党，而甘茂与魏国结党，所以国王不相信他们。现在秦国与楚国争强，而您与楚国结党，这就与公孙奭、甘茂走到一条道上去了，您根据什么说自己与他们不同呢？人们都说楚国善于变化，而您一定会败亡在它手中，这是自己招致罪责啊。您不如与秦王谋划应付楚国的变化，与韩国交好以防备楚国。这样做就没有祸患了。韩国一定先把国家依附于公孙奭，然后托付给甘茂。韩国是您的仇人。现在您提出与韩国交好来防备楚国，是推举外部的贤人不回避仇人。”向寿说：“是这样，我很想与韩国合作。”苏代回答说：“甘茂答应公仲侈归还武遂，让宜阳的人民返回来，现在您空口白话地拉拢韩国，很难办。”向寿说：“这样的话该怎么办呢？武遂终究是得不到的。”苏代回答说：“您为什么不依靠秦国的力量替韩国向楚国要回颍川？这是韩国暂时归楚国的土地。您请求而要了回来，这是您的命令可以在楚国实行而用楚国的土地向韩国施恩德。您请求而没有要回来，这会使韩国与楚国的积怨不能解开而这两国会争着来秦国交好。秦、楚争强，而您慢慢地责备楚国来收拢韩国，这样对秦国有利。”向寿说：“那该怎么办？”苏代回答说：“这是好事。甘茂要用魏国的力量去攻取齐国，公孙奭要用韩国的力量去攻取齐国，现在您攻取宜阳，作为自己的功劳，收服安抚了楚国、韩国，再诛讨齐国、魏国的罪行，这样公孙奭、甘茂就做不成事了。”

甘茂最终说通了秦昭王，把武遂又还给了韩国。向寿与公孙奭诤谏这件事，不能成功。向寿、公孙奭因此怨恨甘茂，说他的坏话。甘茂害怕了，停止攻打魏国的蒲阪，逃走了。樗里子与魏国定了和约，停止战争。

甘茂从秦国逃亡奔向齐国，遇到了苏代。苏代为齐国出使秦国。甘茂说：“我得罪了秦王，害怕而逃了出来，无处容身。我听说一个穷家女与富家女一起绩麻，穷家女说：‘我没有钱买蜡烛，而您的烛光有多余的地方，您可以分给我多余的光亮，不减少您的光亮而您得到一个仆役使用。’现在我陷入困境而您正出使秦国，并且掌握权力。我的妻子儿女在秦国，希望您用多余的光亮拯救我们。”苏代答应了，就到秦国转达齐王的旨意。完成使命后，趁机劝说秦王道：“甘茂是个不平常的人。他住在秦国，连续几代被重用。从崤山直到鬼谷，那些地形的险要平易情况他都了解得一清二楚。他依靠齐国联合韩国、魏国，反过来图谋秦国，这不是秦国的好事。”秦王说：“这样的话该怎么办呢？”苏代说：“大王不如送给他重礼，给他优厚的俸禄去迎他，让他来了后就把他放在鬼谷中，到死也不让他出来。”秦

王说：“好。”就赐给甘茂上卿的官位，拿着相印去齐国迎接他。甘茂不去秦国。苏代对齐湣王说：“甘茂是贤人啊。现在秦国赐给他上卿的官位，用相印来迎接他。甘茂感念大王的恩赐，愿意作大王的臣子，所以推辞不去。现在大王用什么礼节优待他呢？”齐湣王说：“好。”就给甘茂上卿的地位来安置他。秦国接着也免除了甘茂家人的赋役，用来收买在齐国的甘茂。

齐国派甘茂出使楚国。楚怀王刚与秦国结为姻亲，十分高兴。而秦国听说甘茂在楚国，派人对楚王说：“希望把甘茂送到秦国来。”楚王问范蜎说：“我想在秦国设置一个丞相，谁能担任呢？”范蜎说：“臣子的能力不足以识别那种人。”楚王说：“我想让甘茂做丞相，可以吗？”回答说：“不可以。史举是下蔡的守门小官，大的方面不为君王服务，小的方面不为自己家庭出力，以苟且卑贱和不清廉闻名于世，甘茂服侍他却很顺从。所以以秦惠王的精明、武王的洞察能力、张仪的论辩才能，而甘茂却能服侍他们，取得了十个官职却没有犯罪。甘茂确实是个贤人，但是不能让他在秦国任丞相。秦国有贤能的丞相，不是对楚国有利的事。而且大王以前曾经任用召滑到越国去，他在越国指使章义叛乱，越国动乱，所以楚国能在厉门建立南方的关塞，在江东设置郡。揣测大王的功绩达到这一步的原因，是越国动乱而楚国安定。现在大王的智谋用在越国，而忘了用之于秦国，臣子认为这是大王的重大过失。那么如果大王想要在秦国设置一个丞相，就没有比向寿更合适的了。向寿对秦王来说是亲戚，从小与秦王同穿一件衣服，长大后与秦王同乘一辆车子，秦王让他过问政事。大王一定要让向寿在秦国做丞相，就是楚国的利益了。”于是楚王派使者请求秦王让向寿在秦国做丞相。秦国最后让向寿做了丞相。而甘茂最终没有能再回秦国，死在魏国。

甘茂有个孙子叫甘罗。

甘罗是甘茂的孙子。甘茂死了以后，甘罗十二岁，服侍于秦国丞相文信侯吕不韦。

秦始皇帝派刚成君蔡泽到燕国去，三年后燕王喜就派太子丹到秦国来做人质。秦国派张唐到燕国任丞相，想要与燕国共同攻打赵国来拓广在河间的土地。张唐对文信侯说：“我曾经为秦昭王攻打赵国，赵王怨恨我，说：‘抓到张唐的人给他一百里土地。’现在到燕国去一定要经过赵国，我不能前往。”文信侯很不高兴，但也没办法强迫他去。甘罗问：“侯爷您为什么不高兴到如此程度？”文信侯说：“我命令刚成君蔡泽服事燕国三年，燕太子丹已经来做人质了，我亲自请张唐去做燕国的丞相而他不肯去。”甘罗说：“请让我去使他出行。”文信侯喝斥他说：“去！我亲自去请他还不肯，你怎么能让他出行呢？”甘罗说：“大项橐生下来才七岁就做了孔子的老师。现在我已经十二岁了，您让我试一试，何必这么急着叱责我呢？”于是甘罗去见张唐，问：“您的功劳与武安君比谁大？”张唐说：“武安君在南方挫败了强大的楚国，在北方威胁燕国、赵国，打胜仗，攻占土地，攻克城池，毁坏城市，不计其数。我的功劳不如武安君大。”甘罗说：“应侯在秦国掌权的时候，与文信侯比起来谁更专权？”张唐说：“应侯不如文信侯专权。”甘罗说：“您清楚地知道应侯不如文信侯专权吗？”张唐说：“知道。”甘罗说：“应侯想要攻打赵国，武安君认为难以做到，才离开咸阳七里地就在杜邮被立刻赐死。现在文信君亲自请您去燕国做丞相而您不肯去，我不知道您会死在哪里了。”张唐说：“请让我按这小孩子的话出行吧。”命令手下准备行装上路。

张唐启程的日子快到了，甘罗对文信侯说：“借给我五辆车子，请让我先为张唐向赵国通报。”文信侯就进宫对秦始皇说：“旧臣甘茂的孙子甘罗，虽然年纪小，但是是名家的子孙，诸侯们都听说过他。这次张唐想要托病不肯出行，甘罗劝说他出行了。现在甘罗愿意先去向赵国通报，请您允许派他去。”秦始皇召见了甘罗，派他去赵国。赵襄王到郊外来迎接甘罗。甘罗劝赵襄王说：“您听说燕太子丹到秦国去做人质了吗？”赵襄王说：“听说了。”甘罗说：“听说张唐去燕国做丞相吗？”赵襄王说：“听说了。”甘罗说：“燕太子丹到秦国去，表明燕国不会欺骗秦国。张唐去做燕国的丞相，表明秦国不会欺骗燕国。燕国、秦国不互相欺骗，攻打赵国，您就危险了。燕国、秦国不互相欺骗没有别的缘故，想要攻打赵国来拓广在河间的土地。大王不如给我五个城用来拓宽秦国在河间的领土。请让我国送回燕太子，与强大的赵国共同攻打弱小的燕国。”赵王马上主动割让了五个城，扩大秦国在河间的领土。秦国把燕太子送回去。赵国攻打燕国，得到上谷一带的三十个城，让秦国得到了其中十一个。

甘罗回秦国报告，秦王就封甘罗为上卿，又把以前甘茂的田地房宅赐给了他。

太史公说：樗里子因为是秦王的至亲而被重用，这本合乎常理，而秦国人称赞他的才智，所以我采录了他的不少事迹。甘茂起自下蔡平民，名声显耀于诸侯之间，受到强大的齐国与楚国的尊重。甘罗年纪小，但是献出一条奇计，名声被后世称颂。他们虽然不是行为笃厚的君子，然而也是战国时的谋士。当秦国强大的时候，天下特别时兴运用计谋诡诈啊！

（王华宝　注译）

卷七十四 孟子荀卿列传第十四

注释查阅 译文诵读

太史公曰：余读孟子书，至梁惠王问“何以利吾国”，未尝不废书而叹也。曰：嗟乎，利诚乱之始也！夫子罕言利者，常防其原也。故曰“放于利而行[1]，多怨”。自天子至于庶人，好利之弊何以异哉！

孟轲，驺人也。受业子思之门人。道既通，游事齐宣王，宣王不能用。适梁，梁惠王不果所言[2]，则见以为迂远而阔于事情。当是之时，秦用商君，富国强兵；楚、魏用吴起，战胜弱敌；齐威王、宣王用孙子、田忌之徒，而诸侯东面朝齐。天下方务于合从连衡，以攻伐为贤，而孟轲乃述唐、虞、三代之德，是以所如者不合[3]。退而与万章之徒序《诗》《书》，述仲尼之意，作《孟子》七篇。其后有驺子之属。

齐有三驺子。其前驺忌，以鼓琴干威王[4]，因及国政，封为成侯而受相印，先孟子。

其次驺衍，后孟子。驺衍睹有国者益淫侈，不能尚德，若《大雅》整之于身[5]、施及黎庶矣[6]。乃深观阴阳消息而作怪迂之变[7]，《终始》《大圣》之篇十余万言。其语闳大不经，必先验小物，推而大之，至于无垠。先序今以上至黄帝，学者所共术[8]，大并世盛衰[9]，因载其机祥度制[10]，推而远之，至天地未生，窈冥不可考而原也[11]。先列中国名山大川，通谷禽兽，水土所殖，物类所珍，因而推之，及海外人之所不能睹。称引天地剖判以来[12]，五德转移[13]，治各有宜，而符应若兹。以为儒者所谓中国者，于天下乃八十一分居其一分耳。中国名曰赤县神州。赤县神州内自有九州，禹之序九州是也，不得为州数[14]。中国外如赤县神州者九，乃所谓九州也。于是有裨海环之[15]，人民禽兽莫能相通者，如一区中者，乃为一州。如此者九，乃有大瀛海环其外[16]，天地之际焉。其术皆此类也。然要其归[17]，必止乎仁义节俭，君臣上下六亲之施，始也滥耳。王公大人初见其术，惧然顾化[18]，其后不能行之。

是以驺子重于齐。适梁，惠王郊迎，执宾主之礼。适赵，平原君侧行撇席[19]。如燕，昭王拥彗先驱，请列弟子之座而受业，筑碣石宫，身亲往师之。作《主运》。其游诸侯见尊礼如此，岂与仲尼菜色陈蔡[20]，孟轲困于齐梁同乎哉！故武王以仁义伐纣而王，伯夷饿不食周粟；卫灵公问陈[21]，而孔子不答；梁惠王谋欲攻赵，孟轲称大王去邠。此岂有意阿世俗苟合而已哉！持方枘欲内圜凿[22]，其能入乎？或曰，伊尹负鼎而勉汤以王[23]，百里奚饭牛车下而缪公用霸，作先合[24]，然后引之大道。驺衍其言虽不轨，傥亦有牛鼎之意乎[25]？

自驺衍与齐之稷下先生，如淳于髡、慎到、环渊、接子、田骈、驺奭之徒，各著书言治乱之事，以干世主，岂可胜道哉！

淳于髡，齐人也。博闻强记，学无所主。其谏说，慕晏婴之为人也，然而承意观色为务[26]。客有见髡于梁惠王，惠王屏左右，独坐而再见之，终无言也。惠王怪之，以让客曰："子之称淳于先生管、晏不及，及见寡人，寡人未有得也。岂寡人不足为言邪？何故哉？"客以谓髡。髡曰："固也。吾前见王，王志在驱逐，后复见王，王志在音声，吾是以默然。"客具以报王，王大骇，曰："嗟乎，淳于先生诚圣人也！前淳于先生之来，人有献善马者，寡人未及视，会先生至。后先生之来，人有献讴者，未及试，亦会先生来。寡人虽屏人，然私心在彼，有之。"后淳于髡见，壹语连三日三夜无倦。惠王欲以卿相位待之，髡因谢去。于是送以安车驾驷，束帛加璧[27]，黄金百镒。终身不仕。

慎到，赵人。田骈、接子，齐人。环渊，楚人。皆学黄老道德之术[28]，因发明序其指意[29]。故慎到著十二论，环渊著上下篇，而田骈、接子皆有所论焉。

驺奭者，齐诸驺子，亦颇采驺衍之术以纪文。

于是齐王嘉之，自如淳于髡以下，皆命曰列大夫，为开第康庄之衢[30]，高门大屋，尊宠之。览天下诸侯宾客，言齐能致天下贤士也。

荀卿，赵人。年五十始来游学于齐。驺衍之术迂大而闳辩；奭也文具难施；淳于髡久与处，时有得善言。故齐人颂曰："谈天衍，雕龙奭，炙毂过髡[31]。"田骈之属皆已死。齐襄王时，而荀卿最为老师。齐尚修列大夫之缺，而荀卿三为祭酒焉[32]。齐人或谗荀卿，荀卿乃适楚，而春申君以为兰陵令。春申君死而荀卿废，因家兰陵。李斯尝为弟子，已而相秦。荀卿嫉浊世之政，亡国乱君相属，不遂大道而营于巫祝[33]，信禨祥，鄙儒小拘，如庄周等又猾稽乱俗，于是推儒、墨、道德之行事兴坏，序列著数万言而卒。因葬兰陵。

而赵亦有公孙龙为坚白同异之辩[34]，剧子之言；魏有李悝，尽地力之教[35]；楚有尸子、长卢；阿之吁子焉。自如孟子至于吁子，世多有其书，故不论其传云。

盖墨翟，宋之大夫，善守御，为节用。或曰并孔子时，或曰在其后。

【译文】

太史公说：我读孟子的书，读至梁惠王问"怎样有利于我的国家"时，不免掩

卷感叹。心想：可叹啊，功利确实是一切祸乱的根源。孔夫子极少说到功利，是从根源上防范祸乱。因此，他说："一味依据利益行事，会招致多方面的怨恨。"从天子到普通百姓，追求功利所带来的恶果，有什么不同呢！

孟轲，是邹国人。跟孔伋的学生求学。在通晓了儒家学说以后，去游说服事齐宣王，宣王没有任用他。他前往魏国，魏惠王空口称赞而不实行孟子的学说，其所言被认为大而无当，不切实际。在当时，秦国任用商鞅，国富兵强；楚国、魏国任用吴起，战胜敌军，削弱了敌国；齐威王、齐宣王任用孙膑、田忌等人，致使各诸侯国都东来朝见齐王。天下各国正致力于合纵连横，以争战攻伐为贤能，但孟轲却称述唐尧、虞舜和夏商周三代的德政，因此他所到之国，都与统治者合不来。于是退身，与万章等人编述《诗经》和《书经》，阐述孔子的学说，撰作《孟子》七篇。他以后又有邹先生等学者。

齐国有三位邹先生。在先的是邹忌，他借弹琴求见齐威王，因而得以参预国政，被封为成侯，执掌丞相大印。他生活的年代先于孟子。

其次是邹衍，后于孟子。邹衍看到各国君主更加骄奢淫侈，不崇尚德政。他认为，如果能按《大雅》所载修行自身，就能推行到老百姓中间去。于是他深入观察天地万物的阴阳变化，探究各种怪诞迂曲的变幻，作《终始》《大圣》等篇，约十余万字。其语海阔天空，不合常理。他坚持先从细微的事物开始验证，然后推而广之，以至于无边无际。他首先从现在开始叙述，直至远古的黄帝，是学者共同称述的东西，大体随世事而论其盛衰，因而记载下那些祈神求福、趋吉避凶的各种制度，并推而广之，直至天地尚未形成之时，飘渺玄远而不可考究其始。首先列述中国的名山大川，深山大谷中的禽兽，水陆繁殖的生物，各种物类中的珍品，以此类推，论及海外异域之人看不到的东西。据称天地分剖以来，五种德行相生相克，循环往复，每个时代都应采取与五德相适应的政治制度，天命和人事互相感应就是这样若合符契。他以为儒者所说的中国，仅占天下的八十一分之一罢了。中国称为赤县神州。赤县神州内又有九州，就是大禹所分定的九州，但这种州不能列入大九州的州数。中国以外像赤县神州的州有九个，这才是所谓九州。在这块土地上，有小海四周环绕，人们和禽兽与外界不相通，像在一区之内，这就是一州。像这样的州有九个，九州之外有大海环绕，就是天地的边际了。他的学说都是这一类东西。但总括他的学说宗旨，一定归结到仁义节俭上来。这种学说用在君臣、上下、六亲关系上，乍听起来显得空泛。那些王公大人最初接触他的学说，感到惊奇，并想重视而受化，但过后却不能实行。

因此邹衍在齐国受到重视。前往魏国，魏惠王亲自到郊外迎接，并用了贵宾之礼。前往赵国，平原君侧身而行，并为他擦拭座席。来到燕国，燕昭王手持扫帚在前为他清路，并请求坐在学生中间，向他求教，为他修筑碣石宫，亲自前往请教。这时他撰写了《主运》篇。他游说诸国，是如此被尊敬，哪里能与孔子在陈国、蔡国忍饥挨饿，孟子在齐国、梁国受困厄一样啊！所以周武王推行仁义讨伐商纣而成就王业，伯夷饿死不吃周朝的粮食；卫灵公向孔子请教军事，孔子避而不答；魏惠王图谋进攻赵国，孟子以周大王避敌离邠来作答。这些难道有奉迎世俗、苟且求合之意吗！拿方榫对着圆孔，能放进去吗？有人说，伊尹凭他的烹饪术接近商汤，鼓励他成就王业；百里奚在秦国车下喂牛，秦穆公任用他成就了霸业，先是迎合共事，然后引导对方实行王道。邹衍的言论虽然越出常轨，或许也有百里奚饭牛、伊尹烹饪的用意吧！

从邹衍以至齐国稷下学宫的诸位学者，像淳于髡、慎到、环渊、接子、田骈、邹奭等人，各自著书立说，探求治乱的原因，以此游说当世的国君，这些怎么能记述得尽啊！

淳于髡是齐国人，他见闻广博，记忆力强，学术上不专主一家。他对君主讽谏劝说，很仰慕晏婴的为人行事，但他致力于对君主察言观色、揣度而进行谏说。有个客人将淳于髡引见给魏惠王，惠王斥退左右事奉的人，独自一人两次召见他，但他始终没说一句话。惠王感到奇怪，以此责备引见之人，说道：“您称许淳于髡先生，说是管仲、晏婴都比不上他，可是见到我，我什么也没有得到。难道说我不配和他谈话吗？是什么原因？”客人转告淳于髡。淳于髡说道：“本来就应如此。我前次见到君王，王的心思在车马游猎上；后来再见君王，王的心里在声色女伎上，我因此默然以对。”客人把淳于髡的话原原本本告诉惠王，惠王听了大为惊骇，说道：“哎呀，淳于先生真是圣人哪！前次淳于先生来见我，有人给我进献了一匹好马，我还没来得及过目，恰逢先生来到。后一次先生来见我，有人给我进献歌舞伎，没来得及试用，恰逢淳于先生来到。我虽然斥退左右服侍的人，但

内心在想马和歌舞伎，确实是这么回事。”后来淳于髡晋见，一谈起来连着三天三夜毫无倦意。魏惠王想任用他为卿相，淳于髡谢绝而离开魏国。于是魏惠王赠送给他四马驾的车子，成捆的丝织品，厚重的玉璧，黄金一百镒。淳于髡终身不出来做官。

慎到是赵国人。田骈、接子是齐国人。环渊是楚国人。他们都研究黄老道家学说，从而发挥阐述道家学说的旨意。因此慎到撰著十二论，环渊撰著上下篇，而田骈、接子都有所著述。

邹奭是齐国众邹先生之一，也采纳吸收邹衍的学说用来写作文章。

于是齐王嘉许诸位学者，从淳于髡以下诸人，都被任命为列大夫，为他们在四通八达的街市旁修建宅第，高门大屋，以此来尊宠他们，也以此向各国的宾客显示，表示齐国能招致天下的贤能之士。

荀卿是赵国人。五十岁时来齐国讲学。邹衍的学说迂曲浮夸，而富于雄辩；邹奭的著述徒具空文，难则以实施；淳于髡如果与他相处久了，有时能听到一点有益的言论。因此齐国人颂扬说：“谈天说地数邹衍，锦绣文章数邹奭，智慧过人数淳于髡。”当时田骈等人都已去世。齐襄王时，荀卿是当时资格最老、学问最好的师长。齐国正在补充列大夫的缺额，荀卿曾三次任祭酒。齐国有人诋毁荀卿，荀卿于是前往楚国，春申君任用他为兰陵县令。春申君死后，荀卿被废黜，就在兰陵安家。李斯曾是荀卿的学生，后来在秦国当了丞相。荀卿嫉恨昏乱世道的政治，亡国乱君接连不断，不遵循儒家王政大道，而被鬼神所迷惑，迷信吉凶之兆。鄙陋的儒生拘泥于细枝末节，如庄周等人又以其能言善辩淆乱世俗，于是他分析研究儒家、墨家、道家的所言所行及其成败得失，整理论述数万言而后去世。因而葬在兰陵。

赵国又有公孙龙倡导“离坚白”“合同异”的论辩，还有剧子的有关言论。魏国有李悝，倡导充分发挥土地的潜力。楚国有尸子、长卢，齐国的阿邑又有吁子。自从孟子以至吁子，世间广泛流传他们的著作，所以这里不论及他们的学说内容。

墨翟是宋国的大夫，精通防守御敌之术，提倡节约用度。有人说他与孔子同时，有人说他在孔子之后。

（王华宝　注译）

卷七十五 孟尝君列传第十五

注释查阅　译文诵读

孟尝君名文，姓田氏。文之父曰靖郭君田婴。田婴者，齐威王少子而齐宣王庶弟也。田婴自威王时任职用事，与成侯邹忌及田忌将而救韩伐魏。成侯与田忌争宠，成侯卖田忌[1]。田忌惧，袭齐之边邑，不胜，亡走。会威王卒，宣王立，知成侯卖田忌，乃复召田忌以为将。宣王二年，田忌与孙膑、田婴俱伐魏，败之马陵，虏魏太子申而杀魏将庞涓。宣王七年，田婴使于韩、魏，韩、魏服于齐。婴与韩昭侯、魏惠王会齐宣王东阿南，盟而去。明年，复与梁惠王会甄。是岁，梁惠王卒。宣王九年，田婴相齐。齐宣王与魏襄王会徐州而相王也[2]。楚威王闻之，怒田婴。明年，楚伐败齐师于徐州，而使人逐田婴。田婴使张丑说楚威王，威王乃止。田婴相齐十一年，宣王卒，湣王即位。即位三年，而封田婴于薛。

初，田婴有子四十余人，其贱妾有子名文，文以五月五日生。婴告其母曰："勿举也[3]。"其母窃举生之。及长，其母因兄弟而见其子文于田婴。田婴怒其母曰："吾令若去此子[4]，而敢生之，何也？"文顿首，因曰："君所以不举五月子者，何故？"婴曰："五月子者，长与户齐，将不利其父母。"文曰："人生受命于天乎？将受命于户邪？"婴默然。文曰："必受命于天，君何忧焉。必受命于户，则可高其户耳，谁能至者！"婴曰："子休矣。"

久之，文承间问其父婴曰[5]："子之子为何？"曰："为孙。""孙之孙为何？"曰："为玄孙。""玄孙之孙为何？"曰："不能知也。"文曰："君用事相齐，至今三王矣，齐不加广而君私家富累万金，门下不见一贤者。文闻将门必有将，相门必有相。今君后宫蹈绮縠而士不得裋褐[6]，仆妾余粱肉而士不厌糟糠[7]。今君又尚厚积余藏，欲以遗所不知何人，而忘公家之事日损，文窃怪之。"于是婴乃礼文，使主家待宾客。宾客日进，名声闻于诸侯。诸侯皆使人请薛公田婴以文为太子，婴许之。婴卒，谥为靖郭君。而文果代立于薛，是为孟尝君。

孟尝君在薛，招致诸侯宾客及亡人有罪者，皆归孟尝君。孟尝君舍业厚遇之[8]，以故倾天下之士[9]。食客数千人，无贵贱一与文等。孟尝君待客坐语，而屏风后常有侍史，主记君所与客语，问亲戚居处。客去，孟尝君已使使存问[10]，献遗其亲戚[11]。孟尝君曾待客夜食，有一人蔽火光。客怒，以饭不等，辍食辞去。孟尝君起，自持其饭比之。客惭，自刭。士以此多归孟尝君。孟尝君客无所择，皆善遇之。人人各自以为孟尝君亲己。

秦昭王闻其贤，乃先使泾阳君为质于齐，以求见孟尝君。孟尝君将入秦，宾客莫欲其行，谏，不听。苏代谓曰："今旦代从外来，见木禺人与土禺人相与语[12]。木禺人曰：'天雨，子将败矣。'土禺人曰：'我生于土，败则归土。今天雨，流子而行，未知所止息也。'今秦，虎狼之国也，而君欲往，如有不得还，君得无为土禺人所笑乎？"孟尝君乃止。

齐湣王二十五年，复卒使孟尝君入秦，昭王即以孟尝君为秦相。人或说秦昭王曰："孟尝君贤，而又齐族也，今相秦，必先齐而后秦，秦其危矣。"于是秦昭王乃止。囚孟尝君，谋欲杀之。孟尝君使人抵昭王幸姬求解。幸姬曰："妾愿得君狐白裘。"此时孟尝君有一狐白裘，直千金，天下无双，入秦献之昭王，更无他裘。孟尝君患之，遍问客，莫能对。最下坐有能为狗盗者，曰："臣能得狐白裘。"乃夜为狗，以入秦宫臧中[13]，取所献狐白裘至，以献秦王幸姬。幸姬为言昭王，昭王释孟尝君。孟尝君得出，即驰去，更封传[14]，变名姓以出关。夜半至函谷关。秦昭王后悔出孟尝君，求之已去，即使人驰传逐之[15]。孟尝君至关，关法鸡鸣而出客，孟尝君恐追至，客之居下坐者有能为鸡鸣，而鸡齐鸣，遂发传出[16]。出如食顷，秦追果至关，已后孟尝君出，乃还。始孟尝君列此二人于宾客，宾客尽羞之，及孟尝君有秦难，卒此二人拔之。自是之后，客皆服。

孟尝君过赵，赵平原君客之。赵人闻孟尝君贤，出观之，皆笑曰："始以薛公为魁然也，今视之，乃眇小丈夫耳。"孟尝君闻之，怒。客与俱者下，斫击杀数百人，遂灭一县以去。

齐湣王不自得，以其遣孟尝君。孟尝君至，则以为齐相，任政。

孟尝君怨秦，将以齐为韩、魏攻楚，因与韩、魏攻秦，而借兵食于西周。苏代为西周谓曰："君以齐为韩、魏攻楚九年，取宛、叶以北以强韩、魏，今复攻秦以益之。韩、魏南无楚忧，西无秦患，则齐危矣。韩、魏必轻齐畏秦，臣为君危之。君不如令敝邑深合于秦，而君无攻，又无借兵食。君临函谷而无攻，令敝邑以君之情谓秦昭王曰'薛公必不破秦以强韩、魏。其攻秦也，欲王之令楚王割东国以与齐，而秦出楚怀王以为和'。君令敝邑以此惠秦，秦得无破而以东国自免也，秦必欲之。楚王得出，必德齐。齐得东国益强，而薛世世无患矣。秦不大弱，而处三晋之西[17]，三晋必重齐。"薛公曰："善。"因令韩、魏贺秦，使三国无攻，而不借兵食于西周矣。是时，楚怀王入秦，秦留之，故欲必出之。秦不果出楚怀王。

孟尝君相齐，其舍人魏子为孟尝君收邑入[18]，三反而不致一入。孟尝君问之，对曰："有贤者，窃假与之，以故不致入。"孟尝君怒而退魏子。居数年，人或毁孟尝君于齐湣王曰："孟尝君将为乱。"及田甲劫湣王[19]，湣王意疑孟尝君，孟尝君乃奔。魏子所与粟贤者闻之，乃上书言孟尝君不作乱，请以身为盟[20]，遂自刭宫门以明孟尝君。湣王乃惊，而踪迹验问，孟尝君果无反谋，乃复召孟尝君。孟尝君因谢病，归老于薛。湣王许之。

其后，秦亡将吕礼相齐，欲困苏代。代乃谓孟尝君曰："周最于齐，至厚也，而齐王逐之，而听亲弗相吕礼者，欲取秦也[21]。齐、秦合，则亲弗与吕礼重矣。有用[22]，齐、秦必轻君。君不如急北兵，趋赵以和秦、魏[23]，收周最以厚行[24]，且反齐王之信[25]，又禁天下之变。齐无秦，则天下集齐，亲弗必走，则齐王孰与为其国也！"于是孟尝君从其计，而吕礼嫉害于孟尝君[26]。

孟尝君惧，乃遗秦相穰侯魏冉书曰："吾闻秦欲以吕礼收齐[27]，齐，天下之强国也，子必轻矣。齐秦相取以临三晋，吕礼必并相矣，是子通齐以重吕礼也。若齐免于天下之兵，其雠子必深矣，子不如劝秦王伐齐。齐破，吾请以所得封子。齐破，秦畏晋之彊，秦必重子以取晋。晋国敝于齐而畏秦，晋必重子以取秦。是子破齐以为功，挟晋以为重；是子破齐定封，秦、晋交重子。若齐不破，吕礼复用，子必大穷[28]。"于是穰侯言于秦昭王伐齐，而吕礼亡。

后齐湣王灭宋，益骄，欲去孟尝君。孟尝君恐，乃如魏。魏昭王以为相，西合于秦、赵，与燕共伐破齐。齐湣王亡在莒，遂死焉。齐襄王立，而孟尝君中立于诸侯，无所属。齐襄王新立，畏孟尝君，与连和，复亲薛公。文卒，谥为孟尝君。诸子争立，而齐、魏共灭薛。孟尝绝嗣无后也。

初，冯驩孟尝君好客，蹑跻见之[29]。孟尝君曰："先生远辱[30]，何以教文也？"冯驩曰："闻君好士，以贫身归于君。"孟尝君置传舍[31]，十日，孟尝君问传舍长曰："客何所为？"答曰："冯先生甚贫，犹有一剑耳，又蒯缑[32]。弹其剑而歌曰'长铗归来乎，食无鱼'。"孟尝君迁之幸舍，食有鱼矣。五日，又问传舍长。答曰："客复弹剑而歌曰'长铗归来乎，出无舆[33]'。"孟尝君迁之代舍，出入乘舆车矣。五日，孟尝君复问传舍长。舍长答曰："先生又尝弹剑而歌曰'长铗归来乎，无以为家'。"孟尝君不悦。

居期年，冯驩无所言。孟尝君时相齐，封万户于薛。其食客三千人，邑入不足以奉客，使人出钱于薛。岁余不入，贷钱者多不能与其息，客奉将不给[34]。孟尝君忧之，问左右："何人可使收债于薛者？"传舍长曰："代舍客冯公形容状貌甚辩，长者，无他伎能，宜可令收债。"孟尝君乃进冯驩而请之曰："宾客不知文不肖，幸临文者三千余人，邑入不足以奉宾客，故出息钱于薛。薛岁不入，民颇不与其息。今客食恐不给，愿先生责之[35]。"冯驩曰："诺。"辞行，至薛，召取孟尝君钱者皆会，得息钱十万。乃多酿酒，买肥牛，召诸取钱者，能与息者皆来，不能与息者亦来，皆持取钱之券书合之。齐为会，日杀牛置酒。酒酣，乃持券如前合之，能与息者，与为期[36]；贫不能与息者，取其券而烧之。曰："孟尝君所以贷钱者，为民之无者以为本业也；所以求息者，为无以奉客也。今富给者以要期，贫穷者燔券书以捐之[37]。诸君强饮食[38]。有君如此，岂可负哉！"坐者皆起，再拜。

孟尝君闻冯驩烧券书，怒而使使召驩。驩至，孟尝君曰："文食客三千人，故贷钱于薛。文奉邑少，而民尚多不以时与其息，客食恐不足，故请先生收责之。闻先生得钱，即以多具牛酒而烧券书，何？”冯驩曰：“然。不多具牛酒即不能毕会，无以知其有余不足。有余者，为要期。不足者，虽守而责之十年，息愈多，急，即以逃亡自捐之。若急，终无以偿，上则为君好利不爱士民，下则有离上抵负之名[39]，非所以厉士民彰君声也[40]。焚无用虚债之券，捐不可得之虚计[41]，令薛民亲君而彰君之善声也，君有何疑焉！”孟尝君乃拊手而谢之[42]。

齐王惑于秦、楚之毁，以为孟尝君名高其主而擅齐国之权，遂废孟尝君。诸客见孟尝君废，皆去。冯驩曰：“借臣车一乘可以入秦者，必令君重于国而奉邑益广，可乎？”孟尝君乃约车币而遣之[43]。冯驩乃西说秦王曰：“天下之游士冯轼结靷西入秦者[44]，无不欲强秦而弱齐；冯轼结靷东入齐者，无不欲疆齐而弱秦。此雄雌之国也[45]，势不两立为雄，雄者得天下矣。”秦王跽而问之曰[46]：“何以使秦无为雌而可？”冯驩曰：“王亦知齐之废孟尝君乎？”秦王曰：“闻之。”冯驩曰：“使齐重于天下者，孟尝君也。今齐王以毁废之，其心怨，必背齐；背齐入秦，则齐国之情，人事之诚，尽委之秦，齐地可得也，岂直为雄也[47]！君急使使载币阴迎孟尝君，不可失时也。如有齐觉悟，复用孟尝君，则雌雄之所在未可知也。”秦王大悦，乃遣车十乘黄金百镒以迎孟尝君。冯驩辞以先行，至齐，说齐王曰：“天下之游士冯轼结靷东入齐者，无不欲强齐而弱秦者；冯轼结靷西入秦者，无不欲强秦而弱齐者。夫秦齐雄雌之国，秦强则齐弱矣，此势不两雄。今臣窃闻秦遣使车十乘载黄金百镒以迎孟尝君。孟尝君不西则已，西入相秦则天下归之，秦为雄而齐为雌，雌则临淄、即墨危矣。王何不先秦使之未到，复孟尝君，而益与之邑以谢之？”孟尝君必喜而受之。秦虽强国。岂可以请人相而迎之哉！折秦之谋，而绝其霸强之略。”齐王曰：“善。”乃使人至境候秦使。秦使车适入齐境，使还驰告之，王召孟尝君而复其相位，而与其故邑之地，又益以千户。秦之使者闻孟尝君复相齐，还车而去矣。

自齐王毁废孟尝君，诸客皆去。后召而复之，冯驩迎之。未到，孟尝君太息叹曰：“文常好客，遇客无所敢失，食客三千有余人，先生所知也。客见文一日废，皆背文而去，莫顾文者。今赖先生得复其位，客亦有何面目复见文乎？如复见文者，必唾其面而大辱之。”冯驩结辔下拜[48]。孟尝君下车接之，曰：“先生为客谢乎[49]？”冯驩曰：“非为客谢也，为君之言失。夫物有必至，事有固然，君知之乎？”孟尝君曰：“愚不知所谓也。”曰：“生者必有死，物之必至也；富贵多士，贫贱寡友，事之固然也。君独不见夫趣市朝者乎？明旦，侧肩争门而入；日暮之后，过市朝者掉臂而不顾[50]。非好朝而恶暮，所期物忘其中[51]。今君失位，宾客皆去，不足以怨士而徒绝宾客之路。愿君遇客如故。”孟尝君再拜曰：“敬从命矣。闻先生之言，敢不奉教焉。”

太史公曰：吾尝过薛，其俗闾里率多暴桀子弟，与邹、鲁殊。问其故，曰：

"孟尝君招致天下任侠，奸人入薛中盖六万余家矣。"世之传孟尝君好客自喜，名不虚矣。

【译文】

孟尝君名文，姓田。他的父亲是靖郭君田婴。田婴是齐威王的小儿子，齐宣王的庶弟。田婴从齐威王时就任职当权，曾与成侯邹忌及田忌领兵救韩伐魏。成侯与田忌争得威王的宠信，成侯就诬陷田忌。田忌害怕了，袭击齐的边境城邑，未打赢，逃亡在外。恰逢威王去世，宣王即位，了解到成侯诬陷田忌，便又召回田忌任用为将。宣王二年，田忌与孙膑、田婴一起伐魏，在马陵大败魏军，俘虏魏太子申，杀了魏将庞涓。宣王七年，田婴出使韩、魏，韩、魏都顺服于齐国。田婴与韩昭侯、魏惠王在东阿南面会盟齐宣王，结盟之后离去。第二年，又与梁惠王在甄会盟。就在这一年，梁惠王去世。宣王九年，田婴任齐相。齐宣王与魏襄王会盟于徐州，相互推尊为王。楚威王听到这消息，对田婴很生气。第二年，楚在徐州击败齐军，派人让齐国驱逐田婴。田婴派张丑去游说楚威王，威王这才罢休。田婴任齐相十一年，宣王去世，湣王即位。即位的第三年，封田婴于薛。

当初，田婴有四十多个儿子，他的贱妾有个儿子名文，田文出生在五月五日。田婴对田文的母亲说："不要养大这孩子。"田文的母亲却偷偷抚养田文成人。等田文长大后，他母亲乘他的兄弟晋见田婴的机会，让她的儿子田文出现在田婴面前。田婴对田文的母亲很生气，说道："我让你抛弃这孩子，而你竟敢抚养他，这是为什么？"田文向父亲叩头，乘机问道："您不养育五月里生的儿子，是什么原因呢？"田婴说："五月里生的孩子，长到和门户一样高的时候，将对他的父母不利。"田文说："人的命运是受之于天呢？还是受之于门户呢？"田婴默然无言。

田文接着说："如果受命于天，那您忧虑什么呢！如果受命于门户，那您可以将门户增高，谁能长到那么高！"田婴说："你不要再说了。"

隔了好久之后，田文利用某个机会问父亲田婴道："儿子的儿子是什么？"其父回答说："是孙子。""孙子的孙子是什么？""是玄孙。""玄孙的孙子是什么？"田婴回答说："那就不能知道了。"田文说："您当政为齐相，至今经历了三位君王，齐国的土地未见扩大而您私家的财富积累已达万金，门下却看不到一位贤能的人。我听说，将门必有将，相门必有相。现在您后宫姬妾脚下踩着绮縠，可是士人却穿不上粗布衣服；您的仆妾有吃不完的美味佳肴，可是士人连糟糠都吃不饱。现在您还在热衷于增加积蓄，扩充贮藏，想要传给您不知道是谁的人，却忘记了公家的事业正一天天地受到损害，我田文私下对此奇怪。"于是田婴对田文大加礼遇，让他主持家事，接待宾客。从此宾客一天天地多起来，田文的名声传扬到了诸侯中间。诸侯都派人来请求薛公田婴立田文为太子，田婴答应了。田婴去世，谥为靖郭君，而田文果真在薛代立，这就是孟尝君。

孟尝君在薛，招揽诸侯的宾客和犯罪逃亡在外的人，这些人都归附到孟尝君门下。孟尝君帮他们置家立业，厚待他们，因此天下之士差不多统统被他罗致去了。他的食客有几千人，不分贵贱，与田文享受同等的待遇。孟尝君接待宾客，坐着谈话时，屏风后面常常有侍史，负责记录孟尝君与客人的谈话，以及他所问客人的父母住处。客人走时，孟尝君已派使者到他家慰问，还给他父母送上财物了。孟尝君曾经有一次在晚上招待客人吃饭，有一人把火光遮住了，客人大为生气，以为自己的饭食与孟尝君的不一样，放下不吃，告辞要走。孟尝君站起身，亲自端着自己的饭食去和客人的相比。客人为此十分惭愧，自刭而死。正因为这样待客，士人才大量归附于孟尝君门下。孟尝君对宾客不加区别，都很好地招待。宾客人人自以为孟尝君对他特别亲。

秦昭王听说孟尝君贤能，便先派泾阳君到齐国作人质，以此请孟尝君到秦国相见。孟尝君准备入秦，门下宾客没有人想让他去，纷纷劝阻，孟尝君不听。苏代对孟尝君说："今天早晨我从外面来，看见木偶人和土偶人相互在谈话。木偶人说：'天一下雨，你就全毁了。'土偶人说：'我从泥里生，毁了就回到泥里去。如果天下雨，冲着你四处漂流，还不知道流到哪里为止呢。'当今秦国，是虎狼般凶恶的国家，而您却想到那里去，万一不能回来，您岂不是要被土偶人所讥笑吗？"孟尝君因此停止入秦的准备。

齐湣王二十五年，最终还是派孟尝君到秦国，秦昭王当即拜孟尝君为秦相。有人劝说秦昭王道："孟尝君贤能，又是齐国王族，现在做秦相，必然先考虑齐国的利益而后才考虑秦国，秦国恐怕要遭受危险了。"于是秦昭王便免除了孟尝君的相位。他把孟尝君囚禁起来，想要杀了他。孟尝君派人冒险去见昭王的宠姬求救，宠姬说："我想得到孟尝君的狐白裘。"其时孟尝君有一件狐白裘，价值千金，天下无双，而入秦时已经献给昭王，再没有第二件了。孟尝君十分为难，遍问宾客，无人能有对策。客座最下边有一狗盗之徒，他说："我能得到那件狐白裘。"于是在夜晚像狗那样潜入秦宫仓库里，将那件献给昭王的狐白裘偷取了回来，孟尝君拿去献给秦王宠姬。宠姬在昭王面前为孟尝君说情，昭王便释放了他。孟尝君获释后，当即快马离去，更换封传，改变姓名，以便出关。夜半时分，抵达了函谷关。秦昭王后悔释放了孟尝君，派人找他，可他已经离开，便立即派人驰传去追。孟尝君到了函谷关，关法规定鸡鸣之后才放人出关，孟尝君担心追兵赶到，这时居于下座的宾客中有一人会学鸡叫，他一学叫，所有的鸡都叫了起来，孟尝君一行人便出示封传顺利出关。出关不到一顿饭工夫，秦国追兵果然赶到关前，但已落在孟尝君出关之后，只好返回。早先孟尝君把会狗盗、鸡鸣的这两个人列为宾客，其他宾客都以之为羞，等到孟尝君经历入秦的患难，最后还是靠这两个人才脱离险境。从此之后，宾客们也都服气了。

孟尝君经过赵国，赵平原君以客礼相待。赵人听说孟尝君贤能，出来观看，都不禁笑道："原先以为薛公身材魁梧，今天看到了，却不过是个矮小的汉子罢了。"孟尝君听到后，大怒。和他一起到赵国的宾客便出来，砍杀了数百人，灭掉了一个县才离去。

齐湣王因为派遣孟尝君入秦而自认为无德。等孟尝君一回来，就任命他为齐相，让他处理国政。

孟尝君怨恨秦国，因齐国曾经帮助韩、魏攻伐过楚国，便准备要求韩、魏一起来攻秦，并向西周商借武器、食粮。苏代为西周向孟尝君进言道："您以齐国之力帮助韩、魏攻楚九年，夺取了宛、叶以北的土地从而增强了韩、魏的实力，现在还要通过攻秦进一步增强他们。韩、魏南面没有了楚国之忧，西面没有了秦国之患，那么齐国就危险了。韩、魏必然会轻视齐国而畏惧秦国，我为您感到危险。您不如让敝邑与秦国深深结交，您不要去攻秦，也不要来借武器、食粮。您兵临函谷关而不发起攻击，让敝邑把您的意图告诉秦昭王说：'薛公一定不会击破秦国以增强韩、魏的。他来进攻秦国，无非希望您让楚王把东部领土割给齐国，而您则释放楚怀王，与楚国重归于好。'您让敝邑以此对秦国有一点恩惠，秦能不被击破而通过牺牲楚国的东部领土来自免于难，秦国一定愿意这样做。楚怀王能获释放，也一定对齐感恩戴德。齐得到了楚国东部领土，更加强大，而薛就世世代代没有忧虑了。秦国不大受削弱，又处在三晋之西，三晋就必然会借重齐国。"薛公说："好。"于是让韩、魏贺秦，使三国不发动攻击，也不向西周商借武器、食粮了。当时楚怀王入秦，秦国将他扣留了下来，所以总想一定要让怀王离开秦国。但秦国最终还是没有释放楚怀王。

孟尝君任齐相时，他的舍人魏子为他收取封邑的租税，往返三次而没有交来一笔收入。孟尝君问他，他回答说："遇到一位贤者，我把收到的粟米私自做主借给了他，所以没有收入交给您。"孟尝君很生气，辞退了魏子。几年之后，有人在齐湣王面前诽谤孟尝君说："孟尝君将要作乱。"等到田甲威逼齐湣王，湣王怀疑是孟尝君指使，孟尝君只得出走。这时魏子曾借粟给他的那位贤者听到这消息，便上书说明孟尝君不会作乱，请以自己的生命立誓，于是在宫门前自刎而死，以证明孟尝君的无辜。湣王大惊，再根据线索查验了解，孟尝君果真没有反叛的阴谋，于是又召回孟尝君。孟尝君就此机会托病请求解职回薛养老，湣王答应了他。

其后，从秦国逃亡出来的将军吕礼做了齐相，想使苏代陷入困境。苏代就对孟尝君说："周最对于齐国，感情很深，但齐王赶走了他，反而听信亲弗的话以吕礼为相，目的是想结好于秦国。齐、秦联合，亲弗和吕礼的地位就重要了。他们一得势，齐、秦必然轻视您。您不如急速调兵北上，促使赵国与秦、魏和好，同时您收留周最以提高声誉，并可使齐王失信于秦，又能制止天下形势发生不利于您的变化。齐国离开了秦国，东方各国就会靠拢齐国，亲弗必然出走，那么齐王靠谁来治理他的国家呢！"孟尝君听从了他的计谋，而吕礼从此对孟尝君十分憎恨。

孟尝君感到恐惧，便写信给秦相穰侯魏冉说："我听说秦国打算通过吕礼来结交齐国，齐是天下的强国，您必然地位轻了。齐、秦联合起来对付三晋，吕礼必然兼任齐、秦二国之相，这样您与齐国结交却使吕礼更加重要。如果齐国免受诸侯军队的攻击，它对您的仇恨必定更深了。您不如劝秦王伐齐。要是击破齐国，我请求秦把所得的土地封赏给您。齐国一破，秦国畏惧晋国的强大，必然借重您去结好晋国。晋国对付齐国已经筋疲力尽，又畏惧秦国，也必然借重您来结好秦国。这样您击破齐国立下功劳，又挟晋国来巩固地位；这样您破齐而定下了自己的封邑，秦、晋又交相倚重您。相反，如果齐国不破，吕礼还在当权，您的处境必然非常困窘。"于是穰侯劝说秦昭王伐齐，吕礼也就从齐国逃走了。

后来齐湣王灭了宋国，更加骄傲，想除去孟尝君。孟尝君害怕，便到了魏国。魏昭王任用他为相，西面联合秦、赵，与燕国一起讨伐击破齐国。齐湣王逃亡到莒，死在那里。齐襄王即位，这时孟尝君在诸侯中间保持中立，不依附于谁。齐襄王新即位，畏惧孟尝君，与他连和，又亲近薛公。田文死后，谥为孟尝君。他的几个儿子争着立为薛公，而齐、魏联合起来把薛灭了。孟尝君绝了继承人，没有后代。

当初，冯驩听说孟尝君好客，穿着草鞋，长途跋涉来见他。孟尝君说："先生远道光临，有什么可以开导我吗？"冯驩说："听说您好士，我因家贫而来投奔。"孟尝君把他安置在传舍，十天后，孟尝君问传舍长道："这位客人干些什么？"回答说："冯先生穷得很，只剩一柄剑而已，还是用草绳缠的剑把。他弹剑唱道：'长剑啊，归去吧，吃饭没有鱼。'"孟尝君将他迁入幸舍，吃饭有鱼了。五天后，又问传舍长。传舍长回答说："这位客人又弹剑唱道：'长剑啊，归去吧，出门没有车。'"孟尝君再将他迁入代舍，进出乘上车了。五天后，孟尝君又问传舍长。传舍长回答道："冯先生又曾弹剑唱道：'长剑啊，归去吧，没有钱养家。'"孟尝君听了很不高兴。

住了一年，冯驩没有说什么。孟尝君当时为齐相，封于薛，有万户人家。孟尝君有食客三千人，封邑的收入不足以养客，便派人到薛放债。一年多没有收入，借钱的人多数连利息也付不出，养客的费用难以为继。孟尝君为此忧虑，问身边的人："哪一位客人可以派到薛去收债？"传舍长说："代舍客人冯公，看他的相貌举止，似乎能言善辩，是个厚道人，没有别的本领，派他去收债倒是合适的。"孟尝君便请来冯驩，对他说道："宾客不知我不贤，光临我这里的有三千多人，我封邑的收入不够养宾客了，所以在薛放了些债。一年来薛地的债款一无所入，很多百姓连利息都不付。如今宾客的饭食恐怕难供应，所以想请先生去收债。"冯驩答应道："是。"告辞出发，来到薛邑，召集借了孟尝君债的人都来相会，收得债款十万。于是备了很多美酒，买了肥牛，召集借过债的人，能付利息的都来，不能付利息的也来，都拿借据来对证核实。大家一起相会，天天杀牛备酒。酒喝到兴头上，冯驩拿出借据像上次那样对证核实，对能付利息的，和他约定付息的日期；穷得连利息都付不出的，拿过借据当场烧毁。冯驩说："孟尝君所以借钱给你们，是因为无钱的百姓可以借此来从事生产；所以要收取利息，是因为他无钱招待宾客了。现在与家境富裕的人约写了还债日期；对无力还债的穷人，就烧掉借据，取消债务。诸位多喝多吃一些。有这样一位主人，怎么能辜负他的美意呢！"在座的人全都站起来，再拜致谢。

孟尝君听说冯驩烧掉借据，十分生气，派使者召回冯驩。冯驩来后，孟尝君说："我有食客三千人，所以在薛地放债。我封邑收入少，而百姓还多不按时付息，我生怕宾客的供应不足，所以请先生去收债。听说先生收到钱后，就拿去不少备下肥牛美酒，还烧掉了借据，这是为什么？"冯驩说："正是这样。不多备牛、酒，就不能使债户都来相见，也就无法了解他们谁有钱谁缺钱。有钱的，我替您约定了还债的日期。无钱的，即使我守在那里讨债十年，也只能使他欠的利息越积越多，他穷急了，就只能用逃亡的办法来使自己废弃债务了。如果人穷急了，最终无力偿还，那时上则以为您好利而不爱士民，下则背了个叛离主人、抵赖债务的恶名，这不是勉励士民、宣扬您名声的好办法啊。现在烧掉无用的虚有其名的债据，取消不可能收回的虚有其名的账目，使薛地的百姓亲近您，宣扬您的美名，您有什么可疑惑不解的呢！”孟尝君于是拍手称好，向冯驩道谢。

齐王被秦、楚对孟尝君的诽谤所迷惑，认为孟尝君的名声比自己还高，还独揽齐国大权，便废了孟尝君。宾客见孟尝君被废，都离他而去。冯驩说：“借给我一辆车，使我得以入秦，我一定让您在齐国受到尊重，而且封邑更大，可以吗？”孟尝君于是备好车辆、礼物，派他入秦。冯驩西至秦国，向秦王游说道：“天下的游说之士驾车奔走西入秦国的，无不想使秦国强大而使齐国削弱；驾车奔走东入齐国的，又无不想使齐国强大而使秦国削弱。秦、齐是对立的国家，势不两立，谁称雄谁就能得天下。”秦王听后，难以安坐，不禁挺身直腰问道：“怎么做才能使秦国不处在下风呢？”冯驩说：“大王也知道齐国废了孟尝君的事吗？”秦王道：“听说了。”冯驩说：“使齐国被天下看重的，正是孟尝君。现在齐王因听信诽谤而废了他，他心中怨恨，必然背离齐国；如果背齐而入秦，那么就会把齐国的内情、人事的真实状况等，全部告诉秦国，齐国的土地可以得到，岂止称雄而已！您赶快派使者带了礼物悄悄地去迎接孟尝君，不可失去时机。如果齐王觉悟了，重新起用孟尝君，那么谁强谁弱就不可预料了。”秦王大喜，派出十辆车，带了黄金百镒去迎接孟尝君。冯驩辞别秦王，赶在秦国使者之前动身，来到齐国，向齐王游说道：“天下的游说之士驾车奔走东入齐国的，无不想使齐国强大而使秦国削弱；驾车奔走西入秦国的，又无不想使秦国强大而使齐国削弱。秦、齐是对立的国家，秦强则齐弱，其形势不可能两国都称雄。现在我私下听说秦国派遣使者，以十辆车装载黄金百镒来迎接孟尝君。孟尝君如不西行倒也罢了，如西行入秦为相，天下便会归附秦国，秦国称雄则齐国处于下风，齐国一旦处下风，那临淄、即墨便危险了。大王何不在秦使未到之前就恢复孟尝君的相位，再加给他封邑以表示歉意呢？孟尝君一定会高兴地接受下来。尽管秦是强国，怎么可以聘请人家的相国而派车来迎接呢！这样就挫败了秦国的计划，并破坏了它称霸争强的谋略。”齐王说：“好。”于是派人到边境等候秦使。秦使的车辆刚入齐境，使者便赶回去报告，齐王立即召见孟尝君恢复其相位，发还他原来的封邑土地，又加封了一千户。秦国的使者听到孟尝君重又作了齐相，便调转车头离开了齐国。

自从齐王听信诽谤而废了孟尝君后，宾客便都离开了他。后来齐王召回孟尝君，恢复他的相位和封邑，冯驩去迎接他。没到朝廷时，孟尝君长叹说：“我一向好客，待客从不敢有闪失，所以食客有三千余人，这是先生所知道的。可是这些宾客见我一朝被废，都背弃我而去，没有人再看我一眼。现在靠先生得以恢复相位，宾客们还有什么脸面再来见我呢？如果再来见我，我一定要唾他的脸，大大地羞辱他。”冯驩听后，结好缰绳，离车下拜，孟尝君连忙下车接住他，说：“先生是为宾客道歉吗？”冯驩答道：“我并非为宾客道歉，而是因为您刚才失言了。物有必然这样的规律，事有原本如此的道理，您知道吗？”孟尝君说：“我很愚钝，不知道你说的什么意思。”冯驩说：“生出的必然会死，这是物的必然规律。富贵了宾客多，贫贱了朋友少，这是事情原本如此的道理。您难道没有见过那些到市集上去的人吗？天一亮，大家侧肩争门地挤进去；黄昏之后，经过市集的人却甩着胳膊走过，连看都不看一下。他们并不是喜好早晨而厌恶黄昏，而是因为黄昏的市集上已经没有他们所期望的东西了。现在您失了相位，宾客都离开，这种情况您不必去怨恨他们，而白白地阻塞他们前来投奔您的道路。我期待您像从前一样对待他们。”孟尝君再拜说道：“一定遵从您的嘱咐。听了先生的话，怎么能不照做呢。”

太史公说：我曾去过薛邑，那里的风俗是在乡里中总有很多凶横粗暴的年轻人，与邹、鲁的情况不同。打听其中的原因，据说：“当年孟尝君招来天下仗义行侠之士，那些惹是生非的邪恶、狡诈之人搬来薛邑的差不多有六万多家。”世上传说孟尝君好客自喜，果然名不虚传啊。

（王华宝　注译）

卷七十六 平原君虞卿列传第十六

注释查阅　译文诵读

平原君赵胜者，赵之诸公子也。诸子中胜最贤[1]，喜宾客，宾客盖至者数千人。平原君相赵惠文王及孝成王，三去相，三复位，封于东武城。

平原君家楼临民家。民家有躄者[2]，槃散行汲[3]。平原君美人居楼上，临见，大笑之。明日，躄者至平原君门，请曰："臣闻君之喜士，士不远千里而至者，以君能贵士而贱妾也。臣不幸有罢癃之病[4]，而君之后宫临而笑臣，臣愿得笑臣者头。"平原君笑应曰："诺。"躄者去，平原君笑曰："观此竖子，乃欲以一笑之故杀吾美人，不亦甚乎！"终不杀。居岁余，宾客门下舍人稍稍引去者过半。平原君怪之，曰："胜所以待诸君者未尝敢失礼，而去者何多也？"门下一人前对曰："以君之不杀笑躄者，以君为爱色而贱士，士即去耳。"于是平原君乃斩笑躄者美人头，自造门进躄者[5]，因谢焉。其后门下乃复稍稍来。是时齐有孟尝，魏有信陵，楚有春申，故争相倾以待士[6]。

秦之围邯郸，赵使平原君求救，合从于楚，约与食客门下有勇力文武备具者二十人偕。平原君曰："使文能取胜，则善矣。文不能取胜，则歃血于华屋之下[7]，必得定从而还。士不外索，取于食客门下足矣。"得十九人，余无可取者，无以满二十人。门下有毛遂者，前，自赞于平原君曰[8]："遂闻君将合从于楚，约与食客门下二十人偕，不外索。今少一人，愿君即以遂备员而行矣[9]。"平原君曰："先生处胜之门下几年于此矣？"毛遂曰："三年于此矣。"平原君曰："夫贤士之处世也，譬若锥之处囊中，其末立见[10]。今先生处胜之门下三年于此矣，左右未有所称诵，胜未有所闻，是先生无所有也。先生不能，先生留。"毛遂曰："臣乃今日请处囊中耳。使遂蚤得处囊中，乃颖脱而出，非特其末见而已。"平原君竟与毛遂偕。十九人相与目笑之而未废也[11]。

毛遂比至楚，与十九人论议，十九人皆服。平原君与楚合从，言其利害，日出而言之，日中不决。十九人谓毛遂曰："先生上。"毛遂按剑历阶而上[12]，谓平原君曰："从之利害，两言而决耳。今日出而言从，日中不决，何也？"楚王谓平原君曰："客何为者也？"平原君曰："是胜之舍人也。"楚王叱曰："胡不下！吾乃与而君言[13]，汝何为者也！"毛遂按剑而前曰："王之所以叱遂者，以楚国之众也。今十步之内，王不得恃楚国之众也，王之命县于遂手[14]。吾君在前，叱者何也？且遂闻汤以七十里之地王天下，文王以百里之壤而臣诸侯，岂其士卒众多哉，诚能据其势而奋其威。今楚地方五千里，持戟百万，此霸王之资也。以楚之强，天下弗能当。白起，小竖子耳，率数万之众，兴师以与楚战，一战而举鄢郢，再战而烧夷陵，三战而辱王之先人。此百世之怨而赵之所羞，而王弗知恶焉。合从者为楚，非为赵也。吾君在前，叱者何也？"楚王曰："唯唯，诚若先生之言，谨奉社稷而以从。"毛遂曰："从定乎？"楚王曰："定矣。"毛遂谓楚王之左右曰："取鸡狗马之血来。"毛遂奉铜盘而跪进之楚王曰："王当歃血而定从，次者吾君，次者遂。"遂定从于殿上。毛遂左手持盘血而右手招十九人曰："公相与歃此血于堂下。公等录录[15]，所谓因人成事者也。"

平原君已定从而归，归至于赵，曰："胜不敢复相士。胜相士多者千人，寡者百数，自以为不失天下之士，今乃于毛先生而失之也。毛先生一至楚，而使赵重于九鼎大吕[16]。毛先生以三寸之舌，强于百万之师。胜不敢复相士。"遂以为上客。

平原君既返赵，楚使春申君将兵赴救赵，魏信陵君亦矫夺晋鄙军往救赵，皆未至。秦急围邯郸，邯郸急，且降，平原君甚患之。邯郸传舍吏子李同说平原君曰："君不忧赵亡邪？"平原君曰："赵亡则胜为虏，何为不忧乎？"李同曰："邯郸之民，炊骨易子而食[17]，可谓急矣，而君之后宫以百数，婢妾被绮縠[18]，馀粱肉，而民褐衣不完，糟糠不厌[19]。民困兵尽，或剡木为矛矢[20]，而君器物钟磬自若。使秦破赵，君安得有此？使赵得全，君何患无有？今君诚能令夫人以下编于士卒之间，分功而作[21]，家之所有尽散以飨士，士方其危苦之时，易德耳[22]。"于是平原君从之，得敢死之士三千人。李同遂与三千人赴秦军，秦军为之却三十里。亦会楚、魏救至，秦兵遂罢，邯郸复存。李同战死，封其父为李侯。

虞卿欲以信陵君之存邯郸为平原君请封。公孙龙闻之，夜驾见平原君曰："龙闻虞卿欲以信陵君之存邯郸为君请封，有之乎？"平原君曰："然。"龙曰："此甚不可。且王举君而相赵者，非以君之智能为赵国无有也。割东武城而封君者，非以君为有功也，而以国人无勋，乃以君为亲戚故也。君受相印不辞无能，割地不言无功者[23]，亦自以为亲戚故也。今信陵君存邯郸而请封，是亲戚受城而国人计功也。此甚不可。且虞卿操其两权，事成，操右券以责；事不成，以虚名德君。君必勿听也。"平原君遂不听虞卿。

平原君以赵孝成王十五年卒。子孙代，后竟与赵俱亡。

平原君厚待公孙龙。公孙龙善为坚白之辩[24]，及邹衍过赵言至道[25]，乃绌公孙龙[26]。

虞卿者，游说之士也。蹑跻檐簦说赵孝成王[27]。一见，赐黄金百镒，白璧一双；再见，为赵上卿，故号为虞卿。

秦赵战于长平，赵不胜，亡一都尉。赵王召楼昌与虞卿曰：“军战不胜，尉复死，寡人使束甲而趋之，何如？”楼昌曰：“无益也，不如发重使为媾[28]。”虞卿曰：“昌言媾者，以为不媾军必破也。而制媾者在秦。且王之论秦也，欲破赵之军乎，不邪？”王曰：“秦不遗余力矣，必且欲破赵军。”虞卿曰：“王听臣，发使出重宝以附楚、魏，楚、魏欲得王之重宝，必内吾使[29]。赵使入楚、魏，秦必疑天下之合从，且必恐。如此，则媾乃可为也。”赵王不听，与平阳君为媾，发郑朱入秦。秦内之。赵王召虞卿曰：“寡人使平阳君为媾于秦，秦已内郑朱矣，卿以为奚如？”虞卿对曰：“王不得媾，军必破矣。天下贺战胜者皆在秦矣。郑朱，贵人也，入秦，秦王与应侯必显重以示天下。楚、魏以赵为媾，必不救王。秦知天下不救王，则媾不可得成也。”应侯果显郑朱以示天下贺战胜者，终不肯媾。长平大败，遂围邯郸，为天下笑。

秦既解邯郸围，而赵王入朝，使赵郝约事于秦，割六县而媾。虞卿谓赵王曰：“秦之攻王也，倦而归乎？王以其力尚能进，爱王而弗攻乎？”王曰：“秦之攻我也，不遗余力矣，必以倦而归也。”虞卿曰：“秦以其力攻其所不能取，倦而归，王又以其力之所不能取以送之，是助秦自攻也。来年秦复攻王，王无救矣。”王以虞卿之言告赵郝。赵郝曰：“虞卿诚能尽秦力之所至乎？诚知秦力之所不能进，此弹丸之地弗予，令秦来年复攻王，王得无割其内而媾乎？”王曰：“请听子割矣，子能必使来年秦之不复攻我乎？”赵郝对曰：“此非臣之所敢任也[30]。他日三晋之交于秦，相善也。今秦善韩、魏而攻王，王之所以事秦必不如韩、魏也。今臣为足下解负亲之攻[31]，开关通币，齐交韩、魏，至来年而王独取攻于秦，此王之所以事秦必在韩、魏之后也。此非臣之所敢任也。”

王以告虞卿。虞卿对曰：“郝言‘不媾，来年秦复攻王，王得无割其内而媾乎’。今媾，郝又以不能必秦之不复攻也。今虽割六城，何益！来年复攻，又割其力之所不能取而媾，此自尽之术也，不如无媾。秦虽善攻，不能取六县；赵虽不能守，终不失六城。秦倦而归，兵必罢。我以六城收天下以攻罢秦，是我失之于天下而取偿于秦也。吾国尚利，孰与坐而割地，自弱以强秦哉？今郝曰‘秦善韩、魏而攻赵者，必王之事秦不如韩、魏也’，是使王岁以六城事秦也，即坐而城尽。来年秦复求割地，王将与之乎？弗与，是弃前功而挑秦祸也；与之，则无地而给之。语曰：‘强者善攻，弱者不能守。’今坐而听秦，秦兵不弊而多得地，是强秦而弱赵也。以益强之秦而割愈弱之赵，其计故不止矣。且王之地有尽而秦之求无已，以有尽之地而给无已之求，其势必无赵矣。”

赵王计未定，楼缓从秦来，赵王与楼缓计之，曰：“予秦地如毋予，孰吉？”缓辞让曰：“此非臣之所能知也。”王曰：“虽然，试言公之私。”楼缓对曰：“王亦闻夫公甫文伯母乎？公甫文伯仕于鲁，病死，女子为自杀于房中者二人。其母闻之，弗哭也。其相室曰[32]：‘焉有子死而弗哭者乎？’其母曰：‘孔子，贤人也，逐于鲁，而是人不随也。今死而妇人为之自杀者二人，若是者必其于长者薄而于妇人厚也。’故从母言之，是为贤母；从妻言之，是必不免为妒妻。故其言一也，言者异则人心变矣。今臣新从秦来而言勿予，则非计也；言予之，恐王以臣为为秦也：故不敢对。使臣得为大王计，不如予之。”王曰：“诺。”

虞卿闻之，入见王曰：“此饰说也，王昚勿予[33]！”楼缓闻之，往见王，王又以虞卿之言告楼缓。楼缓对曰：“不然。虞卿得其一，不得其二。夫秦赵构难而天下皆说，何也？曰‘吾且因强而乘弱矣[34]’。今赵兵困于秦，天下之贺战胜者则必尽在于秦矣。故不如亟割地为和，以疑天下而慰秦之心。不然，天下将因秦之怒，乘赵之弊，瓜分之。赵且亡，何秦之图乎？故曰虞卿得其一，不得其二。愿王以此决之，勿复计也。”

虞卿闻之，往见王曰：“危哉楼子之所以为秦者，是愈疑天下，而何慰秦之心哉？独不言其示天下弱乎？且臣言勿予者，非固勿予而已也。秦索六城于王，而王以六城赂齐。齐，秦之深仇也，得王之六城，并力西击秦，齐之听王，不待辞之毕也。则是王失之于齐而取偿于秦也。而齐、赵之深仇可以报矣，而示天下有能为也。王以此发声[35]，兵未窥于境，臣见秦之重赂至赵而反媾于王也。从秦为媾，韩、魏闻之，必尽重王；重王，必出重宝以先于王。则是王一举而结三国之亲，而与秦易道也。”赵王曰：“善。”则使虞卿东见齐王，与之谋秦。虞卿未返，秦使者已在赵矣。楼缓闻之，亡去。赵于是封虞卿以一城。

居顷之，而魏请为从。赵孝成王召虞卿谋。过平原君，平原君曰：“愿卿之论从也。”虞卿入见王。王曰：“魏请为从。”对曰：“魏过。”王曰：“寡人固未之许。”对曰：“王过。”王曰：“魏请从，卿曰魏过，寡人未之许，又曰寡人过，然则从终不可乎？”对曰：“臣闻小国之与大国从事也，有利则大国受其福，有败则小国受其祸。今魏以小国请其祸，而王以大国辞其福，臣故曰王过，魏亦过。窃以为从便。”王曰：“善。”乃合魏为从。

虞卿既以魏齐之故，不重万户侯卿相之印，与魏齐间行[36]，卒去赵，困于梁。魏齐已死，不得意，乃著书，上采《春秋》，下观近世，曰《节义》《称号》《揣摩》《政谋》，凡八篇。以刺讥国家得失，世传之曰《虞氏春秋》。

太史公曰：平原君，翩翩浊世之佳公子也，然未睹大体。鄙语曰“利令智昏”，平原君贪冯亭邪说，使赵陷长平兵四十余万众，邯郸几亡。虞卿料事揣情，为赵画策，何其工也！及不忍魏齐，卒困于大梁，庸夫且知其不可，况贤人乎？然虞卿非穷愁，亦不能著书以自见于后世云。

【译文】

平原君赵胜，是赵国的庶公子。众公子中赵胜最贤能，他喜好宾客，宾客投奔到他那里的大概有几千人。平原君担任赵惠文王和孝成王的国相，曾三次离开相位，又三次复职，封邑在东武城。

平原君家楼房俯视着民居。相邻民居家有一个跛子，一瘸一拐地去打水。平原君的一位美人住在楼上，见到这一情景，不禁大笑。第二天，跛子到平原君家，请求说：“我听说您好客喜士，士人不远千里来投奔您，是由于您能够尊重士人而轻贱姬妾。我不幸有驼背残疾，而您的后宫姬妾在楼上见了而嘲笑我，我希望得到笑我的人的脑袋。”平原君笑着答应道：“好的。”跛子离去后，平原君笑道：“瞧这小子，竟想因为笑一笑的原因杀我美人，不是太过分了吗！”他始终没有杀那美人。过了一年多，宾客、门下舍人渐渐离开平原君的有一半还多。平原君感到奇怪，说：“我赵胜在接待各位方面未尝敢失礼，而离开的人为什么那么多呢？”门下一位士人上前回答说：“因为您没有杀那笑跛子的美人，大家认为您喜爱美色而轻贱士人，士人就离开了。”于是平原君便斩下那笑跛子的美人的头，亲自登门献给跛子，同时向他谢罪。从此以后，门下宾客才又渐渐回来。这时候齐国有孟尝君，魏国有信陵君，楚国有春申君，所以各方相互争着延揽士人。

秦军围困邯郸时，赵国派平原君向外求救，与楚国合纵抗秦，约定与食客门下之士中有勇力、文武兼备的二十人同行。平原君说：“如果用文的方式能够完成使命，那就好。文不能完成使命的话，则将在华美的堂宇之下与楚王歃血为盟，一定要定下合纵盟约才回赵国。随行士人不向外招募，在食客门下之士中挑选便足够了。”选得十九人，其余的都不可取，无法选足二十人之数。这时门下有位叫毛遂的，走上前来，向平原君自我推荐道：“我听说您将和楚国合纵，商定带食客门下之士二十人同行，不向外招募人员。如今还少一个，希望您就用我毛遂凑足名额出发吧。”平原君说：“先生在我门下到现在有几年了？”毛遂说：“迄今三年了。”平原君说：“一个贤士生活在世上，就像一把锥子装在袋子里，锥尖立刻会显露出来。如今先生在我门下已经三年了，我身边的人没有称颂过你什么，我也没有听到过你什么，这可见先生没有什么值得称颂的才能。先生不能胜任，先生留下。”毛遂说：“我今天才请求装在袋子里罢了。如果我毛遂早一点得以装在袋子里，便会连整个锥锋都脱露出来，不只是露出了锥尖而已。”平原君最终还是带着毛遂同行了。其他十九个人相互用目光示意，讥笑毛遂，只是没有说出口来。

等到毛遂到达楚国，一路上与十九人交谈议论，十九人都很佩服。平原君和楚王商议合纵，陈说利害，从日出时谈起，到日中还决定不了。十九人对毛遂说：“先生上去。”毛遂手按剑把越级登台阶而上，对平原君说：“合纵的利害，不过两句话便可决定。今日从日出谈起，到日中还决定不了，这是为什么？”楚王问平原君道：“这位客人是做什么的？”平原君说：“他是我的门下舍人。”楚王呵斥毛遂道：“为什么还不退下！我是在与你主人谈话，你是干什么的！”毛遂手按剑把逼上前去说道：“大王您所以敢呵斥我毛遂，无非倚仗楚国人多。现在十步之内，大王无法倚仗楚国人多了，大王的性命就操在我毛遂手里。我的主人就在面前，你凭什么呵斥我？再者我听说商汤以七十里之地最终统治天下，周文王以百里

之地而使诸侯称臣，难道他们士卒众多吗，实在是因为他们能利用形势，从而奋扬了自己的威权。现在楚地广袤五千里，持戟战士百万，这是称霸争王的好资本。以楚国的强大，天下无法抵挡。白起，不过是个粗鄙的家伙罢了，领了几万人，兴兵来与楚国交战，一战而攻下鄢郢，再战而烧了夷陵，三战而羞辱大王的祖先。这是百世不解的怨仇，连我们赵国都感到羞耻，而大王却不知羞辱。合纵是为了楚国，不是为了赵国。我的主人就在面前，你凭什么呵斥我？”楚王连声说：“是，是，确实如先生所说，我谨倾全国之力来与赵合纵抗秦。”毛遂问道：“合纵之盟定下来了吗？”楚王说：“定下来了。”毛遂对楚王身边的人说：“拿鸡、狗、马的血来。”毛遂手捧铜盘，跪着进献给楚王，说道：“大王应当歃血以确定合纵之盟，接下来是我的主人，再接下来是我毛遂。”于是就在殿上定下合纵之盟。毛遂左手拿着铜盘里的血，右手招呼十九人说：“你们在堂下一起参加歃血为盟。你们庸庸碌碌，都是所谓靠着别人才办成事情的人啊。”

平原君定下合纵之盟后回去，回到赵国，说道：“我赵胜不敢再观察评价士人了。我观察评价过的士人，多说已有千人，少说也数以百计，自以为不会漏过一个天下难得的人才，可现在竟在毛先生身上看走眼了。毛先生一到楚国，便使赵国的地位重于九鼎大吕。毛先生以三寸之舌胜过百万之师。我赵胜不敢再观察评价士人了。”便将毛遂列为上客。

平原君回到赵国后，楚国派春申君领兵赴赵救援，魏国信陵君也假传魏王之命夺了晋鄙的军权前往救赵，但还都没有赶到。秦军加紧围困邯郸，邯郸危急，将要投降，平原君忧急万分。邯郸传舍吏的儿子李同向平原君进言道："您不忧虑赵国灭亡吗？"平原君说："赵国灭亡那我赵胜就成了俘虏，怎么能不忧虑呢？"李同说："邯郸的老百姓饿得用人骨当柴烧，交换儿子杀了吃，可以说是危急极了，而您的后宫人员数以百计，宫女穿着绮縠，粱肉多得吃不完，然而老百姓连粗布短衣都不完好，连吃糟糠粗饭都吃不饱。百姓困苦，兵器耗尽，有的已在削尖木头做矛矢了，可是您所享用的器物钟磬却依然如常。假使秦国攻破赵国，您怎么能保有这些呢？如果赵国得以保全，您又何必担心没有这些呢？现在您如果能下令夫人以下的后宫人员编到士卒中间，分配事情给他们做，将家中所有的财物尽数散给士卒，犒赏他们，士卒正当危急困苦之际，是很容易感受到您的恩德的。"于是平原君听从了他的话，结果得到敢死士卒三千人。李同便与这三千人冲向秦军，秦军为此后退了三十里。又恰逢楚、魏的救兵赶到，秦军便停止进攻，邯郸又保存了下来。李同战死了，赵国封他的父亲为李侯。

虞卿想借信陵君保住邯郸这件事为平原君请求加封爵邑。公孙龙听到这消息，连夜驾车去见平原君，说道："我听说虞卿想借信陵君保住邯郸来为您请求加封爵邑，有这事吗？"平原君说："是这样的。"公孙龙说："这样做万万不可。再说赵王推举您做赵国的相，并不是认为您的才智能力是赵国独一无二的。赵王割东武城封您，也并不是认为您有功而认为国内一般人无功，而是因您是他的亲戚。您接受相印并不推辞自己无能，您接受封地并不说自己无功，也是您自以为是王的亲戚。现在借信陵君保住邯郸这件事而请求加封爵邑，这是以亲戚的身份接受封邑而又要像国内一般人那样计功请赏。这样做万万不可。再说虞卿脚踏两只船，事情办成了，他会像债主拿着契约讨债那样来向您索取报答；事情办不成，也可以用曾经为您请封的虚名使您感激。您一定不要听他的。"平原君便没有听从虞卿的主意。

平原君在赵孝成王十五年去世。其封爵子孙相传，最后终于随着赵国一起灭亡。

平原君厚待公孙龙。公孙龙善于辩论坚白问题，等邹衍来到赵国谈论至道时，平原君才疏远了公孙龙。

虞卿，是一位游说之士。他脚穿草鞋，肩背长柄笠，远道来游说赵孝成王。一见之下，赵王赐给他黄金百镒，白璧一双；第二次接见，任用他为赵国上卿，所以称为虞卿。

秦赵在长平交战，赵国未打胜，死了一名都尉。赵王召见楼昌和虞卿商议说："军队交战没有打胜，都尉又死了，寡人想让军队卷甲轻装以赴敌决战，你们看如何？"楼昌说："没有什么好处，还不如派遣重要使臣去议和为好。"虞卿说："楼昌提出议和的原因是，认为不议和的话赵军一定会被击破。而议和的主动权操在秦国手中。再说君王分析秦国的情况，它是想击破赵军，还是不想呢？"赵王说："秦国已经不遗余力了，肯定想要击破赵军。"虞卿说："请君王依从我的建议，派遣使臣拿出一批珍宝去联合楚、魏，楚、魏想得到王的珍宝，必定接纳我国使臣。赵国使臣进入楚、魏，秦国必然怀疑天下各国合纵与它对抗，心里定会恐慌。在这种情况下，那么议和才可进行。"赵王不听，与平阳君决定议和，派郑朱先行入秦。秦国接纳了郑朱。赵王召见虞卿说："寡人派平阳君与秦国议和，秦已接纳郑朱了，您以为怎么样？"虞卿回答说："王的议和不可能成功，而赵军是必破无疑的了。天下各国祝贺战争胜利的人都已到秦国了。郑朱，是位显贵人物。他进入秦国，秦王和应侯必然会宣扬他、看重他，以做给各国看。楚、魏认为赵国谋求议和，必定不来救王。秦国知道各国不来救王，那么议和就不可能成功。"应侯果然宣扬郑朱以向各国来秦祝贺战争胜利的人显示，最终就是不肯议和。赵军在长平大败之后，秦军包围了邯郸，赵王被天下人所讥笑。

秦军解了邯郸之围后，赵王准备前去朝见秦王，派赵郝前去相约服从秦国之事，愿意割献六县以议和。虞卿对赵王说："秦军攻王，是疲倦了返回的呢，还是它的力量尚能继续进攻，因为爱护赵王您才不进攻的呢？"赵王说："秦军攻我，已经不遗余力了，肯定是因为疲倦了才返回的。"虞卿说："秦军倾其全力攻打它所不能取得的东西，打得疲倦了才返回，君王您却又把它力所不能取得的东西送给它，这是在帮助秦军进攻自己啊。来年秦军再来攻王，王就没有办法救了。"赵王把虞卿这番话告诉了赵郝。赵郝说："虞卿果真能摸透秦军的力量能达到哪里吗？他果真知道秦军的力量不能进到哪里，那么连这弹丸之地都不给秦国。假如秦军来年再来攻王，王岂不是要割献比六县更加靠里的内地城邑去议和了吗？"赵王说："那就请依你的建议割献六县，你能有把握使秦军来年不再攻我吗？"赵郝回答说："这不是我所敢担保的。当年三晋与秦结交，彼此相好。现在秦和韩、魏相善而攻王，王事奉秦国一定不如韩、魏好。现在我为足下解除了因为您背弃亲善而招致的进攻，开放边关，进行贸易，使您与秦国的交往与韩、魏一样；到了来年如果只有王招来秦国的进攻，这一定是王事奉秦国落在了韩、魏的后面。这不是我所敢担保的。"

赵王把赵郝这番话告诉虞卿。虞卿回答说："赵郝说'不议和，来年秦军再来攻王，王岂不是要割献比六县更加靠里的内地城邑去议和了吗'。现在去议和了，赵郝又认为不能肯定秦军今后不再进攻。这样，现在即使割了六城，又有什么好处呢！来年再来进攻，又要割秦军的力量所不能取得的地方去议和，这是自我毁灭的道路啊，不如不议和。秦军即使善攻，也不能夺取六县；赵国即使不能防守，最终也不会失去六城。秦军疲倦而回，兵卒必定困惫。如果我国用六城笼络天下各国，去攻击困惫的秦军，这样我在天下各国那里失去的土地，可以从秦国获得补偿，我国还算有利可图，这与无所作为地割献土地、削弱自己去增强秦国相比哪一种情况更好呢？现在赵郝说‘秦和韩、魏相善而攻赵，一定是王事奉秦国不如韩、魏好’，这是要王每年用六城去侍奉秦国，赵国白白地把城邑割献完了。来年秦再要求王割地，王准备给它吗？不给吧，就是前功尽弃，引发秦国之祸；给吧，已经没有土地可给了。常言道：‘强的人善于进攻，弱的人不能防守。’现在无所作为地听命于秦，秦兵不受损失而多得土地，这是增强秦国而削弱赵国的做法。以越来越强大的秦国来割占越来越弱小的赵国，秦国对赵国的进攻势必不会终止的。再说王的土地有限而秦的要求无止境，用有限的土地去满足没完没了的要求，其趋势必然是不再有赵国的存在。”

赵王决策未定，楼缓从秦国回来，赵王与楼缓商议此事，说：“割给秦国土地和不割给土地，哪个有利？”楼缓推辞说：“这不是我所能知道的。”赵王说：“即使如此，不妨试着说说你个人的想法。”楼缓回答说：“君王是否也听说过公甫文伯的母亲呢？公甫文伯在鲁国做官，生病死了，为他的死而在房里自杀的女子有二人。他母亲听说此事，并不哭泣。他的相室说：‘哪有儿子死了而母亲不哭的呢？’他母亲说：‘孔子，是位贤人，被逼离开鲁国，这个人却不跟着走。现在他死了，妇人为此自杀的却有二人。这种情况表明一定是他对于长者感情不深而对于妇人感情深厚。’所以从母亲的角度来说，她是一位贤良的母亲；如果从妻子的角度来说，她肯定不免是个妒忌的妻子。所以同样一句话，说的人不同，那别人的看法就变了。如今我刚从秦国回来而说不给，那不是个办法；说给吧，又怕王以为我是为了秦国的利益；所以我不敢回答。如果我能为大王出主意，我认为不如割给它好。”赵王说：“是的。”

虞卿听到这消息，入宫谒见赵王说：“这是一种表面上动听的话语，大王千万不要割城给秦！”楼缓听说后，去见赵王。赵王又把虞卿的话告诉楼缓。楼缓回答说：“不是这样的。虞卿只知其一，不知其二。现在秦、赵结怨相斗，天下各国都很高兴，这是为什么？他们在心里说‘我可趁机依靠强的一方来欺侮弱的一方了’。现在赵国军队受困于秦，各国祝贺战争胜利的人肯定都到秦国了。所以不如赶快割地议和，以使各国疑惑踌躇，而使秦王内心得到安慰。不然的话，各国将要利用秦国的愤怒，欺侮赵国的疲弱，瓜分赵国。赵国就要灭亡了，还谈什么对付秦国呢？所以我说虞卿只知其一，不知其二。愿大王就这样决策，不要再考虑了。”

虞卿听到这消息，又去见赵王说：“楼子这种为秦国考虑的建议太危险啊！这样做会使各国更加疑惑，而秦王内心又怎么会得到安慰呢？他为什么独独不说这样做是在向各国暴露赵国的软弱呢？再者我说不给，并不是一定不要给出去。秦向大王索要六城，而大王可以把六城送给齐国。齐国，是与秦国结下深仇的国家，它得到大王的六城后，再要求它和赵国合力向西击秦，也许不等您把话说完，齐王就会听从的。这样大王在齐国失去的东西可以从秦国那里取得补偿，而齐、赵两国的深仇也可就此报了，并向各国显示赵国是有能力的。大王将此事稍加宣扬，齐赵的兵马还没到达边境开始行动，我就能见到秦国的贵重财物送到赵国而反过来向大王求和了。答应秦国与他议和，韩、魏听到后，必然都看重大王；他们看重大王，必然会拿出贵重的宝物来先向您致意。这样大王一举而可以和三个国家结好，议和中秦、赵两国的地位便互换了。”赵王说：“好。”便派虞卿到东方去见齐王，与他商议对付秦国。虞卿还没回来，秦国的使者已经到赵国了。楼缓听到这消息，便逃走了。于是赵王封给虞卿一个城邑。

过了不久，魏国请求与赵国合纵。赵孝成王召见虞卿商议。虞卿拜访平原君，平原君说：“希望您赞成合纵。”虞卿进宫见王，赵王说：“魏国请求合纵。”虞卿回答说：“魏国错了。”赵王说：“寡人原本没有答应。”虞卿回答说：“大王错了。”赵王说：“魏国请求合纵，您说魏国错了，寡人没有答应，您又说寡人错了，这样说来，合纵到底是不可行的吗？”虞卿回答说：“我听说小国与大国联合，有利则大国得其福，不利则小国受其祸。现在魏国以小国的地位请受其祸，而大王以大国的身份推辞其福，所以我说大王错了，魏国也错了。我个人认为合纵是有利的。”赵王说：“好。”于是与魏国合纵。

虞卿因为魏齐，不看重万户侯卿相的官位，与魏齐潜得出逃，最后离开了赵国，受困于大梁。魏齐死了以后，虞卿更不得意，便著书立说，上采《春秋》的资料，下观近世的史实，分为《节义》《称号》《揣摩》《政谋》等，共八篇，用来讥刺国家的得失，以《虞氏春秋》的名称流传世间。

太史公说：平原君，风度翩翩，是一位混乱时世中的佳公子，然而不识大局。俗语说“利令智昏”，平原君偏听冯亭的邪说，使陷在长平的赵兵达四十余万，邯郸几乎失守。虞卿预测事情，揣摩情理，为赵王出谋划策，何其精当！到后来因不忍舍弃魏齐，最终受困于大梁。这样做，即使一个不高明的人尚且知道是行不通的，何况是一位贤能的人呢？然而要不是虞卿穷愁不得意，也就不可能著书将自己的想法留传给后世了。

（王华宝　注译）

卷七十七 魏公子列传第十七

注释查阅　译文诵读

魏公子无忌者，魏昭王少子而魏安釐王异母弟也。昭王薨，安釐王即位，封公子为信陵君。是时范雎亡魏相秦，以怨魏齐故，秦兵围大梁，破魏华阳下军，走芒卯。魏王及公子患之。

公子为人仁而下士，士无贤不肖皆谦而礼交之，不敢以其富贵骄士。士以此方数千里争往归之，致食客三千人[1]。当是时，诸侯以公子贤，多客，不敢加兵谋魏十余年。

公子与魏王博[2]，而北境传举烽[3]，言“赵寇至，且入界”。魏王释博，欲召大臣谋。公子止王曰：“赵王田猎耳，非为寇也。”复博如故。王恐，心不在博。居顷，复从北方来传言曰：“赵王猎耳，非为寇也。”魏王大惊，曰：“公子何以知之？”公子曰：“臣之客有能深得赵王阴事者，赵王所为，客辄以报臣，臣以此知之。”是后魏王畏公子之贤能，不敢任公子以国政。

魏有隐士曰侯嬴，年七十，家贫，为大梁夷门监者[4]。公子闻之，往请，欲厚遗之。不肯受，曰：“臣修身絜行数十年[5]，终不以监门困故而受公子财。”公子于是乃置酒大会宾客。坐定，公子从车骑，虚左[6]，自迎夷门侯生。侯生摄敝衣冠[7]，直上载公子上坐，不让，欲以观公子。公子执辔愈恭。侯生又谓公子曰：“臣有客在市屠中，愿枉车骑过之[8]。”公子引车入市，侯生下见其客朱亥，俾倪[9]，故久立与其客语，微察公子。公子颜色愈和。当是时，魏将相宗室宾客满堂，待公子举酒。市人皆观公子执辔。从骑皆窃骂侯生。侯生视公子色终不变，乃谢客就车。至家，公子引侯生坐上坐，遍赞宾客，宾客皆惊。酒酣，公子起，为寿侯生前。侯生因谓公子曰：“今日嬴之为公子亦足矣。嬴乃夷门抱关者也[10]，而公子亲枉车骑，自迎嬴于众人广坐之中，不宜有所过[11]，今公子故过之。然嬴欲就公子之名，故久立公子车骑市中，过客以观公子，公子愈恭。市人皆以嬴为小人，而以公子为长者能下士也。”于是罢酒，侯生遂为上客。

侯生谓公子曰：“臣所过屠者朱亥，此子贤者，世莫能知，故隐屠间耳。”公子往数请之，朱亥故不复谢，公子怪之。

魏安釐王二十年，秦昭王已破赵长平军，又进兵围邯郸。公子姊为赵惠文王弟平原君夫人，数遗魏王及公子书，请救于魏。魏王使将军晋鄙将十万众救赵。秦王使使者告魏王曰：“吾攻赵旦暮且下，而诸侯敢救者，已拔赵，必移兵先击之。”魏王恐，使人止晋鄙，留军壁邺[12]，名为救赵，实持两端以观望[13]。平原君使者冠盖相属于魏[14]，让魏公子曰[15]：“胜所以自附为婚姻者，以公子之高义，为能急人之困。今邯郸旦暮降秦而魏救不至，安在公子能急人之困也！且公子纵轻胜，弃之降秦，独不怜公子姊邪？”公子患之，数请魏王，及宾客辩士说王万端[16]。魏王畏秦，终不听公子。公子自度终不能得之于王，计不独生而令赵亡，乃请宾客，约车骑百余乘，欲以客往赴秦军，与赵俱死。

行过夷门，见侯生，具告所以欲死秦军状。辞决而行[17]，侯生曰：“公子勉之矣，老臣不能从。”公子行数里，心不快，曰：“吾所以待侯生者备矣，天下莫不闻，今吾且死而侯生曾无一言半辞送我，我岂有所失哉？”复引车还，问侯生。侯生笑曰：“臣固知公子之还也。”曰：“公子喜士，名闻天下。今有难，无他端而欲赴秦军[18]，譬若以肉投馁虎[19]，何功之有哉？尚安事客？然公子遇臣厚，公子往而臣不送，以是知公子恨之复返也。”公子再拜，因问。侯生乃屏人间语[20]，曰：“嬴闻晋鄙之兵符常在王卧内[21]，而如姬最幸，出入王卧内，力能窃之。嬴闻如姬父为人所杀，如姬资之三年，自王以下欲求报其父仇，莫能得。如姬为公子泣，公子使客斩其仇头，敬进如姬。如姬之欲为公子死，无所辞，顾未有路耳。公子诚一开口请如姬，如姬必许诺，则得虎符夺晋鄙军，北救赵而西却秦，此五霸之伐也[22]。”公子从其计，请如姬。如姬果盗晋鄙兵符与公子。

公子行，侯生曰：“将在外，主令有所不受，以便国家。公子即合符，而晋鄙不授公子兵而复请之，事必危矣。臣客屠者朱亥可与俱，此人力士。晋鄙听，大善；不听，可使击之。”于是公子泣。侯生曰：“公子畏死邪？何泣也？”公子曰：“晋鄙嚄唶宿将[23]，往恐不听，必当杀之，是以泣耳，岂畏死哉？”于是公子请朱亥。朱亥笑曰：“臣乃市井鼓刀屠者，而公子亲数存之[24]，所以不报谢者，以为小礼无所用。今公子有急，此乃臣效命之秋也[25]。”遂与公子俱。公子过谢侯生。侯生曰：“臣宜从，老不能。请数公子行日，以至晋鄙军之日，北乡自刭[26]，以送公子。”公子遂行。

至邺，矫魏王令代晋鄙[27]。晋鄙合符，疑之，举手视公子曰：“今吾拥十万之众，屯于境上，国之重任，今单车来代之，何如哉？”欲无听。朱亥袖四十斤铁椎，椎杀晋鄙，公子遂将晋鄙军。勒兵下令军中曰：“父子俱在军中，父归；兄弟俱在军中，兄归；独子无兄弟，归养[28]。”得选兵八万人，进兵击秦军。秦军解去，遂救邯郸，存赵。赵王及平原君自迎公子于界，平原君负韊矢为公子先引[29]。赵王再拜曰：“自古贤人未有及公子者也。”当此之时，平原君不敢自比于人。公子与侯生决，至军，侯生果北乡自刭。

魏王怒公子之盗其兵符矫杀晋鄙，公子亦自知也。已却秦存赵，使将将其军归魏，而公子独与客留赵。赵孝成王德公子之矫夺晋鄙兵而存赵[30]，乃与平原君计以五城封公子。公子闻之，意骄矜而有自功之色[31]。客有说公子曰："物有不可忘[32]，或有不可不忘。夫人有德于公子，公子不可忘也；公子有德于人，愿公子忘之也。且矫魏王令，夺晋鄙兵以救赵，于赵则有功矣，于魏则未为忠臣也。公子乃自骄而功之，窃为公子不取也。"于是公子立自责，似若无所容者[33]。赵王埽除自迎，执主人之礼，引公子就西阶[34]。公子侧行辞让[35]，从东阶上。自言罪过，以负于魏，无功于赵。赵王侍酒至暮，口不忍献五城[36]，以公子退让也。公子竟留赵。赵王以鄗为公子汤沐邑，魏亦复以信陵奉公子。公子留赵。

公子闻赵有处士毛公藏于博徒[37]，薛公藏于卖浆家[38]，公子欲见两人，两人自匿不肯见公子。公子闻所在，乃间步往从此两人游[39]，甚欢。平原君闻之，谓其夫人曰："始吾闻夫人弟公子天下无双，今吾闻之，乃妄从博徒卖浆者游，公子妄人耳。"夫人以告公子。公子乃谢夫人去，曰："始吾闻平原君贤，故负魏王而救赵，以称平原君[40]。平原君之游，徒豪举耳[41]，不求士也。无忌自在大梁时，常闻此两人贤，至赵，恐不得见。以无忌从之游，尚恐其不我欲也，今平原君乃以为羞，其不足从游。"乃装为去[42]。夫人具以语平原君。平原君乃免冠谢，固留公子。平原君门下闻之，半去平原君归公子，天下士复往归公子，公子倾平原君客[43]。

公子留赵十年不归。秦闻公子在赵，日夜出兵东伐魏。魏王患之，使使往请公子。公子恐其怒之，乃诫门下："有敢为魏王使通者，死。"宾客皆背魏之赵，莫敢劝公子归。毛公、薛公两人往见公子曰："公子所以重于赵，名闻诸侯者，徒以有魏也。今秦攻魏，魏急而公子不恤[44]，使秦破大梁而夷先王之宗庙，公子当何面目立天下乎？"语未及卒，公子立变色，告车趣驾归救魏[45]。

魏王见公子，相与泣，而以上将军印授公子，公子遂将。魏安釐王三十年，公子使使遍告诸侯。诸侯闻公子将，各遣将将兵救魏。公子率五国之兵破秦军于河外，走蒙骜。遂乘胜逐秦军至函谷关，抑秦兵，秦兵不敢出。当是时，公子威振天下，诸侯之客进兵法，公子皆名之，故世俗称《魏公子兵法》。

秦王患之，乃行金万斤于魏，求晋鄙客，令毁公子于魏王曰："公子亡在外十年矣，今为魏将，诸侯将皆属，诸侯徒闻魏公子，不闻魏王。公子亦欲因此时定南面而王，诸侯畏公子之威，方欲共立之。"秦数使反间，伪贺公子得立为魏王未也。魏王日闻其毁，不能不信，后果使人代公子将。公子自知再以毁废，乃谢病不朝，与宾客为长夜饮，饮醇酒，多近妇女。日夜为乐饮者四岁，竟病酒而卒。其岁，魏安釐王亦薨。

秦闻公子死，使蒙骜攻魏，拔二十城，初置东郡。其后秦稍蚕食魏，十八岁而虏魏王，屠大梁。

高祖始微少时，数闻公子贤。及即天子位，每过大梁，常祠公子。高祖十二年，从击黥布还，为公子置守冢五家，世世岁以四时奉祠公子。

太史公曰：吾过大梁之墟[46]，求问其所谓夷门。夷门者，城之东门也。天下诸公子亦有喜士者矣，然信陵君之接岩穴隐者[47]，不耻下交，有以也[48]。名冠诸侯，不虚耳。高祖每过之而令民奉祠不绝也。

【译文】

魏公子无忌是魏昭王的小儿子，魏安釐王异母的弟弟。昭王去世，安釐王即位，封公子为信陵君。此时范雎逃出魏国，在秦国为相，因为怨恨魏国和齐国，秦兵围困大梁，击败魏国华阳山下的军队，芒卯逃跑。魏王和公子对此很忧虑。

公子为人仁厚，礼贤下士，士人无论贤能还是不贤，他都谦敬地以礼结交，不因为自身的富贵而轻慢士人。因此周围方圆数千里的士人都争相前往归顺于他，招致的食客有三千人。在这个时候，诸侯因为公子贤能，门下有很多客卿，而十余年不敢兴兵侵略魏国。

公子与魏王下棋时，北方的边境相继燃起烽火报警，传言："赵国军队入侵，马上就要进入我国边境"。魏王放下棋子，要召集大臣谋划。公子制止魏王道："这只不过是赵王狩猎罢了，并不是来侵略我国。"又继续下棋。魏王担忧，没有心思下棋。过了一阵子，北方又有传言道："只是赵王狩猎罢了，并不是来侵略我国。"魏王大惊，问道："公子你怎么知道是这样？"公子回答："我有能深知赵王隐秘之事的客卿，赵王的所作所为，这位客卿都马上告诉我，因此我知道是这样的。"此后魏王畏惧公子的贤能，不敢将国家政事委任公子。

魏国有位名叫侯嬴的隐士，年龄有七十岁，家境贫寒，在大梁的东门做守门人。公子听说后，前往邀请他，想赠予他很多财物。侯嬴不肯接受，说："我修饬品行，检点行为，已经数十年了，最终也不能因为做守门人境遇困窘就接受了公子的财物。"公子于是摆下盛大的酒席宴请宾客。众人坐定之后，公子带领车骑，空出左面的尊位，亲自迎接夷门侯生。侯生整理好破旧的衣冠，径直上车到公子的上位坐下，不礼让公子，想要用这种方式观察公子的品德。公子握着缰绳神色更加恭敬。侯生又对公子说："我有位朋友在集市卖肉的地方，希望您屈驾前往。"公子驾车进入集市，侯生下车见他的朋友朱亥，斜着眼睛看公子，故意久久站在那里和宾客说话，暗暗地观察公子。公子的神色更加谦和。这时候，魏国的将相、宗室、宾客坐满厅堂，正等候公子举酒开宴。集市上的人都看公子握着缰绳，公子的随从都暗自骂侯生。侯生看到公子的神色始终不变，于是告别朋友上车。到公子家，公子请侯生上座，向所有宾客称赞侯生的德行，宾客都为之惊讶。酒喝到兴致正浓时，公子起身，到侯生面前为他祝酒。侯生趁机对公子说："今日侯嬴我难为公子也够了。侯嬴是夷门的守门人，公子却亲自屈驾，在众人都坐满的酒宴上迎接侯嬴而来，本来不应当再去过访他人，如今公子却有意为我过访。但是侯嬴想要成就公子的贤明，故意使公子的车骑长时间地停在集市中，过访朋友来观察公子，公子神色却更加恭敬。集市中的人都认为侯嬴是小人，认为公子是有德行的人，能够礼贤下士。”酒宴结束，侯生成了公子的上客。

侯生对公子说：“我过访的卖肉人是朱亥，这人是贤者，但世人都不知道，因此他隐身在屠夫之中。”公子屡次前往邀请，朱亥故意不再拜谢，公子感到奇怪。

魏安釐王二十年，秦昭王已经击破赵国长平的军队，又要进军包围邯郸。公子的姐姐是赵惠文王的弟弟平原君的夫人，屡次送信给魏王和公子，请求魏国援救。魏王派将军晋鄙率领十万兵众援救赵国。秦王派使者告知魏王：“我攻打赵国，不过朝夕之间就能攻下，如果诸侯有胆敢救赵的，待我攻下赵国，必将转移军队先攻打他们。”魏王恐惧，派人制止晋鄙，令军队驻扎在邺城，名义上是援救赵国，实际上是采取两面政策，静观局势变化。到魏国求救的平原君的使者络绎不绝，责备魏公子道：“赵胜之所以与魏国联为姻亲，是因为公子品行高尚，能够替别人分担他的困境。如今邯郸马上就不得已向秦投降，而魏国的救兵迟迟不至，公子哪里能替别人分忧！况且公子就算轻视赵胜，放弃救赵让赵向秦投降，难道也不怜惜公子的姐姐吗？”公子对此感到担忧，屡次请求魏王，他的宾客中能言善辩之士也用尽各种方法游说魏王。魏王害怕秦军，始终不答应公子的请求。公子估计自己最终也不能令魏王改变主意，想着不能放任赵国灭亡而自己苟活于世，于是请求宾客，集合了百余乘车马，想带领宾客赶赴秦军中，与赵国一同赴死。

公子一行经过夷门，遇见侯生，公子将想要与秦军殊死搏斗的想法原原本本地告诉了他。诀别之后将要前行时，侯生道：“公子努力为之吧，老臣我不能跟随了。”公子前行了数里，心中不高兴，说：“我对待侯生的礼数也很完备了，天下人没有不知道的，如今我即将赴死，侯生却没有话送给我，难道是我礼数有失吗？”又带领车驾返回，询问侯生。侯生笑道：“我确实是知道公子您会返回的。”又说：“公子爱惜士人的名声天下尽知。如今赵国有急难，没有别的方法却只是想搏击秦军，就好比把肉扔给饿虎，这能有什么功绩呢？这些客卿又能起什么用呢？但是公子待我很好，公子前去我却不送，是因为知道公子会内心不安去而复返。”公子拜了两拜，然后向他询问。侯生于是让其他人退下，悄悄告诉公子道：“侯嬴听说晋鄙的兵符通常都会在魏王的卧室中，而如姬最受宠幸，能够自由出入魏王卧室，有能力偷来兵符。侯嬴听闻如姬的父亲被人杀害，如姬悬赏能为父亲报仇的人，除了魏王之外的人都想办到，却没有人办得到。如姬向公子哭诉，公子就派刺客斩下了她仇人的头，恭敬地进献给如姬。如姬就算为公子而死也不会推辞，只不过不知道怎么办罢了。公子如果能开口请求如姬，如姬一定会答应，那么得到虎符争夺晋鄙的军权，向北救赵，向西令秦退兵，这是春秋五霸一样的功业。”公子听从了他的计策，请求如姬。如姬果然为公子偷来晋鄙的兵符。

公子将要前行，侯生说：“将领在外面带兵，为了对国家有利，主上的命令他可以不遵守。公子就算能合兵符，如果晋鄙不把兵众授予公子而是再请魏王的命令，事情一定就危急了。我的宾客屠夫朱亥可以和公子一同前往，这人是大力士。晋鄙如果听信了公子的话，当然最好；要是不信，可以让朱亥打死他。”这时公子哭了。侯生问：“公子怕死吗？为何哭泣？”公子说：“晋鄙是气势威猛的老将，我前往恐怕他不会听信我，我必定要杀了他，因此哭泣，我怎会怕死？”于是公子前去请求朱亥。朱亥笑道：“我是市井中操刀宰割的人，公子却屡次亲自前来问候我，我之所以没有拜谢，是认为细微的礼节没有大用。如今公子有急难，正是我舍命报效的时候了。”就与公子一同前往。公子前往辞别侯生。侯生说：“我本应该跟随，因为年老做不到了。请允许我计算公子行进的时日，等到了晋鄙军中的时候，我将向北自刎，以此送别公子。”随后公子启程。

到了邺城，公子假托魏王的命令要求代替晋鄙领兵。晋鄙合符，对此感到怀疑，举起手看着公子问：“现在我掌握十万大军，驻扎在边境上，承担着国家的重任，如今却只派单车前来取代我，是为什么？”打算不听信公子的话。朱亥将四十斤的铁锤藏在袖中，用铁锤杀死了晋鄙，于是公子率领晋鄙的军队。治军下令：“如果父子都在军中的，父亲回家；兄弟都在军中的，兄长回家；是家中独子没有兄弟的，回家为父母养老。”得到经过筛选的兵卒八万人，进攻秦军。秦军离散，于是救下了邯郸，保存了赵国。赵王和平原君亲自到疆界迎接公子，平原君背着装有箭的革囊给公子作先导。赵王拜了两拜道：“自古以来的贤人没有能比得上公子的。”这个时候，平原君不敢把自己和别人相比。公子与侯生诀别后，到了军中，侯生果然向北自刎。

魏王恼怒公子偷了他的兵符矫诏击杀晋鄙，公子自己也知道如此。已经使秦国退兵，保存了赵国后，就使别的将领带兵回魏国，公子自己和客卿留居赵国。赵孝成王感激公子矫诏夺取晋鄙的军队保存了赵国，就和平原君商量要用五座城池封赏公子。公子听闻此事，神色骄矜，认为自己有功于赵。有客卿劝说公子道：“有的事情不能忘记，有的事情不能不忘记。要是别人对公子有恩惠，公子不能忘记；公子对别人有恩德，希望公子忘了它吧。况且假托魏王的命令，夺取晋鄙的军队援救赵国，对于赵国来说是有功德，对于魏国来说就算不上是忠臣了。公子却自己为自己感到骄傲，居功于此，我私以为公子不应如此。”于是公子立即自责起来，神色惶愧不安。赵王打扫台阶亲自迎接，遵照主人的礼节，领公子来到西面的台阶。公子侧身行走推辞谦让，从东阶上堂，陈说自己有罪过亏负了魏国，也对赵国没有功绩。赵王陪酒到傍晚，不好意思说送公子五座城池的事情，就是因为公子的谦让。公子最终留在了赵国。赵国将鄗地送给公子作为食邑，魏国又将信陵送给公子。公子留在了赵国。

公子听闻赵国有处士毛公藏身赌徒之中，有薛公藏在卖酒的人家，公子想要拜访二人，二人自己躲起来不肯见公子。公子听闻他们躲藏的位置，就悄悄步行前往与这二人交往，交谈得很愉快。平原君听说此事，对他的夫人说：“当初我听闻夫人的弟弟，公子天下无双，如今我听说他无知地与赌徒和卖酒的人交往，公子是无知妄为之人。”夫人将这话告诉了公子。公子于是辞别夫人离去，说：“当初我听闻平原君贤能，因此背负魏王援救赵国，为了使平原君称心如意。平原君的交往，只是徒有虚名的豪奢举动罢了，不是在寻求贤能的士人。无忌从在大梁的时候，就常常听说这二人贤能，到了赵国后，唯恐不能见到他们。像无忌这样与他们结交，尚且怕他们不想同我交往，如今平原君却认为此事值得羞耻，那么平原君实在不值得交往。”于是整治行装准备离去。夫人将他的话详细告诉了平原君。于是平原君摘下帽子向他道歉，坚持挽留公子。平原君门下的宾客听闻此事，有半数离开平原君改投魏公子门下，天下的士人又都前来跟随公子，公子的宾客超过了平原君的宾客。

公子留在赵国十年不回国。秦听闻公子在赵国，连忙出兵向东攻打魏国。魏王为此感到忧惧，派使者前往请公子回国。公子怕他泄愤于己，就告诫门下宾客：“如果有胆敢为魏王的使者通报的，就杀了他。”宾客都背弃魏国到了赵国，没人敢劝公子回国。毛公、薛公二人前来求见公子，说道：“公子之所以为赵国看重，声名闻于诸侯，只是因为有魏国。如今秦国攻打魏国，魏国有急难而公子不加顾恤，让秦军击破大梁毁坏了先王的宗庙，公子还有什么面目在天下人面前立足呢？”话还没说完，公子立即变了神色，催促车驾回国救魏。

魏王见到公子，相对而泣，将上将军的印信授予公子，公子于是领兵。魏安釐王三十年，公子派使者告知所有的诸侯。诸侯听闻公子将兵，各国派遣将领带兵援救魏国。公子率领五国的军队在黄河以北大破秦军，蒙骜逃走。于是乘胜追逐秦军到函谷关，制约着秦兵，秦兵不敢出关。这个时候，公子的威名震动天下，诸侯的宾客进献兵法，公子都署上自己的名字，因此世人俗称之为《魏公子兵法》。

秦王深感忧虑，于是用万斤黄金到魏国求见晋鄙的客卿，让他们到魏王面前诋毁公子道：“公子逃跑在外十年了，如今被委任为魏国的将领，诸侯的将领都从属于他辖制，诸侯只听说过魏公子，不知道有魏王。公子也想趁这时机称王，诸侯畏惧公子的威严，正要共同拥立他。”秦国屡次使人离间，假装庆贺公子，问公子是否已经被立为魏王。魏王终日听到这些诋毁，不能不信，后来果然派人取代公子将兵。公子知道自己又一次因为诋毁而被废除职权，于是称病不再上朝，整夜整夜地和宾客宴饮，饮醇酒，过多地亲近妇女。这样日夜寻欢饮酒，四年后，最终因为饮酒病重去世。这一年，魏安釐王也薨逝了。

秦国听闻公子去世，派蒙骜攻打魏国，攻下二十座城池，第一次设东郡。这之后秦国渐渐侵吞魏国，十八年后俘虏了魏王，在大梁屠城。

汉高祖当初年轻微贱时，屡次听闻公子贤能。等到即位成为天子，每次经过大梁，时时去祭祀公子。高祖十二年，击败黥布班师回朝，为公子设五家守卫坟冢，令他们世代每年按照四时祭祀公子。

太史公说：我经过大梁的废墟，求问所谓的夷门。夷门是城的东门。天下各位公子也有爱惜士人的，但是信陵君能够结交隐居的贤士，不以交往地位低微的人为耻，是有道理的。他的名望超过了诸侯，这并不是假话。高祖每每经过，都命令百姓一直祭祀他，未曾终止。

（赵生群注　王永吉译）

卷七十八

春申君列传第十八

注释查阅　译文诵读

春申君者，楚人也，名歇，姓黄氏。游学博闻，事楚顷襄王。顷襄王以歇为辩，使于秦。秦昭王使白起攻韩、魏，败之于华阳，禽魏将芒卯[1]，韩、魏服而事秦。秦昭王方令白起与韩、魏共伐楚，未行，而楚使黄歇适至于秦，闻秦之计。当是之时，秦已前使白起攻楚，取巫、黔中之郡，拔鄢郢，东至竟陵。楚顷襄王东徙治于陈县[2]。黄歇见楚怀王之为秦所诱而入朝，遂见欺，留死于秦。顷襄王，其子也，秦轻之，恐壹举兵而灭楚。歇乃上书说秦昭王曰：

天下莫强于秦、楚。今闻大王欲伐楚，此犹两虎相与斗。两虎相与斗而驽犬受其弊，不如善楚。臣请言其说：臣闻物至则反，冬夏是也；致至则危，累棋是也。今大国之地，遍天下有其二垂[3]，此从生民已来，万乘之地未尝有也。先帝文王、庄王之身，三世不妄接地于齐[4]，以绝从亲之要[5]。今王使盛桥守事于韩[6]，盛桥以其地入秦，是王不用甲，不信威，而得百里之地。王可谓能矣。王又举甲而攻魏，杜大梁之门，举河内，拔燕、酸枣、虚、桃，入邢，魏之兵云翔而不敢捄[7]。王之功亦多矣。王休甲息众，年而后复之；又并蒲、衍、首、垣，以临仁、平丘，黄、济阳婴城而魏氏服[8]；王又割濮磨之北，注齐、秦之要，绝楚、赵之脊，天下五合六聚而不敢救。王之威亦单矣[9]。

王若能持功守威，绌攻取之心而肥仁义之地，使无后患，三王不足四，五伯不足六也。王若负人徒之众，仗兵革之强，乘毁魏之威，而欲以力臣天下之主，臣恐其有后患也。《诗》曰：“靡不有初，鲜克有终。”[10]《易》曰：“狐涉水，濡其尾[11]。”此言始之易，终之难也。何以知其然也？昔智氏见伐赵之利而不知榆次之祸，吴见伐齐之便而不知干隧之败。此二国者，非无大功也，没利于前而易患于后也[12]。吴之信越也，从而伐齐，既胜齐人于艾陵，还为越王禽三渚之浦。智氏之信韩、魏也，从而伐赵，攻晋阳城，胜有日矣，韩、魏叛之，杀智伯瑶于凿台之下。今王妒楚之不毁也，而忘毁楚之强韩、魏也，臣为王虑而不取也。

《诗》曰：“大武远宅而不涉[13]。”从此观之，楚国，援也；邻国，敌也。《诗》云：“趯趯毚兔，遇犬获之。他人有心，余忖度之。”[14]今王中道而信韩、魏之善王也，此正吴之信越也。臣闻之。敌不可假，时不可失。臣恐韩、魏卑辞除患而实欲欺大国也。何则？王无重世之德于韩、魏，而有累世之怨焉。夫韩、魏父子兄弟接踵而死于秦者将十世矣。本国残，社稷坏，宗庙毁。刳腹绝肠，折颈摺颐[15]，首身分离，暴骸骨于草泽，头颅僵仆，相望于境，父子老弱系脰束手为群虏者相及于路[16]。鬼神孤伤，无所血食[17]。人民不聊生，族类离散，流亡为仆妾者，盈满海内矣。故韩、魏之不亡，秦社稷之忧也，今王资之与攻楚，不亦过乎？

且王攻楚将恶出兵[18]？王将借路于仇雠之韩、魏乎？兵出之日而王忧其不返也，是王以兵资于仇雠之韩、魏也。王若不借路于仇雠之韩、魏，必攻随水右壤。随水右壤，此皆广川大水，山林溪谷，不食之地也。王虽有之，不为得地。是王有毁楚之名而无得地之实也。

且王攻楚之日，四国必悉起兵以应王。秦、楚之兵构而不离，魏氏将出而攻留、方与、铚、湖陵、砀、萧、相，故宋必尽。齐人南面攻楚，泗上必举。此皆平原四达，膏腴之地，而使独攻。王破楚以肥韩、魏于中国而劲齐。韩、魏之强，足以校于秦。齐南以泗水为境，东负海，北倚河，而无后患，天下之国莫强于齐、魏，齐、魏得地葆利而详事下吏[19]，一年之后，为帝未能，其于禁王之为帝有余矣。

夫以王壤土之博，人徒之众，兵革之强，壹举事而树怨于楚，迟令韩、魏归帝重于齐[20]，是王失计也。臣为王虑，莫若善楚。秦、楚合而为一以临韩，韩必敛手。王施以东山之险，带以曲河之利，韩必为关内之侯。若是而王以十万戍郑，梁氏寒心，许、鄢陵婴城，而上蔡、召陵不往来也，如此而魏亦关内侯矣。王壹善楚，而关内两万乘之主注地于齐，齐右壤可拱手而取也。王之地一经两海[21]，要约天下，是燕、赵无齐、楚，齐、楚无燕、赵也。然后危动燕、赵，直摇齐、楚，此四国者不待痛而服矣。

昭王曰："善。"于是乃止白起而谢韩、魏。发使赂楚，约为与国。

黄歇受约归楚。梦使歇与太子完入质于秦。秦留之数年。楚顷襄王病，太子不得归。而楚太子与秦相应侯善，于是黄歇乃说应侯曰："相国诚善楚太子乎？"应侯曰："然。"歇曰："今楚王恐不起疾，秦不如归其太子。太子得立，其事秦必重而德相国无穷，是亲与国而得储万乘也。若不归，则咸阳一布衣耳；楚更立太子，必不事秦。夫失与国而绝万乘之和，非计也。愿相国孰虑之。"应侯以闻秦王。秦王曰："令楚太子之傅先往问楚王之疾，返而后图之。"黄歇为楚太子计曰："秦之留太子也，欲以求利也。今太子力未能有以利秦也，歇忧之甚。而阳文君子二人在中，王若卒大命，太子不在，阳文君子必立为后，太子不得奉宗庙矣。不如亡秦[22]，与使者俱出；臣请止，以死当之。"楚太子因变衣服为楚使者御以出关，而黄歇守舍，常为谢病。度太子已远，秦不能追，歇乃自言秦昭王曰："楚太子已归，出远矣。歇当死，愿赐死。"昭王大怒，欲听其自杀也。应侯曰："歇为人臣，出身以徇其主，太子立。必用歇。故不如无罪而归之，以亲楚。"秦因遣黄歇。

歇至楚三月，楚顷襄王卒，太子完立，是为考烈王。考烈王元年，以黄歇为相，封为春申君，赐淮北地十二县。后十五岁，黄歇言之楚王曰："淮北地边齐，其事急，请以为郡便。"因并献淮北十二县，请封于江东。考烈王许之。春申君因城故吴墟，以自为都邑。

春申君既相楚，是时齐有孟尝君，赵有平原君，魏有信陵君，方争下士[23]，招致宾客，以相倾夺，辅国持权。

春申君为楚相四年，秦破赵之长平军四十余万。五年，围邯郸。邯郸告急于楚，楚使春申君将兵往救之，秦兵亦去，春申君归。春申君相楚八年，为楚北伐灭鲁，以荀卿为兰陵令。当是时，楚复强。

赵平原君使人于春申君，春申君舍之于上舍。赵使欲夸楚，为玳瑁簪，刀剑室以珠玉饰之，请命春申君客。春申君客三千余人，其上客皆蹑珠履以见赵使，赵使大惭。

春申君相十四年，秦庄襄王立，以吕不韦为相，封为文信侯。取东周。

春申君相二十二年，诸侯患秦攻伐无已时，乃相与合从，西伐秦，而楚王为从长，春申君用事。至函谷关，秦出兵攻，诸侯兵皆败走。楚考烈王以咎春申君，春申君以此益疏。

客有观津人朱英，谓春申君曰："人皆以楚为强而君用之弱，其于英不然。先君时善秦二十年而不攻楚，何也？秦逾黾隘之塞而攻楚，不便；假道于两周，背韩、魏而攻楚，不可。今则不然，魏旦暮亡，不能爱许、鄢陵[24]，其许魏割以与秦。秦兵去陈百六十里，臣之所观者，见秦、楚之日斗也。"楚于是去陈徙寿春；而秦徙卫野王，作置东郡。春申君由此就封于吴，行相事。

楚考烈王无子，春申君患之，求妇人宜子者进之，甚众，卒无子。赵人李园持其女弟，欲进之楚王，闻其不宜子，恐久毋宠。李园求事春申君为舍人，已而谒归，故失期。还谒，春申君问之状，对曰："齐王使使求臣之女弟，与其使者饮，故失期。"春申君曰："娉入乎？"对曰："未也。"春申君曰："可得见乎？"曰："可。"于是李园乃进其女弟，即幸于春申君。知其有身，李园乃与其女弟谋。园女弟承间以说春申君曰："楚王之贵幸君，虽兄弟不如也。今君相楚二十余年，而王无子，即百岁后将更立兄弟，则楚更立君后，亦各贵其故所亲、君又安得长有宠乎？非徒然也，君贵用事久，多失礼于王兄弟，兄弟诚立，祸且及身，何以保相印江东之封乎？今妾自知有身矣，而人莫知。妾幸君未久，诚以君之重而进妾于楚王，王必幸妾；妾赖天有子男，则是君之子为王也，楚国尽可得，孰与身临不测之罪乎？"春申君大然之，乃出李园女弟，谨舍而言之楚王[25]。楚王召入幸之，遂生子男，立为太子，以李园女弟为王后。楚王贵李园，园用事。

李园既入其女弟，立为王后，子为太子，恐春申君语泄而益骄，阴养死士，欲杀春申君以灭口，而国人颇有知之者[26]。

春申君相二十五年。楚考烈王病。朱英谓春申君曰：“世有毋望之福[27]，又有毋望之祸。今君处毋望之世，事毋望之主，安可以无毋望之人乎？”春申君曰：“何谓毋望之福？”曰：“君相楚二十余年矣，虽名相国，实楚王也。今楚王病，旦暮且卒，而君相少主，因而代立当国，如伊尹、周公，王长而反政[28]，不即遂南面称孤而有楚国？此所谓毋望之福也。”春申君曰：“何谓毋望之祸？”曰：“李园不治国而君之仇也，不为兵而养死士之日久矣，楚王卒，李园必先入据权而杀君以灭口。此所谓毋望之祸也。”春申君曰：“何谓毋望之人？”对曰：“君置臣郎中，楚王卒，李园必先入，臣为君杀李园。此所谓毋望之人也。”春申君曰：“足下置之。李园，弱人也，仆又善之，且又何至此！”朱英知言不用，恐祸及身，乃亡去。

后十七日，楚考烈王卒。李园果先入，伏死士于棘门之内[29]。春申君入棘门，园死士侠刺春申君[30]。斩其头，投之棘门外。于是遂使吏尽灭春申君之家。而李园女弟初幸春申君有身而入之王所生子者遂立，是为楚幽王。

是岁也。秦始皇帝立九年矣。嫪毐亦为乱于秦[31]，觉，夷其三族，而吕不韦废。

太史公曰：吾适楚，观春申君故城，宫室盛矣哉！初，春申君之说秦昭王，及出身遣楚太子归，何其智之明也！后制于李园。旄矣[32]。语曰：“当断不断，反受其乱。”春申君失朱英之谓邪？

【译文】

春申君是楚国人，名歇，姓黄。曾游学各地，知识渊博，见闻广，事奉楚国顷襄王。顷襄王认为黄歇善辩有才，就派遣他出使秦国。此前，秦昭王派白起攻打韩、魏两国联军，在华阳将他们打败，活捉了魏将芒卯，韩国、魏国只得臣服而事奉秦。秦昭王刚刚命令白起同韩国、魏国一起出兵进攻楚国，军队尚未开拔，正在这时楚国使臣黄歇恰好来到秦国，听到了秦国的这个计谋。当时的形势是，秦国在此之前已经派白起进攻过楚国，夺取了巫郡、黔中郡，攻占了别都鄢城和都城郢，向东打到竟陵。楚顷襄王只好将都城向东迁到陈县。黄歇曾见到楚怀王被秦国引诱而入朝拜见，结果被欺骗，为秦国扣留并死在那里。楚顷襄王是楚怀王的儿子，秦国根本不把他放在眼里，恐怕秦国这次一旦出兵，就会灭掉楚国。黄歇于是就上书劝说秦昭王道：

天底下没有谁比秦国、楚国更强大了。现在听说大王想要进攻楚国，这就如同两只猛虎互相争斗。两虎相斗而疲惫，即使是劣等狗也能乘势而制之，您不如与楚国亲善。请允许我陈述我的想法：我听说物极必反，冬季与夏季的更迭变化就是这样，事物发展到极点就危险，高叠的棋子就是这样。如今您大国的领土，占有天下西、北边地，这是有人类以来，即使是天子的领地，也不曾有过的事啊！先帝文王、庄王及大王您，三代都没有忘记使秦国的土地与齐国接壤，借此切断东方各国合纵的纽带。现在大王您派盛桥到韩国驻守任职，盛桥就将他管辖的地盘归入秦国。这样做大王您不动用武力，不伸张威势，就得到了百里之地。大王您可以称得上有本领。您又发兵攻打魏国，围堵了魏国都城大梁的出入通道，拿下了河内，攻克了燕、酸枣、虚、桃等地，进入了邢地，魏国的军队如风卷云，四处逃散而不敢相救。大王您的功劳也够多的了。随后，大王您停止了用兵，使广大民众休养生息，两年之后再次举兵，又夺取了蒲、衍、首、垣等地，进而兵临仁地、平丘，黄、济阳环城自守，而魏国臣服事秦；大王又割取了濮、磿以北的地区，打通了秦国、齐国的通道，截断了楚国、赵国联系的要道。天下诸侯经过多次联盟合兵，却不敢互相救援。大王的威风也可以说发挥到了极致。

大王如果能保持功绩和守护威望，减少攻取征伐的念头而让自己的心境充满仁义，使没有后患，那么您不难于与三王并称为四王，与五霸并称为六霸了。大王如果凭借人口众多，倚仗军队强大，并趁势灭了魏国的威势，而想以武力使天下的诸侯臣服于己，我恐怕这样会有后患啊！《诗经》说："凡事无不有好的开头，但很少有好的结局。"《易经》上说："狐狸渡水的时候，最终会浸湿尾巴。"这些话都是说开头容易，结尾难。怎么知道会是这样呢？从前智伯只看到了进攻赵国的好处，却没料到自己反在榆次遭到赵国与韩、魏两国的合谋暗算而丧身的灾祸，吴王夫差只看到进攻齐国的好处，却没想到放松了对越国的警惕而最后在干隧被越王勾践打败。这两个国家，不是没有建树过大功，只是贪图眼前的利益而招致后来的祸患。吴王夫差相信了越国的恭维，所以才去攻打齐国，在艾陵战胜了齐军以后，返回时，在三江水边被越王勾践活捉。智伯相信了韩氏和魏氏，所以才去进攻赵氏，围攻赵国晋阳城，胜利在望了，不料韩氏、魏氏背叛了他，将智伯瑶杀死在凿台之下。如今大王您忌恨楚国的存在，而忘记了毁灭了楚国就会使韩国、魏国更强大。我替大王考虑，不取这种做法。

《诗经》说："大规模的军队不应该远征以扩张地盘。"从这个观点来看，楚国应该是友人，邻国才是敌人。《诗经》又说："狡兔又蹦又跳，遇到猎犬被捕获；别人有心思，我则要认真揣摩。"现在大王您中途相信韩、魏两国与您亲善，这正如吴国相信越国一样啊！我听说，对敌人不能宽容，时机不能错过。我担心韩国、魏国谦卑地劝说您去消除祸患，实际上是想欺骗贵国。怎么见得呢？大王对韩、魏没有多大的恩德，却有几代的怨仇啊！韩、魏两国父子兄弟接连死于秦国刀下的将有十代了。他们的领土残缺，国家受到破坏，宗庙被焚毁。两国的黎民百姓被剖腹挖肠，折断颈项，毁损面颊，身首分离，尸首暴露在荒野水泽之中，头颅僵挺，境内随处可见。父亲、儿子、老人和病弱者，被绳索系住脖子捆住双手而成为一群一群俘虏的，在路上相连不断。鬼神也孤苦悲伤，因为无人祭祀了。百姓们无法生活，家族亲人分离失散，流亡而沦为奴仆婢妾的，充溢了四海之内。所以韩、魏两国不灭亡，这将是秦国最大的忧患。如今大王您却想借用他们来一起攻打楚国，难道不是错了吗！

再说大王进攻楚国将从哪里出兵呢？您想向仇敌韩国、魏国借路吗？如果您这样做，那么从出兵之日起，您就要担心这支部队还能不能回来。这是您把自己的军队去借给仇敌韩国、魏国啊！大王如果不向仇敌韩国、魏国借路，那就必定要去攻打随水右边的地区。而随水右边的土地，都是大川大水，高山密林，深溪幽谷，是不能生长庄稼的旷野。大王即使占有了它，也不能算是有所得。这样做，大王您只能落得个破坏楚国的坏名，而没有得到土地的实惠啊！

再说大王进攻楚国之时，齐国、韩国、魏国、赵国一定都会起兵响应大王。楚、秦两国的军队交锋后形成拉锯，那么魏国将会出兵攻打留、方与、铚、湖陵、砀、萧、相等城邑和地方，原来宋国的地盘必定丢失。齐军向南进攻楚国，那么泗水流域也必定会被占领。这些都是平坦开阔、四通八达，肥沃富饶、物产丰茂的地方，是您让他们独得其功。因此，大王击败楚国，就将使韩、魏两国在中原地区壮大起来，使齐国更加强劲。韩国、魏国的强大，就足以与您秦国抗衡较量了。齐国在南以泗水为界，东边背靠大海，北则依恃黄河，因此它没有后方受敌的危险，天下各国没有能比齐国、魏国更强大的了。齐、魏两国一旦在战争中得到了土地，就一定会保住这些既得利益，同时又假装服从秦王。这样，一年之后，他们虽不一定能使自己称帝于天下，但阻止大王您称帝已经绰绰有余了。

凭着大王广博的土地，众多的人口，强大的军队，一旦发兵攻楚而招来楚国的仇恨，这就会使韩、魏两国将帝王的重号归送给齐国，这是大王的失策啊！我为大王考虑，您不如与楚国亲善。如果秦、楚两国联合结成一体以对付韩国，韩国一定缩手老实。大王设置东山的险阻关隘，利用黄河曲折环绕的有利防务，这样韩国就必定成为您国内的关内侯。如果造成了这样的形势，那么大王再派十万军队去镇守郑地，魏国就会恐惧，许地、鄢陵将闭门固守，而上蔡、召陵则不敢互相往来，这样一来，魏国也就会成为您国内的关内侯。大王一旦与楚国亲善，即可使两个大国韩、魏成为秦的关内侯，并将国界东推至与齐国相连，齐国右边的大片土地便可轻而易举地得到了。大王的土地横贯东西两海，约束天下诸侯，这样就能使燕国、赵国不能依靠齐国、楚国，齐国、楚国也不能以燕国、赵国为依傍。然后再以生死存亡去震慑燕国、赵国，就会直接动摇齐国和楚国，如此，这四个国家不须痛击便可制服了。

秦昭王说："好！"于是就中止了派白起出兵的计划，同时辞谢了韩、魏两国，并且派使者给楚国送去厚礼，与楚国订立条约，结成了盟国。

黄歇接受盟约后返回楚国，楚王派黄歇和太子完到秦国做人质，秦国将他们扣留了好几年。楚顷襄王病了，太子完不能回去。而楚太子与秦国相国应侯关系好，于是黄歇就劝说应侯："相国真的与楚太子关系好吗？"应侯说："是啊！"黄歇说：“如今楚王恐怕是一病不起了，秦国不如让楚太子回去。太子如果能立为王，那他事奉秦国一定会恭谨厚重，并对相国您的恩德感激不尽。这样做，既亲近了盟国，又能够扶植一位大国的国君。如果不让他回去，那他只是秦国咸阳城里的一个普通平民而已；楚国将改立太子，新太子肯定不会事奉秦国。失去盟国，又断绝秦国与一大国国君之间的友谊，这不是上策。希望相国仔细考虑这件事。”应侯将黄歇的说辞报告了秦王。秦王说：“让楚太子的辅佐官先回去探问一下楚王的病情，等他回来后再作计议。”黄歇替楚太子谋划说：“秦国扣留太子您，是想借此求取好处。但现在您拥有的力量还没有达到使秦国能得到这些好处的程度，我为此非常忧虑。而阳文君的两个儿子现在国内，大王如果不幸寿终，太子您又不在国内，那阳文君的儿子一定会被立为继承人，太子您就不能继承王统了。不如逃离秦国，跟使臣一起出去；我请求留下来，以死来承担责任。”楚太子于是更换了衣服，扮成楚国使臣的车夫混出了关。黄歇留在客馆，总是假托太子有病而谢绝来客。估计太子已经走远，秦国追不上了，黄歇就自己去向秦昭王报告说：“楚太子已经回去，走得很远了。我罪当该死，请求您赐我一死。”秦昭王大怒，想要让他自杀。应侯说：“黄歇作为臣子，愿意献出生命来效忠他的主人。太子如果立为楚王，一定会重用黄歇，所以不如免他的罪让他回国，以显示我们对楚国的友善。”秦王就把黄歇送回了楚国。

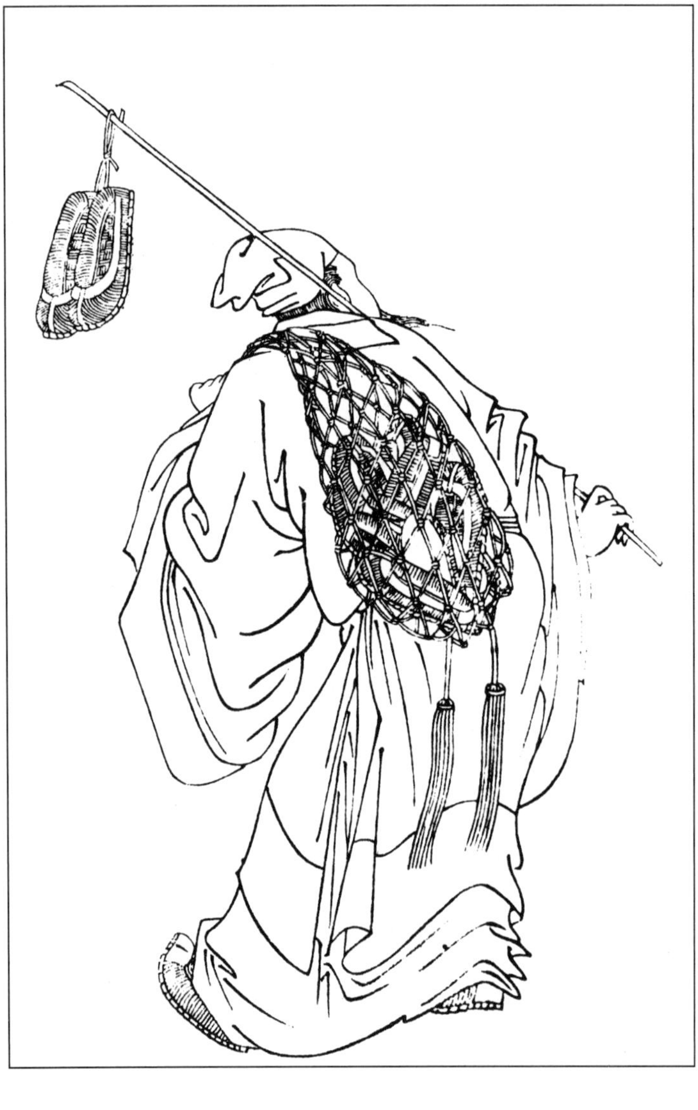

黄歇回到楚国后三个月，楚顷襄王去世，太子完继承王位，这就是楚考烈王。考烈王元年，任命黄歇为宰相，封为春申君，赐给他淮

北地区十二个县。过了十五年，黄歇对楚王说："淮北地区靠近齐国，那里情势吃紧，请把那里划为郡更为合适。"于是就将淮北的十二个县一并献出，请求封到江东去。考烈王同意了他的请求。春申君于是在吴国故都修建城堡，作为自己的都邑。

春申君当上楚国宰相不久，这时候齐国有孟尝君，赵国有平原君，魏国有信陵君，大家争相礼贤下士，招待宾客，以此互相争夺，辅助君王掌握国政。

春申君担任楚国宰相的第四年，秦国打败了赵国在长平的四十多万军队。第五年，秦国包围了赵国的都城邯郸。邯郸向楚国告急求援，楚国派春申君率兵前去救援，秦国军队这时也撤退了，春申君返回。春申君担任楚国宰相的第八年，为了楚国向北征伐而灭鲁国，任用荀卿担任兰陵县令。这时候，楚国又强大了。

赵国的平原君派使臣到春申君处，春申君将他们安排在上等宾馆。赵国使臣想向楚国炫耀他们的富有，就在头上插着玳瑁簪子，佩带着用珍珠宝玉装饰鞘套的刀剑，请求会见春申君的门客。春申君门客有三千多人，其中的上等宾客都穿着缀有珍珠的鞋子来会见赵国使臣，赵国使臣见了十分惭愧。

春申君担任宰相的第十四年，秦国庄襄王继位，任命吕不韦为宰相，封为文信侯。秦国攻占了东周。

春申君担任宰相的第二十二年，各国诸侯担心秦国的进攻没完没了，就相互结盟，向西讨伐秦国，而楚国国君担任合纵六国的盟约长，由春申君当权主事。六国联军到函谷关，秦国出兵反击，各诸侯国的军队都被击败而逃跑。楚考烈王将作战失利归罪于春申君，春申君因此事渐渐被疏远了。

春申君门客中有一观津人叫朱英，对春申君说："人们都认为楚国强大，而您执政时将国家弄弱了，我不这样认为。先王时我们与秦国亲善二十年而秦国不攻打楚国，为什么呢？因为秦国要越过黾隘这个要塞才能进攻楚国，这很不方便；如果向东、西两周借道，背对着韩国、魏国来进攻楚国，也不行。现在就不是这样了，魏国的灭亡是旦夕间的事，它不能再吝惜许和鄢陵了，也许魏国会割让这两地给秦国。秦兵距离楚都陈只有一百六十里，我看到的是，秦、楚两国间越来越频繁的争斗了。"楚国于是就离开陈迁都到寿春，而秦国则将附庸国国君卫元君迁到野王，设置了东郡。春申君从此到了封地吴，同时兼行宰相职务。

楚考烈王没有儿子，春申君为这件事很担心，就寻找许多宜于生育的妇女进献给楚王，但始终还是没有儿子。赵国人李园带了自己的妹妹来，想将她进献给楚王，听说楚王不能生育，就担心时间长了妹妹会失去宠幸。李园便请求事奉春申君当他的家臣。不久他请假回去，故意不按期回归。回来后拜见春申君，春申君问他迟归的原因，李园回答说："齐王派使者来求聘我妹妹，我陪使者喝酒，所以延误了时间。"春申君说："订婚礼物送来了吗？"李园回答说："没有。"春申君说："可以让我见见你妹妹吗？"回答说："可以。"于是李园就献上了他的妹妹，并立即受幸于春申君。李园知道妹妹怀孕后，就跟她商量进一步的打算。李园的妹妹找了个机会劝说春申君："楚王如此尊重您，宠信您，即使是兄弟也比不上啊！如今您当楚国的宰相已经二十多年了，可是楚王没有儿子，这样，楚王寿终后就将由他的兄弟来继承，那么楚国改立国君后，也将重用他们各自原来的亲信，您又怎么能长久地得到宠信呢？还不仅仅如此啊，您身居高位当权执政多年，对国王的兄弟们有很多失礼之处。楚王的兄弟果真继位，灾祸必将落在您的身上，您还怎么能保住宰相大印和江东封地呢？现在我知道自己怀孕了，而别人不知道。我被您宠幸时间不长，如果凭您的尊贵身份将我进献给楚王，楚王一定会宠幸我；我仰赖上天生个儿子，那么这就是您的儿子当国王了，楚国就全为您所有了。这与您身临意想不到的灾祸相比哪样好呢？"春申君觉得太有道理了，就把李园的妹妹送出去，安排在一个馆舍里，谨慎地照护好，然后向楚王禀告。楚王将李园的妹妹召进宫并宠幸她，于是生了个儿子，立为太子，封李园的妹妹为王后。楚王重用李园，李园当权了。

李园在他的妹妹送进宫、被封为王后、所生子被立为太子以后，便担心春申君会说漏秘密而更加骄横，于是就暗中豢养敢死的武士，打算杀死春申君来灭口，而京城里有不少人也知道这件事。

春申君担任宰相的第二十五年，楚考烈王病了。朱英对春申君说："世上有不期而至的福，又有不期而至的祸。如今您处在不期而至的世上，事奉着不期而至的君主，那您怎么可以没有不期而至的帮手呢？"春申君问："什么叫不期而至的福？"朱英回答说："您任楚国宰相二十多年了，虽然名义上是宰相，但实际是楚王啊！现在楚王病了，去世是早晚的事，您要辅佐年幼的国君，因而就要代他主持国政，如同伊尹、周公那样，等君王长大后再把大权交还给他，这不是马上满足了您南面称王而据有楚国的心愿吗？这就是我所说的不期而至的福啊！"春申君又问道："什么叫不期而至的祸？"朱英回答说："李园不理国事却是您的仇人，他不掌兵事却豢养刺客很久了。楚王一去世，李园一定抢先入宫抢夺权力并且杀掉您来灭口。这就是我所说的不期而至的灾祸啊！"春申君再问道："那什么是不期而至的帮手呢？"朱英回答说："您安排我做郎中，楚王去世，李园必定会抢先入宫，我来替您杀掉李园。这就是我所说的不期而至的帮手。"春申君说："您抛开这个打算吧！李园是个软弱无能的人，我又与他友善；况且又怎么能到这种地步呢！"朱英知道自己的进言不被采用，担心灾祸殃及自身，就逃走了。

十七天后，楚考烈王去世。李园果然抢先进入宫廷，将刺客暗藏在宫门里面。春申君一进宫门，李园豢养的这些刺客就从两边冲出夹住春申君将他刺死，砍下他的头，扔到宫门之外。做完这些之后，李园又派出官吏将春申君一家满门抄斩，而李园的妹妹当初受春申君宠幸怀孕而献给楚王后所生的儿子便立为王，这就是楚幽王。

这一年，秦始皇登基已经九年了。嫪毐在秦国也与太后私乱，被发觉，夷灭三族，而吕不韦因受牵连也被废黜。

太史公说：我到楚地，观览了春申君的旧城，宫室雄伟之极啊！当初，春申君劝说秦昭王，直到豁出自己的性命送楚太子回国，这是多么的有智慧啊！但后来却受李园控制，真是昏聩糊涂啊！俗话说："应当决断而不决断，反过来就要遭受祸害。"说的就是春申君不听朱英的劝告吗？

（王华宝　注译）

融媒体出版物

史记

文白对照精选本

第一卷

〔西汉〕司马迁 著

赵生群 王华宝 主编

党建读物出版社
（英华电子音像出版社）
河北冠林数字出版有限公司

图书在版编目（CIP）数据

文白对照史记精选本：全三卷 /（西汉）司马迁著；赵生群，王华宝主编 .— 北京：党建读物出版社，2018.12

ISBN 978-7-5099-1063-4

Ⅰ . ①文… Ⅱ . ①司… ②赵… ③王… Ⅲ . ①中国历史—古代史—纪传体②《史记》—译文 Ⅳ . ① K204.2

中国版本图书馆 CIP 数据核字（2018）第 259726 号

文白对照史记精选本
WENBAI DUIZHAO SHIJI JINGXUANBEN
全三卷
（西汉）司马迁　著
赵生群　王华宝　主编

责任编辑：杜丽敏　付艳霞　孙微巍　郝英明
封面设计：高楠　嘉信一丁
出版发行：党建读物出版社
地　　址：北京市西城区西长安街 80 号南楼（邮编：100815）
网　　址：http://www.djcb71.com
电　　话：010 – 58587122 / 7166
经　　销：新华书店
印　　刷：北京盛通印刷股份有限公司
2018 年 12 月第 1 版　2018 年 12 月第 1 次印刷
710 毫米 × 1000 毫米　16 开本　60.25 印张　1239 千字
ISBN 978-7-5099-1063-4　定价：136.00 元

出版说明

《文白对照〈史记〉（精选本）》为融媒体图书，主要包括纸质图书和二维码链接资源。

《文白对照〈史记〉（精选本）》由赵生群、王华宝主编，组织多位专家学者对《史记》原书中有关国家兴衰、民生休戚的重要历史事件、历史人物及治世之道、用人之术等内容进行遴选，将其编纂成为文白对照精选版本。同时，我们组织数十位资深编辑出版人、资深播音员及数字出版技术人员等，运用先进的数字出版技术完成了音频制作、数据上传，实现二维码链接数字资源的出版技术合成。所选原文共八十七卷，约四十五万字，译文约七十五万字，注释约二十五万字。其中原文和译文以纸质图书呈现；译文部分录音约三千三百分钟，读者可扫描“译文诵读”二维码收听并可同时阅读译文文本文件；读者还可以通过扫描“原文注释”二维码查阅注释内容。

中华民族历史悠久，博大精深的民族文化需要我们传承、弘扬，利用现代数字出版技术传播中华民族优秀文化是我们现代出版人义不容辞的责任。

编辑出版《文白对照〈史记〉（精选本）》融媒体图书也是我们一次有益的尝试。我们还将把《史记》这一传世巨作，以有声图书、电子图书等形式，通过其他网络平台发布，给读者提供全方位的阅读体验。

随着数字出版技术的升级，我们将进一步扩展载体，改进技术，健全功能，不断满足广大读者更为广泛的阅读需求。

前言

《史记》是西汉史学家、文学家和思想家司马迁撰写的中国第一部纪传体通史，其中也包含了其父司马谈的一些心血。《史记》内容丰富，贯通古今，记事起于传说中的黄帝，迄于汉武帝，所述史事，详于战国、秦、汉；文字精炼，垂范后世，用五十二万多字，写了三千年历史；思想深刻，宏阔博大，以“究天人之际、通古今之变、成一家之言”为宗旨，以“厥协六经异传，整齐百家杂语”的气概，创构五体，汇百科性知识于一编。《史记》为中国史学的发展奠定了坚实的基础，具有划时代的意义，它所取得的巨大成就，一直受到世人的高度推崇，鲁迅赞誉为“史家之绝唱，无韵之《离骚》”。《史记》是中国文化史上一部体大思精的百科全书式的经典巨著，也是世界文化宝库中的一颗璀璨明珠。

《史记》全书一百三十篇，分为十二本纪、十表、八书、三十世家、七十列传。“本纪”主要记帝王及王朝之事，以见历史发展的统绪，是全书的纲领；“表”编年载录各个历史时期王侯将相及相关事件，与“本纪”互为经纬，划分时代段落，展现天下大势，亦为全书纲纪；“书”分门别类记述历代典章制度和重要专题；“世家”记载王侯贵戚及其家族兴衰，在体例上与“本纪”相近；“列传”叙述各色人物事迹及周边民族历史，有专传、合传及类传，三传又各有附传。全书采用综合性的叙事模式，编年与纪传兼而有之。就内容来说，《史记》是对前代史学的一次总结；就体例而论，《史记》也是集大成之作。

《史记》是一部价值极高的信史，《汉书·司马迁传》称：“自刘向、扬雄博极群书，皆称迁有良史之材，服其善序事理，辨而不华，实而不俚，其文直，其事核，不虚美，不隐恶，故谓之实录。”就总体而言，《史记》取材广博而审核严谨，内容丰富而义例精当，无愧于“实录”的美誉。

《史记》具有丰富的思想性和高超的艺术性，闪耀着智慧的光芒。东汉班固在《汉书·司马迁传》中批评司马迁“是非颇缪于圣人，论大道则先黄老而后六经，序游侠则退处士而进奸雄，述货殖则崇势利而羞贱贫，此其所蔽也”，班氏所论之“弊”，正是司马迁通过颂黄老、商人、游侠以表达他对开明政治的向往，对人民求利和反抗强暴的肯定，是其思想中光彩夺目之“长”。《史记》是以人物为中心的纪传体的通史，又是传记文学的鼻祖，淋漓尽致地刻画人物，作为一种“种族记忆”，《史记》展示出全方位的社会生活、世态人情，人物画廊里有帝王将相，有诸子百家、刺客、游侠、医卜、俳优、商贾等各色人物，甚至还有作奸犯科的掘冢、博戏之徒。给人物立传，也是对人才的发现。司马迁把百工技艺之人都视为人才，所以为布衣之士以及卑贱者立传，体现出“平民视角”及其非凡的进步思想。《史记》人物描写的艺术特点，前人多有概括，如以独创的“互见法”记写人物的主要经历和重要特征，善于使用对比、衬托的方法突出人物的性格特点，把人物置于尖锐的矛盾冲突之中加以塑造，善用细节描写、心理描写和个性化的语言刻画人物性格，等等。品读文本，相信读者当有更为深切的体会。

《史记》与诸子不同，没有大量的警句格言，但不少精彩的故事片断却含有相当于“妙语”的整体寓意，有数百处凝聚为当今的成语典故。“以权利合者，权利尽而交疏”“不知其人视其友”“君子相送以言，小人相送以财”“家贫则思良妻，国乱则思良将相”“禁朋党以励百姓”“安危在出令，存亡在所任”，勾践“卧薪尝胆”，项羽“破釜沉舟”，“当垆卖酒”卓文君，“约法三章”汉高祖，等等，相信这些成语典故会给人们带来一些启发。

司马迁发愤著史，要从“网罗天下放失旧闻”里，进行“略考其行事，综其终始，稽其成败兴坏之理”的整理，完成“究天人之际，通古今之变，成一家之言”的任务，以达到“述往事”而“思来者”的目的。在古老智慧与现代思想之间，往往有许多共通与补益之处，司马迁具有敏锐深刻的思考力，《史记》中的许多小故事充满着人生的大智慧。韩信的胯下之辱，可以看到如何避免因小失大。孙子的训练女兵，可以看到令行禁止的重要作用。鸿门宴上，斗力与斗智的激烈角逐。张汤讯鼠，由细节描写传达人物性格的本质特征，点睛传神。鲁相公仪休嗜鱼而“以嗜鱼，故不受”，不接受别人贿赂。毛遂自荐，抓住机遇，在困难面前展现能力。商鞅变法，刚性执行，在阻力面前展示决心。春秋第一相管仲，不羞小节而耻功名不显于天下。中华民族素有“以史为鉴”的传统，阅读《史记》，在历史语境中理解领悟先贤解决现实问题的智慧，不仅增长知识，增广见闻，更能启迪思想，提高修养，增长智慧，有助于培养健全的人格，有利于提升决策的能力。

《文白对照〈史记〉（精选本）》共选文86篇。关于《史记》精选本的编选原则：一是版本精当，文字正确。《史记》存世版本众多，最为通行的是刘宋裴骃《集解》、唐司马贞《索隐》、唐张守节《正义》的三家注合刻本，清金陵书局本是晚清精刻本，今据以为底本，参照当今最为通行和权威的中华书局《史记》修订本，并吸收有关研究成果。全书使用规范简体字，而原文保留通假字、古今字。二是浓缩全貌，凝聚精华。选文五体齐全，包括本纪十一篇，贯通古今；表九篇、书六篇，以见司马迁史论之长；世家十九篇、列传四十一篇，以见《史记》所载主要事件和人物典型形象。司马迁《报任安书》对理解《史记》大有帮助，为方便读者，而作为附录，体例一仿正文各篇。这样，本书浓缩了《史记》全貌，力求呈现史公“实录”精神及其艺术特色。三是传承历史智慧，体现时代精神。内容有思想性、文本有可读性。四是便读易懂，利于文化传播。翻译，以直译为主，辅以意译，力求理解准确、流畅优美、便于诵读。韵文类作品作文本置换，尽量保持原味。译文的分段与行文格式等，与原文保持一致。

本书由赵生群、王华宝主编，确立选目和译注体例；由王华宝统稿。译注工作的大致分工为：本纪，赵生群、王永吉；表，王华宝；书，吴新江、王华宝；世家，苏芃；列传，赵生群、王华宝、王勇、王永吉。

书中的错误与不当之处，敬祈读者批评指正。

本书编委会

2018年6月

目录

译文诵读

卷一　五帝本纪第一

注释查阅　译文诵读

黄帝者，少典之子[1]，姓公孙，名曰轩辕。生而神灵，弱而能言，幼而徇齐[2]，长而敦敏[3]，成而聪明[4]。

轩辕之时，神农氏世衰[5]。诸侯相侵伐，暴虐百姓，而神农氏弗能征。于是轩辕乃习用干戈，以征不享[6]，诸侯咸来宾从。而蚩尤最为暴[7]，莫能伐。炎帝欲侵陵诸侯[8]，诸侯咸归轩辕。轩辕乃修德振兵，治五气[9]，蓺五种[10]，抚万民，度四方[11]，教熊罴貔貅貙虎[12]，以与炎帝战于阪泉之野[13]。三战，然后得其志。蚩尤作乱，不用帝命。于是黄帝乃征师诸侯，与蚩尤战于涿鹿之野[14]，遂禽杀蚩尤。而诸侯咸尊轩辕为天子，代神农氏，是为黄帝。天下有不顺者，黄帝从而征之，平者去之，披山通道，未尝宁居。

东至于海，登丸山[15]，及岱宗[16]。西至于空桐[17]，登鸡头[18]。南至于江，登熊、湘[19]。北逐荤粥[20]，合符釜山[21]，而邑于涿鹿之阿。迁徙往来无常处，以师兵为营卫。官名皆以云命[22]，为云师。置左右大监[23]，监于万国[24]。万国和，而鬼神山川封禅与为多焉[25]。获宝鼎，迎日推荚[26]。举风后、力牧、常先、大鸿以治民。顺天地之纪[27]、幽明之占[28]、死生之说、存亡之难[29]。时播百谷草木[30]，淳化鸟兽虫蛾[31]，旁罗日月星辰水波土石金玉[32]，劳勤心力耳目，节用水火材物。有土德之瑞[33]，故号黄帝。

黄帝二十五子，其得姓者十四人。

黄帝居轩辕之丘，而娶于西陵之女[34]，是为嫘祖[35]。嫘祖为黄帝正妃，生二子，其后皆有天下：其一曰玄嚣，是为青阳，青阳降居江水[36]；其二曰昌意，降居若水[37]。昌意娶蜀山氏女[38]，曰昌仆，生高阳，高阳有圣德焉。黄帝崩，葬桥山[39]。其孙昌意之子高阳立，是为帝颛顼也。

帝颛顼高阳者，黄帝之孙而昌意之子也。静渊以有谋[40]，疏通而知事[41]；养材以任地[42]，载时以象天[43]，依鬼神以制义[44]，治气以教化[45]，絜诚以祭祀[46]。北至于幽陵[47]，南至于交阯[48]，西至于流沙[49]，东至于蟠木[50]。动静之物，大小之神，日月所照，莫不砥属[51]。

帝颛顼生子曰穷蝉。颛顼崩，而玄嚣之孙高辛立，是为帝喾。

帝喾高辛者，黄帝之曾孙也。高辛父曰蟜极，蟜极父曰玄嚣，玄嚣父曰黄帝。自玄嚣与蟜极皆不得在位，至高辛即帝位。高辛于颛顼为族子。

高辛生而神灵，自言其名。普施利物，不于其身。聪以知远，明以察微。顺天之义，知民之急。仁而威，惠而信，修身而天下服。取地之财而节用之，抚教万民而利诲之[52]，历日月而迎送之[53]，明鬼神而敬事之。其色郁郁[54]，其德嶷嶷[55]。其动也时[56]，其服也士[57]。帝喾溉执中而遍天下[58]，日月所照，风雨所至，莫不从服。

帝喾娶陈锋氏女[59]，生放勋。娶娵訾氏女[60]，生挚。帝喾崩，而挚代立。帝挚立，不善，崩，而弟放勋立，是为帝尧。

帝尧者，放勋。其仁如天，其知如神。就之如日，望之如云。富而不骄，贵而不舒。黄收纯衣[61]，彤车乘白马，能明驯德[62]，以亲九族。九族既睦，便章百姓[63]。百姓昭明，合和万国。

乃命羲、和[64]，敬顺昊天，数法日月星辰[65]，敬授民时。分命羲仲，居郁夷[66]，曰旸谷。敬道日出[67]，便程东作[68]。日中[69]，星鸟[70]，以殷中春[71]。其民析[72]，鸟兽字微[73]。申命羲叔，居南交[74]。便程南为[75]，敬致。日永[76]，星火[77]，以正中夏。其民因[78]，鸟兽希革[79]。申命和仲，居西土，曰昧谷。敬道日入，便程西成[80]。夜中[81]，星虚[82]，以正中秋。其民夷易[83]，鸟兽毛毨[84]。申命和叔，居北方，曰幽都。便在伏物[85]。日短[86]，星昴[87]，以正中冬。其民燠[88]，鸟兽氄毛[89]。岁三百六十六日，以闰月正四时。信饬百官[90]，众功皆兴。

尧曰："谁可顺此事[91]？"放齐曰："嗣子丹朱开明。"尧曰："吁！顽凶[92]，不用。"尧又曰："谁可者？"讙兜曰："共工旁聚布功[93]，可用。"尧曰："共工善言，其用僻[94]，似恭漫天[95]，不可。"尧又曰："嗟！四岳[96]：汤汤洪水滔天[97]，浩浩怀山襄陵[98]，下民其忧，有能使治者？"皆曰鲧可[99]。尧曰："鲧负命毁族，不可。"岳曰："异哉，试不可用而已。"尧于是听岳用鲧。九岁，功用不成[100]。

尧曰："嗟！四岳：朕在位七十载，汝能庸命[101]，践朕位？"岳应曰："鄙德忝帝位。"尧曰："悉举贵戚及疏远隐匿者。"众皆言于尧曰："有矜在民间[102]，曰虞舜。"尧曰："然，朕闻之。其何如？"岳曰："盲者子。父顽，母嚚[103]，弟傲，能和以孝，烝烝治[104]，不至奸。"尧曰："吾其试哉。"于是尧妻之二女，观其德于二女。舜饬下二女于妫汭[105]，如妇礼。尧善之，乃使舜慎和五典[106]，五典能从。乃遍入百官[107]，百官时序[108]。宾于四门，四门穆穆[109]，诸侯远方宾客皆敬。尧使舜入山林川泽，暴风雷雨，舜行不迷。尧以为圣，召舜曰："女谋事至而言可绩，三年矣。女登帝位。"舜让于德，不怿[110]。正月上日[111]，舜受终于文祖[112]。文祖者，尧大祖也。

于是帝尧老，命舜摄行天子之政，以观天命。舜乃在璇玑玉衡[113]，以齐七政[114]。遂类于上帝[115]，禋于六宗[116]，望于山川[117]，辩于群神[118]。揖五瑞，择吉月日，见四岳诸牧，班瑞[119]。岁二月，东巡狩，至于岱宗，柴[120]，望秩于山川[121]。遂见东方君长，合时月正日，同律度量衡，修五礼[122]；五玉三帛二生一死为挚[123]，如五器[124]，卒乃复。五月，南巡狩；八月，西巡狩；十一月，北巡狩：皆如初。归，至于祖祢庙[125]，用特牛礼[126]。五岁一巡狩，群后四朝[127]。遍告以言，明试以功，车服以庸。肇十有二州，决川。象以典刑，流宥五刑[128]，鞭作官刑，扑作教刑[129]，金作赎刑。眚灾过[130]，赦；怙终贼[131]，刑。钦哉，钦哉，惟刑之静哉[132]！

谨兜进言共工[133]，尧曰不可，而试之工师[134]，共工果淫辟。四岳举鲧治鸿水[135]，尧以为不可，岳强请试之，试之而无功，故百姓不便。三苗在江淮、荆州数为乱[136]。于是舜归而言于帝，请流共工于幽陵，以变北狄；放驩兜于崇山[137]，以变南蛮；迁三苗于三危[138]，以变西戎；殛鲧于羽山[139]，以变东夷：四罪而天下咸服。

尧立七十年得舜，二十年而老，令舜摄行天子之政，荐之于天。尧辟位凡二十八年而崩[140]。百姓悲哀，如丧父母。三年，四方莫举乐，以思尧。尧知子丹朱之不肖，不足授天下，于是乃权授舜。授舜，则天下得其利而丹朱病；授丹朱，则天下病而丹朱得其利。尧曰“终不以天下之病而利一人”，而卒授舜以天下。尧崩，三年之丧毕，舜让辟丹朱于南河之南[141]。诸侯朝觐者不之丹朱而之舜，狱讼者不之丹朱而之舜，讴歌者不讴歌丹朱而讴歌舜。舜曰：“天也夫！”而后之中国践天子位焉[142]，是为帝舜。

虞舜者[143]，名曰重华。重华父曰瞽叟[144]，瞽叟父曰桥牛，桥牛父曰句望，句望父曰敬康，敬康父曰穷蝉，穷蝉父曰帝颛顼，颛顼父曰昌意：以至舜七世矣。自从穷蝉以至帝舜，皆微为庶人。

舜父瞽叟盲，而舜母死，瞽叟更娶妻而生象，象傲。瞽叟爱后妻子，常欲杀舜，舜避逃；及有小过，则受罪。顺事父及后母与弟，日以笃谨，匪有解[145]。

舜，冀州之人也[146]。舜耕历山[147]，渔雷泽[148]，陶河滨[149]，作什器于寿丘[150]，就时于负夏[151]。舜父瞽叟顽，母嚚，弟象傲，皆欲杀舜。舜顺适不失子道，兄弟孝慈。欲杀，不可得；即求，尝在侧[152]。

舜年二十以孝闻。三十而帝尧问可用者，四岳咸荐虞舜，曰可。于是尧乃以二女妻舜以观其内，使九男与处以观其外。舜居妫汭，内行弥谨。尧二女不敢以贵骄事舜亲戚，甚有妇道。尧九男皆益笃。舜耕历山，历山之人皆让畔；渔雷泽，雷泽上人皆让居；陶河滨，河滨器皆不苦窳[153]。一年而所居成聚，二年成邑，三年成都。尧乃赐舜絺衣，与琴[154]，为筑仓廪，予牛羊。瞽叟尚复欲杀之，使舜上涂廪[155]，瞽叟从下纵火焚廪。舜乃以两笠自扞而下[156]，去，得不死。后瞽叟又使舜穿井，舜穿井为匿空旁出[157]。舜既入深，瞽叟与象共下土实井，舜从匿空出，去。瞽叟、象喜，以舜为已死。象曰：“本谋者象[158]。”象与其父母分，于是曰："舜妻尧二女，与琴，象取之；牛羊仓廪，予父母。"象乃止舜宫居，鼓其琴。舜往见之。象鄂不怿[159]，曰："我思舜正郁陶[160]！"舜曰："然，尔其庶矣[161]！"舜复事瞽叟，爱弟弥谨。于是尧乃试舜五典百官，皆治。

昔高阳氏有才子八人，世得其利，谓之"八恺"[162]。高辛氏有才子八人，世谓之"八元"[163]。此十六族者，世济其美，不陨其名。至于尧，尧未能举。舜举八恺，使主后土，以揆百事[164]，莫不时序。举八元，使布五教于四方，父义，母慈，兄友，弟恭，子孝，内平外成。

昔帝鸿氏有不才子[165]，掩义隐贼[166]，好行凶慝[167]，天下谓之浑沌[168]。少暤氏有不才子[169]，毁信恶忠，崇饰恶言，天下谓之穷奇[170]。颛顼氏有不才子，不可教训，不知话言，天下谓之梼杌[171]。此三族世忧之。至于尧，尧未能去。缙云氏有不才子[172]，贪于饮食，冒于货贿，天下谓之饕餮[173]。天下恶之，比之三凶。舜宾于四门，乃流四凶族，迁于四裔，以御螭魅[174]，于是四门辟[175]，言毋凶人也。

舜入于大麓[176]，烈风雷雨不迷，尧乃知舜之足授天下。尧老，使舜摄行天子政，巡狩。舜得举，用事二十年，而尧使摄政。摄政八年而尧崩。三年丧毕，让丹朱，天下归舜。而禹、皋陶、契、后稷、伯夷、夔、龙、倕、益、彭祖自尧时而皆举用，未有分职。于是舜乃至于文祖，谋于四岳，辟四门，明通四方耳目，命十二牧论帝德，行厚德，远佞人，则蛮夷率服。舜谓四岳曰："有能奋庸美尧之事者[177]，使居官相事？"皆曰："伯禹为司空[178]，可美帝功。"舜曰："嗟，然！禹，汝平水土，维是勉哉。"禹拜稽首[179]，让于稷、契与皋陶。舜曰："然，往矣。"舜曰："弃[180]，黎民始饥，汝后稷[181]播时百谷[182]。"舜曰："契[183]，百姓不亲，五品不驯[184]，汝为司徒[185]，而敬敷五教[186]，在宽。"舜曰："皋陶，蛮夷猾夏[187]，寇贼奸轨[188]，汝作士[189]，五刑有服[190]，五服三就[191]；五流有度[192]，五度三居[193]：维明能信。"舜曰："谁能驯予工？"皆曰垂可。于是以垂为共工。舜曰："谁能驯予上下草木鸟兽？"皆曰益可。于是以益为朕虞[194]。益拜稽首，让于诸臣朱虎、熊罴。舜曰："往矣，汝谐[195]。"遂以朱虎、熊罴为佐。舜曰："嗟！四岳，有能典朕三礼[196]？"皆曰伯夷可。舜曰："嗟！伯夷，以汝为秩宗[197]，夙夜维敬，直哉维静絜[198]。"伯夷让夔、龙。舜曰："然。以夔为典乐[199]，教稚子[200]，直而温，宽而栗，刚而毋虐，简而毋傲；诗言意，歌长言，声依永[201]，律和声[202]，八音能谐[203]，毋相夺伦，神人以和。"夔曰："於[204]！予击石拊石[205]，百兽率舞[206]。"舜曰："龙，朕畏忌谗说殄伪[207]，振惊朕众，命汝为纳言[208]，夙夜出入朕命，惟信。"舜曰："嗟！女二十有二人，敬哉，惟时相天事。"三岁一考功，三考绌陟[209]，远近众功咸兴。分北三苗[210]。

此二十二人咸成厥功：皋陶为大理[211]，平，民各伏得其实[212]；伯夷主礼，上下咸让；垂主工师，百工致功；益主虞，山泽辟；弃主稷，百谷时茂；契主司徒，百姓亲和；龙主宾客，远人至；十二牧行而九州莫敢辟违；唯禹之功为大，披九山，通九泽，决九河，定九州，各以其职来贡[213]，不失厥宜。方五千里，至于荒服。南抚交阯、北发[214]，西戎、析枝、渠廋、氐、羌[215]，北山戎、发、息慎[216]，东长、鸟夷[217]，四海之内咸戴帝舜之功。于是禹乃兴九招之乐[218]，致异物，凤皇来翔。天下明德皆自虞帝始。

舜年二十以孝闻，年三十尧举之，年五十摄行天子事，年五十八尧崩，年六十一代尧践帝位。践帝位三十九年，南巡狩，崩于苍梧之野[219]。葬于江南九疑，是为零陵[220]。舜之践帝位，载天子旗，往朝父瞽叟，夔夔唯谨[221]，如子道。封弟象为诸侯。舜子商均亦不肖，舜乃豫荐禹于天。十七年而崩。三年丧毕，禹亦乃让舜子，如舜让尧子。诸侯归之，然后禹践天子位。尧子丹朱，舜子商均，皆有疆土，以奉先祀。服其服，礼乐如之。以客见天子，天子弗臣，示不敢专也[222]。

自黄帝至舜、禹，皆同姓而异其国号，以章明德。故黄帝为有熊，帝颛顼为高阳，帝喾为高辛，帝尧为陶唐，帝舜为有虞。帝禹为夏后而别氏，姓姒氏。契为商，姓子氏。弃为周，姓姬氏。

太史公曰[223]：学者多称五帝，尚矣[224]。然《尚书》独载尧以来；而百家言黄帝，其文不雅驯[225]，荐绅先生难言之[226]。孔子所传宰予问《五帝德》及《帝系姓》，儒者或不传。余尝西至空桐，北过涿鹿，东渐于海，南浮江淮矣，至长老皆各往往称黄帝、尧、舜之处，风教固殊焉，总之不离古文者近是。予观《春秋》《国语》，其发明《五帝德》《帝系姓》章矣，顾弟弗深考[227]，其所表见皆不虚。《书》缺有间矣[228]，其轶乃时时见于他说。非好学深思，心知其意，固难为浅见寡闻道也。余并论次[229]，择其言尤雅者，故著为本纪书首。

【译文】

黄帝是少典氏的后代，姓公孙，名叫轩辕。黄帝一出生即显出神灵之性，尚在襁褓就能说话，幼年时机灵敏捷，稍大而诚实勤勉，成年后见多识广，明辨是非。

轩辕生活的时代，神农氏的后代已经衰弱。诸侯部落之间相互攻伐，残虐百姓，而神农氏无力征讨。这时轩辕便操练士卒，征伐不朝贡的诸侯，诸侯都来归顺于他。而蚩尤最为残暴，无人能够征服。炎帝想要侵犯诸侯，诸侯都去归附了轩辕。于是轩辕推行德政，整治军队，研究自然气候，种植各种谷物，安抚各地民众，丈量四方土地，训练出如野兽一般勇猛的军队，指挥他们和炎帝在阪泉郊野大战。前后交战多次，终于取得胜利，实现了征服炎帝的愿望。蚩尤作乱，不听黄帝号令。于是黄帝便征召诸侯军队，和蚩尤在涿鹿郊外大战，最终擒获蚩尤并将其斩杀。从此诸侯都尊奉轩辕为天子，取代神农氏，这就是黄帝。天下有不归顺的，黄帝便去征讨，平服以后就离开。披斩山林，开通道路，不得一刻安歇。

黄帝东行至大海，登上丸山和泰山；西到空桐，登上鸡头山；南到长江，登上熊耳山和湘山；在北方驱逐荤粥，与诸侯在釜山核验符契，在涿鹿山下营造城邑。黄帝迁徙往来，没有固定的居所，以军营环绕作为防卫。百官都以云命名，军队也称云师。设置左右大监，监察各地诸侯。天下太平，因此历代祭祀天地神灵的封禅大典也数黄帝时最多。黄帝获得了宝鼎，推演神策，预知时辰节气。推举风后、力牧、常先、大鸿四人为大臣治理百姓。他顺应天地阴阳的规律与征兆，遵行生死存亡的道理。种植百谷草木，驯养鸟兽昆虫，研究日月星辰的轨迹和土石金玉的功用。勤于观察思考，节省材用物力。因为有土德的祥瑞，所以号称黄帝。

黄帝生了二十五个儿子，受封得姓的有十四人。

黄帝定居在轩辕之丘，娶西陵国的女子为妻，这就是嫘祖。嫘祖是黄帝的正妃，生了两个儿子，他们的后代都曾统治天下。第一个儿子叫玄嚣，也就是青阳，青阳分封在江水；第二个儿子叫昌意，分封在若水。昌意娶蜀山氏之女为妻，叫昌仆，生下高阳，高阳有贤德。黄帝去世后葬在桥山。他的孙子，昌意的儿子高阳继位，这就是颛顼帝。

颛顼帝高阳，是黄帝的孙子，昌意的儿子。沉稳而有谋略，通达而识时务。利用地力来增殖材用，顺应天道自然来履行时令，依顺鬼神来制定礼仪，修治五气来教化百姓，洁静身心来祭祀天地神灵。他的统治范围北到幽陵，南到交阯，西到流沙，东到蟠木。鸟兽草木，大小神灵，日月照临之地，无不归顺于他。

颛顼帝生的儿子叫穷蝉。颛顼去世后，玄嚣的孙子高辛继位，这就是喾帝。

喾帝高辛，是黄帝的曾孙。高辛的父亲叫蟜极，蟜极的父亲叫玄嚣，玄嚣的父亲叫黄帝。从玄嚣到蟜极都没有继位，直到高辛才登上帝位。高辛对于颛顼来说是族侄。

高辛一出生便显神灵，说出了自己的名字。他广施恩泽，惠及万物，却毫不利己。聪明而有远见，明察而知隐微。顺应自然义理，知晓百姓疾苦。宽厚而有威严，仁爱而有信用，洁身自好而天下诚服。获取土地出产而节省使用，教育百姓并因势利导，观测日月运行以制定历法，明悉鬼神并恭敬地事奉。他神态肃穆，品德高尚，一举一动合乎时宜，吃穿用度却如普通士人。喾帝公正执中，德被天下。但凡日月照临、风雨润泽之地，无不臣服于他。

喾帝娶陈锋氏的女子为妻，生子放勳。又娶娵訾氏的女子，生子挚。喾帝去世，挚继立为帝。挚帝登位，政治衰弱，去世了。他的弟弟放勳继立，这就是尧帝。

尧帝，就是放勋。他仁德如天，智慧如神。接近他，就像依附太阳，仰望他，像祥云润泽万物。富有而不骄矜，尊贵却不傲慢。戴着黄色的冠冕，穿着黑色的衣裳，坐着朱红色的车子，驾着白马。能宣明大德，使九族亲善。九族已然和睦，就分辨彰明百官。百官政绩昭著，各地诸侯融洽相处。

于是任命羲氏、和氏，恭敬地顺从上天的命令，依据日月星辰的运行变化推求历法，慎重地告诉民众耕种的农时。任命羲仲，居住在郁夷地区，地名叫旸谷。他虔敬地迎接日出，辨别时令，以及时安排春耕生产。春分日昼夜等长，傍晚鸟星在正南方出现，以此确定仲春。民众分别干各自的活，鸟兽生育繁衍。任命羲叔，居住在南方交阯。辨别时令，以及时安排夏季农作，谨慎地对待农事。夏至日白昼最长，傍晚火星在正南方出现，以此确定仲夏。民众继续劳作，鸟兽羽毛变得稀少。任命和仲，居住在西土地区，地名叫昧谷。他虔敬地恭送日落，辨别时令，以及时安排秋收劳动。秋分日昼夜等长，傍晚虚宿在正南方出现，以此确定仲秋。人民生活安适愉快，鸟兽也长出新羽毛。任命和叔，居住在北方地区，地名叫幽都。辨别确定冬天储藏的物资。冬至日白昼最短，傍晚昴星在正南方出现，以此确定仲冬。人们冬天搬进内室取暖，鸟兽长出了柔软的细毛。一年三百六十六日，用闰月来校正四时。发布命令整饬百官，各种事业都兴办起来了。

尧说："谁能继任帝位治理天下？"放齐说："您的儿子丹朱开通明达。"尧说："唉！他顽劣好斗，不堪用。"尧又问："那么谁能继承帝位呢？"讙兜说："共工广揽事务，颇有功绩，可堪大用。"尧说："共工善于言辞，但用意邪僻，貌似恭敬，实则怠慢天命，不可用。"尧又说："啊，掌管四方的诸侯：洪水滔天汹涌，浩浩荡荡，包围群山，淹没丘陵。下面的民众都为此忧心忡忡，有能派去治理洪水的人吗？"众人都说鲧可以。尧说："鲧违背命令，败坏同族，不可用。"诸侯说："不是吧，试一试，若不行再免除他。"尧于是听从诸侯任用了鲧。经过九年，治水功业没有成就。

尧说："啊！四方诸侯，我在位七十年，你们谁能顺承天命，继承我的帝位呢？"诸侯们答道："我们鄙陋无德，只怕辱没了帝位。"尧说："那就都推举贵族亲友和疏远的隐居者中有才德的人吧。"大家都对尧说："在民间有一位单身男子，叫虞舜。"尧说："是的，我也听说了，他人怎么样呢？"诸侯说："他是盲人的儿子。父亲无德，母亲愚昧，弟弟傲慢，他却能尽孝悌之道，与家人和睦相处，以淳厚治家，使他们不至于落到奸邪的地步。"尧说："那我就试试他吧。"于是尧把两个女儿嫁给他，通过两个女儿观察他的品行。舜把她们安置在妫水边，二女降下尊贵之心，遵行妇人之礼。尧认为这样很好，就让舜谨慎地宣扬人伦五常，民众都能遵行五常之德。让舜总理百官职事，百官职事都能得以承顺。让舜在四门迎接宾客，四门变得庄敬肃穆，诸侯和远道而来的宾客态度都十分恭敬。尧派舜进入山野丛林大川沼泽，遇到暴风和雷雨，舜从未迷失方向。尧认为舜有大德，召见舜说："三年来，你谋划事情周密严谨，说出的话便有实效。你就登临帝位吧。"舜推让说自己的德行不足以胜任，并不因将登帝位而高兴。正月初一，舜在太庙接受帝位。文祖，就是尧的先祖。

这时，尧已年老，命舜代行天子的政事，以便观察上天的旨意。舜于是用浑天仪观测天文，用来排列日月及金、木、水、火、土五星的位置。又举行类祭祭告上天，举行禋祭祭祀天地四方之神，举行望祭祭祀山川，遍祭群神。收聚五种玉器，选择吉利的日子，召见四方诸侯和各地州长，给他们颁发玉器。这年二月，去东方视察，到达泰山，烧柴祭祀天神，按次序望祭山川。然后召见东方的诸侯君长，核对季节、月份，校正时日，统一音律和度量衡。制定五种礼仪，规定晋见时诸侯手持五种玉器、三种彩缯，卿大夫手持羊羔和雁两种活物，士人手持死野鸡。五种玉器，朝见完毕后就退还给诸侯。五月，去南方巡察；八月，去西方巡察；十一月，去北方巡察：都像去东方巡察时一样。回来后，去祖庙和父庙里祭祀，用一头牛作为祭品。舜每五年巡察一次，其间四年，各方诸侯轮流按时朝见。舜告诉每一位诸侯治国的方略，公开地考察他们的功绩，根据功绩赏赐车马服饰。舜开始在全国设置十二个州，疏通河道。刻画常用刑法于器物以示戒，以改判流放的办法宽恕当受五刑的人，以鞭打作为官府的刑罚，以木笞作为学校的刑罚，罪犯可以用金钱赎罪。若因过失而犯罪，可以赦免；有恃无恐而再次犯罪，要处以刑罚。慎重啊，慎重啊，施以刑罚，一定要格外谨慎啊！

谨兜向尧推荐共工，尧说："不可以。"便试用他做主管百工的官，共工果然放纵邪僻。四方诸侯推荐鲧治理洪水，尧认为不可，诸侯坚持请求试用鲧，但试用后毫无成效，百官都认为不合适。三苗在江淮、荆州一带数次作乱。这时，舜巡视回来，向尧帝报告，请求流放共工到幽陵，改变北狄的风俗；流放谨兜到崇山，改变南蛮的风俗；将三苗驱逐到三危，改变西戎的风俗；在羽山杀死鲧，改变东夷的风俗：惩治了这四个罪犯，天下人都心悦诚服。

尧登帝位七十年得到了舜，又过了二十年告老隐退，让舜代行天子的政事，向上天举荐舜。尧让出政权二十八年后去世。百姓悲伤哀痛，好像死了亲生父母一样。三年来，四方都无人奏乐，以此来思念尧。尧了解儿子丹朱不贤，不能授予他管理天下的权力，于是用变通的方法禅位给舜。传位于舜，那么天下人都能得到好处，只有丹朱一人受到损失；传位于丹朱，那么天下人的利益都要受到损害，只有丹朱一人得益。尧说："终究不能让天下人受害而使一人得利。"最后将天下交给舜治理。尧去世后，三年的丧期已过，舜就避让丹朱，退居到南河的南岸。朝见天子的诸侯不去丹朱那里，却到舜这里来，打官司的人不去找丹朱却来找舜，歌颂功绩的人不去歌颂丹朱，却来歌颂舜。舜说："这是天意啊！"此后他才到京师登临天子之位，这就是舜帝。

虞舜，叫作重华。重华的父亲叫瞽叟，瞽叟的父亲叫桥牛，桥牛的父亲叫句望，句望的父亲叫敬康，敬康的父亲叫穷蝉。穷蝉的父亲是颛顼帝，颛顼的父亲是昌意：到舜已经是七代了。从穷蝉到舜帝，都是不知名的普通百姓。

舜的父亲瞽叟是盲人，舜的母亲去世后，瞽叟又娶了妻子生下象，象骄纵无礼。瞽叟偏爱后妻所生的儿子，常常想要杀掉舜，舜都逃过了；遇到一点小的过错，就要受到处罚。舜恭顺地侍奉父亲、后母和弟弟，每天都诚恳谨慎，没有一丝松懈。

舜，是冀州人。舜曾经在历山耕种，在雷泽打鱼，在河滨制陶，在寿丘做各种日常用具，在负夏经商。舜的父亲瞽叟无德，母亲愚昧，弟弟象傲慢，都想要杀舜。舜十分恭顺，不失为子之道，作为兄长对弟弟亲爱，对父母十分孝顺。他们想要杀他的时候，找不到他；等有事需要他的时候，他却常常在身边。

舜二十岁时，就因为孝顺远近闻名。三十岁时，尧帝询问有何人可以任用，四方诸侯都推荐虞舜，说他可以。于是尧就把两个女儿嫁给舜来观察他怎样治家，让九个儿子与舜相处来观察他在外如何待人接物。舜居住在妫水边，在家里行为愈发严谨。尧的两个女儿不因出身高贵而对舜的亲戚傲慢无礼，非常遵守为妇之道。尧的九个儿子也越发笃实忠厚。舜在历山耕种，划分田界时，历山的人都相互谦让；在雷泽打鱼时，雷泽的人都谦让住处；在河滨制陶时，河滨的陶器都没有粗制滥造的。一年的光景，他的住处就成了村落，两年就成了城镇，三年就成了大都市。尧于是赐给舜细葛布做的衣服和琴，为他修筑仓库，给他牛羊。瞽叟又想杀死舜，就让舜上去用泥涂抹仓顶，瞽叟从下面放火烧仓库。舜就用两手把持斗笠保护身体降落到地面离开了，得以幸免。然后瞽叟又让舜去挖井，舜在挖井时在井壁凿了通往外界的暗穴。舜挖井到深处时，瞽叟和象一起填土埋井，舜从暗穴出去，又逃脱了。瞽叟、象很欣喜，以为舜已经死了。象说："这主意原是我出的。"象和他的父母一起瓜分舜的财产，于是说："舜娶的尧的两个女儿和琴，我要了；牛羊和仓库，给父母。"象于是住在舜的居室里，弹着他的琴。舜回来后去见他。象惊愕不快，说："我思念我的哥哥舜，正伤心不已呢！"舜说："是啊，你差不多像个弟弟的样子了。"舜重新事奉瞽叟，爱护弟弟，更加勤勉。于是，尧才试用舜去掌管五种人伦礼教，处理百官的事务，舜都做得很好。

从前高阳氏有八个德才兼备的人，天下人都得其恩惠，便称他们为“八恺”，意即八位能使人和乐的人。高辛氏有八个德才兼备的人，世人称他们为“八元”，意即八位善人。这十六个家族的人，世世代代都保持着先人的美德，不损害先人的名声。到尧的时候，尧没有任用他们。舜任用了八恺的后人，让他们掌管土地农事，来管理各种事务，没有不办得井井有条的。任用八元的后人，让他们向四方传播五教，父亲讲道义，母亲慈爱，兄长友善，弟弟恭顺，子女孝敬，家庭和谐，社会融洽。

从前帝鸿氏有个不肖子孙，邪恶残暴，专好行凶作恶，天下人叫他浑沌。少皞氏也有个不肖子孙，背信弃义，憎恶忠诚，推崇粉饰邪恶的语言，天下人叫他穷奇。颛顼氏有个不肖子孙，桀骜不驯，不知道分辨话语好坏，天下人叫他梼杌。这三族，世人都感到担忧。到尧的时候，尧未能除去他们。缙云氏有个不肖子孙，贪吃贪喝，图谋财物，天下人叫他饕餮。天下人憎恶他，把他和浑沌、穷奇、梼杌这三个凶恶的人相提并论。舜在四方之门接待宾客，就流放了这四个凶恶的家族，把他们迁徙到四方最偏远的地方，用来抵挡山林中害人的怪物，于是四方之门敞开，都说再也没有恶人了。

舜进入大山林，遇到暴风雷雨也没有迷路，尧才知道舜是足以交付天下的。尧年老，让舜代行天子之政，到四方视察。舜被任用，掌管政事二十年后，尧让他代行天子的政务。代理政事八年后，尧去世。三年丧期结束后，舜让位给丹朱，可天下人却都归顺于舜。而禹、皋陶、契、后稷、伯夷、夔、龙、倕、益、彭祖都从尧当政的时候就得到任用，却一直没有职务。于是舜就到文祖庙，和四方诸侯们商议，敞开四方之门，广泛听取四方的意见，命令十二州的长官讨论为帝所应具备的德行，广施恩德，疏远奸佞之人，蛮夷都相继归附。舜对四方诸侯说：“有谁能奋发努力，光大尧的事业，让他担任官职，辅佐我办事呢？”都说：“伯禹担任司空，可以光大帝王的功业。”舜说：“嗯，对！禹，你来平定水土，可要努力做好这件事啊。”禹叩头跪拜，要推让给稷、契和皋陶。舜说：“好了，还是你去吧。”舜说：“弃，百姓要挨饿了，你主管农业，要播种各种谷物。”舜说：“契，百官不亲爱和睦，父、母、兄、弟、子的尊卑等级也不被遵行，你作为司徒，要谨慎地施行五教，重在宽厚。”舜说：“皋陶，蛮夷侵扰中国，寇贼猖獗，外祸内乱不断，你担任掌司法的官，五种刑罚各有施行的办法，要分别在野外、市、朝三处执行，五种流放各有等级，五种等级各在三处：只有公正严明，才能让人信服。”舜说：“谁能管理好我的工匠？”都说倕可以。于是任命倕担任共工。舜说：“谁能管理我山林草泽中的草木鸟兽？”都说益可以。于是任命益为主管山泽的官。益跪拜叩头，推让给其他的大臣朱虎、熊罴。舜说：“去吧，你们同行。”就派朱虎、熊罴辅佐他。舜说：“四方诸侯，有谁能为我主持祭祀天神、地祇、人鬼之礼呢？”都说伯夷可以。舜说：“啊！伯夷，让你担任主管郊庙祭祀的官，每日早晚，都要恭恭敬敬，正直行事才能内心清明。”伯夷推让给夔、龙。

舜说："好。让夔担任典乐，教授贵族子弟，要正直而温和，宽宏而谨慎，刚强而不暴虐，简约而不傲慢；诗歌能表达思想，歌咏能加长音节，五声要依着歌唱的节奏，六律六吕要使歌声和谐。各类乐器的声音都能和谐，不要相互侵扰混乱，神灵与世人都会和谐安宁。"夔说："唉！我敲击石磬，百兽都会遵循着节奏跳舞。"舜说："龙，我畏惧憎恶谗言和贪残虚伪的行为，惊扰了我的人民，任命你为掌内外传达的官，早晚传达我的命令，一定要坚守诚信。"舜说："唉！你们二十二个人，要恭谨啊，时时辅佐我完成上天交付的事业。"每三年考核一次政绩，考核三次后，决定升迁或免降，无论远近，各种事业都兴盛起来了。把三苗部族分化开来。

这二十二个人都成就了功业：皋陶担任了司法官，断案公正，人民都信服他的判决准确切实；伯夷主持礼仪，上上下下都礼让有加；倕主管工匠，众工匠都做出了成绩；益主管山泽，山林水泽都得到开发；弃主管农事，各种谷物按季节按时生长；契担任司徒，百官亲善和睦；龙主管接待宾客，远方的人都欣然归附；十二牧的长官推行政令，九州民众没有敢违抗的；唯有禹的功劳最大，开通了九处大山，疏通了九处湖泽，浚通了九条河流，划定了九州，地方官各自用贡物来进献，不失规范。土地方圆五千里，一直到偏远的地区。向南安抚了交阯、北户，向西安抚了戎、析枝、渠廋、氐、羌，向北安抚了山戎、发、息慎，向东安抚了长、鸟夷，四海之内，都感戴舜帝的功劳。于是禹就创作了《九韶》的乐曲，招引了奇珍异物，凤凰也闻声飞来。天下清明的德政从虞帝开始。

舜二十岁就因为孝顺闻名，三十岁时尧任用他，五十岁代行天子之政，五十八岁时尧去世，六十一岁时代替尧登上帝位。登上帝位三十九年，去南方巡察，在苍梧的郊野去世。葬在长江南边的九嶷山，这就是零陵。舜登上帝位后，乘着有天子旗帜的车子，前去拜见父亲瞽叟，恭顺和悦，遵守为子之道。封弟弟象为诸侯。舜的儿子商均也不成器，舜就预先把禹推荐给上天。十七年后舜去世。三年丧期结束后，禹也让位给舜的儿子，就像舜让位给尧的儿子时情形一样。诸侯都归附禹，然后禹才登上天子之位。尧的儿子丹朱，舜的儿子商均，都有土地，来供奉他们的先祖。他们仍穿着祖先的服饰，礼乐制度也照旧。用宾客的礼仪朝见天子，天子也不把他们视作臣下，表示不敢独占帝位。

从黄帝到舜、禹，都是同姓，使用了不同的国号，来彰明各自的德业。所以黄帝号为有熊，颛顼帝号为高阳，喾帝号为高辛，尧帝号为陶唐，舜帝号为有虞。禹帝号为夏后而另有姓氏，姓姒氏。契是商的始祖，姓子氏。弃是周的始祖，姓姬氏。

太史公说："学者大多称述五帝，他们所处的时代已经很久远了。"然而《尚书》只记载尧以来的历史；而百家叙说黄帝的事迹，文字却不够典雅可信，士大夫也难以说明。孔子所传的宰予问《五帝德》及《帝系姓》，儒者们有的也不传习。我曾经向西到达空桐，向北到达涿鹿，向东到达大海，向南到达江水、淮水，到那些地方长老们都常常说是黄帝、尧、舜所居之处，那里的风俗教化本就不同，总的来说不偏离古籍记载的说法，还是比较可信的。我观览《春秋》《国语》，它们对《五帝德》《帝系姓》的阐发很明白，只是人们没有深入探究，它们所记载的都不是虚妄的。《尚书》缺失已经很久远了，但其散轶的史料却时常可以在其他的书中见到。若不是好学深思，领会其中的深意，本来就是很难向那些孤陋寡闻的人阐释明白的。我把这些材料一并加以编次，选择那些言辞尤为雅正的，著成《五帝本纪》作为全书的开头。

（赵生群注　王永吉译）

卷二　夏本纪第二

注释查阅　　译文诵读

夏禹[1]，名曰文命。禹之父曰鲧[2]，鲧之父曰帝颛顼，颛顼之父曰昌意，昌意之父曰黄帝。禹者，黄帝之玄孙而帝颛顼之孙也。禹之曾大父昌意及父鲧皆不得在帝位[3]，为人臣。

当帝尧之时，鸿水滔天[4]，浩浩怀山襄陵[5]，下民其忧。尧求能治水者，群臣四岳皆曰鲧可[6]。尧曰："鲧为人负命毁族[7]，不可。"四岳曰："等之未有贤于鲧者[8]，愿帝试之。"于是尧听四岳，用鲧治水。九年而水不息，功用不成。于是帝尧乃求人，更得舜。舜登用[9]，摄行天子之政[10]，巡狩[11]。行视鲧之治水无状[12]，乃殛鲧于羽山以死[13]。天下皆以舜之诛为是。于是舜举鲧子禹，而使续鲧之业。

尧崩，帝舜问四岳曰："有能成美尧之事者使居官？"皆曰："伯禹为司空[14]，可成美尧之功。"舜曰："嗟，然！"命禹："女平水土，维是勉之。"禹拜稽首[15]，让于契[16]、后稷[17]、皋陶[18]。舜曰："女其往视尔事矣[19]。"

禹为人敏给克勤[20]；其德不违，其仁可亲，其言可信；声为律[21]，身为度[22]，称以出[23]；亹亹穆穆[24]，为纲为纪。

禹乃遂与益[25]、后稷奉帝命，命诸侯百姓兴人徒以傅土[26]，行山表木[27]，定高山大川。禹伤先人父鲧功之不成受诛，乃劳身焦思，居外十三年，过家门不敢入。薄衣食，致孝于鬼神。卑宫室，致费于沟淢[28]。陆行乘车，水行乘船，泥行乘橇[29]，山行乘檋[30]。左准绳，右规矩，载四时，以开九州，通九道，陂九泽[31]，度九山。令益予众庶稻，可种卑湿。命后稷予众庶难得之食。食少，调有馀相给，以均诸侯。禹乃行相地宜所有以贡[32]，及山川之便利。

……

于是九州攸同[33]，四奥既居[34]，九山刊旅[35]，九川涤原[36]，九泽既陂[37]，四海会同。六府甚修[38]，众土交正[39]，致慎财赋，咸则三壤[40]成赋。中国赐土姓："祗台德先[41]，不距朕行[42]。"

令天子之国以外五百里甸服：百里赋纳总[43]，二百里纳铚[44]，三百里纳秸服[45]，四百里粟[46]，五百里米[47]。甸服外五百里侯服：百里采[48]，二百里任国，三百里诸侯。侯服外五百里绥服：三百里揆文教，二百里奋武卫。绥服外五百里要服[49]：三百里夷，二百里蔡[50]。要服外五百里荒服：三百里蛮，二百里流。

东渐于海[51]，西被于流沙[52]，朔、南暨[53]：声教讫于四海。于是帝锡禹玄圭[54]，以告成功于天下。天下于是太平治。

皋陶作士以理民[55]。帝舜朝，禹、伯夷、皋陶相与语帝前。皋陶述其谋曰："信其道德，谋明辅和[56]。"禹曰："然，如何？"皋陶曰："於！慎其身修，思长[57]，敦序九族[58]，众明高翼[59]，近可远在已[60]。"禹拜美言，曰："然。"皋陶曰："於！在知人，在安民。"禹曰："吁！皆若是，惟帝其难之。知人则智，能官人；能安民则惠，黎民怀之。能知能惠，何忧乎讙兜[61]，何迁乎有苗[62]，何畏乎巧言善色佞人？"皋陶曰："然，於！亦行有九德，亦言其有德。"乃言曰："始事事[63]，宽而栗[64]，柔而立[65]，愿而共[66]，治而敬[67]，扰而毅[68]，直而温[69]，简而廉[70]，刚而实[71]，强而义[72]，章其有常[73]，吉哉。日宣三德，蚤夜翊明有家[74]。日严振敬六德[75]，亮采有国[76]。翕受普施[77]，九德咸事，俊乂在官[78]，百吏肃谨。毋教邪淫奇谋。非其人居其官，是谓乱天事。天讨有罪，五刑五用哉。吾言厎可行乎？[79]"禹曰："女言致可绩行[80]。"皋陶曰："余未有知，思赞道哉[81]。"

帝舜谓禹曰："女亦昌言[82]。"禹拜曰："于，予何言！予思日孳孳[83]。"皋陶难禹曰："何谓孳孳？"禹曰："鸿水滔天，浩浩怀山襄陵，下民皆服于水。予陆行乘车，水行乘舟，泥行乘橇，山行乘檋，行山刊木。与益予众庶稻鲜食。以决九川致四海，浚畎浍致之川[84]。与稷予众庶难得之食。食少，调有馀补不足，徙居。众民乃定，万国为治。"皋陶曰："然，此而美也[85]。"

禹曰："於，帝！慎乃在位[86]，安尔止[87]。辅德，天下大应。清意以昭待上帝命，天其重命用休[88]。"帝曰："吁，臣哉，臣哉！臣作朕股肱耳目[89]。予欲左右有民，女辅之。余欲观古人之象，日月星辰，作文绣服色，女明之。予欲闻六律五声八音，来始滑[90]，以出入五言，女听。予即辟[91]，女匡拂予[92]。女无面谀，退而谤予。敬四辅臣。诸众谗嬖臣，君德诚施皆清矣。"禹曰："然。帝即不时[93]，布同善恶则毋功。"

帝曰："毋若丹朱傲[94]，维慢游是好，毋水行舟[95]，朋淫于家[96]，用绝其世。予不能顺是。"禹曰："予娶涂山，辛壬癸甲[97]，生启予不子[98]，以故能成水土功。辅成五服，至于五千里，州十二师，外薄四海[99]，咸建五长，各道有功。苗顽不即功，帝其念哉。"帝曰："道吾德，乃女功序之也。"

皋陶于是敬禹之德，令民皆则禹。不如言，刑从之。舜德大明。

于是夔行乐[100]，祖考至，群后相让，鸟兽翔舞，《箫韶》九成[101]，凤皇来仪[102]，百兽率舞，百官信谐。帝用此作歌曰："陟天之命[103]，维时维几[104]。"乃歌曰："股肱喜哉，元首起哉，百工熙哉！"皋陶拜手稽首扬言曰："念哉，率为兴事，慎乃宪[105]，敬哉！”乃更为歌曰：“元首明哉，股肱良哉，庶事康哉！”又歌曰：“元首丛脞哉[106]，股肱惰哉，万事堕哉！”帝拜曰：“然，往钦哉！”于是天下皆宗禹之明度数声乐，为山川神主。

帝舜荐禹于天，为嗣。十七年而帝舜崩。三年丧毕，禹辞辟舜之子商均于阳城。天下诸侯皆去商均而朝禹。禹于是遂即天子位，南面朝天下，国号曰夏后，姓姒氏。

帝禹立而举皋陶荐之，且授政焉，而皋陶卒。封皋陶之后于英、六，或在许。而后举益，任之政。

十年，帝禹东巡狩，至于会稽而崩[107]。以天下授益。三年之丧毕，益让帝禹之子启，而辟居箕山之阳[108]。禹子启贤，天下属意焉[109]。及禹崩，虽授益，益之佐禹日浅，天下未洽。故诸侯皆去益而朝启，曰“吾君帝禹之子也”。于是启遂即天子之位，是为夏后帝启。

夏后帝启，禹之子，其母涂山氏之女也。

有扈氏不服[110]，启伐之，大战于甘。将战，作《甘誓》，乃召六卿申之。启曰：“嗟！六事之人，予誓告女：有扈氏威侮五行[111]，怠弃三正[112]，天用剿绝其命[113]。今予维共行天之罚。左不攻于左，右不攻于右，女不共命。御非其马之政，女不共命。用命，赏于祖[114]；不用命，僇于社[115]，予则帑僇女[116]。”遂灭有扈氏。天下咸朝。

夏后帝启崩，子帝太康立。帝太康失国，昆弟五人，须于洛汭[117]，作《五子之歌》。

太康崩，弟中康立，是为帝中康。帝中康时，羲、和湎淫[118]，废时乱日。胤往征之，作《胤征》。

中康崩，子帝相立。帝相崩，子帝少康立。帝少康崩，子帝予立。帝予崩，子帝槐立。帝槐崩，子帝芒立。帝芒崩，子帝泄立。帝泄崩，子帝不降立。帝不降崩，弟帝扃立。帝扃崩，子帝廑立。帝廑崩，立帝不降之子孔甲，是为帝孔甲。帝孔甲立，好方鬼神，事淫乱。夏后氏德衰，诸侯畔之。天降龙二，有雌雄，孔甲不能食，未得豢龙氏[119]。陶唐既衰，其后有刘累，学扰龙于豢龙氏[120]，以事孔甲。孔甲赐之姓曰御龙氏，受豕韦之后。龙一雌死，以食夏后。夏后使求，惧而迁去。

孔甲崩，子帝皋立。帝皋崩，子帝发立。帝发崩，子帝履癸立，是为桀。帝桀之时，自孔甲以来而诸侯多畔夏，桀不务德而武伤百姓，百姓弗堪。乃召汤而囚之夏台，已而释之。汤修德，诸侯皆归汤，汤遂率兵以伐夏桀。桀走鸣条，遂放而死。桀谓人曰：“吾悔不遂杀汤于夏台，使至此。”汤乃践天子位，代夏朝天下。汤封夏之后，至周封于杞也。

太史公曰：禹为姒姓，其后分封，用国为姓，故有夏后氏、有扈氏、有男氏、斟寻氏、彤城氏、褒氏、费氏、杞氏、缯氏、辛氏、冥氏、斟戈氏。孔子正夏时[121]，学者多传《夏小正》云[122]。自虞、夏时，贡赋备矣。或言禹会诸侯江南，计功而崩，因葬焉，命曰会稽。会稽者，会计也[123]。

【译文】

夏禹，名叫文命。禹的父亲叫鲧，鲧的父亲是颛顼帝，颛顼的父亲是昌意，昌意的父亲是黄帝。禹是黄帝的玄孙，颛顼帝的孙子。禹的曾祖父昌意和父亲鲧都没有登上帝位，作臣子。

尧帝的时候，天下洪水泛滥，浩浩荡荡，包围高山，淹没丘陵，百姓忧愁。尧帝访求能治理洪水之人，群臣四岳都说鲧可以任用。尧帝说："鲧为人违背上命，危害族人，不可任用。"四岳说："比较起来，没有比鲧更为贤能的了，希望您试用一下。"于是尧帝听从四岳，命鲧治水。九年过去而洪水不退，治水无功。于是尧帝另求他人治水，找到了舜，舜被提拔任用，代行天子的政令，巡行天下。发现鲧治水无功，于是诛杀鲧于羽山。天下都认为舜诛杀鲧有理。于是舜举荐鲧的儿子禹，让他继承父业接着治水。

尧帝逝世后，舜帝问四岳："有谁能光大尧帝的事业，让他来做官呢？"众人都说："让伯禹担任司空，可以成就光大尧帝的事业。"舜帝说："嗯，不错！"命令伯禹："你去治理水土，好好努力！"禹跪拜叩头，让给契、后稷和皋陶。舜说："你快去上任干你的事吧！"

禹为人机智敏捷，能吃苦耐劳。品德高尚，仁爱可亲，言语可信。他的声音合乎音律，举止合乎法度，一切权衡都以禹为标准。勤勉庄重，是百官的典范。

禹于是和益、后稷一起接受舜帝的命令，令诸侯百官发动民工分别治理九州土地。他穿行在崇山峻岭之间，立木为记，勘定高山大河的形势走向。禹因父亲鲧治水无功被杀而难过，因此分外勤勉，殚精竭虑。在外十三年，路过家门而不敢进去。节衣缩食，尽力敬奉鬼神；居室简陋，把钱财用于治理河川。他在陆地乘车，水上乘船，泥地乘橇，山路乘檋。左手拿着准和绳，右手拿着规和矩，携带测定四时的仪器，开辟九州土地，打通九条道路，围筑九个大湖，测量九座高山。让益给民众发放稻种，可以在低洼的土地上种植。让后稷给群众发放短缺的粮食。粮食不足，调配其他地方的余粮来补给，从而使各地的食物均衡。禹于是巡行天下，考察各地特产以确定上贡的物品，以及各地山川水陆交通的便利情况。

……

于是九州划一，四方可居，九州之山均已开发治理，九州之水均已疏浚通畅，九州湖泊均已围筑堤坝，天下统一。赋税职掌各尽其责，各地均要征收赋税，征缴赋税要谨慎，以土地肥瘠为标准，在中国九州之内征取。上帝赐给禹土地和姓氏，并命令说："要以崇敬我的德业为先，不得违背我的行事。"

规定天子国都以外五百里的地区为甸服：百里以内的赋税是缴纳成捆连穗带秆的整禾，二百里以内缴纳谷穗，三百里以内缴纳谷粒，四百里以内缴纳糙米，五百里以内缴纳精米。甸服外五百里的地区为侯服：百里以内为卿大夫的采邑，二百里以内为小的封国，之外的三百里为诸侯封国。侯服以外五百里的地区为绥服：靠内的三百里根据情况推行文教，其外的二百里振兴武力，保卫天子。绥服外五百里的地区为要服，靠内的三百里为夷族区，其外的二百里为流放犯人的地方。要服以外五百里的地区为荒服：靠内的三百里为蛮族区，其外的二百里为流放犯人的地方。

东临大海，西至流沙，南北皆至极远之地，华夏的声威教化遍及四海。于是上帝赐给禹玄圭，以向天下宣告治水成功。天下从此太平安定。

任命皋陶掌管刑狱以治理百姓。舜帝召见众臣，禹、伯夷、皋陶在舜帝面前各抒己见。皋陶阐述他的主张说："以德治国，则政治昌明，群臣和睦。"禹说："对，怎样做呢？"皋陶说："啊！谨慎地加强自身修养，深谋远虑，使各部族敦厚亲爱，顺从有序，众多贤明之人在上辅佐，德政可以由近及远地推行，都在于此。"禹拜受嘉言，说："对啊。"皋陶说："啊，治理天下，在于了解他人，在于安定百姓。"禹说："这两点都做到，恐怕帝尧也会感到不容易。知人就是明智，能正确地任用官吏；能安定百姓就是仁爱，百姓便会感念他。能够做到明智仁爱，还担心什么讙兜，又何必放逐有苗，哪里害怕巧言令色的小人呢？"皋陶说："对啊，人的操行应合乎九种品德，现在就来谈谈这九德。"他接着说："九德始于行事。宽厚而又威严，柔和而有主见，诚实而又谦恭，干练而又谨慎，柔顺而又坚定，正直而又温和，率脱而有操守，坚毅而又

踏实，强势而合道义，发扬这九德，并长期坚持，那就好了。每天宣扬其中三种，从早到晚谨慎努力地遵行，卿大夫可以保有他的封邑。每天恭敬地遵行六种，诚信地处理政事，诸侯可以保有他的封国。全面接受，普遍推广，九德得以施行，贤才能士得到任用，百官严肃恭谨。不要让歪门邪道阴谋诡计得逞。不合适的人居于其位，这叫扰乱上天大事。上天自会讨伐有罪之人，会用五种刑罚分别惩处。我的话可以行得通吗？”禹说：“你的话可行，会有成效。”皋陶说：“我智识浅薄，只是想着对治国之道能有所帮助。”

舜帝对禹说：“你也发表一下高见吧。”禹拜谢说：“啊，我有什么好说的。我不过每天想着孜孜不倦努力办事罢了。”皋陶诘问道：“什么叫孜孜不倦？”禹说：“洪水滔天，浩浩荡荡，包围高山，漫过丘陵，百姓饱受水害。我陆路乘车，水路乘船，泥泞的沼泽坐橇，崎岖的山路乘檋。行走在崇山峻岭之间，砍伐树木，立为标记。和益一起给百姓发放稻米及生鲜肉食。疏通九条河流，导入四海，疏浚沟渠，导入江河。和稷一起给百姓发放难得的粮食。食物稀少，就征调其他地方多余的口粮，赈济不足，或令百姓搬迁。民众于是安定，天下各地长治久安。”皋陶说：“对啊，这是你的功劳美德。”

禹说：“啊，帝！您居上位可要谨慎，举止要稳妥恰当，辅之以德，天下都会顺应您。以纯净之心明白地接受上帝的命令，上天将一再赐给你好运。”舜帝说：“啊，大臣啊，大臣啊！你们是我的得力助手，就好像臂膀耳目。我想抚护百姓，你们要辅助我。我要观察古人的形象及日月星辰，制作服饰上的等级图案，你们要仔细辨明。我想聆听六律、五声、八音，以此来考察政治是否荒废，以便取舍各方言论，你们要仔细辨听。我如有不当的言行，你们要指出。不要当面奉承，背后诋毁。我敬重前后左右的大臣；那些进谗言弄是非的佞臣，只要君王的德政真正施行，自然会被清除。”禹说：“对。您如果不这样，将好人坏人混同不分，就不会成就功业。”

舜帝说：“不要像丹朱那样骄横傲慢，只顾放浪游乐，在无水的陆地上也硬要行船，在家中聚众淫乱，因此最终不得继承帝位。我不能放任这样的行为。”禹说：“我娶涂山氏女子为妻，辛日娶亲，四天后到了甲日就离家治水。儿子启出世，我没有抚育。因此才能取得治水的成功。辅助完成五服的划分，领地扩到五千里，天下十二州都任命了长官，疆域外近四海，五方诸侯都建立君长，各自恪尽职守，建功立业。只有三苗凶顽，不就事功，请陛下考虑。”舜帝说：“宣导我的德行教化，全靠你的功业成就。”

皋陶由此敬重禹的功德，命令百姓以禹为榜样。如果不遵从命令，就施加刑罚。舜的德教因此得到更大的发扬。

于是夔奏起音乐，祖先神灵纷纷降临，诸侯们相互礼让，鸟兽起舞，《箫韶》之乐演奏了九遍，凤凰飞临，百兽起舞，百官忠诚和谐。舜帝于是作歌：“敬承上天之命，顺时应势，见微知著。”又唱道：“大臣们精神昂扬啊，元首奋发向上啊，天下事业就能兴旺啊。”皋陶作揖叩首大声说：“要记住啊，大家都要努力任事，谨慎地遵守法度，要正心诚意啊。”于是又唱道：“元首英明啊，大臣贤能啊，万事都兴盛啊。”又唱道：“元首无大略啊，百官便怠惰啊，万事都堕落啊。”舜帝拜谢说：“对啊，就照此努力去办吧！”从此天下都推崇禹精于尺度乐律，推举他为山川众神之主。

舜帝向上天推荐了禹，立他为继承人。十七年后舜帝逝世。三年服丧期满，禹在阳城辞去帝位，让给舜的儿子商均。天下诸侯都离开商均而去朝见禹。禹因此就登上天子大位，面向南方接受天下人的朝拜，建立国号为夏后，姓姒。

禹帝登位以后向上天举荐皋陶，将要把政权传给他，可皋陶不久就死了。将皋陶的后人分封在英、六两地，也有封在许地的。然后举荐益，让他分任政事。

过了十年，禹帝巡视东方，到了会稽就逝世了。他把天下传给益。三年丧满，益把天下让给禹帝的儿子启，自己跑到箕山南面躲起来。禹的儿子启有贤才，天下都归心于他。等到禹帝逝世，虽然把帝位传给了益，但益辅佐禹的时间不长，天下民众不顺从他。所以诸侯都离开益而去朝见启，说“我们让禹帝的儿子做君王”。于是启就登上天子大位，这就是夏后启帝。

夏后启帝是禹的儿子，他的母亲是涂山氏的女子。

有扈氏不从命，启前去征伐，在甘地大战。战前，启作《甘誓》，召集六军将领申训。启说：“咄！六军将领们，我以誓言告诫你们：有扈氏不敬五行天象，背弃三公大臣，上天因此要灭绝他们。现今我敬行上天的惩罚。立在战车左边的战士不攻击左方的敌人、车右的战士不攻击右方的敌人，就是你们不执行命令。驾车的人不能好好地驾驭马车，也是不执行命令。执行命令，我在祖庙里赏赐你们。不执行命令，我在社坛刑戮，连妻子儿女一并受戮。”就此灭掉了有扈氏。天下诸侯都来朝拜。

夏后启帝逝世，他的儿子太康帝继位。太康帝失位亡国，他的兄弟五人出逃，在洛水北岸等待太康，作了《五子之歌》。

太康帝逝世后，弟弟中康继位，这是中康帝。中康帝的时候，羲和二官沉沦淫逸，导致天时历法错乱。胤前往征讨，作了《胤征》。

中康逝世后，他的儿子相帝继位。相帝逝世，儿子少康帝继位。少康帝逝世，儿子予帝继位。予帝逝世，儿子槐帝继位。槐帝逝世，儿子芒帝继位。芒帝逝世，儿子泄帝继位。泄帝逝世，儿子不降帝继位。不降帝逝世，弟弟扃帝继位。扃帝逝世，儿子廑帝继位。廑帝逝世，拥立不降帝的儿子孔甲，这是孔甲帝。孔甲帝继位，喜好鬼神方术，干淫乱之事。夏后氏的道德败坏，诸侯背叛。上天降下两条龙，一雌一雄。孔甲不会饲养，没有找到会养龙的人。陶唐氏衰败之后，后人中有一个叫刘累的人，跟豢龙氏学会了驯龙，来事奉孔甲。孔甲赐姓给他，叫作御龙氏，领受豕韦氏后人的封地。两条龙中的雌龙死了，刘累把它献给夏后孔甲吃了。孔甲派人来要龙，刘累害怕，逃走了。

孔甲逝世后，儿子皋帝继位。皋帝逝世，儿子发帝继位。发帝逝世，履癸帝继位，这就是夏桀。自从孔甲帝以来诸侯大多背叛了夏朝，到了桀帝的时候，桀帝又不尽心于修养道德，反而使用武力伤害百官，百官们不堪忍受。桀帝将商汤召来，并把他囚禁在夏台，不久又释放了。汤于是修行德政，诸侯都去归附汤。汤于是率兵攻打夏桀。桀逃到鸣条，最终流放而死。桀对人说："我后悔没有在夏台干脆把汤杀了，让我到了今天这个地步。"汤于是登上天子之位，代替夏来朝见天下诸侯。汤分封夏的后代，到了周代，将他们封在杞地。

太史公说：禹是姒姓，他的后代分封在各地，以国号为姓。所以有夏后氏、有扈氏、有男氏、斟寻氏、彤城氏、褒氏、费氏、杞氏、缯氏、辛氏、冥氏、斟戈氏。孔子曾经校正夏代历书，学者们多有传习《夏小正》的。从虞舜、夏禹开始，贡赋的制度已经很完备了。有人传说禹在江南会见诸侯，考核功绩而后逝世，就安葬在此，命名此地叫会稽。会稽，就是会集考核的意思。

（王永吉　注译）

卷三 殷本纪第三

注释查阅 译文诵读

殷契[1]，母曰简狄，有娀氏之女[2]，为帝喾次妃[3]。三人行浴，见玄鸟堕其卵[4]，简狄取吞之，因孕生契。契长而佐禹治水有功。帝舜乃命契曰："百姓不亲，五品不训[5]，汝为司徒而敬敷五教[6]，五教在宽。"封于商[7]，赐姓子氏。契兴于唐、虞、大禹之际，功业著于百姓，百姓以平。

契卒，子昭明立。昭明卒，子相土立[8]。相土卒，子昌若立。昌若卒，子曹圉立。曹圉卒，子冥立[9]。冥卒，子振立[10]。振卒，子微立[11]。微卒，子报丁立[12]。报丁卒，子报乙立。报乙卒，子报丙立。报丙卒，子主壬立。主壬卒，子主癸立。主癸卒，子天乙立，是为成汤[13]。

成汤，自契至汤八迁[14]。汤始居亳[15]，从先王居[16]，作《帝诰》。

汤征诸侯。葛伯不祀[17]，汤始伐之。汤曰："予有言：人视水见形，视民知治不[18]。"伊尹曰："明哉！言能听，道乃进。君国子民[19]，为善者皆在王官。勉哉，勉哉！"汤曰："汝不能敬命，予大罚殛之[20]，无有攸赦[21]。"作《汤征》。

伊尹名阿衡[22]。阿衡欲奸汤而无由[23]，乃为有莘氏媵臣[24]，负鼎俎[25]，以滋味说汤[26]，致于王道。或曰，伊尹处士[27]，汤使人聘迎之，五反[28]然后肯往从汤，言素王及九主之事[29]。汤举任以国政[30]。伊尹去汤适夏。既丑有夏，复归于亳。入自北门，遇女鸠、女房[31]，作《女鸠》《女房》[32]。

汤出，见野张网四面，祝曰："自天下四方皆入吾网。"[33]汤曰："嘻，尽之矣！"乃去其三面，祝曰："欲左，左。欲右，右。不用命，乃入吾网。"诸侯闻之，曰："汤德至矣，及禽兽。"

当是时，夏桀为虐政淫荒，而诸侯昆吾氏为乱[34]。汤乃兴师率诸侯，伊尹从汤，汤自把钺以伐昆吾[35]，遂伐桀。汤曰："格女众庶[36]，来，女悉听朕言。匪台小子敢行举乱[37]，有夏多罪，予维闻女众言[38]，夏氏有罪。予畏上帝，不敢不正。今夏多罪，天命殛之。今女有众，女曰'我君不恤我众[39]，舍我啬事而割政[40]'。女其曰'有罪，其奈何'[41]夏王率止众力[42]，率夺夏国[43]。有众率怠不和[44]，曰'是日何时丧[45]？予与女皆亡'！夏德若兹[46]，今朕必往。尔尚及予一人致天之罚[47]，予其大理女[48]。女毋不信，朕不食言。女不从誓言，予则帑僇女[49]，无有攸赦。”以告令师[50]，作《汤誓》[51]。于是汤曰“吾甚武”，号曰武王。

桀败于有娀之虚[52]，桀奔于鸣条[53]，夏师败绩[54]。汤遂伐三嵏[55]，俘厥宝玉[56]，义伯、仲伯作《典宝》[57]。汤既胜夏，欲迁其社[58]，不可，作《夏社》[59]。伊尹报[60]。于是诸侯毕服，汤乃践天子位，平定海内。

汤归至于泰卷陶[61]，中瞐作诰[62]。既绌夏命[63]，还亳，作《汤诰》[64]：“维三月，王自至于东郊[65]。告诸侯群后[66]：‘毋不有功于民，勤力乃事。予乃大罚殛女，毋予怨[67]。’曰：‘古禹、皋陶久劳于外，其有功乎民，民乃有安。东为江[68]，北为济，西为河，南为淮，四渎已修[69]，万民乃有居[70]。后稷降播，农殖百谷。三公咸有功于民[71]，故后有立[72]。昔蚩尤与其大夫作乱百姓，帝乃弗予，有状[73]。先王言不可不勉。’曰：‘不道[74]，毋之在国，女毋我怨。’”以令诸侯。伊尹作《咸有一德》[75]，咎单作《明居》[76]。

汤乃改正朔[77]，易服色，上白[78]，朝会以昼。

汤崩，太子太丁未立而卒，于是乃立太丁之弟外丙，是为帝外丙。帝外丙即位三年，崩，立外丙之弟中壬[79]，是为帝中壬。帝中壬即位四年，崩，伊尹乃立太丁之子太甲。太甲，成汤適长孙也[80]，是为帝太甲。帝太甲元年，伊尹作《伊训》，作《肆命》，作《徂后》[81]。

帝太甲既立三年，不明，暴虐，不遵汤法，乱德，于是伊尹放之于桐宫[82]。三年，伊尹摄行政当国[83]，以朝诸侯。

帝太甲居桐宫三年，悔过自责，反善，于是伊尹乃迎帝太甲而授之政。帝太甲修德，诸侯咸归殷，百姓以宁。伊尹嘉之，乃作《太甲训》三篇[84]，褒帝太甲，称太宗。

太宗崩，子沃丁立。帝沃丁之时，伊尹卒。既葬伊尹于亳[85]，咎单遂训伊尹事，作《沃丁》[86]。

沃丁崩，弟太庚立，是为帝太庚。帝太庚崩，子帝小甲立。帝小甲崩，弟雍己立，是为帝雍己。殷道衰，诸侯或不至。

帝雍己崩，弟太戊立，是为帝太戊。帝太戊立伊陟为相[87]。亳有祥[88]桑穀共生于朝[89]，一暮大拱[90]。帝太戊惧，问伊陟。伊陟曰：“臣闻妖不胜德，帝之政其有阙与[91]？帝其修德。”太戊从之，而祥桑枯死而去。伊陟赞言于巫咸[92]。巫咸治王家有成，作《咸艾》，作《太戊》[93]。帝太戊赞伊陟于庙[94]，言弗臣，伊陟让，作《原命》[95]。殷复兴，诸侯归之，故称中宗[96]。

中宗崩，子帝中丁立。帝中丁迁于隞[97]。河亶甲居相[98]。祖乙迁于邢[99]。帝中丁崩，弟外壬立，是为帝外壬。《仲丁》书阙不具[100]。帝外壬崩，弟河亶甲立，是为帝河亶甲。河亶甲时，殷复衰。

河亶甲崩，子帝祖乙立[101]。帝祖乙立，殷复兴。巫贤任职[102]。

祖乙崩，子帝祖辛立。帝祖辛崩，弟沃甲立，是为帝沃甲。帝沃甲崩，立沃甲兄祖辛之子祖丁，是为帝祖丁。帝祖丁崩，立弟沃甲之子南庚，是为帝南庚。帝南庚崩，立帝祖丁之子阳甲，是为帝阳甲。帝阳甲之时，殷衰。

自中丁以来，废嫡而更立诸弟子[103]，弟子或争相代立，比九世乱[104]，于是诸侯莫朝。

帝阳甲崩，弟盘庚立，是为帝盘庚。帝盘庚之时，殷已都河北，盘庚渡河南[105]，复居成汤之故居，乃五迁[106]，无定处。殷民咨胥皆怨[107]，不欲徙。盘庚乃告谕诸侯大臣曰[108]："昔高后成汤与尔之先祖俱定天下[109]，法则可修[110]。舍而弗勉，何以成德！"乃遂涉河南，治亳，行汤之政，然后百姓由宁[111]，殷道复兴。诸侯来朝，以其遵成汤之德也。

帝盘庚崩，弟小辛立，是为帝小辛。帝小辛立，殷复衰。百姓思盘庚，乃作《盘庚》三篇[112]。帝小辛崩，弟小乙立，是为帝小乙。

帝小乙崩，子帝武丁立。帝武丁即位，思复兴殷，而未得其佐。三年不言，政事决定于冢宰[113]，以观国风[114]。武丁夜梦得圣人，名曰说。以梦所见视群臣百吏，皆非也。于是乃使百工营求之野[115]，得说于傅险中[116]。是时说为胥靡[117]，筑于傅险。见于武丁，武丁曰是也。得而与之语，果圣人，举以为相，殷国大治。故遂以傅险姓之，号曰傅说。

帝武丁祭成汤，明日，有飞雉登鼎耳而呴[118]，武丁惧。祖己曰："王勿忧，先修政事。"祖己乃训王曰："唯天监下典厥义[119]，降年有永有不永[120]，非天夭民[121]，中绝其命。民有不若德[122]，不听罪[123]，天既附命正厥德[124]，乃曰其柰何。呜呼！王嗣敬民[125]，罔非天继[126]，常祀毋礼于弃道。"武丁修政行德，天下咸欢，殷道复兴。

帝武丁崩，子帝祖庚立。祖己嘉武丁之以祥雉为德[127]，立其庙为高宗，遂作《高宗肜日》及《训》[128]。

帝祖庚崩，弟祖甲立，是为帝甲。帝甲淫乱，殷复衰。

帝甲崩，子帝廪辛立[129]。帝廪辛崩，弟庚丁立[130]，是为帝庚丁。帝庚丁崩，子帝武乙立。殷复去亳，徙河北。

帝武乙无道，为偶人[131]，谓之天神。与之博[132]，令人为行。天神不胜，乃僇辱之[133]。为革囊，盛血，印而射之[134]，命曰"射天"。武乙猎于河渭之间，暴雷，武乙震死。子帝太丁立。帝太丁崩，子帝乙立。帝乙立，殷益衰。

帝乙长子曰微子启[135]，启母贱[136]，不得嗣。少子辛，辛母正后，辛为嗣。帝乙崩，子辛立，是为帝辛，天下谓之纣[137]。

帝纣资辨捷疾[138]，闻见甚敏[139]；材力过人[140]，手格猛兽[141]；知足以距谏[142]，言足以饰非[143]；矜人臣以能[144]，高天下以声[145]，以为皆出己之下。好酒淫乐，嬖于妇人[146]。爱妲己[147]，妲己之言是从。于是使师涓作新淫声[148]，北里之舞[149]，靡靡之乐[150]。厚赋税以实鹿台之钱[151]，而盈钜桥之粟[152]。益收狗马奇物，充仞宫室[153]。益广沙丘苑台[154]，多取野兽蜚鸟置其中[155]。慢于鬼神。大冣乐戏于沙丘[156]，以酒为池，县肉为林[157]，使男女倮相逐其间[158]，为长夜之饮。

百姓怨望而诸侯有畔者[159]，于是纣乃重刑辟[160]，有炮格之法[161]。以西伯昌、九侯、鄂侯为三公[162]。九侯有好女，入之纣。九侯女不憙淫[163]，纣怒，杀之，而醢九侯[164]。鄂侯争之强，辨之疾，并脯鄂侯[165]。西伯昌闻之，窃叹。崇侯虎知之[166]，以告纣，纣囚西伯羑里[167]。西伯之臣闳夭之徒[168]，求美女奇物善马以献纣，纣乃赦西伯。西伯出而献洛西之地[169]，以请除炮格之刑。纣乃许之，赐弓矢斧钺，使得征伐，为西伯。而用费中为政[170]。费中善谀，好利，殷人弗亲。纣又用恶来。恶来善毁谗[171]，诸侯以此益疏。

西伯归，乃阴修德行善，诸侯多叛纣而往归西伯。西伯滋大[172]，纣由是稍失权重[173]。王子比干谏[174]，弗听。商容贤者[175]，百姓爱之，纣废之。及西伯伐饥国[176]，灭之，纣之臣祖伊闻之而咎周[177]，恐，奔告纣曰："天既讫我殷命[178]，假人元龟[179]，无敢知吉，非先王不相我后人[180]，维王淫虐用自绝[181]，故天弃我，不有安食[182]，不虞知天性[183]，不迪率典[184]。今我民罔不欲丧[185]，曰'天曷不降威[186]，大命胡不至[187]'？今王其奈何？"纣曰："我生不有命在天乎！"祖伊反，曰："纣不可谏矣。"西伯既卒，周武王之东伐，至盟津[188]，诸侯叛殷会周者八百。诸侯皆曰："纣可伐矣。"武王曰："尔未知天命。"乃复归。

纣愈淫乱不止。微子数谏不听[189]，乃与大师、少师谋[190]，遂去。比干曰："为人臣者，不得不以死争。"乃强谏纣。纣怒曰："吾闻圣人心有七窍[191]。"剖比干，观其心。箕子惧[192]，乃详狂为奴[193]，纣又囚之。殷之大师、少师乃持其祭乐器奔周。周武王于是遂率诸侯伐纣。纣亦发兵距之牧野[194]。甲子日，纣兵败。纣走，入登鹿台，衣其宝玉衣，赴火而死。周武王遂斩纣头，县之大白旗[195]。杀妲己。释箕子之囚，封比干之墓[196]，表商容之闾[197]。封纣子武庚禄父[198]，以续殷祀[199]，令修行盘庚之政。殷民大说。于是周武王为天子。其后世贬帝号[200]，号为王。而封殷后为诸侯，属周。

周武王崩，武庚与管叔、蔡叔作乱[201]，成王命周公诛之，而立微子于宋[202]，以续殷后焉。

太史公曰：余以《颂》次契之事[203]，自成汤以来，采于《书》《诗》。契为子姓，其后分封，以国为姓，有殷氏、来氏、宋氏、空桐氏、稚氏、北殷氏、目夷氏。孔子曰，殷路车为善[204]，而色尚白。

【译文】

殷契，他的母亲叫简狄，是有娀氏的女儿，帝喾的次妃。简狄和两个同伴一起去水边洗澡，看到一只燕子生下一枚蛋，简狄取来吞下，因此怀孕，生下了契。契长大以后辅助大禹治水有功，舜帝命令契说："百姓不亲，五伦不顺，你去担任司徒，认真施行五教，以宽厚为本。"封契于商地，赐姓子氏。契兴起于尧、舜、禹的时代，以功业卓著而为百姓称道，百姓因此安定。

契死后，他的儿子昭明继位。昭明死后，儿子相土继位。相土死后，儿子昌若继位。昌若死后，儿子曹围继位。曹围死后，儿子冥继位。冥死后，儿子振继位。振死后，儿子微继位。微死后，儿子报丁继位。报丁死后，儿子报乙继位。报乙死后，儿子报丙继位。报丙死后，儿子主壬继位。主壬死后，儿子主癸继位。主癸死后，儿子天乙继位，天乙就是成汤。

从契到成汤一共八次迁都，到汤开始定都于亳，这是依从先王喾帝的居所，成汤为此写下《帝诰》篇。

汤征伐诸侯。葛伯不奉祭祀，汤首先征讨他。汤说："我曾说过：'人从水面上可以看到自己的形貌，从百姓身上可以知道国家治理得好不好。'"伊尹说："英明啊！能采纳别人的意见，政治才能改善。君临天下，爱民如子，善人得到任用。努力吧，努力吧！"汤说："你若不能遵从命令，我就要严加惩处，概不宽恕。"写下《汤征》篇。

伊尹名叫阿衡。阿衡想求见成汤，苦于没有门路。就去当汤所娶的有莘氏女子的陪嫁奴隶，背着炊事器具，通过饮食之道来劝说汤，使他实行王道。也有人说，伊尹是个隐士，汤派人聘请迎接他，往返五次之后，他才肯前往跟随汤，向汤讲述远古帝王及九类君主的治国之事。汤提拔他来管理国家政事。伊尹曾离开汤到夏国去，他看到夏的丑恶，又回到了亳。他从亳的北门入城，遇到汤的臣下女鸠、女房，写下《女鸠》《女房》篇。

汤外出，看到野外有人四面张着罗网，祈求说："从天上地下四方来的，都进到我的网里来。"汤说："嘿，一网打尽了啊！"于是去掉了三面的网，祈求道："要向左的向左，要向右的向右，不听命的就到我的网里来。”诸侯们听到这件事，都说：“汤的德行好到极点了啊，竟能推广到禽兽身上。”

正当这个时候，夏王桀为政暴虐荒淫无道，诸侯中的昆吾氏也起兵作乱。汤就发兵率领诸侯去讨伐，伊尹跟随汤前往，汤亲自拿着大钺去攻打昆吾，接着就去讨伐夏桀。汤说：“你们大家都来听我讲话。并非是我这个小子敢起兵作乱，夏朝实在作恶多端，我也听到你们所说的话了，夏氏有罪。我敬畏上天，不敢不去惩治。如今夏罪恶多端，是上天命令我去惩处他。现在你们大家却说：‘我们的君主不顾恤我们，抛开我们的农事不管，却要施行暴政。’你们或许还说：‘夏桀有罪，又能将他怎样呢？’夏桀耗尽百姓人力，在整个夏国进行掠夺。民众都怠工不听从他，说：‘这个太阳什么时候才消亡？我们宁愿跟你同归于尽！’夏的德行到了这种程度，现在我们一定得去征伐他。希望你们和我一起奉行上天的惩罚，我将重赏你们。你们不要不相信，我是不会食言的。你们如果不服从誓言，我就要严惩你们，并把你们的妻子儿女没收为奴，绝不宽赦。”汤把这些话当作命令告谕全军，写下《汤誓》篇。于是商汤说“我十分勇武”，就把武王作为称号。

夏桀在有娀氏的旧地被打败，逃奔到鸣条，夏军大败。汤于是讨伐三嵏，虏获了那里的宝玉，义伯、仲伯两人写下《典宝》篇。汤战胜夏桀后，想改迁夏的社神，没有办成，于是写下《夏社》篇。伊尹向诸侯通报相关情况。这时候诸侯都归服于汤，汤就登上天子之位，平定天下。

汤在归国途中走到泰卷陶的时候，仲虺作了诰命。汤既已废除了夏的政令，回到亳，写下《汤诰》篇说：“三月，商王亲自到东郊祭天后回来，向各诸侯国君宣布：‘你们如果对百姓没有功劳，不努力办好自己的事情，我就要重罚你们，你们不要怨恨我。’又说：‘古代大禹和皋陶长久在外辛劳，他们为民众建立了功业，民众才得以安居乐业。在东面治理了长江，在北面治理了济河，在西面治理了黄河，在南面治理了淮河，四条大河治理好了之后，百姓才有了安居之所。后稷教导民众播种，农民才能生产各种谷物。这三位都对百姓有功劳，所以他们的后代才能够建国立业。过去蚩尤跟他的臣下危害百姓，上天就不保佑他。这些都是形迹昭著的事实。先王的教诲，不能不努力照办。’又说：‘如果无道，就不能让他统治国家，你们可不要怨恨我。’”汤用这些话告诫诸侯。伊尹写下《咸有一德》篇，咎单写下《明居》篇。

汤于是改定建丑之月为正月，改变了器物服饰的颜色，崇尚白色，在白天举行朝会。

汤逝世后，太子太丁没有即位就死了，就立太丁的弟弟外丙为帝，这就是外丙帝。外丙即位三年，逝世，立外丙的弟弟中壬为帝，这就是中壬帝。中壬即位四年，逝世，伊尹就立太丁的儿子太甲为帝。太甲是成汤的嫡长孙，这就是太甲帝。太甲元年，伊尹写下《伊训》篇、《肆命》篇、《徂后》篇。

太甲帝即位三年后，不明事理，残暴酷虐，不遵循汤的法度，败坏德业，于是伊尹把他流放到桐宫。此后三年，伊尹自行代理国政，使诸侯朝见。

太甲帝在桐宫住了三年，悔过自责，重新向善，于是伊尹就把他迎了回来，把政权交还于他。太甲帝修养德行，诸侯都归服于殷朝，百姓也因此得到了安宁。伊尹很赞赏他，就写下了《太甲训》三篇，褒扬太甲，尊称他为太宗。

太宗逝世后，儿子沃丁即位。沃丁帝在位的时候，伊尹去世。把伊尹安葬在亳之后，咎单就用伊尹的事迹垂训后人，写下《沃丁》篇。

沃丁逝世后，弟弟太庚即位，这就是太庚帝。太庚逝世后，儿子小甲即位。小甲帝逝世后，弟弟雍己即位，这就是雍己帝。这时殷朝的国势渐衰，有些诸侯就不来朝见了。

雍己帝逝世后，弟弟太戊即位，这就是太戊帝。太戊帝任命伊陟为宰相。在亳地有妖祥之事发生，桑树和榖树合在一起生长在朝堂上，一个晚上就长得有两手围抱那么粗。太戊帝害怕，向伊陟询问。伊陟说："我听说怪异的事情敌不过好的德行，难道是您治理国家有什么过失吗？您还是应该修养自己的德行。"太戊听了他的话，妖祥的树木就枯死消失了。伊陟向巫咸告知了此事。巫咸治理王家很有成绩，写下《咸艾》篇、《太戊》篇。太戊在宗庙里称赞伊陟，说到不把他当臣下看待，伊陟谦让，写下《原命》篇。殷朝再度兴盛，诸侯都归服于他，因此称太戊为中宗。

中宗逝世后，儿子中丁即位。中丁帝把都城迁到隞。后来河亶甲定都于相，祖乙迁都到邢。中丁帝逝世后，弟弟外壬即位，这就是外壬帝。《仲丁》篇文字阙失不齐备。外壬帝逝世后，弟弟河亶甲即位，这就是河亶甲帝。河亶甲在位时，殷朝又衰落了。

河亶甲逝世后，儿子祖乙即位。祖乙帝即位，殷朝再度兴盛。巫贤受到任用。

祖乙逝世后，儿子祖辛即位。祖辛帝逝世后，弟弟沃甲即位，这就是沃甲帝。沃甲帝逝世后，立沃甲的哥哥祖辛的儿子祖丁为帝，这就是祖丁帝。祖丁帝逝世后，立沃甲的儿子南庚为帝，这就是南庚帝。南庚帝逝世后，立祖丁的儿子阳甲为帝，这就是阳甲帝。阳甲帝在位时，殷朝衰落。

自中丁以来，废除嫡长子而更替拥立诸王弟以及诸王弟的儿子，他们有时互相争夺王位，连续九代都混乱不堪，于是诸侯都不来朝见。

阳甲帝逝世后，弟弟盘庚即位，这就是盘庚帝。盘庚帝在位时，殷朝已经在黄河北部定都，盘庚渡河向南，迁回到成汤的故居。到这时，殷朝已经迁都五次了，总是定不下来。殷朝百姓唉声叹气，都有抱怨，不想再迁徙。盘庚就对诸侯大臣宣布说："过去先王成汤和你们的先祖一起安定天下，他的法则是可以遵循的。舍弃他的法则而不作努力，怎么能成就德业呢！"于是就渡过黄河南迁，定都于亳，施行汤的政令，在这之后，百姓由此安宁，殷朝国势重新兴盛。诸侯都来朝见，因为他能遵循成汤的德政。

盘庚帝逝世后，弟弟小辛即位，这就是小辛帝。小辛帝在位时，殷朝再次衰落。百姓怀念盘庚帝，于是写下《盘庚》三篇。小辛帝逝世后，弟弟小乙即位，这就是小乙帝。

小乙帝逝世后，儿子武丁即位。武丁在位时，想复兴殷朝，但没有找到合适的助手。三年不发表政见，政事都由冢宰决定，以便暗中观察民情。武丁夜里做梦得到一个圣人，名字叫做“说”。他用梦里所见察看群臣百官，都不是。于是就派百官到民间求访，最后在傅险找到了说。此时说作为服劳役的刑徒正在傅险筑城。把他带来给武丁看，武丁说就是他。跟他谈话，果然是位圣人，任命他为宰相，殷国得到很好的治理。于是就以傅险这个地名作为他的姓，称作傅说。

武丁帝祭祀成汤，第二天，有只野鸡飞到鼎耳上鸣叫，武丁害怕。祖己说：“王不要忧愁，先办好政事。”祖己于是告诫王说：“上天监察下民，主要看他的行为是否符合道义，天赐给人的寿命有长有短，不是天要使人夭折，使人的生命中断。有的人不尊顺道义，又不认罪改过，等到上天受命纠正他的德行之后，这才说该怎么办。唉！大王您继承王位，慎重对待民事，大家都是上天的后代，经常举行祭祀，不要根据应该抛弃的道义举行各种礼仪。”武丁修行德政，天下的人都很欢欣，殷朝国势又再次兴盛。

武丁帝逝世后，儿子祖庚即位。祖己赞赏武丁能因为妖祥的野鸡而修行德政，为他立庙，尊称他为高宗，于是写下了《高宗肜日》和《高宗之训》。

祖庚帝逝世后，弟弟祖甲即位，这就是帝甲。帝甲荒淫暴乱，殷朝又衰落了。

帝甲逝世后，儿子廪辛即位。廪辛帝逝世后，弟弟庚丁即位，这就是庚丁帝。庚丁帝逝世后，儿子武乙即位。殷朝又离开亳，迁都到黄河之北。

武乙帝无道，制作了木偶人，把这叫做天神。跟它玩博戏，命令人代他走博棋。天神输了，就斫杀侮辱它。做了一个皮革袋子，装满血，抬头射它，称为“射天”。武乙在黄河和渭水之间打猎，天突然打雷，武乙被雷击死。儿子太丁即位。太丁帝逝世后，儿子帝乙即位。帝乙即位，殷朝更加衰落。

帝乙的长子叫微子启，启的母亲地位卑贱，因此启不能继承王位。小儿子是辛，辛的母亲是正后，所以辛成为王位继承人。帝乙逝世后，儿子辛即位，这就是帝辛，天下人称他为纣。

帝纣天资聪颖，行动敏捷，耳聪目明，勇力过人，能徒手跟猛兽搏斗；智慧足够用来驳斥劝谏，口才足够用来掩饰过失；以才能向臣下夸耀，以名声来压倒天下，认为所有人都不如自己。喜欢喝酒，纵情淫乐，宠溺妇人。尤其宠爱妲己，一切听从妲己的话。他让乐师涓创作了新的淫曲，还有北里的舞曲，柔曼的音乐。加重赋税用来装满鹿台的钱库，充实钜桥的粮仓。又大量搜集狗、马和新奇的玩物，填满了宫室。还扩大了沙丘的园林楼台，捕获大量的野兽飞鸟放在里面。对鬼神傲慢不敬。在沙丘聚集大量舞乐杂戏，用酒作池水，用悬挂着的肉作为树林，让男女赤裸着在中间互相追逐，通宵夜饮。

百姓怨恨纣王，诸侯也有背叛他的，于是纣王就加重刑罚，造出了炮格的刑法。任命西伯昌、九侯、鄂侯为三公。九侯有个美丽的女儿，献给纣王，九侯的女儿不喜欢淫乱，纣大怒，杀了她，还把九侯剁成肉酱。鄂侯为这件事跟纣争辩得很激烈，纣一并处死了他，把他的肉做成肉干。西伯昌听说了这件事，私下叹息。崇侯虎知道此事，把它告诉了纣王，纣便把西伯囚禁在羑里。西伯的臣下闳夭等人，搜求美女奇物和好马献给纣王，纣才释放了西伯。西伯出狱后献出洛水西面的土地请求纣废除炮格的刑法。纣这才答应了他，并赏赐给他弓箭斧钺，使他能够征伐其他诸侯，让他当西方诸侯的首领。纣任用费仲主管政事。费仲擅长阿谀奉承，贪图财利，殷人都不亲近他。纣又任用恶来。恶来善于毁谤进谗言，诸侯因此愈发疏远纣。

西伯回国，便暗中修养德行，推行善政，诸侯大多背叛了纣王而来投奔西伯。西伯更加强大，纣因此渐渐丧失了权势。王子比干劝谏，纣不听。商容是个贤人，百姓喜欢他，纣却废黜了他。等到西伯攻伐饥国，消灭了他，纣的臣子祖伊听闻后怪罪周国，十分恐慌，跑去告诉纣说：“上天已经终止了我们殷朝的国命，不管是能预知天意的圣人还是用来占卜的大龟，都没有好的征兆。并非是先王不帮助我们后人，是王您荒淫暴虐自绝于天，因此上天抛弃我们，让我们没有安稳的生活。而您既不揣度天意，又不遵循常法。现在我们的人民没有不希望殷朝灭亡的。他们说：‘上天为什么不降下惩罚，天命为什么还不到来？’现在王准备怎么办呢？”纣说：“我生下来做国君不是有天命的吗！”祖伊回去后说：“纣无法劝谏了。”西伯死后，周武王东征到了盟津，诸侯叛离殷与周会合的有八百个。诸侯们都说：“可以去讨伐纣了。”武王说：“你们还不知道天命。”于是又回去了。

纣更加淫乱，没有止境。微子多次劝谏，纣都不听，于是微子和大师、少师商量，然后离开纣王。比干说：“当臣子的，不能不拼死诤谏。”于是极力劝谏纣王。纣大怒说：“我听说圣人的心有七个孔。”就剖开了比干的胸来看他的心。箕子害怕，就假装发狂去当奴隶，纣又把箕子囚禁起来。殷的大师、少师于是带着祭器乐器逃奔到周。周武王这时才率领诸侯讨伐纣王，纣王也发兵在牧野抗御。甲子那日，纣的军队大败。纣逃回宫中，登上鹿台，穿上他的宝玉衣，投火而死。周武王于是砍下纣的头颅，把它挂在大白旗子上。杀死妲己。释放了箕子，给比干的墓加了封土，在商容的里巷大门上设立匾额以示表彰。封纣的儿子武庚禄父，让他承续殷的祭祀，遵行盘庚的德政。殷的百姓十分高兴。于是周武王成为天子。在这之后世人贬低帝这个称号，所以称为王。封殷的后人为诸侯，从属于周。

周武王逝世后，武庚和管叔、蔡叔作乱，成王命周公讨伐他们，而把微子封在宋国，使他来延续殷的后代。

太史公说：我根据《商颂》来编写契的事迹。从成汤以后，采取《尚书》《诗经》中的记载。契是子姓，后代分封，以国名为姓，有殷氏、来氏、宋氏、空桐氏、稚氏、北殷氏、目夷氏。孔子说，殷的路车很好，颜色崇尚白色。

（赵生群注　王永吉译）

卷四　周本纪第四

注释查阅　译文诵读

周后稷[1]，名弃。其母有邰氏女，曰姜原。姜原为帝喾元妃[2]。姜原出野，见巨人迹，心忻然说[3]，欲践之，践之而身动如孕者。居期而生子，以为不祥，弃之隘巷，马牛过者皆辟不践；徙置之林中，适会山林多人，迁之；而弃渠中冰上，飞鸟以其翼覆荐之[4]。姜原以为神，遂收养长之。初欲弃之，因名曰弃。

弃为儿时，屹如巨人之志[5]。其游戏，好种树麻、菽，麻、菽美。及为成人，遂好耕农，相地之宜[6]，宜谷者稼穑焉，民皆法则之。帝尧闻之，举弃为农师，天下得其利，有功。帝舜曰："弃，黎民始饥，尔后稷播时百谷[7]。"封弃于邰，号曰后稷，别姓姬氏。后稷之兴，在陶唐、虞、夏之际，皆有令德[8]。

后稷卒，子不窋立[9]。不窋末年，夏后氏政衰，去稷不务，不窋以失其官而奔戎狄之间。不窋卒，子鞠立。鞠卒，子公刘立。公刘虽在戎狄之间，复修后稷之业，务耕种，行地宜，自漆、沮度渭，取材用，行者有资，居者有畜积，民赖其庆[10]。百姓怀之，多徙而保归焉[11]。周道之兴自此始，故诗人歌乐思其德。公刘卒，子庆节立，国于豳[12]。

庆节卒，子皇仆立。皇仆卒，子差弗立。差弗卒，子毁隃立。毁隃卒，子公非立。公非卒，子高圉立。高圉卒，子亚圉立。亚圉卒，子公叔祖类立。公叔祖类卒，子古公亶父立。古公亶父复修后稷、公刘之业，积德行义，国人皆戴之。薰育戎狄攻之，欲得财物，予之。已复攻，欲得地与民。民皆怒，欲战。古公曰："有民立君，将以利之。今戎狄所为攻战，以吾地与民。民之在我，与其在彼，何异。民欲以我故战，杀人父子而君之，予不忍为。"乃与私属遂去豳，度漆、沮，逾梁山，止于岐下。豳人举国扶老携弱，尽复归古公于岐下。及他旁国闻古公仁，亦多归之。于是古公乃贬戎狄之俗，而营筑城郭室屋，而邑别居之。作五官有司。民皆歌乐之，颂其德。

古公有长子曰太伯，次曰虞仲。太姜生少子季历，季历娶太任，皆贤妇人。生昌，有圣瑞。古公曰："我世当有兴者，其在昌乎？"长子太伯、虞仲知古公欲立季历以传昌，乃二人亡如荆蛮，文身断发，以让季历。

古公卒，季历立，是为公季。公季修古公遗道，笃于行义，诸侯顺之。

公季卒，子昌立，是为西伯。西伯曰文王，遵后稷、公刘之业，则古公、公季之法，笃仁，敬老，慈少。礼下贤者，日中不暇食以待士，士以此多归之。伯夷、叔齐在孤竹，闻西伯善养老，盍往归之。太颠、闳夭、散宜生、鬻子、辛甲大夫之徒皆往归之。

崇侯虎谮西伯于殷纣[13]曰："西伯积善累德，诸侯皆向之，将不利于帝。"帝纣乃囚西伯于羑里[14]。闳夭之徒患之，乃求有莘氏美女，骊戎之文马，有熊九驷，他奇怪物，因殷嬖臣费仲而献之纣。纣大说，曰："此一物足以释西伯，况其多乎！"乃赦西伯，赐之弓矢斧钺，使西伯得征伐。曰："谮西伯者，崇侯虎也。"西伯乃献洛西之地，以请纣去炮格之刑[15]。纣许之。

西伯阴行善，诸侯皆来决平[16]。于是虞、芮之人有狱不能决[17]，乃如周。入界，耕者皆让畔[18]，民俗皆让长。虞、芮之人未见西伯，皆惭，相谓曰："吾所争，周人所耻，何往为，只取辱耳。"遂还，俱让而去。诸侯闻之，曰"西伯盖受命之君"。

明年，伐犬戎[19]。明年，伐密须[20]。明年，败耆国[21]。殷之祖伊闻之，惧，以告帝纣。纣曰："不有天命乎？是何能为！"明年，伐邘[22]。明年，伐崇侯虎。而作丰邑[23]，自岐下而徙都丰。明年，西伯崩，太子发立，是为武王。

西伯盖即位五十年。其囚羑里，盖益《易》之八卦为六十四卦。诗人道西伯，盖受命之年称王而断虞芮之讼。后十年而崩，谥为文王。改法度，制正朔矣。追尊古公为太王，公季为王季：盖王瑞自太王兴[24]。

武王即位，太公望为师[25]，周公旦为辅[26]，召公、毕公之徒左右王，师[27]修文王绪业。

九年，武王上祭于毕。东观兵，至于盟津。为文王木主[28]，载以车，中军。武王自称太子发，言奉文王以伐，不敢自专。乃告司马、司徒、司空、诸节[29]："齐栗[30]，信哉！予无知，以先祖有德臣，小子受先功[31]，毕立赏罚，以定其功。"遂兴师。师尚父号曰："总尔众庶，与尔舟楫，后至者斩。"武王渡河，中流，白鱼跃入王舟中，武王俯取以祭。既渡，有火自上复于下，至于王屋，流为乌，其色赤，其声魄云[32]。是时，诸侯不期而会盟津者八百诸侯。诸侯皆曰："纣可伐矣。"武王曰："女未知天命，未可也。"乃还师归。

居二年，闻纣昏乱暴虐滋甚，杀王子比干，囚箕子。太师疵、少师强抱其乐器而奔周[33]。于是武王遍告诸侯曰："殷有重罪，不可以不毕伐。"乃遵文王，遂率戎车三百乘，虎贲三千人[34]，甲士四万五千人，以东伐纣。十一年十二月戊午，师毕渡盟津，诸侯咸会。曰："孳孳无怠[35]！"武王乃作《太誓》，告于众庶："今殷王纣乃用其妇人之言，自绝于天，毁坏其三正，离逷其王父母弟[36]，乃断弃其先祖之乐，乃为淫声，用变乱正声，怡说[37]妇人。故今予发维共行天罚。勉哉夫子，不可再，不可三！"

二月甲子昧爽[38]，武王朝至于商郊牧野[39]，乃誓。武王左杖黄钺，右秉白旄，以麾。曰："远矣西土之人！"武王曰："嗟！我有国冢君[40]，司徒、司马、司空，亚旅、师氏，千夫长、百夫长，及庸、蜀、羌、髳、微、纑、彭、濮人，称尔戈[41]，比尔干，立尔矛，予其誓。"王曰："古人有言'牝鸡无晨。牝鸡之晨，惟家之索[42]'。今殷王纣维妇人言是用，自弃其先祖肆祀不答[43]，昏弃其家国，遗其王父母弟不用，乃维四方之多罪逋逃是崇是长，是信是使，俾暴虐于百姓，以奸轨于商国[44]。今予发维共行天之罚。今日之事，不过六步七步，乃止齐焉，夫子勉哉！不过于四伐五伐六伐七伐，乃止齐焉，勉哉夫子！尚桓桓[45]，如虎如罴，如豺如离[46]，于商郊，不御克奔，以役西土，勉哉夫子！尔所不勉，其于尔身有戮！"誓已，诸侯兵会者车四千乘，陈师牧野。

帝纣闻武王来，亦发兵七十万人距武王[47]。武王使师尚父与百夫致师[48]，以大卒驰帝纣师。纣师虽众，皆无战之心，心欲武王亟入。纣师皆倒兵以战，以开武王。武王驰之，纣兵皆崩畔纣[49]。纣走，反入登于鹿台之上，蒙衣其殊玉[50]，自燔于火而死[51]。武王持大白旗以麾诸侯，诸侯毕拜武王，武王乃揖诸侯，诸侯毕从。武王至商国，商国百姓咸待于郊。于是武王使群臣告语商百姓曰："上天降休[52]！"商人皆再拜稽首，武王亦答拜。遂入，至纣死所。武王自射之，三发而后下车，以轻剑击之，以黄钺斩纣头，县大白之旗[53]。已而至纣之嬖妾二女，二女皆经自杀[54]。武王又射三发，击以剑，斩以玄钺，县其头小白之旗。武王已乃出复军。

其明日，除道，修社及商纣宫。及期，百夫荷罕旗以先驱[55]。武王弟叔振铎奉陈常车[56]，周公旦把大钺，毕公把小钺，以夹武王。散宜生、太颠、闳夭皆执剑以卫武王。既入，立于社南大卒之左，左右毕从。毛叔郑奉明水[57]，卫康叔封布兹[58]，召公奭赞采[59]，师尚父牵牲。尹佚筴祝曰："殷之末孙季纣，殄废先王明德[60]，侮蔑神祇不祀，昏暴商邑百姓，其章显闻于天皇上帝。"于是武王再拜稽首，曰："膺受大命[61]，革殷，受天明命。"武王又再拜稽首，乃出。

封商纣子禄父殷之馀民。武王为殷初定未集[62]，乃使其弟管叔鲜、蔡叔度相禄父治殷。已而命召公释箕子之囚。命毕公释百姓之囚，表商容之闾。命南宫括散鹿台之财，发钜桥之粟，以振贫弱萌隶[63]。命南宫括、史佚展九鼎保玉[64]。命闳夭封比干之墓。命宗祝享祠于军。乃罢兵西归。行狩，记政事，作《武成》。封诸侯，班赐宗彝[65]，作《分殷之器物》。武王追思先圣王，乃褒封神农之后于焦，黄帝之后于祝，帝尧之后于蓟，帝舜之后于陈，大禹之后于杞。于是封功臣谋士，而师尚父为首封。封尚父于营丘，曰齐。封弟周公旦于曲阜，曰鲁。封召公奭于燕。封弟叔鲜于管，弟叔度于蔡。馀各以次受封。

武王征九牧之君[66]，登豳之阜，以望商邑。武王至于周，自夜不寐。周公旦即王所，曰："曷为不寐？"王曰："告女：维天不飨殷，自发未生于今六十年，麋鹿在牧，蜚鸿满野[67]。天不享殷，乃今有成。维天建殷，其登名民三百六十夫[68]，不显亦不宾灭[69]，以至今。我未定天保，何暇寐！”王曰：“定天保，依天室，悉求夫恶，贬从殷王受。日夜劳来定我西土，我维显服，及德方明。自洛汭延于伊汭[70]，居易毋固，其有夏之居。我南望三涂，北望岳鄙，顾詹有河，粤詹雒、伊，毋远天室。”营周居于雒邑而后去。纵马于华山之阳，放牛于桃林之虚；偃干戈，振兵释旅：示天下不复用也。

武王已克殷，后二年，问箕子殷所以亡。箕子不忍言殷恶，以存亡国宜告。武王亦丑，故问以天道。

武王病。天下未集，群公惧，穆卜[71]，周公乃祓斋[72]，自为质，欲代武王，武王有瘳[73]。后而崩，太子诵代立，是为成王。

成王少，周初定天下，周公恐诸侯畔周，公乃摄行政当国。管叔、蔡叔群弟疑周公，与武庚作乱，畔周。周公奉成王命，伐诛武庚、管叔，放蔡叔。以微子开代殷后，国于宋。颇收殷馀民[74]，以封武王少弟封为卫康叔。晋唐叔得嘉谷，献之成王，成王以归周公于兵所[75]。周公受禾东土，鲁天子之命[76]。初，管、蔡畔周，周公讨之，三年而毕定，故初作《大诰》，次作《微子之命》，次《归禾》，次《嘉禾》，次《康诰》《酒诰》《梓材》，其事在《周公》之篇。周公行政七年，成王长，周公反政成王，北面就群臣之位。

成王在丰，使召公复营洛邑，如武王之意。周公复卜申视，卒营筑，居九鼎焉。曰：“此天下之中，四方入贡道里均。”作《召诰》《洛诰》。成王既迁殷遗民，周公以王命告，作《多士》《无佚》。召公为保，周公为师，东伐淮夷，残奄[77]，迁其君薄姑。成王自奄归，在宗周，作《多方》。既绌殷命[78]，袭淮夷，归在丰，作《周官》。兴正礼乐，度制于是改，而民和睦，颂声兴。成王既伐东夷，息慎来贺[79]，王赐荣伯，作《贿息慎之命》。

成王将崩，惧太子钊之不任，乃命召公、毕公率诸侯以相太子而立之。成王既崩，二公率诸侯，以太子钊见于先王庙，申告以文王、武王之所以为王业之不易，务在节俭，毋多欲，以笃信临之，作《顾命》。太子钊遂立，是为康王。康王即位，遍告诸侯，宣告以文武之业以申之，作《康诰》。故成康之际，天下安宁，刑错四十馀年不用[80]。康王命作策毕公分居里[81]，成周郊，作《毕命》。

康王卒，子昭王瑕立。昭王之时，王道微缺。昭王南巡狩不返，卒于江上。其卒不赴告[82]，讳之也。立昭王子满，是为穆王。穆王即位，春秋已五十矣[83]。王道衰微，穆王闵文武之道缺，乃命伯臩申诫太仆国之政[84]，作《臩命》。复宁。

穆王将征犬戎，祭公谋父谏曰：“不可。先王燿德不观兵[85]。夫兵戢而时动[86]，动则威，观则玩，玩则无震。是故周文公之颂曰：‘载戢干戈，载橐弓矢[87]，我求懿德，肆于时夏[88]，允王保之。’先王之于民也，茂正其德而厚其性，阜其财求而利其器用，明利害之乡，以文修之，使之务利而辟害[89]，怀德而畏威，故能保世以滋大。昔我先王世后稷以服事虞、夏。及夏之衰也，弃稷不务，我先王不窋用失其官，而自窜于戎狄之间。不敢怠业，时序其德，遵修其绪，修其训典，朝夕恪勤，守以敦笃，奉以忠信。奕世载德[90]，不忝前人。至于文王、武王，昭前之光明而加之以慈和，事神保民，无不欣喜。商王帝辛大恶于民，庶民不忍，䜣载武王[91]，以致戎于商牧。是故先王非务武也，勤恤民隐而除其害也[92]。夫先王之制，邦内甸服，邦外侯服，侯卫宾服，夷蛮要服，戎翟荒服。甸服者祭，侯服者祀，宾服者享，要服者贡，荒服者王。日祭，月祀，时享，岁贡，终王。先王之顺祀也[93]，有不祭则修意，有不祀则修言，有不享则修文，有不贡则修名，有不王则修德，序成而有不至则修刑。于是有刑不祭，伐不祀，征不享，让不贡，告不王。于是有刑罚之辟[94]，有攻伐之兵，有征讨之备，有威让之命，有文告之辞。布令陈辞而有不至，则增修于德，无勤民于远。是以近无不听，远无不服。今自大毕、伯士之终也，犬戎氏以其职来王，天子曰'予必以不享征之，且观之兵'，无乃废先王之训，而王几顿乎？吾闻犬戎树敦[95]，率旧德而守终纯固，其有以御我矣。"王遂征之，得四白狼四白鹿以归。自是荒服者不至。

诸侯有不睦者，甫侯言于王，作修刑辟。王曰："吁，来！有国有土，告汝祥刑。在今尔安百姓，何择非其人，何敬非其刑，何居非其宜与？两造具备[96]，师听五辞[97]。五辞简信[98]，正于五刑[99]。五刑不简，正于五罚[100]。五罚不服，正于五过[101]。五过之疵[102]，官狱内狱，阅实其罪，惟钧其过。五刑之疑有赦，五罚之疑有赦，其审克之[103]。简信有众，惟讯有稽。无简不疑，共严天威。黥辟疑赦，其罚百率[104]，阅实其罪。劓辟疑赦，其罚倍洒，阅实其罪。膑辟疑赦，其罚倍差，阅实其罪。宫辟疑赦，其罚五百率，阅实其罪。大辟疑赦[105]，其罚千率，阅实其罪。墨罚之属千，劓罚之属千，膑罚之属五百，宫罚之属三百，大辟之罚其属二百：五刑之属三千。"命曰《甫刑》。

穆王立五十五年，崩，子共王繄扈立。共王游于泾上，密康公从，有三女奔之。其母曰："必致之王。夫兽三为群，人三为众，女三为粲[106]。王田不取群，公行不下众[107]，王御不参一族[108]。夫粲，美之物也。众以美物归女，而何德以堪之？王犹不堪，况尔之小丑乎！小丑备物，终必亡。"康公不献，一年，共王灭密。共王崩，子懿王囏立。懿王之时，王室遂衰，诗人作刺。

懿王崩，共王弟辟方立，是为孝王。孝王崩，诸侯复立懿王太子燮，是为夷王。

夷王崩，子厉王胡立。厉王即位三十年，好利，近荣夷公。大夫芮良夫谏厉王曰："王室其将卑乎？夫荣公好专利而不知大难[109]。夫利，百物之所生也，天地之所载也，而有专之，其害多矣。天地百物皆将取焉，何可专也？所怒甚多，而不备大难。以是教王，王其能久乎？夫王人者，将导利而布之上下者也[110]。使神人百物无不得极，犹日怵惕惧怨之来也[111]。故《颂》曰'思文后稷，克配彼天，立我蒸民，莫匪尔极'。《大雅》曰'陈锡载周'。是不布利而惧难乎，故能载周以至于今。今王学专利，其可乎？匹夫专利，犹谓之盗，王而行之，其归鲜矣。荣公若用，周必败也。"厉王不听，卒以荣公为卿士，用事。

王行暴虐侈傲，国人谤王。召公谏曰："民不堪命矣。"王怒，得卫巫，使监谤者，以告，则杀之。其谤鲜矣，诸侯不朝。三十四年，王益严，国人莫敢言，道路以目。厉王喜，告召公曰："吾能弭谤矣[112]，乃不敢言。"召公曰："是鄣之也。防民之口，甚于防水。水壅而溃，伤人必多，民亦如之。是故为水者决之使导，为民者宣之使言。故天子听政[113]，使公卿至于列士献诗，瞽献曲[114]，史献书，师箴[115]，瞍赋[116]，矇诵[117]，百工谏，庶人传语，近臣尽规，亲戚补察，瞽史教诲，耆艾修之，而后王斟酌焉，是以事行而不悖。民之有口也，犹土之有山川也，财用于是乎出；犹其有原隰衍沃也[118]，衣食于是乎生。口之宣言也，善败于是乎兴。行善而备败，所以产财用衣食者也。夫民虑之于心而宣之于口，成而行之。若壅其口，其与能几何？"王不听。于是国莫敢出言，三年，乃相与畔，袭厉王。厉王出奔于彘。

厉王太子静匿召公之家，国人闻之，乃围之。召公曰："昔吾骤谏王[119]，王不从，以及此难也。今杀王太子，王其以我为仇而怼怒乎？夫事君者，险而不仇怼，怨而不怒[120]，况事王乎！"乃以其子代王太子，太子竟得脱。

召公、周公二相行政，号曰"共和"。共和十四年，厉王死于彘。太子静长于召公家，二相乃共立之为王，是为宣王。宣王即位，二相辅之，修政，法文、武、成、康之遗风，诸侯复宗周。十二年，鲁武公来朝。

宣王不修籍于千亩[121]，虢文公谏曰不可，王弗听。三十九年，战于千亩，王师败绩于姜氏之戎。

宣王既亡南国之师[122]，乃料民于太原。仲山甫谏曰："民不可料也。"宣王不听，卒料民[123]。

四十六年，宣王崩，子幽王宫湦立。幽王二年，西周三川皆震。伯阳甫曰："周将亡矣。夫天地之气，不失其序；若过其序，民乱之也。阳伏而不能出，阴迫而不能蒸[124]，于是有地震。今三川实震，是阳失其所而填阴也[125]。阳失而在阴，原必塞；原塞，国必亡。夫水土演而民用也[126]。土无所演，民乏财用，不亡何待！昔伊、洛竭而夏亡，河竭而商亡。今周德若二代之季矣[127]，其川原又塞，塞必竭。夫国必依山川，山崩川竭，亡国之征也。川竭必山崩。若国亡不过十年，数之纪也。天之所弃，不过其纪。"是岁也，三川竭，岐山崩。

三年，幽王嬖爱褒姒。褒姒生子伯服，幽王欲废太子。太子母申侯女，而为后。后幽王得褒姒，爱之，欲废申后，并去太子宜臼，以褒姒为后，以伯服为太子。周太史伯阳读史记曰："周亡矣。"昔自夏后氏之衰也，有二神龙止于夏帝庭而言曰："余，褒之二君。"夏帝卜杀之与去之与止之，莫吉。卜请其漦而藏[128]，乃吉。于是布币而策告之，龙亡而漦在，椟而去之。夏亡，传此器殷。殷亡，又传此器周，比三代，莫敢发之。至厉王之末，发而观之。漦流于庭，不可除。厉王使妇人裸而噪之[129]。漦化为玄鼋[130]，以入王后宫。后宫之童妾既龀而遭之[131]，既笄而孕[132]，无夫而生子，惧而弃之。宣王之时童女谣曰："檿弧箕服[133]，实亡周国。”于是宣王闻之，有夫妇卖是器者，宣王使执而戮之。逃于道，而见乡者后宫童妾所弃妖子出于路者，闻其夜啼，哀而收之，夫妇遂亡，奔于褒。褒人有罪，请入童妾所弃女子者于王以赎罪。弃女子出于褒，是为褒姒。当幽王三年，王之后宫，见而爱之，生子伯服，竟废申后及太子，以褒姒为后，伯服为太子。太史伯阳曰：“祸成矣，无可奈何！”

褒姒不好笑，幽王欲其笑万方，故不笑。幽王为烽燧大鼓[134]，有寇至则举烽火。诸侯悉至，至而无寇，褒姒乃大笑。幽王说之[135]，为数举烽火。其后不信，诸侯益亦不至[136]。

幽王以虢石父为卿，用事，国人皆怨。石父为人佞巧善谀好利，王用之。又废申后，去太子也。申侯怒，与缯、西夷犬戎攻幽王。幽王举烽火征兵，兵莫至。遂杀幽王骊山下，虏褒姒，尽取周赂而去。于是诸侯乃即申侯而共立故幽王太子宜臼，是为平王，以奉周祀。

平王立，东迁于雒邑，辟戎寇[137]。平王之时，周室衰微，诸侯强并弱，齐、楚、秦、晋始大，政由方伯[138]。

四十九年，鲁隐公即位。

五十一年，平王崩，太子洩父蚤死[139]，立其子林，是为桓王。桓王，平王孙也。

桓王三年，郑庄公朝，桓王不礼。五年，郑怨，与鲁易许田。许田，天子之用事太山田也[140]。八年，鲁杀隐公，立桓公。十三年，伐郑，郑射伤桓王，桓王去归。

二十三年，桓王崩，子庄王佗立。庄王四年，周公黑肩欲杀庄王而立王子克。辛伯告王，王杀周公。王子克奔燕。

十五年，庄王崩，子釐王胡齐立。釐王三年，齐桓公始霸。

五年，釐王崩，子惠王阆立。惠王二年。初，庄王嬖姬姚，生子穨，穨有宠。及惠王即位，夺其大臣园以为囿[141]，故大夫边伯等五人作乱，谋召燕、卫师，伐惠王。惠王奔温，已居郑之栎。立釐王弟穨为王。乐及遍舞[142]，郑、虢君怒。四年，郑与虢君伐杀王穨，复入惠王。惠王十年，赐齐桓公为伯。

二十五年，惠王崩，子襄王郑立。襄王母蚤死，后母曰惠后。惠后生叔带，有宠于惠王，襄王畏之。三年，叔带与戎、翟谋伐襄王，襄王欲诛叔带，叔带奔齐。齐桓公使管仲平戎于周[143]，使隰朋平戎于晋。王以上卿礼管仲。管仲辞曰：“臣贱有司也[144]，有天子之二守国、高在。若节春秋[145]，来承王命，何以礼焉。陪臣敢辞。”王曰：“舅氏，余嘉乃勋，毋逆朕命[146]。”管仲卒受下卿之礼而还。九年，齐桓公卒。十二年，叔带复归于周。

十三年，郑伐滑，王使游孙、伯服请滑[147]，郑人囚之。郑文公怨惠王之入不与厉公爵，又怨襄王之与卫滑，故囚伯服。王怒，将以翟伐郑[148]。富辰谏曰：“凡我周之东徙，晋、郑焉依[149]。子颓之乱，又郑之由定，今以小怨弃之！”

王不听。十五年，王降翟师以伐郑。王德翟人[150]，将以其女为后。富辰谏曰："平、桓、庄、惠皆受郑劳，王弃亲亲翟，不可从。"王不听。十六年，王绌翟后，翟人来诛，杀谭伯。富辰曰："吾数谏不从。如是不出，王以我为怼乎？"乃以其属死之。

初，惠后欲立王子带，故以党开翟人[151]，翟人遂入周。襄王出奔郑，郑居王于氾。子带立为王，取襄王所绌翟后与居温。十七年，襄王告急于晋，晋文公纳王而诛叔带。襄王乃赐晋文公珪鬯弓矢[152]，为伯，以河内地与晋。二十年，晋文公召襄王，襄王会之河阳、践土，诸侯毕朝，书讳曰"天王狩于河阳"[153]。

二十四年，晋文公卒。

三十一年，秦穆公卒。

三十二年，襄王崩，子顷王壬臣立。顷王六年，崩，子匡王班立。匡王六年，崩，弟瑜立，是为定王。

定王元年，楚庄王伐陆浑之戎[154]，次洛[155]，使人问九鼎[156]。王使王孙满应设以辞，楚兵乃去。十年，楚庄王围郑，郑伯降，已而复之。十六年，楚庄王卒。

二十一年，定王崩，子简王夷立。简王十三年，晋杀其君厉公，迎子周于周，立为悼公。

十四年，简王崩，子灵王泄心立。灵王二十四年，齐崔杼弑其君庄公。

二十七年，灵王崩，子景王贵立。景王十八年，后、太子圣而蚤卒[157]。二十年，景王爱子朝，欲立之，会崩，子丐之党与争立，国人立长子猛为王，子朝攻杀猛。猛为悼王。晋人攻子朝而立丐，是为敬王。

敬王元年，晋人入敬王，子朝自立，敬王不得入，居泽。四年，晋率诸侯入敬王于周，子朝为臣，诸侯城周。十六年，子朝之徒复作乱，敬王奔于晋。十七年，晋定公遂入敬王于周。

三十九年，齐田常杀其君简公。

四十一年，楚灭陈。孔子卒。

四十二年，敬王崩，子元王仁立。元王八年，崩，子定王介立。

定王十六年，三晋灭智伯，分有其地。

二十八年，定王崩，长子去疾立，是为哀王。哀王立三月，弟叔袭杀哀王而自立，是为思王。思王立五月，少弟嵬攻杀思王而自立，是为考王。此三王皆定王之子。

考王十五年，崩，子威烈王午立。

考王封其弟于河南，是为桓公，以续周公之官职。桓公卒，子威公代立。威公卒，子惠公代立，乃封其少子于巩以奉王，号东周惠公。

威烈王二十三年，九鼎震。命韩、魏、赵为诸侯。

二十四年，崩，子安王骄立。是岁盗杀楚声王。

安王立二十六年，崩，子烈王喜立。烈王二年，周太史儋见秦献公曰："始周与秦国合而别，别五百载复合，合十七岁而霸王者出焉。”

十年，烈王崩，弟扁立，是为显王。显王五年，贺秦献公，献公称伯。九年，致文武胙于秦孝公。二十五年，秦会诸侯于周。二十六年，周致伯于秦孝公[158]。三十三年，贺秦惠王。三十五年，致文武胙于秦惠王[159]。四十四年，秦惠王称王。其后诸侯皆为王。

四十八年，显王崩，子慎靓王定立。慎靓王立六年，崩，子赧王延立。王赧时东西周分治。王赧徙都西周。

西周武公之共太子死，有五庶子，毋適立[160]。司马翦谓楚王曰：“不如以地资公子咎，为请太子。”左成曰：“不可。周不听，是公之知困而交疏于周也[161]。不如请周君孰欲立，以微告翦[162]，翦请令楚资之以地。”果立公子咎为太子。

八年，秦攻宜阳，楚救之。而楚以周为秦故，将伐之。苏代为周说楚王曰：“何以周为秦之祸也？言周之为秦甚于楚者，欲令周入秦也，故谓‘周秦’也。周知其不可解，必入于秦，此为秦取周之精者也。为王计者，周于秦因善之，不于秦亦言善之，以疏之于秦。周绝于秦，必入于郢矣。”

秦借道两周之间，将以伐韩，周恐借之畏于韩，不借畏于秦。史厌谓周君曰：“何不令人谓韩公叔曰‘秦之敢绝周而伐韩者[163]，信东周也。公何不与周地，发质使之楚’？[164]秦必疑楚不信周，是韩不伐也。又谓秦曰‘韩强与周地，将以疑周于秦也，周不敢不受’。秦必无辞而令周不受[165]，是受地于韩而听于秦[166]。”

秦召西周君，西周君恶往[167]，故令人谓韩王曰：“秦召西周君，将以使攻王之南阳也，王何不出兵于南阳？周君将以为辞于秦[168]。周君不入秦，秦必不敢逾河而攻南阳矣[169]。”

东周与西周战，韩救西周。或为东周说韩王曰：“西周故天子之国，多名器重宝。王案兵毋出，可以德东周[170]，而西周之宝必可以尽矣[171]。”

王赧谓成君[172]。楚围雍氏，韩征甲与粟于东周[173]，东周君恐，召苏代而告之。代曰：“君何患于是[174]。臣能使韩毋征甲与粟于周，又能为君得高都。”周君曰：“子苟能，请以国听子。”代见韩相国曰：“楚围雍氏，期三月也[175]，今五月不能拔，是楚病也[176]。今相国乃征甲与粟于周，是告楚病也。”韩相国曰：“善。使者已行矣。”代曰：“何不与周高都？”韩相国大怒曰：“吾毋征甲与粟于周亦已多矣，何故与周高都也？”代曰：“与周高都，是周折而入于韩也，秦闻之必大怒忿周，即不通周使，是以獘高都得完周也[177]。曷为不与[178]？”相国曰：“善。”果与周高都。

三十四年，苏厉谓周君曰：“秦破韩、魏，扑师武[179]，北取赵蔺、离石者，皆白起也。是善用兵，又有天命。今又将兵出塞攻梁，梁破则周危矣。君何不令人说白起乎？曰‘楚有养由基者，善射者也。去柳叶百步而射之，百发而百中之。

左右观者数千人，皆曰善射。有一夫立其旁，曰“善，可教射矣”。养由基怒，释弓搤剑[180]，曰“客安能教我射乎”？客曰“非吾能教子支左诎右也[181]。夫去柳叶百步而射之，百发而百中之，不以善息[182]，少焉气衰力倦，弓拨矢钩[183]，一发不中者，百发尽息”。今破韩、魏，扑师武，北取赵蔺、离石者，公之功多矣。今又将兵出塞，过两周，倍韩[184]，攻梁，一举不得，前功尽弃。公不如称病而无出’。”

四十二年，秦破华阳约[185]。马犯谓周君曰：“请令梁城周。”乃谓梁王曰：“周王病若死，则犯必死矣。犯请以九鼎自入于王，王受九鼎而图犯[186]。”梁王曰：“善。”遂与之卒，言戍周。因谓秦王曰：“梁非戍周也，将伐周也。王试出兵境以观之。”秦果出兵。又谓梁王曰：“周王病甚矣，犯请后可而复之[187]。今王使卒之周，诸侯皆生心[188]，后举事且不信。不若令卒为周城，以匿事端。”梁王曰：“善。”遂使城周。

四十五年，周君之秦客谓周冣曰[189]：“公不若誉秦王之孝，因以应为太后养地[190]，秦王必喜，是公有秦交。交善，周君必以为公功。交恶，劝周君入秦者必有罪矣。”秦攻周，而周冣谓秦王曰：“为王计者不攻周。攻周，实不足以利，声畏天下[191]。天下以声畏秦，必东合于齐。兵獘于周[192]，合天下于齐，则秦不王矣。天下欲獘秦，劝王攻周。秦与天下獘[193]，则令不行矣。”

五十八年，三晋距秦[194]。周令其相国之秦，以秦之轻也，还其行。客谓相国曰：“秦之轻重未可知也。秦欲知三国之情。公不如急见秦王曰‘请为王听东方之变[195]’，秦王必重公。重公，是秦重周，周以取秦也[196]；齐重，则固有周聚以收齐[197]：是周常不失重国之交也[198]。”秦信周，发兵攻三晋。

五十九年，秦取韩阳城负黍，西周恐，倍秦[199]，与诸侯约从[200]，将天下锐师出伊阙攻秦[201]，令秦无得通阳城。秦昭王怒，使将军摎攻西周[202]。西周君奔秦，顿首受罪，尽献其邑三十六，口三万。秦受其献，归其君于周。

周君、王赧卒，周民遂东亡。秦取九鼎宝器，而迁西周公于𢡊狐。后七岁，秦庄襄王灭东周。东西周皆入于秦，周既不祀。

太史公曰：学者皆称周伐纣，居洛邑，综其实不然。武王营之，成王使召公卜居，居九鼎焉，而周复都丰、镐。至犬戎败幽王，周乃东徙于洛邑。所谓“周公葬于毕”，毕在镐东南杜中。秦灭周。汉兴九十有馀载，天子将封泰山，东巡狩至河南，求周苗裔，封其后嘉三十里地，号曰周子南君，比列侯，以奉其先祭祀。

【译文】

周的始祖后稷，名弃。他的母亲是有邰氏部族之女，名叫姜原。姜原是喾帝的正妻。姜原到野外去，看到巨人的脚印，心生喜悦，想踩一下，踩了而身体震动好似怀孕一样。到了日子果然生下一个男孩，觉得不吉利，便扔到窄巷子里，可路过的牛马都避而不踩踏。又重新扔到树林里，正好山林里有好些人，只好再换个地方。把他扔到水沟的冰上，而飞鸟用翅膀来覆盖衬垫。姜原觉得神异，于是把孩子抱回，抚养成人。因为开始想丢弃，所以取名为弃。

弃还是孩子的时候，就与众不同，有大人的志向。平日游戏，喜欢种植麻豆之类，麻豆都长得很好。等到长大成人，便喜好耕种农事，察看土地的特性，合适的就种植庄稼，老百姓都效仿他。尧帝听说了，推荐弃做农业主管，天下人都受益，有功劳。舜帝说："弃，百姓们挨饿，你来播种百谷。"封弃于邰，号称后稷，又另以姬氏为姓。后稷兴起于陶唐、虞、夏之间，后稷一族都有美德。

后稷死后，其子不窋继位。不窋晚年，夏朝政治衰败，免去农官，不再重视农业生产。不窋丢了官职，于是逃到戎狄之地。不窋死后，其子鞠继位。鞠死了，其子公刘继位。公刘虽然生活在戎狄之间，却重新推行后稷的事业，致力农耕，勘查土地特性，从漆水、沮水渡过渭水，往来获取物资，外出的人有盘缠，居家的人有积蓄，百姓多受他的恩惠。因此百姓都感念他，大多迁来归附公刘。周人兴盛从此开始，所以诗人写诗作曲怀念他的恩德。公刘死后，其子庆节继位，建国于豳。

庆节死后，其子皇仆继位。皇仆死后，其子差弗继位。差弗死后，其子毁隃继位。毁隃死后，其子公非继位。公非死后，其子高圉继位。高圉死后，其子亚圉继位。亚圉死后，其子公叔祖类继位。公叔祖类死后，其子古公亶父继位。古公亶父再次推行公刘的事业，积德行善，国人都拥戴他。薰育戎狄攻打古公，想要掠取财物，古公便给他们财物。不久又来攻打，想掠取土地和百姓。百姓都十分愤怒，想与之战斗。古公说："百姓拥立君长，是想得到好处。现在戎狄前来攻战，是为了我的土地和百姓。百姓在我这里和在戎狄，有什么区别？百姓因为我的原因而去打仗，牺牲人家的父子却做他们的君主，我不忍心这样做。"于是和他自己的亲属离开豳地，渡过漆水、沮水，翻过梁山，定居在岐山之下。豳地百姓扶老携幼，重又归附古公，全都来到岐山之下。相邻国家听说古公仁义，也多有来归附的。于是古公除去戎狄的风俗，建造城郭房屋，将百姓分别安置在城邑中定居下来。设置司徒、司马、司空、司士、司寇五种官职。百姓都用诗歌赞美他，歌颂他的恩德。

古公的长子叫太伯，次子叫虞仲。太姜生下小儿子季历，季历长大娶太任为妻，太姜、太任都是贤惠的妇人。太任生子名叫昌，有圣人的祥兆。古公说："我的后代会兴旺起来，大概就在昌身上应验吧？"长子太伯、次子虞仲知道古公想让季历继位以传位于昌，于是二人逃往荆蛮，按当地风俗刺青纹身，剪断头发，让位给季历。

古公死后，季历继位，这就是公季。公季遵行古公的遗志，专心施行仁义之道，诸侯都归顺于他。

公季死后，其子昌继位，这就是西伯，后来称为文王。他继承后稷、公刘的事业，效仿古公、公季的制度，重仁义，尊老爱幼，礼贤下士。每天接待士人，直到中午还顾不上吃饭，士人因此纷纷前来投靠。伯夷、叔齐在孤竹国，听说西伯善于尊养老人，便一起去投奔。太颠、闳夭、散宜生、鬻子、辛甲大夫等人也都同来归附。

崇侯虎向殷纣王诋毁西伯："西伯积德行善，诸侯都归附他，这将对您不利。"帝纣于是将西伯囚禁在羑里。闳夭等人担忧不已，求得有莘氏的美女，骊戎的花斑骏马，有熊氏的九套马车，和其他奇珍异宝，通过殷朝的宠臣费仲献给了帝纣。纣非常高兴，说："这其中的任何一件宝贝就足以释放西伯，何况这么多！"于是赦免西伯，赐给他弓箭斧钺，让他有征讨诸侯的大权，并说："说西伯坏话的是崇侯虎。"西伯于是将洛水以西的土地献给商纣王，并请求纣废除炮格的酷刑，纣王答应了。

西伯暗中行善，诸侯都来找西伯裁决是非。这时虞、芮两国的人有官司不能裁决，就到周国去。进入周的境内，看到耕地的人都互相让出田界，民间里俗都谦让长者。虞、芮两国的人还没有见到西伯，就觉得惭愧，相互说："我们所争执的，正是周人引以为耻的，还去干什么呢？自取其辱罢了。"于是各自返回，相互礼让而离开。诸侯听了这件事，都说："西伯大概是将要受命的君主。"

第二年，西伯征伐犬戎。又过一年，征伐密须。再一年，打败耆国。殷朝的祖伊听了，心中害怕，前去禀报纣王。纣说："不是有天命在我吗？西伯他能怎样！"次年征伐邘国，次年征伐崇侯虎。建造丰邑，从岐山之下迁都到丰邑。第二年，西伯去世，太子发继位，这就是周武王。

西伯大约在位五十年。当他被囚禁在羑里的时候，可能将《易》之八卦推演为六十四卦。诗人所叙述的西伯，大概是受命那年称王并裁决虞芮之讼的。过后十年而去世，谥号为文王。他曾更改法度，制定历法正朔。他追尊古公为太王，公季为王季：大概认为称王的祥瑞是从太王开始的。

武王即位，以太公望为太师，周公旦为宰辅，召公、毕公等人也都从旁辅助，遵行文王的遗业。

九年，武王在毕地祭祀。又到东方检阅军队，来到盟津。制作了文王的牌位，

放在车上，置于军中。武王自称“太子发”，宣称是奉文王之命征伐，不敢独断专行。于是命令司马、司徒、司空等各级官吏：“都要严肃谨慎，忠诚可信！我本无知，只因先祖有德，我继承先祖的功业，皆已立下赏罚的制度，以巩固先祖的功业。”于是发兵。师尚父下令：“集合部下，带上船只，迟到者斩首。”武王船渡黄河，行至河中，有白鱼跳入武王船中，武王俯身拾取白鱼，用来祭祀。过了河，有火团从天而降，落在武王的住所之上，变为乌鸦之形，颜色赤红，隆隆作响。此时，不约而同前来盟津相会的有八百多诸侯，诸侯都说：“我们可以去讨伐纣王了。”武王说：“你们不知天命，现在还不可以。”于是率军西归。

又过两年，武王听说纣王昏乱残暴更加严重，杀掉了王子比干，囚禁了箕子。太师疵、少师强都抱着他们的乐器投奔于周。于是武王宣告诸侯：“殷王犯下大罪，不能不尽力讨伐。”于是遵行文王遗志，率领三百辆战车，三千名猛士，四万五千名战士，向东进发讨伐纣王。十一年十二月戊午日，军队全部自盟津渡河，诸侯都来会合。武王说：“要勤勉奋发，不可懈怠！”武王于是作《太誓》，宣告众人：“如今殷纣王听用妇人之言，自绝于天，毁坏天地人之正道，疏离他的亲族兄弟，废弃先祖的礼乐，制作淫声艳曲，变乱雅乐正音，用来讨好妇人。所以今天我姬发要恭敬地代行上天的惩罚。诸君努力，一鼓作气，不能有第二战，更不能有第三战！”

二月甲子拂晓，武王一早就来到商都郊外，合众誓师。武王左手执黄钺，右手拿着白旄旗，挥旗道：“西方的将士们，远行千里。”接着说：“啊！各位友邦大君，司徒、司马、司空、亚旅、师氏、千夫长、百夫长，以及庸、蜀、羌、髳、微、纑、彭、濮各族之人，高举你们的戈，排起你们的盾，竖起你们的矛，我要宣誓了。”武王说：“古人说‘母鸡不鸣早。母鸡鸣早，其家必败亡。’如今殷王纣只听妇人之言，废弃对先祖的祭祀，不上报祖恩。昏庸不治，放弃国家政事，放逐其同族兄弟不用，竟然任用四方逃亡重犯，信任推重，使他们蹂躏百姓，陷商国于内乱外患。今天我姬发谨替天行道。今日作战，前进不过六步七步，就要止步整齐队列，战士们努力吧！击杀不过四五次、六七次，就要止步整齐队列，努力吧，战士们！希望大家威武英勇，有如猛虎熊罴，有如豺狼蛟龙。在商都郊外，不要迎击投奔我们的降卒，要让他们为我西方之人役使。努力吧，战士们！如果你们有人不努力，我将拿他问斩！”誓师完毕，诸侯军队有战车四千辆来相会，都在郊野列阵。

帝纣听说武王来伐，也发兵七十万人抵挡。武王命师尚父率领百名勇士前去挑战，再以大军冲击帝纣的部队。帝纣的部队人数虽多，但没有斗志，心里盼着武王快快攻入都城。帝纣的部队都临阵倒戈，为武王开路。武王长驱驰击，帝纣的士卒溃败奔亡，背叛了帝纣。帝纣逃回宫中，登上鹿台，把宝玉都穿戴在身上，自焚而死。武王手持大白旗指挥诸侯，诸侯都向武王拜首致敬，武王也向诸侯作揖回拜，诸侯全都随从进军。武王到商都，商国百姓全都在郊外迎候。于是武王让群臣告谕商国百姓："上天赐福！"商国人全都两拜叩头，武王也拜谢回应。于是入城，来到纣死之处。武王亲自射箭，射了三箭而后下车，以轻剑刺纣，用黄钺斩下纣的头，挂在大白旗上。然后又来到纣的两个宠妾那里，二女均已上吊自杀。武王又射三箭，以剑击杀，用黑钺砍下她们的头，挂在小白旗上。武王之后才出来，回到军中。

第二天，清理道路，修整社坛和商纣宫殿。到了预定日期，一百名勇士扛着军旗在前开路。武王弟弟叔振铎布置好仪车，周公旦手持大钺，毕公手持小钺，站在武王两旁。散宜生、太颠闳夭三人都持剑护卫着武王。武王入城，站在社坛南面，大卒全部跟随，分列在王的左右。毛叔郑手捧明水，卫康叔铺好草席，召公奭帮助进献币帛，师尚父牵引牺牲。尹佚朗读策文祝祷："殷之末代子孙纣，灭弃先王高尚之德，轻慢神灵，不加礼祀，昏乱残暴，虐待商国百姓，罪行昭著，为天皇上帝所知。"于是武王两拜叩首，说道："承受上天之命，革除殷朝，接受上天圣明之命。"武王又一次两拜叩首，然后退出。

武王把殷国遗民百姓分给纣的儿子禄父。由于殷地刚刚平定，人心不稳，武王便让他的弟弟管叔鲜和蔡叔度辅助禄父治理殷地。然后命令召公把箕子从监狱中释放出来，命令毕公将被囚禁的百姓释放出来，修饰商容故居的里门，以为表彰。命令南宫括散发鹿台所藏的财物和巨桥所积的粮食，用来救济贫苦百姓。命令南宫括和史佚陈列殷的九鼎和宝玉。命令闳夭加高比干之墓的封土。命令宗祝在军中祭祀阵亡的将士。于是撤兵西归周地。武王巡行各地，记录政事，作《武成》。分封诸侯，分赐殷国的宗庙礼器，作《分殷之器物》。武王追思前代圣王，于是褒扬神农氏，将其后人分封在焦地，分封黄帝的后人于祝地，分封尧帝的后人于蓟地，分封舜帝的后人于陈地，分封大禹的后人于杞地。接着分封功臣谋士，师尚父第一个受封，分封在营丘，国号为齐。分封弟弟周公旦于曲阜，国号为鲁。分封召公奭于燕，弟弟叔鲜于管，弟弟叔度于蔡。其他人也分别依次受封。

武王召集治理九州之官长，登上豳地的丘山，远眺商朝国都。武王回到周都，夜不能寐。周公旦来到武王居处，问道："为何不眠？"武王说："告诉你啊：上天不享用殷的祭品，从我姬发还未出生到现在六十年了，野外禽兽成群，飞蝗遍地。因为上天不保佑殷国，才有今天我们的成功。想当初上天建立殷国，进用贤人三百六十名，虽然未能建立卓著的功业，也没有沉沦消亡，才使殷国维持到今天。我还没有确定上天的庇护，哪里顾得上睡觉啊！"武王说："确立天命保佑，以天室所在为依靠，揭发恶人，像对待殷王纣一样加以惩处。日夜慰劳百姓，使我西土安定，我要彰扬敬业尽职，让德教明于四方。自洛水湾直到伊水湾，都是平原无险之地，适合居住，也是夏人居住的地方。在此我南望三涂山，北望太行山，回望黄河，远眺洛水、伊水，此地离天室不远。”在洛邑规划周都，而后离开。将马匹放养在华山之南，牛群放养在桃林之地；放下武器，整顿军队而后解散：向天下表示不再用兵打仗。

武王既已战胜殷国，两年之后，问箕子殷灭亡的原因。箕子不忍心说殷的罪恶，以国家存亡的道理相告。武王也觉得惭愧，故而转问天道。

武王病重，而此时天下仍未和平安定，群臣害怕。庄重地进行占卜，周公于是斋戒祭祀，以自己为替身，想要代替武王承受灾疾。武王病愈。后来武王去世，太子诵继承王位，这就是成王。

成王年幼，周朝刚刚平定天下，周公担心诸侯背叛，于是代替成王，执政治国。武王弟弟管叔、蔡叔等人怀疑周公篡位，与武庚合谋作乱，背叛周。周公奉成王之命出兵讨伐，诛杀武庚、管叔，流放蔡叔。以微子开代替武庚，立为殷的继承人，建诸侯国于宋。稍稍收聚殷国的遗民，把他们分给武王的小弟弟姬封，封为卫康叔。晋唐叔收获了吉祥的谷穗，献给成王，成王把它送到周公的军营，赠予周公。周公在东方接受禾谷，赞美天子赐禾的诰命。当初管叔、蔡叔背叛，周公率军征讨，三年而彻底平定叛乱，故先作《大诰》，后作《微子之命》，接着作《归禾》，接着作《嘉禾》，接着作《康诰》《酒诰》《梓材》，事情经过记在《鲁周公世家》。周公代理国政七年，成王长大成人，周公把大权还给成王，自己回到群臣的行列中去。

成王住在丰邑，命召公再次去规划测量洛邑，遵循武王的遗愿。周公再次占卜，多次考察，最终建造洛邑，安置九鼎于其中。他说：“这里是天下的中心，四方进贡到此的路程相等。”作《召诰》《洛诰》。成王既已将殷的遗民迁走，周公向他们宣告成王的命令，作《多士》《无佚》。召公担任太保，周公担任太师，东伐淮夷，灭掉奄国，将奄国国君迁到薄姑。成王从奄国回来，居住在宗周，作《多方》。既已革除殷朝天命，攻袭淮夷，回到丰邑，作《周官》。创制规范礼仪和音乐，制度从此改变，而百姓和睦，歌颂之乐由此兴起。成王攻伐东夷以后，息慎前来道贺，成王使荣伯作《贿息慎之命》。

成王临终，担心太子钊不能胜任天子之位，于是命令召公、毕公率领诸侯辅佐太子继位。成王逝世以后，召公和毕公率领诸侯，带太子钊拜谒先王宗庙，反复告诫太子文王、武王开创周朝王业的艰辛，一定要厉行俭约，节制贪欲，以诚信对待国政，作《顾命》。太子钊于是继位，这就是康王。康王即位，遍告诸侯，反复宣扬文王、武王的功绩，作《康诰》。所以成王、康王之时，天下安定，刑罚搁置，四十多年不用施行。康王命令毕公规划分别百姓居所，划定周都郊区，作《毕命》。

康王去世，其子昭王瑕继位。昭王在位时，王道衰落。昭王去南方巡视，没有回来，死在江中。他去世的消息没有向诸侯国报丧，缘于忌讳死因。继立昭王的儿子满，称为穆王。穆王即位，已经五十多岁了。王道衰落，穆王痛惜文王、武王的德政受到损害，于是命令伯臩为太仆，并反复告诫要管理好国家政事，作《臩命》。天下才重归安定。

穆王将征伐犬戎，祭公谋父进谏说："不可以。先王彰显道德来服人，而不炫耀武力。军队平时积蓄力量，必要时才出动，一出动就要有威力。如果只是炫耀武力就会漫不经心，漫不经心就会使得军队没有震慑力。所以周文公作颂诗说：'收起干戈，藏起弓箭，我求美德，华夏传遍，圣王诚能保全。'先王对待百姓，努力端正他们的品德，使他们性情纯厚，增加他们的财产，改善他们的器用，明白利和弊所在，用礼法教育他们，使他们致力于有利的事情，避开有害的事情，心怀德政而惧怕刑威，所以能保住先王的基业，使其不断壮大。从前我们的先祖世代担任农官，任职虞、夏两朝。等到夏朝衰微，废弃农业不管，我先王不窋因而失去官位，自己流落在戎狄之间。不敢懈怠祖先的遗业，继承祖先的德行，遵循祖先的事业，遵行祖先的训诫法则，早晚勤勉，以敦厚老实自守，以忠诚守信自持。世代崇奉德行，不辱没祖先。到了文王、武王，发扬先人业绩，再加上仁慈和善，事奉神灵，守护百姓，人神无不欢欣喜悦。商王帝辛对百姓犯下大罪，百姓无法忍受，拥戴武王，因此发兵和纣在商都郊野大战。所以先王不是要一心动用武力，而是时刻体恤百姓疾苦并帮助他们除去祸害。先王的制度，王畿之内称甸服，王畿之外称侯服，设侯卫之地称宾服，蛮夷之地称要服，戎狄之地称荒服。甸服之地要献祭，侯服之地要奉祀，宾服之地要供享，要服之地要进贡，荒服之地要朝拜。每日献祭，逐月奉祀，四时供享，按年进贡，终身朝拜。先王的遗训：有不按日献祭的，王者就要反省自己的思想；有不逐月奉祀的，就要检点自己的言辞；有四时不来供享的，就要审查法令条文；有不按年上贡的，就要端正尊卑名分；有终身不来朝拜的，就要修行德政。依次做到而还有不来尽责的，就修治刑罚。因此就有刑戮不献祭的，有攻伐不奉祀的，有征讨不供享的，有谴责不进贡的，有告谕不来朝拜的。因此有规定刑罚的法律，有用来攻战的军队，有从事征伐的预备。有威严责让的命令，有告谕四方的文辞。如果发布命令文告而仍有人不来尽责，则进一步修行德政，不要劳民远征。由此就可以做到近处之人没有不听从的，远方之人没有不服从的。现今自从大毕、伯士死后，犬戎氏按其职责前来朝拜，天子却说'我定要以宾服不享的罪名前去讨伐，而且要向他炫耀武力'，这岂不是违背先王的遗训，而几乎陷自己于困顿吗？

我听说犬戎崇尚敦厚，遵守先人遗传下来的美德，而能始终如一，他们有足以抵御我们的能力。”穆王最终还是出兵征伐，捕获四只白狼四只白鹿回来。从此以后，荒服之人便不来朝拜天子了。

诸侯中有不和睦的，甫侯禀报穆王，穆王制定了各种刑法。穆王说：“喂，过来。有封国有土地的诸侯，我来告诉你们如何谨慎地使用刑法。现在你们要安顿百姓，应该选择的不是执法人员吗？应该敬重的不应该是刑法本身吗？应该掌握的难道不是量刑的尺度吗？原告和被告到齐后，法官从五个方面来审讯双方。五个方面确凿无疑，按照五刑来治罪。如果罪不至五刑，就用五罚来治罪。如果罪不至五罚，就用五过来治罪。按五过治罪会有弊端，即达官贵人牵连其中的，案情会受到干扰，要查验核实其罪，使罪名和过失相称。判五刑之罪如有疑问，就降等按五罚治罪。判五罚之罪如有疑问，就降等按五过治罪。减罪要仔细核验清楚，应从众人中取证，讯问应当有根有据。若无充分证据不能定罪，老天威严在上。黥刑有疑需赦免，其罚金是一百率，应核验其罪。膑刑有疑需赦免，其罚金是前者的两倍，应核验其罪。宫刑有疑需赦免，其罚金是五百率，应核验其罪。大辟刑有疑需赦免，其罚金是千率，要核验其罪。属于墨刑的刑法条文有上千条，属于劓刑的刑法条文有上千条，属于膑刑的刑法条文有五百条，属于宫刑的刑法条文有二百条：这五种刑法的相关条文共有三千条。”称作《甫刑》。

穆王在位五十五年，驾崩，其子共王繄扈即位。共王在泾水边巡行，密康公跟从，有三个女子投奔密康公。密康公的母亲说：“你一定要把这三位女子献给天子。三只野兽为群，三个人为众，美女三人为粲。天子在狩猎时从不围捕兽群，王公出行要对众人谦恭有礼，天子妃嫔不能用同族的三个女子。粲是美好的事物。众人把美好之物送给你，你有什么德行承受得起呢？天子都可能不配拥有它，何况你这种小人物呢！小人物占有宝物，一定会灭亡的。”康公没有将三女献上。一年以后，共王灭掉密国。共王去世，其子懿王囏即位。懿王的时候，王室终至衰落，诗人作诗讽刺。

懿王驾崩，共王的弟弟辟方即位，就是孝王。孝王驾崩，诸侯又立懿王的太子燮，就是夷王。

夷王驾崩，其子厉王胡即位。厉王在位三十年，贪图财物，亲近荣夷公。大夫芮良夫劝谏厉王：“王室恐怕要衰败了吧？荣公喜欢垄断财物却不知道大难到头。财物，是万物所生，是天地所承载的，想要垄断，其危害太多。天地万物供大家索取，怎么能垄断呢？他惹怒的人很多，却不防备大难。还用这个来教导王，王还能长久吗？称王的人，应该开发财源，使其惠及天下。使鬼神百姓万物皆得其所，就这样还每天担忧，害怕有所不满。因此《颂》诗说：‘追念祖先后稷，能和天相配，安定我的百姓，没有不合乎其原则。’《大雅》说：‘施惠赐，成我周邦。’这不正是广施财物而又畏惧灾难吗？所以才能成我周邦到如今。现在王学着垄断财物，这样怎么可以呢？普通人垄断财物，还被称作‘盗’，王这样做，愿意归顺的人很少。如果荣公得以重任，周朝必定衰亡。”厉王不听，最后任用荣公为卿士，让他掌握国家大权。

厉王行事暴虐，奢侈傲慢，国民非议厉王。召公劝谏说：“百姓受不了你的政令。”厉王发怒，找来卫国的一个巫士，派他监督非议自己的人，报告上来，就将其杀掉。非议逐渐就少了，诸侯也不来朝见了。三十四年，厉王更加严苛，国人都不敢说话，走在路上只用目光示意。厉王非常高兴，告诉召公说：“我能消除非议，让他们话都不敢说。”召公说：“这是因为你堵住了他们的嘴。堵住百姓的嘴比堵水还要可怕。水多会溃堤，伤害的人肯定很多，不让百姓说话也是一样的。所以治水的人要疏导淤塞，治理百姓要让他们能自由言论。因此天子治理政事，让公卿和列士献诗，让盲人乐师献曲，让史官献书，让老师规劝，让无眼珠的盲人叙事，让有眼珠的盲人朗诵，让百工进谏，让庶人传播议论，让近臣规劝，让亲戚补察过失，让盲人乐师和史官来教诲，让老人来告诫，而后由王斟酌，因此政事施行而不违理。百姓有嘴，就像土地上有山川，财物从这里来；就像土地有平原沃野，百姓的衣食从这里来。让百姓自由言论，好事坏事都能从中反映。做好事并防备坏事，是财物和衣食真正的来源。百姓在心里考虑，由口中说出来，事情决定了再去做。若堵住他们的嘴，又能过多久呢？”厉王不听劝。于是百姓没有人敢出言议论，三年后，竟一起发动叛乱，袭击厉王。厉王出逃到彘。

厉王的太子静躲藏在召公家里，国人听说，于是把召公的家围起来。召公说：“从前我屡次劝谏王，王不听从，所以遭此大难。现在若杀死王太子，王恐怕要以为我是记仇而怨恨吧？侍奉君主，即使处于危险之中也不怨恨，心有怨恨也不会发泄怒火，何况是事奉天子呢！”于是用自己的儿子代替太子，太子最终脱险免难。

召公、周公二相共同执政掌权，号称“共和”。共和十四年，厉王死在彘地。太子静在召公家长大，两相于是就共同立他为王，就是宣王。宣王即位，两相辅佐他，整顿政治，遵循文王、武王、成王、康王的遗风，诸侯重新归附于周。十二年，鲁武公来朝见。

宣王不在千亩奉行籍田助耕礼，虢文公进谏说不可，王不听。三十九年，宣王军队和姜姓戎族在千亩交战，大败。

宣王既已丧失了南方的军队，就在太原统计百姓人口。仲山甫进谏说：“不可以清点百姓人口。”宣王不听，最终还是统计了民众的数量。

四十六年，宣王驾崩，其子幽王宫湦即位。幽王二年，西周泾、渭、洛一带发生地震。伯阳甫说：“周即将灭亡了。天、地二气，不能失去其秩序；若超出其秩序，百姓便陷于混乱。阳气伏藏而不能散出，被阴气压迫而不能上升，因此才有地震。现在三川发生地震，是因阳气失其所而被阴气镇压。阳气失其所而被阴气镇压，水源必然会堵住；水源被堵住，国家必然会衰亡。土壤中水脉通畅，百姓才得到财物。土壤中水脉不通畅，百姓缺少财物，国家不灭亡还等什么！从前伊水、洛水枯竭使夏朝灭亡，河水枯竭使商朝灭亡。现在周的德行已同夏、商两朝的末年，水源又被堵住，堵住了就会枯竭。建国必须依山傍河，山陵崩塌，水源枯竭，是亡国的象征。水源枯竭必引起山脉崩塌。若要亡国的话不超过十年，因为数是以十为进位。上天若要抛弃我们，是不会超过这个年数的。”当年三川枯竭，岐山崩塌。

三年，幽王宠幸褒姒。褒姒生下儿子伯服，幽王就想废黜太子。太子的母亲是申侯的女儿，被封为王后。后来幽王得到褒姒，宠爱她，就打算废黜申后和太子宜臼，而封褒姒为王后，封伯服为太子。周太史伯阳读史书记载说：“周将要灭亡了。”从前夏后氏衰败的时候，有两条神龙降在夏帝的朝廷之上，并说：“我们是褒国的两个君主。”夏帝占卜，问是杀它还是赶它或留它，结果都不吉利。又占卜请求把龙的涎沫收藏起来，才是吉兆。于是陈列布帛并记在简策中，向神龙祈祷，龙走后留下涎沫，被夏帝盛在匣中收藏。夏灭亡，此器传给商朝。商朝灭亡，此器又传给周朝。传了三个朝代，都没有人敢打开它。到厉王末年，才打开观看。龙的涎沫流到朝廷之上，无法清除。厉王让女人裸身并大声呼叫。涎沫化作黑色的蜥蜴，窜进王的后宫。后宫有个童女刚满七岁，碰上它，到十五岁行过及笄礼后就怀孕了，因为没有丈夫就生下孩子，感到害怕就把孩子扔掉了。宣王时有个童女唱歌谣说：“见到用山桑做成的弓箭和用箕木做成的箭囊，周国将要灭亡。”当时宣王听到这件事，看到有夫妇俩卖这两件器物，宣王派人把他们抓起来并杀掉。他们在逃亡的路上，看见之前后宫童女扔在路边的孩子，听到孩子在夜里啼哭，怜悯她并收养下来。夫妇俩最终逃到了褒国。后褒国人犯了罪，请求献上童女扔掉的女儿给幽王来赎罪。那个被扔掉的女孩来自褒国，就是褒姒。当幽王三年时，王到后宫，一见到她就爱上了，并和她生下儿子伯服，竟要废黜申后和太子，封褒姒为王后，封伯服为太子。太史伯阳说：“灾祸已经形成，没有什么办法了！”

褒姒不喜欢笑，幽王想尽办法让她

笑，她就不笑。幽王时有烽燧和大鼓，有敌人来犯就燃起烽火。有一次，幽王燃起烽火，诸侯都赶来了，到了却没有入侵之敌，褒姒因此大笑。幽王非常高兴，为褒姒多次燃起烽火。后来就失去信用了，诸侯们渐渐也就不再来了。

幽王任命虢石父为卿士，执政掌权，国人都有怨言。虢石父能说会道，喜欢阿谀奉承，贪财享利，而王却任用他。又废黜申后和太子。申侯恼怒，与缯侯和西夷犬戎联合攻打幽王。幽王就燃起烽火征召诸侯的军队，诸侯的军队没有来。于是将幽王杀死在骊山之下，掳走褒姒，抢光周朝的财物而离开。于是诸侯都到申侯那里，共立之前的幽王太子宜白，就是平王，以继续奉行周朝的祭祀。

平王即位，东迁都城到雒邑，以躲避戎寇。平王在位时，周王室开始衰败，诸侯中强大的国家吞并弱小的国家，齐、楚、秦、晋开始强大，政令都是出自称霸的君主。

四十九年，鲁隐公即位。

五十一年，平王驾崩，太子洩父早逝，立洩父的儿子林，就是桓王。桓王是平王的孙子。

桓王三年，郑庄公来朝见，桓王不礼遇他。五年，郑庄公埋怨，和鲁国交易许田。许田是天子用来祭祀泰山的田地。八年，鲁国杀隐公，立桓公。十三年，讨伐郑国，郑射伤桓王，桓王就离开回去。

二十三年，桓王驾崩，立其子庄王佗。庄公四年时，周公黑肩打算杀掉庄王，立庄王的儿子克。辛伯向庄王告密，王杀掉周公。庄王的儿子克出逃燕国。

十五年，庄王驾崩，立其子釐王胡齐。釐王三年时，齐桓公开始称霸。

五年，釐王驾崩，立其子惠王阆。惠王二年。当初庄公有个宠姬姚，生儿子穨，穨受宠。等到惠王即位，夺取大臣的园林作为自己的园囿，所以大夫边伯等五人发动叛乱，谋划征召燕、卫两国的军队，讨伐惠王。惠王出逃到温，后又居住在郑国栎地。拥立釐王的弟弟穨为王。演奏各个时代的舞乐，郑、虢国君很生气。四年，郑国和虢国国君讨伐杀掉王穨，重新迎立惠王。惠王十年时，赐齐桓公为伯爵。

二十五年，惠王驾崩，其子襄王郑即位。襄王母亲早逝，后母称惠后。惠后生下叔带，叔带深受惠王宠爱，襄王害怕他。三年，叔带和戎、翟两族谋划讨伐襄王，襄王想诛杀叔带，叔带出逃到齐国。齐桓公派管仲为戎与周说和，派隰朋为戎和晋国说和。襄王用上卿的礼节接待管仲。管仲推辞说："臣是身份低微的官员，有天子的两个上卿国氏、高氏在。如果他们在春秋两季前来朝聘、接受王命，那么您将用什么礼数对待他们呢？作为诸侯之臣，我请求免去此礼。"襄王说："作为舅舅家的人，我要嘉奖你的功勋，不要违反我的命令。"管仲最终承受下卿的礼节而回。九年，齐桓公去世。十二年，叔带又重新回到周朝。

十三年，郑国讨伐滑国，襄王派游孙、伯服为滑国求情，郑国囚禁了他们。郑文公怨恨惠王复国没有加封郑厉公爵位，又怨恨襄王帮助卫国替滑求情，所以囚禁了伯服。襄王很生气，打算用翟人讨伐郑国。富辰劝谏说："我周朝东迁的时候，靠的是晋国、郑国。子颓叛乱，又是靠郑国平定的，现在却因为小小的不愉快而抛弃他们！"王不听劝。十五年，王派翟国军队讨伐郑国。王感谢翟人，将要把翟国国君的女儿封为后。富辰劝谏说："平王、桓王、庄王、惠王都是受过郑国的好处，您放弃亲族而去亲近翟国，这样不可取。"襄王不听。十六年，襄王废黜翟国来的王后，翟国人来诛讨，杀掉谭伯。富辰说："我多次劝谏，王不听从。如果我不出战，王会认为我是在怨恨他吧？"于是率领其族属殉难。

当初，惠后想立儿子带为王，所以派其党羽当翟人的内应，翟人因此得以攻入周。襄王出逃到郑国，郑国把王安置在汜地。立其子带为王，襄王所废黜的翟后并居住在温地。十七年，襄王向晋国告急，晋文公接纳王并诛杀了叔带。襄王于是赏赐给晋文公圭瓒、秬鬯、弓矢，封他为伯，把河内地赏赐给晋国。二十年，晋文公约请襄王，襄王和他在河阳、践土两地相会，诸侯都来朝见，史书掩饰说"周王巡守河阳"。

二十四年，晋文公去世。

三十一年，秦穆公去世。

三十二年，襄王驾崩，立其子顷王壬臣为王。顷王在位六年驾崩，立其子匡王班为王。匡王六年时，匡王驾崩，立其弟瑜，就是定王。

定王元年，楚庄王讨伐陆浑之戎，驻扎在洛水边，派人来询问九鼎大小。定王派王孙满用巧妙的言辞回应，楚兵这才离开。十年，楚庄王围攻郑国，郑伯投降，后来又让他复国。十六年，楚庄王去世。

二十一年，定王驾崩，立其子简王夷为王。简王十三年，晋人杀掉其君厉公，从周迎立子周，立为悼公。

十四年，简王驾崩，立其子灵王泄心。灵王二十四年，齐国崔杼弑杀其君庄公。

二十七年，灵王驾崩，立其子景王贵为王。景王十八年，穆后、太子圣早逝。二十年，景王宠爱子朝，想立他为太子，恰巧景王这时驾崩，子丐的党羽和子朝争立太子，国人立景王长子猛为王，子朝攻杀猛。猛就是悼王。晋人攻杀子朝而立丐为王，这就是敬王。

敬王元年，晋人送敬王回国，子朝自立为王，敬王无法入国，居住在泽地。四年，晋国率领诸侯送敬王回到周，子朝称臣。诸侯为周筑城。十六年，子朝的党羽又发动叛乱，敬王出逃到晋国。十七年，晋定公又把敬王送到周。

三十九年，齐国田常杀掉国君齐简公。

四十一年，楚国灭掉陈国。孔子去世。

四十二年，敬王驾崩，立其子元王仁。元王八年，驾崩，立其子定王介。

定王十六年，赵、魏、韩三国灭智伯，瓜分其地。

二十八年，定王驾崩，立其长子去疾为王，就是哀王。哀王立了三个月，其弟叔袭击并杀掉哀王而自立为王，就是思王。思王立了五个月，其小弟嵬杀掉思王而自立为王，就是考王。这三个王都是定王的儿子。

考王十五年，考王驾崩，立其子威烈王午为王。

考王封他的弟弟在河南，就是桓公，来接续周公的官职。桓公去世，其子威公代替。威公去世，其子惠公代替，就封他的儿子在巩，让他侍奉周王，号称东周惠公。

威烈王二十三年，放置九鼎的地方发生地震。任命韩、魏、赵为诸侯国。

二十四年，威烈王驾崩，立其子安王骄为王。这一年有强盗杀掉楚声王。

安王立二十六年，驾崩，立其子烈王喜。烈王二年，周太史儋拜见秦献公说："开始周和秦国合在一起后分开，分开五百乃又合在一起，合一起十七年就会有霸王出现。"

十年，烈王驾崩，立其弟扁为王，就是显王。显王五年，恭贺秦献公，献公称伯。九年，送祭祀文王、武王的祭肉给秦孝公。二十五年，秦孝公和诸侯相会于周。二十六年，周赐伯的爵位给秦孝公。三十三年，恭贺秦惠王。三十五年，送祭祀文王、武王的祭肉给秦惠王。四十四年，秦惠王称王。从此以后诸侯都称王。

四十八年，显王驾崩，立其子慎靓王定为王。慎靓王在位六年，驾崩，立其子赧王延称王。王赧的时候东西两周分列，各自治理。王赧迁都西周。

西周武公的共太子去世，有五个庶子，没有嫡子可立。司马翦对楚王说："不如用土地帮助公子咎，为他请立太子。"左成说："不行。周如果不听，那您的计谋也就落空，而且在外交上也会与周疏远。不如请问周君想立谁，让他私下告诉司马翦，司马翦再请求土地给予他资助。"果然立公子咎为太子。

八年，秦国攻打韩国宜阳，楚国出兵相救。而楚国因为周亲近秦国的缘故，将要攻周。苏代替周劝说楚王："为什么认为周亲近秦国就是祸事呢？那些放言周亲近秦国超过楚国的人，是想让周合并于秦，所以称'周秦'。周知道自己无法避免，也必定会和秦国合并，这是帮秦国取得周的精妙之法。为王考虑，周亲近秦国要善待它，不亲近秦国也要善待它，使它和秦疏远。周与秦绝交，必会合并于楚国。"

秦国从东西周之间借道，将要去攻打韩国。周恐惧：给秦国借道，但害怕韩国；不给秦国借道，又害怕秦国。史厌对周君说："为什么不让人对韩公叔说'秦国敢经过周国去攻打韩国，是因为相信东周。公为什么不送给周国土地，同时派质子到楚国'？秦国必定疑惧楚国而不又信任周，因此就不会去攻打韩国。又对秦国说'韩国强行给周土地，是要使秦国怀疑周，周不敢不接受'。秦国必定没有理由让周不接受土地，这就能既从韩得到土地又能让秦相信。"

秦人召令西周君，西周君不愿前往，所以让人对韩王说："秦人召请西周君，是要让他攻打王的南阳，王为什么不出兵南阳？周君将以此为理由来拒绝入秦。周君不去秦国，秦一定不敢渡河攻打南阳。"

东周和西周交战，韩国救西周。有人帮东周游说韩王说：“西周是原天子的国家，有很多名贵器物和珍宝。王可以按兵不出，这样可以有恩于东周，而西周的宝物也一定会尽归于韩。”

王赧对成君说。楚国围攻韩国的雍氏，韩国从东周征调士兵和粮食，东周君害怕，召见苏代并以此相告。苏代说：“您何必为此事担忧。我能够让韩国不从东周征调士兵和粮食，还能够帮您得到高都。”周君说：“您如果可以做到，我会让整个国家都听您的。”苏代拜见韩相国说：“楚国围攻雍氏，预期三个月攻下，到现在五个月还攻不下来，这说明楚国已经疲敝困顿了。现在相国要从周征发士兵和粮食，这是告诉楚国您也疲敝困顿了。”韩相国说：“对。但使者已经出发了。”苏代说：“为什么不把高都送给周？”韩相国非常生气说：“我不从周征发士兵和粮食已经不错了，为什么还要把高都送给周？”苏代说：“给周高都，这样周就会转而投靠韩国，秦国听说这件事，一定会对周非常生气，不和周互派使者，这样就用破败的高都换得了完整的东周。为什么不给它呢？”相国说：“这样很好。”果然把高都送给周。

三十四年，苏厉对周君说：“秦国攻破韩国、魏国，击败师武，北边攻取赵蔺、离石的将领，都是白起。这是善于用兵，又有天命的缘故。如今又要领兵出塞攻打梁国，如果梁国被攻破那么周就危险了。您为什么不派人去游说白起呢？就说：‘楚国有个叫养由基的人，擅长射箭。距离柳叶百步而去射它，百发百中。左右旁观的有上千人，都说他擅长射箭。有一个男子站在旁边说，很好，可以教他射箭了。养由基很生气，放下弓，握住剑说，难道您能教我射箭吗？男子说，不是我能教您左手执弓右手拉弦。距离柳叶百步而去射它，百发百中，不知道见好就停，用不了多久就会气力衰竭，弓歪箭弯，只要一发射不中，百发也就前功尽弃了。如今攻破韩国、魏国，杀师武，北边攻取赵蔺、离石，您的功劳最多。现在又带兵出塞，经过两周，背对韩国，攻打梁国，如果这次攻不下，那么前边的功劳也成徒劳了。您不如假称生病而不出兵。’”

四十二年，秦国攻破华阳要塞。马犯对周君说：“请让我劝说

梁国为周筑城。”于是对梁王说：“周王如果担心秦伐周而忧患至死，那么我也必死。我请求把九鼎献给大王，大王得此九鼎但要设法替我考虑一下。”梁王说：“好。”于是派兵给他，称是去守卫周。马犯又趁机对秦王说：“梁派兵不是去守卫周，而是要攻打周。大王您不如出兵到边境看看情况。”秦国果然出兵。马犯又对梁王说：“周王的心病更重了，我请求等条件允许时再来报答。现在大王派兵前往周，诸侯都产生顾虑，以后再做事情别人也不会相信了。不如让士兵帮助周筑城，以掩盖事情的最初原因。”梁王说：“好。”于是令士兵为周筑城。

四十五年，周君的秦国客人对周冣说：“您不如对周君赞誉秦王孝顺，趁机让周君把应地送给秦太后，作为太后的供养之地，秦王肯定高兴，这样您就和秦有了交情。周秦关系好，周君必定认为是您的功劳。周秦关系如果不好，鼓动周君入秦的人一定会获罪。”秦国要攻打周，周冣对秦王说：“为大王考虑的话，还是不要攻打周。攻周，实际上不足以获利，只是让天下害怕秦国的声威罢了。天下因为声威而害怕秦国，必定向东联合齐国。因攻打周而损耗兵力，又使天下与齐联合，那么秦也就无法称王了。天下想使秦国困顿，所以劝大王攻周。秦国被天下困顿，那么政令就难以通行了。”

五十八年，三晋抵抗秦国。周派遣其相国到秦国，因为秦国轻视周，所以让周相国回去。有客对相国说：“秦对周的轻重态度尚不知道。秦想了解三晋各国的情况。您不如赶紧去拜见秦王说‘请求替王打听东方各国的情况变化’，秦王肯定看重您，看重您，秦也就看重周，周就会取信于秦；齐国看重周，那么本有周聚取信于齐：这样周就能一直保持与大国的交情。”秦听信周，发兵攻打三晋。

五十九年，秦攻取韩国的阳城和负黍，西周害怕，背叛秦国，与诸侯约定合纵，率天下精锐军队出伊阙山攻打秦国，使秦不能通往阳城。秦昭王大怒，派将军摎攻打西周。西周君出跑到秦国，叩头认罪，将其城邑三十六座全部献上，计有三万人口。秦接受其所献，释放西周君回周。

周君、王赧去世，周地子民于是向东逃亡。秦国取得九鼎宝物，并把西周君迁到惪狐。过了七年，秦庄襄王灭掉东周。东西周的土地都归入秦国，周从此祀统断绝。

太史公说：学者都说周讨伐纣，定都在洛邑，综合来看其实不是这样的。虽然武王曾营建它，成王派召公占卜这位置，把九鼎放在那里，但周仍定都在丰、镐。到犬戎打败幽王，周才向东迁都到洛邑。所谓“周公埋葬在毕”，毕在镐东南的杜中。秦灭掉周。汉朝建立九十多年了，天子要在泰山举行封禅，向东巡狩到河南，寻求周的后裔子孙，封给周的后人嘉三十里地，号称周子南君，爵位同列侯，来继承对其先祖的祭祀。

（王永吉　注译）

卷五 秦本纪第五

注释查阅 译文诵读

秦之先，帝颛顼之苗裔孙[1]，曰女修。女修织，玄鸟陨卵[2]，女修吞之，生子大业。大业取少典之子[3]，曰女华。女华生大费[4]，与禹平水土。已成，帝锡玄圭[5]。禹受曰：“非予能成，亦大费为辅。”帝舜曰：“咨尔费[6]，赞禹功，其赐尔皂游[7]。尔后嗣将大出[8]。”乃妻之姚姓之玉女。大费拜受，佐舜调驯鸟兽，鸟兽多驯服，是为柏翳。舜赐姓嬴氏。

大费生子二人：一曰大廉，实鸟俗氏；二曰若木，实费氏。其玄孙曰费昌[9]，子孙或在中国，或在夷狄。费昌当夏桀之时，去夏归商，为汤御[10]，以败桀于鸣条[11]。大廉玄孙曰孟戏、中衍[12]，中衍鸟身人言。帝太戊闻而卜之，使御[13]，吉。遂致使御而妻之。自太戊以下，中衍之后，遂世有功，以佐殷国，故嬴姓多显，遂为诸侯。

其玄孙曰中潏[14]，在西戎，保西垂[15]。生蜚廉。蜚廉生恶来。恶来有力，蜚廉善走，父子俱以材力事殷纣。周武王之伐纣，并杀恶来。是时蜚廉为纣石北方[16]，还，无所报[17]，为坛霍太山而报，得石棺，铭曰“帝令处父不与殷乱[18]，赐尔石棺以华氏[19]”。死，遂葬于霍太山。蜚廉复有子曰季胜。季胜生孟增。孟增幸于周成王，是为宅皋狼。皋狼生衡父，衡父生造父。造父以善御幸于周缪王[20]，得骥、温骊、骅骝、騄耳之驷[21]，西巡狩，乐而忘归。徐偃王作乱，造父为缪王御，长驱归周，一日千里以救乱。缪王以赵城封造父，造父族由此为赵氏。自蜚廉生季胜已下五世至造父，别居赵。赵衰其后也[22]。恶来革者，蜚廉子也，蚤死。有子曰女防。女防生旁皋，旁皋生太几，太几生大骆，大骆生非子。以造父之宠，皆蒙赵城[23]，姓赵氏。

非子居犬丘[24]，好马及畜，善养息之[25]。犬丘人言之周孝王，孝王召使主马于汧渭之间[26]，马大蕃息。孝王欲以为大骆嫡嗣。申侯之女为大骆妻，生子成为嫡。申侯乃言孝王曰：“昔我先郦山之女[27]，为戎胥轩妻[28]，生中潏，以亲故归周，保西垂，西垂以其故和睦。今我复与大骆妻，生嫡子成。申骆重婚[29]，西戎皆服，所以为王。王其图之。”于是孝王曰：“昔伯翳为舜主畜，畜多息，故有土，赐姓嬴。今其后世亦为朕息马，朕其分土为附庸。”邑之秦[30]，使复续嬴氏祀，号曰秦嬴。亦不废申侯之女子为骆嫡者，以和西戎。

秦嬴生秦侯。秦侯立十年，卒。生公伯。公伯立三年，卒。生秦仲。

秦仲立三年，周厉王无道，诸侯或叛之。西戎反王室，灭犬丘大骆之族。周宣王即位，乃以秦仲为大夫，诛西戎。西戎杀秦仲。秦仲立二十三年，死于戎。有子五人，其长者曰庄公。周宣王乃召庄公昆弟五人，与兵七千人，使伐西戎，破之。于是复予秦仲后，及其先大骆地犬丘并有之，为西垂大夫。

庄公居其故西犬丘，生子三人，其长男世父。世父曰：“戎杀我大父仲[31]，我非杀戎王则不敢入邑。”遂将击戎，让其弟襄公。襄公为太子。庄公立四十四年，卒，太子襄公代立。襄公元年，以女弟缪嬴为丰王妻[32]。襄公二年，戎围犬丘，世父击之，为戎人所虏。岁馀，复归世父。七年春，周幽王用褒姒废太子，立褒姒子为嫡，数欺诸侯，诸侯叛之。西戎犬戎与申侯伐周，杀幽王郦山下。而秦襄公将兵救周，战甚力，有功。周避犬戎难，东徙雒邑[33]，襄公以兵送周平王。平王封襄公为诸侯，赐之岐以西之地。曰：“戎无道，侵夺我岐、丰之地，秦能攻逐戎，即有其地。”与誓，封爵之。襄公于是始国，与诸侯通使聘享之礼，乃用骝驹、黄牛、羝羊各三，祠上帝西畤[34]。十二年，伐戎而至岐，卒。生文公。

文公元年，居西垂宫[35]。三年，文公以兵七百人东猎。四年，至汧渭之会。曰：“昔周邑我先秦嬴于此，后卒获为诸侯。”乃卜居之，占曰吉，即营邑之[36]。十年，初为鄜畤[37]，用三牢[38]。十三年，初有史以纪事，民多化者。十六年，文公以兵伐戎，戎败走。于是文公遂收周馀民有之，地至岐，岐以东献之周。十九年，得陈宝[39]。二十年，法初有三族之罪[40]。二十七年，伐南山大梓[41]，丰大特[42]。四十八年，文公太子卒，赐谥为竫公[43]。竫公之长子为太子，是文公孙也。五十年，文公卒，葬西山。竫公子立，是为宁公[44]。

宁公二年，公徙居平阳[45]。遣兵伐荡社[46]。三年，与亳战，亳王奔戎，遂灭荡社。四年，鲁公子翚弑其君隐公。十二年，伐荡氏[47]，取之。宁公生十岁立，立十二年卒，葬西山。生子三人，长男武公为太子。武公弟德公，同母[48]鲁姬子。生出子。宁公卒，大庶长弗忌、威垒、三父废太子而立出子为君[49]。出子六年，三父等复共令人贼杀出子。出子生五岁立，立六年卒。三父等乃复立故太子武公。

武公元年，伐彭戏氏[50]，至于华山下，居平阳封宫[51]。三年，诛三父等而夷三族，以其杀出子也。郑高渠眯杀其君昭公。十年，伐邽、冀戎[52]，初县之[53]。十一年，初县杜、郑。灭小虢[54]。

十三年，齐人管至父、连称等杀其君襄公而立公孙无知。晋灭霍、魏、耿。齐雍廪杀无知、管至父等而立齐桓公。齐、晋为强国。

十九年，晋曲沃始为晋侯[55]。齐桓公伯于鄄[56]。

二十年，武公卒，葬雍平阳[57]。初以人从死[58]，从死者六十六人。有子一人，名曰白。白不立，封平阳。立其弟德公。

德公元年，初居雍城大郑宫。以牺三百牢祠鄜畤[59]。卜居雍，后子孙饮马于河[60]。梁伯、芮伯来朝。二年，初伏[61]，以狗御蛊[62]。德公生三十三岁而立，立二年卒。生子三人：长子宣公，中子成公，少子穆公。长子宣公立。

宣公元年，卫、燕伐周，出惠王，立王子穨。三年，郑伯、虢叔杀子穨而入惠王。四年，作密畤[63]。与晋战河阳[64]，胜之。十二年，宣公卒。生子九人，莫立，立其弟成公。

成公元年，梁伯、芮伯来朝。齐桓公伐山戎，次于孤竹。

成公立四年卒。子七人，莫立，立其弟缪公。

缪公任好元年，自将伐茅津，胜之。四年，迎妇于晋，晋太子申生姊也。其岁，齐桓公伐楚，至邵陵。

五年，晋献公灭虞、虢[65]，虏虞君与其大夫百里傒[66]，以璧马赂于虞故也。既虏百里傒，以为秦缪公夫人媵于秦[67]。百里傒亡秦走宛[68]，楚鄙人执之[69]。缪公闻百里傒贤，欲重赎之，恐楚人不与，乃使人谓楚曰："吾媵臣百里傒在焉，请以五羖羊皮赎之[70]。"楚人遂许与之。当是时，百里傒年已七十馀。缪公释其囚，与语国事。谢曰[71]："臣亡国之臣，何足问！"缪公曰："虞君不用子，故亡，非子罪也。"固问，语三日，缪公大说[72]，授之国政，号曰五羖大夫。百里傒让曰："臣不及臣友蹇叔，蹇叔贤而世莫知。臣常游困于齐而乞食铚人[73]，蹇叔收臣。臣因而欲事齐君无知，蹇叔止臣，臣得脱齐难，遂之周。周王子穨好牛，臣以养牛干之[74]。及穨欲用臣，蹇叔止臣，臣去，得不诛。事虞君，蹇叔止臣。臣知虞君不用臣，臣诚私利禄爵，且留。再用其言，得脱；一不用，及虞君难。是以知其贤。"于是缪公使人厚币迎蹇叔[75]，以为上大夫[76]。

秋，缪公自将伐晋，战于河曲。晋骊姬作乱，太子申生死新城，重耳、夷吾出奔。

九年，齐桓公会诸侯于葵丘。

晋献公卒。立骊姬子奚齐，其臣里克杀奚齐。荀息立卓子，克又杀卓子及荀息。夷吾使人请秦，求入晋。于是缪公许之，使百里傒将兵送夷吾。夷吾谓曰："诚得立，请割晋之河西八城与秦。"及至，已立，而使丕郑谢秦，背约不与河西城，而杀里克。丕郑闻之，恐，因与缪公谋曰："晋人不欲夷吾，实欲重耳。今背秦约而杀里克，皆吕甥、郤芮之计也。愿君以利急召吕、郤，吕、郤至，则更入重耳便。"缪公许之，使人与丕郑归，召吕、郤。吕、郤等疑丕郑有间[77]，乃言夷吾杀丕郑。丕郑子丕豹奔秦，说缪公曰："晋君无道，百姓不亲，可伐也。"缪公曰："百姓苟不便[78]，何故能诛其大臣？能诛其大臣，此其调也[79]。"不听，而阴用豹[80]。

十二年，齐管仲、隰朋死。

晋旱，来请粟。丕豹说缪公勿与，因其饥而伐之[81]。缪公问公孙支，支曰：

“饥穰更事耳[82]，不可不与。”问百里傒，傒曰：“夷吾得罪于君，其百姓何罪？”于是用百里傒、公孙支言，卒与之粟。以船漕车转[83]，自雍相望至绛[84]。

十四年，秦饥，请粟于晋。晋君谋之群臣。虢射曰：“因其饥伐之，可有大功。”晋君从之。十五年，兴兵将攻秦。缪公发兵，使丕豹将，自往击之。九月壬戌，与晋惠公夷吾合战于韩地[85]。晋君弃其军[86]，与秦争利，还而马鷙[87]。缪公与麾下驰追之，不能得晋君，反为晋军所围。晋击缪公，缪公伤。于是岐下食善马者三百人驰冒晋军[88]，晋军解围，遂脱缪公而反生得晋君。初，缪公亡善马，岐下野人共得而食之者三百馀人[89]，吏逐得，欲法之。缪公曰：“君子不以畜产害人[90]。吾闻食善马肉不饮酒，伤人。”乃皆赐酒而赦之。三百人者闻秦击晋，皆求从，从而见缪公窘，亦皆推锋争死[91]，以报食马之德。于是缪公虏晋君以归，令于国，“齐宿[92]，吾将以晋君祠上帝”。周天子闻之，曰“晋我同姓”，为请晋君。夷吾姊亦为缪公夫人，夫人闻之，乃衰绖跣[93]，曰：“妾兄弟不能相救，以辱君命。”缪公曰：“我得晋君以为功，今天子为请，夫人是忧。”乃与晋君盟，许归之，更舍上舍[94]，而馈之七牢[95]。十一月，归晋君夷吾，夷吾献其河西地，使太子圉为质于秦。秦妻子圉以宗女[96]。是时秦地东至河。

十八年，齐桓公卒。二十年，秦灭梁、芮。

二十二年，晋公子圉闻晋君病，曰：“梁，我母家也[97]，而秦灭之。我兄弟多，即君百岁后[98]，秦必留我，而晋轻亦更立他子。”子圉乃亡归晋。二十三年，晋惠公卒，子圉立为君。秦怨圉亡去，乃迎晋公子重耳于楚，而妻以故子圉妻。重耳初谢[99]，后乃受。缪公益礼厚遇之。二十四年春，秦使人告晋大臣，欲入重耳。晋许之，于是使人送重耳。二月，重耳立为晋君，是为文公。文公使人杀子圉。子圉是为怀公。

其秋，周襄王弟带以翟伐王，王出居郑。二十五年，周王使人告难于晋、秦。秦缪公将兵助晋文公入襄王，杀王弟带。二十八年，晋文公败楚于城濮。三十年，缪公助晋文公围郑。郑使人言缪公曰：“亡郑厚晋，于晋而得矣，而秦未有利。晋之强，秦之忧也。”缪公乃罢兵归。晋亦罢。三十二年冬，晋文公卒。

郑人有卖郑于秦曰[100]：“我主其城门，郑可袭也。”缪公问蹇叔、百里傒，对曰：“径数国千里而袭人[101]，希有得利者[102]。且人卖郑，庸知我国人不有以我情告郑者乎？不可。”缪公曰：“子不知也，吾已决矣。”遂发兵，使百里傒子孟明视[103]，蹇叔子西乞术及白乙丙将兵[104]。行日，百里傒、蹇叔二人哭之。缪公闻，怒曰：“孤发兵而子沮哭吾军[105]，何也？”二老曰：“臣非敢沮君军。军行，臣子与往[106]；臣老，迟还恐不相见，故哭耳。”二老退，谓其子曰：“汝军即败，必于殽阨矣[107]。”三十三年春，秦兵遂东，更晋地[108]，过周北门。周王孙满曰：“秦师无礼，不败何待！”兵至滑[109]，郑贩卖贾人弦高，持十二牛将卖之周，见秦兵，恐死虏，因献其牛，曰：“闻大国将诛郑，郑君谨修守御备，使臣以牛十二劳军士。”秦三将军相谓曰：“将袭郑，郑今已觉之，往无及已。”灭滑。

滑，晋之边邑也。

当是时，晋文公丧尚未葬。太子襄公怒曰："秦侮我孤[110]，因丧破我滑。"遂墨衰绖[111]，发兵遮秦兵于殽[112]，击之，大破秦军，无一人得脱者。虏秦三将以归。文公夫人[113]，秦女也，为秦三囚将请曰："缪公之怨此三人入于骨髓，愿令此三人归，令我君得自快烹之。"晋君许之，归秦三将。三将至，缪公素服郊迎[114]，向三人哭曰："孤以不用百里傒、蹇叔言以辱三子，三子何罪乎？子其悉心雪耻，毋怠。"遂复三人官秩如故[115]，愈益厚之。

三十四年，楚太子商臣弑其父成王代立。

缪公于是复使孟明视等将兵伐晋，战于彭衙。秦不利，引兵归。

戎王使由余于秦。由余，其先晋人也，亡入戎，能晋言。闻缪公贤，故使由余观秦。秦缪公示以宫室、积聚。由余曰："使鬼为之，则劳神矣[116]。使人为之，亦苦民矣。"缪公怪之，问曰："中国以诗书礼乐法度为政，然尚时乱；今戎夷无此，何以为治，不亦难乎？"由余笑曰："此乃中国所以乱也。夫自上圣黄帝作为礼乐法度，身以先之，仅以小治。及其后世，日以骄淫。阻法度之威[117]，以责督于下[118]，下罢极则以仁义怨望于上[119]，上下交争怨而相篡弑，至于灭宗，皆以此类也。夫戎夷不然。上含淳德以遇其下，下怀忠信以事其上，一国之政犹一身之治，不知所以治，此真圣人之治也。"于是缪公退而问内史廖曰："孤闻邻国有圣人，敌国之忧也。今由余贤，寡人之害，将奈之何？"内史廖曰[120]："戎王处辟匿[121]，未闻中国之声[122]。君试遗其女乐[123]，以夺其志；为由余请，以疏其间；留而莫遣，以失其期。戎王怪之，必疑由余。君臣有间，乃可虏也。且戎王好乐，必怠于政。"缪公曰："善。"因与由余曲席而坐[124]，传器而食，问其地形与其兵势尽詧[125]，而后令内史廖以女乐二八遗戎王。戎王受而说之[126]，终年不还。于是秦乃归由余。由余数谏不听，缪公又数使人间要由余[127]，由余遂去降秦。缪公以客礼礼之，问伐戎之形。

三十六年，缪公复益厚孟明等，使将兵伐晋，渡河焚船，大败晋人，取王官及鄗[128]，以报殽之役。晋人皆城守不敢出。于是缪公乃自茅津渡河，封殽中尸[129]，为发丧，哭之三日。乃誓于军曰："嗟士卒！听无哗，余誓告汝。古之人谋黄发番番[130]，则无所过。"以申思不用蹇叔、百里傒之谋[131]，故作此誓，令后世以记余过。君子闻之，皆为垂涕，曰："嗟乎！秦缪公之与人周也[132]，卒得孟明之庆[133]。"

三十七年，秦用由余谋伐戎王，益国十二，开地千里，遂霸西戎。天子使召公过贺缪公以金鼓[134]。三十九年，缪公卒，葬雍。从死者百七十七人，秦之良臣子舆氏三人名曰奄息、仲行、针虎[135]，亦在从死之中。秦人哀之，为作歌《黄鸟》之诗。君子曰："秦缪公广地益国，东服强晋，西霸戎夷，然不为诸侯盟主，亦宜哉。死而弃民，收其良臣而从死。且先王崩，尚犹遗德垂法，况夺之善人良臣百姓所哀者乎？是以知秦不能复东征也。"缪公子四十人，其太子罃代立，是为康公。

康公元年。往岁缪公之卒，晋襄公亦卒；襄公之弟名雍，秦出也[136]，在秦。晋赵盾欲立之，使随会来迎雍，秦以兵送至令狐。晋立襄公子而反击秦师，秦师败，随会来奔。二年，秦伐晋，取武城，报令狐之役。四年，晋伐秦，取少梁。六年，秦伐晋，取羁马。战于河曲，大败晋军。晋人患随会在秦为乱[137]，乃使魏雠馀详反[138]，合谋会[139]，诈而得会，会遂归晋。康公立十二年卒，子共公立。

共公二年，晋赵穿弑其君灵公。三年，楚庄王强，北兵至雒，问周鼎。共公立五年卒，子桓公立。

桓公三年，晋败我一将。十年，楚庄王服郑[140]，北败晋兵于河上。当是之时，楚霸，为会盟合诸侯。二十四年，晋厉公初立，与秦桓公夹河而盟。归而秦倍盟[141]，与翟合谋击晋。二十六年，晋率诸侯伐秦，秦军败走，追至泾而还。桓公立二十七年卒，子景公立。

景公四年，晋栾书弑其君厉公。十五年，救郑，败晋兵于栎。是时晋悼公为盟主。十八年，晋悼公强，数会诸侯[142]，率以伐秦，败秦军。秦军走，晋兵追之，遂渡泾，至棫林而还。二十七年，景公如晋，与平公盟，已而背之。三十六年，楚公子围弑其君而自立，是为灵王。景公母弟后子鍼有宠，景公母弟富[143]，或谮之[144]，恐诛，乃奔晋，车重千乘[145]。晋平公曰："后子富如此，何以自亡？"对曰："秦公无道，畏诛，欲待其后世乃归。"三十九年，楚灵王强，会诸侯于申，为盟主，杀齐庆封。景公立四十年卒，子哀公立。后子复来归秦。

哀公八年，楚公子弃疾弑灵王而自立，是为平王。十年，楚平王来求秦女为太子建妻。至国，女好而自娶之[146]。十五年，楚平王欲诛建，建亡；伍子胥奔吴。晋公室卑而六卿强[147]，欲内相攻，是以久秦晋不相攻。三十一年，吴王阖闾与伍子胥伐楚，楚王亡奔随，吴遂入郢。楚大夫申包胥来告急，七日不食，日夜哭泣。于是秦乃发五百乘救楚，败吴师。吴师归，楚昭王乃得复入郢。哀公立三十六年卒。太子夷公，夷公蚤死[148]，不得立，立夷公子，是为惠公。

惠公元年，孔子行鲁相事[149]。五年，晋卿中行、范氏反晋，晋使智氏、赵简子攻之，范、中行氏亡奔齐。惠公立十年卒，子悼公立。

悼公二年，齐臣田乞弑其君孺子，立其兄阳生，是为悼公。六年，吴败齐师。齐人弑悼公，立其子简公。九年，晋定公与吴王夫差盟，争长于黄池[150]，卒先吴。吴强，陵中国[151]。十二年，齐田常弑简公，立其弟平公，常相之。十三年，楚灭陈。秦悼公立十四年卒，子厉共公立。孔子以悼公十二年卒。

厉共公二年，蜀人来赂[152]。十六年，堑河旁[153]。以兵二万伐大荔[154]，取其王城。二十一年，初县频阳。晋取武成。二十四年，晋乱，杀智伯，分其国与赵、韩、魏。二十五年，智开与邑人来奔。三十三年，伐义渠[155]，虏其王。三十四年，日食。厉共公卒，子躁公立。

躁公二年，南郑反。十三年，义渠来伐，至渭南。十四年，躁公卒，立其弟怀公。

怀公四年，庶长鼂与大臣围怀公，怀公自杀。怀公太子曰昭子，蚤死，大臣乃立太子昭子之子，是为灵公。灵公，怀公孙也。

灵公六年，晋城少梁，秦击之。十三年，城籍姑。灵公卒，子献公不得立，立灵公季父悼子，是为简公。简公，昭子之弟而怀公子也。

简公六年，令吏初带剑。堑洛。城重泉。十六年卒，子惠公立。

惠公十二年，子出子生。十三年，伐蜀，取南郑。惠公卒，出子立。

出子二年，庶长改迎灵公之子献公于西而立之。杀出子及其母，沈之渊旁[156]。秦以往者数易君[157]，君臣乖乱[158]，故晋复强，夺秦河西地。

献公元年，止从死。二年，城栎阳[159]。四年正月庚寅，孝公生。十一年，周太史儋见献公曰："周故与秦国合而别，别五百岁复合，合十七岁而霸王出。"十六年，桃冬花[160]。十八年，雨金栎阳[161]。二十一年，与晋战于石门，斩首六万，天子贺以黼黻[162]。二十三年，与晋战少梁，虏其将公孙痤。二十四年，献公卒，子孝公立，年已二十一岁矣。

孝公元年，河山以东强国六[163]，与齐威、楚宣、魏惠、燕悼、韩哀、赵成侯并[164]。淮泗之间小国十馀。楚、魏与秦接界。魏筑长城，自郑滨洛以北，有上郡。楚自汉中，南有巴、黔中[165]。周室微，诸侯力政[166]，争相并[167]。秦僻在雍州，不与中国诸侯之会盟[168]，夷翟遇之[169]。孝公于是布惠，振孤寡[170]，招战士，明功赏。下令国中曰："昔我缪公自岐雍之间，修德行武，东平晋乱，以河为界，西霸戎翟，广地千里，天子致伯，诸侯毕贺，为后世开业，甚光美。会往者厉、躁、简公、出子之不宁，国家内忧，未遑外事[171]，三晋攻夺我先君河西地，诸侯卑秦，丑莫大焉[172]。献公即位，镇抚边境，徙治栎阳，且欲东伐，复缪公之故地，修缪公之政令。寡人思念先君之意，常痛于心。宾客群臣有能出奇计强秦者，吾且尊官，与之分土。"于是乃出兵东围陕城，西斩戎之獂王。

卫鞅闻是令下，西入秦，因景监求见孝公[173]。

二年，天子致胙。

三年，卫鞅说孝公变法修刑[174]，内务耕稼，外劝战死之赏罚[175]，孝公善之。甘龙、杜挚等弗然[176]，相与争之。卒用鞅法，百姓苦之；居三年，百姓便之[177]。乃拜鞅为左庶长。其事在《商君》语中。

七年，与魏惠王会杜平。八年，与魏战元里，有功。十年，卫鞅为大良造[178]，将兵围魏安邑，降之。十二年，作为咸阳，筑冀阙[179]，秦徙都之。并诸小乡聚，集为大县，县一令，四十一县。为田开阡陌[180]。东地渡洛。十四年，初为赋。十九年，天子致伯[181]。二十年，诸侯毕贺。秦使公子少官率师会诸侯逢泽，朝天子。

二十一年，齐败魏马陵。

二十二年，卫鞅击魏，虏魏公子卬。封鞅为列侯，号商君。

二十四年，与晋战雁门，虏其将魏错。

孝公卒，子惠文君立。是岁，诛卫鞅。鞅之初为秦施法，法不行，太子犯禁。鞅曰："法之不行，自于贵戚。君必欲行法，先于太子。太子不可黥[182]，黥其傅师[183]。"于是法大用，秦人治。及孝公卒，太子立，宗室多怨鞅，鞅亡，因以为反，而卒车裂以徇秦国[184]。

惠文君元年，楚、韩、赵、蜀人来朝。二年，天子贺。三年，王冠。四年，天子致文武胙。齐、魏为王。

五年，阴晋人犀首为大良造。六年，魏纳阴晋，阴晋更名宁秦。七年，公子卬与魏战，虏其将龙贾，斩首八万。八年，魏纳河西地。九年，渡河，取汾阴、皮氏。与魏王会应。围焦，降之。十年，张仪相秦。魏纳上郡十五县。十一年，县义渠。归魏焦、曲沃。义渠君为臣。更名少梁曰夏阳。十二年，初腊。十三年四月戊午，魏君为王，韩亦为王。使张仪伐取陕，出其人与魏。

十四年，更为元年。二年，张仪与齐、楚大臣会啮桑。三年，韩、魏太子来朝。张仪相魏。五年，王游至北河。七年，乐池相秦。韩、赵、魏、燕、齐帅匈奴共攻秦。秦使庶长疾与战修鱼，虏其将申差，败赵公子渴、韩太子奂，斩首八万二千。八年，张仪复相秦。九年，司马错伐蜀，灭之。伐取赵中都、西阳。十年，韩太子苍来质。伐取韩石章。伐败赵将泥。伐取义渠二十五城。十一年，樗里疾攻魏焦[185]，降之。败韩岸门，斩首万，其将犀首走。公子通封于蜀。燕君让其臣子之。十二年，王与梁王会临晋。庶长疾攻赵，虏赵将庄。张仪相楚。十三年，庶长章击楚于丹阳，虏其将屈匄[186]，斩首八万；又攻楚汉中，取地六百里，置汉中郡。楚围雍氏，秦使庶长疾助韩而东攻齐，到满助魏攻燕。十四年，伐楚，取召陵。丹、犂臣[187]，蜀相壮杀蜀侯来降。

惠王卒，子武王立。韩、魏、齐、楚、越皆宾从[188]。

武王元年，与魏惠王会临晋。诛蜀相壮。张仪、魏章皆东出之魏。伐义渠、丹、犂。二年，初置丞相，樗里疾、甘茂为左右丞相。张仪死于魏。三年，与韩襄王会临晋外。南公揭卒，樗里疾相韩。武王谓甘茂曰："寡人欲容车通三川[189]，窥周室[190]，死不恨矣[191]。"其秋，使甘茂、庶长封伐宜阳。四年，拔宜阳，斩首六万。涉河，城武遂。魏太子来朝。武王有力好戏[192]，力士任鄙、乌获、孟说皆至大官。王与孟说举鼎，绝膑[193]。八月，武王死。族孟说。武王取魏女为后，无子。立异母弟，是为昭襄王。昭襄母楚人，姓芈氏，号宣太后。武王死时，昭襄王为质于燕，燕人送归，得立。

昭襄王元年，严君疾为相。甘茂出之魏。二年，彗星见。庶长壮与大臣、诸侯、公子为逆，皆诛，及惠文后皆不得良死。悼武王后出归魏。三年，王冠。与楚王会黄棘，与楚上庸。四年，取蒲阪。彗星见。五年，魏王来朝应亭，复与魏蒲阪。六年，蜀侯辉反，司马错定蜀。庶长奂伐楚，斩首二万。泾阳君质于齐。日食，昼晦。七年，拔新城。樗里子卒。八年，使将军芈戎攻楚，取新市。齐使章子，魏使公孙喜，韩使暴鸢共攻楚方城，取唐眛。赵破中山，其君亡，竟死齐。魏公子劲、韩公子长为诸侯。九年，孟尝君薛文来相秦。奂攻楚，取八城，杀其将景快。十年，楚怀王入朝秦，秦留之。薛文以金受免。楼缓为丞相。十一年，齐、韩、魏、赵、宋、中山五国共攻秦，至盐氏而还。秦与韩、魏河北及封陵以和。彗星见。楚怀王走之赵，赵不受，还之秦，即死，归葬。十二年，楼缓免，穰侯魏冉为相。予楚粟五万石。

十三年，向寿伐韩，取武始。左更白起攻新城。五大夫礼出亡奔魏。任鄙为汉中守。十四年，左更白起攻韩、魏于伊阙，斩首二十四万，虏公孙喜，拔五城。十五年，大良造白起攻魏，取垣，复予之。攻楚，取宛。十六年，左更错取轵及邓[194]。冉免。封公子市宛[195]、公子悝邓[196]、魏冉陶[197]，为诸侯。十七年，城阳君入朝，及东周君来朝。秦以垣为蒲阪、皮氏。王之宜阳。十八年，错攻垣、河雍，决桥取之。十九年，王为西帝，齐为东帝，皆复去之。吕礼来自归。齐破宋，宋王在魏，死温。任鄙卒。二十年，王之汉中，又之上郡、北河。二十一年，错攻魏河内。魏献安邑，秦出其人，募徙河东赐爵，赦罪人迁之。泾阳君封宛。二十二年，蒙武伐齐。河东为九县。与楚王会宛。与赵王会中阳。二十三年，尉斯离与三晋、燕伐齐，破之济西。王与魏王会宜阳，与韩王会新城。二十四年，与楚王会鄢，又会穰。秦取魏安城，至大梁，燕、赵救之，秦军去。魏冉免相。二十五年，拔赵二城。与韩王会新城，与魏王会新明邑。二十六年，赦罪人迁之穰。侯冉复相。二十七年，错攻楚。赦罪人迁之南阳。白起攻赵，取代光狼城。又使司马错发陇西，因蜀攻楚黔中，拔之。二十八年，大良造白起攻楚，取鄢、邓，赦罪人迁之。二十九年，大良造白起攻楚，取郢为南郡，楚王走。周君来。王与楚王会襄陵。白起为武安君。三十年，蜀守若伐楚，取巫郡，及江南为黔中郡。三十一年，白起伐魏，取两城。楚人反我江南。三十二年，相穰侯攻魏，至大梁，破暴鸢，斩首四万，鸢走，魏入三县请和。三十三年，客卿胡伤攻魏卷、蔡、阳、长社，取之。击芒卯华阳，破之，斩首十五万。魏入南阳以和。三十四年，秦与魏、韩上庸地为一郡，南阳免臣迁居之[198]。三十五年，佐韩、魏、楚伐燕。初置南阳郡。三十六年，客卿灶攻齐，取刚、寿，予穰侯。三十八年，中更胡伤攻赵阏与，不能取。四十年，悼太子死魏，归葬芷阳。四十一年夏，攻魏，取邢丘、怀。四十二年，安国君为太子。十月，宣太后薨，葬芷阳郦山。九月，穰侯出之陶。四十三年，武安君白起攻韩，拔九城，斩首五万。四十四年，攻韩南阳，取之。四十五年，五大夫贲攻韩，取十城。叶阳君悝出之国[199]，未至而死。四十七年，秦攻韩上党，上党降赵，秦因攻赵，赵发兵击秦，相距。秦使武安君白起击，大破赵于长平，四十馀万尽杀之。四十八年十月，韩献垣雍。秦军分为三军。武安君归。王龁将伐赵武安、皮牢，拔之。司马梗北定太原，尽有韩上党。正月，兵罢，复守上党。其十月，五大夫陵攻赵邯郸。四十九年正月，益发卒佐陵。陵战不善，免，王龁代将。其十月，将军张唐攻魏，为蔡尉捐弗守，还斩之。五十年十月，武安君白起有罪，为士伍，迁阴密。张唐攻郑，拔之。十二月，益发卒军汾城旁。武安君白起有罪，死。龁攻邯郸，不拔，去，还奔汾军二月馀。攻晋军，斩首六千，晋楚流死河二万人。攻汾城，即从唐拔宁新中，宁新中更名安阳。初作河桥。

五十一年，将军摎攻韩[200]，取阳城负黍，斩首四万。攻赵，取二十余县，首虏九万[201]。西周君背秦，与诸侯约从[202]，将天下锐兵出伊阙攻秦，令秦毋得通阳城。于是秦使将军摎攻西周。西周君走来自归，顿首受罪，尽献其邑三十六城，口三万。秦王受献，归其君于周。五十二年，周民东亡，其器九鼎入秦。周初亡[203]。

五十三年，天下来宾[204]。魏后[205]，秦使摎伐魏，取吴城。韩王入朝，魏委国听令[206]。五十四年，王郊见上帝于雍。五十六年秋，昭襄王卒，子孝文王立。尊唐八子为唐太后，而合其葬于先王。韩王衰绖入吊祠[207]，诸侯皆使其将相来吊祠，视丧事[208]。

孝文王元年，赦罪人，修先王功臣，褒厚亲戚[209]，弛苑囿[210]。孝文王除丧[211]，十月己亥即位，三日辛丑卒，子庄襄王立。

庄襄王元年，大赦罪人，修先王功臣，施德厚骨肉而布惠于民。东周君与诸侯谋秦，秦使相国吕不韦诛之，尽入其国。秦不绝其祀，以阳人地赐周君，奉其祭祀。使蒙骜伐韩，韩献成皋、巩。秦界至大梁，初置三川郡。二年，使蒙骜攻赵，定太原。三年，蒙骜攻魏高都、汲，拔之。攻赵榆次、新城、狼孟，取三十七城。四月日食。王龁攻上党。初置太原郡。魏将无忌率五国兵击秦，秦却于河外。蒙骜败，解而去。五月丙午，庄襄王卒，子政立，是为秦始皇帝。

秦王政立二十六年，初并天下为三十六郡，号为始皇帝。始皇帝立十一年而崩，子胡亥立，是为二世皇帝。三年，诸侯并起叛秦，赵高杀二世，立子婴。子婴立月馀，诸侯诛之，遂灭秦。其语在《始皇本纪》中。

太史公曰：秦之先为嬴姓。其后分封，以国为姓，有徐氏、郯氏、莒氏、终黎氏、运奄氏、菟裘氏、将梁氏、黄氏、江氏、脩鱼氏、白冥氏、蜚廉氏、秦氏。然秦以其先造父封赵城，为赵氏。

【译文】

秦的先祖，乃是颛顼帝后代的孙女，名叫女修。女修织布，有燕子落下一枚卵，女修拾起吞下，生下儿子大业。大业娶少典氏的族女，叫女华。女华生大费，他随同禹治理水土。功成，舜帝赐禹黑色玉圭。禹受赐，说：“不是我一个人便可成此功，还有大费在旁辅助。”舜帝道：“哎，你大费助禹成功，赐你黑色旒旗垂饰。你的后代将大为繁盛。”于是将姚姓女子许给他为妻。大费跪拜受赏，辅佐舜帝驯服鸟兽，鸟兽多顺从，这就是伯翳。舜赐他姓嬴。

大费生有二子：长子名叫大廉，即鸟俗氏的先祖；次子名叫若木，即费氏的先祖。若木玄孙为费昌，后代中有人定居中原，也有人定居夷狄地域。费昌生当夏桀之时，他离开夏，归附商，为成汤驾车，在鸣条击败桀。大廉玄孙叫孟戏、中衍，中衍身如鸟状，能言人语。太戊听闻，便让人占卜，结果说让他为自己驾车吉利。于是召他驾车，并为他娶妻。从太戊以下，中衍后人世代有功，来辅佐殷国，嬴姓因此多显贵之人，于是成为诸侯。

中衍的玄孙叫中潏，居处西方戎族之地，保卫西垂。中潏生蜚廉。蜚廉生恶来。恶来有力气，蜚廉擅奔跑，父子都凭借才华气力事奉殷纣王。武王讨伐殷纣，一并杀死了恶来。当时蜚廉为纣王出使北方，返回后，无处复命，在霍太山筑造祭坛报祭纣王，获得一具石棺，棺上有铭文道“上天命处父不赴殷难而死，赐你石棺来光耀氏族”。蜚廉死后，就葬在霍太山。蜚廉又有一子叫季胜。季胜生孟增。孟增受周成王宠幸，他就是宅皋狼。皋狼生衡父，衡父生造父。造父因擅于驾车受宠于周穆王，穆王获得骥、温骊、骅骝、騄耳这四匹良马，驾车往西巡狩，快乐而忘返。徐偃王作乱，造父为穆王驾车，马不停蹄返回周，日行千里来挽救危乱。穆王便封赵城给造父，造父一族从此为赵氏。从蜚廉生季胜以下五代，传到造父，另外居赵。赵衰是其后人。恶来革，是蜚廉之子，早死。他有一子叫女防。女防生旁皋，旁皋生太几，太几生大骆，大骆生非子。因造父受宠，他们都蒙恩住在赵城，姓赵。

非子定居犬丘，喜好马匹等牲畜，擅于饲养繁殖。犬丘人将这报告周孝王，孝王召见并让他负责在汧、渭交汇处管马，马大为繁殖。孝王想让他做大骆嫡子。申侯女儿是大骆之妻，生下儿子成作为嫡子。申侯便对孝王道：“从前我们祖先在郦山所生之女，成了戎人胥轩之妻，生下中潏，凭借亲故之交依附周，保卫西垂，西垂因此和睦。如今我再次嫁女为大骆之妻，生下嫡子成。申、骆两重婚姻，西部戎族全都归服，因此您得以为王。请王仔细考虑。”于是孝王道：“往日伯翳为舜主管畜牧，牲畜繁殖滋生，因此得到封疆，赐姓为嬴。如今伯翳后人也为我养马，我就分他土地做个附属国吧。”赐秦地为非子封邑，让他重新延续嬴姓祭祀，号称秦嬴。也不废除申侯女儿所生之大骆嫡子的地位，来同西戎和好。

秦嬴生秦侯。秦侯在位十年，逝世。秦侯生公伯。公伯在位三年，逝世。公伯生秦仲。

秦仲在位三年，周厉王不守君道，诸侯有人反叛。西戎背叛周王室，消灭了犬丘大骆一族。周宣王即位，就任用秦仲为大夫，诛伐西戎。西戎杀死秦仲。秦仲在位二十三年，死在西戎。秦仲有五个儿子，长子名叫庄公。周宣王便召见庄公兄弟五人，给他们七千士兵，让他们讨伐西戎，最后击败了西戎。于是再次赏赐秦仲后人，将他们祖先大骆的领土犬丘也一并赐予，任命为西垂大夫。

庄公定居故地西犬丘，生有三个儿子，他的长子是世父。世父道："戎人杀我祖父秦仲，我不杀死戎王就不敢入城。"于是率军攻打西戎，让位给弟弟襄公。襄公成为太子。庄公在位四十四年，逝世，太子襄公代父为君。襄公元年，将妹妹缪嬴嫁给丰王为妻。襄公二年，西戎围攻犬丘，世父出击，被西戎俘虏。一年有余，又放回世父。七年春天，周幽王宠幸褒姒、废黜太子，立褒姒之子为嫡子，屡次戏弄诸侯，诸侯反叛了他。西戎中的犬戎和申侯攻打周，在郦山下杀死周王。秦襄公带兵救周，作战十分勇猛，立下功勋。周王室为躲避犬戎之难，东迁雒邑，襄公派兵护送平王。平王封襄公为诸侯，赐他岐地以西的领土。道："西戎不守臣道，侵夺我岐、丰之地，秦若能进攻驱逐戎人，便可拥有那片土地。"与秦盟誓，赐予封地和爵位。襄公从此开始立国，与诸侯互通使节、以礼相待，于是用黑鬃赤马、黄牛和公羊各三只，在西畤祭祀白帝。十二年，诛伐戎人到岐，去世。襄公生文公。

文公元年，定居西垂宫。三年，文公率七百兵士向东巡猎。四年，到达汧水、渭水交汇处。道："从前，周将这里赐给我的祖先秦嬴作为封邑，后来我们终于成为诸侯。"于是对定居此处进行占卜，结果为吉，便在此营建都邑。十年，开始设立鄜畤，用牛、羊、猪各一头来祭祀。十三年，开始有史官记录史事，民众大多受到教化。十六年，文公带兵讨伐西戎，戎人兵败逃走。于是文公收服当地周朝遗民归自己所有，领土扩张到岐，岐以东的土地则献给周。十九年，获得陈宝。二十年，法令中开始有诛灭三族的罪刑。二十七年，砍伐南山上大梓树，梓树神变为公牛逃入丰水。四十八年，文公太子去世，赐谥号为竫公。竫公长子被立为太子，他是文公之孙。五十年，文公去世，葬在西山。竫公之子立为君，就是宪公。

宪公二年，宪公迁居平阳。他派兵讨伐荡社。三年，与亳交战，亳王逃奔西戎，于是剿灭荡社。四年，鲁国公子翚杀害他的国君隐公。十二年，讨伐荡氏，夺取它。宪公十岁登位，在位十二年去世，葬在西山。生有三个儿子，长子武公是太子。武公弟弟是德公，二人同母，母亲号为"鲁姬子"。宪公又有小儿子出子。宪公去世，大庶长弗忌、威垒、三父废黜太子，改立出子为国君。出子六年，三父等人又共同让人杀害出子。出子五岁登位，在位六年去世。三父等人于是重新拥立过去的太子武公。

武公元年，攻打彭戏氏，到达华山下。定居平阳城内封宫。三年，诛杀三父等人并夷灭三族，因为他们杀害出子。郑国高渠眯杀害他的国君昭公。十年，讨伐邽地、冀地的戎族，开始在那设县。十一年，开始在杜、郑设县。消灭小虢。

十三年，齐国人管至父、连称等人杀害他们的国君襄公来拥立公孙无知。晋国消灭霍国、魏国、耿国。齐国雍廪杀死公孙无知、管至父等人并拥立齐桓公。齐国、晋国成为强国。

十九年，晋国的曲沃武公开始成为晋侯。齐桓公在鄄地称霸。

二十年，武公去世，葬在雍城的平阳。开始用人殉葬，殉葬者共六十六人。武公有一个儿子，名叫白。白没有继位，封在平阳。册立武公弟弟德公为国君。

德公元年。开始定居在雍城的大郑宫。在鄜畤用纯色的牛、羊、猪各三百头祭祀。占卜居住雍城一事，占卜结果为："后代子孙将东扩领土，到黄河饮马。"梁伯、芮伯来朝见。二年，初次设立伏日，杀狗来抵御热毒暑气。德公出生三十三年登位，在位两年去世。生有儿子三人：长子是宣公，次子是成公，幼子是穆公。长子宣公即位。

宣公元年，卫国、燕国攻打周朝，驱逐周惠王，拥立王子穨。三年，郑伯、虢叔杀死王子穨并迎惠王回朝。四年，营建密畤。在河阳与晋国交战，战胜晋国。十二年，宣公去世。他生有九个儿子，都没继位，册立宣公弟弟成公。

成公元年，梁伯、芮伯前来朝见。齐桓公攻打山戎，驻军在孤竹。

成公在位四年去世。有七个儿子，都没即位，册立成公之弟缪公。

缪公任好元年，亲自带兵攻打茅津，战胜他们。四年，从晋国迎娶妻子，她是晋国太子申生之姐。这年，齐桓公攻打楚国，到达邵陵。

五年，晋献公消灭虞、虢两国，俘虏虞国国君和他的大夫百里傒，这是晋用玉璧、马匹贿赂虞的结果。俘虏百里傒后，将他作为秦缪公夫人的媵臣送到秦国。百里傒逃离秦国奔走到宛，楚边境之人逮捕了他。缪公听闻百里傒有贤才，想用重金赎买他，担心楚人不给，就派人对楚人道："我的媵臣百里傒在这，希望用五张黑色公羊皮赎回他。"楚人便答应将百里傒交给秦。当时，百里傒年纪已有七十多岁。缪公开释他，同他谈论国家大事。百里傒推辞道："我是亡国之臣，哪里值得询问！"缪公道："虞君不重用你，因此灭亡，这不是你的罪过。"坚持问他，对话三日，缪公大为高兴，托付他国家政务，号称为五羖大夫。百里傒谦让道："我比不上我的朋友蹇叔，蹇叔贤明但不为世人所知。我曾经出游困在齐国而向铚人求食，是蹇叔收留了我。我因此想事奉齐国君主无知，蹇叔阻止了我，使我得以逃脱齐国之难，于是到了周。周王子穨喜欢牛，我用养牛之事求见。到穨想要用我时，蹇叔阻止了我，我离开周，得以不被诛杀。我事奉虞君，蹇叔阻止我。我知道虞君不会重用我，我其实是私心图谋俸禄与爵位，姑且留下。两次听从蹇叔之言，得以脱难；一次不听，就赶上虞君之难。因此知道他的贤明。"于是缪公派人用厚礼迎接蹇叔，让他做上大夫。

秋季，缪公亲自带兵攻打晋国，在河曲作战。晋国骊姬作乱，太子申生死在新城，重耳、夷吾出逃。

九年，齐桓公在葵丘会盟诸侯。

晋献公去世。册立骊姬之子奚齐，他的臣子里克杀害奚齐。荀息拥立卓子，里克又杀害卓子和荀息。夷吾派人请秦帮忙，希望回到晋国。缪公就答应他，派百里傒领兵护送夷吾。夷吾对秦人道："果真得以登位，愿割让晋国河西的八座城池给秦。"等回到晋国，登位之后，却派丕郑向秦国道谢，违背约定不给秦河西城池，并杀死里克。丕郑听闻，感到恐惧，因此与缪公谋划道："晋人不想要夷吾，其实是想要重耳。如今他违背秦国约定并杀害里克，这都是吕甥、郤芮的计策。希望您用利诱迅速召来吕甥、郤芮，吕甥、郤芮到秦，就可重新让重耳回晋，这便容易。"缪公同意他，派人与丕郑回晋，召见吕甥、郤芮。吕甥、郤芮等人怀疑丕郑有阴谋，于是建议夷吾杀丕郑。丕郑之子丕豹逃奔秦，劝穆公道："晋国国君不行君道，百姓不亲附，可以讨伐他。"缪公道："百姓若不拥护，他如何能诛杀他的大臣？能够诛杀他的大臣，这正是晋国上下的和谐。"不听从，但暗中重用丕豹。

十二年，齐国管仲、隰朋去世。

晋国大旱，来秦请求粮食支援。丕豹劝说缪公不要给粮，趁晋饥年来攻打它。缪公问公孙支，公孙支道："饥年、丰年是轮替出现之事，不可不给粮。"问百里傒，百里傒道："是夷吾得罪了您，他的百姓有什么罪过呢？"便听从百里傒和公孙支的建议，最终给晋国粮食。用车船进行水陆运输，从雍到绛连绵不绝。

十四年，秦国饥荒，向晋请求粮食支援。晋君与群臣谋划。虢射道："趁秦饥年攻打它，可以收到大功效。"晋君听从他。十五年，起兵攻打秦。缪公发兵，派丕豹为将，亲自前往迎击。九月壬戌日，与晋惠公夷吾在韩地会合交战。晋君抛下大部队，同秦军争夺财物，车马陷入泥淖盘旋不出。缪公与部下纵马追赶他，没有擒得晋君，反而被晋军包围。晋军攻击缪公，缪公受伤。这时岐山下曾吃良马的三百多人骑马冲击晋军，晋军解围，于是缪公脱险，反而活捉了晋君。当初，缪公走失良马，岐山下有三百余乡下人共同捉住它，杀掉吃了，官吏追捕到他们，想绳之以法。缪公道："君子不会因为畜牲来伤害人。我听闻吃良马肉而不饮酒，会伤害身体。"于是都赐给酒并赦免他们。这三百人听说秦回击晋军，都请求跟从，跟从时见缪公陷入窘境，就都挺举兵器冒死争先，来报答吃马被赦的恩德。于是缪公俘虏晋君回来，下令全国，"斋戒独宿，我将用晋君祭祀上天"。周天子听说此事，道"晋国与我同姓"，为晋君请命。夷吾姐姐也就是缪公夫人，夫人听说此事，便身着丧服光着脚，道："我不能救我的兄弟，委屈您下此命令。"缪公道："我将擒得晋君当作功劳，如今天子为他求情，夫人为此担忧。"于是同晋君结盟，答应让他归国，把他换到上等房居住，并供给牛、羊、猪各七头的饮食规格。十一月，送归晋君夷吾，夷吾献上晋国河西的领土，派太子圉到秦做人质，秦将同宗之女嫁给子圉。当时秦国领土东扩到了黄河。

十八年，齐桓公去世。二十年，秦灭亡梁国、芮国。

二十二年，晋国公子圉听闻晋君生病，道："梁国，是我母亲的家，而秦灭亡了它。我兄弟众多，若晋君百年之后，秦必定扣留我，而晋也将轻易改立其他公子为君。”于是子圉逃回晋。二十三年，晋惠公去世，子圉登位为君。秦怨恨子圉逃走，于是从楚国迎回晋国公子重耳，并将子圉从前的妻子嫁给他。重耳开始谢绝了，之后又接受了。缪公更加用厚礼相待。二十四年春季，秦派人告诉晋国大臣，想送重耳回国。晋国同意此事，秦便让人护送重耳。二月，重耳登位成为晋君，就是晋文公。文公派人杀死子圉。子圉就是怀公。

这年秋季，周襄王弟弟带利用翟人攻击王，王出逃居住在郑。二十五年，周王派人告诉晋、秦这场祸乱。秦缪公率军帮助晋文公送周襄王回朝，杀死王弟带。二十八年，晋文公在城濮打败楚。三十年，缪公帮助晋文公包围郑。郑国派人对缪公道：“灭亡郑是优待晋，对晋而言有收获，而秦国没有利益。晋国之强大，是秦国之忧患。”缪公便收兵回国。晋也撤军。三十二年冬季，晋文公去世。

有郑人向秦出卖郑国道：“我主管郑国城门，郑国可以用突袭攻下。”缪公询问蹇叔、百里傒，对答道：“取道数个国家行程千里来袭击别人，鲜少有获得利益的。况且有人出卖郑国，如何知道我们秦人没有将内情报告郑国的呢？不可行。”缪公道：“你们不懂，我已决定了。”于是发动军队，派百里傒儿子孟明视、蹇叔儿子西乞术和白乙丙带兵。出发之日，百里傒、蹇叔二人对着军队哭泣。缪公听闻，发怒道：“我发兵而你们却哭泣，破坏军心，这是为何？”二位老人道：“臣不敢破坏您的军心。军队出发，臣之子参与前往；臣老迈，担心归来太迟不能与儿子相见，因此哭泣。”二位老人退下，对他们的儿子道：“你们军队若是失败，必定败在崤山险要处。”三十三年春季，秦军往东进发，途经晋国领土，路过周都城北门。周朝王孙满道：“秦军无礼，怎能不败！”军队到达滑，郑国贩卖商人弦高携带十二头牛将到周去卖，发现秦军，害怕被杀或俘虏，因此献上牛，道：“听闻贵国将诛灭郑，郑君已恭敬地做好防守抵抗的准备，派我用十二头牛来犒劳贵国兵士。”秦三位将军互相道：“将要突袭郑，郑如今已经察觉此事，再前往也来不及了。”于是消灭滑。滑是晋边境的城邑。

当时，晋文公去世还没下葬。太子襄公发怒道：“秦欺侮我丧父，趁丧事击破我晋国之滑地。”于是染黑丧服，起兵在崤山拦截秦军，攻击它，大败秦兵，秦军没有一人能够逃脱。俘虏秦三位将军回国。文公夫人，是秦国宗室之女，为秦三位被俘将军求情道：“缪公对这三人恨入骨髓，希望让这三人回国，让我国国君得以亲自快意地烹煮他们。”晋君答应她，放回秦三位将军。三位将军到达秦，缪公在郊外穿凶服迎接他们，对三人哭泣道：“我因为不听从百里傒、蹇叔的意见而让您三人受到羞辱，您三人有什么罪过呢？请你们全心准备报仇雪耻，不要懈怠。”于是恢复三人过去的官职俸禄，更加厚待他们。

三十四年，楚国太子商臣杀害他的父亲成王，接着登位。

缪公此时又派孟明视等人率军攻打晋国，在彭衙交战。秦军作战不顺利，带兵回国。

戎王派由余到秦。由余，祖先是晋国人，逃亡进入戎地，能说晋国话。戎王听闻缪公贤明，因此派由余来查勘秦国。秦缪公向他炫示宫殿和积贮之财。由余道："让鬼神造出它们，也是劳驾鬼神；让民众创造它们，也是辛苦民众了。"缪公对他感到讶异，问道："中原诸国用诗书礼乐和法度治理国家，但仍时常发生祸乱；如今戎夷之人没有这些，用什么来治理国家，不是很困难吗？"由余笑道："这正是中原诸国产生祸乱的原因。从上古圣贤黄帝制定礼乐法度后，亲自带头执行，也只让国家小有治理。到他的后代，日益骄奢淫逸。依恃法度之权威，用责罚督查臣民，臣民疲怠至极便埋怨责怪上面不施行仁义，上下争相埋怨而互相杀害，甚至到灭绝宗族的地步，都是因为这类原因。但戎夷不一样。君主饱含淳厚之德对待百姓，百姓用忠诚信义来侍奉君主，一国之政犹如一人之身体，不知治理好的原因是什么，这才真是圣人的治国啊。"于是缪公回去问内史廖道："我听说邻国若有贤才，是它敌国的忧患。如今由余贤能，这是我的祸患，该拿他怎么办？"内史廖道："戎王居处闭塞，没听过中原各国的音乐。您尝试送他歌舞伎，来改变他的志向；为由余请功，来疏远他们的距离；扣留由余不送回，让他错过归期。戎王感到奇怪，必定怀疑由余。君臣间产生隔阂，便可俘虏了。况且戎王喜欢音乐，必定懈怠国政。"缪公道："很好。"于是同由余曲席围坐，传递食器进餐，问戎族地形和兵马分布的情况，都了解清楚，之后命内史廖将十六个歌舞伎送给戎王。戎王接受并喜爱她们，整年沉浸其中。于是秦便放回由余。由余屡次进谏都不被听从，缪公又数次派人暗中邀请由余，由余于是离开，归降秦国。缪公用待客之礼礼遇他，询问讨伐戎族的方式。

三十六年，缪公又愈加亲厚孟明等人，让他们带兵攻打晋国，渡过黄河焚烧船只，大败晋军，夺取王官和鄗，报了殽之战的仇。晋人都守城不敢出战。于是缪公便从茅津渡过黄河，为殽之战中的尸首堆土起坟，为他们举行丧礼，痛哭他们三日。于是向军队发誓道："哎，士卒！听着，不要喧哗，我将誓言告诉你们。古人同白发老人请教，就不会有所过错。"来再次反思自己不采用蹇叔、百里傒的意见，因此发出这份誓词，让后代记住自己的过失。贤人听到这事，都为此垂首哭泣，道："啊呀！秦缪公任用人也很完备了，最终获得孟明获胜的福泽。"

三十七年，秦采用由余之计攻打戎王，增加十二个附属国，开辟土地千里，于是称霸西戎。周天子派召公过带着金锣前来庆贺缪公。三十九年，缪公去世，葬在雍。陪葬者有一百七十七人，秦国的良臣子舆氏三人名叫奄息、仲行、针虎的，也在陪葬者之中。秦人哀悼他们，为此创作诗歌《黄鸟》。贤人道："秦缪公开拓疆土增长国力，在东制服强大的晋国，在西称霸戎夷，但不能成为诸侯盟主，也是合适的。他去世后不爱惜臣民，聚集他的良臣陪葬。况且先代帝王驾崩，尚且都留下德行、施行良法，何况是夺取百姓同情的善人和良臣呢？因此可以预知秦不能再向东征讨了。"缪公有四十个儿子，太子罃登位，就是康公。

康公元年。去年秦缪公去世，晋襄公也去世了；晋襄公的弟弟名叫雍，是秦女所生，身在秦国。晋国赵盾想要扶立他，派随会前来迎接雍，秦国派兵把他护送到了令狐。然而晋国已经立襄公之子为君，于是反过来攻打秦军，秦军兵败，随会投奔秦国。二年秦国讨伐晋国，攻取武城，报令狐战败之仇。四年，晋国讨伐秦国，攻取少梁。六年，秦国讨伐晋国，攻取羁马。在河曲作战，大败晋军。晋人担心随会在秦国给晋国带来动乱，于是让魏雠馀假装叛变，与随会共谋，骗得随会，使随会又回到晋国。康公在位十二年去世，他的儿子共公即位。

共公二年，晋国赵穿弑杀君主晋灵公。三年，楚庄王势力壮大，派兵北上到洛阳，询问周室九鼎的轻重。共公在位五年去世，他的儿子桓公即位。

桓公三年，晋国击败我军一将领。十年，楚庄王征服郑国，北进在黄河边击败晋国军队。这时，楚国称霸，召集天下诸侯会盟。二十四年，晋厉公刚刚即位，和桓公隔着黄河结盟。桓公回国后就背叛了盟约，与翟人一起谋划袭击晋国。二十六年，晋国率领诸侯讨伐秦国，秦军战败逃亡，敌军一直追杀到泾水才撤兵。桓公在位二十七年去世，他的儿子景公即位。

景公四年，晋臣栾书弑杀君主晋厉公。十五年，秦国出兵救援郑国，在栎地击败晋军。此时晋悼公为天下盟主。十八年，晋悼公势力强盛，多次会盟诸侯，率领他们讨伐秦国，击败秦军。秦军逃跑，晋军追杀，于是渡过泾水，一直追到棫林才退兵。二十七年，景公前往晋国，和晋平公会盟，过后又背弃盟约。三十六年，楚国公子围弑君自立，这就是楚灵王。景公的同胞弟弟后子针受宠，极其富有，有人向景公说他的坏话，后子针害怕被杀，于是就逃奔晋国，携带的辎重有千辆车。晋平公问道：“后子如此富有，为何逃亡呢？”后子针答道：“秦公是无道昏君，我怕被杀，想等他死后再回去。”三十九年，楚灵王势力强大，在申地会盟诸侯，担任盟主，杀死了齐国叛臣庆封。景公在位四十年去世，他的儿子哀公即位。后子针又回到秦国。

赵高像

哀公八年，楚国公子弃疾弑杀楚灵王自立，这就是楚平王。十年，楚平王前来求娶秦国女子做太子建的妻子。秦女到了楚国，楚平王看女子容貌姣好就自己纳下了。十五年，楚平王想要诛杀太子建，太子建逃亡；伍子胥投奔吴国。晋国公室弱小而他的六卿强大，内部相互攻伐，因此秦晋两国之间长期没有战事。三十一年，吴王阖闾和伍子胥一同讨伐楚国，楚王奔逃到随国，吴军攻入郢都。楚国大夫申包胥前来告急求救，七天没有进食，日夜哭泣哀求。于是秦国派出五百辆战车前去救楚，击败吴军。吴军班师，楚昭王才得以再次回到郢都。哀公在位三十六年后去世。有太子夷公，不幸早死，没能即位，立夷公之子，这就是惠公。

惠公元年，孔子代理鲁相职务。五年，晋卿中行氏、范氏造反，晋国派智氏、赵简子攻打他们，中行氏、范氏逃亡到齐国。惠公在位十年后去世，他的儿子悼公即位。

悼公二年，齐国大臣田乞弑杀了君主孺子，扶立了他的哥哥阳生，这就是齐悼公。六年，吴国打败齐军。齐人弑杀了齐悼公，立他的儿子齐简公为君。九年，晋定公和吴王夫差结盟，在黄池争为诸侯之长，最终吴国称长。吴国强大，霸凌中原各国。十二年，齐国大臣田常谋弑齐简公，立他的弟弟齐平公，田常出任齐相。十三年，楚国消灭陈国。秦悼公在位十四年去世，他的儿子厉共公即位。孔子在悼公十二年去世。

厉共公二年，蜀人向秦国进贡。十六年，在黄河旁修筑工事。秦派兵两万讨伐大荔，攻取了王城。二十一年，首次在频阳设县。晋国攻取武成。二十四年，晋国内乱，智伯被杀，国家被赵、韩、魏三族瓜分。二十五年，智开和他领地上的臣民前来投诚。三十三年，讨伐义渠，俘虏了义渠国王。三十四年，发生日食。厉共公去世，他的儿子躁公即位。

躁公二年，南郑叛乱。十三年，义渠戎人进攻秦国，攻打到渭水南岸。十四年，躁公去世，他的弟弟怀公即位。

怀公四年，庶长晁和大臣包围怀公，怀公自杀。怀公太子叫昭子，早死，于是大臣扶立太子昭子的儿子为君，这就是灵公。灵公是怀公的孙子。

灵公六年，晋国在少梁筑城，秦国前去攻打。十三年，秦国在籍姑筑城。灵公去世，他的儿子献公没能立为国君，而是立了灵公的叔叔悼子为君，这就是简公。简公是昭子的弟弟、怀公的儿子。

简公六年，秦国开始命令官吏佩剑。在洛水边修筑工事。在重泉筑城。十六年，简公去世，他的儿子惠公即位。

惠公十二年，他的儿子出子诞生。十三年，攻打蜀国，占领南郑。惠公去世，出子即位。

出子二年，庶长改西迎灵公的儿子献公，立他为君。杀了出子和他的母亲，将他们沉尸深渊。秦国此前一段时期内多次改换君主，君臣矛盾失和，常生祸乱，所以晋国再次强盛起来，侵占了秦国在黄河以西的土地。

献公元年，废止殉葬。二年，在栎阳筑城。四年正月庚寅，孝公出生。十一年，周太史儋拜见献公，说："周国原来和秦国一体，后来分开，分开五百年又再次合并，合并十七年后，当有霸王出世。"十六年，桃树冬天开花。十八年，栎阳下起了金雨。二十一年，和晋国在石门交战，斩首六万人，天子赐黼黻作为祝贺。二十三年，和晋国在少梁交战，俘虏了敌军将领公孙痤。二十四年，献公去世，他的儿子孝公即位，即位时已经二十一岁了。

孝公元年，河山以东有六个强国，秦与齐威王、楚宣王、魏惠王、燕悼王、韩哀侯、赵成侯等六国并立。淮水、泗水之间还有小国十余个。楚国、魏国与秦国接壤。魏国修筑长城，自郑地沿着洛水向北，据有上郡。楚国从汉中起，南方还有巴地、黔中。周室衰微，诸侯以武力相互征伐，争相兼并。秦国在偏僻的雍州，不参与中原诸侯的会盟，中原列国把秦国看作夷翟。于是孝公布施恩惠，赈济孤寡之人，招募战士，功赏分明。下令国中百姓道："以前我秦缪公在岐、雍之间崛起，文治武功，东面平定晋国祸乱，以黄河为界划定国土，西面又称霸于戎翟，开拓了千里的疆土，天子封他为方伯，诸侯一道前来朝贺，为子孙后代开启霸业，可谓光明而伟大。然而后来厉公、躁公、简公、出子政局不得安宁，国家内忧不断，更不用说外患了，三晋攻占了我先君开拓的河西之地，诸侯看不起秦国，真是没有比这更耻辱的了。献公即位后，镇抚边疆，迁都栎阳，将要东伐，恢复缪公故时开拓的土地，重整缪公的政令。寡人怀念先君的志向，常常心中悲痛。宾客群臣之中，如果有能献出妙计让秦国强大的，我将封他高官，赐他土地。"于是派兵东伐，包围陕城，西征斩杀了戎族獂王。

卫鞅听到孝公下了这样的政令，西行入秦，通过景监引荐求见孝公。

二年，周天子赏赐秦王祭肉。

三年，卫鞅游说孝公变更法度，修整刑律，对内重视农业耕作，对外奖赏作战杀敌的勇士，孝公很是赞赏。甘龙、杜挚等人不赞成卫鞅的主张，和他争辩。孝公最终采纳了卫鞅设立的法度，百姓受尽了新法的苦头；三年之后，百姓却又受益于新法的便利。于是孝公拜卫鞅为左庶长。这些事详见《商君列传》。

七年，孝公和魏惠王在杜平会面。八年，和魏军在元里交战，获胜。十年，卫鞅出任大良造，率兵包围魏国安邑，安邑投降。十二年，建造咸阳城，修筑宫殿，秦迁都咸阳。秦国将诸多小乡镇集聚起来，合成大县，每个县设置一个县令，国中一共设四十一个县。重新划分田界。向东拓展疆域越过了洛水。十四年，开始施行赋税制度。十九年，天子封秦王为方伯。二十年，诸侯纷纷前来朝贺。秦国派出公子少官率兵到逢泽与诸侯相会，一起去朝觐天子。

二十一年，齐军在马陵击败魏军。

二十二年，卫鞅攻打魏国，俘虏了魏公子卬。秦孝公封卫鞅为列侯，号为商君。

二十四年，秦军与晋军在雁门交战，俘虏了敌将魏错。

孝公去世后，他的儿子惠文君即位。这一年，诛杀了卫鞅。卫鞅刚开始在秦国施行新法时，法律得不到推行，太子犯法。卫鞅说："法律不能施行，是因为贵族作对。大王如果要推行新法，就要先拿太子开刀。太子又不能受黥刑，请给他的师傅们施以黥刑。”于是新法大为推广，秦人都服从治理。等到孝公死后，太子即位，王室宗亲大多怨恨卫鞅，卫鞅逃跑，就顺势说他造反，卫鞅最终受车裂之刑并在国内示众。

惠文君元年，楚、韩、赵、蜀四国派人前来朝贺。二年，天子祝贺。三年，秦王行冠礼。四年，天子赐秦国祭祀文王、武王用的祭肉。齐、魏两国国君称王。

五年，阴晋人犀首出任大良造。六年，魏国进献阴晋，阴晋更名为宁秦。七年，秦公子卬与魏军作战，俘虏了敌将龙贾，斩首八万人。八年，魏国进献河西之地。九年，秦军渡过黄河，攻取汾阴、皮氏两地。秦王和魏王在应地会面。秦军包围焦地，焦地投降。十年，张仪出任秦相。魏国进献上郡十五县。十一年，在义渠设县。归还了魏国的焦地、曲沃。义渠首领向秦王称臣。将少梁更名为夏阳。十二年，开始在腊月祭祀先祖。十三年四月戊午，魏君称王，韩国国君也跟着称王。派张仪攻取陕地，把陕地百姓驱逐到了魏国。

十四年，改元称元年。二年，张仪与齐、楚两国大臣在啮桑会面。三年，韩、魏太子前来朝觐。张仪出任魏相。五年，秦王出游，直到北河。七年，乐池出任秦相。韩、赵、魏、燕、齐五国率领匈奴军队一同讨伐秦国。秦国派出庶长疾在修鱼应战，俘虏敌将申差，击败赵公子渴、韩太子奂的军队，斩首八万二千人。八年，张仪再度出任秦相。九年，司马错伐蜀，消灭蜀国。攻占赵国中都、西阳。十年，韩太子苍前来作为人质。攻占韩国石章。击败赵将泥。攻取义渠二十五座城池。十一年，樗里疾攻打魏国焦地，焦地投降。在岸门击败韩军，斩首万人，敌将犀首败逃。封公子通于蜀地。燕君让位给他的臣子子之。十二年，秦王与梁王在临晋会面。庶长疾攻打赵国，俘虏赵将庄。张仪出任楚相。十三年，庶长章在丹阳击败楚军，俘虏楚将屈匄，斩首八万人；又进攻楚国汉中，占据六百里土地，设置汉中郡。楚军包围韩国雍氏，秦国派庶长疾帮助韩国向东攻打齐国，派到满帮助魏国攻打燕国。十四年，秦军伐楚，攻取召陵。丹、犁两国国君向秦王称臣，蜀相壮杀死蜀侯前来投降。

惠王去世，他的儿子武王即位。韩、魏、齐、楚、越五国都归附于秦。

武王元年，秦王与魏惠王在临晋会面。诛杀蜀相壮。张仪、魏章二人都东出秦国去了魏国。讨伐义渠、丹、犁。二年，开始设立丞相，樗里疾、甘茂出任左右丞相。张仪死在魏国。三年，秦王与韩襄王在临晋城外会面。南公揭去世，樗里疾出任韩相。武王对甘茂说：“寡人想在三川之地打通一条可容一车通过的小道，能前去探看周室，则死而无憾。”那年秋天，派甘茂、庶长封讨伐宜阳。四年，攻取宜阳，斩首六万人。渡过黄河，在武遂筑城。魏太子前来朝觐。武王热衷于力量，爱好角力，力士任鄙、乌获、孟说都被任命为高官。武王和孟说比赛举鼎，结果压断了腿骨。八月，武王去世。秦诛杀孟说一族。武王娶魏女为后，没有子嗣。立了他的异母弟为君，这就是昭襄王。昭襄王的母亲是楚人，姓芈氏，号宣太后。武王死时，昭襄王正在燕国做人质，燕人将他送回，才得以即位。

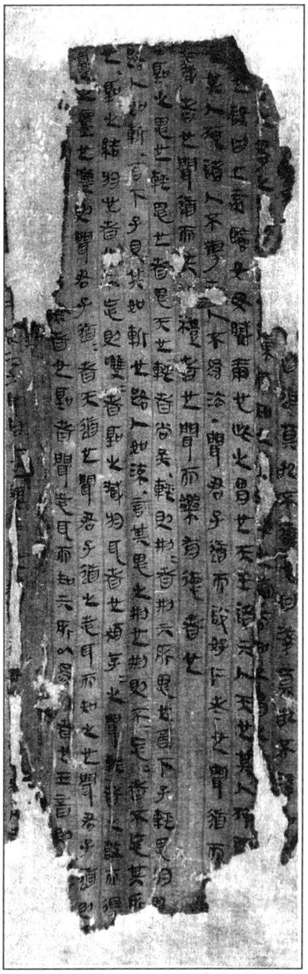

昭襄王元年，严君疾出任秦相。甘茂离开秦国去到魏国。二年，彗星出现。庶长壮与大臣、诸侯、公子谋反，都被诛杀，连及惠文后一律不得好死。悼武王后出逃回到魏国。三年，秦王行冠礼。秦王与楚王在黄棘会面，归还楚国上庸。四年，攻取魏国蒲阪。出现彗星。五年，魏王前来应亭朝见秦王，秦王归还了魏国的蒲阪。六年，蜀侯辉谋反，司马错平定蜀地叛乱。庶长奂伐楚，斩首二万人。泾阳君赴齐国充当人质。发生日食，白天为之黑暗。七年，攻取楚国新城。樗里子去世。八年，派遣将军芈戎攻楚，攻取新市。齐国派章子，魏国派公孙喜，韩国派暴鸢一同进攻楚国方城，俘虏了唐眜。赵国攻破中山国，中山国君逃亡，最后死在了齐国。魏公子劲、韩公子长被封为诸侯。九年，孟尝君薛文来到秦国出任秦相。庶长奂攻楚，夺取八座城池，杀死敌将景快。十年，楚怀王入秦朝会，秦王将他扣下来。薛文因金受之故被罢免。楼缓出任丞相。十一年，齐、韩、魏、赵、宋、中山五国一同攻秦，攻打到盐氏之地撤兵。秦国献给韩、魏两国河北以及封陵来求和。出现彗星。楚怀王逃跑到赵国，赵国不接受，把他遣返到秦国，随即死去，尸体送回楚国下葬。十二年，楼缓被罢免，穰侯魏冉出任丞相。秦国赠予楚国粮粟五万石。

十三年，向寿讨伐韩国，攻取武始。左更白起攻打新城。五大夫吕礼逃出秦国投奔魏国。任鄙出任汉中守。十四年，左更白起在伊阙出击韩、魏军队，斩首二十四万人，俘虏公孙喜，攻占五座城池。十五年，大良造白起攻打魏国，占据垣地，不久又把垣地归还。攻打楚国，攻取宛地。十六年，左更司马错攻取轵、邓两地。魏冉被罢去相位。分封公子市到宛地、公子悝到邓地、魏冉到陶地，担任诸侯。十七年，城阳君入秦朝见，东周君也前来朝见。秦国用垣地换取了蒲阪、皮氏。秦王前去宜阳。十八年，司马错进攻垣地、河雍，拆毁桥梁夺取此地。十九年，秦王称西帝，齐王称东帝，后又都去除帝号。吕礼又自行回到秦国。齐军攻破宋国，宋王到了魏国，死在温地。任鄙去世。二十年，秦王前往汉中，又去了上郡、北河。二十一年，司马错攻打魏国河内。魏国进献安邑，秦国驱逐安邑百姓，招募民众迁徙河东，无罪的赐爵，有罪的赦免。封泾阳君在宛地。二十二年，蒙武讨伐齐国。在河东设立九个县。秦王与楚王在宛地会面。秦王与赵王在中阳会面。二十三年，都尉斯离与三晋、燕国军队一同伐齐，在济西大破齐军。秦王与魏王在宜阳会面，与韩王在新城会面。二十四年，秦王与楚王在鄢地会面，接着又在穰地会面。秦国攻取魏国安城，兵至大梁，燕、赵出兵援救，秦军撤兵。魏冉再次被免去丞相之职。二十五年，秦军攻取赵国两座城池。秦王与韩王在新城会面，与魏王在新明邑会面。二十六年，赦免罪人，把他们迁徙到穰地。穰侯魏冉再度出任秦相。二十七年，司马错攻楚。赦免罪人，把他们迁徙到南阳。白起攻打赵国，占领代地的光狼城。秦又派司马错在陇西征兵，经由蜀地攻打楚国黔中，占据此地。二十八年，大良造白起攻楚，占领鄢、邓二地，秦国赦免罪人迁往此处。二十九年，大良造白起攻楚，占领郢都，设为南郡，楚王逃亡。周君前来朝贺。秦王与楚王在襄陵会面。白起被封为武安君。三十年，蜀郡守张若伐楚，攻取巫郡和江南，设立为黔中郡。三十一年，白起伐魏，攻取两座城池。楚人在我国江南之地造反。三十二年，丞相穰侯攻魏，兵至大梁，攻破暴鸢的军队，斩首四万人，暴鸢逃跑，魏国进献三个县城来求和。三十三年，客卿胡伤攻打魏国卷、蔡、阳、长社等地，占领此处。秦军在华阳之地出击芒卯军队，大破敌军，斩首十五万人。魏国进献南阳求和。三十四年，秦国将占领的魏、韩之地合并上庸设为一郡，赦免罪臣迁居南阳。三十五年，辅助韩、魏、楚一同伐燕。开始设置南阳郡。三十六年，客卿灶攻齐，攻取刚、寿两地，赐予穰侯。三十八年，中更胡伤攻打赵国阏与，未能攻取。四十年，悼太子死于魏国，尸体送回下葬在芷阳。四十一年夏，攻打魏国，占据邢丘、怀地。四十二年，立安国君为太子。十月，宣太后去世，葬于芷阳郦山。九月，穰侯离朝，回到陶地。四十三年，武安君白起攻韩，占领九座城池，斩首五万人。四十四年，攻打韩国南阳，占据此地。四十五年，五大夫贲攻韩，攻占十座城池。叶阳君悝离朝回到封地，还没有到就死在了路上。四十七年，秦国进攻韩国上党，上党官民投降赵国，秦国转而攻赵，赵国发兵迎击秦军，相持不下。秦派武安君白起出击，大破赵军于长平，四十余万士卒被全数杀死。四十八年十月，韩国进献垣雍。秦军分为三路。武安君回国。王龁率兵讨伐赵国武安、皮牢，攻取此二地。司马梗北进平定太原，占领韩国上党全境。正月，秦军罢兵，重新据守上党。那年十月，五大夫王陵攻打赵国邯郸。四十九年正月，又派士卒辅助王陵。王陵战绩不好，被罢免，王龁代替他担任将领。那年十月，将军张唐攻魏，魏国守将蔡尉弃城逃跑，回去后被斩杀。五十年十月，武安君白起犯法，被贬为士卒，发配阴密。张唐攻郑，将其占领。十二月，增派士兵驻扎在汾城旁。武安君白起有罪，处死。王龁攻打邯郸，不能攻下，于是撤兵，仍回到汾城驻守。两个多月后，攻打晋军，斩首六千人，晋、楚两国士兵被赶入黄河，淹死两万人。攻打汾城，随后又随张唐攻取宁新中，将宁新中改名安阳。首次在黄河上架设桥梁。

五十一年，将军摎攻韩，攻取阳城、负黍，斩首四万人。攻赵，占据二十余座县城，斩首及俘虏赵军九万人。西周君背叛秦，与各诸侯相约合纵，率领天下精兵西出伊阙攻秦，使秦国不能和阳城相连通。于是秦国派将军摎攻打西周。西周君逃跑后自行前来秦国归顺，叩头谢罪，尽数献上管辖下城池三十六座，以及人口三万。秦王接受了进献，将西周君放归周国。五十二年，周国人民向东逃亡，周室重器九鼎归入秦国。周初步亡国。

五十三年，天下诸侯来朝觐秦王。魏国没有按时到达，秦派将军摎伐魏，攻入吴城。韩王入秦朝觐，魏国委托国政，一切听秦国发命。五十四年，秦王在雍地南郊祭祀上帝。五十六年秋，昭襄王去世，他的儿子孝文王即位。孝文王尊奉唐八子为唐太后，将她与先王合葬。韩王身穿孝服前来吊唁祭祀，诸侯也都派了他们的将相前来吊祭，帮助办理丧事。

孝文王元年，赦免罪人，追封先王功臣，厚待皇室宗亲，开放皇家园囿。孝文王服丧期满，十月己亥即位，三天后辛丑日去世，他的儿子庄襄王即位。

庄襄王元年，大赦天下有罪之人，追封先王功臣，厚待骨肉宗亲，施惠于民。东周君与各诸侯谋划伐秦，秦国派出相国吕不韦诛伐东周，占领了东周国。秦国没有断绝东周的世祀，将阳人之地赐给周君，让他在这里祭祀祖先。秦国又派出蒙骜伐韩，韩国进献成皋、巩地。秦国边界紧邻大梁，秦开始设置三川郡。二年，派蒙骜攻赵，平定太原。三年，蒙骜攻打魏国高都、汲地，占领此二地。又攻打赵国榆次、新城、狼孟，攻取三十七座城池。四月发生日食。王龁进攻上党。开始设置太原郡。魏国将领无忌率领五国兵马抗击秦国，秦退军至黄河以南。蒙骜败兵，诸侯联军解散离去。五月丙午，庄襄王去世，他的儿子政即位，这就是秦始皇帝。

秦王政在位二十六年，首次一统天下，分为三十六郡，号为始皇帝。始皇帝在位十一年驾崩，他的儿子胡亥即位，这就是二世皇帝。三年，各路诸侯一同起兵叛秦，赵高杀了二世，立子婴为皇帝。子婴即位一个多月，诸侯杀了他，于是秦朝灭亡。这些事详见于《秦始皇本纪》。

太史公说：秦国的祖先为嬴姓。他的后代被分封到各地，就以封国名称为姓，有徐氏、郯氏、莒氏、终黎氏、运奄氏、菟裘氏、将梁氏、黄氏、江氏、脩鱼氏、白冥氏、蜚廉氏、秦氏。而秦国因为他的祖先造父被封在赵城，所以为赵氏。

（王永吉　注译）

卷六　秦始皇本纪第六

注释查阅　　译文诵读

秦始皇帝者，秦庄襄王子也。庄襄王为秦质子于赵，见吕不韦姬，悦而取之，生始皇。以秦昭王四十八年正月生于邯郸。及生，名为政，姓赵氏[1]。年十三岁，庄襄王死，政代立为秦王。当是之时，秦地已并巴、蜀、汉中、越宛有郢，置南郡矣[2]；北收上郡以东，有河东、太原、上党郡；东至荥阳，灭二周[3]，置三川郡。吕不韦为相，封十万户，号曰文信侯。招致宾客游士，欲以并天下。李斯为舍人。蒙骜、王齮、麃公等为将军。王年少，初即位，委国事大臣。

晋阳反，元年，将军蒙骜击定之。二年，麃公将卒攻卷[4]，斩首三万。三年，蒙骜攻韩，取十三城。王齮死。十月，将军蒙骜攻魏氏畼、有诡[5]。岁大饥。四年，拔畼、有诡。三月，军罢。秦质子归自赵，赵太子出归国。十月庚寅，蝗虫从东方来，蔽天。天下疫。百姓内粟千石，拜爵一级。五年，将军骜攻魏，定酸枣、燕、虚、长平、雍丘、山阳城，皆拔之，取二十城。初置东郡。冬雷。六年，韩、魏、赵、卫、楚共击秦，取寿陵。秦出兵，五国兵罢。拔卫，迫东郡，其君角率其支属徙居野王，阻其山以保魏之河内。七年，彗星先出东方，见北方，五月见西方。将军骜死。以攻龙、孤、庆都，还兵攻汲。彗星复见西方十六日。夏太后死[6]。八年，王弟长安君成蟜将军击赵，反，死屯留，军吏皆斩死，迁其民于临洮。将军壁死，卒屯留、蒲鶮反，戮其尸。河鱼大上，轻车重马东就食。

嫪毐封为长信侯。予之山阳地，令毐居之。宫室车马衣服苑囿驰猎恣毐，事无小大皆决于毐。又以河西太原郡更为毐国。九年，彗星见，或竟天。攻魏垣、蒲阳。四月，上宿雍。己酉，王冠，带剑。长信侯毐作乱而觉，矫王御玺及太后玺以发县卒及卫卒、官骑、戎翟君公、舍人，将欲攻蕲年宫为乱[7]。王知之，令相国昌平君、昌文君发卒攻毐。战咸阳，斩首数百，皆拜爵，及宦者皆在战中，亦拜爵一级。毐等败走。即令国中：有生得毐，赐钱百万；杀之，五十万。尽得毐等。卫尉竭、内史肆、佐弋竭、中大夫令齐等二十人皆枭首。车裂以徇，灭其宗。及其舍人，轻者为鬼薪[8]。及夺爵迁蜀四千馀家，家房陵。四月寒冻，有死者。杨端和攻衍氏。彗星见西方，又见北方，从斗以南八十日。十年，相国吕不韦坐嫪毐免。桓齮为将军。齐、赵来置酒。齐人茅焦说秦王曰："秦方以天下为事，而大王有迁母太后之名，恐诸侯闻之，由此倍秦也。"秦王乃迎太后于雍而入咸阳，复居甘泉宫。

大索，逐客。李斯上书说，乃止逐客令。李斯因说秦王，请先取韩以恐他国，于是使斯下韩。韩王患之，与韩非谋弱秦。大梁人尉缭来，说秦王曰："以秦之强，诸侯譬如郡县之君，臣但恐诸侯合从[9]，翕而出不意[10]，此乃智伯、夫差、愍王之所以亡也。愿大王毋爱财物，赂其豪臣，以乱其谋，不过亡三十万金，则诸侯可尽。"秦王从其计，见尉缭亢礼[11]，衣服食饮与缭同。缭曰："秦王为人，蜂准[12]，长目，挚鸟膺[13]，豺声，少恩而虎狼心，居约[14]易出人下，得志亦轻食人。我布衣，然见我常身自下我。诚使秦王得志于天下，天下皆为虏矣。不可与久游。"乃亡去。秦王觉，固止，以为秦国尉，卒用其计策。而李斯用事。

十一年，王翦、桓齮、杨端和攻邺，取九城。王翦攻阏与、橑杨[15]，皆并为一军。翦将十八日，军归斗食以下[16]，什推二人从军[17]。取邺安阳，桓齮将。十二年，文信侯不韦死，窃葬。其舍人临者[18]，晋人也逐出之；秦人六百石以上夺爵，迁；五百石以下不临，迁，勿夺爵。自今以来，操国事不道如嫪毐、不韦者籍其门，视此。秋，复嫪毐舍人迁蜀者。当是之时，天下大旱六月，至八月乃雨。

十三年，桓齮攻赵平阳，杀赵将扈辄，斩首十万。王之河南。正月，彗星见东方。十月，桓齮攻赵。十四年，攻赵军于平阳，取宜安，破之，杀其将军。桓齮定平阳、武城。韩非使秦，秦用李斯谋，留非，非死云阳。韩王请为臣。

十五年，大兴兵，一军至邺，一军至太原，取狼孟。地动。十六年九月，发卒受地韩南阳假守腾。初令男子书年。魏献地于秦。秦置丽邑。十七年，内史腾攻韩，得韩王安，尽纳其地，以其地为郡，命曰颍川。地动。华阳太后卒[19]。民大饥。

十八年，大兴兵攻赵，王翦将上地，下井陉，端和将河内，羌瘣伐赵，端和围邯郸城。十九年，王翦、羌瘣尽定取赵地东阳，得赵王。引兵欲攻燕，屯中山。秦王之邯郸，诸尝与王生赵时母家有仇怨，皆坑之。秦王还，从太原、上郡归。始皇帝母太后崩。赵公子嘉率其宗数百人之代，自立为代王，东与燕合兵，军上谷。大饥。

二十年，燕太子丹患秦兵至国，恐，使荆轲刺秦王。秦王觉之，体解轲以徇，而使王翦、辛胜攻燕。燕、代发兵击秦军，秦军破燕易水之西[20]。二十一年，王贲攻荆。乃益发卒诣王翦军，遂破燕太子军，取燕蓟城[21]，得太子丹之首。燕王东收辽东而王之[22]。王翦谢病老归。新郑反。昌平君徙于郢。大雨雪，深二尺五寸。

二十二年，王贲攻魏，引河沟灌大梁[23]，大梁城坏，其王请降，尽取其地。

二十三年，秦王复召王翦，强起之，使将击荆。取陈以南至平舆，虏荆王。秦王游，至郢陈。荆将项燕立昌平君为荆王，反秦于淮南。二十四年，王翦、蒙武攻荆，破荆军，昌平君死，项燕遂自杀。

二十五年，大兴兵，使王贲将，攻燕辽东，得燕王喜。还攻代，虏代王嘉。王翦遂定荆江南地；降越君，置会稽郡。五月，天下大酺[24]。

二十六年，齐王建与其相后胜发兵守其西界，不通秦。秦使将军王贲从燕南攻齐，得齐王建。

秦初并天下，令丞相、御史曰[25]："异日韩王纳地效玺[26]，请为藩臣，已而倍约，与赵、魏合从畔秦，故兴兵诛之，虏其王。寡人以为善，庶几息兵革[27]。赵王使其相李牧来约盟，故归其质子。已而倍盟，反我太原，故兴兵诛之，得其王。赵公子嘉乃自立为代王，故举兵击灭之。魏王始约服入秦，已而与韩、赵谋袭秦，秦兵吏诛，遂破之。荆王献青阳以西，已而畔约，击我南郡，故发兵诛，得其王，遂定其荆地。燕王昏乱，其太子丹乃阴令荆轲为贼，兵吏诛，灭其国。齐王用后胜计，绝秦使，欲为乱，兵吏诛，虏其王，平齐地。寡人以眇眇之身[28]，兴兵诛暴乱，赖宗庙之灵，六王咸伏其辜[29]，天下大定。今名号不更，无以称成功，传后世。其议帝号。"丞相绾、御史大夫劫、廷尉斯等皆曰："昔者五帝地方千里，其外侯服夷服[30]，诸侯或朝或否，天子不能制。今陛下兴义兵，诛残贼，平定天下，海内为郡县，法令由一统，自上古以来未尝有，五帝所不及。臣等谨与博士[31]议曰：'古有天皇[32]，有地皇，有泰皇，泰皇最贵。'臣等昧死上尊号，王为'泰皇'。命为'制'，令为'诏'，天子自称曰'朕'。"王曰："去'泰'，著'皇'，采上古'帝'位号，号曰'皇帝'。他如议。"制曰："可。"追尊庄襄王为太上皇。制曰："朕闻太古有号毋谥，中古有号，死而以行为谥。如此，则子议父，臣议君也，甚无谓，朕弗取焉。自今已来，除谥法。朕为始皇帝。后世以计数，二世三世至于万世，传之无穷。"

始皇推终始五德之传[33]，以为周得火德，秦代周德，从所不胜。方今水德之始，改年始[34]，朝贺皆自十月朔。衣服旄旌节旗皆上黑[35]。数以六为纪，符、法冠皆六寸，而舆六尺，六尺为步，乘六马。更名河曰德水，以为水德之始。刚毅戾深，事皆决于法，刻削毋仁恩和义，然后合五德之数[36]。于是急法，久者不赦。

丞相绾等言："诸侯初破，燕、齐、荆地远，不为置王，毋以填之[37]。请立诸子，唯上幸许。"始皇下其议于群臣，群臣皆以为便。廷尉李斯议曰："周文武所封子弟同姓甚众，然后属疏远，相攻击如仇雠，诸侯更相诛伐，周天子弗能禁止。今海内赖陛下神灵一统，皆为郡县，诸子功臣以公赋税重赏赐之，甚足易制。天下无异意，则安宁之术也。置诸侯不便。"始皇曰："天下共苦战斗不休，以有侯王。赖宗庙，天下初定，又复立国，是树兵也，而求其宁息，岂不难哉！廷尉议是。"

分天下以为三十六郡，郡置守、尉、监[38]。更名民曰"黔首"[39]。大酺。收天下兵，聚之咸阳，销以为钟鐻[40]，金人十二，重各千石，置廷宫中。一法度衡石丈尺。车同轨。书同文字。地东至海暨朝鲜，西至临洮羌中，南至北向户，北据河为塞，并阴山至辽东[41]。徙天下豪富于咸阳十二万户。诸庙及章台、上林皆在渭南。秦每破诸侯，写放其宫室[42]，作之咸阳北阪上，南临渭，自雍门以东至泾、渭，殿屋复道周阁相属[43]。所得诸侯美人钟鼓，以充入之。

二十七年，始皇巡陇西、北地，出鸡头山，过回中。焉作信宫渭南[44]，已更命信宫为极庙，象天极[45]。自极庙道通郦山。作甘泉前殿，筑甬道[46]，自咸阳属之。是岁，赐爵一级。治驰道[47]。

二十八年，始皇东行郡县，上邹峄山。立石，与鲁诸儒生议，刻石颂秦德，议封禅望祭山川之事。乃遂上泰山，立石，封，祠祀。下，风雨暴至，休于树下，因封其树为五大夫。禅梁父。

……

于是乃并勃海以东[48]，过黄、腄[49]，穷成山[50]，登之罘[51]，立石颂秦德焉而去。

南登琅邪，大乐之，留三月。乃徙黔首三万户琅邪台下，复十二岁。作琅邪台，立石刻，颂秦德，明得意。

……

既已，齐人徐市等上书[52]，言海中有三神山，名曰蓬莱、方丈、瀛洲[53]，仙人居之。请得斋戒，与童男女求之。于是遣徐市发童男女数千人，入海求仙人。

始皇还，过彭城，斋戒祷祠，欲出周鼎泗水[54]。使千人没水求之，弗得。乃西南渡淮水，之衡山、南郡。浮江，至湘山祠。逢大风，几不得渡。上问博士曰："湘君何神？"博士对曰："闻之，尧女，舜之妻，而葬此。"于是始皇大怒，使刑徒三千人皆伐湘山树，赭其山[55]。上自南郡由武关归。

二十九年，始皇东游。至阳武博狼沙中[56]，为盗所惊。求弗得，乃令天下大索十日。

登之罘，刻石。……旋，遂之琅邪，道上党入。

三十年，无事。

三十一年十二月，更名腊曰"嘉平"[57]。赐黔首里六石米[58]，二羊。始皇为微行咸阳[59]，与武士四人俱，夜出逢盗兰池[60]，见窘[61]，武士击杀盗，关中大索二十日。米石千六百。

三十二年，始皇之碣石，使燕人卢生求羡门、高誓。刻碣石门。坏城郭，决通隄防。

……

因使韩终、侯公、石生求仙人不死之药。始皇巡北边，从上郡入。燕人卢生使入海还，以鬼神事，因奏录图书[62]，曰"亡秦者胡也"[63]。始皇乃使将军蒙恬发兵三十万人北击胡，略取河南地[64]。

三十三年，发诸尝逋亡人、赘壻、贾人略取陆梁地[65]，为桂林、象郡、南海[66]，以適遣戍[67]。西北斥逐匈奴。自榆中并河以东[68]，属之阴山，以为四十四县，城河上为塞。又使蒙恬渡河取高阙、陶山、北假中[69]，筑亭障以逐戎人[70]。徙谪，实之初县[71]。禁不得祠明星出西方[72]。三十四年，适治狱吏不直者，筑长城，及南越地[73]。

始皇置酒咸阳宫，博士七十人前为寿[74]。仆射周青臣进颂曰[75]："他时秦地不过千里，赖陛下神灵明圣，平定海内，放逐蛮夷，日月所照，莫不宾服。以诸侯为郡县，人人自安乐，无战争之患，传之万世。自上古不及陛下威德。"始皇悦。博士齐人淳于越进曰："臣闻殷周之王千馀岁，封子弟功臣，自为枝辅。今陛下有海内，而子弟为匹夫，卒有田常、六卿之臣[76]，无辅拂[77]，何以相救哉？事不师古而能长久者，非所闻也。今青臣又面谀以重陛下之过，非忠臣。"始皇下其议。丞相李斯曰："五帝不相复，三代不相袭，各以治，非其相反，时变异也。今陛下创大业，建万世之功，固非愚儒所知。且越言乃三代之事，何足法也？异时诸侯并争，厚招游学。今天下已定，法令出一，百姓当家则力农工，士则学习法令辟禁[78]。今诸生不师今而学古，以非当世，惑乱黔首。丞相臣斯昧死言：古者天下散乱，莫之能一，是以诸侯并作，语皆道古以害今，饰虚言以乱实，人善其所私学，以非上之所建立。今皇帝并有天下，别黑白而定一尊。私学而相与非法教，人闻令下，则各以其学议之，入则心非，出则巷议，夸主以为名，异取以为高，率群下以造谤。如此弗禁，则主势降乎上，党与成乎下[79]。禁之便。臣请史官非秦记皆烧之。非博士官所职，天下敢有藏《诗》《书》、百家语者，悉诣守、尉杂烧之。有敢偶语《诗》《书》者弃市[80]，以古非今者族。吏见知不举者与同罪。令下三十日不烧，黥为城旦[81]。所不去者，医药卜筮种树之书。若欲有学法令，以吏为师。"制曰："可。"

三十五年，除道，道九原抵云阳[82]，堑山堙谷[83]，直通之。于是始皇以为咸阳人多，先王之宫廷小，吾闻周文王都丰，武王都镐，丰镐之间，帝王之都也。乃营作朝宫渭南上林苑中。先作前殿阿房[84]，东西五百步，南北五十丈，上可以坐万人，下可以建五丈旗[85]。周驰为阁道，自殿下直抵南山[86]。表南山之颠以为阙[87]。为复道，自阿房渡渭，属之咸阳，以象天极阁道绝汉抵营室也。阿房宫未成；成，欲更择令名名之[88]。作宫阿房，故天下谓之阿房宫。隐宫徒刑者七十馀万人，乃分作阿房宫，或作丽山[89]。发北山石椁[90]，乃写蜀、荆地材皆至[91]。关中计宫三百，关外四百馀。于是立石东海上朐界中[92]，以为秦东门。因徙三万家丽邑，五万家云阳，皆复不事十岁。

卢生说始皇曰："臣等求芝奇药仙者常弗遇，类物有害之者。方中，人主时为微行以辟恶鬼[93]，恶鬼辟，真人至[94]。人主所居而人臣知之，则害于神。真人者，入水不濡[95]，入火不爇[96]，陵云气[97]，与天地久长。今上治天下，未能恬倓[98]。愿上所居宫毋令人知，然后不死之药殆可得也[99]。"于是始皇曰："吾慕真人，自谓'真人'，不称'朕'。"乃令咸阳之旁二百里内宫观二百七十复道甬道相连，帷帐钟鼓美人充之，各案署不移徙[100]。行所幸，有言其处者，罪死。始皇帝幸梁山宫，从山上见丞相车骑众，弗善也。中人或告丞相，丞相后损车骑。始皇怒曰："此中人泄吾语。"案问莫服。当是时，诏捕诸时在旁者，皆杀之。自是后莫知行之所在。听事，群臣受决事，悉于咸阳宫。

侯生、卢生相与谋曰："始皇为人，天性刚戾自用，起诸侯，并天下，意得欲从[101]，以为自古莫及己。专任狱吏，狱吏得亲幸。博士虽七十人，特备员弗用[102]。丞相诸大臣皆受成事，倚辨于上。上乐以刑杀为威，天下畏罪持禄，莫敢尽忠。上不闻过而日骄，下慑伏谩欺以取容[103]。秦法，不得兼方[104]，不验，辄死。然候星气者至三百人[105]，皆良士，畏忌讳谀，不敢端言其过。天下之事无小大皆决于上，上至以衡石量书[106]，日夜有呈[107]，不中呈不得休息。贪于权势至如此，未可为求仙药。"于是乃亡去。始皇闻亡，乃大怒曰："吾前收天下书不中用者尽去之，悉召文学方术士甚众，欲以兴太平。方士欲练以求奇药，今闻韩众去不报，徐市等费以巨万计，终不得药，徒奸利相告日闻。卢生等吾尊赐之甚厚，今乃诽谤我，以重吾不德也。诸生在咸阳者，吾使人廉问[108]，或为妖言以乱黔首。"于是使御史悉案问诸生，诸生传相告引，乃自除[109]。犯禁者四百六十馀人，皆坑之咸阳，使天下知之，以惩后。益发谪徙边。始皇长子扶苏谏曰："天下初定，远方黔首未集，诸生皆诵法孔子，今上皆重法绳之，臣恐天下不安。唯上察之。"始皇怒，使扶苏北监蒙恬于上郡。

三十六年，荧惑守心[110]。有坠星下东郡，至地为石，黔首或刻其石曰"始皇帝死而地分"。始皇闻之，遣御史逐问，莫服，尽取石旁居人诛之，因燔销其石。始皇不乐，使博士为《仙真人诗》，及行所游天下，传令乐人歌弦之。秋，使者从关东夜过华阴平舒道，有人持璧遮使者曰："为吾遗滈池君[111]。"因言曰："今年祖龙死[112]。"使者问其故，因忽不见，置其璧去。使者奉璧具以闻。始皇默然良久，曰："山鬼固不过知一岁事也。"退言曰："祖龙者，人之先也。"使御府视璧，乃二十八年行渡江所沈璧也。于是始皇卜之，卦得游徙吉。迁北河、榆中三万家，拜爵一级。

三十七年十月癸丑，始皇出游。左丞相斯从，右丞相去疾守。少子胡亥爱慕请从，上许之。十一月，行至云梦，望祀虞舜于九疑山。浮江下，观籍柯，渡海渚。过丹阳，至钱唐。临浙江，水波恶，乃西百二十里从狭中渡。上会稽，祭大禹，望于南海，而立石刻颂秦德。

……

还过吴[113]，从江乘渡[114]。并海上，北至琅邪。方士徐市等入海求神药，数岁不得，费多，恐谴，乃诈曰："蓬莱药可得，然常为大鲛鱼所苦[115]，故不得至，愿请善射与俱，见则以连弩射之[116]。"始皇梦与海神战，如人状。问占梦，博士曰："水神不可见，以大鱼蛟龙为候[117]。今上祷祠备谨，而有此恶神，当除去，而善神可致。"乃令入海者赍捕巨鱼具[118]，而自以连弩候大鱼出，射之。自琅邪北至荣成山，弗见。至之罘，见巨鱼，射杀一鱼。遂并海西。

至平原津而病[119]。始皇恶言死，群臣莫敢言死事。上病益甚，乃为玺书赐公子扶苏曰："与丧会咸阳而葬。"书已封，在中车府令赵高行符玺事所[120]，未授使者。七月丙寅，始皇崩于沙丘平台[121]。丞相斯为上崩在外，恐诸公子及天下有变，乃秘之，不发丧。棺载辒凉车中[122]，故幸宦者参乘[123]，所至上食、百官奏事如故，宦者辄从辒凉车中可其奏事。独子胡亥、赵高及所幸宦者五六人知上死。赵高故尝教胡亥书及狱律令法事，胡亥私幸之。高乃与公子胡亥、丞相斯阴谋破去始皇所封书赐公子扶苏者，而更诈为丞相斯受始皇遗诏沙丘，立子胡亥为太子。更为书赐公子扶苏、蒙恬，数以罪，赐死。语具在《李斯传》中。行，遂从井陉抵九原。会暑，上辒车臭，乃诏从官令车载一石鲍鱼[124]，以乱其臭。

行从直道至咸阳[125]，发丧。太子胡亥袭位，为二世皇帝。九月，葬始皇郦山。始皇初即位，穿治郦山，及并天下，天下徒送诣七十馀万人，穿三泉[126]，下铜而致椁[127]，宫观百官奇器珍怪徙臧满之[128]。令匠作机弩矢，有所穿近者辄射之。以水银为百川江河大海，机相灌输，上具天文，下具地理。以人鱼膏为烛[129]，度不灭者久之。二世曰："先帝后宫非有子者，出焉不宜。"皆令从死，死者甚众。葬既已下，或言工匠为机，臧皆知之，臧重即泄。大事毕，已臧，闭中羡，下外羡门[130]，尽闭工匠臧者，无复出者。树草木以象山。

二世皇帝元年，年二十一。赵高为郎中令[131]，任用事。二世下诏，增始皇寝庙牺牲及山川百祀之礼。令群臣议尊始皇庙。群臣皆顿首言曰："古者天子七庙，诸侯五，大夫三，虽万世世不轶毁[132]。今始皇为极庙，四海之内皆献贡职，增牺牲，礼咸备，毋以加。先王庙或在西雍，或在咸阳。天子仪当独奉酌祠始皇庙。自襄公已下轶毁。所置凡七庙。群臣以礼进祠，以尊始皇庙为帝者祖庙。皇帝复自称'朕'。"

二世与赵高谋曰："朕年少，初即位，黔首未集附。先帝巡行郡县，以示强，威服海内。今晏然不巡行[133]，即见弱，毋以臣畜天下[134]。"春，二世东行郡县，李斯从。到碣石，并海，南至会稽，而尽刻始皇所立刻石，石旁著大臣从者名，以章先帝成功盛德焉[135]：

皇帝曰："金石刻尽始皇帝所为也。今袭号而金石刻辞不称始皇帝，其于久远也如后嗣为之者，不称成功盛德。"丞相臣斯、臣去疾、御史大夫臣德昧死言："臣请具刻诏书刻石，因明白矣。臣昧死请。"制曰："可。"

遂至辽东而还。

于是二世乃遵用赵高，申法令。乃阴与赵高谋曰："大臣不服，官吏尚强，及诸公子必与我争，为之柰何？"高曰："臣固愿言而未敢也。先帝之大臣，皆天下累世名贵人也，积功劳世以相传久矣。今高素小贱，陛下幸称举，令在上位，管中事。大臣鞅鞅[136]，特以貌从臣，其心实不服。今上出，不因此时案郡县守尉有罪者诛之[137]，上以振威天下，下以除去上生平所不可者。今时不师文而决于武力，愿陛下遂从时毋疑，即群臣不及谋[138]。明主收举馀民，贱者贵之，贫者富之，远者近之，则上下集而国安矣。”二世曰：“善。”乃行诛大臣及诸公子，以罪过连逮少近官三郎[139]，无得立者，而六公子戮死于杜[140]。公子将闾昆弟三人囚于内宫，议其罪独后。二世使使令将闾曰：“公子不臣，罪当死，吏致法焉。”将闾曰：“阙廷之礼[141]，吾未尝敢不从宾赞也；廊庙之位[142]，吾未尝敢失节也；受命应对，吾未尝敢失辞也。何谓不臣？愿闻罪而死。”使者曰：“臣不得与谋，奉书从事。”将闾乃仰天大呼天者三，曰：“天乎！吾无罪！”昆弟三人皆流涕拔剑自杀。宗室振恐。群臣谏者以为诽谤，大吏持禄取容，黔首振恐。

四月，二世还至咸阳，曰：“先帝为咸阳朝廷小，故营阿房宫。为室堂未就，会上崩，罢其作者，复土郦山[143]。郦山事大毕，今释阿房宫弗就，则是章先帝举事过也。”复作阿房宫。外抚四夷，如始皇计。尽征其材士五万人为屯卫咸阳[144]，令教射狗马禽兽。当食者多，度不足，下调郡县转输菽粟刍藁[145]，皆令自赍粮食；咸阳三百里内不得食其谷。用法益刻深[146]。

七月，戍卒陈胜等反故荆地，为“张楚”[147]。胜自立为楚王，居陈，遣诸将徇地[148]。山东郡县少年苦秦吏，皆杀其守尉令丞反，以应陈涉，相立为侯王，合从西乡[149]，名为伐秦，不可胜数也。谒者使东方来[150]，以反者闻二世。二世怒，下吏。后使者至，上问，对曰：“群盗，郡守尉方逐捕，今尽得，不足忧。”上悦。武臣自立为赵王，魏咎为魏王，田儋为齐王。沛公起沛。项梁举兵会稽郡。

二年冬，陈涉所遣周章等将西至戏[151]，兵数十万。二世大惊，与群臣谋曰：“奈何？”少府章邯曰[152]：“盗已至，众强，今发近县不及矣。郦山徒多，请赦之，授兵以击之。”二世乃大赦天下，使章邯将，击破周章军而走，遂杀章曹阳。二世益遣长史司马欣、董翳佐章邯击盗，杀陈胜城父，破项梁定陶，灭魏咎临济。楚地盗名将已死，章邯乃北渡河，击赵王歇等于巨鹿。

赵高说二世曰：“先帝临制天下久，故群臣不敢为非，进邪说。今陛下富于春秋，初即位，奈何与公卿廷决事？事即有误，示群臣短也。天子称朕，固不闻声。”于是二世常居禁中，与高决诸事。其后公卿希得朝见[153]，盗贼益多，而关中卒发东击盗者毋已。右丞相去疾、左丞相斯、将军冯劫进谏曰：“关东群盗并起，秦发兵诛击，所杀亡甚众，然犹不止。盗多，皆以戍漕转作事苦[154]，赋税大也。请且止阿房宫作者，减省四边戍转。”二世曰：“吾闻之韩子曰[155]：‘尧舜采椽不刮[156]，茅茨不翦[157]，饭土塯[158]，啜土形[159]，虽监门之养[160]，不觳于此[161]。禹凿龙门，通大夏，决河亭水[162]，放之海，身自持筑臿[163]，胫毋毛，臣虏之劳不烈于此矣。’凡所为贵有天下者，得肆意极欲，主重明法，下不敢为非，以制御海内矣。夫虞、夏之主，贵为天子，亲处穷苦之实，以徇百姓[164]，尚何于法？朕尊万乘，毋其实，吾欲造千乘之驾，万乘之属，充吾号名。且先帝起诸侯，兼天下，天下已定，外攘四夷以安边竟，作宫室以章得意，而君观先帝功业有绪[165]。今朕即位二年之间，群盗并起，君不能禁，又欲罢先帝之所为，是上毋以报先帝，次不为朕尽忠力，何以在位？”下去疾、斯、劫吏，案责他罪。去疾、劫曰："将相不辱。"自杀。斯卒囚，就五刑[166]。

三年，章邯等将其卒围钜鹿，楚上将军项羽将楚卒往救钜鹿。冬，赵高为丞相，竟案李斯杀之。夏，章邯等战数却，二世使人让邯，邯恐，使长史欣请事[167]。赵高弗见，又弗信。欣恐，亡去，高使人捕追不及。欣见邯曰："赵高用事于中，将军有功亦诛，无功亦诛。"项羽急击秦军，虏王离，邯等遂以兵降诸侯。八月己亥，赵高欲为乱，恐群臣不听，乃先设验，持鹿献于二世，曰："马也。"二世笑曰："丞相误邪？谓鹿为马。"问左右，左右或默，或言马以阿顺赵高。或言鹿，高因阴中诸言鹿者以法[168]。后群臣皆畏高。

高前数言"关东盗毋能为也"，及项羽虏秦将王离等巨鹿下而前，章邯等军数却，上书请益助，燕、赵、齐、楚、韩、魏皆立为王，自关以东，大氐尽畔秦吏应诸侯[169]，诸侯咸率其众西向。沛公将数万人已屠武关，使人私于高，高恐二世怒，诛及其身，乃谢病不朝见。二世梦白虎啮其左骖马[170]，杀之，心不乐，怪问占梦。卜曰："泾水为祟。"二世乃斋于望夷宫，欲祠泾，沈四白马。使使责让高以盗贼事。高惧，乃阴与其婿咸阳令阎乐、其弟赵成谋曰："上不听谏，今事急，欲归祸于吾宗。吾欲易置上，更立公子婴。子婴仁俭，百姓皆载其言[171]。"使郎中令为内应，诈为有大贼，令乐召吏发卒，追劫乐母置高舍。遣乐将吏卒千馀人至望夷宫殿门，缚卫令仆射，曰："贼入此，何不止？"卫令曰："周庐设卒甚谨[172]，安得贼敢入宫？"乐遂斩卫令，直将吏入，行射，郎宦者大惊，或走或格，格者辄死，死者数十人。郎中令与乐俱入，射上幄坐帏[173]。二世怒，召左右，左右皆惶扰不斗。旁有宦者一人，侍不敢去。二世入内，谓曰："公何不蚤告我[174]？乃至于此！"宦者曰："臣不敢言，故得全。使臣蚤言，皆已诛，安得至今？"阎乐前即二世数曰："足下骄恣，诛杀无道，天下共畔足下，足下其自为计。"二世曰："丞相可得见否？"乐曰："不可。"二世曰："吾愿得一郡为王。"弗许。又曰："愿为万户侯。"弗许。曰："愿与妻子为黔首，比诸公子。"阎乐曰："臣受命于丞相，为天下诛足下，足下虽多言，臣不敢报。"麾其兵进[175]。二世自杀。

阎乐归报赵高，赵高乃悉召诸大臣公子，告以诛二世之状。曰："秦故王国，始皇君天下，故称帝。今六国复自立，秦地益小，乃以空名为帝，不可。宜为王如故，便。"立二世之兄子公子婴为秦王。以黔首葬二世杜南宜春苑中。令子婴斋，当庙见[176]，受王玺。斋五日，子婴与其子二人谋曰："丞相高杀二世望夷宫，恐群臣诛之，乃详以义立我[177]。我闻赵高乃与楚约，灭秦宗室而王关中。今使我斋见庙，此欲因庙中杀我。我称病不行，丞相必自来，来则杀之。"高使人请子婴数辈[178]，子婴不行，高果自往，曰："宗庙重事，王奈何不行？"子婴遂刺杀高于斋宫，三族高家以徇咸阳。子婴为秦王四十六日，楚将沛公破秦军入武关，遂至霸上，使人约降子婴。子婴即系颈以组[179]，白马素车[180]，奉天子玺符，降轵道旁。沛公遂入咸阳，封宫室府库，还军霸上。居月馀，诸侯兵至，项籍为从长，杀子婴及秦诸公子宗族。遂屠咸阳，烧其宫室，虏其子女，收其珍宝货财，诸侯共分之。灭秦之后，各分其地为三，名曰雍王、塞王、翟王，号曰三秦。项羽为西楚霸王，主命分天下王诸侯，秦竟灭矣。后五年，天下定于汉。

太史公曰：秦之先伯翳，尝有勋于唐虞之际，受土赐姓。及殷夏之间微散。至周之衰，秦兴，邑于西垂[181]。自缪公以来，稍蚕食诸侯，竟成始皇。始皇自以为功过五帝，地广三王，而羞与之侔[182]。善哉乎贾生推言之也！曰：

秦并兼诸侯山东三十馀郡，缮津关，据险塞，修甲兵而守之。然陈涉以戍卒散乱之众数百，奋臂大呼，不用弓戟之兵，钼櫌白梃[183]，望屋而食，横行天下。秦人阻险不守，关梁不阖，长戟不刺，强弩不射。楚师深入，战于鸿门，曾无藩篱之艰。于是山东大扰，诸侯并起，豪俊相立。秦使章邯将而东征，章邯因以三军之众要市于外，以谋其上。群臣之不信，可见于此矣。子婴立，遂不寤[184]。藉使子婴有庸主之材，仅得中佐，山东虽乱，秦之地可全而有，宗庙之祀未当绝也。

秦地被山带河以为固，四塞之国也[185]。自缪公以来，至于秦王，二十馀君，常为诸侯雄。岂世世贤哉？其势居然也。且天下尝同心并力而攻秦矣。当此之世，贤智并列，良将行其师，贤相通其谋，然困于阻险而不能进，秦乃延入战而为之开关[186]，百万之徒逃北而遂坏。岂勇力智慧不足哉？形不利，势不便也。秦小邑并大城，守险塞而军，高垒毋战，闭关据阨[187]，荷戟而守之。诸侯起于匹夫，以利合，非有素王之行也。其交未亲，其下未附，名为亡秦，其实利之也。彼见秦阻之难犯也，必退师。安土息民，以待其敝，收弱扶罢[188]，以令大国之君，不患不得意于海内。贵为天子，富有天下，而身为禽者[189]，其救败非也。

秦王足已不问，遂过而不变。二世受之，因而不改，暴虐以重祸。子婴孤立无亲，危弱无辅。三主惑而终身不悟，亡，不亦宜乎？当此时也，世非无深虑知化之士也，然所以不敢尽忠拂过者，秦俗多忌讳之禁，忠言未卒于口而身为戮没矣。故使天下之士，倾耳而听，重足而立[190]，拑口而不言[191]。是以三主失道，忠臣不敢谏，智士不敢谋，天下已乱，奸不上闻，岂不哀哉！先王知雍蔽之伤国也[192]，故置公卿大夫士，以饰法设刑[193]，而天下治。其强也，禁暴诛乱而天下服。其弱也，五伯征而诸侯从。其削也，内守外附而社稷存。故秦之盛也，繁法严刑而天下振；及其衰也，百姓怨望而海内畔矣。故周五序得其道，而千馀岁不绝。秦本末并失，故不长久。由此观之，安危之统相去远矣。野谚曰"前事之不忘，后事之师也"。是以君子为国，观之上古，验之当世，参以人事，察盛衰之理，审权势之宜，去就有序，变化有时，故旷日长久而社稷安矣。

秦孝公据殽函之固，拥雍州之地，君臣固守而窥周室，有席卷天下，包举宇内，囊括四海之意，并吞八荒之心[194]。当是时，商君佐之，内立法度，务耕织，修守战之备，外连衡而斗诸侯[195]，于是秦人拱手而取西河之外。

孝公既没，惠王、武王蒙故业[196]，因遗册[197]，南兼汉中，西举巴、蜀，东割膏腴之地，收要害之郡。诸侯恐惧，会盟而谋弱秦，不爱珍器重宝肥美之地，以致天下之士，合从缔交，相与为一。当是时，齐有孟尝，赵有平原，楚有春申，魏有信陵。此四君者，皆明知而忠信，宽厚而爱人，尊贤重士，约从离衡，并韩、魏、燕、楚、齐、赵、宋、卫、中山之众。于是六国之士有宁越、徐尚、苏秦、杜赫之属为之谋，齐明、周最、陈轸、昭滑、楼缓、翟景、苏厉、乐毅之徒通其意，吴起、孙膑、带佗、兒良、王廖、田忌、廉颇、赵奢之朋制其兵。常以十倍之地，百万之众，叩关而攻秦。秦人开关延敌，九国之师逡巡遁逃而不敢进[198]。秦无亡矢遗镞之费，而天下诸侯已困矣。于是从散约解，争割地而奉秦。秦有馀力而制其敝，追亡逐北，伏尸百万，流血漂卤[199]。因利乘便，宰割天下，分裂河山，强国请服，弱国入朝。延及孝文王、庄襄王，享国日浅，国家无事。

及至秦王，续六世之馀烈，振长策而御宇内，吞二周而亡诸侯，履至尊而制六合，执棰拊以鞭笞天下[200]，威振四海。南取百越之地，以为桂林、象郡，百越之君俛首系颈[201]，委命下吏。乃使蒙恬北筑长城而守藩篱，却匈奴七百馀里，胡人不敢南下而牧马，士不敢弯弓而报怨。于是废先王之道，焚百家之言，以愚黔首。堕名城[202]，杀豪俊，收天下之兵聚之咸阳，销锋铸鐻，以为金人十二，以弱黔首之民。然后斩华为城[203]，因河为津，据亿丈之城，临不测之谿以为固[204]。良将劲弩守要害之处，信臣精卒陈利兵而谁何[205]，天下以定。秦王之心，自以为关中之固，金城千里，子孙帝王万世之业也。

秦王既没，馀威振于殊俗。陈涉，瓮牖绳枢之子[206]，甿隶之人[207]，而迁徙之徒，才能不及中人，非有仲尼、墨翟之贤，陶朱、猗顿之富，蹑足行伍之间，而倔起什伯之中[208]，率罢散之卒[209]，将数百之众，而转攻秦。斩木为兵，揭竿为旗，天下云集响应，赢粮而景从[210]，山东豪俊遂并起而亡秦族矣。

且夫天下非小弱也，雍州之地，殽函之固自若也。陈涉之位，非尊于齐、楚、燕、赵、韩、魏、宋、卫、中山之君；鉏櫌棘矜[211]，非铦于句戟长铩也[212]；適戍之众，非抗于九国之师；深谋远虑，行军用兵之道，非及乡时之士也[213]。然而成败异变，功业相反也。试使山东之国与陈涉度长絜大[214]，比权量力，则不可同年而语矣。然秦以区区之地，千乘之权，招八州而朝同列，百有馀年矣。然后以六合为家，殽函为宫，一夫作难而七庙堕，身死人手，为天下笑者，何也？仁义不施而攻守之势异也。

秦并海内，兼诸侯，南面称帝，以养四海，天下之士斐然乡风[215]，若是者何也？曰：近古之无王者久矣。周室卑微，五霸既殁，令不行于天下，是以诸侯力政[216]，强侵弱，众暴寡，兵革不休，士民罢敝。今秦南面而王天下，是上有天子也。既元元之民冀得安其性命[217]，莫不虚心而仰上，当此之时，守威定功，安危之本在于此矣。

秦王怀贪鄙之心，行自奋之智，不信功臣，不亲士民，废王道，立私权，禁文书而酷刑法，先诈力而后仁义，以暴虐为天下始。夫并兼者高诈力，安定者贵顺权[218]，此言取与守不同术也。秦离战国而王天下[219]，其道不易，其政不改，是其所以取之守之者无异也。孤独而有之，故其亡可立而待。借使秦王计上世之事，并殷周之迹[220]，以制御其政，后虽有淫骄之主而未有倾危之患也。故三王之建天下，名号显美，功业长久。

今秦二世立，天下莫不引领而观其政。夫寒者利裋褐而饥者甘糟糠[221]，天下之嗷嗷，新主之资也。此言劳民之易为仁也。乡使二世有庸主之行，而任忠贤，臣主一心而忧海内之患，缟素而正先帝之过[222]，裂地分民以封功臣之后，建国立君以礼天下，虚囹圄而免刑戮[223]，除去收帑污秽之罪[224]，使各反其乡里，发仓廪，散财币，以振孤独穷困之士[225]，轻赋少事，以佐百姓之急，约法省刑以持其后，使天下之人皆得自新，更节修行，各慎其身，塞万民之望，而以威德与天下，天下集矣。即四海之内，皆欢然各自安乐其处，唯恐有变，虽有狡猾之民，无离上之心，则不轨之臣无以饰其智，而暴乱之奸止矣。二世不行此术，而重之以无道，坏宗庙与民，更始作阿房宫，繁刑严诛，吏治刻深，赏罚不当，赋敛无度，天下多事，吏弗能纪[226]，百姓困穷而主弗收恤。然后奸伪并起，而上下相遁，蒙罪者众，刑戮相望于道，而天下苦之。自君卿以下至于众庶，人怀自危之心，亲处穷苦之实，咸不安其位，故易动也。是以陈涉不用汤武之贤，不藉公侯之尊，奋臂于大泽而天下响应者，其民危也。故先王见始终之变，知存亡之机，是以牧民之道，务在安之而已。天下虽有逆行之臣，必无响应之助矣。故曰“安民可与行义，而危民易与为非”，此之谓也。贵为天子，富有天下，身不免于戮杀者，正倾非也。是二世之过也。

【译文】

秦始皇是秦庄襄王之子。庄襄王曾在赵国做人质，见到吕不韦的侍妾，喜欢并娶了过来，生下始皇帝。秦昭王四十八年正月，始皇出生于邯郸。他出生后，得名为政，姓赵。赵政十三岁时，庄襄王去世，他代立为秦王。当时，秦国已吞并巴、蜀、汉中、越宛，以郢地设置南郡；向北征服了上郡以东，设有河东、太原、上党三郡；往东到荥阳，灭东、西周，设置三川郡。吕不韦做秦相国，分封十万户，号为文信侯。他招揽宾客与游士，希望能一并天下。李斯为吕不韦舍人。蒙骜、王齮

、麃公等人是将军。秦王年少，刚刚即位，将国事委托给大臣。

秦王政元年，晋阳反叛，将军蒙骜出兵平定。二年，麃公带兵攻打卷地，斩首三万人。三年，蒙骜攻打韩国，夺取十三城。王齮去世。十月，将军蒙骜攻打魏国的畼、有诡两地。这年发生了大饥荒。四年，蒙骜攻下畼、有诡。三月，撤军。秦国质子从赵国回来，赵太子也从秦国返赵。十月庚寅日，从东方飞来的蝗虫遮蔽了天空。天下发生瘟疫。老百姓若向官府上交一千石粮食，便能提升一级爵位。五年，将军蒙骜攻打魏国，平定酸枣、燕、虚、长平、雍丘和山阳城，将它们全部攻取后，共得到二十城。初次设立东郡。冬季，打雷。六年，韩、魏、赵、卫、楚共同攻击秦国，夺取寿陵。秦出兵后，这五个国家就撤军了。秦国于是攻下卫国，军队迫近东郡，卫国君角率众迁徙到野王定居，凭借山势据守魏国河内。七年，彗星先从东方出现，又在北方出现，五月在西方出现。将军蒙骜去世。秦国攻打龙、孤、庆都，又回军攻打汲。彗星再次出现于西方天空十六天。夏太后去世。八年，秦王弟弟长安君成蟜率军攻打赵国，他趁机造反，死在屯留，官兵也全被斩杀，屯留百姓被迁徙到临洮。将军成蟜在壁垒中自杀，屯留、蒲鶮随同造反的士卒被陈尸示众。黄河之鱼因水灾漂上陆地，秦国百姓纷纷驾着轻车快马到东方谋食。

封嫪毐为长信侯，赐予他山阳地，令他居住。宫殿、车马、衣服、园林、狩猎都随他意，国事不分大小都取决于他。又将河西太原郡改为嫪毐的领地。九年，彗星出现，时或贯彻长空。秦攻打魏国垣、蒲阳两地。四月，秦王住在雍地。己酉，秦王加冠，佩剑。长信侯嫪毐作乱被发觉，他伪造秦王和太后玺印，征发雍县士卒和秦王卫队、官骑、戎翟首领和舍人，想攻下蕲年宫作乱。秦王得知后，令相国昌平君和昌文君派兵攻打嫪毐。双方在咸阳交战，秦王士卒斩首数百人，功臣一律授爵，参战宦官也赐爵一级。嫪毐等人事败逃跑。秦王便下令国中：如有人活捉嫪毐，则赏钱币百万；若是杀了，赏五十万钱。嫪毐等人全被捉到。卫尉竭、内史肆、佐弋竭、中大夫令齐等二十人，首级被高悬示众。嫪毐车裂而死，宗族被灭。一应舍人，罪轻者罚为鬼薪徒役。有四千余家被夺去爵位迁往蜀地，他们定居在房陵。四月发生寒潮，有人冻死。杨端和攻打衍氏。彗星出现于西方，又出现于北方，由北斗向南共出现八十日。十年，相国吕不韦因与嫪毐连坐被罢免。桓齮为将军。齐、赵来见秦王，摆酒祝贺。齐人毛焦劝说秦王道："秦国以统一天下为志，秦王却背上放逐母后的名声，恐怕诸侯听闻，因此背叛秦国。"秦王于是从雍地迎接太后回咸阳，让她重新居住在甘泉宫。

秦国大肆搜捕、驱逐他国游士宾客。李斯上书劝谏，秦国于是废除逐客令。李斯趁机劝说秦王，希望秦先夺取韩国以恐吓他国，于是派李斯攻韩。韩王为此忧虑，与韩非谋划削弱秦国。大梁人尉缭来秦，劝说秦王道："以秦国之强，诸侯就如郡县长官一般。我只担心诸侯联合抗秦，出秦不意忽然发动袭击，这是智伯、夫差、愍王之所以亡国身死之因。望大王不必爱惜财物，贿赂六国大臣，来打乱六国谋划，不过用去三十万金，诸侯可以全灭。"秦王听从此计策，以对等礼节会见尉缭，衣服、饮食与他相同。尉缭道："秦王此人，高鼻，长眼，胸口凸起如鸷鸟，声音如豺狼，缺少恩义而有虎狼之心。穷困时容易谦卑待人，得志后亦能轻易吞噬他人。我乃平民，但秦王十分尊重我。如使秦王统一天下，天下都将成为奴隶。我不可与秦王长期交往。"于是逃离秦国。秦王发觉，坚决阻止他，让尉缭做秦国尉，始终采纳其计谋。李斯则掌握实权。

十一年，王翦、桓齮、杨端和攻打邺，取得九座城。王翦攻打阏与、橑杨，将兵马并为一军。王翦统军十八日，将军中俸禄斗石以下的无功佐史遣返，什中唯推举二人从军。军队攻取邺、安阳，由桓齮领兵。十二年，文信侯吕不韦去世，私家入葬。门下舍人为他哭吊者，若是三晋之人则逐出秦国；若是俸禄六百石以上之秦人，则夺去爵位，贬谪他处；五百石以下不哭吊者，迁往他处，不必削爵。"从今往后，如吕不韦、嫪毐一般操持国事无视法则之人，皆籍没家门。以此为例。"秋天，赦免被迁往蜀地的嫪毐舍人。当时，天下干旱六个月，直到八月才有雨。

十三年，桓齮攻击赵国平阳，杀死赵将军扈辄，斩获首级十万。秦王来到河南。正月，彗星在东方出现。十月，桓齮攻打赵国。十四年，在平阳攻击赵国军队，夺取宜安，攻破赵军，杀死将军。桓齮平定平阳、武城。韩非出使秦国，秦国用李斯计谋，留下韩非，韩非死在云阳。韩王请求成为秦国之臣。

十五年，大举发兵，一支军队到邺，一支军队到太原，攻取狼孟。地震。十六年九月，发兵接收韩南阳地，让腾暂代郡守。开始命令男子申报年龄。魏国向秦献地。秦设置丽邑。十七年，内史腾攻打韩国，俘虏韩王安，接收韩国全地，在那设郡，命名为颍川。地震。华阳太后去世。百姓遭大饥荒。

十八年，大举发兵攻打赵国，王翦统上郡兵马下攻井陉，端和带河内兵，羌瘣攻伐赵国，端和包围邯郸。十九年，王翦、羌瘣将赵地东阳全部平定，俘虏赵王。欲要领兵攻打燕国，屯守中山。秦王来到邯郸，将从前他在赵国成长时与他母家有仇之人全部坑杀。秦王返回，从太原、上郡归国。秦王母亲去世。赵公子嘉带领宗族数百人到代，立自己为代王，在东与燕国联合兵马，驻扎在上谷。大饥荒。

二十年，燕太子丹担忧秦兵到来，感到害怕，便派荆轲来刺杀秦王。秦王发觉此事，将荆轲肢解，又让王翦、辛胜讨伐燕国。燕、代发兵攻击秦军，秦军在易水以西攻破其军。二十一年，王贲攻打荆地。又调令更多兵马到王翦军中，随即攻破燕太子之军，夺下燕国蓟城，获太子丹首级。燕王往东收合余部，在辽东继续称王。王翦自称老病，辞官归乡。新郑反叛。昌平君被迁谪到郢。下大雪，积雪深二尺五寸。

二十二年，王贲攻打魏国，掘汴河之水淹大梁，大梁城墙被毁，魏王请求投降，秦军占领魏国全部领土。

二十三年，秦王重召王翦，强行起用，让他带兵攻打楚国，攻取陈地往南直到平舆，俘虏楚王。秦王出发巡游，到郢陈。楚将领项燕立昌平君为新楚王，在淮水以南反抗秦国。二十四年，王翦、蒙武攻打楚国，击败楚军，昌平君死，随即项燕自杀。

二十五年，大举发兵，让王贲领军，攻打燕国辽东，捉燕王喜。还兵攻击代国，俘虏代王嘉。王翦随即平定楚国及长江以南之地，降服越地君主，设置会稽郡。五月，下令天下举行盛大的宴会。

二十六年，齐王建与相国后胜派兵守卫齐国西方边界，不与秦国来往。秦派遣将军王贲从燕国南方攻击齐国，俘虏齐王建。

秦刚刚平定天下，下令丞相、御史道："往日韩王献地与印，请做边藩之臣，不久违背约定，与赵、魏结盟反叛秦国，因此起兵诛灭它，俘虏韩王。我认为很妥善，希望就此平息战乱。赵王派相国李牧来缔结盟约，秦于是放回赵质子。不久赵国违背盟约，在太原叛乱，因此起兵诛灭它，俘虏赵王。赵公子嘉又立自己为代王，因此起兵出击并诛灭他。魏王起初约好服从并亲自入朝，不久与韩、赵谋划袭击秦，秦军讨伐并击败魏国。楚王献上青阳以西地区，不久背叛约定，袭击秦南郡，因此发兵诛灭它，俘虏楚王。燕王昏庸乱政，太子丹竟暗中派荆轲为刺客，秦军征讨并灭掉燕国。齐王采用后胜计谋，断绝秦国使臣，想要作乱，秦军诛灭齐国，俘虏齐王，平定齐地。我以微渺之身躯，起兵诛伐暴乱，依托宗庙神灵，使六国君王俯首认罪，天下大为平定。如今不更改名号，不足以夸耀成功，流传后世。请商定帝号。"丞相王绾、御史大夫冯劫、廷尉李斯等都说："往昔五帝领土方圆千里，王畿外有侯服、夷服等诸侯，朝见与否，天子无法制约。如今陛下发动正义之师，诛讨残暴恶贼，一统天下，全国设置郡县，法令归于统一，从古至今不曾有过如此功业，五帝也无法赶上。臣等与博士们谨慎商议，认为：'古代有天皇，有地皇，有泰皇，泰皇最尊贵。'臣等冒死奉上尊号，王称为'泰皇'。制度性命令称'制'，一般性命令称'诏'，天子自称为'朕'。"秦王答："去掉'泰'，加上'皇'，采用古代'帝'位叫法，称为'皇帝'，其他如所商议。"下令道："可以。"追加庄襄王尊号为太上皇。下令道："我听说上古有号无谥，中古有号，死后凭借生平所行定谥号。像这样，则使儿子评议父亲，臣子评议君主，实在没有意义，我不赞成。从今以后，废除谥法。我作为始皇帝。后代按辈数计算，二世、三世到万世，代代相传，无穷无尽。”

秦始皇推演五行相生相克的终始顺序，认为周得火德，秦代替周，需采用前朝所不能抵的德性。如今为水德开端，改变一年岁首，在十月初一举行朝贺。礼服、符节和旗帜都崇尚黑色。计数以六为单位，符节、法冠定为六寸，车轮间距宽六尺，以六尺作为一步，一车驾六匹马。将黄河改名为德水，表示水德开端。刚严暴烈，万事取决于法令，刻薄侵害而缺乏仁慈、恩惠、和善与情义，这才符合五德命数。于是法令峻急，犯罪之人很久不能赦免。

丞相王绾等建言：“诸侯刚刚破灭，燕、齐、楚地方偏远，不设置王侯则无法压制。请册立诸位王子，希望您准许。”始皇将这建议下交群臣讨论，群臣都认为可行。廷尉李斯议论说：“周文王、武王分封众多同姓子孙，但后裔互相疏远，像仇人般相互攻击，诸侯互相讨伐，周天子无法制止。如今仰赖陛下之灵统一国家，全国都设置郡县，可用国家赋税重赏王子及有功之臣，很容易制约他们。天下没有二心，才是安邦定国之策。设置诸侯不利。”始皇帝道：“天下都苦于战乱不止，正是有诸侯王之故。依赖宗族神灵，国家刚刚平定，又重新设立诸侯国，是要引起战乱，却又希图安宁太平，岂不难办！廷尉所言正确。”

将天下分为三十六个郡，每郡设立郡守、郡尉和监御史。改称平民为黔首。全国欢乐饮酒。收集天下兵器，集中到咸阳，熔化后铸成钟鐻，十二个铜人，各重一千石，放在宫廷中。统一法制与度量衡。车辆统一轨宽。书写统一文字。领土东到大海与朝鲜，西到临洮、羌中，从南到北窗户都向阳而开，北以黄河为据筑造要塞，依阴山直到辽东。将国内十二万户富豪迁徙到咸阳。各祖庙章台宫、上林苑都在渭水南岸。秦每攻克一诸侯国，就模仿其宫廷样式，建造在咸阳北坡上，南临渭水，从雍门以东到泾、渭二水，宫殿间天桥、回廊相连。将所获诸侯后妃和钟鼓乐器，充实其中。

二十七年，始皇出巡陇西、北地，从鸡头山出来，经过回中。于是在渭水南岸建造信宫，不久改名信宫为极庙，象征北极星。从极庙筑路通往郦山。建造甘泉前殿，修筑甬道，直达咸阳。这一年，赐爵位一级。修建驰道。

二十八年，始皇往东巡视郡县，登邹峄山。立石碑，与鲁地一众儒生商议刻石来歌颂秦功德，商议祭祀天地、山川等事。于是登上泰山，立石碑，筑坛，祭天。下山时，风雨突然而至，始皇在树下休息，因此封这树为“五大夫”。在梁父祭地。

……

于是沿着渤海往东行，经过黄、腄二县，攀成山，登之罘，立石碑歌颂秦德后离开。

往南登上琅邪山，大为高兴，逗留三个月。于是迁徙三万户百姓到琅邪台下，免除十二年赋税与徭役。建造琅琊台，立石刻文，歌颂秦德，表示志得意满。

……

事情结束后，齐人徐市等上书，道海中有三座神山，名叫蓬莱、方丈、瀛洲，仙人居住在那。请求在斋戒后，带童男童女去访求。于是派徐市征发数千童男童女，到海中寻找仙人。

始皇返回，经过彭城，斋戒祭祷，想从泗水中捞出周鼎。让千人潜水寻找，没有收获。就向西南渡过淮水，到达衡山、南郡。沿江而下，到湘山祠。遇大风，几乎不能渡江。始皇问博士道："湘君是什么神灵？"博士回答道："听闻为尧的女儿，舜的妻子，埋葬此地。"始皇帝大怒，令三千服刑罪犯砍光湘山树木，使山显出赭红土壤。始皇从南郡经由武关回去。

二十九年，始皇东巡。到阳武博狼沙中，受到盗贼惊吓。没有捉到贼寇，就令全国大规模搜索了十天。

登上之罘，刻石。……返回，随即到琅琊，经由上党回京。

三十年，没有大事。

三十一年十二月，改称腊月为"嘉平"。赏赐每里百姓六石米，两只羊。始皇从咸阳便装出巡，同四名武士一道，夜晚出发，在兰池遇强盗，情势危急，武士击杀盗贼，在关中大规模搜索余党二十日。米每石一千六百钱。

三十二年，始皇到碣石，派燕人卢生访求羡门、高誓。在碣石门刻铭文。毁坏城郭，掘通堤防。

……

于是派韩终、侯公、石生寻找仙人不死灵药。始皇巡视北方边境，经上郡回京。燕人卢生出使海上归来，趁着上奏鬼神之事，进呈谶纬图书，写道"灭亡秦国者为胡"。始皇于是派将军蒙恬发动三十万兵马北上攻击胡人，夺取黄河以南地区。

三十三年，征调一应逃犯、奴隶、商贾夺取陆梁地，设置桂林郡、象郡、南海郡，派贬谪之人戍边。西北驱逐匈奴。从榆中沿黄河以东，连至阴山，建成四十四县，沿黄河筑城作为要塞。又派蒙恬渡黄河夺取高阙、陶山和北假地区，建堡垒来驱逐戎狄。迁徙贬谪之人，让其充实新设之县。禁止祭祀出现在西方的彗星。三十四年，贬谪司法官中不正直者去修筑长城或防守南越地区。

始皇在咸阳宫设酒宴，七十名博士上前敬酒祝寿。仆射周青臣上前称颂道："昔日秦国土地不过千里，依靠陛下圣明，平定天下，驱逐蛮夷，日月所照之处，无不臣服。改诸侯国为郡县，人人安居乐业，没有战乱之忧，传扬万代。从古以来无人能赶上陛下威德。"始皇很高兴。博士齐人淳于越进言道："臣听闻殷、周称王千余年，分封子弟、功臣，作为辅佐。如今陛下拥有天下，而子弟为平民，一旦出现田常、六卿这般臣子，没有辅助，如何挽救？办事不以古人为师而能长久者，我不曾听闻过。如今青臣又当面阿谀加重陛下之错，不是忠臣。"始皇交给臣下讨论此事。丞相李斯道："五帝不相重复，三代互不承袭，各自为治，不是故意相反，时代变异而已。如今陛下创立大业，建立万世功勋，本非愚昧儒生所能明白。

何况淳于越所说是三代旧事，哪里值得效仿？彼时诸侯并起纷争，重金招徕游学之士。如今天下已经平定，法令统一，百姓在家则致力农业，士人则学习法令刑禁。现今儒生不以今人为师而学古人，以此非议当世，惑乱百姓。臣丞相李斯冒死进言：古代天下分散紊乱，无人能够统一，因此诸侯并起，所言皆称道古代以损害今世，修饰空话来淆乱实情，人人赞赏自己私下所学，来非议朝廷所建制度。如今皇帝拥有天下，分别黑白定下唯一准则。私学却一同反对法制教化，人民听闻法令下达，就各以其所学评议，入朝时心中非议，出朝则街谈巷议，浮言欺主来盗名，标新立异以为高，率领臣民造谣诽谤。如此不禁，在上则君威下降，在下则党羽勾结。禁止为好。臣请求史官将不是秦史的史书一律烧毁。不是博士官所职掌，天下敢收藏《诗》《书》等诸子百家著作者，全部交给郡守、郡尉一起烧毁。有敢私下讨论《诗》《书》者处死示众，以古非今者灭族。官吏知情不报则同罪。命令下达三十日后不烧毁者，处黥刑并罚做城旦。所不烧毁者，为医药、卜筮、种树一类书。若想学习法令，可将官吏作为老师。”秦始皇下令道：“可以。”

三十五年，修整道路，从九原到云阳，开山填谷，一直通达。此时始皇认为咸阳人多，先王所传宫廷小，我听闻周文王建都于丰，武王建都于镐，丰、镐之间，乃帝王都城。于是在渭水南岸上林苑中营建朝宫。先于阿房建前殿，东西宽五百步，南北长五十丈，上面可坐一万人，下面可竖五丈高的旗帜。四周驰走有天桥，从宫殿直抵终南山。于终南山巅建门楼为标志。修建天桥，从阿房渡渭水，连接咸阳，用以象征从北极星经阁道，横渡天河抵达营室。阿房宫没有建成；想在建成后重新选择美名称呼它。在阿房建造宫室，因此天下人称之阿房宫。隐宫中七十余万徒刑之人，分别被派去营建阿房宫，或营建郦山。征收北山之石，运输蜀、楚地材料到此。函谷关中修建宫室共三百，关外有四百多。于是在东海滨朐

山上立碑，作为秦国界东门。又迁徙三万户人定居丽邑，五万户人定居云阳，全部免十年赋税、徭役。

卢生劝说始皇道：“臣等访求灵芝、奇药、神仙，常不能遇到，似有事物妨碍其中。有种方法，君主当时常秘密出行来驱除恶鬼，恶鬼远离，仙人便到。君主居处若让臣子知晓，就会妨碍神灵。仙人，入水不湿，入火不烧，腾云驾雾，与天地共长久。如今皇上治理天下，没做到清净无忧。望皇上居所不要叫人知晓，这样大概能得到不死灵药。”于是始皇道：“我仰慕仙人，自称‘真人’，不称‘朕’。”于是命咸阳附近二百里内二百七十座宫室用天桥、甬道相连，帷帐、钟鼓、美人充满其中，各按部署不再迁移。出巡所到，有说始皇处所者，死罪。始皇到梁山宫，在山上望见丞相车马众多，觉得不好。宫中有人告知丞相，丞相后来便减少车马。始皇发怒道：“这是宫中人泄露我的话。”审问，无人服罪。这时，始皇下令拘捕当时在场之人，一律斩杀。从此无人知道始皇行踪。皇帝听政，群臣接受政令决定，都在咸阳宫。

侯生、卢生一同商量道：“始皇为人，天性刚愎自用，起自诸侯，兼并天下，得意放纵，认为自古无人能比。专门重用司法官，司法官得宠幸。虽有七十位博士，不过凑数，并不任用。丞相和大臣们都接受成命，依靠君主办事。皇上好用刑杀扬威，天下人畏罪而居官，不敢尽忠劝谏。皇上听不到自己过错而日益骄横，臣下害怕屈服，欺瞒而求容身之地。秦法规定，一人不兼有两种方术，方术不灵验，立即处死。观察星象云气者有三百人，都是好人才，只是畏罪怕事，讳过阿谀，不敢直言皇上过失。国家大小之事都由始皇决定，以至用秤砣测量奏疏，日夜有定额，不达定额绝不休息。贪恋权势到此地步，不可为他访求仙药。”于是逃走。始皇听说后，便大怒道：“我从前收缴天下不中用之书全部毁去，尽力招徕文士、术士众多，想振兴太平功业。方士游历寻访灵药，如今听说韩终等不辞而别，徐市等人花费以亿计算，始终没找到灵药，只日日听说他们互相告发非法牟利。我尊重卢生等人，赏赐丰厚，如今竟诽谤我，来加重我的过错。众位在咸阳的儒生，我派人访察过，有人胡言乱语蛊惑百姓。”于是让御史一一审问儒生，他们相互告发，始皇亲自断罪。犯禁者有四百六十多人，全部在咸阳活埋，让全国都知道，来惩戒后人。增调被贬刑徒戍边。始皇长子扶苏规劝道：“天下刚刚平定，远方百姓尚未归附，儒生都读经效法孔子，如今皇上用重法处置，臣担心天下不安定。望皇上明察。”始皇发怒，派扶苏北上，到上郡蒙恬处监军。

三十六年，火星占据心宿。有陨星坠下东郡，落地为石，百姓中有人刻辞在上道：“始皇帝死而国土分。”始皇听闻此事，派遣御史逐一审问，无人服罪，便将陨石附近居民全部诛杀，又烧毁此石。始皇不高兴，令博士作《仙真人诗》，出巡所到之处，传令乐人谱曲演奏。秋季，有使者夜晚从关东路过华阴平舒道，有人拿玉璧拦住使者道：“替我送交滈池君。”又道：“今年祖龙死。”使者问原因，他忽然不见，丢下玉璧离去。使者捧着玉璧将情况上报始皇。始皇沉默许久，道：

"山鬼也不过预知一年之事。"退朝后道："祖龙乃先人。"让府库之人审查玉璧，竟是二十八年出巡渡江沉水者。于是始皇占卜，卦象所得以迁徙为吉利。迁徙三万户人到北河、榆中，每户授爵一级。

三十七年十月癸丑日，始皇出巡。左丞相李斯跟随，右丞相冯去疾留守。小儿子胡亥出于仰慕请求跟从，始皇应允了。十一月，到达云梦，向九疑山遥祭虞舜。乘船沿江而下，观赏籍柯，渡过海渚。途经丹阳，到达钱塘。到浙江边，水波汹涌，便往西一百二十里江面狭窄处渡水。登会稽山，祭祀大禹，远望南海，在那立石刻辞歌颂秦德。

……

返经吴县，从江乘渡江。沿海北上，到达琅琊。方士徐市等入海寻药，数年无获，花费众多，害怕谴责，就欺瞒道："蓬莱神药可获，但常困扰于鲨鱼，因此不能到达，愿请善射箭者同行，鲨鱼出现便用连弩射杀。"始皇梦见与海神交战，海神样貌如人。问占梦博士，博士答："水神不能见，以大鱼、蛟龙为出现征兆。如今皇上祈祷祭祀周到恭谨，却有这等恶神，应当除灭，善神才能来。"于是令入海之人携带大型渔具，自己准备连弩等待鲨鱼出现，射杀它。从琅邪向北到荣成山，都没出现。到之罘，发现鲨鱼，射杀一只。于是沿海西行。

到平原津始皇生病。始皇忌讳谈死，群臣无人敢提死事。始皇病情日益加重，便将诏书加盖玉玺赐予公子扶苏道："回来参加葬礼，在咸阳下葬。"诏书已封，在掌管符玺的中车府令赵高之处，没有交给使者。七月丙寅，始皇在沙丘平台去世。丞相李斯因始皇在外去世，担心各王子及国内生变，就封锁消息，不办丧礼。棺材放在辒凉车中，由始皇生前受宠宦官陪乘，所到之地，进奉食物、百官奏事一如往常，宦官就在辒凉车中批准奏事。唯有王子胡亥、赵高和始皇宠幸宦官五六人知道始皇已死。赵高曾教导胡亥书法和刑法律令等事，胡亥私下宠幸他。赵高便与王子胡亥、丞相李斯密谋毁坏始皇封好赐给公子扶苏的诏书，诈称丞相李斯在沙丘接受始皇遗诏，册立王子胡亥为太子。又伪造诏书赐给扶苏、蒙恬，列数其罪，赐死。详细记载于《李斯传》中。继续行进，从井陉到达九原。适逢酷暑，始皇辒车发臭，于是让从官装了一石腌鱼在车中，来混淆尸臭。

一行由直道抵达咸阳，举行丧礼。太子胡亥即位，为二世皇帝。九月，将始皇葬在郦山。始皇刚即位时，穿凿郦山，统一天下后，国中送来七十多万刑徒，打通三重泉，灌注铜汁后放下外棺，运来宫观模型、百官人偶和奇珍异宝藏满其中。令工匠制作机关弓弩，有穿入接近者，就射杀。用水银做成百川、江河、大海，用机关使之周流，上有日月星辰，下有江河山脉。用人鱼膏做蜡烛，应可久久不熄。二世道："先帝后宫没有孩子的妃妾，不适宜放出宫。"都令她们殉葬，死者众多。下葬完毕，有人说工匠制作机关，奴隶都知道，藏品贵重恐怕泄露。丧礼结束，宝物藏好，封闭中层墓道，放下墓道外门，将工匠、奴隶都关在其中，没有重新逃出之人。种植花草树木在上，如同山脉。

二世皇帝元年，二十一岁。赵高作为郎中令，任职当权。二世下诏，增加始皇寝庙贡品和山川祭祀礼仪。命群臣商议尊崇始皇庙。群臣都叩首道："自古天子设七庙，诸侯五庙，大夫三庙，即便历经万世也不会更毁。如今始皇庙是最尊贵的庙，全国都进献贡品，增添牺牲，礼仪齐备，无人能胜。先王之庙有些在雍县，有些在咸阳。天子按礼当单独捧酒祭祀始皇庙。从襄公以下都已更毁。共建立七座祖庙。群臣按礼献祭，尊始皇庙为皇帝祖庙。皇帝仍自称'朕'。"

二世与赵高谋划道："我年轻，刚即位，百姓尚未聚集归附。先帝巡视郡县，来显示强大，以声威镇服国家。如今安居朝廷不外出巡视，就会显示弱小，无法统治国家。"春季，二世向东巡行郡县，李斯跟从。到碣石，沿海而行，往南到会稽，在始皇所立全部石刻上刻辞，石旁附刻随从大臣之名，来彰明先帝丰功盛德。

皇帝道："金石刻辞都是始皇帝所建。如今承袭皇帝名号而金石刻辞不称呼为始皇帝，时日长久就像后世皇帝所为，与始皇丰功盛德不相称。"臣丞相李斯、臣冯去疾、臣御史大夫德冒死进言："臣请求将诏书全部刻在石刻上，来说明清楚。臣冒死请求。"制书批复道："可以。"

于是到辽东返回。

这时二世就按赵高之意，申明法令。又私下与赵高谋划道："大臣不服，官吏强势，几位王子必定与我争权，这该怎么办？"赵高道："我本想说但不敢。先帝臣子，都是国中数代有名望的贵人，积累功劳传世已久。赵高平素低贱，如今陛下宠幸抬举，令我居高位，掌管宫中事物。大臣不满，只是表面服从，内心并不服气。如今皇上出巡，何不趁此时查办郡县官员中有罪者诛杀，在上可扬威国中，在下可除皇上平日不满之人。当今情势不师法文治而取决于武力，希望陛下顺从时局不要犹疑，则群臣来不及谋算。圣明君主收罗、提拔多余之人，使低贱者高贵，使贫穷者富足，使疏远者亲近，则上下聚集而国家安宁。"二世道："很好。"便在巡视途中诛杀大臣和诸王子，用种种罪名连续逮捕近侍小官，中郎、外郎、三郎，无一幸存，六位王子杀死在杜。公子将闾兄弟三人囚禁在内宫，判罪独在最后。二世遣使命令将闾道："公子不尽臣道，罪当处死，由狱吏执法。"将闾道："宫廷礼仪，我从不敢不服从宾、赞；朝廷位次，我从不敢违背礼节；受命对答，我从不敢说错话。什么叫不尽臣道？希望听闻罪名再死。"使者道："我不参与谋议，只奉诏书行事。"将闾于是朝天大喊三声，道："天啊！我没罪！"兄弟三人都流着泪拔剑自杀。皇族震惊恐慌。群臣进谏者视为诽谤，大官尸位素餐以求容身，百姓震惊恐慌。

四月，二世回到咸阳，道："先帝认为咸阳朝廷小，因此营建阿房宫。宫室还未修成，适逢先帝驾崩，让工匠停工，到郦山填土。郦山之事完毕，如今放下阿房宫不完成，就是彰明先帝做了错事。"重新修建阿房宫。对外安抚四方各族，一如始皇计策。征调健壮武士五万人来屯守咸阳，命他们教导骑射，驯养狗、马、禽兽，求食者多，估计粮食不够，便下令征调郡县运来粮食、饲料，命运输者自带粮

食；咸阳三百里以内不准食用这批粮食。执法日益严苛。

七月，戍卒陈胜等在原楚地反叛，号称“张楚”。陈胜自立为楚王，居住在陈，派部将夺取土地。关东各郡县的年轻人痛恨秦吏，都杀死当地郡守、郡尉、县令、县丞反叛，来响应陈涉，相互立为侯王，联合向西，以讨伐秦国为名，数不胜数。谒者出使东方归来，将造反之事上报二世。二世恼怒，将他下交狱吏。以后使者回京，皇上询问，他便对答：“一群盗贼，郡守、郡尉正在驱逐捕杀，如今全部得手，不足以忧虑。”皇上愉悦。武臣自立为赵王，魏咎立为魏王，田儋立为齐王。沛公在沛起兵。项梁在会稽郡起兵。

二年冬天，陈涉所派周章等将领西进到戏，兵马数十万。二世大惊，与群臣计议道：“怎么办？”少府章邯道：“盗贼已来，人多势众，如今征发附近郡县兵马已赶不及。郦山刑徒众多，请求赦免他们，给予兵器去抗击盗贼。”二世于是大赦天下，派章邯带兵，打得周章军队大败而逃，随即在曹阳杀死周章。二世增派长史司马欣、董翳辅佐章邯攻打盗贼，在城父杀死陈胜，在定陶击败项梁，在临济诛灭魏咎。楚地盗贼名将已死，章邯于是北渡黄河，到巨鹿攻打赵王歇等人。

赵高劝说二世道：“先帝登位统治天下已久，因此群臣不敢做坏事，进谗言。如今陛下年轻力壮，刚刚即位，怎么与公卿在朝廷上共决国事？事若出错，则向群臣暴露短处。天子称朕，本就不听他人声音。”于是二世常居宫中，与赵高决定一应国事。此后公卿很少能朝见二世，盗贼日益增多，而征发关中士卒往东攻击盗贼之事永无止息。右丞相冯去疾、左丞相李斯、将军冯劫进谏道：“关东群盗同起，秦起兵征讨，所杀众多，但仍未止息。盗贼众多，都苦于戍守、水路运输、土木兴作，赋税过重。请让阿房宫修建者暂时停工，减少四方边境的戍守、运输。”。二世道：“我听韩非子说过：‘尧、舜不磨光栎木椽子，不修剪茅草屋顶，用瓦盆吃饭，用瓦罐喝水，即使守门人的供养，也不比这差。禹凿开龙门，通达大夏，疏导黄河，引水入海，亲自手持杵和锹，小腿的毛都磨光了，奴隶的苦劳也不比这厉害。’凡拥有天下之人，就得放肆纵欲，主张申明法律，臣下便不敢做坏事，以此可控制国家。那虞、夏君主，贵为天子，亲自处于穷苦境地，来顺从百姓，何足效法？朕贵为万乘之君，却名不副实，我想造一千辆车的车驾，让一万辆车作为属车，来充实我的名号。而且先帝起自诸侯，兼并天下，天下已经平定，外击四夷安定边境，营建宫室彰明得意，君等都看到先帝功业。如今朕即位两年之间，群盗并起，君等无法禁止，又想废弃先帝事业，是在上无法报答先帝，其次不能为我尽忠效力，凭什么占据官位？”将冯去疾、李斯、冯劫下交狱吏，立案纠察其余罪行。冯去疾、冯劫道：“将、相不能受辱。”自杀。李斯最终被囚，受尽五刑。

三年，章邯等率军围攻巨鹿，楚上将军项羽率楚军前往巨鹿救援。冬季，赵高担任丞相，穷纠并处决李斯。夏季，章邯等作战数次败退，二世遣使责备章邯，章邯恐惧，派长史司马欣请求指示。赵高不予接见，也不给批示。司马欣害怕，逃走，赵高派人追捕没赶上。司马欣见到章邯道：“赵高在朝中掌权，将军有功会被杀，无功也会被杀。”项羽猛攻秦军，俘虏王离、章邯等人，于是率军投降诸侯。八月己亥，赵高意欲作乱，担心群臣不从，于是先设计试验，牵鹿献给二世，道：“这是马。”二世笑道：“丞相错了吧？说鹿是马。”问左右侍臣，有的沉默，有的说是马来阿谀顺从赵高。有说鹿的，赵高便暗中陷害他们犯法来治罪。此后群臣都害怕赵高。

赵高从前常说“关东群盗无法成事”，等项羽在巨鹿俘虏秦将王离等人并继续前进，章邯等军节节败退，才上书请求增援，燕、赵、齐、楚、韩、魏都自立为王，从函谷关以东，大抵全部反叛秦官吏来响应诸侯，诸侯都率众向西进军。沛公率数万人已屠灭武关，私下派人与赵高接触，赵高害怕二世发怒，招来杀身之祸，便称病不朝见。二世梦见白虎啃咬他的左骖马，他杀死虎，心中不乐，奇怪地问占梦人。卦辞说：“泾水作怪。”二世便在望夷宫斋戒，想祭祀泾水，沉下四匹白马。遣使责问赵高盗贼之事。赵高恐惧，于是暗中与女婿咸阳令阎乐、弟弟赵成谋划道：“皇上不听劝谏，如今事态危急，想嫁祸我们家族。我想更换皇帝，改立公子婴。子婴仁慈节俭，百姓都奉行他的话。”让郎中令作为内应，谎称有大盗，令阎乐号召官吏起兵，紧接着劫持阎乐母亲安置到赵高府中。派阎乐率千余士卒到望夷宫殿门，捆绑卫令仆射，问：“贼人入宫，为何不阻止？”卫令答：“周围庐舍列兵十分严谨，哪有贼人敢入宫？”阎乐于是斩杀卫令，直接带兵入宫，边走边射箭，郎官、宦官大惊，有的逃走，有的阻拦、格斗，格斗者立刻杀死，死者几十人。郎中令与阎乐一起入内，射中二世帷帐。二世发怒，召集左右侍卫，侍卫都惶恐慌乱不敢战斗。旁边一位宦官，事奉二世不敢逃跑。二世进入内室，问他：“你们怎么不早告诉我？竟到如此地步！”宦官道：“我不敢说，所以才能保全。我若早说了，都已被杀，如何活到今天？”阎乐上前数落二世道：“你骄横放纵，滥杀无辜，天下共同反叛了你，你自己想办法吧。”二世道：“能见丞相吗？”阎乐道：“不能。”二世道：“我想得到一个郡做王。”没准许。又道：“希望做个万户侯。”不准许。道：“希望和妻子儿女做百姓，和诸公子同等。”阎乐道：“我奉丞相之命，替天下人诛杀你，你即便说得再多，我也不敢上报。”指挥兵士上前。二世自杀。

阎乐回去上报赵高，赵高就召集全体大臣、公子，告知他们诛杀二世的情形。道："秦本是王国，始皇君临天下，因此称帝。如今六国重新独立，秦国领土日益缩小，还空言称帝，不妥。应像从前一样称王，才合适。"立二世兄长之子公子婴为秦王。用百姓之礼埋葬二世于杜南宜春苑中。让子婴斋戒，参拜宗庙，接受玉玺。斋戒五日后，子婴与两个儿子谋划道："丞相赵高在望夷宫杀死二世，害怕群臣杀他，便佯装行义立我为王。我听闻赵高竟与楚相约，诛灭秦国宗室好在关中称王。如今让我斋戒参拜宗庙，是想在庙中杀我。我称病不去，丞相必定亲自来请，来，便杀了他。"赵高几次派使者请子婴，子婴不去，赵高果然亲自前来，道："参拜宗庙是大事，王为何不去？"子婴于是在斋宫刺杀赵高，诛灭赵高三族在咸阳示众。子婴做了四十六天秦王，楚将沛公攻破秦军进入武关，来到霸上，派人约子婴投降。子婴便用绶带系住脖颈，乘坐白马素车，捧天子玉玺、符节，在轵道旁投降。沛公便进入咸阳，封闭宫室府库，返回驻军霸上。居住一个多月，诸侯兵马到来，项羽为合纵首领，杀死子婴和秦诸公子、皇族。又屠灭咸阳，烧毁宫室，掳掠子女，没收珍宝财货，与诸侯共同瓜分。灭秦之后，将秦地一分为三，名为雍王、塞王、翟王，号称三秦。项羽作为西楚霸王，做主下令分封天下诸侯为王，秦最终灭亡。其后五年，天下由汉平定。

太史公道：秦之先祖伯翳，在唐尧、虞、舜之间曾建功勋，分到土地受赐姓氏。到夏、商之间稍有散乱。待周朝衰落，秦国兴起，在西犬丘建国。从缪公以来，逐渐蚕食诸侯，最终成就始皇。始皇自认为功绩超过五帝，土地大过三王，而羞与他们等同。贾谊的推论很精辟啊！他说：

秦兼并山东诸侯，设立三十余郡，修治渡口关卡，占据险要关塞，整备武器来戍守。但陈涉凭借几百散乱戍卒，振臂大呼，不用弓、戟兵器，手持锄把木棒，于所掠处就地取食，纵横驰骋天下。秦不及守备要塞险阻，不及封锁关卡桥梁，长戟不及挥刺，强弩不及发射，楚军深入国境，在鸿门交战，几乎没有篱笆拦阻。于是山东大乱，诸侯群起，豪杰俊士相互争立。秦派章邯率军东征，章邯趁机以三军之众为要挟，获利于外，图谋君主。群臣之不可信，由此可见。子婴即位，仍未觉悟。假使子婴有一般君主之才，仅凭中等将相辅佐，山东虽乱，秦国土地亦可保全拥有，宗庙祭祀也不会断绝。

秦国土地傍山，大河环绕，是四周险要之国。自缪公以来，直到始皇，二十多位国君，常于诸侯中称雄。岂是世代贤明？是所居地势如此。况且各国曾同心协力攻打秦。当时世道，贤人智士并存，良将统帅军队，贤相互通谋略，但被险阻所困不能前进，秦于是诱敌深入为其打开关门，诸侯百万兵马败逃溃散。岂是勇气、武力、智慧不足？地形不利，地势不便而已。秦并小邑为大城，驻军扼守要塞，高筑壁垒不出战，封闭关卡据守险阻，持戟屯守。诸侯

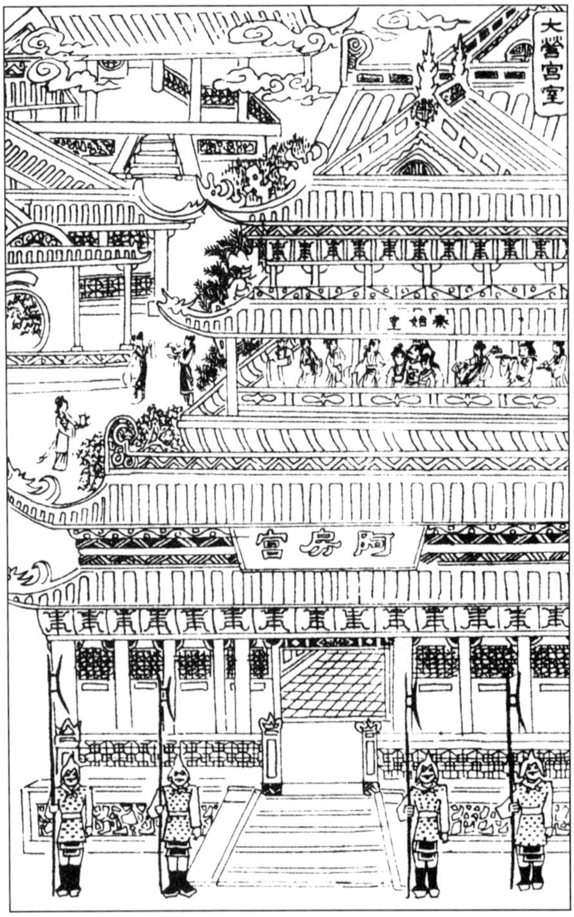

起自匹夫，因利益联合，不具古王者德行。他们结交不亲密，下属不齐心，号称灭亡秦国，实际想牟取私利。他们见秦国险阻难以侵犯，必定退兵。秦若安定土地、休息生民，等待六国积弊，收服弱小、安抚疲怠，来号令大国君主，就不必担心无法得志于天下。贵为天子，富有天下，而被人擒获者，是挽救危局之策不对。

秦王自满而不问人意见，坚持过错而不改变。二世即位，因循不改，暴虐而加重祸患。子婴孤立无亲，危弱无人辅佐。三位君主迷误终身而不觉悟，亡国，不正适宜吗？当时，世上不是没有深谋远虑、能预见形势变化的人，但之所以不敢尽忠、匡正错误，是秦之风气多忌讳、禁令，忠言还未说完就被杀戮。所以使天下贤士，倾耳恭听，叠足而立，闭口不言。因此三位君主迷失正道，忠臣不敢进谏，智士不敢谋划，天下已乱，而叛乱之情不敢上报，岂不悲哀！先王明白上下蒙蔽会损害国家，因此设置公卿、大夫、士，整饬法令、设立刑律，因而天下太平。天子势强，则禁止暴虐、诛灭叛乱，天下臣服。天子势弱，则由五霸征讨而诸侯顺从。天子弱小，则内有守备，外有依附，社稷得以保存。而秦国盛时，法令繁多、刑法严酷震惊天下；待秦衰败，百姓怨怼而海内背叛。周之纲常合乎正道，所以一千多年也不断绝。秦本末皆失，所以不能长久。从这看来，安危之本相差甚远。俗话说："前事不忘，后事之师。"因此君主治国，观察上古，验证当世，参照人情事理，了解兴盛衰亡的道理，审核权势是否合宜，取舍有顺序，变化有时机，因此历时长久而国家安定。

秦孝公凭借崤山、函谷关之坚固，拥有雍州领土，君臣坚固防守而觊觎周政权，有席卷天下、包举宇宙、囊括四海之志，并吞八方之心。当时，商鞅辅佐他，在内设立法度，致力耕作、纺织，修饬作战守备，在外施行连横与诸侯争斗，于是秦人唾手取得黄河以西的土地。

孝公死后，惠王、武王继承旧业，遵照遗策，向南兼并汉中，往西平定巴、蜀，在东割取肥沃之地，占领重要郡县。诸侯害怕，集会结盟，图谋削弱秦国，不吝惜珍奇宝物、肥沃土地，招徕天下志士，合纵结交，团结如一。当时，齐有孟尝君，赵有平原君，楚有春申君，魏有信陵君。这四位公子，都贤明聪慧而忠实信义，宽和仁爱，尊贤重士，相约合纵、拆散连横，集结韩、魏、燕、楚、齐、赵、宋、卫、中山等国。当时六国士人有宁越、徐尚、苏秦、杜赫等部属为其谋划，齐明、周最、陈轸、昭滑、楼缓、翟景、苏厉、乐毅等人来沟通各国意见，吴起、孙膑、带佗、兒良、王廖、田忌、廉颇、赵奢等人来统领军队。曾以十倍于秦国的土地，数百万兵马，闯过关隘攻打秦国。秦人打关迎敌，九国兵马顾忌而徘徊不敢前进。秦没有一支箭、一个箭头的花费，而天下诸侯已困窘不堪。于是合纵分散、盟约解除，争相割地来事奉秦国。秦有余力，乘其疲敝来制服他们，追击败兵，伏尸百万，血流遍地飘起盾牌。秦抓住有利时机，乘势宰割天下，分裂河山，强国请求降服，弱国入朝称臣。传到孝文王、庄襄王，在位时间短，国家没有大事。

到秦始皇，延续六代功业，挥舞长鞭驾驭国家，吞并二周灭亡诸侯，登临宝座统治四方，用刑罚鞭挞天下，威震四海。在南夺取百越之地，设立桂林、象郡，百越君主俯首系颈，将性命委托给秦国官吏。又让蒙恬北筑长城守备边塞，退却匈奴七百多里，胡人不敢南下放马，士人不敢弯弓抱怨。便废除先王道义，焚毁百家著作，来愚弄百姓。毁坏名城，杀戮豪杰俊士，收集天下兵器聚在咸阳，熔化兵器铸造钟鐻，铸成十二座金人，来削弱百姓。然后砍削华山筑造城堡，沿黄河建设渡口，占据亿丈高城，下临不测深渊作为要塞。良将用强弓镇守重要地方，忠臣精兵手持尖锐兵器警戒盘问，天下因此安定。秦王心思，自以为关中坚固，千里铜城，是子孙万代做帝王的基业。

秦王死后，余威震荡外族。陈涉，以瓮为牖、用绳为枢的穷家子，是耕田卖力之人、征发守边的戍卒，才能不及中等人，没有仲尼、墨翟的贤能，陶朱、猗顿的富有，插足行伍之间，崛起在军队之中，率领疲惫涣散的士卒，统领数百人的队伍，转而攻打秦国。砍下木头当兵器，举起竹竿做旗帜，天下云集响应，背起粮食如影子般跟从，于是山东豪杰俊士同时起兵灭亡了秦国。

何况秦国江山并未缩小削弱，雍州土地，崤山、函谷关坚固依旧。陈涉的地位，不比齐、楚、燕、赵、韩、魏、宋、卫、中山君主尊贵。锄把木棒，不比钩戟、长矛锋利；谪戍之卒，无法与九国军队抗衡；深谋远虑、行军用兵的策略，赶不上从前的谋士。但成败产生变化，功绩全然相反。若使山东各国与陈涉比较长短、大小，较量权势、威力，则不能相提并论。但秦凭借小小领土、诸侯威权，招揽八州，使与其地位相等的诸侯来朝见，共一百多年。然后以天地为一家，以崤山、函谷关为内宫，一人发难而祖庙尽毁，国君为人所杀，成为天下笑谈，为何？不施行仁义，而夺取和保守天下的形势不同。

秦统一天下，兼并诸侯，南面称帝，供养四海，天下士民闻风归化，这是为何？道：近古以来很久没有帝王。周王室卑微，五霸已死，政令无法通行天下，因此诸侯以武力征伐，强国侵犯弱国，大国欺凌小国，战火不息，军民疲敝。如今秦国称帝统治天下，是在上有天子。则庶民希望能安身立命，无不诚心仰慕朝廷，这时，保持威势、稳定功勋，安危之关键便在于此。

秦王怀贪婪卑鄙之心，行专断之智谋，不信任功臣，不亲近士民，废弃王道，建立私权，禁止诗文古籍而加重刑法，以诈谋权术为先而将仁义撇后，将暴虐作为治理天下的前提。兼并时可以崇尚诈谋权术，安定时则贵在顺势权衡，这是说夺取与保守的不同策略。秦经战国而在天下称王，路线不变，政策不变，是秦攻取、保守天下的方式没有不同。孤立无援地拥有天下，所以它的灭亡可以站着等待。假使秦王计议上古往事，效仿殷周故迹，来控制政权，后代即便有骄奢淫逸的君主也未必会有倾覆灭亡的祸患。因此三王建立国家，名号美好，功业长久。

如今秦二世即位，天下人无不伸长脖子企望他的政策。寒冷者满足于穿粗麻短衣，饥饿者甘愿吃糠皮、酒渣，国人嗷嗷待哺，恰是新君资本。这是说施仁政于劳苦之民比较容易。当初若使二世具一般君主才德，任用忠臣贤良，君臣一心考虑国内祸患，穿着丧服纠正先帝过失，划土地、分百姓，封赏功臣后代，建诸侯国、立公侯，以礼治天下，空出牢狱，减免刑杀，免除妻儿子女连坐等杂乱刑名，让他们各自返回家乡，打开仓库，散发钱财，来赈济孤独穷困之人，减免赋税、徭役，解决百姓急难，简约刑法以观后效，让国民自我革新，更新操守，检点言行，各自谨慎修身，满足万民愿望，然后用威严德化治理天下，天下则会归附。则四海之内，都各自欢欣，安居乐业，只担心发生动乱，即便有狡诈之徒，也没有背叛朝廷之心，则图谋作乱之臣无法矫饰阴谋，暴虐作乱的奸谋可以禁止。二世不施行这般政策，却加重无道，毁坏宗庙，摧残百姓，重新修建阿房宫，增多刑法，残酷杀戮，法治更加严苛，赏罚不恰当，赋敛无限度，使天下事故多发，官吏无法约束，百姓穷困而君主不收容抚恤。而后奸邪、伪善者群起，上下互相推诿，获罪者众多，罪人在路上四处可见，天下都为此痛苦。从君侯公卿之下到黎民百姓，人人怀着自危之心，亲身处于穷苦境地，都无法安于其位，因此容易动乱。所以陈涉不用商汤、周武的贤能，不必凭借公侯的尊贵，在大泽振臂而天下为之响应的原因，是秦百姓正处于危难之间。故此先王看到开端与结局的变化，知道存在与灭亡的关键，所以驾驭百姓的道理，在于让他们安定。那么，天下即便有叛逆臣子，也必无响应者相助。所以说“安定之民可共行道义，危难之民则易同做歹事”，正是此意。贵为天子，富有天下，自身不能避免被杀，是纠正过失的办法不对。这就是秦二世的过失。

（王永吉　注译）

卷七　项羽本纪第七

注释查阅　　译文诵读

项籍者，下相人也，字羽。初起时，年二十四。其季父项梁[1]，梁父即楚将项燕，为秦将王翦所戮者也[2]。项氏世世为楚将，封于项，故姓项氏。

项籍少时，学书不成[3]，去[4]学剑，又不成。项梁怒之。籍曰："书足以记名姓而已。剑一人敌，不足学，学万人敌。"于是项梁乃教籍兵法，籍大喜，略知其意，又不肯竟学[5]。项梁尝有栎阳逮，乃请蕲狱掾曹咎书抵栎阳狱掾司马欣[6]，以故事得已[7]。项梁杀人，与籍避仇于吴中。吴中贤士大夫皆出项梁下。每吴中有大繇役及丧，项梁常为主办，阴以兵法部勒宾客及子弟[8]，以是知其能。秦始皇帝游会稽，渡浙江，梁与籍俱观。籍曰："彼可取而代也。"梁掩其口，曰："毋妄言，族矣[9]！"梁以此奇籍。籍长八尺余，力能扛鼎[10]，才气过人，虽吴中子弟皆已惮籍矣[11]。

秦二世元年七月，陈涉等起大泽中。其九月，会稽守通谓梁曰："江西皆反，此亦天亡秦之时也。吾闻先即制人，后则为人所制。吾欲发兵，使公及桓楚将。"是时桓楚亡在泽中。梁曰："桓楚亡，人莫知其处，独籍知之耳。"梁乃出，诫籍持剑居外待。梁复入，与守坐，曰："请召籍，使受命召桓楚。"守曰："诺。"梁召籍入。须臾，梁眴籍曰[12]："可行矣！"于是籍遂拔剑斩守头。项梁持守头，佩其印绶。门下大惊，扰乱，籍所击杀数十百人。一府中皆慴伏[13]，莫敢起。梁乃召故所知豪吏，谕以所为起大事，遂举吴中兵。使人收下县[14]，得精兵八千人。梁部署吴中豪杰为校尉、候、司马。有一人不得用，自言于梁。梁曰："前时某丧使公主某事，不能办，以此不任用公。"众乃皆伏[15]。于是梁为会稽守，籍为裨将[16]，徇下县[17]。

广陵人召平于是为陈王徇广陵，未能下。闻陈王败走，秦兵又且至，乃渡江矫陈王命[18]，拜梁为楚王上柱国[19]。曰："江东已定，急引兵西击秦。"项梁乃以八千人渡江而西。闻陈婴已下东阳，使使欲与连和俱西。陈婴者，故东阳令史，居县中，素信谨，称为长者。东阳少年杀其令，相聚数千人，欲置长，无适用，乃请陈婴。婴谢不能，遂强立婴为长，县中从者得二万人。少年欲立婴便为王，异军苍头特起[20]。陈婴母谓婴曰："自我为汝家妇，未尝闻汝先古之有贵者。今暴得大名[21]，不祥。不如有所属，事成犹得封侯，事败易以亡，非世所指名也。"婴乃不敢为王。谓其军吏曰："项氏世世将家，有名于楚。今欲举大事，将非其人，不可。我倚名族，亡秦必矣。"于是众从其言，以兵属项梁。项梁渡淮，黥布、蒲将军亦以兵属焉。凡六七万人，军下邳。

当是时，秦嘉已立景驹为楚王，军彭城东，欲距项梁[22]。项梁谓军吏曰："陈王先首事[23]，战不利，未闻所在。今秦嘉倍陈王而立景驹[24]，逆无道。"乃进兵击秦嘉。秦嘉军败走，追之至胡陵。嘉还战一日，嘉死，军降。景驹走死梁地。项梁已并秦嘉军，军胡陵，将引军而西。章邯军至栗，项梁使别将朱鸡石、馀樊君与战。馀樊君死。朱鸡石军败，亡走胡陵。项梁乃引兵入薛，诛鸡石。项梁前使项羽别攻襄城，襄城坚守不下。已拔，皆坑之。还报项梁。项梁闻陈王定死[25]，召诸别将会薛计事。此时沛公亦起沛，往焉。

居鄛人范增[26]，年七十，素居家，好奇计，往说项梁曰："陈胜败固当。夫秦灭六国，楚最无罪。自怀王入秦不反[27]，楚人怜之至今，故楚南公曰'楚虽三户，亡秦必楚'也[28]。今陈胜首事，不立楚后而自立，其势不长。今君起江东，楚蜂午之将皆争附君者[29]，以君世世楚将，为能复立楚之后也。"于是项梁然其言，乃求楚怀王孙心民间，为人牧羊，立以为楚怀王，从民所望也。陈婴为楚上柱国，封五县，与怀王都盱台[30]。项梁自号为武信君。

居数月，引兵攻亢父[31]，与齐田荣、司马龙且军救东阿，大破秦军于东阿。田荣即引兵归，逐其王假。假亡走楚。假相田角亡走赵。角弟田间故齐将，居赵不敢归。田荣立田儋子市为齐王。项梁已破东阿下军，遂追秦军。数使使趣齐兵[32]，欲与俱西。田荣曰："楚杀田假，赵杀田角、田间，乃发兵。"项梁曰："田假为与国之王[33]，穷来从我，不忍杀之。"赵亦不杀田角、田间以市于齐[34]。齐遂不肯发兵助楚。项梁使沛公及项羽别攻城阳，屠之。西破秦军濮阳东，秦兵收入濮阳。沛公、项羽乃攻定陶。定陶未下，去，西略地至雝丘，大破秦军，斩李由。还攻外黄，外黄未下。

项梁起东阿西，比至定陶[35]，再破秦军，项羽等又斩李由，益轻秦[36]，有骄色。宋义乃谏项梁曰："战胜而将骄卒惰者败。今卒少惰矣[37]，秦兵日益，臣为君畏之。"项梁弗听。乃使宋义使于齐。道遇齐使者高陵君显，曰："公将见武信君乎？"曰："然。"曰："臣论武信君军必败[38]。公徐行即免死，疾行则及祸。"秦果悉起兵益章邯，击楚军，大破之定陶，项梁死。沛公、项羽去外黄攻陈留，陈留坚守，不能下。沛公、项羽相与谋曰："今项梁军破，士卒恐。"乃与吕臣军俱引兵而东。吕臣军彭城东，项羽军彭城西，沛公军砀[39]。

章邯已破项梁军，则以为楚地兵不足忧，乃渡河击赵，大破之。当此时，赵歇为王，陈馀为将，张耳为相，皆走入钜鹿城。章邯令王离、涉间围钜鹿，章邯军其南，筑甬道而输之粟[40]。陈馀为将，将卒数万人而军钜鹿之北，此所谓河北之军也。

楚兵已破于定陶，怀王恐，从盱台之彭城，并项羽、吕臣军自将之[41]。以吕臣为司徒，以其父吕青为令尹[42]。以沛公为砀郡长，封为武安侯，将砀郡兵。

初，宋义所遇齐使者高陵君显在楚军，见楚王曰："宋义论武信君之军必败，居数日，军果败。兵未战而先见败征[43]，此可谓知兵矣。"王召宋义与计事而大说之[44]，因置以为上将军[45]；项羽为鲁公，为次将，范增为末将，救赵。诸别将皆属宋义，号为卿子冠军[46]。行至安阳，留四十六日不进。项羽曰："吾闻秦军围赵王钜鹿，疾引兵渡河，楚击其外，赵应其内，破秦军必矣。"宋义曰："不然。夫搏牛之虻不可以破虮虱[47]。今秦攻赵，战胜则兵罢[48]，我承其敝[49]；不胜，则我引兵鼓行而西[50]，必举秦矣[51]。故不如先斗秦赵。夫被坚执锐[52]，义不如公；坐而运策，公不如义。"因下令军中曰："猛如虎，很如羊[53]，贪如狼，强不可使者[54]，皆斩之。"乃遣其子宋襄相齐，身送之至无盐，饮酒高会[55]。天寒大雨，士卒冻饥。项羽曰："将戮力而攻秦[56]，久留不行。今岁饥民贫，士卒食芋菽[57]，军无见粮[58]，乃饮酒高会，不引兵渡河因赵食，与赵并力攻秦，乃曰'承其敝'。夫以秦之强，攻新造之赵，其势必举赵。赵举而秦强，何敝之承！且国兵新破，王坐不安席，埽境内而专属于将军[59]，国家安危，在此一举。今不恤士卒而徇其私[60]，非社稷之臣。"项羽晨朝上将军宋义，即其帐中斩宋义头，出令军中曰："宋义与齐谋反楚，楚王阴令羽诛之。"当是时，诸将皆慴服，莫敢枝梧[61]。皆曰："首立楚者，将军家也。今将军诛乱。"乃相与共立羽为假上将军[62]。使人追宋义子，及之齐，杀之。使桓楚报命于怀王。怀王因使项羽为上将军，当阳君、蒲将军皆属项羽。

项羽已杀卿子冠军，威震楚国，名闻诸侯。乃遣当阳君、蒲将军将卒二万渡河，救钜鹿。战少利，陈馀复请兵。项羽乃悉引兵渡河，皆沈船，破釜甑[63]，烧庐舍，持三日粮，以示士卒必死，无一还心。于是至则围王离，与秦军遇，九战，绝其甬道，大破之，杀苏角，虏王离。涉间不降楚，自烧杀。当是时，楚兵冠诸侯。诸侯军救钜鹿下者十馀壁，莫敢纵兵。及楚击秦，诸将皆从壁上观。楚战士无不一以当十，楚兵呼声动天，诸侯军无不人人惴恐。于是已破秦军，项羽召见诸侯将，入辕门[64]，无不膝行而前[65]，莫敢仰视。项羽由是始为诸侯上将军，诸侯皆属焉。

章邯军棘原，项羽军漳南，相持未战。秦军数却，二世使人让章邯[66]。章邯恐，使长史欣请事。至咸阳，留司马门三日，赵高不见，有不信之心。长史欣恐，还走其军，不敢出故道，赵高果使人追之，不及。欣至军，报曰："赵高用事于中，下无可为者。今战能胜，高必疾妒吾功；战不能胜，不免于死。愿将军孰计之[67]。"陈馀亦遗章邯书曰："白起为秦将，南征鄢郢，北坑马服，攻城略地，不可胜计，而竟赐死。蒙恬为秦将，北逐戎人，开榆中地数千里，竟斩阳周。何者？功多，秦不能尽封，因以法诛之。今将军为秦将三岁矣，所亡失以十万数，而诸侯并起滋益多。彼赵高素谀日久，今事急，亦恐二世诛之，故欲以法诛将军以塞责[68]，使人更代将军以脱其祸。夫将军居外久，多内郤[69]，有功亦诛，无功亦诛。且天之亡秦，无愚智皆知之。今将军内不能直谏，外为亡国将，孤特独立而欲常存[70]，岂不哀哉！将军何不还兵与诸侯为从，约共攻秦，分王其地[71]，南面称孤[72]；此孰与身伏铁质[73]，妻子为僇乎？[74]”章邯狐疑，阴使候始成使项羽，欲约。约未成，项羽使蒲将军日夜引兵度三户，军漳南，与秦战，再破之。项羽悉引兵击秦军汙水上[75]，大破之。

章邯使人见项羽，欲约。项羽召军吏谋曰："粮少，欲听其约。"军吏皆曰："善。"项羽乃与期洹水南殷虚上[76]。已盟，章邯见项羽而流涕，为言赵高。项羽乃立章邯为雍王，置楚军中。使长史欣为上将军，将秦军为前行[77]。

到新安。诸侯吏卒异时故繇使屯戍过秦中[78]，秦中吏卒遇之多无状[79]，及秦军降诸侯，诸侯吏卒乘胜多奴虏使之[80]，轻折辱秦吏卒[81]。秦吏卒多窃言曰："章将军等诈吾属降诸侯，今能入关破秦，大善；即不能，诸侯虏吾属而东，秦必尽诛吾父母妻子。"诸将微闻其计[82]，以告项羽。项羽乃召黥布、蒲将军计曰："秦吏卒尚众，其心不服，至关中不听，事必危，不如击杀之，而独与章邯、长史欣、都尉翳入秦。"于是楚军夜击坑秦卒二十馀万人新安城南。

行略定秦地[83]。函谷关有兵守关，不得入。又闻沛公已破咸阳，项羽大怒，使当阳君等击关。项羽遂入，至于戏西[84]。沛公军霸上[85]，未得与项羽相见。沛公左司马曹无伤使人言于项羽曰："沛公欲王关中，使子婴为相，珍宝尽有之。"项羽大怒，曰："旦日飨士卒[86]，为击破沛公军！"当是时，项羽兵四十万，在新丰鸿门，沛公兵十万，在霸上。范增说项羽曰："沛公居山东时[87]，贪于财货，好美姬。今入关，财物无所取，妇女无所幸，此其志不在小。吾令人望其气[88]，皆为龙虎，成五采，此天子气也。急击勿失。"

楚左尹项伯者，项羽季父也，素善留侯张良。张良是时从沛公，项伯乃夜驰之沛公军，私见张良，具告以事，欲呼张良与俱去。曰："毋从俱死也。"张良曰："臣为韩王送沛公，沛公今事有急，亡去不义，不可不语。"良乃入，具告沛公。沛公大惊，曰："为之奈何？"张良曰："谁为大王为此计者？"曰："鲰生说我曰'距关[89]，毋内诸侯[90]，秦地可尽王也'。故听之。"良曰："料大王士卒足以当项王乎[91]？"沛公默然，曰："固不如也，且为之奈何？"张良曰："请往谓项伯，言沛公不敢背项王也。"沛公曰："君安与项伯有故[92]？"张良曰："秦时与臣游，项伯杀人，臣活之。今事有急，故幸来告良。"沛公曰："孰与君少长？"良曰："长于臣。"沛公曰："君为我呼入，吾得兄事之。"张良出，要项伯[93]。项伯即入见沛公。沛公奉卮酒为寿[94]，约为婚姻[95]，曰："吾入关，秋豪不敢有所近[96]，籍吏民[97]，封府库，而待将军。所以遣将守关者，备他盗之出入与非常也[98]。日夜望将军至，岂敢反乎！愿伯具言臣之不敢倍德也[99]。"项伯许诺。谓沛公曰："旦日不可不蚤自来谢项王[100]。"沛公曰："诺。"于是项伯复夜去，至军中，具以沛公言报项王。因言曰："沛公不先破关中，公岂敢入乎？今人有大功而击之，不义也，不如因善遇之。”项王许诺。

沛公旦日从百馀骑来见项王，至鸿门，谢曰：“臣与将军戮力而攻秦，将军战河北，臣战河南，然不自意能先入关破秦[101]，得复见将军于此。今者有小人之言，令将军与臣有郤。”项王曰：“此沛公左司马曹无伤言之；不然，籍何以至此。”项王即日因留沛公与饮。项王、项伯东向坐[102]，亚父南向坐[103]。亚父者，范增也。沛公北向坐，张良西向侍。范增数目项王[104]，举所佩玉玦以示之者三[105]，项王默然不应。范增起，出召项庄，谓曰：“君王为人不忍[106]，若入前为寿[107]，寿毕，请以剑舞，因击沛公于坐，杀之。不者[108]，若属皆且为所虏[109]。”庄则入为寿。寿毕，曰：“君王与沛公饮，军中无以为乐，请以剑舞。”项王曰：“诺。”项庄拔剑起舞，项伯亦拔剑起舞，常以身翼蔽沛公，庄不得击。于是张良至军门，见樊哙。樊哙曰：“今日之事何如？”良曰：“甚急。今者项庄拔剑舞，其意常在沛公也。”哙曰：“此迫矣，臣请入，与之同命[110]。”哙即带剑拥盾入军门。交戟之卫士欲止不内，樊哙侧其盾以撞，卫士仆地，哙遂入，披帷西向立，瞋目视项王[111]，头发上指，目眦尽裂[112]。项王按剑而跽曰[113]：“客何为者？”张良曰：“沛公之参乘樊哙者也。”项王曰：“壮士，赐之卮酒。”则与斗卮酒。哙拜谢，起，立而饮之。项王曰：“赐之彘肩[114]。”则与一生彘肩。樊哙覆其盾于地，加彘肩上，拔剑切而啖之。项王曰：“壮士，能复饮乎？”樊哙曰：“臣死且不避，卮酒安足辞！夫秦王有虎狼之心，杀人如不能举，刑人如恐不胜，天下皆叛之。怀王与诸将约曰‘先破秦入咸阳者王之’。今沛公先破秦入咸阳，豪毛不敢有所近，封闭宫室，还军霸上，以待大王来。故遣将守关者，备他盗出入与非常也。劳苦而功高如此，未有封侯之赏，而听细说[115]，欲诛有功之人。此亡秦之续耳，窃为大王不取也。”项王未有以应，曰：“坐。”樊哙从良坐。坐须臾，沛公起如厕，因招樊哙出。

沛公已出，项王使都尉陈平召沛公。沛公曰：“今者出，未辞也，为之奈何？”樊哙曰：“大行不顾细谨，大礼不辞小让。如今人方为刀俎[116]，我为鱼肉[117]，何辞为！”于是遂去。乃令张良留谢。良问曰：“大王来何操？”曰：“我持白璧一双，欲献项王，玉斗一双，欲与亚父，会其怒[118]，不敢献。公为我献之。”张良曰：“谨诺。”当是时，项王军在鸿门下，沛公军在霸上，相去四十里。沛公则置车骑，脱身独骑，与樊哙、夏侯婴、靳强、纪信等四人持剑盾步走，从郦山下，道芷阳间行[119]。沛公谓张良曰：“从此道至吾军，不过二十里耳。度我至军中，公乃入。”沛公已去，间至军中，张良入谢，曰：“沛公不胜桮杓[120]，不能辞。谨使臣良奉白璧一双，再拜献大王足下；玉斗一双，再拜奉大将军足下[121]。”项王曰：“沛公安在？”良曰：“闻大王有意督过之[122]，脱身独去，已至军矣。”项王则受璧，置之坐上。亚父受玉斗，置之地，拔剑撞而破之，曰：“唉！竖子不足与谋[123]。夺项王天下者，必沛公也，吾属今为之虏矣。”沛公至军，立诛杀曹无伤。

居数日，项羽引兵西屠咸阳，杀秦降王子婴，烧秦宫室，火三月不灭；收其货宝妇女而东。人或说项王曰："关中阻山河四塞[124]，地肥饶，可都以霸。"项王见秦宫皆以烧残破[125]，又心怀思欲东归，曰："富贵不归故乡，如衣绣夜行[126]，谁知之者！"说者曰："人言楚人沐猴而冠耳[127]，果然。"项王闻之，烹说者。

项王使人致命怀王[128]。怀王曰："如约。"乃尊怀王为义帝。项王欲自王，先王诸将相。谓曰："天下初发难时，假立诸侯后以伐秦。然身被坚执锐首事[129]，暴露于野三年，灭秦定天下者，皆将相诸君与籍之力也。义帝虽无功，故当分其地而王之[130]。"诸将皆曰："善。"乃分天下，立诸将为侯王。项王、范增疑沛公之有天下，业已讲解[131]，又恶负约，恐诸侯叛之，乃阴谋曰："巴、蜀道险，秦之迁人皆居蜀。"乃曰："巴、蜀亦关中地也。"故立沛公为汉王，王巴、蜀、汉中，都南郑。而三分关中，王秦降将以距塞汉王。项王乃立章邯为雍王，王咸阳以西，都废丘。长史欣者，故为栎阳狱掾，尝有德于项梁；都尉董翳者，本劝章邯降楚。故立司马欣为塞王，王咸阳以东至河，都栎阳；立董翳为翟王，王上郡，都高奴。徙魏王豹为西魏王，王河东，都平阳。瑕丘申阳者，张耳嬖臣也，先下河南，迎楚河上，故立申阳为河南王，都雒阳。韩王成因故都，都阳翟。赵将司马卬定河内，数有功，故立卬为殷王，王河内，都朝歌。徙赵王歇为代王。赵相张耳素贤，又从入关，故立耳为常山王，王赵地，都襄国。当阳君黥布为楚将，常冠军，故立布为九江王，都六。鄱君吴芮率百越佐诸侯[132]，又从入关，故立芮为衡山王，都邾。义帝柱国共敖将兵击南郡，功多，因立敖为临江王，都江陵。徙燕王韩广为辽东王。燕将臧荼从楚救赵，因从入关，故立荼为燕王，都蓟[133]。徙齐王田市为胶东王。齐将田都从共救赵，因从入关，故立都为齐王，都临菑[134]。故秦所灭齐王建孙田安，项羽方渡河救赵，田安下济北数城，引其兵降项羽，故立安为济北王，都博阳。田荣者，数负项梁，又不肯将兵从楚击秦，以故不封。成安君陈馀弃将印去，不从入关，然素闻其贤，有功于赵，闻其在南皮，故因环封三县[135]。番君将梅功多，故封十万户侯。项王自立为西楚霸王[136]，王九郡，都彭城。

汉之元年四月，诸侯罢戏下[137]，各就国。项王出之国[138]，使人徙义帝，曰："古之帝者地方千里，必居上游。"乃使使徙义帝长沙郴县。趣义帝行，其群臣稍稍背叛之[139]，乃阴令衡山、临江王击杀之江中。韩王成无军功，项王不使之国，与俱至彭城，废以为侯，已又杀之。臧荼之国，因逐韩广之辽东，广弗听，荼击杀广无终，并王其地。

田荣闻项羽徙齐王市胶东，而立齐将田都为齐王，乃大怒，不肯遣齐王之胶东，因以齐反，迎击田都。田都走楚。齐王市畏项王，乃亡之胶东就国。田荣怒，追击杀之即墨。荣因自立为齐王，而西击杀济北王田安，并王三齐。荣与彭越将军印，令反梁地。陈馀阴使张同、夏说说齐王田荣曰："项羽为天下宰，不平。今尽王故王于丑地，而王其群臣诸将善地，逐其故主，赵王乃北居代，馀以为不可。闻大王起兵，且不听不义，愿大王资馀兵[140]，请以击常山，以复赵王，请以国为扞蔽[141]。”齐王许之，因遣兵之赵。陈馀悉发三县兵，与齐并力击常山，大破之。张耳走归汉。陈馀迎故赵王歇于代，反之赵。赵王因立陈馀为代王。

是时，汉还定三秦[142]。项羽闻汉王皆已并关中，且东[143]，齐、赵叛之，大怒。乃以故吴令郑昌为韩王，以距汉。令萧公角等击彭越。彭越败萧公角等。汉使张良徇韩，乃遗项王书曰：“汉王失职[144]，欲得关中，如约即止，不敢东。”又以齐、梁反书遗项王曰：“齐欲与赵并灭楚。”楚以此故无西意，而北击齐。征兵九江王布。布称疾不往，使将将数千人行。项王由此怨布也。汉之二年冬，项羽遂北至城阳，田荣亦将兵会战。田荣不胜，走至平原，平原民杀之。遂北烧夷齐城郭室屋[145]，皆坑田荣降卒，系虏其老弱妇女。徇齐至北海，多所残灭。齐人相聚而叛之。于是田荣弟田横收齐亡卒得数万人，反城阳。项王因留，连战未能下。

春[146]，汉王部五诸侯兵[147]，凡五十六万人，东伐楚。项王闻之，即令诸将击齐，而自以精兵三万人南从鲁出胡陵。四月，汉皆已入彭城，收其货宝美人，日置酒高会。项王乃西从萧，晨击汉军而东，至彭城，日中，大破汉军。汉军皆走，相随入穀、泗水，杀汉卒十馀万人。汉卒皆南走山，楚又追击至灵壁东睢水上。汉军却，为楚所挤[148]，多杀，汉卒十馀万人皆入睢水，睢水为之不流。围汉王三帀[149]。于是大风从西北而起，折木发屋[150]，扬沙石，窈冥昼晦[151]，逢迎楚军。楚军大乱，坏散，而汉王乃得与数十骑遁去。欲过沛，收家室而西；楚亦使人追之沛，取汉王家；家皆亡，不与汉王相见。汉王道逢得孝惠、鲁元[152]，乃载行。楚骑追汉王，汉王急，推堕孝惠、鲁元车下，滕公常下收载之。如是者三。曰：“虽急不可以驱，奈何弃之？”于是遂得脱。求太公、吕后不相遇。审食其从太公、吕后间行[153]，求汉王，反遇楚军。楚军遂与归，报项王，项王常置军中。

是时吕后兄周吕侯为汉将兵居下邑，汉王间往从之，稍稍收其士卒。至荥阳，诸败军皆会，萧何亦发关中老弱未傅悉诣荥阳[154]，复大振。楚起于彭城，常乘胜逐北，与汉战荥阳南京、索间，汉败楚，楚以故不能过荥阳而西。

项王之救彭城，追汉王至荥阳，田横亦得收齐，立田荣子广为齐王。汉王之败彭城，诸侯皆复与楚而背汉[155]。汉军荥阳，筑甬道属之河[156]，以取敖仓粟[157]。汉之三年，项王数侵夺汉甬道，汉王食乏，恐，请和，割荥阳以西为汉。

项王欲听之。历阳侯范增曰：“汉易与耳[158]，今释弗取，后必悔之。”项王乃与范增急围荥阳。汉王患之，乃用陈平计间项王。项王使者来，为太牢具[159]，举欲进之。见使者，详惊愕曰[160]：“吾以为亚父使者，乃反项王使者。”更持去，以恶食食项王使者[161]。使者归报项王，项王乃疑范增与汉有私，稍夺之权。范增大怒，曰：“天下事大定矣，君王自为之。愿赐骸骨归卒伍[162]。”项王许之。行未至彭城，疽发背而死[163]。

汉将纪信说汉王曰：“事已急矣，请为王诳楚为王[164]，王可以间出[165]。”

于是汉王夜出女子荥阳东门被甲二千人，楚兵四面击之。纪信乘黄屋车[166]，傅左纛[167]，曰："城中食尽，汉王降。"楚军皆呼万岁。汉王亦与数十骑从城西门出，走成皋。项王见纪信，问："汉王安在？"曰："汉王已出矣。"项王烧杀纪信。

汉王使御史大夫周苛、枞公、魏豹守荥阳[168]。周苛、枞公谋曰："反国之王，难与守城。"乃共杀魏豹。楚下荥阳城，生得周苛。项王谓周苛曰："为我将，我以公为上将军，封三万户。"周苛骂曰："若不趣降汉[169]，汉今虏若，若非汉敌也。"项王怒，烹周苛，并杀枞公。

汉王之出荥阳，南走宛、叶，得九江王布，行收兵，复入保成皋。汉之四年，项王进兵围成皋。汉王逃，独与滕公出成皋北门，渡河走修武，从张耳、韩信军。诸将稍稍得出成皋，从汉王。楚遂拔成皋，欲西。汉使兵距之巩，令其不得西。

是时，彭越渡河击楚东阿，杀楚将军薛公。项王乃自东击彭越。汉王得淮阴侯兵，欲渡河南。郑忠说汉王，乃止壁河内。使刘贾将兵佐彭越，烧楚积聚。项王东击破之，走彭越。汉王则引兵渡河，复取成皋，军广武，就敖仓食。项王已定东海来西，与汉俱临广武而军，相守数月。

当此时，彭越数反梁地，绝楚粮食，项王患之。为高俎[170]，置太公其上，告汉王曰："今不急下[171]，吾烹太公。"汉王曰："吾与项羽俱北面受命怀王[172]，曰'约为兄弟'，吾翁即若翁[173]，必欲烹而翁，则幸分我一桮羹。"项王怒，欲杀之。项伯曰："天下事未可知，且为天下者不顾家，虽杀之无益，只益祸耳。"项王从之。

楚汉久相持未决，丁壮苦军旅[174]，老弱罢转漕[175]。项王谓汉王曰："天下匈匈数岁者[176]，徒以吾两人耳，愿与汉王挑战决雌雄，毋徒苦天下之民父子为也[177]。"汉王笑谢曰："吾宁斗智，不能斗力。"项王令壮士出挑战。汉有善骑射者楼烦[178]，楚挑战三合，楼烦辄射杀之[179]。项王大怒，乃自被甲持戟挑战。楼烦欲射之，项王瞋目叱之，楼烦目不敢视，手不敢发，遂走还入壁，不敢复出。汉王使人间问之[180]，乃项王也。汉王大惊。于是项王乃即汉王相与临广武间而语。汉王数之[181]，项王怒，欲一战。汉王不听，项王伏弩射中汉王。汉王伤，走入成皋。

项王闻淮阴侯已举河北，破齐、赵，且欲击楚，乃使龙且往击之[182]。淮阴侯与战，骑将灌婴击之，大破楚军，杀龙且。韩信因自立为齐王。项王闻龙且军破，则恐，使盱台人武涉往说淮阴侯。淮阴侯弗听。是时，彭越复反，下梁地，绝楚粮。项王乃谓海春侯大司马曹咎等曰："谨守成皋，则汉欲挑战[183]，慎勿与战，毋令得东而已。我十五日必诛彭越，定梁地，复从将军。"乃东，行击陈留、外黄。

外黄不下。数日，已降，项王怒，悉令男子年十五已上诣城东，欲坑之。外黄令舍人儿年十三，往说项王曰："彭越强劫外黄，外黄恐，故且降，待大王。大王至，又皆坑之，百姓岂有归心？从此以东，梁地十馀城皆恐，莫肯下矣。”项王然其言，乃赦外黄当坑者。东至睢阳，闻之皆争下项王。

汉果数挑楚军战，楚军不出。使人辱之，五六日，大司马怒，渡兵汜水。士卒半渡，汉击之，大破楚军，尽得楚国货赂。大司马咎、长史翳、塞王欣皆自刭汜水上。大司马咎者，故蕲狱掾，长史欣亦故栎阳狱吏，两人尝有德于项梁，是以项王信任之。当是时，项王在睢阳，闻海春侯军败，则引兵还。汉军方围钟离眛于荥阳东[184]，项王至，汉军畏楚，尽走险阻。

是时，汉兵盛食多，项王兵罢食绝。汉遣陆贾说项王，请太公，项王弗听。汉王复使侯公往说项王，项王乃与汉约，中分天下，割鸿沟以西者为汉，鸿沟而东者为楚。项王许之，即归汉王父母妻子。军皆呼万岁。汉王乃封侯公为平国君。匿弗肯复见。曰：“此天下辩士，所居倾国，故号为平国君。”项王已约，乃引兵解而东归。

汉欲西归，张良、陈平说曰：“汉有天下太半[185]，而诸侯皆附之。楚兵罢食尽，此天亡楚之时也，不如因其机而遂取之。今释弗击，此所谓‘养虎自遗患’也。”汉王听之。汉五年，汉王乃追项王至阳夏南[186]，止军，与淮阴侯韩信、建成侯彭越期会而击楚军。至固陵，而信、越之兵不会。楚击汉军，大破之。汉王复入壁，深堑而自守。谓张子房曰：“诸侯不从约，为之奈何？”对曰：“楚兵且破，信、越未有分地，其不至固宜。君王能与共分天下，今可立致也。即不能，事未可知也。君王能自陈以东傅海[187]，尽与韩信；睢阳以北至穀城，以与彭越：使各自为战，则楚易败也。”汉王曰：“善。”于是乃发使者告韩信、彭越曰：“并力击楚。楚破，自陈以东傅海与齐王，睢阳以北至穀城与彭相国。”使者至，韩信、彭越皆报曰：“请今进兵。”韩信乃从齐往，刘贾军从寿春并行，屠城父，至垓下[188]。大司马周殷叛楚，以舒屠六，举九江兵，随刘贾、彭越皆会垓下，诣项王。

项王军壁垓下，兵少食尽，汉军及诸侯兵围之数重。夜闻汉军四面皆楚歌[189]，项王乃大惊曰：“汉皆已得楚乎？是何楚人之多也！”项王则夜起，饮帐中。有美人名虞，常幸从；骏马名骓[190]，常骑之。于是项王乃悲歌慷慨，自为诗曰：“力拔山兮气盖世，时不利兮骓不逝[191]。骓不逝兮可奈何，虞兮虞兮奈若何！”歌数阕[192]，美人和之。项王泣数行下，左右皆泣，莫能仰视。

于是项王乃上马骑，麾下壮士骑从者八百馀人，直夜溃围南出[193]，驰走。平明[194]，汉军乃觉之，令骑将灌婴以五千骑追之。项王渡淮，骑能属者百馀人耳[195]。项王至阴陵，迷失道，问一田父，田父绐曰“左”[196]。左，乃陷大泽中。以故汉追及之。项王乃复引兵而东，至东城，乃有二十八骑。汉骑追者数千人。项王自度不得脱。谓其骑曰：“吾起兵至今八岁矣，身七十馀战，所当者破，所击者服，未尝败北，遂霸有天下。然今卒困于此，此天之亡我，非战之罪也。今日固决死，愿为诸君快战[197]，必三胜之，为诸君溃围，斩将，刈旗[198]，令诸君知天亡我，非战之罪也。”乃分其骑以为四队，四向。汉军围之数重。项王谓其骑曰：“吾为公取彼一将。”令四面骑驰下，期山东为三处。于是项王大呼驰下，汉军皆披靡[199]，遂斩汉一将。是时，赤泉侯为骑将，追项王，项王瞋目而叱之，赤泉侯人马俱惊，辟易数里[200]。与其骑会为三处。汉军不知项王所在，乃分军为三，复围之。项王乃驰，复斩汉一都尉，杀数十百人，复聚其骑，亡其两骑耳。乃谓其骑曰：“何如？”骑皆伏曰：“如大王言。”

于是项王乃欲东渡乌江[201]。乌江亭长檥船待[202]，谓项王曰：“江东虽小，地方千里，众数十万人，亦足王也。愿大王急渡。今独臣有船，汉军至，无以渡。”项王笑曰：“天之亡我，我何渡为！且籍与江东子弟八千人渡江而西，今无一人还，纵江东父兄怜而王我，我何面目见之？纵彼不言，籍独不愧于心乎？”乃谓亭长曰：“吾知公长者。吾骑此马五岁，所当无敌，尝一日行千里，不忍杀之，以赐公。”乃令骑皆下马步行，持短兵接战。独籍所杀汉军数百人。项王身亦被十馀创。顾见汉骑司马吕马童，曰：“若非吾故人乎？”马童面之[203]，指王翳曰：“此项王也。”项王乃曰：“吾闻汉购我头千金[204]，邑万户，吾为若德。”乃自刎而死。王翳取其头，馀骑相蹂践争项王，相杀者数十人。最其后，郎中骑杨喜，骑司马吕马童，郎中吕胜、杨武各得其一体。五人共会其体，皆是。故分其地为五：封吕马童为中水侯，封王翳为杜衍侯，封杨喜为赤泉侯，封杨武为吴防侯，封吕胜为涅阳侯。

项王已死，楚地皆降汉，独鲁不下。汉乃引天下兵欲屠之，为其守礼义，为主死节，乃持项王头视鲁[205]，鲁父兄乃降。始，楚怀王初封项籍为鲁公，及其死，鲁最后下，故以鲁公礼葬项王穀城。汉王为发哀，泣之而去。

诸项氏枝属[206]，汉王皆不诛。乃封项伯为射阳侯。桃侯、平皋侯、玄武侯皆项氏，赐姓刘氏。

太史公曰：吾闻之周生曰“舜目盖重瞳子”[207]，又闻项羽亦重瞳子。羽岂其苗裔邪？何兴之暴也[208]！夫秦失其政，陈涉首难，豪杰蜂起，相与并争，不可胜数。然羽非有尺寸，乘势起陇亩之中，三年，遂将五诸侯灭秦，分裂天下，而封王侯，政由羽出，号为“霸王”，位虽不终，近古以来未尝有也。及羽背关怀楚，放逐义帝而自立，怨王侯叛己，难矣。自矜功伐[209]，奋其私智而不师古[210]，谓霸王之业，欲以力征经营天下[211]，五年卒亡其国，身死东城，尚不觉寤而不自责[212]，过矣。乃引“天亡我，非用兵之罪也”，岂不谬哉！

【译文】

项籍是下相人，字羽。开始起兵反秦时二十四岁。他的小叔父名叫项梁，项梁的父亲是项燕，被秦将王翦所杀。项家世世代代做楚将，被封于项地，所以他们以项为姓。

项籍年少时，学习识字写字，未能学成，便放弃了；学习剑术，又未学成。项梁很生他的气。项籍说：“学写字只不过记个名姓罢了。剑术只能对抗一人，不值得学，我要学能对付上万人的本事。”于是项梁就教项籍兵法，项籍非常高兴，大概了解兵法的内容后，又不肯坚持学到底。项梁曾受到牵连被栎阳官府逮捕，于是请蕲县狱吏曹咎写信送给栎阳狱吏司马欣，因此事情才了结。项梁杀了人，和项籍到吴中躲避仇家。吴中有才能的士大夫都比不上项梁，每当吴中有大规模的徭役或丧事，项梁常做主持。暗中用兵法组织部署手下的宾客和子弟，因此了解他们各自的能力。秦始皇巡游会稽，渡钱塘江，项梁和项籍一起去看。项籍说：“那个皇帝，我可以取代他！”项梁捂住他的嘴说：“不要瞎说，会被灭族的！”项梁因此觉得项籍非同一般。项籍高八尺有余，力大能举鼎，才气过人，吴中子弟都很敬畏他。

秦二世元年七月，陈涉等人在大泽乡起兵反秦。这年九月，会稽郡守殷通对项梁说：“江西都造反了，这也是天要亡秦的时候啊。我听说先发制人，后发就要被人所制了。我想起兵，想请您和桓楚做将领。”当时桓楚逃匿到泽中。项梁说：“桓楚逃匿在外，没人知道他的下落，唯独项籍知道。”于是项梁走出去，嘱咐项籍拿剑在外面等候。项梁又进去和郡守坐下，说：“恳请召见项籍，让他接受命令去召回项楚。”郡守说：“好。”项梁唤项籍进来。过了一会儿，项梁使眼色示意项籍：“可以行动了！”于是项籍就拔剑斩下郡守头颅。项梁拿着郡守的头颅，佩上他的官印。郡守的随从大惊失色，乱作一团，项籍击杀数十人。府中其他人都吓得趴在地上不敢起来。项籍召集了平日结识的有势力的官员，告知他们要起兵反秦，于是在吴中发兵起义。派人搜罗会稽郡的下属各县，得到精兵八千。项梁分别任命吴中豪杰为校尉、侯、司马。有个人未得到重用，自己对项梁说明。项梁答：“之前某个丧事请您主持事务，您不能胜任，因此不任用您。”众人都很佩服。于是项梁作为会稽郡守，项籍为副将，镇抚下属各县。

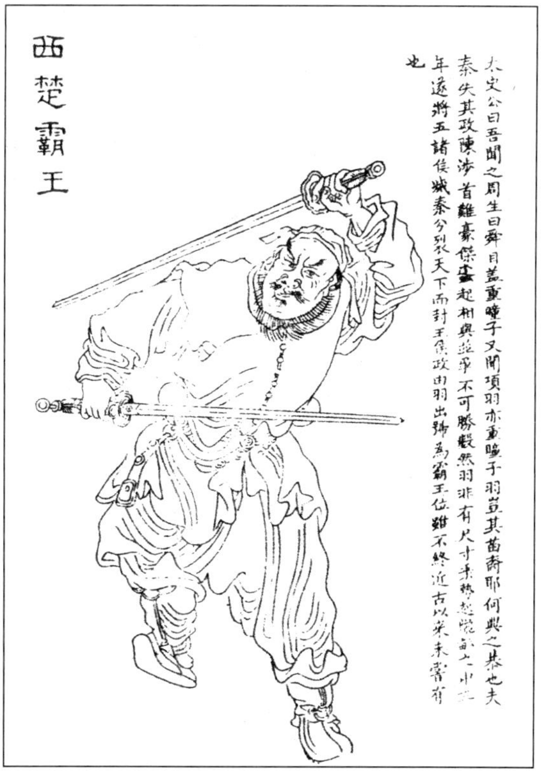

这时，广陵人召平正在为陈王镇抚广陵，未能攻下。他听闻陈涉兵败逃走，而秦兵很快就要到来，就渡

过长江假托陈王命令，封项梁为楚上柱国。说："江东已经平定，请尽快带兵西进攻打秦军。"项梁就带八千人渡过长江向西进发。他听说陈婴已攻下东阳，便派使者去，想与陈婴联合一同向西。陈婴原本是东阳县的小吏，在县里向来诚实谨慎，被称赞为恭谨厚道之人。后来东阳的青年们杀掉县令，数千人聚在一起，想选一个首领，但没有合适的人选，就推举了陈婴。陈婴推辞说无法胜任，大家就强行推选他为首领，县里追随他的有两万人。青年们想要拥立陈婴便称他为王，以青布裹头建立了一支与众不同的队伍。陈婴的母亲对他说："自从我嫁到陈家，未曾听说你的祖先里有显贵之人，现在你突然得到尊贵的称号，不是好兆头。不如有所依附，成功了还可以封侯，失败了也容易逃脱，因为并不受世人瞩目。"陈婴听后不敢称王。对他的兵将们说："项氏世代为将，在楚国有名望。现在想要起兵成大事，恐怕非他们不可。我们追随名门大族，灭秦是一定的。"于是大家听了陈婴的话，带兵归附项梁。项梁渡过淮水后，黥布、蒲将军也带兵归附。一共六七万人，驻扎在下邳。

这时，秦嘉已经立景驹为楚王，驻扎在彭城东，想抵抗项梁。项梁对兵将们说："陈王首先起义，作战不利，现在下落不明。现在秦嘉背叛陈王拥立景驹，大逆不道。"于是出兵攻打秦嘉。秦嘉军队败逃，项梁军追击到胡陵。秦嘉回军抵抗一日，秦嘉战死，军队投降。景驹逃跑，死在梁地。项梁收编了秦嘉的军队，驻扎胡陵，准备率兵西行。这时章邯的队伍到了栗县，项梁派别将朱鸡石、余樊君与章邯交战，余樊君战死，朱鸡石兵败，逃回胡陵。于是项梁带兵到达薛县，杀了朱鸡石。项梁之前派项羽另外带兵攻打襄城，襄城坚守不降。等攻克后，将城内军民全部坑杀。回来报告项梁。项梁得知陈王确实已死，召集将领们聚集于薛地议事。这时沛公也从沛县起兵，前往薛地。

居鄛人范增，七十岁，一向隐居在家，善出奇策妙计。前去说服项梁："陈胜的失败本是理所当然。当初秦灭六国，楚国最无过错。当时楚怀王客死秦国，楚人痛惜至今。所以楚南公说：'楚国即使人丁单薄，灭秦的也定是楚国啊。'现在陈胜首先起事，不拥立楚国的后代却自立为王，他的势头不会长久。而自您从江东举兵，楚将蜂拥而起都争着归附您，这是因为您的家族世代为楚将，定能再扶持楚国的后代。"项梁认为他说得对，于是寻找怀王的孙子心，当时他正流落民间替人放羊，项梁立他为楚怀王，顺应民意。陈婴做楚上柱国，封给他五个县，扶持怀王建都盱台。项梁自封为武信君。

过了几个月，项梁举兵攻打亢父，跟齐国田荣和司马龙且支援东阿，在此大败秦军。田荣又带兵回齐，驱逐了田假。田假逃到楚地，他的丞相田角逃到赵地。田角的弟弟田间原是齐将，现留在赵国不敢回去。田荣立田儋之子市为齐王。项梁已经攻下东阿，乘胜追击秦军。屡次派人催促齐国发兵，想一道西行击秦。田荣说："如果楚国杀了田假，赵国杀了田角、田间，我就发兵。"项梁说："田假是楚国同盟国的王，走投无路之时来求助我，不忍心杀他。"赵国以不杀田角、田间与齐做交换条件。于是齐便不肯发兵帮助楚国。项梁派沛公和项羽另率人马攻城阳，攻下后屠城。向西在濮阳东击破秦军，秦军退守濮阳城内。接着沛公、项羽攻打定陶。定陶未攻破，便撤离转而向西扩展地盘到雝丘，大败秦军，斩杀李由。回师攻外黄，没有成功。

项梁自东阿起兵，西进，等到了定陶，一再打败秦军；项羽等人又杀了李由，项梁渐渐轻视秦军，骄傲起来。宋义就劝告项梁："打了胜仗将领骄傲轻敌、士卒松懈，这样是要失败的。现在士卒已经有所懈怠，秦朝的军队日益增加，臣替您担忧啊。"项梁不听劝，打发宋义出使齐国。宋义半路遇到齐国使者高陵君显，问："您是要去见武信君的吗？""是的。"说："臣认为武信君军队一定会失败。您走慢一些就可免于一死，走得快则会遭遇祸患。"秦果然派全部兵力支援章邯，重击楚军，在定陶打败他们，项梁战死。沛公、项羽离开外黄攻打陈留，陈留坚守不能攻破。沛公和项羽一起谋划："现在项梁兵败，军心动摇。"于是和吕臣一起引兵向东退。吕臣驻扎在彭城东，项羽守彭城西，沛公驻军砀县。

章邯已经打败项梁军队，就认为楚地的兵力不足以担心了，于是北渡黄河攻打赵国，秦军大胜赵国。这时，赵歇为赵王，陈馀是将领，张耳是丞相，都退入巨鹿城中。章邯命令王离、涉间包围巨鹿，章邯驻扎巨鹿南面，建甬道为王、涉军队输送粮草。陈馀为赵将，领兵数万人驻军巨鹿北面，这就是所谓的"河北"之军。

楚军已经在定陶被打败，怀王惶恐不安，从盱台来到彭城，合并项羽和吕臣的军队由自己统领。封吕臣为司徒，吕臣父吕青为令尹。封沛公为砀郡郡长，为武安侯，统领砀郡的军队。

当初，宋义半路遇到的齐国使者高陵君显还在楚营中，见楚王说："宋义料定武信君军队必然失败，过了些日子，军队果然战败。军队未开战之前先看到失败的征兆，这可谓懂得用兵之道啊。"王召见宋义与他商讨大事，非常喜欢他，因此拜他为上将军；项羽为鲁公，是次将；范增为末将，派他们前去救赵。各路将领都归宋义统帅，封他为卿子冠军。行军到安阳，停留四十六日不前行。项羽说："我听说秦军将赵王围困在巨鹿，我们尽快引兵渡过黄河，从外围进攻，赵国从城内接应，一定能击破秦军。"宋义说："不对。叮咬牛的牛虻，不能只用来消灭虱子。现在秦攻打赵国，打了胜仗之后军队也疲惫不堪，我们可乘机进攻秦军；如果秦没有成功，我们就带兵鸣鼓向西，一定能战胜秦军。所以不如先让秦赵彼此争斗。冲锋陷阵之事，我宋义不如您，但筹谋策划之事，您不如我。"因此向军中下令："若有凶猛如虎，执拗如羊，贪婪如狼，倔强不听指挥的人，一律斩首。"还派他的儿子宋襄去辅佐齐国，亲自送到无盐，大摆筵席。此时天气寒冷还下着大雨，士兵们饥寒交迫。项羽说："本来应该合力攻秦，却停滞不前；现在年荒，人民贫苦，士兵们就吃一些野菜芋头，军中无存粮，宋义却饮酒设宴；不尽快引兵渡河就地取用赵国的粮草，与赵国合力抗秦，还说：'趁秦军疲乏时进攻'。让强大的秦军攻打才建立不久的赵国，这形势一定是赵国失败。赵国被击溃秦军就更加强大，哪有什么疲乏的时候可乘！况且我们楚国军队刚刚战败过，王坐立难安，将举国兵力都交由他统领，国家安危，在此一举。现在他却不体恤士卒，只考虑一己私情，不是忠心爱国之臣！”项羽趁早晨参见上将军宋义，就在营帐中杀了他，走出去向军中宣布：“宋义与齐国谋划背叛楚国，楚王秘密传令让我杀了他。”这时候所有的将领都恐惧震服，不敢抗拒。都说：“当时第一个辅佐楚王的就是将军家，现在又是将军诛灭了乱臣。”于是一同拥立项羽为代理上将军。项羽派人追宋义的儿子襄，追到齐国，把他杀了。派桓楚将此事报告怀王。怀王因此封项羽为上将军，当阳君、蒲将军都归属项羽。

项羽杀了卿子冠军后，威震楚国，名闻诸侯。接着派当阳君、蒲将军率兵二万渡河，救巨鹿之围。战事稍有胜利，陈馀又请求救兵。于是项羽率领所有人马渡河，把船全部击沉，砸破锅碗，烧掉营帐，只带三天粮食，以表明战士们将决一死战，无退缩之心。楚军一到就包围王离军，与秦军交战数次，断绝他们的甬道，大败秦军。杀了苏角，俘虏王离。涉间不投降楚国，自焚而死。这时楚军名冠诸侯。当时各诸侯来救援赵国的军队有十几座大营，都不敢轻易出兵。等楚军攻秦时，诸侯军的将领们都在营垒上观看。楚军战士无不以一当十，楚军杀声震天，诸侯兵将人人吓得惶恐战栗。这样打败秦军后，项羽召见诸侯将领，他们进入辕门，个个都跪着前行，没有人敢抬头仰视。项羽因此成了诸侯中的上将军，诸侯将领们都归顺于他。

章邯驻军棘原，项羽驻军漳水南岸，双方对峙未开战。秦军多次退却，秦二世派人来斥责章邯。章邯很害怕，派长史司马欣去朝中请求指示。司马欣到了咸阳，在宫门外等候三日，赵高不见他，表现出不信任之意。司马欣害怕，离开咸阳逃回自己的军队，不敢走原路。赵高果然派人追赶他，没有追到。司马欣到军中，报告说：“赵高掌握朝中大权，下面的人不可能有所作为。现在如果战胜楚军，赵高一定十分嫉妒我们的功绩；如果作战失败，免不了一死。请将军仔细考虑这件事。”陈馀也送信来对章邯说：“白起是秦国将领，向南征服鄢、郢，向北坑杀赵括四十余万大军，攻城略地，不可胜数，最近竟然被赐死。蒙恬是秦将，向北驱逐匈奴，开拓榆中土地几千里，最后竟在阳周被杀。为什么？因为功劳太大，秦朝无法再封赏他们，所以利用法律诛杀功臣。如今将军做秦将三年了，损失的士卒以十万计，而各地诸侯纷纷起兵，造反的人越来越多。那赵高平日就谄媚主上，如今形势危急，也害怕二世要杀他，所以想要用国法诛杀将军以推脱自己的罪责，另外找人代替将军，以此躲过祸患。将军长年在外征战，于朝中之人多有嫌隙，立功也要被杀，无功也要被杀。况且天要灭秦，无论愚者智者都明白。现在将军在朝中不能直言进谏，在外是亡国将领，孤立无援又想长久容身，岂不悲哀！将军为何不调转矛头，与诸侯军联合，立下盟约一同抗秦，瓜分秦地，面南而称王？这与自己被杀、妻儿家族同受惨祸相比哪个更好呢？”章邯心存犹豫，暗中派遣军侯始成见项羽，想建立盟约。盟约不成，项羽派蒲将军带兵日夜渡过三户津，驻军漳水南，与秦交战，再次打败秦军。项羽带着全部军队在汙水上进攻秦军，大获全胜。

章邯又派人见项羽，想要订立盟约。项羽召集他的部下商量："现在我们粮草短缺，我想接受盟约。"大家都说："好。"于是项羽和章邯相约洹水南岸殷墟相见。缔结盟约后，章邯见到项羽后向他哭诉了赵高的所作所为。于是项羽封章邯为雍王，安置在楚军营中。任命长史欣为上将军，让他统领章邯的军队前进。

军队行至新安。诸侯军的士卒以前因服徭役或戍边时路过关中，秦士兵对待他们多有欺辱；现在秦兵投降于诸侯军，诸侯军中士兵趁机把他们当做奴隶俘虏使唤，随便侮辱他们。秦军中常常私下讨论："章将军他们骗我们归属于诸侯军，现在假如能入关打败秦朝，那当然是很好；如果不能，诸侯军带着我们一同向东去，秦一定会杀尽我们家中老小的。"各位将领暗中听到这些议论，把这些告诉项羽。项羽召来黥布、蒲将军商议说："秦军人数众多，他们心中不服，到了关中不肯听指挥，情况就危险了。不如把他们都杀了，只带着章邯、长史欣、都尉翳进入秦地。"于是楚军夜间在新安城南将秦军士卒二十余万人坑杀。

项羽将要攻取秦关中一带，函谷关有兵把守，不能进去。又听到沛公已经攻下咸阳，项羽震怒，派当阳君攻打关口。随后项羽入关，到戏水西面。沛公驻军霸上，没能够和项羽相见。沛公左司马曹无伤派人给项羽传信说："沛公想关中称王，让子婴做相，奇珍异宝应有尽有。"项羽大怒，说："明日犒劳士卒，去击溃沛公军队！"这时，项羽拥兵四十万，驻军新丰鸿门，沛公军队十万，驻扎在霸上。范增劝说项羽："沛公入关以前，贪财好色。现在入关了，不霸占财物，不在乎女色，由此可见他的志向不小。我命人观察他上空的云气，都是五彩龙虎形状，这是天子的气象啊，赶紧消灭他，不要错失了机会。"

楚左尹项伯，是项羽的叔父，一直和张良交好。张良这时候追随沛公。于是项伯连夜骑马到沛公军中，私下见张良，把事情的原委都告诉了他，想要叫张良和他一起逃走。说："不要跟着沛公一起被杀了啊。"张良说："臣受韩王命令跟随沛公，沛公现在遇到危机，逃走太不讲道义了，我不能不告诉他。"张良进入营中把事情都告诉了沛公。沛公大惊，说："现在该如何是好？"张良说："是谁给大王谋了这个计策的？"答："有个小子说：'据守函谷关不放诸侯军进来，尽可在秦地称王。'所以我听信了他的话。"张良说："大王觉得以现在的兵力可以对抗项王吗？"沛公沉默了一会儿说："当然不能，那现在该怎么办？"张良说："那请允许我去对项伯说，沛公不敢背叛项王。"沛公问："你怎么和项伯有交情的？"张良说："从前秦朝时候，臣和项伯交游，项伯杀了人，臣救过他。现在情况危急，幸亏他来告诉我。"沛公说："他和你谁年长？"张良说："项伯比我年长。"沛公说："你替我把他请进来，我要以兄长相待。"张良出来邀请项伯，项伯便入营帐见沛公。沛公举起酒杯敬项伯，约定结为儿女亲家，说："我入关以后，不敢沾一草一木，登记官民，封好仓库，等待将军到来。之所以派将士把守关口，是为了防止盗贼以及其他意外事件。我日夜盼望将军到来，怎么敢背叛他呢？

希望项伯您能详细地告诉项王我是不敢忘恩负义的。”项伯答应了。对沛公说：“你明日不可不一早就亲自来向项王道歉。”沛公说：“好。”于是项伯连夜赶路，回到军中，把沛公的话都转达给项王。趁机说：“如果沛公不先攻下关中，您难道敢进来吗？现在沛公立了大功我们却攻击他，不合道义。不如就此善待他。”项王答应了。

沛公第二天带了百余骑兵来见项王，到鸿门，谢罪说：“臣与将军竭尽全力攻秦，将军攻打河北，臣攻打河南，然而没有料想到我能先入关灭秦朝，能在这里又和将军相见。现在有小人从中散布流言，使我和将军之间生了嫌隙。”项王说：“这是你军中左司马曹无伤说的，不然，我项羽何至于这样。”项王当日就留沛公与自己一同饮酒。项王、项伯面朝东坐，亚父面朝南坐。亚父就是范增。沛公面朝北坐，张良面朝西侍坐。范增多次对项王使眼色，再三举起玉玦示意项王杀了沛公，项王默然不回应。范增起身，出去召来项庄，对他说：“君王为人不够狠，你进去上前祝酒。敬酒过后，请求舞剑助兴，趁机去刺席间的沛公，杀了他。如果不这样，你们这些人都要被他俘虏。”项庄于是进来祝酒，祝酒过后说：“君王与沛公饮酒，军中没有什么可供娱乐的，我恳请舞剑助兴。”项王说：“好。”项庄拔剑起舞，项伯也拔剑起舞，时时用身体掩护沛公，项庄没有机会刺杀沛公。这时张良到军门，召见樊哙。樊哙说：“今天的事怎么样了？”张良说：“很危急。现在项庄拔剑起舞，常常企图刺杀沛公。”樊哙说：“情况如此紧急，臣请求入内，和他们拼命。”樊哙便带着剑和盾进入军门。交戟守门的士兵想阻止他进入，樊哙侧过盾牌撞他们，守卫们扑倒在地，樊哙就进去了。樊哙猛地掀开门帘进来，向西站着，怒目圆睁看着项王，头发直直立着，眼眶像要裂开一样。项王手按住剑直起上身说：“来人是干什么的？”张良说：“这是沛公的参乘樊哙。”项王说：“壮士！赐他一大杯酒。”于是给他一大杯酒。樊哙拜谢，站起来把酒喝光了。项王说：“赐他猪腿。”左右侍从又拿给他一个生猪腿。樊哙把盾扣在地上，把生猪腿放在上面，拔剑切肉吃。项王说：“壮士！能再喝酒吗？”樊哙说：“臣连死都不怕，一杯酒有什么好推辞的！秦王有虎狼般残暴之心，杀人唯恐杀不尽，用刑唯恐刑罚不重，天下人都叛离了他。怀王和诸将约定：'先灭秦朝进入咸阳的人可在关中称王。'现在沛公先灭秦进入咸阳，不敢碰一草一木，封闭宫室，回军霸上，等大王来。之所以派将士把守关口，是为了防止盗贼以及其他意外事件。如此劳苦功高，没有丰厚的赏赐，却听信流言，要杀有功之人。这是继续秦灭亡的道路啊，私以为大王这样做不可取。"项羽无言以对，说："坐。"樊哙挨着张良坐下。坐了一会儿，沛公起身去厕所，趁机把樊哙叫出来。

沛公出去许久，项王派都尉陈平召沛公回来。沛公说："今天出来，没有行礼告辞，该怎么办？"樊哙说："做大事不管细枝末节，讲究大节不在乎小的失礼。如今人家是屠刀砧板，我们是鱼肉，还辞别什么？"于是就走了。沛公让张良留下辞谢。张良问："大王这次来带了什么？"说："我带了白璧一对，打算送给项羽；玉斗一对，打算送给范增。正碰上他们发怒，没敢进献。您为我献上吧。"张良说："好的。"这时候，项王的大营在鸿门，沛公的大营在霸上，相距四十里。沛公就抛下车马随从，独自骑马脱身而去，樊哙、夏侯婴、靳彊、纪信等四人拿着剑和盾步行，从骊山下，取道芷阳抄小路逃走了。沛公对张良说："从这条路到我大营中，不过二十里。估摸着我到了营中，您再进去。"沛公走后，张良估计他已经回到营中，就进帐辞谢说："沛公不胜酒力，不能亲自辞别。谨派臣张良奉上白璧一双，敬献大王足下；玉斗一双，敬献大将军足下。"项王说："沛公在哪里？"张良说："听大王有意惩罚他的过错，脱身独自走了，现在已经回到霸上营中。"项羽就接过玉璧，放在座位上。亚父拿过玉斗，放在地上，拔剑击碎它们，说："哎！不足以和你们这些小子谋事！夺项王天下的一定是沛公，我们这些人就要被他俘虏了。"沛公回到军中，立刻杀了曹无伤。

过了一段时间，项羽带兵向西屠毁咸阳城，杀秦朝已投降的王子婴，烧秦宫殿，大火三个月不熄灭；抢掠秦朝财物妇女向东去。有人对项羽说："关中凭借山河为天险，四面关塞，土地富饶，可以在此建都而称霸。"项王看秦宫殿都已经烧毁，残破不堪，又怀念故土想向东归乡，说："富贵以后不回故乡，就像穿着华服在夜间行走，谁能看到！"献策者说："别人说楚人是猕猴戴帽子装人，的确是这样。"项王听到后，烹杀了他。

项王派人禀报怀王。怀王说："照约定的那样办。"项羽就尊怀王为义帝。项王想要自己称王，就先封诸侯将相为王。说："天下最初造反时，暂时拥立诸侯后裔为王以便讨伐秦朝。然而身披铠甲手持兵器首先起兵，在外风餐露宿三年，灭秦朝平定天下，这都凭诸位和我的力量啊。义帝虽然没有具体的功劳，也应当分一些土地让他称王。"诸将都说："对！"于是分天下土地，分封诸将做侯王。项王、范增担心沛公有占有天下的野心，但既然已经讲和，又怕违背约定的话诸侯会反叛。于是私下商量说："巴、蜀之地道路艰险，秦朝时流放之人都居住在那里。"于是说："巴、蜀也是关中地带。"因此立沛公做汉王，在巴、蜀和关中之地称王，建都南郑。而把关中分为三部分，分给秦朝降将为王，来阻挡汉王。项王还立章邯为雍王，统领咸阳以西，建都废丘。长史欣，以前是栎阳狱掾，曾对项梁有过恩德；都尉董翳，之前劝过章邯降楚。所以立司马欣为塞王，称王咸阳以东到黄河，建都栎阳；封董翳为翟王，在上郡称王，建都高奴。改封魏王豹为西魏王，封在河东，建都平阳。瑕丘申阳，是张耳的宠臣，先攻下河南，在黄河边上迎接了楚军，因此立申阳为河南王，建都雒阳。韩王成仍在旧时都城，建都阳翟。赵将司马卬平定河内县，屡次建功，因此封卬为殷王，河内称王，建都朝歌。改封赵王歇为代王。赵相张耳一向贤能，又跟随楚军入关，所以封张耳为常山王，领赵地，建都襄国。当阳君黥布为楚将，常勇冠全军，所以立黥布为九江王，建都六县。鄱君吴芮率领百越军协助诸侯军，又随楚军入关，所以立芮为衡山王，建都邾。义帝的柱国共敖领兵攻打南郡，功劳多，因此立敖为临江王，建都江陵。改封燕王韩广为辽东王。燕将臧荼跟随楚军救赵国，又跟随入关军队，所以立荼为燕王，建都蓟。改封齐王田市为胶东王。齐将田都曾跟随项王一起救赵，还跟随入关，所以封为齐王，建都临淄。原本被秦朝灭掉的齐王建的孙子田安，在项羽正渡河救赵时，田安攻下济水北几座城邑，带兵投降项羽，所以立田安为济北王，建都博阳。田荣多次背叛项梁，又不肯带兵跟随楚军攻打秦军，所以不加封赏。成安君陈馀丢下将印离开，不跟随入关，然而向来知道他的贤能，对赵国有功，得知他在南皮，所以就势封他南皮周围三县。番君的部将梅鋗功多，所以封十万户侯。项王自立为西楚霸王，统领九个郡，建都彭城。

汉王元年四月，诸侯在项羽的旗帜下解散而去，各自到了封国。项王出函谷关回自己封国，派人将义帝从彭城迁走，说："古代帝王的领地方圆千里，而且一定要居住在江河上游。"于是派使者迁义帝到长沙郴县，催着义帝走。义帝的臣子渐渐叛离了他。项羽就暗暗派衡山、临江王将义帝杀死在江中。韩王成没有建功，项王不派他回到自己封地，而是和他一同到达彭城，废王称号降至侯，后来又杀了他。臧荼到了自己领地，就驱逐韩广去辽东。韩广不听，臧荼将其杀死在无终，并占有了韩广的封地。

田荣听说项羽将齐王市迁到胶东，而立齐国将领田都为齐王，就大怒，不肯让齐王去胶东，于是依靠齐地反叛，迎击前来就封的田都。田都败走楚地。齐王市害怕项王，就逃亡胶东就封。田荣大怒，追齐王市在即墨将他杀死。田荣趁势自立为齐王，并西进杀死济北王田安，兼并了三齐的土地。田荣授予彭越将军印，让他在梁地反楚。陈馀私下派张同、夏说劝说齐王田荣："项羽主宰天下，分封诸侯不公平。现在尽把原来的诸侯封在一些不好的地方，而把自己的将领臣子安排在好的地方，赶走原来的王，原来的赵王因此要北迁到代地，我认为这样不可取。听到大王起兵反项羽，而且不接受不道义的安排，请大王支援我一些兵力，允许我攻打常山，恢复赵国土地，愿让我国成为齐国的屏障。"齐王答应了，于是派兵到赵地。陈馀带着自己三县的军队，和齐军合力攻打常山，大败敌军。张耳逃跑归附汉王。陈馀从代地迎原来的赵王歇返回赵地。于是赵王立陈馀为代王。

这时，汉王回军平定三秦。项羽听说了汉王已经完全兼并了关中之地，马上要东进，齐国、赵国都反叛了，大怒。于是封原来的吴县县令郑昌为韩王，来阻挡汉王。派萧公角等人攻打彭越。彭越打败了萧公角等人。汉王派张良去招抚韩地，张良还送信给项王说："汉王没有得到他应有的封地职位，现在想要取得关中，实现了这一约定就停战，不敢东进。"又把齐国、梁地的反叛文告给项羽说："齐国想要和赵国联合灭楚。"楚王因此无意西进，而是向北攻打齐国。项羽向九江王黥布征调军队。黥布称病不去，派自己的将领带数千人前往，项羽这时起怨恨黥布。

汉王二年冬天，项羽率兵北上到城阳，田荣也率兵前来会战。田荣战败，逃到平原，平原民众杀了他。于是项羽夷平齐地城郭，烧毁宫殿，将田荣降兵全部坑杀，掳掠老弱妇女。侵略齐地一直到北海，所到之处烧杀抢掠。齐人聚在一起反抗项羽。于是田荣的弟弟田横收编齐残兵数万人，在城阳起兵反抗。项王因此停留，连续作战未能攻破城阳。

这年春，汉王率领五路诸侯军队，共五十六万人，东进讨伐楚国。项王知道后，就令诸将领攻打齐国，而自己率领精兵三万南下，由鲁经过胡陵。四月，汉军都已经攻入彭城，占有这里的珍宝美女，日日设宴娱乐。项王西进到达萧县，早晨攻击汉军然后东进，到彭城，等中午已大败汉军。汉军全部溃逃，相继逃到谷水、泗水，楚军杀汉军十万余人。汉军又逃往南边的山地。楚军又追击到灵壁东面睢水边。汉军想退却，被楚军围挤，伤亡众多，汉军十多万人都掉入睢水，睢水因此而不能流动。楚军将汉王层层包围。这时大风从西北刮起，折断树木，摧毁房屋，沙石飞扬，天昏地暗，迎面刮向楚军，楚军大乱，作战阵型溃乱。而汉王得以带骑兵数十人逃遁而去。他想经过沛县，带着家眷一起西逃；楚军也派人追到沛县，打算掳掠汉王家眷，家眷都已逃亡，没能和汉王相见。汉王路遇自己的儿女孝惠帝和鲁元公主，就载着一起逃。楚骑兵追赶汉王，汉王着急，竟然把儿女推下车，滕公多次下车收载，反复如此。滕公说："虽事态危急，车也不能赶得更快了，但儿女怎么忍心抛弃呢？"后来大家终于脱身了。汉王寻找太公、吕后，未能找到。审食其跟随太公、吕后走小路寻找汉王，反倒碰上楚军。楚士兵便挟持他们回去，报告项王，项王于是将他们安置在营中。

这时吕后的哥哥周吕侯正作为汉将领驻扎下邑，汉王偷偷抄小路投奔了他，渐渐收回自己的士卒。到了荥阳，各路败兵都会合起来，萧何也发动关中不服兵役的老弱全都到荥阳，于是汉军的士气又高涨起来。楚军从彭城出发，一直乘胜北追败兵，与汉军在荥阳南面的京县、索亭一带交战。汉军打败楚军，楚因此不能经过荥阳西进。

项王救回彭城，追击汉王到荥阳之时，田横也趁机收复齐国，立田荣儿子田广为齐王。汉王败退彭城，诸侯都又跟随楚国而叛离汉王。汉军驻扎荥阳，修甬道通往黄河，以便取用敖仓粮草。

汉王三年，项王多次出兵攻击汉军甬道，汉王军粮匮乏，感到害怕，就去请和，划荥阳以西归汉，以东归楚，分而治之。项王想同意。历阳侯范增说：“汉军容易对付，现在如果不趁机击败而放他们走，以后一定会后悔。”于是项王和范增迅速围困荥阳。汉王忧虑，于是采纳陈平计谋离间项王。项王使者来到汉营，汉营呈上猪、牛、羊三牲齐备的最高规格筵席来招待他们。见到使者后，惊愕道：“我以为是亚父的使者呢，原来是项王的使者啊。”便端走酒菜更换，拿一些简陋的食物给使者吃。使者回去后禀报项王，于是项王疑心范增和汉军私通，渐渐削夺亚父的权力。范增大怒，说：“天下大事基本已确定了，接下来君王自己定夺。请赐我这老骨头回家吧。”项王同意了。范增还没到彭城，因背上的毒疮发作而死。

汉将纪信劝说汉王：“现在情况很危急了，请让我假扮您骗楚军，您就可以趁机逃走了。”于是汉王夜里派披甲女子两千人从荥阳城东门出来，楚兵四面围击。纪信乘坐黄屋车，车左插着牦牛尾做的饰物，说：“城中粮草断绝，汉王投降。”楚军都高呼万岁。汉王趁此时带着数十骑兵，从荥阳城西门逃出，到了成皋。项王见到纪信问：“汉王在哪里？”纪信说：“汉王离开荥阳了。”项王将纪信烧死。

汉王派御史大夫周苛、枞公、魏豹驻守咸阳。周苛、枞公商量：“魏豹是曾经叛国的王，难以和他共同守城。”于是一起杀了魏豹。楚军攻下荥阳城，生擒周苛。项王对周苛说：“做我的将领，我封你为上将军，封三万户。”周苛骂道：“你不赶紧投降汉王，汉王马上就要俘虏你了，你不是汉王的对手。”项王愤怒，烹杀周苛，一并杀了枞公。

汉王逃出荥阳后，向南到宛城、叶县，招服九江王黥布，他们边走边收罗军队，又进入成皋固守。汉王四年，项王带兵围攻成皋。汉王逃走，独自和滕公从成皋北门逃出，渡过黄河到修武，投奔张耳、韩信军队。诸将也渐渐得以脱身成皋，跟随汉王。楚军于是打下成皋，想西进击汉。汉王派兵在巩县坚守，令项羽不能西进。

这时，彭越率兵渡黄河在东阿攻打楚军，杀楚将军薛公。于是项王亲自向东攻打彭越。汉王得到淮阴侯的军队后，想渡河南下。郑中劝说汉王，于是汉军就停止行进驻扎河内。派刘贾率兵协助彭越，烧毁楚军物资。项王向东打败他们，彭越逃走。汉王就带兵渡过黄河，再次取得成皋，驻扎广武，就地取用敖仓粮草。项王已经平定东海，再次回军向西，和汉军都在广武驻扎，双方对峙数月。

这时，彭越多次在梁地反楚，断绝楚军粮草来源，项王很忧虑。就做了高大的案板，把太公放在上面，对汉王说：“你如果不赶紧投降，我就烹杀太公。”汉王说：“我和项王都是面北听命于怀王，盟约为兄弟，我父亲就是你父亲，如果你一定要烹杀自己的父亲，就请分我一杯肉汤喝。”项王怒，要杀太公。项伯说：“天下事不可预料，况且争夺天下的人不顾家眷，即使杀了他也没有益处，只能增添祸患。”项王听了项伯的话。

楚汉相持已久胜负不分，青壮年苦于长期作战，老弱者疲于后方粮饷补给。项王对汉王说：“天下纷扰劳苦数年，都是因为我们两人啊。希望和汉王挑战，一决雌雄，不要白白连累天下百姓受苦。”汉王笑着拒绝说：“我宁肯斗智，不能比勇力。”项王派壮士去挑战，汉军有善于骑马射箭的楼烦，楚军挑战三个回合，都被楼烦射杀了。项王大怒，就自己披甲带戟挑战。楼烦刚要射他，项王怒目呵斥楼烦不敢直视项王，手中箭也不敢发射，于是逃入营垒，再也不敢出来。汉王使人暗中打听，原来是项王。汉王大为震惊。这时项王靠近汉王，隔着广武涧对话。汉王数落项王。项王怒，想和刘邦决一死战。汉王不答应，项王埋伏的弓弩手射中汉王。汉王受伤，逃入成皋。

项王听闻淮阴侯拿下河北后，打败齐、赵，马上要来攻击楚军，于是派龙且前往迎战。淮阴侯和龙且交战，骑将灌婴出击，大败楚军，杀龙且。韩信趁势自立为齐王。项王知道龙且军被打败，就害怕了，使盱台人武涉前往说服淮阴侯，淮阴侯不听。这时，彭越又起兵造反，攻下梁地，断绝了楚军粮草供应。于是项王对海春侯大司马曹咎等人说：“谨慎地守着成皋，即使汉军挑战，小心不要与他们交战，不得让汉军东进就好。我十五日之内一定杀彭越，平定梁地，再和将军会和。”接着项羽就去攻打陈留、外黄。

外黄久未攻下。过了些日子才打下来，项王怒，令十五岁以上的男子都到城东来，打算坑杀他们。外黄县令一个门客的年仅十三岁的儿子，前往劝说项王：“彭越强攻外黄，外黄恐惧，所以才投降彭越，等大王来救。大王来到以后，又要把百姓都坑杀了，大家怎么还能有归顺之心呢？自此地向东，梁地十多个城池都会恐惧，不肯投降。”项王赞同他的话，于是赦免外黄本来要被坑杀之人。项羽东到睢阳，听说的人都争着投降项王。

汉军果然多次挑衅楚军，楚军不出兵。于是汉王派人辱骂楚军，一连五六天，大司马愤怒，率兵渡汜水。楚军渡河到一半，汉军攻击他们，大败楚军，抢掠楚军所有财物。大司马咎、长史翳、塞王都在汜水边自尽。大司马咎，是原来蕲县典狱官，长史欣也是以前栎阳的狱吏，两人曾经有恩于项梁，因此得到项王的信任。这时项王正在睢阳，听到海春侯兵败，就带兵回来了。汉军此时正把钟离眛包围在荥阳城东，项王回来后，汉军畏惧楚，都撤退到险要地带了。

这时，汉军粮草充足，项王军兵疲粮绝。汉王派陆贾游说项王，请求送还太公，项王不同意。汉王又派侯公前往劝说项羽，项羽就和汉约定，平分天下，划鸿沟以西为汉所统辖，鸿沟以东为楚地。项王同意，就送还汉王家眷。军中高呼万岁。汉王要封侯公为平国君。侯公从此躲起来不肯见汉王。汉王说：“这是天下少有的辩士，所到之处国家倾覆，所以封他平国君。”项王已经达成约定，就解除对峙，带兵回东边去。

汉王准备西撤回去，张良、陈平劝说道：“汉现在有大半天下，且诸侯都归附过来。楚军兵疲粮尽，这是天要灭亡楚的时候啊，不如趁此机会消灭他。如果现在放过楚不打败他们，这是所谓‘养虎为患’啊。”汉王听了劝告。汉王五年，汉王追击项王到阳夏南面，汉军驻扎下来，与淮阴侯韩信、建成侯彭越约期会合一同攻打楚军。到了固陵，韩信、彭越的军队不来会合。楚军攻打过来，大败汉军。汉王又躲入营垒，深挖壕沟防守。对张子房说："诸侯不遵守约定，怎么办？"回答说："楚军即将崩溃，韩信、彭越还没有得到明确的封地，他们不来是自然。君王要是能和他们共分天下，如今可马上召他们来。如果不能，事情就难以预料了。君王能将自陈郡一直到东海边，都分给韩信；睢阳以北到谷城都封予彭越；让他们都为了自己的地盘作战，那楚军就容易击败了。"汉王说："好。"于是派使者告诉韩信、彭越说："我们合力击楚。打败楚军后，自陈郡一直到东海边封给齐王，睢阳以北到谷城都封予彭相国。"使者到达，韩信、彭越都回答："请让我们马上进兵。"韩信的军队就从齐国出发，刘贾的军队从寿春出发并行，途中屠杀城父，到垓下。大司马周殷背叛楚国，用舒地的兵力屠毁六县，带着九江的军队随刘贾、彭越都在垓下会合，直指项王。

项王的军队驻扎在垓下，兵力很少，粮食也没有了，汉军和诸侯军将他们层层包围。夜里听到汉军四面都响起楚地歌谣，项王大惊说："汉军已经把楚地都占领了吗？为何楚人这么多！"于是项王夜里起来在营帐中喝酒。有美人叫虞，常得项王宠爱；骏马叫骓，常做项王坐骑。项王感慨悲歌，自己写诗道："力能拔山啊，豪气盖世；时运不济啊，骏马不驰；骏马不驰啊，无可奈何；虞姬虞姬啊，又当如何。"吟诵几遍，美人跟着唱和。项王悲泣，泪下数行，左右侍从也都伤心泪下，不忍抬头仰视。

于是项王上马奔驰，军中壮士骑马跟随的有八百多人，当夜突破重围向南疾驰。天快亮的时候，汉军就发现了，派将领灌婴带五千骑兵追项羽。项王渡过淮水，骑马跟随的仅剩百来人。项王到阴陵，迷路了，问一个农夫，农夫骗他说："向左。"于是向左行，结果陷入泥沼中，因此被汉军追上了。项王又领兵向东，到东城，只剩二十八个骑兵了。汉军追兵数千。项王自己料到不能脱身了，对他的随兵说："我起兵到今日八年，经历了七十多场战事，阻挡我的都能击垮，我攻打的都能降服，未曾战败过，因此称霸天下。然而现在终于被围困在此，这是天要亡我，不是我作战的过失。今天必然要决一死战，愿为诸君痛快一战，一定要连胜几回，为你们突破包围、斩杀敌将、砍倒汉旗。让诸位知道是天要亡我，不是我用兵的过错。"于是将他的骑兵分为四队，朝四个方向。汉军将项王重重包围。项王对手下说："我为你们斩杀汉军一将领。"命他们分四面疾驰而下，约定在山的东面分三处会合。接着项王大吼着骑马而下，汉军都避散，于是斩杀一汉将。这时赤泉侯是骑兵将领，追赶项王。项王怒目呵斥，赤泉侯连人带马都受惊吓，退避数里。项王和他的骑兵分三处会合。汉军不知道项王在哪边，于是兵分三路，又将他们包围起来。项王骑马而战，又杀一汉军都尉和百十个士兵。等项王他们重新聚起来，失去了两名骑兵而已。项王就问他的兵士："怎么样？"众兵都佩服，说："正如大王所说的那样。"

接着项王想要向东渡过乌江。乌江亭长移船靠岸等待着他，对项王说："江东虽小，但也有土地千里，民众数十万，够大王差遣使用了。请大王快快渡江。现在唯独臣有船，汉军就算到了，也无法渡过。”项王笑道：“天要亡我，我还渡什么江！况且从前我项羽和江东子弟八千人渡江向西，现在无一人还乡；就算江东父老乡亲怜悯我拥我为王，我又有何面目见他们？纵使他们不提，我心中难道不惭愧吗？”于是对亭长说：“我知道您是忠厚之人。我骑这匹马五年，所向披靡，曾一日能行千里，我不忍杀他，把它赐给您吧。”命他的骑兵都下马步行，拿短兵器迎战。单项羽一人就杀汉军数百人，项羽也受到多处创伤。他回头看见汉军的骑司马吕马童，说：“你是不是我的旧相识？”马童转身背对项王，指给王翳看：“这就是项王。”项王说：“我听说汉王用黄金千金、封邑万户悬赏我的人头，我就成全你吧！”于是拔剑自尽。王翳取到项羽人头，其余兵将争相践踏夺项王身体，自相残杀数十人。到最后，郎中骑杨喜、骑司马吕马童、郎中吕胜、杨武各抢到一部分尸体。五人共同将躯体合起来，都证实了是项羽的。所以将封赏之地分成五部分：封吕马童为中水侯，封王翳为杜衍侯，封杨喜为赤泉侯，封杨武为吴防侯，封吕胜为涅阳侯。

项王已死，楚地都归降汉，唯独鲁县坚守不投降。于是汉王引众兵想要屠城，但考虑到他们如此守礼重义，誓死忠于君主，就持项王人头给鲁人看，鲁地军民才投降。起初，楚怀王曾封项籍为鲁公，等到他死了，鲁国最后才投降，于是用鲁公的礼仪将项王安葬在谷城。汉王为项羽哀悼，哭了一场后离开鲁地。

项羽的家族同姓，汉王都不杀他们，还封项伯为射阳侯，桃侯、平皋侯、玄武侯，也都是项家人，赐姓刘。

太史公说：我听周生说“舜的每只眼大概都是两个瞳孔”，又听闻项羽也是双瞳子。项羽难道是舜的后裔吗？怎能兴起的这样迅速呢？秦朝治国无道失去人心，陈涉首先起事，天下豪杰蜂拥而起，互相争斗，不可胜数。然而项羽毫无依凭，趁着形势在平民中起兵，三年就统领五诸侯军消灭秦朝，分割天下，分封王侯，主宰天下政令，号称霸王，他的霸业虽未维持住，但近古以来，未曾有过这样的人。而后来项羽留恋楚地放弃关中，流放义帝而自立为王，这时再怨王侯背叛自己，就难了！居功自傲，逞一己私智而不吸取历史教训。以为建立王霸之业，只要通过武力就能经营天下。仅五年就丢了国家，自己死在东城，仍未醒悟反省自己，这就错了！还说“天要亡我，不是我用兵打仗的过错”，岂不荒谬！

（赵生群注　王永吉译）

卷八　高祖本纪第八

注释查阅　译文诵读

高祖，沛丰邑中阳里人，姓刘氏，字季。父曰太公[1]，母曰刘媪[2]。其先刘媪尝息大泽之陂[3]，梦与神遇。是时雷电晦冥[4]，太公往视，则见蛟龙于其上。已而有身[5]，遂产高祖。

高祖为人，隆准而龙颜[6]，美须髯，左股有七十二黑子。仁而爱人，喜施，意豁如也[7]。常有大度，不事家人生产作业。及壮，试为吏，为泗水亭长，廷中吏无所不狎侮。好酒及色。常从王媪、武负贳酒[8]，醉卧，武负、王媪见其上常有龙，怪之。高祖每酤留饮[9]，酒雠数倍[10]。及见怪，岁竟，此两家常折券弃责。

高祖常繇咸阳[11]，纵观[12]，观秦皇帝[13]，喟然太息曰[14]："嗟乎，大丈夫当如此也！"

单父人吕公善沛令[15]，避仇从之客，因家沛焉。沛中豪桀吏闻令有重客，皆往贺。萧何为主吏，主进[16]，令诸大夫曰："进不满千钱，坐之堂下。"高祖为亭长，素易诸吏[17]，乃绐为谒曰[18]"贺钱万"，实不持一钱。谒入，吕公大惊，起，迎之门。吕公者，好相人，见高祖状貌，因重敬之，引入坐。萧何曰："刘季固多大言，少成事。"高祖因狎侮诸客，遂坐上坐，无所诎[19]。酒阑[20]，吕公因目固留高祖。高祖竟酒，后。吕公曰："臣少好相人，相人多矣，无如季相，愿季自爱。臣有息女[21]，愿为季箕帚妾。"酒罢，吕媪怒吕公曰："公始常欲奇此女，与贵人。沛令善公，求之不与，何自妄许与刘季？"吕公曰："此非儿女子所知也。"卒与刘季。吕公女乃吕后也，生孝惠帝、鲁元公主。

高祖为亭长时，常告归之田。吕后与两子居田中耨[22]，有一老父过请饮，吕后因铺之[23]。老父相吕后曰："夫人天下贵人。"令相两子，见孝惠，曰："夫人所以贵者，乃此男也。"相鲁元，亦皆贵。老父已去，高祖适从旁舍来，吕后具言客有过，相我子母皆大贵。高祖问，曰："未远。"乃追及，问老父。老父曰："乡者夫人婴儿皆似君[24]，君相贵不可言。"高祖乃谢曰："诚如父言[25]，不敢忘德。"及高祖贵，遂不知老父处。

高祖为亭长，乃以竹皮为冠，令求盗之薛治之[26]，时时冠之[27]，及贵常冠，所谓“刘氏冠”乃是也。

高祖以亭长为县送徒郦山，徒多道亡。自度比至皆亡之[28]，到丰西泽中，止饮，夜乃解纵所送徒。曰：“公等皆去，吾亦从此逝矣[29]！”徒中壮士愿从者十馀人。高祖被酒[30]，夜径泽中，令一人行前。行前者还报曰：“前有大蛇当径，愿还。”高祖醉，曰：“壮士行，何畏！”乃前，拔剑击斩蛇。蛇遂分为两，径开。行数里，醉，因卧。后人来至蛇所，有一老妪夜哭。人问何哭，妪曰：“人杀吾子，故哭之。”人曰：“妪子何为见杀？”妪曰：“吾子，白帝子也[31]，化为蛇，当道，今为赤帝子斩之[32]，故哭。”人乃以妪为不诚，欲笞之[33]，妪因忽不见。后人至，高祖觉[34]。后人告高祖，高祖乃心独喜，自负。诸从者日益畏之。

秦始皇帝常曰“东南有天子气”，于是因东游以厌之[35]。高祖即自疑，亡匿，隐于芒、砀山泽岩石之间。吕后与人俱求，常得之。高祖怪问之。吕后曰：“季所居上常有云气，故从往常得季[36]。”高祖心喜。沛中子弟或闻之，多欲附者矣[37]。

秦二世元年秋，陈胜等起蕲[38]，至陈而王[39]，号为“张楚”[40]。诸郡县皆多杀其长吏以应陈涉。沛令恐，欲以沛应涉。掾、主吏萧何、曹参乃曰[41]：“君为秦吏，今欲背之，率沛子弟，恐不听。愿君召诸亡在外者，可得数百人，因劫众，众不敢不听。”乃令樊哙召刘季[42]。刘季之众已数十百人矣。

于是樊哙从刘季来。沛令后悔，恐其有变，乃闭城城守，欲诛萧、曹。萧、曹恐，逾城保刘季[43]。刘季乃书帛射城上，谓沛父老曰：“天下苦秦久矣。今父老虽为沛令守，诸侯并起，今屠沛。沛今共诛令，择子弟可立者立之，以应诸侯，则家室完。不然，父子俱屠，无为也。”父老乃率子弟共杀沛令，开城门迎刘季，欲以为沛令。刘季曰：“天下方扰，诸侯并起，今置将不善，一败涂地。吾非敢自爱，恐能薄，不能完父兄子弟。此大事，愿更相推择可者。”萧、曹等皆文吏，自爱，恐事不就[44]，后秦种族其家[45]，尽让刘季。诸父老皆曰：“平生所闻刘季诸珍怪，当贵，且卜筮之，莫如刘季最吉。”于是刘季数让。众莫敢为，乃立季为沛公。祠黄帝，祭蚩尤于沛庭，而衅鼓旗[46]，帜皆赤。由所杀蛇白帝子，杀者赤帝子，故上赤[47]。于是少年豪吏如萧、曹、樊哙等皆为收沛子弟二三千人，攻胡陵、方与[48]，还守丰。

秦二世二年，陈涉之将周章军西至戏而还。燕、赵、齐、魏皆自立为王。项氏起吴。秦泗川监平将兵围丰，二日，出与战，破之。命雍齿守丰，引兵之薛。泗川守壮败于薛，走至戚，沛公左司马得泗川守壮，杀之。沛公还军亢父[49]，至方与，周市来攻方与，未战。陈王使魏人周市略地[50]。周市使人谓雍齿曰：“丰，故梁徙也。今魏地已定者数十城。齿今下魏[51]，魏以齿为侯守丰。不下，且屠丰。”雍齿雅不欲属沛公[52]，及魏招之，即反为魏守丰。沛公引兵攻丰，不能取。沛公病，还之沛。沛公怨雍齿与丰子弟叛之，闻东阳宁君、秦嘉立景驹为假王，在留，乃往从之，欲请兵以攻丰。是时秦将章邯从陈，别将司马𫝀将兵北定楚地，屠相，至砀。

东阳宁君、沛公引兵西，与战萧西，不利。还收兵聚留，引兵攻砀，三日乃取砀。因收砀兵，得五六千人。攻下邑，拔之。还军丰。闻项梁在薛，从骑百馀往见之。项梁益沛公卒五千人，五大夫将十人。沛公还，引兵攻丰。

从项梁月馀，项羽已拔襄城还。项梁尽召别将居薛。闻陈王定死，因立楚后怀王孙心为楚王，治盱台[53]。项梁号武信君。居数月，北攻亢父，救东阿，破秦军。齐军归，楚独追北[54]，使沛公、项羽别攻城阳，屠之。军濮阳之东，与秦军战，破之。

秦军复振，守濮阳，环水。楚军去而攻定陶，定陶未下。沛公与项羽西略地至雍丘之下，与秦军战，大破之，斩李由。还攻外黄，外黄未下。

项梁再破秦军，有骄色。宋义谏，不听。秦益章邯兵，夜衔枚击项梁，大破之定陶，项梁死。沛公与项羽方攻陈留，闻项梁死，引兵与吕将军俱东。吕臣军彭城东，项羽军彭城西，沛公军砀。

章邯已破项梁军，则以为楚地兵不足忧，乃渡河，北击赵，大破之。当是之时，赵歇为王，秦将王离围之钜鹿城，此所谓河北之军也。

秦二世三年，楚怀王见项梁军破，恐，徙盱台都彭城，并吕臣、项羽军自将之。以沛公为砀郡长，封为武安侯，将砀郡兵。封项羽为长安侯，号为鲁公。吕臣为司徒，其父吕青为令尹。

赵数请救，怀王乃以宋义为上将军，项羽为次将，范增为末将，北救赵。令沛公西略地入关。与诸将约，先入定关中者王之。

当是时，秦兵强，常乘胜逐北，诸将莫利先入关[55]。独项羽怨秦破项梁军，奋[56]，愿与沛公西入关。怀王诸老将皆曰："项羽为人僄悍猾贼[57]。项羽尝攻襄城，襄城无遗类[58]，皆坑之，诸所过无不残灭。且楚数进取，前陈王、项梁皆败。不如更遣长者扶义而西，告谕秦父兄。秦父兄苦其主久矣，今诚得长者往，毋侵暴，宜可下。今项羽僄悍，今不可遣。独沛公素宽大长者，可遣。"卒不许项羽，而遣沛公西略地，收陈王、项梁散卒。乃道砀至成阳，与杠里秦军夹壁[59]。破秦二军。楚军出兵击王离，大破之。

沛公引兵西，遇彭越昌邑，因与俱攻秦军，战不利。还至栗，遇刚武侯，夺其军，可四千馀人，并之。与魏将皇欣、魏申徒武蒲之军并攻昌邑，昌邑未拔。西过高阳。郦食其为监门[60]，曰："诸将过此者多，吾视沛公大人长者。"乃求见说沛公。沛公方踞床[61]，使两女子洗足。郦生不拜，长揖[62]，曰："足下必欲诛无道秦，不宜踞见长者。"于是沛公起，摄衣谢之[63]，延上坐[64]。食其说沛公袭陈留，得秦积粟。乃以郦食其为广野君，郦商为将，将陈留兵，与偕攻开封，开封未拔。西与秦将杨熊战白马，又战曲遇东，大破之。杨熊走之荥阳，二世使使者斩以徇[65]。南攻颍阳，屠之。因张良遂略韩地轘辕。

当是时，赵别将司马卬方欲渡河入关，沛公乃北攻平阴，绝河津[66]。南，战雒阳东，军不利，还至阳城，收军中马骑，与南阳守齮战犨东[67]，破之。略南阳郡，南阳守齮走，保城守宛[68]。沛公引兵过而西。张良谏曰："沛公虽欲急入关，秦兵尚众，距险[69]。今不下宛，宛从后击，强秦在前，此危道也。"于是沛公乃夜引兵从他道还，更旗帜，黎明，围宛城三帀[70]。南阳守欲自刭。其舍人陈恢曰："死未晚也。"乃逾城见沛公，曰："臣闻足下约，先入咸阳者王之。今足下留守宛。宛，大郡之都也，连城数十，人民众，积蓄多，吏人自以为降必死，故皆坚守乘城。今足下尽日止攻，士死伤者必多；引兵去宛，宛必随足下后：足下前则失咸阳之约，后又有强宛之患。为足下计，莫若约降，封其守，因使止守，引其甲卒与之西。诸城未下者，闻声争开门而待，足下通行无所累。"沛公曰："善。"乃以宛守为殷侯，封陈恢千户。引兵西，无不下者。至丹水，高武侯鳃、襄侯王陵降西陵。还攻胡阳，遇番君别将梅鋗[71]，与皆[72]，降析、郦。遣魏人宁昌使秦，使者未来。是时章邯已以军降项羽于赵矣。

初，项羽与宋义北救赵，及项羽杀宋义，代为上将军，诸将黥布皆属，破秦将王离军，降章邯，诸侯皆附。及赵高已杀二世，使人来，欲约分王关中。沛公以为诈，乃用张良计，使郦生、陆贾往说秦将，啖以利[73]，因袭攻武关，破之。又与秦军战于蓝田南，益张疑兵旗帜[74]，诸所过毋得掠卤[75]，秦人憙[76]，秦军解[77]，因大破之。又战其北，大破之。乘胜，遂破之。

汉元年十月，沛公兵遂先诸侯至霸上。秦王子婴素车白马，系颈以组[78]，封皇帝玺、符、节，降轵道旁[79]。诸将或言诛秦王。沛公曰："始怀王遣我，固以能宽容；且人已服降，又杀之，不祥。"乃以秦王属吏，遂西入咸阳。欲止宫休舍[80]，樊哙、张良谏，乃封秦重宝财物府库，还军霸上。召诸县父老豪桀曰："父老苦秦苛法久矣，诽谤者族[81]，偶语者弃市[82]。吾与诸侯约，先入关者王之，吾当王关中。与父老约法三章耳：杀人者死，伤人及盗抵罪。馀悉除去秦法。诸吏人皆案堵如故[83]。凡吾所以来，为父老除害，非有所侵暴，无恐！且吾所以还军霸上，待诸侯至而定约束耳。"乃使人与秦吏行县乡邑[84]，告谕之。秦人大喜，争持牛羊酒食献飨军士。沛公又让不受，曰："仓粟多，非乏，不欲费人。"人又益喜，唯恐沛公不为秦王。

或说沛公曰："秦富十倍天下，地形强。今闻章邯降项羽，项羽乃号为雍王，王关中。今则来，沛公恐不得有此。可急使兵守函谷关，无内诸侯军[85]，稍征关中兵以自益，距之。"沛公然其计，从之。十一月中，项羽果率诸侯兵西，欲入关，关门闭。闻沛公已定关中，大怒，使黥布等攻破函谷关。十二月中，遂至戏。沛公左司马曹无伤闻项王怒，欲攻沛公，使人言项羽曰："沛公欲王关中，令子婴为相，珍宝尽有之。"欲以求封。亚父劝项羽击沛公。方飨士，旦日合战。是时项羽兵四十万，号百万。沛公兵十万，号二十万，力不敌。会项伯欲活张良，夜往见良，因以文谕项羽，项羽乃止。沛公从百馀骑，驱之鸿门，见谢项羽。项羽曰："此沛公左司马曹无伤言之。不然，籍何以至此！"沛公以樊哙、张良故，得解归[86]。归，立诛曹无伤。

项羽遂西，屠烧咸阳秦宫室，所过无不残破。秦人大失望，然恐，不敢不服耳。

项羽使人还报怀王。怀王曰："如约[87]。"项羽怨怀王不肯令与沛公俱西入关，而北救赵，后天下约[88]。乃曰："怀王者，吾家项梁所立耳，非有功伐[89]，何以得主约！本定天下，诸将及籍也。"乃详尊怀王为义帝，实不用其命[90]。

正月，项羽自立为西楚霸王[91]，王梁、楚地九郡，都彭城。负约，更立沛公为汉王，王巴、蜀、汉中，都南郑。三分关中，立秦三将：章邯为雍王，都废丘；司马欣为塞王，都栎阳[92]；董翳为翟王，都高奴。楚将瑕丘申阳为河南王，都洛阳。赵将司马卬为殷王，都朝歌。赵王歇徙王代。赵相张耳为常山王，都襄国。当阳君黥布为九江王，都六。怀王柱国共敖为临江王，都江陵。番君吴芮为衡山王，都邾。燕将臧荼为燕王，都蓟[93]。故燕王韩广徙王辽东。广不听，臧荼攻杀之无终。封成安君陈馀河间三县，居南皮。封梅鋗十万户。

四月，兵罢戏下[94]，诸侯各就国。汉王之国，项王使卒三万人从，楚与诸侯之慕从者数万人，从杜南入蚀中。去辄烧绝栈道，以备诸侯盗兵袭之，亦示项羽无东意。至南郑，诸将及士卒多道亡归，士卒皆歌思东归。韩信说汉王曰："项羽王诸将之有功者，而王独居南郑，是迁也。军吏士卒皆山东之人也[95]，日夜跂而望归[96]，及其锋而用之[97]，可以有大功。天下已定，人皆自宁[98]，不可复用。不如决策东乡，争权天下。"

项羽出关，使人徙义帝。曰："古之帝者地方千里，必居上游。"乃使使徙义帝长沙郴县，趣义帝行[99]，群臣稍倍叛之[100]，乃阴令衡山王、临江王击之，杀义帝江南。项羽怨田荣，立齐将田都为齐王。田荣怒，因自立为齐王，杀田都而反楚；予彭越将军印，令反梁地。楚令萧公角击彭越，彭越大破之。陈馀怨项羽之弗王己也，令夏说说田荣，请兵击张耳。齐予陈馀兵，击破常山王张耳，张耳亡归汉。迎赵王歇于代，复立为赵王。赵王因立陈馀为代王。项羽大怒，北击齐。

八月，汉王用韩信之计，从故道还，袭雍王章邯。邯迎击汉陈仓，雍兵败，还走；止战好畤，又复败，走废丘。汉王遂定雍地。东至咸阳，引兵围雍王废丘，而遣诸将略定陇西、北地、上郡。令将军薛欧、王吸出武关，因王陵兵南阳，以迎太公、吕后于沛。楚闻之，发兵距之阳夏，不得前。令故吴令郑昌为韩王，距汉兵。

二年，汉王东略地，塞王欣、翟王翳、河南王申阳皆降。韩王昌不听，使韩信击破之。于是置陇西、北地、上郡、渭南、河上、中地郡；关外置河南郡。更立韩太尉信为韩王。诸将以万人若以一郡降者，封万户。缮治河上塞。诸故秦苑囿园池，皆令人得田之。正月，虏雍王弟章平。大赦罪人。

汉王之出关至陕，抚关外父老，还，张耳来见，汉王厚遇之。

二月，令除秦社稷，更立汉社稷。

三月，汉王从临晋渡，魏王豹将兵从。下河内，虏殷王，置河内郡。南渡平阴津，至雒阳。新城三老董公遮说汉王以义帝死故[101]。汉王闻之，袒而大哭[102]。遂为义帝发丧，临三日[103]。发使者告诸侯曰："天下共立义帝，北面事之。今项羽放杀义帝于江南，大逆无道。寡人亲为发丧，诸侯皆缟素[104]。悉发关内兵，收三河士[105]，南浮江汉以下，愿从诸侯王击楚之杀义帝者。"

是时项王北击齐，田荣与战城阳。田荣败，走平原，平原民杀之。齐皆降楚。楚因焚烧其城郭，系虏其子女。齐人叛之。田荣弟横立荣子广为齐王，齐王反楚城阳。项羽虽闻汉东，既已连齐兵，欲遂破之而击汉。汉王以故得劫五诸侯兵，遂入彭城。项羽闻之，乃引兵去齐，从鲁出胡陵，至萧，与汉大战彭城灵壁东睢水上，大破汉军，多杀士卒，睢水为之不流。乃取汉王父母妻子于沛，置之军中以为质。当是时，诸侯见楚强汉败还，皆去汉复为楚。塞王欣亡入楚。

吕后兄周吕侯为汉将兵，居下邑。汉王从之，稍收士卒，军砀。汉王乃西过梁地，至虞。使谒者随何之九江王布所，曰："公能令布举兵叛楚，项羽必留击之。得留数月，吾取天下必矣。"随何往说九江王布，布果背楚。楚使龙且往击之。

汉王之败彭城而西，行使人求家室，家室亦亡，不相得。败后乃独得孝惠，六月，立为太子，大赦罪人。令太子守栎阳，诸侯子在关中者皆集栎阳为卫。引水灌废丘，废丘降，章邯自杀。更名废丘为槐里。于是令祠官祀天地四方上帝山川[106]，以时祀之。兴关内卒乘塞[107]。

是时九江王布与龙且战，不胜，与随何间行归汉[108]。汉王稍收士卒，与诸将及关中卒益出，是以兵大振荥阳，破楚京、索间[109]。

三年，魏王豹谒归视亲疾，至即绝河津，反为楚。汉王使郦生说豹，豹不听。汉王遣将军韩信击，大破之，虏豹。遂定魏地，置三郡，曰河东、太原、上党。汉王乃令张耳与韩信遂东下井陉击赵，斩陈馀、赵王歇。其明年，立张耳为赵王。

汉王军荥阳南，筑甬道属之河[110]，以取敖仓。与项羽相距岁馀。项羽数侵夺汉甬道，汉军乏食，遂围汉王。汉王请和，割荥阳以西者为汉。项王不听。汉王患之，乃用陈平之计，予陈平金四万斤，以间疏楚君臣。于是项羽乃疑亚父。亚父是时劝项羽遂下荥阳，及其见疑，乃怒，辞老，愿赐骸骨归卒伍[111]，未至彭城而死。

汉军绝食，乃夜出女子东门二千馀人，被甲，楚因四面击之。将军纪信乃乘王驾，诈为汉王，诳楚，楚皆呼万岁，之城东观，以故汉王得与数十骑出西门遁。令御史大夫周苛、魏豹、枞公守荥阳。诸将卒不能从者，尽在城中。周苛、枞公相谓曰："反国之王，难与守城。"因杀魏豹。

汉王之出荥阳，入关收兵，欲复东。袁生说汉王曰："汉与楚相距荥阳数岁，汉常困。愿君王出武关，项羽必引兵南走，王深壁，令荥阳成皋间且得休。使韩信等辑河北赵地[112]，连燕齐，君王乃复走荥阳，未晚也。如此，则楚所备者多，力分，汉得休，复与之战，破楚必矣。”汉王从其计，出军宛叶间，与黥布行收兵[113]。

项羽闻汉王在宛，果引兵南。汉王坚壁不与战。是时彭越渡睢水，与项声、薛公战下邳，彭越大破楚军。项羽乃引兵东击彭越。汉王亦引兵北军成皋。项羽已破走彭越，闻汉王复军成皋，乃复引兵西，拔荥阳，诛周苛、枞公，而虏韩王信，遂围成皋。

汉王跳[114]，独与滕公共车出成皋玉门，北渡河，驰宿修武。自称使者，晨驰入张耳、韩信壁，而夺之军。乃使张耳北益收兵赵地，使韩信东击齐。汉王得韩信军，则复振。引兵临河，南飨军小修武南，欲复战。郎中郑忠乃说止汉王，使高垒深堑，勿与战。汉王听其计，使卢绾、刘贾将卒二万人，骑数百，渡白马津，入楚地，与彭越复击破楚军燕郭西，遂复下梁地十馀城。

淮阴已受命东[115]，未渡平原。汉王使郦生往说齐王田广，广叛楚，与汉和，共击项羽。韩信用蒯通计[116]，遂袭破齐。齐王烹郦生，东走高密。项羽闻韩信已举河北兵破齐、赵，且欲击楚，则使龙且、周兰往击之。韩信与战，骑将灌婴击，大破楚军，杀龙且。齐王广奔彭越。当此时，彭越将兵居梁地，往来苦楚兵，绝其粮食。

四年，项羽乃谓海春侯大司马曹咎曰：“谨守成皋。若汉挑战，慎勿与战，无令得东而已。我十五日必定梁地，复从将军。”乃行击陈留、外黄、睢阳，下之。汉果数挑楚军，楚军不出，使人辱之五六日，大司马怒，度兵汜水。士卒半渡，汉击之，大破楚军，尽得楚国金玉货赂。大司马咎、长史欣皆自刭汜水上。项羽至睢阳，闻海春侯破，乃引兵还。汉军方围锺离眛于荥阳东，项羽至，尽走险阻。

韩信已破齐，使人言曰：“齐边楚，权轻，不为假王，恐不能安齐。”汉王欲攻之。留侯曰：“不如因而立之，使自为守。”乃遣张良操印绶立韩信为齐王。

项羽闻龙且军破，则恐，使盱台人武涉往说韩信。韩信不听。

楚汉久相持未决，丁壮苦军旅[117]，老弱罢转饷[118]。汉王项羽相与临广武之间而语。项羽欲与汉王独身挑战。汉王数项羽曰[119]：“始与项羽俱受命怀王，曰先入定关中者王之，项羽负约，王我于蜀汉，罪一。项羽矫杀卿子冠军而自尊，罪二。项羽已救赵，当还报，而擅劫诸侯兵入关，罪三。怀王约入秦无暴掠，项羽烧秦宫室，掘始皇帝冢，私收其财物，罪四。又强杀秦降王子婴，罪五。诈坑秦子弟新安二十万，王其将，罪六。项羽皆王诸将善地，而徙逐故主，令臣下争叛逆，罪七。项羽出逐义帝彭城，自都之，夺韩王地，并王梁楚，多自予，罪八。项羽使人阴弑义帝江南，罪九。夫为人臣而弑其主，杀已降，为政不平，主约不信，天下所不容，大逆无道，罪十也。吾以义兵从诸侯诛残贼，使刑馀罪人击杀项羽，何苦乃与公挑战！”项羽大怒，伏弩射中汉王。汉王伤匈，乃扪足曰[120]：“虏中吾指！”汉王病创卧，张良强请汉王起行劳军，以安士卒，毋令楚乘胜于汉。汉王出行军，病甚，因驰入成皋。

病愈，西入关，至栎阳，存问父老[121]，置酒，枭故塞王欣头栎阳市[122]。留四日，复如军，军广武。关中兵益出。

当此时，彭越将兵居梁地，往来苦楚兵，绝其粮食。田横往从之。项羽数击彭越等，齐王信又进击楚。项羽恐，乃与汉王约，中分天下，割鸿沟而西者为汉[123]，鸿沟而东者为楚。项王归汉王父母妻子，军中皆呼万岁，乃归而别去。

项羽解而东归。汉王欲引而西归，用留侯、陈平计，乃进兵追项羽，至阳夏南止军，与齐王信、建成侯彭越期会而击楚军[124]。至固陵，不会。楚击汉军，大破之。汉王复入壁，深堑而守之。用张良计，于是韩信、彭越皆往。及刘贾入楚地，围寿春，汉王败固陵，乃使使者召大司马周殷举九江兵而迎武王，行屠城父，随刘贾、齐梁诸侯皆大会垓下[125]。立武王布为淮南王。

五年，高祖与诸侯兵共击楚军，与项羽决胜垓下。淮阴侯将三十万自当之，孔将军居左，费将军居右，皇帝在后，绛侯、柴将军在皇帝后。项羽之卒可十万。淮阴先合，不利，却。孔将军、费将军纵，楚兵不利，淮阴侯复乘之，大败垓下。项羽卒闻汉军之楚歌，以为汉尽得楚地，项羽乃败而走，是以兵大败。使骑将灌婴追杀项羽东城，斩首八万，遂略定楚地。鲁为楚坚守不下。汉王引诸侯兵北，示鲁父老项羽头，鲁乃降。遂以鲁公号葬项羽穀城。还至定陶，驰入齐王壁，夺其军。

正月，诸侯及将相相与共请尊汉王为皇帝[126]。汉王曰："吾闻帝贤者有也[127]，空言虚语，非所守也，吾不敢当帝位。"群臣皆曰："大王起微细，诛暴逆，平定四海，有功者辄裂地而封为王侯。大王不尊号，皆疑不信。臣等以死守之。"汉王三让，不得已，曰："诸君必以为便，便国家[128]。"甲午，乃即皇帝位汜水之阳[129]。

皇帝曰义帝无后，齐王韩信习楚风俗，徙为楚王，都下邳。立建成侯彭越为梁王，都定陶。故韩王信为韩王，都阳翟。徙衡山王吴芮为长沙王，都临湘。番君之将梅鋗有功，从入武关，故德番君。淮南王布、燕王臧荼、赵王敖皆如故。

天下大定。高祖都雒阳，诸侯皆臣属。故临江王驩为项羽叛汉，令卢绾、刘贾围之，不下。数月而降，杀之雒阳。

五月，兵皆罢归家。诸侯子在关中者复之十二岁，其归者复之六岁[130]，食之一岁[131]。

高祖置酒雒阳南宫。高祖曰："列侯诸将无敢隐朕[132]，皆言其情。吾所以有天下者何？项氏之所以失天下者何？"高起、王陵对曰："陛下慢而侮人，项羽仁而爱人。然陛下使人攻城略地，所降下者因以予之，与天下同利也。项羽妒贤嫉能，有功者害之[133]，贤者疑之，战胜而不予人功，得地而不予人利，此所以失天下也。"高祖曰："公知其一，未知其二。夫运筹策帷帐之中，决胜于千里之外，吾不如子房。镇国家，抚百姓，给馈饷[134]，不绝粮道，吾不如萧何。连百万之军，战必胜，攻必取，吾不如韩信。此三者，皆人杰也，吾能用之，此吾所以取天下也。项羽有一范增而不能用，此其所以为我擒也。”

高祖欲长都雒阳，齐人刘敬说，乃留侯劝上入都关中，高祖是日驾，入都关中。六月，大赦天下。

十月，燕王臧荼反，攻下代地。高祖自将击之，得燕王臧荼。即立太尉卢绾为燕王。使丞相哙将兵攻代。

其秋，利幾几反，高祖自将兵击之，利幾走。利幾者，项氏之将。项氏败，利幾为陈公，不随项羽，亡降高祖，高祖侯之颍川。高祖至雒阳，举通侯籍召之，而利幾恐，故反。

六年，高祖五日一朝太公，如家人父子礼。太公家令说太公曰：“天无二日，土无二王。今高祖虽子，人主也；太公虽父，人臣也。奈何令人主拜人臣！如此，则威重不行。”后高祖朝，太公拥篲[135]，迎门却行[136]。高祖大惊，下扶太公。太公曰：“帝，人主也，奈何以我乱天下法！”于是高祖乃尊太公为太上皇。心善家令言，赐金五百斤。

十二月，人有上变事告楚王信谋反，上问左右，左右争欲击之。用陈平计，乃伪游云梦，会诸侯于陈，楚王信迎，即因执之。是日，大赦天下。田肯贺，因说高祖曰：“陛下得韩信，又治秦中。秦，形胜之国[137]，带河山之险[138]，县隔千里[139]，持戟百万，秦得百二焉[140]。地势便利，其以下兵于诸侯，譬犹居高屋之上建瓴水也[141]。夫齐，东有琅邪、即墨之饶，南有泰山之固，西有浊河之限，北有勃海之利。地方二千里，持戟百万，县隔千里之外，齐得十二焉。故此东西秦也。非亲子弟，莫可使王齐矣。”高祖曰：“善。”赐黄金五百斤。

后十馀日，封韩信为淮阴侯，分其地为二国。高祖曰将军刘贾数有功，以为荆王，王淮东。弟交为楚王，王淮西。子肥为齐王，王七十馀城，民能齐言者皆属齐。乃论功，与诸列侯剖符行封。徙韩王信太原。

七年，匈奴攻韩王信马邑，信因与谋反太原。白土曼丘臣、王黄立故赵将赵利为王以反，高祖自往击之。会天寒，士卒堕指者什二三，遂至平城。匈奴围我平城，七日而后罢去。令樊哙止定代地。立兄刘仲为代王。

二月，高祖自平城过赵、雒阳，至长安。长乐宫成，丞相已下徙治长安。

八年，高祖东击韩王信馀反寇于东垣。

萧丞相营作未央宫，立东阙、北阙、前殿、武库、太仓。高祖还，见宫阙壮甚，怒，谓萧何曰：“天下匈匈苦战数岁[142]，成败未可知，是何治宫室过度也？”萧何曰：“天下方未定，故可因遂就宫室。且夫天子以四海为家，非壮丽无以重威，且无令后世有以加也[143]。”高祖乃说[144]。

高祖之东垣，过柏人，赵相贯高等谋弑高祖，高祖心动，因不留。代王刘仲弃国亡，自归雒阳，废以为合阳侯。

九年，赵相贯高等事发觉，夷三族。废赵王敖为宣平侯。是岁，徙贵族楚昭、屈、景、怀、齐田氏关中。

未央宫成。高祖大朝诸侯群臣，置酒未央前殿。高祖奉玉卮[145]，起为太上皇寿，曰："始大人常以臣无赖[146]，不能治产业，不如仲力[147]。今某之业所就孰与仲多？"殿上群臣皆呼万岁，大笑为乐。

十年十月，淮南王黥布、梁王彭越、燕王卢绾、荆王刘贾、楚王刘交、齐王刘肥、长沙王吴芮皆来朝长乐宫。春夏无事。

七月，太上皇崩栎阳宫。楚王、梁王皆来送葬。赦栎阳囚。更命郦邑曰新丰。

八月，赵相国陈豨反代地。上曰："豨尝为吾使，甚有信。代地吾所急也[148]，故封豨为列侯，以相国守代，今乃与王黄等劫掠代地！代地吏民非有罪也。其赦代吏民。"九月，上自东往击之。至邯郸，上喜曰："豨不南据邯郸而阻漳水，吾知其无能为也。"闻豨将皆故贾人也，上曰："吾知所以与之[149]。"乃多以金啖豨将，豨将多降者。

十一年，高祖在邯郸诛豨等未毕，豨将侯敞将万馀人游行[150]，王黄军曲逆，张春渡河击聊城。汉使将军郭蒙与齐将击，大破之。太尉周勃道太原入，定代地。至马邑，马邑不下，即攻残之。

豨将赵利守东垣，高祖攻之，不下。月馀，卒骂高祖，高祖怒。城降，令出骂者斩之，不骂者原之[151]。于是乃分赵山北，立子恒以为代王，都晋阳。

春，淮阴侯韩信谋反关中，夷三族。

夏，梁王彭越谋反，废迁蜀；复欲反，遂夷三族。立子恢为梁王，子友为淮阳王。

秋七月，淮南王黥布反，东并荆王刘贾地，北渡淮，楚王交走入薛。高祖自往击之。立子长为淮南王。

十二年，十月，高祖已击布军会甀[152]，布走，令别将追之。

高祖还归，过沛，留。置酒沛宫，悉召故人父老子弟纵酒，发沛中儿得百二十人，教之歌。酒酣，高祖击筑，自为歌诗曰："大风起兮云飞扬，威加海内兮归故乡，安得猛士兮守四方！"令儿皆和习之。高祖乃起舞，慷慨伤怀，泣数行下。谓沛父兄曰："游子悲故乡。吾虽都关中，万岁后吾魂魄犹乐思沛。且朕自沛公以诛暴逆，遂有天下，其以沛为朕汤沐邑[153]，复其民，世世无有所与[154]。"沛父兄诸母故人日乐饮极欢，道旧故为笑乐。十馀日，高祖欲去，沛父兄固请留高祖。高祖曰："吾人众多，父兄不能给。"乃去。沛中空县皆之邑西献。高祖复留止，张饮三日。沛父兄皆顿首曰："沛幸得复，丰未复，唯陛下哀怜之。"高祖曰："丰吾所生长，极不忘耳，吾特为其以雍齿故反我为魏[155]。"沛父兄固请，乃并复丰，比沛[156]。于是拜沛侯刘濞为吴王。

汉将别击布军洮水南北，皆大破之，追得斩布鄱阳。

樊哙别将兵定代，斩陈豨当城。

十一月，高祖自布军至长安。十二月，高祖曰："秦始皇帝、楚隐王陈涉、魏安釐王、齐缗王、赵悼襄王皆绝无后，予守冢各十家，秦皇帝二十家，魏公子无忌五家。"赦代地吏民，为陈豨、赵利所劫掠者，皆赦之。陈豨降将言豨反时，燕王卢绾使人之豨所，与阴谋。上使辟阳侯迎绾，绾称病。辟阳侯归，具言绾反有端矣。二月，使樊哙、周勃将兵击燕王绾，赦燕吏民与反者。立皇子建为燕王。

高祖击布时，为流矢所中，行道病。病甚，吕后迎良医。医入见，高祖问医。医曰："病可治。"于是高祖嫚骂之曰[157]："吾以布衣提三尺剑取天下，此非天命乎？命乃在天，虽扁鹊何益！"遂不使治病，赐金五十斤罢之。已而吕后问："陛下百岁后，萧相国即死[158]，令谁代之？"上曰："曹参可。"问其次，上曰："王陵可。然陵少戆[159]，陈平可以助之。陈平智有馀，然难以独任。周勃重厚少文[160]，然安刘氏者必勃也，可令为太尉。"吕后复问其次，上曰："此后亦非而所知也。"

卢绾与数千骑居塞下候伺[161]，幸上病愈自入谢[162]。

四月甲辰，高祖崩长乐宫。四日不发丧。吕后与审食其谋曰："诸将与帝为编户民[163]，今北面为臣，此常怏怏[164]，今乃事少主，非尽族是[165]，天下不安。"人或闻之，语郦将军。郦将军往见审食其，曰："吾闻帝已崩，四日不发丧，欲诛诸将。诚如此，天下危矣。陈平、灌婴将十万守荥阳，樊哙、周勃将二十万定燕、代，此闻帝崩，诸将皆诛，必连兵还乡以攻关中[166]。大臣内叛，诸侯外反，亡可翘足而待也。"审食其入言之，乃以丁未发丧，大赦天下。

卢绾闻高祖崩，遂亡入匈奴。

丙寅，葬。己巳，立太子，至太上皇庙。群臣皆曰："高祖起微细，拨乱世反之正，平定天下，为汉太祖，功最高。"上尊号为高皇帝。太子袭号为皇帝，孝惠帝也。令郡国诸侯各立高祖庙，以岁时祠。

及孝惠五年，思高祖之悲乐沛[167]，以沛宫为高祖原庙[168]。高祖所教歌儿百二十人，皆令为吹乐，后有缺，辄补之。

高帝八男：长庶齐悼惠王肥；次孝惠，吕后子；次戚夫人子赵隐王如意；次代王恒，已立为孝文帝，薄太后子；次梁王恢，吕太后时徙为赵共王；次淮阳王友，吕太后时徙为赵幽王；次淮南厉王长；次燕王建。

太史公曰：夏之政忠[169]。忠之敝[170]，小人以野[171]，故殷人承之以敬。敬之敝，小人以鬼[172]，故周人承之以文[173]。文之敝，小人以僿[174]，故救僿莫若以忠。三王之道若循环，终而复始。周秦之间，可谓文敝矣。秦政不改，反酷刑法，岂不缪乎[175]？故汉兴，承敝易变，使人不倦，得天统矣。朝以十月。车服黄屋左纛[176]。葬长陵。

【译文】

高祖，是沛县丰邑中阳里人，姓刘，字季。父亲称为刘太公，母亲称为刘太婆。当初刘太婆曾在大湖岸边休息，梦里与神相遇。这时雷电交加天色昏暗，太公去看太婆，只见有蛟龙在太婆身上。后来刘太婆就怀孕，生下高祖。

高祖这个人，高鼻梁且额头突出，好看的胡须，左边大腿有七十二颗黑痣。他仁慈爱人，乐善好施，豁达豪爽。一直有远大的志向，不像一般人那样参加生产劳动。到了壮年，试用做小吏，任泗水亭长，县衙中的官吏没有不被他亲近戏弄的。他爱好酒色。常到姓王、姓武的老妇店里赊酒喝，喝醉了倒头就睡，姓王、姓武的老妇见他身上常有龙的影子，觉得奇怪。高祖每次到店里来喝酒，那天卖出的酒都是平时的几倍。等发现了这些奇怪的现象，年末结算时，这两家常常将高祖所赊债务一笔勾销。

高祖曾经在咸阳服徭役，一次皇帝出巡允许百姓观瞻，看到秦始皇，慨叹道：“哎！大丈夫应当这样啊！”

单父人吕公和沛县县令交好，他为了躲避仇家跟随县令客居沛县，后来索性搬家到沛县。沛县的绅豪官吏听说县令家有贵客，都前往道贺。萧何是县衙里的功曹，管收受贺礼。对各位客人说：“进献贺礼不满千钱的，坐在堂下。”高祖是亭长，一向轻视这些小吏，便假装在名帖上写“贺礼万钱”，其实却不曾进一钱。名帖递进去，吕公大为震惊，起身到门口迎接。吕公善于看相，看见高祖的样貌，因此更加尊重他，领他到堂上入座。萧何说：“刘季平时总说大话，但少做实事。”高祖则趁机将各位宾客都戏弄了一番，然后坐在上座，毫不谦让。等饮酒者陆续退席，吕公使眼色让高祖留下。高祖等宴席散去，留到最后。吕公说：“我年轻时就喜欢看相，相过的人很多了，都不如你的面相尊贵，希望你保重

自己。我有个亲生女儿，希望能将她许配给你。”酒宴散去，吕老太生气地对吕公说：“你之前常想让这女儿与众不同，许配给贵人。沛县县令与你关系好，想娶女儿，你不答应，又为什么自己随随便便将她许配给刘季？”吕公说：“这不是你们这些妇孺之辈能理解的。”于是将女儿许配刘季。吕公女就是吕后，生孝惠帝、鲁元公主。

高祖做亭长时，曾请假回家。吕后和两个孩子在田间除草，有一个老爷爷路过讨水喝，吕后还给他一些食物吃。老人给吕后看相说：“夫人是天下的贵人。”吕后又让他给两个孩子看相，见到孝惠帝，说：“夫人之所以尊贵，是因为这个男孩。”看鲁元公主，也是贵人。高祖正好从邻居家过来，吕后讲了有老人经过，看相说我们母子都是贵人的事。高祖问老人在哪，吕后说：“没走远。”于是高祖追上去，问老人。老人说：“您的夫人和孩子都是因您而尊贵，您的相貌贵不可言。”高祖道谢说：“如果真如您说的那样，我们决不会忘了您的恩德。”等到高祖真的显贵之后，却找不到老人家的去向。

高祖做亭长时，戴着竹篾编的帽子，让求盗去薛县订做，他时不时戴着，等到显贵之后便经常戴，所谓“刘氏冠”，就是指这种帽子。

高祖做亭长时为县里押送劳役去骊山，很多人在半路逃跑了，高祖估计等到了骊山人都逃光了。他们走到丰邑西部的洼地中，停下来喝水休息，夜间就把押送的劳役们都放了。说：“你们都走吧，我也从此逃命去了！”劳役中有十多人愿意跟随他。高祖带着酒意，夜里从沼泽中抄小路，让一个人走在前面。走在前面的人回来报告说：“前面有大蛇挡在路上，还是往回走吧。”高祖醉酒，说：“壮士行路，怕什么！”于是上前去，拔剑斩杀大蛇。有一个老妇人夜里哭，别人问她哭什么，她说：“有人杀了我的孩子，所以我为他哭。”旁人问：“你儿子为什么被杀了？”老妇说：“我儿子是白帝子，化为蛇，横在路上，现在被赤帝子斩杀，所以我哭。”大家认为老妇不诚实，正要打她，老妇却突然不见了。后面行路的人赶上来时，高祖已经醒了。那些人告诉高祖这件事，高祖听了心里暗暗高兴，更自恃不凡。跟随他的人也日渐敬畏他。

秦始皇常说“东南方有天子气脉”，于是出巡东方想要压制这气息。高祖怀疑这和自己有关，逃走藏起来，躲在邙山、砀山的山泽岩石里。吕后和大家一起找，总能找到他，高祖觉得惊奇。吕后说：“你所在的地方常有云气，因此跟随云气前往，常常能找到你。”高祖听了很高兴。沛中弟子有人听到这些，想要追随他的人更多了。

秦二世元年秋天，陈胜等起兵蕲县，到了陈县后自立为王，号称“张楚”。各郡县多杀了当地的郡县长官响应陈涉。沛县县令害怕，想带领沛县响应陈涉。主吏萧何、狱掾曹参就说：“您是秦朝官吏，现在想要反秦，带领沛县百姓，恐怕他们不听。您可以召集在外流亡的人就能先集合数百人，再用他们要挟大家，这样一来大家不敢不听。”于是县令派樊哙召回刘季。刘季的手下已经有近百人了。

于是樊哙跟着刘季回到沛县。沛县县令后悔，怕刘季有变数，于是关闭城门据城而守，还想要杀萧何、曹参。萧、曹恐惧，逃出城投奔刘季。刘季拿绸绢写信用箭射到城上，对沛县父老乡亲说："天下人苦于秦朝暴政好久了。即使现在大家为县令守城，但各地诸侯都已经起兵，马上要屠灭沛县。沛县乡亲应该一同把县令杀了，选择可用之才拥立，来响应诸侯，就可保家人安全。不这样的话，全家皆遭屠杀，那是不值得的。"于是城中父老率领大家共同杀了沛县县令，开城门迎进刘季，想要让他做沛县县令。刘季说："现在天下大乱，诸侯并起，如果选择将领不当，一旦失败，便不可收拾。我不是顾惜自己，是担心能力不足，不能保全父老乡亲。这是大事，希望另外共同推选有能力的人。"萧、曹都是文官，顾惜自己，害怕事情不成，过后秦朝追究遭到灭族，都推让刘季。沛县父老都说："我们平时听到刘季各种奇异的事情，必定尊贵，并且我们占卜过，没有比刘季吉利的了。"接着刘季多次推让，大家没人敢做首领，就立刘季为沛公。在沛县衙门的庭院祭祀黄帝、蚩尤，以牲血祭鼓和旗，旗帜都是红色。因为沛公所杀蛇是白帝子，杀它的是赤帝子这件事，所以崇尚红色。于是少壮子弟、有势力的官吏，像萧何、曹参、樊哙等在沛县为沛公召集了两三千人，攻打胡陵、方与，然后回来驻守丰邑。

秦二世二年。陈涉手下将领周章率军攻打到戏水，兵败而还。燕、赵、齐、魏各国都自立为王。项梁、项羽在吴县起兵，秦朝泗川郡监名叫平的率兵包围了丰邑。两天之后，沛公率众出城反击，打败了秦军。沛公命雍齿守卫丰邑，自己率领部队到薛县去。泗川郡守壮在薛县被打败，逃到戚县，沛公的左司马曹无伤抓获泗川郡守壮并杀了他。沛公把军队撤到亢父，一直到方与，没有遇敌作战。陈王胜派魏国人周市来争夺土地。周市派人告诉雍齿说："丰邑，是魏国曾经迁都的地方。现在魏地已经平定了几十座城。你如果归降魏国，魏国就封你为侯，驻守丰邑。如果不投降，我就要屠灭丰邑。"雍齿原本就不愿归服沛公，等到魏国来劝降，立刻就背叛沛公，为魏国守丰邑。沛公带兵攻打丰邑，没能攻下。沛公生病了，退回沛县。沛公怨恨雍齿和丰邑的子弟背叛他，听说东阳县的宁君、秦嘉立景驹做了假王，驻守留，于是前去投奔他，想向他借兵攻打丰邑。这时候秦将章邯正在追击陈胜的军队，章邯的别将司马带兵向北平定楚地，屠戮了相县，到了砀县。东阳宁君、沛公领兵向西，和司马在萧县西交战，战势不利，就退回收集兵卒聚集在留，然后带兵攻打砀县，三天攻下。于是收编砀县的兵卒，共得到五六千人。攻打下邑，很快攻下。回军驻扎丰邑。沛公听说项梁在薛县，就带着一百多随从骑兵去见项梁。项梁又给沛公增加了五千士兵，十个五大夫级的将领。沛公回来后，又带兵攻打丰邑。

沛公投奔项梁一个多月后，项羽已经攻下襄城返回。项梁把各路将领全部召到薛县。听说陈王确实死了，因而立楚国后代怀王的孙子熊心为楚王，建都盱台。项梁号称武信君。过了几个月，向北攻打亢父，援救东阿，击败秦军。齐国军队回去了，楚军单独追击败逃秦军。另外让沛公、项羽去攻打城阳，屠戮了城阳。军队驻扎在濮阳县东和秦军交战，打败了秦军。

秦军重振旗鼓，坚守濮阳，在城周围引水防御。楚军撤兵去攻打定陶，没有攻下。沛公和项羽向西夺取土地，到了雍丘城下，和秦军交战，大败秦军，斩杀李由。返回攻打外黄，没有攻下。

项梁连续打败秦军，有骄傲之意。宋义劝谏，项梁不听。秦朝给章邯增派军队，趁着黑夜衔枚袭击项梁军队。在定陶打败了楚军，项梁战死。这时，沛公和项羽正在攻打陈留，听说项梁已死，就带兵和吕将军一起向东进军。吕臣驻扎在彭城东，项羽驻扎在彭城西，沛公驻扎在砀。

章邯已经打败了项梁的军队，就以为楚地的军队不值得担忧，于是渡过黄河，向北进攻赵国，大败赵军。正当这时，赵歇为赵王，秦将王离在巨鹿城包围了赵歇的军队，这就是所谓的“河北之军”。

秦二世三年，楚怀王看到项梁军已被打败，感到害怕，就把都城从盱台迁到彭城，把吕臣、项羽的军队合为一处由他亲自率领。任命沛公为砀郡太守，封为武安侯，统率砀郡的部队。封项羽为长安侯，号称鲁公。吕臣担任司徒，他的父亲吕青为令尹。

赵国几次请求援救，怀王就任命宋义为上将军，项羽为次将，范曾为末将，向北进兵救赵。命令沛公向西攻取土地，进军关中。和诸将相约，谁先攻入函谷关平定关中，就封他为关中王。

这时，秦军强大，常常乘胜追击，诸将中没有人认为先入关有利。只有项羽恨秦军打败项梁的军队，心中激愤，愿意和沛公一起西进入关。怀王手下的老将们都说：“项羽这个人劲捷勇猛，而凶狠残忍。项羽曾经攻下襄城，那里的军民没有留一个人，都被他活埋了。凡是他经过的地方，没有不被彻底毁灭的。况且楚军多次进攻，先前陈王、项梁都被打败了，不如改派忠厚老实之人，以正义为号召，率军西进，向秦地的父老兄弟讲明道理。秦地父老兄弟受君主暴虐之苦已经很久了，现在如果真的能有位宽厚老实的人前去，不施暴力，才会使秦地降服。项羽为人凶暴，不可派他去。现在只有沛公一向忠厚老实，可派他领兵。”怀王最终没有答应项羽，而派了沛公率领大军向西去夺取土地，一路收集陈胜、项梁的散兵。沛公取道砀县到达成阳，与杠里的秦军对垒相持。击败了魏国的两支部队。楚军又出兵攻击王离，王离大败。

沛公率兵西进，在昌邑与彭越相遇。于是和他一起攻打秦军，战事不利。撤兵到栗县，遇到刚武侯，就把他的军队夺下来，约有四千人，并入自己的军队。又与魏将皇欣、魏申徒武蒲的军队合力攻打昌邑，没有攻下。沛公继续西进，经过高阳。郦食其负责看管城门，他说：“各路将领经过此地的多了，我看沛公才是个气魄宏大忠厚老实的人。”于是前去求见，游说沛公。沛公当时正坐在床上让两个女子给他洗脚。郦食其见了并不叩拜，只是略微俯身作揖，说：“如果您一定要讨伐暴秦，就不应该坐着接见长者。”于是沛公立即站起身来，整理衣服，向他道歉，请他上坐。郦食其劝说沛公袭击陈留，得到了秦军储存的粮草。沛公就封郦食其为广野君，任命他的弟弟郦商为将军，统率陈留的军队，与沛公一起攻打开封，没有攻下。继续向西，在白马与秦将杨熊打了一仗，又在曲遇东面与他打了一仗，大破秦军。杨熊败逃荥阳，秦二世派使者将他斩首示众。沛公又向南攻打颍阳，屠戮了颍阳。接着经张良引导，占领了韩国的轘辕关。

这时，赵国的别将司马卬正想渡过黄河，进入函谷关。沛公就向北进攻平阴，截断黄河渡口。接着向南进军，与秦军在洛阳东交战，战事不利，退回阳城，聚集军中的骑兵，在南阳县东和南阳太守吕齮交战，打败了秦军，攻取了南阳郡，南阳郡守吕齮逃跑，坚守宛城。沛公率兵绕过宛城西进，张良进谏说："您虽然想尽快入关，但目前秦兵数量仍旧很多，又凭借险要地势进行抵抗。如果现在不攻下宛城，那么宛城的敌人从背后攻击，前面又有强大的秦军，这是很危险的。"于是沛公连夜率兵从另一条道返回，更换旗帜，到天亮时，把宛城层层围住。南阳郡守想要自刎。他的门客陈恢说："还不到寻死的时候呢！"于是翻过城墙去见沛公，说："我听说足下和怀王约定，先攻入咸阳的就让他在那里称王。现在您停下来围攻宛城。宛城是个大郡的都城，相连的城池有几十座，人民众多，积蓄充足，官民都认为投降肯定要被杀死，所以都决心据城坚守。现在您整天留在这里攻城，士兵伤亡必定多；如果率军离去，宛城军队一定在后面追击；这样，您向西前进也会误掉先进咸阳称王的约定，后退又有宛城强大守军的后患。为您着想，倒不如约定招降，封赏南阳太守，让他留下来守住南阳，您率领宛城的士兵一起西进。那些还没有攻下的城邑，听到这个消息，一定会争着打开城门等候您。您就可以通行无阻没有拖累。"沛公说："好！"于是封宛城郡守为殷侯，封给陈恢千户。接着沛公率兵继续西进，所过城邑没有不归降的。到了丹水，高武侯戚鳃、襄阳侯王陵也在西陵投降。沛公又回军攻打胡阳，遇到番君的别将梅鋗，就跟他一起，降服了析县和郦县。沛公派遣魏国人宁昌出使秦地，宁昌还未回来。这

时，秦将章邯已在赵地率军投降了项羽。

当初，项羽和宋义向北救赵，等项羽杀了宋义，代替他做了上将军，各路将领如黥布等都归属了项羽；接着他又打败秦将王离的军队，降服了章邯，诸侯都归附了他。赵高杀了秦二世之后，派人来求见，想和沛公定约在关中分地称王，沛公以为其中有诈，就用了张良的计策，派郦生、陆贾去游说秦将，用财利引诱他们，乘机前去偷袭武关，攻了下来。又在蓝田南与秦军交战。增设疑兵旗帜，命令全军所过之处不得掳掠，秦人都很高兴，秦军瓦解，因此大败秦军。接着在蓝田北与秦军交战，又大败秦军。于是乘胜而战，终于彻底打败了秦军。

汉元年十月，沛公的军队在各诸侯中最先到达霸上。秦王子婴乘素车驾白马，用丝绳系着脖子，封好皇帝的御玺和符节，在轵道旁投降。将领们有的说应该杀了秦王。沛公说："当初怀王派我攻关中，就是认为我能宽厚容人；况且人已经投降了，又杀掉他，这么做不吉利。"于是把秦王交给主管官吏，就向西进入城阳。沛公想住在秦宫休息，樊哙、张良劝阻，这才下令把秦宫中的贵重宝器财物和库府都封好，然后退回驻扎在霸上。沛公召来各县的父老和有才德、有名望的人，对他们说："父老们苦于秦朝的苛政已经很久了，批评朝政得失的要灭族，相聚议论的要处死刑。我和诸侯们与怀王约定，谁先进入关中就在此称王，所以我应当统管关中。现在我和父老们约定，法律有三：杀人者处死刑，伤人者和抢劫者依法治罪。其余秦朝的法律全部废除。所有官吏和百姓都像往常一样安居乐业。总之我到这里来，就是要为父老们除害，不会对你们有侵害暴虐，不要害怕！再说，我之所以把军队撤回霸上，是想等着各路诸侯到来，共同制定一个规约。"随即派人和秦朝的官吏一起到各县镇乡村去巡视。向民众讲明情况。秦地的百姓都非常喜悦，争着送来牛羊酒食慰问士兵。沛公推让不肯接受，说："仓库里的粮食多，并不缺乏，不想让大家破费。"人们更加高兴，唯恐沛公不在关中做秦王。

有人游说沛公说："秦地比其他地区富足十倍，地势又十分险要。现在听说章邯投降项羽，项羽给他的封号是雍王，在关中称王。如今要是他来了，沛公您恐怕就不能拥有这个地方了。可以赶快派军队守住函谷关，不要让诸侯军进来，且逐步征集关中的兵卒，加强自己的实力，以便抵抗他们。"沛公认为他的话有理，就听了他的计策。十一月中，项羽果然率领诸侯军西进，想要进入函谷关。可是关门紧闭。项羽听说沛公已经平定关中，非常恼火，派黥布等攻克了函谷关。十二月中旬，到达戏水。沛公的左司马曹无伤听说项羽发怒，想要攻打沛公，就派人去对项羽说："沛公想在关中称王，让秦王子婴做丞相，把秦宫所有的珍宝都据为己有。"曹无伤想借此求项羽的封赏。亚父范增劝说项羽攻打沛公，项羽正犒劳将士，准备次日和沛公会战。这时项羽的兵力有四十万，号称百万；沛公的兵力有十万，号称二十万，实力抵不过项羽。恰巧项伯想救张良，趁夜到沛公军营见张良，因而借机让项伯向项羽说明情况，项羽才作罢。次日沛公带了百余名随从骑兵骑马来到鸿门见项羽，向他道歉。项羽说："这是沛公左司马曹无伤说的，不然我怎么会这样呢？”沛公因为樊哙、张良，才得以脱身返回。回到军营，立即杀了曹无伤。

项羽于是向西行进，大肆屠杀，焚烧了咸阳城内的秦王朝宫室，所经之地，没有不遭毁灭的。秦地的人们对项羽非常失望，但又害怕，不敢不服从他。

项羽派人回去向怀王报告并请示。怀王说：“按原来约定的办。”项羽怨恨怀王当初不肯让他和沛公一起西进入关，却派他到北边去救赵，在称王关中的约定中落于人后。他说：“怀王，是我家叔父项梁拥立的，他没有什么功劳，凭什么能主持定约呢！平定天下的，是各路将领和我项籍。”于是假意推尊怀王为义帝，实际上并不听从他的命令。

正月，项羽自立为西楚霸王，统治梁地、楚地的九个郡，建都彭城。又违背当初的约定，改立沛公为汉王，统治巴蜀、汉中之地，建都南郑。把关中分为三，封秦朝的三个降将：章邯为雍王，建都废丘；司马欣为塞王，建都栎阳；董翳为翟王，建都高奴。又封楚将瑕丘申阳为河南王，建都洛阳。封赵将司马卬为殷王，建都朝歌。把赵王歇改封到代地为代王。封赵相张耳为常山王，建都襄国。封当阳君黥布为九江王，建都六县。封怀王的柱国共敖为临江王，建都江陵。封番君吴芮为衡山王，建都邾县。封燕将臧荼为燕王，建都蓟县。把原燕王韩广改封到辽东。韩广不听，臧荼率军去攻打，在无终把他杀了。项羽又封给成安君陈馀河间周围的三个县，让他住在南皮县。封给梅鋗十万户。

四月，各路诸侯在项羽麾下解散，回各自的封国去。汉王前往封国，项羽派了三万士兵随从前往，楚国和诸侯国中敬慕而跟随汉王的有几万人，他们从杜县往南进入蚀地的山谷中。军队过去以后，在陡壁上架起的栈道就全部烧掉，为了防备诸侯或其他强盗偷袭，也是向项羽表示没有东进之意。到达南郑时，部将和士兵有许多人在中途逃跑去了，士兵们都唱着歌，想东归回乡。韩信劝说汉王道：“项羽封有功的部将，却偏偏让您到南郑去，分明是流放。部队中的军官、士兵大都是崤山以东的人，他们日夜踮着脚尖东望，盼归故乡。如果趁着这种锐气利用他们，可以建大功。若等天下平定以后人们都安居乐业了，就再也用不了他们了。不如立即决策，率兵东进，与诸侯争权夺天下。”

项羽出了函谷关，派人迁徙义帝。说：“古代帝王拥有纵横各千里的土地，且一定要居住在江河的上游。”派使者把义帝迁徙到长沙郡郴县，催促他赶快起程，群臣于是渐渐背叛了他。接着项羽秘密命令衡山王、临江王去杀义帝，把义帝杀死在江南。项羽怨恨田荣，就封齐将田都为齐王。田荣很生气，就自立为齐王，杀掉田都叛楚；又把将军印授给了彭越，让他在梁地反楚。楚派萧公角去攻打彭越，被彭越打得大败。陈馀怨恨项羽不封自己为王，就派夏说去游说田荣，向他借兵攻打张耳。齐国给了陈馀军队，打败了常山王张耳，张耳逃走归附了汉王。陈馀从代地把赵王歇迎回赵国，重新立为赵王。赵王因此立陈馀为代王。项羽大为恼怒，发兵向北攻打齐国。

八月，汉王采用韩信计策，顺原路返回关中，袭击雍王章邯。章邯在陈仓迎击汉军，雍王的军队被打败，退兵逃走；在好畤再战，又被打败，逃到废丘。汉王于是平定了雍地。汉王东进咸阳，率军在废丘包围雍王，并派遣将领们去夺取土地，平定了陇西、北地、上郡。派将军薛欧、王吸带兵出武关，借着王陵兵驻南阳，到沛县去接太公、吕后。楚王听说后，派兵在阳夏阻截，汉军不能前进。楚又封原吴县县令郑昌为韩王，以抵抗汉军。

二年，汉王向东夺取土地，塞王司马欣、翟王董翳、河南王申阳都归降了汉王。韩王昌不肯归降，汉王派韩信打败他。于是把攻占的土地设置为陇西、北地、上郡、渭南、河上、中地等郡；在关外设置河南郡。改封韩国的太尉信为韩王。汉王下令各路将领，率领一万人或者献出一郡之地降汉的，封万户。修筑河上郡的要塞。原先秦朝的园林猎场，都允许人们去耕种。正月，汉王俘虏了雍王的弟弟章平。大赦天下罪犯。

汉王出了武关到达陕县，抚慰关外的父老，回来后，张耳前来归附。汉王对他十分厚待。

二月，下令废除秦的社稷，改立汉的社稷。

三月，汉王从临晋渡黄河，魏王豹带兵跟随。攻下河内，俘虏殷王，设置河内郡。又率军南渡平阴津，到洛阳。新城的三老董公拦住汉王，向他说了义帝被杀的情况。汉王听后，袒露左臂失声大哭。随即下令为义帝发丧，哭吊三天。派使者通告各诸侯说：“天下诸侯共同拥立义帝，称臣事奉。如今项羽放逐义帝柄在江南杀害了他，这是大逆不道。我亲自为义帝发丧，诸侯也都应该穿丧服。我将发动关中全部军队，聚集河南、河东、河内三郡的士兵，向南沿长江、汉水而下，我希望与诸侯王一起讨伐楚国那杀害义帝的罪人！”

这时项羽正在北方攻齐，田荣和他在城阳交战。田荣被打败，逃往平原，平原的民众杀了他。齐国各地也都归降楚国。楚军放火焚毁了齐国的城邑，掠走了齐人的子女，齐国人怒而反楚。田荣的弟弟田横立田荣的儿子田广为齐王。齐王在城阳举兵反楚。项羽虽听说汉王已经到东方来，但因为已与齐军连战多日，就想打败齐军之后再去迎击汉军。汉王因此得以挟持常山王张耳，河南王申阳、韩王郑昌、魏王魏豹、殷王卬五诸侯的军队，攻入彭城。项羽知道后，立即率兵离开齐国，从鲁县穿过胡陵，到达萧县，跟汉军在彭城灵壁以东的睢水激战，大败汉军，杀了许多汉兵，睢水因此被阻塞不能畅流。项羽又派人从沛县掳来了汉王的妻儿父母，把他们扣在军中做人质。当时，诸侯们见楚军强大，汉军被打败，又都背离了汉王而去帮助楚王。塞王司马欣逃入楚国。

吕后的哥哥周吕侯为汉王领兵，驻扎在下邑。汉王去投奔他，逐渐聚集士卒，驻扎在砀县。然后率军向西经过梁地，到达虞县。汉王派使者随何到九江王黥布那里去，说："您如果能说服黥布发兵反楚，项羽一定会留在那里攻击黥布。只要项羽停留几个月，我就一定能取得天下。"随何前去游说九江王黥布。黥布果然反楚。楚派龙且前去攻打他。

汉王在彭城兵败向西撤退时，途中派人去寻找家室，家室都已逃走，没有找到他们。败退途中只找到了孝惠。六月，立孝惠为太子，大赦罪犯。让太子守卫栎阳，把关中各诸侯的儿子都集中到栎阳来守卫。接着，引水灌废丘，废丘降汉，章邯自杀。废丘改名为槐里。于是命令掌管祭祀的祠官祭祀天地、四方、上帝、山川，按时祭祀。又发动关内的士兵去防守边塞。

这时九江王黥布与龙且交战，未胜，就跟随何一起抄小路而来归附汉王。汉王又渐渐收集士兵，跟各路将领及关中军队大举出动，因而军威大振于荥阳，在京、索之间击败了楚军。

三年，魏王豹请假回乡去探视父母，一到魏国，就封锁黄河渡口，反汉助楚。汉王派郦食其去劝说魏豹，魏豹不听。汉王就派将军韩信前去攻打，大败魏军，俘虏了魏豹，于是平定了魏地，设置了三个郡：河东郡、太原郡、上党郡。汉王随即命令张耳与韩信率兵前去井陉，攻打赵国，杀了陈馀和赵王歇。第二年，封张耳为赵王。

汉王的军队驻扎在荥阳南，修筑甬道一直延伸到黄河边渡口，以便取用敖仓的粮食。跟项羽对峙了一年多。项羽多次侵夺汉甬道，汉军粮食缺乏，项羽于是包围了汉王。汉王请和，条件是把荥阳以西划归汉王。项王不答应。汉王为此而忧虑，就用陈平的计策，给了陈平黄金四万斤，用以离间楚国的君臣关系。项羽便对亚父产生了怀疑。范增当时正劝项羽务必攻下荥阳，当他遭到项羽猜疑后，非常愤怒，就托辞年老，希望项羽准许他告老还乡，但还未到彭城就死了。

汉军粮草断绝，就趁夜把二千多名身披铠甲的女子带出东门，楚军从四面围攻。这时将军纪信乘汉王车驾，假扮成汉王骗过楚军。楚军一起高呼万岁，争赴城东观看，因此汉王才得以带着几十名随从骑兵从城西门逃走。出城前汉王命令御使大夫周苛、魏豹、枞公守卫荥阳。那些不能随汉王出城的将领和士兵，都留在城中，周苛、枞公商量说："魏豹是叛国之王，难以和他一起守城。"于是把魏豹杀了。

汉王逃出荥阳，进入关中收集士兵，准备再次东进。袁生游说汉王说："汉与楚在荥阳相持不下好几年，汉军常陷于困境。希望汉王出武关，项羽一定率军南下，大王加高壁垒，坚守不出，让荥阳、成皋一带得以修整。派韩信等去安抚河北赵地，把燕国、齐国联合起来，再兵进荥阳也不晚。这样，楚军就要多方防备，力量分散，而汉军得到了休整，再跟楚军作战，打败楚军，就确定无疑了。"汉王听从了他的计策，出兵于宛县、叶县之间，与黥布边行进边收集人马。

项羽听说汉王在宛县，果然率军南下。汉王加固壁垒不与他交战。这时彭越渡过睢水，和项声、薛公在下邳交战，彭越大败楚军。于是项羽就率军东进去攻打彭越。汉王也率军北进，驻扎在成皋。项羽打败了彭越，听说汉王又驻进成皋，就率军向西，攻下荥阳，杀死了周苛、枞公，并俘虏了韩王信，接着包围成皋。

汉王逃走，独自与滕公共乘一车逃出成皋北面的玉门，向北渡过黄河，留宿修武。汉王自称是使者，第二天清晨，冲入张耳、韩信的军营，夺了他们的军权。又派张耳往北到赵地去大量收集兵卒，派韩信东进攻打齐国。汉王取得了韩信的军队，重新振作起来，率军南进临近黄河，在小修武南犒劳部队，想跟项羽再战，郎中郑忠劝阻汉王，让他加深壕沟，增高壁垒坚守，不跟楚军作战。汉王听了他的计策，派卢绾、刘贾率兵二万人，骑兵数百名，渡过白马津，进入楚地，跟彭越的军队一起在燕县西再次打败楚军，接着又攻下梁地十多座城池。

淮阴侯韩信已受命东进，还未渡过平原津。汉王暗中派郦食其前去游说齐王田广，田广叛楚，与汉讲和，共同进攻项羽。韩信听了蒯通的主意，突袭打败齐军。齐王用大鼎把郦食其烹杀，向东逃到高密。项羽听说韩信已率河北军攻占了齐国、赵国，将要进攻楚国，就派龙且、周兰前去打韩信。韩信跟他们交战，骑将灌婴出击，大败楚军，杀了龙且。齐王田广投奔彭越。这时，彭越带兵驻在梁地，往来袭击骚扰楚军，断绝楚军的粮食供给。

四年，项羽对海春侯大司马曹咎说："你们谨慎地守住成皋。如果汉军挑战，万不可应战，只要别让他们东进就可以。我在十五天之内一定能平定梁地，回头再跟将军们会合。"便率兵去攻打陈留、外黄、睢阳，都攻下了。汉军果然多次向楚军挑战，楚军都不出来，汉军派人辱骂他们，接连五六天，曹咎被激怒，领兵横渡汜水。士兵刚刚渡过一半，汉军出击，大败楚军，缴获了楚国的全部金玉财物。大司马曹咎、长史司马欣都在汜水上自刎了。项羽到达睢阳，听说海春侯被打败，就率军赶回来。汉军这时把钟离眛包围在荥阳东，项羽到来，汉兵已全部跑到深山险阻地带去了。

韩信攻下齐国后。派人去对汉王说："齐国临近楚国，我的权力太小，如果不立个代理之王，恐怕不能安定齐地。"汉王想去攻打韩信，留侯张良说："不如趁此机会立他为齐王，让他为自己守住齐地。"于是汉王派张良带着绶印到齐国封韩信为齐王。

项羽听说龙且的军队被打败，就害怕了，派盱台人武涉去游说韩信反汉。韩信没有同意。

楚汉两军相持很久胜负未决，年轻人厌倦了长期的行军作战，老弱者由于运送粮饷疲备不堪。汉王和项羽隔着广武涧对话。项羽要跟汉王单独决一死战，汉王历数项羽的罪状说：“当初我和你项羽一同受怀王之命，说‘先入关中者在关中为王’，你项羽违背了约定，让我在蜀汉为王，这是罪状一；你假托怀王之命杀了卿子冠军宋义，而自任上将军，这是罪状二；你奉命援救赵国，本应当回禀怀王，而你却擅自劫持诸侯的军队入关，这是罪状三；怀王当初约定入关后不准烧杀掳掠，你却焚毁秦朝宫室，掘始皇帝坟墓，私自收取秦地的财物，这是罪状四；你杀掉已经投降的秦王子婴，这是罪状五；你采用欺诈手段，在新安活埋二十万秦兵，却封赏他们的降将，这是罪状六；你把各诸侯的将领都封在好地方，却迁移原来的诸侯王，使他们的臣下为争王位而反叛，这是罪状七；你把义帝赶出彭城，自己却在那里建都，又侵夺韩王的地盘，把梁、楚之地并在一起据为己有，这是罪状八；你派人在江南秘密地杀了义帝，这是罪状九；你为人臣子却谋杀君主，杀害已经投降之人，你为政不公，不守信约，不容于天下，大逆不道，这是罪状十。如今我率领义兵和诸侯们来讨你这个残暴的罪人，只让那些受过刑的罪犯杀掉你，又何必劳累我来跟你挑战呢？”项羽十分恼怒，暗箭射中了汉王。汉王胸部受伤，却按着脚说：“这贼人射中了我的脚趾！”汉王因受箭伤而病倒了，张良请他勉强起来出去巡行，慰劳部队，以便稳定军心，不让楚军趁机在威势上压过汉军。汉王出去巡视军营，病情加重，立即赶回了成皋。

汉王病愈后，西行入关，来到栎阳，慰问当地父老，摆设酒席，杀了原塞王司马欣，把他的头悬挂示众。汉王在栎阳停留了四天，又回到军中，驻扎在广武。这时候，关中的军队出关参战的也增多了。

这时，彭越带兵驻在梁地，往来袭击骚扰楚军，断绝楚军的粮食供给。田横前往梁地依附他。项羽多次攻击彭越等人，齐王韩信又进兵攻打楚军。项羽害怕了，就跟汉王约定，平分天下，鸿沟以西的地方划归汉，鸿沟以东的地方划归楚。项羽送回了汉王的家属，汉军官兵都呼喊万岁，于是双方分别撤军回去。

项羽罢兵回东方。汉王也想率军西回，但后来汉王采用张良、陈平的计策，进兵追赶项羽，到阳夏南面让部队驻扎下来，和齐王韩信，建成侯彭越约定日期会合，共击楚军。汉王到达固陵，韩信、彭越却没有来会合。楚军迎击汉军，把汉军打得大败。汉王又逃回营垒，深挖壕堑固守。又采用张良的计策派使者封给韩信、彭越土地，使他们各自为战，于是韩信、彭越都来会合了。黥布和刘贾已经进入楚地，围攻寿春，汉王派人去召大司马周殷，让他出动九江军队去会合武王黥布，行军途中屠戮了城父，然后随刘贾、齐、梁诸侯的军队在垓下会师。汉王封武王黥布为淮南王。

五年，高祖和诸侯军共同进攻楚军，与项羽在垓下决战。淮阴侯韩信率领三十万大军与楚军正面对抗，孔将军在左，费将军在右，汉王领兵随后，绛侯周勃、柴将军跟在汉王的后面。项羽的军队大约有十万。淮阴侯首先跟楚军交锋，不利，向后退却。孔将军、费将军从左右两边纵兵攻上去，楚军不利，淮阴侯乘势再次攻上去，大败楚军于垓下。项羽的士兵听到汉军唱起了楚地的歌，以为汉军已经完全占领了楚地，项羽战败逃走，楚军因此全部崩溃。汉王派骑将灌婴追杀项羽，一直追到东城，杀了八万楚兵，终于攻占平定了楚地。只有鲁县人还为项羽坚守，不肯降服。汉王率领诸侯军北上，把项羽的头给鲁县的父老们看，鲁人这才投降。于是，汉王按照鲁公这一封号的礼仪，把项羽葬在谷城。然后回师定陶，进入齐王韩信的军营，夺了他的兵权。

正月，诸侯及将相们共同尊请汉王为皇帝。汉王说："我听说皇帝的尊号，贤能的人才配拥有，徒有虚名而无其实，不足以守帝位。我不敢承担皇帝的尊号。"大臣们都说："大王从平民起事，诛伐暴逆，平定四海，有功之人就分赏他们土地，封为王侯。如果您不称皇帝尊号，大家都会对自己的封号疑虑不安。臣等不惜一死，坚持立帝之议。"

汉王辞让再三，实在推辞不过，才说："既然诸位认为这样合适，那我就为了国家的利益吧。"二月三日，汉王在汜水北面登临皇帝之位。

皇帝说："义帝没有后代，而齐王韩信熟悉楚地的风俗，就改封韩信为楚王，建都下邳。"封建成侯彭越为梁王，建都定陶。原韩王信仍旧为韩王，建都阳翟。改封衡山王吴芮为长沙王，建都临湘。番君的部将梅鋗有功，曾经随汉军进入武关，所以皇帝感激番君。淮南王黥布、燕王臧荼、赵王张敖封号如旧。

天下全都平定了。高祖定都在洛阳，诸侯都称臣归从于高祖。原临江王共驩为项羽效忠，反叛汉朝，高祖派卢绾、刘贾去包围了他，没有攻下。过了几个月共驩才投降，最后高祖在洛阳把他杀了。

五月，士兵都遣散回家。诸侯中与太子一起留守关中的人，免除赋税徭役十二年，回到封国去的免除赋税徭役六年，国家供养他们一年。

高祖在洛阳南宫摆设酒宴。高祖说："列侯和各位将领，你们不要瞒我，都要说真心话。我之所以能取得天下，是为什么呢？项羽之所以失去天下，又是为什么呢？"高起、王陵回答说："陛下傲慢且好侮辱人，项羽仁厚而且爱人。但陛下派人攻打城池夺取土地，所攻下和降服的地方就分封给他们，跟天下人同享利益。而项羽却妒贤嫉能，有功的人受到陷害，有才能的人受到怀疑，打了胜仗不给人授功，夺得了土地不给人好处，这是他失去天下的原因。"高祖说："你们只知其一，不知其二。说到在帷帐中运筹策划，决胜于千里之外，我比不上张子房；镇守国家，安抚百姓，供给粮饷，保证运粮道路不被阻断，我比不上萧何；统率百万大军，战则必胜，攻则必取，我比不上韩信。这三个人都是人中的俊杰，我能够任用他们，这就是我能取得天下的原因所在。项羽虽有一位范增却不信用，这就是他被我擒获的原因。"

高祖本打算长期定都洛阳，齐人刘敬劝阻，后来留侯张良也劝说高祖进入关中去定都，于是高祖当天就起驾，到关中去建都。六月，大赦天下。

十月，燕王臧荼造反，攻下了代地。高祖亲自率军前去讨伐，擒获燕王臧荼。当即封太尉卢绾为燕王。派丞相樊哙领兵攻代地。

这年秋天，利几造反，高祖又亲自带兵去讨伐，利几败逃。利几原是项羽的部将。项羽失败时，利几是陈县县令，没有跟随项羽，逃走归降了高祖。高祖把他封在颍川为侯。高祖到达洛阳后，召见全部在名册的侯王，利几心里害怕，所以就造反了。

六年，高祖每五天朝拜太公一次，按照一般人家父子相见的礼节。太公的管家劝说太公道："天上不会有两个太阳，地上不应有两个君主。当今皇帝虽是您儿子，在天下却是万民之主；太公您虽是父亲，对皇帝却是臣子。怎么能够叫万民之主拜见他的臣子呢！这样做，皇帝的威严就不能遍行天下了。"后来高祖再去朝见太公，太公就抱着扫帚，在门口倒退着迎接高祖。高祖大为吃惊，急忙下车搀扶太公。太公说："皇帝是万民之主，怎么能因为我而乱了天下的规矩呢！"于是高祖就封太公为太上皇，心里赞赏那个管家的话，赐给他五百斤黄金。

十二月，有人上书报告楚王韩信谋反作乱，高祖向左右大臣询问对策，大臣们都争着想去征讨。最后高祖采用了陈平的计策，佯装去巡访云梦泽，在陈县召见诸侯，楚王韩信来迎接，就趁机拘捕他。当天，大赦天下。田肯来祝贺，并对高祖进言道："陛下拘捕了韩信，又在关中建都。秦地是形势险要之处，周围有山河环绕，与诸侯国的疆界被山河千里阻隔。如果诸侯国拥有百万军队，那么秦地只需兵力二万就可以抵挡。秦地地势这样有利，如果对诸侯用兵，就好像从高屋檐角往下流水一样，居高临下，势不可挡。还有齐地，东有琅邪、即墨的富饶，南有泰山的险固，西有黄河的天险，北有渤海的地利。土地纵横二千里，与诸侯的疆界被山水千里阻隔，如果诸侯拥有百万军队，那么齐地只需二十万就可以抵挡。所以，齐地和秦地可并称东秦和西秦。如果不是陛下的嫡亲子弟，不可以派去做齐王。"高祖说："好。"赏给他黄金五百斤。

十多天以后，又封韩信为淮阴侯，把楚国分为两个侯国。高祖说，将军刘贾屡次立功，就封他为荆王，统治淮水以东。又封他的弟弟刘交为楚王，统治淮水以西。封皇子刘肥为齐王，统辖七十多座城，老百姓凡是能说齐国方言的都属齐国。接着高祖论功行赏，与各列侯剖符为证。迁徙韩王信到太原郡。

七年，匈奴在马邑攻打韩王信，韩王信勾结匈奴在太原谋反。白土城的曼丘臣、王黄拥立前赵将赵利为王，也反叛朝廷。高祖亲自率兵前往讨伐。正赶上天气寒冷，士兵们冻掉手指的十之二三，于是赶到平城。匈奴军队包围了平城，七天之后才撤围离去。高祖让樊哙留下平定代地。封哥哥刘仲为代王。二月，高祖从平城出发，经过赵国、洛阳，抵达长安。长安的长乐宫建成了，丞相萧何以下的官员们都迁到长安办公。八年，高祖又率军东进，在东垣一带追击韩王信的余党。

这时丞相萧何主持营建未央宫，未央宫建东阙、北阙、前殿、武库、太仓。高祖回来，看到宫殿非常壮观，很生气，对萧何说：“天下动荡纷乱。苦苦争战好几年，成败还不可确知，为什么要把宫殿修造得如此过分奢华呢？”萧何说：“正因为天下还没有安定，才可以趁此机会建成宫殿。再说，天子四海为家，宫殿不壮丽就无法树立天子的威严，而且也不能再让后世超越。”高祖这才高兴了。

高祖到东垣去，经过柏人，赵相贯高想谋杀高祖，高祖心有所动，没有在那留宿。后来代王刘仲弃国逃亡，自己到洛阳谢罪，高祖废掉他的王位，改封合阳侯。

九年，赵相贯高等人企图谋杀高祖的事被发觉，灭他们三族。废掉赵王敖，改封为宣平侯。这一年，把原来楚国的贵族昭氏、屈氏、景氏、怀氏和原来齐国贵族田氏等贵族迁到关中。

未央宫建成，高祖大会诸侯群臣，在未央宫前殿摆设酒宴。高祖捧着玉制酒杯，起身向太上皇献酒祝寿，说：“当初大人常以为我不成才，不会经营产业，比不上二哥勤苦努力。可是现在我的产业和刘仲相比谁的多呢？”殿上群臣都呼喊万岁，大笑取乐。

十年十月，淮南王黥布、梁王彭越、燕王卢绾、荆王刘贾、楚王刘交、齐王刘肥、长沙王吴芮都到长乐宫朝见高祖。春天和夏天国家太平无事。七月，太上皇在栎阳宫去世。楚王、梁王都来送葬。赦免栎阳的囚徒。把郦邑改名为新丰。

八月，代相国陈豨在代地造反。皇上说：“陈豨曾经给我做事，很有信用。我认为代地是很重要的地方，所以封陈豨为列侯，以相国的身份镇守代地，如今他竟然和王黄等人劫掠代地！但是代地的官吏和百姓并没有罪，全都赦免他们。”九月，高祖亲自率军往东讨伐陈豨。到达邯郸，皇上高兴说：“陈豨不懂得占领邯郸却在漳水设防，我便知道他没有什么能耐。”于是拿了许多黄金去引诱陈豨的部将，很多人都投降了。

十一年，高祖在邯郸讨伐陈豨等人还没有完毕，陈豨的部将侯敞带领一万多人往来游动作战，王黄驻扎在曲逆，张春渡过黄河攻打聊城。汉派将军郭蒙和齐国的将领去攻打他们，把他们打得大败。太尉周勃从太原攻入，平定了代地。到马邑时，马邑叛军不肯降服，周勃攻下并摧毁了马邑。

陈豨的部将赵利坚守东垣，高祖去攻打，没有攻下。打了一个多月，东垣的士兵在城上辱骂高祖，高祖大怒。等到东垣被攻下，下令把辱骂过自己的人找出来斩了，不曾辱骂自己的人就宽恕他们。随后把赵国常山以北的地区划归代国，立皇子刘恒为代王，建都晋阳。

这年的春天，淮阴侯韩信在关中谋反，被灭三族。

夏天，梁王彭越谋反，被废爵位，流放到蜀地；不久他又想谋反，被夷灭三族。高祖就立皇子刘恢为梁王，皇子刘友为淮阳王。

秋季七月，淮南王黥布造反，向东吞并了荆王刘贾的地盘，又北渡淮河，楚王刘交被迫逃到薛国。高祖亲自率军前去讨伐。立皇子刘长为淮南王。

十二年十月，高祖在会甀击败了黥布的军队，黥布逃走，高祖派别将继续追击。

高祖北上回京，路过沛县时停留下来。在沛宫置备酒席，把昔日朋友和父老子弟都请来一同纵情畅饮。挑选沛中儿童一百二十人，教他们唱歌。酒喝得痛快时，高祖一边击筑，一边作歌："大风刮起来啊云彩飞扬，声威遍海内啊回归故乡，怎能得到猛士啊守卫四方！"让儿童们跟着学唱。高祖又起舞，情绪激动心中感伤，洒下行行热泪。高祖对沛县父老兄弟说："远游的赤子总是思念故乡。我虽然建都关中，但是将来死后我的魂魄还会思念沛地。而且我起初是以沛公的身份起兵讨伐暴逆，终于取得天下，我把沛县作为我的汤沐邑，免除沛县百姓的赋税徭役，世世代代不必纳税服役。"沛县的父老大娘亲戚朋友整天快活饮酒，谈笑欢宴，叙说往事。过了十多天，高祖要走了。沛县父老执意挽留。高祖说："我的随从众多，父兄们负担不起。"于是离开沛县。这天，沛县百姓倾城而出，都赶到城西来敬献牛、酒等。高祖又停下来，搭起帐篷，痛饮三天。沛县父兄都叩头请求说："沛县有幸得以免除赋税徭役，丰邑却没有免除，希望陛下哀怜他们。"高祖说："丰邑是我生长的地方，我最不能忘，我只是因为当初丰邑人跟着雍齿反叛我而帮助魏王才这样的。"沛县父老仍坚持请求，高祖才答应把丰邑的赋税徭役也免除，跟沛县一样。于是封沛侯刘濞为吴王。

汉军将领在洮水南北分别进击黥布。全部打败了叛军，追到鄱阳抓获了黥布，把他斩了。

樊哙另外带兵平定了代地，在当城杀了陈豨。

十一月，高祖从讨伐黥布的军中返回长安。十二月，高祖说："秦始皇、楚隐王陈涉、魏安釐王、齐缗王、赵悼襄王等都没有后代，分别给予守墓人十户，给秦始皇二十户，给魏公子无忌五户。"代地的官吏、百姓，凡是被陈豨、赵利所劫持的，全部赦免。陈豨的降将说，陈豨造反时，燕王卢绾曾经派人到陈豨那里一同密谋。高祖派辟阳侯审食其召卢绾进京，卢绾推说有病不来。辟阳侯回来后，详细报告说卢绾谋反，事有端绪。二月，高祖派樊哙、周勃带兵讨伐燕王卢绾。赦免了燕地造反的官民。立皇子刘建为燕王。

高祖讨伐黥布的时候，被乱箭射中，在回来的路上生了病。病得很厉害，吕后为他请来良医。医生进宫拜见，高祖问医生病情如何。医生说："可以治好。"于是高祖骂他说："我以一个平民，手提三尺之剑，最终取得天下，这不是由于天命吗？人的命运决定于上天，纵然你是扁鹊，又有什么用处呢！"于是不让他治病，赏给他五十斤黄金打发走了。不久吕后问高祖："陛下百年之后，如果萧相国也死了，让谁来接替他做相国呢？"高祖说："曹参可以。"又问其次，高祖说："王陵可以。不过他略显迂愚刚直，陈平可以帮助他。陈平智慧有余，然而难以独自担当重任。周勃深沉厚道，缺少文才，但是安定刘氏天下的一定是周勃，可以让他担任太尉。"吕后再问以后的事，高祖说："再以后的事，就不是你所能知道的了。”

卢绾带着几千骑兵在边境上等待机会，希望在高祖病愈以后，亲自到长安去请罪。

四月甲辰日，高祖在长乐宫驾崩。过了四天还不发布丧事消息。吕后和审食其商量说：“那些将领先前和皇帝同样是平民百姓，后来北面称臣，这些人就常常怏怏不乐，现在又要事奉年轻的新皇帝了，如果不全部族灭他们，天下就安定不了。”有人听到了这个话，告诉将军郦商。郦将军去见审食其，说：“我听说皇帝已驾崩四天了还不发布丧事消息，而且要杀掉所有的将领。如果真的这样做，天下可就危险了。陈平、灌婴率领十万大军镇守荥阳，樊哙、周勃率领二十万大军平定燕地和代地，如果他们听说皇帝驾崩了，诸将都将遭杀戮，必定把军队联合在一起，回过头来进攻关中。那时候大臣们在朝廷叛乱，诸侯们在外面造反，覆亡的日子就翘足以待了。”审食其进宫把这告诉吕后，于是就在丁未日发布高祖逝世的消息，大赦天下。

卢绾听说高祖驾崩，就逃到匈奴去了。

丙寅日，在长陵安葬皇帝，下棺安葬完毕，太子来到太上皇庙。大臣们都说：“高祖起事于平民，平治乱世，使之归于正道，平定了天下，是汉朝的开国皇帝，功劳最高。”献上尊号称为高皇帝。太子继承皇帝之号，就是孝惠帝。又下令让各郡国诸侯都建高祖庙，每年按时祭祀。

到孝惠帝五年，皇上想到高祖思念牵挂沛县，就把沛宫定为高祖原庙。高祖所教过唱歌的儿童一百二十人，都让他们在原庙奏乐歌唱，以后有了缺员，就随时补充。

高祖有八个儿子：庶出的长子齐悼惠王刘肥；次子孝惠皇帝，是吕后的儿子；三子是戚夫人的儿子赵隐王如意；四子代王刘恒，后来被立为孝文皇帝，是薄太后的儿子；五子梁王刘恢，吕太后当政时被改封为赵共王；六子淮阳王刘友，吕太后时被改封为赵幽王；七子是淮南厉王刘长；八子是燕王刘建。

太史公说：夏朝的政治忠厚。忠厚的弊病是百姓粗野少礼，所以殷朝代之以恭敬。恭敬的弊病是百姓相信鬼神，所以周朝代之以礼仪。礼仪的弊病是百姓不诚恳。所以要救治不诚恳的弊病，就没有什么比得上忠厚。由此看来，夏、殷、周三代君主的治国之道好像是循环，终而复始。周朝到秦朝之间，其弊病可以说就在于过分讲究礼仪了。秦朝的政治不但没有改善，反而使刑法更加残酷，难道不是很荒谬吗？所以汉朝的兴起，对前朝政治的弊端有所改变，使老百姓不至于倦怠，这是符合天道的。汉以十月为岁首，诸侯在每年的十月进京朝见皇帝。规定车服制度，皇帝乘坐的车驾，用黄缎子做车盖的衬里，车前横木的左上方要插用旄牛尾或野鸡尾做的幢。高祖葬在长陵。

（赵生群注　王永吉译）

卷九　吕太后本纪第九

注释查阅　译文诵读

吕太后者，高祖微时妃也[1]，生孝惠帝、女鲁元太后。及高祖为汉王，得定陶戚姬，爱幸，生赵隐王如意。孝惠为人仁弱，高祖以为不类我[2]，常欲废太子，立戚姬子如意，如意类我。戚姬幸，常从上之关东，日夜啼泣，欲立其子代太子。吕后年长，常留守，希见上[3]，益疏。如意立为赵王后，几代太子者数矣[4]，赖大臣争之[5]，及留侯策[6]，太子得毋废。

吕后为人刚毅，佐高祖定天下，所诛大臣多吕后力[7]。吕后兄二人，皆为将。长兄周吕侯死事[8]，封其子吕台为郦侯，子产为交侯；次兄吕释之为建成侯。

高祖十二年四月甲辰，崩长乐宫，太子袭号为帝。是时高祖八子：长男肥，孝惠兄也，异母，肥为齐王；馀皆孝惠弟，戚姬子如意为赵王，薄夫人子恒为代王[9]，诸姬子子恢为梁王，子友为淮阳王，子长为淮南王，子建为燕王。高祖弟交为楚王，兄子濞为吴王[10]。非刘氏功臣番君吴芮子臣为长沙王[11]。

吕后最怨戚夫人及其子赵王，乃令永巷囚戚夫人[12]，而召赵王。使者三反，赵相建平侯周昌谓使者曰[13]："高帝属臣赵王[14]，赵王年少。窃闻太后怨戚夫人，欲召赵王并诛之，臣不敢遣王。王且亦病，不能奉诏。"吕后大怒，乃使人召赵相。赵相征至长安，乃使人复召赵王。王来，未到。孝惠帝慈仁，知太后怒，自迎赵王霸上，与入宫，自挟与赵王起居饮食。太后欲杀之，不得间[15]。孝惠元年十二月，帝晨出射。赵王少，不能蚤起[16]。太后闻其独居，使人持酖饮之[17]。犁明[18]，孝惠还，赵王已死。于是乃徙淮阳王友为赵王。夏，诏赐郦侯父追谥为令武侯。太后遂断戚夫人手足，去眼，煇耳[19]，饮瘖药[20]，使居厕中，命曰"人彘"[21]。居数日，乃召孝惠帝观人彘。孝惠见，问，乃知其戚夫人，乃大哭，因病，岁馀不能起。使人请太后曰："此非人所为。臣为太后子，终不能治天下。"孝惠以此日饮为淫乐，不听政，故有病也。

二年，楚元王、齐悼惠王皆来朝[22]。十月，孝惠与齐王燕饮太后前[23]，孝惠以为齐王兄，置上坐，如家人之礼。太后怒，乃令酌两卮酖[24]，置前，令齐王起为寿[25]。齐王起，孝惠亦起，取卮欲俱为寿。太后乃恐，自起泛孝惠卮[26]。齐王怪之，因不敢饮，详醉去[27]。问，知其酖，齐王恐，自以为不得脱长安，忧。齐内史士说王曰："太后独有孝惠与鲁元公主。今王有七十馀城，而公主乃食数城。王诚以一郡上太后，为公主汤沐邑，太后必喜，王必无忧。"于是齐王乃上城阳之郡，尊公主为王太后。吕后喜，许之。乃置酒齐邸[28]，乐饮，罢，归齐王。三年，方筑长安城，四年就半，五年六年城就。诸侯来会。十月朝贺。

七年秋八月戊寅，孝惠帝崩。发丧，太后哭，泣不下。留侯子张辟强为侍中，年十五，谓丞相曰："太后独有孝惠，今崩，哭不悲，君知其解乎？"丞相曰："何解？"辟强曰："帝毋壮子，太后畏君等。君今请拜吕台、吕产、吕禄为将，将兵居南北军[29]，及诸吕皆入宫，居中用事，如此则太后心安，君等幸得脱祸矣。"丞相乃如辟强计。太后说，其哭乃哀。吕氏权由此起。乃大赦天下。九月辛丑，葬。太子即位为帝，谒高庙[30]。元年，号令一出太后。

太后称制[31]，议欲立诸吕为王，问右丞相王陵。王陵曰："高帝刑白马盟曰'非刘氏而王，天下共击之'[32]。今王吕氏，非约也。"太后不说。问左丞相陈平、绛侯周勃。勃等对曰："高帝定天下，王子弟，今太后称制，王昆弟诸吕，无所不可。"太后喜，罢朝。王陵让陈平、绛侯曰："始与高帝啑血盟[33]，诸君不在邪？今高帝崩，太后女主，欲王吕氏，诸君从欲阿意背约[34]，何面目见高帝地下？"陈平、绛侯曰："于今面折廷争[35]，臣不如君；夫全社稷，定刘氏之后，君亦不如臣。"王陵无以应之。十一月，太后欲废王陵，乃拜为帝太傅，夺之相权。王陵遂病免归。乃以左丞相平为右丞相，以辟阳侯审食其为左丞相。左丞相不治事，令监宫中，如郎中令。食其故得幸太后，常用事，公卿皆因而决事。乃追尊郦侯父为悼武王，欲以王诸吕为渐[36]。

四月，太后欲侯诸吕，乃先封高祖之功臣郎中令无择为博城侯。鲁元公主薨，赐谥为鲁元太后。子偃为鲁王。鲁王父，宣平侯张敖也。封齐悼惠王子章为朱虚侯，以吕禄女妻之。齐丞相寿为平定侯。少府延为梧侯。乃封吕种为沛侯，吕平为扶柳侯，张买为南宫侯。

太后欲王吕氏，先立孝惠后宫子强为淮阳王[37]，子不疑为常山王，子山为襄城侯，子朝为轵侯[38]，子武为壶关侯。太后风大臣[39]，大臣请立郦侯吕台为吕王，太后许之。建成康侯释之卒，嗣子有罪，废，立其弟吕禄为胡陵侯，续康侯后。二年，常山王薨，以其弟襄城侯山为常山王，更名义。十一月，吕王台薨，谥为肃王，太子嘉代立为王。三年，无事。四年，封吕嬃为临光侯[40]，吕他为俞侯[41]，吕更始为赘其侯，吕忿为吕城侯，及诸侯丞相五人。

宣平侯女为孝惠皇后时，无子，详为有身[42]，取美人子名之[43]，杀其母，立所名子为太子。孝惠崩，太子立为帝。帝壮，或闻其母死，非真皇后子，乃出言曰："后安能杀吾母而名我？我未壮，壮即为变。"太后闻而患之，恐其为乱，乃幽之永巷中，言帝病甚，左右莫得见。太后曰："凡有天下治为万民命者，盖之如天，容之如地，上有欢心以安百姓，百姓欣然以事其上，欢欣交通而天下治[44]。今皇帝病久不已[45]，乃失惑惛乱[46]，不能继嗣奉宗庙祭祀，不可属天下，其代之。"群臣皆顿首言："皇太后为天下齐民计所以安宗庙社稷甚深[47]，群臣顿首奉诏。"帝废位，太后幽杀之。五月丙辰，立常山王义为帝，更名曰弘。不称元年者，以太后制天下事也。以轵侯朝为常山王。置太尉官，绛侯勃为太尉。五年八月，淮阳王薨，以弟壶关侯武为淮阳王。六年十月，太后曰吕王嘉居处骄恣，废之，以肃王台弟吕产为吕王。夏，赦天下。封齐悼惠王子兴居为东牟侯。

七年正月，太后召赵王友。友以诸吕女为后，弗爱，爱他姬，诸吕女妒，怒去，谗之于太后，诬以罪过，曰"吕氏安得王！太后百岁后，吾必击之"。太后怒，以故召赵王。赵王至，置邸不见，令卫围守之，弗与食。其群臣或窃馈，辄捕论之[48]。赵王饿，乃歌曰："诸吕用事兮刘氏危，迫胁王侯兮强授我妃。我妃既妒兮诬我以恶，谗女乱国兮上曾不寤[49]。我无忠臣兮何故弃国？自决中野兮苍天举直[50]！於嗟不可悔兮宁蚤自财[51]。为王而饿死兮谁者怜之！吕氏绝理兮托天报仇。"丁丑，赵王幽死，以民礼葬之长安民冢次[52]。

己丑，日食，昼晦。太后恶之，心不乐，乃谓左右曰："此为我也。"

二月，徙梁王恢为赵王。吕王产徙为梁王，梁王不之国，为帝太傅。立皇子昌平侯太为吕王。更名梁曰吕，吕曰济川。太后女弟吕媭有女为营陵侯刘泽妻，泽为大将军。太后王诸吕，恐即崩后刘将军为害，乃以刘泽为琅邪王，以慰其心。

梁王恢之徙王赵，心怀不乐。太后以吕产女为赵王后。王后从官皆诸吕，擅权[53]，微伺赵王[54]，赵王不得自恣。王有所爱姬，王后使人酖杀之。王乃为歌诗四章，令乐人歌之。王悲，六月即自杀。太后闻之，以为王用妇人弃宗庙礼[55]，废其嗣。

宣平侯张敖卒，以子偃为鲁王，敖赐谥为鲁元王。

秋，太后使使告代王，欲徙王赵。代王谢[56]，愿守代边[57]。

太傅产、丞相平等言，武信侯吕禄上侯，位次第一，请立为赵王。太后许之，追尊禄父康侯为赵昭王。九月，燕灵王建薨，有美人子，太后使人杀之，无后，国除。八年十月，立吕肃王子东平侯吕通为燕王，封通弟吕庄为东平侯。

三月中，吕后祓[58]，还过轵道[59]，见物如苍犬，据高后掖[60]，忽弗复见。卜之，云赵王如意为祟[61]。高后遂病掖伤。

高后为外孙鲁元王偃年少，蚤失父母，孤弱，乃封张敖前姬两子，侈为新都侯，寿为乐昌侯，以辅鲁元王偃。及封中大谒者张释为建陵侯，吕荣为祝兹侯。诸中宦者令丞皆为关内侯[62]，食邑五百户。

七月中，高后病甚，乃令赵王吕禄为上将军，军北军；吕王产居南军。吕太后诫产、禄曰："高帝已定天下，与大臣约，曰'非刘氏王者，天下共击之'。今吕氏王，大臣弗平。我即崩，帝年少，大臣恐为变。必据兵卫宫，慎毋送丧，毋为人所制。”辛巳，高后崩，遗诏赐诸侯王各千金，将相列侯郎吏皆以秩赐金。大赦天下。以吕王产为相国，以吕禄女为帝后。

高后已葬，以左丞相审食其为帝太傅。

朱虚侯刘章有气力，东牟侯兴居其弟也，皆齐哀王弟，居长安。当是时，诸吕用事擅权，欲为乱，畏高帝故大臣绛、灌等，未敢发。朱虚侯妇，吕禄女，阴知其谋。恐见诛，乃阴令人告其兄齐王，欲令发兵西，诛诸吕而立。朱虚侯欲从中与大臣为应。齐王欲发兵，其相弗听。八月丙午，齐王欲使人诛相，相召平乃反，举兵欲围王，王因杀其相，遂发兵东，诈夺琅邪王兵，并将之而西。语在齐王语中。

齐王乃遗诸侯王书曰：“高帝平定天下，王诸子弟，悼惠王王齐。悼惠王薨，孝惠帝使留侯良立臣为齐王。孝惠崩，高后用事，春秋高[63]，听诸吕，擅废帝更立，又比杀三赵王[64]，灭梁、赵、燕以王诸吕，分齐为四[65]。忠臣进谏，上惑乱弗听。今高后崩，而帝春秋富[66]，未能治天下，固恃大臣诸侯。而诸吕又擅自尊官，聚兵严威，劫列侯忠臣，矫制以令天下[67]，宗庙所以危。寡人率兵入诛不当为王者。”汉闻之，相国吕产等乃遣颍阴侯灌婴将兵击之。灌婴至荥阳，乃谋曰：“诸吕权兵关中，欲危刘氏而自立。今我破齐还报，此益吕氏之资也。”乃留屯荥阳，使使谕齐王及诸侯，与连和，以待吕氏变，共诛之。齐王闻之，乃还兵西界待约。

吕禄、吕产欲发乱关中，内惮绛侯、朱虚等，外畏齐、楚兵[68]，又恐灌婴畔之，欲待灌婴兵与齐合而发[69]，犹豫未决。当是时，济川王太、淮阳王武、常山王朝名为少帝弟[70]，及鲁元王吕后外孙，皆年少未之国，居长安。赵王禄、梁王产各将兵居南北军，皆吕氏之人。列侯群臣莫自坚其命[71]。

太尉绛侯勃不得入军中主兵。曲周侯郦商老病[72]，其子寄与吕禄善[73]。绛侯乃与丞相陈平谋，使人劫郦商，令其子寄往绐说吕禄曰[74]：“高帝与吕后共定天下，刘氏所立九王，吕氏所立三王，皆大臣之议，事已布告诸侯，诸侯皆以为宜。今太后崩，帝少，而足下佩赵王印，不急之国守藩[75]，乃为上将，将兵留此，为大臣诸侯所疑。足下何不归将印，以兵属太尉，请梁王归相国印，与大臣盟而之国？齐兵必罢，大臣得安，足下高枕而王千里，此万世之利也。”吕禄信然其计，欲归将印，以兵属太尉。使人报吕产及诸吕老人，或以为便，或曰不便，计犹豫未有所决。吕禄信郦寄，时与出游猎。过其姑吕媭，媭大怒，曰：“若为将而弃军，吕氏今无处矣。”乃悉出珠玉宝器散堂下，曰：“毋为他人守也。”

左丞相食其免。

八月庚申旦，平阳侯窋行御史大夫事[76]，见相国产计事。郎中令贾寿使从齐来，因数产曰：“王不蚤之国，今虽欲行，尚可得邪？”具以灌婴与齐楚合从，欲诛诸吕告产，乃趣产急入宫[77]。平阳侯颇闻其语[78]，乃驰告丞相、太尉。太尉欲入北军，不得入。襄平侯通尚符节[79]，乃令持节矫内太尉北军。太尉复令郦寄与典客刘揭先说吕禄曰：“帝使太尉守北军，欲足下之国，急归将印辞去，不然，祸且起。”吕禄以为郦兄不欺己[80]，遂解印属典客，而以兵授太尉。太尉将之入军门，行令军中曰：“为吕氏右襢[81]，为刘氏左襢。”军中皆左襢为刘氏。太尉行至，将军吕禄亦已解上将印去，太尉遂将北军。

然尚有南军。平阳侯闻之，以吕产谋告丞相平，丞相平乃召朱虚侯佐太尉。太尉令朱虚侯监军门。令平阳侯告卫尉[82]：“毋入相国产殿门。”吕产不知吕禄已去北军，乃入未央宫，欲为乱，殿门弗得入，裴回往来[83]。平阳侯恐弗胜，驰语太尉。太尉尚恐不胜诸吕，未敢讼言诛之[84]，乃遣朱虚侯谓曰：“急入宫卫帝。”朱虚侯请卒，太尉予卒千馀人。入未央宫门，遂见产廷中。日餔时[85]，遂击产。产走。天风大起，以故其从官乱，莫敢斗。逐产，杀之郎中府吏厕中[86]。

朱虚侯已杀产，帝命谒者持节劳朱虚侯。朱虚侯欲夺节信，谒者不肯，朱虚侯则从与载，因节信驰走[87]，斩长乐卫尉吕更始。还，驰入北军，报太尉。太尉起，拜贺朱虚侯曰：“所患独吕产，今已诛，天下定矣。”遂遣人分部悉捕诸吕男女，无少长皆斩之。辛酉，捕斩吕禄，而笞杀吕媭[88]。使人诛燕王吕通，而废鲁王偃。壬戌，以帝太傅食其复为左丞相。戊辰，徙济川王王梁，立赵幽王子遂为赵王。遣朱虚侯章以诛诸吕氏事告齐王，令罢兵。灌婴兵亦罢荥阳而归。

诸大臣相与阴谋曰：“少帝及梁、淮阳、常山王，皆非真孝惠子也。吕后以计诈名他人子，杀其母，养后宫，令孝惠子之[89]，立以为后及诸王，以强吕氏。今皆已夷灭诸吕，而置所立，即长用事，吾属无类矣[90]。不如视诸王最贤者立之。”或言“齐悼惠王高帝长子，今其嫡子为齐王，推本言之，高帝嫡长孙，可立也”。大臣皆曰：“吕氏以外家恶而几危宗庙，乱功臣。今齐王母家驷，驷钧，恶人也，即立齐王，则复为吕氏。”欲立淮南王，以为少，母家又恶。乃曰：“代王方今高帝见子最长[91]，仁孝宽厚。太后家薄氏谨良。且立长故顺，以仁孝闻于天下，便。”乃相与共阴使人召代王。代王使人辞谢。再反，然后乘六乘传[92]。后九月晦日己酉，至长安，舍代邸。大臣皆往谒，奉天子玺上代王，共尊立为天子。代王数让，群臣固请，然后听。

东牟侯兴居曰：“诛吕氏吾无功，请得除宫。”乃与太仆汝阴侯滕公入宫，前谓少帝曰：“足下非刘氏，不当立。”乃顾麾左右执戟者掊兵罢去。有数人不肯去兵，宦者令张泽谕告，亦去兵。滕公乃召乘舆车载少帝出[93]。少帝曰：“欲将我安之乎？”滕公曰：“出就舍。”舍少府。乃奉天子法驾[94]，迎代王于邸。报曰：“宫谨除。”代王即夕入未央宫。有谒者十人持戟卫端门[95]，曰：“天子在也，足下何为者而入？”代王乃谓太尉。太尉往谕，谒者十人皆掊兵而去。代王遂入而听政。夜，有司分部诛灭梁、淮阳、常山王及少帝于邸[96]。

代王立为天子。二十三年崩，谥为孝文皇帝。

太史公曰：孝惠皇帝、高后之时，黎民得离战国之苦，君臣俱欲休息乎无为，故惠帝垂拱[97]，高后女主称制，政不出房户，天下晏然。刑罚罕用，罪人是希。民务稼穑[98]，衣食滋殖[99]。

【译文】

吕太后是汉高祖刘邦贫贱时的妻子，生了儿子孝惠帝刘盈和女儿鲁元太后。等到刘邦成为汉王，娶了定陶戚夫人，非常受宠，戚夫人生了赵隐王刘如意。孝惠帝为人仁爱软弱，汉高祖认为他不像自己，常常想废黜太子，立戚夫人的儿子如意做太子，认为如意像自己。戚夫人得宠，经常跟从汉高祖到关东去，日夜哭泣，想让高祖立她的儿子为太子。吕后年纪大，经常留守，很少见到高祖，因此越来越疏远。刘如意被立为赵王后，多次差点儿取代太子刘盈，依靠大臣的劝谏，加上留侯张良的计策，太子才没有被废黜。

吕后为人刚强坚毅，辅佐高祖平定天下，诛杀大臣的事多有吕后出力。吕后有两个哥哥，都是将军。大哥周吕侯吕泽战死，封其子吕台为郦侯，吕产为交侯；二哥吕释之为建成侯。

汉高祖十二年四月甲辰日，高祖在长乐宫驾崩。太子即位称帝。此时汉高祖有八个儿子：长子刘肥，孝惠帝的异母兄长，封为齐王；其余都是孝惠帝的弟弟，戚夫人的儿子如意为赵王，薄夫人的儿子刘恒为代王，其他姬妾所生的儿子中，刘恢为梁王，刘友为淮阳王，刘长为淮南王，刘建为燕王。高祖的弟弟刘交为楚王，高祖哥哥的儿子刘濞为吴王。不姓刘氏的功臣中，番君吴芮的儿子吴臣被封为长沙王。

吕后最恨戚夫人和其子赵王，下令把戚夫人囚禁在永巷，又召见赵王。使者往返多次，赵相建平侯周昌对使者说：“高帝把赵王托付给我，因为赵王年幼。我私下听说太后怨恨戚夫人，要把赵王召去一起杀掉，我不敢送赵王回去。况且赵王生病，不能听从召唤。”吕太后非常生气，于是派人召见赵相周昌。周昌奉命来到长安，吕后于是派人再次召见赵王。赵王还在路上，没到长安。孝惠帝仁慈，知道太后恼怒，就亲自到霸上迎接赵王，和赵王一起进宫，起居饮食都和赵王相伴。太后想杀赵王，但是找不到机会。孝惠帝元年十二月，惠帝早晨出去射箭。赵王年纪小，不能早起同去。太后听说赵王独自在宫中，便派人拿毒酒命赵王喝下。黎明，孝惠帝回来，赵王已经死了。于是就改派淮阳王做赵王。夏天，下诏追封郦侯的父亲为令武侯。太后又砍断戚夫人的手脚，挖掉眼睛，薰聋她的耳朵，灌她喝下哑药，让她住在厕所里，管她叫“人彘”。过几天，让孝惠帝来观赏“人彘”。孝惠帝见了，一问才知道是戚夫人。于是惠帝痛哭，并因此病倒，一年多不能起身。孝惠帝派人告诉太后说：“这不是人干的事情。我是太后您的儿子，终归没有脸面治理天下。”惠帝从此天天饮酒作乐，不理朝政，所以身患疾病。

惠帝二年，楚元王刘交、齐悼惠王刘肥都来朝见。十月，孝惠帝和齐王在太后面前设宴饮酒，孝惠帝认为齐王是兄长，应按家人的礼节对待，安排他坐上座。太后很生气，就命人倒了两杯毒酒，放在齐王前面，让齐王起身给自己祝酒。齐王起身，孝惠帝也起身拿起另一杯，想一起祝酒。于是太后害怕了，起身打翻孝惠帝的酒杯。齐王觉得疑惑，便不敢再饮，假装醉酒离开了。一打听，才知道是毒酒。齐王很害怕，自认为不能从长安脱身了，非常担忧。齐王的内史士劝说齐王："太后只生了孝惠帝和鲁元公主。现在大王有七十多座城，但鲁元公主只有几座食邑。大王如果把一个郡献给太后，作为公主的私邑，太后肯定很高兴，大王就肯定没什么担忧的了。"于是齐王把城阳郡献上，尊称鲁元公主为王太后。吕后果然很高兴，同意了。于是在齐王官邸设宴，饮酒作乐，结束以后便放齐王回去。三年，开始修建长安城，四年工程完成一半，五年、六年才建成。诸侯们来朝会。十月，诸侯入朝祝贺。

七年秋八月戊寅，孝惠帝驾崩。发丧时，太后干哭，没有眼泪流下来。留侯的儿子张辟强担任侍中，十五岁，对丞相陈平说："太后只有孝惠帝一个儿子，现在孝惠帝驾崩，太后哭得不伤心，您知道其中的原因吗？"丞相说："什么原因？"张辟强说："皇帝没有成年的皇子，太后害怕你们这些大臣。如果您现在请求太后封吕台、吕产、吕禄作将军，带兵统领南北军，并让吕氏族人都入宫，在宫中任职，这样太后就心安了，你们这些大臣可以幸免灾祸。"丞相就按照张辟强的主意办。太后很高兴，才哀伤地痛哭起来。吕氏的权势从此发达。又大赦天下。九月辛丑，孝惠帝安葬。太子即位称帝，祭拜高祖庙。元年，号令一概由太后发出。

太后代行皇帝的权力，和大臣商议，想立吕氏族人为王，问右丞相王陵。王陵说："高祖曾杀白马订立盟约说：'不是刘姓而称王的，天下人共同攻打他。'现在让吕姓称王，不符合盟约。"太后不高兴，又问左丞相陈平和绛侯周勃。周勃等人回答说："高祖平定天下，立其子弟们为王，现在太后执政，立吕姓兄弟为王，没有什么不可以的。"太后很高兴，散朝。王陵责备陈平、绛侯说："当初和高祖歃血为盟的时候，你们难道不在吗？现在高祖驾崩，太后为女主，想立吕姓为王，诸位纵容她的私欲，迎合她的意见，违背高祖的规约，有什么脸面到地下见高祖？"陈平、绛侯说："现今在朝廷上当面指责、谏诤，我们不如您；但是保全社稷，安定刘氏的天下，您又不如我们。"王陵无话可答。十一月，太后想罢黜王陵，任命其担任皇帝的太傅，夺取其丞相的权力。王陵就称病辞官回家。于是命左丞相陈平担任右丞相，命辟阳侯审食其担任左丞相。左丞相不管理本职的事务，命令其监管宫中事务，如同郎中令的职责。审食其因此得到太后宠幸，经常掌握大权，公卿们都通过他来决定政事。又追封郦侯父亲为悼武王，想以此作为诸吕称王的开端。

四月，太后想封诸吕为侯，就先封高祖的功臣郎中令冯无择为博城侯。鲁元公主去世，赐谥号为鲁元太后。鲁元公主的儿子张偃封为鲁王。鲁王的父亲是宣平侯张敖。封齐悼惠王的儿子刘章为朱虚侯，把吕禄的女儿嫁给他。齐国丞相齐寿封为平定侯。少府阳成延封为梧侯。又封吕种为沛侯，吕平为扶柳侯，封张买为南宫侯。

太后想封吕氏为王，先立孝惠帝后宫妃嫔的儿子刘强为淮阳王，封刘不疑为常山王，封刘山为襄城侯，封刘朝为轵侯，封刘武为壶关侯。太后暗示大臣，大臣请求封郦侯吕台为吕王，太后同意。建成侯吕释之去世，其嫡长子有罪，被废黜，封建成侯的弟弟吕禄为胡陵侯，承继康侯。二年，常山王去世，把其弟襄城侯封为常山王，改名为义。十一月，吕王吕台去世，赐谥号为肃王，吕王的太子吕嘉即位称王。三年，没有大事。四年，封吕后的妹妹吕媭为临光侯，封吕他为俞侯，封吕更始为赘其侯，封吕忿为吕城侯，还封了其他五位诸侯王丞相为侯。

宣平侯的女儿是孝惠皇后时，没有儿子，假装自己有身孕，把后宫美人的儿子称为自己的儿子，杀掉这个孩子的母亲，把这个儿子立为太子。孝惠帝驾崩，太子即位称帝。皇帝长大，偶然听说自己母亲已死，也不是皇后亲生的，就发怨言说："皇后怎么可以杀我母亲而称我是她的孩子呢？我还没有长大，等我长大了，我就要做点事出来。"太后听说后很害怕，恐怕他作乱，就把他幽禁在永巷里，对外称皇帝病得很严重，大臣们都不能够见皇帝。太后说："凡是能统治天下万民的人，要像天一样覆盖万物，像地一样包容万物，皇帝能用欢欣仁爱之心来安抚百姓，百姓会高兴地事奉皇帝，上下欢乐交相通达，天下才能够治理好。现在皇帝久病不愈，而且神志不清，不能再继续承担皇帝的责任了，不能把天下托付给他了，应当找人代替他。"大臣们都叩头说："皇太后为了天下百姓，筹划如何安定宗庙社稷，殚精竭虑，我们都俯首听命。"于是废掉皇帝，太后暗地里杀了他。五月十一日，立常山王刘义为皇帝，改名为弘。没有改称元年，因为是太后代行管理国家大事。封轵侯刘朝为常山王。设置太尉官职，任命绛侯周勃做太尉。五年八月，淮阳王去世，封其弟弟壶关侯为淮阳王。六年十月，太后说吕王吕嘉生活骄纵放恣，废黜吕王，封肃王吕台的弟弟吕产为吕王。夏天，大赦天下。封齐悼惠王的儿子刘兴居为东牟侯。

七年正月，太后召见赵王刘友。刘友娶吕氏女为赵王后，不喜欢她，喜欢其他姬妾。吕氏女非常嫉妒，愤怒离开，向太后进谗言，诬陷刘友有罪，说他曾说过："吕氏怎么可以称王！太后去世后，我一定攻打吕氏。"太后很生气，找个理由召见赵王。赵王到长安，把他安置在官邸中却不见他。太后命令侍卫包围看守着赵王，不给他食物。赵王的大臣们有的偷偷送食物给他吃，就抓到立马判罪。赵王饿了，就唱道："吕氏掌握大权啊刘氏有危险，逼迫、威胁王侯啊强迫我娶吕氏女。吕氏女不仅善妒而且诬告我有罪，吕氏女祸乱国家啊皇上竟然不明白。我没有忠诚可靠的大臣啊，不然为什么要放弃国家？自杀在野地里啊，希望苍天能够主持公道。哎！后悔莫及啊应该早点自裁。封王的却饿死了啊，谁可怜我呀！吕氏灭绝天理啊我要托天报仇。"正月十八日，赵王在幽禁中饿死，按照老百姓的葬礼，把他埋葬在长安平民墓中。

正月三十日，出现日食，白天天色昏暗。太后很厌恶，心中不高兴，对大臣们说："这是因为我的缘故。"

二月，改封梁王刘恢为赵王。吕王吕产改封为梁王。梁王没有到封国去，而是担任皇帝的太傅。封皇子昌平侯刘太为吕王。梁改名为吕，吕改名为济川。太后妹妹吕媭的女儿是营陵侯刘泽的妻子，刘泽担任大将军一职。太后封吕氏族人为王，害怕自己去世后，刘将军作乱，就封刘泽为琅邪王，来使他安心。

梁王刘恢迁到赵国做王，心里不高兴。太后把吕产的女儿为赵王后。赵王后随从的官员都是吕氏家族的人，独揽大权，暗中监视赵王，赵王行动不自由。赵王有宠爱的姬妾，赵王后派人用毒酒毒死她。赵王于是写四篇诗歌，让乐人歌唱。赵王很悲伤，六月时自杀。太后听说这件事，认为赵王因为妇人背弃宗庙的礼仪，就废掉他后代的王位继承权。

宣平侯张敖去世，以他的儿子张偃为鲁王，赐张敖谥号为鲁元王。

秋天，太后派使者告诉代王，想要迁代王到赵国做王。代王辞谢，表示愿意驻守代地的边境。

太傅吕产、丞相陈平等大臣进言，封武信侯吕禄为上等侯爵，在爵位等级中列第一，请求立其为赵王。太后同意这件事，又追尊吕禄的父亲康侯为赵昭王。九月，燕灵王刘建去世，他有个美人生的儿子，太后派人杀了这个孩子，断绝他的后代，取消封国。八年十月，封吕肃王的儿子东平侯吕通为燕王，封吕通的弟弟吕庄为东平侯。

三月中旬，吕后举行祓祭，回来时经过轵道，看到一个像黑色的大狗，冲撞吕后的腋下，忽然又不见了。占卜这件事，说是赵王刘如意作怪。吕后从此因腋伤而生病。

高后因为外孙鲁元王张偃年幼，父母早逝，孤单弱小，就封张敖生前姬妾的两个儿子为侯，封张侈为新都侯，封张寿为乐昌侯，来辅佐鲁元王张偃。还封中大谒者张释为建陵侯，封吕荣为祝兹侯。宫中宦官任令丞的都封为关内侯，食邑五百户。

七月中旬，高后病得很厉害，就命令赵王吕禄担任上将军，统管北军；让吕王吕产统管南军。吕太后告诫吕产、吕禄说："高帝平定天下后，和大臣有盟约，说'不是刘姓而称王的，天下人共同攻打他'。现在吕氏称王，大臣们心中愤愤不平。我将要死，皇帝年幼，大臣们恐怕会叛变。一定要统兵守卫皇宫，千万不要送丧，不要被别人控制。"八月一日，高后驾崩，遗留诏书中赏赐给各诸侯王每人千金，将军、丞相、列侯、郎官、吏官都按照等级赏赐黄金。大赦天下。任命吕王吕产担任相国，吕禄的女儿做皇后。

高后已经下葬，让左丞相审食其担任皇帝的太傅。

朱虚侯刘章有气魄和能力，东牟侯刘兴居是他的弟弟。他们都是齐哀王的弟弟，居住在长安。当时，吕氏掌管朝事专权，想发动叛乱，但畏惧高帝的旧臣绛侯周勃、灌婴等人，没有敢发动。朱虚侯的妻子是吕禄的女儿，因此他暗地里知道他们的阴谋。朱虚侯害怕被杀，就私下派人告诉他的兄长齐王，想让他发兵向西攻打，诛杀吕氏族人而自立为帝。朱虚侯想在朝廷中和大臣们一起做内应。齐王想发兵，齐相不听从。八月二十六日，齐王想派人诛杀齐相，齐相召平就反叛，发兵想包围齐王，齐王趁机杀死齐相，于是带兵向东攻打，用计夺取琅邪王的军队，一并带领这些士兵向西攻打。这些事记载在《齐王世家》中。

齐王写信给各诸侯王说：“高帝平定天下，封刘姓子弟为王，齐悼惠王在齐国称王。齐悼惠王去世，孝惠帝让留侯张良立我为齐王。孝惠帝去世，高后掌握国家大权，她年纪大了，听从吕氏族人的意见，擅自废黜皇帝重新立，又接连着杀死三个赵王，灭掉梁国、赵国、燕国，把诸吕分封到那里为王，把齐国一分为四。忠臣进谏言，太后昏惑不听。现在高后去世，但是皇帝年幼，不能治理天下，当然要依靠大臣和诸侯。而且吕氏又擅自给自己加官，拥兵加强威势，劫持列侯和忠臣，假托皇帝的诏命来号令天下，因此刘氏宗庙很危险。我率领军队进京去诛杀不应称王的人。”朝廷听说这个消息，相国吕产等人就派遣颍阴侯灌婴带领军队攻打齐王。

灌婴到了荥阳，就和将士们商量说：“吕氏在关内掌握军权，想推翻刘氏的地位而自己掌握。现在我如果攻破齐王回去报告，这就会加强吕氏的势力。”于是驻军荥阳，派使者告诉齐王和各诸侯，要和他们联合起来，等待吕氏叛乱，一起诛杀他们。齐王听说后，就带兵回到西部边界，等待按约行事。

吕禄、吕产想在关内发动叛乱，对内害怕绛侯、朱虚侯等大臣，对外畏惧齐、楚两国军队，又担心灌婴背叛他们，想等着灌婴的军队和齐国的军队交战时再发动，犹豫不决。当时，济川王刘太、淮阳王刘武、常山王刘朝名义上是皇帝刘弘的弟弟，还有吕后的外孙鲁元王，都是因为年幼没有到封国，居住在长安。赵王吕禄、梁王吕产各自统率南北军，都是吕氏的人。列侯和大臣们没有不确保自己的性命安全的。

太尉绛侯周勃不能进入军队掌握兵权。曲周侯郦商年老多病，他的儿子郦寄和吕禄交好。绛侯于是和丞相陈平商量，派人劫持郦商，让郦寄欺骗吕禄说："高帝和吕后共同平定天下，刘氏封了九王，吕氏封了三王，都是大臣商议的，事情已经宣布告诉诸侯，诸侯都觉得合适。现在太后驾崩，皇帝年幼，而且您佩戴赵王印，不赶紧到封国去守卫边境，却以上将军的身份带兵驻守在这里，这要被大臣、诸侯们怀疑的。您为什么不交出将印，把军队交给太尉？请求梁王归还相国印，和大臣结盟而去封地，齐王一定撤军，大臣得以安心，您就可以高枕无忧地统治千里之地，这是对子孙万代都有利的事情。"吕禄相信并赞同他的计划，想要归还将印，把军队嘱托给太尉。派人告诉吕产和吕氏的各位老人，有的人觉得这样合适，有的人觉得这样不合适，犹豫不决。吕禄写信给郦寄，经常和他一起出去打猎。拜访他的姑姑吕媭，吕媭非常生气，说："你身为将军却放弃军权，吕氏现在没有容身的地方了。"就把所有的珠宝玉器扔到院里，说："不要再替别人守这些财宝了。"

左丞相审食其被免官。

八月庚申早晨，平阳侯曹窋代理御史大夫的职务，去拜见相国吕产商量事情。郎中令贾寿去齐国出使回来，责备吕产说："大王不早些去封国，现在即是想走，还走得了吗？"他把灌婴和齐、楚联合，想诛杀吕氏的事情告诉吕产，于是催促吕产赶紧进宫。平阳侯听到这些话，就骑马赶去告诉丞相、太尉。太尉想进入北军，但不能进去。襄平侯纪通拿着符节，于是命他拿符节并假托王命把太尉带入北军。太尉又命令郦寄和典客刘揭先去劝说吕禄："皇帝让太尉统管北军，想让您回封国，赶紧交出将印离去，不然的话，就会出现灾祸。"吕禄认为郦寄不会骗他，于是解下将印交给典客，把兵权交给太尉。太尉带着将印进入军门，下令军中说："拥护吕氏的露出右臂，拥护刘氏的露出左臂。"军中的将士们都露出左臂表示拥护刘氏。太尉来到北军的时候，将军吕禄也已经交出上将印离开了，太尉于是统管北军。

可是吕氏还掌控南军。平阳侯听说了吕产的阴谋，把这件事告诉丞相陈平，丞相陈平于是诏来朱虚侯帮助太尉。太尉命令朱虚侯看守军门。让平阳侯告诉卫尉："不要让相国吕产进入殿门。"吕产不知道吕禄已经离开北军，就进入未央宫，想要作乱，却没有进入殿门，在那里徘徊。平阳侯害怕不能胜任，骑马报告太尉。太尉也担心不能胜过吕氏，没有敢公开说诛杀吕氏，就派朱虚侯对他说："赶紧入宫保护皇帝。"朱虚侯请求派兵，太尉给他一千多人。进入未央宫，就看到吕产在宫中。傍晚时，就攻打吕产。吕产逃跑。天刮起大风，因此吕产随从官员一片混乱，没人敢抵抗。朱虚侯追上吕产，把他杀死在郎中令府的厕所中。

朱虚侯已经杀了吕产，皇帝命令谒者拿着符节慰劳他。朱虚侯想夺符节，谒者不答应，朱虚侯就跟从他一起乘车，凭着符节快马奔驰，斩杀长乐宫卫尉吕更始。回来，骑马进入北军，报告太尉。太尉起身，向朱虚侯道贺："所担心的只有吕产，现在他已经被诛杀了，天下就平定了。”于是派人分别将吕氏男女全部逮捕，不论老少全部斩杀。九月十一日，逮捕斩杀吕禄，而且用鞭子打死吕媭。派人杀燕王吕通，而且废黜鲁王张偃。九月十二日，让皇帝的太傅审食其重新担任左丞相。九月十八日，把济川王迁为梁王，封赵幽王的儿子为赵王。派遣朱虚侯把诛杀吕氏的事情告诉齐王，命令他撤军。灌婴的军队也撤离荥阳回京。

大臣们私下一起商量说：“少帝和梁王、淮阳王、常山王，都不是孝惠帝真正的儿子。吕后用计谋把别人的儿子冒名为孝惠帝的儿子，杀掉孩子的母亲，把孩子放在后宫抚养，让孝惠帝认他们作儿子，立他们作继承人，并且封他们为诸侯王，来加强吕氏的势力。现在都已经消灭所有吕氏族人，他们却还留着，等他们长大掌权，我们这些人会被灭门的。不如把诸侯王中最贤明的立为皇帝。”有人说：“齐悼惠王是高帝的长子，高帝的嫡长孙可以立帝。”大臣们都说：“吕氏凭借外戚的身份作恶，几乎使刘氏宗庙毁灭，迫害功臣。现在齐王母家姓驷，驷钧是恶人，如果立齐王为帝，那么又会出现一个吕氏。”想立淮南王为帝，但觉得他年幼，母家又凶恶。于是说：“代王现在是高帝儿子中最大的，仁爱、孝顺而且宽厚。太后母家薄氏恭谨善良。而且立长子为帝本来就合乎情理，他又以仁爱孝顺闻名天下，这样是合适的。”于是大臣们一起暗中派人去接代王。代王派人推辞谢绝。往返两次，然后代王乘坐六辆传车出发。闰九月月末的己酉日到达长安，住在代王的官邸。大臣们都来拜见，奉上天子的玺给代王，共同尊立代王为天子。代王多次推辞，大臣们坚决请求，然后代王答应了。

东牟侯刘兴居说：“诛杀吕氏我没有功劳，请让我清理皇宫。”于是和太朴汝阴侯滕公进入皇宫，上前对少帝说：“您不是刘氏族人，不应该立为皇帝。”于是回头挥手示意少帝身边拿戟的侍卫放下武器离开。有几个人不肯放下兵器，宦者令张泽和他们讲清道理，也都放下了武器。滕公就叫来车马载着少帝离开。少帝问：“要把我带到哪里？”滕公说：“去宫外住。”让少帝住在少府。于是用天子的法驾到代王的官邸接代王。并报告：“皇宫已经清除了。”代王当晚进入未央宫。有十名谒者拿戟守卫正门，说：“天子在宫中，您为什么要进去？”代王就叫来太尉。太尉对他们说明情况，十名谒者都放下武器离开了。代王就进宫执政。晚上，管事官员分别到梁王、淮阳王、常山王和少帝的官邸中杀掉他们。

代王立为天子。在位二十三年后去世，谥号是孝文皇帝。

太史公说：孝惠帝和高后的时候，百姓们得以脱离战国的苦难，君臣们都想休养生息和无为而治，所以惠帝垂衣拱手，高后女主代行皇帝的权力，不出门就处理了政务，而且天下太平。刑法很少使用，犯罪的人也少。百姓勤于从事农业生产，衣食不断增多。

（王永吉　注译）

卷十　孝文本纪第十

注释查阅　译文诵读

孝文皇帝，高祖中子也[1]。高祖十一年春，已破陈豨军[2]，定代地，立为代王，都中都。太后薄氏子。即位十七年，高后八年七月，高后崩。九月，诸吕吕产等欲为乱，以危刘氏，大臣共诛之，谋召立代王，事在《吕后》语中。

丞相陈平、太尉周勃等使人迎代王。代王问左右郎中令张武等。张武等议曰："汉大臣皆故高帝时大将，习兵，多谋诈，此其属意非止此也，特畏高帝、吕太后威耳。今已诛诸吕，新啑血京师[3]，此以迎大王为名，实不可信。愿大王称疾毋往，以观其变。"中尉宋昌进曰："群臣之议皆非也。夫秦失其政，诸侯豪桀并起，人人自以为得之者以万数，然卒践天子之位者，刘氏也，天下绝望，一矣。高帝封王子弟，地犬牙相制，此所谓盘石之宗也[4]，天下服其强，二矣。汉兴，除秦苛政，约法令，施德惠，人人自安，难动摇，三矣。夫以吕太后之严，立诸吕为三王，擅权专制，然而太尉以一节入北军，一呼士皆左袒，为刘氏，叛诸吕，卒以灭之。此乃天授，非人力也。今大臣虽欲为变，百姓弗为使，其党宁能专一邪？方今内有朱虚、东牟之亲，外畏吴、楚、淮南、琅邪、齐、代之强。方今高帝子独淮南王与大王，大王又长，贤圣仁孝，闻于天下，故大臣因天下之心而欲迎立大王，大王勿疑也。"代王报太后计之，犹与未定。卜之龟，卦兆得大横[5]。占曰："大横庚庚[6]，余为天王，夏启以光。"代王曰："寡人固已为王矣，又何王？"卜人曰："所谓天王者乃天子。"于是代王乃遣太后弟薄昭往见绛侯，绛侯等具为昭言所以迎立王意。薄昭还报曰："信矣，毋可疑者。"代王乃笑谓宋昌曰："果如公言。"乃命宋昌参乘，张武等六人乘传诣长安。至高陵休止，而使宋昌先驰之长安观变。

昌至渭桥[7]，丞相以下皆迎。宋昌还报。代王驰至渭桥，群臣拜谒称臣。代王下车拜。太尉勃进曰："愿请间言。"宋昌曰："所言公，公言之。所言私，王者不受私。"太尉乃跪上天子玺符。代王谢曰："至代邸而议之。"遂驰入代邸。群臣从至。丞相陈平、太尉周勃、大将军陈武、御史大夫张苍、宗正刘郢、朱虚侯刘章、东牟侯刘兴居、典客刘揭皆再拜言曰："子弘等皆非孝惠帝子，不当奉宗庙。

臣谨请阴安侯列侯顷王后与琅邪王、宗室、大臣、列侯、吏二千石议曰：‘大王高帝长子，宜为高帝嗣。’愿大王即天子位。”代王曰：“奉高帝宗庙，重事也。寡人不佞[8]，不足以称宗庙。愿请楚王计宜者，寡人不敢当。”群臣皆伏固请。代王西乡让者三，南乡让者再[9]。丞相平等皆曰：“臣伏计之，大王奉高帝宗庙最宜称，虽天下诸侯万民以为宜。臣等为宗庙社稷计，不敢忽。愿大王幸听臣等。臣谨奉天子玺符再拜上。”代王曰：“宗室将相王列侯以为莫宜寡人，寡人不敢辞。”遂即天子位。

群臣以礼次侍。乃使太仆婴与东牟侯兴居清宫[10]，奉天子法驾，迎于代邸。皇帝即日夕入未央宫。乃夜拜宋昌为卫将军，镇抚南北军。以张武为郎中令，行殿中。还坐前殿。于是夜下诏书曰：“间者诸吕用事擅权，谋为大逆，欲以危刘氏宗庙，赖将相列侯宗室大臣诛之，皆伏其辜。朕初即位，其赦天下，赐民爵一级，女子百户牛酒，酺五日。[11]”

孝文皇帝元年十月庚戌，徙立故琅邪王泽为燕王。

辛亥，皇帝即阼[12]，谒高庙。右丞相平徙为左丞相，太尉勃为右丞相，大将军灌婴为太尉。诸吕所夺齐楚故地，皆复与之。

壬子，遣车骑将军薄昭迎皇太后于代。皇帝曰：“吕产自置为相国，吕禄为上将军，擅矫遣灌将军婴将兵击齐，欲代刘氏，婴留荥阳弗击，与诸侯合谋以诛吕氏。吕产欲为不善，丞相陈平与太尉周勃谋夺吕产等军。朱虚侯刘章首先捕吕产等。太尉身率襄平侯通持节承诏入北军。典客刘揭身夺赵王吕禄印。益封太尉勃万户，赐金五千斤。丞相陈平、灌将军婴邑各三千户，金二千斤。朱虚侯刘章、襄平侯通、东牟侯刘兴居邑各二千户，金千斤。封典客揭为阳信侯，赐金千斤。”

十二月，上曰：“法者，治之正也，所以禁暴而率善人也。今犯法已论，而使毋罪之父母妻子同产坐之[13]，及为收帑[14]，朕甚不取。其议之。”有司皆曰：“民不能自治，故为法以禁之。相坐坐收，所以累其心，使重犯法，所从来远矣。如故便。”上曰：“朕闻法正则民悫[15]，罪当则民从。且夫牧民而导之善者，吏也。其既不能导，又以不正之法罪之，是反害于民为暴者也。何以禁之？朕未见其便，其孰计之[16]。”有司皆曰：“陛下加大惠，德甚盛，非臣等所及也。请奉诏书，除收帑诸相坐律令。”

正月，有司言曰：“蚤建太子，所以尊宗庙。请立太子。”上曰：“朕既不德，上帝神明未歆享[17]，天下人民未有嗛志[18]。今纵不能博求天下贤圣有德之人而禅天下焉，而曰豫建太子，是重吾不德也。谓天下何？其安之。”有司曰：“豫建太子[19]，所以重宗庙社稷，不忘天下也。”上曰：“楚王，季父也，春秋高，阅天下之义理多矣，明于国家之大体。吴王于朕，兄也，惠仁以好德。淮南王，弟也，秉德以陪朕。岂为不豫哉！诸侯王宗室昆弟有功臣，多贤及有德义者，若举有德以陪朕之不能终，是社稷之灵，天下之福也。今不选举焉，而曰必子，人其以朕为忘贤有德者而专于子，非所以忧天下也。朕甚不取也。”有司皆固请曰：“古者殷周有国，治安皆千馀岁，古之有天下者莫长焉，用此道也。立嗣必子，所从来远矣。高帝亲率士大夫，始平天下，建诸侯，为帝者太祖。诸侯王及列侯始受国者皆亦为其国祖。子孙继嗣，世世弗绝，天下之大义也，故高帝设之以抚海内。今释宜建而更选于诸侯及宗室，非高帝之志也。更议不宜。子某最长[20]，纯厚慈仁，请建以为太子。”上乃许之。因赐天下民当代父后者爵各一级。封将军薄昭为轵侯。

三月，有司请立皇后。薄太后曰：“诸侯皆同姓，立太子母为皇后。”皇后姓窦氏。上为立后故，赐天下鳏寡孤独穷困及年八十已上、孤儿九岁已下布帛米肉各有数。上从代来，初即位，施德惠天下，填抚诸侯四夷皆洽欢[21]，乃循从代来功臣[22]。上曰：“方大臣之诛诸吕迎朕，朕狐疑，皆止朕，唯中尉宋昌劝朕，朕以得保奉宗庙。已尊昌为卫将军，其封昌为壮武侯。诸从朕六人，官皆至九卿。”

上曰：“列侯从高帝入蜀、汉中者六十八人皆益封各三百户，故吏二千石以上从高帝颍川守尊等十人食邑六百户，淮阳守申徒嘉等十人五百户，卫尉定等十人四百户。封淮南王舅父赵兼为周阳侯，齐王舅父驷钧为清郭侯。”秋，封故常山丞相蔡兼为樊侯。

人或说右丞相曰：“君本诛诸吕，迎代王，今又矜其功，受上赏，处尊位，祸且及身。”右丞相勃乃谢病免罢，左丞相平专为丞相。

二年十月，丞相平卒，复以绛侯勃为丞相。上曰：“朕闻古者诸侯建国千馀，各守其地，以时入贡，民不劳苦，上下欢欣，靡有遗德[23]。今列侯多居长安，邑远，吏卒给输费苦，而列侯亦无由教驯其民[24]。其令列侯之国，为吏及诏所止者，遣太子。”

十一月晦，日有食之。十二月望，日又食。上曰：“朕闻之，天生蒸民[25]，为之置君以养治之。人主不德，布政不均，则天示之以菑，以诫不治。乃十一月晦，日有食之，适见于天[26]，菑孰大焉！朕获保宗庙，以微眇之身托于兆民君王之上，天下治乱，在朕一人，唯二三执政犹吾股肱也。朕下不能理育群生，上以累三光之明[27]，其不德大矣。令至，其悉思朕之过失，及知见思之所不及，匄以告朕[28]。及举贤良方正能直言极谏者，以匡朕之不逮。因各饬其任职[29]，务省繇费以便民。朕既不能远德，故憪然念外人之有非[30]，是以设备未息[31]。今纵不能罢边屯戍，而又饬兵厚卫，其罢卫将军军。太仆见马遗财足，馀皆以给传置[32]。”

正月，上曰：“农，天下之本，其开籍田，朕亲率耕，以给宗庙粢盛。”

三月，有司请立皇子为诸侯王。上曰：“赵幽王幽死，朕甚怜之，已立其长子遂为赵王。遂弟辟强及齐悼惠王子朱虚侯章、东牟侯兴居有功，可王。”乃立赵幽王少子辟强为河间王，以齐剧郡立朱虚侯为城阳王[33]，立东牟侯为济北王，皇子武为代王，子参为太原王，子揖为梁王。

上曰：“古之治天下，朝有进善之旌，诽谤之木，所以通治道而来谏者。今法有诽谤妖言之罪，是使众臣不敢尽情，而上无由闻过失也。将何以来远方之贤良？其除之。民或祝诅上以相约结而后相谩[34]，吏以为大逆，其有他言，而吏又以为诽谤。此细民之愚无知抵死，朕甚不取。自今以来，有犯此者勿听治[35]。”

九月，初与郡国守相为铜虎符、竹使符。

三年十月丁酉晦，日有食之。十一月，上曰：“前日诏遣列侯之国，或辞未行。丞相朕之所重，其为朕率列侯之国。”绛侯勃免丞相就国，以太尉颍阴侯婴为丞相。罢太尉官，属丞相。四月，城阳王章薨。淮南王长与从者魏敬杀辟阳侯审食其。

五月，匈奴入北地，居河南为寇。帝初幸甘泉。六月，帝曰：“汉与匈奴约为昆弟，毋使害边境，所以输遗匈奴甚厚。今右贤王离其国，将众居河南降地，非常故，往来近塞，捕杀吏卒，驱保塞蛮夷，令不得居其故，陵轹边吏[36]，入盗，甚敖无道，非约也。其发边吏骑八万五千诣高奴，遣丞相颍阴侯灌婴击匈奴。”匈奴去，发中尉材官属卫将军军长安[37]。

辛卯，帝自甘泉之高奴，因幸太原，见故群臣，皆赐之。举功行赏，诸民里赐牛酒。复晋阳中都民三岁。留游太原十馀日。

济北王兴居闻帝之代，欲往击胡，乃反，发兵欲袭荥阳。于是诏罢丞相兵，遣棘蒲侯陈武为大将军，将十万往击之。祁侯贺为将军，军荥阳。七月辛亥，帝自太原至长安。乃诏有司曰：“济北王背德反上，诖误吏民[38]，为大逆。济北吏民兵未至先自定，及以军地邑降者，皆赦之，复官爵。与王兴居去来，亦赦之。”八月，破济北军，虏其王。赦济北诸吏民与王反者。

六年，有司言淮南王长废先帝法，不听天子诏，居处毋度，出入拟于天子，擅为法令，与棘蒲侯太子奇谋反，遣人使闽越及匈奴，发其兵，欲以危宗庙社稷。群臣议，皆曰“长当弃市”[39]。帝不忍致法于王，赦其罪，废勿王。群臣请处王蜀严道、邛都[40]，帝许之。长未到处所，行病死，上怜之。后十六年，追尊淮南王长谥为厉王，立其子三人为淮南王、衡山王、庐江王。

十三年夏，上曰：“盖闻天道祸自怨起而福繇德兴[41]。百官之非，宜由朕躬。今祕祝之官移过于下，以彰吾之不德，朕甚不取。其除之。”

五月，齐太仓令淳于公有罪当刑[42]，诏狱逮徙系长安[43]。太仓公无男，有女五人。太仓公将行会逮，骂其女曰：“生子不生男，有缓急非有益也！”其少女缇萦自伤泣，乃随其父至长安，上书曰：“妾父为吏，齐中皆称其廉平，今坐法当刑。妾伤夫死者不可复生，刑者不可复属[44]，虽复欲改过自新，其道无由也。妾愿没入为官婢，赎父刑罪，使得自新。”书奏天子，天子怜悲其意，乃下诏曰：“盖闻有虞氏之时，画衣冠异章服以为僇，而民不犯。何则？至治也。今法有肉刑三，而奸不止，其咎安在？非乃朕德薄而教不明欤？吾甚自愧。故夫驯道不纯而愚民陷焉。

《诗》曰‘恺悌君子，民之父母’。今人有过，教未施而刑加焉，或欲改行为善而道毋由也。朕甚怜之。夫刑至断支体，刻肌肤，终身不息，何其楚痛而不德也，岂称为民父母之意哉！其除肉刑。”

上曰：“农，天下之本，务莫大焉。今勤身从事而有租税之赋，是为本末者毋以异，其于劝农之道未备。其除田之租税。”

十四年冬，匈奴谋入边为寇，攻朝那塞，杀北地都尉卬。上乃遣三将军军陇西、北地、上郡，中尉周舍为卫将军，郎中令张武为车骑将军，军渭北，车千乘，骑卒十万。帝亲自劳军，勒兵申教令，赐军吏卒。帝欲自将击匈奴，群臣谏，皆不听。皇太后固要帝[45]，帝乃止。于是以东阳侯张相如为大将军，成侯赤为内史，栾布为将军，击匈奴。匈奴遁走。

春，上曰：“朕获执牺牲珪币以事上帝宗庙[46]，十四年于今，历日县长，以不敏不明而久抚临天下，朕甚自愧。其广增诸祀墠场珪币[47]。昔先王远施不求其报，望祀不祈其福[48]，右贤左戚，先民后己，至明之极也。今吾闻祠官祝釐，皆归福朕躬，不为百姓，朕甚愧之。夫以朕不德，而躬享独美其福，百姓不与焉，是重吾不德。其令祠官致敬，毋有所祈。”

是时北平侯张苍为丞相，方明律历。鲁人公孙臣上书陈终始传五德事，言方今土德时，土德应黄龙见，当改正朔服色制度[49]。天子下其事与丞相议。丞相推以为今水德，始明正十月上黑事[50]，以为其言非是，请罢之。

十五年，黄龙见成纪[51]，天子乃复召鲁公孙臣，以为博士，申明土德事。于是上乃下诏曰：“有异物之神见于成纪，无害于民，岁以有年。朕亲郊祀上帝诸神[52]。礼官议，毋讳以劳朕。”有司礼官皆曰：“古者天子夏躬亲礼祀上帝于郊，故曰郊。”于是天子始幸雍，郊见五帝，以孟夏四月答礼焉。赵人新垣平以望气见，因说上设立渭阳五庙。欲出周鼎，当有玉英见[53]。

十六年，上亲郊见渭阳五帝庙，亦以夏答礼而尚赤。

十七年，得玉杯，刻曰“人主延寿”。于是天子始更为元年，令天下大酺。其岁，新垣平事觉，夷三族。

后二年，上曰：“朕既不明，不能远德，是以使方外之国或不宁息[54]。夫四荒之外不安其生，封畿之内勤劳不处，二者之咎，皆自于朕之德薄而不能远达也。间者累年，匈奴并暴边境，多杀吏民，边臣兵吏又不能谕吾内志，以重吾不德也。夫久结难连兵，中外之国将何以自宁？今朕夙兴夜寐，勤劳天下，忧苦万民，为之怛惕不安[55]，未尝一日忘于心，故遣使者冠盖相望，结轶于道，以谕朕意于单于。今单于反古之道，计社稷之安，便万民之利，亲与朕俱弃细过，偕之大道，结兄弟之义，以全天下元元之民[56]。和亲已定，始于今年。”

后六年冬，匈奴三万人入上郡，三万人入云中[57]。以中大夫令勉为车骑将军，军飞狐；故楚相苏意为将军，军句注[58]；将军张武屯北地；河内守周亚夫为将军，居细柳；宗正刘礼为将军，居霸上；祝兹侯军棘门：以备胡。数月，胡人去，亦罢。

天下旱，蝗。帝加惠：令诸侯毋入贡，弛山泽，减诸服御狗马，损郎吏员，发仓庾以振贫民，民得卖爵。

孝文帝从代来，即位二十三年，宫室苑囿狗马服御无所增益，有不便，辄弛以利民。尝欲作露台，召匠计之，直百金。上曰：“百金中民十家之产，吾奉先帝宫室，常恐羞之，何以台为！”上常衣绨衣[59]，所幸慎夫人，令衣不得曳地，帏帐不得文绣，以示敦朴，为天下先。治霸陵皆以瓦器，不得以金银铜锡为饰，不治坟，欲为省，毋烦民。南越王尉佗自立为武帝[60]，然上召贵尉佗兄弟，以德报之，佗遂去帝称臣。与匈奴和亲，匈奴背约入盗，然令边备守，不发兵深入，恶烦苦百姓。吴王诈病不朝，就赐几杖[61]。群臣如袁盎等称说虽切，常假借用之[62]。群臣如张武等受赂遗金钱，觉，上乃发御府金钱赐之，以愧其心，弗下吏。专务以德化民，是以海内殷富，兴于礼义。

后七年六月己亥，帝崩于未央宫。遗诏曰：“朕闻盖天下万物之萌生，靡不有死。死者天地之理，物之自然者，奚可甚哀！当今之时，世咸嘉生而恶死，厚葬以破业，重服以伤生[63]，吾甚不取。且朕既不德，无以佐百姓；今崩，又使重服久临，以离寒暑之数[64]，哀人之父子，伤长幼之志，损其饮食，绝鬼神之祭祀，以重吾不德也，谓天下何！朕获保宗庙，以眇眇之身托于天下君王之上，二十有馀年矣。赖天地之灵，社稷之福，方内安宁，靡有兵革。朕既不敏，常畏过行，以羞先帝之遗德；维年之久长，惧于不终。今乃幸以天年，得复供养于高庙，朕之不明与嘉之，其奚哀悲之有！其令天下吏民，令到出临三日，皆释服。毋禁取妇嫁女祠祀饮酒食肉者。自当给丧事服临者，皆无践。绖带无过三寸[65]，毋布车及兵器，毋发民男女哭临宫殿。宫殿中当临者，皆以旦夕各十五举声，礼毕罢。非旦夕临时，禁毋得擅哭。已下，服大红十五日[66]，小红十四日[67]，纤七日[68]，释服。佗不在令中者，皆以此令比率从事。布告天下，使明知朕意。霸陵山川因其故，毋有所改。归夫人以下至少使。”令中尉亚夫为车骑将军，属国悍为将屯将军[69]，郎中令武为复土将军[70]，发近县见卒万六千人[71]，发内史卒万五千人，藏郭穿复土属将军武[72]。

乙巳，群臣皆顿首上尊号曰孝文皇帝。

太子即位于高庙。丁未，袭号曰皇帝。

孝景皇帝元年十月，制诏御史：“盖闻古者祖有功而宗有德，制礼乐各有由。

闻歌者，所以发德也；舞者，所以明功也。高庙酎[73]，奏《武德》、《文始》、《五行》之舞。孝惠庙酎，奏《文始》、《五行》之舞。孝文皇帝临天下，通关梁，不异远方。除诽谤，去肉刑，赏赐长老，收恤孤独，以育群生。减嗜欲，不受献，不私其利也。罪人不帑，不诛无罪。除肉刑，出美人，重绝人之世。朕既不敏，不能识。此皆上古之所不及，而孝文皇帝亲行之。德厚侔天地[74]，利泽施四海，靡不获福焉。明象乎日月，而庙乐不称，朕甚惧焉。其为孝文皇帝庙为《昭德》之舞，以明休德。然后祖宗之功德着于竹帛，施于万世[75]，永永无穷，朕甚嘉之。其与丞相、列侯、中二千石、礼官具为礼仪奏。”丞相臣嘉等言[76]：“陛下永思孝道，立《昭德》之舞以明孝文皇帝之盛德，皆臣嘉等愚所不及。臣谨议：世功莫大于高皇帝，德莫盛于孝文皇帝，高皇庙宜为帝者太祖之庙，孝文皇帝庙宜为帝者太宗之庙。天子宜世世献祖宗之庙。郡国诸侯宜各为孝文皇帝立太宗之庙。诸侯王列侯使者侍祠，天子岁献祖宗之庙。请著之竹帛，宣布天下。”制曰：“可。”

太史公曰：孔子言“必世然后仁。善人之治国百年，亦可以胜残去杀”。诚哉是言！汉兴，至孝文四十有馀载，德至盛也。廪廪乡改正服封禅矣[77]，谦让未成于今。呜呼，岂不仁哉！

【译文】

孝文帝是高祖排行居中的儿子。高祖十一年春天，已经攻破陈豨的军队，平定代地，立刘恒为代王，定都中都。他是太后薄氏的儿子。他做代王第十七年时，即高后的八年，这年七月，高后驾崩。九月，吕氏家族的吕产等人想发动叛乱，来推翻刘氏，大臣们共同诛杀吕氏，商量召回并立代王为帝，事迹记载在《吕后本纪》中。

丞相陈平、太尉周勃等大臣派人迎立代王。代王问左右大臣郎中令张武等人的意见。张武等人建议说：“朝廷的大臣都是原来高帝时大将，善于用兵，谋略多而且诡诈，他们用意并非如此，只是害怕高帝、吕太后的威势罢了。现在他们已经诛杀吕氏，最近血洗京城，因此他们名义上迎立大王，实际不可信。希望大王谎称生病不要前往，来静观事态变化。”中尉宋昌进言说：“大臣们的建议都是不对的。秦国丧失政道时，各诸侯和豪杰一起起义，自以为能得到天下的人数以万计，然而最后登上天子位的是刘氏，天下豪杰已经断绝当皇帝的愿望，这是第一方面。高帝封刘姓子弟为王，封地像犬牙一样交错，相互制约，这是第二方面。汉朝建立后，取消秦时的严苛政令，制定新的法令，政施德惠于民，百姓都心安，很难动摇，这是第三方面。以吕太后的威严，封三位吕氏为王，独揽政权，独断专行，然而太尉凭借一个符节进入北军，一声呼唤，将士们都露左臂膀，以此表示拥护刘氏，背叛吕氏，最终灭掉吕氏。这是天意，不是人为。现在大臣们即使想叛变，百姓都不听使唤，他们同党难道能一

心一意吗？现在朝廷内有朱虚侯、东牟侯等亲戚，对外畏惧吴国、楚国、淮南国、琅邪国、齐国、代国等诸侯国的强大。现在高帝的儿子只有淮南王和大王，大王又年纪长，圣德贤明、仁慈孝顺，名闻天下，所以大臣们顺从天下百姓的希望，想迎立大王，大王不要迟疑。”代王向太后报告这件事情，商量后还是犹豫不定。用龟甲占卜，卦兆显示大的横纹。卦辞说：“大横预示更替，我为天王，要像夏启一样光耀祖先。”代王说：“我都已经是王了，还能是什么王？”占卜的人说：“所说的天王是天子。”于是代王就派遣太后的弟弟薄昭前往京城拜见绛侯，绛侯等人和薄昭详细说明迎立代王的原因。薄昭回来报告说：“可以相信，不需要怀疑。”代王就笑着对宋昌说：“果然像你说的。”就命令宋昌为参乘，张武等六人一起乘传车到长安。车队到高陵时停下来休息，而派宋昌先骑马到长安观察事态变化。

宋昌到渭桥时，丞相以下的官员都来迎接。宋昌回去报告代王。代王驱车到渭桥，大臣们拜见称臣。代王下车答拜。太尉周勃上前说：“希望能和大王私下交谈。”宋昌说：“所说的是公事，就公开说。所说的是私事，做王的人不接受私情。”太尉就跪着送上天子玺印和符信。代王辞谢说：“到代王官邸再商议这件事吧。”于是骑马进入代王官邸。大臣们也都跟来了。丞相陈平、太尉周勃、大将军陈武、御史大夫张苍、宗正刘郢、朱虚侯刘章、东牟侯刘兴居、典客刘揭都再次拜见说：“刘弘等人不是孝惠帝的儿子，不应当事奉宗庙。臣等谨请阴安侯、列侯顷王后和琅邪王、宗室、大臣、列侯、二千石以上的官员商议说：‘大王是高帝的长子，正好是皇帝的继承人。’希望大王继承天子位。”代王说：“侍奉高帝宗庙是大事。我没有才能，不能够担当侍奉宗庙的重任。希望请求楚王考虑合适的人，我不敢承担。”大臣们都伏地，坚持请求。代王向西辞让三次，向南辞让两次。丞相陈平等人都说：“我们在下商议了，大王是侍奉高帝宗庙最合适、称职的，天下诸侯百姓也认为您合适。我们为宗庙社稷考虑，不敢有疏忽。希望大王能听我们的请求。我们恭谨地奉上太子玺印和符信，再次拜见献上。”代王说：“既然宗室、将相、诸王、列侯都认为非我莫属，我不敢推辞。”于是代王继承天子位。

大臣们依礼排列事奉皇帝。于是派太仆夏侯婴和东牟侯刘兴居肃清皇宫，用天子的法驾，在代邸迎接皇帝。皇帝当天晚上就进入未央宫。还夜里封宋昌为卫将军，掌管南北军。任张武为郎中令，可以在殿内行走。皇帝回到前殿坐下。于是夜里下诏书说：“近来吕氏掌权专政，密谋叛逆，想来推翻刘氏天下，全靠将相、列侯、宗室、大臣们诛杀吕氏，使他们都受到应有的惩罚。我刚即位，要大赦天下，赏赐平民爵位一级，女子以百户为单位赏赐牛和酒，百姓们欢聚宴饮五日。”

孝文皇帝元年十月一日，改封原来琅邪王刘泽为燕王。

十月二日，皇帝即位，拜谒高庙。右丞相陈平改封为左丞相，太尉周勃封为右丞相，大将军灌婴封为太尉。吕氏掠夺的齐楚原来的地方，都已经归还原主。

十月三日，文帝派遣车骑将军薄昭到代国迎接皇太后。皇帝说：“吕产自立为相国，任吕禄为上将军，擅自假托圣命派遣将军灌婴带兵攻打齐国，想取代刘氏。灌婴留在荥阳没有攻打齐军，和诸侯一起商量来诛杀吕氏。吕产想发动叛乱，丞相陈平和太尉周勃商量夺取吕产等人的兵权。朱虚侯刘章首先逮捕吕产等人。太尉周勃亲自带领襄平侯纪通拿符信奉命进入北军。典客刘揭亲自夺得赵王吕禄的印。加封太尉周勃食邑万户，赏赐黄金五千斤。丞相陈平、将军灌婴各加封食邑每人三千户，黄金两千斤。赏赐朱虚侯刘章、襄平侯刘通、东牟侯刘兴居食邑每人二千户，黄金一千斤。封典客刘揭为阳信侯，赏赐黄金一千斤。”

十二月，皇帝说：“法律是治理国家的依据，是用来禁止暴虐和表彰善良人的。现在犯法已经判罪，还使他们没有犯罪的父母、妻子、儿女及兄弟姐妹共同连坐，把他们都抓起来治罪，朕非常不同意这种方式。你们商议一下。”主管的官员都说：“百姓不能自己约束，所以制定法律来约束他们。一人犯罪牵连他人同时治罪，是为了让他们心里有所顾忌，这种做法由来已久，还是保持不变为好。”皇上说：“朕听说法律公正，则百姓忠诚；刑法处理得当，则百姓顺从。并且管理人民并引导他们向善是官吏的职责。如果既不能引导他们，还用不公正的法律判罪，这反而是害百姓并对他们施以暴虐。这怎么来管制百姓呢？朕没有见到这样做的好处，你们再仔细考虑一下。”主管官员都说：“陛下增加恩惠，功德无量，不是我们能想到的。请让我们遵奉诏书，除去一人犯法亲属连坐的法令。”

正月，主管官员说：“早些立太子，有利于尊奉宗庙。请立太子。”皇上说：“朕已经不够有才德，上帝神明没有享受我的祭祀，天下百姓还没有满意。现在我既不能广求天下贤明有德的人，把天下禅让给他。还建议我预先立太子，这是加重我的失德。让我怎么向天下交代？以后慢慢再说吧。”主管官员说：“预先立太子，这是表示重视宗庙社稷，及不忘记天下。”皇上说：“楚王是我的叔父，年纪大了，知道天下的道理很多，又明白治国的大体。吴王是我的兄长，仁惠贤德。淮南王是我的弟弟，保持操守来辅佐我。这难道不是预先对社稷的重视吗？诸侯王、宗室、兄弟、有功之臣，多是有贤惠和有德义的人，如果推举有德义的人来继承我未竟的事业，那将是国家的幸运，百姓的福气。现在不选拔举荐他们，而说一定要立太子，人们认为我是忘记贤德之人而只想儿子，不能为天下百姓考虑。我非常不同意这么做。”大臣们都坚决请求说：“古代殷、周建立国家，国家安定都达一千多年，古代拥有天下的王朝没有比它们更长的了，他们就是用早立太子的办法。一定立儿子为继承人，这是由来已久的。高帝亲自率领士大夫们平定天下，分封诸侯，成为汉朝皇帝的太祖。诸侯王和列侯最早接受封国的也是各封国的始祖。子孙继位，代代不绝，这是天下的大义，所以高帝设立这种制度来安抚海内。现在放着该立的人不立而要在诸侯和宗室中另外选人，这不是高祖的意愿。改立别人的做法不合适。皇子中刘启年长，纯厚仁慈，请立他为太子。”皇帝于是答应了。因此赐给天下百姓应继承父业的人每人爵位一级。封将军薄昭为轵侯。

三月，主管官员又请求立皇后。薄太后说：“诸侯都是同母所生，立太子母亲为皇后。”皇后姓窦。皇上因立皇后的缘故，赏赐天下鳏寡孤独和穷困的人，以及年龄八十以上的老人和九岁以下的孤儿每人一定数量的布、帛、米、肉。皇上从代国来京，刚刚即位，就对天下施行德惠，安抚诸侯和四方部落，他们都非常高兴，又封赏从代国来的功臣。皇上说：“之前大臣们诛杀吕氏迎接朕，朕有疑虑，大臣们都劝阻朕，只有中尉宋昌劝说朕来京，朕才能登上帝位。已经尊封宋昌为卫将军，又封宋昌为壮武侯。其他跟从朕的六位大臣，都任命为九卿。”

皇上说：“列侯中跟从高帝进入蜀地、汉中的有六十八人，每人都加封三百户。所以二千石以上的官员中跟从高帝的，如颍川郡守刘尊等十人，赐每人食邑六百户，淮阳郡守申徒嘉等十人赐每人食邑五百户，卫尉刘定等十人，赐每人四百户。封淮南王的舅父赵兼为周阳侯，封齐王的舅父驷钧为清郭侯。”秋天，封原来的常山国的丞相蔡兼为樊侯。

有人劝说右丞相：“您过去诛杀吕氏，迎立代王，现在又靠这些功劳，受上等赏赐，处在尊位上，不久灾祸将要降临。”右丞相周勃就称病辞官，左丞相陈平自己一人专任丞相。

二年十月，丞相陈平去世，再次任命绛侯周勃担任丞相。皇帝说：“朕听说古代诸侯建立的国家一千多个，各自守卫着自己的封地，按时上贡，百姓不用劳苦，上下都高兴，没有失德。现在多数列侯都居住在长安，远离封邑，官吏、士卒供给运输费用很多而且很辛苦，而且列侯也没法教育训导他们的百姓。现在要命令列侯到封国去，在京城任职和诏令特准留下的人，派他们的太子去封国。”

十一月月末，出现日食。十二月十五日，又出现日食。皇帝说：“朕听说，上天生育万民，为他们设君主来教养和治理他们。如果君主不贤德，施政不公平，那么老天就向他显示灾异，来惩戒君主的处理不当。于是十一月月末，有日食，这是老天爷表示责备，没有比这更大的灾异了！我有幸得以继承帝位，以渺小之躯依托在万民和诸侯王之上，天下的治乱，都在我一个人，那几位执政的大臣如同是我的左膀右臂。我对下不能治理养育万民，对上有损于日、月、星辰的光明，我的失德太大了。诏令下达后，大家都考虑我的过失以及我的知识、见识和考虑问题的不足之处，希望你们能告诉我。还有推举贤良正直、能直言力谏的人，来补正我的不足，要各自谨慎对待自己的职责，要努力减省徭役和开支费，用来便利老百姓。我既然不能用恩德感化远方，所以很担心外族有侵略的野心，因此边境设防没有停止，现在既不能撤回边防守军，而又整顿军队加强京城防卫，那么就取消卫将军的军队。太仆现有的马匹，只留下够用的，其余都交给驿站。”

正月，皇上说：“农业是天下的根本，要开垦农田，朕亲自带头耕种，来供给祭祀宗庙所用的谷物。”

三月，主管官员请求立各皇子为诸侯王。皇上说：“赵幽王被幽禁而死，朕非常怜惜他，已经立他的长子刘遂为赵王。刘遂的弟弟刘辟彊和齐悼惠王的儿子朱虚侯刘章、东牟侯刘兴居有功劳，可以立为王。”于是封赵幽王的小儿子刘辟彊为河间王，把齐国几个大郡封给朱虚侯做城阳王，立东牟侯为济北王，皇子刘武为代王，皇子刘参为太原王，皇子刘揖为梁王。

皇上说：“古代圣明的君主治理天下，朝廷内有进善言的旌旗和批评朝政的木牌，是为了开通治道和招来进谏的人。现在法律中有诽谤朝政和妖言惑众的罪名，这样使大臣们不能尽情地进谏，而且皇上没机会听说自己的过失。这样怎么能招来远方的贤明、善良的人？这种法律要废除。有的百姓诅咒皇上并约定相互隐瞒，而后来又相互告发，官吏认为这是大逆不道的，再有别的话，而官吏又认为是诽谤。这样小民的愚昧无知而触犯死罪，朕认为非常不可取。从今以后，有犯这种罪的都不要判罪了。”

九月，文帝刚给各诸侯国丞相和各郡郡守铜制虎符和竹节使符。

文帝三年十月三十日月末，出现日食。十一月，皇上说：“前几日下诏差遣列侯到封国去，有的列侯还托辞没走。丞相是朕看重的大臣，请他为朕率领列侯到封国去。”绛侯周勃免去丞相回到封国，文帝任命太尉颍阴侯灌婴为丞相。废除太尉这一官职，将其事务交给丞相处理。四月，城阳王刘章去世。淮南王刘长和他的侍从魏敬杀掉辟阳侯审食其。

五月，匈奴侵入北地，军队驻扎在河南，骚扰劫掠。皇帝初次驾临甘泉。六月，皇帝说：“汉朝和匈奴立盟约为兄弟，为了不让他危害边境，所以送给匈奴丰厚的财物。现在右贤王离开他的国家，带领军队侵入已归入我国的河南，无缘无故，在边塞来往，捕杀官吏士卒，驱除守卫边塞蛮夷，让他们不能居住在原先的地方，侵犯边境的官吏，侵入内地，非常傲慢无礼，违背了盟约。派遣边境骑兵八万五千到达高奴，派丞相颍阴侯灌婴攻打匈奴。”匈奴撤军，征调中尉手下勇武的士卒归卫将军指挥，驻扎长安。

六月二十七日，皇上从甘泉到高奴，又经过太原，接见原来的大臣们，都进行赏赐。论功行赏，赏赐百姓牛和酒。免除晋阳、中都民三年的徭役和赋税。皇上留在太原游玩十多天。

济北王刘兴居听说皇帝到代国，想去攻打胡人，于是发动叛乱，出兵想袭击荥阳。于是皇上下诏撤回丞相的军队，派遣棘蒲侯陈武出任大将军，带领十万大军去平叛济北王军。祁侯刘贺为将军，驻扎荥阳。七月十八日，皇上从太原回到长安。于是下诏给主管官员说：“济北王背离道德，反叛皇帝，连累他的官员、百姓，这是大逆不道。济北的官吏、百姓和士兵凡是在平叛大军还没有到之前就先反正的，以及带领军队献出城邑投降的人，都赦免其罪。”八月，平定济北军叛乱，俘虏济北王。赦免和济北王一起反叛的济北官吏和百姓。

六年，主管官员说淮南王刘长废弃先帝的规定，不听从天子的诏令，生活行为放纵，出入按照天子的规格，擅自制定法律、命令，和棘蒲侯的太子陈奇密谋反叛，派人出使闽越和匈奴，要他们一起出兵，想来危害宗庙社稷。大臣们商议，都说：“刘长应当处死，暴尸街头。”皇上不忍心对淮南王使用刑罚，赦免他的罪过，废黜他的王位。大臣们请求流放淮南王于蜀地严道和邛都一带，皇上同意。刘长没有到达流放地，在路上就病死了，皇上可怜他。十六年后，追尊淮南王刘长，赐谥号为厉王，封他的三个儿子为淮南王、横山王、庐江王。

十三年夏天，皇上说：“我听说天道是祸自怨起，福由德兴。百官的过失，应该由朕一人负责。现在秘祝之官把过失推给下属，这样更突显我的失德，朕很不赞成这样做，要废除这种做法。”

五月，齐国太仓令淳于公犯罪，应当受刑，诏狱吏逮捕他并送他到长安关押起来。太仓公没有儿子，只有五个女儿。太仓公被捕临行时骂自己的女儿：“生孩子不生儿子，有急事一点用都没有！”他的小女儿缇萦独自伤心哭泣，于是跟随父亲到长安，给文帝上书说：“我的父亲做官，齐国的人都称赞他廉洁、公正，现在犯了法应当判刑。我很伤心，因为人死后不能复生，受刑后不能复原，即使想改过自新，也没有办法了。我愿意到官府做奴婢，替父亲赎罪，使得父亲可以改过自新。”上书奏给皇上，皇上可怜悲悯她的孝心，就下诏说：“我听说有虞氏时，给罪犯穿有特别图形或颜色的衣服作为耻辱的标志，而百姓都不犯法。为什么呀？是因为政治极其清明。现在刑法有三种肉刑，但是犯法的人不停止，这种问题出现的原因，难道不是因为朕德行浅薄，而且教化不明吗？我非常惭愧。所以说教的方法不对就会使百姓陷入愚昧。《诗经》说‘平易近人的君子，是百姓的父母’。现在人们有罪过，不实行教化却用刑罚，有人想改正行为向善也无路可走。朕很可怜他们。使用刑罚使人肢体断裂，刻刺肌肉皮肤，终生不能痊愈，这是多么痛苦和不道德啊，这难道和称作百姓的父母的愿望能够相合吗？那废除肉刑吧。”

皇上说："农业是天下的根本，没有比这更重要的事情了。现在百姓辛勤劳动而且要承担租税，这是本业和末业没有区别，这是鼓励农业生产的方法不完善。那就废除农田的租税。"

十四年冬天，匈奴密谋侵入边境扰乱，攻击朝那边塞，杀死北地郡都尉孙卬。皇上于是派遣三位将军分别屯兵于陇西、北地、上郡，并任命中尉周舍为卫将军，郎中令张武为车骑将军，驻军渭北地区，兵车一千辆，十万骑兵。皇上亲自慰劳军队，整顿军队，发布训令，赏赐军中官兵。皇帝打算亲自去攻打匈奴，大臣们进谏，他都不听。皇太后坚决阻拦皇帝，皇帝才不去。于是以东阳侯张相如担任大将军，成侯董赤为内史，栾布为将军，攻打匈奴。匈奴逃跑。

春天，皇上说："朕获得牺牲、珪币来事奉上帝宗庙，到今天十四年，经历了很长时间。凭我这么一个不聪明不贤明的人，却长期治理天下，朕很惭愧。要大大增加祭祀的场和珪币，从前先帝远施恩惠而不求回报，望祀时不为自己祈福，尊重贤才，抑制亲戚，先考虑百姓，后是自己，非常圣明。现在我听说祠官祈祷，都把福气送给我，不为百姓祝福，朕非常惭愧，以朕没有好的德行，却亲自独享天下福气，百姓却没有，是加重我的失德。这要命令祠官向神致敬，不要为我一人有所祈求。"

当时北平侯张苍为丞相，刚刚明确了新的历法。鲁国人公孙臣上书陈说五德终始相传之事，说现在正是土德时，土德时应有黄龙出现，应当改变历法、服色和制度。皇帝把这件事交给丞相商议。丞相推算以为现在是水德，应以十月为正月，且崇尚黑色，以为公孙臣说的不对，请求不要听从他的说法。

十五年，黄龙出现在成纪县，皇上就再次召见鲁人公孙臣，任命他为博士，让他讲明土德的事情。于是皇上就下诏说："有奇异的神灵出现在成纪县，对百姓没有伤害，还会带来丰年。朕亲自到郊外祭祀上帝和各位神灵。礼官们商议这件事，不要因为怕朕劳累而有所忌讳。"主管礼官们都说："古代天子夏天亲自在郊外以礼祭祀上帝，所以称作'郊祀'。"于是天子第一次驾临雍地，郊祭五帝，在孟夏四月答礼。赵人新垣平以望气之术求见，趁机劝说皇上在渭阳设立五帝庙。想找到周鼎，并有精美的宝玉出现。

十六年，皇上亲自郊祭渭阳五帝庙，也在夏天举行答礼，崇尚红色。

十七年，皇帝得到一个玉杯，上面刻有"人主延寿"。于是天子将这一年改为元年，命令天下百姓聚会宴饮。这一年，新垣平的事情败露，诛灭了三族。

后元二年，皇上说："朕很不贤明，不能施远德，因此使远方的国家不断骚乱。四方荒远地区的百姓不能安定地生活，封地内的百姓辛勤劳苦不能安居，这两件事的过失都是因为朕的德行浅薄，不能施恩远方。最近几年，匈奴经常侵犯边境，杀害很多官吏和百姓，边境的大臣和官兵们又不能明白我内心的想法，因此加重我的不贤德。长期灾难接连，战火不断，中外各国将会怎么保持自己的安宁呢？现在朕早起晚睡，为天下百姓操劳，为百姓们担忧，为了这些惶恐不安，不曾有一天忘了这些，因此派遣很多使臣，前后车篷相望，路上车辙交错，以此向单于说明朕的心意。现在单于恢复古时友好相处的立场，考虑国家的安危，顾及百姓的利益，亲自和朕一起抛弃小的过失，共同走向和谐的大道，结成兄弟之间的情谊，来保全天下善良的百姓。决定和亲，就从今年开始。”

后元六年冬，匈奴三万人侵入上郡，还有三万人侵入云中郡。以中大夫令勉担任车骑将军，驻军飞狐地；原来楚国的丞相苏意为将军，驻军句注山；将军张武屯兵北地；封河内守令周亚夫为将军，驻军细柳地；宗正刘礼为将军，驻军霸上；祝兹侯驻军棘门：都为了防备胡人。过几个月后，胡人撤军，这些驻军也撤回了。

天下大旱，出现蝗灾。皇帝开恩：命令诸侯不用上贡，开放封禁的山岭湖泊，减少皇室的服饰、车马和玩好之物，裁减官员，开放仓库存粮来赈济穷苦百姓，百姓可以卖爵位买粮。

孝文帝从代国来，即位已经二十三年了，宫室、园林、狗马、服饰和车马都没有增加。有不便于民的事，就立马放弃以有利于百姓。曾经想建造露天的平台，召来工匠计量，要花费一百斤黄金。皇上说：“一百斤黄金是十户中等人家的产业，我享有先帝的宫室，常担心会有辱先帝，为什么还要露台？”皇上常穿粗织的衣服，连所宠爱的慎夫人，命令她的衣服不能拖地，帷帐不能有纹绣，以表示俭朴，给天下人作表率。修建霸陵时都使用瓦器，不能用金银铜锡作装饰，不修高大的坟墓，想要节省开支，不劳烦百姓。南越王尉佗自立为武帝，然而皇上召见他的兄弟并使他们显贵，用恩德来回报尉佗的反叛。尉佗就取消帝号称臣。与匈奴和亲，匈奴背弃盟约入境侵扰，而命令边境加强防备，不发兵深入匈奴境内，不想烦扰和辛苦百姓，吴王假托称病不来朝见，就赏赐他木几和手杖，示意他可以免除朝觐的礼仪。大臣中如袁盎等人言辞虽然直率尖锐，但是皇上总是宽容采纳他们的建议。大臣中如张武等人接受金钱贿赂，事情被发觉后，皇上就从御府拿钱赏赐给他们，使他们内心羞愧，不把他们交给刑部官员处理。文帝一心努力用德政感化百姓，因此国家殷实富足，礼仪盛行。

后元七年六月一日，皇帝在未央宫去世。临终前留下诏书说：“朕听说天下万物出生后，没有不死的。死是天地的常理，万物的自然规律，有什么可以非常哀痛的呢。现在这个时候，世人都喜欢生而讨厌死，厚葬以至于弄得倾家荡产，长时间服丧以至于伤害身体，我很不赞同这种做法。而且朕不贤德，没有什么可以帮助百姓；现在死了，又让他们长期服丧痛哭，让他们经历几个寒冬酷暑折磨，使百姓父子哀伤，使老幼伤心，减少他们的饮食，断绝对鬼神的祭祀，来加重我的不贤德，怎么对得起天下呢！朕登上帝位，以渺小的身躯依托在天下各诸侯王之上，已经二十多年了。依靠天地的神灵，国家的福祉，天下得以安宁，很少有战争。朕因为不聪明，经常害怕做错事，来使先帝遗留的美德蒙羞；年长月久之后，害怕不能保持地位。现在有幸尽享天年，又得以供养在高庙中，朕的不圣明，却得到这么好的结果，还有什么悲哀的呢！命令天下官员和百姓，诏令到后只哭了三天，就都除去丧服，没有禁止娶妻、嫁女、祭祀、饮酒、吃肉这些事情。自己办理丧事，服丧悼哭的人，都不要光着脚。绖带不能超过三寸，不能把车驾和兵器都披上孝布，不要让男女百姓都到宫殿哭泣。宫殿里应哭祭的人，都在早晚各哭十五声，行礼完毕就停止。不是早晚哭祭时，禁止擅自哭泣。下葬后，大功服丧十五天，小功服丧十四天，缌麻服丧七天，然后脱去丧服。其他没有在诏令中提到的事，都参照诏令办。通告天下，使天下明白朕的心意。霸陵的山川保持原样，不要有所改变。从夫人以下直到少使。"封中尉周亚夫为车骑将军，属国悍任将屯将军，郎中令张武为复土将军，征附近县现役士卒一万六千人，又征内史士兵一万五千人，安葬棺椁、挖土、填土的事宜交给将军张武办理。

六月七日，大臣们都叩头，奉上尊号为孝文皇帝。

太子在高庙即位。六月九日，继承封号，称皇帝。

孝景帝元年十月，给御史下诏："听说古代圣王，有开国之功的为'祖'，有治国之德的为'宗'，制定礼仪音乐各有所依。音乐是用来赞扬德行的，舞蹈是用来表彰功业的。在高祖庙献酒祭祀时，演奏《武德》《文始》《五行》等歌舞。在孝惠庙献酒祭祀时，演奏《文始》《五行》等歌舞。孝文帝治理天下，开通关口桥梁，远方也不排除在外。他废除诽谤的罪名，废除肉刑，赏赐年老的人，收养孤儿，来抚育众生。减少自己的嗜好和欲望，不接受贡礼，不谋求私利。不牵连罪犯的亲属，不诛杀无辜之人。他废除宫刑，放出后宫美人，把使人绝后看成大事。我不聪明，不能认识文帝的伟大。这都是上古帝王所不能做到的，而孝文帝亲自去做了。他的圣德可比天地，恩泽施及四海，没有谁不获得恩惠的。他的圣明好比日月，可是祭祀的乐舞却不相称，我非常恐惧。他为孝文帝庙作《昭德》歌舞，以彰显他的美德。然后使宗祖的功德载入史册，流传万世，永远无穷无尽，朕很赞同这么做。你和丞相、列侯、中二千石的官吏、礼官们制定好这项礼仪，上奏给我。"丞相申屠嘉等人说："陛下常思孝道，创立《昭德》舞乐来彰明孝文帝的美德，这都是臣等愚昧所没有想到的。我们恭敬地建议：世上的功勋没有比高帝高的，圣德没有比孝文帝高的。因此，高帝庙应作皇帝的太祖庙，孝文帝庙应作皇帝的太宗庙。天子应世代宗奉太祖、太宗庙。郡国诸侯应各自为孝文帝立太宗庙。诸侯王、列侯的使者要在每年朝廷祭祀太祖、太宗庙时，来京陪天子一起祭祀。请求把这些规定写成文字，公布天下。"皇帝批示说："可以。"

太史公说：孔子说"必须经历三十年的治理，才能实现仁政。圣人治理国家百年之后，也就可以清除暴政，废弃刑杀。"这句话说得很对。从汉朝建立到孝文帝时，经历四十多年，德政达到极盛时期。渐渐趋向于改变历法、服色和进行封禅了。只是由于文帝谦让，至今未完成。啊，这难道不是孔子所说的"仁"吗？

（王永吉　注译）

卷十一
孝景本纪第十一

注释查阅　译文诵读

孝景皇帝者，孝文之中子也。母窦太后。孝文在代时，前后有三男，及窦太后得幸，前后死，及三子更死[1]，故孝景得立。

元年四月乙卯[2]，赦天下。乙巳[3]，赐民爵一级。五月，除田半租。为孝文立太宗庙。令群臣无朝贺。匈奴入代，与约和亲。

二年春，封故相国萧何孙係为武陵侯。男子二十而得傅。四月壬午，孝文太后崩。广川、长沙王皆之国。丞相申屠嘉卒。八月，以御史大夫开封侯陶青为丞相。彗星出东北。秋，衡山雨雹，大者五寸，深者二尺。荧惑逆行[4]，守北辰。月出北辰间。岁星逆行天廷中。置南陵及内史祋祤为县[5]。

三年正月乙巳，赦天下。长星出西方。天火燔雒阳东宫大殿城室[6]。吴王濞、楚王戊、赵王遂、胶西王卬、济南王辟光、菑川王贤、胶东王雄渠反，发兵西向。天子为诛晁错，遣袁盎谕告，不止，遂西围梁。上乃遣大将军窦婴、太尉周亚夫将兵诛之。六月乙亥，赦亡军及楚元王子蓺等与谋反者。封大将军窦婴为魏其侯。立楚元王子平陆侯礼为楚王。立皇子端为胶西王，子胜为中山王。徙济北王志为菑川王，淮阳王馀为鲁王，汝南王非为江都王。齐王将庐、燕王嘉皆薨。

四年夏，立太子。立皇子彻为胶东王。六月甲戌，赦天下。后九月，更以易阳为阳陵。复置津关，用传出入[7]。冬，以赵国为邯郸郡。

五年三月，作阳陵、渭桥。五月，募徙阳陵，予钱二十万。江都大暴风从西方来，坏城十二丈。丁卯，封长公主子蟜为隆虑侯。徙广川王为赵王。

六年春，封中尉绾为建陵侯，江都丞相嘉为建平侯，陇西太守浑邪为平曲侯，赵丞相嘉为江陵侯，故将军布为鄃侯。梁楚二王皆薨。后九月，伐驰道树，殖兰池。

七年冬，废栗太子为临江王。十一月晦，日有食之。春，免徒隶作阳陵者。丞相青免。二月乙巳，以太尉条侯周亚夫为丞相。四月乙巳，立胶东王太后为皇后。丁巳，立胶东王为太子。名彻。

中元年，封故御史大夫周苛孙平为绳侯，故御史大夫周昌孙左车为安阳侯。四月乙巳，赦天下，赐爵一级。除禁锢[8]。地动。衡山、原都雨雹，大者尺八寸。

中二年二月，匈奴入燕，遂不和亲。三月，召临江王来，即死中尉府中。夏，立皇子越为广川王，子寄为胶东王。封四侯。九月甲戌，日食。

中三年冬，罢诸侯御史中丞。春，匈奴王二人率其徒来降，皆封为列侯。立皇子方乘为清河王。三月，彗星出西北。丞相周亚夫免，以御史大夫桃侯刘舍为丞相。四月，地动。九月戊戌晦，日食。军东都门外。

中四年三月，置德阳宫。大蝗。秋，赦徒作阳陵者。

中五年夏，立皇子舜为常山王。封十侯。六月丁巳，赦天下，赐爵一级。天下大潦[9]。更命诸侯丞相曰相。秋，地动。

中六年二月己卯，行幸雍，郊见五帝。三月，雨雹。四月，梁孝王、城阳共王、汝南王皆薨[10]。立梁孝王子明为济川王，子彭离为济东王，子定为山阳王，子不识为济阴王。梁分为五。封四侯。更命廷尉为大理，将作少府为将作大匠[11]，主爵中尉为都尉[12]，长信詹事为长信少府[13]，将行为大长秋[14]，大行为行人[15]，奉常为太常[16]，典客为大行[17]，治粟内史为大农[18]。以大内为二千石[19]，置左右内官，属大内。七月辛亥，日食。八月，匈奴入上郡。

后元年冬，更命中大夫令为卫尉。三月丁酉，赦天下，赐爵一级，中二千石、诸侯相爵右庶长。四月，大酺。五月丙戌，地动，其蚤食时复动。上庸地动二十二日，坏城垣。七月乙巳，日食。丞相刘舍免。八月壬辰，以御史大夫绾为丞相，封建陵侯。

后二年正月，地一日三动。郅将军击匈奴。酺五日。令内史郡不得食马粟[20]，没入县官。令徒隶衣七緵布[21]。止马舂。为岁不登，禁天下食不造岁[22]。省列侯遣之国。三月，匈奴入雁门。十月，租长陵田。大旱。衡山国、河东、云中郡民疫。

后三年十月，日月皆食，赤五日。十二月晦，雷[23]。日如紫。五星逆行守太微。月贯天廷中。正月甲寅，皇太子冠。甲子，孝景皇帝崩。遗诏赐诸侯王以下至民为父后爵一级，天下户百钱。出宫人归其家，复无所与[24]。太子即位，是为孝武皇帝。三月，封皇太后弟蚡为武安侯，弟胜为周阳侯。置阳陵。

太史公曰：汉兴，孝文施大德，天下怀安。至孝景，不复忧异姓，而晁错刻削诸侯，遂使七国俱起，合从而西向，以诸侯太盛，而错为之不以渐也。及主父偃言之，而诸侯以弱，卒以安。安危之机，岂不以谋哉？

【译文】

孝景帝是孝文帝排行居中的儿子。他的母亲是窦太后。孝文帝在代国时，前代王后已经有三个儿子，等到窦太后得到宠幸，前代王后去世，三个儿子相继去世，所以孝景帝得以称帝。

孝景帝元年四月二十二日，大赦天下。乙巳，赏赐百姓爵位一级。五月，减免一半田租。为孝文帝修建太宗庙。命令大臣们不用朝拜祝贺。匈奴入侵代国，朝廷和匈奴结盟和亲。

二年春天，封原相国萧何的孙子萧系为武陵侯。规定男子二十岁开始服兵役。四月二十五日，孝文太后驾崩。广川王、长沙王都到封国去。丞相申屠嘉去世。八月，以御史大夫开封侯陶青担任丞相。彗星出现在东北方。秋天，衡山国下了冰雹，最大的有五寸，最深的地方有两尺。火星逆行，侵占北极星天区。月亮出现在北极星天区。木星在天廷中逆行。下诏设置南陵、内史和祋祤为县。

三年正月二十二日，大赦天下。

慧星出现在西方。天火烧掉雒阳东宫大殿和城楼宫室。吴王刘濞、楚王刘戊、赵王刘遂、胶西王刘卬、济南王刘辟光、菑川王刘贤、胶东王刘雄渠发动叛乱，发兵向西。天子为此事诛杀了晁错，派遣袁盎去告谕他们，叛乱大军仍没有停止，又向西围攻梁国。皇上于是派遣大将军窦婴、太尉周亚夫带兵诛杀叛军。六月二十五日，赦免逃亡的叛军和楚元王的儿子刘艺等一起谋反的人。封大将军窦婴为魏其侯。封楚元王的儿子平陆侯刘礼为楚王。立皇子刘端为胶西王，皇子刘胜为中山王。改立济北王刘志为菑川王，改立淮阳王刘余为鲁王，改立汝南王刘非为江都王。齐王的刘将庐、燕王刘嘉都去世了。

四年夏天，立太子。立皇子刘彻为胶东王。六月二十九日，大赦天下。闰九月，改弋阳为阳陵。下令重新设置津渡关卡，使用符信出入关口。冬天，把赵国改为邯郸郡。

五年三月，修建阳陵和渭桥。五月，招募百姓徙居阳陵，给钱二十万。江都遭到从西边来的大暴风袭击，破坏城墙十二丈。二十八日，封长公主的儿子陈蟜为隆虑侯。改封广川王为赵王。

六年春天，封中尉卫绾为建陵侯，封江都丞相程嘉为建平侯，封陇西太守公孙浑邪为平曲侯，封赵丞相苏嘉为江陵侯，封元将军栾布为鄃侯。梁国、楚国两国的王都去世。闰九月，砍伐驰道旁的树木，填平兰池。

七年冬天，废黜栗太子，封他为临江王。十一月月末，出现日食。春天，赦免和释放参加修建阳陵的刑徒和奴隶。罢免丞相陶青。二月十六日，封太尉条侯周亚夫为丞相。四月十七日，立胶东王太后为皇后。二十九日，立胶东王为太子，太子叫刘彻。

中元元年，封原御史大夫周苛的孙子周平为绳侯，封原御史大夫的儿子周左车为安阳侯。四月二十三日，大赦天下，赏赐百姓爵位一级。废除禁止商人、上门女婿和犯过罪的官吏不准重新做官的禁令。发生地震。衡山、原都两地下了冰雹，最大的有一尺八寸。

中元二年二月，匈奴入侵燕国，于是不再和匈奴和亲。三月，召见临江王，他就在中尉府中死了。夏天，封皇子刘越为广川王，封皇子刘寄为胶东王。封了四个侯爵。九月三十日，出现日食。

中元三年冬天，废除诸侯御史中丞这一官职。春天，两个匈奴王率领他们的部下来投降，两人都封为列侯。封皇子刘方乘为清河王。三月，彗星在西北方出现。罢免丞相周亚夫，封御史大夫桃侯刘舍为丞相。四月，出现地震。九月戊戌月末，出现日食。驻军东都门外。

中元四年三月，修建德阳宫。出现大蝗灾。秋天，赦免修建阳陵的刑徒。

中元五年夏天，封皇子刘舜为常山王。封十个诸侯王。六月二十九日，大赦天下，赏赐百姓爵位一级。全国遭遇大涝。改诸侯国的丞相为相。秋天，发生地震。

中元六年二月二十五日，皇上驾临雍县，郊祭五帝。三月，下了冰雹。四月，梁孝王、城阳共王、汝南王都去世了。封梁孝王的儿子刘明为济川王，封刘彭离为济东王，封刘定为山阳王，封刘不识为济阴王。于是梁国一分为五。册封了四个诸侯王。改名廷尉为大理，改名将作少府为将作大匠，改名主爵中尉为都尉，改名长信詹事为长信少府，改名将行为大长秋，改名大行为行人，改名奉常为太常，改名典客为大行，改名治粟内史为大农。把大内定为二千石，设置左右内官，其隶属大内。七月二十九日，出现日食。八月，匈奴侵入上郡。

后元年冬，把大夫令改名为卫尉。三月十九日，大赦天下，赏赐百姓爵位一级，中二千石级的官员和诸侯国的相赏赐右庶长的爵位。四月，特许百姓大摆宴饮。五月九日，发生地震，这天早饭时又出现震动。上庸县地震持续二十二天，毁坏了城墙。七月二十九日，出现日食。罢免丞相刘舍。八月十七日，任命御史大夫卫绾为丞相，封为建陵侯。

后二年正月，一天发生三次地震。郅都将军攻打匈奴。特许百姓大摆宴饮五天。命令内史和各郡县不要用粮食饲养马，否则县官没收马匹。命令刑徒和奴隶穿七緵布做的衣服。禁止用马舂米。因为庄稼歉收，不能天下出现粮食吃不到秋收时的情况。减少驻京的列侯，遣其回封国。三月，匈奴侵入雁门。十月，出租长陵的田地给农民耕种。天下大旱。衡山国、河东郡、云中郡的百姓遭遇瘟疫。

后三年十月，出现日食和月食，天空连续五天为红色。十二月月末，打雷。太阳变成紫色。五大行星逆行守护太微垣。月亮从天廷中穿过。正月十七日，皇太子行冠礼。二十七日，孝景皇帝驾崩。遗留诏书赏赐从诸侯王到百姓继父位的人爵位一级，赏赐天下百姓每户一百钱。放宫里的美人回家，终身免除徭役和赋税。太子即位，称为孝武皇帝。三月，封皇太后的弟弟田蚡为武安侯，封太后弟弟田胜为周阳侯。孝景帝安葬在阳陵。

太史公说：汉朝建立，孝文皇帝广施恩德，天下百姓感怀德政。到孝景帝时，不用再担心异姓诸侯王的反叛了，然而晁错建议削弱诸侯势力，致使七国一起反抗，合谋向西发动叛乱，这是因为诸侯势力强大，而晁错办事没有循序渐进的缘故。等到主父偃提及此事，诸侯的势力才变弱，天下最后得以安定。国家安危的关键，难道不在于谋略得当吗？

（王永吉　注译）

卷十三 三代世表[1]序

注释查阅　译文诵读

太史公曰：五帝、三代之记[2]，尚矣[3]。自殷以前诸侯不可得而谱[4]，周以来乃颇可著[5]。孔子因史文次《春秋》[6]，纪元年，正时日月[7]，盖其详哉。至于序《尚书》则略，无年月；或颇有，然多阙，不可录。故疑则传疑，盖其慎也。

余读谍记[8]，黄帝以来皆有年数。稽其历谱谍终始五德之传[9]，古文咸不同，乖异[10]。夫子之弗论次其年月[11]，岂虚哉!于是以《五帝系谍》《尚书》集世纪黄帝以来讫共和为《世表》[12]。

【译文】

太史公说：有关五帝与三代的记载很久远了。殷商以前诸侯国的很多事已经不可能考证和罗列世系了，周代以来的事才可能少量著录一些。孔子依据历史文献编写《春秋》，记载鲁君即位的年份，考订时间年月，是很详尽了。至于孔子编排《尚书》则简略，连年月也没有；虽然间或有，但大多缺漏，无法著录。所以他这种有疑问就传疑的方法，是很慎重的。

我阅读有关帝王世系、年数的记载，黄帝以来有年代的记叙。考察那些年历、世系和五德终始循环转换的情况，古代文献记载都不一样，互相矛盾。孔子不论定那些年月次第，难道是虚的吗！于是，我利用《五帝系谍》《尚书》等编列的世系，记载黄帝以来到共和这一时期，写成《三代世表》。

（王华宝　注译）

卷十四

十二诸侯年表[1]序

注释查阅　　译文诵读

太史公读《春秋历谱谍》[2]，至周厉王，未尝不废书而叹也。曰：呜呼，师挚见之矣[3]！纣为象箸而箕子唏[4]。周道缺，诗人本之衽席[5]，《关雎》作[6]。仁义陵迟，《鹿鸣》刺焉。及至厉王，以恶闻其过[7]，公卿惧诛而祸作，厉王遂奔于彘，乱自京师始，而共和行政焉。是后或力政[8]，彊乘弱[9]，兴师不请天子。然挟王室之义，以讨伐为会盟主，政由五伯，诸侯恣行，淫侈不轨，贼臣篡子滋起矣。齐、晋、秦、楚其在成周微甚[10]，封或百里，或五十里。晋阻三河[11]，齐负东海，楚介江淮，秦因雍州之固，四海迭兴，更为伯主，文武所褒大封[12]，皆威而服焉。是以孔子明王道，干七十余君[13]，莫能用，故西观周室，论史记旧闻，兴于鲁而次《春秋》，上记隐，下至哀之获麟，约其辞文，去其烦重，以制义法[14]，王道备，人事浃[15]。七十子之徒口受其传指，为有所刺讥褒讳挹损之文辞不可以书见也[16]。鲁君子左丘明惧弟子人人异端，各安其意，失其真，故因孔子史记具论其语，成《左氏春秋》。铎椒为楚威王傅，为王不能尽观春秋，采取成败，卒四十章，为《铎氏微》。赵孝成王时，其相虞卿上采春秋，下观近势，亦著八篇，为《虞氏春秋》。吕不韦者，秦庄襄王相，亦上观尚古，删拾《春秋》，集六国时事，以为八览、六论、十二纪，为《吕氏春秋》。及如荀卿、孟子、公孙固、韩非之徒，各往往捃摭《春秋》之文以著书[17]，不可胜纪。汉相张苍历谱五德，上大夫董仲舒推《春秋》义[18]，颇著文焉。

太史公曰：儒者断其义，驰说者骋其辞，不务综其终始；历人取其年月[19]，数家隆于神运[20]，谱谍独记世谥[21]，其辞略，欲一观诸要难。于是谱十二诸侯，自共和讫孔子[22]，表见《春秋》《国语》学者所讥盛衰大指著于篇[23]，为成学治古文者要删焉[24]。

【译文】

太史公读《春秋历谱牒》的时候，每每读到周厉王时，没有不放下书感叹的。说道：哎，周朝至厉王衰败，师挚早有预见了！商纣王用象牙做筷子的时候箕子也同样悲叹。周道衰微，诗人以夫妇之道昭示道德，《关雎》产生。仁义衰微，诗人作《鹿鸣》讥刺。及至厉王时，他讨厌别人说他的过失，三公九卿惧怕诛责，而最终国人生乱，厉王只好出京师逃到彘这个地方避祸。祸乱从京师爆发，京师就由周公和召公联合执政，年号共和。这以后各诸侯凭恃武力征伐，以强凌弱，动用军队不请示天子。竟然挟持王室以征讨攻伐，更有充当诸侯盟主者，政令均出自五霸，诸侯横行霸道，骄奢淫逸行为不轨，乱臣贼子层出不穷。齐、晋、秦、楚在周建立的时候都微不足道，封邑大者方圆百余里，小者方圆五十里。而晋依仗三河之险，齐背靠东海，楚盘踞长江淮河之间，秦拥有雍州险要，他们在周的四方兴起，轮番充当各方霸主。当初周文王、武王褒封的大诸侯，都害怕他们的武力而从服于他们。所以孔子彰显王道，游说于七十余国君，却没有一个听他的主张。于是孔子西行到周王室考察，讨论史籍记载和旧闻，然后回到鲁国编撰《春秋》。上至鲁隐公，下至鲁哀公猎获麒麟之年。简约其文字，精炼其语句，删除繁冗，以定修史的褒贬笔法，以至王道完备，人事周全。他有七十多个高徒凭口述而领会《春秋》要义，因为《春秋》有讥讽、谴责、贬抑、忌讳之语而不便于书写示众。鲁国君子左丘明害怕众弟子各持己见，各以其意作解释，以至丧失孔子本意，所以依照孔子《春秋》论述详尽真实的记录成书，编成《左氏春秋》。铎椒任楚威王太傅，由于楚王不能全面理解《春秋》要义，他便抄摘其中关于国家兴衰成败之语，辑合成四十章，名为《铎氏微》。赵孝成王的时候，他的相国虞卿上采《春秋》，下参近代各国形势，也编成八篇，名为《虞氏春秋》。吕不韦是秦庄襄王的相国，也上览前代古史，删减补充《春秋》，汇集当时六国的局势，编成八览、六论、十二纪，名为《吕氏春秋》。至于荀卿、孟子、公孙固、韩非等人，各自往往抄摘《春秋》言论以著书立说，这样的事情举不胜举。汉代丞相张苍根据《春秋》撰写《终始五德传》，上大夫董仲舒发挥《春秋》大义，都写了不少文章。

太史公说：儒者断取《春秋》之义，纵横家发挥《春秋》的辞令，都不关注归纳其首尾经过；研究历法的人只采用《春秋》的年月，术数家崇尚《春秋》的神运，而谱牒家只记载世系和谥号，其言辞简略，要想一下子看清要旨是很难的。于是我谱列十二诸侯，从共和行政开始，到孔子卒年结束，以表谱的形式来显示研究《春秋》《国语》的学者所考察的盛衰大要，著述于本篇，为成就学业研究《春秋》《国语》的人删取大要。

（王华宝　注译）

卷十五 六国年表序

注释查阅 译文诵读

太史公读《秦记》，至犬戎败幽王，周东徙洛邑[1]，秦襄公始封为诸侯[2]，作西畤用事上帝[3]，僭端见矣[4]。礼曰：“天子祭天地，诸侯祭其域内名山大川。”今秦杂戎翟之俗，先暴戾，后仁义，位在藩臣而胪于郊祀[5]，君子惧焉。及文公踰陇[6]，攘夷狄，尊陈宝[7]，营岐雍之间，而穆公修政，东竟至河[8]，则与齐桓、晋文中国侯伯侔矣[9]。是后陪臣执政[10]，大夫世禄，六卿擅晋权，征伐会盟，威重于诸侯。及田常杀简公而相齐国，诸侯晏然弗讨[11]，海内争于战攻矣[12]。三国终之卒分晋[13]，田和亦灭齐而有之，六国之盛自此始。务在强兵并敌[14]，谋诈用而从衡短长之说起[15]。矫称蜂出[16]，誓盟不信，虽置质剖符犹不能约束也。秦始小国僻远，诸夏宾之[17]，比于戎翟，至献公之后常雄诸侯。论秦之德义不如鲁卫之暴戾者，量秦之兵不如三晋之强也[18]，然卒并天下，非必险固便形势利也，盖若天所助焉。

或曰“东方物所始生，西方物之成孰”[19]。夫作事者必于东南，收功实者常于西北。故禹兴于西羌，汤起于亳，周之王也以丰镐伐殷，秦之帝用雍州兴[20]，汉之兴自蜀汉。

秦既得意[21]，烧天下《诗》《书》，诸侯史记尤甚，为其有所刺讥也。《诗》《书》所以复见者，多藏人家，而史记独藏周室，以故灭。惜哉，惜哉！独有《秦记》，又不载日月，其文略不具[22]。然战国之权变亦有可颇采者，何必上古[23]。秦取天下多暴，然世异变，成功大。传曰“法后王”[24]，何也？以其近己而俗变相类，议卑而易行也[25]。学者牵于所闻，见秦在帝位日浅，不察其终始，因举而笑之[26]，不敢道，此与以耳食无异[27]。悲夫！

余于是因《秦记》[28]，踵《春秋》之后，起周元王，表六国时事[29]，讫二世，凡二百七十年，著诸所闻兴坏之端[30]。后有君子，以览观焉。

【译文】

太史公读《秦记》，读到犬戎击败周幽王，周王室因此向东迁都到洛邑城，秦襄王刚刚被封为诸侯，并举行西畤，用它来祭祀上天，这时超越本分的迹象就已经表现出来了。《礼经》记载："天子祭祀天地，各路诸侯祭祀自己辖区内的名山大川。"如今的秦国杂有犬翟族人的民风习俗，先施暴行，后行仁义，身为一方的属臣却摆出了天子祭天的阵势来举行郊祭，这令有识之士担心啊。到文公时，秦国的领土已经越过大陇山，攻打犬翟族人，尊崇陈宝神，在歧、雍之间发展实力，因此到穆公时，整顿内政，东边的边界到达黄河边上，已与齐桓公、晋文公等中原地区的诸侯王伯势均力敌了。这以后，各国大夫主持政务，大夫的职位可以世代相袭，享受俸禄，六卿独揽朝政，操纵着战争与结盟的权力，在诸侯之中威望厚重。

到田常杀掉齐简公而自任齐相，诸侯却无动于衷不予讨伐，这标志着海内已经围绕怎样保持本国的军事实力来争斗了。韩、赵、魏三家使晋国终结并最后瓜分了它，田和也吞灭姜齐据为己有，六国并立的局面由此开始了。各国的要务在于壮大军事力量，兼并对方，因而权谋诈术无所不用，合纵连横的学说也相继兴起。各种诈称王命的谎言骗局蜂拥而出，誓词盟约毫无诚意，即使互派人质、剖符为凭也不能相互约束。秦国起初只是一个偏远小国，中原各国都排斥它，认为它与戎狄一样。但从秦献公以后，一直在诸侯中称雄。论说起秦国的德义，还不如鲁、卫两国中那些凶暴乖戾的人，计量秦国的兵力，也不如三晋强大，但最后却吞并天下，这不一定是因为秦国凭据天险，攻守方便，地形非常有利，好像上天对它有所帮助似的。

有人说："东方是万物开始萌生的地方，西方是万物最后成熟的地方。"大凡开创事业的人必定出现在东南，而获取胜利果实的人常常诞生在西北。因此，大禹在西羌兴起，商汤在亳地崛起，周人建立王朝是凭借丰镐讨伐殷商，秦国完成帝业是依仗雍州发迹，汉朝的兴盛是从巴蜀汉中开始的。

秦国统一天下后，就焚烧《诗》《书》典籍，而各诸侯国国史被烧得更厉害，因为书中有讽刺讥笑秦国的地方。《诗》《书》之所以还能再见到，是因为很多收藏在私人家里，而各国国史专门收藏在周王室，因此都被烧毁了。可惜呀！可惜呀！如今只有《秦纪》保存下来，又不写明日月，内容简略也不完整。但是战国时代关于变通和应急的对策也有大量可以采用的，为什么一定要效法上古呢？虽说秦国夺取天下暴行很多，但能随着时代的不同而相应调整对策，因而成就功业的可能性就大。古书说："效法近代之王。"这是为什么呢？因为后王距离我们更近，当代民俗的变化也和后王那个时期差不多，道理讲起来浅显明白，容易推行。一般的读书人局限于平常见闻，看见秦朝统治的时间很短促，就不考察它本身发展的全过程，于是指责耻笑它，这和用耳朵吃东西没有什么两样，真可悲呀！

我于是根据《秦记》，紧接在《春秋》之后，上起周元王，列表编排六国发生的大小事件，下至秦二世，总共二百七十年，借此显示出我所闻知的各种兴盛衰败的缘由。后世的有识之士，可以据此观览。

（王华宝　注译）

卷十六　秦楚之际月表序

注释查阅　译文诵读

太史公读秦楚之际[1]，曰：初作难[2]，发于陈涉；虐戾灭秦[3]，自项氏；拨乱诛暴，平定海内，卒践帝祚[4]，成于汉家。五年之间，号令三嬗[5]。自生民以来[6]，未始有受命若斯之亟也[7]。

昔虞、夏之兴，积善累功数十年，德洽百姓，摄行政事[8]，考之于天，然后在位。汤、武之王，乃由契、后稷修仁行义十余世，不期而会孟津八百诸侯，犹以为未可，其后乃放弑[9]。秦起襄公，章于文、缪，献、孝之后，稍以蚕食六国，百有余载，至始皇乃能并冠带之伦。以德若彼[10]，用力如此，盖一统若斯之难也。

秦既称帝，患兵革不休，以有诸侯也，于是无尺土之封[11]，堕坏名城[12]，销锋镝[13]，锄豪杰[14]，维万世之安。然王迹之兴，起于闾巷，合从讨伐[15]，轶于三代[16]。乡秦之禁[17]，适足以资贤者为驱除难耳，故愤发其所为天下雄，安在无土不王？此乃传之所谓大圣乎[18]？岂非天哉[19]，岂非天哉！非大圣孰能当此受命而帝者乎[20]？

【译文】

太史公研读秦朝和楚汉相交接的这段历史后说：最先发难反秦的人是陈涉，残暴地灭掉秦朝的人是项羽，拨乱反正、诛除凶暴、平定天下、最终登上帝位的人是汉高祖刘邦。五年之间，发号施令的人变更了三次。自从有人类以来，帝王接受天命的变更还不曾有这样急促的。

从前虞舜、夏禹兴起的时候，他们都积累善行和功劳长达几十年，恩德遍及百姓后，他们才代行君主的政事，还要受到上天的考验，然后才即位。商汤、周武称王，也是由契、后稷开始修行仁政、德义达十几代，到周武王时八百诸侯没有相约就到孟津会盟，武王还是认为时机不到。等时机成熟以后，才放逐了夏桀，杀掉了殷纣王。秦国从襄公时兴起，到文公、穆公时显示出强大的力量，到献公、孝公以后，逐步侵吞六国，经历了一百多年，到了始皇帝才兼并了六国。像虞、夏、汤、武那样实行德治，像秦国这样使用武力，才能成功，统一天下是如此艰难啊！

秦始皇称帝以后，担心战争不能停止，是因为有诸侯存在，因此，对子孙、功臣连一尺土地都没有分封，还毁坏有名的城池，销毁刀箭，铲除各地的豪强，希图保持万世帝业的安定。然而帝王创业的功绩兴起于民间，天下豪杰联合讨伐暴秦，其气势超过了三代，从前秦国的那些禁令，恰好用来资助贤能的人排除创业的患难。所以，高祖发奋振作而成为天下的英雄，怎么能说没有封地便不能成为帝王呢？这就是书传上所说的圣人吗？这难道不是天意吗，这难道不是天意吗！如果他不是圣人，那谁能在这乱世禀承天命称帝呢？

（王华宝　注译）

卷十七 汉兴以来诸侯王年表序

注释查阅　译文诵读

太史公曰：殷以前尚矣[1]。周封五等：公、侯、伯、子、男。然封伯禽、康叔于鲁、卫，地各四百里，亲亲之义[2]，褒有德也；太公于齐，兼五侯地，尊勤劳也。武王、成、康所封数百，而同姓五十五，地上不过百里，下三十里，以辅卫王室。管、蔡、康叔、曹、郑，或过或损[3]。厉、幽之后，王室缺[4]，侯伯强国兴焉，天子微，弗能正。非德不纯，形势弱也。

汉兴，序二等[5]。高祖末年，非刘氏而王者，若无功上所不置而侯者，天下共诛之。高祖子弟同姓为王者九国，唯独长沙异姓，而功臣侯者百有余人。自雁门、太原以东至辽阳，为燕、代国；常山以南[6]，大行左转[7]，度河、济，阿、甄以东薄海，为齐、赵国；自陈以西，南至九疑[8]，东带江、淮、穀、泗[9]，薄会稽[10]，为梁、楚、吴、淮南、长沙国[11]：皆外接于胡、越。而内地北距山以东尽诸侯地，大者或五六郡，连城数十，置百官宫观，僭于天子。汉独有三河、东郡、颍川、南阳，自江陵以西至蜀，北自云中至陇西，与内史凡十五郡[12]，而公主列侯颇食邑其中。何者？天下初定，骨肉同姓少，故广强庶孽，以镇抚四海，用承卫天子也。

汉定百年之间，亲属益疏，诸侯或骄奢，忕邪臣计谋为淫乱[13]，大者叛逆，小者不轨于法，以危其命，殒身亡国。天子观于上古，然后加惠，使诸侯得推恩分子弟国邑[14]，故齐分为七，赵分为六，梁分为五，淮南分三，及天子支庶子为王[15]，王子支庶为侯，百有余焉。吴楚时[16]，前后诸侯或以適削地[17]，是以燕、代无北边郡，吴、淮南、长沙无南边郡，齐、赵、梁、楚支郡名山陂海咸纳于汉。诸侯稍微，大国不过十余城，小侯不过数十里，上足以奉贡职，下足以供养祭祀，以蕃辅京师[18]。而汉郡八九十，形错诸侯间，犬牙相临，秉其阨塞地利[19]，强本干，弱枝叶之势，尊卑明而万事各得其所矣。

臣迁谨记高祖以来至太初诸侯，谱其下益损之时[20]，令后世得览。形势虽强，要之以仁义为本。

【译文】

太史公说：殷朝以前年代久远难知了。周朝的封爵分为五等：公、侯、伯、子、男。封伯禽、康叔于鲁、卫，地方各为四百里，这是以亲亲之义为本，也是对有德之人的褒奖。太公封于齐，兼有五个侯爵的封地，这是对勤劳者的尊崇。武王、成王、康王所封的诸侯有数百个，而其中与周室同姓者有五十五个，他们的封地最大的不超过百里，最小的只有三十里，用来辅卫王室。管叔、蔡叔、康叔和曹、郑始封之君，其封地有的超过爵位应得之数，有的则不足。厉王、幽王以后，周室衰败，争强称霸的诸侯国兴盛起来，天子力量微弱，不能纠正。这并不是周王道德不纯正，而是形势衰弱的缘故。

汉兴以后，封爵分为王、侯二等。高祖末年，不是刘氏而称王者，或没有功劳不是天子所封而称侯者，天下共同讨伐他。高祖的子弟同姓而被封为王者有九国，唯独长沙王是异姓，而有功之臣被封为侯者有一百余人。自雁门、太原以东至辽阳，为燕国和代国；常山以南，太行以东，过黄河、济水，以及阿、甄以东一直接近海边，为齐国和赵国；从陈以西，南至九疑山，东连江、淮、谷、泗，直到会稽，为梁国、楚国、淮南国、长沙国，这些国的外围都和胡、越接壤。而内地北到太行山以东，都是诸侯的封地，大的诸侯有五六个郡，数十个城，设置百官，建造宫观，超越本分，使用了天子的规模制度。汉朝廷只有河东、河西、河南、东郡、颍川、南阳，以及从江陵以西至蜀地，北从云中至陇西，加上内史郡共十五个郡，而公主列侯的食邑有不少也在其中。为什么会形成这种局面呢？因为天下初定时，骨肉同姓者较少，所以广泛地使庶子们强大起来，用以镇抚四海，用来保卫天子。

汉朝平定天下以来的百年之间，诸侯王与天子的关系更加疏远，诸侯王有的骄奢起来，习惯于听从奸邪之臣的计谋去做淫乱之事，严重的谋反叛逆，轻微的不守法度，以致于危及生命，丧身亡国。天子借鉴上古的办法，然后加赐恩惠，使诸侯王得以推恩及人，分封国邑给子弟，所以齐分为七国，赵分为六国，梁分为五国，淮南分为三国，连同天子的支庶子被分为王者、诸侯王的支庶子被分为侯者，共有一百多个。吴楚反叛之时，诸侯王有的先后因犯罪受责罚而被削减封地，因此燕、代国失去了北部的郡，吴、淮南、长沙国失去了南部的郡，齐、赵、梁、楚国的支郡、名山、陂海都被朝廷收回。诸侯的势力渐渐衰弱，大国不超过十余城，小侯不超过数十里，对上足以完成贡职，对下足以供养祭祀，用来藩卫京师。而汉王朝直辖的郡有八九十个，交错在诸侯王国之间，犬牙相临，控制着关隘要塞之地，形成了本干强大、枝叶弱小的形势，使尊卑分明而万事各得其所。

臣司马迁恭谨地记录高祖以来至太初间诸侯王国的史迹，用列表的方式记录自始封年以下各国兴衰损益的时间，使后世得以观览。如今朝廷形势虽强，而处理好与诸侯王关系的关键在于以仁义为本。

（王华宝　注译）

卷十八 高祖功臣侯者年表序

注释查阅　译文诵读

太史公曰：古者人臣功有五品，以德立宗庙、定社稷曰勋[1]，以言曰劳，用力曰功，明其等曰伐[2]，积日曰阅[3]。封爵之誓曰[4]：“使河如带[5]，泰山若厉[6]。国以永宁，爰及苗裔。”始未尝不欲固其根本[7]，而枝叶稍陵夷衰微也[8]。

余读高祖侯功臣，察其首封，所以失之者，曰：异哉所闻！《书》曰“协和万国”，迁于夏、商，或数千岁。盖周封八百，幽、厉之后，见于《春秋》。《尚书》有唐、虞之侯伯，历三代千有余载，自全以蕃卫天子[9]，岂非笃于仁义奉上法哉？汉兴，功臣受封者百有余人。天下初定，故大城名都散亡，户口可得而数者十二三，是以大侯不过万家，小者五六百户。后数世，民咸归乡里，户益息，萧、曹、绛、灌之属或至四万[10]，小侯自倍，富厚如之。子孙骄溢，忘其先，淫嬖[11]。至太初，百年之间，见侯五[12]，余皆坐法陨命亡国，秏矣。罔亦少密焉[13]，然皆身无兢兢于当世之禁云。

居今之世，志古之道，所以自镜也[14]，未必尽同。帝王者各殊礼而异务，要以成功为统纪[15]，岂可绲乎[16]？观所以得尊宠及所以废辱，亦当世得失之林也，何必旧闻？于是谨其终始，表见其文，颇有所不尽本末；著其明，疑者阙之。后有君子，欲推而列之，得以览焉。

【译文】

太史公说，古代人臣的功绩分为五等：依靠仁德帮助建立帝业、安定国家的称“勋”；依靠出谋划策的称“劳”；借助武力的称“功”；明确功绩的等级的称“伐”；凭借资历长短的称“阅”。封爵的誓词说：“即使黄河细得像衣带，泰山小得像磨刀石了，封国也会永远安宁，并将惠及后代。”朝廷最初不是不想稳固这些封国的根本，然而封国的子孙还是渐渐衰微了。

我读了高祖封赏功臣侯位的相关史料，考察了功臣侯们初次受封及他们后嗣失掉侯位的原因，认为：与我之前听说的情况相差很大！《尚书·尧典》说“各个邦国都应协调和睦”，延续到夏、商时代，有的邦国竟经历了几千年。周朝分封了八百个诸侯，经幽王、厉王乱世之后，在《春秋》的记载上还能看到。《尚书》中有关唐尧、虞舜后世子孙为侯为爵的记载，他们历经夏、商、周三代，有一千余年，仍然保全着自己的地位而屏卫着天子。这难道不是因为他们忠于仁义、遵奉天子的法令吗？汉朝兴起之时，受到分封的功臣有一百多人。当时天下刚刚安定，所以从前那些大城名都的人大多离散逃亡了，可以统计的户口不过只有原来的十之二三，因此，大侯的封户也不超过万户，小的只有五六百户。后来经过了几代，百姓都回归故里，户口便日益增多。萧何、曹参、周勃、灌婴这些人的后裔有的封户达到了四万，小侯的封户也增长了一倍，其财富的增长情况也是如此。于是，他们的子孙骄傲自满了，忘记了祖先创业的艰难，干起了荒淫邪恶的勾当。从开始受封到太初时只有百余年的时间，而存留下来爵位的不过只有五家，其余的都因犯法而丧命亡国，全都完了。究其原因，国家法网固然稍微严密了一些，然而也是因为他们自己没有小心翼翼地遵守当世的法令啊！

生活在今世，谨记古代的道理，并将之作为借鉴，但无须追求古今完全一致。历代帝王完全可以制定不同的礼法而采取不同的统治方法，最紧要的还是以成就功业为原则，岂能完全一样？考察功臣王侯享受尊荣恩宠和受到废黜羞辱的原因，正是当今政治得失的经验教训所在，何必非得是古代的传闻？在此，我考察了他们兴衰的始末，将他们的资料列在下表之中，当然也还有一些事件没能完全弄清本末之处，资料翔实可信的就记载，有疑问的就空着。后世君子，如有想继续推究和说明其中的道理，可以参阅此表。

（王华宝　注译）

卷十九 惠景间侯者年表序

注释查阅　译文诵读

太史公读列封至便侯[1]，曰：有以也夫！长沙王者，著令甲[2]，称其忠焉。昔高祖定天下，功臣非同姓疆土而王者八国[3]。至孝惠时，唯独长沙全，禅五世，以无嗣绝，竟无过[4]，为藩守职，信矣。故其泽流枝庶，毋功而侯者数人。及孝惠讫孝景间五十载，追修高祖时遗功臣[5]，及从代来[6]，吴、楚之劳[7]，诸侯子弟若肺腑，外国归义[8]，封者九十有余。咸表始终，当世仁义成功之著者也。

【译文】

太史公阅读有关列侯分封的档案资料，读到便侯时，感慨道：此家庭延续长久真是事出有因啊！长沙王吴芮被封为诸侯王，著录在甲等的令牌，他的忠诚受到称赞。当初高祖平定天下，功臣之中不是皇室同姓宗亲而分疆裂土受封为诸侯王的共有八国。到孝惠帝时，只有长沙王得以保全，并传承五世，最后因为没有后嗣才绝封，始终没有过错，作为国家的藩守，尽心尽职，果真是这样。所以他的德业能使旁系子孙也沾受恩惠，连没有功勋却受封为列侯的就有数人。从孝惠帝之初到孝景帝之末的五十年间，追录高祖时遗漏未封的功臣，以及追随孝文帝从代国入继大统而来的旧臣，孝景帝时在平定吴楚七国之乱有功的，身为皇室骨肉至亲的诸侯王子弟，前来投顺归化的，等等，先后受封为列侯的有九十多人。现在将他们受封传承等始末列表记载如下，这是当代以仁义而成大功的显著例证。

（王华宝　注译）

卷二十　建元以来侯者年表[1]序

注释查阅　　译文诵读

太史公曰：匈奴绝和亲[2]，攻当路塞[3]；闽越擅伐，东瓯请降。二夷交侵，当盛汉之隆，以此知功臣受封侔于祖考矣[4]。何者？自《诗》《书》称三代“戎狄是膺，荆荼是征”[5]，齐桓越燕伐山戎[6]，武灵王以区区赵服单于[7]，秦缪用百里霸西戎[8]，吴楚之君以诸侯役百越[9]。况乃以中国一统，明天子在上，兼文武，席卷四海，内辑亿万之众[10]，岂以晏然不为边境征伐哉！自是后，遂出师北讨强胡，南诛劲越，将卒以次封矣。

【译文】

太史公说：匈奴断绝了和亲，进攻处于交通要道的关塞，闽越擅自攻伐东瓯，致使东瓯请求内迁降附我朝。这两支外夷一起侵扰边境时，正当大汉最昌盛的时候，由此可以推知功臣受封之多应当与他们的祖辈父辈相等。为什么呢？自从《诗经》《书经》称颂夏、商、周三代“抵御抗击北方的戎狄，讨伐惩罚南方的荆舒”以来，齐桓公曾越过燕国讨伐山戎，赵武灵王以小小的赵国使匈奴的单于降服，秦穆公任用百里奚而称霸西戎，吴、楚的国君以诸侯的身份而能役使百越。何况如今大中国一统，圣明天子在位，兼有文武之才，席卷天下，使国内亿万民众和睦相处，又怎么会为了国内的安定而不对边境受骚扰进行讨伐呢？从此以后，汉朝就出兵北征凶悍的匈奴，南下消灭强劲的越族，建立军功的将士都会依次受封的。

（王华宝　注译）

卷二十一　建元以来王子侯者年表序

注释查阅　译文诵读

制诏御史："诸侯王或欲推私恩分子弟邑者[1]，令各条上[2]，朕且临定其号名。"

太史公曰：盛哉，天子之德！一人有庆，天下赖之[3]。

【译文】

皇上下诏给御史大夫说："诸侯王凡是有打算将恩惠推及自己的私亲，分封子弟城邑的，令他们各自条列上报，朕将亲自确定他们的名号。"

太史公说：真是伟大啊，天子的恩德！一人有了喜庆，天下都仰赖这种好处。

（王华宝　注译）

卷二十五　律书第三

注释查阅

王者制事立法，物度轨则，壹禀于六律[1]，六律为万事根本焉。

其于兵械尤所重，故云“望敌知吉凶，闻声效胜负”，百王不易之道也。

武王伐纣，吹律听声[2]，推孟春以至于季冬，杀气相并，而音尚宫[3]。同声相从，物之自然，何足怪哉？

兵者，圣人所以讨强暴，平乱世，夷险阻，救危殆。自含齿戴角之兽见犯则校[4]，而况于人怀好恶喜怒之气？喜则爱心生，怒则毒螫加[5]，情性之理也。

昔黄帝有涿鹿之战，以定火灾[6]；颛顼有共工之陈[7]，以平水害；成汤有南巢之伐[8]，以殄夏乱[9]。递兴递废，胜者用事，所受于天也。

自是之后，名士迭兴，晋用咎犯[10]，而齐用王子[11]，吴用孙武[12]，申明军约，赏罚必信，卒伯诸侯[13]，兼列邦土[14]，虽不及三代之诰誓[15]，然身宠君尊[16]，当世显扬，可不谓荣焉？岂与世儒暗于大较[17]，不权轻重，猥云德化[18]，不当用兵，大至君辱失守，小乃侵犯削弱，遂执不移等哉[19]！故教笞不可废于家[20]，刑罚不可捐于国[21]，诛伐不可偃于天下[22]，用之有巧拙，行之有逆顺耳。

夏桀、殷纣手搏豺狼，足追四马，勇非微也；百战克胜，诸侯慑服，权非轻也。秦二世宿军无用之地[23]，连兵于边陲，力非弱也；结怨匈奴，絓祸於越[24]，势非寡也。及其威尽势极，闾巷之人为敌国[25]。咎生穷武之不知足[26]，甘得之心不息也。

高祖有天下，三边外畔[27]；大国之王虽称蕃辅[28]，臣节未尽。会高祖厌苦军事，亦有萧、张之谋[29]，故偃武一休息，羁縻不备[30]。

历至孝文即位，将军陈武等议曰：“南越、朝鲜自全秦时内属为臣子[31]，后且拥兵阻阸，选蠕观望[32]。高祖时天下新定，人民小安，未可复兴兵。今陛下仁惠抚百姓，恩泽加海内，宜及士民乐用，征讨逆党，以一封疆。”孝文曰：“朕能任衣冠，念不到此。会吕氏之乱，功臣宗室共不羞耻，误居正位，常战战栗栗，恐事之不终。且兵凶器，虽克所愿[33]，动亦耗病[34]，谓百姓远方何？又先帝知劳民不可烦，故不以为意。朕岂自谓能？今匈奴内侵，军吏无功，边民父子荷兵日久，朕常为动心伤痛，无日忘之。今未能销距，愿且坚边设候[35]，结和通使，休宁北陲，为功多矣。且无议军。”故百姓无内外之繇[36]，得息肩于田亩[37]，天下殷富，粟至十余钱[38]，鸣鸡吠狗，烟火万里，可谓和乐者乎！

太史公曰：文帝时，会天下新去汤火[39]，人民乐业，因其欲然[40]，能不扰乱，故百姓遂安。自年六七十翁亦未尝至市井，游敖嬉戏如小儿状。孔子所称有德君子者邪！

【译文】

圣王衡量事物，建立法度，对事物的计算和定规程的法则，都以六律为统一标准，六律实在是万事的根本。而六律用在军事上，尤其受到重视，所以说“望见敌阵上的云气，就能知道战争是吉利还是凶咎；听到敌人的声音，就能判断战争是胜利还是失败”，这是历代帝王一直坚信不变的道理。

周武王讨伐商纣时，太师吹律管，听不同的声音。从孟春之律一直吹到季冬之律，都有杀气，但以合于宫声为上。相同的声音互相应和，这是事物的自然之道，有什么值得惊怪的呢？

军队，圣人用来讨伐强暴势力，平定混乱局势，铲平艰险阻碍，挽救危急局面。就连口内有牙、头上生角的野兽，受到侵犯时都会反扑，更何况是人，具有好尚、憎恶、喜爱、愤怒的气质？喜欢时就产生爱惜之情，愤怒时就以恶毒手段相加，这是人性情变化的道理。

当初，黄帝曾在涿鹿作战，从而平息了火德王的灾害；颛顼曾与共工对垒，从而平息了水德王的灾害；成汤曾攻打南巢，从而制止了夏朝的暴乱。交替兴起，而又交替灭亡，获胜者当政，这是由天命决定的。

从那时以后，著名的志士相继兴起，晋国重用咎犯，而齐国重用王子成甫，吴国重用孙武，他们明确地规定了军旅约法，或奖赏或惩罚，必定依法执行，因此，君主终于成为诸侯中的霸主，而自己也得到封赐的土地，虽然不能和三代的诰命盟誓相比，但自身受宠，君主尊贵，显赫扬名于当世，难道不算光荣吗？怎么能与社会上那些不明了国家大事，不能衡量轻重缓急，随意谈论道德教化，反对用兵，其结果大至君主受辱，社稷失守，小至遭受侵犯，土地日削，国势衰败，而一直顽固不化的腐儒同日而语呢！所以对家来说，不可废除教训人的竹杖；就国而言，不可废除刑罚；就天下而论，不可停息讨伐的战争。只是运用起来有巧妙和笨拙的不同，实行起来有合理和不合理的区别而已。

夏桀和商纣能徒手与豺狼搏斗，徒步追赶四匹马拉的车，其勇气是不小的；百战百胜，使诸侯惶恐顺服，权势是不轻的。秦二世拥重兵，驻扎在无须用兵之地，遍布边境，力量是不弱的；对抗匈奴，不顾结下怨仇，征服於越，不顾招致祸患，权势也是不单薄的。但到威力衰竭、权势衰落时，里巷居民起义就成了敌国。其过失就在于无止境的用兵而不知满足，贪得而不知停息。

汉高祖统一天下，边境上三面都有反叛的势力，而大国的诸侯王虽号称护卫辅佐，却没有尽到臣属的节义。正逢高祖对战争感到厌倦，又有萧何、张良出谋献策，于是停止军事行动，和人民共同休息，对边境反叛势力只牵制笼络，并不开战。

历经两朝，至孝文帝即位后，将军陈武等上奏议说："南越、朝鲜，自从秦朝全盛时就内附为臣子，后来拥兵自重，阻塞道路，蠢蠢欲动，迟疑观望。高祖时，天下刚刚平定，人民才稍微安定，不宜于再进行战争。现在陛下以仁爱恩惠抚养百姓，德泽广被于四海之内，应当趁着官民都乐意听命效力的时候，征讨叛逆，统一天下。"孝文帝说："我只能任用文臣治理天下，没有考虑过这种事情。从前遇到吕氏作乱，朝廷的功臣宗室都不以拥立为羞耻，使我居于本不应属于我的帝位，我经常战战兢兢，惟恐王业中途发生变故。况且战争是凶恶的事，虽然能实现宿愿，但战事一起就必然劳民伤财，如何避免使百姓远征呢？而且先帝都知道役使人民不宜过于频繁，所以不考虑用兵的事。我怎么敢认为自己有能力？现在匈奴入侵，军队和官吏抗击无功，边民父子长期手执兵器作战，我因此常常感到不安，悲伤哀痛，没有一天敢忘怀。当前既然不能消除对抗，解除边患，但愿严阵以待，部署侦察哨所，朝廷与匈奴结好议和，互通使节，能使北部边境人民安居休养，这就是很大的功绩了。暂时先不要议论开战的事情。"从此，百姓在境内外都免除了徭役，得在自己的村落中休养生息，天下富足，一石米只有十几个钱，鸡犬之声相闻，炊烟连绵万里，可以说已经算和平快乐了！

太史公说：文帝时，正当天下刚刚摆脱了水深火热的灾难，人人安居乐业，官府顺着百姓按照自己的愿望行动，尽量不扰乱他们，所以百姓顺心安宁。六七十岁的老翁不用到集市，而游玩戏乐就如同小孩子一样。他就是孔子所称赞的道德高尚的君子吧！

（王华宝　注译）

卷二十六　历书第四

注释查阅

昔自在古[1]，历建正作于孟春[2]。于时冰泮发蛰[3]，百草奋兴，秭鴂先滜[4]。物乃岁具[5]，生于东，次顺四时，卒于冬分[6]。时鸡三号，卒明。抚十二月节[7]，卒于丑。日月成，故明也。明者孟也，幽者幼也，幽明者雌雄也。雌雄代兴[8]，而顺至正之统也。日归于西，起明于东；月归于东，起明于西。正不率天[9]，又不由人，则凡事易坏而难成矣。

王者易姓受命，必慎始初，改正朔，易服色，推本天元，顺承厥意。

太史公曰：神农以前尚矣。盖黄帝考定星历，建立五行[10]，起消息[11]，正闰余[12]，于是有天地神祇物类之官，是谓五官。各司其序，不相乱也。民是以能有信，神是以能有明德。民神异业，敬而不渎，故神降之嘉生[13]，民以物享[14]，灾祸不生，所求不匮。

少皞氏之衰也，九黎乱德，民神杂扰，不可放物[15]，祸灾荐至[16]，莫尽其气[17]。颛顼受之，乃命南正重司天以属神[18]，命火正黎司地以属民[19]，使复旧常，无相侵渎。

其后三苗服九黎之德，故二官咸废所职，而闰余乖次[20]，孟陬殄灭[21]，摄提无纪，历数失序。尧复遂重黎之后，不忘旧者，使复典之，而立羲和之官。明时正度，则阴阳调，风雨节，茂气至，民无夭疫。年耆禅舜，申戒文祖，云“天之历数在尔躬”。[22]舜亦以命禹。由是观之，王者所重也。

夏正以正月，殷正以十二月，周正以十一月。盖三王之正若循环，穷则反本。天下有道，则不失纪序；无道，则正朔不行于诸侯。

幽、厉之后，周室微，陪臣执政，史不记时，君不告朔，故畴人子弟分散[23]，或在诸夏，或在夷狄，是以其机祥废而不统。周襄王二十六年闰三月，而《春秋》非之。先王之正时也，履端于始，举正于中，归邪于终[24]。履端于始，序则不愆；举正于中，民则不惑；归邪于终，事则不悖。

其后战国并争，在于强国禽敌[25]，救急解纷而已，岂遑念斯哉！是时独有邹衍，明于五德之传，而散消息之分[26]，以显诸侯。而亦因秦灭六国，兵戎极烦，又升至尊之日浅，未暇遑也。而亦颇推五胜[27]，而自以为获水德之瑞，更名河曰“德水”，而正以十月[28]，色上黑。然历度闰余，未能睹其真也。

汉兴，高祖曰“北畤待我而起”[29]，亦自以为获水德之瑞。虽明习历及张苍等，咸以为然。是时天下初定，方纲纪大基，高后女主，皆未遑，故袭秦正朔服色。

至孝文时，鲁人公孙臣以终始五德上书，言：“汉得土德，宜更元，改正朔，易服色。当有瑞，瑞黄龙见[30]。”事下丞相张苍，张苍亦学律历，以为非是，罢之。其后黄龙见成纪，张苍自黜，所欲论著不成。而新垣平以望气见，颇言正历服色事，贵幸，后作乱，故孝文帝废不复问。

至今上即位，招致方士唐都，分其天部；而巴落下闳运算转历，然后日辰之度与夏正同。乃改元，更官号，封泰山。因诏御史曰：“乃者[31]，有司言星度之未定也，广延宣问，以理星度，未能詹也。盖闻昔者黄帝合而不死[32]，名察度验[33]，定清浊，起五部[34]，建气物分数[35]。然盖尚矣。书缺乐弛，朕甚闵焉[36]，朕唯未能循明也。紬绩日分，率应水德之胜。今日顺夏至，黄钟为宫，林钟为徵，太蔟为商，南宫为羽，姑洗为角。自是以后，气复正，羽声复清，名复正变。以至子日当冬至[37]，则阴阳离合之道行焉。十一月甲子朔旦冬至已詹，其更以七年为太初元年。年名‘焉逢摄提格’[38]，月名‘毕聚’[39]，日得甲子，夜半朔旦冬至[40]。”

【译文】

在远古的时候，历法的正月设在孟春。此时冰融解了，蛰居的动物也开始活动，各种植物都竞相生长，子规鸟也先出野泽叫了起来。万物的生长一岁循环一次，从春天开始，顺次经历四季，尽于冬季。以鸡叫三遍天明时，作为一天的开始！顺次经过十二个月的节气，终于丑月。日月交替成“明”字运动，所以形成了正月的这第一个黎明。明就是孟，幽就是幼，幽明就相当于雌雄。雌雄的交替变化，又与以孟春为正月的历法相符合。太阳隐没在西方，自东方升起；每个月底时月亮隐没于东方，第二个月开始时又出现于西方。如果上不合天时，下不顺民情，那么任何政治措施都容易败坏而难以成功。

帝王受天命而改朝换代，对于开始必定十分慎重，所以要更改历法，改变服装崇尚的颜色，推本天运的初始时刻，以顺承上天的意旨。

太史公说：神农以前年代太久远，就不必论了。黄帝时考察星象，制定历法，建立起五行序列，确立阴阳消长的规律，纠正了闰月余分数值的大小，于是有了分管天地神祇和其他物类的官员，称为五官。五官各自掌管自己的秩序，不相杂乱。所以百姓能够有所信赖，神明也有恩赐于人民。人神各有所职，互相敬重而不相冒犯，那么神就会赐给人好年景，人以丰洁的礼品飨祭神，这样就会灾祸不生，养生所需也不匮乏。

少皞氏衰落以后，诸侯九黎作乱，人神不分，群类混淆，灾祸接连发生，沴气犹不能尽。颛顼即位后，就任命南正重主管天事，负责祀神；任命火正黎主管地事，负责民事，使恢复以前的样子，不得相互侵扰渎乱。

后来诸侯三苗学九黎作乱，所以重、黎二官都荒废了他们的职事，而使润余的排列失了次序，正月的设置也与正岁不合，摄提所指失了规律，历法与天运的次第不符。尧时重新任命重、黎二氏的后人，不忘旧功，让他们又执掌此事，还设立了羲和的官职。这样，时刻明，度数正，就阴阳调和，风雨按时到来，兴旺景象降临，百姓没有夭殇疾疫。尧年老以后禅位给舜，在文祖庙中告诫舜说“观象授时的重任在你的身上了”。舜也用同样的话告诫禹。由此看来，历法是帝王所应重视的事。

夏朝以正月为历正，殷朝以十二月为历正，周朝以十一月为历正。大凡三王的历正如此依次循环，周而复始。天下治理得好，就不会乱了纪年和月序的次第；治理不好，正朔就无法在诸侯间通行。连诸侯也不会执行王者的历法。

自从幽王、厉王以后，周王室衰微，原本辅佐的卿大夫执掌国政，史官不记载四时，国君也不行每月初一告朔于庙的礼，于是原本懂得天文历算的世家的子弟就四处流散，有的分散在中原诸国，有的流入夷狄，这样一来，祝祷祭祀的制度荒废而不能统一。周襄王二十六年将闰月置于三月，《春秋》书中非难它置闰月不当。

先王制定历法的规则是，先定历元和年、月、日等开始的时刻，再由中气纠正十二月的位置，有日月余分则归于年终。开始的时刻既定，接续下来的四时等也无错误；以中气纠正月位，百姓才不致迷惑；余分归入年终，诸事就不会悖乱。

此后是战国纷争的时期，各国只关注强国胜敌，挽救危机，排解纷争而已，哪有精力考虑编制历法的事！那时，只有邹衍懂得五德终始相传，而且散布阴阳消长的分限等理论，因此显名于诸侯。同时也由于秦灭六国，战争频繁，加以秦始皇做皇帝时日太短，也顾不上历法的事。但是秦时颇为注重推求五行胜克，自以为是得了水德的祥瑞，把河改名为“德水”，岁正取为十月，五色中崇尚黑色。然而历法星度闰月余分等，未能做到更为准确一些。

汉朝兴起后，高祖说“北畤祀黑帝的事等我来建立”，也是自认为得了水德的祥瑞。纵然是一些明习历法的人以及丞相张苍等，也都以为如此。当时天下初步平定，正着力建立各种规章制度，此后高后以女子主政，也未来得及考虑，所以才沿袭秦朝的历法和服色。

到孝文帝时，鲁人公孙臣以五德终始的理论向皇帝上书，说“汉朝所得是土德，应该变更历元，修改历法，变易衣服崇尚的颜色。这样天就会降下祥瑞，有黄龙出现”。文帝将此事交给丞相张苍处理，张苍也学过律历，认为这种说法不正确，就不予理睬。此后果然有黄龙出现于成纪地区，张苍就自请罢黜，想要论述汉得水德的论著也就不了了之。又有新垣平以善于望云气预言政治而得见天子，也对天子说了一些改正历法和服色的事，很得天子信任，后来竟然作乱，所以文帝再也不谈改历的事。

直到当今天子即位，招来方士唐都，重新将周天的行度分为二十八个部分，而巴郡落下闳则依照天体运动的规律，推算历日，为此得到的日月运行和交会的行度和夏正一样。于是改定年号，更换官名，封泰山。因而下诏书对御史说：“过去主管官员说星度没有测定，于是朕广泛征求、询问臣下意见，以测定星度，但未能得到满意的答复。听说古时黄帝作历，由于符合天象的运行，所以能持续地使用下去，这种历法能够分清各种天体的名称，测定它们的行度，审定五音清浊高低，建立起五气的运行，节气物候间相距的日数，然而年代太远了。如今有关天文历数的典籍缺少，礼乐废弛，朕深感忧伤。只是朕又无力把它们补修完备。今造历者运算日分，全都应在胜过水德的土德。如今已临近夏至，以黄钟为宫声，林钟为徵声，太簇为商声，南吕为羽声，姑洗为角声。从此以后，节气重新得正了，羽声重新成为最清音，律名等又得到纠正，以子日作为冬至日，此后的阴阳离合可循道而行了。现在，十一月甲子朔旦冬至已经相遇，于是便改元纣七年为太初元年。定年名为‘焉逢摄提格’，月名为‘毕聚’，日名为甲子，以甲子夜半朔旦冬至为历元。”

（王华宝　注译）

卷二十七　天官书第五

注释查阅

中宫天极星[1]，其一明者，太一常居也[2]；旁三星三公[3]，或曰子属[4]。后句四星[5]，末大星正妃[6]，馀三星后宫之属也[7]。环之匡卫十二星[8]，藩臣[9]。皆曰紫宫[10]。

前列直斗口三星，随北端兑[11]，若见若不[12]，曰阴德[13]，或曰天一。紫宫左三星曰天枪[14]，右五星曰天棓[15]，后六星绝汉抵营室[16]，曰阁道[17]。

北斗七星[18]，所谓“旋、玑、玉衡以齐七政[19]”。杓携龙角[20]，衡殷南斗[21]，魁枕参首[22]。用昏建者杓[23]；杓，自华以西南[24]。夜半建者衡[25]；衡，殷中州河、济之间[26]。平旦建者魁[27]；魁，海岱以东北也。斗为帝车，运于中央，临制四乡[28]。分阴阳[29]，建四时，均五行[30]，移节度[31]，定诸纪[32]，皆系于斗[33]。

斗魁戴匡六星曰文昌宫[34]：一曰上将[35]，二曰次将，三曰贵相，四曰司命，五曰司中，六曰司禄。在斗魁中[36]，贵人之牢[37]。魁下六星，两两相比者[38]，名曰三能[39]。三能色齐[40]，君臣和[41]；不齐，为乖戾[42]。辅星明近[43]，辅臣亲强[44]；斥小[45]，疏弱[46]。

杓端有两星：一内为矛[47]，招摇；一外为盾[48]，天锋。有句圜十五星[49]，属杓[50]，曰贱人之牢。其牢中星实则囚多[51]，虚则开出[52]。

天一、枪、棓、矛、盾动摇，角大[53]，兵起[54]。

东宫苍龙[55]，房、心[56]。心为明堂[57]，大星天王[58]，前后星子属。不欲直[59]，直则天王失计[60]。房为（天）府，曰天驷。其阴[61]，右骖。旁有两星曰衿[62]；北一星曰牽[63]。东北曲十二星曰旗[64]。旗中四星曰天市[65]；中六星曰市楼[66]。市中星众者实；其虚则耗[67]。房南众星曰骑官[68]。

左角，李[69]；右角[70]，将。大角者[71]，天王帝廷[72]。其两旁各有三星，鼎足句之[73]，曰摄提[74]。摄提者，直斗杓所指，以建时节[75]，故曰“摄提格”[76]。亢为疏庙[77]，主疾。其南北两大星[78]，曰南门。氐为天根[79]，主疫。

尾为九子[80]，曰君臣；斥绝[81]，不和。箕为敖客[82]，曰口舌[83]。

火犯守角[84]，则有战。房、心[85]，王者恶之也[86]。

南宫朱鸟[87]，权、衡[88]。衡，太微，三光之廷[89]。匡卫十二星，藩臣：西，将；东，相；南四星，执法[90]；中，端门[91]；门左右，掖门[92]。门内六星，诸侯。其内五星，五帝坐[93]。后聚一十五星，蔚然[94]，曰郎位[95]；旁一大星，将位也[96]。月、五星顺入[97]，轨道[98]，司其出[99]，所守[100]，天子所诛也[101]。其逆入[102]，若不轨道，以所犯命之[103]；中坐[104]，成形[105]，皆群下从谋也[106]。金、火尤甚[107]。廷藩西有隋星五[108]，曰少微，士大夫。权，轩辕。轩辕，黄龙体[109]。前大星，女主象[110]；旁小星，御者后宫属[111]。月、五星守犯者，如衡占[112]。

东井为水事[113]。其西曲星曰钺[114]。钺北，北河[115]；南，南河[116]；两河、天阙间为关梁[117]。舆鬼[118]，鬼祠事[119]；中白者为质[120]。火守南北河，兵起，谷不登[121]。故德成衡[122]，观成潢[123]，伤成钺[124]，祸成井[125]，诛成质[126]。

柳为鸟注[127]，主木草。七星[128]，颈[129]，为员官[130]。主急事。张[131]，素[132]，为厨，主觞客[133]。翼为羽翮[134]，主远客[135]。

轸为车[136]，主风。其旁有一小星，曰长沙星[137]，星不欲明[138]；明与四星等，若五星入轸中，兵大起。轸南众星曰天库楼[139]；库有五车[140]。车星角若益众[141]，及不具[142]，无处车马[143]。

西宫咸池[144]，曰天五潢[145]。五潢，五帝车舍。火入[146]，旱；金[147]，兵；水[148]，水。中有三柱[149]；柱不具[150]，兵起。

奎曰封豕[151]，为沟渎[152]。娄为聚众[153]。胃为天仓[154]。其南众星曰廥积[155]。

昴曰髦头[156]，胡星也[157]，为白衣会[158]。毕曰罕车[159]，为边兵[160]，主弋猎[161]。其大星旁小星为附耳[162]。附耳摇动，有谗乱臣在侧[163]。昴、毕间为天街[164]。其阴[165]，阴国[166]；阳[167]，阳国[168]。

参为白虎[169]。三星直者[170]，是为衡石[171]。下有三星，兑[172]，曰罚[173]，为斩艾事[174]。其外四星，左右肩股也[175]。小三星隅置[176]，曰觜觿[177]，为虎首[178]，主葆旅事[179]。其南有四星，曰天厕。厕下一星，曰天矢[180]。矢黄则吉；青、白、黑，凶。其西有句曲九星，三处罗[181]：一曰天旗[182]，二曰天苑[183]，三曰九游[184]。其东有大星曰狼[185]。狼角变色，多盗贼。下有四星曰弧[186]，直狼[187]。狼比地有大星[188]，曰南极老人[189]。老人见，治安；不见，兵起。常以秋分时候之于南郊[190]。

附耳入毕中[191]，兵起。

北宫玄武[192]，虚、危[193]。危为盖屋[194]；虚为哭泣之事[195]。

其南有众星，曰羽林天军[196]。军西为垒[197]，或曰钺。旁有一大星为北落[198]。北落若微亡[199]，军星动角益希[200]，及五星犯北落，入军[201]，军起[202]。火、金、水尤甚[203]：火，军忧；水，水患；木、土[204]，军吉。危东六星，两两相比，曰司空[205]。

营室为清庙[206]，曰离宫、阁道[207]。汉中四星[208]，曰天驷[209]。旁一星，曰王良[210]。王良策马[211]，车骑满野[212]。旁有八星，绝汉，曰天潢。天潢旁，江星[213]。江星动，人涉水[214]。

杵、臼四星[215]，在危南[216]。匏瓜[217]，有青黑星守之[218]，鱼盐贵。

南斗为庙[219]，其北建星[220]。建星者，旗也。牵牛为牺牲[221]。其北河鼓[222]。河鼓大星，上将；左右[223]，左右将。婺女[224]，其北织女[225]。织女，天女孙也[226]。

察日、月之行以揆岁星顺逆[227]。曰东方，木[228]，主春[229]，日甲乙[230]。义失者[231]，罚出岁星[232]。岁星赢缩[233]，以其舍命国[234]。所在国不可伐[235]，可以罚人[236]。其趋舍而前曰赢[237]，退舍曰缩[238]。赢，其国有兵不复[239]；缩，其国有忧，将亡，国倾败。其所在[240]，五星皆从而聚于一舍[241]，其下之国[242]可以义致天下[243]。

以摄提格岁[244]：岁阴左行在寅[245]，岁星右转居丑[246]。正月，与斗、牵牛晨出东方，名曰监德[247]。色苍苍有光[248]。其失次[249]，有应见柳[250]。岁早[251]，水；晚[252]，旱。

岁星出，东行十二度[253]，百日而止[254]，反逆行[255]；逆行八度，百日，复东行。岁行三十度十六分度之七，率日行十二分度之一[256]，十二岁而周天。出常东方，以晨；入于西方，用昏[257]。

单阏岁：岁阴在卯，星居子。以二月与婺女、虚、危晨出，曰降入[258]。大有光。其失次，有应见张。其岁大水。

执徐岁：岁阴在辰，星居亥。以三月与营室、东壁晨出，曰青章。青青甚章[259]。其失次，有应见轸。岁早，旱；晚，水。

大荒骆岁：岁阴在巳，星居戌。以四月与奎、娄晨出，曰跰踵[260]。熊熊赤色[261]，有光。其失次，有应见亢。

敦牂岁：岁阴在午，星居酉。以五月与胃、昴、毕晨出，曰开明。炎炎有光。偃兵[262]；唯利公王[263]，不利治兵[264]。其失次，有应见房。岁早，旱；晚，水。

叶洽岁：岁阴在未，星居申。以六月与觜觿、参晨出，曰长列。昭昭有光[265]。利行兵。其失次，有应见箕。

涒滩岁：岁阴在申，星居未。以七月与东井、舆鬼晨出，曰大音。昭昭白。其失次，有应见牵牛。

作鄂岁：岁阴在酉，星居午。以八月与柳、七星、张晨出，曰长王。作作有芒[266]。国其昌[267]，熟谷。其失次，有应见危。有旱而昌[268]，有女丧[269]，民疾。

阉茂岁：岁阴在戌，星居巳。以九月与翼、轸晨出，曰天睢[270]。白色大明。其失次，有应见东壁。岁水，女丧。

大渊献岁：岁阴在亥，星居辰。以十月与角、亢晨出，曰大章。苍苍然，星若跃而阴出旦[271]，是谓“正平”。起师旅[272]，其率必武[273]；其国有德，将有四海[274]。其失次，有应见娄。

困敦岁：岁阴在子，星居卯。以十一月与氐、房、心晨出，曰天泉。玄色甚明[275]。江池其昌[276]，不利起兵。其失次，有应见昴。

赤奋若岁：岁阴在丑，星居寅。以十二月与尾、箕晨出，曰天皓[277]。黫然黑色甚明[278]。其失次，有应见参。

当居不居[279]，居之又左右摇，未当去去之[280]，与他星会，其国凶[281]。所居久，国有德厚。其角动，乍小乍大，若色数变，人主有忧[282]。

其失次舍以下[283]，进而东北，三月生天棓，长四丈，末兑。进而东南，三月生彗星，长二丈，类彗[284]。退而西北，三月生天欃[285]，长四丈，末兑。退而西南，三月生天枪，长数丈，两头兑。谨视其所见之国，不可举事用兵。其出如浮如沉，其国有土功[286]；如沉如浮，其野亡[287]。色赤而有角，其所居国昌。迎角而战者[288]，不胜。星色赤黄而沉，所居野大穰[289]。色青白而赤灰，所居野有忧。岁星入月[290]，其野有逐相；与太白斗[291]，其野有破军[292]。

岁星一曰摄提[293]，曰重华，曰应星，曰纪星。营室为清庙，岁星庙也。

察刚气以处荧惑[294]。曰南方，火，主夏，日丙丁。礼失[295]，罚出荧惑[296]，荧惑失行是也[297]。出则有兵，入则兵散[298]。以其舍命国。荧惑为勃乱[299]，残贼、疾、丧、饥、兵[300]。反道二舍以上[301]，居之，三月有殃，五月受兵，七月半亡地，九月太半亡地[302]。因与俱出入[303]，国绝祀[304]。居之，殃还至[305]，虽大当小；久而至，当小反大。其南为丈夫丧[306]，北为女子丧。若角动绕环之[307]，及乍前乍后，左右[308]，殃益大。与他星斗，光相逮[309]，为害；不相逮，不害。五星皆从而聚于一舍，其下国可以礼致天下。

法[310]，出东行十六舍而止；逆行二舍；六旬[311]，复东行，自所止数十舍，十月而入西方；伏行五月[312]，出东方。其出西方曰“反明”，主命者恶之[313]。东行急，一日行一度半。

其行东、西、南、北疾也[314]。兵各聚其下[315]；用战[316]，顺之胜[317]，逆之败[318]。荧惑从太白，军忧；离之，军却[319]。出太白阴，有分军[320]；行其阳，有偏将战[321]。当其行，太白逮之[322]，破军杀将[323]。其入守犯太微、轩辕、营室，主命恶之。心为明堂，荧惑庙也。谨候此[324]。

历斗之会以定填星之位[325]。曰中央，土，主季夏[326]，日戊己，黄帝[327]，主德，女主象也。岁填一宿[328]，其所居国吉。未当居而居，若已去而复还，还居之，其国得土，不乃得女[329]。若当居而不居，既已居之，又西东去，其国失土，不乃失女，不可举事用兵。其居久，其国福厚；易[330]，福薄。

其一名曰地侯[331]，主岁[332]。岁行十三度百十二分度之五，日行二十八分度之一，二十八岁周天。其所居，五星皆从而聚于一舍，其下之国，可以重致天下[333]。礼、德、义、杀、刑尽失[334]，而填星乃为之动摇。

赢，为王不宁；其缩，有军不复。填星，其色黄，九芒，音曰黄钟宫[335]。其失次上二三宿曰赢[336]，有主命不成[337]，不乃大水。失次下二三宿曰缩[338]，有后戚[339]，其岁不复[340]，不乃天裂若地动[341]。

斗为文太室[342]，填星庙，天子之星也。

木星与土合，为内乱，饥，主勿用战[343]，败；水则变谋而更事[344]；火为旱[345]；金为白衣会若水。金在南（木在北）曰牝牡[346]，年谷熟。金在北（木在南），岁偏无[347]。火与水合为焠[348]，与金合为铄[349]，为丧，皆不可举事，用兵大败。土为忧，主孽卿；大饥，战败，（水）为北军，军困，举事大败。土与水合，穰而拥阏[350]，有覆军[351]，其国不可举事。出，亡地；入，得地。金为疾，为内兵[352]，亡地。三星若合[353]，其宿地国外内有兵与丧，改立公王。四星合，兵丧并起[354]，君子忧[355]，小人流[356]。五星合，是为易行[357]，有德[358]，受庆[359]，改立大人[360]，掩有四方[361]，子孙蕃昌[362]；无德，受殃若亡。五星皆大[363]，其事亦大；皆小，事亦小。

蚤出者为赢[364]，赢者为客。晚出者为缩[365]，缩者为主人。必有天应见于杓星。同舍为合。相陵为斗[366]，七寸以内必之矣[367]。

五星色白圜[368]，为丧旱；赤圜，则中不平[369]，为兵；青圜，为忧水；黑圜，为疾，多死；黄圜，则吉。赤角犯我城[370]，黄角地之争[371]，白角哭泣之声，青角有兵忧，黑角则水。意，行穷兵之所终[372]。五星同色，天下偃兵，百姓宁昌。春风秋雨，冬寒夏暑，动摇常以此[373]。

填星出百二十日而逆西行，西行百二十日反东行。见三百三十日而入，入三十日复出东方。太岁在甲寅，镇星在东壁[374]，故在营室[375]。

察日行以处位太白[376]。曰西方，秋，日庚辛，主杀。杀失者[377]，罚出太白。太白失行，以其舍命国。其出行十八舍二百四十日而入。入东方，伏行十一舍百三十日；其入西方，伏行三舍十六日而出。当出不出，当入不入，是谓失舍，不有破军[378]，必有国君之篡[379]。

其纪上元[380]，以摄提格之岁，与营室晨出东方，至角而入；与营室夕出西方，至角而入；与角晨出，入毕；与角夕出，入毕；与毕晨出，入箕；与毕夕出，入箕；与箕晨出，入柳；与箕夕出，入柳；与柳晨出，入营室；与柳夕出，入营室。凡出入东西各五，为八岁二百二十日，复与营室晨出东方。其大率，岁一周天[381]。其始出东方，行迟，率日半度，一百二十日，必逆行一二舍；上极而反，东行，行日一度半，一百二十日入。其庳[382]，近日，曰明星[383]，柔[384]；高，远日，曰大嚣，刚[385]。其始出西方，行疾，率日一度半，百二十日；上极而行迟，日半度，百二十日，旦入，必逆行一二舍而入。其庳，近日，曰大白，柔；高，远日，曰大相，刚。出以辰、戌[386]，入以丑、未[387]。

当出不出，未当入而入，天下偃兵，兵在外，入[388]。未当出而出，当入而不入，天下起兵，有破国。其当期出也[389]，其国昌。其出东为东[390]，入东为北方[391]；出西为西，入西为南方。所居久，其乡利[392]；易，其乡凶。

出西至东，正西国吉。出东至西，正东国吉。其出不经天[393]；经天，天下革政[394]。

小以角动[395]，兵起。始出大，后小，兵弱；出小，后大，兵强。出高，用兵深吉[396]，浅凶[397]；庳，浅吉，深凶。日方南金居其南[398]，日方北金居其北[399]，曰赢，侯王不宁，用兵进吉退凶。日方南金居其北，日方北金居其南，曰缩，侯王有忧，用兵退吉进凶。用兵象太白[400]：太白行疾，疾行；迟，迟行。角，敢战[401]。动摇躁[402]，躁。圜以静[403]，静。顺角所指，吉；反之，皆凶。出则出兵，入则入兵[404]。赤角，有战；白角，有丧；黑圜角，忧，有水事[405]；青圜小角，忧，有木事[406]；黄圜和角，有土事[407]，有年[408]。其已出三日而复有微入[409]，入三日乃复盛出[410]，是谓耎（而伏）[411]，其下国有军败将北[412]。其已入三日又复微出，出三日而复盛入，其下国有忧；师有粮食兵革[413]，遗人用之[414]；卒虽众，将为人虏[415]。其出西失行，外国败[416]；其出东失行，中国败[417]。其色大圜黄滜[418]，可为好事[419]；其圜大赤，兵盛不战。

太白白，比狼[420]；赤，比心[421]；黄，比参左肩[422]；苍，比参右肩[423]；黑，比奎大星[424]。五星皆从太白而聚乎一舍[425]，其下之国可以兵从天下。居实[426]，有得也；居虚[427]，无得也。行胜色[428]，色胜位，有位胜无位，有色胜无色，行得尽胜之。出而留桑榆间[429]，疾其下国。上而疾，未尽其日，过参天[430]，疾其对国[431]。上复下，下复上，有反将[432]。其入月，将僇[433]。金、木星合，光，其下战不合[434]，兵虽起而不斗；合相毁[435]，野有破军。出西方，昏而出阴，阴兵强[436]；暮食出[437]，小弱；夜半出，中弱；鸡鸣出[438]，大弱：是谓阴陷于阳。其在东方，乘明而出阳[439]，阳兵之强[440]；鸡鸣出，小弱；夜半出，中弱；昏出，大弱：是谓阳陷于阴。太白伏也，以出兵，兵有殃。其出卯南，南胜北方；出卯北[441]，北胜南方；正在卯，东国利。出西北，北胜南方；出西南，南胜北方；正在西，西国胜。

其与列星相犯[442]，小战；五星[443]，大战。其相犯，太白出其南，南国败；出其北，北国败。行疾，武[444]；不行，文[445]。色白五芒，出早为月蚀[446]，晚为天夭及彗星[447]，将发其国[448]。出东为德，举事左之迎之[449]，吉。出西为刑，举事右之背之[450]，吉。反之皆凶。太白光见景[451]，战胜[452]。昼见而经天，是谓争明[453]，强国弱，小国强，女主昌。

亢为疏庙，太白庙也。太白，大臣也，其号上公[454]。其他名殷星、太正、营星、观星、宫星、明星、大衰、大泽、终星、大相、天浩、序星、月纬。大司马位谨候此[455]。

察日辰之会，以治辰星之位[456]。曰北方，水，太阴之精[457]，主冬，日壬癸。刑失者，罚出辰星，以其宿命国[458]。

是正四时[459]：仲春春分[460]，夕出郊奎、娄、胃东五舍[461]，为齐[462]；仲夏夏至，夕出郊东井、舆鬼、柳东七舍，为楚；仲秋秋分，夕出郊角、亢、氐、房东四舍，为汉[463]；仲冬冬至，晨出郊东方，与尾、箕、斗、牵牛俱西，为中国。其出入常以辰、戌、丑、未。

其早，为月蚀；晚，为彗星及天夭。其时宜效，不效为失[464]，追兵在外不战。一时不出，其时不和；四时不出，天下大饥。其当效而出也，色白为旱，黄为五谷熟，赤为兵，黑为水。出东方，大而白，有兵于外，解[465]。常在东方，其赤，中国胜；其西而赤，外国利。无兵于外而赤，兵起。其与太白俱出东方，皆赤而角，外国大败，中国胜；其与太白俱出西方，皆赤而角，外国利。五星分天之中，积于东方，中国利；积于西方，外国用兵者利。五星皆从辰星而聚于一舍，其所舍之国可以法致天下。辰星不出，太白为客；其出，太白为主。出而与太白不相从，野虽有军，不战。出东方，太白出西方；若出西方，太白出东方，为格[466]，野虽有兵不战。失其时而出，为当寒反温，当温反寒。当出不出，是谓击卒[467]，兵大起。其入太白中而上出，破军杀将，客军胜；下出，客亡地。辰星来抵太白[468]，太白不去，将死。正旗上出[469]，破军杀将，客胜；下出，客亡地。视旗所指[470]，以命破军。其绕环太白，若与斗，大战，客胜。兔过太白[471]，间可槭剑[472]，小战，客胜。兔居太白前，军罢；出太白左，小战；摩太白[473]，有数万人战，主人吏死[474]；出太白右，去三尺，军急约战[475]。青角，兵忧；黑角，水。赤行穷兵之所终[476]。

兔七命[477]，曰小正、辰星、天欃、安周星、细爽、能星、钩星。其色黄而小，出而易处[478]，天下之文变而不善矣[479]。兔五色，青圜忧，白圜丧，赤圜中不平，黑圜吉。赤角犯我城，黄角地之争，白角号泣之声[480]。

其出东方，行四舍四十八日，其数二十日，而反入于东方；其出西方，行四舍四十八日，其数二十日，而反入于西方。其一候之营室、角、毕、箕、柳[481]。出房、心间，地动。

辰星之色：春，青黄；夏，赤白；秋，青白，而岁熟；冬，黄而不明。即变其色[482]，其时不昌。春不见，大风，秋则不实[483]。夏不见，有六十日之旱，月蚀。秋不见，有兵，春则不生[484]。冬不见，阴雨六十日，有流邑[485]，夏则不长。

角、亢、氐[486]，兖州[487]。房、心，豫州。尾、箕，幽州。斗，江、湖[488]。牵牛、婺女，杨州。虚、危，青州。营室至东壁，并州。奎、娄、胃，徐州。昴、毕，冀州。觜觿、参，益州。东井、舆鬼，雍州。柳、七星、张，三河。翼、轸，荆州。

七星为员官[489]，辰星庙，蛮夷星也[490]。

两军相当[491]，日晕[492]；晕等，力钧[493]；厚长大，有胜[494]；薄短小，无胜。重抱大破无[495]。抱为和，背为不和[496]，为分离相去。直为自立[497]，立侯王；破军杀将[498]。负且戴[499]，有喜。围在中[500]，中胜[501]；在外[502]，外胜[503]。青外赤中，以和相去；赤外青中，以恶相去[504]。气晕先至而后去[505]，居军胜[506]。先至先去，前利后病[507]；后至后去，前病后利；后至先去，前后皆病，居军不胜。见而去，其发疾[508]，虽胜无功[509]。见半日以上[510]，功大。白虹屈短[511]，上下兑，有者下大流血[512]。日晕制胜[513]，近期三十日[514]，远期六十日。

其食[515]，食所不利；复生[516]，生所利[517]；而食益尽[518]，为主位[519]。以其直及日所宿[520]，加以日时[521]，用命其国也[522]。

月行中道[523]，安宁和平。阴间[524]，多水，阴事[525]。外北三尺[526]，阴星[527]。北三尺[528]，太阴，大水，兵。阳间[529]，骄恣。阳星[530]，多暴狱。太阳[531]，大旱丧也。角、天门[532]，十月为四月[533]，十一月为五月，十二月为六月，水发，近三尺[534]，远五尺。犯四辅[535]，辅臣诛。行南北河，以阴阳言[536]，旱水兵丧。

月蚀岁星[537]，其宿地[538]，饥若亡[539]。荧惑也乱[540]，填星也下犯上，太白也强国以战败，辰星也女乱[541]。蚀大角，主命者恶之；心，则为内贼乱也[542]；列星[543]，其宿地忧。

月食始日[544]，五月者六[545]，六月者五，五月复六，六月者一，而五月者五，凡百一十三月而复始[546]。故月蚀，常也；日蚀，为不臧也[547]。甲、乙，四海之外，日月不占[548]。丙、丁，江、淮、海岱也。戊、己，中州、河、济也。庚、辛，华山以西。壬、癸，恒山以北。日蚀，国君；月蚀，将相当之[549]。

国皇星，大而赤，状类南极。所出，其下起兵，兵强；其冲不利[550]。

昭明星，大而白，无角，乍上乍下[551]。所出国，起兵，多变。

五残星[552]，出正东东方之野。其星状类辰星，去地可六丈。

大贼星[553]，出正南南方之野。星去地可六丈，大而赤，数动，有光。

司危星[554]，出正西西方之野。星去地可六丈，大而白，类太白。

狱汉星[555]，出正北北方之野。星去地可六丈，大而赤，数动，察之中青[556]。此四野星所出[557]，出非其方[558]，其下有兵，冲不利。

四填星[559]，所出四隅[560]，去地可四丈[561]。

地维咸光[562]，亦出四隅，去地可三丈，若月始出。所见，下有乱；乱者亡，有德者昌。

烛星[563]，状如太白，其出也不行。见则灭。所烛者[564]，城邑乱。

如星非星，如云非云，命曰归邪[565]。归邪出，必有归国者。

星者，金之散气[566]，其本曰火[567]。星众，国吉；少则凶。

汉者，亦金之散气，其本曰水。汉，星多，多水，少则旱，其大经也[568]。

天鼓，有音如雷非雷，音在地而下及地。其所往者[569]，兵发其下。

天狗，状如大奔星[570]，有声，其下止地，类狗。所堕及，望之如火光炎炎冲天。其下圜如数顷田处，上兑者则有黄色[571]，千里破军杀将。

格泽星者[572]，如炎火之状。黄白，起地而上。下大，上兑。其见也，不种而获；不有土功，必有大害[573]。

蚩尤之旗[574]，类彗而后曲，象旗。见则王者征伐四方。

旬始[575]，出于北斗旁，状如雄鸡。其怒[576]，青黑，象伏鳖。

枉矢[577]，类大流星，蛇行而仓黑[578]，望之如有毛羽然[579]。

长庚[580]，如一匹布著天[581]。此星见，兵起。

星坠至地，则石也。河、济之间，时有坠星[582]。

天精而见景星[583]。景星者，德星也。其状无常，常出于有道之国。

凡望云气[584]，仰而望之，三四百里；平望，在桑榆上，千馀二千里；登高而望之，下属地者三千里[585]。云气有兽居上者，胜。

自华以南，气下黑上赤。嵩高、三河之郊[586]，气正赤。恒山之北，气下黑下青。勃、碣、海、岱之间[587]，气皆黑。江、淮之间，气皆白。

徒气白[588]。土功气黄[589]。车气乍高乍下[590]，往往而聚。骑气卑而布[591]。卒气抟[592]。前卑而后高者，疾；前方而后高者，兑；后兑而卑者，却。其气平者其行徐。前高而后卑者，不止而反[593]。气相遇者，卑胜高，兑胜方。气来卑而循车通者[594]，不过三四日[595]，去之五六里见[596]。气来高七八尺者，不过五六日，去之十馀（二十）里见。气来高丈馀二丈者，不过三四十日，去之五六十里见。

稍云精白者[597]，其将悍[598]，其士怯。其大根而前绝远者[599]，当战。青白，其前低者，战胜；其前赤而仰者，战不胜。阵云如立垣。杼云类杼[600]。轴云抟两端兑[601]。杓云如绳者[602]，居前亘天[603]，其半半天[604]。其蛪者类阙旗故[605]。钩云句曲[606]。诸此云见[607]，以五色合占[608]。而泽抟密[609]，其见动人[610]，乃有占；兵必起，合斗其直。

王朔所候[611]，决于日旁[612]。日旁云气，人主象。皆如其形以占[613]。

故北夷之气如群畜穹闾[614]，南夷之气类舟船幡旗[615]。大水处，败军场，破国之虚[616]，下有积钱[617]，金宝之上，皆有气，不可不察。海旁蜃气象楼台[618]，广野气成宫阙然。云气各象其山川人民所聚积。

故候息耗者[619]，入国邑，视封疆田畴之正治[620]，城郭室屋门户之润泽[621]，次至车服畜产精华[622]。实息者[623]，吉；虚耗者[624]，凶。

若烟非烟，若云非云，郁郁纷纷[625]，萧索轮囷[626]，是谓卿云[627]。卿云，喜气也。若雾非雾，衣冠而不濡[628]，见则其域被甲而趋[629]。

夫雷电、虾虹、辟历、夜明者[630]，阳气之动者也，春夏则发，秋冬则藏，故候者无不司之。

天开县物[631]，地动坼绝[632]。山崩及徙[633]，川塞溪垘[634]；水澹地长[635]，泽竭见象[636]。城郭门闾，闺臬槁枯[637]；宫庙邸第[638]，人民所次[639]。谣俗车服[640]，观民饮食[641]。五谷草木，观其所属[642]。仓府厩库[643]，四通之路。六畜禽兽，所产去就[644]；鱼鳖鸟鼠，观其所处。鬼哭若呼，其人逢俉[645]。化言，诚然[646]。

凡候岁美恶[647]，谨候岁始。岁始或冬至日[648]，产气始萌[649]。腊明日[650]，人众卒岁，一会饮食[651]，发阳气，故曰初岁。正月旦[652]，王者岁首；立春日，四时之始也。四始者[653]，候之日。

而汉魏鲜集腊明正月旦决八风[654]。风从南方来，大旱；西南，小旱；西方，有兵；西北，戎菽为[655]，小雨[656]，趣兵[657]；北方，为中岁[658]；东北，为上岁[659]；东方，大水；东南，民有疾疫，岁恶。故八风各与其冲对[660]，课多者为胜[661]。多胜少，久胜亟[662]，疾胜徐。旦至食[663]，为麦[664]；食至日昳[665]，为稷；昳至餔[666]，为黍；餔至下餔[667]，为菽；下餔至日入[668]，为麻。欲终日有云[669]，有风，有日。日当其时者[670]，深而多实[671]；无云有风日，当其时，浅而多实；有云风，无日，当其时，深而少实；有日，无云，不风，当其时者稼有败[672]。如食顷[673]，小败；熟五斗米顷[674]，大败。则风复起[675]，有云，其稼复起。各以其时用云色占种所宜。其雨雪若寒，岁恶。

是日光明，听都邑人民之声[676]。声宫[677]，则岁善，吉；商，则有兵；徵，旱；羽，水；角，岁恶。

或从正月旦比数雨[678]。率日食一升[679]，至七升而极[680]；过之，不占。数至十二日，日直其月[681]，占水旱。为其环域千里内占[682]，则为天下候，竟正月[683]。月所离列宿[684]，日、风、云，占其国。然必察太岁所在。在金，穰；水，毁；木，饥；火，旱。此其大经也。

正月上甲[685]，风从东方，宜蚕；风从西方，若旦黄云，恶。

冬至短极，县土炭[686]，炭动，鹿解角[687]，兰根出，泉水跃[688]，略以知日至[689]，要决晷景[690]。岁星所在，五谷逢昌[691]。其对为冲[692]，岁乃有殃。

太史公曰：自初生民以来[693]，世主曷尝不历日月星辰[694]？及至五家、三代[695]，绍而明之[696]，内冠带[697]，外夷狄[698]，分中国为十有二州[699]，仰则观象于天[700]，俯则法类于地[701]。天则有日月，地则有阴阳。天有五星，地有五行。天则有列宿，地则有州域。三光者[702]，阴阳之精，气本在地，而圣人统理之[703]。

幽厉以往[704]，尚矣[705]。所见天变[706]，皆国殊窟穴[707]，家占物怪[708]，以合时应[709]，其文图籍禨祥不法[710]。是以孔子论六经，纪异而说不书[711]。至天道命[712]，不传；传其人[713]，不待告；告非其人，虽言不著[714]。

昔之传天数者[715]：高辛之前[716]，重、黎[717]；于唐、虞[718]，羲、和[719]；有夏[720]，昆吾[721]；殷商，巫咸[722]；周室，史佚、苌弘[723]；于宋[724]，子韦[725]；郑则禆灶[726]；在齐，甘公[727]；楚，唐昧[728]；赵，尹皋[729]；魏，石申[730]。

夫天运[731]，三十岁一小变，百年中变，五百载大变[732]；三大变一纪，三纪而大备[733]：此其大数也[734]。为国者必贵三五[735]。上下各千岁，然后天人之际续备[736]。

太史公推古天变，未有可考于今者[737]。盖略以春秋二百四十二年之间[738]，日蚀三十六，彗星三见，宋襄公时星陨如雨[739]。天子微[740]，诸侯力政[741]，五伯代兴[742]，更为主命[743]。自是之后，众暴寡[744]，大并小[745]。秦、楚、吴、越，夷狄也，为强伯。田氏篡齐[746]，三家分晋[747]，并为战国。争于攻取，兵革更起，城邑数屠，因以饥馑疾疫焦苦[748]，臣主共忧患，其察禨祥候星气尤急。近世十二诸侯七国相王[749]，言从衡者继踵[750]，而皋、唐、甘、石因时务论其书传[751]，故其占验凌杂米盐[752]。

二十八舍主十二州[753]，斗秉兼之[754]，所从来久矣。秦之疆也，候在太白，占于狼、弧。吴、楚之疆，候在荧惑，占于鸟衡[755]。燕、齐之疆，候在辰星，占于虚、危。宋、郑之疆，候在岁星，占于房、心。晋之疆，亦候在辰星，占于参罚。

及秦并吞三晋、燕、代[756]，自河山以南者中国[757]。中国于四海内则在东南，为阳；阳则日、岁星、荧惑、填星；占于街南[758]，毕主之。其西北则胡、貉、月氏诸衣旃裘引弓之民[759]，为阴；阴则月、太白、辰星；占于街北，昴主之。故中国山川东北流，其维[760]，首在陇、蜀，尾没于勃、碣。是以秦、晋好用兵，复占太白，太白主中国；而胡、貉数侵掠，独占辰星，辰星出入躁疾，常主夷狄：其大经也。此更为客主人。荧惑为孛[761]，外则理兵，内则理政。故曰“虽有明天子，必视荧惑所在”。诸侯更强，时灾异记，无可录者。

秦始皇之时，十五年彗星四见，久者八十日，长或竟天[762]。其后秦遂以兵灭六王，并中国，外攘四夷，死人如乱麻，因以张楚并起[763]，三十年之间兵相骀藉[764]，不可胜数。自蚩尤以来，未尝若斯也。

项羽救巨鹿[765]，枉矢西流，山东遂合从诸侯[766]，西坑秦人[767]，诛屠咸阳[768]。

汉之兴，五星聚于东井。平城之围[769]，月晕（围）参、毕七重[770]。诸吕作乱[771]，日蚀，昼晦[772]。吴楚七国叛逆[773]，彗星数丈，天狗过梁野[774]；及兵起，遂伏尸流血其下[775]。元光、元狩[776]，蚩尤之旗再见，长则半天[777]。其后京师师四出，诛夷狄者数十年[778]，而伐胡尤甚。越之亡[779]，荧惑守斗；朝鲜之拔[780]，星茀于河戍[781]；兵征大宛[782]，星茀招摇：此其荦荦大者[783]。若至委曲小变[784]，不可胜道。由是观之，未有不先形见而应随之者也[785]。

夫自汉之为天数者，星则唐都[786]，气则王朔，占岁则魏鲜。故甘、石历五星法，唯独荧惑有反逆行[787]；逆行所守，及他星逆行，日月薄蚀[788]，皆以为占。

余观史记[789]，考行事[790]，百年之中，五星无出而不反逆行[791]，反逆行，尝盛大而变色[792]；日月薄蚀，行南北有时[793]：此其大度也[794]。故紫宫、房心、权衡、咸池、虚危列宿部星[795]，此天之五官坐位也[796]，为经[797]，不移徙[798]，大小有差[799]，阔狭有常。水、火、金、木、填星，此五星者，天之五佐，为纬[800]，见伏有时，所过行赢缩有度。

日变修德[801]，月变省刑[802]，星变结和[803]。凡天变，过度乃占。国君强大有德者昌，弱小饰诈者亡[804]。太上修德[805]，其次修政[806]，其次修救[807]，其次修禳[808]，正下无之[809]。夫常星之变希见[810]，而三光之占亟用[811]。日月晕适[812]，云风，此天之客气[813]，其发见亦有大运[814]。然其与政事俯仰[815]，最近天人之符[816]。此五者[817]，天之感动[818]。为天数者，必通三五[819]。终始古今[820]，深观时变[821]，察其精粗[822]，则天官备矣。

苍帝行德[823]，天门为之开。赤帝行德，天牢为之空。黄帝行德，天夭为之起。风从西北来，必以庚、辛。一秋中，五至，大赦；三至，小赦。白帝行德，以正月二十日、二十一日，月晕围，常大赦载，谓有太阳也。一曰：白帝行德，毕、昴为之围。围三暮，德乃成；不三暮，及围不合，德不成。二曰：以辰围，不出其旬。黑帝行德，天关为之动。天行德，天子更立年；不德，风雨破石。三能、三衡者，天廷也。客星出天廷，有奇令。

【译文】

中宫有个天极星，其中一颗比较明亮的星，是天帝太一的常居地；旁边的三颗星是三位大臣，有人说是天子诸子。后面勾着四颗星，末尾那颗大星是正妃，其余的三颗星是后宫妃嫔之类。围绕着担任辅佐侍卫的十二颗星，是守卫天子的大臣。总称为紫微宫。

紫宫前面当着北斗斗口的三颗星，北侧呈椭圆形且星形尖锐，若现若隐，名叫阴德座，又叫天一座。紫微垣左边三颗星名叫天枪座，右边五颗星名叫天棓座，后面六颗星横过银河抵达营室星，名叫阁道座。

北斗七星，就是《尚书》所谓“旋、玑、玉衡所在的星座，它的转行可以调整日、月、五星的运行”。斗柄连接角宿，斗衡正当着斗的中央，斗魁枕着参宿的头部。在黄昏时以斗杓所指方位建明四时月份；斗柄指的是华山西南的地区。在夜半时以斗衡所指方位建明四时月份；斗衡指的是中原黄河、济水之间的地区。在黎明时以斗魁所指方位建明四时月份；斗魁指的是东海至泰山一线东北的地区。北斗就等于天帝的车子，在天空的正中运转，统制四方。区分昼夜，制定四时，调节五行，推移节气，确定天文历法，都要靠着北斗来维系。

斗魁像戴着箩筐一样顶着的六颗星名叫文昌座：第一颗叫上将，第二颗叫次将，第三颗叫贵相，第四颗叫司命，第五颗叫司中，第六颗叫司禄。在斗魁的里面，是贵人的牢房。斗魁下面有六颗星，两两相近，名叫三台座。三台座亮度相同，表示君臣和谐；如果亮度不同，则表示君臣不和谐。辅星明亮而接近，表示大臣亲近而有力；如果远离而微小，表示大臣疏远而衰弱。

斗杓的前端有两颗星：一颗接近北斗的是天矛星，又叫招摇星；另一颗较远的叫天盾星，又叫天锋星。有连环形的十五颗星，连接着斗柄，是贱人的牢房。这牢中如果充满了星星，那么表示囚犯众多；如果星星稀少，那么表示囚犯被释放了。

天一座、天枪座、天棓座、天矛星、天盾星摇动闪烁，表示战争要发生。

东宫为苍龙之宫，组成部分有房宿、心宿。心宿是天王布政的明堂，那颗大星代表天王，前星、后星代表太子、庶子。它们不宜排列成直线，否则就表示天王决策失误。房宿是天府，又叫天驷。它的北边的一颗星是右骖星。旁边有两颗星名叫衿星；北边有一颗星名叫舝星。东北弯着的十二颗星名叫天旗座。天旗座中间有四颗星名叫天市；有六颗星名叫市楼。天市当中星星众多的话，表示国用充足；其中星星稀少，那么表示经济困乏。房宿南边的众星名叫骑官座。

角宿左边那颗星是法官，角宿右边那颗星是将军。大角星是天王的朝廷。它的两边各有三颗星，像鼎的三足一样勾着它，名叫摄提座。摄提座当着斗杓所指的方向，用以指明四季的节序，所以说太岁纪年里有一个叫做“摄提格”。亢宿是天王的外庙，掌管疾病。它的南面和北面的两颗大星名叫南门座。氐宿是角宿、亢宿的根氐，掌管疾疫。

尾宿有九颗星，象征君主和臣子；如果互相排斥远离，代表君臣不和。箕宿是拨弄是非的说客，主口舌之象。

火星冲犯、侵占角宿的位置，就会有战争。火星冲犯、侵占房宿、心宿的位置，这是帝王讨厌的现象。

南宫为朱鸟之宫，组成部分包括权星座、衡星座。衡星座又叫太微垣，是日、月、五星的宫廷。周围有匡辅和守卫的十二颗，代表藩臣：西边的是将军；东边的是宰相；南边的四颗星是执法官；中间是正门；正门左右两边是侧门。门内的六颗星是诸侯。那里面的五颗星是五帝座。后方聚集着十五颗星，密密麻麻地，名叫郎位；旁边—颗大星是将位星。月亮和五星从西方顺行进入太微垣，且沿着它们正确的路线，等候观察它们经过太微垣向东运行，它们侵占了位置的星星所象征的大官员，就是天子惩罚的对象。如果从东方逆行进入太微垣，不沿正常的路线，那么天子就针对被侵犯的星星所象征的大官员来确定罪名；冲击五帝座，灾祸已经明显地表现出来，那么就是群臣百官勾结起来图谋不轨。金星、火星的冲犯、侵占祸害更加严重。太微垣附属列星的西边有五颗下垂的星名叫少微，象征士大夫。权星座又叫轩辕座。轩辕座像黄龙的形状。前面的大星是女主的象征，旁边的小星星是后宫妃嫔之属。月亮和五星对权星座有守有犯的，占卜的原则与衡星座相同。

东井是主管水事的官。它的西边有一颗曲形的星叫钺星。钺星的北边是北河座；南边是南河座；北河座、南河座和天阙座的中间是交通要道。鬼宿掌管祭祀祈祷的事；它的中央一片白色积气的是质星团。火星侵占南河座、北河座，战争发生，谷物不成熟。所以帝王施行德政，就会预先从太微垣表现出征兆，帝王游观，就会预先从天潢星表现出征兆，有伤败的事情，就会预先从钺星表现出征兆，帝王有灾祸，就会预先从井星表现出征兆，帝王执行诛杀，就会预先从质星团表现出征兆。

柳宿是鸟嘴，掌管草木。七星是鸟颈，相当于喉咙，掌管紧急事宜。张宿是鸟的嗉囊，是厨子，掌管宴请宾客。翼宿是鸟的翅膀，掌管接待外宾。

轸宿是车辆，掌管风。它的旁边有一颗小星，名叫长沙星，通常不会很亮，亮时和轸宿的四颗星相当，如果五星侵入轸宿当中，战争爆发。轸宿南边的许多星星名叫天库楼，天库楼中有五星即五车。五星射出光芒，或少更多，还有隐而不现，没有地方安排车马。

西宫为咸池之宫，主要星座为天五潢。五潢座是五帝的车舍。火星侵入有旱灾；金星侵入有兵灾；水星侵入有水灾。其中有个三柱座，三柱座隐而不现，就会有战争发生。

奎宿又叫封豕座，掌管沟渠。娄宿掌管聚集人众。胃宿是天帝的粮仓。它南边的众星名叫廥积座。

昴宿叫髦头座，是象征胡人的星，掌管丧事。毕宿又叫罕车座，象征边防军，掌管射猎。它那大星旁边的小星是附耳星。附耳星摇动，有颠倒是非进行捣乱的奸臣在帝王的身侧。昴宿、毕宿的中间是天街座。它的北边，分野是落后的外族；南边，分野是先进的中原。

参宿的形象像白虎。中央有三星成一条直线的，这是衡石。下面有三颗星，上端尖锐，名叫罚星，主斩杀之事。参宿外面的四颗星，是左右肩和左右股。三颗小星排列在角落里，名叫觜觿，是白虎的头，掌管保守军旅之事。参宿的南边有四颗星，名叫天厕座。天厕座下面的一颗星，名叫天矢星。天矢星呈现黄色就吉利；呈现青色、白色、黑色就凶险。参宿的西边有曲折着的九颗星，分三处罗列：第一处叫天旗座，第二处叫天苑座，第三处叫九游座。参宿的东边有一颗大星叫天狼星。天狼星如果伸出芒角或者变了颜色，则盗贼就多了。底下有四颗星叫做弧矢星，正好对着天狼星。天狼星下面靠近地平线有一颗大星，叫南极老人。这一星出现，则社会安定；不出现，就会发生战争。常常在秋分时节到城南郊外观察到。

附耳星侵入毕宿当中，将会有战争发生。

北宫为玄武之宫，组成部分有虚宿、危宿。危宿的形状像屋顶；虚宿则掌管死丧哭泣的事情。

它们的南边有许多星星，名叫羽林天军座。羽林天军座的西边是垒星座、或者说叫钺星座。旁边有一颗大星是北落星。北落星如果微弱而不出现，羽林天军座摇动，有芒角，或星数减少，以及五大行星侵犯北落星，突入天军座，那么将会有战争发生。如果是火星、金星、水星的侵入就会更严重：火星侵入，军事忧患；水星浸入，将会有水灾；木星、土星浸入，军事吉利。危宿东边的六颗星，两个两个并列，名叫司空。

营室宿是天上的清庙，又称为离宫、阁道。银河中有四颗星，称为天驷座。它的旁边有一星，叫王良星。王良策马，那么人间就会有车马满原野。旁边有八颗星，横渡银河，叫天潢座。天潢座旁边是天江星。天江星动摇，人们就要涉水了。

杵、臼四星，在危宿的南边。匏瓜座，如果有青黑色的星星守着，那么鱼、盐就会很昂贵。

斗宿是天帝的庙，它的北边是建星座。建星座就像天庙前的旗子。牛宿掌管祭祀用的牺牲。它的北边是河鼓座。河鼓座的大星是上将；河鼓大星的左右两星分别是左将、右将。女宿的北边是织女座。织女座是天帝的孙女们。

观察日、月的运行来测度木星的运行的顺逆。它于五方主东方，于五行为木，主春，日当甲乙。如果丧失了正义，其惩罚就会从木星表示出来。木星的运行有赢缩，按照它所在的天区占卜所当分野之国。它所在的星宿分野相应的国家不可征伐，而这个国家可以征伐别人。木星的运行超过它正常达到的天区叫作赢，落后于正常达到的天区叫作缩。如果赢，那个国家有战事发生而军队将会败散；如果缩，那个国家有忧患，大将死亡，国家倾倒败落。木星所在，五星都接连会合到一起的那个地方，它下面的国家可以靠正义统一天下。

寅年：岁阴从东向西运行到寅位，木星从西向东运行到丑位。正月时，岁星与斗宿、牛宿在清晨在东方出现，名叫监德。颜色青苍而有光。如果岁星失次，将会有应验出现于柳宿。木星出现早，有水灾；出现晚，有旱灾。

木星出现，向东运行十二度，经过一百天后停止，回转来向西运行；向西运行八度，经过一百天，再向东运行。每年运行三十又十六分之七度，大概每天运行十二分之一度，十二年绕天一周。出现常常在东方，在早晨；降落在西方，在黄昏时候。

卯年：岁阴在卯位，木星在子位。二月间跟女宿、虚宿、危宿同时在早晨出现，名叫降入。大而有光。它如果失次，就会有应验出现在张宿。这年就会涨大水。

辰年：岁阴在辰位，木星在亥位。三月间跟室宿、壁宿一起在早晨出现，名叫青章。呈现鲜明的青色。它如果失次，会有应验出现在轸宿。出现早，有旱灾；出现晚，有水灾。

巳年：岁阴在巳位，木星在戌位。四月间跟奎宿、娄宿一起在早晨出现，名叫跰踵。呈现旺盛的火红色，有光。它如果失次，会有应验出现在亢宿。

午年：太岁在午位，木星在酉位。五月间跟胃宿、昴宿、毕宿一起在早晨出现，名叫开明。有强烈的光。这时应当停止军事行动；只有利于公和王，不利于用兵作战。它如果失次，会有应验出现在房宿。木星出现早，有旱灾；出现晚，有水灾。

未年：岁阴在未位，木星在申位。六月间跟觜觿、参宿一起在早晨出现，名叫长列。光芒灼灼。有利于用兵。它如果失次，有应验出现在箕宿。

申年：岁阴在申位，木星在未位。七月间跟井宿、鬼宿一起在早晨出现，名叫大音。呈现明亮的白光。它如果失次，有应验出现在牛宿。

酉年：岁阴在酉位，木星在午位。八月间跟柳宿、七星、张宿一起在早晨出现，名叫长王。光芒灼灼。国家将会兴盛，谷物成熟。它如果失次，有应验出现在危宿。将会有旱灾，而且很严重，国君之女丧亡，人民有疾病。

戌年：岁阴在戌位，木星在巳位。九月间跟翼宿、轸宿一起在早晨出现，名叫天睢。呈现明亮的白光。它如果失次，有应验出现在东壁。这年有水灾，国君之女亡。

亥年：岁阴在亥位，木星在辰位。十月间跟角宿、亢宿一起在早晨出现，名叫大章。呈青苍色，这时木星像在跳动，忽然从太阳北侧里冒出来，这叫作“正平”。动员军队，它的将帅必定英勇神武；那个国家施行德政，将会得到天下。它如果失次，有应验出现在娄宿。

子年：岁阴在子位，木星在卯位。十一月间跟氐宿、房宿、心宿一起在早晨出现，名叫天泉。呈黑赤色，很明亮。江河池水会兴旺，不利于起兵。它如果失次，会有应验出现在昴宿。

丑年：岁阴在丑位，木星在寅位。十二月间跟尾宿、箕宿一起在早晨出现，名叫天皓。呈黑色但是很明亮。它如果失次，有应验出现在参宿。

岁星运行有一定的路线和所居的星宿，应当在某处停留而不停留，停留在那里又左右摇动，或者不应当离开而离开，在那里和别的星会合，那星宿分野所对应的国家就会有凶险。停留得久，那个国家一定有深厚的德政。岁星的芒角摇动，忽大忽小，以及颜色多次变化，那么国君就会有忧患了。

岁星失次不超过一舍，如果进到东北，则三个月产生天棓星，长四丈，末端尖锐。如果进到东南，经过三个月产生彗星，长二丈，类似于扫帚。如果退到西北，经过三个月产生天欃星，长四丈，末端尖锐。如果退到西南，经过三个月产生天枪星，长数丈，两头尖锐。谨慎地观察它们出现的国家，不可以兴事用兵。岁星的出现像要上浮却又下沉，那个国家在建筑工程方面会有所收获；如果像要下沉却又上浮，那个国家将会灭亡。颜色火红而有芒角，它所停留的国家就会兴盛。正对着岁星生芒角时去作战，将不能取胜。星色赤黄而下沉，所停留的国家将会大丰收。颜色淡青且赤灰，那么它所停留的国家将会有忧患。岁星入月，那个国家有被驱逐的宰相；岁星与太白星相遇，那个国家有破败的军队。

木星也叫摄提星，叫重华星，叫应星，叫纪星。营室宿是天上的清庙，是木星的庙。

观察刚毅的云气来判断火星的位置。它于五方为南方，于五行为火，主夏季，日为丙丁。国家如果失礼，惩罚就会从火星表现出来，呈现于火星的运行失常。它出现就有兵乱，隐没就战争平息。按照它所在的天区占卜相应国家的吉凶。火星代表着悖乱，包括残害、暴乱、疾病、丧死、饥荒、战争。火星逆行二舍以上，且停留在那里，三个月就会有灾祸，五个月就会遭受战祸，七个月损失一半江山，九个月损失大半的国土。九个月之后仍然停留不去，那么那个国家就要灭亡。火星停留的国家，灾祸如果很快发生，本来严重的也会变轻微；如果很迟才发生，应当轻微的反而变严重。如果火星停留在鬼宿以南，男子将会有灾祸，以北则是女子有灾祸。如果有芒角，动摇，并且原地打转，以及忽前忽后，忽左忽右，则灾祸更严重。跟其他星相逢，光芒接触到了，有灾害；没有接触到，无灾害。五星都接连会合到一个地方，那下面的国家可以靠礼制统一天下。

火星运行的周期，它出现向东运行十六宿天区而停止；向西运行两宿天区；经过六十天，再向东运行，从所停留的几十宿天区，经过十个月隐没于西方；潜伏运行五个月，出现于东方。它出现在西方名叫“反明”，统治者厌恶这种现象。向东运行迅速，一天运行一度半。

火星向东急行，有兵聚于东；向西急行，有兵聚于西；向南急行，有兵聚于南；向北急行，有兵聚于北。战争时，顺着它运行方向出击的得胜，反着它运行的方向出击的失败。火星跟随金星，军队忧虑；离开金星，军队退却。出于金星北边，有侧敌来袭；出于它的南边，则有正式的交战。当它运行中被金星赶上，就会破军杀将。当它进入、停留或侵犯太微垣、轩辕座和营室宿，在位者厌恶这种现象。心宿是天上的明堂，是火星的庙。谨慎地占候有关火星的情况，以显示吉凶。

通过观察与南斗的会合来定位土星的位置。它于五方为中央，于五行为土，主夏末，日为戊己，中央帝为黄帝，主宰德行，是女主的象征。它每年经过一宿天区，它所停留的分野国家会吉利。不应当停留而停留，或者是已经离去而又返回，返还之后停留在那里，那个分野国家会得到土地，否则也会得到妇女。如果应当停留而不停留，已经停留在那里，却又向东向西离去，那个国家就会损失土地，否则就损失妇女，不可以举事用兵。它停留得久，那个国家福分厚重；短暂停留一下，福分单薄。

土星另外一个名字叫地侯星，主宰收成好坏。每年运行十三又一百一十二分之五度，一天运行二十八分之一度，二十八年绕天一周。它所停留的天区，五星都跟随它聚在一舍，那下面的国家，可以得到天下的倚重而一统天下。礼制、德行、正义、杀戮、刑罚这些理法丧失，那么土星就会因此动摇。

土星运行如果赢，那么国王不会安宁；如果缩，有军队出战将无法返还。土星，它是黄色的，有九道芒角，声音配合黄钟律、宫声。它先次超过两三宿天区叫作赢，象征有国君的命令不能够贯彻落实，或者就是涨大水。它先次落后两三宿天区叫作缩，有王后忧伤，这一年阴阳不和，否则就是天崩地动。

斗宿是有文采的帝王祖庙的中室，是土星的庙，土星是象征天子的星。

木星和土星会合，将有内乱，发生饥荒，不可以发动战争，战则败；木星和水星会合，则应该更改策略；木星和火星会合，将有旱灾；木星和金星会合，将会有丧事或水灾。金星在木星南边称为雌雄成双，当年谷物大熟，金星在木星北边，则一年收成都不好。火星和水星会合为折磨锻炼，火星和金星会合为消熔，都代表灾祸，都不可以兴办大事，用兵则大败。火星和土星会合有忧患，表示有作孽的公卿大臣；有大饥荒，战争将失败，军队败北，军队被围困，兴办大事失败。土星和水星会合，丰收但是将会受到困阻，有覆灭的军队，那个国家不可以兴办大事。两个星出现，将会损失土地；隐而不见，则会取得土地。土星和金星会合，会有疾病，有内战，损失土地。三星如果会合，它们停留的分野国家外部和内部有战争和丧亡，将会改立国君。四星会合，战争和丧亡并起，统治者就会担忧，劳动人民就会流散。五星会合，这是改变了正常的运行，有德行的统治者将受福，改立帝王，一统天下，子孙繁荣昌盛；没有德行的统治者，遭受灾祸或者灭亡。五星都大，那样所影响的事情也大；五星都小，那样事情也小。

提早出现的为赢，赢的是客人。过晚出现的为缩，缩的是主人。一定有天象的应验从斗杓表现出来。同在一舍称为合。相接近称为斗，七寸之内必定会有应验。

五星白而圆，有丧事、旱灾；红而圆，那么内部不平静，有战祸；青而圆，有水灾；黑而圆，有疾病，多死丧；黄而圆则吉利。星色赤而有芒角，代表有人侵犯我城池，黄色而有芒角，有土地的争端，白色而有芒角，将有哭泣的声音，青色而有芒角，有兵患，黑色而有芒角，有水灾。五星呈现同一颜色，天下停止战争。百姓安宁昌盛。春风秋雨，冬寒夏暑。

土星出现一百二十天逆转向西运行，向西运行一百二十天回转向东运行。出现三百三十天而隐没，隐没三十天再次出现于东方。太岁在甲寅这年，土星在东壁宿，前一个甲寅在营室宿。

通过观察太阳的运行来判断金星的位置。它于五方为西方，主秋季，日为庚辛，主宰刑杀。如果刑杀之事有失误，惩罚就会从金星表现出来。金星运行失去常轨，按照它所在的天区推测分野国家的吉凶。它出现运行十八舍经过二百四十天而隐没。隐没于东方，潜伏运行十一舍一百三十天；它隐没西方，潜伏运行三舍过十六天而出现。应当出现而不出现，应当隐没而不隐没，这叫作失舍，不是有军队的破败，就一定有国君被篡权。

按照上元历法，在寅年跟室宿早晨一同出现于东方，到角宿而隐没；跟室宿傍晚一同出现于西方，到角宿而隐没；跟角宿早晨出现，隐没于毕宿；跟角宿傍晚出现，隐没于毕宿；跟毕宿早晨出现，隐没于箕宿；跟毕宿傍晚出现，隐没于箕宿；跟箕宿早晨出现，隐没于柳宿；跟箕宿傍晚出现，隐没于柳宿；跟柳宿早晨出现，隐没于室宿；跟柳宿傍晚出现，隐没于室宿。总共出现和隐没于东方或西方各有五次，历经八年又二百二十天，又再跟营室宿早晨出现于东方。它大约每年运行一周天。它开始出现于东方，运行缓慢，大概每天半度，经过一百二十天，一定向西运行一、二舍；上升到最高处便回转来，向东远行，每天大约一度半，经过一百二十天隐没。它位置低，接近太阳，名叫明星，光柔和；位置高，远离太阳，名叫大嚣，光刚强炫目。它开始出现于西方，运行迅速，大概每天一度半，经过一百二十天；上升到最高处便运行缓慢，每天大约半度，经过一百二十天，拂晓隐没，一定向西运行一、二舍才隐没。它位置低，接近太阳，名叫大白，光柔和；位置高，远离太阳，名叫大相，光刚强炫目。出现在辰时、戌时，隐没在丑时、未时。

金星应当出现不出现，不应当隐没而隐没，天下停止战争，军队在外面，撤回。不应当出现而出现，应当隐没而不隐没，天下发生战乱，有破败的国家。它按期出现，国家昌盛。它出现于东方，应验在东方；隐没于东方，应验在北方；出现于西方，应验在西方，隐没于西方，应验在南方。停留得久，那个地区吉利；短暂停留一下，那个地区将会有凶险。

金星出现于西方，运行到东方，则正西方的国家吉利。出现于东方，运行到西方，则正东方的国家吉利。它每出行不会现于全天，如果能见它行经全天，那么天下改变政权。

星小并且有芒角闪动，将有战争发生。开始出现时大，后来小，军队弱；出现时小，后来大，军队强。出现位置高，用兵作战，周密深入吉利，冒失轻进凶险；位置低，冒失轻进吉利，周密深入凶险。太阳向南移动，金星在它的南边，太阳向北移动，金星在它的北边，叫作赢，侯王不安宁，用兵作战，进攻吉利，撤退凶险。太阳向南移动，金星在它的北边，太阳向北移动，金星在它的南边，叫作缩，侯王有忧患，用兵作战，撤退吉利，进攻凶险。用兵作战取法金星：金星运行迅速，迅速行军；金星运行缓慢，缓慢行军。有芒角，果断战斗。动摇急躁，急进突袭。圆而平静，稳扎稳打。顺着芒角所指，吉利；否则，都凶险。出现就出兵，隐没就收兵。有红色光芒，有战争；有白色光芒，有死丧；黑而圆，有光芒，有忧患，有治水的事；青而圆，有细小的光芒，有忧患，有伐木之事；黄而圆，有光芒，有动土的事，有丰收。它已经出现三天而又逐渐隐没，隐没三天才再逐渐出现，这叫作软弱退缩，那下面的国家有军队挫败，将帅败北。它已经隐没三天又再逐渐出现，出现三天而再逐渐隐没，那下面的国家有忧患；军队有粮食武器，送给人家使用；士兵虽然众多，将帅将人俘虏。它出现于西方，运行失去常轨，分野之外的国家失败；它出现于东方，运行失去常轨，分野之内的国家失败。它大而圆，色黄而有光润，可以开展互通友好之事；它圆而大，颜色大红，兵力强盛而不发生战争。

金星呈现白色、类似天狼星；呈现红色，类似心宿；呈现黄色，类似参宿左侧一星；呈现青色，类似参宿的右侧一星；呈现黑色，类似奎宿的大星。五星都跟随金星会合到一个天区，它下面的国家可以靠武力使天下顺从。处在正常出现的舍次，则能有可得；处在非正常出现的舍次，则不能有所得。它的运行战胜颜色变化，颜色变化战胜位置有无，得位的战胜不得位的，有色的战胜无色的，运行规律正常的胜过其他的一切。出现时停留在桑树、榆树树梢，将有害于那下面的国家。上升得快，一天未尽，就已经运行了三分之一的宿度，则有害于它正对着的国家。上升了又下降，下降了又上升，将有反叛的将军。它如果在月亮背后，大将会被杀。金星和木星会合，有光辉，它的下面所当的双方对垒但不交战，军队动员而不战斗；两星会合，金星遮掩了木星的光辉，郊野将会有破败的军队。出现于西方，黄昏时从阴出现，奇兵强大；酉时出现，稍微弱；子时出现，更弱一些；丑时出现，最弱：这叫作阴沦陷于阳。它在东方，乘着天亮而从阳出，正兵强大；丑时出现，稍微弱；子时出现，更弱一些；昏时出现，最弱：这叫作阳沦陷于阴。金星隐伏在地平线以下，而出兵，军队会遭殃。它出现于东偏南，南方战胜北方；出现于东偏北，北方战胜南方；正在东方出现，东方的国家胜利。出现于西偏北，北方战胜南方；出现于西偏南，南方战胜北方；正出现在西方，西方的国家胜利。

金星与其他星相犯，有小战；五星互相侵犯，有大战。它们互相侵犯，金星经过其他星的南边，南边的国家失败；经过其他星的北边，北边的国家失败。运行迅速，表示有武事；不运行，有文事。呈现白色，有五道光芒，出现得早，有月食，出现得晚，有妖星和彗星，祸事将会发生在对应国家。出现于东方，主宰德行，办事尚左且迎顺它，就吉利。出现于西方，主宰刑罚，办事尚右且背向着它，就吉利。否则都凶险。金星的光辉照耀可以显现出影子，则战争胜利。白昼出现而经过全天，这叫作争明，强国变弱，小国变强，女主得势。

亢宿是天帝的外朝，是金星的庙。金星是大臣，它的位号是上公。其他名称有殷星、太正星、营星、观星、宫星、明星、大衰星、大泽星、终星、大相星、天浩星、序星、月纬星。大司马就谨慎地占问有关金星的情况，以显示吉凶。

通过观察太阳和列宿的会合来确定水星的位置。水星于五方为北方，于五行为水，是太阴的精气，主冬季，日为壬癸。刑罚失误的，惩罚从水星表现出来，按照它所在的天区确定分野国的吉凶。

水星可检定四季：在二月春分节气，水星黄昏出现于奎宿、娄宿、胃宿等东方五宿的范围，分野上是齐国地区；在五月夏至节气，黄昏出现于井宿、鬼宿、柳宿等东方七宿的范围，分野上是楚国地区；在八月秋分节气，黄昏出现于角宿，亢宿、氐宿、房宿等东方的四宿，分野上是汉朝京都；在十一月冬至节气，早晨出现于东方，跟尾宿、箕宿、斗宿、牛宿一道向西运行，分野上是中原地区。它的出现和隐没经常在辰时、戌时、丑时、未时。

水星出现得早，有月食；出现晚，有彗星和妖星。应当出现而不出现，就是失去常轨，追兵在外面，不宜交战。一季不出现，那这—季天气不调和；四季不出现，天下大饥荒。它应当出现而出现了，呈现白色有旱灾，呈现黄色则谷物成熟，呈现红色有战事，呈现黑色有水灾。出现于东方，大而且颜色白，有军队在外面，仍可化解。经常在东方，颜色是红的，中国胜利；它在西方而颜色是红的，外国胜利。没有军队在外面，而呈现红色，战争会要发生。它跟金星一起出现于东方，都呈现红色而有光芒，外国大败，中国胜利；它跟金星一起出现于西方，都呈现红色而有光芒，外国胜利。五星占有天空的一半，聚集在东方，中国胜利；聚集在西方，进行战争的外国胜利。其他四星都跟随水星会合到一个天区，它们所停留的国家可以靠法制统一天下。水星还不出现，金星是客人；出现，金星是主人。它出现而不跟随金星，野外虽有军队，但不会交战。它出现于东方，金星出现于西方；如果它出现于西方，金星出现于东方，称作互相抵触，野外虽有军队，但不会交战。若星辰不按时出现，就会本应寒冷反而温暖，应当温暖反而寒冷。应当出现而不出现，这叫作击卒，大规模的战争爆发。它在金星背后而从上面出现，军队破败，将军被杀，客军胜利；从下面出现，客军损失土地。水星靠拢金星，金星不离去，主帅将会死亡。看它所指的方向，来占卜何方军队破败。它环绕金星，如果跟金星的光芒相接触，会有大战，客军胜利。水星经过金星，中间有容纳—把剑的空隙，会有小战，客军胜利。水星停留在金星前，军队罢退；过金星左面，有小战；迫近金星，有数万人交战，主军将帅死亡；过金星右面，相去三尺，两军应该赶紧约战。有青色光芒，有战争忧患；有黑色光芒，有水灾。水星芒角红而移动，这是主军走投无路的征兆。

水星有七个名称，叫小正星、辰星、天欃星、安周星、细爽星、能星、钩星。它小而黄，出现以后移位，天下的制度将有变革且变得不好。水星有五色，青而圆有忧患，白而圆有死丧，红而圆内部不平静，黑而圆吉利。有红色光芒，有人侵犯我国，有黄色光芒，有土地争端，有白色光芒，有哭泣的声音。

水星出现于东方，运行四宿天区经过四十八天，其运行大约二十天然后逆行隐没于东方；它出现于西方，运行四宿天区经过四十八天，其运行大约二十天然后逆行隐没于西方。在一个固定的位置观测水星的出现，二、四月在营室，六、八月在柳宿，十月在箕宿，十二月在角宿。出现于房宿、心宿之间，有地震。

水星的颜色：春季呈现青黄色；夏季呈现红白色；秋季呈现青白色，年成好；

冬季果现黄色不明亮。如果水星改变它常有的颜色，那一季将不会昌盛。春季不出现，有大风，秋季谷物不会成熟。夏季个出现，有六十天的旱灾，有月食。秋季不出现，有战争，来年春季谷物不生长。冬季不出现，阴雨六十天，城邑会被冲毁，来年夏季谷物不成长。

角宿、亢宿、氐宿的分野是兖州。房宿、心宿的分野是豫州。尾宿、箕宿的分野是幽州。斗宿的分野是长江、太湖地区。牛宿、女宿的分野是杨州。虚宿、危宿的分野是青州。室宿至壁宿的分野是并州。奎宿、娄宿、胃宿的分野是徐州。昴宿、毕宿的分野是冀州。觜宿、参宿的分野是益州。井宿、鬼宿的分野是雍州。柳宿、星宿、张宿的分野是三河地区。翼宿、轸宿的分野是荆州。

星宿是员官，是水星的庙，是象征外族的星。

两军相对，有日晕；日晕均匀，则双方势均力敌；若日晕又厚又长又大，会有一方占据优势；如果日晕又薄又短又小，不分胜败。日晕浓重且光芒环抱大胜，有破的话不分胜负。云气光芒向着太阳象征两军言和，光芒向外背着太阳象征不和，将会分离相互离去。云气笔直象征自立，另立侯王；主方军队破败，将帅被杀。太阳背着或顶着云气，有喜事。云气的外圈有光芒，被围的军队胜利；内层有光芒，围在外线的军队胜利。外层呈现青色，内层呈现红色，两军议和离去；外层呈现红色，内层呈现青色，两军互相仇视着离开。光彩先出现而后消失，驻留的军队胜利。先出现又先消失，前期有利，后期困顿；后出现又后消失，前期困顿，后期有利；后出现而先消失，前期后期都困顿，驻留的军队不能取胜。出现一下就消失，它的出现很短暂，军队虽然胜利但没有收获。出现半天以上，战功巨大。白色光带弯而短，上下两端尖锐，有这种现象，天下会有大的战乱。日晕决定胜负，近期三十天，远期则六十天。

日食，日食发生所在天区的分野之国将有不利；再生光，开始生光时所在的地方吉利；全食，君主身上将会应验。按照日食亏损部位所当和太阳所在的天区，加上发生的日期和时辰来确定它的分野之国。

月球运行于中道，天下安宁和平。运行于阴间道，就多水，有恶事。阴间北侧外的三尺是阴星道，再往北三尺是太阴道，月行于此，有大水，有战争。运行于阳间道，象征国君骄横放纵。行于阳星道，则会有很多凶暴的刑狱发生。运行于太阳道，有大旱灾，有丧亡。运行于角宿和天门之间，若运行在十月，灾祸就会应在来年四月，在十一月灾祸就会应在来年五月，在十二月灾祸就会应在来年六月，洪水发生，近的话平地水深三尺，远的话有五尺深。侵犯房宿四星，则辅佐之臣将被杀。运行于南北河，以阴阳判断：南河星以阳，有旱灾，有丧事；北河星以阴，有水灾，有兵事。

月亮遮掩木星，它的分野有饥荒和死亡。遮掩火星有乱事，遮掩土星有以下犯上之事，遮掩金星有强国战败，遮掩水星有女乱。月亮遮掩大角星，统治者厌恶这种现象；遮掩心宿，就代表内贼作乱；遮掩众星，则该星的分野就会有忧患。

从开始出现月食的那天算起，每过五个月出现月食的情况有六次，每过六个月出现月食的情况有五次，每过五个月出现的再有六次，过六个月出现月食的情况有一次，每过五个月出现月食的情况有五次，共一百一十三个月再又循环。所以出现月食是常事；日食是不好的。日月食在占卜时，以发生的日辰决定所应的对象：甲、乙日，应验在四海以外，因此一般不用占候。丙、丁日，应验在长江、淮河流域、东海到泰山之间的地区。戊、己日，应验在中原地区、黄河、济水流域。庚、辛日，应验在华山以西地区。壬、癸日，应验在恒山以北地区。日食，应验在国君；月食，应验在将相。

国皇星，大而红，形状类似南极老人星。它出现的天区分野下的国家发生战争，军队强大；它对着的方位不吉利。

昭明星，大而白，没有光芒，忽上忽下。它出现的国家，发生战争，局势多变。

五残星，出现于正东东方的分野。这颗星形状类似辰星，离地面大约六丈。

大贼星，出现于正南南方的分野。这颗星离地面大约六丈，大而红，时常摇动，有光。

司危星，出现于正西西方的分野。这颗星离地面大约六丈，大而白，类似太白星。

狱汉星，出现于正北北方的分野。这颗星离地面大约六丈，大而红，时常摇动，仔细观察它中间微呈现青色。这四方分野星出现的天区，若不出现于它本来的方位，则所当的国家就会有战争，它们相对的方位也不吉利。

四填星，出现于四角，离地面大约四丈。

地维咸光，也出现于四角，离地面大约三丈，如同月亮刚出现时的样子。所出现的天区对应的分野之国会有乱事；作乱的会灭亡，有德政的昌盛。

烛星，形状像太白，它出现不运行。出现一下就消失。它所照到的地区，城邑有乱事。

像星又不是星，像云又不是云，名叫归邪星。归邪星出现，一定有归国的人。

星，是金的精气所散发出来形成的，它的本质是火。星星多，国家吉利；星星少，就凶险。

银河也是金的精气所散发出来形成的，它的本质是水。银河里面星星多，多水患，星星少，就有旱灾，这是大概的原则。

天鼓星，有声音，像雷声又不像雷声，声音在地表而传到地下。它所去往的天区，所当的地方会有战争发生。

天狗星，形状像大奔星，有声，它落到地面上，类似狗。它下落的地方，看去像有炎炎冲天的火光。如果是下边圆而大如数顷田，上端尖锐，呈现黄色的，那么千里之外就会有军队破败，将帅被杀。

格泽星，像燃烧着的火焰的形状。呈现黄白色，从地面升起而向上。下面大，上面尖锐。它出现了，不播种也能收获；但如果不是有土木工程方面的成就，必定会有大害。

蚩尤之旗，类似扫帚而后部弯曲，像旗子。它出现就有王者征伐四方。

旬始星，出现于北斗座旁边，形状像雄鸡。它光芒闪耀，呈青黑色，像伏鳖。

枉矢星，类似大流星，蜿蜒行进，呈现苍黑色，望去好像有羽毛的样子。

长庚星，像一匹布挂在天空。这颗星出现，会有战争发生。

星星掉落到地上，就是石头。黄河、济水之间的地区，时常有陨石。

天气明朗会出现景星。景星是德星。它的形状不定，常常出现在治理有道的国家。

大凡观察云气，抬头望去，可见三四百里；平望过去，视线在桑树、榆树的树梢，达到一千两千里；登高望去，云气与地平线连接，有三千里。云气有禽兽形象在其上的，胜利。

从华山以南，云气下黑上红。嵩山、三河地区的郊野，云气正红色。恒山以北，云气下黑上青。渤海、碣石山、东海、泰山一带，云气都是黑色的。长江、淮河一带云气都是白色的。

象征徒众的云气是白色的。修筑土地工程的云气是黄色的。驾车的云气忽高忽下，往往团聚着。骑队的云气低而平。士兵步战的云气团聚着。云气前低而后高的，军行迅速；前方而后高的，兵力精锐；后尖而低的，军队退却。云气平的行进缓慢。前高而后低的，军队不停留就返还。云气相遇，低的战胜高的，尖锐的战胜平正的。云气来得低而且循着车道的，三四天内，离它五六里的地方就会应验其预兆。云气来到高七八尺的，五六天内，离它十多里的地方就会应验其预兆。云气来到高一丈多到两丈的，三四十天内，离它五六十里的地方就会应验其预兆。

飘拂的云呈现青白色的，表示将领强悍，士兵怯弱。云的基部大而前部绝远的，主战争。青白色，云的前部低的，能战胜；云的前部是红色而仰起的，则战不胜。战云就像直立的城垣。杼云是像梭子的云。轴云抟直而上，两端尖锐。杓云像绳子，在前面横贯天空，它的另一半占据半个天空。还有像霓虹的云，类似于旗子，所以边角尖锐。还有形如钩子的云。凡是这些云出现，根据五色占验。如果云气润泽、团密，它的出现能够引人注意，才值得占验；将有战事发生，则云必合斗于对应的地区。

王朔所占候的，取决于太阳旁边的云气。太阳旁边的云气，是帝王的象征。都按照它们的形状来占候。

所以象征北方外族的云气就像牲畜和帐篷，南方外族地区的云气就像舟船和旗子。发生过洪水的遗址，败军的战场，亡国的废墟，地底下有埋藏的金钱珍宝，这之上都有云气，不可不仔细观察。海边的蜃气形状像楼台，广野中的云气形状像宫殿，各地的云气与当地山川和人民聚积的气象相同。

所以占候各地情况的好坏，可以到该国的城邑中去，考察疆界田地的整理，城邑房屋门户的润泽与否，以及车马服饰的华美和牲畜的肥壮程度。充实而繁荣的，吉利；空虚而耗散的，凶险。

像烟又不是烟，像云又不是云，气盛而多，萧索地散布着的，这叫作卿云。卿云代表了喜气。像雾又不是雾，衣帽不沾湿，它出现了，那么该地区会有战争，人们要披甲前往。

雷电、彩虹、惊雷、夜明这些，是阳气活动而产生的，春夏季就发生，秋冬季就潜藏，因此占候的人都等待观察它们。

天裂开显现悬空的物象，地震而产生裂缝。山岭崩塌迁移，江河溪涧堵塞；流水回旋起伏，地面起高，湖泊枯涸，从这些地方都可以观察出吉凶迹象。观察城郭里巷的门户，看它们是否润泽或者枯烂；还有观察宫殿庙宇，官邸宅第，了解人民的居所。从谣俗车马来观察人民的饮食。观察庄稼草木聚集地方。观察粮仓、钱府、马厩、武库以及交通要道。观察牲畜禽兽生长繁衍的环境；观察鱼鳖鸟鼠栖息的场所。鬼的哭声好像在呼号，有人偶然遭遇，会受到惊吓。这虽是俚俗传言，但是理实不虚。

大凡占候年成的好坏，一定要谨慎地占候一年的开始。一年的开始有的是看冬至日，生气开始萌发。有的看腊祭的第二日，人们刚过完一年，一齐集会饮食，发动阳气，所以称为初岁。还有正月初一，是帝王历法中的岁首；立春日，是四季的开始。这四个岁始，都是可以用来占候的日期。

汉代的魏鲜集腊祭的第二日和正月一日的迹象，并且取决于八方的风来占卜吉凶。风从南方来，有大旱灾；从西南来，有小旱灾；从西方来，有战事；从西北来，大豆成熟，迅速发生战争；从北方来，是中等年成；从东北来，是上等年成；从东方来，有大水灾；从东南来，人民有疾疫，年成不好。八方的风各自跟它相对的风抵消，较多的得胜。多的胜过少的，久的胜过短的，快的胜过慢的。风对五谷的占兆，以来时为判断。从旦时到食时，为麦；食时到日昳，为稷；日昳到铺时，为黍；铺时到铺时后五刻，为菽；铺时后五刻到日入，为麻。希望整天有云，有风，有太阳。当着那段时间的庄稼，苗深而多实；没有云，有风、有太阳，当着那段时间的庄稼，苗浅而多实；有云，有风，没有太阳，当着那段时间的庄稼，苗深而少实；有太阳，没有云，没有风，当着那段时间的庄稼歉收损坏。吃一顿饭的时间，则受小损；熟五斗米的时间，则有大损。如果风又刮起来，有云，那么庄稼也可以再生。各自按照它的时间根据云色占卜适合种植的庄稼。如果下雪和寒冷，年成不好。

岁始那天如果天气晴朗，听市集人民的声音。发出宫声，那么年成好，吉利；发出商声，那么有战事；发出徵声，有旱灾；发出羽声，有水灾；发出角声，年成不好。

或者从正月一日起以接连下雨的日数，占卜人民粮食的多少的。大概每人每天有一升粮食，到七升为极限；过了这个极限，不占候。另外从第一日到第十二日，十二天中每天与一个月相当，占候一年的水旱灾情。以上为对小国占候。若是为千里大国占候，那么就要按占候天下的方法，占候完整个正月。观察月球经历的列宿，有没有太阳、风和云，占候那个国家。然而必须观察太岁所在的方位。在金，丰收；在水，歉收；在木，饥荒；在火，旱灾。这是大略的原则。

正月的首个甲日，风从东方来，适宜养蚕；风从西方来，如果早晨有黄云，年成不好。

冬至日白昼最短，在平衡器的两端悬挂土和炭，炭开始下沉，鹿角脱落，兰根发芽，泉水上涌。大概知道太阳已经运行到极南的地方了，但最终要取决于日晷上的日影。木星所在的天区所对应的国家，谷物大丰收。它的相对的方位，年成则有灾殃。

太史公说：自从人类出现以来，历代国君哪有不观察推度日、月和星辰的呢？等到五帝、三代，继承并且发扬光大，亲近华夏族，疏远外族，使内外有别，划分中国为十二州，抬头则观察天上的星象，低头则取法地上的各种事物。天上有日月之分，地上有阴阳之别。天上有五星，地上有五行。天上有各种星宿，地上有州界。日、月和星是阴阳的精气，这精气的来源在地，而圣人得以统一分析理解。

幽王、厉王以前，已经很久远了。所出现的天象变异，各国有不同的异象，各家对其都有不同的看法，各自占问奇异的现象，来牵合当时的应验，他们的文字图画书籍所解说的吉凶祸福的先兆不足为法。因此孔子论述六经，只是记载异象，而论及应验的说法并不记载。至于天道、天命，并不传授；传授给合适的人，不需详细解说自己就会明白；告诉给不合适的人，虽然说了，也不会明白。

昔日得到传授而知天数的人：高辛氏之前的有重和黎；唐、虞时代有羲氏和和氏；夏代有昆吾；商代有巫咸；周代有史佚和苌弘；列国时宋国有子韦；郑国有裨灶；齐国有甘公；楚国有唐眛；赵国有尹皋；魏国有石申。

自然运动的规律，三十年一小变，百年一中变，五百年一大变；经历三大变为一纪，经过三纪就具备了一切变化：这是大致的运数。治国的人一定要重视这些运数。观察上下各千年，然后天人的关系才可以前后贯通进而完备。

太史公推考古代的天象变异，没有一件是现如今可以验证的。大约在春秋二百四十二年间，出现日食三十六次，彗星出现三次，宋襄公时星体陨落像下雨一样。天子势力微弱，诸侯用武力征伐，春秋五霸相继兴起，交替主持政令。从此之后，以强众欺凌寡弱，以大国兼并小国。秦国、楚国、吴国、越国都是外族，成为强大的霸主。田氏篡取了齐国的政权，三家瓜分了晋国，并成为战国。各国争相攻城夺地，战争相继而起，城镇屡次遇屠戮，因而引起饥荒、瘟疫、困苦，臣子和君主共同忧虑，他们审察吉凶先兆，占候星象云气，尤其迫切。近代十二诸侯和七国互相称王，谈论合纵连横的人接踵而至，因而尹皋、唐眛、甘公、石申等凭借着时代形势论说他们的著述，所以他们的占候应验凌乱，甚至像米盐一样琐碎。

二十八宿主宰着十二州，北斗兼主十二州，这样的用法已经很久了。秦国的疆域，占候金星，在天狼、天弧天区。吴国、楚国的疆域，占候火星，在柳宿、太微天区。燕国、齐国的疆域，占候水星，在虚宿、危宿天区。宋国、郑国的疆域，占候木星，在房宿、心宿天区。晋国的疆域，也占候水星，在参宿、团星天区。

到秦国并吞三晋和燕、代国以后，黄河和华山以南的地区是中国。中国在四海之内是在东南方，为阳；阳则与日、木星、火星、土星相对应；占候于天街座以南，毕宿主宰它。中国的西北是胡、貉、月支穿着毛皮射猎的民族，为阴；阴则与月、金星、水星相对应；占候于天街座以北，昴宿主宰它们。所以中国的山脉河流东北走向，它们的脉络，头在陇、蜀地区，尾没于渤海、碣石。因此秦国、晋国善于打仗，它们又占候金星，金星主宰中国；而胡、貉经常侵扰，只占候水星，水星出现和隐没显得急躁而迅速，通常主宰夷狄：这是大略的原则。金星、水星交替充当客人或主人。火星出现光芒四向扫射，对外就是理好军队，对内就是理好政治。所以说“即使有英明的天子，也一定观察火星的位置”。诸侯交替称霸，当时记载灾异的诸说各有不同，就没有什么值得采用的了。

秦始皇的时代，十五年彗星出现了四次，久的达到八十天，长的有横贯天空的。之后，秦国起兵用武力灭亡六国，统一中国，对外攘除四方外族，死人像乱麻一样多，因而有张楚王等人共同起义，三十年间士兵互相践踏致死的，不计可数。自从蚩尤以来，还没有像这个样子的。

项羽救巨鹿，枉矢星向西流，崤山以东地区于是联合起来，西进活埋秦军投降士兵，屠杀咸阳城。

汉朝的兴起，五星会合于井宿。高祖在平城被围困，月晕笼罩着参宿、毕宿有七层。诸吕谋反，出现日食，白天也昏暗。吴、楚七国叛乱，出现的彗星有几丈长，天狗星经过梁的分野；等到战争发生，果然伏尸流血于梁国。元光、元狩年间，蚩尤之旗星两次出现，其长达到半个天空。之后，京师果然军队四出，讨伐夷狄的战争经历数十年，而讨伐匈奴尤其激烈。南越的灭亡，火星侵占斗宿；朝鲜的攻克，有彗星出现在两河守卫区；汉军征伐大宛，有彗星出现在招摇星附近：这是一些明显的应验。至于那些隐微曲折的小变异，多不胜数。由此看来，没有一件事情不是先有征兆而后应验随之出现的。

自从汉朝以来研究天文历法的人，占候星象的有唐都，占候云气的有王朔，占候年成的有魏鲜。之前甘、石历法中的五星法，只有火星有反向逆行；因此火星逆行所守的星宿，以及其他行星的逆行，日月亏损无光，都是占候的对象。

我阅读史书的记载，查考往事，在近百年之中，五星没有出现而不反向逆行的，反向逆行时，常常看到星星变大，颜色也有变化；日月亏损无光，与它们所处的南北相对位置有关：这是大致的原则。因此紫微垣、房宿和心宿、权星座和太微垣、咸池座、虚宿和危宿分划星空，统辖众星，这是天上五官的座位，是恒星，不迁移，虽然大小有差别，但是各星之间的宽窄是一定的。水星、火星、金星、木星、土星，这五颗星是上天的五个辅佐，是行星，出现和隐伏有一定的时候，运行以及赢缩都是有一定的宿度的。

太阳出现变化，应当修养仁德，月亮出现变化，应当减省刑罚，星星出现变化，应当团结人心。凡出现天变，都是超过常规的宿度才进行占候。国君强大而有德行的将会繁荣昌盛，弱小而又虚伪欺诈的将会灭亡。对付天变的最好的办法就是修养德行，其次是修明政教，其次是补救阙失，再其次是祭祀鬼神，求福去灾，最下的法子是无视它，不采取任何措施。恒星的变异很少见到，而对日、月、五星的占候常常使用。日月的晕和蚀，云和风，这些都是不常见的天象，它们的出现也符合天运的规律。然而它们也与政事相互呼应，最接近于天人感应的媒介。日晕、月晕、日食、月食、云和风，这五者，都是天有所感而产生的相应的变化。研究天数的人，必须通晓日月星三光以及五种客气的变化。了解古今终始，深入观察时事的变化，研究天变的现象以及天体运行的规律，那么天文学的理论体系就算完备了。

苍帝施行德政，天门因此打开。赤帝施行德政，天牢因此空虚。黄帝施行德政，天妖星因此出现。风从西北吹来，必须是在庚、辛日。整个秋季中，出现五次，就会有大的赦免；出现三次，就会有小的赦免。白帝施行德政，如果正月二十日、二十一日被月晕围绕，当会有大的赦免。另一种说法是：白帝施行德政，毕宿、昴宿被月晕围绕。如果包围三个晚上，则德成；没有围三个晚上，并且围不合拢，则德不成。还有另外一种说法：以月晕围水星，应验的时间不超过旬日之间。黑帝施行德政，天关因此变动。五帝各行德政，天子将随之更改年号；如果不施行德政，将会有疾风暴雨，破石惊天的灾难。三台和三衡是天帝的宫廷。如果有客星出现在此，必定会有异常的政令发出。

（吴新江　注译）

卷二十八　封禅书第六

注释查阅

自古受命帝王[1]，曷尝不封禅[2]？盖有无其应而用事者矣[3]，未有睹符瑞见而不臻乎泰山者也[4]。虽受命而功不至[5]，至梁父矣而德不洽[6]，洽矣而日有不暇给[7]，是以即事用希[8]。传曰[9]：“三年不为礼[10]，礼必废；三年不为乐[11]，乐必坏。”每世之隆[12]，则封禅答焉[13]，及衰而息[14]。厥旷远者千有馀载，近者数百载[15]，故其仪阙然堙灭[16]，其详不可得而记闻云[17]。

《尚书》曰[18]，舜在璇玑玉衡[19]，以齐七政[20]。遂类于上帝[21]，禋于六宗[22]，望山川[23]，遍群神[24]。辑五瑞[25]，择吉月日，见四岳诸牧[26]，还瑞[27]。岁二月[28]，东巡狩[29]，至于岱宗[30]。岱宗，泰山也。柴[31]，望秩于山川[32]。遂觐东后[33]。东后者，诸侯也。合时月正日[34]，同律度量衡[35]，修五礼[36]，五玉三帛二生一死贽[37]。五月，巡狩至南岳。南岳，衡山也[38]。八月，巡狩至西岳。西岳，华山也。十一月，巡狩至北岳。北岳，恒山也[39]。皆如岱宗之礼。中岳，嵩高也[40]。五载一巡狩。

禹遵之[41]。后十四世，至帝孔甲[42]，淫德好神[43]，神渎[44]，二龙去之[45]。其后三世，汤伐桀[46]，欲迁夏社[47]，不可，作《夏社》[48]。后八世，至帝太戊[49]，有桑谷生于廷[50]，一暮大拱[51]，惧。伊陟曰[52]：“妖不胜德[53]。”太戊修德，桑谷死。伊陟赞巫咸[54]，巫咸之兴自此始[55]。后十四世，帝武丁得傅说为相[56]，殷复兴焉，称高宗。有雉登鼎耳雊[57]，武丁惧。祖己曰[58]：“修德。”武丁从之，位以永宁[59]。后五世，帝武乙慢神而震死[60]。后三世，帝纣淫乱[61]，武王伐之[62]。由此观之，始未尝不肃祇[63]，后稍怠慢也[64]。

《周官》曰[65]，冬日至[66]，祀天于南郊[67]，迎长日之至[68]；夏日至[69]，祭地祇[70]。皆用乐舞，而神乃可得而礼也[71]。天子祭天下名山大川，五岳视三公[72]，四渎视诸侯[73]，诸侯祭其疆内名山大川[74]。四渎者，江、河、淮、济也。天子曰明堂、辟雍[75]，诸侯曰泮宫[76]。

周公既相成王[77]，郊祀后稷以配天[78]，宗祀文王于明堂以配上帝[79]。自禹兴而修社祀[80]，后稷稼穑，故有稷祠，郊社所从来尚矣[81]。

自周克殷后十四世，世益衰，礼乐废，诸侯恣行[82]，而幽王为犬戎所败[83]，周东徙雒邑[84]。秦襄公攻戎救周[85]，始列为诸侯。秦襄公既侯[86]，居西垂[87]，自以为主少皞之神[88]，作西畤[89]，祠白帝[90]，其牲用骝驹、黄牛、羝羊各一云[91]。其后十六年，秦文公东猎汧渭之间[92]，卜居之而吉[93]。文公梦黄蛇自天下属地[94]，其口止于鄜衍[95]。文公问史敦[96]，敦曰："此上帝之征，君其祠之。"于是作鄜畤[97]，用三牲郊祭白帝焉[98]。

自未作鄜畤也[99]，而雍旁故有吴阳武畤[100]，雍东有好畤[101]，皆废无祠。或曰[102]："自古以雍州积高[103]，神明之隩[104]，故立畤郊上帝，诸神祠皆聚云。盖黄帝时尝用事[105]，虽晚周亦郊焉。"其语不经见[106]，缙绅者不道[107]。

作鄜畤后九年，文公获若石云[108]，于陈仓北阪城祠之[109]。其神或岁不至[110]，或岁数来，来也常以夜[111]，光辉若流星，从东南来，集于祠城[112]，则若雄鸡，其声殷云[113]，野鸡夜雊。以一牢祠[114]，命曰陈宝[115]。

作鄜畤后七十八年，秦德公既立，卜居雍，"后子孙饮马于河"，遂都雍。雍之诸祠自此兴[116]。用三百牢于鄜畤。作伏祠[117]。磔狗邑四门[118]，以御蛊灾[119]。

德公立二年卒。其后四年，秦宣公作密畤于渭南[120]，祭青帝[121]。

其后十四年[122]，秦缪公立[123]，病卧五日不寤[124]；寤，乃言梦见上帝，上帝命缪公平晋乱[125]。史书而记藏之府[126]。而后世皆曰秦缪公上天。

秦缪公即位九年，齐桓公既霸[127]，会诸侯于葵丘[128]，而欲封禅。管仲曰[129]："古者封泰山禅梁父者七十二家，而夷吾所记者十有二焉。昔无怀氏封泰山[130]，禅云云[131]；虙羲封泰山[132]，禅云云；神农封泰山，禅云云；炎帝封泰山[133]，禅云云；黄帝封泰山，禅亭亭[134]；颛顼封泰山[135]，禅云云；帝喾封泰山[136]，禅云云；尧封泰山，禅云云；舜封泰山，禅云云；禹封泰山，禅会稽[137]；汤封泰山，禅云云；周成王封泰山，禅社首[138]：皆受命然后得封禅。"桓公曰："寡人北伐山戎[139]，过孤竹[140]；西伐大夏[141]，涉流沙[142]，束马悬车[143]，上卑耳之山[144]；南伐至召陵[145]，登熊耳山以望江汉[146]。兵车之会三[147]，而乘车之会六[148]，九合诸侯[149]，一匡天下[150]，诸侯莫违我[151]。昔三代受命[152]，亦何以异乎？"于是管仲睹桓公不可穷以辞[153]，因设之以事[154]，曰："古之封禅，鄗上之黍[155]，北里之禾[156]，所以为盛[157]；江淮之间，一茅三脊[158]，所以为藉也[159]。东海致比目之鱼[160]，西海致比翼之鸟[161]，然后物有不召而自至者十有五焉。今凤皇麒麟不来[162]，嘉谷不生[163]，而蓬蒿藜莠茂[164]，鸱枭数至[165]，而欲封禅，毋乃不可乎[166]？"于是桓公乃止。是岁，秦缪公内晋君夷吾[167]。其后三置晋国之君[168]，平其乱，缪公立三十九年而卒。

其后百有馀年[169]，而孔子论述六艺[170]，传略言易姓而王[171]，封泰山禅乎梁父者七十馀王矣[172]，其俎豆之礼不章[173]，盖难言之。或问禘之说[174]，孔子曰："不知。知禘之说，其于天下也视其掌[175]。"诗云纣在位，文王受命，政不及泰山[176]。武王克殷二年，天下未宁而崩[177]。爰周德之洽维成王[178]，成王之封禅则近之矣[179]。及后陪臣执政[180]，季氏旅于泰山[181]，仲尼讥之[182]。

是时苌弘以方事周灵王[183]，诸侯莫朝周，周力少，苌弘乃明鬼神事，设射貍首[184]。貍首者，诸侯之不来者。依物怪欲以致诸侯[185]。诸侯不从，而晋人执杀苌弘[186]。周人之言方怪者自苌弘[187]。

其后百馀年，秦灵公作吴阳上畤，祭黄帝；作下畤，祭炎帝。

后四十八年，周太史儋见秦献公曰[188]："秦始与周合[189]，合而离[190]，（离）五百岁当复合[191]，合十七年而霸王出焉[192]。"栎阳雨金[193]，秦献公自以为得金瑞，故作畦畤栎阳而祀白帝[194]。

其后百二十岁而秦灭周[195]，周之九鼎入于秦。或曰宋太丘社亡[196]，而鼎没于泗水彭城下[197]。

其后百一十五年而秦并天下[198]。

秦始皇既并天下而帝[199]，或曰："黄帝得土德，黄龙地螾见[200]。夏得木德，青龙止于郊，草木畅茂。殷得金德[201]，银自山溢。周得火德，有赤乌之符[202]。今秦变周[203]，水德之时[204]。昔秦文公出猎，获黑龙，此其水德之瑞。"于是秦更命河曰"德水"[205]，以冬十月为年首，色上黑[206]，度以六为名[207]，音上大吕[208]，事统上法[209]。

即帝位三年，东巡郡县，祠驺峄山[210]，颂秦功业。于是征从齐鲁之儒生博士七十人[211]，至乎泰山下。诸儒生或议曰[212]："古者封禅为蒲车，恶伤山之土石草木[213]；埽地而祭，席用葅秸[214]，言其易遵也[215]。"始皇闻此议各乖异[216]，难施用，由此绌儒生[217]。而遂除车道[218]，上自泰山阳至巅[219]，立石颂秦始皇帝德[220]，明其得封也[221]。从阴道下[222]，禅于梁父。其礼颇采太祝之祀雍上帝所用[223]，而封藏皆秘之[224]，世不得而记也。

始皇之上泰山[225]，中阪遇暴风雨，休于大树下。诸儒生既绌，不得与用于封事之礼[226]，闻始皇遇风雨，则讥之。

于是始皇遂东游海上，行礼祠名山大川及八神，求仙人羡门之属[227]。八神将自古而有之，或曰太公以来作之[228]。齐所以为齐，以天齐也[229]。其祀绝，莫知起时。八神：一曰天主，祠天齐。天齐渊水[230]，居临菑南郊山下者。二曰地主，祠泰山梁父。盖天好阴[231]，祠之必于高山之下，小山之上，命曰"畤"；地贵阳[232]，祭之必于泽中圜丘云。三曰兵主，祠蚩尤[233]。蚩尤在东平陆监乡[234]，齐之西境也。四曰阴主，祠三山[235]。五曰阳主，祠之罘[236]。六曰月主，祠之莱山[237]。皆在齐北，并勃海[238]。七曰日主，祠成山[239]，成山斗入海[240]，最居齐东北隅[241]，以迎日出云[242]。八曰四时主，祠琅邪[243]。琅邪在齐东方，盖岁之所始。皆各用一牢具祠[244]，而巫祝所损益[245]，珪币杂异焉[246]。

自齐威、宣之时[247]，驺子之徒论著终始五德之运[248]，及秦帝而齐人奏之[249]，故始皇采用之。而宋毋忌、正伯侨、充尚、羡门高最后皆燕人[250]，为方仙道[251]，形解销化[252]，依于鬼神之事。驺衍以阴阳主运显示诸侯[253]，而燕齐海上之方士传其术不能通[254]，然则怪迂阿谀苟合之徒自此兴[255]，不可胜数也[256]。

自威、宣、燕昭使人入海求蓬莱、方丈、瀛州[257]。此三神山者。其傅在勃海中[258]，去人不远，患且至[259]，则船风引而去。盖尝有至者，诸仙人及不死之药皆在焉[260]。其物禽兽尽白，而黄金银为宫阙。未至，望之如云；及到，三神山反居水下。临之[261]，风辄引去，终莫能至云。世主莫不甘心焉[262]。及至秦始皇并天下，至海上，则方士言之不可胜数。始皇自以为至海上而恐不及矣，使人乃赍童男女入海求之[263]。船交海中[264]，皆以风为解[265]，曰未能至，望见之焉。其明年[266]，始皇复游海上，至琅邪，过恒山，从上党归。后三年，游碣石[267]，考入海方士[268]，从上郡归。后五年，始皇南至湘山[269]，遂登会稽，并海上，冀遇海中三神山之奇药[270]。不得，还至沙丘崩。

二世元年，东巡碣石，并海南，历泰山，至会稽，皆礼祠之，而刻勒始皇所立石书旁[271]，以章始皇之功德[272]。其秋，诸侯畔秦[273]。三年而二世弑死[274]。

始皇封禅之后十二岁，秦亡，诸儒生疾秦焚《诗》《书》[275]，诛僇文学[276]，百姓怨其法，天下畔之，皆讹曰[277]：“始皇上泰山，为暴风雨所击，不得封禅。”此岂所谓无其德而用事者邪[278]？

昔三代之居皆在河洛之间[279]，故嵩高为中岳，而四岳各如其方，四渎咸在山东[280]。至秦称帝，都咸阳[281]，则五岳、四渎皆并在东方。自五帝以至秦，轶兴轶衰[282]，名山大川或在诸侯，或在天子，其礼损益世殊[283]，不可胜记。及秦并天下，令祠官所常奉天地名山大川鬼神可得而序也[284]。

于是自殽以东，名山五[285]，大川祠二。曰太室。太室，嵩高也。恒山，泰山，会稽，湘山[286]。水曰济，曰淮。春以脯酒为岁祠[287]，因泮冻[288]，秋涸冻[289]，冬塞祷祠[290]。其牲用牛犊各一，牢具珪币各异。

自华以西，名山七，名川四。曰华山，薄山[291]。薄山者，衰山也。岳山[292]，岐山[293]，吴岳[294]，鸿冢[295]，渎山[296]。渎山，蜀之汶山。水曰河，祠临晋[297]；沔[298]，祠汉中；湫渊[299]，祠朝那[300]；江水，祠蜀[301]。亦春秋泮涸祷塞，如东方名山川，而牲牛犊牢具珪币各异。而四大冢鸿[302]、岐、吴、岳，皆有尝禾[303]。

陈宝节来祠[304]，其河加有尝醪[305]。此皆在雍州之域，近天子之都，故加车一乘[306]，骝驹四。

霸、产、长水、沣、涝、泾、渭皆非大川[307]，以近咸阳，尽得比山川祠[308]，而无诸加[309]。

汧、洛二渊、鸣泽、蒲山、岳峭山之属[310]，为小山川，亦皆岁祷塞泮涸祠，礼不必同。

而雍有日、月、参、辰、南北斗、荧惑、太白、岁星、填星、辰星、二十八宿、风伯、雨师、四海、九臣、十四臣、诸布、诸严、诸逑之属[311]，百有馀庙[312]。西亦有数十祠[313]。于湖有周天子祠[314]。于下邽有天神[315]。沣、滈有昭明[316]、天子辟池[317]。于杜、亳有三社主之祠、寿星祠[318]；而雍菅庙亦有杜主[319]。杜主，故周之右将军，其在秦中[320]，最小鬼之神者[321]。各以岁时奉祠。

唯雍四畤上帝为尊[322]，其光景动人民唯陈宝[323]。故雍四畤，春以为岁祷，因泮冻，秋涸冻，冬塞祠，五月尝驹[324]，及四仲之月月祠，若陈宝节来一祠[325]。春夏用骍[326]，秋冬用骝。畤驹四匹，木禺龙栾车一驷[327]，木禺车马一驷，各如其帝色。黄犊羔各四，珪币各有数，皆生瘗埋[328]，无俎豆之具。三年一郊。秦以冬十月为岁首，故常以十月上宿郊见[329]，通权火[330]，拜于咸阳之旁，而衣上白[331]，其用如经祠云[332]。西畤、畦畤，祠如其故，上不亲往。

诸此祠皆太祝常主，以岁时奉祠之。至如他名山川诸鬼及八神之属[333]，上过则祠，去则已[334]。郡县远方神祠者，民各自奉祠，不领于天子之祝官[335]。祝官有秘祝[336]，即有灾祥[337]，辄祝祠移过于下[338]。

汉兴，高祖之微时[339]，尝杀大蛇。有物曰[340]："蛇，白帝子也，而杀者赤帝子。"高祖初起，祷丰枌榆社[341]。徇沛[342]，为沛公，则祠蚩尤，衅鼓旗[343]。遂以十月至灞上[344]，与诸侯平咸阳，立为汉王。因以十月为年首，而色上赤。

二年，东击项籍而还入关[345]，问："故秦时上帝祠何帝也[346]？"对曰："四帝，有白、青、黄、赤帝之祠。"高祖曰："吾闻天有五帝，而有四，何也[347]？"莫知其说。于是高祖曰："吾知之矣，乃待我而具五也[348]。"乃立黑帝祠[349]，命曰北畤[350]。有司进祠，上不亲往。悉召故秦祝官，复置太祝、太宰[351]，如其故仪礼。因令县为公社[352]。下诏曰："吾甚重祠而敬祭。今上帝之祭及山川诸神当祠者，各以其时礼祠之如故。"

后四岁，天下已定，诏御史，令丰谨治枌榆社[353]，常以四时春以羊彘祠之[354]。令祝官立蚩尤之祠于长安。长安置祠祝官、女巫。其梁巫[355]，祠天、地、天社、天水、房中、堂上之属[356]；晋巫[357]，祠五帝、东君、云中君、司命、巫社、巫祠、族人、先炊之属[358]；秦巫[359]，祠杜主、巫保、族累之属[360]，荆巫[361]祠堂下、巫先、司命、施糜之属[362]；九天巫[363]，祠九天：皆以岁时祠宫中。其河巫祠河于临晋，而南山巫祠南山秦中[364]。秦中者[365]，二世皇帝。各有时月。

其后二岁，或曰周兴而邑邰[366]，立后稷之祠，至今血食天下[367]。于是高祖制诏御史[368]："其令郡国县立灵星祠[369]，常以岁时祠以牛。"

高祖十年春，有司请令县常以春三月及(时)腊祠社稷以羊豕[370]，民里社各自财以祠[371]。制曰[372]："可。"

其后十八年，孝文帝即位。即位十三年，下诏曰：“今秘祝移过于下，朕甚不取[373]。自今除之。”

始名山大川在诸侯[374]，诸侯祝各自奉祠，天子官不领。及齐、淮南国废[375]，令太祝尽以岁时致礼如故。

是岁，制曰：“朕即位十三年于今，赖宗庙之灵[376]，社稷之福，方内艾安[377]，民人靡疾[378]。间者比年登[379]，朕之不德[380]，何以飨此[381]？皆上帝诸神之赐也。盖闻古者飨其德必报其功，欲有增诸神祠。有司议增雍五畤路车各一乘[382]，驾被具[383]；西畤、畦畤禺车各一乘，禺马四匹，驾被具；其河、湫、汉水加玉各二[384]；及诸祠，各增广坛场，珪币俎豆以差加之[385]。而祝釐者归福于朕[386]，百姓不与焉[387]。自今祝致敬，毋有所祈[388]。”

鲁人公孙臣上书曰：“始秦得水德，今汉受之，推终始传[389]，则汉当土德，土德之应黄龙见。宜改正朔[390]，易服色[391]，色上黄。”是时丞相张苍好律历[392]，以为汉乃水德之始，故河决金堤，其符也。年始冬十月，色外黑内赤，与德相应。如公孙臣言，非也。罢之。后三岁，黄龙见成纪[393]。文帝乃召公孙臣，拜为博士，与诸生草改历服色事[394]。其夏，下诏曰：“异物之神见于成纪，无害于民，岁以有年[395]。朕祈郊上帝诸神，礼官议，无讳以劳朕[396]。”有司皆曰“古者天子夏亲郊，祀上帝于郊，故曰郊。”于是夏四月，文帝始郊见雍五畤祠，衣皆上赤。

其明年，赵人新垣平以望气见上[397]，言“长安东北有神气，成五采，若人冠绕焉[398]。或曰东北神明之舍，西方神明之墓也。天瑞下，宜立祠上帝，以合符应。”于是作渭阳五帝庙，同宇[399]，帝一殿[400]，面各五门，各如其帝色。祠所用及仪亦如雍五畤。

夏四月，文帝亲拜霸渭之会[401]，以郊见渭阳五帝。五帝庙南临渭，北穿蒲池沟水[402]，权火举而祠，若光辉然属天焉[403]。于是贵平上大夫[404]，赐累千金。而使博士诸生刺六经中作《王制》[405]，谋议巡狩封禅事。

文帝出长门，若见五人于道北[406]，遂因其直北立五帝坛，祠以五牢具。

其明年，新垣平使人持玉杯，上书阙下献之[407]。平言上曰：“阙下有宝玉气来者。”已视之；果有献玉杯者，刻曰“人主延寿。”平又言“臣候日再中[408]”。居顷之，日却复中[409]。于是始更以十七年为元年，令天下大酺[410]。

平言曰：“周鼎亡在泗水中，今河溢通泗，臣望东北汾阴直有金宝气[411]，意周鼎其出乎[412]？兆见不迎则不至。”于是上使使治庙汾阴南[413]，临河，欲祠出周鼎[414]。

人有上书告新垣平所言气神事皆诈也。下平吏治[415]，诛夷新垣平[416]。自是之后，文帝怠于改正朔服色神明之事，而渭阳、长门五帝使祠官领，以时致礼，不往焉。

明年，匈奴数入边，兴兵守御。后岁少不登[417]。

数年而孝景即位。十六年，祠官各以岁时祠如故，无有所兴，至今天子[418]。

今天子初即位[419]，尤敬鬼神之祀。

元年，汉兴已六十馀岁矣，天下艾安，搢绅之属皆望天子封禅改正度也[420]，而上乡儒术[421]，招贤良[422]。赵绾、王臧等以文学为公卿[423]，欲议古立明堂城南[424]，以朝诸侯[425]。草巡狩封禅改历服色事未就。会窦太后治黄老言[426]，不好儒术，使人微伺得赵绾等奸利事[427]，召案绾、臧[428]，绾、臧自杀，诸所兴为皆废[429]。

后六年，窦太后崩。其明年，征文学之士公孙弘等[430]。

明年[431]，今上初至雍，郊见五畤。后常三岁一郊[432]。是时上求神君[433]，舍之上林中蹄氏观[434]。神君者，长陵女子[435]，以子死，见神于先后宛若[436]。宛若祠之其室，民多往祠。平原君往祠[437]，其后子孙以尊显。及今上即位，则厚礼置祠之内中。闻其言，不见其人云。

是时李少君亦以祠灶、谷道、却老方见上[438]，上尊之。少君者，故深泽侯舍人[439]，主方。匿其年及其生长[440]，常自谓七十，能使物[441]，却老。其游以方遍诸侯。无妻子。人闻其能使物及不死，更馈遗之[442]，常馀金钱衣食。人皆以为不治生业而饶给[443]，又不知其何所人，愈信，争事之。少君资好方[444]，善为巧发奇中[445]。尝从武安侯饮，坐中有九十馀老人，少君乃言与其大父游射处[446]，老人为儿时从其大父，识其处，一坐尽惊。少君见上，上有故铜器[447]，问少君。少君曰：“此器齐桓公十年陈于柏寝[448]。”已而案其刻[449]，果齐桓公器，一宫尽骇[450]，以为少君神，数百岁人也。

少君言上曰：“祠灶则致物[451]，致物而丹沙可化为黄金[452]，黄金成以为饮食器则益寿[453]，益寿而海中蓬莱仙者乃可见，见之以封禅则不死[454]，黄帝是也。臣尝游海上，见安期生[455]，安期生食巨枣，大如瓜。安期生仙者，通蓬莱中，合则见人[456]，不合则隐。”于是天子始亲祠灶，遣方士入海求蓬莱安期生之属，而事化丹沙诸药齐为黄金矣[457]。

居久之，李少君病死。天子以为化去不死，而使黄锤史宽舒受其方[458]。求蓬莱安期生莫能得，而海上燕齐怪迂之方士多更来言神事矣。

亳人谬忌奏祠太一方[459]，曰：“天神贵者太一，太一佐曰五帝。古者天子以春秋祭太一东南郊，用太牢，七日[460]，为坛开八通之鬼道[461]。”于是天子令太祝立其祠长安东南郊，常奉祠如忌方。其后人有上书，言“古者天子三年壹用太牢祠神三一：天一、地一、太一[462]。”天子许之，令太祝领祠之于忌太一坛上[463]，如其方。后人复有上书，言“古者天子常以春解祠[464]，祠黄帝用一枭破镜[465]；冥羊用羊祠[466]；马行用一青牡马[467]；太一、泽山君地长用牛[468]；武夷君用干鱼[469]；阴阳使者以一牛[470]”。令祠官领之如其方，而祠于忌太一坛旁。

其后，天子苑有白鹿[471]，以其皮为币[472]，以发瑞应[473]，造白金焉[474]。

其明年，郊雍，获一角兽，若麃然[475]。有司曰："陛下肃祗郊祀，上帝报享[476]，锡一角兽[477]，盖麟云。"于是以荐五畤[478]，畤加一牛以燎[479]，锡诸侯白金，风符应合于天也[480]。

于是济北王以为天子且封禅[481]，乃上书献泰山及其旁邑[482]，天子以他县偿之。常山王有罪[483]，迁[484]，天子封其弟于真定[485]，以续先王祀[486]，而以常山为郡，然后五岳皆在天子之邦[487]。

其明年，齐人少翁以鬼神方见上[488]。上有所幸王夫人，夫人卒，少翁以方盖夜致王夫人及灶鬼之貌云[489]，天子自帷中望见焉[490]。于是乃拜少翁为文成将军[491]，赏赐甚多，以客礼礼之[492]。文成言曰："上即欲与神通[493]，宫室被服非象神[494]，神物不至。"乃作画云气车，及各以胜日驾车辟恶鬼[495]。又作甘泉宫[496]，中为台室，画天、地、太一诸鬼神，而置祭具以致天神。居岁馀，其方益衰，神不至。乃为帛书以饭牛[497]，详不如[498]，言曰此牛腹中有奇[499]。杀视得书，书言甚怪。天子识其手书[500]，问其人，果是伪书，于是诛文成将军，隐之[501]。

其后则又作柏梁、铜柱、承露仙人掌之属矣[502]。

文成死明年[503]，天子病鼎湖甚[504]，巫医无所不致[505]，不愈。游水发根言上郡有巫[506]，病而鬼神下之[507]。上召置祠之甘泉。及病，使人问神君。神君言曰："天子无忧病[508]。病少愈，强与我会甘泉[509]。"于是病愈，遂起，幸甘泉，病良已[510]。大赦，置寿宫神君[511]。寿宫君最贵者太一，其佐曰大禁、司命之属[512]，皆从之。非可得见，闻其言，言与人音等。时去时来，来则风肃然[513]。居室帷中。时昼言，然常以夜[514]。天子祓[515]，然后入。因巫为主人[516]，关饮食[517]。所以言[518]，行下[519]。又置寿宫、北宫[520]，张羽旗[521]，设供具[522]，以礼神君。神君所言，上使人受书其言[523]，命之曰"画法"[524]。其所语，世俗之所知也，无绝殊者[525]，而天子心独喜。其事秘，世莫知也。

其后三年，有司言元宜以天瑞命[526]，不宜以一二数。一元曰"建"[527]，二元以长星曰"光"[528]，三元以郊得一角兽曰"狩"云[529]。

其明年冬，天子郊雍，议曰："今上帝朕亲郊，而后土无祀[530]，则礼不答也[531]。"有司与太史公、祠官宽舒议[532]："天地牲角茧栗[533]。今陛下亲祠后土，后土宜于泽中圜丘为五坛，坛一黄犊太牢具[534]，已祠尽瘗[535]，而从祠衣上黄[536]。"于是天子遂东，始立后土祠汾阴脽丘[537]，如宽舒等议。上亲望拜，如上帝礼。礼毕，天子遂至荥阳而还[538]。过洛阳，下诏曰："三代邈绝[539]，远矣难存。其以三十里地封周后为周子南君[540]，以奉先王祀焉。"是岁，天子始巡郡县，侵寻于泰山矣[541]。

其春，乐成侯上书言栾大[542]。栾大，胶东宫人[543]，故尝与文成将军同师，已而为胶东王尚方[544]，而乐成侯姊为康王后，无子。康王死，他姬子立为王。而康后有淫行，与王不相中[545]，相危以法[546]。康后闻文成已死，而欲自媚于上，乃遣栾大因乐成侯求见[547]言方。天子既诛文成，后悔其蚤死，惜其方不尽[548]，及见栾大，大说[549]。大为人长美[550]，言多方略[551]，而敢为大言[552]，处之不疑[553]。大言曰："臣常往来海中，见安期、羡门之属。顾以臣为贱[554]；不信臣。又以为康王诸侯耳，不足与方[555]。臣数言康王，康王又不用臣。臣之师曰：'黄金可成；而河决可塞[556]，不死之药可得，仙人可致也。'然臣恐效文成[557]，则方士皆奄口[558]，恶敢言方哉[559]！"上曰："文成食马肝死耳[560]。子诚能修其方[561]，我何爱乎[562]！"大曰："臣师非有求人[563]，人者求之[564]。陛下必欲致之，则贵其使者，令有亲属，以客礼待之，勿卑，使各佩信印[565]，乃可使通言于神人。神人尚肯邪不邪[566]。致尊其使[567]，然后可致也。"于是上使验小方[568]，斗棋[569]，棋自相触击。

是时上方忧河决，而黄金不就[570]，乃拜大为五利将军。居月馀，得四印，佩天士将军、地士将军、大通将军印。制诏御史："昔禹疏九江[571]，决四渎[572]。间者河溢皋陆[573]，堤繇不息[574]。朕临天下二十有八年[575]，天若遗朕士而大通焉[576]。《乾》称'蜚龙'、'鸿渐于般[577]'，朕意庶几与焉[578]。其以二千户封地士将军大为乐通侯[579]。"赐列侯甲第[580]，僮千人。乘舆斥车马帷幄器物以充其家[581]。又以卫长公主妻之[582]，赍金万斤[583]，更命其邑曰当利公主[584]。天子亲如五利之第[585]。使者存问供给[586]，相属于道[587]，自大主将相以下[588]，皆置酒其家，献遗之。于是天子又刻玉印曰"天道将军"，使使衣羽衣[589]，夜立白茅上[590]，五利将军亦衣羽衣，夜立白茅上受印，以示不臣也[591]。而佩"天道"者，且为天子道天神也[592]。于是五利常夜祠其家，欲以下神[593]。神未至而百鬼集矣，然颇能使之。其后装治行，东入海，求其师云[594]。大见数月，佩六印，贵震天下，而海上燕齐之间，莫不搤捥而自言有禁方、能神仙矣[595]。

其夏六月中，汾阴巫锦为民祠魏脽后土营旁[596]，见地如钩状，掊视得鼎[597]。鼎大异于众鼎，文镂无款识[598]，怪之，言吏[599]。吏告河东太守胜[600]，胜以闻[601]。天子使使验问巫得鼎无奸诈，乃以礼祠，迎鼎至甘泉，从行，上荐之[602]。至中山[603]，晏温[604]，有黄云盖焉。有麃过，上自射之，因以祭云。至长安，公卿大夫皆议请尊宝鼎。天子曰："间者河溢，岁数不登，故巡祭后土，祈为百姓育谷。今岁丰庑未报[605]，鼎曷为出哉？"有司皆曰："闻昔泰帝兴神鼎一[606]，一者壹统，天地万物所系终也[607]。黄帝作宝鼎三，象天地人[608]。禹收九牧之金[609]，铸九鼎。皆尝亨鬺上帝鬼神[610]。遭圣则兴，鼎迁于夏商。周德衰，宋之社亡，鼎乃沦没，伏而不见。《颂》云'自堂徂基，自羊徂牛；鼐鼎及鼒'，不吴不骜，胡考之休[611]'。今鼎至甘泉，光润龙变[612]，承休无疆[613]。合兹中山，有黄白云降盖，若兽为符，路弓乘矢[614]，集获坛下，报祠大享[615]。唯受命而帝者心知其意而合德焉[616]。鼎宜见于祖祢[617]，藏于帝廷，以合明应[618]。”制曰：“可。”

入海求蓬莱者，言蓬莱不远，而不能至者，殆不见其气[619]。上乃遣望气佐候其气云[620]。

其秋，上幸雍，且郊。或曰：“五帝，太一之佐也，宜立太一而上亲郊之。”上疑未定。齐人公孙卿曰[621]：“今年得宝鼎，其冬辛巳朔旦冬至[622]，与黄帝时等[623]。”卿有札书曰[624]：“黄帝得宝鼎宛朐，问于鬼臾区[625]。鬼臾区对曰：‘黄帝得宝鼎神策，是岁已酉朔旦冬至，得天之纪，终而复始。’于是黄帝迎日推策[626]，后率二十岁复朔旦冬至[627]，凡二十推，三百八十年，黄帝仙登于天。”卿因所忠欲奏之[628]。所忠视其书不经，疑其妄书，谢曰：“宝鼎事已决矣，尚何以为[629]！”卿因嬖人奏之[630]。上大说，乃召问卿。对曰：“受此书申公[631]，申公已死。”上曰：“申公何人也？”卿曰：“申公，齐人。与安期生通，受黄帝言，无书，独有此鼎书。曰：‘汉兴复当黄帝之时’。曰‘汉之圣者在高祖之孙且曾孙也[632]。宝鼎出而与神通，封禅。封禅七十二王，唯黄帝得上泰山封’。申公曰：‘汉主亦当上封，上封则能仙登天矣。黄帝时万诸侯，而神灵之封居七千[633]。天下名山八，而三在蛮夷[634]，五在中国[635]。中国华山、首山、太室、泰山、东莱[636]，此五山黄帝之所常游，与神会。黄帝且战且学仙。患百姓非其道者[637]，乃断斩非鬼神者[638]。百馀岁然后得与神通。黄帝郊雍上帝，宿三月。鬼臾区号大鸿，死葬雍，故鸿冢是也。其后黄帝接万灵明廷[639]。明廷者，甘泉也。所谓寒门者[640]，谷口也[641]。黄帝采首山铜，铸鼎于荆山下[642]。鼎既成，有龙垂胡髯迎黄帝[643]。黄帝上骑，群臣后宫从上者七十馀人，龙乃上去[644]。馀小臣不得上，乃悉持龙髯[645]，龙髯拔[646]，堕，堕黄帝之弓[647]。百姓仰望黄帝既上天，乃抱其弓与胡髯号[648]，故后世因名其处曰鼎湖，其弓曰乌号。’”于是天子曰：“嗟乎[649]！吾诚得如黄帝，吾视去妻子脱屣耳[650]。”乃拜卿为郎[651]，东使候神于太室。

上遂郊雍，至陇西[652]，西登崆峒[653]，幸甘泉。令祠官宽舒等具太一祠坛[654]，祠坛放薄忌太一坛[655]，坛三垓[656]。五帝坛环居其下，各如其方，黄帝西南，除八通鬼道。太一，其所用如雍一畤物，而加醴枣脯之属[657]，杀一狸牛以为俎豆牢具[658]。而五帝独有俎豆醴进。其下四方地，为醊食群臣从者及北斗云[659]。已祠，胙馀皆燎之[660]。其牛色白，鹿居其中，彘在鹿中[661]，水而洎之[662]。祭日以牛，祭月以羊彘特[663]。太一祝宰则衣紫及绣[664]。五帝各如其色，日赤，月白。

十一月辛巳朔旦冬至，昧爽[665]，天子始郊拜太一。朝朝日[666]，夕夕月[667]，则揖；而见太一如雍郊礼。其赞飨曰[668]：“天始以宝鼎神策授皇帝，朔而又朔[669]，终而复始，皇帝敬拜见焉。”而衣上黄。其祠列火满坛[670]，坛旁亨炊具[671]。有司云“祠上有光焉”。公卿言“皇帝始郊见太一云阳，有司奉瑄玉嘉牲荐飨[672]。是夜有美光，及昼，黄气上属天”。太史公、祠官宽舒等曰：“神灵之休[673]，祐福兆祥，宜因此地光域立太畤坛以明应。令太祝领，秋及腊间祠。三岁天子一郊见。”

其秋，为伐南越[674]，告祷太一。以牡荆画幡日月北斗登龙[675]，以象太一三星[676]，为太一锋[677]，命曰：“灵旗”。为兵祷，则太史奉以指所伐国。而五利将军使不敢入海[678]，之泰山祠。上使人随验，实毋所见。五利妄言见其师，其方尽，多不雠[679]。上乃诛五利。

其冬，公孙卿侯神河南，言见仙人迹缑氏城上[680]，有物如雉，往来城上。天子亲幸缑氏城视迹。问卿：“得毋效文成、五利乎[681]？”卿曰：“仙者非有求人主，人主者求之。其道非少宽假[682]，神不来。言神事，事如迂诞[683]，积以岁乃可致也。”于是郡国各除道，缮治宫观名山神祠所[684]，以望幸也。

其春，既灭南越，上有嬖臣李延年以好音见[685]。上善之，下公卿议，曰：“民间祠尚有鼓舞乐，今郊祀而无乐，岂称乎[686]？”公卿曰：“古者祠天地皆有乐，而神祇可得而礼。”或曰：“太帝使素女鼓五十弦瑟[687]，悲，帝禁不止，故破其瑟为二十五弦。”于是塞南越，祷祠太一、后土，始用乐舞，益召歌儿[688]，作二十五弦及空侯琴瑟自此起[689]。

其来年冬，上议曰：“古者先振兵释旅[690]，然后封禅。”乃遂北巡朔方[691]，勒兵十馀万[692]，还祭黄帝冢桥山[693]，释兵须如[694]。上曰：“吾闻黄帝不死，今有冢，何也？”或对曰：“黄帝已仙上天，群臣葬其衣冠。”既至甘泉，为且用事泰山[695]，先类祠太一[696]。

自得宝鼎，上与公卿诸生议封禅。封禅用希旷绝，莫知其仪礼，而群儒采封禅《尚书》《周官》《王制》之望祀射牛事[697]。齐人丁公年九十馀，曰：“封禅者，合不死之名也。秦皇帝不得上封。陛下必欲上，稍上[698]即无风雨，遂上封矣。”上于是乃令诸儒习射牛，草封禅仪。数年，至且行。天子既闻公孙卿及方士之言：黄帝以上封禅，皆致怪物与神通。欲放黄帝以上接神仙人蓬莱士，高世比德于九皇[699]，而颇采儒术以文之[700]。群儒既已不能辨明封禅事，又牵拘于《诗》《书》古文而不能骋[701]。上为封禅祠器示群儒，群儒或曰“不与古同”；徐偃又曰“太常诸生行礼不如鲁善”[702]，周霸属图封禅事[703]。于是上绌偃、霸，而尽罢诸儒不用。

三月，遂东幸缑氏，礼登中岳太室。从官在山下闻若有言“万岁”云。问上，上不言；问下，下不言。于是以三百户封太室奉祠，命曰崇高邑。东上泰山，泰山之草木叶未生，乃令人上石立之泰山巅[704]。

上遂东巡海上，行礼祠八神。齐人之上疏言神怪奇方者以万数，然无验者。乃益发船，令言海中神山者数千人求蓬莱神人。公孙卿持节常先行候名山[705]，至东莱，言夜见大人，长数丈，就之则不见[706]，见其迹甚大，类禽兽云。群臣有言见一老父牵狗，言“吾欲见巨公”[707]，已忽不见[708]。上即见大迹，未信，及群臣有言老父，则大以为仙人也。宿留海上，予方士传车及间使求仙人以千数[709]。

四月，还至奉高[710]。上念诸儒及方士言封禅人人殊，不经，难施行。天子至梁父，礼祠地主。乙卯，令侍中儒者皮弁荐绅[711]，射牛行事。封泰山下东方，如郊祠太一之礼。封广丈二尺，高九尺，其下则有玉牒书[712]，书秘。礼毕，天子独与侍中奉车子侯上泰山[713]，亦有封。其事皆禁[714]。明日，下阴道[715]。丙辰，禅泰山下阯东北肃然山[716]，如祭后土礼。天子皆亲拜见，衣上黄而尽用乐焉。江淮间一茅三脊为神藉[717]。五色土益杂封[718]。纵远方奇兽蜚禽及白雉诸物[719]，颇以加礼。兕牛犀象之属不用[720]，皆至泰山祭后土。封禅祠，其夜若有光，昼有白云起封中。

天子从禅还，坐明堂，群臣更上寿[721]。于是制诏御史："朕以眇眇之身承至尊[722]，兢兢焉惧不任[723]。维德菲薄，不明于礼乐。修祠太一，若有象景光[724]，屑如有望[725]，震于怪物[726]，欲止不敢，遂登封太山，至于梁父，而后禅肃然。自新，嘉与士大夫更始[727]，赐民百户牛一酒十石[728]，加年八十孤寡布帛二匹。复博、奉高、蛇丘、历城[729]，无出今年租税[730]。其大赦天下，如乙卯赦令。行所过毋有复作[731]。事在二年前[732]，皆勿听治[733]。"又下诏曰："古者天子五载一巡狩，用事泰山，诸侯有朝宿地[734]。其令诸侯各治邸泰山下[735]。"

天子既已封泰山，无风雨灾，而方士更言蓬莱诸神若将可得，于是上欣然庶几遇之[736]，乃复东至海上望，冀遇蓬莱焉。奉车子侯暴病，一日死。上乃遂去，并海上[737]，北至碣石，巡自辽西[738]，历北边至九原[739]。五月，反至甘泉。有司言宝鼎出为元鼎，以今年为元封元年。

其秋，有星茀于东井[740]。后十馀日，有星茀于三能[741]。望气王朔言[742]："候独见填星出如瓜[743]，食顷复入焉[744]。"有司皆曰："陛下建汉家封禅，天其报德星云[745]。"

其来年冬，郊雍五帝。还，拜祝祠太一。赞飨曰："德星昭衍[746]，厥维休祥[747]。寿星仍出[748]，渊耀光明[749]。信星昭见[750]，皇帝敬拜太祝之享。"

其春，公孙卿言见神人东莱山，若云"欲见天子"。天子于是幸缑氏城，拜卿为中大夫[751]。遂至东莱，宿留之数日，无所见，见大人迹云。复遣方士求神怪采芝药以千数。是岁旱，于是天子既出无名，乃祷万里沙[752]，过祠泰山。还至瓠子[753]，自临塞决河，留二日，沈祠而去[754]。使二卿将卒塞决河[755]，徙二渠[756]，复禹之故迹焉。

是时既灭两越[757]，越人勇之乃言"越人俗鬼[758]，而其祠皆见鬼，数有效。昔东瓯王敬鬼[759]，寿百六十岁。后世怠慢，故衰耗[760]"。乃令越巫立越祝祠，安台无坛，亦祠天神上帝百鬼，而以鸡卜[761]。上信之，越祠鸡卜始用。

公孙卿曰："仙人可见，而上往常遽[762]，以故不见。今陛下可为观，如缑城，置脯枣，神人宜可致也。且仙人好楼居。"于是上令长安则作蜚廉桂观[763]，甘泉则作益延寿观，使卿持节设具而候神人。乃作通天茎台，置祠具其下，将招来仙神人之属。于是甘泉更置前殿，始广诸宫室。夏，有芝生殿房内中。天子为塞河，兴通天台，若见有光云，乃下诏：“甘泉房中生芝九茎，赦天下，毋有复作。”

其明年，伐朝鲜[764]。夏，旱。公孙卿曰：“黄帝时封则天旱，乾封三年[765]。”上乃下诏曰：“天旱，意乾封乎[766]？其令天下尊祠灵星焉[767]。”

其明年，上郊雍，通回中道[768]，巡之。春，至鸣泽[769]，从西河归[770]。

其明年冬，上巡南郡[771]，至江陵而东。登礼灊之天柱山[772]，号曰南岳。浮江，自寻阳出枞阳[773]，过彭蠡[774]，礼其名山川。北至琅邪[775]。并海上。四月中，至奉高修封焉。

初，天子封泰山，泰山东北址古时有明堂处，处险不敞。上欲治明堂奉高旁，未晓其制度。济南人公玊带上黄帝时明堂图[776]。明堂图中有一殿，四面无壁，以茅盖；通水，圜宫垣为复道[777]，上有楼，从西南入，命曰昆仑，天子从之入，以拜祠上帝焉。于是上令奉高作明堂汶上[778]，如带图。及五年修封，则祠太一、五帝于明堂上坐，令高皇帝祠坐对之[779]。祠后土于下房，以二十太牢。天子从昆仑道入，始拜明堂如郊礼。礼毕，燎堂下。而上又上泰山，有秘祠其巅。而泰山下祠五帝，各如其方，黄帝并赤帝，而有司侍祠焉。山上举火，下悉应之。

其后二岁，十一月甲子朔旦冬至，推历者以本统[780]。天子亲至泰山，以十一月甲子朔旦冬至日祠上帝明堂，毋修封禅。其赞飨曰：“天增授皇帝太元神策[781]，周而复始。皇帝敬拜太一。”东至海上，考入海及方士求神者[782]，莫验，然益遣，冀遇之。

十一月乙酉，柏梁灾[783]。十二月甲午朔，上亲禅高里[784]，祠后土。临勃海，将以望祀蓬莱之属，冀至殊廷焉[785]。

上还，以柏梁灾故，朝受计甘泉[786]。公孙卿曰：“黄帝就青灵台[787]，十二日烧，黄帝乃治明廷。明廷，甘泉也。”方士多言古帝王有都甘泉者。其后天子又朝诸侯甘泉，甘泉作诸侯邸。勇之乃曰：“越俗有火灾，复起屋必以大[788]，用胜服之[789]。”于是作建章宫，度为千门万户[790]。前殿度高未央[791]。其东则凤阙[792]，高二十馀丈。其西则唐中[793]，数十里虎圈。其北治大池，渐台高二十馀丈[794]，命曰太液池，中有蓬莱、方丈、瀛洲、壶梁[795]，象海中神山龟鱼之属。其南有玉堂、璧门、大鸟之属[796]。乃立神明台、井幹楼[797]，度五十丈，辇道相属焉[798]。

夏，汉改历，以正月为岁首，而色上黄，官名更印章以五字[799]，以太初元年。是岁，西伐大宛。蝗大起。丁夫人、洛阳虞初等以方祠诅匈奴、大宛焉[800]。

其明年，有司上言雍五畤无牢熟具[801]，芬芳不备[802]。乃令祠官进畤犊牢具，色食所胜[803]，而以木禺马代驹焉。独五月尝驹、行亲郊用驹。及诸名山川用驹者，悉以木禺马代。行过，乃用驹。他礼如故。

其明年，东巡海上，考神仙之属，未有验者。方士有言“黄帝时为五城十二楼[804]，以候神人于执期[805]，命曰迎年[806]”。上许作之如方，命曰明年[807]。上亲礼祠上帝焉。

公王带曰：“黄帝时虽封泰山，然风后、封巨、岐伯令黄帝封东泰山，禅凡山[808]，合符[809]，然后不死焉。”天子既令设祠具，至东泰山，东泰山卑小，不称其声[810]，乃令祠官礼之，而不封禅焉。其后令带奉祠候神物。夏，遂还泰山，修五年之礼如前，而加以禅祠石闾[811]。石闾者，在泰山下址南方，方士多言此仙人之闾也，故上亲禅焉。

其后五年，复至泰山修封，还过祭恒山。

今天子所兴祠，太一、后土，三年亲郊祠，建汉家封禅，五年一修封。薄忌太一及三一、冥羊、马行、赤星[812]、五，宽舒之祠官以岁时致礼。凡六祠[813]，皆太祝领之。至如八神诸神，明年、凡山他名祠，行过则祠，行去则已。方士所兴祠，各自主，其人终则已，祠官不主[814]。他祠皆如其故。今上封禅，其后十二岁而还，遍于五岳、四渎矣。而方士之候祠神人，入海求蓬莱，终无有验。而公孙卿之候神者，犹以大人之迹为解，无有效。天子益怠厌方士之怪迂语矣。然羁縻不绝[815]，冀遇其真。自此之后，方士言神祠者弥众[816]，然其效可睹矣。

太史公曰：余从巡祭天地诸神名山川而封禅焉。入寿宫侍祠神语[817]，究观方士祠官之意[818]，于是退而论次自古以来用事于鬼神者[819]，具见其表里[820]。后有君子，得以览焉。若至俎豆珪币之详[821]，献酬之礼[822]，则有司存[823]。

【译文】

自古以来承受天命的帝王，哪里有不封禅的呢？只有帝王并未得到天示祥瑞也行封禅之礼的，而不会有得到祥瑞显现却不到泰山举行封禅大典的。有些帝王虽然受到天命但是功业并没有达到成效，有的功业已经达到成效但是恩德并没有周遍，恩德周遍了但因为政事繁忙而没有时间进行封禅，因此真能落实封禅的是很少的。《论语》里说：“三年不行礼，礼制必然会废弃；三年不兴乐，乐教必定会毁坏。”每一个朝代在兴盛之时，就会举行封禅大典来报答天的恩泽，到了衰微之时这一典礼就会停息。封禅之礼空缺的时间，远的上千年，近的数百年，因此封禅的仪式缺失以至于湮灭，它的详细情形也就无法记载流传于世了。

《尚书》说，舜用美玉制成的浑天仪来观察天象，观测日、月、五星的运行情况来检验自己政治上的得失。于是就祭祀天神，禋祭六位神灵，遥祭山川，遍祭群神。再聚集查看五等诸侯的瑞玉，选择一个良辰吉日，会见四方方伯和各州长官，赐还瑞玉。在当年的二月，到东方去巡视诸侯，到达岱宗。岱宗，就是泰山。烧柴祭天，按顺序遥祭山川。于是接见东后。东后，就是东方的诸侯。协调四时节气、每月的大小以及日数，统一音律和度量衡，修订祭祀、丧葬、宾客、军旅、婚姻五种礼仪，还有规定诸侯用的五种瑞玉，三种绸绢，卿大夫用的两种活牲以及士用的一只死的野雉作为朝见之礼。五月，到南岳巡视。南岳，指的是衡山。八月，到西岳巡视。西岳，指的是华山。十一月，到北岳巡视。北岳，指的是恒山。都与泰山的礼仪一样。中岳，指的是嵩山。每隔五年巡视一次。

禹遵从了舜的制度。其后十四代到帝孔甲，为人荒淫，喜欢祭神，神因此受到亵渎侮慢，上天赐给他的二龙也就离去了。其后三代，到了夏桀，商汤征伐夏桀，想要迁移夏朝的社坛，又认为不合适，于是就写了《夏社》篇。其后八代，到了帝太戊，有桑树和榖树生长在朝堂，一夜之间长到两手合围那么粗，太戊感到十分恐惧。伊陟说："邪不压正。"太戊于是修身立德，桑树和榖树就死了。伊陟告诉巫咸，巫师的盛行从此开始。其后十四代，帝武丁得到贤臣傅说用他为宰相，殷朝中兴，号称他为高宗。有一次，一只鸟飞到鼎耳上面鸣叫，武丁感到恐惧。祖己说："要修身立德。"武丁听从了他，因此帝位得以永久。其后五代，帝武乙因为侮慢神灵而被震死。其后三代，帝纣淫乱，周武王讨伐他。由此看来，开国的君主无不恭敬谨慎，到了后来渐渐懈怠放荡了。

《周官》说，冬至这天，在南郊祭祀天神，迎接较长时间的到来；夏至这天，要祭祀地神。都用乐舞，这样神才会接受你的礼敬。天子祭祀天下的名山大川，祭五岳时检视三公的献礼，祭四渎时检视诸侯的献礼，诸侯祭祀其国内的名山大川。四渎，指的是长江、黄河、淮河、济河。天子祭祀朝会的地方叫做明堂、辟雍，诸侯的叫做泮宫。

周公相成王之后，在郊外祭祀天地用后稷来配享，在明堂上祭祀让文王配享天神。自从大禹开始为社立祀，后稷教人民种庄稼，因此会有稷祠，所以祭祀天地由来已久了。

自从周朝灭了殷朝以后，经过十四代，世道更加衰落，礼乐废弃，诸侯恣意而行，周幽王被犬戎打败，周朝往东迁都到雒邑。秦襄公攻打犬戎，解救周王朝，被封为诸侯。秦襄公当上诸侯之后，居于西部边陲之地，自认为应该祭祀少皞氏的神灵，于是建立了西畤，祭祀白帝，祭祀的牺牲用赤身黑鬣的马驹、黄牛和公羊各一头。其后十六年，秦文公在汧水、渭水一带田猎，占卜居住之地，得到吉兆。文公梦到有黄蛇从天上降落到地面，蛇口靠近鄜地的山坡。秦文公向史敦咨询，史敦说："这是天神的征兆，君王应该祭祀它。"于是设立鄜畤，用牛、羊、猪祭祀白帝。

尚未建立鄜畤的时候，雍州旁边本来就有吴阳五畤，雍州东边有好畤，都已经废弃，祭祀活动都断绝了。有人说：“自古以来都认为雍州地势高，是神明的聚集地，因此立畤来郊祭天神，其他的神祠也聚集到这里来。大概黄帝的时候曾在此举行祭祀，在周朝晚年也还举行祭祀。”这些话不见于经传，士大夫们也不曾提及。

设立鄜畤九年之后，秦文公得到一块像石头的宝物，于是在陈仓县北部的山坡上立祠来祭祀它。那位神有时候一年都不来，有时候一年来好几次，来的时候也多在夜里，有光辉照射像天上的流星划落，从东南方向过来落在祠城，形状像雄鸡，发出殷殷的声响，附近山上野鸡也跟着叫起来。用一牲牢来祭祀它，叫做陈宝。

设立鄜畤七十八年之后，秦德公即位，经过占卜定居雍州，卜辞说“后代子孙可以让马匹到黄河来饮水”，于是就在雍州建都。雍州之地的社祠由此兴建。用三百牲牢在鄜畤祭祀。修建伏祠，分解狗肉悬挂于城邑四门，来防御厉鬼作乱为祸。

德公即位两年之后就去世了。四年之后，秦宣公在渭南设立密畤，用来祭祀青帝。

又过了十四年，秦穆公即位，生病沉睡五日没有醒过来；醒来之后说自己梦到了天神，天神命令他平定晋国的内乱。史书记载了他的话，收藏在秘府。因此后人都说秦穆公曾到过天上。

秦穆公即位九年之后，齐桓公已经称霸，在葵丘聚会诸侯，想要行封禅之礼。管仲说：“古代在泰山上筑坛祭天，在梁父山辟场祭地的帝王有七十二家，而我所记得的有十二家。从前无怀氏在泰山祭天，在云云山祭地；伏羲在泰山祭天，在云云山祭地；神农在泰山祭天，在云云山祭地；炎帝在泰山祭天，在云云山祭地；黄帝在泰山祭天，在亭亭山祭地；颛顼在泰山祭天，在云云山祭地；帝喾在泰山祭天，在云云山祭地；尧在泰山祭天，在云云山祭地；舜在泰山祭天，在云云山祭地；禹在泰山祭天，在会稽山祭地；汤在泰山祭天，在云云山祭地；周成王在泰山祭天，在社首山祭地：都是受到天命然后举行封禅之礼。”桓公说：“寡人出兵，北征山戎，经过孤竹国；西征过大夏，穿越过沙漠地区，拉紧马缰，缚牢车辆，这样才登上卑耳山；南征到召陵，登

上熊耳山，远远地望见江水和汉水。使用兵车的聚会有三次，使用普通乘车的聚会有六次，九次会合诸侯，匡正天下到一统的格局，没有诸侯敢违背我的。与以往三代受命的帝王又有什么不同呢？”这时管仲发现无法说服齐桓公，就又摆事实来劝阻，说：“古代封禅的时候，需要鄗上的黍，北里的禾，作为盛在礼器里的祭品；要用江水、淮水一带所产生的灵茅，作为神灵的垫席。另外还要找到东海的比目鱼，西海的比翼鸟，其他的用物，不召而来的有十五种之多。可是，如今凤凰、麒麟不来，嘉谷不生长，而一些像蓬蒿藜莠之类杂草长得很茂盛，鸱鸮等恶鸟多次来到。在此类情况下，要想行封禅之礼，恐怕不合适吧？”这样桓公才打消了这个念头。这一年，秦穆公帮助夷吾回到晋国主持国政。此后又三次立定晋国的君主，平定晋国的内乱。秦穆公在位三十九年去世。

其后又过了一百余年，孔子撰述六经，大略提到历代改朝换姓的帝王，到泰山筑坛祭天，到梁父山辟场祭地的有七十多位，用俎、豆等祭品的礼数，不太明白，其详细之处就很难讲了。有人向孔子询问禘祭的内容，孔子说：“不清楚。如果是懂得禘礼的人，他治理天下就如同看自己的手掌那样轻而易举。”按《诗经》所说，当纣王在位的时候，文王虽然承受天命，可是还没有到泰山上去祭祀。武王灭殷二年，天下还没有太平，他就崩逝了。所以周朝只有到了周成王的时候才说的上德政融洽，从成王开始的封禅是比较合乎情理的。后来王室衰微，大夫专政，鲁国的季孙氏祭泰山，孔子曾讥讽这件事。

这时，苌弘以方术事周灵王，海内诸侯都不愿意去朝见天子，周王朝也无力招致他们，苌弘于是就借助鬼神之事，设置射杀貍首的巫术。貍首，就是指那些不来朝见的诸侯。试图用鬼怪神异之事来招引诸侯到周纳贡致敬。但是诸侯还是不听从，晋人抓住苌弘并且杀了他。周朝人谈论方术怪异是从苌弘开始的。

其后再过一百多年，秦灵公设立了吴阳上畤，用来祭祀黄帝；设立了下畤，用来祭祀炎帝。

此后又过了四十八年，周太史儋拜见秦献公说：“秦国原本和周室合而为一，后来又分开，再过五百年要再度复合，结合十七年之后就会有一位霸主出现。”后来栎阳这个地方下雨，落下来的确是金子，秦献公自认为这是金瑞，因此在栎阳修建了畦畤，来祭祀白帝。

此后又一百二十年，秦灭了周，周朝的传国九鼎归于秦国。也有人则说，宋国太丘社坛被摧毁，当时宝鼎沉没在彭城下的泗水之中了。

此后一百一十五年，秦统一天下。

秦始皇既兼并天下称帝，有人说：“黄帝于五行中得土德，有黄龙和大蚯蚓出现。夏朝得木德，有青龙停在都城郊外，草木长得茁壮茂盛。殷朝得金德，银子从山中流出来。周朝得火德，有火从天降下，状如赤乌。如今秦朝取代了周朝，是得水德的时候，以前秦文公外出打猎，曾捕获一条黑龙，这就是作为水德的祥瑞。”于是秦帝国就把黄河的名字改称为“德水”，以冬季十月为每年的开头，以黑色为正色，长度以六为单位，以大吕为正音，一切政事都依据法律进行决断。

始皇即帝位的第三年，向东方巡察郡县，祭祀了驺峄山，歌颂秦朝的功德事业。于是征召齐鲁之地的儒生、博士七十人为随从，来到泰山下。众儒生有的建议说："古时候封禅，乘坐用蒲草包裹车轮的车子，是害怕伤害山上的土石草木；把地面打扫一下，就作为祭祀的场地，席子用枯草、茎编成，说明古礼容易施行。"始皇听到这些议论彼此矛盾抵牾，而且难以实行，因此斥退儒生。并且开辟通车的大道，从山南面登上泰山顶峰，将纪功文字刻于石上，用来歌颂秦始皇的功德，表明有资格封禅泰山。始皇从泰山北坡下山，在梁父山祭祀地神。始皇封禅采用了太祝在雍邑祭祀上帝时所用的各种礼仪，但是行封禅之礼的具体位置都很隐蔽，世人无法知晓并记录下来。

秦始皇上泰山时，在中途遇到暴风雨，在大树下休息。儒生们已经被斥退，不能参与封禅的礼仪，听说秦始皇遇到风雨，就都嘲笑他。

随后秦始皇继续向东到海上游览，举行祭祀名山、大河以及八神的仪式，访求羡门高之类的仙人。八位神人自古就有，有说兴起于姜太公时候。齐国之所以号称"齐"，是因为正对天之肚脐。不过有关的祭祀典礼久已废绝，不知从何时兴起。八神的名称如下：第一是天主，在天齐泉祭祀，天齐泉水，在临淄城南郊的山脚下。第二是地主，在泰山下的梁父山祭祀。这是由于天神喜欢阴气，祭祀天神必须在高山的下面，小山的上面，起名为"畤"；地神喜欢阳气，祭祀它必须在水泽中的圆丘上。第三是兵主，在蚩尤墓祭祀。蚩尤墓在东平陆的监乡，是齐国西部的地方。第四是阴主，在参山祭祀。第五是阳主，在罘三祭祀。第六是月主，在莱山祭祀。这三种祭祀都在齐国北部，临近渤海。第七是日主，在成山祭祀。成山孤悬入海，在齐国最东北角的位置，据说是迎接日出的地方。第八是四时主，在琅邪山祭祀。琅邪山在齐国东部，是一年开始运行的地方。祭祀八神所用牺牲一致，而所用的玉和帛经巫祝的增减，数目就各不相同。

自从齐威王、宣王的时候，驺衍等人研究并宣传，论述五德相生相克、周而复始的循环变化。到秦称帝后，有齐人把这套理论汇报给秦始皇，所以秦始皇采用了它。而宋毋忌、正伯侨、充尚、羡门高都是燕国人，他们效法神仙的法术，如身体变化消失、依托鬼神等。驺衍凭着其关于阴阳交替、天人感性的理论，显名于诸侯，燕齐地区海边的方士传习他的理论又不能通达，这样，一些怪异不合实际、曲意逢迎、苟且牵合的人从此多了起来，其人数之多不能数清。

自齐威王、齐宣王、燕昭王开始，派人下海寻找蓬莱、方丈、瀛洲三座神山。这三座神山，传说坐落在渤海之中，路程并不算远，仙人们担心船将要到了，就会有海风将船吹开离去。据说曾有人到过那里，众仙人以及长生不老药都在那儿。山上的鸟兽都是白色的，用黄金和白银建造宫室。没到山上之前，望过去如同一片白云；来到跟前，见三神山反而在海水之下。朝下看，海风就将船吹开离去，终究不能到达。世俗间的君主帝王全都很羡慕，并且全心全意地追求。到了秦始皇统一天下，到海上游览，方士们说它说得多得数不清。秦始皇自己认为到了海上不见得就能找到三神山，于是派人带着童男童女到海上寻找。船到了海上，都用遇风不能到达神山作为托辞，说虽然没有到达，但是确实看到了三神山。第二年，秦始皇重游海上，到琅邪，路过恒山，从上党回京。三年后，巡游碣石山，查问被派遣到海上寻找三神山的方士，从上郡回到京城。过了五年，始皇南游到湘山，于是登上会稽山，并来到海上，希望能得到海中三神山中的长生不老药，没能如愿，回来的路上在沙丘病死了。

二世元年，秦二世向东巡游到碣石山，沿着海南，经过泰山，到达了会稽，每处都按礼仪祭祀，并在秦始皇所立石碑旁边刻字，来颂扬秦始皇的功德。这年秋天，诸侯起兵背叛秦朝，三年后，二世被赵高杀死。

始皇封禅后十二年，秦朝灭亡。儒生们痛恨秦朝焚毁诗书，杀戮儒生，百姓怨恨秦朝法律，天下人都背叛秦朝，因此造谣说："秦始皇上泰山，被暴风雨所袭击，没能完成封禅礼仪。"这难道就是人们通常说的那种没有相当的功德而勉强行事一类的吗?

从前，夏商周三代的京城都在河洛二水之间，所以嵩高山是中岳，其他四岳也都按照他的方位命名，而四渎都在崤山以东。到秦始皇称帝，建都咸阳，因此五岳、四渎都在都城的东方。自五帝到秦朝，一代代的交替兴衰，名山大川有时在诸侯境内，有时在天子境中，祭祀名山大川的仪礼增减，各代不同，不能数清。到了秦朝统一天下后，命令祠官经常祭祀天地名山大川等鬼神，便能按照次序论述下来了。

当时从崤山以东，祭祀的名山有五座，祭祀的大河有两条。五座名山分别叫做太室山，太室山，就是嵩山。还有恒山，泰山，会稽山，湘山。水名是济水和淮水。春天用干肉、酒醴举行岁祭，因为河流解冻，秋天河流凝冻，冬天要举行用祭品报答神灵福佑的祭祀。祭祀牺牲用牛犊各一头，玉、帛等祭品数量各不相同。

从华山向西，名山有七座，大河有四条。这七座大山分别叫做华山，薄山。薄山，就是衰山。还有岳山，岐山，吴岳，鸿冢，渎山。渎山，就是蜀中的汶山。四条水的名字分别是黄河，在临晋祭祀；沔水，在汉中祭祀；湫渊，在朝那祭祀；长江，在蜀中祭祀。也是在春、秋天河水解冻和凝冻时候举行祭祀，和东方的大山大河是一样的，祭祀所用的牺牲也是小牛，但是玉、帛等祭品各不相同。此外四座大山鸿冢、岐山、吴岳、岳山，都用新产的谷物祭祀。

陈宝之神应节前来享受祭祀，祭祀黄河要增加酒酿。这些都在雍州地域以内，靠近天子的都城，所以祭祀增加一辆车，四匹马。

霸水、产水、长水、沣水、涝水、泾水、渭水都不是大河，因为邻近咸阳，都参照名山名川的祭祀，但没有车马甜酒等增加的供品。

汧水、洛水，鸣泽、蒲山、岳山之类，是小山川，也都在每年解冻和凝冻的季节，举行祭祀，礼仪不必相同。

雍地有日神、月神、参宿、心宿、斗宿、火星、金星、木星、土星、水星、二十八星宿、风神、雨神、海神、九臣、十四臣、祭星、道路之神、沟渠之神之类的，在雍地有祭祀星神和地上各小神的宗庙一百多处。西垂邑也有十多座祠庙。在湖县有周天子祠，下邽县有天神祠，沣、滈水有火星庙，天子辟池庙。在杜、亳二邑有三杜主的祠庙、寿星庙；在雍城的菅庙中也有杜主庙。杜主，原是周朝的右将军，在秦中地区，他的鬼虽小，但有神灵。每年按时分别祭祀这些星宿。

雍地祭祀的四位天帝，地位最为尊崇，景象动人的只有对陈宝神的祭祀。过去雍地四畤的祭祀，春季举行岁祷，因为大地解冻、秋季凝冻，冬季报答神灵的祭祀，五月用少壮的骏马行祭；二、五、八、十一月举行月祭；陈宝节前祭祀一次。祭礼春夏时用赤色马，秋冬时用赤色黑鬃马。木偶龙带铃的车一套，用马四匹；木偶马驾车一套，祭品的颜色按照各方天帝的颜色。黄牛犊和羔羊各四只，玉、帛各有一定的数量，牛、羊等都是活埋，没有俎、豆等礼器。三年郊祭一次。秦朝把冬季十月作为每年的开端，所以常常十月天子斋戒，然后郊祀以见上帝，点亮篝火照明黑夜，天子在咸阳宫旁祭拜，衣服崇尚白色，其他用具与通常的祭祀相同。西畤、畦畤的祭祀与之前相同，皇帝不亲自去。

所有的这些祭祀，都经常由太祝主持，每年按时祭祀。至于其他名山大川、各路鬼神以及八神之类的，皇帝路过他们的祠庙时，就加祭祀，离去就终止祭祀。郡县以及边远地区的神祠，都是百姓各自供奉祭祀，不归天子设置的祝官管理。祝官中有一种秘祝，如果遇到灾祸，总是行祭祈祷，把灾祸转移到大臣、百姓的身上。

汉朝兴起。汉高祖贫贱时，曾经杀死一条大蛇，有鬼怪说："这条蛇，是白帝的儿子，杀它的是赤帝的儿子。"高祖刚起兵的时候，曾在丰县的枌榆社祈祷。攻下沛县后，作了沛公，就祭祀蚩尤，以鲜血涂鼓旗。接着在十月到了灞上，和诸侯共同平定咸阳，自立为汉王。因此把十月当作一年的开始，崇尚赤色。

第二年，向东攻打项籍，还兵入关后，问道："过去秦朝时祭祀的是什么天帝呢？"左右回答说："共四帝，有白帝、青帝、黄帝、赤帝等祠庙。"高祖说："我听说天有五帝，只有四庙，是什么原因呢？”谁都不知道是什么道理。于是高祖说：“我知道了，正是等待我的出现而具备五帝。”于是建立了黑帝祠，命名为北畤。由有关机构主持祭祀，皇帝不亲自前去祭祀。全部召来原来秦朝的祝官，又设置了太祝、太宰，仪礼也与以往相同。并且命各县设置官府社坛，下诏书说：“我很重视祠庙而敬重祭祀。如今上帝的祭祀以及山川众神应当祭祀的，各州县及有关机构按像往常一样加以祭祀。”

以后四年，天下已经平定，诏命御史，令丰县认真修缮枌榆社坛，按四季举行祭祀，春季用羊、猪祭祀。令祝官在长安建立蚩尤祠。在长安设置祠祝官、女巫。其中梁巫，负责祭祀天、地、天社、天水、房中、堂上之类；晋巫，负责祭祀五帝、东君、云中、司命、巫社、巫祠、族人、先炊之类；秦巫，负责祭祀社主、巫保、族累之类；荆巫，负责祭祀堂下、巫先、司命、施糜之类；九天巫，负责祭祀九天：每年都按时在宫中祭祀。其河巫在临晋祭祀河神，南山巫在终南山祭祀秦中。秦中指的是秦二世皇帝。祭祀都有规定的时日。

这以后二年，有人说周朝兴起就建立了邰邑，立了后稷庙，所以至今享受天下人的祭祀。于是高祖命令御史：“下令各郡、诸侯国和县建立灵星祠，每年按岁时用牛祭祀。”

汉高祖十年春天，主管机构请求，命令各县县常以春三月和腊月祭祀土地神和禾谷神，用羊、猪祭祀，百姓按里社各自出钱加以祭祀。汉高祖命令说：“可以。”

这以后十八年，孝文帝登基。即位的第十三年，下诏书说：“如今的秘祝把过失转移到臣下身上，朕很不欣赏这种做法，从今日起，取消秘祝。”

原来，有些名山大川在诸侯国境内，由诸侯国的祝官各自供奉祭祀，天子的祝官不统领。到了废除齐国、淮南国后，就命令由太祝每年按时祭祀，像原来秦朝的礼仪一样。

这一年，汉文帝颁诏书说：“朕即皇帝位至今已经十三年，依赖祖先的神灵，社稷的福报，国内天下太平，百姓没有疾病。近年连年谷物丰收，我没有什么德行，为何能享受这样的福报？这都是上帝和各位神灵的赐予啊。听说古时候的帝王，享受神的恩德必须报答神灵们的功劳，所以我想增加拜祭各位神灵的祠庙。经过有司商议，决定给雍地五畤每个都有一辆天子诸侯乘坐的大车，以及车马装具一套；西畤和东畤各增加一辆木偶车，四匹木偶马以及车马装具一套；黄河、湫水、汉水的祠庙分别增加两块玉璧；并且所有的祠庙，都扩大祭坛场地，玉、帛、俎、豆等根据等级有所增加。那些官员只为我求福，而不为百姓祈祷，从今天起祝福致敬，不要再为天子祈祷什么。”

鲁人公孙臣向皇上奏请说：“起初秦朝获得水德，如今汉朝承接了秦朝。如果按照五德循环进行推究，汉朝应该是土德，土德的瑞应会有黄龙出现。应该重新确定岁首，改变正色，在五色中崇尚黄色。”当时的丞相张苍精通律历，认为汉朝是水德的开始，所以黄河水才会在金堤决堤，这是水德的征兆。因此把冬月十月当成一年的开始，衣服的颜色应该外衣崇尚黑色，内衣崇尚赤色，和水德相对应。公孙臣所说的，是错误的。于是汉文帝否决了公孙臣的上书。三年之后，成纪地区出现了黄龙。汉文帝召见公孙臣，任命他为博士，众儒生一起起草更改历法和服色的事宜。同年夏天，汉文帝颁布诏书说："在成纪地区出现奇异的神灵，它对百姓没有伤害，并且能让每年得到好收成。朕想要祈祷祭祀上帝和其他众神，由礼官商议一下具体事宜，不要因为顾虑劳烦我而有所隐瞒。"主管官员都说："古时候天子都在夏季亲自郊祀，在郊外祭祀上帝，所以称作郊祀。"于是夏季四月，文帝第一次在雍地的五畤祠举行郊祀，衣服颜色崇尚赤色。

第二年，赵人新垣平因为擅长观察云气预测吉凶，觐见汉文帝，说道："长安城的东北方有神奇的云，有五彩的颜色，形状和官员的冠冕相同。有人说，东北方是神明居住的地方；西方是神明的坟墓。今天东北方出现神奇的云，是天降祥瑞，应该建立祠庙祭祀上帝，用来应和上天的征兆。"所以在渭阳修建五帝庙，五帝在同一屋宇下，每一天帝都设一个享殿，每位天帝都对着五扇大门，颜色和各位天帝代表的颜色一样。祭祀用的仪式和器具和雍地五畤是相同的。

夏季四月，汉文帝亲自去霸水和渭水汇合处，用郊祀的仪式，拜祭渭阳的五帝。五帝庙南面靠近渭水，北面穿沟引渭水入兰池，在祭祀时候点燃烽火，像满天都是光辉一样。于是重用新垣平为上大夫，赏赐他的累计千金。并且命令博士和众儒生抽取六经中的有关内容，撰写成了《王制》，商讨谋划视察郡国狩猎和祭祀天地的事情。

汉文帝出了长门，仿佛在道路的北边看见五个人，于是就在他们所站的地方修五帝坛，用五套祭祀的用具。

第二年，新垣平派人拿着玉杯，到天子宫殿报告进献他。新垣平对皇帝说："天子宫殿前有宝玉气来临。"过了一会儿再看，果然有人进献玉杯，杯子上刻着"人主延寿"。新垣平又说："我预测，太阳会第二次到达正中。"过了不久，太阳偏西之后，再一次居于中天。于是汉文帝把十七年改为元年，命令天下人饮酒庆祝。

新垣平对皇帝说："周代的宝鼎沉没在泗水之中，如今黄河水泛滥，贯通泗水，臣望见东北方对应着汾阴地区，上空有金宝气，估计周鼎要出现了吧？虽然征兆已经出现，但是如果不去迎接它，周鼎还是不能自己来到人间。"于是皇上命人在汾阴的南面修了一座庙，临近黄河，希望通过祭祀使周鼎复出。

有人向汉文帝上书告发新垣平所说的种种元气和神灵的事情都是诈骗，把新垣平交给司法官员审理，诛杀了新垣平和他的家室宗族。从此以后，汉文帝对于更改岁首、服色、神明等事情没有兴趣了，派祠官管理渭阳、长门的五帝庙，按时祭祀，自己不再亲自前往了。

第二年，匈奴多次侵入边境，汉朝发兵守卫防御，此后几年收成略微差一些。

过了几年，孝景帝继承了皇帝的位置，在位十六年，祠官每年按照以往的岁时祭祀，没有兴建什么祠庙，一直到了本朝天子。

本朝天子刚刚即位，尤其崇敬对鬼神的祭祀。

汉武帝元年，汉朝建国已经六十多年了，天下安定，朝廷官员都希望天子行封禅礼，并且改历制礼。皇帝提倡儒家学说，招纳贤能的士人。赵绾、王臧等人因为文章博学被任命为朝廷公卿，想要参考古代制度在城南重新兴明堂，用来接见诸侯；草拟了皇帝巡狩、封禅、改历制礼、服色等事情的规范，尚未完成。恰逢窦太后崇尚黄老学说，不喜欢儒家学说，派人暗中查访，发现了赵绾等人干过的违法的事情，下令逮捕追查、追究赵绾、王臧，二人自杀，他们各种新创设的制度也就随着废除停止了。

六年后，窦太后去世。第二年，汉武帝征召文章博学的人如公孙弘等人做官。

又过了一年，汉武帝初次到雍城，在五畤举行祭祀。以后通常是第一年祭天，第二年祭地，第三年祭五畤，三年轮流一遍。当时皇帝求得一位神灵，在上林苑中的蹄氏观安置她。神君，原本是长陵的一名女子，因为儿子的原因难产而死，在她的妯娌宛若身上显灵。宛若在家中供奉她，百姓多到宛若家里祭祀。平原君曾经去祭祀过，后来她的子孙因此尊贵显赫。到汉武帝即位，就用丰厚的礼节在宫中供奉祭祀。祭祀时能听到神君说话，但是看不到神君的身形。

当时李少君也凭借敬祠灶神、不吃熟食、延长寿命等方术觐见皇帝，皇帝很敬重他。李少君是已故的深泽侯的家臣，主管方术。他隐瞒了自己的年龄和经历。经常自称是七十岁，可以役使鬼物，能延长寿命，防止衰老。他靠着自己的方术交游诸侯。他没有妻子和孩子。人们听说他能役使鬼物，还能长生不死，纷纷赠给他一些礼物，因此他的钱财、衣服、食物经常有剩下。很多人都以为他不从事任何产业，反而很富足，又不知道他的出身来历，越来越信奉他，争相去服侍他。李少君凭借擅长法术，善于在合适的时机表达自己的想法，并且往往能应验。他曾经跟随武安侯宴饮，宴席上有一位九十多岁的老人，李少君和老人交谈，说曾经和老人祖父一起游玩射猎的地方。这位老人从小跟随他的祖父，还能记得那个地方，宴会上所有的人都很惊讶。李少君觐见皇帝，皇帝有一件古旧的铜器，问李少君是否认识。李少君说："这件铜器是齐桓公十年时陈放在柏寝台的。"随后查考铜器上的铭文，果然是齐桓公时的铜器，整个皇宫都很惊讶，认为李少君是神人，并且已经活了几百岁了。

李少君对皇帝说："敬祠灶神可以招致奇异的事物，招来之后，丹砂可以炼制成黄金，黄金炼成之后，可以用黄金制作酒器和食器，使用后能让人延年益寿。延年益寿后才能见到海上蓬莱山的仙人，见到仙人后，再祭祀天地就可以长生不老。黄帝就是这样的。为臣曾经在海上漫游，见到了安期生，他正在吃一种很大的枣，有瓜那么大。仙人安期生，往来于蓬莱山间，时世适合行道，就和人见面；不适合，就隐退不见。"于是天子开始亲自敬祠灶神，派遣方士到海上寻找安期生等仙人，并且致力于把丹砂等药剂炼制为黄金。

过了很久，李少君生病死了。天子认为他羽化登仙，没有死去，就让黄县、锤县掌管文书的小官宽舒学习李少君的方术。虽然没能找到蓬莱山和安期生，但是燕、齐一带许多怪诞、迂腐的方士，都前来谈论修炼神仙的事了。

亳县人谬忌上奏朝廷祭祀太一神的方法，他说："天神之中，太一神是最尊贵的，太一神的助手叫做五帝。古时候天子在春秋两季在东南郊祭祀太一神，用牛、羊、猪祭祀，连祭七天，在祭坛的八面建台阶供鬼神往来。"于是天子命令太祝在长安的东南郊建造太一祠，经常按照谬忌的方法祭祀。后来有人上书说："古时候的天子，每三年一次用牛、羊、猪祭祀三神：天一、地一、太一。"天子听从了他的建议，在谬忌所立坛上由太祝负责同时祭祀天一和地一之神，按照上书人的方法祭祀。后来又有人上书说："古时候天子常在春季为求消灾而祭祀，用一只枭、一只恶兽祭祀皇帝；用羊祭祀冥羊；用一匹青色公马祭祀马行；用牛祭祀太一、泽山君地长；用干鱼祭祀武夷君；用一头牛祭祀阴阳使者。"天子命令祠官负责，都按上书人说的方法，在谬忌太一神坛的旁边祭祀。

后来，天子的园林中有白鹿，用白鹿皮制成货币，为了宣扬吉祥的征兆，用白金制成了图案不同的三种货币。

第二年，天子到雍地郊祭，捕获了一只长着一只角的野兽，样子像麃。主管官员说："陛下恭恭敬敬的进行郊祀，上帝对您的恭敬祭祀给与酬报，赏赐您一只一角兽，它大概就是麒麟。"于是把它进献给五畤，每畤加一头牛，并且焚化。赏赐诸侯白金做成的金币，暗示他们这是上天降下的符应。

这时济北王认为天子将要封禅了，就上书把泰山以及附近的城邑献给天子，天子赏给他其他的县城作为补偿。常山王犯了罪，被放逐，天子在真定分封了他的弟弟，这么做事为了保存先王的祭祀，而把常山国改为常山郡，这样五岳都在天子直接管辖的郡县之内了。

第二年，齐人少翁以能和鬼神相通的方术觐见皇帝。皇帝有一位宠爱的妃嫔叫王夫人，王夫人去世了，据说少翁好像用了他的什么方术在夜间招来了王夫人之灵和灶神的形貌，天子隔着帷幕远远望见了鬼神的形貌。于是就封少翁为文成将军，赏赐他很多财物，以对待国宾的礼节敬重他。文成向皇帝进言说："您如果想要和神相会，宫室器物，服饰仪仗等如果不与神相似，神就不会降临。"于是制造了画着云气的车子，并且在五行相克的日子驾车出行，用来避开恶鬼。又建造甘泉宫，宫中有台室，画着天、地、太一等鬼神，而且摆上祭祀用具，以此招来天神。过了一年多，他的法术逐渐不灵验，天神总也不降临。于是文成事先在帛上写了一段话，让牛吃下，假装不知道这件事，说这头牛肚子里有奇特的现象。杀了牛得到帛书，上面写的话特别奇怪。但是皇帝认识他的笔迹，经过调查，发现果然是伪造的帛书，于是皇帝杀掉了文成将军，并且掩盖了这件事。

在文成死后，又建造了柏梁台、铜柱、承露仙人掌之类的。

文成死后的第二年，天子在鼎湖宫病得很严重，巫师和太医各种办法无所不用，皇帝始终不见好转。游水发根说上郡有一个巫师，巫师正在发病时，鬼神就附在他身上。皇帝召来巫师，把他供奉在甘泉祠，等到天子发病的时候，派人去问神君。神君说道："天子不要为病忧虑，等到您的疾病稍微好一点，要勉强到甘泉宫和我见面。"接着，皇帝的疾病稍微好一点，就起身亲临甘泉宫，皇帝的病果真完全好了。因此大赦天下，为神君建造寿宫。寿宫神君之中最尊贵的是太一神，他的辅佐是大禁、司命之类的神，都跟随着太一神。人们看不到神的样子，能听到他们的说话声，声音与人的相同。神有时离开，有时来，来的时候风声飒飒。神住在室内的帐幕里。神白天偶尔讲话，但通常在夜里。天子举行除灾祈福的仪式后，才进入寿宫。通过巫师开宴招待神，领取神君的饮食。神君有什么话，通过巫师口头传达。又建造了寿宫和北宫，在宫里张挂旗帜，设置供品，用仪式敬奉神君。神君所说的话，皇帝派人记录下来，称为"画法"。他们说的话，普通人都是能懂的，没有什么与众不同的，然而天子心里暗自欢喜。这些事情很隐秘，世人没人知道。

又过了三年，主管官员说，纪元应该按照上天所显示的祥瑞命名，不应该按一元二元的顺序计数。把一元改称为"建元"，二元因有长星出现，改称为"元光"，三元因为郊祀得到一只一角兽，改称为"元狩"。

第二年冬天，天子在雍城郊祀，和大臣们商议说："如今朕亲自祭祀上帝，但是祭天不祭地，在礼节上不周全。"负责的官员和太史令司马谈、祠官宽舒商议后说："祭祀天地要用角如茧、栗那样大小的小牛犊。如今陛下要亲自祭祀后土，应该在低洼地方的圆形高丘上设置五个祭坛，每个祭坛的祭品都用一头小黄牛。行完祭礼就全部埋入土中，随从天子祭祀的人要穿黄色的衣服。"于是天子往东巡行，开始在汾阴脽丘建造后土祠，按照宽舒等商议的仪式祭祀。皇帝亲自祭祀，和祭祀上帝的礼仪相同。祭祀结束后，天子经过荥阳回到京城。路过洛阳时下诏书说："夏商周三代极其遥远，祭祀仪式难以保存，现在划分三十里的地方，分封周代的后人为周子南君，为了供奉他祭祀祖先。"这一年，天子开始巡察郡县，将要封禅泰山。

这年春天，乐成侯上书皇帝，介绍栾大的事迹。栾大是胶东王的宫人，以前曾与文成将军跟随一个老师学习方术，后来做了胶东王的尚方吏。而乐成侯的姐姐是胶东康王的王后，没有儿子。康王死后，别的妾室的儿子继承了王位。但是康王后行事淫乱，和新王不和睦，彼此借用法律手段，互相倾轧。康王后听说文成已经死了，想谄媚皇上，就通过乐成侯，派遣栾大，求见皇帝谈论自己的方术。天子杀掉文成后，后悔他死得太早，惋惜他的方术没有全部贡献出来。等到见到栾大，非常高兴。栾大长得高大英俊，言谈有许多计谋策略，并且敢于说大话，说大话时煞有介事，像真的一样。曾经说大话："我常年往来海上，会见安期生、羡门高这些仙人。但是他们因为我的地位低贱，不相信我的话。又因为康王只是一个诸侯，不值得把神仙方术交给他。我曾多次向康王进言，康王又不采用我的话。我的师父说：'如果黄金可以炼成，那么黄河的决口可以堵塞，长生不死药可以求得，仙人可以招来。'但是我担心步文成自取灭亡的后尘，那么方士们都不自称有方术，哪敢再谈方术呢！"皇帝说："文成是吃了马肝死的，先生倘若真能恢复文成的方术，我有什么不舍得的呢！"栾大说："我的师父不是有求于人，而是人们有求于他。陛下如果一定要招他来，就要让招来的使者地位更尊贵，使者有家眷，用对待客人的礼节对待他，不要轻视他，让他佩带各种印信，才可以使他给神人传话。即使这样，神人还不一定同意不同意呢。所以要使使者得到高位，然后才有可能招来神人。"于是皇帝让他用小方术作实验，栾大演示让棋子相斗，棋子能自动互相撞击。

这时，皇帝正忧虑黄河决口，黄金炼制也不成功，就封栾大为五利将军。过了一个多月，栾大得到四枚官印，除了五利将军印之外，还佩有天士将军、地士将军、大通将军印。皇帝给御史颁布诏书说："以前大禹能够疏浚九江，开通四渎。近年来河水泛滥，淹没水边陆地，为修筑河堤而征发的劳役接连不断。朕在位已经二十八年，如果上天委派通晓天意的士人辅佐我，那么栾大可以通晓天意，《易经·乾卦》说：'飞龙在天。'《易经·渐卦》又说'鸿渐于般。'朕看也许差不多吧。用二千户的封地封地士将军栾大为乐通侯。"赐给他列侯的上等住宅，仆从一千人。从皇帝的专用的器物中分出车马服饰帷帐，把栾大的家装满了。又把卫皇后生的长公主嫁给他作妻子，送给他黄金一万两，把公主的封地改为当利公主邑。天子亲临五利将军家里。到他家里问候、赏赐物品的使者，在道路上连接不断，从大长公主到将相以下，都备办酒席，送到五利将军家，进献给他。这时天子又刻了一枚"天道将军"的玉印，派遣使者穿着羽衣，夜晚站在白茅草的上面（授予他），五利将军也穿着羽衣，夜晚站在白茅上接受玉印，以此表示不是天子的百姓。佩戴"天道"玉印，只是为了帮天子引导天神降临。从此五利将军时常于夜晚在家中祭祀，想请求神仙降临。神仙没有降临，但是众鬼却聚集来了，然而五利将军很擅长驱使众鬼。此后他治理整装出行，向东行到海中，说是要求见他的师父。栾大见皇帝后几个月的时间里，就佩戴了六枚玉印，他的尊贵使天下震动。因而燕齐沿海一带的众多方士，无不兴奋激动，说自己有秘方，能够修炼成神仙。

这年夏季六月中旬，汾阴一个名字叫锦的巫师在魏脽后面的土祠旁边帮百姓祭祀，看到地面隆起像钩的形状，用手扒开来看是一个鼎，比大多数鼎都要大，刻有花纹，没有铭文。巫师觉得很奇怪，就把这件事报告给了吏。吏上报给河东太守胜，胜把此事向皇帝汇报。天子派使者询问巫师锦得到鼎的经过，确定没有奸诈伪造，就按照仪式祭祀，把鼎迎接到甘泉宫，百官随行，皇上亲自供奉它。迎接鼎的队伍到了中山，天气晴朗，天空有一片黄云覆盖。恰有一头麃子跑过，皇帝亲自射死它，用它来祭鼎。到了长安后，公卿大夫都议论奏请尊奉宝鼎的事情。天子说："最近，黄河水泛滥，一连几年，收成都不好，所以朕才巡察郡县，祭祀后土，祈求他为百姓培育谷苗。今年丰收，还没有酬谢神灵，这鼎到底是为什么出现的呢？”有关官员都说：“听说过去伏羲氏制作一个神鼎，一就是一统的意思，天地万物都归结于宝鼎；黄帝制作了三个宝鼎，三象征着天地人。禹征集九州的金属，铸成九个宝鼎，都曾经用来烹煮牺牲，祭祀天地鬼神。遇到圣主盛世，鼎就会出现，这样传到了夏商二朝。周朝德行衰败，宋国的社坛被毁，鼎就沉没，从此不再出现了。《诗经·周颂·丝衣》说：‘主祭官员先从堂到门塾，察看牛羊牲品以及大小祭器是否整洁如仪，行祭时不喧哗、不怠慢，才能得到寿考的福气。’如今宝鼎来到了甘泉宫，色泽光润。神奇莫测，朝廷承受无边的嘉佑。这符合之前中山有黄白云降临，原来麃是相对应的符瑞，陛下用一套大弓和四支箭射到，陈列在祭坛下，这是用大享酒礼行祭以报答天地的恩泽。只有受天命而当皇帝的人才能知道上天的旨意，并且按照上天的意愿做事情，实现天人感应。鼎应该献给祖庙，珍藏在帝王的宫室，来符合神明的符应。”皇帝下诏书说道：“可以这样。”

到海中寻找蓬莱山的人，说蓬莱山路程不远，总也不能到达的原因，大概是看不到仙山的云气。于是皇上派遣专门望气的官员，去观察云气。

这年秋天，皇帝来到雍城，将要举行郊祀。有人说：“五帝是太一神的辅佐，应该设立太一神位，并且由皇帝亲自郊祀。”皇帝很犹豫不能决定。齐人公孙卿说：“今年得到宝鼎，这年冬季第二个月的辛巳日是朔日，这一日的凌晨是冬至日，与黄帝制造宝鼎的时间完全相同。”公孙卿有一块木简，上面写道：“黄帝在宛朐得到宝鼎，向鬼臾区询问这件事情。鬼臾区回答说：‘黄帝得到了宝鼎和神策，今年是己酉日，是朔日，这一日的凌晨是冬至日，从此掌握了天道运行的规律，终而复始，循环不止。’当时黄帝以蓍草为筹策推演日历，以后大概每二十年重新出现朔日的凌晨是冬至日的，到第二十次，合计三百八十年，黄帝成仙登天了。”公孙卿又通过皇帝身边的近臣向皇帝奏请这件事情，近臣看到书上的内容荒诞不经，怀疑是他妄加伪造的书，就推辞说：“宝鼎的事已经定了，你还想因此达到什么目的？”公孙卿又通过皇帝的宠幸的人进奏，皇帝很高兴，随机召来询问公孙卿，公孙卿回答说：“我从申公那里得到这块木简，申公已经去世了。”皇帝说：“申公是什么人呢？”公孙卿说：“申公，是齐人。与安期生有交往，接受了黄帝的言论，没有其他书，只有这本关于鼎的书。上面说‘汉朝的兴盛，应该和黄帝得鼎的时候实行一样的历法周期’。又说‘汉朝的圣人应该出现在高祖皇帝的孙子和曾孙之中。宝鼎出现，圣人可以与神意相通，并且应该举行封禅礼。从古至今，行封禅礼的帝王共有七十二个，只有黄帝得以登上泰山顶，举行封祭礼’。申公说：‘汉朝的皇帝也应该上泰山顶进行封禅礼，登上泰山封禅就能成仙升天了。黄帝时候，诸侯有一万多人，有七千成仙。天下有八座名山，其中有三座在外族境内，有五座在中原地区。中原地区的有华山、首山、嵩山、泰山、东莱山，这五座山是黄帝经常游赏的地方，在那里与神仙相会。黄帝一边打仗，一边学习修仙，他担心百姓怀疑他的道术，就斩杀那些非议鬼神的人。经过一百多年，才能与神仙相通。黄帝在雍城郊祭上帝，住了三个月。鬼臾区别号大鸿，死后葬在雍城，所以鸿冢是他的坟墓。之后黄帝在明堂接见了万千神灵。明堂，就是甘泉山。所谓寒门，就是今天的谷口。黄帝开采首山的铜矿，在荆山下铸造宝鼎。宝鼎已经铸成，天上有一条垂着颔须的龙迎接黄帝。黄帝攀爬而上，骑在龙背上，群臣以及后宫跟随他一起登上龙背的有七十多人，龙就上升远去了。其余级别低的官员不能上去，全都抓住龙须，龙须被拔断，级别低的官员掉了下来，黄帝的弓也掉下来了。百姓抬头望见黄帝已经上天去了，于是抱着黄帝的弓和拉断的龙须哭号，这样，后世把这个地方称为鼎湖，把那把弓称为乌号。’”于是天子说：“啊！要是我真的能像黄帝一样成仙上天，我把抛弃妻子（舍弃人间富贵）看得像脱鞋子一样轻易。”就任命公孙卿为郎官，让他到东面的太室山等候神仙。

皇帝接着到雍城举行郊祀，到了陇西，向西行登上崆峒山，又回到甘泉宫。命令祠官宽舒等人筹建太一神的祭坛，祭坛仿照薄忌的太一坛建造的形式，祭坛台阶分三层。五帝的祭坛环绕在太一坛的下面，各占自己的方位，黄帝坛在西南方，修建八方通鬼的神道。祭祀太一神所用的祭品与雍地每畤的祭品相同，而且增加甜酒、枣子和干肉之类的，还宰杀一头牦牛作为祭祀用品。五帝祭坛只有甜酒和俎、豆供奉。最下面一层的祭坛是一块四方形地面，是为连续祭祀群神和北斗星的。祭祀完毕，剩余的胙肉也被焚化以祭神。牲牛用白色，把宰杀好的鹿塞入牛的肚子中，再把猪塞入鹿的肚子中，一起放在水中浸泡着。用牛祭祀日神，用一只羊和猪祭祀月亮。太一坛中负责祭祀的官员的衣服都是紫色绣衣，五帝坛负责祭祀的官员的礼服各按照五帝所主方位的颜色，日神的司祭官员穿红衣，月神的司祭官员穿白衣。

十一月辛巳朔日凌晨是冬至日，天刚拂晓，天子就到郊外祭祀太一神。清晨朝拜日神，傍晚祭祀月神，即作揖；而朝见太一神按照雍地郊祭的仪式。行祭时的祝词是："上天当初把宝鼎和神策赐给皇帝，朔日一次接着一次，终而复始，循环往复，皇帝恭敬地拜见天神。"祭服崇尚黄色。祭坛上摆满火把，祭坛旁边放着烹饪的炊具。主管官员们说："祭坛上空出现了光。"公卿大臣说："皇帝最初在云阳郊祭太一神，主管官员供奉着瑄玉，美好的祭品进献给太一神。当天晚上有很美丽的光彩，等到第二天天亮，黄气上升，与天相连。"太史公、祠官宽舒等人说："这是神灵显示的美好景象，是保佑降福，吉祥的预兆，应当在出现光彩的地方建立太畤坛，来呼应神光的祥瑞。命太祝管理此事，每年秋天和腊月举行祭祀，每三年天子亲自郊祭一次。"

这年秋天，为了讨伐南越，向太一神祈祷。用牡荆做旗柄，在幡旗上画着日、月、北斗、升龙等图案，用来象征太一三星，作为祭祀太一神的前锋旗帜，叫做"灵旗"。出兵祷告的时候，就由太史官手捧灵旗指向被征讨的国家。先前五利将军被派出求仙，他不敢入海，却去泰山祠堂。皇上派人检验，知道他实际上什么也没见到。五利将军却说谎见到他的师父。其实他的方术已经用尽，说的话大多没有应验，于是皇帝杀掉了五利将军。

这年冬天，公孙卿在河南等候神仙，说在缑氏城的上面看到了仙人的脚印，还有个像山鸡一样的东西，在城上来回走。天子亲自到缑氏城视察仙人的脚印。问公孙卿说："莫非你是仿效文成将军和五利将军吗？"公孙卿说："仙人不是有求于皇帝，是皇帝有求于仙人。求仙之法，如不能宽假时日，耐心等候，神仙是不会降临的。谈论神仙的事情好像谈论遥远离奇的事情一样，要经年累月才能召来神仙。"于是郡国各自修整道路，修缮宫殿、列观、名山、神庙等，以等待皇帝的到来。

这年春天，灭掉了南越，皇帝有位宠爱的官员李延年献上一首优美的乐曲。皇帝很喜欢，命令公卿商议说："民间祭祀还有鼓舞的乐曲，如今朝廷郊祭反而没有音乐，这怎么相称呢？"公卿大夫说："古时候祭祀天地都有音乐，神灵才愿意歆享。"还有人说："太帝命令神女弹奏五十弦的瑟，由于太过悲哀，太帝经受不住，所以把她的瑟分为两半改成二十五弦瑟。"当时为了酬谢南越战争的胜利，祭祀太一神和后土神，开始采用乐舞，增加歌手，制造二十五弦和箜篌瑟从此开始。

第二年冬天，皇帝说："古时候帝王先要振扬武威，然后遣散军队，然后才举行封禅礼。"于是皇帝向北巡察朔方，统率十多万人军队，回来时在桥山祭祀黄帝冢，在须如遣散军队。皇帝说："我听说黄帝没有死，如今却有黄帝冢，是什么原因呢？"有人回答说："黄帝成仙后飞升上天，大臣们就埋葬了他的衣物。"后来回到甘泉宫，由于将要到泰山行封禅礼，首先特地祭祀了太一神。

自从得到宝鼎，皇上与公卿大夫、儒生们商议封禅的事情。封禅的仪式，很少举行，有关礼仪已经旷废隔绝，没有人知道它的礼仪，众儒者主张采用《尚书》《周官》《王制》等书中记载的遥望祭祀和天子射牛的礼仪进行封禅。齐人丁公已经九十多岁，说："封禅大典是永不磨灭的盛名。秦始皇没能够登上泰山行封禅礼。天子如果一定要登上泰山，可以先登一段试试，若没有风雨，就可以登山行封禅礼了。”皇帝命令众儒生演习射牛、起草封禅的仪式。几年之后，终于到了将要封禅的日子。天子曾经听到公孙卿和方士们的议论，黄帝以前的帝王封禅，都召来了奇异之物才与神相通。想要仿效黄帝接待神仙的使者蓬莱方士，蓬莱方士超脱世俗，德行能与远古的九皇媲美，并且尽量采用儒家学说加以修饰。众儒者既然已经不能把封禅的仪式搞清楚，又拘泥于《诗经》《尚书》等古文的记载而不能自由发挥。皇帝将准备的用于封禅的祭器给儒生们看，这些儒生们有人说：“与古时候的不同。”一个名叫徐偃的人又说：“太常演习的行礼不如鲁国的完善。”周霸正巧准备封禅的事情。于是皇上罢黜了徐偃、周霸，并且也停用了所有儒生。

三月，皇帝向东行，到了缑氏，登上中岳太室山行祭礼。随从官员在山下听到好像有呼喊“万岁”的声音。问山上，山上的人没呼喊；问山下，山下的人也没呼喊。于是皇帝把三百户人家划为太行山的封邑，让他们供奉祭祀，并称为“崇高邑”。继续向东，登上泰山。那时候泰山上的草木还没有长出来，使人把石头运上去，立在泰山的山顶。

皇帝随即向东，巡游海上，行礼祭祀八神。齐人有上万人上书陈说神奇鬼怪的方术，但是没有一件应验的。皇帝于是调发了更多的船只，命令好几千个谈论海中神山的人，下海寻求蓬莱山的神仙。公孙卿常常拿着天子符节先出发到名山等候神仙，到了东莱后，他说在夜间看到一个巨人，有几丈高，接近他时就看不到了，他的脚印特别大，像是禽兽的脚印。群臣中还有人说见到一位老人牵着一条狗，说“我想见一见天子”，说完就随即不见了。皇帝看了大脚印，不相信，等到听到群臣讲述老人的事情，就认为那是仙人。皇帝于是在海上留宿等待仙人，拨给方士们官府车辆，陆续派出的求仙人有一千多人。

四月，皇帝从海上回来，到了奉高县。皇帝考虑众儒生和方士们所说的封禅仪礼各自不同，荒诞不经，难以施行。天子来到梁父山，用礼祭祀地主。乙卯日，命令当侍中的儒生头戴皮弁，腰带插笏，行射牛的礼仪。在泰山东面的山脚下，设坛祭天，礼仪和郊祭祭祀太一神的礼仪相同。封坛宽一丈二尺，高九尺。坛下面埋着玉牒文书，文书的内容很隐秘，没人知道。祭祀完毕后，皇帝独自和侍中奉车都尉霍子侯登上泰山，也在山顶设坛祭天，祭天的事情也秘而不宣。第二天，从山北的道路下山。丙辰日，在泰山山脚下东北面的肃然山祭祀地神，和祭后土的仪式相同。设坛祭天和祭祀地神，天子都要亲自朝拜。礼服崇尚黄色，都用音乐伴奏。神的坐席都是用江淮间出产的三脊茅草编成的，用五色之士错杂在一起筑祭坛。把远方进贡来的奇兽、飞禽以及白山鸡等物祭祀，祭祀的礼节有所增加。兕牛、犀象之类的动物不使用。都到泰山下祭祀后土。行封禅礼的地方。那天夜晚仿佛有光彩闪现，白天有白云从祭祀的高坛中升起。

天子从祭祀地神回来，坐在明堂，群臣依次祝福他。皇帝随即下诏书给御史大夫说：“我以微小的身份，继承了天子位，每天小心谨慎，害怕自己不能胜任。我的德行微薄，不通晓礼乐意识。在祭祀太一祠的时候，好像有盛大明亮的光出现，连绵闪烁，我被各种怪异的事情所惊吓，不敢停止行礼，害怕得罪神灵，终于登上泰山祭祀，到了梁父山，之后在肃然山祭祀。我修得自新，希望和士大夫一起重新做起，特意赐给每一百户百姓一头牛，十石酒。年龄超过八十岁的老人和孤寡老人每人加二匹布帛。博县、奉高、蛇丘、历城四县免除徭役，也不交今年的赋税。大赦天下，和乙卯日的赦令内容相同。天子经过的地区不许再有劳役。如果发生在两年前的违法犯罪的事情，都不再审讯判决。”又下诏说：“古时候天子每隔五年到各地巡视狩猎一次，并在泰山祭祀天地，诸侯前往朝见时有住宿的地方。命令诸侯各自在泰山下建造房屋。”

天子既然已经泰山祭天，没有遇到风灾和雨灾，方士们又讲不久之后将能见到蓬莱山的各位神仙了，皇上也高兴，以为差不多会遇到神仙，就向东行，到海上瞭望，希望能遇到蓬莱山众神仙。奉车都尉霍子侯突然得急病，当天就死了。皇上这才离去。沿着海往上走，向北到了碣石山，再从辽西开始巡察，经过北方边郡到了九原。五月，返回到甘泉宫。主管官员说宝鼎出现那年年号定为元鼎，今年封禅，年号应定为元封元年。

这年秋天，有彗星出现于东井宿。十多天后，彗星又出现于三台附近。有个观察云气的叫王朔的人说：“观测时看到土星出现时像瓜一样大，一顿饭的功夫消失不见了。”有关官员都说：“陛下创建了汉朝封禅制度，所以上天出现德星作为报答。”

这年冬天，皇帝在雍地的五帝祠郊祀，回来后，又祭拜了太一神。祝词说：“土星光明广布，那是吉祥的预兆。接连不断出现南极老人星，深远光明。土星闪耀，是皇帝敬拜太祝的回报。”

这年春天，公孙卿说在东莱山见到了神人，隐约听到他说：“要见天子。”天子于是亲自来到缑氏城，封公孙卿为中大夫。随后到达东莱，住了好几天，什么也没看到，只见到巨人的脚印。又派遣一千多名方士去寻访神仙、采掘灵芝仙药。这一年干旱，皇帝没有出巡的理由，就借口说前往万里沙祈祷求雨，顺便祭祀泰山。回来时到达瓠子县，亲临部署堵塞河水决口，住了二天，把祭品投入河中祭祀河神后才离开。命令两名官员率领兵卒堵塞黄河决口，疏浚两条支流，恢复了大禹时的原有的水道。

当时已经灭掉南越和东越，一个名叫勇之的南越人说道：“越地风俗信鬼，他们祭祀时都能见到鬼，常常很有校验。过去东瓯王敬拜鬼，活了一百六十岁。后世人怠慢鬼，所以衰败了。”于是命越地巫师建立越祠庙，其中有台无坛，也是祭祀上帝和百鬼，并用鸡骨进行占卜。皇上很信任这些，越地祭祀和鸡卜开始被朝廷使用。

公孙卿说：“仙人本来是可以看到的，可是皇上经常来往匆忙，所以才看不到。如今陛下可以建一座楼台，像缑氏城楼一样，里面摆上肉脯、枣，神仙应该可以招来了。并且仙人喜欢住在楼上。”于是皇上命在长安建造飞廉观和桂观，在甘泉建造益寿观和延寿观，派公孙卿拿着天子符节，设立贡品，迎候神人。又建造了通天台，在台下设置祭祀用具，用来招来神仙们。随后在甘泉宫又建了前殿，并扩建了各处的宫殿。夏天，甘泉殿的房中长出了灵芝。天子认为是由于亲自阻塞黄河决口，建通天台，产生的神瑞，就下诏书说：“甘泉殿房中长出九茎灵芝，大赦天下，不再执行监外劳役。”

第二年，汉朝出兵讨伐朝鲜。夏天，天气干旱。公孙卿说：“黄帝时祭天会出现干旱，三年不下雨，是为了晒干祭坛的封土。”皇帝就下诏书说：“天气干旱，推想是上天要晒干封土吧？”于是命令全天下人都尊奉、祭祀灵星。

次年，皇上在雍城郊祭，接着通过回中的道路，到那里巡察。春季，到鸣泽巡查，从西河县回到长安。

次年冬天，皇上巡察南郡，到江陵后向东走。登上潜县境内的天柱山并且举行祭祀，此山别号南岳。然后乘船沿江而下，从寻阳前往枞阳，经过彭蠡湖，沿途祭祀名山大川。再向北行，到达琅邪，沿着海往上走。四月中旬，又到奉高县举行封禅。

起初，天子在泰山举行封禅，在泰山的东北方向有一处古时候的明堂，周围地势险要、不宽敞。皇上想在奉高邑附近建造一座明堂，但是不知道应该建成什么样子。济南人公王带献上黄帝时期的明堂图。图上是一座宫殿，四周没有墙壁，顶上用茅草盖着。四周通水，水环绕宫垣一周。又建有复道。宝殿上有楼，从西南面伸入殿堂的，称为昆仑道。天子从这里进入，就可以拜祭上帝了。于是皇上命令奉高邑在汶水旁边建造明堂，形式与公王带的明堂图相同。等到元封五年举行封禅，就在明堂的上座祭祀太一和五帝，让汉高祖的灵位和它们相对。在明堂的下房祭祀后土，用二十套祭牲。天子从昆仑道进入，开始祭拜明堂，和郊祭相同。祭祀完毕，在堂下点燃柴火。皇上又登上泰山，自己又在山顶秘密祭祀。并且在泰山下祭祀五帝，各自按它们的方位，只有黄帝与赤帝在同一方位，祭祀的时候都由主管官员祭祀。山上燃起火，山下各处都起火应和。

两年以后，十一月甲子日是朔日，早晨是冬至日，推算历法的人认为这一天是历法周期的起点，天子亲自到泰山下，在这一天于明堂祭祀上帝，但不进行封禅礼。祝词说：“上天增加授予皇帝以天的神策，循环往复，无穷无尽。皇帝恭敬祭祀太一神。”接着向东行，到海上，查问去海上探访神仙的方士，没有任何应验，但是还是增派人员，希望能遇见神仙。

十一月乙酉日，柏梁殿发生火灾。十二月甲午朔日，皇上亲自到高里山祭祀后土。皇帝来到渤海边，将遥望祭祀蓬莱山的仙人，希望自己终究有一天能到达仙人居住的地方。

皇上回到京都，因为柏梁殿发生火灾，改在甘泉宫接受郡国奉上的账簿。公孙卿说：“黄帝建造青灵台，十二天后被火烧毁了，黄帝又建造了明廷。明廷就是甘泉宫。”方士们大都说古时帝王有在甘泉建造都城的。后来天子又在甘泉宫朝见诸侯，在甘泉建造诸侯的宫殿。勇之便说：“越地的风俗是在发生火灾后，要重新建造比原来更大的宫室来压制火灾。”于是建造了建章宫，规模有千门万户。前殿比未央宫还高，建章宫的东面有凤阙，高二十多丈。西面就是唐中池，方圆数十里是虎圈。在北面开凿了一个很大的池子，起名为太液池，池中的台子高二十多丈，池中有蓬莱、方丈、瀛洲、壶梁等假山，象征着海中的神山龟鱼之类的东西。建章宫的南面有玉堂、璧门、大鸟之类。又建造了神明台、井干楼，高度为五十丈，用辇道彼此相连。

夏天，汉朝更改历法，以每年正月为一年的开始，五色中崇尚黄色，刻着官名的印章改为五字，年号改为太初元年。这一年，向西出兵讨伐大宛。蝗虫大起。丁夫人，洛阳虞初等人用方术祈求鬼神诅咒匈奴和大宛。

第二年，主管机构报告雍城五畤祭祀时，没有烹煮成的牺牲，祭祀不够芳香。皇帝于是命令祠官用牛犊祭牲进献五畤，按五帝方位的本色进献其所能可胜的各色牺牲。并且用木偶马代替驹。只有五月祭祀用驹，以及天子亲行郊祀礼时才用真正的驹。所有的名山大川的祭祀需要用驹的都用木偶马代替。天子出巡经过的地方，祭祀时用真正的驹。其他祭礼不变。

第二年，皇帝向东到海上巡行，查问去海上求仙的方士们，没有应验的。有个方士说：“黄帝时候建造了金台五座、玉楼十二座，在执期迎接等候神人，称为迎年祠。”皇上准许，按照那个方士所说的修建楼台，称为明年祠。皇上亲自行礼祭祀上帝。

公王带说：“黄帝时虽然在泰山助坛祭天，但是风后、封巨、岐伯等都要黄帝到东泰山助坛祭天，在凡山祭地，与天降瑞应相协调，然后可以长生不死。”汉武帝既然已经命令准备祭祀用具，来到东泰山，看见东泰山很矮小，与它的名声不相称，就命令祠官祭祀它，但是不在这里封禅。接着命令公王带拿着祭祀的东西，等候神人。夏天，皇帝回到泰山，像从前一样举行五年一次的封禅礼，另外在石闾增加了祭地。石闾山在泰山南面山脚下，许多方士说这里是仙人居住的地方，所以皇上亲自来祭地。

这以后五年，皇上又回到泰山祭祀天地，回来时路上，顺道祭祀了恒山。

本朝天子新制定了祭礼，太一、后土，每三年天子亲自郊祭一次；建立了汉朝的封禅制度，每五年举行一次，薄忌的太一祠和三一祠、冥羊祠、马行祠、赤星祠共五座，由宽舒等祠官按照岁时祭祀，一共有六祠庙，都由太祝官管理。至于此外的八神各祠庙，明年、凡山等著名祠庙，天子出行时路过就祭祀，离开之后则不祭祀。方士们所建造的祠庙，由他们各自主持，本人死了之后，祠庙就废弃了，祠官无管理。其他祠庙都按照原来的方法。从天子初次封禅开始，十二年以来，五岳、四渎之神都祭祀遍了。而方士们迎候、祭祀神仙，以及入海寻求蓬莱山的，终究没有应验。像公孙卿那样的迎候神仙，尽管拿巨人的脚印来辩解，也没有应验。天子越来越厌恶倦怠方士怪诞、迂腐的话了，但是汉武帝仍然沉迷在求仙之中，对方士加以笼络，不断绝关系，希望能遇到真有方术的人。从此以后，方士谈论神仙的人越来越多，但是效果可想而知了。

太史公说：我随从天子巡察，祭祀天地众神和名山大川，并且参与了封禅礼。进入寿宫祭祀并且等候神君说话，深入考察了祠官们的意图，随后回来论述自古以来祭祀鬼神的事，详细地显明祭祀的制度和目的，让后世君子，可以能由此观察浏览。至于祭祀中所用玉帛的详细情况，进献祭品报答神灵的礼仪，主管机构有具体的记载。

（吴新江　注译）

卷二十九　河渠书第七

注释查阅

《夏书》曰：禹抑洪水十三年，过家不入门。陆行载车，水行载舟，泥行蹈毳[1]，山行即桥[2]。以别九州，随山浚川，任土作贡[3]。通九道，陂九泽，度九山[4]。然河灾衍溢，害中国也尤甚。唯是为务。故道河自积石历龙门[5]，南到华阴，东下砥柱，及孟津、雒汭，至于大邳。于是禹以为河所从来者高，水湍悍[6]，难以行平地，数为败，乃厮二渠以引其河[7]。北载之高地，过降水[8]，至于大陆[9]，播为九河[10]，同为逆河[11]，入于勃海。九川既疏，九泽既洒[12]，诸夏艾安[13]，功施于三代[14]。

自是之后，荥阳下引河东南为鸿沟，以通宋、郑、陈、蔡、曹、卫，与济、汝、淮、泗会。于楚，西方则通渠汉水、云梦之野，东方则通沟江淮之间。于吴，则通渠三江、五湖。于齐，则通菑济之间。于蜀，蜀守冰凿离碓，辟沫水之害[15]，穿二江成都之中。此渠皆可行舟，有余则用溉浸，百姓飨其利[16]。至于所过，往往引其水益用溉田畴之渠，以万亿计，然莫足数也。

西门豹引漳水溉邺，以富魏之河内。

而韩闻秦之好兴事，欲罢之[17]，毋令东伐，乃使水工郑国间说秦，令凿泾水自中山西邸瓠口为渠[18]，并北山东注洛三百余里[19]，欲以溉田。中作而觉，秦欲杀郑国。郑国曰："始臣为间，然渠成亦秦之利也。"秦以为然，卒使就渠[20]。渠就，用注填阏之水[21]，溉泽卤之地四万余顷[22]，收皆亩一钟[23]。于是关中为沃野，无凶年，秦以富强，卒并诸侯，因命曰郑国渠。

汉兴三十九年，孝文时河决酸枣，东溃金堤，于是东郡大兴卒塞之。

其后四十有余年[24]，今天子元光之中，而河决于瓠子，东南注钜野，通于淮、泗。于是天子使汲黯、郑当时兴人徒塞之，辄复坏。是时武安侯田蚡为丞相，其奉邑食鄃[25]。鄃居河北，河决而南则鄃无水灾，邑收多。蚡言于上曰："江河之决皆天事，未易以人力为强塞，塞之未必应天。"而望气用数者亦以为然[26]。于是天子久之不事复塞也。

是时郑当时为大农，言曰："异时关东漕粟从渭中上，度六月而罢，而漕水道九百馀里，时有难处。引渭穿渠起长安，并南山下，至河三百余里，径[27]，易漕，度可令三月罢；而渠下民田万馀顷，又可得以溉田：此损漕省卒[28]，而益肥关中之地，得谷。"天子以为然，令齐人水工徐伯表[29]，悉发卒数万人穿漕渠，三岁而通。通，以漕，大便利。其后漕稍多，而渠下之民颇得以溉田矣。

其后河东守番係言："漕从山东西，岁百馀万石，更砥柱之限[30]，败亡甚多，而亦烦费。穿渠引汾溉皮氏、汾阴下，引河溉汾阴、蒲坂下，度可得五千顷。五千顷故尽河壖弃地[31]，民茭牧其中耳[32]，今溉田之，度可得谷二百万石以上。谷从渭上，与关中无异，而砥柱之东可无复漕。"天子以为然，发卒数万人作渠田。数岁，河移徙，渠不利，则田者不能偿种。久之，河东渠田废，予越人，令少府以为稍入。

其后人有上书欲通褒斜道及漕事，下御史大夫张汤。汤问其事，因言："抵蜀从故道，故道多阪[33]，回远。今穿褒斜道，少阪，近四百里；而褒水通沔，斜水通渭，皆可以行船漕。漕从南阳上沔入褒，褒之绝水至斜，间百馀里，以车转，从斜下下渭。如此，汉中之谷可致，山东从沔无限，便于砥柱之漕。且褒斜材木竹箭之饶，拟于巴蜀。"天子以为然，拜汤子卬为汉中守，发数万人作褒斜道五百馀里。道果便近，而水湍石[34]，不可漕。

其后庄熊罴言："临晋民愿穿洛以溉重泉以东万馀顷故卤地。诚得水，可令亩十石。"于是为发卒万馀人穿渠，自征引洛水至商颜山下。岸善崩，乃凿井，深者四十馀丈。往往为井，井下相通行水。水颓以绝商颜[35]，东至山岭十馀里间。井渠之生自此始。穿渠得龙骨，故名曰龙首渠。作之十馀岁，渠颇通，犹未得其饶。

自河决瓠子后二十馀岁，岁因以数不登[36]，而梁楚之地尤甚。天子既封禅巡祭山川，其明年，旱，干封少雨[37]。天子乃使汲仁、郭昌发卒数万人塞瓠子决。于是天子已用事万里沙[38]，则还自临决河，沉白马玉璧于河，令群臣从官自将军已下皆负薪寘决河[39]。是时东郡烧草，以故薪柴少，而下淇园之竹以为楗[40]。

天子既临河决，悼功之不成，乃作歌曰："瓠子决兮将奈何？皓皓旰旰兮闾殚为河[41]！殚为河兮地不得宁，功无已时兮吾山平。吾山平兮钜野溢，鱼沸郁兮柏冬日[42]。延道弛兮离常流，蛟龙骋兮方远游。归旧川兮神哉沛[43]，不封禅兮安知外！为我谓河伯兮何不仁，泛滥不止兮愁吾人？啮桑浮兮淮、泗满[44]，久不反兮水维缓[45]。"一曰："河汤汤兮激潺湲[46]，北渡污兮浚流难[47]。搴长茭兮沈美玉，河伯许兮薪不属[48]。薪不属兮卫人罪，烧萧条兮噫乎何以御水！颓林竹兮楗石菑[49]，宣房塞兮万福来。"于是卒塞瓠子，筑宫其上，名曰宣房宫。而道河北行二渠，复禹旧迹，而梁、楚之地复宁，无水灾。

自是之后，用事者争言水利。朔方、西河、河西、酒泉皆引河及川谷以溉田；而关中辅渠、灵轵引堵水[50]；汝南、九江引淮；东海引钜定；泰山下引汶水：皆穿渠为溉田，各万馀顷。佗小渠披山通道者[51]，不可胜言。然其著者在宣房。

太史公曰：余南登庐山，观禹疏九江，遂至于会稽太湟，上姑苏，望五湖；东窥洛汭、大邳，迎河，行淮、泗、济、漯洛渠；西瞻蜀之岷山及离碓；北自龙门至于朔方。曰：甚哉，水之为利害也！余从负薪塞宣房，悲《瓠子》之诗而作《河渠书》。

【译文】

《夏书》记载：大禹治理洪水历时十三年，期间经过家门口也不进去。陆路行走乘车，水路行走乘船，在泥泞的路上行走乘橇，在山地行走则坐轿。从而区分了九州边界，顺着山势疏浚河川，依据土地的肥瘠确定贡赋等级。开通九州的道路，筑起九州湖泽的堤防，勘察度量九州山势高下。然而黄河泛滥成灾，损害中原最厉害。于是禹将治理黄河视为当务之急。疏导黄河自积石山经过龙门口，南流到华阴，由此折而东下，后经砥柱山以及孟津、雒汭，到达大邳山。到了这里，禹以为黄河上游地势高，水流湍急凶猛，难以在平地上顺利通过，多次发生泛滥，于是分开二渠，引黄河东流直接入海。其正流仍北上行经高地，穿过降水，到大陆泽，又北流分为多条大河，共同迎受黄河之水，流入渤海。九州的河川既已疏通，九州的湖泽都已分泄，华夏诸国因而安宁，大禹的治水功效一直延伸到夏、商、周三代。

从此以后，后人又在荥阳以下引黄河水东南流，名为鸿沟，通达宋、郑、陈、蔡、曹、卫等国，分别与济、汝、淮、泗众水交汇。在楚地，西方则有渠道通达汉水、云梦泽，东方则有邗沟通达江、淮。在吴地，则有渠道连通三江、五湖。在齐地，则有渠道连通淄水、济水。在蜀地，蜀郡守李冰凿开离碓，以避免沫水暴溢为害；又开凿二江直达成都。这些渠道都可以通航，多余的水就用来灌溉农田，百姓享受了渠道所带来的利益。至于渠水所过之地，被引来用于灌溉田亩的渠道，为数多以万亿计，无法数清了。

西门豹引漳水灌溉邺地的农田，魏国的河内地区因而富饶起来。

韩国听说秦国喜好兴建工程，打算消耗其国力，不让它向东侵犯，于是派遣水利工匠郑国做间谍游说秦国，要秦国凿渠引泾水，从中山至瓠口，傍依北山，东流注入洛水，长三百多里，用来灌溉农田。修渠之中，秦国发觉了郑国的意图，打算杀掉郑国。郑国说："当初我来秦国确实是做间谍，但此渠修成也对秦国有利。"秦国以为此话有道理，最终使郑国主持将渠修成。渠开成后，用所引含淤泥的渠水灌溉盐碱地四万多顷，每亩收成都合一钟。于是关中变成沃野，没有荒年，秦国因而富强起来，终于并吞了诸侯各国，因此命名此渠为郑国渠。

汉朝建国三十九年，孝文帝时黄河在酸枣县决口，东岸的金堤崩溃，于是东郡发动大量士卒把决口堵塞了。

其后过了四十多年，当今皇上元光年间，黄河又在瓠子决口，东南流入巨野泽，与淮、泗二水相通。于是皇帝派汲黯、郑当时发动民众进行堵塞，常常堵好后又被水冲毁。这时武安侯田蚡任丞相，他的俸邑是鄃地。鄃地位于黄河以北，黄河决口南流，鄃地没有水灾，俸邑收入多。田蚡对皇帝说："江、河的决口都是老天爷决定了的，不容易用人力强行堵塞，堵塞了也未必合于天意。"而一些以观察云气、采用术数推测命运的方士也认为这样。于是皇帝很长时间不再下令做堵塞黄河的事。

那时郑当时任大司农，说："以往关东地区运粮经由渭水逆流而上，大约六个月才能结束，水路有九百多里，粮船时常遇到难走的地方。如果开凿渠道自长安引渭水东流，沿南山而下，至黄河才三百多里，路直，容易运输，估计只需三个月就可运到；而渠道附近农田一万多顷，又可以得到灌溉。这样减少漕运时间，节省士卒，而使关中地区更加肥沃，收成更好。"皇帝认为这话有道理，就派齐人水工徐伯进行勘察做标记，发动士卒数万人开凿漕渠，三年就开通了。渠道开通后，用来运粮，非常便利。此后漕运逐渐增加，沿渠人民多利用此渠灌溉农田。

后来河东郡太守番系说："从山东漕运粮食西入关中，每年有一百多万石，经过黄河砥柱山险，粮船沉没很多，耗运费也大。如果开挖渠道引汾水灌溉皮氏、汾阴一带的土地，引黄河灌溉汾阴、蒲坂一带的土地，估计可以得农田五千顷。这五千顷田原是河边被遗弃的土地，平时百姓在其中打草和放牧而已，现在灌溉成田，估计可以收获粮食二百万石以上。粮食经由渭水西运，和关中相同，而砥柱以东可以不必再运粮西入关中了。"皇帝认为对，发动士卒数万人造渠田。几年以后，黄河主流变迁，渠口引水不利，田的收成还不够偿还政府贷给的种子。久而久之，河东郡渠田荒废，交给越地内迁的人耕种，使少府可以有少量租税收入。

此后有人上书皇帝谈打算开通褒斜道以及漕运粮食的事，皇帝交由御史大夫张汤处理。张汤询问这事，因而说："从关中到蜀地要走故道，故道多斜坡，曲折遥远。今开凿褒斜道，少斜坡，比故道近四百里；而且褒水南与沔水相通，斜水北与渭水相通，都可以通行粮船。粮船从南阳沿沔水西上进入褒水，从褒水登陆到斜水，旱路一百余里，用车转运，再由斜水船运下渭水。这样，汉中的粮食可以运来，山东的粮食经由沔水运输没有险阻，比经过黄河砥柱漕运方便。而且褒斜地区盛产材木竹箭，可以和巴蜀地区比美。"皇帝认为对，任命张汤的儿子卬为汉中郡太守，调发几万人修褒斜道，长达五百多里。道路修成后，果然比故道近便。但褒、斜二水湍急多石，粮船不可通行。

此后庄熊罴说："临晋地区的百姓希望凿穿洛水以灌溉重泉县以东一万多顷原来的盐碱地。如果这些盐碱地得到水的灌溉，每亩粮食产量可达到十石。"于是为此调发了士卒一万多人挖渠，从徵城引洛水到商颜山脚下。由于两岸容易崩塌，于是凿井，深的达四十余丈。许多地方挖了井，井下相通流水。水往下流穿过商颜山，东到山岭十多里路。井渠从此出现。修渠时挖到龙骨，因而命名为龙首渠。开凿了十多年，渠水还算通畅，但灌溉效益不大。

自从黄河在瓠子决口后二十多年，因水涝多年收成不好，而梁、楚地区特别严重。皇帝既已封禅巡祭名山大川，第二年，大旱，天由于要晒干泰山封土而少雨。皇帝于是派汲仁、郭昌调发士卒几万人堵塞瓠子决口。皇帝在万里沙祀神后，回来时亲临黄河决口处，把白马玉璧沉入河中祭河神，命令随从大臣及将军以下都背负薪柴填堵决口。当时东郡境内百姓以草为炊，薪柴缺乏，于是把淇园的竹子砍来作为堵塞决口的楗。

皇帝亲临黄河决口，怜惜堵塞决口长久不见功效，于是作歌，其词说："瓠子决口了啊将怎么办？水势浩荡啊闾里都成了河！都成了河啊大地不得安宁，堵塞决口无休止啊吾山快要挖平。吾山快成平地啊巨野泽水要泛溢，鱼儿众多啊迫近冬日。河道废弛啊致使洪水横溢，蛟龙得意啊正远游。河归旧道啊神灵恩泽广大，我如不封禅啊怎知关外有如此大水！替我转告河伯啊为什么这样狠心，长久泛滥使我们发愁？啮桑城被淹啊淮、泗水满，黄河久不归故道啊水的纲维都要涣散了。"又说："河水浩荡啊激起滚滚波涛，北流回复啊疏浚困难。用成捆的草堵啊又沉美玉祭河神，可河伯答应了啊薪柴却供应不上。薪柴不够啊全是卫地人的过错，烧光了草木啊如何去防御洪水！只好砍淇园之竹林啊插入楗石，宣房宫的决口堵上了啊众福都会来。"最后终于堵塞了瓠子黄河决口，在上面修建了一座宫，名叫宣房宫。将河水导向北行，分流入二渠，恢复了禹时的黄河故道，梁、楚地区重获安宁，没有水灾了。

从此以后，掌权的人争相谈论水利的事。朔方、西河、河西、酒泉等郡都引黄河和川谷的水以灌溉田地；而关中地区的辅渠、灵轵渠则引诸水；汝南、九江二郡引淮水；东海郡引巨定泽水，泰山下引汶水。都开凿渠道以灌溉农田，各有一万多顷。其他小渠以及开山导水的，不可尽言。但最著名的还是宣房宫所在地的黄河堵决口工程。

太史公说：我曾南行登庐山，观看大禹疏导的九江，又到会稽太湟，上姑苏台，眺望五湖；东行察看了洛汭、大邳，逆河而上，行经淮、泗、济、漯、洛诸水；西行看到蜀地的岷山和离碓；北行从龙门直到朔方郡。因而想到：水的利害太大了！我随从皇帝背负薪柴填塞宣房宫所在的黄河决口，感伤皇帝所作的《瓠子》诗而写下了《河渠书》。

（王华宝　注译）

卷三十　平准书第八

注释查阅

汉兴，接秦之弊，丈夫从军旅[1]，老弱转粮饷[2]，作业剧而财匮[3]，自天子不能具钧驷[4]，而将相或乘牛车，齐民无藏盖[5]。于是为秦钱重难用[6]，更令民铸钱[7]，一黄金一斤[8]，约法省禁[9]。而不轨逐利之民[10]，蓄积馀业以稽市物[11]，物踊腾粜[12]，米至石万钱，马一匹则百金[13]。

天下已平[14]，高祖乃令贾人不得衣丝乘车[15]，重租税以困辱之[16]。孝惠、高后时[17]，为天下初定[18]，复弛商贾之律[19]，然市井之子孙亦不得仕宦为吏[20]。量吏禄[21]，度官用[22]，以赋于民[23]。而山川园池市井租税之入[24]，自天子以至于封君汤沐邑[25]，皆各为私奉养焉[26]，不领于天下之经费[27]。漕转山东粟[28]，以给中都官[29]，岁不过数十万石。

至孝文时[30]，荚钱益多[31]，轻，乃更铸四铢钱[32]，其文为“半两”[33]，令民纵得自铸钱[34]。故吴[35]，诸侯也，以即山铸钱[36]，富埒天子[37]，其后卒以叛逆[38]。邓通[39]，大夫也，以铸钱财过王者。故吴、邓氏钱布天下[40]，而铸钱之禁生焉[41]。

匈奴数侵盗北边[42]，屯戍者多，边粟不足给食当食者[43]。于是募民能输及转粟于边者拜爵[44]，爵得至大庶长[45]。

孝景时[46]，上郡以西旱[47]，亦复修卖爵令[48]，而贱其价以招民[49]；及徒复作[50]，得输粟县官以除罪[51]。益造苑马以广用[52]，而宫室列观[53]舆马益增修矣。

至今上即位数岁[54]，汉兴七十馀年之间[55]，国家无事，非遇水旱之灾，民则人给家足，都鄙廪庾皆满[56]，而府库馀货财。京师之钱累巨万[57]，贯朽而不可校[58]。太仓之粟陈陈相因[59]，充溢露积于外[60]，至腐败不可食。众庶街巷有马[61]，阡陌之间成群[62]，而乘字牝者傧而不得聚会[63]。守闾阎者食粱肉[64]，为吏者长子孙[65]，居官者以为姓号[66]。故人人自爱而重犯法[67]，先行义而后绌耻辱焉[68]。当此之时，网疏而民富[69]，役财骄溢[70]，或至兼并[71]豪党之徒[72]，以武断于乡曲。宗室有土公卿大夫以下[73]，争于奢侈，室庐舆服僭于上[74]，无限度。物盛而衰，固其变也[75]。

自是以后[76]，严助、朱买臣等招来东瓯[77]，事两越[78]，江淮之间萧然烦费矣[79]。唐蒙、司马相如开路西南夷[80]，凿山通道千馀里，以广巴蜀，巴蜀之民罢焉[81]。彭吴贾灭朝鲜[82]，置沧海之郡[83]，则燕齐之间靡然发动[84]。及王恢设谋马邑[85]，匈奴绝和亲[86]，侵扰北边，兵连而不解[87]，天下苦其劳，而干戈日滋[88]。行者赍[89]，居者送，中外骚扰而相奉[90]，百姓抏弊以巧法[91]，财赂衰秏而不赡[92]。入物者补官[93]，出货者除罪[94]，选举陵迟[95]，廉耻相冒[96]，武力进用[97]，法严令具[98]。兴利之臣自此始也[99]。

其后，汉将岁以数万骑出击胡[100]，及车骑将军卫青取匈奴河南地，筑朔方[101]。当是时，汉通西南夷道，作者数万人[102]，千里负担馈粮[103]，率十馀钟致一石[104]，散币于邛僰以集之[105]。数岁道不通，蛮夷因以数攻，吏发兵诛之[106]。悉巴蜀租赋不足以更之[107]，乃募豪民田南夷[108]，入粟县官[109]，而内受钱于都内[110]。东置沧海之郡，人徒之费拟于南夷[111]。又兴十万馀人筑卫朔方[112]，转漕甚辽远[113]，自山东咸被其劳[114]，费数十百巨万[115]，府库益虚。乃募民能入奴婢得以终身复[116]，为郎增秩[117]，乃入羊为郎，始于此。

其后四年[118]，而汉遣大将将六将军[119]、军十馀万，击右贤王[120]，获首虏万五千级[121]。明年[122]，大将军将六将军仍再出击胡，得首虏万九千级。捕斩首虏之士受赐黄金二十馀万斤，虏数万人皆得厚赏，衣食仰给县官[123]；而汉军之士马死者十馀万，兵甲之财转漕之费不与焉[124]。于是大农陈藏钱经秏[125]，赋税既竭[126]，犹不足以奉战士[127]。有司言："天子曰'朕闻五帝之教不相复而治[128]，禹汤之法不同道而王[129]，所由殊路[130]，而建德一也[131]。北边未安，朕甚悼之[132]。日者[133]，大将军攻匈奴，斩首虏万九千级，留蹛无所食[134]。议令民得买爵及赎禁锢免减罪'[135]。请置赏官[136]，命曰武功爵[137]。级十七万[138]，凡直三十馀万金[139]。诸买武功爵官首者试补吏[140]，先除[141]；千夫如五大夫[142]；其有罪又减二等[143]；爵得至乐卿[144]：以显军功。"军功多用越等[145]，大者封侯卿大夫，小者郎吏[146]。吏道杂而多端[147]，则官职秏废[148]。

自公孙弘以《春秋》之义绳臣下取汉相[149]，张汤用峻文决理为廷尉[150]，于是见知之法生[151]，而废格沮诽穷治之狱用矣[152]。其明年[153]，淮南、衡山、江都王谋反迹见[154]，而公卿寻端治之[155]，竟其党与[156]，而坐死者数万人[157]，长吏益惨急而法令明察[158]。

当是之时，招尊方正贤良文学之士[159]，或至公卿大夫[160]。公孙弘以汉相，布被，食不重味[161]，为天下先[162]。然无益于俗，稍骛于功利矣[163]。

其明年[164]，骠骑仍再出击胡[165]，获首四万。其秋，浑邪王率数万之众来降[166]，于是汉发车二万乘迎之。既至，受赏[167]，赐及有功之士。是岁费凡百馀巨万。

初，先是往十馀岁河决观[168]，梁、楚之地固已数困[169]，而缘河之郡堤塞河[170]，辄决坏[171]，费不可胜计。其后番係欲省底柱之漕[172]，穿汾、河渠以为溉田[173]，作者数万人；郑当时为渭漕渠回远[174]，凿直渠自长安至华阴，作者数万人；朔方亦穿渠，作者数万人；各历二三期[175]，功未就，费亦各巨万十数[176]。

天子为伐胡，盛养马[177]，马之来食长安者数万匹，卒牵掌者关中不足[178]，乃调旁近郡[179]。而胡降者皆衣食县官[180]，县官不给[181]，天子乃损膳[182]，解乘舆驷[183]，出御府禁藏以赡之[184]。

其明年[185]，山东被水灾[186]，民多饥乏，于是天子遣使者虚郡国仓廥以振贫民[187]。犹不足，又募豪富人相贷假[188]。尚不能相救，乃徙贫民于关以西[189]，及充朔方以南新秦中[190]，七十馀万口，衣食皆仰给县官。数岁，假予产业[191]，使者分部护之[192]，冠盖相望[193]。其费以亿计，不可胜数。

于是县官大空[194]。而富商大贾或蹛财役贫[195]，转毂百数[196]，废居居邑[197]，封君皆低首仰给[198]。冶铸煮盐[199]，财或累万金，而不佐国家之急[200]，黎民重困[201]。于是天子与公卿议，更钱造币以赡用[202]，而摧浮淫并兼之徒[203]。是时禁苑有白鹿而少府多银锡[204]。自孝文更造四铢钱[205]，至是岁四十馀年[206]，从建元以来[207]，用少，县官往往即多铜山而铸钱[208]，民亦间盗铸钱[209]，不可胜数。钱益多而轻[210]，物益少则贵[211]。有司言曰："古者皮币[212]，诸侯以聘享[213]。金有三等，黄金为上，白金为中[214]，赤金为下[215]。今半两钱法重四铢[216]，而奸或盗摩钱里取鋊[217]，钱益轻薄而物贵，则远方用币烦费不省。"乃以白鹿皮方尺，缘以藻缋[218]，为皮币，直四十万[219]。王侯宗室朝觐聘享[220]，必以皮币荐璧[221]，然后得行[222]。

又造银锡为白金。以为天用莫如龙[223]，地用莫如马，人用莫如龟，故白金三品[224]：其一曰重八两[225]，圜之[226]，其文龙[227]，名曰"白选"，直三千；二曰以重差小[228]，方之[229]，其文马，直五百；三曰复小[230]，椭之[231]，其文龟，直三百。令县官销半两钱[232]，更铸三铢钱，文如其重[233]。盗铸诸金钱罪皆死，而吏民之盗铸白金者不可胜数。

于是东郭咸阳、孔仅为大农丞[234]，领盐铁事[235]；桑弘羊以计算用事[236]，侍中[237]。咸阳，齐之大煮盐[238]，孔仅，南阳大冶[239]，皆致生累千金[240]，故郑当时进言之[241]。弘羊，雒阳贾人子[242]，以心计[243]，年十三侍中。故三人言利事析秋豪矣[244]。

法既益严，吏多废免[245]。兵革数动[246]，民多买复及五大夫[247]，征发之士益鲜[248]。于是除千夫五大夫为吏[249]，不欲者出马；故吏皆適令伐棘上林[250]，作昆明池[251]。

其明年[252]，大将军、骠骑大出击胡[253]，得首虏八九万级，赏赐五十万金，汉军马死者十馀万匹，转漕车甲之费不与焉[254]。是时财匮，战士颇不得禄矣[255]。

有司言三铢钱轻，易奸诈，乃更请诸郡国铸五铢钱[256]，周郭其下[257]，令不可磨取鋊焉。

大农上盐铁丞孔仅、咸阳言[258]："山海[259]，天地之藏也[260]，皆宜属少府，陛下不私[261]，以属大农佐赋[262]。愿募民自给费[263]，因官器作煮盐[264]，官与牢盆[265]。浮食奇民欲擅管山海之货[266]，以至富羡[267]，役利细民[268]。其沮事之议[269]，不可胜听。敢私铸铁器煮盐者，钛左趾[270]，没入其器物。郡不出铁者，置小铁官，便属在所县[271]。”使孔仅、东郭咸阳乘传举行天下盐铁[272]，作官府[273]，除故盐铁家富者为吏[274]。吏道益杂，不选[275]，而多贾人矣。

商贾以币之变[276]，多积货逐利[277]。于是公卿言：“郡国颇被灾害，贫民无产业者，募徙广饶之地[278]。陛下损膳省用，出禁钱以振元元[279]，宽贷赋[280]，而民不齐出于南亩[281]，商贾滋众[282]。贫者畜积无有，皆仰县官[283]。异时算轺车贾人缗钱皆有差[284]，请算如故。诸贾人末作贳贷卖买[285]，居邑稽诸物[286]，及商以取利者[287]，虽无市籍[288]，各以其物自占[289]，率缗钱二千而一算[290]。诸作有租及铸[291]，率缗钱四千一算。非吏比者三老、北边骑士[292]，轺车以一算；商贾人轺车二算；船五丈以上一算。匿不自占，占不悉[293]，戍边一岁，没入缗钱[294]。有能告者，以其半畀之[295]。贾人有市籍者，及其家属，皆无得籍名田[296]，以便农[297]。敢犯令，没入田僮[298]。”

天子乃思卜式之言[299]，召拜式为中郎[300]，爵左庶长[301]，赐田十顷[302]，布告天下，使明知之。

初，卜式者，河南人也[303]，以田畜为事[304]。亲死[305]，式有少弟。弟壮[306]，式脱身出分[307]，独取畜羊百馀，田宅财物尽予弟。式入山牧十馀岁，羊致千馀头[308]，买田宅。而其弟尽破其业[309]，式辄复分予弟者数矣[310]。是时汉方数使将击匈奴[311]，卜式上书，愿输家之半县官助边[312]。天子使使问式[313]：“欲官乎[314]？”式曰：“臣少牧，不习仕宦[315]，不愿也。”使问曰：“家岂有冤，欲言事乎？”式曰：“臣生与人无分争[316]。式邑人贫者贷之[317]，不善者教顺之[318]，所居人皆从式[319]，式何故见冤于人！无所欲言也。”使者曰：“苟如此[320]，子何欲而然[321]？”式曰：“天子诛匈奴，愚以为贤者宜死节于边[322]，有财者宜输委[323]，如此而匈奴可灭也。”使者具其言以入闻[324]。天子以语丞相弘[325]。弘曰：“此非人情。不轨之臣[326]，不可以为化而乱法[327]，愿陛下勿许。”于是上久不报式[328]，数岁，乃罢式[329]。式归，复田牧[330]。岁馀，会军数出[331]，浑邪王等降，县官费众[332]，仓府空[333]。其明年[334]，贫民大徙[335]，皆仰给县官，无以尽赡[336]。卜式持钱二十万予河南守[337]，以给徙民。河南上富人助贫人者籍[338]，天子见卜式名，识之[339]，曰“是固前而欲输其家半助边[340]。”乃赐式外繇四百人[341]。式又尽复予县官。是时富豪皆争匿财[342]，唯式尤欲输之助费[343]。天子于是以式终长者[344]，故尊显以风百姓[345]。

初，式不愿为郎。上曰：“吾有羊上林中，欲令子牧之。”式乃拜为郎，布衣屩而牧羊[346]。岁馀，羊肥息[347]。上过，见其羊，善之[348]。式曰：“非独羊也[349]，治民亦犹是也[350]。以时起居[351]；恶者辄斥去[352]，毋令败群[353]。”上以式为奇[354]，拜为缑氏令试之[355]，缑氏便之[356]。迁为成皋令[357]，将漕最[358]。上以为式朴忠[359]，拜为齐王太傅[360]。

而孔仅之使天下铸作器[361]，三年中拜为大农[362]，列于九卿[363]。而桑弘羊为大农丞，管诸会计事[364]，稍稍置均输以通货物矣[365]。

始令吏得入谷补官，郎至六百石[366]。

自造白金五铢钱后五岁，赦吏民之坐盗铸金钱死者数十万人。其不发觉相杀者[367]，不可胜计。赦自出者百馀万人[368]。然不能半自出[369]，天下大抵无虑皆铸金钱矣[370]。犯者众，吏不能尽诛取[371]，于是遣博士褚大、徐偃等分曹循行郡国[372]，举兼并之徒守相为利者[373]。而御史大夫张汤方隆贵用事[374]，减宣、杜周等为中丞[375]，义纵、尹齐、王温舒等用惨急刻深为九卿[376]，而直指夏兰之属始出矣[377]。

而大农颜异诛。初，异为济南亭长[378]，以廉直稍迁至九卿。上与张汤既造白鹿皮币。问异。异曰："今王侯朝贺以苍璧[379]，直数千[380]，而其皮荐反四十万，本末不相称。"天子不说[381]。张汤又与异有郤[382]，及有人告异以它议[383]。事下张汤治异[384]。异与客语[385]，客语初令下有不便者[386]，异不应[387]，微反唇[388]。汤奏当异九卿见令不便[389]，不入言而腹诽[390]，论死[391]。自是之后，有腹诽之法比[392]，而公卿大夫多谄谀取容矣[393]。

天子既下缗钱令而尊卜式[394]，百姓终莫分财佐县官[395]，于是杨可告缗钱纵矣[396]。

郡国多奸铸钱[397]，钱多轻，而公卿请令京师铸钟官赤侧[398]，一当五，赋官用非赤侧不得行[399]。白金稍贱，民不宝用[400]，县官以令禁之，无益。岁馀，白金终废不行。

是岁也，张汤死，而民不思。

其后二岁，赤侧钱贱，民巧法用之[401]，不便[402]，又废。于是悉禁郡国无铸钱[403]，专令上林三官铸[404]。钱既多，而令天下非三官钱不得行，诸郡国所前铸钱皆废销之[405]，输其铜三官。而民之铸钱益少，计其费不能相当[406]，唯真工大奸乃盗为之[407]。

卜式相齐[408]，而杨可告缗遍天下，中家以上大抵皆遇告[409]。杜周治之[410]，狱少反者[411]。乃分遣御史廷尉正监分曹往[412]，即治郡国缗钱[413]，得民财物以亿计，奴婢以千万数，田大县数百顷，小县百馀顷，宅亦如之[414]。于是商贾中家以上大率破[415]，民偷甘食好衣[416]，不事畜藏之产业[417]，而县官有盐铁缗钱之故[418]，用益饶矣[419]。

益广关[420]，置左右辅[421]。

初，大农管盐铁官布多[422]，置水衡[423]，欲以主盐铁[424]。及杨可告缗钱，上林财物众，乃令水衡主上林。上林既充满，益广。是时越欲与汉用船战逐[425]。乃大修昆明池[426]，列观环之[427]。治楼船[428]，高十馀丈，旗帜加其上，甚壮。于是天子感之，乃作柏梁台[429]，高数十丈。宫室之修，由此日丽。

乃分缗钱诸官[430]，而水衡、少府、大农、太仆各置农官[431]，往往即郡县比没入田田之[432]。其没入奴婢，分诸苑养狗马禽兽[433]，及与诸官。诸官益杂置多[434]，徒奴婢众[435]，而下河漕度四百万石[436]，及官自籴乃足[437]。

所忠言[438]："世家子弟富人或斗鸡走狗马[439]，弋猎博戏[440]，乱齐民[441]。"乃征诸犯令[442]，相引数千人[443]，命曰"株送徒[444]"。入财者得补郎，郎选衰矣[445]。

是时山东被河灾[446]，及岁不登数年[447]，人或相食[448]，方一二千里。天子怜之，诏曰："江南火耕水耨[449]，令饥民得流就食江淮间[450]，欲留[451]，留处[452]。"遣使冠盖相属于道[453]，护之，下巴蜀粟以振之[454]。

其明年[455]，天子始巡郡国[456]。东度河，河东守不意行至[457]，不辨[458]，自杀。行西逾陇[459]，陇西守以行往卒[460]，天子从官不得食，陇西守自杀。于是上北出萧关[461]，从数万骑[462]，猎新秦中[463]，以勒边兵而归[464]。新秦中或千里无亭徼[465]，于是诛北地太守以下，而令民得畜牧边县，官假马母[466]，三岁而归[467]，及息什一[468]，以除告缗[469]，用充仞新秦中[470]。

既得宝鼎[471]，立后土、太一祠[472]，公卿议封禅事[473]，而天下郡国皆豫治道桥[474]，缮故宫，及当驰道县[475]，县治官储[476]，设供具[477]，而望以待幸[478]。

其明年[479]，南越反，西羌侵边为桀[480]。于是天子为山东不赡，赦天下，因南方楼船卒二十馀万人击南越[481]，数万人发三河以西骑击西羌[482]，又数万人度河筑令居[483]。初置张掖、酒泉郡，而上郡、朔方、西河、河西开田官[484]，斥塞卒六十万人戍田之[485]。中国缮道馈粮[486]，远者三千，近者千馀里，皆仰给大农。边兵不足，乃发武库工官兵器以赡之[487]。车骑马乏绝，县官钱少，买马难得，乃著令[488]，令封君以下至三百石以上吏，以差出牝马天下亭[489]，亭有畜牸马[490]，岁课息[491]。

齐相卜式上书曰："臣闻主忧臣辱。南越反，臣愿父子齐习船者往死之[492]。"天子下诏曰："卜式虽躬耕牧[493]，不以为利[494]，有馀辄助县官之用[495]。今天子不幸有急[496]，而式奋愿父子死之[497]，虽未战，可谓义形于内[498]。赐爵关内侯[499]，金六十斤，田十顷。"布告天下，天下莫应[500]。列侯以百数[501]，皆莫求从军击羌、越。至酎[502]，少府省金[503]，而列侯坐酎金失侯者百馀人[504]。乃拜式为御史大夫。

式既在位，见郡国多不便县官作盐铁[505]，铁器苦恶[506]，贾贵[507]，或强令民卖买之。而船有算[508]，商者少，物贵，乃因孔仅言船算事[509]。上由是不悦卜式[510]。

汉连兵三岁[511]，诛羌[512]，灭南越。番禺以西至蜀南者置初郡十七[513]，且以其故俗治[514]，毋赋税。南阳、汉中以往郡[515]，各以地比给初郡吏卒奉食币物[516]，传车马被具[517]。而初郡时时小反，杀吏，汉发南方吏卒往诛之，间岁万馀人[518]，费皆仰给大农。大农以均输调盐铁助赋[519]，故能赡之[520]。然兵所过县，为以訾给毋乏而已[521]，不敢言擅赋法矣[522]。

其明年，元封元年，卜式贬秩为太子太傅[523]。而桑弘羊为治粟都尉[524]，领大农[525]，尽代仅管天下盐铁[526]。弘羊以诸官各自市[527]，相与争，物故腾跃，而天下赋输或不偿其僦费[528]，乃请置大农部丞数十人[529]，分部主郡国，各往往县置均输盐铁官[530]，令远方各以其物贵时商贾所转贩者为赋[531]，而相灌输[532]。置平准于京师[533]，都受天下委输[534]。召工官治车诸器[535]，皆仰给大农。大农之诸官尽笼天下之货物[536]，贵即卖之，贱则买之。如此富商大贾无所牟大利[537]，则反本，而万物不得腾踊[538]。故抑天下物[539]，名曰“平准”。天子以为然[540]，许之[541]。于是天子北至朔方，东到太山[542]，巡海上[543]，并北边以归[544]。所过赏赐[545]，用帛百馀万匹，钱金以巨万计，皆取足大农。

弘羊又请令吏得入粟补官，及罪人赎罪。令民能入粟甘泉各有差，以复终身[546]，不告缗[547]。他郡各输急处[548]，而诸农各致粟[549]，山东漕益岁六百万石[550]。一岁之中，太仓、甘泉仓满，边馀谷[551]诸物均输帛五百万匹[552]，民不益赋而天下用饶[553]。于是弘羊赐爵左庶长[554]，黄金再百斤焉[555]。

是岁小旱，上令官求雨。卜式言曰：“县官当食租衣税而已[556]，今弘羊令吏坐市列肆[557]，贩物求利。亨弘羊[558]，天乃雨。”

太史公曰[559]：农工商交易之路通，而龟贝金钱刀布之币兴焉[560]。所从来久远[561]，自高辛氏之前尚矣[562]，靡得而记云[563]。故《书》道唐虞之际[564]，《诗》述殷周之世[565]，安宁则长庠序[566]，先本绌末[567]，以礼义防于利[568]；事变多故而亦反是[569]。是以物盛则衰[570]，时极而转[571]，一质一文[572]，终始之变也[573]。《禹贡》九州[574]，各因其土地所宜[575]，人民所多少而纳职焉[576]。汤、武承弊易变[577]，使民不倦[578]，各兢兢所以为治[579]，而稍陵迟衰微[580]。齐桓公用管仲之谋[581]，通轻重之权[582]，徼山海之业[583]，以朝诸侯[584]，用区区之齐显成霸名[585]。魏用李克[586]，尽地力[587]，为强君。自是之后，天下争于战国，贵诈力而贱仁义[588]，先富有而后推让[589]。故庶人之富者或累巨万，而贫者或不厌糟糠[590]；有国强者或并群小以臣诸侯[591]，而弱国或绝祀而灭世[592]。以至于秦[593]，卒并海内[594]。虞、夏之币[595]，金为三品[596]：或黄，或白，或赤[597]；或钱，或布，或刀，或龟贝。及至秦，中一国之币分为二等[598]，黄金以溢名[599]，为上币；铜钱识曰半两[600]，重如其文，为下币。而珠玉、龟贝、银锡之属为器饰宝藏[601]，不为币，然各随时而轻重无常[602]。于是外攘夷狄[603]，内兴功业[604]，海内之士力耕不足粮饷[605]，女子纺绩不足衣服[606]。古者尝竭天下之资财以奉其上[607]，犹自以为不足也。无异故云[608]，事势之流[609]，相激使然[610]，曷足怪焉[611]？

【译文】

汉朝兴起时，承接的是秦朝社会凋敝的时局，成年男子都去从军打仗，年老体弱的人转运粮饷，社会生产负担艰巨，物资缺乏。即使天子的车子也不能备齐四匹毛色相同的马，有的将相只能乘坐牛车，老百姓家里没有任何积蓄。当时因为秦朝的钱币太重，不方便流通使用，朝廷改令让老百姓另外铸造榆荚钱，规定黄金一锭重一斤。简省法令并且减少禁律。但是那些不守法令、唯利是图的富商大贾，聚集富裕的产业，囤积市场货物，因此物价上涨，米价涨到每石一万钱，一匹马需要百金。

全国平定之后，高祖便下命令让商人不许穿丝织衣服，不许坐车，加重征收他们的租税，用这种办法使他们生活陷入困境，人格受到侮辱。孝惠帝、高后时期，因为天下刚刚安定，又放宽了困辱商贾的律令，但是商人的子孙仍不许做官，朝廷估量官吏的俸禄和官府的收入，以此来向百姓征收赋税。而山、川、园、池、市井的租税收入，以及自天子以下至于大小封君的汤沐邑收入，都作为各自私人的生活费用，不属于国家的官俸和军队费用。所以从山东经过水道运输给京城官员的粮食，每年不过数十万石。

到孝文帝时，荚钱越来越多，越来越轻，于是另外铸造四铢钱，钱币上的文字是“半两”，让百姓可以任意地自己造钱。因此，吴王刘濞只是一个诸侯，凭借着依靠铜山自己铸钱，富裕程度可以和天子比拟，后来最终叛乱。邓通不过是个大夫，因为铸钱，财产超过了诸侯王。当时吴、邓氏铸的钱币在天下流通，汉景帝禁止私自铸造钱币的禁律因此而生。

匈奴多次侵扰北部边境，边境有很多戍守的官兵，但是屯粮不足够供养他们。于是招募能给官府交纳粮食或者运送粮食到边地的百姓，给他们授予爵位，最高的可以到大庶长。

孝景帝时，由于上郡以西发生旱灾，又重新修订了卖爵令，降低爵位的价格以招徕百姓；触犯法律被判刑的犯人或者在官府服役的女犯人，都可以向官府缴纳粮食来免除罪行。增修马厩来宽裕军用，并且宫殿、列观、车马等也渐渐增多和装饰了。

到当今皇上汉武帝即位几年，那时自汉朝建国已经七十多年了，国家太平没有什么大事，除非遇到水灾旱灾，老百姓都能人人自给，家家满足。各个郡县的粮食都堆得满满的，府库也有很多多余的货物和财物。京城库府的财富积累千万，以致穿钱的绳子腐朽了，无法核实钱币。京城谷仓的粮食，陈粮加陈粮，相互积压，充满粮仓后有的粮食溢出来，露天堆积，以至腐烂不能食用。普通街巷中的百姓也有马匹，田野中的马匹更是成群，而且乘母马的人会受到排斥，不许和大家聚集会面。看守里巷大门的人吃的是精美的膳食，做官的人长期不调动，长久之后，把官职作为自己的姓氏别号。因此人人自爱，不触犯法律，把正义作为首要的事情，贬斥不正当的行为。当时，法网宽疏，百姓富足，因此出现了依仗财富骄横过分的人，有的人甚至吞并别人的土地，有的豪强结成一团，凭借威势在地方上主断是非曲直。皇室贵族、列侯、公卿等高级官员及以下，争相攀比奢侈，房屋、车马、服饰超过本分，没有限度，事物发展到鼎盛就会走向衰落，本来就是事物应有的变化。

从此以后，严助、朱买臣等招徕东瓯，治理闽越和南越，江淮之间骚扰不安烦扰耗费，唐蒙、司马相如开通西南夷的道路，为此凿山劈岭，修路一千多里，扩大了巴蜀与外界的联系，但是巴蜀的百姓疲劳不堪。彭吴开通到朝鲜的道路，讨伐朝鲜，设置了沧海郡，燕齐之地如风靡一般纷纷骚动。到了王恢在马邑计划伏兵袭击匈奴，匈奴断绝了和汉朝的和亲关系，不断侵扰北部边境，战争接连不断无法消解，天下百姓苦于繁重的徭役，并且战争还是接连不断，没有消除。外出服役打仗的人要随身携带衣食等东西，不出征的人要输送军需。朝廷供给士兵粮饷和费用，地方供给朝廷人力、财力。老百姓被耗费困乏，因而用巧诈的办法来逃避朝廷的法令。朝廷的财物消耗得不到富足地补充。向朝廷交纳财物的可以做官，拿出财货给政府的人可以免罪不判刑，选拔、推荐官吏的制度荒废了，有些人不顾廉耻，勇武有力的人得到重用，法律严酷而完备，主张用工商业来增加财政收入的官员从此产生了。

从此之后，汉朝的将军每年率领好几万骑兵出击匈奴，直到车骑将军卫青攻占匈奴河套以南的土地，在那里修建了朔方城。那时候，汉朝正在修通到西南夷的道路，修筑道路的有好几万人，从千里之外或背或挑，运送朝廷供给军队的粮食，大概六七十石粮经路途消耗后，只能有一石到达西南夷。在邛、僰地区散发钱币，以安定那里的人民。一连数年道路都没有修通，因此西南夷乘机屡次进攻，汉朝官吏发兵讨伐他们。用尽巴蜀地区的全部租税都不足以抵偿这种军事开支，于是招募有权势的人在西南夷地区种田，将收获的粮食交纳给地方政府，种田的人到都内令丞那里去领钱。东到沧海郡，服徭役的人的耗费和开通西南夷的耗费相等。又征发十万多人修筑并守卫朔方郡，水陆运输的路程都很遥远，山东地区都遭受了这个负担，花费数十万以至百万万，府库更加空虚。于是招募百姓能向政府缴纳奴婢的，可以终身免除劳役赋税，当官的可以提高级别和俸禄。向政府献羊者得郎官的例子，就始于此时。

此后四年，汉朝派遣大将军卫青统帅六位将军，十多万军队，出击匈奴右贤王，获得敌人首级和俘虏一万五千。第二年，大将军又统帅六位将军再次出击胡人，获得敌人首级和俘虏一万九千。赏赐给捕获敌人或者斩首敌人的将士的黄金达二十多万斤，投降的俘虏有几万人，也得到很多的赏赐，衣服、食物全都依赖朝廷供给。并且汉军战士、马匹死了十多万，军用物资、水陆运输的费用还都不计算在内。当时大司农库府旧存已经用尽，新收的赋税也已经用完，都不足够供给将士。有关的官员说："天子下诏说：'朕听说五帝的政教不相重复，但是社会安定，禹和汤法令不同，但都是一代之王，经由不同的道路，建立的恩德却是一样的。北部边境未得安宁，朕特别担忧。从前，大将军卫青攻匈奴，获得敌人首级和俘虏一万九千，而富人囤积财物，穷困的人没有粮食吃。你们商量一个可以让百姓出钱买爵和缴纳赎金免罪、减罪、解除终生不能做官禁律的办法。'请设置用于赏赐的官爵，命名为武功爵。每级卖价十七万钱，全部武功爵共值三十多万金。凡买武功爵到第五级的，被任用为吏的时候，可以优先任命官职；千夫与五大夫同等对待，均可以免除徭役，并任用为吏；买爵的人如果有罪，授予爵位要降低两个等级；乐卿以上的爵级只赏给有军功的人，不用来卖，以此来奖励军功。"因此很多有军功的越级提拔，功劳大的，可以做卿大夫；功劳小的可以做郎、吏。做官的途径杂乱并且很多，官吏们选拔的事情逐渐废弛。

自从公孙弘用《春秋》的道理纠正臣下，取得汉朝丞相的职位；张汤用苛酷严细的法律条文断案，当上了廷尉，于是"见知之法"产生，而"废格"、"沮诽"等严厉惩治的诉讼开始施行。元狩元年淮南、衡山、江都王谋反的事暴露出来，公卿们想方设法找线索审理此案，追究他们的党羽，犯死罪的人达到好几万，从此官吏更加狠毒，法令更加严明苛细。

那时候，朝廷正在招揽尊崇方正、贤良、文学之类的读书人，有的人官做到了公卿大夫。公孙弘虽然是汉朝丞相，盖的是布被子，不吃精美的膳食，想做天下人的榜样。但是对改变当时的社会风气没有作用，人们渐渐追求眼前的功效和利益了。

元狩二年，骠骑将军霍去病连续两次出击胡人，获得敌人首级四万。当年秋天，匈奴浑邪王率领几万人投降，于是，汉朝廷调发二万战车去迎接他们。浑邪王部众到达长安后，受到赏赐，连同有功将士也一起受赏。这一年的花费达一百多万万钱。

起初，十多年前黄河于观县冲开河堤，梁楚地区原来已经多次困乏，而沿河郡县堵塞黄河决口的筑堤，总是修好了又被冲坏，费用无法计算。后来番系为了废除底柱这条水道运输路线，开凿汾水和黄河的水渠来灌溉田地，修渠的人有好几万；郑当时认为关东的粮食从渭河中上，河道迂回曲折而遥远，建议从长安至华阴修直渠引渭水通黄河，发动数万人开凿漕渠；朔方郡也开凿河渠，发动数万人，都经过两三年，工程还没有完成，各地花费的钱都要以十万万为单位计算。

天子为讨伐胡人，大量养马，在长安饲养的马就有好几万匹，关中地区马夫数量不够用，就从附近各群征调。而投降的胡人都靠地方政府供给衣食，政府财力不足，天子就降低饮食标准，解下自己乘车上的马匹，从私人仓库中拿出财物供给胡人。

元狩三年，山东地区遭受水灾，老百姓大多饥饿困乏，于是天子派遣使者，取空郡国仓库中的物资救济贫民。但是仍不够用，又招募富人借贷粮食给贫民，还是不能救济全部灾民，就把贫民迁徙到函谷关以西地区，或充实到朔方郡以南的新秦中去，约七十余万人，衣服、食物都靠地方政府供给。在刚迁去的几年，政府借给他们生产生活必需品，派官吏分部监督他们，天子的使者很多，他们坐在车上来来往往前后都能互相看见，络绎不绝。移民的费用以亿来计算，多到不可计算。

所以地方政府没有经费了。然而富商大贾有的囤积财物，役使贫民；前呼后拥，运输的车子用百来计算；住在城里的人买进卖出，有封地的列侯都对他们低头依靠。商人冶炼铸造铁器、煮盐，有的人家财积累到万金，但是不帮助国家解决困难，黎民百姓加重了贫困。于是天子与公卿大臣们商议，另外铸造钱币来充裕费用，并且打击摧毁那些轻薄淫佚的兼并土地的人。当时上林苑中有白鹿，少府有许多银、锡。从孝文帝改荚钱到四铢钱以来，已有四十多年。从建元年间以来，用度不足，地方政府往往在产铜多的山旁边铸钱，民间也暗中非法铸钱，多得数不清。钱越来越多就变得不值钱，货物越来越少就变得很昂贵。有司说："古时候，诸侯用皮币作为互访和进贡的礼品。金有三等，黄金是上等，银为中等，铜为下等。如今的半两钱标准重量是四铢，但是不守法的人刮磨钱的背面来取得铜屑，使得钱越来越薄物价越来越贵，而且边远地区用钱很不方便。"于是用一尺见方的白鹿皮，以彩色花纹装饰边缘，制成皮币，每张价值四十万钱，规定王侯宗室来朝拜天子，都要用白鹿皮币垫衬在碧玉下面，然后才能行朝见天子的礼仪。

又用银锡制成白金，认为天使用的没有比龙作花纹图案更好的，地使用的没有比马作花纹图案更好的，人使用的没有比龟作花纹图案更好的，所以把白金分成三种：第一种重八两，圆形，花纹是龙，钱币的名称是"白选"，价值三千钱；第二种重量略微小一些，方形，花纹是马，价值五百钱；第三种又更小一些，椭圆形，花纹是龟，价值三百钱。命令官府销熔半两钱，另外铸造三铢钱，钱上的文字与钱的重量一致。盗铸各种钱币的一律是死罪，但是盗铸白金的吏民仍是不可胜数。

当时东郭咸阳、孔仅是大农丞，管理盐铁的事情；桑弘羊因为善于计算当权，被任命为侍中。东郭咸阳是齐地的大盐商，孔仅是南阳地区的大铁商，财富都积累到千金以上，所以郑当时向朝廷引进推荐了他们。桑弘羊，是洛阳商人的儿子，善于心算，十三岁就当了侍中。这三人谈盈利的事情像分开毫毛那样细致准确。

法律既然越来越严酷，官吏多因罪被罢免官职。战争多次发生，百姓大多交纳财物买得五大夫官爵，以此换取免除徭役。朝廷可以征调的士兵越来越少。于是强制任命有千夫、五大夫爵位的人做官，不愿当官的要向官府交马匹；因罪被罢免的官吏被罚到上林苑砍伐灌木，或者去开凿昆明池。

元狩四年，大将军卫青、骠骑将军霍去病大举出兵攻打匈奴，获得敌人首级和俘虏八九万，赏赐有功将士五十万金，汉朝战马死了十多万，水陆运输和制造兵车衣甲的费用还不计算在内。当时财政匮乏，战士很多时候得不到俸禄。

有关机构的人说三铢钱重量轻，容易从中造假，建议由各郡改铸五铢钱，在钱的无文字的一面的周围和钱孔的四周铸上突起的边，使人无法磨取铜屑。

大农令向皇帝上奏盐铁丞孔仅、东郭咸阳的话说：“山林湖泽等赋税收入是天地储藏的财富，都应该属于少府，陛下不把它们作为私人的俸养，而把它归属于大农来辅助国家的赋税。希望朝廷招募百姓自己出本钱，利用官府的器具煮盐、铸铁，官府提供牢固的铁盆。一些权诈之人想擅自占有盐铁来求取富裕，役使小民而获利。他们反对盐铁官营的议论，是听也听不完的。建议如果有发现敢私铸铁器、煮盐的，钛其左脚趾，没收他的器物用具。不产铁的郡县，设置小铁官，管辖所在县的铁器。”于是天子使孔仅、东郭咸阳乘着专使的车子到各地去巡视监办官办盐铁的事情，设置主管盐铁的官府机构，任用原来经营盐铁的商人当官吏。做官的道理更加杂乱，不再通过推荐选拔，官吏中有许多是商人。

商人因为货币的变革，大多积贮货物来追逐利润。于是公卿大臣建议说：“郡国很受灾害的影响，贫民中有很多没有产业的，国家招募他们迁徙到广阔而富饶的地方。陛下降低膳食等级、节省费用，拿出少府的钱赈济庶民，同时宽免赋税。然而百姓仍不能全部回到田地中耕种，商人数目不断增加。贫民没有积蓄，完全依靠地方政府供给衣食。过去按照税率征收商人轺车费、缗钱税，有多少不同的差别，请准许像原来一样征收。各种商人末业，如放高利贷的，住在城里囤积各种货物的，以及其他各种靠商业取利的，即使没有商人的户籍，也要按各自的情况实报，一律二千缗钱为一算。各种手工业产品中有应该纳税的和自己铸造出卖的，一律四千缗为一算。不属于官吏的三老、北部边境的骑兵，如有轺车，一辆为一算；商人有轺车一辆为二算；船长五丈以上的为一算。有隐匿不自报或者不报全部的，罚守边一年，没收隐瞒不报的财产。有能告发的，给告发的人被没收缗钱的一半。商人有户籍的，连同他的家属，都不许占有土地，为了对农民有利。有敢违犯此令的，没收他的田地和奴仆。”

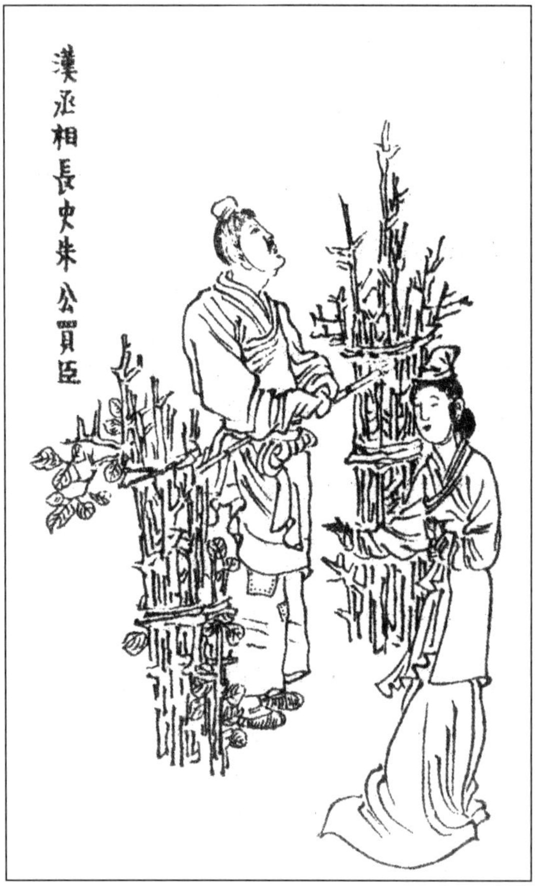

汉武帝于是想起卜式的话，召来卜式并授予他官职，封他做中郎，爵位为左庶长，赐给他农田十顷，还布

告天下，使每个人都知道卜式的事迹。

起初，卜式是河南郡人，以种田畜牧为业。父母去世后，留下一个年少的弟弟。等弟弟长大成人，卜式从家庭出来和弟弟分开，自己只要了一百多只羊，其余田地、房屋等全都留给弟弟。从此卜式进山牧羊，经过十多年，羊繁育到了一千多只，买了田地宅舍。而他的弟弟却完全破了产。卜式总是把自己的产业分给弟弟，这种情况有很多次。这时候汉朝正多次派兵攻打匈奴，卜式上书说，愿意向官府捐助一半家产，资助边防费用。汉武帝派使者问他："你是想做官吗？"卜式说："我从小放牧，不熟习官场的事，不愿做官。"使者又问："是不是家中有冤屈，有话要对天子说？"卜式道："臣生来与人无争，同邑人有贫穷的，我就借钱给他，不善良的我就教训他，邻里人都顺从我，我怎么会受人冤屈呢？没有要对天子申诉的。"使者说："假如这样，你有什么想法要这么做？"卜式说："天子要讨伐匈奴，我认为贤能的人应该在边关为气节而死，有财富的人应该贡献积蓄的财物，这样才能灭掉匈奴。"使者把他的话全部报告给天子。天子又告诉了丞相公孙弘。公孙弘说："这种说法不合人情。这种不守法的人，不可以作为政教风化而扰乱法纪，希望陛下不要答应他的请求。"于是天子很久没答复卜式，过了几年，才遣回卜式。卜式回家后，依旧种田放牧。过了一年多，恰好赶上朝廷屡次出征，浑邪王等人投降，地方政府花费很多，粮仓和钱库空虚。元狩三年，贫民大迁徙，都靠地方政府供给，没有办法全部供给。卜式拿着二十万钱交给河南郡守，作为迁徙百姓的费用。河南郡呈上富人资助贫人的名册，天子见到上面卜式的名子，还能记得这个名字，说道："此人从前就想捐献一半家产，补助边防费用。"于是赏赐卜式代役费四百人，卜式又全部捐献给了官府。那时候富豪人家争先隐匿家产，只有卜式特别愿意出资帮助官府。汉武帝认为卜式是位严谨宽厚有德行的人，使他尊贵显荣来教化百姓。

起初，卜式不愿做郎官。汉武帝说："我在上林苑中有羊，想请你替我放牧。"卜式才做了郎官，穿着布衣草鞋放羊。一年多后，羊群肥壮并且繁殖了很多。天子路过这里，看到羊群，认为他放牧得好。卜式说："不仅是羊，治理百姓与这是同一道理。让它们按时起居，把不好的立即淘汰，不要让它败坏羊群。"天子认为卜式很杰出，封他为缑氏令，试用他的本领，缑氏百姓安乐舒服。卜式升任为成皋令，扶助水运功劳最大。天子认为卜式为人忠诚老实，派他做了齐王太傅。

孔仅出使各地铸造铁器，三年之内升任为大农令，位列于九卿。桑弘羊当上了大农丞，管理有关管理财务的事务，慢慢设置均输制度来流通货物。

这时期开始允许官吏缴纳谷物来提高官位的级别，郎官缴纳的谷物最高可以达到薪俸为六百石的级别。

制造白金和五铢钱的第五年，赦免因盗铸金钱获死罪的官民达到几十万人，未被官府发现而怕告发互相残杀的人，不能数尽。赦免投案自首的有一百多万人。但是投案自首的人还不到盗铸者的一半，普天之下大概所有人都无顾忌地盗铸金钱了。犯罪的人太多，官吏不可能把他们全都诛杀捕获，于是朝廷派遣博士褚大、徐偃等人分批巡察郡国，揭发、检举兼并土地的富商和利用职权图谋私利的郡守、国相。这时御史大夫张汤正处在官势显贵、掌权的时候，减宣、杜周等人任御史中丞，义纵、尹齐、王温舒等人因为执法严酷凶狠刻毒而作了地位列于九卿的官，而绣衣直指夏兰之流也开始出现了。

接着有大农令颜异被杀的事发生。起初，颜异是济南的一个亭长，因办事清廉正直，一步步升迁到九卿。汉武帝与张汤制造了白鹿皮币，问颜异有什么看法，颜异说："如今诸侯王朝见天子有青绿色的玉，价值不过几千钱，但是作为垫衬的皮币反而值四十万，本末不相称。"天子听了很不高兴。张汤平时又与颜异有些过节，等到有人以对政令有不同看法的罪名告发颜异，这个案件交给张汤审理。颜异曾经与客人谈话，客人说到某法令刚刚颁布时有些不适宜，颜异没发表意见，只是微微翻动嘴唇。张汤上奏判罪的意见中说，颜异身为九卿，看见法令有不适宜之处，不向朝廷进言，只在心中认为不对，应定死罪。从此之后，有了"腹诽"的法例，而公卿大夫多以谄媚逢迎、曲从讨好、取悦于上了。

天子既颁发了缗钱令并且尊崇卜式为天下人的榜样，可是百姓终究没有人肯拿出钱财帮助地方政府，杨可主持的告发隐瞒资产逃税的工作广泛展开。

郡国制币，有许多掺杂铅锡铸造钱币和减料使钱币重量不足的，钱币大多很轻。因而公卿大夫请求命令京城钟官铸造赤侧钱，一个当五个，纳税及给政府缴款，不是赤侧钱不许使用。白金的价值降低了，百姓不再爱用，县官下令禁止这种情况，仍无作用。一年多后，白金终于废止不用。

这一年，张汤死，而百姓对他毫无思念之情。

此后二年，赤侧钱又不值钱，老百姓用巧诈的办法，把它花出去，这不适当，赤侧钱又被废弃了。于是下令完全禁止郡国铸钱，专门命上林苑三官铸钱。钱既然铸的很多，便下令天下，凡不是三官铸造的钱币不许使用，诸郡国以前铸造的钱币全都熔化，把销钱得到的铜上缴三官。百姓铸钱的事逐渐减少，因为计算铸成钱的耗费与钱币的价值不能相抵，只有铸钱技术高超的人和财势雄厚的豪民有能力盗铸。

卜式作了齐国的国相，杨可主持的告发隐匿缗钱的事遍及天下，中等财产以上的人家大都被告发。由杜周审理这些案件，很少有能翻案的。同时分别派遣御史、廷尉、正监等官员分批前往，处理郡国内告发出来的违反缗钱法的案件，得到老百姓的钱物以亿来计算，奴婢数目有上千万，田地，大县有数百顷，小县有一百多顷，房产也像财物、奴婢、田地一样多。于是商人中中等以上人家大约全都破产了，从此老百姓苟且满足于美衣美食，不再积贮自己的产业，而朝廷因为有官办盐铁和告缗钱的原因，财政费用渐渐富足。

接着，增大函谷关区域东西的距离，设置左右京辅都尉。

起初，大农所管的盐铁官分布甚多，因此设置了水衡都尉，想让他主管盐铁事。等到杨可告发隐匿缗钱的事发生后，上林苑有许多财物，就命令水衡主管上林苑。上林苑的财物已经装满，便扩大上林苑的规模。这时，南越打算与汉朝水上作战，朝廷于是大规模修建昆明池，高楼台馆排列环绕。建造楼船，有十多丈高，上面插着旗子，很是壮观。天子受这气派的感染，建造了柏梁台，高度有数十丈。修建的宫室，也从此更加富丽。

于是把缗钱分给各官府，而水衡、少府、大农、太仆还各自设置了农官，就到处去耕种各郡县近来没收的田地。没收来的奴婢，则分给诸苑囿，让他们喂养狗马禽兽，或者分给各个官府。各个官府杂乱设置的官员很多，服劳役的罪犯和丧失自由的人多，每年由黄河漕运至京的粮食大约四百万石，还要官府自己买进粮食才能够用。

所忠进言说："世家子弟和富人，或斗鸡赛狗赛马，或射猎赌博游戏，扰乱平民的生活。"于是惩罚触犯法令的人，让他们互相揭发，牵连的人达到数千，称为"株送徒"。向朝廷交纳财物的就可以做郎官，郎官的选拔制度衰败了。

这时山东地区遭受黄河水灾，一连数年颗米不收，在灾区方圆一二千里之内，发生人吃人的情况。天子哀怜灾区百姓，下诏书说："江南火耕水耨，命饥民到江淮地区谋生，想留下在江南，可以让他们留下居住。"朝廷派遣的使者，坐着车子，来往于道路。车子连着车子，络绎不绝，管理这些灾民，同时从巴、蜀运粮来救济他们。

元鼎四年，天子开始巡察郡国。向东渡过黄河，河东郡的太守没有料到天子会来，没有备办迎接圣驾的事宜，畏罪自杀。天子又西行穿过陇山，陇西太守因为天子突然来到，天子的随从官员没有吃上饭，陇西太守也自杀。于是天子向北出萧关，数万骑兵随从，在新秦地区射猎，以统帅边境的士兵，然后回到京城。新秦地区有的地方千里之间没有设置防御工程，于是把北地太守以下官员全部杀掉，并命令百姓可以到边境各县放牧牲畜，官府借给他们母马，满三年归还，利息十分之一，又废除告缗令，以此充实新秦中地区。

既然汉武帝已经得到宝鼎，设立了后土祠、太一祠，公卿大臣讨论有关封禅的事宜，随即天下郡国都在预先修桥铺路，修缮原有的宫室，那些临近驰道的郡县，县县储备物资，设置酒食用的器皿，翘首等待着皇帝亲临。

元鼎五年，南越反叛，西羌侵犯边境，十分凶暴。当时天子因为山东地区收成不好，赦免天下囚犯，利用南方的楼船，派遣二十多万士兵攻打南越，征发三河以西的数万骑兵进攻西羌，又派数万人渡过黄河，修筑令居城。这一年初次设置了张掖郡、酒泉郡，而在上郡、朔方、西河、河西等地开设田官署，安排六十万人在那里，一面戍守边疆，一面屯田。国中则修缮道路以运粮饷，路远的达三千里，近的也有一千多里，全由大农供给。边境的兵器不足，就调动武库和工官的兵器来满足那里的需要。兵车和战马不够，县官钱少，很难买到马匹，就制定一项法令：封君以下至年俸三百石以上的官吏，按照等级不同缴纳不同数目的母马给全国各亭，使每亭都有母马，政府每年征收利息。

齐国相卜式上书说："为臣听闻天子有忧虑，是臣子的耻辱。如今南越反叛，臣父子愿意率领齐国擅长驾船的人一起战死于南越战场。”天子下诏说：“过去卜式是个耕田放牧的人，不把耕牧作为自己的私利，每有剩余，就资助地方政府的费用。如今天下不幸，有危急的事发生，而卜式发奋，请求父子为此献身，即使没有参加战斗，忠君报国的正义之心从内心表现出来。赏赐给他关内侯的爵位，黄金六十斤，农田十顷。”布告天下，但天下没有人响应。列侯有上百名，没有一人要求从军与羌、越作战。于是到了用酎酒祭祀宗庙的时候，命令审查列侯所缴纳的助祭黄金，因为犯助祭金轻重或成色不合格罪而失掉列侯爵位的有一百多人。于是朝廷拜卜式为御史大夫。

卜式既有了御史大夫的官位，见到许多郡国感到盐铁官营的不便，如铁器质量不好，价钱昂贵，还有的强迫百姓买官作的铁器。因为船有税，商人少，物价昂贵。于是通过孔仅上书反映船只收税的事。天子从此对卜式很不满意。

汉朝连续出兵三年，平定了西羌入侵的军队，灭掉了南越国。在番禺以西到蜀郡以南设置十七个新郡，暂且按照他们原有习惯风俗治理，不征收赋税。南阳、汉中以南各郡，各个根据地区附近的情况，供给新郡官吏士兵俸禄和钱财，以及传车传马和驾车乘马的器具。但是新郡时常有小小的叛乱，诛杀官吏，汉朝征发南方的官吏兵卒前往讨伐他们，隔一年就有数万人，费用都靠大农供给。大农由均输官协调各地盐铁的运销，所得盈利补助国家的赋税收入，所以能够供给军用。然而军队路过的县城，不过做到使供给尽量不缺乏，不能擅自定赋税办法而拒不供给。

第二年，即元封元年，卜式降职做了太子太傅。而桑弘羊任治粟都尉，同时主管大农令，完全代替孔仅管理天下盐铁。桑弘羊认为各地官员各自做买卖，相互间竞争，所以物价上涨，天下所缴赋税，有的运到京师还不能抵偿雇人运输的费用。桑弘羊请求设立大农部丞数十人，分别掌管各郡国的事务，各县又处处设置均输官和盐铁官。命令边远地区物价高时，商人从该地区向外地贩运的物品卖价来缴纳赋税，由各地官府互相疏通。在京师设置平准官，总管全国各地运至京师的货物。召雇工官制造车辆等各种器物，都由大农供给。大农所属各官，全部独揽了天下的货物，物价贵的时候则卖出，物件便宜的时候则买入。这样，富商大贾无从牟取大利，就会返回本业去务农，而所有商品都不会出现涨价的现象。由于控制全国物价，所以称之为“平准”。天子认为很有道理，批准桑弘羊的平准均输主张。于是天子向北巡游到朔方郡，向东到泰山，又巡行海上，沿着北边边境回来，所经过的地方，都有赏赐，用掉帛一百多万匹，钱、金以万万计，全由大农支出。

桑弘羊又请求允许官吏向朝廷缴纳粮食来升迁官职，以及罪人交纳粮食赎罪。百姓能向甘泉仓按照规定缴纳粮食的，免除终身徭役，而且不受告缗法令的惩处。甘泉附近以外的郡交纳粮食的人把粮食运送到急需的地方，各农官把收获的粮食交给朝廷，山东地区漕运到京的粮食每年增加了六百万石。一年之中，太仓、甘泉宫仓堆满了粮食，边境上有了余粮，各地货物按均输法统一销售，帛盈利五百万匹。不向百姓增收赋税而国家用度得到满足。于是皇帝给桑弘羊赐爵为左庶长，又赏赐黄金一百斤。

这一年小旱，天子派遣官员求雨。卜式进言说：“朝廷官吏的衣食费用，应当都依靠租税收入，如今桑弘羊让官吏在集市上做买卖，卖东西求取利润，煮了桑弘羊，天才会下雨。”

太史公说：农工商之间相互贸易的道路沟通了，龟、贝、金、钱、刀、布等货币产生。这种情况由来很久了，高辛氏以前的事情年代太远，没有得到记载。《尚书》最早讲到唐虞时期的事情，《诗经》最早讲到殷周时期的事情，一般是世道安宁则崇尚学校，优先发展农业而排斥工商业，用礼义防止贪利；事物发展变化多患难，即与此相反。因此事物发展到极点就会衰落，时代到了极点就会转变，一时质朴，一时有文采，一事物终结了，另一事物又开始了。《禹贡》中的九州，各自根据其土地所适宜种植、人民所有的多少交纳贡品。商汤和周武王承接前朝弊政，加以改变，使百姓不疲劳，他们小心谨慎，以此来治理国家，但是已经渐渐衰颓了。齐桓公采用管仲的计谋，平衡货币流通，从山海的事业中求取财富，使诸侯来朝见，凭借小小的齐国成就了霸主的名声。魏国任用李克，充分利用土地的生产潜力，发展农业生产，使魏国成了强国。从此以后，在战国时期天下争霸，崇尚欺诈和武力，轻视仁义道德，以富有之道为先，以谦让礼仪为后。所以百姓中间富有的财产累积万万，而贫穷的连粗劣的食物也吃不饱；诸侯国强大的吞并小国而使诸侯称臣，弱小者有的断绝祭祀并且亡国。到了秦朝，终于使海内统一。虞、夏时的货币，金有三种：或者黄、或者白、或者赤；此外或者用钱，或者用布，或者用刀，或者用龟贝。及到了秦朝，统一全国的货币，并且分为二等：黄金以镒为单位，是上等货币；铜钱上表示面额的文字是“半两”，重量与文字相同，是下等货币。而珠玉、龟贝、银锡之类只作为器物的装饰物，不作货币使用。然而价格随时不同，贵贱无常。对外排斥夷敌，对内建立功勋事业，天下男子尽力耕种也不够供给粮饷，女子纺织也不足穿衣。古时曾经竭尽天下的资财以供奉天子，天子仍以为不够使用。没有别的原因，主要是当时各种事物流动影响，互相阻遏造成的，有什么可奇怪的呢？

（吴新江　注译）

卷三十一
吴太伯世家第一

注释查阅　译文诵读

吴太伯，太伯弟仲雍，皆周太王之子，而王季历之兄也。季历贤，而有圣子昌，太王欲立季历以及昌，于是太伯、仲雍二人乃奔荆蛮[1]，文身断发[2]，示不可用[3]，以避季历。季历果立，是为王季，而昌为文王。太伯之奔荆蛮，自号句吴[4]。荆蛮义之，从而归之千余家，立为吴太伯。

太伯卒，无子，弟仲雍立，是为吴仲雍。仲雍卒，子季简立。季简卒，子叔达立。叔达卒，子周章立。是时周武王克殷[5]，求太伯、仲雍之后，得周章。周章已君吴，因而封之。乃封周章弟虞仲于周之北故夏虚[6]，是为虞仲，列为诸侯。

周章卒，子熊遂立。熊遂卒，子柯相立。柯相卒，子彊鸠夷立。彊鸠夷卒，子馀桥疑吾立。馀桥疑吾卒，子柯卢立。柯卢卒，子周繇立。周繇卒，子屈羽立。屈羽卒，子夷吾立。夷吾卒，子禽处立。禽处卒，子转立。转卒，子颇高立。颇高卒，子句卑立。是时晋献公灭周北虞公[7]，以开晋伐虢也[8]。句卑卒，子去齐立。去齐卒，子寿梦立。寿梦立而吴始益大，称王。

自太伯作吴[9]，五世而武王克殷，封其后为二：其一虞，在中国[10]；其一吴，在夷蛮。十二世而晋灭中国之虞。中国之虞灭二世，而夷蛮之吴兴。大凡从太伯至寿梦十九世。[11]

王寿梦二年，楚之亡大夫申公巫臣怨楚将子反而奔晋，自晋使吴，教吴用兵乘车，令其子为吴行人[12]，吴于是始通于中国。吴伐楚。十六年，楚共王伐吴，至衡山[13]。

二十五年，王寿梦卒。寿梦有子四人，长曰诸樊，次曰馀祭[14]，次曰馀眛，次曰季札。季札贤，而寿梦欲立之，季札让不可，于是乃立长子诸樊，摄行事当国[15]。

王诸樊元年，诸樊已除丧[16]，让位季札。季札谢曰[17]：“曹宣公之卒也，诸侯与曹人不义曹君[18]，将立子臧，子臧去之，以成曹君，君子曰‘能守节矣’[19]。君义嗣[20]，谁敢干君！[21]有国[22]，非吾节也。札虽不材，愿附于子臧之义[23]。”吴人固立季札[24]，季札弃其室而耕，乃舍之[25]。秋，吴伐楚，楚败我师。四年，晋平公初立。

十三年，王诸樊卒。有命授弟馀祭，欲传以次[26]，必致国于季札而止，以称先王寿梦之意[27]，且嘉季札之义，兄弟皆欲致国，令以渐至焉。季札封于延陵[28]，故号曰延陵季子。

王馀祭三年，齐相庆封有罪，自齐来奔吴。吴予庆封朱方之县[29]，以为奉邑[30]，以女妻之，富于在齐。

四年，吴使季札聘于鲁[31]，请观周乐[32]。为歌《周南》、《召南》[33]。曰："美哉，始基之矣[34]，犹未也[35]。然勤而不怨[36]。”歌《邶》、《鄘》、《卫》[37]，曰："美哉，渊乎[38]，忧而不困者也[39]。吾闻卫康叔、武公之德如是[40]，是其《卫风》乎？”歌《王》[41]，曰："美哉，思而不惧[42]，其周之东乎[43]？”歌《郑》[44]，曰："其细已甚[45]，民不堪也，是其先亡乎[46]？”歌《齐》[47]，曰："美哉，泱泱乎[48]大风也哉[49]。表东海者[50]，其太公乎[51]？国未可量也。”歌《豳》[52]，曰："美哉，荡荡乎[53]，乐而不淫[54]，其周公之东乎[55]？”歌《秦》[56]，曰："此之谓夏声[57]。夫能夏则大[58]，大之至也，其周之旧乎？”歌《魏》[59]，曰："美哉，沨沨乎[60]，大而宽，俭而易行[61]，行以德辅，此则盟主也。”歌《唐》[62]。曰："思深哉，其有陶唐氏之遗风乎[63]？不然，何忧之远也？非令德之后[64]，谁能若是！”歌《陈》[65]，曰："国无主，其能久乎？”自《郐》以下[66]，无讥焉[67]。歌《小雅》，曰："美哉，思而不贰[68]，怨而不言，其周德之衰乎[69]？犹有先王之遗民也。”歌《大雅》，曰："广哉，熙熙乎[70]，曲而有直体[71]，其文王之德乎？”歌《颂》[72]，曰："至矣哉，直而不倨[73]，曲而不诎[74]，近而不偪[75]，远而不携[76]，迁而不淫[77]，复而不厌[78]，哀而不愁，乐而不荒[79]，用而不匮[80]，广而不宣[81]，施而不费[82]，取而不贪[83]，处而不底[84]，行而不流[85]。五声和[86]，八风平[87]，节有度[88]，守有序[89]，盛德之所同也[90]。”见舞《象箾》、《南籥》者[91]，曰："美哉，犹有感[92]。”见舞《大武》[93]，曰："美哉，周之盛也其若此乎？”见舞《韶濩》者[94]，曰："圣人之弘也，犹有惭德[95]，圣人之难也！”见舞《大夏》[96]，曰："美哉，勤而不德[97]！非禹，其谁能及之？”见舞《招箾》[98]，曰："德至矣哉，大矣，如天之无不焘也[99]，如地之无不载也，虽甚盛德[100]，无以加矣。观止矣[101]，若有他乐[102]，吾不敢观。”

去鲁，遂使齐。说晏平仲曰[103]："子速纳邑与政[104]。无邑无政，乃免于难。齐国之政将有所归；未得所归，难未息也。”故晏子因陈桓子以纳政与邑，是以免于栾高之难[105]。

去齐，使于郑。见子产，如旧交。谓子产曰："郑之执政侈[106]，难将至矣，政必及子。子为政，慎以礼。不然，郑国将败。”去郑，适卫。说蘧瑗、史狗、史鳝、公子荆、公叔发、公子朝曰："卫多君子，未有患也。"

自卫如晋，将舍于宿[107]，闻钟声，曰："异哉！吾闻之，辩而不德[108]，必加于戮。夫子获罪于君以在此，惧犹不足，而又可以畔乎[109]？夫子之在此，犹燕之巢于幕也[110]。君在殡而可以乐乎[111]？"遂去之。文子闻之，终身不听琴瑟[112]。

适晋，说赵文子、韩宣子、魏献子曰[113]："晋国其萃于三家乎[114]！"将去，谓叔向曰："吾子勉之！君侈而多良[115]，大夫皆富，政将在三家[116]。吾子直，必思自免于难。"

季札之初使，北过徐君[117]。徐君好季札剑，口弗敢言。季札心知之，为使上国[118]，未献。还至徐，徐君已死，于是乃解其宝剑，系之徐君冢树而去。从者曰："徐君已死，尚谁予乎？"季子曰："不然。始吾心已许之，岂以死倍吾心哉[119]！"

七年[120]，楚公子围弑其王夹敖而代立，是为灵王。十年，楚灵王会诸侯而以伐吴之朱方，以诛齐庆封。吴亦攻楚，取三邑而去[121]。十一年，楚伐吴，至雩娄[122]。十二年，楚复来伐，次于乾溪[123]，楚师败走。

十七年[124]，王馀祭卒，弟馀眛立。王馀眛二年[125]，楚公子弃疾弑其君灵王代立焉。

四年[126]，王馀眛卒，欲授弟季札。季札让，逃去。于是吴人曰："先王有命，兄卒弟代立，必致季子。季子今逃位，则王馀眛后立。今卒，其子当代。"乃立王馀眛之子僚为王。

王僚二年，公子光伐楚，败而亡王舟。光惧，袭楚，复得王舟而还。

五年，楚之亡臣伍子胥来奔，公子光客之。公子光者，王诸樊之子也。常以为"吾父兄弟四人，当传至季子。季子即不受国，光父先立。即不传季子[127]，光当立"。阴纳贤士[128]，欲以袭王僚。

八年，吴使公子光伐楚，败楚师，迎楚故太子建母于居巢以归[129]。因北伐，败陈、蔡之师。九年，公子光伐楚，拔居巢、钟离[130]。初，楚边邑卑梁氏之处女与吴边邑之女争桑[131]，二女家怒相灭，两国边邑长闻之，怒而相攻，灭吴之边邑。吴王怒，故遂伐楚，取两都而去[132]。

伍子胥之初奔吴，说吴王僚以伐楚之利。公子光曰："胥之父兄为僇于楚[133]，欲自报其仇耳。未见其利。"于是伍员知光有他志[134]，乃求勇士专诸，见之光。光喜，乃客伍子胥。子胥退而耕于野，以待专诸之事。

十二年冬，楚平王卒。十三年春，吴欲因楚丧而伐之，使公子盖馀、烛庸以兵围楚之六、灊[135]。使季札于晋，以观诸侯之变。楚发兵绝吴兵后，吴兵不得还。于是吴公子光曰："此时不可失也。"告专诸曰："不索何获[136]！我真王嗣，当立，吾欲求之。季子虽至，不吾废也。"专诸曰："王僚可杀也。母老子弱[137]，而两公子将兵攻楚，楚绝其路。方今吴外困于楚，而内空无骨鲠之臣[138]，是无奈我何。"光曰："我身，子之身也。"四月丙子，光伏甲士于窟室[139]，而谒王僚饮[140]。王僚使兵陈于道，自王宫至光之家，门阶户席，皆王僚之亲也，人夹持铍[141]。公子光详为足疾[142]，入于窟室，使专诸置匕首于炙鱼之中以进食[143]。手匕首刺王僚，铍交于匈[144]，遂弑王僚。公子光竟代立为王，是为吴王阖庐。阖庐乃以专诸子为卿。

季子至，曰："苟先君无废祀[145]，民人无废主[146]，社稷有奉[147]，乃吾君也。吾敢谁怨乎？哀死事生[148]，以待天命[149]。非我生乱，立者从之，先人之道也。"复命[150]，哭僚墓，复位而待[151]。吴公子烛庸、盖馀二人将兵遇围于楚者，闻公子光弑王僚自立，乃以其兵降楚，楚封之于舒[152]。

王阖庐元年，举伍子胥为行人而与谋国事。楚诛伯州犁，其孙伯嚭亡奔吴[153]，吴以为大夫。

三年，吴王阖庐与子胥、伯嚭将兵伐楚，拔舒，杀吴亡将二公子[154]。光谋欲入郢[155]，将军孙武曰："民劳，未可，待之。"四年，伐楚，取六与灊。五年，伐越，败之。六年，楚使子常囊瓦伐吴[156]。迎而击之，大败楚军于豫章，取楚之居巢而还。

九年，吴王阖庐请伍子胥、孙武曰："始子之言郢未可入，今果如何？"二子对曰："楚将子常贪，而唐、蔡皆怨之[157]。王必欲大伐，必得唐、蔡乃可。"阖庐从之，悉兴师，与唐、蔡西伐楚，至于汉水。楚亦发兵拒吴，夹水陈[158]。吴王阖庐弟夫概欲战，阖庐弗许。夫概曰："王已属臣兵，兵以利为上，尚何待焉？"遂以其部五千人袭冒楚[159]，楚兵大败，走。于是吴王遂纵兵追之。比至郢[160]，五战，楚五败。楚昭王亡出郢，奔郧。郧公弟欲弑昭王，昭王与郧公奔随。而吴兵遂入郢。子胥、伯嚭鞭平王之尸以报父仇。

十年春，越闻吴王之在郢，国空，乃伐吴。吴使别兵击越。楚告急秦，秦遣兵救楚击吴，吴师败。阖庐弟夫概见秦越交败吴[161]，吴王留楚不去，夫概亡归吴而自立为吴王。阖庐闻之，乃引兵归，攻夫概。夫概败，奔楚。楚昭王乃得以九月复入郢，而封夫概于堂谿[162]，为堂谿氏。十一年，吴王使太子夫差伐楚，取番。楚恐而去郢徙鄀[163]。

十五年，孔子相鲁。

十九年夏，吴伐越，越王句践迎击之槜李[164]。越使死士挑战[165]，三行造吴师，呼，自刭。吴师观之，越因伐吴，败之姑苏，伤吴王阖庐指[166]，军却七里。吴王病伤而死。阖庐使立太子夫差，谓曰："尔而忘句践杀汝父乎[167]？"对曰："不敢！"三年，乃报越。

王夫差元年，以大夫伯嚭为太宰[168]。习战射，常以报越为志。二年，吴王悉精兵以伐越，败之夫椒[169]，报姑苏也。越王句践乃以甲兵五千人栖于会稽[170]，使大夫种因吴太宰嚭而行成[171]，请委国为臣妾[172]。吴王将许之，伍子胥谏曰："昔有过氏杀斟灌以伐斟寻[173]，灭夏后帝相。帝相之妃后缗方娠[174]，逃于有仍而生少康[175]。少康为有仍牧正[176]。有过又欲杀少康，少康奔有虞。有虞思夏德，于是妻之以二女而邑之于纶[177]，有田一成[178]，有众一旅[179]。后遂收夏众，抚其官职[180]。使人诱之，遂灭有过氏，复禹之绩，祀夏配天[181]，不失旧物[182]。今吴不如有过之强，而句践大于少康。今不因此而灭之，又将宽之，不亦难乎！且句践为人能辛苦，今不灭，后必悔之。”吴王不听，听太宰嚭，卒许越平[183]，与盟而罢兵去。

七年，吴王夫差闻齐景公死而大臣争宠，新君弱[184]，乃兴师北伐齐。子胥谏曰：“越王句践食不重味[185]，衣不重采[186]，吊死问疾，且欲有所用其众。此人不死，必为吴患。今越在腹心疾[187]而王不先，而务齐，不亦谬乎！”吴王不听，遂北伐齐，败齐师于艾陵。至缯，召鲁哀公而征百牢[188]。季康子使子贡以周礼说太宰嚭，乃得止。因留略地于齐鲁之南。九年，为驺伐鲁[189]，至，与鲁盟乃去。十年，因伐齐而归。十一年，复北伐齐。

越王句践率其众以朝吴，厚献遗之[190]，吴王喜。唯子胥惧，曰：“是弃吴也。”谏曰：“越在腹心，今得志于齐，犹石田[191]，无所用。且《盘庚之诰》有颠越勿遗[192]，商之以兴。”吴王不听，使子胥于齐，子胥属其子于齐鲍氏，还报吴王。吴王闻之，大怒，赐子胥属镂之剑以死[193]。将死，曰：“树吾墓上以梓[194]，令可为器[195]。抉吾眼置之吴东门[196]，以观越之灭吴也。”

齐鲍氏弑齐悼公。吴王闻之，哭于军门外三日[197]，乃从海上攻齐。齐人败吴，吴王乃引兵归。

十三年，吴召鲁、卫之君会于橐皋[198]。

十四年春，吴王北会诸侯于黄池，欲霸中国以全周室[199]。六月丙子，越王句践伐吴。乙酉，越五千人与吴战。丙戌，虏吴太子友。丁亥，入吴。吴人告败于王夫差，夫差恶其闻也。或泄其语，吴王怒，斩七人于幕下。七月辛丑，吴王与晋定公争长。吴王曰：“于周室我为长。”晋定公曰：“于姬姓我为伯[200]。”赵鞅怒，将伐吴，乃长晋定公。吴王已盟，与晋别，欲伐宋。太宰嚭曰：“可胜而不能居也[201]。”乃引兵归国。国亡太子，内空，王居外久，士皆罢敝[202]，于是乃使厚币以与越平。

十五年，齐田常杀简公。

十八年，越益强。越王句践率兵复伐败吴师于笠泽。楚灭陈。

二十年，越王句践复伐吴。二十一年，遂围吴。二十三年十一月丁卯，越败吴。越王句践欲迁吴王夫差于甬东，予百家居之。吴王曰：“孤老矣，不能事君王也。吾悔不用子胥之言，自令陷此。”遂自刭死。越王灭吴，诛太宰嚭，以为不忠，而归。

太史公曰：孔子言“太伯可谓至德矣，三以天下让[203]，民无得而称焉”。余读《春秋》古文[204]，乃知中国之虞与荆蛮句吴兄弟也。延陵季子之仁心，慕义无穷，见微而知清浊[205]。呜呼，又何其闳览博物君子也[206]！

【译文】

吴太伯和弟弟仲雍，都是周太王的儿子，季历的哥哥。季历十分贤能，又有一个有圣德的儿子昌，太王想立季历以便传位给昌，因此太伯、仲雍二人就逃奔到荆蛮地区，他们像当地人一样在身上刺满花纹，剪断头发，以表示不能再回去继位，将继承权让给季历。季历后来果然继位，就是王季，他的儿子姬昌就是周文王。太伯逃到荆蛮后，称他们的部落叫做句吴。荆蛮人认为他很有节义，追随归附他的有一千多家，拥立他为吴太伯。

太伯死后，没有儿子，他的弟弟仲雍继位，就是吴仲雍。仲雍死后，他的儿子季简继位。季简死后，他的儿子叔达继位。叔达死后，他的儿子周章继位。这时正值周武王战胜殷纣，寻找太伯、仲雍的后代，找到了周章。周章已经是吴国的君主，因此周武王就正式封他为吴君。又把周章的弟弟虞仲封在周都北边的夏都故址，这就是虞仲，位列诸侯。

周章死后，他的儿子熊遂继位。熊遂死后，他的儿子柯相继位。柯相死后，他的儿子强鸠夷继位。强鸠夷死后，他的儿子馀桥疑吾继位。馀桥疑吾死后，他的儿子柯卢继位。柯卢死后，他的儿子周繇继位。周繇死后，他的儿子屈羽继位。屈羽死后，他的儿子夷吾继位。夷吾死后，他的儿子禽处继位。禽处死后，他的儿子转继位。转死后，他的儿子颇高继位。颇高死后，他的儿子句卑继位。这时晋献公灭掉了周北虞公，因为他给晋国让道，引导晋国灭了虢国。句卑死后，他的儿子去齐继位。去齐死后，他的儿子寿梦继位。寿梦继位后，吴国开始日益强大，自称为王。

从太伯创建吴国算起，到第五代时周武王灭商，封吴太伯的后代为二国：其一为虞国，在中原地区；其二为吴国，在蛮夷地区。到了第十二代时晋国灭掉了中原地区的虞国。中原地区的虞国灭亡两代后，蛮夷地区的吴国兴盛起来。总计从太伯至寿梦共传十九代。

王寿梦二年，楚国流亡在外的大夫申公巫臣怨恨楚国大将子反，因而结仇逃跑到晋国，由晋国出使吴国，教给吴国用兵之术和车战之法，让他儿子做吴国的外交官，吴国从此开始与中原各国往来。吴国开始派兵征伐楚国。寿梦十六年，楚共王征伐吴国，一直打到了吴国的衡山。

二十五年，王寿梦死。寿梦有四个儿子：长子叫诸樊，次子叫馀祭，三子叫馀眛，四子叫季札。季札贤能，寿梦生前也曾想让他继位，但季札避让不答应，于是让长子诸樊继位，代理执掌国政。

王诸樊元年，诸樊服丧期满，要把君位让给季札。季札推辞说："曹宣公死后，各国诸侯和曹国人都认为新立的曹成公不义，想要立子臧为曹君，子臧离开曹国，为的是成全曹成公继续当国君的愿望。君子称赞子臧是个具有志节的人。你本是合理的继位人，谁敢冒犯你呢？当国君不是我的志向。我虽无能，也愿学习子臧那样的义举。"吴国人坚持要立季札，他就抛弃了领地爵禄去耕田，吴人只好放弃了这个打算。秋天，吴国征伐楚国，楚国打败了吴军。诸樊四年，晋平公继位。

十三年，王诸樊死去。留下遗命把君位传给二弟馀祭，目的是想按次序以兄传弟，一定要把国位最后传至季札，以符合先王寿梦的遗愿。而且因为兄弟们都赞赏季札让国的高风亮节，大家都想把国君之位让给他，这样就能依次渐渐传给季札了。季札被封在延陵，因此被称为延陵季子。

王馀祭三年，齐国宰相庆封获罪于齐，从齐国逃到吴国来。吴王馀祭把朱方县赏赐给他作为领地，把自己的女儿嫁给庆封，庆封比原先在齐国当宰相时还富有。

王馀祭四年，吴王派季札到鲁国访问，季札要求欣赏一下周王室的音乐。鲁国乐工为他演唱《周南》和《召南》，季札听后说："美啊！从音乐中听出周朝王业基础已打好，但并不完美。曲中洋溢着虽辛劳但无怨言的情绪。"乐工又演唱《邶风》《鄘风》《卫风》，季札说："美啊！深沉哪，虽遭坎坷而其精神不陷于困顿颓唐，我听说卫康叔、卫武公的德行就是如此，这是《卫风》的歌曲吧？"乐工又演唱《王风》，季札说："美啊！能够深思而不恐惧，这是周室东迁后的歌曲吧？"又演唱《郑风》，季札说："太琐碎了，反映出其国政令苛细，人民难以忍受，这个国家恐怕要率先灭亡吧？"又演唱《齐风》，季札说："美啊！曲调宏大深远，真有大国之风。堪为东海一方表率，这是姜太公的遗风吧！国家的前途无可限量！"又演唱《豳风》，季札说："美啊！曲调宽宏坦荡，欢快而不过分，这是周公东征的歌曲吧？"又演唱《秦风》，季札说："这就叫做夏声。既然歌曲曲调能演进为夏声，国家也必会日益强大，大到极点，这大概就是周王室旧地的乐章吧？”又演唱《魏风》，季札说：“美啊！曲调悠扬婉转，宏亮而又宽和，朴实平易，行此政教再辅以道德，就能成为天下的盟主。”又演唱《唐风》，季札说：“思虑真是深远啊！这是陶唐氏的流风遗韵吧？不然，怎能如此忧思深远呢？如非具有美德之人的后代，怎能达到这种水平！”又演唱《陈风》，季札说：“国无良君，又怎能长久不亡呢？”对于《郐风》以下的地方乐调，季札没有加以评论。又演唱《小雅》，季札说：“美啊！满怀忧思，而无叛离之意，怨怒之气忍而不发，这是周德衰微时的乐曲吧？但还有很多效忠先王的遗民啊。”又演唱《大雅》。季札说：“宏伟啊！多么和谐安乐，旋律曲折优美但基调仍刚直有力，这是周文王美德的象征吧？”又演唱《颂》。季札说：“完美到极点了！曲调刚直有力却无倨傲不逊之意，旋律婉曲优美却无过分曲折之憾，节奏紧密时却无迫促窘急之嫌，节奏舒缓时却无分离割断之弊，变化丰富而节奏不乱，回还往复而不令人厌倦，表现悲哀恰到好处不显得愁苦，表现欢乐时恰到好处不流于放纵，不断运用而不会匮乏，广博宏阔而不直露，施惠而不显耗费，征取而不陷贪婪，音乐暂时休止时却不陷于停滞，音乐流畅前进时却不虚浮无根。五声和谐，八音协调，节拍尺寸整齐，旋律遵循法度，具备盛德的人都是这个样子啊！”季札看到乐工表演的《象箾》《南籥》两种舞蹈，说“美啊！但仍有缺陷。”看完《大武》舞后，季札说：“美啊！周朝的盛德大概就是这样吧？”看完《韶濩》舞后，季札说：“圣人的道德大概就这么恢宏吧？尚有一些不足，可见达到圣人标准之难啊。”看完《大夏》舞后，季札说：“美啊！为民辛劳而居功自傲，除了大禹谁还能做到呢？”看完《招箾》舞后，季札说：“美德达到极点了，太伟大了！像上天一样覆盖万物，像大地一样无不承载，再好的德行，也不会比这乐舞所象征的舜的美德更高了。观乐可以停止了，如果还有别的音乐，我也不敢再欣赏了。”

季札离开鲁国，就出使到齐国。他劝晏平仲说：“你快些交还你的封邑和政权。没有这二样东西，你才能免于祸患。齐国的政权将另有归属，在没有完成这种归属的转变之前，国家的祸乱不会平息。”于是晏子通过陈桓子交出了封邑与政权，因此在栾、高二氏相攻杀的祸难中得以脱身。

季札离开齐国，出使郑国。季札见到子产，如同见到故人。季札对子产说：“郑国掌握政权的人骄横荒淫，大难将临，政权定落在你手中。你执政后，要小心地以礼治国，否则郑国将要衰败。”离开郑国后，季札到了卫国。季札非常喜欢蘧瑗、史狗、史鳍、公子荆、公叔发、公子朝等人。季札说：“卫国的君子很多，这个国家不会有祸患的。”

季札从卫国到了晋国，准备在戚地住宿，听到了鼓钟作乐的声音，说：“奇怪啊！我听说如果发动叛乱又没有道德，祸患必然降临到他头上。孙文子正是为此得罪卫君，小心翼翼都唯恐不够，还怎么能寻欢作乐呢？孙文子在这里，就如同将燕巢搭在帐幕上那样危险。而且国君尚在棺中停殡未葬，他难道就欢乐得起来吗？”于是季札就离开了。孙文子听说后，一辈子不再听音乐。

季札到了晋国，对赵文子、韩宣子、魏献子说：“晋国大权将要落到你们三家了。”临离开晋国时，又对叔向说：“你要勉力而行啊！晋国国君荒淫奢侈，而良臣又多，大夫很富有，政权将落于韩、赵、魏三家。你为人刚直，一定要好好想想如何免遭祸患。”

季札刚出使时，北行时造访徐邑封君。徐君喜欢季札的宝剑，但嘴里没好意思说。季札心里也明白，但因为他还要出使中原各国，所以没把宝剑献给徐君。出使回来又经过徐邑，徐君已死，于是季札解下宝剑，挂在徐君坟前的树上才离开。随从说：“徐君已死，那宝剑留下来给谁呢？”季札说：“不是这样的。当初我内心已经答应了赠剑给他，怎能因为徐君死了我就违背自己的心愿呢！”

王馀祭七年，楚国公子围杀楚王夹敖而自立为王，就是楚灵王。十年，楚灵王召集诸侯会盟，率领诸侯征伐吴国的朱方，借口是讨伐齐国的乱臣庆封。吴国也攻楚，占领楚国三个城邑后离开。十一年，楚国征伐吴国，打到了雩娄。十二年，楚国又起兵伐吴，在乾溪驻军数日，结果战败逃走了。

十七年，王馀祭死，他的弟弟馀眛继位。王馀眛二年，楚国公子弃疾杀死楚灵王，自己代立为君。

四年，王馀眛死，临死前他想传位给弟弟季札。季札避让，逃走了。于是吴人说：“先王有令，哥哥死了由弟弟继位，一定要传国给季札。季札现在逃脱了，那王馀眛成为兄弟中最后一个当国君的人。现在他死了，他的儿子应该代立为国君。”于是立馀眛的儿子僚为吴王。

王僚二年，公子光率兵征伐楚国，打了败仗，把吴国的王舟也丢掉了。公子光害怕因此获罪，就偷袭楚军，重新夺回了王舟才回去。

王僚五年，楚国流亡的臣子伍子胥逃到了吴国，公子光把他作为客人留下来。公子光是王诸樊的儿子。他一直认为“我父亲兄弟四人，应该传国到季札。现在季札不当国君，我父亲是最先当国君的。既然不传国于季子，我应当继承我父亲当国君”。公子光暗中结纳贤士，想要袭击王僚。

王僚八年，吴王派公子光征伐楚国，大败楚军，把原楚太子建的母亲从居巢接回吴国。借机北伐，打败陈、蔡两国的军队。九年，公子光又征伐楚国，攻克楚国的居巢、钟离二城。起初，楚国边邑卑梁氏有少女与吴边邑女子争抢桑叶，两个女子的家人气愤之下互相攻杀，两国边邑的官长听说后，一怒之下互相进攻，吴国边邑被灭掉。吴王非常生气，因此出兵讨伐楚国，攻下居巢、钟离两城后离开。

伍子胥刚逃至吴国时，向吴王僚陈说伐楚的好处。公子光说：“伍子胥的父亲、哥哥被楚王所杀，他建议伐楚是为了报自己的私仇。这对我们吴国来说并无好处。”伍子胥这才明白公子光别有目的，就找到一位名叫专诸的勇士，介绍给公子光。公子光十分高兴，于是才把子胥当作座上客。伍子胥却退居郊野耕作度日，来等待专诸的行动。

王僚十二年冬，楚平王死。十三年春，吴王想借楚国有国丧而攻伐楚，派公子盖馀、烛庸带兵包围楚国的六、灊二邑，派季札出使晋国，来观察诸侯的动静。结果楚国派兵切断吴军的退路，吴军被阻不能回国。这时公子光说："不能失去这个时机。他告诉专诸说："不求取就不会有收获。我是真正的王位继承人，应当立为国君，我正是要追求王位。即使季札回来，也不会反对我的。"专诸说："杀死王僚的条件已经具备，他的母亲年迈，儿子还小，而他两个弟弟率兵攻楚，被阻绝了归路。现在吴王境外被楚国所困扰，国内没有刚直忠诚的大臣，他拿我们没办法。"公子光说："我的身体，就是你的身体。"四月丙子日，公子光把甲士埋伏在地下室，然后请王僚来宴饮。王僚派兵列于道旁，从王宫到公子光家，直至公子光家的大门、台阶、屋门、坐席旁，布满王僚的亲兵，人人手执利剑。公子光假装脚疼，藏进了地下室，派专诸将匕首藏于烤全鱼的肚子里送上来。专诸将鱼送至王僚前时，从鱼腹中取出匕首刺向王僚，同时左右卫士的利剑也刺入了专诸的胸膛，结果王僚被杀死。公子光最终代立为吴王，这就是吴王阖庐。阖庐任命专诸的儿子为卿。

季札回国后，说："只要对先君的祭祀不废止，人民不至于没有国君，社稷之神得到奉祀，那就是我的国君。我敢怨责谁呢？我只有哀悼死者，事奉生者，顺应天命。祸乱不是自己造成的，谁当君主就该服从谁，这是先人的原则。"于是季札到王僚的墓前禀报了自己出使的经过，为王僚痛哭了一场，然后返回自己的职位等待新君的命令。吴国公子烛庸、盖馀带兵在楚军围困之中，听说公子光杀死王僚自立为王，就带领军队投降了楚国，楚王把他们封在舒地。

王阖庐元年，阖庐任命伍子胥担任外交官，并参与国家大事。这时楚王杀死了伯州犁，伯州犁的孙伯嚭逃亡到吴国，吴王任命他为大夫。

王阖庐三年，阖庐与伍子胥、伯嚭领兵征伐楚国，攻取舒邑，杀了吴国逃亡的公子盖馀、烛庸。阖庐计划顺势进攻楚国首都郢，将军孙武说："军民征战已很劳顿，现在不能攻打郢都，要等待时机成熟。"四年，吴又伐楚，攻下六邑与灊邑。五年，吴伐越，打败越军。六年，楚国派子常囊瓦征伐吴国，吴军迎击，在豫章大败楚军，攻下楚国居巢才班师回吴。

王阖庐九年，阖庐询问伍子胥和孙武说："当初你们说不能攻打郢都，现在情况如何？"二人回答说："楚国大将子常贪婪，唐国、蔡国都恨他。大王您如果一定要大举伐楚，必须得到唐、蔡二国协助才行。"阖庐听从他们的意见，发动全部军队，与唐国、蔡国一道西进伐楚，一直打到汉水边上。楚国也发兵抵拒，双方隔水列阵。吴王阖庐的弟弟夫概请战，阖庐不许。夫概说："大王已把军队托付给我，作战以打赢为目的，还等什么！"于是带领其部五千人突袭楚军，楚军大败奔逃。阖庐纵兵追击。及至郢都，一共交战五次，楚兵五次被打败。楚昭王逃出郢都，投奔郧城。郧公的弟弟想杀死楚昭王，楚昭王又与郧公逃到随国。吴军进入郢都。伍子胥、伯嚭从墓中挖出楚平王尸体加以鞭打，来报杀父之仇。

王阖庐十年春，越王听说吴王兵驻郢都，国内空虚，于是举兵伐吴。吴国派另一支军队抗击越军。楚国向秦国告急，秦国派兵救楚反击吴军，吴军败北。阖庐的弟弟夫概看到秦军、越军都打败吴军，吴王又留在楚国不回，夫概就跑回吴国自立为王。阖庐听说国内发生政变，就领兵回吴，攻打夫概。夫概兵败逃往楚国。楚昭王才得以在九月返回郢都。楚王把夫概封在堂谿，人们称为堂谿氏。十一年，吴王命太子夫差率兵伐楚，攻取番邑。楚王很恐惧，就把国都从郢迁到鄀。

王阖庐十五年，孔子担任了鲁国的丞相。

王阖庐十九年夏，吴国征伐越国，越王勾践带兵在檇李迎击吴军。越军派遣敢死队挑战，让他们排成三行走到吴军阵前，高呼口号，然后在阵前自杀。吴军全神贯注观看时，越军趁势攻击，在姑苏大败吴军。吴王脚趾被越军击伤，军队退却七里。吴王此时伤重而死。临死前吴王阖庐命立太子夫差为王，对夫差说："你能忘记勾践杀死了你的父亲吗？"夫差回答说："不敢忘！"过了三年，吴王夫差就向越王报了仇。

王夫差元年，任命大夫伯嚭为太宰。加强军队训练，一直有报复越国的志向。二年，吴王出动全部精兵伐越，在夫椒大败越军，终于报了姑苏失败之仇。越王勾践只得带五千甲兵躲进会稽山，派大夫文种通过吴太宰伯嚭求和，愿以越国作为吴国的奴仆之国。吴王将要答应，伍子胥劝谏说："从前有过氏杀了斟灌氏，又征伐斟寻氏，灭掉了夏后帝相。帝相的妻子后缗正怀有身孕，她逃到了有仍国，生下少康。少康长大后当了有仍国的牧正之官。有过氏又想杀死少康，少康逃到有虞国，有虞氏怀念夏禹的恩德，于是把两个女儿嫁给少康，并封给他纶邑，当时少康只有方圆十里的土地，只有五百部下。但以后少康收聚夏朝的遗民，重整了夏朝的官制，并派间谍去诱惑有过氏，终于消灭了有过氏，恢复了夏禹的功绩，祭祀时以夏祖配享天帝，夏代过去的全部故物都收复如初。现在吴国不如当年有过氏那么强大，而勾践的实力大于当年的少康。现在不借此时机彻底消灭越国力量，反而还要宽恕他们，这不是也太难了吗！而且勾践为人能坚韧吃苦，现在不消灭他，将来一定后悔莫及。"吴王不听伍子胥的谏言，听从了太宰嚭，终于同意了越国的求和，两国订立和平盟约后，吴国撤军回国。

王夫差七年，吴王夫差听说齐景公死后大臣争权夺利，新立的国君幼小无权，于是兴兵北伐齐国。伍子胥劝谏说："越王勾践吃饭不设两样以上的菜肴，穿衣不用两种以上的颜色，哀悼死者，慰问病者，这是想到利用民众伐吴报仇啊。勾践不死，一定会成为吴国的大患。现在越国是我们的心腹大患，您却不先消灭它，反而致力于攻打齐国，岂非大错特错！"夫差不听，于是北伐齐国，在艾陵大破齐军。吴军到了缯邑，吴王召见鲁哀公，并索要百牢之礼。季康子派子贡列举周礼来劝说太宰嚭，夫差才作罢。于是夫差留下来略取齐、鲁两国南方的土地。九年，夫差借口援救驺国而讨伐鲁国，至鲁，与鲁签订盟约后离开。十年，吴军趁势讨伐了齐国才回来。十一年，吴军又北伐齐国。

越王勾践带领越国群臣朝拜吴王，进献了丰厚的贡礼，吴王十分高兴。只有伍子胥心中害怕，说：“这是要背叛吴国啊。”于是劝谏吴王说：“越国是我们的心腹大患，即使我国夺得了齐国，好比获得了一块无法耕种的土地，没有用处。而且《盘庚》里说过对敌人要斩草除根，商王朝正是这样才兴盛起来的。”吴王不听，派伍子胥出使齐国，伍子胥把自己的儿子委托给齐国鲍氏，接着回报吴王。吴王听说后勃然大怒，赐给子胥一把属镂剑令他自杀。伍子胥临死前说：“你们在我坟上种上梓树，将来可以用它来做棺材。把我的眼睛挖出来放在国都东门上，让我看到越国怎样灭掉吴国！”

齐国大夫鲍氏杀死齐悼公。吴王听说后，在军门外面向齐国痛哭了三天，然后从海上出兵攻齐。齐人打败吴军，吴王才领兵回国。

王夫差十三年，吴王召集鲁、卫二国国君在橐皋会盟。

王夫差十四年春，吴王北上与诸侯在黄池会盟，想称霸中原并获得保全周室的美名。六月丙子，越王勾践起兵伐吴。乙酉，越军五千人和吴军交战。丙戌，越军俘获吴太子友。丁亥，越军攻入吴国。吴人向夫差报告失败的消息，吴王不愿走漏这个消息。有人泄露了消息，吴王愤怒地在帐下斩杀了七个人。七月辛丑，吴王与晋定公争夺盟主之位。吴王说：“在周室宗族中我的祖先辈分最高。”晋定公说：“在姬姓诸国中只有我晋国一直是霸主。”晋国大夫赵鞅发怒，准备攻击吴王，这才让晋定公当了盟主。吴王和诸侯盟会完毕后，辞别了晋定公，想讨伐宋国。太宰嚭说：“你即使打败宋国，也不能长期占有它。”于是吴王领兵归国。吴国没有了太子，国内空虚，吴王在外很久，士卒都很疲惫，于是吴王就派使者带上厚礼去向越国求和。

王夫差十五年，齐大夫田常杀了齐简公。

王夫差十八年，越国更加强大。越王勾践率兵伐吴，在笠泽大败吴军。楚国灭掉了陈国。

王夫差二十年，越王勾践再次伐吴。二十一年，越军包围了吴国国都。二十三年十一月丁卯，越国打败吴国。越王勾践想把吴王夫差流放到甬东，给他百户人家，让他住在那里。吴王说：“我老了，不能再事奉您了。我后悔不听伍子胥的话，让自己落到这个地步。”于是自杀而死。越王灭掉了吴国，诛杀太宰嚭，说他不是忠臣，然后引兵回国。

太史公说：孔子说过“太伯可以说是道德最高尚的人，多次把天下让给别人，人民都不知用什么言辞来称赞他才好”。我读《春秋左传》，才知道中原的虞国和荆蛮的句吴是兄弟。延陵季子有一种仁爱之心，仰慕道义，终生不止，能够见微知著，辨别清浊。哎，这又是多么见多识广、博学多才的君子啊！

（苏　芃　注译）

卷三十二 齐太公世家第二

注释查阅　译文诵读

太公望吕尚者[1]，东海上人[2]。其先祖尝为四岳[3]，佐禹平水土甚有功。虞夏之际封于吕，或封于申，姓姜氏。夏商之时，申、吕或封枝庶子孙[4]，或为庶人，尚其后苗裔也。本姓姜氏，从其封姓，故曰吕尚。

吕尚盖尝穷困，年老矣，以渔钓奸周西伯[5]。西伯将出猎，卜之，曰“所获非龙非彨[6]，非虎非罴[7]；所获霸王之辅”。于是周西伯猎，果遇太公于渭之阳[8]，与语大说[9]，曰：“自吾先君太公曰‘当有圣人适周，周以兴’[10]。子真是邪？吾太公望子久矣。”故号之曰“太公望”，载与俱归，立为师。

或曰，太公博闻，尝事纣。纣无道，去之。游说诸侯，无所遇，而卒西归周西伯。或曰，吕尚处士[11]，隐海滨。周西伯拘羑里[12]，散宜生、闳夭素知而招吕尚。吕尚亦曰“吾闻西伯贤，又善养老，盍往焉[13]”。三人者为西伯求美女奇物，献之于纣，以赎西伯。西伯得以出，反国[14]。言吕尚所以事周虽异，然要之为文武师。

周西伯昌之脱羑里归，与吕尚阴谋修德以倾商政[15]，其事多兵权与奇计[16]，故后世之言兵及周之阴权皆宗太公为本谋[17]。周西伯政平[18]，及断虞芮之讼[19]，而诗人称西伯受命曰文王[20]。伐崇、密须、犬夷，大作丰邑[21]。天下三分，其二归周者，太公之谋计居多。

文王崩，武王即位。九年，欲修文王业[22]，东伐以观诸侯集否[23]。师行，师尚父左杖黄钺[24]，右把白旄以誓[25]，曰：“苍兕苍兕[26]，总尔众庶[27]，与尔舟楫，后至者斩！”遂至盟津[28]。诸侯不期而会者八百诸侯。诸侯皆曰：“纣可伐也。”武王曰：“未可。”还师，与太公作此《太誓》[29]。

居二年，纣杀王子比干，囚箕子。武王将伐纣，卜，龟兆不吉[30]，风雨暴至。群公尽惧，唯太公强之劝武王[31]，武王于是遂行。十一年正月甲子，誓于牧野[32]，伐商纣。纣师败绩。纣反走，登鹿台[33]，遂追斩纣。明日，武王立于社[34]，群公奉明水[35]，卫康叔封布采席[36]，师尚父牵牲[37]，史佚策祝[38]，以告神讨纣之罪。散鹿台之钱，发钜桥之粟[39]，以振贫民。封比干墓[40]，释箕子囚。迁九鼎，修周政，与天下更始[41]。师尚父谋居多。

于是武王已平商而王天下[42]，封师尚父于齐营丘[43]。东就国，道宿行迟。逆旅之人曰[44]：“吾闻时难得而易失。客寝甚安，殆非就国者也[45]。”太公闻之，夜衣而行，犁明至国[46]。莱侯来伐[47]，与之争营丘。营丘边莱。莱人，夷也，会纣之乱而周初定，未能集远方[48]，是以与太公争国。

太公至国，修政，因其俗，简其礼，通商工之业，便鱼盐之利，而人民多归齐，齐为大国。及周成王少时，管蔡作乱，淮夷畔周[49]，乃使召康公命太公曰：“东至海，西至河，南至穆陵，北至无棣，五侯九伯[50]，实得征之。”齐由此得征伐，为大国。都营丘。

盖太公之卒百有馀年，子丁公吕伋立。丁公卒，子乙公得立。乙公卒，子癸公慈母立。癸公卒，子哀公不辰立。

哀公时，纪侯谮之周[51]，周烹哀公而立其弟静[52]，是为胡公。胡公徙都薄姑[53]，而当周夷王之时。

哀公之同母少弟山怨胡公，乃与其党率营丘人袭攻杀胡公而自立，是为献公。献公元年，尽逐胡公子，因徙薄姑都，治临菑[54]。

九年，献公卒，子武公寿立。武公九年，周厉王出奔，居彘[55]。十年，王室乱，大臣行政，号曰“共和”。二十四年，周宣王初立。

二十六年，武公卒，子厉公无忌立。厉公暴虐，故胡公子复入齐，齐人欲立之，乃与攻杀厉公。胡公子亦战死。齐人乃立厉公子赤为君，是为文公，而诛杀厉公者七十人。

文公十二年卒，子成公脱立。成公九年卒，子庄公购立。

庄公二十四年，犬戎杀幽王，周东徙雒。秦始列为诸侯。五十六年，晋弑其君昭侯。

六十四年，庄公卒，子釐公禄甫立。

釐公九年，鲁隐公初立。十九年，鲁桓公弑其兄隐公而自立为君。

二十五年，北戎伐齐。郑使太子忽来救齐，齐欲妻之。忽曰：“郑小齐大，非我敌。”遂辞之。

三十二年，釐公同母弟夷仲年死。其子曰公孙无知，釐公爱之，令其秩服奉养比太子[56]。

三十三年，釐公卒，太子诸儿立，是为襄公。

襄公元年。始为太子时，尝与无知斗，及立，绌无知秩服[57]，无知怨。

四年，鲁桓公与夫人如齐。齐襄公故尝私通鲁夫人。鲁夫人者，襄公女弟也，自釐公时嫁为鲁桓公妇，及桓公来而襄公复通焉。鲁桓公知之，怒夫人，夫人以告齐襄公。齐襄公与鲁君饮，醉之，使力士彭生抱上鲁君车，因拉杀鲁桓公[58]，桓公下车则死矣。鲁人以为让[59]，而齐襄公杀彭生以谢鲁[60]。

八年，伐纪，纪迁去其邑。

十二年。初，襄公使连称、管至父戍葵丘[61]，瓜时而往[62]，及瓜而代[63]。

往戍一岁，卒瓜时而公弗为发代[64]。或为请代，公弗许。故此二人怒，因公孙无知谋作乱。连称有从妹在公宫[65]，无宠，使之间襄公[66]，曰“事成以女为无知夫人[67]”。冬十二月，襄公游姑棼[68]，遂猎沛丘[69]。见彘[70]，从者曰“彭生”。公怒，射之，彘人立而啼。公惧，坠车伤足，失屦[71]。反而鞭主屦者茀三百。茀出宫。而无知、连称、管至父等闻公伤，乃遂率其众袭宫。逢主屦茀，茀曰：“且无入惊宫，惊宫未易入也。”无知弗信，茀示之创[72]，乃信之。待宫外，令茀先入。茀先入，即匿襄公户间。良久，无知等恐，遂入宫。茀反与宫中及公之幸臣攻无知等，不胜，皆死。无知入宫，求公不得[73]。或见人足于户间，发视，乃襄公，遂弑之，而无知自立为齐君。

桓公元年春，齐君无知游于雍林。雍林人尝有怨无知，及其往游，雍林人袭杀无知，告齐大夫曰：“无知弑襄公自立，臣谨行诛。唯大夫更立公子之当立者，唯命是听。”

初，襄公之醉杀鲁桓公，通其夫人，杀诛数不当[74]，淫于妇人，数欺大臣，群弟恐祸及，故次弟纠奔鲁。其母鲁女也。管仲、召忽傅之[75]。次弟小白奔莒[76]，鲍叔傅之。小白母，卫女也，有宠于釐公。小白自少好善大夫高傒。及雍林人杀无知，议立君，高、国先阴召小白于莒。鲁闻无知死，亦发兵送公子纠，而使管仲别将兵遮莒道[77]，射中小白带钩。小白详死[78]，管仲使人驰报鲁。鲁送纠者行益迟，六日至齐，则小白已入，高傒立之，是为桓公。

桓公之中钩，详死以误管仲，已而载温车中驰行[79]，亦有高、国内应，故得先入立，发兵距鲁[80]。秋，与鲁战于乾时[81]，鲁兵败走，齐兵掩绝鲁归道[82]。齐遗鲁书曰：“子纠，兄弟，弗忍诛，请鲁自杀之。召忽、管仲，仇也，请得而甘心醢之[83]。不然，将围鲁。”鲁人患之，遂杀子纠于笙渎[84]。召忽自杀，管仲请囚。桓公之立，发兵攻鲁，心欲杀管仲。鲍叔牙曰：“臣幸得从君，君竟以立。君之尊，臣无以增君。君将治齐，即高傒与叔牙足也。君且欲霸王，非管夷吾不可。夷吾所居国国重，不可失也。”于是桓公从之。乃详为召管仲欲甘心，实欲用之。管仲知之，故请往。鲍叔牙迎受管仲，及堂阜而脱桎梏[85]，斋祓而见桓公[86]。桓公厚礼以为大夫，任政。

桓公既得管仲，与鲍叔、隰朋[87]、高傒修齐国政，连五家之兵[88]，设轻重鱼盐之利[89]，以赡贫穷，禄贤能，齐人皆说。

二年，伐灭郯，郯子奔莒。初，桓公亡时，过郯，郯无礼，故伐之。

五年，伐鲁，鲁将师败。鲁庄公请献遂邑以平，桓公许，与鲁会柯而盟[90]。鲁将盟，曹沫以匕首劫桓公于坛上，曰：“反鲁之侵地！”桓公许之。已而曹沫去匕首，北面就臣位。桓公后悔，欲无与鲁地而杀曹沫。管仲曰：“夫劫许之而倍信杀之[91]，愈一小快耳[92]，而弃信于诸侯，失天下之援，不可。”于是遂与曹沫三败所亡地于鲁。诸侯闻之，皆信齐而欲附焉。七年，诸侯会桓公于甄[93]，而桓公于是始霸焉。

十四年，陈厉公子完，号敬仲，来奔齐。齐桓公欲以为卿，让；于是以为工正[94]。田成子常之祖也。

二十三年，山戎伐燕，燕告急于齐。齐桓公救燕，遂伐山戎，至于孤竹而还。燕庄公遂送桓公入齐境。桓公曰："非天子，诸侯相送不出境，吾不可以无礼于燕。"于是分沟割燕君所至与燕[95]，命燕君复修召公之政，纳贡于周，如成康之时[96]。诸侯闻之，皆从齐。

二十七年，鲁愍公母曰哀姜，桓公女弟也。哀姜淫于鲁公子庆父，庆父弑湣公，哀姜欲立庆父，鲁人更立釐公。桓公召哀姜，杀之。

二十八年，卫文公有狄乱，告急于齐。齐率诸侯城楚丘而立卫君。

二十九年，桓公与夫人蔡姬戏船中。蔡姬习水，荡公，公惧，止之，不止，出船，怒，归蔡姬，弗绝。蔡亦怒，嫁其女。桓公闻而怒，兴师往伐。

三十年春，齐桓公率诸侯伐蔡，蔡溃。遂伐楚。楚成王兴师问曰："何故涉吾地[97]？"管仲对曰："昔召康公命我先君太公曰：'五侯九伯，若实征之[98]，以夹辅周室[99]。'赐我先君履[100]，东至海，西至河，南至穆陵，北至无棣。楚贡包茅不入[101]，王祭不具，是以来责[102]。昭王南征不复[103]，是以来问。"楚王曰："贡之不入，有之，寡人罪也，敢不共乎[104]！昭王之出不复，君其问之水滨[105]。"齐师进，次于陉[106]。夏，楚王使屈完将兵扞齐[107]，齐师退，次召陵。桓公矜屈完以其众[108]。屈完曰："君以道则可；若不[109]，则楚方城以为城，江、汉以为沟，君安能进乎？"乃与屈完盟而去。过陈，陈袁涛涂诈齐，令出东方，觉[110]。秋，齐伐陈。是岁，晋杀太子申生。

三十五年夏，会诸侯于葵丘。周襄王使宰孔赐桓公文武胙、彤弓矢、大路[111]，命无拜。桓公欲许之，管仲曰"不可"，乃下拜受赐。秋，复会诸侯于葵丘，益有骄色。周使宰孔会。诸侯颇有叛者。晋侯病，后，遇宰孔。宰孔曰："齐侯骄矣，弟无行[112]。"从之。是岁，晋献公卒，里克杀奚齐、卓子，秦穆公以夫人入公子夷吾为晋君。桓公于是讨晋乱，至高梁，使隰朋立晋君，还。

是时周室微，唯齐、楚、秦、晋为强。晋初与会，献公死，国内乱。秦穆公辟远[113]，不与中国会盟[114]。楚成王初收荆蛮有之，夷狄自置[115]。唯独齐为中国会盟，而桓公能宣其德，故诸侯宾会[116]。于是桓公称曰[117]："寡人南伐至召陵，望熊山；北伐山戎、离枝、孤竹；西伐大夏，涉流沙；束马悬车登太行，至卑耳山而还。诸侯莫违寡人。寡人兵车之会三[118]，乘车之会六[119]，九合诸侯，一匡天下[120]。昔三代受命[121]，有何以异于此乎？吾欲封泰山[122]，禅梁父[123]。"管仲固谏[124]，不听；乃说桓公以远方珍怪物至乃得封，桓公乃止。

三十八年，周襄王弟带与戎、翟合谋伐周，齐使管仲平戎于周[125]。周欲以上卿礼管仲[126]，管仲顿首曰："臣陪臣[127]，安敢！"三让，乃受下卿礼以见。三十九年，周襄王弟带来奔齐。齐使仲孙请王，为带谢。襄王怒，弗听。

四十一年，秦穆公虏晋惠公，复归之。是岁，管仲、隰朋皆卒。管仲病，桓公问曰："群臣谁可相者[128]？"管仲曰："知臣莫如君。"公曰："易牙如何？"对曰："杀子以适君[129]，非人情，不可。"公曰："开方如何？"对曰："倍亲以适君[130]，非人情，难近。"公曰："竖刀如何？"对曰："自宫以适君[131]，非人情，难亲。"管仲死，而桓公不用管仲言，卒近用三子，三子专权。

四十二年，戎伐周，周告急于齐，齐令诸侯各发卒戍周。是岁，晋公子重耳来，桓公妻之。

四十三年。初，齐桓公之夫人三：曰王姬、徐姬、蔡姬，皆无子。桓公好内[132]，多内宠[133]，如夫人者六人，长卫姬，生无诡；少卫姬，生惠公元；郑姬，生孝公昭；葛嬴，生昭公潘；密姬，生懿公商人；宋华子，生公子雍。桓公与管仲属孝公于宋襄公[134]，以为太子。雍巫有宠于卫共姬，因宦者竖刀以厚献于桓公，亦有宠，桓公许之立无诡。管仲卒，五公子皆求立。冬十月乙亥，齐桓公卒。易牙入，与竖刀因内宠杀群吏[135]，而立公子无诡为君。太子昭奔宋。

桓公病，五公子各树党争立。及桓公卒，遂相攻，以故宫中空，莫敢棺[136]。桓公尸在床上六十七日，尸虫出于户。十二月乙亥，无诡立，乃棺赴[137]。辛巳夜，敛殡[138]。

桓公十有馀子，要其后立者五人[139]：无诡立三月死，无谥[140]；次孝公；次昭公；次懿公；次惠公。孝公元年三月，宋襄公率诸侯兵送齐太子昭而伐齐。齐人恐，杀其君无诡。齐人将立太子昭，四公子之徒攻太子，太子走宋，宋遂与齐人四公子战。五月，宋败齐四公子师而立太子昭，是为齐孝公。宋以桓公与管仲属之太子，故来征之。以乱故，八月，乃葬齐桓公。

六年春，齐伐宋，以其不同盟于齐也。夏，宋襄公卒。七年，晋文公立。

十年，孝公卒，孝公弟潘因卫公子开方杀孝公子而立潘，是为昭公。昭公，桓公子也，其母曰葛嬴。

昭公元年，晋文公败楚于城濮，而会诸侯践土，朝周，天子使晋称伯[141]。六年，翟侵齐。晋文公卒。秦兵败于殽。十二年，秦穆公卒。

十九年五月，昭公卒，子舍立为齐君。舍之母无宠于昭公，国人莫畏。昭公之弟商人以桓公死争立而不得，阴交贤士，附爱百姓[142]，百姓说。及昭公卒，子舍立，孤弱，即与众十月即墓上弑齐君舍，而商人自立，是为懿公。懿公，桓公子也，其母曰密姬。

懿公四年春。初，懿公为公子时，与丙戎之父猎，争获不胜[143]，及即位，断丙戎父足，而使丙戎仆[144]。庸职之妻好[145]，公内之宫[146]，使庸职骖乘[147]。五月，懿公游于申池，二人浴，戏。职曰："断足子！"戎曰："夺妻者！"二人俱病此言[148]，乃怨。谋与公游竹中，二人弑懿公车上，弃竹中而亡去。

懿公之立，骄，民不附。齐人废其子而迎公子元于卫，立之，是为惠公。惠公，桓公子也。其母卫女，曰少卫姬，避齐乱，故在卫。

惠公二年，长翟来，王子城父攻杀之，埋之于北门。晋赵穿弑其君灵公。

十年，惠公卒，子顷公无野立。初，崔杼有宠于惠公，惠公卒，高、国畏其逼也，逐之，崔杼奔卫。

顷公元年，楚庄王强，伐陈。二年，围郑，郑伯降，已复国郑伯。

六年春，晋使郤克于齐，齐使夫人帷中而观之[149]。郤克上，夫人笑之[150]。郤克曰："不是报，不复涉河！"归，请伐齐，晋侯弗许。齐使至晋，郤克执齐使者四人河内，杀之。八年，晋伐齐，齐以公子强质晋，晋兵去。十年春，齐伐鲁、卫。鲁、卫大夫如晋请师，皆因郤克。晋使郤克以车八百乘为中军将，士燮将上军，栾书将下军，以救鲁、卫，伐齐。六月壬申，与齐侯兵合靡笄下[151]。癸酉，陈于鞍[152]。逢丑父为齐顷公右[153]。顷公曰："驰之，破晋军会食[154]。"射伤郤克，流血至履。克欲还入壁[155]，其御曰："我始入，再伤[156]，不敢言疾，恐惧士卒，愿子忍之。"遂复战。战，齐急，丑父恐齐侯得，乃易处[157]，顷公为右，车絓于木而止[158]。晋小将韩厥伏齐侯车前，曰"寡君使臣救鲁、卫"，戏之。丑父使顷公下取饮，因得亡，脱去，入其军。晋郤克欲杀丑父。丑父曰："代君死而见僇[159]，后人臣无忠其君者矣。"克舍之，丑父遂得亡归齐。于是晋军追齐至马陵。齐侯请以宝器谢，不听；必得笑克者萧桐叔子，令齐东亩[160]。对曰："叔子，齐君母。齐君母亦犹晋君母，子安置之？且子以义伐而以暴为后，其可乎？"于是乃许，令反鲁、卫之侵地。

十一年，晋初置六卿，赏鞍之功。齐顷公朝晋，欲尊王晋景公，晋景公不敢受，乃归。归而顷公弛苑囿[161]，薄赋敛，振孤问疾，虚积聚以救民[162]，民亦大说。厚礼诸侯。竟顷公卒，百姓附，诸侯不犯。

十七年，顷公卒，子灵公环立。

灵公九年，晋栾书弑其君厉公。十年，晋悼公伐齐，齐令公子光质晋。十九年，立子光为太子，高厚傅之，令会诸侯，盟于钟离。二十七年，晋使中行献子伐齐。齐师败，灵公走入临菑。晏婴止灵公，灵公弗从。曰："君亦无勇矣！"晋兵遂围临菑，临菑城守不敢出，晋焚郭中而去。

二十八年。初，灵公取鲁女，生子光，以为太子。仲姬，戎姬。戎姬嬖[163]，仲姬生子牙，属之戎姬。戎姬请以为太子，公许之。仲姬曰："不可。光之立，列于诸侯矣，今无故废之，君必悔之。"公曰："在我耳。"遂东太子光[164]，使高厚傅牙为太子。灵公疾，崔杼迎故太子光而立之，是为庄公。庄公杀戎姬。五月壬辰，灵公卒，庄公即位，执太子牙于句窦之丘，杀之。八月，崔杼杀高厚。晋闻齐乱，伐齐，至高唐。

庄公三年，晋大夫栾盈奔齐，庄公厚客待之。晏婴、田文子谏，公弗听。四年，齐庄公使栾盈间入晋曲沃为内应，以兵随之，上太行，入孟门。栾盈败，齐兵还，取朝歌。

六年。初，棠公妻好，棠公死，崔杼取之[165]。庄公通之，数如崔氏，以崔杼之冠赐人。侍者曰：“不可。”崔杼怒，因其伐晋，欲与晋合谋袭齐而不得间[166]。庄公尝笞宦者贾举，贾举复侍，为崔杼间公以报怨。五月，莒子朝齐，齐以甲戌飨之[167]。崔杼称病不视事。乙亥，公问崔杼病，遂从崔杼妻。崔杼妻入室，与崔杼自闭户不出，公拥柱而歌。宦者贾举遮公从官而入[168]，闭门，崔杼之徒持兵从中起。公登台而请解[169]，不许；请盟[170]，不许；请自杀于庙[171]，不许。皆曰：“君之臣杼疾病[172]，不能听命。近于公宫。陪臣争趣有淫者[173]，不知二命[174]。”公逾墙，射中公股，公反坠，遂弑之。晏婴立崔杼门外，曰：“君为社稷死则死之，为社稷亡则亡之。若为己死己亡，非其私昵[175]，谁敢任之[176]！”门开而入，枕公尸而哭，三踊而出[177]。人谓崔杼：“必杀之。”崔杼曰：“民之望也，舍之得民。”

丁丑，崔杼立庄公异母弟杵臼，是为景公。景公母，鲁叔孙宣伯女也。景公立，以崔杼为右相，庆封为左相。二相恐乱起，乃与国人盟曰：“不与崔庆者死！”晏子仰天曰：“婴所不唯忠于君利社稷者是从！”不肯盟。庆封欲杀晏子，崔杼曰：“忠臣也，舍之。”齐太史书曰“崔杼弑庄公”，崔杼杀之。其弟复书，崔杼复杀之。少弟复书，崔杼乃舍之。

景公元年。初，崔杼生子成及彊，其母死，取东郭女，生明。东郭女使其前夫子无咎与其弟偃相崔氏。成有罪，二相急治之，立明为太子。成请老于崔[178]，崔杼许之，二相弗听，曰：“崔，宗邑[179]，不可。”成、彊怒，告庆封。庆封与崔杼有郤[180]，欲其败也。成、彊杀无咎、偃于崔杼家，家皆奔亡。崔杼怒，无人，使一宦者御，见庆封。庆封曰：“请为子诛之。”使崔杼仇卢蒲嫳攻崔氏[181]，杀成、彊，尽灭崔氏，崔杼妇自杀。崔杼毋归，亦自杀。庆封为相国，专权。

三年十月，庆封出猎。初，庆封已杀崔杼，益骄，嗜酒好猎，不听政令[182]。庆舍用政[183]，已有内郤。田文子谓桓子曰：“乱将作。”田、鲍、高、栾氏相与谋庆氏。庆舍发甲围庆封宫[184]，四家徒共击破之。庆封还，不得入，奔鲁。齐人让鲁，封奔吴。吴与之朱方，聚其族而居之，富于在齐。其秋，齐人徙葬庄公[185]，僇崔杼尸于市以说众。

九年，景公使晏婴之晋，与叔向私语曰：“齐政卒归田氏。田氏虽无大德，以公权私，有德于民，民爱之。”十二年，景公如晋，见平公，欲与伐燕。十八年，公复如晋，见昭公。二十六年，猎鲁郊，因入鲁，与晏婴俱问鲁礼。三十一年，鲁昭公辟季氏难[186]，奔齐。齐欲以千社封之[187]，子家止昭公，昭公乃请齐伐鲁，取郓以居昭公[188]。

三十二年，彗星见[189]。景公坐柏寝[190]，叹曰：“堂堂[191]！谁有此乎？”群臣皆泣，晏子笑，公怒。晏子曰：“臣笑群臣谀甚。”景公曰：“彗星出东北，当齐分野[192]，寡人以为忧。”晏子曰：“君高台深池，赋敛如弗得，刑罚恐弗胜，茀星将出[193]，彗星何惧乎？”公曰：“可禳否[194]？”晏子曰：“使神可祝而来，亦可禳而去也。百姓苦怨以万数，而君令一人禳之，安能胜众口乎？”是时景公好治宫室，聚狗马，奢侈，厚赋重刑，故晏子以此谏之。

四十二年，吴王阖闾伐楚，入郢。

四十七年，鲁阳虎攻其君，不胜，奔齐，请齐伐鲁。鲍子谏景公，乃囚阳虎。阳虎得亡，奔晋。

四十八年，与鲁定公好会夹谷。犁钼曰："孔丘知礼而怯，请令莱人为乐，因执鲁君，可得志。"景公害孔丘相鲁[195]，惧其霸，故从犁钼之计。方会，进莱乐，孔子历阶上[196]，使有司执莱人斩之，以礼让景公。景公惭，乃归鲁侵地以谢，而罢去。是岁，晏婴卒。

五十五年，范、中行反其君于晋，晋攻之急，来请粟。田乞欲为乱，树党于逆臣，说景公曰："范、中行数有德于齐，不可不救。"乃使乞救而输之粟。

五十八年夏，景公夫人燕姬適子死。景公宠妾芮姬生子荼，荼少，其母贱，无行，诸大夫恐其为嗣，乃言愿择诸子长贤者为太子。景公老，恶言嗣事，又爱荼母，欲立之，惮发之口，乃谓诸大夫曰："为乐耳，国何患无君乎？"秋，景公病，命国惠子、高昭子立少子荼为太子，逐群公子，迁之莱。景公卒，太子荼立，是为晏孺子。冬，未葬，而群公子畏诛，皆出亡。荼诸异母兄公子寿、驹、黔奔卫，公子驵、阳生奔鲁。莱人歌之曰："景公死乎弗与埋，三军事乎弗与谋，师乎师乎[197]，胡党之乎[198]？"

晏孺子元年春，田乞伪事高、国者[199]，每朝，乞骖乘，言曰："子得君，大夫皆自危，欲谋作乱。"又谓诸大夫曰："高昭子可畏，及未发，先之。"大夫从之。六月，田乞、鲍牧乃与大夫以兵入公宫，攻高昭子。昭子闻之，与国惠子救公。公师败，田乞之徒追之，国惠子奔莒，遂反杀高昭子。晏圉奔鲁。八月，齐秉意兹[200]。田乞败二相，乃使人之鲁召公子阳生。阳生至齐，私匿田乞家。十月戊子，田乞请诸大夫曰："常之母有鱼菽之祭[201]，幸来会饮。"会饮，田乞盛阳生橐中[202]，置坐中央，发橐出阳生，曰："此乃齐君矣！"大夫皆伏谒。将与大夫盟而立之，鲍牧醉，乞诬大夫曰："吾与鲍牧谋共立阳生。"鲍牧怒曰："子忘景公之命乎？"诸大夫相视欲悔，阳生前，顿首曰："可则立之，否则已。"鲍牧恐祸起，乃复曰："皆景公子也，何为不可！"乃与盟，立阳生，是为悼公。悼公入宫，使人迁晏孺子于骀，杀之幕下[203]，而逐孺子母芮子。芮子故贱而孺子少，故无权，国人轻之。

悼公元年，齐伐鲁，取讙、阐。初，阳生亡在鲁，季康子以其妹妻之。及归即位，使迎之。季姬与季鲂侯通，言其情，鲁弗敢与，故齐伐鲁，竟迎季姬。季姬嬖，齐复归鲁侵地。

鲍子与悼公有郤，不善。四年，吴、鲁伐齐南方。鲍子弑悼公，赴于吴[204]。吴王夫差哭于军门外三日，将从海入讨齐。齐人败之，吴师乃去。晋赵鞅伐齐，至赖而去。齐人共立悼公子壬，是为简公。

简公四年春。初，简公与父阳生俱在鲁也，监止有宠焉。及即位，使为政[205]。田成子惮之，骤顾于朝[206]。御鞅言简公曰："田、监不可并也，君其择焉。"弗听。子我夕[207]，田逆杀人，逢之，遂捕以入。田氏方睦，使囚病而遗守囚者酒[208]，醉而杀守者，得亡。子我盟诸田于陈宗[209]。初，田豹欲为子我臣，使公孙言豹，豹有丧而止。后卒以为臣，幸于子我。子我谓曰："吾尽逐田氏而立女，可乎？"对曰："我远田氏矣。且其违者不过数人，何尽逐焉！"遂告田氏。子行曰[210]："彼得君，弗先，必祸子。"子行舍于公宫。

夏五月壬申，成子兄弟四乘如公。子我在幄，出迎之，遂入，闭门。宦者御之，子行杀宦者。公与妇人饮酒于檀台[211]，成子迁诸寝[212]。公执戈将击之，太史子馀曰："非不利也，将除害也。"成子出舍于库[213]，闻公犹怒，将出[214]，曰："何所无君！"子行拔剑曰："需，事之贼也[215]。谁非田宗？所不杀子者，有如田宗。"乃止。子我归，属徒攻闱与大门[216]，皆弗胜，乃出。田氏追之。丰丘人执子我以告[217]，杀之郭关[218]。成子将杀大陆子方，田逆请而免之。以公命取车于道，出雍门[219]。田豹与之车，弗受，曰："逆为余请，豹与余车，余有私焉。事子我而有私于其仇，何以见鲁、卫之士？"

庚辰，田常执简公于俆州[220]。公曰："余蚤从御鞅言[221]，不及此。"甲午，田常弑简公于俆州。田常乃立简公弟骜，是为平公。平公即位，田常相之，专齐之政，割齐安平以东为田氏封邑。

平公八年，越灭吴。二十五年卒，子宣公积立。

宣公五十一年卒，子康公贷立。田会反廪丘。

康公二年，韩、魏、赵始列为诸侯。十九年，田常曾孙田和始为诸侯，迁康公海滨。

二十六年，康公卒，吕氏遂绝其祀。田氏卒有齐国，为齐威王，强于天下。

太史公曰：吾适齐，自泰山属之琅邪[222]，北被于海[223]，膏壤二千里，其民阔达多匿知[224]，其天性也。以太公之圣，建国本，桓公之盛，修善政，以为诸侯会盟，称伯，不亦宜乎？洋洋哉，固大国之风也！

【译文】

太公望吕尚是东海人。他的先祖曾担任四岳一职，辅佐夏禹治理水土，立有大功。虞、夏时期被封在吕，有的被封在申，姓姜。夏、商时期，申、吕有的被封给旁支子孙，有的沦为平民，吕尚就是他们的远代后裔。吕尚本姓姜，因为用他的封地为姓，所以叫作吕尚。

吕尚曾经穷困潦倒，年老时，借钓鱼的机会求见周西伯。西伯将要外出狩猎，占卜一卦，卦辞说："所得猎物不是龙不是螭，不是虎不是罴；所得乃是成就霸王功业的辅臣。"西伯于是出猎，果然在渭河北岸遇到太公，与太公谈论后，西伯十分高兴，说："自从我国先君太公就说'定有圣人到周，周会因此兴旺'。您就是这个人吧？我们太公盼望您很久了。"因此称吕尚为"太公望"，和他一同乘车回去，尊为太师。

也有人说，太公博学多闻，曾事奉商纣王。纣王无道，太公就离开了。太公四处游说列国诸侯，没有得到信任他的君主，最终西行归依周西伯。有人说，吕尚是有才德而隐居不仕的人，隐居海滨。周西伯被囚禁在羑里时，散宜生、闳夭平素了解吕尚而召请他。吕尚也认为"我听说西伯贤德，又善待抚养老人，何不到他那里"。三人为了营救西伯，寻找美女和奇珍异宝，献给纣王，用来赎取西伯。西伯因此得以被释放返国。虽然吕尚归周的传说各异，但大旨都认为他是周文王、周武王的太师。

周西伯昌从羑里脱身回国后，和吕尚暗中策划修养德行以推翻商纣政权，其中很多是用兵的权谋和奇计，所以后代谈论用兵之道和周朝的阴谋权术都尊法太公的基本策略。周西伯政治清平，等他裁决虞、芮两国的争讼后，被诗人称道为膺受天命的文王。西伯又讨伐了崇国、密须、犬夷，大规模兴建丰邑。天下三分，其中二分归周所有，多半是太公谋划筹策的结果。

文王死后，武王即位。九年，武王想继续完成文王的大业，东征商纣察看诸侯是否云集响应。部队出发时，被尊称为"师尚父"的吕尚左手持着饰有黄金的钺，右手举着饰有旄牛尾的白色军旗，誓师说："苍兕官们，统领众兵，集结船只，迟者斩首！"于是周军来到盟津。各国诸侯不召自来的有八百个。诸侯都说："可以征伐商纣了。"武王说："时机还不成熟。"班师而还，与太公同写下《太誓》。

过了二年，商纣杀死王子比干，囚禁箕子。武王将要征伐商纣，占卜一卦，龟兆的卦象不吉利，狂风暴雨来临。群臣都很恐惧，只有太公劝说武王进军，使他坚定思想，武王于是出兵。十一年正月甲子日，在牧野誓师，进伐商纣。商纣军队大败。商纣回身逃跑，登上鹿台，于是被追上斩杀。第二天，武王在祭祀土神的场所继位，群臣手捧明水，卫康叔封铺好彩席，师尚父牵来祭祀的牲畜，史佚宣读祭神的策书祝文，向神明禀告讨伐商纣的罪行。散发鹿台的钱币，发放巨桥的粮食，用以赈济贫民。增修比干的坟墓，释放被囚禁

的箕子。把九鼎迁往周国，修治周朝政务，与天下人除旧布新，开创新时代。上述诸事多半是出自师尚父的谋划。

此时武王已平定商朝，称王天下，把齐国营丘封赏给师尚父。师尚父东去自己的封国，边行边住，行走迟缓。客舍中的人说："我听说时机难得而容易丧失。这位客人睡得这样安逸，恐怕不是去封国就任的吧。"太公听了这番话，连夜穿衣上路，黎明就到达封国。莱侯带兵来攻伐齐国，想与太公争夺营丘。营丘毗邻莱国。莱人是夷族，趁商纣之乱而周朝刚刚安定，无力平定边远地区，因此和太公争夺土地。

太公到齐国后，修明政事，依顺风俗，简化礼仪，开放工商各业，从鱼盐生产中获利，因而人民多归附齐国，齐成为大国。到周成王年幼即位时，管叔、蔡叔叛乱，淮夷也背叛周朝，成王派召康公命令太公说："东到大海，西到黄河，南到穆陵，北到无棣，各国诸侯，你都可以讨伐他们。"齐国因此得以征讨各国，成为大国。定都营丘。

太公死时一百多岁，儿子丁公吕伋继位。丁公死，儿子乙公得继位。乙公死，儿子癸公慈母继位。癸公死，儿子哀公不辰继位。

哀公时，纪侯向周王诬陷哀公，周王用大鼎煮死哀公，而立他的弟弟静为齐君，这就是胡公。胡公迁都薄姑，此时正当周夷王在位。

哀公同母少弟山怨恨胡公，就与他的党徒带领营丘人袭击杀死胡公，自立为齐君，这就是献公。献公元年，将胡公的儿子全部驱逐，借机把首都从薄姑迁到临淄。

九年，献公死，儿子武公寿继位。武公九年，周厉王逃亡，住在彘邑。十年，周王室发生叛乱，大臣们主持国政，号称"共和"。二十四年，周宣王刚继位。

二十六年，武公死，儿子厉公无忌继位。厉公残暴肆虐，所以胡公的儿子又返回齐国，齐人想立他为国君，就一同攻杀厉公。胡公的儿子也战死了。齐人于是立厉公的儿子赤为齐君，这就是文公，处死了七十多个攻杀厉公的人。

文公十二年死，儿子成公脱继位。成公九年死，儿子庄公购继位。

庄公二十四年，犬戎杀死幽王，周王室东迁都到洛邑。秦国开始被封为诸侯。五十六年，晋人杀死他们国君晋昭侯。

六十四年，庄公死，儿子釐公禄甫继位。

釐公九年，鲁隐公刚继位。十九年，鲁桓公杀了他的哥哥隐公而自立为鲁君。

二十五年，北戎讨伐齐国。郑国派太子忽来援救齐国，齐侯想把女儿嫁给他。忽说："郑国小，齐国大，我配不上。"就谢绝了。

三十二年，釐公同母弟夷仲年死。他的儿子名叫公孙无知，釐公宠爱他，让他在服饰、俸禄等方面和太子享有一样的待遇。

三十三年，釐公死，太子诸儿继位，这就是襄公。

襄公元年，襄公原来还是太子时，曾和无知打架，等他即位后，降低无知的俸禄及服饰方面的待遇，无知怨恨襄公。

四年，鲁桓公和夫人来到齐国。齐襄公过去曾与鲁夫人私通。鲁夫人是襄公的妹妹，在齐釐公时嫁给鲁桓公做夫人，等到与鲁桓公来齐国，又与襄公私通。鲁桓公知道此事后，怒责夫人，夫人将情况告诉了齐襄公。齐襄公宴请鲁桓公，把桓公灌醉，派大力士彭生把鲁桓公抱上车，趁机折断桓公的肋骨，杀死桓公。等人们请桓公下车时发现他已经死了。鲁国人为此责备齐国，齐襄公杀死彭生来向鲁国谢罪。

八年，齐国征伐纪国，纪国被迫迁都避难。

十二年，当初，襄公派连称、管至父驻守葵丘，约定瓜熟时前去，第二年瓜熟时派人去替换他们。他们前去驻守一年，瓜熟时期已过襄公仍不派人去替换。有人请求襄公派人替换他们，襄公不答应。所以二人发怒，与公孙无知策划叛乱。连称有个堂妹在襄公宫内，不受宠幸，就让她侦伺襄公，对她说："事成以后让你当无知的夫人。"冬十二月，襄公到姑棼游玩，于是到沛丘打猎。看到了一只野猪，侍从说"是彭生"。襄公大怒，用箭射猪，猪像人一样站立而叫。襄公害怕，从车上摔下来，跌伤了脚，鞋子也掉了。回去后把管鞋的侍者茀鞭打了三百下。茀出宫。无知、连称、管至父等人听说襄公受伤，就带领徒众来袭击王宫。正遇上管理鞋子的侍者茀，茀说："不要进去以免惊动宫中，惊动宫中后就不易再攻进去了。"无知不信任茀，茀让他看自己身上的创伤，无知才相信茀。他们等在宫外，让茀先进去。茀进去后，就把襄公藏在门后。过了很久，无知等害怕，就闯进宫去。茀反而和宫中卫士以及襄公的幸臣攻打无知等人，未能得胜，全被杀死。无知进入宫中，找不到襄公。有人看见门下露着人脚，推门一看，门后正是襄公，就杀死襄公，无知自立为齐君。

桓公元年春，齐君无知到雍林游玩。雍林有人曾怨恨无知，等到无知去游玩时，雍林人偷袭杀死无知，向齐国大夫宣告说："无知杀死襄公自立为君，我们已将他诛杀。请大夫们改立其他公子中该继位的，我们一定服从。"

当初，齐襄公将鲁桓公灌醉杀死，与鲁夫人私通，还屡屡杀罚不当，沉湎女色，多次欺侮大臣，他的几个兄弟害怕祸患牵连，因此二弟公子纠逃亡鲁国。他的母亲是鲁国诸侯的女儿。管仲、召忽辅佐他。三弟小白逃亡莒国，鲍叔辅佐他。小白的母亲是卫国诸侯的女儿，很得齐釐公宠幸。小白从小与大夫高傒交好。等到雍林人杀死无知，商议另立新君时，高氏、国氏暗中从莒国召回小白。鲁国听说无知已死，也派兵护送公子纠返齐，并命管仲另带军队遏阻莒国通道。管仲射中小白衣带钩，小白倒地装死，管仲派人飞报鲁国。鲁国护送公子纠的部队速度就放慢了，六天才到齐国。这时小白已先入齐国，高傒立他为君，这就是齐桓公。

桓公当时被射中衣带钩后，装死以骗管仲，然后藏在温车中飞速行进，也因为有高氏、国氏两大家族为内应，所以能够先入齐国继位，派兵抵御鲁军。秋天，齐军与鲁军在乾时作战，鲁军败逃，齐军切断了鲁军的退路。齐桓公写信给鲁庄公说："子纠是我的兄弟，我不忍心亲手杀他，请鲁国将他杀了。召忽、管仲是我的仇敌，我要求活着交给我，让我把他们剁成肉酱才甘心。不然，我将发兵围攻鲁国。"鲁人害怕，就在笙渎杀死子纠。召忽自杀而死，管仲要求囚禁。齐桓公即位后，派兵攻鲁，本想杀死管仲。鲍叔牙说："我有幸跟从您，您终于成为国君。您的尊贵地位，我已无法再帮助您增加什么了。您如果只想治理齐国，有高傒和我也就够了。您如果想称霸天下，没有管仲是不行的。管仲子在哪个国家，那个国家必然强大，您不能失去这个人才。"于是齐桓公听从他的话，就假装召回管仲以报仇雪恨，实际是想任用他。管仲心里明白，所以要求返齐。鲍叔牙迎接管仲，一到齐国境内的堂阜就给管仲除去桎梏，让他斋戒沐浴，而后拜见齐桓公。桓公赏以厚礼，任管仲为大夫，管理齐国政务。

桓公得到管仲后，与鲍叔、隰朋、高傒共同修治齐国政事，组织一种以五家为基层单位的兵役制度，制造货币，发展渔盐业，用以给赡贫民，厚养贤能，齐国人人欢欣。

桓公二年，齐国伐灭郯国，郯国国君逃亡莒国。当初，齐桓公逃亡国外时，曾到过郯国，郯国对他无礼，所以讨伐它。

桓公五年，齐国征伐鲁国，鲁军战败。鲁庄公请求献出遂邑来求和，桓公允诺，与鲁庄公在柯地会盟。将要盟誓之际，鲁将曹沫到祭坛上用匕首劫持齐桓公，说："归还鲁国被侵占的土地！"桓公答应了。然后曹沫扔掉匕首，回到面向北方的臣子之位。桓公过后想要反悔，想不归还鲁国被占的领土，并要杀死曹沫。管仲说："被劫持时答应了人家的要求，然后又背弃诺言杀死人家，贪求一时的痛快，而在诸侯中却失去了信义，也就失去了天下人的支持，不能这样做。"桓公于是就把曹沫三次战败所丢的全部领土归还给鲁国。各国诸侯听说后，都认为齐国守信而愿意归附。七年，诸侯与齐桓公在甄地盟会，齐桓公从此开始称霸天下。

桓公十四年，陈厉公的儿子陈完，号敬仲，逃亡来到齐国。齐桓公想任命他为卿，陈完辞让；于是让他担任主管百工的工正。这就是田成子常的祖先。

桓公二十三年，山戎侵伐燕国，燕向齐国告急。齐桓公派兵救燕，于是讨伐山戎，一直打到孤竹后才撤军。燕庄王于是送桓公进入齐国境内。桓公说："除了天子，诸侯之间相送不出自己的国境，我不能对燕无礼。"于是把燕君所至的齐国领土用沟分开送给燕国，让燕君重新实行召公的政策，向周王室进贡，就像周成王、康王时代一样。诸侯听说后，都服从齐国。

桓公二十七年，鲁湣公的母亲叫哀姜，是齐桓公的妹妹。哀姜与鲁公子庆父私通，庆父杀死湣公，哀姜想立庆父为国君，鲁人改立釐公。桓公把哀姜召回齐国，杀了哀姜。

桓公二十八年，卫文公被狄人侵伐，向齐国告急。齐桓公率领诸侯在楚丘筑成城池，扶立了卫君。

桓公二十九年，桓公与夫人蔡姬乘船游玩。蔡姬熟悉水性，故意摇晃船只。桓公害怕，制止她，她仍不停，下船之后，桓公恼怒，把蔡姬送回娘家，但又不断绝婚姻关系。蔡侯也十分生气，就把蔡姬另嫁给别人。桓公听说后怒不可遏，兴兵伐蔡。

桓公三十年春天，齐桓公率领诸侯讨伐蔡国，蔡军溃败。齐桓公进而伐楚。楚成王兴兵来问："为什么入侵我国领土？"管仲回答说："过去召康公命令我国先君太公：'各国诸侯，你都有权征伐，目的是为了辅佐周室。'赐给我先君有权征伐的疆界，东到大海，西到黄河，南到穆陵，北到无棣。楚国应该进贡的包茅没有进献，天子祭祀用品不全，因此来讨要。昭王南征没有返回，因此前来问罪。"楚成王说："贡品没有进献，确实如此，是我的罪过，今后不敢不奉上。至于昭王一去不归，请您到汉水边上去问罪。"齐军进郡，驻扎在陉山。夏天，楚成王命屈完领兵抗齐，齐军后退，驻扎在召陵。桓公向屈完炫耀兵多将广。屈完说："您合于正义才能胜利；如果不是，楚国就以方城山为城墙，以长江、汉江为护城河，您怎么能推进呢？"齐桓公就与屈完结盟而回。经过陈国，陈国大夫袁涛涂欺骗桓公，让齐军从东方走而不经过陈国，被齐国发觉。秋天，齐国讨伐陈国。这一年，晋献公杀死了太子申生。

桓公三十五年夏，桓公与诸侯在葵丘盟会。周襄王派宰孔赏赐给桓公祭祀文王、武王的祭肉、朱红色的弓箭和天子乘用的车辆，让桓公受赏时不用下拜。桓公本想答应，管仲认为不可以这样。桓公于是下拜接受赏物。秋天，再次与诸侯在葵丘盟会，桓公更加骄傲。周王派宰孔参加盟会。诸侯逐渐反叛。晋君病重，上路迟了，半路上碰到宰孔。宰孔说："齐桓公骄傲了，您尽管不要去了。"晋君听从，未去盟会。这一年，晋献公死，里克杀死新君奚齐和卓子，秦穆公因为自己夫人是晋公子夷吾的姐姐，所以武力护送夷吾返晋即位。桓公因此讨伐晋国内乱，到达高梁，让隰朋立夷吾为晋国君，然后撤军。

当时周王室衰微，天下只有齐、楚、秦、晋四国强盛。晋国刚刚参加盟会，晋献公便死了，国内大乱。秦穆公处地偏远，不参加中原诸侯的会盟。楚成王刚刚将荆蛮小国占为己有，以夷狄自居。只有齐国能够召集中原诸侯盟会，齐桓公又充分宣示出他的盛德，所以各国诸侯都服从齐国参加盟会。因此桓公宣称："寡人南征到召陵，望到了熊耳山；北伐山戎、离枝、孤竹国；西征大夏，远涉西部沙漠地区；包缠马蹄，挂牢战车，登上太行险道，直达卑耳山才返回。诸侯没有敢违抗寡人的。我召集兵车盟会三次，乘车盟会六次，九次会合诸侯，匡正周室。过去夏、商、周三代承受天命时，与这种情况有什么不同？我想要封祭泰山，禅祭梁父。"管仲极力劝谏，桓公不听；管仲于是介绍封禅之礼要等远方各种奇珍异物具备才能举行，桓公才作罢。

桓公三十八年，周襄王的弟弟带与戎人、翟人合谋侵周，齐国派管仲到周去为双方讲和。周天子想用上卿的礼节接待管仲，管仲叩头拜谢说："我是诸侯的臣子，怎么敢受此礼遇！"推让再三，才接受了用下卿的礼仪拜见周天子。三十九年，周襄王的弟弟王子带逃亡到齐国。齐国派仲孙请求周襄王，为带赔罪求情。周襄王很生气，没有听从。

桓公四十一年，秦穆公俘获晋惠公，又释放他回国。这一年，管仲、隰朋都去世了。管仲病重，齐桓公问他："你死后群臣之中谁可做相国？"管仲说："了解臣下的莫过于国君。"桓公说："易牙这人怎么样？"回答说："易牙杀死自己的儿子来迎合国君，不合人情，不能任用。"桓公问："开方这人怎么样？"回答说："开方抛弃双亲来迎合国君，不合人情，不可接近。"桓公说："竖刀这人怎么样？"回答说："竖刀阉割自己来迎合国君，不合人情，不可亲信。"管仲死后，桓公不听管仲的劝告，最终还是亲近任用了这三个人，三人掌握了齐国的大权。

桓公四十二年，戎人攻打周室，周向齐国告急，齐国命各诸侯分别派兵戍卫周王室。这一年，晋公子重耳来到齐国，齐桓公把齐国宗室的女儿嫁给重耳为妻。

桓公四十三年。当初，齐桓公有三位夫人：名叫王姬、徐姬、蔡姬，都没生儿子。桓公好色，有很多宠幸的姬妾，其中地位等同于夫人的就有六个：长卫姬，生了无诡；少卫姬，生了惠公元；郑姬，生了孝公昭；葛嬴，生了昭公潘；密姬，生了懿公商人；宋华子，生了公子雍。齐桓公和管仲曾把孝公昭托付给宋襄公，立为太子。雍巫受到桓公长卫姬的宠爱，通过宦者竖刀送给桓公厚礼，所以也受到桓公宠爱，桓公答应立无诡为太子。管仲死后，五位公子都要求立为太子。冬十月乙亥日，齐桓公死。易牙进宫，与竖刀借助宫内宠臣杀死许多反对他们的大臣，立公子无诡为齐君。太子昭逃亡到宋国。

桓公病重时，五位公子各自结党要求立为太子。桓公死后，就互相攻击，因此宫中空虚，也没人敢去把桓公装尸入棺。桓公的尸体在床上停放了六十七天，尸体的蛆虫爬出门外。十二月乙亥日，无诡即位，才装棺并向各国报丧。辛巳日夜，才穿衣入殓，停柩待葬。

桓公有十多个儿子，总计前后五人曾登君位：无诡即位三个月后死去，没有谥号；接着是孝公；接着是昭公；再接下去是懿公；最后是惠公。孝公元年三月，宋襄公率领诸侯军队送齐太子昭回国，并讨伐齐国。齐人害怕，杀死他们的国君无诡。齐人将要立太子昭为齐君时，其余四公子的徒众攻打太子，太子逃到宋国，宋国于是和齐国四公子的军队作战。五月，宋军打败四公子的军队，立太子昭为君，这就是齐孝公。宋襄公因为曾受桓公与管仲所托照顾太子，所以前来征战。因为战乱的缘故，到八月才埋葬齐桓公。

孝公六年春，齐国伐宋，因为宋国不参加在齐国的盟会。夏天，宋襄公死。七年，晋文公继位。

孝公十年，孝公死，孝公的弟弟潘让卫国公子开方杀死孝公的儿子而立潘为君，这就是昭公。昭公是桓公的儿子，他的母亲名叫葛嬴。

昭公元年，晋文公在城濮大败楚军，召集诸侯在践土盟会，朝见周天子，天子让晋国称霸。六年，狄人侵略齐国。晋文公死。秦军在殽地被晋军打败。十二年，秦穆公死。

昭公十九年五月，昭公死，儿子舍立为齐君。舍的母亲不受昭公宠爱，齐国没有人畏惧他。昭公的弟弟商人因为桓公死后争立国君失败，暗中结交贤士，抚爱百姓，百姓拥戴他。昭公死后，他的儿子舍继位，势孤力弱，在十月商人就与众人在昭公坟前杀死齐君舍，商人自立为君，这就是懿公。懿公是桓公的儿子，他的母亲名叫密姬。

懿公四年春，当初，懿公还是公子的时候，与丙戎的父亲一同打猎，互相争夺猎物，懿公未争到。等懿公继位，斩断丙戎父亲的脚，让丙戎为自己驾车。庸职的妻子漂亮，懿公将她纳入后宫，让庸职作陪乘。五月，懿公在申池游玩，丙戎和庸职洗澡，互相开玩笑。庸职说丙戎："断脚的儿子！"丙戎说庸职："被人夺妻的丈夫！"两人都为这些话感到耻辱，因此怨恨懿公。两个人谋划与懿公共同到竹林中游玩，二人在车上把懿公杀死，把尸体抛在竹林中逃走。

懿公继位后，骄横，人民不归附他。齐国人废黜懿公的儿子，从卫国迎接公子元回齐，立为国君，这就是惠公。惠公是桓公的儿子。他的母亲是卫国女子，名叫少卫姬，因躲避齐国的内乱，所以逃到了卫国。

惠公二年，长翟侵犯齐国，王子城父攻杀长翟，把他埋葬在北门。晋国大夫赵穿杀死他们的国君晋灵公。

惠公十年，惠公死，儿子顷公无野继位。当初，崔杼曾得到惠公宠幸，等到惠公死后，高氏、国氏怕受他胁迫，把崔杼驱逐出国，崔杼逃到卫国。

顷公元年，楚庄王强盛起来，征伐陈国。二年，楚国围攻郑国，郑伯投降，后又重新恢复郑伯的君位。

顷公六年春，晋国派郤克出使齐国，齐顷公让他的母亲坐在帷幕中观看。郤克上阶，夫人讥笑他。郤克说："此仇不报，誓不再渡黄河！"回国后，郤克请求晋君讨伐齐国，晋君不答应。齐国使者到了晋，郤克在河内捉住齐国使者四人，全部杀死。八年，晋国讨伐齐国，齐国让公子强到晋国当人质，晋军才撤军。十年春天，齐国征伐鲁国、卫国。鲁、卫二国大夫到晋国请求援兵，都是通过郤克的关系。晋国派郤克率领战车八百乘，做中军将领，士燮率领上军，栾书率领下军，援救鲁、卫，讨伐齐国。六月壬申日，晋军与齐军在靡笄山下交兵。癸酉日，两军在鞍地排列成阵。逄丑父做齐顷公的车右武士。顷公说："冲向敌阵，击破晋军后聚餐。"齐军射伤郤克，血流到脚。郤克想退回营垒，他战车的驭手说："我从进入战斗后，已两次负伤，我不敢说疼痛，害怕使士卒恐惧，愿您忍痛继续战斗。"郤克又投入战斗。交战中，齐军形势危急，逄丑父怕齐顷公被俘，就互相交换了位置，顷公成为车右武士，战车绊在树上抛锚。晋国小将韩厥拜伏在齐顷公战车之前，说："我们晋君派我来救援鲁、卫。"这样嘲笑顷公。丑父让装成车右武士的顷公下车取水来喝，顷公借此得以逃脱，跑回齐军阵中。晋国的郤克要杀丑父。丑父说："我替国君死而被杀，以后为人臣子的就不会有忠于君主的人了。"郤克就放了他，丑父因此能逃归齐国。于是晋军追赶齐军直到马陵。齐顷公请求用宝器谢罪，郤克不答应，一定要得到讥笑郤克的萧桐叔子，还命令齐国把田垅一律改成东西方向。齐人回答说："萧桐叔子是齐顷公的母亲。齐君的母亲就犹如晋君的母亲，您怎么处置她？况且您依据道义兴师讨伐，但之后却干出暴虐无礼的事情，难道可以这样吗？"于是郤克答应了他们，只让齐国归还侵占的鲁、卫二国的领土。

顷公十一年，晋开始设置六卿，用以封赏在鞍之战的功臣。齐顷公朝见晋君，想尊晋景公为王，晋景公不敢承受，齐君就回国了。回国后顷公开放自己游猎的园林，减轻税赋，赈济孤寡，慰问伤病人员，拿出府库的积蓄来救济百姓，百姓也十分高兴。齐顷公送给诸侯厚礼。一直到顷公去世，百姓归附，诸侯没有侵犯齐国的。

顷公十七年，顷公死，儿子灵公环继位。

灵公九年，晋大夫栾书杀死他的国君晋厉公。十年，晋悼公讨伐齐国，齐国让公子光到晋国当人质。十九年，立公子光为太子，让高厚辅佐他，派他到钟离参加诸侯盟会。二十七年，晋国派中行献子讨伐齐国。齐军战败，灵公逃进临淄城。晏婴劝阻灵公，灵公不听。晏子说："我们国君也太没有勇气了！"晋兵于是包围临淄，临淄的齐军坚守内城不敢出击，晋军把外城内烧光后才撤军。

灵公二十八年，当初，灵公娶鲁国女子，生下儿子光，立为太子。后又娶仲姬、戎姬。戎姬受宠，仲姬生儿子名叫牙，将他托付给戎姬。戎姬请求立牙为太子，灵公答应了。仲姬说："不行。公子光立为太子，已经名列诸侯，现在无故废黜他，您必定会后悔。"灵公说："废立全取决于我。"于是把太子光迁往东部，让高厚辅佐牙为太子。灵公患病，崔杼迎接原来的太子光立为国君，这就是庄公。庄公杀死戎姬。五月壬辰日，灵公死，庄公即位，在句窦丘抓获太子牙，将他杀死。八月，崔杼杀死高厚。晋国听说齐国内乱，讨伐齐国，一直到达高唐。

庄公三年，晋国大夫栾盈逃亡到齐国，庄公以隆重的客礼招待他。晏婴、田文子谏阻，庄公不听。四年，齐庄公派栾盈秘密进入曲沃做齐国内应，齐国大兵随后，上太行山，进入孟门关口。栾盈被打败，齐军还师，攻克朝歌城。

庄公六年，当初，棠公的妻子漂亮，棠公死后，崔杼娶了她。庄公与她私通，多次去崔杼家，还把崔杼的帽子赏给别人。庄公的侍从说："不能这样。"崔杼十分恼怒，借庄公伐晋的时机，想与晋国合谋袭击庄公，但没有机会。庄公曾经鞭打宦官贾举，贾举又被任为内侍，因此为崔杼寻找机会报仇。五月，莒国国君朝见齐君，齐庄公在甲戌日宴请莒君。崔杼谎称有病不去上朝。乙亥日，庄公探望崔杼病情，趁机嬉戏崔杼妻子。崔杼妻子走进屋里，与崔杼关上屋门不出来，庄公在前堂抱着柱子唱歌。宦官贾举把庄公的侍从拦在门外，关上院门。崔杼的徒众手执兵器出现。庄公登上高台，请求和解，众人不允许；庄公又请求盟誓定约，众人也不允许；庄公请求让他到自己的祖庙里自杀，众人还是不允许。众人说："国君的大臣崔杼病重，不能前来听你吩咐。这里离宫廷很近，我们只管捉拿淫乱之徒，没接到其他命令。”庄公跳墙想逃，被人射中大腿，反坠墙里，于是被杀。晏婴站在崔杼院门外，说：“如果国君为社稷而死，那么臣子应为他殉身，如果国君为社稷而逃亡，那么臣子应随他流亡。如果国君为自己的私事而死、而逃，除了他的宠幸近臣，别人不会为此殉死逃亡的。”院门打开，晏子进入院内，枕在庄公的尸体上痛哭，向上跳了三次，以示哀痛，然后走出院子。有人对崔杼说：“一定要杀死晏婴！”崔杼说：“他深得众望，放过他我们能争得民心。”

丁丑日，崔杼立庄公异母弟杵臼为君，这就是景公。景公的母亲是鲁国大夫叔孙宣伯的女儿。景公继位后，任命崔杼为右相，庆封为左相。二位国相怕国内发生动乱，就与国人盟誓说：“谁不跟从崔杼、庆封就得死！”晏子仰天长叹说：“我做不到，我只跟从忠君利国的人！”不肯参加盟誓。庆封想杀晏子，崔杼说：“他是忠臣，放过他。”齐太史记载说“崔杼杀庄公”，崔杼把太史杀死。太史的弟弟又这么记载，崔杼又杀了他。太史的少弟又这样写，崔杼才放过了他。

景公元年。当初，崔杼生有儿子成、强，他们的母亲死后，崔杼又娶了东郭氏的女儿，生下崔明。东郭氏女让她前夫的儿子无咎、她弟弟偃辅佐崔杼。崔成犯了罪，无咎和偃两位家相立即严治崔成，把崔明立为太子。崔成请求终老于崔邑，崔杼答应了，二相不肯，说：“崔邑是崔氏宗庙所在之地，不能答应他。”崔成、崔强恼怒，把此事告知庆封。庆封与崔杼有矛盾，想让崔氏败落。崔成、崔强在崔杼家中杀死无咎、偃，家人都四处奔逃。崔杼大怒，家中无人，只好让一个宦官为他驾车，去见庆封。庆封说：“让我为您杀了他们。”于是派崔杼的仇人卢蒲嫳攻打崔氏，杀死崔成、崔强，全部消灭崔氏一族，崔杼的夫人自杀。崔杼无家可归，也自杀了。庆封当上相国，独揽大权。

三年十月，庆封外出打猎。当初，庆封杀死崔杼以后，更加骄横，喜欢喝酒、打猎，不处理政务。庆舍掌握政务，父子间已有嫌隙。田文子对田桓子说：“动乱将要发生了。”田氏、鲍氏、高氏、栾氏四家族联合谋划消灭庆氏。庆舍发兵包围庆封的宫室，与四家族的徒众共同侵占下来。庆封回来，进不了家，逃亡到鲁国。齐人责备鲁国，庆封又逃到吴国。吴国把朱方封给庆封，庆封与族人居住在那里，比在齐国时还富有。这年秋天，齐人移葬庄公，在市场上陈列崔杼的尸体以泄民愤。

九年，景公派晏婴出使晋国，晏婴私下对叔向说：“齐国政权最终将归田氏所有。田氏虽然没有很大的功德，但能借公事施私恩，对人民有恩德，人民拥戴他。”十二年，景公到晋国，会见晋平公，想与晋国共同讨伐燕国。十八年，景公又到晋国，会见晋昭公。二十六年，景公在鲁国郊外打猎，接着进入鲁国都，同晏婴一起咨询鲁国的礼制。三十一年，鲁昭公躲避季氏叛乱，逃亡到齐国。齐国想封给昭公千社人家，子家阻止昭公，昭公就请求齐国讨伐鲁国，攻取郓邑，让昭公居住。

三十二年，彗星出现。景公坐在柏寝台上，叹息说：“堂皇的亭台，谁能长久拥有它呢？”群臣都哭泣，晏子反而笑起来，景公很恼怒。晏子说：“我笑群臣过于谄谀了。”景公说：“彗星出现在东北方，正是对着齐国的地域位置，寡人为此而担忧。”晏子说：“您筑高台，凿深池，税赋唯恐收得少，刑罚唯恐不严苛，连茀星都将出现，彗星有什么可怕呢？”景公说：“可以用祭祷禳除彗星吗？”晏子说：“如果祝祷可以使神明降临，那么祈禳也可以使它离去。但百姓愁苦怨恨的成千上万，而您让一个人去祈禳，怎么能胜过众口的诅咒呢？”当时齐景公喜欢大造宫室，聚养狗马，奢侈无度，赋税多，刑罚重，所以晏子借此劝谏齐景公。

四十二年，吴王阖闾攻伐楚国，攻入楚都郢。

四十七年，鲁国大夫阳虎攻打鲁君，失败，逃亡齐国，请求齐国讨伐鲁国。鲍子劝谏景公，于是将阳虎囚禁。阳虎逃脱了，投奔晋国。

四十八年，景公与鲁定公在夹谷盟会修好。犁鉏说：“孔丘深通礼仪但性情怯懦，请让莱人表演歌舞，借机捉住鲁君，可以实现我们的意图。”景公担心孔子做鲁相，害怕鲁国成就霸业，所以听从犁鉏的计谋。盟会时，齐国献上莱人乐舞，孔子登阶上台，命有关人员捉住莱人斩首，依据礼制责备景公。景公羞愧，于是归还了侵占的鲁国领土来谢罪，结束会盟离去。这一年，婴晏死。

五十五年，晋国大夫范氏、中行氏反叛他们的国君，晋君反击得很猛烈，二氏来齐借粮。田乞想在齐国叛乱，想和晋国叛臣结党，劝景公说：“范氏、中行氏多次对齐国有恩，不可不救。”于是景公派田乞去救援并供给他们粮食。

五十八年夏，景公夫人燕姬的嫡子死去。景公的宠妾芮姬生有儿子荼，荼年幼，他的母亲出生低贱，品行不好，诸位大夫担心荼成为继承人，就说愿意在诸公子中选择年长贤德的人做太子。景公年老，厌恶谈继承人的问题，又宠爱荼的母亲，想立荼当太子，又怕群臣反对，不敢提及，就对大夫们说：“及时行乐吧，还怕国家没有君主吗？”秋天，景公病重，命令国惠子、高昭子立小儿子荼为太子，驱逐其他公子，将他们迁居到莱地。景公死，太子荼继位，这就是晏孺子。冬天，齐景公还未埋葬，其他公子害怕被杀，都逃亡国外。荼的异母兄寿、驹、黔逃到卫国，公子驵、阳生逃到鲁国。莱人把这件事编成歌谣唱道：“景公死了不能参加埋葬，三军大事不能参与谋划，众公子的追随者呀，你们最终去何方？”

晏孺子元年春，田乞假装服从高氏、国氏，每次二氏上朝，田乞为他们骖乘，进言说：“您得到君王信任，群大夫都人人自危，想图谋叛乱。”又对群大夫说：“高昭子令人畏惧，趁他还没发动政变，我们抢先除掉他。”大夫们都听从他。六月，田乞、鲍牧与众大夫带兵进入宫中，攻打高昭子。高昭子听说后，与国惠子援救晏孺子。晏孺子兵败，田乞的徒众追击，国惠子逃到莒国，田乞回来又杀死高昭子。晏圉逃到鲁国。八月，齐大夫秉意兹逃往鲁国。田乞击败高、国二相，就派人到鲁国迎回公子阳生。阳生到齐后，躲藏在田乞家中。十月戊子日，田乞邀请各位大夫说：“田常的母亲今天在家将操持菲薄的祭礼，敬请光临饮酒。”会餐饮酒时，田乞把阳生装在大口袋里，放在座席中央，然后打开口袋放出阳生，说："这就是齐国的国君！"众大夫就地拜见。田乞将要与众大夫盟誓，立阳生为君，鲍牧喝醉了，田乞就欺骗大夫说："我和鲍牧共同谋划立阳生为君。"鲍牧恼怒说："你忘记了景公立荼为君的遗命了吗？"众大夫面面相觑，想要反悔，阳生上前磕头说："看我能当国君就当，不能当就算了。"鲍牧怕引起祸乱，就又说："都是景公的儿子，有什么不可的！"就参与盟誓，立阳生为齐君，这就是悼公。悼公进宫，派人把晏孺子流放到骀邑，杀死在帐幕下，驱逐了晏孺子的母亲芮子。芮子本来出身低贱，孺子又幼小，所以没有权势，国人都轻视他们。

悼公元年，齐国讨伐鲁国，攻取讙、阐二地。当初，阳生逃亡在鲁国时，季康子把自己的妹妹嫁给阳生。阳生回国即位后，便派人迎接她。季姬与季鲂侯私通，向家人说出真情，鲁人不敢把季姬送到齐国，所以齐国讨伐鲁国，终于把季姬接回齐国。季姬受宠，齐国重新归还了侵占鲁国的土地。

鲍子与悼公有嫌隙，关系不好。四年，吴国、鲁国讨伐齐国南方。鲍子杀掉悼公，向吴国报丧。吴王夫差按礼仪在军门外哭吊三日，将要从海路进军讨伐齐国。齐军打败吴军，吴军于是撤退。晋国赵鞅讨伐齐国，到达赖地后撤军。齐人一致拥护悼公的儿子壬，这就是简公。

简公四年春，当初，齐简公和父亲阳生同在鲁国时，监止受到宠幸。简公即位后，让监止主持政务。田成子对此感到担忧，在朝堂上屡次顾视他。简公的御手田鞅向简公进言说："田、监不能并存，你要选择其中一个。"简公不听。监止晚上上朝，田逆杀人，监止正遇上，就把田逆逮捕入狱。田氏宗族正亲睦，就让被囚禁的田逆伪装病重，借机由家人探监送酒给看守，灌醉后杀掉看守，田逆逃脱。监止与田氏在田氏宗祠结盟。当初，田豹想给监止做家臣，让大夫公孙向监止举荐，正逢田豹服丧就作罢了。后来终于做了监止家臣，受到监止的宠幸。监止对田豹说："我要把田氏全部驱逐而让你当田氏族长，可以吗？"田豹回答说："我只不过是田氏族中的疏远旁支，况且田氏族中不服从你的不过几个人，何必全都驱逐呢！"于是田豹告知田氏。田逆说："他正得君主宠幸，不先下手，必定会害你。"田逆于是住在简公宫内。

夏五月壬申日，田成子兄弟乘四辆车见简公。监止正在帐幕中，出来迎接他们，他们一进去，关上宫门。宦官们抵抗田氏，田逆杀死宦官。简公正与妇人在檀台上饮酒，田成子把他们迁移到寝宫。简公拿起戈要刺田成子，太史子余说："田成子不是要谋害您，而是要为您除害。"田成子出宫住进武库，听说简公还在发怒，准备逃走，并说："哪儿没有国君！"田逆拔剑说："犹豫迟疑，是坏事的祸根。这儿的人谁不能做田氏的宗主？你如怯懦出逃，我要不杀死你，有历代宗主为证。"田成子才留下。监止跑回家，聚集徒众进攻宫城大小各门，都未成功，就出逃了。田氏宗族追赶他。丰丘有人抓住监止并报告，田氏在郭门把监止杀死。田成子要杀大陆子方，田逆为他求情才被赦免。以简公的名义在路上截车，驰出雍门。

田豹曾给他车，他不要，说："田逆为我说情，田豹给我车辆，别人会以为我与田氏有私交。我是监止的家臣而与仇家有私交，有何面目逃亡去见鲁国、卫国的士人呢？"

庚辰日，田常在徐州捕获简公。简公说："我要是早听御者田鞅的话，也不会落到如此下场。"甲午日，田常在徐州杀死简公。田常就立简公的弟弟骜为君，这就是平公。平公即位，田常辅佐他，专擅齐国大权，割占齐国安平以东的土地作为田氏的封邑。

平公八年，越国灭掉吴国。二十五年平公死去，儿子宣公积继位。

宣公五十一年死，儿子康公贷继位。田会在廪丘叛乱。

康公二年，韩、赵、魏开始成为诸侯。十九年，田常曾孙田和开始成为诸侯，把康公流放到海滨。

二十六年，康公死，吕氏就被断绝祭祀。田氏最终占有齐国，到齐威王时，齐国成为天下强国。

太史公说：我到齐国，看到齐地西起泰山，东连琅邪，北到大海，其间沃土两千里，齐国人民胸怀豁达，深沉多智，他们天性如此。依靠太公的圣明，奠定齐国根基，由于桓公的盛德，施行善政，以此主持诸侯会盟，成为霸主，不是理所应当的吗？齐国盛大啊，原本就有大国的风范啊！

（苏　芃　注译）